U0403927

書

《蘇州全書》編纂出版委員會 編

·莫釐風

蘇州全書

乙編

蘇州大學出版社
古吳軒出版社

圖書在版編目(CIP)數據

莫釐風 / 東洞庭山各校同學聯誼社編輯出版. -- 蘇州 : 蘇州大學出版社 : 古吳軒出版社, 2022.12
(蘇州全書)
ISBN 978-7-5672-4211-1

Ⅰ. ①莫… Ⅱ. ①東… Ⅲ. ①社會科學-文集 Ⅳ. ①C53

中國版本圖書館 CIP 數據核字(2022)第 244711 號

責任編輯 劉 冉
裝幀設計 周 晨 李 璇
責任校對 楊 柳

書　　名 莫釐風
編輯出版 東洞庭山各校同學聯誼社
出版發行 蘇州大學出版社
地址：蘇州市十梓街 1 號　電話：0512-67480030
古吳軒出版社
地址：蘇州市八達街 118 號蘇州新聞大廈 30F　電話：0512-65233679
印　　刷 常州市金壇古籍印刷廠有限公司
開　　本 787×1092　1/16
印　　張 35
版　　次 2022 年 12 月第 1 版
印　　次 2022 年 12 月第 1 次印刷
書　　號 ISBN 978-7-5672-4211-1
定　　價 280.00 元

《蘇州全書》編纂工程

總主編

曹路寶　吳慶文

學術顧問

（按姓名筆畫爲序）

王　芳　王　宏　王　堯　王　鍔　王紅蕾　王華寶　王爲松　王衛平
王餘光　王鍾陵　朱棟霖　朱誠如　任　平　全　勤　江慶柏　江澄波
汝　信　阮儀三　杜澤遜　李　捷　吳　格　吳永發　何建明　言恭達
沈坤榮　沈燮元　武秀成　范小青　范金民　茅家琦　周　秦　周少川
周國林　周勛初　周新國　胡可先　胡曉明　姜　濤　姜小青　韋　力
姚伯岳　馬亞中　袁行霈　華人德　莫礪鋒　徐　俊　徐　海　徐　雁
徐惠泉　徐興無　唐力行　陸振嶽　陸儉明　陳子善　陳正宏　陳尚君
陳紅彦　陳廣宏　黄愛平　黄顯功　崔之清　張乃格　張志清　張伯偉
張海鵬　葉繼元　葛劍雄　單霽翔　程章燦　程毅中　喬治忠　鄔書林
賀雲翱　詹福瑞　趙生群　廖可斌　熊月之　樊和平　劉　石　劉躍進
閻曉宏　錢小萍　戴　逸　韓天衡　嚴佐之　顧　芗

《蘇州全書》編纂出版委員會

主　任　金　潔　查穎冬

副主任　黃錫明　張建雄　王國平　羅時進

編　委（按姓名筆畫爲序）

王　煒　王　寧　王忠良　王偉林　王稼句　王樂飛　尤建豐　卞浩宇
方雪華　田芝健　朱　江　朱光磊　朱從兵　李　忠　李　軍　李　峰
李志軍　吳建華　吳恩培　余同元　沈　鳴　沈慧瑛　周生杰　查　焱
洪　曄　袁小良　徐紅霞　高　峰　凌郁之　陳　潔　陳大亮　陳其弟
陳衛兵　陳興昌　孫　寬　孫中旺　黃啟兵　黃鴻山　接　曄　曹　煒
曹培根　張蓓蓓　程水龍　湯哲聲　蔡曉榮　臧知非　管傲新　齊向英
歐陽八四　潘志嘉　錢萬里　戴　丹　謝曉婷　鐵愛花

前　言

中華文明源遠流長，文獻典籍浩如烟海。這些世代累積傳承的文獻典籍，是中華民族生生不息的文脉和根基。蘇州作爲首批國家歷史文化名城，素有『人間天堂』之美譽。自古以來，這裏的人民憑藉勤勞和才智，創造了極爲豐厚的物質財富和精神文化財富，使蘇州不僅成爲令人嚮往的『魚米之鄉』，更是實至名歸的『文獻之邦』，爲中華文明的傳承和發展作出了重要貢獻。

蘇州被稱爲『文獻之邦』由來已久，早在南宋時期，就有『吴門文獻之邦』的記載。宋代朱熹云：『文，典籍也；獻，賢也。』蘇州文獻之邦的地位，是歷代先賢積學修養、劬勤著述的結果。明人歸有光《送王汝康會試序》云：『吴爲人材淵藪，文字之盛，甲於天下。』朱希周《長洲縣重修儒學記》亦云：『吴中素稱文獻之邦，蓋子游之遺風在焉，士之嚮學，固其所也。』《江蘇藝文志·蘇州卷》收自先秦至民國蘇州作者一萬餘人，著述達三萬二千餘種，均占江蘇全省三分之一强。古往今來，蘇州曾引來無數文人墨客駐足流連，留下了大量與蘇州相關的文獻。時至今日，蘇州仍有約百萬册的古籍留存，入選『國家珍貴古籍名』的善本已達三百一十九種，位居全國同類城市前列。其中的蘇州鄉邦文獻，歷宋元明清，涵經史子集，寫本刻本，交相輝映。此外，散見於海内外公私藏家的蘇州文獻更是不可勝數。它們載了數千年傳統文化的精華，也見證了蘇州曾經作爲中國文化中心城市的輝煌。

蘇州文獻之盛得益於崇文重教的社會風尚。春秋時代，常熟人言偃就北上問學，成爲孔子唯一的南方弟子。歸來之後，言偃講學授道，文開吴會，道啓東南，被後人尊爲『南方夫子』。西漢時期，蘇州人朱買臣負薪讀書，穹窿山中至今留有其『讀書臺』遺迹。兩晉六朝，以『顧陸朱張』爲代表的吳郡四姓涌現出大批文士，在不少學科領域都貢獻卓著。及至隋唐，蘇州大儒輩出，《隋書・儒林傳》十四人入傳，其中籍貫吳郡者二人；《舊唐書・儒學傳》三十四人入正傳，其中籍貫吳郡（蘇州）者五人。文風之盛可見一斑。北宋時期，范仲淹在家鄉蘇州首創州學，並延名師胡瑗等人教授生徒，此後縣學、書院、社學、義學等不斷興建，蘇州文化教育日益發展。故明人徐有貞云：『論者謂吾蘇也，郡甲天下之郡，學甲天下之學，人才甲天下之人才，偉哉！』在科舉考試方面，蘇州以鼎甲萃集爲世人矚目，清初汪琬曾自豪地將狀元稱爲蘇州的土産之一，有清一代蘇州狀元多達二十六位，占全國的近四分之一，由此而被譽爲『狀元之鄉』。近現代以來，蘇州在全國較早開辦新學，發展現代教育，涌現出顧頡剛、葉聖陶、費孝通等一批大師巨匠。中華人民共和國成立後，社會主義文化教育事業蓬勃發展，蘇州英才輩出、人文昌盛，文獻著述之富更勝於前。

蘇州文獻之盛受益於藏書文化的發達。蘇州藏書之風舉世聞名，千百年來盛行不衰，具有傳承歷史長、收藏品質高、學術貢獻大的特點，無論是卷帙浩繁的圖書還是各具特色的藏書樓，以及延綿不絶的藏書傳統，都成爲中華文化重要的組成部分。據統計，蘇州歷代藏書家的總數，高居全國城市之首。南朝時期，蘇州就出現了藏書家陸澄，藏書多達萬餘卷。明清兩代，蘇州藏書鼎盛，絳雲樓、汲古閣、傳是樓、百宋一廛、藝芸書舍、鐵琴銅劍樓、過雲樓等藏書樓譽滿海内外，彙聚了大量的珍貴文獻，對古代典籍的收藏保護厥功至偉，亦於文獻校勘、整理裨益甚巨。《舊唐書》自宋至明四百多年間已難以考覓，直至明嘉靖十七年（一五三八），聞人詮在蘇州爲官，搜討舊籍，方從吳縣王延喆家得《舊唐書》『紀』和『志』部分，從長洲張汴家得《舊唐書》『列傳』部分，『遺籍俱出宋時模板，旬月之間，二美璧合』，于是在蘇州府學中槧刊，《舊唐書》自此得以彙而成帙，復行於世。清代嘉道年間，蘇州黃丕烈和顧廣圻均爲當時藏書名家，且善校書，『黃跋顧校』在中國文獻史上影響深遠。

蘇州文獻之盛也獲益於刻書業的繁榮。蘇州是我國刻書業的發祥地之一，早在宋代，蘇州的刻書業已經發展到了相當高的水平，至今流傳的杜甫、李白、韋應物等文學大家的詩文集均以宋代蘇州官刻本爲祖本。宋元之際，蘇州磧砂延聖院還主持刊刻了中國佛教史上著名的《磧砂藏》。明清時期，蘇州成爲全國的刻書中心，所刻典籍以精善享譽四海，明人胡應麟有言：『凡刻之地有三，吴也、越也、閩也。』他認爲『其精，吴爲最』，『其直重，吴爲最』。又云：『余所見當今刻本，蘇常爲上，金陵次之，杭又次之。』清人金埴論及刻書，仍以胡氏所言三地爲主，則謂『吴門爲上，西泠次之，白門爲下』。明代私家刻書最多的汲古閣、清代坊間刻書最多的掃葉山房均爲蘇州人創辦，晚清時期頗有影響的江蘇官書局也設於蘇州。據清人朱彝尊記述，汲古閣主人毛晉『力搜秘册，經史而外，百家九流，下至傳奇小説，廣爲鏤版，由是毛氏鋟本走天下』。由於書坊衆多，蘇州還產生了書坊業的行會組織崇德公所。明清時期，蘇州刻書數量龐大，品質最優，裝幀最爲精良，爲世所公認，國内其他地區不少刊本也都冠以『姑蘇原本』，其傳播遠及海外。

蘇州傳世文獻既積澱着深厚的歷史文化底藴，又具有穿越時空的永恒魅力。從范仲淹的『先天下之憂而憂，後天下之樂而樂』，到顧炎武的『天下興亡，匹夫有責』，這種胸懷天下的家國情懷，早已成爲中華民族精神的重要組成部分，傳世留芳，激勵後人。南朝顧野王的《玉篇》，隋唐陸德明的《經典釋文》、陸淳的《春秋集傳纂例》等均以實證明辨著稱，對後世影響深遠。明清時期，馮夢龍的《喻世明言》《警世通言》《醒世恒言》，在中國文學史上掀起市民文學的熱潮，具有開創之功。吴有性的《温疫論》、葉桂的《温熱論》，開温病學研究之先河。蘇州文獻中藴含的求真求實的嚴謹學風、勇開風氣之先的創新精神，已經成爲一種文化基因，融入了蘇州城市的血脉。不少蘇州文獻仍具有鮮明的現實意義。明代費信的《星槎勝覽》，是記載歷史上中國和海上絲綢之路相關國家交往的重要文獻。鄭若曾的《籌海圖編》和徐葆光的《中山傳信》，爲釣魚島及其附屬島嶼屬於中國固有領土提供了有力證據。魏良輔的《南詞引正》、嚴澂的《松絃館琴譜》、計成的《園冶》，分别是崑曲、古琴及園林營造的標志性成果，這些藝術形式如今得以名列世界文化遺産，與上述名著的嘉惠滋養密不可分。

維桑與梓，必恭敬止；文獻流傳，後生之責。蘇州先賢向有重視鄉邦文獻整理保護的傳統。方志編修方面，范成大《吳郡志》爲方志創體，其後名志迭出，蘇州府縣志、鄉鎮志、山水志、寺觀志、人物志等數量龐大，構成相對完備的志書系統。地方總集方面，南宋鄭虎臣輯《吳都文粹》、明錢穀輯《吳都文粹續集》、清顧沅輯《吳郡文編》先後相繼，收羅宏富，皇皇可觀。常熟、太倉、崑山、吳江諸邑，周莊、支塘、木瀆、甪直、沙溪、平望、盛澤等鎮，均有地方總集之編。及至近現代，丁祖蔭彙輯《虞山叢刻》《虞陽説苑》，柳亞子等組織『吳江文獻保存會』，爲搜集鄉邦文獻不遺餘力。江蘇省立蘇州圖書館於一九三七年二月舉行的『吳中文獻展覽會』規模空前，展品達四千多件，並彙編出版吳中文獻叢書。然而，由於時代滄桑，圖書保藏不易，蘇州鄉邦文獻中『有目無書』者不在少數。同時，囿於多重因素，蘇州尚未開展過整體性、系統性的文獻整理編纂工作，許多文獻典籍仍處於塵封或散落狀態，没有得到應有的保護與利用，不免令人引以爲憾。

進入新時代，黨和國家大力推動中華優秀傳統文化的創造性轉化和創新性發展。習近平總書記强調，要讓收藏在博物館裏的文物、陳列在廣闊大地上的遺產、書寫在古籍裏的文字都活起來。二〇二二年四月，中共中央辦公廳、國務院辦公廳印發《關於推進新時代古籍工作的意見》，確定了新時代古籍工作的目標方向和主要任務，其中明確要求『加强傳世文獻系統性整理出版』。盛世修典，賡續文脉，蘇州文獻典籍整理編纂正逢其時。二〇二二年七月，中共蘇州市委、蘇州市人民政府作出編纂《蘇州全書》的重大决策，擬通過持續不斷努力，全面系統整理蘇州傳世典籍，着力開拓研究江南歷史文化，編纂出版大型文獻叢書，同步建設全文數據庫及共享平臺，將其打造爲彰顯蘇州優秀傳統文化精神的新陣地，傳承蘇州文明的新標識，展示蘇州形象的新窗口。

『睹喬木而思故家，考文獻而愛舊邦。』編纂出版《蘇州全書》，是蘇州前所未有的大規模文獻整理工程，是不負先賢、澤惠後世的文化盛事。希望藉此系統保存蘇州歷史記憶，讓散落在海内外的蘇州文獻得到挖掘利用，讓珍稀典籍化身千百，成爲認識和瞭解蘇州發展變遷的津梁，並使其中藴含的積極精神得到傳承弘揚。

觀照歷史，明鑒未來。我們沿着來自歷史的川流，承荷各方的期待，自應負起使命，砥礪前行，至誠奉獻，讓文化薪火代代相傳，並在守正創新中發揚光大，爲推進文化自信自强、豐富中國式現代化文化内涵貢獻蘇州力量。

《蘇州全書》編纂出版委員會

二〇二二年十二月

凡例

一、《蘇州全書》（以下簡稱『全書』）旨在全面系統收集整理和保護利用蘇州地方文獻典籍，傳播弘揚蘇州歷史文化，推動中華優秀傳統文化傳承發展。

二、全書收文獻地域範圍依據蘇州市現有行政區劃，包含蘇州市各區及張家港市、常熟市、太倉市、崑山市。

三、全書着重收歷代蘇州籍作者的代表性著述，同時適當收流寓蘇州的人物著述，以及其他以蘇州爲研究對象的專門著述。

四、全書按收文獻内容分甲、乙、丙三編。每編酌分細類，按類編排。

（一）甲編收一九一一年及以前的著述。一九一二年至一九四九年間具有傳統裝幀形式的文獻，亦收入此編。按經、史、子、集四部分類編排。

（二）乙編收一九一二年至二〇二一年間的著述。按哲學社會科學、自然科學、綜合三類編排。

（三）丙編收就蘇州特定選題而研究編著的原創書籍。按專題研究、文獻輯編、書目整理三類編排。

五、全書出版形式分影印、排印兩種。甲編書籍全部采用繁體竪排；乙編影印類書籍，字體版式與原書一致；乙編排印類書籍和丙編書籍，均采用簡體横排。

六、全書影印文獻每種均撰寫提要或出版説明一篇，介紹作者生平、文獻内容、版本源流、文獻價值等情況。影印底本原有批校、題跋、印鑒等，均予保留。底本有漫漶不清或缺頁者，酌情予以配補。

七、全書所收文獻根據篇幅編排分册，篇幅適中者單獨成册，篇幅較大者分爲序號相連的若干册，篇幅較小者按類型相近原則數種合編一册。數種文獻合編一册以及一種文獻分成若干册的，頁碼均連排。各册按所在各編下屬細類及全書編目順序編排序號。

莫釐風

東洞庭山各校同學聯誼社　編輯出版

據蘇州市吳中區圖書館藏本影印。

出版說明

《莫釐風》月刊創刊於一九四六年七月一日，由當時旅滬青年團體『東洞庭山各校同學聯誼社』（省稱『東聯社』）編輯出版。莫釐風月刊社設於上海，以『洞庭東山旅滬同鄉會』爲上海通訊處，在蘇州設有經售處，在東山設有總經銷處（總代理處）。蘇州東山第一高峰爲莫釐峰，《莫釐風》刊名即由此而來。

該刊創刊時發行人是席玉年，小十六開本，每期封面膠版紙彩印。至一九四九年二月十五日出版第三卷第六、七兩期合刊，凡刊行三十一期二十八册。此後改爲四開小報形式的半月刊，一九四九年四月十四日出版最後一期。

創辦《莫釐風》的目的，正如《創刊宣言》所稱，是報導故鄉消息，聯絡及加强同鄉間的團結，積極發出呼聲，促進東山的改革。因此，該刊以反映東山社會生活爲主，特别注重記述和討論家庭、婚姻、婦女等問題，兼及風俗、特産、風景、古迹的介紹。每期的『社評』都談當時東山熱點問題，『雨花播音台』是地方新聞的薈萃，『風語』是雜文和隨筆，『莫釐人物誌』則介紹當時東山名人。各期可讀之作甚多。比如，關於風俗，有看會人《城隍出巡花絮》、杜歌《東山出會汛》；關於特産，有言子《隨筆五章》、嚴士雄《碧螺春茶》。還有不少觸及時代公共議題，如針對東山封建買賣婚姻盛行、侵害婦女權益的現象，有旅人《父母之命和自由戀愛》、嚴雯《論婚姻大事》；關於教育，有一帆《師資問題和東山教育》等。此外，關於通貨膨脹與物價、宗教與迷信等，也有專文論及。該刊内容較爲豐富，對於了解研究東山歷史文化及當時社會狀況，具有一定文獻史料價值。

《莫釐風》月刊發行範圍較小，印數較少，蘇州市吳中區圖書館藏有全份二十八册，即據此影印。

莫釐風

創刊號

播種　　葉莽製

東聯社出版

創刊號目錄

民國三十五年七月一日出版

創刊宣言

時光好像東流的江水，牠緩緩地從我們面前流去。

還記得九年前吧：我們曾見過有幾種關於故鄉　洞庭東山的刊物，然而在時光的黑潮里，都先先後後的給生活的浪潮吞滅了，直到現在爲止，連同鄉會應有的一份會報也沒有，留着的只是空白和沉默而已。

因此，我們東洞庭山各校同學聯誼社，決定先以全力來發刊這小小的月刊，担負一下塡補空白和打破沉默的任務。

我們發刊這小小的月刊，並沒有什麽遠大的計劃，也沒有什麽巨大的野心，更沒有什麽偉大的主張，我們不過覺得東山的生活太枯燥，思想太沉悶，感到我們不能緘默，我們有說幾句話的必要，爲了那遏不住的感情可以有所發洩，于是先發行這小小的刊物，作爲我們自由發表的地方，藉此想可以衝破一點東山的生活和思想上的昏濁和停滯的空氣而已。

我們主要的任務是：報導故鄉消息，聯絡以及加强同鄉間的團結，改進同鄉生活：消極的就是想以我們的眞情來聯絡有與我們同志的朋友，積極的就是想以我們的微弱呼聲，來促進東山的改革。我們現在姑且以如下的內容爲出發點：

一，對于東山生活的批判和對于東山的一切設施的批評和建設的論文我們當儘量刊載，不過這樣的文字應該是擁護誠實的，進步的，自由的，美的，善的生活。和希望那虛僞的，束縛的，醜的，惡的的現象漸漸減少，至于消滅，如若與此主張相反的議論，我們不能代爲傳布。

二，爲了使上海同鄉能經常了解故鄉的一切，同時也使東山的人士對旅滬同鄉的動態有所熟悉起見，我們當以最迅速的方法探訪和報導有關同鄉之各種消息。同時希望讀者投寄通訊稿件，惟當以詳實可靠爲主。

三，東山至今還處在封建的堡壘中，所以我們當特地注重于家庭，婚姻，婦女等生活的問題的論著與描述。

四，故鄉是一個山明水秀的地方，名勝古蹟特別多，爲了增加讀者興趣，爲了介紹故鄉于他鄉人士之前，我們當常常載關于故鄉的風俗傳奇神話，古蹟等小文。

上面寫的似乎太近于宣傳式的鋪張，但我們確實想以此爲努力的目標，雖然我們的力量弱小，或者不能有什麽著實的表現，不敢担保滿足讀者最低限度的希望，但我們相信在黑夜里的一聲撞擊，雖然聲音很微息，但也能驚醒沈睡着的人的迷夢的，如若更因此而得到一點回響，還就是我們所希望的了。

發起東洞庭山各校同學聯誼社緣起

我們東洞庭山的各個學校，如務本，安定，鑑塘等，本來都有同學會或校友會的組織的，但是戰爭期內，各校同學或以生活關係，各奔東西，或以環境所迫，忙碌於個人生活，對於所存在的同學會或校友會，終以支持乏人，都相繼無聲無息地沉落了。

勝利以來，生活雖未能如理想之優逸，然較之戰爭時期，已可稍勝一籌，而遠奔內地之同學，相率歸來，舊雨新朋，相處一堂。因此又想到過去的組織，有使之恢復的必要。

經過了幾度的商搉，覺得如其個別成立，在人力與物力上不免浪費，因想到團結即是力量這句話，所以就想把故鄉的各個學校（不論已有校友會組織與否）的同學聯合起來，組織東洞庭山各校同學聯誼社，以便對於母校，對於我們的故鄉，均能有所貢獻。

我們發起這個社，是基於下列的幾項需要而來的：

一、是聯絡感情。中國是各自爲政的國家，而東山尤其最能表現這種傳統習性，不但新舊兩代意見不同，就是同一代的也不能協和，所以我們成立這個社，希望大家時常聚會，交換意見，互相理解，共同努力。

二、是增進知識，研究一種學問，本不能閉戶造車，東山青年對於學術之研究，在此刻正是開端，更非互相切磋不可，因此發起組織本社，以便發揚東山青年的學習精神。

三、是服務桑梓，故鄉文化停滯，教育落後，農村破產，因此本社當致力於此，提高文化水準，灌輸實用知識，及改善農產土產，爲建設新的東山而努力！

成立本社的初衷既如上述，那麼我們所要努力的工作，也能在這里看到一點，因此我們希望各校的同學，加入本社，並且給我們寶貴的意見，讓我們的社能充實，成長和發展起來。

對於故鄉的別個社團，更望能隨時的加以教誨，隨時提攜，這是我們萬分希望的！

播種

——封面題記

葉棻

把吾的處女作「播種」刊登了莫釐風處女刊的封面，粗製濫造，真覺得慚愧！但是當仁不讓，就老老面皮貢獻給本刊了。

故鄉的鄉風，保守氣味太濃厚了，同鄉們依舊過着封建迷信的生活，東聯社同人不忍坐視故鄉沉淪到無聲無息的地步，於是乎大聲疾呼的出版了莫釐風，啓發民智改善教育，作爲十年生聚十年教養，預先播下了種，

莫釐風刊物的確像播種，希望在朝氣蓬勃中發了萌芽，大家羣策羣力的灌輸牠培植牠，不要給狂風暴雨摧殘，我們能够親眼看牠生枝報葉開花結果，使得同鄉個個能得享受。

其實吾鄉人才輩出，何患無人？可惜他們跑了錯路了，孜孜爲利無暇顧及桑梓幸福，「鐵肩荷道義」那末生聚教養的担子就讓吾們窮小子來抗罷！

莫釐風月刊

逢每月一日出版

本期國幣五百元

編輯及出版者　東洞庭山各校同學聯誼社

發行人　席玉年

發行所　上海岷山花園路一號十室　莫釐風月刊社

談談故鄉

朱颷

在太湖的東部，有一個意大利形的半島，在地圖上看起來，它很像一隻伸到太湖裏洗濯的脚，脚上起伏着高的山和美麗的田野，以整個中國的版圖上看來，它眞是小得簡直找不出來了的一點，這就是我們的故鄉東山，現在就把它社會的性質，來研究一下。

故鄉的政治　故鄉是屬於吳縣的一個鄉區，行政上的組織除了與各地相同的有區，鄉鎮保甲長外，所特殊的，是紳士的地位高於一切，出客人，莊稼人，十九世紀封建的意識顯然地把東山的人開劃分了二個不同的階級。

由於三面環水和山地過多的緣故，除了一部份莊稼人能在當地耕植和捕捉外，大部份中上階級的「出客人」大都向外發展，而發展的目標大多是上海；憑着不屈不撓的苦幹精神去淘金，幾十年來，的確產生了不少腰包纍纍的商店老闆和洋行買辦；尤其是這些洋式的買辦在東山人看來是地位崇高的貴紳，敬若神明。

間或也有命運不濟事業失敗而鬱鬱不得志者，祇能回到家去，這類人往往被稱為「看山頭」或「紅甘蔗」但憑着固有的特殊勢力，爲人民調解糾紛從中取得一點「横塘」，倒也吃過混過，有的也會大腹便便。成爲土產的紳士，在東山人看來，倒也得罪不得，必須尊敬他們。

貴紳的一席話，誰都必須尊從他，土紳的一舉一動，可能影響到當地的一切動態和轉變。

因此對於東山的政治，套幾個新術語，叫做既非「民主」又非「法西斯」，而是「半封建」「半殖民地」的「紳主」政治。

故鄉的經濟　故鄉的工業還停留在原始的階段，除了幾爿打鐵店和水木作以外，根本沒有輸出的工業品，據說東山的剪刀很著名，鋼水足，經久耐用，但出品很少，水木作祇能爲本地造一些橇子櫈子馬桶脚桶，偶而亦可以造幾間住屋，在戰前曾有一所極小規模的發電廠，但不久就停辦了，輾米廠雖然也有一家，但當新穀上場時，還是要靠外來的輾米船來幫助，已故鄉紳席啓蓀曾有志辦電力，與工業，新教育。改農業，整風景，因事業失敗，沒有完成。

農漁業方面，因爲山地多而耕地少的緣故，食糧問題十份之八九全要依靠外埠輸入。輸出品以水產魚蝦枇杷、楊梅、橘子、石榴、茶葉、及絲繭次之，但這還不能平衡東山「外匯」的收支，所缺頭寸，全賴在外經商者的一筆匯款來平衡，因此，東山的經濟，實實在在也是還停留在「半殖民地」「半封建」經濟的階段。

故鄉的文化　故鄉的文化水準一向很低，憑着縣立和氏族所辦的幾所小學，教育着全區十分之二的學齡兒童，一等到小學畢業，立刻，就背鄉離井的，出外經商習業了，還使東山的人才大大的減少

東山的父母們都有一般的成見，把孩子送入學校讀書是下本，送入商界掙錢是收息，會賺錢的少爺衣錦榮歸的時候誰都會贊聲「有出息」，連父母的面上也光榮，因爲和父母爭了氣，反之不會掙錢就是沒出息。嗚呼，在東山父母已把自已的子弟當作資本家的資本了。

僥倖地能够進入學校的，所受的教育，也和別處有顯殊的不同；三年級孩子的課程中，已把英文看得很重：「英」「國」「算」把英文當爲課程中主要的最主要者，小小的孩子，硬把ABCD 異國的語文向他腦子裏塞，將來可能做洋行買辦或和外國人做生意。珠算尺牘在課程中也很注重，一切的一切都需附合經商掙錢所用，完全是猶太式的殖民地教育。

女孩子是用不到讀書的，將來出嫁總是別人家的人，其它的一切文化和教育事業是不用說了，東山的教育好像是專門爲訓練出外經商的僑民而設立的。

因此，東山的文化，同樣地是屬於「半封建」「半殖民地」的文化。

東山有挺秀的山峯，肥沃的田野，茂盛的果林，豐富的池塘，在外表上她顯得多麼天然美麗，但在內部遭到人爲的黑暗。

地圖上找不出來一點的社會放大後是這樣，以小比大，整個中國的社會何嘗也不是這樣。

×　×　×

簡訊

吳縣東山地方建設協進會，推定委員十三人，由席侍豐席微三任主席，嚴譜南鄭偉民葉伯良任稽核，馬錫川，周叔皋，金鳳笙任文牘，沈汝舟，周錫疇，金植之任會計，盛佐卿許志淵任庶務，每月一日十六日，開常會，並請區長列席。

× × ×

東山現在有縣立中心學校四個，即東西街鎮，（文昌）渡橋鎮（培育）席周鄉（周灣），楊灣鎮（燕石）保國民學校六個，即西街鎮第七保（潦里）東街鎮第三保（鏑秀）西街鎮第十二保，（俞塢）十三保（西塢），楊灣鎮第三保（槎灣）第六保（三山）私立小學三個，即務本鑑塘南陽，私塾有金灣陸巷等數個，全山有學生約一千八百人，內文昌最多，有五百餘人，次者秀鏑三百餘人，務本三百十五人，全山現有人口約四萬餘。

× × ×

救濟總署有棉布及舊衣發給小數及公務員已于本月三日發領並有麵粉六十包發給貧民，每鄉鎮六包，每人

曉霧夕陽籠莫釐　翠山碧水話東山

故鄉近事錄

特約記者　旅人

一面迎神賽會愚民極盡侈奢　一面舉債下種農村危機內潛

時序已入初夏正值垂柳如絲鳥語花香的季節。被稱爲世外桃源之東山，到處充滿了青翠欲滴的景象。居民的生活是如此底甯靜幽閒，當吾們見到茶館滿座着閒散的人們，和早上熙熙攘攘的菜市，遙聽傍晚工作歸來的農夫和樵子底吭聲和步伐，就令人感到這是個超然的境界，但在這個美麗的外衣里，人民依舊爲了目前物價高漲，對生活發生恐懼，並且各種五色繽紛的特殊捐稅也使人民感到不勝負担的痛苦。

每年正月和四月的會期本是東山的傳統習俗，過去當局曾數度禁止此種傷財勞民的舉動，終因積習難易，未收成效，今年更以慶祝勝利爲辭尤其熱烈興盛，出會過後，各村尚集資做草檯戲數天，所耗人力不計在內，財力約在國幣億元以上，鄉人將一年所有積蓄，盡耗于此，一無吝惜，下種資本反出高利借入，有借米一石者，秋收後還二石，有青米放出一萬元一石者，今年適逢大水，魚池和塘田淹沒者甚多，舉債下種者前途何堪設想！

繭子已開市，由江南蠶絲公司收購，初收市秤每担十三萬元，後回至每担十一萬元，蠶農個個蝕本，據繭商云：以此繭價繅成繭絲後成本還過於現在絲價，試想中國蠶絲出口前途有何希望。當見到上海市上充斥的花旗蜜橘價廉物美便引起我們爲故鄉土產的銷路担憂，常此下去東山農村的破產，也許會成爲中國農村破產的先導吧！

經費無着落　鄉政亂如麻

區長徐塗清長政東山已有十個月了，徐區長是東山人，以東山人來治東山是最適宜的，一則對本鄉能深切的了解不會摸不着頭腦二則人地二熟，爲政者可邀請地方人士相輔合作，政民打成一片，可是行政方面依舊亂麻一團

形形◇色色

某君語潦里人曰：你們費了數十萬元來出會做戲，爲何不把這些高低不平泥濘不堪的街道修修好呢？潦里人笑曰：不用修得我們有菩薩保祐的。

× × ×

六月二日下午突見區公所派人清掃街道，筆者初尚以爲當局在推行衛生運動，後才探悉，吳縣參議員陳偉業蒞山，誠恐路上垃圾將大員白皮鞋弄髒之故耳。

× × ×

六月三日地方建設協進會歡迎吳縣陳參議員蒞山並召集各界會議，席上碣督學字志亮陳詞激昂。該會會員嚴譜南請文昌林校長仰岐報告教員食米補助經過，席上自始至終空氣相當緊張，大有拔劍弩張之勢。地協會會員周叔皋爲地方公益，向不後人，前任地方協會時曾遭日寇侮辱，今又毅然出任爲會員，其精神甚可佩也，又地方建設協進會副主席席微三曾兼莫釐中學保安醫院等要職，其儉樸熱忱之精神，實東山「難得」人物也。

× × ×

六月四日渡橋輪埠學生例隊成長

祇少六斤，（尚未到，）又悉小學生每人可得奶粉二磅現正製表呈請中。

×　×　×

六月二日夜，後山過匪船數只企圖登陸，後經駐軍擊退，現正值收繭之時，太湖防務甚嚴。

×　×　×

近據區公所支出預算，每月約須二百九十萬元，內教育補助費，每月約六十萬元，區公所伙食什支五拾萬元，鄉鎮公所又十萬元，警察所五十萬元，自衛團伙食六十萬元。

×　×　×

莫釐中學校址已覓得，現正在修葺中。

×　×　×

吳縣臨時縣參議會，聘席侍豐，馬錫川，二君為東山巡風團團員。

×　×　×

洞庭東山旅滬同鄉會定于七月七日召開全體大會，舉行大選，並在積極籌劃木東公路，（由木瀆到東山）

×　×　×

六月十日前山保安醫院職員楊女士吞大量來沙爾自殺發覺尚早由該院竭生施行急救後免於難，据聞楊女士自殺原因，係不滿由父母之命媒妁之言訂定婚姻所起。　新植

×　×　×

，理不出頭緒來，回顧過去幾個月，政府早已下令，嚴禁煙賭，然而東山尚有賭台和販煙所存在，直至最近才見這區公所「决心」禁絕，但尚有令人不能滿意之處，賭台雖早已停業而茶場酒肆中每天總有數桌公開抽頭聚賭，公吸所雖經取締但私吸者未見有登記或檢舉，實令人費解。

欲使政務辦得好，須使公務人員吃得飽。東山去年行政經費，分文沒有領得，區長不得不東募西借，為柴米奔走，游兵散勇光臨一次要柴要米要鈔票，鄉鎮長跑得焦頭爛額，老百姓怨聲載道。今年省府頒佈「三十五年各地行政經費不得向民間攤派」吳縣各區行政經費由縣中每月發給十六萬元，區區此數，十數公務人員何能賴依為生，且去年軍隊過境時，借去食米二百餘石，現款一百餘萬元，迄未還清，因此區長暨各鄉鎮長連名呼籲地方援助。

地方協進會成立　希望有所建樹

過去淪陷時期地方曾有一個自治協會的組織，後經日寇搗毀，地協會的幾位吃自己飯幹地方事的熱心先生還遭到侮辱，遂卽瓦解。今見地方困難重重，未能再袖手旁觀，故仍由前地協會人員重整旗鼓，東山再起，邀請紳商合作，組織吳縣東山地方建設協進會，由區公所呈請縣府核准，該會宗旨在推進建設，舉辦慈善，協助行政，輔助教育，及地方其他一切公益，其組織分六組，文牘，會計，審核，庶務，由士紳席侍豐，席微三，正副主席，這個機構的成立不特經濟困難能設法打開，抑且地方行政亦可一新面目，希望該會能照已定目標去做，吾們代表東山人民恭賀地協會的誕生，並祝順利！

保荐參議員打回票　同鄉會有背民主

吳縣臨時縣參議員選舉的「形式戲」已演過了，東山亦挨着二把參議員的椅子，這二個金座位已被一般「紳士」垂涎好久了，上海同鄉會當局亦不肯放棄權利，於是保荐一位王季緒先生，和一位劉道周先生為東山臨時參議員，呈請縣府核准，依法講參議員應由當地居民公選，王劉二先生雖是教育界老前輩，公正無私，不過這二位先生，一位久居上海，一位久居蘇州，對於東山實際情形如何能深切了解？大衆意見怎樣來採納，所謂人民代表者，不能代表人民，卽使他們做了參議員對於東山人民有何利益？[illegible]。

蛇陣，軍樂隊旗幟，居民相互爭睹大員蒞山，後才悉來者為葉樂天先生，因葉先生對此次同鄉會借於地方補助教育經費頗為出力，東山受惠各校為報效起見，乃囑學生例隊迎接，好奇者才釋然而返，惟如此迎接，東山尚屬罕見，（新植）

×　×　×

四月初二的出城隍會，一班余塢里的五方——捉拿馬玉龍，行頭全新，都是蘇州定做來的，聞每人所耗國幣十萬元以上。

×　×　×

如火如荼的草台戲在新廟演出了，請了前後山的十三尊猛將，以諸公井主位，十三尊一排坐着，猛將之前，另有一頂彩亭，掛了總理的遺像，供有香茗，乾果，大概他也是福國佑民之神了吧！

（田月）

形形色色

請批評

請介紹

不能枵腹從公　縣立國民小學怠教

駐紮本山交通警察丁錫三部已於二十三日調赴橫塘，惟本山接防，迄未見來，聞將由國軍廿一師來塡防云。

× × ×

本區鄉鎮擴併，已於二十三日召開會議，由十鄉鎮併爲七鄉鎮，前山渡橋鎮及武山鄉併爲渡武鄉，鈕王鄉鈕家村併入西街鎮，王家涇俞家庫併入漵田鄉，後山王石鄉蔣舍鄉改爲文恪鄉。

× × ×

莫釐中學，近將出版一種鄉音特刊，爲一月一期。

× × ×

本山文昌（東西街申心學校）校長林仰歧及前任校長許超鍾秀（東街鎮第三保校）顧蓉務本校長馮志亮，席周鄉中心學校長何三元，楊灣鎮中心學校長×××因有違法規，被人民檢擧，已於日前由地檢處傳訊。

× × ×

吳縣自治捐稅徵收處東西山辦事處，由何維熾任主任，即日開始徵收使用牌照稅，營業牌照稅，屠宰稅，筵席娛樂捐，房捐等項捐稅。

× × ×

數日前有漾里民船一隻，途經前頭山茅口港，遭遇匪刼。（杰）

凡般皆下品，惟有讀書高，可是淸高不能當飯喫，擔負教育第二代的重任的小學教員忍不住飢餓，擱筆怠教了，這是東山教育史上的第一次，吾讀完了東前山全體國民學校教員告各界人士書深表同情，上面說：「根據最近政府的規定，國民教育的經費由政府與地方共同負担，但吾們從事東山國民教育的同仁們埋頭苦幹地忍耐着工作已有三個半月了，地方應負的輔助國民教育二分之一的經常費卻分文未見，物價直線上漲，使人害怕，前一個月的一文錢一轉眼就只作半文用途，吾們薪給和生活指數，比較相差甚鉅，所以吾們教師，無日不感到生活的壓迫，無法支持，何況吾們東山的教師，事實上每月的薪給還只有拿到政府規定標準之一半……」東山教員的淸苦可見一班了，但是地方上亦有苦衷，區長每月領得行政經費十六萬元，尙自顧不暇，當然他們的呼聲惟有置若罔聞了，東西街鎮長已盡過了一次最大的努力捐得米二十二石八斗，分發給文昌十三石二斗，鍾秀九石六斗，培育及俞西塢三校由浦伯卿等另行籌募各學生每人收八百元，以資補助，粥少僧多，此數何足以贍家活口不得已怠教，相持了一星期，最後促成了地協會的組織，該會應籌由此次枇杷楊梅及繭子出口抽百分之三之一部份用作撥給教育補助費，一方面由同鄉會先借予壹百五十萬元，以濟燃眉之急，這筆款子已由馮督學志亮帶山分派，據六月三日地協會歡迎吳縣縣參議員陳偉業席上，馮督學報告，擬分派文昌，鍾秀，西塢燕石四校，東山縣立學校有十個之多，所以恐怕仍難得到合理解決吧！

一方面活活潑潑的為發揚新的文化提倡正當娛樂而努力！

一方面卻在叮叮噹噹的做道場；沉浸迷信，衛護封建勢力！

夜訪同鄉會記

盒尼 記者

一天的傍晚，我和幾個朋友走上愛文義路，他們要我上同鄉會去看看，我雖然身為洞庭東山同鄉，但對於同鄉會卻很陌生，於是答應了他們，一起走進惠然里。當我們踏進同鄉會（即前惠然軒）的時候就看見許多道士們在做佛事，我以為走錯了，但他們說這正是同鄉會，對於佛事我是無大興趣，於是就走上二樓去看看，上扶梯便是洞庭補習夜校教室的門，由此門可以通達並列的三間教室，學生們在聚精會神的讀着書。轉灣進第二個門，便是聯誼室，當一進門就看到對面一張很大的「握手」木刻畫，那種生動的樣子，使我們不期然的覺得聯誼的力量，二旁壁上是各部的佈告，還有出版委員會主編的壁報，中間有一只乒乓檯子，有很多同鄉們在練習球藝，洞庭隊的球藝已不可輕視了，球藝高超的同鄉一定還有，如能聯合一起，洞庭隊一定能在乒乓界佔一席地位，現在聽說隊長是居君淵，和張謙益二君，最近還將加入乒乓聯賽。他們說如其星期六晚上來，還可以參加聯誼室舉辦的聯誼會，內容包括學術討論，音樂文藝等節目，目的在聯絡同鄉感情，互相研討各種問題等。

吾們還到圖書室裏去看看，圖書室就是聯誼室左邊的一間，地方僅及聯誼室的三分之一，一進門時就看到四邊排滿了書籍，一排排整齊而充實，使我們平常不看書的要是看到了這許多名貴的書，覺得太可惜了，眞如壁上標語所說着「人生有限，知識無涯」。服務的幹事很熱誠地來招待，告訴我們許多的事情，為了更明瞭圖書室的內容起見我們會詳細地訪問過一！位幹事，以下是我們的談話。

「圖書室是幾時開辦的？」

「是去年一月開始籌備七月廿二日正式開幕」

「圖書室現在屬於同鄉會那一部？」

「圖書室過去是屬於聯誼委員會學術部管理，後來聯誼委員會改組，改為學術委員會，所以現在是由學術委員會管理」。

「圖書室的組織現在分那幾部？裏面的幹事是那些人」？

「圖書室的組織外面的佈告欄已有公佈。現在分總務，流通，閱覽，采購，四部，裏面的幹事暫時是由安定，務本，鑑塘，三校校友會担任，但亦有不在東山讀書的東山青年參加工作，只要是吾們東山同鄉吾們是竭誠歡迎參加圖書室工作的並且吾們也非常希望同鄉多多批評指教，圖書室是屬於東山全體同鄉的，吾們希望它一天天堅强起來，充實起來」。

「圖書室初辦三個月除保證金外同鄉會是一無補助的，所以當時很少能採辦新書，後由學術委員最管理後，才開始撥一萬元一月，那是去年十一月的事。但後來書籍價格激漲，我們要求增加到五萬元，執監會是答應了，所以現在可以每月添購一部份新書」。

「現在購書的目標是注重那方面」？

「根據讀書者的需要大都是新文藝小說和醫藥一類的以及比較淺近的理論書籍；所以吾們的購書目標亦注重這一類，對於少數看俠義小說的讀者，吾們是在漸漸轉變他們的興趣，使他們慢慢地對新文藝引起興趣，當然我們並不一概否認舊文藝」。

「閱覽部現在設在什麼地方可以領我去參觀一下嗎」？

「閱覽部就在對面的一間，但由於經費的限制，所以所備各科書報什誌是只有九種著名的什誌，現在吾們可以到對面閱覽部去看看」。

閱覽部是一間比聯誼室略小的房間，平時是當作會議室的，所以正中有一只長桌，四面放着椅子，閱覽室開放時，讀者就在桌子四週坐着看，報紙和什誌，就掛在四週的牆上，要看的話，可以自由取下隨意坐着看，但不可帶出閱覽室。

在閱覽室裏吾們又談到關於夜校的過去和現在。

據說補習學校是去年秋季創辦的，當時用補習班的名義，也由學術委員會管理，創辦前會對全體會員發過信，當時由於尙在暑假時期報名的同鄉並不多，所以兼收非同鄉，上期共收學生一百〇五人，本學期起，正式改為補習學校，由劉道周先生担任校長，這期報名的學生共有一百卌餘人，可惜同鄉會當局，並不把這件事看重，一般幹事都是職業青年們僅有的一些業餘時間要兼顧各方面的發展，總是心有餘而力不足

話談得很多，幹事們又很忙，我們就告辭了出來，這時樓下道場正做得熱鬧叮叮噹噹的嚮個不了，誰會相信在同一所房屋里，一方面在發展着新文化，提倡正當娛樂，而一方面又是在這樣的沉浸迷信，衛護着封建勢力呢？

迎同鄉會的會員大會

·實·

勝利後同鄉會第一次的會員大會將在七月七日召開了。關心同鄉會的會員們，一定對這次大會寄與莫大的期望。

我們東山同鄉會雖說是已成立了三十多年，但過去由於經濟與物質條件的限制，會務的範圍始終沒有擴展，大多辦些慈善性的事業，我會聽得有位同鄉說「同鄉會好像是個慈善機關。」這話並不是沒有原因的。

自從接收惠然軒和惠旅醫院後，會務範圍驟然擴大，會務基礎也得穩定，但對於旅滬同鄉福利工作，仍很少舉辦，因此幾十年來會與會員始終分立，各不相關，這與同鄉會的宗旨，實有不符，而相反的同鄉會這個組織有被少數人利用，爲發展私人利益的嫌疑，因此對於這次會員大會，本人以會員的立場提出幾點意見。

一、同鄉會理監事必須包括各方面人選，同鄉會是個公益團體，決不是私人的企業，它是用來代表全體旅滬同鄉利益的組織，因此各階層的代表必須都有發言權，這樣才可以避免被少數人利用。

二、同鄉會既爲旅滬同鄉而設，

城隍出巡花絮

看會人

四月初二日（國曆五月二日）是前山鵝潭頭總理三鄉武鄉候「老爺」出巡後山的日期，但是天不作美，到了初一下午二時下起雨來了，高高的莫釐峯，被白霧替代了翠綠，大家都担心着明天的會期改不改。筆者特地冒雨到廟上去看看。一般會首們正忙碌地清掃廟屋及準備着「紙馬」等一切事務，他們是抱定明天必出的決心，今天的下雨決不會使他們灰心懈怠，假定明天下雨才再決定改期的。晚上雨是更大了，睡在床上聽雨聲淅瀝，使得每個到山看會的人，都心中不安地担心着明天城隍會到底出巡不出巡？

廟中；正人頭擠擠，在燭光中黑黯黯地忙着。大概在二時左右吧！雨仍不停地下着，扮頭班五方的撩里「大阿哥」，他們出了廟門在雨中細細地辨明了風向，看了看山色，進廟後對「內班」說；「雨就要止了，我們可以跑了」。就殺了鷄，把鷄血開了臉，急急的粧扮完畢拜了拜「老爺」拿了鋼叉，舉了火把，呼嘯看火什什地頭班五方，就這樣的出發了。

照例頭班五方一出發，雖然下雨會也只能冒雨出了。

天慢慢地變作魚肚色了，雨亦斷斷續續地冒的少了止了。八九點鐘小街上早已喧喧攘攘進香的、吊臂香的，第二三班五方東西菱田的二條龍都上了廟，到後山去了。各村的檯擱正敲着鑼鼓裝起來。男女老幼，俏的醜的大批的人都望西而行，翻過了干山，黃泥，庙子三條嶺，過了槎灣，就到「聚家山趾」了。「聚家山趾」是前山會到後山的總匯大道，所以前後山看會的人都擁在這里了。後山的「五方」一班班的來回飛跑着，慢慢地前山的「五方」已絡續的經過了這里，到楊灣廟上去了，鑼聲烟香中，吊臂鑼的，吊臂香的亦一起起的過去了菱田上的二條龍正接連着盤旋不已，每條龍都是十三節每節下都裝有木棍，由人拿着，龍頭前另由一人拿了龍珠鑼鑼起舞，龍頭張開了血盆大嘴，再跟着一節節曲曲灣灣盤旋着。中午時刻人更擠了，鬧哄哄擠滿了整個「齊家山趾」，接着又是一班五方到了，全新的服裝；頭戴英雄帽，身穿俠士袍，脚着快靴裝束漂亮，手執刀、鎗、旗，鞭、五十二人飛也似到楊灣上廟後又回到「聚家山趾」來回的跑着，這是余塢鄉人所扮的彭公案之一——捉拿馬玉龍。正在大家期待中，忽然村童叫跳的說：「檯擱來了」。大家也跟着仰首向東望去，果然遠遠的綠影叢中，嬝嬝婷婷，五彩繽紛的檯擱一只只在擶叉如林中灣上了山趾大道，漸漸地近了，開鑼戲是施巷「老一百」，之後古色古香的殿前「珍珠塔」，葉巷「借茶」，以及英氣煥發的漾橋「打漁殺家」，唐股村「白水灘」，曹塢「打店」大園「賣藝」，還有西塢的「懸空檯擱」雙鎗並舉，人懸於空驚險萬分，末殿以渡水橋的「水漫金山」，三人裝扮，更爲難得。——前山十六只絡續過去後，後山的以王舍的「打店」爲前，之後；新打的「甘露寺」，「戲鳳」，舊的「老一百」，「慶頂珠」等，十九只抬擱過後，金鑼開道：「鑾架」，「拜香」，「解差」，「犯人」，「唱蓮花落」，以及「香亭」，「大輸」，「差人」，「無常」，「門子」，「細樂」等，一應儀仗過後就是總理三鄉「老爺」了。

「老爺」在楊灣廟中「坐茶」「

那末應以旅滬同鄉福利爲主，故鄉福利事業爲副，將後的會務必須根據這一原則來決定，不然便失去了同鄉會的意義。

三、同鄉會過去有幾位委員對於老不輒少的觀念很重，這是個很不好的傾向，我們並不誇張靑年人的能力，但任何事情，沒有靑年人的力量，便缺乏生氣，這是無可否認的事實，現在這種觀念，雖然比較轉變，但還限於表面，所以我希望今後的理事會必須徹底消滅這種不正確的觀念，不然一切的會務還是不能擴展。

四、同鄉會過去的執行委員不免還有私見存在，這並不是說執行委員有什麼私心。而是說對於私人的意見不免有些偏袒，因此無形中造成了幾個小集團，這矛盾已在日趨惡劣，對於會務前途是不利的，因此今後的理事會諸君必須有犧牲小我成全大我的精神，任何事情，不偏不袒，秉公辦理，才能消除這個矛盾。

以上四點，作爲對大會的建議，並預祝大會成功。

進膳」後，乃循西而行，到張巷，越平嶺，過新廟——在新廟也是人聲鼎沸的在守候着看轉會，轉會雖然「五方」「龍」「抬擱」等種種都有，但後山的一切都沒有了，所以總不能與「聚家山趾」相比擬了！加以轉會時間已晚，（五時許）所以大家看了「五方」等一部人就回去了，等到「抬擱」「老爺」回新廟，天將黑了，匆匆過去，「老爺」回廟。就結束了這次巡視後山之行。

後山會的出巡前山，因爲早晨又是下雨，所以頭班「五方」到八時多才到前山。在「新廟」上，吃食攤早已一個個在隔夜搭好了蓬帳，預備做這一年一二度的好買賣。九時後新廟上的人慢慢地多了，天空亦顯出了陽光，後山人鋪滿了「白沙」「花穿」嶺而來，吳巷，潦里，遠至渡村的人都扶老攜小到了新廟。前山的「吊臂香」「吊臂鑼」「吊留聲機」等等一批批的上金鷄嶺進天井灣去等後山老爺，二條龍又在新廟滿場舞，前後山的「五方」連接着的來回奔跑，前山抬擱在鑼鼓聲中三三二二的上了新廟。在白沙嶺脚卸下了等着。

時間慢慢的過去，新廟上人愈聚愈多，挨肩疊背直擠得路上都是人，慢慢地後山抬擱來了，還許多抬擱都換了服裝，更覺鮮豔奪目，愈覺婷婷可愛，前後山三十五只抬擱慢慢地在人堆中過去了，威靈王「老爺」的道子與前山會一樣的金鑼開道，不過多了些吊臂香，吊鑼的人，內中一人左右手各吊一面大鑼，鑼聲鏜鏜地敲着倒並不覺得迷信的可笑，反覺得鄉人體魄的雄健。「香亭」「大轎」之後，一班彭公案的五方再排在內慢慢地很威武地走着，好似戲台上走下來的戲子，老爺過後，一部份人都走小路先到鷄潭頭廟里去等候着迎接了。抬擱等過了新廟，在大街上又走了一小時許，方到廟門，前山老爺早在廟前曠場上迎接了，後山老爺在差人跪迎着放砲三響後進了廟門，前山老爺亦跟着進去。沒有進廟門的人也想跟着通去，都被「無常」「差人」在門口阻住，在大堂內亦早圍滿了人，二尊「老爺」昇了大堂，「揩面」，「換席」，「用點」後，再由門子抬進書房敍舊片刻，方再抬到大堂，再行「換席」，後就在樂聲中正式坐席進酒用膳了。一道道的小菜上來，先由廚子跪進給門子，再由門子恭敬地放在桌上，然後在「貴大老爺請」「家老爺請」聲中，慢慢用膳，上完大菜就進點心。後山「門子」被前山「門子」邀在便堂，真的吃飯了，飯後後山「轎班」「門子」領賞跪謝，後山「老爺」亦賞了前山「門子」，一樣的跪謝了。然後「老爺」吃飯，飯後起身「告辭」，已是五時許了。前山老爺送出大門，差人鑾駕等儀仗亦送過了殿前，到養力亭而回。後山威靈王湯老爺斌，就下渡水橋轉菱田，潦里，上王家涇，往西過干山嶺而折道回衙了。

投稿簡約

一、本刊歡迎讀者賜稿，尤以有關東山之建設和批評之論文以及消息等。其他佳作，亦甚歡迎。

二、來稿請註明眞實姓名及通訊處，發表時署名隨便。

三、來稿本刊有刪改權，預先聲明者例外。

四、來稿如不能刊載，當依通訊處送還。

從東山人的自私和勢利說起

·羽毛·

東山人是最自私最勢利的，這不是過甚其辭，實在這句話自有他的根據。

東山人從小就受到父母們深刻的訓導「要有出息」，所謂有出息換句話說就是會賺錢，所以東山人的家庭教育可以說竟是一種標準的市儈教育，這教育的確收獲了相當的效果，一個個衣錦榮歸的少爺，一位位商界聞名的老爺，這便是東山家庭教育的成果，於是發財的丈夫，會拚錢的兒子，「息」大大的出了，老太太，奶奶們享福在她們看來這正是應收的「花利」，所以東山人栽培子弟，讀書竟稱之為「下本」，你想，「下本」有「出息」這是多麼自私而市儈氣的口吻。

東山人不論在社會上，在家庭裏，誰有錢誰就有勢力，我想起了蘇秦的「貧窮則父母不子，富貴則親戚畏懼」，二句話，記得席啓蓀紅的時候在上海同鄉會要他做×××，回東山警察局會自動的派警察保護，區長×長，都登門訪候，眞是氣燄萬丈，不可一世，到後來，當他垮了以後，不要說旁人，連自已的家屬妻兒都欺侮了他，一般的批評，——席啓蓀是一個大傻瓜，眞所謂此一時，彼一時，我說，席啓蓀倒是一個眞正領略了一切世味的人，如果他還活着的話，看到了這一幕，亦係眞會不勝其感慨的吧。

同鄉會要改選了，當選的幾位理事準沒有窮小

隨筆五章

·言子·

一　枇杷

時屆仲夏，遍地枇杷，水果商恆隱枇杷之名，而稱東山白沙。東山白沙，以照種白沙為尤佳。據胡昌熾君之調查云：「原樹為王秋瀛家所有，被傭人賀照山氏注意，採接繁殖，產果優良，漸及隣人，亦改接此種，後呼此枇杷種為照種．本種可謂為賀照山氏之選擇傳出之種，現在栽培之白沙枇杷，以該種最多，而品質最優，賀照山氏當時栽培之枇杷，現在尚存，在槎灣藏船塢地方同墳墓之附近，在王家之原樹已枯死，今留存僅照山氏所接之次代矣。」關於枇杷之語源，或云因其果形似彈奏之琵琶，或云因其葉似琵琶，故名枇杷。如羣芳譜果譜內易：「枇杷一名盧橘，樹高丈餘，云種，肥枝長葉，微似栗，大如驢耳，背有黃毛，形如琵琶，故名。」枇杷之英名Loquats為盧橘之譯音，日名匕八則譯自枇杷或琵琶也。枇杷之記載，散見於史乘詩賦者甚多，如司馬相如上林賦皿：「盧橘夏熟黃甘橙榛枇杷。」「周祇：「枇杷寒暑無變，負雪揚花，余植之庭側。」又云：「名同樂器，質異貞松，四時同歷，素花冬榮。」杜甫詩：「五月枇杷實，噴噴味尚酸，櫟柳枝枝弱，枇杷樹樹香。」宋景文詩：「有果產四蜀，作花凌早寒，樹繁碧玉葉，柯疊黃金丸。」楊庭秀詩：葉「大聳長耳，一梢堪滿盤，荔枝多與，核金橘却無酸，兩厭低枝重，漿流冰齒寒，長卿今在否？莫遺作園官。」梅聖俞詩：「五月枇杷黃似橘，誰思荔枝同此時，嘉名已著上林賦，却恨紅梅未有詩」。

二　銀杏

近數年來，東山農作物之變更殊鉅，卽桑圃變為麥田，或桑圃間植銀杏，銀杏以白得名，俗呼白果，形如杏而核色白，故名銀杏，樹高大，可合抱，葉若鴨掌，故又名鴨掌樹，或鴨掌子。俗傳有雌雄兩種，雌者結實纍纍，雄者，雖植百年而不結實．樹幹高入雲霄，故易為雷電所燬。

三　石榴

東山石榴，產於後山灣裏一帶，有水晶石榴及紅子石榴之別，其種來自西域。羣芳譜謂本出塗林安石國，漢張騫使西域得其種以歸，故名安石榴。一名若榴，廣雅云：「丹質乖垂，若贅瘤也。」吳人因其多子，且諧音為順流，故以餽贈親友，敬神祀祖，取兆吉祥也。

四　梅子

梅為東方產物，楊萬里和梅詩序有云：「梅肇於炎帝之經，著於說命之書，召南之詩。」古人與松竹並稱為歲寒三友。吳中以梅著稱者，為玄墓光福二山，但東山梅花，亦不減二山，歸莊尋花日記云：「吳中梅花，玄墓光福二山為最勝，入春則游人雜沓，輿馬相望，洞庭梅花不減二山，而僻遠在太湖之中，游屐罕至，故余年來多捨玄墓光福而至洞庭。」故東山之梅，產量亦豐，人行其間，望油

子的份，你要知道東山的富人是那幾位，可以查閱一下，歷屆的同鄉會當選委員的名單，那是一份貞可哉的備忘錄，「民主」嗎？在東山有的是紳主，（紳士老爺的主權，高於一切）競選嗎？你先計算一下自已的財產，錢袋子不滿就等于身份太低，够不上資格，你要發起公益事業，更得先估計一下可能有多少附和人，這附和，你可知道包含着多少聯絡趨奉的雙重意義。

資本主義社會的金錢至上觀念，使東山人一個個地變得那樣的自私與勢利，誰例外誰就是戇大，你說他們愚蠢嗎？你自已才眞是一個蠢得可以的傢伙，這決不是一人一地的事了，這已經是整個社會意識的反映，無情的暴露，撕下他們的面具來，亦許對整個的社會進步是有益的，我希望。

然青梅，頓覺生澤。昔曹孟德有望梅止渴之故事，洵屬不誣。梅花見於吟梅者頗多，茲且錄錢庾信吟梅詩一則於下：「當年臘月半，已覺梅花闌，不信今春晚，俱來雪裏看，樹動懸冰落，枝高出手寒，早知覓不見，眞悔著衣單。」杜子美贊曰：「瓊枝小雪天，分外見精神。」及今膾炙人口之宋盧梅坡詩：「梅須遜雪三分白，雪却輸梅一段香。」其評尤爲恰當。讀姚淶梅花記，知其有五善焉：「博於濟物，仁也；不撓於時，義也；生不相陵，禮也；審於擇友，智也；出不愆其期，信也。」有此五善，故林和靖願與爲伴也。

五　楊梅

我鄉洞庭山盛產楊梅，孟春開花，仲夏採實，味甜酸，鹽醃蜜漬均佳，與閩產荔枝齊名，其別名甚多，曰驪珠，陸游詩：未愛滿盤堆以齊，先驚探頷得驪珠。曰鶴頂，徐階詩：析來鶴頂紅猶濕，剜得龍睛血未乾，曰聖僧，濟確類書載，揚前人稱白楊梅爲聖僧。曰紅實，郭正祥楊梅詩：紅實綴青枝，爛漫照前塢。曰金丹，兵珂詩：雪池看火樹，霞室試金丹。曰顆彈，徐階詩，三春葉底青丸小，五月枝頭顆彈圓。曰隋珠，李東陽詩；名從傳鼎遙分派。價比隋珠亦稱情。楊萬里詠楊梅詩云：玉肌半醉生紅粟。墨暈微深染紫囊。則紅粟、紫囊又均爲楊梅別號。蘇東坡詩云：夏日決決入洞庭，六月楊梅正滿林。又陸游詩云：食罷黃榴才止渴，又嘗楊梅振身心。古人重視如此，故洞庭楊梅，名播遐邇。

寄吳縣東山地方建設協進會的一封公開信（來件）

諸位父老們！

我鄉自敵寇投降後，所有在敵僞時期中的苛捐雜稅，均隨而消滅，民困得蘇，但對於政治的設施；及地方的戰後建設，都不能順利地展開，究其癥結；一爲經濟的不充裕，二爲辦事人員的能力差，是最大的原因。

欣悉這次由你們父老出來組織這個地方建設協進會爲桑梓服務其使命重大，但是經濟是工作的原動力，你們旣未經政府備案核准，當然政府方面不能撥補經費來展開工作，便祇能自動地向地方上籌措，所有你們的組織條例；及辦事細則，使我們民衆沒法知道，是爲缺憾，

在十字街頭所聽到的消息；這次鮮繭你們須從價征收百分之三的補助費，枇杷的出口，須繳納補助費，每担征收二千四百元，其他捐款，不得而知，但是據一般人的統計，今年我鄉的鮮繭產量，將達一千二百担左右，其每担的扯價約如十一萬元餘，枇杷的出口，至少有二千担左右，依照上面二項的估計，所被抽取的補助費，其總額至少應有八百八十萬元之鉅，況其他捐款，就未列入，可是這筆龐大的捐款，請問計劃做些什麼建設事業？

最後一句話，請賢明的當局，拿了同鄉們的血汗錢，給我們辦些眞正地方上的建設事業吧！讓老百姓得到些實惠的享受！

東山同鄉　施毅　葉榮民　葉杏非　李潔　謹上

寄亡友

蘆花

是一個深秋的傍晚，窗外深紅色的楓葉纍纍地在飄落，佈滿了灰白的陰霾的天空，好像就要掉下雨來；淒冷蕭瑟的西北風正括得呼呼地滲入了大地的每個角落。

忽然，後門「咿呀」的一聲，閃進來一個綠衣人，他默默地遞給我一封信。

那是一封從遙遠的故鄉的來信，信面寫着潦草的字跡，認筆跡我就知道那是已長久不通訊了的瑾的來信。我懷了極度的熱望和愉快，興奮的心情去拆它，因爲這是稀有的故鄉來的音訊啊！

迅速的拆開信，攤開了它，集中了注意力。可是一讀到了裏面的字句，却不禁使我驚悸，悚然，呵！它竟傳來了你悲痛的噩耗。我凝思地發着楞，還當是我的眼花了，但是那寫着黑字的白紙上，又明明是這樣的寫着。

立刻，我的思緒充滿了你的印象，我回憶：是大家還熱鬧地在故鄉一塊兒求學的二年以前，那時，你正以你那活潑的身手、玲瓏，清靜的頭腦，正確的思想——領導我們學校的自治會；你工作是那麼的勤誠，努力，而成績又是何等的優美！同學們不是都敬佩你？說你是有卓越的天才，當時我和你是同班，彼此的感情也頗融洽。由於我對自治會方面工作的不關和對社會活動的缺乏興趣去參加，你不是時常勸告我，叫我不要專門捧牢了書本子讀死書；同時你還說：「這樣的時代早已過去了，現在是二十世紀的科學世界，且又當祖國動蕩不定的時日，我們不要再關住了大門讀書，我們應該適應環境，把眼光放大了從書本外去學習，學習那些活的，生動的，現實的，學問和知識，啊！這是多麼寶貴的導言！

不久學校被解散，我就此跳進了社會的商業層。別離時，在匆促間也沒曾同你辭別，事後，我真是覺得非常惆悵。

在慢慢的二年中，起先，我倒還得到些關於你的消息，說你正患着輕微的肋膜炎，居留在病院休養。由於我的貧懶和工作的關係，不大同各友通訊，於是關於你的消息也便杳然，無形中，中間長起深厚的隔膜。

許多日子來，我以爲你的病早已痊癒了。

到現在，重又得到了關於你的消息，但祗是你最後的消息；你竟經不住頑固的病魔的侵擾而遽逝了。

你是死了你是辭別了枯燥的人生旅程，離開了你曾咀呪過的這個黑暗的社會，但你從前不是曾經說過：對於這黑暗的社會，我們要用不屈不撓的精神和鋼鐵樣的意志去改造它！要肅清那封建的餘孽，和撲滅正在滋長繁殖着的中國法西斯細菌。

可是你悄悄地死了，許多同學和你的相識者都在惋息你，追憶你，痛哭你！

你是死了，對於我好似一盞在茫茫的原野裏的明燈驟然熄滅；但我一定緊記住你了話，我要堅強地站立起來。挺起胸脯，穩步地踏着崎嶇的人生道路前進！

你是死了！但你終於瞧到了瘋狂侵略者的死亡，和世界和平曙光的揭露，這一層，你的胸襟該是十分的舒暢，愉快吧！

眞不應該死！你是這樣的青年，好比是一朵含苞的蓓蕾，不久將來它會儘情的鮮麗地開放，又好比是一輪初昇的旭日，不久它的燦爛的光茫將普照大地，但是一陣無情的暴風雨，它吹折了花枝，可怖的陰霾反遮掩了晨曦。

在戰爭期間，我知道，你也曾替祖國盡過力，可是在戰後，遍體鱗傷的祖國正更需要你，去建設它，復興它，讓它能名實相符地堅強的站到世界的民主強國里！

你是死了！而又是多麼的青年！正當有爲的青春時期，努力幹事的當兒！

幼時的你死了爹，有你的母親辛勞地培養到了成人，你顯得是這樣的能幹，你的母親是多麼的快樂！抑鬱了十幾年的心是得到了慰藉。她滿望你能夠替社會，國家甚至全人類多做些事，滿望你有錦繡前程，雖然談不到顯耀門庭。她把所有的希望都寄託在他的身上，因爲她只有你一個人兒呀！

你是死了，你年老的母親底滿腔熱望，不知該冷凝到什麼地步？從你身上得到的安慰竟只曇花一現，而她美麗的理想，成了莫名的泡影，她內心的悲痛，精神的打擊，和以後生活的無味，人生的寂寞也不知該到了什麼程度？啊！你死了，你畢竟抛却了一切，訣別了一切，匆匆的結束了人生旅程！

夜色，籠罩了大地，四周昏黯得怕人，呼呼的風聲又似乎是哭泣。我燃亮了電燈在淡黃色的光綫下，又重讀了瑾的來信，雖然字跡太潦草，但靜靜的都一個個跳入了我的眼臉。是那麼的悲痛動人了，熱情到了極點，在不知不覺中突然我覺得眼眶潤了溼，同時在紙的一角，發見了幾滴晶瑩的水點，我立刻意識到那是我奪眶的淚水。

長篇連載

莫釐遊誌

（一）

許明煦

洞庭東山簡稱東山，因位於洞山庭山之東故名；一名胥母；越絕書蠡游於胥母；一名莫釐，相傳隋莫釐將軍居此。山突出於東太湖中，形似半島，距吳縣城西南八十里，去胥口四十里，周五十餘里，莫釐為其主峯，海拔二九七公尺，名勝古蹟，分佈各處，欲一一遍訪，誠為不易，今擇其著者分為六組，俾便遊覽，循此可作六日之遊矣。

第一組　北部內圍

渡水橋又名風月橋，通志云：一名具區風月橋。明楊循吉重修渡水橋碑記文云：

「東洞庭峙太湖中心，厥惟吳邑之重鎮，……具區港界二峯之間，西五里曰莫釐，東二里曰武峯，其南北貫於太湖，本具區也，以其水恆出，是故以為號焉，其流廣而且急，隔越行旅，為必由之要津，故有石梁曰渡水，廢四十年矣，里人盧用工鉅弗取圖，架木以濟，高危溧濼，每風雨晨夕，人之提攜負荷過者，多恐怖隕業，或仆而溺，居武峯下者，有前賦長吳天衿，謹愿人也，病人之厄，慨然思作之，邑令鄺侯美其志，白之郡守史公，公善之，遺吏獎勞曰：「汝必亟成，乃積無慾懈，惟汝名僥，亦曰汝成，予其義汝。」天衿感勵，益勉厥事，舊石材惡弗可用，盡棄之，別購嶰村之良者甃焉，遂以弘治九年之九月告成。凡長一十六丈；高二丈九尺，東西為石堤，延袤又各四十餘丈，其費金將百鋌而不吝，工部姚公方督水利事，亦懿而旌之。然後山之人悅，弗憂於雨；弗惕於夜，化艱處為坦途，下視風濤不我能即懾焉，咨嗟以為盛舉。……」

橋位於莫釐武山之間，東西相接，中貫太湖，今為蘇山輪船停泊處，故市廛稠密。玄丁詩云：

颱輪盡日到家園，渡水橋頭晚市喧，
橋上行人頻點首，相逢隔岸話寒暄。

藍味實也。橋西為殿經港，右為殿前河，清澈可見魚子，港閘石欄，如長蛇蜒蜒，右為麥田，微風過處，麥浪無邊。遠望青山如屛，間以紅牆一角，先使遊子不酒而自醉。殿經港中有春義堂，又名養力亭，為理教勸戒煙酒分會，壁嵌鄭公鶴亭張公金蟊紀念碑，該公保障東山，萬民受福，再前為孫公亭，係紀念遜清光緒間修葺殿經港之孫展雲君，譽其功並白蘇，亭有聯曰：山中司馬心如鏡，路上行人口似碑。可見為官清正，能造福人民者，則名垂千古無疑。逾亭為張仁鐸妻許氏之節孝坊，巍然屹立，令人興景仰之思。至殿前有東嶽行宮，俗稱張師殿，宋開寶中里人張大郎捨地建，明正統間重修，吳惠有記。經殿後入土山，土山為翁巷平盤至殿前之捷徑，因鄉人趨便由席氏墓（席氏二十二世韓五公之墓）旁踏久而成之路，初為崎嶇小徑，於宣統元年始由席錫藩君捐款興築，一變羊腸而為康莊，名曰新街。計闊七尺，長百八十丈，今街左有亭翼然，紀功之碑在焉。亭旁有池，俗稱荷花潭，每當炎夏，芙蕖盛開，香風撲面，沁人心脾。昔張子野詩云：「浮萍斷處見山影。」溫庭筠詞云：「吹皺一池春水」，不啻為該池寫照。經平盤，至中席巷，可訪唐武衛將軍席溫墓，俗稱將軍墳，明萬曆十二年孟春二十六世孫席鏓等建，清康熙五十九年十二月重修。每逢清明，由裔孫祭掃，極一時之盛。玄丁詩云：

千秋華表將軍墓，翠柏蒼松夕照餘，
自是東山稱大族，追源一脈溯唐初。

折至翠峯路，過吳氏永思堂，吳氏上世季王札封於延陵，厥孫濮婁、徙居洞庭。

（待續）

徐鶴、火月、落葉諸君：承惠大作或木刻均收到，因篇幅所限容于下期刊載，請原諒。

編輯室

莫釐風

第二期

奠基 安世作

東聯社出版

本刊啟事

本刊出版以來，承蒙讀者愛護，踴躍惠購，現爲優待起見，特訂長期定戶優待辦法，凡一次繳款叁千元者，本社當按期寄奉，八折扣費，扣滿後得繼續優待續訂。希讀者注意。

附啓：凡訂閱本刊，均由本社製給正式收條。

第二期目錄

民國三十五年八月一日出版

在戰時，東山青年組織了宣傳隊，担任了抗敵的鄉村宣傳工作。現在，將用十倍於抗戰時的精神，不餒不慢的來推動建國和建鄉的工作！

新生的東山青年

朱飆

莫釐風在同鄉們熱誠的期望下出版了。

一般人都說：『莫釐風是青年派所辦的。』「青年派」這個名詞在東山人的腦海中好像還十分新鮮，說這話的人會包含着二種不同的意義：一部份人是以同情和「孺子可教」的立場來勉勵的，另一部份人是以輕蔑的態度來譏諷的。我們覺得不管他是同情的勉勵和輕蔑的譏諷，能够成功一個「派」，有組織有，系統而不是烏合之衆的一羣，便是我們青年的成功。

「青年派」的名詞是新的，但歷史倒很悠久，記得還在九年以前的夏季，祖國的每一角，都掀起了抗戰的巨浪，每個不願做奴隸的同胞，在抗日救國的口號下，洶湧地走進抗戰的陣營。

我們東山青年也就在那時堅强地站立了起來，首先有務本安定的同學起來組織同學會，連絡幹部，接着務本同學主辦新東山流通圖書館，新東山月刊，洞庭藍球隊。安定同學會也主辦民衆書報閱覽室和東山青年刊物和安定小球隊，文昌同學也組織文昌小球隊，使故鄉的文化和體育有劃時代蓬勃的發展。

最後安定，文昌，務本同學會更組織宣傳隊，担任抗敵後援會的宣傳組，用戲劇、歌詠、標語、演講、口號等等宣傳方式，把抗戰的意義推入到各鄉各鎮以及每個人的頭腦裏，光榮的工作奠定了東山青年團體事業的基礎。

戰事西移，每個人都在低氣壓中呼吸，然而東山青年們並不因此沉寂，由安定同學的不斷努力，參加了同鄉會的建鄉工作。

試看二年前的同鄉會，還只是莊嚴清靜的佛地，會員們除了付會費和捐款的義務外，很少有跟同鄉會聯絡的機會；如今是改變了，青年派起來號召前後山青年的大團結，加入了鑑塘，南洋，鍾秀等校同學的生力軍，共同主持了圖書室，補習夜校，乒乓球隊，聯誼月刊，交誼會，座談會，歌詠班等一切娛樂和學術的活動，多少能適合時代的需要和對會員們有切身的供獻，比了那些近視式的慈善事業和荒謬的迷信事業來得切實多了。

八年的抗戰是勝利了，艱苦的生活使每個人的額角上深深地印上了幾條烙痕，八年來的我們已鍛練得更沉着更堅强，爲着東山的前途，團結在東聯社的周圍，爲着祖國的前途，今後的我們將繼承光榮的歷史加上學習和吸收同鄉前輩的經驗，用十倍於抗戰的精神，不餒不慢來推動建國建鄉的工作！

近世紀來，科學在迅速的發展着，我們日常的衣、食、住、行，都要借助於科學，因此人們的生活希望能日漸科學化。但是在一個迷信氣氛濃厚的國家裏，科學一定不能發展，大家知道迷信是一種退步的思想，科學已以事實來否定了迷信，可是在被稱爲原子時代的今天，迷信的勢力不但仍在落後的農村裏擴展着，抑且在文明的都市裏，尙被一般權力階級維護着。在報紙上我們能看到原子能，雷達實驗的成效；同時，亦能見到張天師的行蹤，屈能伸、袁左鈍等星相者的鉅幅廣告，茅山道士仙水治病的謬事，這種矛盾的現象正說明了宗教社會所遺留下的殘餘，還向進步的科學作頑強的抗爭，迷信爲什麽能根深蒂固地存在於今日？當然它有着複雜的因素，這個問題是值得提出究討的。

迷信是件有閒階級的東西

一般終日閒散無所事事的有閒階級，他們每天除了「茶來伸手，飯來開口」以外，既沒有一種正當的嗜好，又沒有一個前進的正確的思想信仰，他們日常的功課是唸經、祈禱，和消耗一些物資——迷信品，藉以對已往行爲的懺悔，希冀神的原恕，幻想着來世神能賜於他們更多的幸福，藉獲得心靈上的慰藉。因爲迷信是一種單純的思想，它不比其他一切進步的科學思想來得複雜，所以迷信對於一般頭腦簡單的和想逃避現實的有閒階級是一個最適宜的信仰對象。

閒談

迷信是有作用的

迷信是件最可利用的工具，有些官僚、士紳，他們耗費了鉅額的金錢在地方上建造廟宇、教堂，說道，講經，其實他們的目的不是在於純眞的宗教宣傳，他們懷有某種企圖，想利用迷信來作工具。外人侵略中國先以宗教潛入，這是毋用諱言的事實，有些牧師、僧尼、道士，三姑六婆，他們頌揚迷信，欺騙愚民，他們自己何嘗不知愚蠢，但是爲了吃飯和其他的企求，他們不得不口是心非。從前的君王爲了保持他們的統治權，要人民服從他們，便把自己稱爲「天子」，把「我是神的兒子」的謊言來欺騙人民，使人民不敢起來造反，任其爲所欲爲，暴虐、專制、剝削、殘殺……。

迷信是出於僥倖心理的驅使

俗語說：「急來抱佛脚」。當一個人在某一件事遭到失敗或絕望的時候，往往會受僥倖心理的驅使，妄想能從迷信方面得到一些希望和安慰。一個病人當他的疾病已入藥石罔效絕望的時候，他或他的關係人就會受僥倖心理的驅使去燒香

奠基

——封面題記

·安世·

誰都知道要有偉大的事業，必定要有健全的基礎，基礎不是從天上掉下來，地上長出來的，必須要憑着人力，物力，財力，除障礙，去荆棘，流血汗，才能表現出來的。東聯社以微弱的人力，物力，財力，發行了月刊，報導鄉情，發揮輿論，使得貪汚者不能隨心所欲，腐敗者不致沉淪不拔，至少能得到一部份小小的效果。

自創刊號問世後，承前輩鼓勵：「但願恃之以恆」以同鄉的目光來估計同鄉，再準確也沒有了，尤其是士大夫一類人物的論調，足以左右聽視，做事的確須要人鼓勵，可以興奮，同時也要大衆批評，纔可進步。東聯社出版的莫釐風，不是自私的，謀利的，揚名的，本着服務桑梓的宗旨邁進！憑着愚公移山的毅力，貫徹到底！

同鄉具有施小惠而望巨大收穫的心理，祇在個人的利益範圍內發展，眞是三十年來如一日，同鄉的事業和地位，可以說退則有之，偶而有一二位也肯慷慨解囊，可惜沽名釣譽的氣氛太濃一點了，非得大吹大擂某大善士捐款×百萬元，來顯名揚姓，足以自豪，足以自慰；可是對于這一類人物也是鳳毛麟角，大多數還袖手旁觀，這樣渾渾噩噩的下去，眞是不堪想像了！希望同鄉願爲故鄉謀福利的，共同樹立金城湯池一般的基礎，蟻馱馬負各盡其力，來奠定團結同鄉，福利同鄉的基礎。

迷信

旅人

、拜佛、求神、問卜，希望在絕望中求得一線希望。在某本書本上有一個故事：有次戰爭時，一個城市在炮火籠罩下，人民都想逃難，但何處適從，不能下判斷，有些人便去求籤（問菩薩），可是籤上所說的「城亦可逃，鄉亦可逃，在刼者難逃。」一些不着邊際的滑頭結論。所以這種妄想，除了加速現實的失敗和決定絕望以外是無補於實際的。

迷信在農業區甚於工業區

中國由於農村教育的不普及，致使農民智識落後，又被經濟所困，農民利用機械尚未能實現，所以農作物的助長全賴於大自然，大自然的奧妙，對於一個缺乏科學智識的農民是很容易發生懷疑的，他們受到歷來傳統習俗的應響，和僧尼之類賴迷信為生者的誘惑，迷信便會自然地在他們簡單的頭腦中產生。工人則與農民不同，他們每天接近機械，對於科學當然較有認識和了解的機會，所以在工人羣中迷信者較少於農民。

迷信是件阻礙物，阻礙了科學的進展；是個騙子，欺騙了無數愚民；是一把枷鎖，鋼緊了許多活潑的青年；又是一把利刀，殺害了無數無辜；它削弱了進步的力量，它浪費了有用的物資！尤其在我們的故鄉——東山，迷信的風氣還是如此般熾烈；每年每個家庭中所耗費於迷信上的要佔全年支出的百分之二十至三十，勞力的浪費更無從統計了。

剷除迷信，有的人主張必須借助於政治的力量，用高壓的手段來摧毀它，話雖不錯，但這種施策未免失之過激而不能徹底，要知道迷信的產生是由於智識的浮淺和思想的落後，剷除迷信應先於這方面着手才是，普及教育，灌輸科學的智識，是剷除迷信的簡捷辦法，又如提倡正當娛樂，使迷信者的精神和旨趣能從迎神賽會轉變到前進的戲劇和有益於身心的運動上去，取締迷信品的買賣或課以重稅，幫助牧師、僧尼、道士之類賴迷信為生者得到一個正當的職業，把教堂、寺院、庵堂改為社會團體的會所、民衆教育館、醫病院、學校、慈善機關等，不但可減少社會的消費，抑且可增加社會的福利，總之，剷除迷信是件需要耐心的艱難工作，必須對症下藥，按步幹來，才能在我們的社會裏，把迷信連根拔掉。

× × × × × × × × × ×

・5・

小消息

◇上月廿九日有中央委員沈恩曾暨隨從秘書王震海，水利委員陳慶，工程師唐振緒等，單放汽船來山，並由吳縣警察局水警隊隊長鄭夢蘭護衛，前往豐圻金灣一帶，巡視農村區。準備以科學方法來改良吾山特產，是由建國機器墾植公司投資，乃爲官僚資本投資吾山之先聲也。

◇縣府今成立鄉鎮警士幹訓所，通令各鄉鎮派員調縣受訓，本山各鄉鎮已在挑選中，聞每鄉鎮去一人云。

◇本山三日大雨滂沱，街衢積水成潦，四日花園弄習殿背後，殿前一直至西街曹公潭一帶，沒水過膝，皆成澤國，又響水澗之溪水亦溢出地面尺許，鄉人云是爲八年來未曾有者。

◇九日清晨殿前，王衙門前，橋頭及莫釐中學門口等處，發現紅綠標語，計共十條，「××長嘴裏仁義道德，心裏男盜女娼」，「買白粉雅片煙請到王衙門前」，「吸毒者的安樂地請到東山來」，「××長的收入乃煙燈賭台爲大宗」，「渡水橋×長××出十担米買來的×長」，「新廟做戲勒索六十萬元」，「鮮魚船出口

貢獻給同鄉會新理監事會

·雲·

同鄉會新理監事已經產生了。（名單請看本刊小消息欄）不可否認其中很多理事都曾爲同鄉會幹了許多事業，爲同鄉盡了很多義務，但同樣也有許多唯唯否否的人物，只是湊湊人數，對會務很少發生作用。選舉的對象還是脫不了身價與地位。令人欣慰的是葉振民先生當選爲理事長，我們表示着衷心的歡迎與擁戴；葉先生在前任主席時，曾爲同鄉會建立了鞏固的基礎，這次再度當選，駕輕就熟，定能爲同鄉會創辦更多的事業，這裏我們再提出幾點建議，貢獻給新理監事會作爲參考。

（一）多舉辦會員福利工作——過去會與會員隔膜的原因在于會員福利工作辦得太少，如果理監事會諸君希望會與會員接近的話，那末這是一件很緊要的工作。

（二）統一會務組織——過去同鄉會的專務委員會很多，這種無計劃的濫設，既荒廢人力，又浪費時間；幾位重要的委員經常開會忙，日久便無形中疏怠，形成有其名而無其實。所以我們建議：今後的會務組織必須根據會務須要，預先確定，根據現在的情形，我們可以假定在理事會下設立以下四個委員會：

A聯誼福利委員會——舉凡聯誼，康樂，福利性的組織都可劃歸聯誼福利委員會管理，如乒乓，戲劇，音樂等。

B文化教育委員會——舉凡文化，教育的組織，都可由文化教育委員會管理，如圖書室，補習學校，產科學校，莫釐中學，學術演講，小學貸金等。

C經濟財務委員會——舉凡企業之創辦與管理，財務之預算，房屋地產之管理，會費收入，會務開支，預算等。

D公益慈善委員會——舉凡公益事業，慈善事業，醫院管理，醫藥貸金等。

（三）廣泛號召熱心同鄉，參加各專務委員會。過去各專務委員僅一二人主持其事，其餘委員無非是湊人數，甚至有從未出席會議者。今後必須轉變這種情形，各委員盡可能勿兼任二個委員會，使工作集中，不致疏忽。

（四）健全會員組織——過去同鄉會對會員組織可說是一無成績，設立同鄉會的目的原爲團結同鄉，互助發展。今後對會員組織工作必須特別注意，對原有的同族會，同學會各單位要盡力協助。

（五）聘請專責總幹事——今後會務日繁，必須有一個熱心的總幹事來負責，如一味依賴幾個業餘同鄉來發展，那不是一個健全的辦法，要是職業忙碌，便無形中疏怠，勢必造成對會員不好的印象，所以聘請總幹事也是一件很緊要的工作。

（六）盡速完成木東公路——這是件含有歷史性的工作，這件工作的完成可能使同鄉會的聲譽大大提高，並且東山的治安，文化，經濟也可推進一步，對同鄉往返可以減少許多不必要的時間和費用。

（七）發展故鄉經濟建設——故鄉經濟落後，文化低落，發展故鄉經濟建設是件刻不容緩的事。

以上七點都與今後會務有很大的關係，特提供給理監事會希望提出討論。

◇　◇　◇　◇

每只三萬元」，「××所一筆糊塗賬，不能公佈」，「××長私吸雅片煙」，「打倒貪官汚吏」，上署東山民衆製，未幾暗下被人撕掉。

◇本鄉自入夏以來霍亂猖獗，聞患者達廿人，死者四人，據駐山醫師云，鄉人醫藥常識缺乏，凡遇發生霍亂，常以土法挑痧治之，非至陷於絕境，皆不肯送醫院，致枉死者頗多，現莫醫師挨戶爲鄉人注射防疫針以防蔓延，希望旅滬同鄉協助宣傳，推動家屬自動注射防疫針。

◇同鄉會會員大會已於七月七日召開，到有會員一百廿餘人，即席報告會務及財務狀況，並選出理事十五人，候補理事七人，監事五人，候補監事二人，茲將當選理監事名單抄錄於後。

理事劉道周，朱潤身，葉振民，嚴挹謙，席光熙，王礪琛，席滌深，席伯華，席裕昌，翁受宜，葉恩博，葉樂天，席玉年，吳啓周，陸鍾琪。

候補理事席李明，徐六笙，邱良玉，張紫紱，嚴培生，陸書臣，席韻樵。

監事嚴錫蘩，葉秀純，吳蘭生，席德甚，葉藜青。

候補監事翁清澄。

◇同鄉會新理監事會就職禮已於七月廿一日舉行，葉振民，朱潤身，劉道周，席光熙，王礪琛，當選爲常務理事，葉秀純，葉藜青，嚴錫蘩，爲常務監事，葉振民君被推爲理事長。

◇同鄉會聯誼室辦有歌唱班，特聘請聲樂家茹煒先生指導，定每星期六晚八時開始練習，歡迎同鄉參加。

◇東山旅滬席氏，組織同族會，已開過籌備會數次，先徵求同族登記，再召開大會，籌備處設在同鄉會。

◇葉振民先生榮任本屆同鄉會理事長後，對木東公路之建設積極推進，聞將由同鄉會發起邀合木瀆，橫涇，浦莊，渡村等地士紳組織木東公路籌備會，共策進行云。

◇近來各地及故鄉謠傳莫釐中學下期收費交米一石，或傳收五萬元者甚多，因此引起一班爲家長者議論紛紛，本社特以此訊向該校負責當局請求答覆，據云校董會對此尚未談及，此傳說全爲神經過敏者之猜測，幸同鄉勿輕信。又據云下期學費至多不會超過三萬元，校董會決以最大力量減低學費，而謀普及教育之責。

◇有傳說葉振民先生將出任蘇山公路管理局經理之說，葉氏鄭重否認。

◇莫釐中學暑期補習班業已上課，設有國，英，算，史地等科本定招生一年級三十名，三年級十五名，後因報名者踴躍，定額亦隨增加。該校二年級生學費免，一年級生收費一千元，外校學生收學費二千元，雜費一千元補習日期六星期，每日三小時。

◇到山水警十餘人係京滬綏靖部直轄部隊，前屬湯恩伯將軍，現屬李默庵將軍。

◇東聯社開始籌備以來，各校同學贊助參加者頗爲踴躍，並歡迎東山同學參加，已準備派幹事至山聯絡各校同學，一俟籌備就緒，當即召開大會。

◇武山東塢鴻里二十五日到大批匪徒搶劫，彼劫者有十數家，滿裝二船揚長而去，盜匪均穿制服。

◇廿六日由蘇開山之輪船行經橫涇汴附近，被某部隊攔住，有一大船欲令該船拖至木瀆，船人即謂該船係開往東山，不經木瀆，豈知有一兵士即以手溜彈一枝擲向該船，船上乘客咸驚皇失措，避往一邊，船幾翻身，有一女客當場落水，被人救起幸彈未爆發，未傷一人，同日由山開蘇之輪船途經白揚灣，遇匪劫，損失不貲，並有一人受傷。

◇六月十九日徐區長偕中央徐委員隨同墾荒專門人員及衛士一行卅餘人，專輪蒞山視察澄灣等一帶，當晚徐區長特備筵席二桌招待大員，共費三十餘萬元又開公費九萬元，此賬由地協會支付。

◇某方常有肥皂，香煙，毛巾之類交鄉鎮長挨戶推銷，並有制服階級在傍勸賭，此所謂官僚資本深入農村。

◇七月廿四日朱潤生先生宴洞庭業餘補習學校校董並開校董會議，首由劉校長道周報告向教局登記經過及需其金五十萬元，即發起募捐一百萬元決議由朱潤生先生慨助念五萬元葉振民先生十萬元吳啓周先生十萬元席光熙先生五萬元尚有五十萬元希各同鄉捐助，席間少壯咸集，談笑風生，賓主極盡歡樂。

「更正」上次本山簡訊內有各校長傳訊地檢處，竊前任文昌校長許超乃原告人，報誤被告人，特此更正。

我們需要同鄉會 同鄉會需要我們

朱潤生

洞庭東山旅滬同鄉會是辛亥革命的產物，在民國以前同鄉中祇有三善堂一個慈善機關做些養生送死的工作。民國七年，經同鄉會的提倡，又造成了一東山會館，從此以後便常常由三個團體出面領導着同鄉會中一切公益慈善的工作。

考查以往的歷史，覺得三個團體辦的事情，其性質很不容易分別，並且缺少聯繫，三善堂仍照百年來的習慣，依照成規，奉行故事，其他兩個機關則很少有生氣，直到民國二十六年鄭澤南先生當選為會長以後，適值抗戰軍興，秩序大亂，交通阻滯，匯兌不通，在山在滬的同鄉同時遭逢種種困難，方始感覺到同鄉的需要，會中主持者也很做了一些便利同鄉溝通申山的工作，這一種工作直接為會員本身服務，間接為同鄉解決切身的困難，是以前三團體所未曾做過的也實在是同鄉會應負的重要使命之一。

同鄉會的使命，可分三點。

（一）為同鄉謀公共福利。

（二）為協助東山的建設（包括慈善公益救濟等在內）。

（三）為會員服務。

以上三點都是重要的，以前三善堂與東山會館也都做同樣的工作，所餘下來的第三項却祇要讓同鄉會來担任了。

我們試檢討近數年來的實際工作，作一個簡括的研究。

（一）籌募會所基地。

（二）同鄉本山匯款。

（三）運柩回籍。

（四）接管惠旅養病院（現改惠旅醫院）。

（五）接管惠然軒。

（六）接管東山保安醫院。

（七）接管後山登善醫院。

（八）補助東山治安醫院。

（九）創辦小學貸金。

（十）創辦醫藥貸金。

（十一）創立惠旅助產學校。

（十二）舉行義賣。

（十三）編印本會卅週紀念特刊。

（十四）編印本山實測地圖（附旅滬同鄉會卅週紀念特刊內）。

（十五）按期編印報告書。

（十六）創立洞庭圖書室。

（十七）創立洞庭業餘補習學校（由補習班改組而成）。

（十八）組織洞庭乒乓隊。

（十九）舉行學術座談會（以上四項由學術委員會辦理）。

（二十）創設莫釐中學。

（二十一）籌建木東公路（進行中）。

（二十二）籌設太湖信託公司。

以上所舉均係近六年來工作之犖犖大者，其中包含教育，衞生，慈善，公益，會所，交通，文獻，娛樂，學術，研究，救濟等項，雖不能說成績斐然，但祇少是作了一些事情了，比了以前的同鄉會，是比較有生氣了，有進步了，這事實昭然，無容諱言的。

可是有一點是很明顯的，在以前工作之中關於公益慈善佔到多數，關於服務會員的絕無而僅有，即使為貸金，為學校，圖書室，乒乓隊等不能限于會員。甚致不能限于同鄉，這是甚麼緣故呢。

原來同鄉會的機構太散漫了，翻會員名單來一看，旅滬的同鄉大半均未加入，許多永久會員，（以前付二十元或十元永久會費的為永久會員）往往是徒有會員之名，而不克參加會務的，至於普通會員的人數眞少得可憐，許多在同鄉中負有盛名要職厚資高才的會員，名冊中均無其名，一班同鄉更無論矣，而他們對於同鄉事業方面實在很熱心的，募捐起來，大都肯踴躍解囊，為什麼不加入同鄉會呢，為了要補救這種缺憾，在本屆大會已決定重行徵求會員，並推翻以前永久，普通會員名目，新定年繳一萬元為贊助會員，年繳一千元為普通會員，希望這一次徵求結果，能獲得大多數同鄉的贊助，充實會員力量，擴充會員的人數，健全會員組織，方能奠定同鄉會的基礎。

此後同鄉會的工作，有了多數會員的擁護，便容易完成其使命，並且希望在故鄉同鄉會員三方面同時顧及，平均發展，要多做發展會員的工作，以補以前之不足，注意到各項工作的實施情形，以免小小缺點引起同鄉或會員的指摘，一方面全體會員也要熱心參加工作，協助推進會務，除了捐資以外，更應捐才力，捐時間，我相信有一分努力一定有一分收獲的。

同鄉會的事業不是少數理監事的事業，是同鄉會全體會員的事業，理監事不過是會員的代表而已，祇有義務而無權利，所以會員們對於會中的工作為認為做得不好的，要應該提出商討，以求改良，反之認為做得好的，也應該提出鼓勵，協助推進，一切基於正義，不可意存偏私，不要一味謾駡，也不要放任，不要隨便，不要形成對立，如此方能達到同鄉會眞正的使命，成爲一個足以代表同鄉的同鄉會。

請每個東山同鄉都加入同鄉會。同鄉會是我們集合的力量，我們需要同鄉會，同鄉會也需要我們。

編者按：上文作者朱潤生先生是本屆同鄉會常務理事，素以服務桑梓不遺餘力著稱，承以宣傳同鄉會佳作惠賜本刊，特予刊登，以嚮讀者。

東山的婆媳矛盾

羽毛

據說，東山的十個家庭中，十個有着婆媳間矛盾的。于是，中間人輒扁了頭——那個婆婆的兒子，媳婦的丈夫。

婆婆人前講媳婦，媳婦背後談婆婆，這已是東山女人的家常便飯，講的人「一番書」，「二滴淚」，聽的人像我們每天要看報紙那樣的津津有味，無聊的還喜歡加油加醬的到別處去「轉播」一番，表示她的多見和博聞。

多數的老年人，同情于婆婆，批評做媳婦的太沒有了「靑頭」，一般年輕婦女，又鄙夷不屑地認爲老太婆實在頑固，腦子太舊。

至於那個婆婆的兒子呢，聽了媳婦是不孝，媳婦的丈夫呢，聽了婆婆弄不好，于是進退兩難，弄得家庭間樂趣全無。

這裏我想把婆媳間的矛盾原因及雙方的缺點來研究一下。

一、精神的　「紅毡毯上賓兒子」婆婆認爲媳婦進門後竟使他「一手弄大」的兒子對她大大地生疏了，因此對媳婦的「霸佔」大起反感，媳婦則以爲丈夫應該是他的所有物，婆婆不明瞭，長大的兒子對夫婦間的愛共需要必然地是超過了母子間愛的一個規律，這不能怪媳婦，但媳婦亦應當明瞭老年人的心境，勿使太受到刺激，丈夫固然是你的，但儘可能還要避免讓她看出丈夫是怎樣的親近着你而竟疏淡了她，這樣，矛盾或許可以緩和些。

二、物質的　『養兒防老』，『要吃要穿嫁老公』，東山女人的依賴性從這二句話裏可以充份地看出，但當兒子，丈夫合而爲一的時候，問題便來了，事實上對於每一件的物質供應，要求其雙方一劃兩平，實在是不可能的，在一個桌子上吃飯尙且會有你吃得多，我吃得少的狹窄心理，更何況「日長世久」的事情，倘有厚薄便會引起矛盾與妒忌。

三、主觀的　婆婆還是卅年前的舊腦子，以爲媳婦是她的下屬，最好能服從命令到呼之使來，叱之使去的程度，因爲她們認爲自已做媳婦的那個時候是這樣地過來的，媳婦以爲這實在是無理的壓迫。

四、客觀的　婆媳間偶然的不滿，訴之于外人，轉輾流傳到對方的耳中，引起更大的怨恨與誤會。家庭是社會的細胞，婆媳又是家庭中的主角，婆媳的關係弄不好，必然會影響於整個社會，這裏，筆者提出怎樣來處置的二點：

一、積極的　通過親戚，朋友，團體，書報等各方面的關係來進行耐心的教育，說服工作，使婆媳雙方能夠覺悟，消滅彼此的誤會，改正自已的錯誤。

二、消極的　組織小家庭制度，隔離雙方，使減少磨擦的機會，但隨時隨地的教育與解釋，還是必需。

親愛的莫釐風讀者們：你亦有像上面那樣的困難問題發生嗎？可以買一冊本月刊給你的令堂或者夫人，最好再親自一節節講給她們聽，也許這對你對她們都是有益的。

風語

自殺不是路

嚴雯

上期本刊上「簡訊」內載：「保安療院職員楊女士吞大量來沙爾自殺……」。原因是各有各的說法，意見也各異。

好死不如惡活，每個人都有權利讓自已活下去，但是偏偏有人不高興活，用自已的手來結束自已的生命，我想這一定是生活上遭到嚴重的困難，或是心靈上受了痛苦的打擊，因此對於生活索然無味起來，還不是結束了來得清爽。

這雖然比貪生怕死，糊裏糊塗活着的人來得有勇氣，因爲他對困難和痛苦付出了最高的代價，可惜的是痛苦和困難還是存在，並沒因此解決。

魯迅先生說：路是人踐踏出來的。

所以看到了無路可走的時候，不應該就停留下來；嘆息，懊喪，以至自殺。應該披荆斬棘的在無路中找路走，在無辦法中找辦法，雖然也許被荆棘的刺刺傷了，或者甚至在半路受傷死了，但這，總比自殺來得偉大了吧！

空話

司徒新

有人以爲建議重於批評。

東也不好，西也不好的批評者，沒有一點實際的建議，等於空話。

這話說得不錯，幾乎一手掌打昏了批評者的頭

夢話莫釐峯

天台舊侶

客有自遠道來者，邀余同遊故鄉莫釐峯。余欣然曰善，當即偕登凱旋號快車，瞬息間遂抵東方古城胥門矣。乘汽車沿蘇山公路向莫釐峯前進，沿途湖光山色，風景清幽，誠有美不勝收之感。約一時許，抵故鄉之渡水橋，晚宿鄉村旅舍；乃一新造之四層大廈，建築雄偉，屋內佈置精雅，陳設華麗，四壁燈光照耀如白晝。主人款待殷勤，態度慈祥，並告余曰：此屋建築於半年前，屋基原屬一坵，即昔日之窮人會館所在地，門前古道原名殿涇港，現稱爲復興街，拓寬闢爲馬路，爲通市中心之要道，車馬往返絡繹不絕。旋有士紳某君知余等來，枉駕過訪，並承邀請參觀新興之鄉鎮，於是先往東西兩大街。市容整齊，商店林立，屋宇相連幾如鱗櫛，其中最大之商店；有銀行、有信託公司、有消費合作社等。據告均係旅外同鄉來山所創辦者也。東嶽廟之一部份，已改爲民衆教育館，更向東進，見被拆毀之屋基，均造成羅馬式之新住宅，背山而築，環境幽美，某君云：本鄉古屋被鄉民拆去者甚多，幾成荒坵，所幸本鄉人士與旅滬同鄉之銳意復興，始有今日。市容雖見繁興，而昔日之茂林修竹已成遺跡，所謂十年樹木，百年樹人，亦決非短時間所能恢復，不禁感慨系之矣。旋往參觀本鄉之最高學府莫釐中學，校基係一花園，佔地甚廣，沿湖而築，屋宇雖了了數幢，然建築古雅，校長王君，本山人；係一留英攻習教育之專家，詳述本鄉教育狀況，與夫該校之新設施：計分工程、普通、商業、園藝等科，每科佔屋宇一大幢，其他爲實驗室、圖書館，設備完善，佈置井然，校中學生除本山人外，由外埠負笈而來者亦多。校內設有宿舍，可供膳宿，教職員多爲教育界知名之士，各忠厥職，各科之中尤以園藝科成績爲最優；因本山所產果實向即甚多，惟以往鄉民不知改進，故生產物品不能與外貨相頡頏，自經該校用科學方法加强生產力，出品既多，質亦精良，並設有一製罐廠；凡本鄉有名之果實可製成裝罐者，悉推銷於外埠，爲數殊鉅。若繼續精進，前途未可限量。此校由旅滬同鄉會發起創辦，經常費則由熱心教育者捐助，王校長侃侃而談，孳孳不倦，巡禮一過，目睹本鄉教育事業日趨發達，與曩昔不可同日而語，深慶莫釐中學之主持得人，旋興辭而別。即參觀西街鎮區公所。所址亦重行修葺一新，署內有議事廳、演講廳、民衆閱覽室等佈置。嚴肅頓易舊觀。旋又參觀前後山兩醫院，均私立醫院也，內部分產婦科、小兒科、內科、外科、愛克斯光科等，經費概由旅滬同鄉會資助。

客曰：此雖係一鄉鎮，較諸大城市有過之而無不及，可謂模範鎮矣。余曰：然。紳士某君又復招飲於雨花台，憑欄遠眺，水天一色，披襟當風，心曠神怡，樂甚，不覺浮一大白，俄傾聞鷄聲三唱，夢醒黃粱，始知身在斗室，回憶所歷各地，實屬一夢南柯，愕愕然無以自解，乃濡筆而爲之記，以應莫釐風之徵稿也。

腦，人們倒幾乎討厭起說空話的人了。

建議當然要，但批評還是要的。

吃客可以批評這小菜太淡，太鹹，不好吃，這是吃客的權利，誰也不能把臭的，糟的東西塞住吃客的嘴。

所以空話還是有，除非吃客配了胃口。

自己以外

金曄

讀到了冊君的「人間」，心中一陣酸，不覺淌下了淚。我想，如其讀了這「人間」之後，怕有這同樣的感覺的不是我一人吧！

「人間」的所以感人之深，一方面固然是作者的流利的文筆，但是誰能否認在字行間流露着的不再是作者的文思，而是一羣飢餓的、骨瘦如柴的同胞的血淚呢！

同樣在人間，請看看水鄉之家的故鄉。

也看看這個繁華的都市——上海。

大家都處在自私的個人的狹的範內，爲着個人的一點小利益可以婆媳鬥氣，姑嫂爭風，弟兄失和也有爲着金錢的過多，浪藉杯盤，暴殄天物。

無恥荒淫。爲什麼不睜眼看看這個世界，同樣是人，而過着不同的生活的人間。

果眞永遠讓它一邊無恥的荒淫，一邊是困苦顚沛，長此下去嗎？

誰在害人

小學生

二十餘年前的故鄉有一標準小學，從祇有二只教室開辦起到現在設有分校了！它；創造了東山光榮的一頁，前途無窮，自可歌頌。

在過去龍任了一位姓愼的教師，他營私舞弊，他經營商業，而怠於上教室，校方都裝聾作啞，置若罔聞，而他亦持寵而驕，終於吸上了毒——鴉片，嗎啡——甘自墮落之後，學校當局在輿論督促——喊起了打倒老爺教育家之下，忍痛地把他撤職了！

不過他的所以能猖龍，完全仗了他的一些小聰明，在他沒有進去的時候這學校尙未具合乎時代的小學雛形，在他嘗劃之下總算粗具規模，而校董們還認爲人才，以至言必聽，事必從，愛之適足以害之，他之淪入深淵，學校之名譽，幾將掃地，誰之過歟？

照例該校當局，觀於前車之鑒，似可鞭策將來，勵精圖治了！但；當時走馬換將請來的是品學兼優精神奮發的教學家，與萎靡不振煙容滿面的愼某比較之下，大家歡呼深慶得人，定可中興該校了，果然；一上任辦得井井有條，使得忠厚的校董們心滿意足，以後呢？地方上的一切，都樂於參加了？對校務慢慢地懈怠了！該校又回到了老路上的一半，勝利後此公常不在山，東跑西奔，經之營之僕僕蘇山道上，終於閒言漸漸地多了，不；大概祇是一批對他不滿意的人在說他過去的所作所爲了！傳說紛紛，以至於校方派了大員蒞山調查，似乎雨點很大，但經過一番巧妙地解釋，請了一次客，八面玲瓏，亦就雨止雲散，滿空淸滌了！

我是在杞人憂天，會不會造成第二個「愼先生」。

投稿簡約

一、本刊歡迎讀者賜稿，尤以有關東山之建設和批評之論文以及消息等。其他佳作，亦甚歡迎。

二、來稿請註明眞實姓名及通訊處，發表時署名隨便。

三、來稿本刊有刪改權，預先聲明者例外。

四、來稿如不能刊載，除特別聲明者外，概不退還。

人間

（歸途追記之一）

·舟·

現在戰爭是過去了，在壯士血跡未乾的土地上，已經重建起富麗的大廈；可是戰爭的餘威並沒有離開過人們的心，佈滿在街道上的是成千成萬的垂死婦孺！他們在戰爭中喪失了田園，喪失了家，在勝利後更喪失了生活的權利！

疲倦的車子行駛在蜿蜒的公路上；漸漸地我望見了夕照中的古城，漸漸地我見到了些頂上長着青草的斷壁殘垣。見到了那些遍地 蕪的田園，見到了那些掙扎在死亡綫上的流民！

這正是三十三年秋天，一支孤軍用他們血肉堅守了四十七天的「古」戰場——衡陽。現在戰爭是過去了，在壯士血跡未乾的土地上已經重建起富麗的大廈：可是戰爭的餘威並沒有離開過人們的心，佈滿在街道上的是成千成萬的垂死婦孺！他們在戰爭中喪失了田園，喪失了家，在勝利後更喪失了生活的權利！

有誰相信這是人間會有的場面呢？在這樣一個燈紅酒綠的城市裏，充塞了這許多沒有衣食的人們，室內是狂歌熱舞，戶外是餓殍遍野，眞是一牆之隔，兩個世界！

那些比較好的災民，賴一些僅存的力，常常拖了幾個小孩擠在行列中，等着一碗薄粥：可是粥究竟太薄，迫於飢餓，他們還需要求乞終日。使我難過的是有許多災民在求乞時竟帶着羞怯的表情。記得一位朋友告訴過我：許多災民本來都是小康之家。我想這大概就是他所說的小康份子了。

一個更可怕的事實；是一羣入世未久的孩子，剛會走路，已經在自謀衣食了。有一天當我正在江邊候渡的時候，一個細弱的聲音在我耳際盪漾，那是一個裸體而骨瘦如柴的孩子，我發覺他還沒有會說話，在他的泥臉上，找不到衣或者藥，我想笑是不會留上他的臉的；因爲他還不知道什麼叫笑？爲什麼笑，哭呢？恐怕已沒有更多的眼淚！

、話雖如此，哭還是不能離開他們，在旅館門前我曾見到了一幕無聲的哭；那是一個家庭的慘劇，母親爲了要救自已的女兒就無代价的把她送給了一個旅行者，母女倆紅着眼無語相對，正在度着離別前的剎那！他們一定有許多的話，可是欲語先咽，只能把一切都流到熱淚中去了！

然而哭又有什麼用呢？數不清的災民已經哭得沒有力再哭，終於負着一身的病，倒在道旁，等待着救濟了。可是路人雖多，都是掩鼻而過，至于那些高廈裏的人們，他們已熟視無睹，路旁一個人的死亡，無異於牆邊一枝小草的榮枯，在這種無助的情形下，他們只能賴溝裏的濁水度他們的殘生！

我眞奇怪在這樣苦難的威逼下，他們爲什麼不拿出些勇氣學學那全家自殺的前例呢？爲什麼要用樹皮草根甚至偷吃人肉來苟延殘喘呢？噢！他們是在等待救濟吧！是的，救濟的工作並沒有停過，可是那些東西是送錯了地方，許多頂白的麵粉，送進了白米最多的飯館，又從飯館中變了樣子出來，那些救濟的人員，正在用那些待斃的災民作資本，做他的生意，這是災民們所夢想不到的，想不到自已還有這樣一點用處。

現在我又遠在災區之外幾千里了，在追憶中，我想希望這並不是眞的事實，可是我的眼睛曾經告訴我，這正是人間最動人的一幕！

山民謠

言子

勝利爆竹響，歡歌且舞蹈，撥雲重見天，
從此樂逍遙。不意一戡還，依然一團糟。
捐稅重重來，長官個個撈。可憐我東山，
地僻人煙少。屢經盜匪患，又遭敵寇擾。
富戶迫他遷，貧戶聽受刀。十室成九空，
市廛日蕭條！賭風燃復熾，煙毒恨未消。
不問民疾苦，祇求私囊飽！生財貴有道，
鴉煙掃幾包。雜捐何遑論，還須飼馬料。
法幣五百元，肥皂賣一條。或云價不貴！
貨色太糟糕。戶口毛巾好，家家派得到。
每條一千五，不能短分毫。如此花樣多，
物價日漸高。白米售六萬，生活苦煎熬。
長安不易居！誰云東山好？天高皇帝遠，
且聽山民謠。

還鄉小什（玄丁）

蒼松翠柏竟全萎　苦恨驕陽照滿山
急雨忽催紅日落　淋衣濕髮到屯灣

七月二日登化泉嶺，林木盡萎，驕陽迫炙，忽烏雲四合，雷電交作，大雨傾盆，到屯灣時如落湯之雞矣。

念年依舊古家鄉　一水通吳百里長
細雨輕風聞半日　輪舟攔夢過橫塘

蘇山相隔九十里，水上交通維小火輪，二十年來依然故我，此次爲公路醫院事過蘇還山，勾留三日，返滬輪中偶成此什

東山三奇「煙」「賭」「娼」（莫）

東山三奇「煙」「賭」「娼」
「賭」是公開大家曉　君不見——吳巷街上渡水橋塊　諸公井畔　王衙門前　大小茶館　麻雀抽頭害鄉民
「煙」有煌煌禁令下　神秘莫測手段高
黑藉同胞滿街走　若非另有安樂窩　那得金錢平均分
「娼」打遊擊兩保鏢　橫街根據四處跑
若要問津須老鴇　價錢便宜害人深　出了毛病自嘆苦　東山三奇眞希奇　無人管理更要奇

來件　吳縣東山地方建設協進會來函

編輯先生：

頃閱貴刊，內有施毅、葉樂民、葉苓菲、李潔四位先生致敝會公開信一篇，承蒙關念，曷勝感幸，所詢鮮繭及水菓二項補助費收支情形，今特列表解答于下：

敬借貴刊一角，懇予披載，至爲感盼！

鮮繭補助費　自民國三十五年六月一日起至六月卅日止

收入項
繭補費　叁百陸拾叁萬五千元
合計法幣叁百陸拾叁萬五千元

支出項
駐行職員四人薪津費　貳拾萬元
酬區方派稽查員一人津貼費　叁萬元
文具費　五千五百元
什支　壹萬四仟捌百元
建設專款　陸拾陸萬元
償還前各店戶借款　陸拾陸萬元
補助區公所　叁拾叁萬元
補助鄉鎮公所　叁拾叁萬元
慈善　叁拾叁萬元
留存本會開支　壹百另柒萬肆仟柒百元
合計法幣叁百陸拾叁萬伍仟元

水菓補助費　自民國卅五年五月三十日起至六月廿二日止

收入項
枇杷類　壹百柒拾貳萬肆仟柒百元
楊梅類　捌拾柒萬貳仟捌百柒拾元
劃區收楊梅補助轉發敎補費　玖拾萬另柒仟貳百元
除扣文昌鏞秀二校加收每生八百元總額　伍拾叁萬叁仟陸百元
合計法幣肆百另叁萬捌仟叁百柒拾元

支出項
敎補費　貳百捌拾捌萬玖仟壹百叁十玖元貳角伍分
職員薪津費　陸拾萬元
紙張印刷費　叁萬壹仟元
經收員點心及船費　陸萬叁仟玖百元
暫存萬順醬園備還二校學生家屬　伍拾叁萬叁仟陸百元
合計法幣肆百拾壹萬柒仟陸百叁拾玖元貳角五分
收支兩比透支法幣柒萬玖仟貳百陸拾玖元貳角伍分

應收未收項
（枇杷類）　叁萬玖仟元
（楊梅類）　柒拾玖萬玖仟玖百玖拾元
合計法幣柒拾陸萬玖仟玖百玖拾元
該款一俟收齊除還去透支外餘款交存萬順醬園備下屆敎育部份相當用途

吳縣東山地方建設協進會敬上　會計組　沈汝舟

七月二十四日

長篇連載

莫釐遊誌

（二）

許明煦

明王鏊永思堂記文曰：

「吳南樓表弟於其居室之西，蕪前構一堂爲祠舍，垣墉周嚴，門庭邃深，清閒靜幽，宜神所居，祀其先，由高祖而下，至於禰禓，以永思求予記之，曰願聞所以起予衷，啓予惰，勸予後者，庶幾是堂賴以整肅，予曰悲夫！夫居是堂者皆子孫，所欲孝而不可得焉者，則其思將何已乎？言之而無與接；視之而無與存；聽之而無與傳，夫安得不思乎？定省無所與施；溫凊無所與時；出入無所告；行無所受命也，夫安得不思乎？至於霜露降而天氣肅；春雨濡而時物變，思之不能已，而將有事焉，齋戒澂清，以致其誠，笑貌謦欬，志氣嗜欲，不絕於耳目心思，然後彿乎有見；彷乎有聞，入室之日，焄蒿悽愴，翼其洋洋乎在上也；苾芬豐潔，翼其食而勿吐也，已祭而徹，將餕而遂，知神之享不享也，夫安得不思乎?！夫祖宗之於子孫，苟可以厚之，無所不至，子孫之於祖宗，不過報之祭祀而已，豈足爲孝，欲孝者，惟在於思，予思承歡之無從，而精意以致享；思問敎之不復，而飭志以自修，爲善必果，思以爲親榮，見惡必避，恐以爲親辱，當食而思，當寢而思，當事而思，終其身而思之不廢，乃所謂永思也，若是者可以登此登也，不思者，不孝也，於是堂乎奚有！於吾言乎又奚有」！

歸莊記湘雲閣文云：「登斯閣者，忠孝之心，油然生焉，豈特爲遊賞之勝而已哉」，欲孝者，惟在於思，願遊人均體斯旨，亦毋以遊覽而忽之，復前行至來鶴徑，爲席氏祖塋所在光緒三十年碑載：

「嘗攷吾宗，司周朝典籍，以籍以爲氏，家於長安，項羽稱帝，緣避其名，迺改席姓，迄吾始祖唐武衛上將軍諱溫公，鎮守三吳，自關中遷居莫釐，遂家焉，迨二十有八傳而生左源公。……時値明季遂隱居山麓。……」

席氏先世，藉知一二，再上，則路漸高，山漸近，景亦漸幽，蒼松翠柏，滴染衣襟，鳥語花影，悅人耳目，循右路而上，惟聞泉流淙淙，松濤呼呼，過涼亭，至關帝殿，殿爲清順治間，里人席本久建，內祀關羽，羽爲三國蜀漢解人，字雲長，與劉先主備恩若兄弟，初守下邳，先主爲操所敗，奔袁紹，時羽爲操所執，操禮之甚厚，後羽既斬紹將顏良文醜，以報操德，盡封所賜，拜書告辭，而奔先主，先主既收江南諸郡後，又以羽守襄陽，及西定益州，羽乃督荊州事，威震一時，孫權用呂蒙計，襲破荊州，羽遂被害，後追謚壯繆侯，宋崇甯中，封崇惠公，旋加封武安王，明萬歷中，封協天護國忠義大帝，清乾隆中，詔改本傳之壯繆爲忠義，民國三年與岳飛合祀於武廟。今殿上有聯云：

志在春秋功在漢，心同日月義同天。

擧之尚不爲過。殿北爲純陽殿，門額題太湖別有洞天，與殿額七十二峯中勝境，相互輝映。大殿供妙道天尊，俗稱呂純陽，純陽字洞賓，名巖，一作喦，別號純陽子，亦稱回道人，唐京兆人，咸通中及第，兩調縣令，値黃巢亂，移家歸終南山得道，莫測所往。殿有因靜居；觀音殿，斗姆宮之勝，尤以斗姆宮建築宏麗，允稱巨構，因靜居則靜雅有致，誘人留戀。壁間懸聯，如：

聞道眞人在姑射，願從古佛入菩提。——聞閣亭聯

此外可無修福地，到來俱是有緣人。——嚴禮眞聯

往遊者，與洞天福地可謂有緣，如佛家所云。壁有重修純陽殿募捐啓：

「……我洞庭東山莫釐峯之麓，關帝殿之左，有地一區，本里中劉氏產，前清國初，有黃王二羽士結茅其上，遂捨爲寺。乾隆朝，鄉先達集資捐建斗姥閣，呂祖殿，暨庖湢餘屋。道光朝，增建清凝壇。光緒朝，又建送子觀音閣，衛房，聖母殿凡各若干楹，廟貌崇閎，弁冕一山。……」由此藉知該殿創建程序。折返經翠峯寺故墟，荒草斜陽，倍增感慨。山門懸朱廷選書翠峯寺三字匾額，字由柳公權體蛻化而出，其勢甚勁，詢妙筆也。暮春三月，杜鵑遍山，紅綠相映，尤爲奇觀。場中屹立須彌座浮雕，翠峯禪院功德人名碑，及重修廣福翠峯禪碑其文曰：

（待續）

編輯室

一個刊物的出版，眞像生一個孩子一樣，在未生出以前，雖然是痛苦和煩惱，但一等到孩子落地，不由得不慶幸和喜悅，現在本刊出版了，作爲編輯的也有同樣的心情。

×　　×　　×

第一期出版了，現在第二期又出版了，心里除了慶幸和喜悅之外，同時也帶來的惶愧，因爲編輯所担當的孕育孩子的責任，也許是不够格的。

×　　×　　×

高興的是：一月來已經得到了部份的反應，不論是毀是譽，只要是已經得到別人的回聲，這已經是編者惟一的慰藉了。

×　　×　　×

本刊是東洞庭山各校同學聯誼社所主編的，我們所以要發刊這本刊物，這在創刊宣言上寫得明明白白；對於好的我們要鼓勵、宣傳，對於壞的我們要批評、攻擊，如若因之而刺痛了某一些人，我們除了抱歉之外，無話可說。

×　　×　　×

但我們決不妄捧，也決不謾駡，所以如有過分的爲自已宣傳，或是有什麼難過而借此攻擊別人的大作，我們是不能代爲傳佈，希望寫稿的人注意。

×　　×　　×

團結方有力量，幾個人是辦不了事的，所以我們除了自已努力之外，更希望故鄉先進，各校同學……多多爲我們寫稿。

×　　×　　×

這期我們很幸運，收到了幾位先進的大作，天台舊侶和朱潤生先生都是同鄉會的知名之士，希望讀者注意。

×　　×　　×

而同學葉君新由昆明歸來，爲本刊編輯委員會的一支生力軍，現將先將近作歸途追記之一——人間先行披載，葉君爲編輯新東山時健將，此次再爲本刊執筆，一定能使本刊生色。

×　　×　　×

「人間」雖係旅途見聞錄，然而卻是一幅眞正的災民圖，雖然我們沒有經歷過旱災，不過讀了這篇「人間」一定會有切身之痛的感情。

×　　×　　×

其他如朱飈、旅人、葉棻、雲、羽毛、言之、安世、莫、許明煦等諸同學，均爲本刊中堅，上期和本期都有大作，恕不另爲介紹。

×　　×　　×

本刊對於來稿，兼收並蓄，但因爲篇幅的關係，或有限於環境，有時不免有遺珠之憾。但若論文能合於鄉情，不高深莫測，故作冗長，文藝能有骨有肉，不風花雪月，無病呻吟，則我們當盡量刊載。

×　　×　　×

還有幾句編輯上的老話是：來稿最好用原稿紙寫，不用鉛筆，不要雙面寫，附眞實姓名和通訊處，話雖是老，還祈寫稿者多多注意爲幸。

×　　×　　×

拙見君：來稿已轉同鄉會。

×　　×　　×

小學生君：來稿照登，請示姓名地址。

莫釐風月刊

逢每月一日出版

本期零售每冊五百元

編輯及出版者　東洞庭山各校同學聯誼會

發行人　席玉年

發行所　莫釐風月刊社　上海峴山花園路一號十室　電話：四六〇四二

上海經售處　北京西路一〇八號　洞庭東山旅滬同鄉會　電話　九三四一九　九六五九七

蘇州通訊處　閶門內接駕橋西海島念號　電話：一〇八四

東山通訊處　席家湖嚴宇永齋室嚴星洲

蘇州經售處　閶門內東中市　蘇州教育用品社　殿前嚴大德堂藥材店

東山經售處　葉巷村莫釐中學　橋頭劉平補雜貨店

上海

恒隆永

花色最多

綢布呢絨

足尺加三

定價最廉

地址天潼路六六四號河南北路西首

電話四六五〇二號

莫釐畫室

精繪

放大油畫

代圖尊頭

如蒙

同鄉委託

潤金特廉

本室主人翁松齡君曾畢業於聾啞學校美術科在山時偶爲同鄉作油畫莫不翔翔如生沃躍紙上見者咸讚許不止今願爲在滬同鄉繼續服務如有任何委托當特別優待

接洽處 莫釐風出版社轉或 開封路正修里五三號

莫釐風

第三期

去障　安世作

東聯社出版

第三期目錄

本刊啟事

本刊出版以來，承蒙讀者愛護，踴躍惠顧，現爲優待起見，特訂長期定戶優待辦法，凡一次繳款三千元者，本社當按期寄奉，八折扣費，扣滿後得繼續優待續訂諸希讀者注意。

附啓：一，凡訂閱本刊，均由本社掣給正式收條。

二，定戶如有職業調換，地址更改，請即通知本社上海通訊處。

我們伸着待握的手

木貞

東山人是相當優秀的！這不是「自捧自」，以一個小小的吳縣第十二區，能在上海撐起了這樣的一番「市面」，便證明了這一句話的不謬。

可惜的是東山人太市儈化了，先天固然給予了東山人一副優秀聰明的頭腦，而後天却造成了東山人一顆拜金自私的心。這使東山人不肯團結，思想保守，文化落後，事業不進步，大大地影響了應有的光明前途。

更遺憾的是過去某一些團體，竟變了少數人相互利用，聯絡，趨奉的敷衍性集合，某一些機關除了捐錢籌款之外，簡直看不出辦了那一些實際有益的事業。果然環境惡劣是一個不容否認的事實，但主要的原因，還在於東山人太聰明，大多數的人太「自顧自」了。上焉者；風頭主義，等到風頭出過，其他的就馬馬虎虎了。誰願意再去多招冤，白費精力。下焉者；揩油主義，只要錢到了手，隨你去罵亦好，恨亦好，反正「滔滔皆濁」，何必做一個惟吾獨清的傻子。這樣，東山人的一副優秀頭腦，漸漸地竟有了畸形發展的傾向。

這傾向亦可說是一種風氣，要挽回非得一致地大聲疾呼，口誅筆伐不爲功，吾們認爲第一要建立一種輿論，東事衆講、監督、建議、研究，以最公正的立場，爲東山盡力，擁護好的，反對壞的，不受制於任何一方，聯絡一切故鄉的進步人士，從精神上的交流，發展到實事求是的苦幹。東聯社的產生，與莫釐風的出版，正是預備担負起這樣一個偉大的使命。

由於東山出版文化界的荒蕪，莫釐風創刊號震動了各方關心故鄉文化的有心者。在東山，在蘇州、在上海諸同鄉竟莫不以先睹爲快，爭售一空，這的確是本刊的榮幸，第二期、第三期問世，得力於讀者諸君的助力亦不少。

但我們決不自滿，莫釐風的一切，距離目標還差得很遠，東聯社同人除了努力努力再努力之外，希望同鄉父老熱心讀者能賜予五點援助：

（一）介紹親友訂閱本刊。

（二）賜投佳作充實內容。

（三）報導鄉訊傳遞新聞。

（四）惠寄雜訊增加興味。

（五）隨時批評督責本刊任何缺點。

這裏我們誠摯地伸着待握的手！

風語

東山的張勳

·羽毛·

當全國的人民傾向共和，有一個張勳却會演出了「復辟」的一幕，竟想恢復專制滿清的奴役制度，結果如何，每個讀歷史的人都知道，這里不談。

原子時代的今天，同鄉會辦學校、圖書室、努力於發展同鄉文化事業的今天，竟有人主張圖書室、學校遷出，恢復惠然軒時代專做道場，清靜佛地的舊面目，這一位先生的確不愧爲我們東山的張勳。

寄語「張先生」你的資本家？張恩溥天師正在蘇州鬼畫符，你有幾個令郎正不必去進什麼大學、中學，還是趕快去跟張天師學道罷，這樣張子張孫，張門信徒就包你可以永傳萬代了。

「神通廣大」的人們可以息息了

·風·

最近地協會和馮某的衝突日趨激烈，雙方互相攻擊和申辯，所謂「初則脣鎗舌戰，互相謾罵，繼則上海、蘇州報上以及東山大街，牆壁上大開其筆戰，再則縣裏去鬥法，各顯「神

瘧疾在東山

張克勁

氣候已交入新秋了，這正是一年中瘧疾最多的季節，東山的瘧疾在一般中是一種比較多的病症，從保安醫院診例中的統計，大約是佔了百分之四十的比率，這確是一件值得注意的事，你想十個病人中，有四個是患瘧疾的，這還不是一件嚴重的事嗎？何況這個計算是以全年來統計的，若是僅僅以秋季的幾個月來計算，那麼最高的記錄，可以到百分之六十强，再則，從保安醫院病人體格檢査的統計，由於瘧疾而使脾臟腫大的佔了百分之五十强，病歷中患過瘧疾的佔着百分之九十左右，這是一個多麼驚人的比率，所以在東山兩年來給我的感覺，東山要是談到衞生事業，卽應以瘧疾爲第一對象。

自從科學創明之後，顯微鏡可以把一部份的細微東西放大到給我們看清楚以來，瘧疾的病原也就藉此得到了正確的發現——這還是遠在一八八〇年，由法國一位拉非蘭醫師査見而開始給擧世承認的——瘧原虫寄生在瘧蚊的胃裏，當瘧蚊吸吮人類血液的時候，瘧原虫的芽胞隨着瘧蚊的涎液而侵入人體，要是這時人體的抵抗力强的話，那麼這被侵入的芽胞就可以殺滅，而不致發生瘧疾，否則，芽胞就要在人體的赤血球裏循環着分裂性的增殖，而發生瘧疾的症象。瘧疾之所以有規則的發冷發熱，就是爲了瘧原虫的有一定時間的發育和分裂，同時有許多是無規則的發作，那是因位人體中先後侵入了好多組不同時期的瘧虫，而先後作着各組不同時期的發育和分裂的症象，本文的性質不是一篇專門學術上的文章，所以恕我不再作其他復雜的記述了！

以上談過瘧疾的發生是由於原虫的關係，我想這該是擧世公認的事，至少到現在爲止，任何進步的國家，還沒有别的學理可以去否認他，我國有了二千多年的文化歷史，其最大的成績，大都是哲學方面，所以我國醫學也就承襲下了那些含有玄學意味的學理。什麼陰陽呀！八卦呀！金，木，水，火，土呀！……充滿了每本中國醫書上，把人身的一切都着作了神祕的東西，令人莫測高深，他的學理都是根據幾百年幾千年以前的學說，所以從來越是好的醫生，就是越能記得和貫通越早的學說爲標準，似乎近來的發明都是不足道者，這根本就是令人瞧不起的事！瘧疾的原因在我國醫學上到現在爲止，還是逃不了痰呀！寒呀！溼呀之類：東山生長在半封建和敎育低落的環境中，當然大部份的人們，還是相信這些痰呀！寒呀！溼呀的一套。所以生了瘧疾不是去讓他『發一發透』就是先吃幾湯罐樹皮草根去表一表，眞可憐！瘧疾的原虫在世界上任何一個角落都可以承認，却在中國行不通，在東山也免不了被人視作荒誕！

我最恨在東山有兩句害人不少的話，就是：『胎瘧應該讓牠去發的』『瘧疾應該發一發透後再止的』從事實上告訴我們，每發一次瘧疾，將要犧牲去幾萬萬的赤血球，（因爲發育在赤血球裏的瘧原虫爲芽胞，是要漲破赤血球而分裂出來的）而我們却爲什麼要白白糟塌掉彌足珍貴的赤血球，而爲着『發發透』三個字？最簡單的事實證明，多發了瘧疾的人，都是面黃唇白，毫無血色，這還不够證明貧血現象嗎？我眞要求求大家做點好

通」。

事實上一切的「神通」，都是白費的，東山的老百姓很明白自己吃過誰的虧，受過誰的剝削，決不是報上登個啓事，來個聲明，或是報一篇帳目，可以自圓其說，更不是弄弄筆墨，利用標語，或者寫封私信說什麼「捫心無愧」，「東山是吾第二故鄉」，「令人灰心」之類的宣傳，可以申辯自己的污點的。

糞缸越掏越臭，我們不要聽你們的宣傳，吾們須要看事實。

「神通廣大」的人們可以息息了。

忙

•白•

自從我們底「東聯社」籌備以來，已經有相當時間；我們底喉舌——莫釐風已經是第三期降生」。但，我們總覺得急須大會成立，確切地選定分担這重大責任的人員，現在我們正在努力徵求，希望我們的同鄉同學都來參加。

在我們徵求聲中，所得到的回音是「忙」！他們除了白天應有職務上「忙」外，夜里也忙，星期日忙連休假日也忙，他們是應酬忙，請客忙，交際忙，跳舞忙，PARTY忙，看

事，救救幾條性命，千萬不要再把『發發透』的三個字去害人了！

瘧疾的傳播是靠着瘧蚊，牠都是寄生在湖溼地帶，東山四面臨湖，河道縱橫，沼澤星佈，蚊子比別處特多，所以瘧疾的盛行，當亦理之所在，如果有人否認是爲了蚊子的關係，那麼我可以告訴他，都市比鄉村少，北方高燥的地區較南方湖溼地帶少，這是爲了蚊子多少有無的關係，所以我們要避免瘧疾，就應該避免蚊子的叮咬，瘧疾就永不會發生。

至於所謂『胎瘧』，至多亦不過是產婦在姙娠時期患有瘧疾而遺傳給新生的胎兒而已，如果一旦孩子也有了瘧疾的發作那麼就該立刻設法將其撲滅，前面已經談過發一次瘧疾要破壞掉不少的赤血球，試問一個弱小的孩子經得起多少赤血球的破壞，還有什麼理由可以容許他『發發透』？其他在一歲以上的孩子發生瘧疾，我們就不相信是遺傳於母體，根本就不應稱其爲胎瘧，關於不應該『發一發透』的理由則是一樣的道理了！

治療瘧疾的藥，誰都知道是以『奎寧』爲唯一聖劑，可是却有很多人談：『奎寧性熱』『吃了奎寧虧乏身體』令人聞之正有無限痛心，因了以上兩句話，正不知使幾許人失去良好的治療機會，所以我願大聲疾呼，吃奎寧決不會熱壞人，同時有許多補藥中是有奎寧的，所以奎寧也決不是虧乏的藥：祇是應該有一定的用量，和曉得禁忌才屬要緊，其他『阿的平』和『撲瘧母星』也是治瘧良藥，但這些東西，在人體中都起有一定的作用，多用不可，少用無效，我看見多少人吃了很久的藥而無效，也看見幾個吃得不當而中毒的，事實上不能怪藥不靈，實在是服之無法，這些藥量用法，當屬專門學理，非三言兩語可以勝述，因爲言之不詳，知之不盡，恐反將有害，故恕不草率記述，我祇是想請服藥不靈的人不要盲目地去否認藥的性能才是。

瘧疾除了寒熱準期，來去有時之外，惡性瘧疾就無如此簡單了，他可以高熱不下，一如傷寒，也可以一無寒熱，而昏迷不醒，千變萬化，往往沒有顯微鏡就不能下準確的診斷，何況惡性瘧疾死亡神速，稍一延誤，即至不救，如我國南部雲貴諸省，深山岔地的瘴氣其實就是惡性瘧疾，普通頗有爲了瘧疾的驟急死亡，或是來去有時，準確不爽，所以迷信鬼神的人，就認爲其中一定和鬼神有點牽連，於是對於治瘧疾也有不少神奇荒誕的方法，還不單是東山如此，中國瘧疾盛行之區無不有五花十門的神怪方法，東山女巫治病之風頗盛，在東山的所謂治病三部曲中，第一步就是女巫，第二步是中醫，第三步才挨到西醫，這是一件多麼可恥的事！別人家已經進入到原子時代了！我們還固執着原始教育，除了希望有心人的多多宣傳破除外，若要以東山以至於整個中國，都能覺悟過來的話，恐非期待下一代的，從普遍教育着手不可。

在此作一結論，即是請生瘧疾的人，千萬不要拖延下去，相信『發發透』的一類無稽之談，請大家確認瘧疾是一可治之病，且爲一可以根治之病（往往此後再發，不是再被瘧蚊叮咬，即爲服藥不當）。防瘧祇須防蚊，如果地方經濟有辦法的話，能來一次D.D.T.普遍噴射，尤屬理想，否則，每家人家都能注意，勿使污水蓄積，使孑孑無從滋生（孑孑爲蚊子的幼虫）亦不無少補，同時，我希望地方上能有餘力，購備大批的奎寧，作無條件的施送，正如送痧藥水一樣的普遍，使全山不論何種階級的人，生了疾瘧都有早日脫離苦境的機會，我眞不忍看見多少人，爲了捨不得錢而讓瘧疾一年年的拖下去，一直到面黃飢瘦，奄奄一息了，還是拖着瘧疾，瘧疾固然是一個小小的病，可是他在社會上的經濟關係，又是何等重大，東山是一塊蓬勃前進的地方，願若干時後，再沒有看『老調』，『天上毛病』的病者，（這是東山稱瘧疾的俗語）謹於最後，祝頌全山人士康健，同登壽域！

戲忙，爲了他們營業，金錢，社會忙，忙得面紅耳赤，忙得垂頭喪氣，忙……忙……！

但是在這里我們不得不用誠懇的態度，請求我們一般忙煞的同鄉同學們，假使不忙於「那個」，而忙於興辦教育、築路、墾植、興漁業，辦工廠；忙於科學、藝術、文化、你不是更有成就，更有意義了嗎？

政府不要鄉下老百姓？

·一得·

鄉下老百姓爲了沒有錢避到城裏去做寓公，一向只能束縛在田，地，池蕩的活計上，聽就盜刼賊偷的苦痛，區公所，警察所常常三申五令，要剿匪擒賊，可是治安老是不能確保。不過觀瞻方面，總算有一個行政治安機關，表示政府還沒有把鄉下老百姓忘記掉。

最近縣政府奉到省令，據說要擴併區域，將原有十三區併成九區，區署須設於距縣城六十里以內。因之，東山發生了流言，說公所將併入橫涇了！如果流言屬實，那末，東山立刻可以變爲強盜山，區公所也再不能顧到東山，政府眞的不要鄉下老百姓嗎？

論東山普及教育的重要性

莫

故鄉在各位賢達名流竭力的推進之下，莫釐中學很快的創辦好了！服務桑梓，百年樹人，非熱忱使人感激萬分的。

讀中學的人，當然是先要經過小學畢業的一個階段，小學畢業以後，到社會上去服務，當然在一切現代化的今天是感到不够的，能有這樣的一所中學，可以繼續求知，至少：在一般人是方便了不少。

不過，能够進小學，中學的，無庸諱言，在教育貧乏的東山來講，總可說是幸運兒，至少可以學到了一些最低限度的知識，雖不能一定做到爲國爲鄉有所貢獻，然而假使能有親友援助之下。到社會上去，未必一定不能立足呀！反觀占東山全山人口總數三分之二以上的眞眞鄉下人，他們和她們在城市內做的是什麼工作？老司務，信差，茶役，都是他們心目中認爲穩妥的職業，在故鄉的呢？租了地主的田山或魚池，維持一家人的最低生活，事實上平靜的鄉村是不會永遠存在的，像今年的虎疫，遭難最多的就是他們，逢到「水」「旱」災光臨的時候。第一遭難的還是他們，苛捐雜稅的担負者，也是他們；他們不想反抗，惟一的辦法是求籤於神。

我們來分析一下吧！就是說虎疫的盛行，當然是鄉下人們的不講衛生，一事實上，根本亦沒有人管理，指導他們，因爲自已不識字，，沒有看過書，怎樣叫他們平時注意衛生呢，假使瘟疫發生而致於死亡，去怨誰？吸血的人們爲什麼會看中他們？當然鄉下人們的「樸實」「怕事」亦是原因之一，然而最大的原因，還不是不識字，沒有受教育，分不明白什麼捐捐捐，不知道實情，所以會把他們用血汗換來的金錢乖乖地送給一般「大人物」去享用，至於「水」「旱」災的事前預防，事後措置，叫一般目不識丁的鄉人，怎樣的去防止及處理呢？假使識了字，稍爲灌輸一些普通的防疫防災的常識給他們，或許可以少些犧牲吧！

我認爲中學應當要辦，但亦不要忽略了鄉村的普及教育底重要性，迫切性，賢達們！名流們？假使你們不要鄉民永遠的做一般人底奴隸的話應當把像辦小學，中學一樣的熱忱，來積極推進普及的鄉村教育。

假使有毅力，有決心，創辦起來，亦不是一樁如何困難的事，現在假定的擬一簡單的辦法以供參考。

一、經費來源：好在各鄉鎮都有什鮮魚捐呀！水菓捐呀！……都是鄉人們自已的錢，現在祗要把這些「捐款」內提出一小部份來請教員，及購置簡單的書籍和文具就可，好在取之於民，用之於民，亦不爲過，不過又不要被一般人認爲發財機會又來了，而巧取名目大賺鈔錢，那末什麼都完了！

二、房屋及用具：可利用各鄉鎮的猛將堂，及祠堂的空屋和裏面的方桌長凳等。

三、教員：請東山各校的小學教員利用課餘的時間義務輪流担任，但爲了路途的關係，往返便利起見，可酌津貼車錢，飯費，在教員們每日多辛苦一小時在待遇菲薄的今日，雖杯水車薪，但亦不無小補。

四、編制及教材：初開辦的時候，可以分開二班授

蜂尾

·英明·

馮督學的向縣政府上簽呈，顯出了「官」的「氣派」，東山地方建設協進會的派代表赴蘇，映出了東山紳士的「威風」，大人物爲了地方鬥法，小百姓祇有感謝。

× × × ×

東山地方建設協進會聽說解散了！以後「非法」捐款大概也可以隨之而取消吧！

× × × ×

幕後有人，好官吾自而之，流言何足懼哉！

× × × ×

士販被某方敲去一百五十萬元，可云標準的黑吃黑！

× × × ×

聽說另有一樁一百五十萬元的事件不知如何解決，是不是想白吃白！

× × × ×

中學果然要辦，但大批鄉人都目不識丁，需要不需要亦使他們識一些字？

× × × ×

莫釐峯下的苛捐什稅到那一天方才可以繳淸？

課，初級班是完全不識字的，假使稍識一些字的就編入第二班，敎些最普通的衛生及防災防疫的常識及尺牘等，他們最需要的精神食粮，如能灌輸些時事消息等給他們更能使他們對國家社會有正確的了解和認識。

五、授課時間：可定下午五時，因爲這時候鄉人們一日工作方完畢，尙未吃晚飯的時候，敎員們亦正是學校內已散課了！

六、結業期限：假定每日每班授課三十分鐘，那末每一學校，一小時就可授課完畢，讀完第二班三個月就可結業，一年內可以開辦四期。

七、學校數量：可視各鄉鎮人口多寡而規定，假使事實上不能每一個鄉鎮，同時開辦數校，那麼最低限度，每一鄉鎮要開辦一所，輪流的授課讀書。

八、學費：因爲有些强迫性質，當然不必再收了！

雖然短短的三個月或六個月之中，所識的字，所讀的書，要爲國爲鄉有所貢獻，當然談不到，但是看看淺近的他們所需要的書，則大概總還可以應付一下，或許最低限度，他們捐出了錢，收款的收條上的數目字，總可看得懂了吧！

每校結束以後，每一鄉，鎮，再購買一些淺近的書報，如農村，衛生，破除迷信等書籍，可請這一鄉，鎮，的知識人士時常敎敎，他們亦可慢慢地進步，總不致於遇到了疫，災，等發生的時候，手足無措，以上所談，不過管見所及約略寫之，倘然鄉賢先進，熱心的敎育家，知識靑年們，可以小小的犧牲一些精力，辦理的話。那麼一二三年後的故鄉，眞可成爲「夢話莫釐峯」中的東山了！

水與疫

·一得·

我留戀故鄉優美的山水，質樸的民風，我更愛故鄉甘冽的井水。故鄉的井確實不少，除了每村的小井外，居家宅第，大多有私井的設備，所有的井水，有一種共通的優點就是清潔甘冽比之號稱天下第二泉的無錫惠泉，也並無愧色，要是不信，你可將府上的井水，冲滿杯裏，看看是否亦會滿而不溢。

除了空氣，再沒有比水更重要的東西了，故鄉有了這樣的好水，照理大家可以卻病延年，長命百歲了，何以仍是四季鬧疫死亡累累呢？原來故鄉的婦女們太貧便當了，她們以吊水，盛水，倒水是樁太麻煩的工作，所以棄井水而不用。好得何港水潭，都很近便，只要走下「金渡」（石級）水就可應用了，不必一桶桶地吊起盛下，用畢後，可以一走了事，不必再做倒髒水的善後工作，因此，淘米，淨菜，洗衣倒馬桶完全利用河水，潭水，即便上流洗尿布，倒馬桶，同時下流淘米淨菜，也無所謂，好在一切髒的東西，洗在水裏，立刻就溶化了，看不見了，好像沒有了（？）

今年故鄉因疫盛行死亡很重，很多人或許認爲「金猛將」「薛落」不肯幫忙，卻不知在日常生活裏去尋根探源，其實只需想一想，爲什麼每次瘟疫，總是武山和下六村比大街上猖獗？就不難明白髒水爲患的道理了：

故鄉的婦女們！你們家人的健康和生命寶貴呢？還是倒水的勞力更寶貴？

◇　◇　◇

故鄉通訊

天高皇帝遠　捐稅東山多

—新植—

機關之多，實不可計，花樣之繁，並無一定規定。

不法情形當局竟處若罔聞，任其為非作歹，漁肉鄉民。

故鄉陷入敵手的八年中，地方受蹂躪，人民受剝削，從前綠蔭遍山，森林叢叢，今已無處猶存，有些高樓大廈，亦已變了殘垣斷壁，眞所謂「滿目瘡痍」遍處皆是。勝利後又屢遭浩劫，雪上加霜，人民痛苦無處申訴，祇希望今日行政當局能勵精圖治，使人民稍事喘息，但是一年來當局除了課稅徵捐的「政績」以外，辦了些什麼？煙毒不知禁，盜賊不圖治，地痞不査究，荒山不種植，保甲不整理，教育不推進……，事實放在眼前，東山人有目共睹，毋用筆者再來贅述。

勝利後的幾個月，政府鞭長莫及，地方行政經費無從着落，東山區公所卽以徵收捐稅來維持，這時正值匪患猖獗，游匪散勇，到一批需一批錢送走，這筆款子就由鄉鎮長隨時向各商店居戶攤捐。如此再三，人民以爲出了捐不給收據，賬目又不公開，對於徵收機關發生了懷疑，因此徵捐常被拒絕，鄉鎮長感到若再以區公所名義向居戶捐錢困難殊多，遂卽聯名要求地方人士出組機構，於是地方建設協進會產生了，牠以民間自治機關的姿態出現，徵收了捐稅用來補助區警二所以及教育，慈善等機關，徵收的種類有鮮繭，鮮魚，水果等出口捐。（賬目見第二期本刊）但是地協會，成立了沒到四個月便引起了各方的覬覦，並且遭遇種種的困難，已準備在八月底結束了。繼而起的又產生了一個席周鄉的福利社，由該鄉的鄉長組織的，已呈請區長核准，亦以徵收水果等出口稅，百分之三，用來舉辦本鄉的福利事業，我們不論這種機關設立的動機如何，但照這樣發展下去，東山各鄉鎮可能羣起仿效，各設一機構，冠上美其名的什麼「福利」來橫征暴斂，此種辦法於法於情，似乎都不合理。

治安，建設在在需錢，目今區公所每月領得的經費尚不够幾個事務員的俸給，實際的困難不能不顧到。納稅本是人民的義務，祇要出了錢當局能善於運用，取之於民仍用之於民，人民誰都樂願納稅繳捐的，但是東山徵收捐稅的情形就有些特殊，機關之多，實不可勝計，花樣之繁，並無一定規定，除了合法的幾個徵收機關，如自治捐稅征收處，捐稅的名目有營業牌照稅，使用牌照稅，屠宰稅，房捐，牙行捐，娛樂捐，不動產捐，筵席捐等。區公所的蘆蕩捐，魚池捐，軍隊柴草捐，馬草捐等等。此外，地方上的勢力階級亦常想出些斂財的方法，今天攤銷肥皂，毛巾，明天又有火柴香煙，還有民間傳統的出會（偶像），做戲，打唱等的攤捐，最近又有什麼蘭盆會（打醮）强行挨捐錫箔……，諸如此類，試問他們奉誰的命令徵捐？是否合法的？這種不法情形當局竟置若罔聞，眼開眼閉，任其爲非作歹，魚肉鄉民，在天亮了的今日，我們是不能再緘默了，這種非法挨捐，當局應加以取締、制裁，把徵收捐稅機構立卽統一，手續必須清明，向人民徵收捐稅須出給收據，公開賬目，支配須經民意機關同意或核准。

八年來農民受盡敵僞的壓榨，勝利後洋貨充斥市場，土產品無法與之抗爭，銷路既受洋貨威脅，出產地又要加徵重重捐稅，東山土產品出口將受影響，我們要挽救農村，我們主張反對土產品徵出口稅的辦法。照目前東山的經濟情形已不能再「竭澤而魚」了，我們亦不容任何人設立非法關卡來實施橫徵暴斂，爲所欲爲，農民是易被欺騙的，可是輿論是無情的！

投稿簡約

一、本刊歡迎讀者賜稿，尤以有關東山之建設和批評之論文以及消息等。其他佳作，亦甚歡迎。
二、來稿請註明眞實姓名及通訊處，發表時筆名隨便。
三、來稿本刊有删改權，預先聲明者例外。
四、來稿如不能刊載，除特別聲明者外，概不發還。

東山女性的苦悶

再談自殺不是路

夏雲

上期本刊風語欄中爲保安醫院楊女士自殺事件發表「自殺不是路」一文，這期鄉訊報告中，又有因姑嫂口角而自殺的慘事，由此推想類似的慘事決不止這二件，東山的女性還是用自殺的方法來應付環境的壓迫，確是件值得我們研究的問題。

封建的勢力運用禮教的觀念把女子的生活圈子限制在家庭的小範圍內，使她們得不到教育，得不到見識；得不到安慰；得不到鼓勵和幫助，經常生活在受氣忍耐，缺少溫暖的環境，一旦生活遭到嚴重的困難，或精神受到不能自解的打擊，便用自殺來結束自己的愁苦。

東山的女子在傳統的禮教觀念下，大多數不能受到極低的教育，甚至不識字的也很多，爲父母的認爲女兒終是別家的人，只要會做做家務，寫寫家信已是很够了，在嚴厲的禮教壓力下，女孩子的腦子裏從小就裝進了三從四德的古訓，整年整月地過着機械式的生活，一切都聽任環境的支配，遇有困難的只好自怨命薄。

要理解這個問題我們不妨把它分爲傳統矛盾的苦悶和新舊矛盾的苦悶來講：

（一）女性的傳統苦悶——普通的人都免不了自私的心理，女子由于經常處在家庭的小範圍裏，因此更顯得表面化，東山的家庭制度大多是大家庭制，因此姑嫂衝突，妯娌不和，婆媳矛盾，便無法避免，這裏我們再把這三個問題來研究一下；

（甲）姑嫂衝突——由于婆媳的矛盾，母女便結成了一條陣綫，女兒總是幫母親的，姑嫂間不免要對立起來，「穿嘴姑娘」便因此產生，要是嫂嫂在家庭中是佔有勢力的話，那麼做姑娘的便難免要經常受氣，反之，哥哥是個沒出息的，嫂嫂便會經常受氣。

（乙）妯娌不和——在家庭中由于利害不能平均，妯娌便很容易引起不和，甚至會因爲一件極小的問題而衝突起來。

（丙）婆媳矛盾——做媳婦的時候終是恨婆婆太專制，太頑固，然而等到自己做婆婆的時候又說媳婦不聽話，不肯做事，不孝順公婆，還是個不能統一的矛盾，也沒有辦法轉變。

總觀上面三個苦悶的現象，完全是由于女性自身所造成，東山的女性便經常處在這個若悶的圈子中，被壓迫的一方面，起初是忍耐，嘆息，及至忍無可再忍的時候，便用自殺來解決。

（二）新舊思想不能够調和的苦悶——東山因隣近都市，都市的風氣已在東山女性中起了影響，一般受過教育的女性，對于舊家庭制度，感到厭惡，和憎恨，她們開始對於舊式的婚姻制度覺得不滿意，并且要求受較高的教育。然而這股力量，在東山還很薄弱，僅僅是不滿意，還沒有力量起來反抗，更沒有想到要設法爭取，她們只是很天真地有一個理想，然而這理想是不健全的，她們希望父母們能自動地來滿足她們的理想，她們常常說「還有什麼辦法呢？父親是多麼頑固，母親是那麼守舊」，這新舊思想的矛盾已在東山漸漸發展，成了東山「新女性」的苦悶，現在我們已知道東山女性苦悶的原因，由此可以證明自殺決不能解決問題。受過教育的女性要負起轉變的責任起來反抗，要用方法來爭取，決不能等待，自身幸福要自已來創造！

最後我再重覆一句：「自殺不是路」

論婚姻大事

嚴雯

我常常想到我應該獨身，但當然不鼓勵別人獨身，有很多人說；一個口口聲聲說着要獨身的人，一定是受着了什麼刺激，因而對婚姻大事消極了，其實並不一定如此，一個已經結過婚的人，總是勸人不要結婚，而我雖沒有結過婚，但我的許多朋友，因結婚而嘗到的苦味，已經把我旁觀者嚇得望而卻步了，我的願獨身，不是失了戀的消極的心理，更不是標新立異，確確實實，我以爲，在這個世界上，還是不適宜結婚的．

我不止一遍的讀過有島武郎的與幼小者，爲了肉慾的結果而生了近乎一年一個的孩子，使得爲父的不能安靜地作一點事，常常無情地責罵着妻和孩子。然而妻卻爲了三個孩子而病倒了，自己要忙着公事，忙着照顧孩子，忙着爲妻延醫服藥，這時結婚的賜予是如何呢？

如其我們結婚，當然一定是跟一個最理想的被深愛的女子結合的，當兩人在永矢同盟，互愛互助的信念之下，我會願意心愛的受着種種家庭的瑣屑嗎？使一個有理念與純潔而高超的愛人，讓她平平淡淡的處理着家務照拂着孩子，做一個主婦，埋沒他應有的獨立發展嗎？

說是爲了在工作中結合着的同伴罷，有時候結婚也可說是妨礙了工作，不是丈夫願意，也不是妻願意，必然走上的一條路，是女的爲了天倫之愛而不得不放棄了大衆的愛，男的爲了家庭的責任而忙着，減低了工作的熱忱，這是事實。

自由戀愛而結合着的同伴們所受到愛的賜予，

「光榮之家」(歸途追記之二)

•冉•

我們的船在富春江畔一間田舍旁靠了岸。

早上，天還沒有亮，船夫把我們叫下了船，揚着布篷向富陽前進•江水無聲地流着，江面上飄着幾點漁火，光度微弱隨風閃爍，在一片黑黝的江上，這是惟一點綴。

雖然是仲夏了，夜半的气候並不太熱，有時江風還帶些輕微的寒意，使我們忘懷了未來的苦熱•

江上的晨曦是可愛的，魚白色的大際，染成了一片紅色，有時，浮雲掠過，就是一幅鑲金的彩畫，直到一輪紅日冉冉上升，才洗去了他們的彩色。

然而，日出的奇景，我們並不歡迎，他暗示一個可怕的苦難就在後面，兩天來，我們像沸湖中的游魚，為着遮蔽陽光，上面被一層低低的蘆柴棚，壓得透不過气；下面是一江晒得像煮沸的水，在熱的包圍下，我們常趁船夫吃飯時，揀一個清涼的岸上休想一會，在最要緊的是喝几口茶。

現在，我們又可以「樂惠」一下了，我們又找到了一個理想的地方——在個蔭中的一間茅舍•

跳上岸，我們就向目的地前進，微風帶着泥土的氣息，格外令人感到鄉村生活的親切有味•

進門，一個七八歲的女孩用驚異的目光看着我們，她穿着一身破爛衣裳，呈有菜色的臉上，找不到一絲笑意。

「小娃娃，可有茶喝？」為了需要，我們問了一聲•

回答是一個無聲的手勢，她指着屋內的一角，那邊一扇小門，門口一只榻上，睡着一位白髮長鬚的老人，從他皺紋滿佈的臉上，知道是一個老態龍鍾，久經滄桑的人，當我們走近身邊的時候，他才睜開了無力的眼睛，用疑懼的目光注視着我們，那是因為我們穿了軍衣的緣故，穿軍衣並不是我們的本意，不過是為了路上方便，因為在目前軍人是多少佔些便宜的。

「老公公，有沒有茶給我們喝些？」我們又開口討茶喝了。

「有有有。」他戰戰兢兢的答看，然後向小孩說：

「阿桂，叫媽媽來燒些水。」

不久，一個淬憔的中年婦女出來了，移動着滯緩的脚步，熟練而又很少精神似的架起了爐子。

為了等茶，我們用談話消遣這一時的寂寞。

「老公公，今年不打仗了，大概可以太平一些•」

「打不打仗，還不是一樣，東西這樣貴，要太平終是難事。」想不到老人會這樣的感激系之。

聽說今年是豐年，你們種田人是沒有關係的•」目的是安慰一下。

「眞是一言難盡，兩年沒種田了，一大半已經荒掉，還有什麼希望豐收呢？」

「那末，怎樣會荒掉的呢？」

「還不是沒有人種呀！兩個兒子當了幾年兵，到現在還沒有回來，養的牛被鬼子當飯菜，靠我這副老骨頭，還有什麼辦法？」他說着，並且還指着桌子上兩件東西說：「兩個兒子就換到了這兩件東西。」

我走到桌子旁，揀起了兩塊滿遮塵灰的東西，

已經如此，假使是世俗的結婚而得到的苦果，我想更甚於斯吧•

我還沒有看見過婆媳之間兩代女性能够得到協調的，即使婆是如何地好性子，媳婦是如何的賢能，而要他們之間得到家庭之愛的可以說是沒有吧，在這二者之間，扮着最難當的脚色，卻是高高興興，做過新郎的人，他們在司儀高唱新郎新娘向主婚人行禮的時候，彩紙擲在他們頭上，堂上是一對和合，結婚進行曲更是表現得變和熱，他們能想到這愛與熱的開始，同時也是生活之果的開始嗎？

說我個人吧！我是如何地熱愛着我理想中的伴侶，也是萬分地歡喜着我們未來的小天使，我對於愛人是抱着至高無上的眞情，對於孩子更是熱愛，現在我需要愛，願意結婚，更高興抱着自己的孩子，但是，我知道這個世界會摔碎我的理想的，為了要對於愛人和孩子完成我的至高的情愛起見，我反對現在結婚，反對生活的旗幟還沒有分明的時候結婚。

但要是有這樣的一個世界，人可以不再担憂着個人的生活，有事做，有飯吃，妻再用不到顧着孩子而放棄了工作，讓孩子睡在國家的搖籃里，儘我們自由地工作，在工作中創造了愛情，更在愛情中加緊工作。

到那個時候，我將歡頌結婚，鼓勵結婚

歡迎：投稿！批評！定閱。

原來是兩塊木牌，拂去灰塵，四個字映入了我的眼簾：「光榮之家」旁邊是幾句優待征屬的話和一行發給的年份，我沒有心緒再看了：從這四個字裏，我已看到了兩幕生離也許是死別的悲劇。

「其實，你可以向他聲明只須征調一個，因爲木牌上寫着有優待的權利。」我禁不住向老人提了一個太遲的建議。

「現在的世界還講什麼公理？有錢才會有辦法，沒有錢就只能聽人宰割了。」

壺裏的水在滾了，沸水的聲音伴着這老人的字句扣着我的心。我覺得應該安慰他一下：「好在打仗停了回家期想來不會遠的。」

「但願如此。不過，小兒到現在還沒有音信，大約是凶多吉少—大兒倒在半年前來過一封，託人看了說回期不遠，家裏三個人已經望眼欲穿，可是到現在還沒有影蹤。」他說完，就叫小孩去拿了一封破爛的信來，我用一種興奮的心情接了過來，當紙上的字映進眼簾我的手顫抖了，我希望是一個不識字的人，這樣就可以少一些苦痛。信上很簡單是這樣寫着的：

「×××已生病過世，此告　　×××」

爲了良心的驅使，我不能將這消息告訴他們，我決定說一次謊：

「是的，就要來了！」

陽光更覺得灼熱，船夫在催下船了，我們匆忙地呷了口茶就離開了茅舍，然而我的心仍舊徬徨在茅舍的四周，我懷念這茅舍中老人，因爲對于這「光榮之家」，我做了一次不光榮的事。

◇　◇　◇

還鄉小什

（玄丁）

登龍頭山訴月樓旁有路振飛公祠

登樓彌望水連天　十里荷花百畝田

湖上平安誰保障　荒祠長憶路公賢

內河水漲高與隄平低田盡沒魚池有被淹之處鄉人移來土墩加高田岸愁容滿面惟恐不及

連朝水漲上隄來　又起烏雲鬱不開

多少池田危一髮　可堪人力挽天災

學得長房縮地方　撑來土墩作提隄

移多補少原佳事　應悔當時斬綠桑

鄉間虎疫流行保安登善兩院急救甚忙張克勤莫鴻賓兩醫師日夕不停殊稱辛苦矣

虎疫流傳到故鄉　急來求救院醫忙

百斤鹽水眞難受　抱怨一針未預防

未是草詩二章

舟

車越關嶺入雲海即景

萬轉上崇嶺　蒼茫似薄暮

空山還鳥聲　溼霧暗旗路

峯斷千樓飄　心歸一箭去

故鄉何處尋　低徊望雲樹

（三五，五，八晨於濵滬歸途）

到家

（萬里歸來喜堂上猶健唯一宿又復出門念古人「還鄉是客寓」句爽然若失）

白髮堂前呼兒名　初聞疑夢暗愴情

五年落魄愧人子　一弟飄蓬失雁行

晚鳥歸林家是客　夕陽滿湖波似錦

烟帆點點眞多事　明日又揚離水鑾

轉錄

名人名地多名詩

（編梅：下面是鄭梨邨先生的三首遊雨花台詩是一位蘇州的讀者寄來的我們不敢自祕所以在沒有得到鄭先生首肯前先把它刊載了出來）

風物依稀似昔年
叢叢翠竹拂晴烟
登樓更覺胸懷爽
一片平叢綠映天

天涯浪跡總遲遲
八載湖山入夢思
嶺上還雲亭已圮
壁間猶識舊題詩

雨花禪院傍山偎
靜對明湖一鏡開
湖竹崖松青未減
年年爲待故人來

蘇山班的輪船，依然是二十年前老公茂的作風，整天的時間，消磨在九十里的水上航行中，優哉游哉，好在時間是不化錢的，人生是沒長的，急些什麼呢？

可是也有一些地方，和從前略有不同，譬如開船的時間，從前在上午十時，現在改上午七時了（夏令時間八時）。於是從上海到東山的人們不得不於隔晚動身，借宿一夜。金錢時間兩受損失。爲什麼不能把開船的時間移遲二個鐘頭呢？

記得今年春天，因爲湖匪不靖，經過了各方面的要求，設法要求駐軍部隊派兵隨時保護行旅，同時在票價上每人增加幾百元，作爲此一項開支之用，自從五月初交通警離開以來，此項隨輪部隊，早已取消了，卻沒有聽見把這一次增加票價取銷。大概輪船局方面是忘記了，客人也忘記了。

近來多雨，河水大漲，輪船過橋的時候，幾乎碰了橋頂，有時船上人少必須用大石壓船，使船重載下沉加以手足幫忙勉強行過，再漲半尺恐怕航行就將停止了，這種事情在以前也曾有過幾次，水漲得太高，不得不停，水落太小，又不得不停，時局不靖，輪船有被拉差的危險，也不得不停，東山交通線，眞太脆弱了，寫到這裏，不免又想到公路，希望木東公路早日興工。

因爲水大的緣故，許多蕩田，許多魚池都給水沉沒了，這在鄉人是一種重大的損失，還有許多未沉沒的也是水與堤平，勤苦的農夫們，急於搶救，有許多人用竹籬加在堤上，也有用泥土加高堤岸的，於是[illegible]的蕩田塞，有人去割取浮墩，好像木排一般在河中撑走，蜿蜒連接，亙於數里之長，撑到將沉的堤岸邊，作爲加土保護之用，此種浮墩，乃係蘆花[illegible]在河面上常年累月堆漲起來的，約有二尺厚，在這上面年年生長蘆花，經過若干時候，便成爲數千畝良田了，現在割取也須得業主的同意，每畝化一二萬元的代用，再加上四五萬元的人工，因爲航行很慢，一里路至少須走數小時之久，故耗時極多，不過擲下了許多精神，經不起老天爺一陣西南風，一場大雨，便將全功盡棄，一年收成全賴於此，成敗未卜，悉聽天命，心中爺不急嗎？

山行隨筆

澗生

我們到山之際，山中霍亂盛行，醫院告急，每天送藥水百磅到山，爲了急救，每人有用去三四十磅者，幸而醫院處置有方，一面急救一面防止傳染，注意病人消毒，這幾天已平靖得多了，張克勁莫鴻賓兩醫師之功不小，我們東山一般鄉民的智識實在太差了，對於衛生醫藥毫無常識，大部份人還是上一代的典型相信風水迷信，藐視科學，每有疾病，先問巫神，再請中醫，直到無法可想的時候，再請求西醫打針，希望一針救命，因此貽誤甚多，卽如此次霍亂結果，又引起若干村民大買香燭元寶去穹窿山敬神，耗費達千萬元之巨，對於醫院防疫急救的經費，除了幾個上海熱心同鄉補助之外，卻未聞鄉民自動捐錢辦理，直到危險呈現在目前，要西醫以一針挽回造化，而不想平時加以補助，豈不怪哉！豈不怪哉！

鞏固同鄉會基礎

徵求會員運動即將展開

（本社訊）同鄉會爲鞏固會務基礎，開定於九月一日起展開擴大徵求會員運動，聯誼委員會積極進行籌劃工作，預定分二十大隊，每隊設正副隊長，名譽隊長，顧問隊員等，分三期揭曉，定十月卅一日結束，沉寂了九年的同鄉會，又要開始新的熱鬧了。

（本社訊）同鄉會徵求會員運動，預料各隊競爭，定有熱烈演出，理事會爲提高興趣，特備精美獎品多種，凡團體或個人徵得分數或人數之前三名均能獲獎。

繼莫釐風後

同鄉會將出版會刊

傳達會務．報導鄉訊

（本社訊）同鄉會爲傳達會務。報導鄉訊起見，準於九月十五日出版會刊，定每月一期，由文化委員會編輯組主編，並聘請俞亢詠、朱潤生、邱良玉、王礪琛、徐六笙、陸鍾琪、席玉年、葉緒華、鄭思庚、席履仁、葉山民諸君爲編輯委員，俞亢詠君爲主編，歡迎同鄉投稿、批評，凡屬同鄉均可來函索閱，並希廣爲介紹，藉收普遍之効。

莫中積極整頓校務

呈請立案已獲照准

優秀學生可得獎勵

（本社訊）莫中呈請教育局立案已照准莫中爲獎勵優秀學生規定獎勵辦法：

第一名：免全部學雜費及書費。

第二名：免全部學雜費。

第三名：免全部學費。

莫中本期學費定爲三萬元什費一萬元，本期開初中一年級一班及初中二年級甲乙二班。

洞庭東山旅滬同鄉會

第八次徵求大會宣言

本會此次徵求，在八年抗戰國土重光之後，其意義較以前七次更爲重大，又因本會經整理後，第一次會員代表大會決議，取消以前永久會員之名義，一律重新徵求，新章規定會員分爲二種，年納一萬元者爲贊助會員，年納一千元者爲普通會員，溢出規定之數，均作補助費，另掣收據，此舉純爲加强力量，健全組織，以便展開會務，別無他意，好在會費數目有限，諒各位永久會員，必能體諒會中困難情形，解囊相助，不致責難也。

徵求陣容分爲二十隊，期限一個月，目的爲一萬分，人數爲三十人，以各位隊長隊員之熱心從事，必能獲得優美成績可以預卜，並爲增加競爭興趣起見，定有獎勵辦法，（連同徵求章程，入會志願書等）分送各隊至於分隊辦法，及宜傳各稿，均載於九月十五日出版之同鄉會刊內，請爲査閱，希望同鄉父老兄弟姊妹以及各位老會員，共同努力加以協助，以底成功，幸甚！幸甚！

爲東山區治合併問題

同鄉會當局致吳縣臨時參議會函

敬啓者：近聞吳縣所屬十三區，奉令歸併。敝區洞庭東山十二區者，有將與某區合併之說，曷勝惶恐，敝會以誼切桑梓，義難緘默，因念　貴會爲我縣民意代表機關，敢於併區以前，瀝陳利害。查敝區洞庭東山，在縣境西南八十里太湖，中與浙江接壤，山林田地總面積約二百二十五方里，民物殷阜，有醫院、中學，近方興築東木公路，各建設事業，甲於他鄉。考諸沿革，夙爲吳邑之重鎮，且居太湖之首治。以言官政，則明成化間，設有東山巡檢司。清雍正十三年，吳縣所轄太湖東山等處，遼遠不便，以太湖水利同知自吳江同里移駐東山，名曰太湖廳，加督捕銜，專理東山民事。乾隆十一年，東西兩山，錢粮劃歸太湖廳，至清末與吳縣同屬蘇州府者，歷一百七十六載，民國廢廳始歸吳縣，特設東山行政委員，兼收粮賦，十八年乃行區制，及廿三年改爲十二區，今沿前制，以言兵防，明清設江南太湖營，兼轄浙江營，乾隆間至清末，設太湖副將署爲水師協鎮，民國始改水上警察隊，抗戰以還，猶未復舊，今所存者，僅十二區公所，爲民治之基礎而已，昔滕衡李印泉氏，居吳日久，熟悉太湖形勢，嘗推原吳中匪風不戢，病在撤廢明清防湖舊制，蓋時代有新舊，太湖形勢無變更，宜因地制宜，謂當設爲專官，論者歎爲知言，近者湯恩伯將軍召開江南治安會議，特置重點於清剿湖匪，則形險之地如東山、焉可等閒視之，況三分軍事，七分政治，方將因勢利導，庶可防遏亂源，不然伏莽潛滋，足爲縣境肘腋之患。敝會同鄉，討論併區事，頗爲關切，爲此籲請　貴會鑒察，毋任輕易變更區制，並希轉知吳縣縣政府，對於敝鄉十二區仍其舊貫，免予移併，地方治安，實利賴之。謹上

吳縣臨時參議會議長單

洞庭東山旅滬同鄉會理事長葉振民皓印

雨花播音台

各位聽衆，今天是本台開幕的一天。

我們請不到什麽名流揭幕，也沒有請×小姐剪綵，我們只想在沒有偏向的立場上廣播一些翔實的鄉訊。

親愛的聽衆，我們不僅希望你們聽着，更希望供給我們消息，我們一定做一個義務的傳播者。

地方建設協會將辦理結束

東山地方建設協進會，接得吳縣縣府批示，華建一一〇二號，上云「呈件均悉，查各區建設之研究設計建議之機構，本府業經奉命以華建七九一三號訓令，通飭各區籌組區建設委員會在案地方人士，如有對於建設方面應興應革意見，儘可於該會成立之後，建議審核，殊無另設機構之必要，仰即知照」地協會奉令後，即宣告辦理結束，惟於蘇報及上海文匯報讀者的話欄中有縣府查斥等語不符。

皮箱鈔票　不翼而飛

八月八日，由蘇開山之保大輪船中，有乘客沈立生者，有源順魚行之老板，此日攜帶皮箱一隻，內藏鈔票二百十九萬元，上船後即交與船夥保管，不意抵山時此箱已不翼而飛，近續與謝姓賬房交涉中，要求如數賠償

按：現悉該案已以一百十萬元賠償了結。

香灰豈能治傷

後山居住宋杏生，因沸肉湯潑於下腿及腹部，致燙傷範圍甚廣，當即送立善醫院求治，經醫生診斷傷勢嚴重，請比日至院換藥，繼續三日，每次收藥及材料等費共四十元，治療經過良好，創口逐愈，第四日未曾到院，第五日至院創口污濁，並已潰爛不堪，詢問其故，據云，因農忙僱福夫不易，且每日所費不堪負担，聽信旁人之言，以香灰等物敷上，以至於此，後醫生勸其住院治療，以免往返之勞，並允免去一切費用，以移付輪資，但住院一宵後，因飲食等不便，仍每日至院治療，每次除號金二百元外，全部免費，迄今已將十餘日，創口幾已全癒，病家感激莫名。

自殺

八月一日，東街鎮西萬巷底居民秦阿榮之妹仙桂，年僅十九歲，與嫂因細故發生爭執，憤而自縊於彼嫂之床樑上，後經發覺，即由駐惠安堂隊部湯醫官前往急救醫治，無效身死。

東山橫涇將合併爲一區

◇據縣保方面消息，省府區治合併計劃已經決定。不日當可發表，本鄉聞與橫涇合併，查本鄉在遜清時代設有太湖廳，光復後稱行政公者，現稱區公所，在歷史上和地理上都有重要的價值，況今地方治安正遇危機的時期，突有此消息傳出，同鄉人士，莫不表深切關心，現同鄉會當局正爲此據理力爭中。

由東山區公所與橫涇區公所有合併之消息傳出後，地方人士及旅滬同鄉均甚關切，據聞橫涇當局極願將區公所設在東山，此事因利弊各有，如設在橫涇則東山治安恐有問題，如設在東山則地方負担非輕。

更正

編輯先生鑒頃由敝友閱讀貴刊第二期什訊項下載有土棍餘孽述及敝人名周正榮等云云，但敝人素來安分守已以樵爲生並無土棍行爲在山之名譽是可爲證關於事實不符抑或另指全名姓現尤恐外界不明其實相合函申明請偕　貴刊一角懇予披載至爲感盼順請撰安

本山余塢鄉民周正榮啓

三十五年八月八日

販毒案未見下文？有關當局正在審查中！

據同鄉王君來函談起，八月五日由蘇開山之輪船中，爲駐山水警查出販賣雅片犯一名，王君適亦在該輪中，曾目睹在一年約十五歲左右女孩所帶之搪瓷杯底下，被水警抄出雅片十五兩，上面覆醬一攤，下置雅片，因此牽帶同船乘客，全部行李均被抄查達二小時之久，後據聞該女孩供稱，毒物係受王衙門前吳某所托，水警當局據供即至吳宅抄查，當將吳姓婦人一名帶至隊部對質，後聞由×方陳某出面調解該案，遂未見下文，在政府嚴令禁毒聲中，有此有頭無尾離奇之事出現，聞有關當局對該案頗爲注意，據悉已在嚴密調查中。

啓事

本欄歡迎同鄉隨時惠賜鄉訊，惟以公正切實爲限，如有主觀，利用攻擊他人爲目的等情，概不及，刊載。

鄉鎮擴併會議席上

東山代表與橫涇代表

力爭結果併稱東山區

地址設渡村

九月一日，吳縣鄉鎮擴併會議，假蘇州商會開會，東山代表席侍豐，沈新槃，朱潤生，劉道周，四先生於會議席上陳詞激昂，引證東山在地理上之重要，且有相當歷史，力爭區署應設東山，橫涇代表羣起反對，力主應設橫涇，經過一番辯論後，縣長宣佈表决，結果決議區署名東山。地址設渡村，會議後雙方代表交換意見，情緒頗為融洽，合併後二區人民願開誠合作，為建設鄉鎮努力。

驚人消息！

俞塢村土匪持械綁票。

八月十七日晨三時許，俞塢村有匪徒二十餘名持械行刦並綁去嚴子香父子三人，陸巷市父子二人及周明市父子二人。

為了收費問題、

保國民變中心。

增加失學兒童、

局方應負其責。

東街鎮第三保國民學校，前由地方人士要求局方改為中心國民學校，及至開學前局方迄未明令發表，因之校方招生廣告及歡迎王局長蒞山之標語仍用保國民小學之名義且已開始收費，初級約五千元，高級七千元，該校忽於王教育局長及馮督學蒞山視察臨行之前夕，手諭該校，臨時改為中心小學，但不增收學雜費，抑且擅加代購金等，較前定費用突增三倍以上，學生家長因不勝負担，清寒子弟勢被迫失學，故學生家長曾聯名具函要求此學期維持原來收費，聞刻在折衝中，據云其中內幕大有不可告人之隱，所謂中心小學收費除教育局規定外，並收購金八千元，保國民小學學費全免，因之中心國民小學學生，將轉入保國民小學，中心小學爲防止學生轉學計，故促成此事件之發生，然於教育前途實堪痛心。

同鄉會會所不敷應用

擬另購置新會所一座

（本社訊）葉振民先生受任同鄉會本屆理事長以來，勵精圖治，會務有長足之進展。近因會址狹窄，不敷應用，擬購置新會所一座，除擴充原有之學校，圖書室，乒乓室等用度外，並創辦出租宿舍，禮堂等便利同鄉事項。惟購置房屋，須費巨大，聞半數已有着落，餘半數則望各同鄉慷慨協助，共襄義舉，俾我同鄉在上海立一下不拔之基業。

東遭搶西被刦

太湖強盜多如過江鯽

八月十一日，後山有匪船六艘，自三山方面駛來，迴巡不去，偵察一二小時後仍向三山方面退走，又余山門一客船亦於此日被三蓬匪船一艘洗刦，此時適本山魚船經過目睹，幸被逃避無恙。

八月十六日晚十一時，渡橋鎮嚴家坟附近有匪船一艘，冒稱封江，將大頭菜船二艘，及柴船一艘逼至雞山港內行刦，聞損失約八十萬元，警局方面，因時值深夜，致未弋獲。

八月二十四日自蘇開山之公茂輪駛至日洋灣，過匪船四艘，匪徒十餘入行刦，期令船主開往太湖且行且搶，約一小時餘，後遇兩岸自衛團及警軍遭遇開火，約一刻鐘該匪棄擄有輕機槍一挺，及卡平等武器，配備齊佳，臨行時尚刦去乘客五人，內二人聞係鍾秀教員費姿銘及渡橋之吳姓漁販，又三人聞係渡村人云，此日由自山開蘇之早班輪二艘聞訊後停於橫，由自衛團分乘前往追緝，結果未獲，所有乘客之損失，一時不易調查，損失未詳。

小消息

◇八月七日，東山巡風團團員及地方建設諸會委員馬錫川君，因事申請辭職，茲聞巡風團員一職，地方士紳，公推周叔皋君繼任。

◇八月十一日，後山王石鄉鄉長楊泉聲及一保至七保各保長公告七棍朱祿生行為不檢，專事拷詐，近更誣告良民王永慶，私藏中式槍械一支事，引起公憤，近聞朱祿生已遭警方扣押偵訊中。

◇惠安善堂舉辦暑期施診事，內外科由陸耀岩及周則方二醫生担任，已於八月十一日起開診。

◇莫釐中學近籌設宿舍數間，以備遠道子弟就學，初中一二年級學費已定為三萬元，另加雜費一萬元，所有膳宿費用由校方代辦繳付。

◇前山私立葉氏務本小學，校長馮世驤，及縣立文昌小學校長林仰岐將連袂請求校董會及教育局辭去校長之職，聞此事醞釀已久，各方均甚注視，

◇八月十九日，吳縣十三區區大隊長鄭國樑，率領全體自衛隊員及保安隊員約四十餘人。至山東會哨，區方招待進膳，於翌晨返防，

◇縣政府徵借軍糧東山區攤派一百石。每畝徵額一升六合，或以八百元折價計算，聞以一等以上則為徵借目標，已於八月二十日召開各界談話會，即席認繳計達四十餘石云云。

社訊

同學會復活了！

務本同學會已進行重組

南陽等校亦有籌組消息

（本社訊）前務本同學會熱心份子。鑒於勝利後歸來者漸衆，決定發起重組，茲探得宣言內容照錄如下：

「啓者竊吾母校自民九創設以來已歷二十六年此廿六年中賴諸校董之殫圖擘劃暨諸師長之諄諄教導校務擴展英才輩出迄今同學之分佈於京滬蘇浙川陝冀魯湘鄂粵贛等省市者何止數百尤以上海一地人數之衆隱執牛耳抗戰之前諸同學爲聯絡感情造福桑梓曾一度創設同學會諸凡球隊之組織刊物之出版創立圖書館開辦補習學校等推行不遺餘力雖因人微力薄成績殊尠而朝氣所及隱然已開風氣之先迨後戰局惡化同學星散會務遂告停頓數載以還諸同學以格於環境聚首非易而同窗之情無時或忘茲者抗戰勝利河山重光同人等鑒於同學感情之維繫固屬急不容緩而集中校友力量共謀母校之發揚光大尤屬責無旁貸爰本飲水思源之旨特發起重組同學會除力謀規復昔年事業外並擬籌組合作社設置貸學金等俾同學受惠能普遍而實際惟是此項工作任重道遠非集中力量無以爲功用特廣求會員凡吾同學務祈敦同窗共硯之誼頓然參加共策進行不勝感盼是爲啓」又悉通訊處暫由四川路五七〇號晉大銀號轉。

（又訊）南陽諸同學爲聯絡在滬校友亦在積極籌組同學會云。

由重組務本同學會說起

尚勇

現在，務本同學會正在由幾位先進的同學展開籌備重組的工作，而作爲同學之一的我，以乎覺得有幾句話要想向各同學說一說。——雖則，我所講的意義是最淺陋的，我的詞句是粗劣的。但爲了大家的事情，我又何必顧忌呢？

我相信，人決不能是一個徒有軀殼；而專事消化，飲食的機器。他是應該有別種動物所沒有的性靈的生活的。因此在今日的我們！應當有一種高超的理想，而不應當去尋求不合理的生活。也應該除去了狹隘的偏見，與大家一致尋求眞理！

但是依我所知道，在我們同學之中，有幾位同學是比較太達觀了些，他不肯去瞭解生的眞諦，因此他追逐的無非是聲色犬馬；所留意的只不過是錢財飲食，雖然物質的享受是應該爲我們追求的，但他在歌台舞榭之內，能得到眞摯歡樂嗎？而財富又怎能值得了他付出的代價——寶貴的青春與有意義的生活——嗎？

我還見到了某幾位同學，他只是一味的拖住了古老的線裝書，而對現階段的新的學說，卻一味的表示懷疑，甚至於反對，因此固執地不與有其他思想的人在一起，而更猛烈地反對，他重視階級之分野，而擁護封建。

我總覺得，一己的享樂，並不值得去追求，而固步自封的態度，也應當捐棄，只有服務人羣才是我們的最大的快樂的目的！

我們同學，應該有朝氣，有膽魄，與工作的熱誠，更應有純眞的立場，眞誠的態度，將目光放在遠處，而脚踏實地從屑小的事情做起，也把自私自利的心收起，而爲大家去謀快樂，去尋求幸福！

務本同學會，曾經有過輝煌的歷史的，在今日，我們應當讓他有意義地「復生」，更讓它有價值地存在這世界上！

東山務本同學會籌備會啟事

啓者本會鑒於同學歸來者日衆特發起重組同學會惟以八年變亂調查容有未週如有遺漏務乞屈駕或備函逕四川路 570 號晉大銀號轉本會索取入會書以便登記爲荷

東山務本同學會籌備會啟事

啓者本會決於大會前編印同學通訊錄並決擴編爲會員手冊除刊載母校校史外擬普遍徵求各同學就感想回憶建議等方面惠賜大作惟以篇幅有限請以簡練爲原則來件請寄四川路 570 號晉大銀號轉本會

讀者園地

來函照登

我們的憤話

苛捐雜稅　有增無減　竊賊縱橫　永不破案

編輯先生：

貴刊是我們東山人民的喉舌，抑壓了好久的我們，總得有個地方能給我們說說話了，現在可否借一角貴刊寶貴的篇幅，來申訴申訴我們人民的話？

八年來我們受盡了敵僞的榨取。勝利了總想可以鬆一口氣。誰相信在天亮了的今天保甲長還是常常跑來派錢啦，派米啦，苛捐雜稅，不減往昔，好得本山人是好說話的良民，隨便什麼捐從不查個究竟，以爲保甲長上門要捐大概不會錯的。一面又因怕事，存着出幾個錢算了的意思，他們收了錢從沒收據而居戶亦從不會向他要的。當他們捐了錢去交給上級——鎮長，鎮長交給區長，內中一筆混賬有誰能知道究竟呢？

有一天保長又來捐錢了，開口的二句話很够玩味。他說：「每戶每項三百元，二項六百元。」是什麼名目呢？據說一項是自衛團和警察局的食米津貼，還有一項却說不知道。他說：「你們問鎮長去。」編輯先生：你想竟有如此糊塗的事，連他們自已都不知道名目的捐亦要向人民攤派，豈不笑話。據保長說還是上命差遣，概不由己。同他有什麼話說呢！

爲了地方的治安，爲了一切，我們出些錢，是沒有不情願的，可是亦應該有一個正當的名目！而且拿治安方面來說，仍是一團糟，賊啊，白日撞啊，還是很多，從不見破案，還捐了錢去，是不是供養我們的「祖宗」？

爲了這些捐錢的機關靠不住，地方上的商紳聯合組織了一個地方建設協進會，想人民自已組織機構徵了捐自已來支配，免得「水過地皮潮」承受那種瘟腐的榨取。但是地方機關一成立，就與本來的捐稅機關，成了對立狀態，不免因妒生忌，發生了利害間的衝突，初則唇鎗舌劍互相漫駡。繼則蘇州，上海報上以及東山大街牆壁上大開其筆戰，再則縣裏去鬥法各顯神通。但終於道高一尺魔高一丈，地協會被迫而結束了。編輯先生；地協會結束以後我們不知還些壓倒地協會的先生們將變些什麼戲法再來徵捐斂財？我們難道將永遠受榨取嗎？希望同鄉間主持正義的人。說一句公平的話，想一個澈底的辦法，拯救我們在東山的父老，兄弟，姊妹。最後我們所要感嘆的，原來勝利後的東山還是一個陽光照不到的地方。

山民上

鄉人不懂衛生

鄉鎮公所須速設衛生組！

勝利後的鄉鎮公所，正在計劃健全的組織，和努力工作，如對教育一節，即以辦就的學校來看，其成績甚佳，不像在前淪陷時期，一般的鄉鎮長只知飽足自已無底的口袋，不想作些爲人羣服務的工作。

時常有人在街頭巷口，茶妨酒肆，說着，鬧着，金灣在行「新法病」，（即疫病也，鄉間俗稱新法病）。某人已死，年齡祇二十餘歲，起病祇有三個鐘頭，眞的嗎？我的親戚某人亦于前二日亡于此病……等言不絕于耳。

諸位聞後定覺可惜，可怕，所以我們須極力地來抵抗疾病，保衛生命，即提倡衛生，以免各種疫病的傳染，和病菌的繁盛，我國的衛生往往只知表面而已，我們應澈底的努力幹去！

昨日上午我自潦里至渡水橋，在施港渡水口，一陣令人不堪入聞的臭氣，冲溝我的鼻孔，經仔細一看，始見河中淹死一狗，其身將全部腐爛，後至渡水港，東蔆田村旁見有死鼠，死貓，死魚等，及他種動物漂浮于水面，還實在是有礙衛生者，還有鄉間之垃圾堆，隨處而設，多數于河中河邊，使它永久存在，在此水大之際，再不設法除去，等待何時？

請當局及各鄉鎮公所極力的從速組織衛生組，提倡清潔運動，規定每日一次或二日一次撈除河中死亡之動物及莽草與一切穢物等，並嚴禁不合衛生的垃圾堆，剷除一切水中及陸地上之不潔物，由鄉保長指定適當地點即四面臨空之地而照着日光或裝設木的垃圾箱或砌石垃圾箱，但須限期撤消一次，因諸位所食之水即此河中者，所以河中腐爛着一切污物，須燒焚或送往太湖。

還原爲強國的要點之一，所以亦是鄉鎮長們應盡的責務，並希各位保長甲長依照着辦法努力工作吧！更希望全國的鄉鎮長們都熱心地澈底的提倡衛生運動。

（傑）

反對刊登迷信消息

湯經緯

本鄉的鄉農，中毒迷信以致枉死的慘劇一幕幕的搬演，對於國家間接的損失殊鉅；他們是殷勤忠實的拓荒生產者，因限於智識之簡淺，經濟之薄弱，一切厄運祇能冀求神鬼來挽救和解消，這是必然的趨向。我們應該急切灌輸科學意識來糾正他們，啓示他們，引導走上現實的大道。否則，長此以往，我國永遠追不上原子時代，永遠呆滯在落後的階段。

凡有愛國熱忱的人士，我想誰都有打破迷信的觀念沒有一個不思制裁少數固頑，封建，自私，利用迷信作工具的敗類的；我們既有革新的思想，就應該趕緊積極實踐。幸喜站在時代前端的莫釐風，已開始激烈的攻擊中，試閱莫釐風第二期旅人先生的大作，「閒談迷信」一文。暴露迷信的罪惡，和崇拜迷信的後果，淋漓透澈，反應上至少有點成效，不過，在一張最後消息上，卻又有這樣的一段新聞：「石脚盆一嫗，站立門口瞥見一紅衣女郎翩翩向桑林中去，時值中午，非鬼即怪。」此事記載得太荒謬了，有宣傳迷信的嫌疑。依據破除迷信是莫釐風的任務之一，那麼，同在一種刊物上不應該有背道而馳的文字產生，這是須要懇請主編先生注意的。

莫釐風誕生到現在，時期雖僅短短的三個月，然而身軀的骨骼已長成得很强健，尤其一副小小的臉龐，最討人歡喜，我希望負養育責任的先生們！營養方面繼續謹慎選擇，始終保持大衆的好感，不要因一時的懈怠和疏忽，影響了他的健康，以致面黃肌瘦，被大衆所唾棄。

用常識來破除迷信

一得

酷熱的氣候，剝奪了人們應有的睡眠，每到日落黃昏，隣居們總是搬了矮凳到弄口去乘涼，我雜在裏面，看看馬路風光，聽聽高談闊論，倒也怡然自得，昨晚忽然有人講起洞庭山姚家狐仙作法，白天現鬼的新聞，我因原藉洞庭東山，對於這個新聞倒很關心，起初還以爲是沒根據的山海經，詰問之下，才知道確實有書可證，根據的是莫釐風第二期的最後消息。爲了好奇，就設法買了冊莫釐風，果然載有浮袴浮帽，無故自焚，和紅衣女郎入桑林的新聞，因想這種神奇新聞的傳播，對於質樸的故鄉，不免有加深迷信的影響，很想根據常識來推斷其起因，藉以解釋羣疑。

在姚氏洗濯袴子和帽子的河水裏，我以爲一定雜有揮發性的液體，醮着了這種液體的袴帽，晒在烈日下，液體因熱揮發，熱達燃點而自焚或因香煙頭而起火，都可能。

不過揮發性的液體，也是濕淋淋的，怎會引火的呢？那末你可以做一個簡單的試驗，你用三塊布條，一塊浸水，一塊浸原梁或上好燒酒，一塊浸汽油，三塊浸濕的布，都拿來晒在烈日之下，燃一根洋火去點：第一塊一定不燒，第二塊立刻就燒，第三塊洋火還沒觸到，已經燒了！可是河裏有的是水，那來揮發性的液體呢？那末，河裏有的是水，那來致病的細菌呢？事實上東山有很多疫病的傳染，不是從河水裏的細菌做媒介嗎？

至於紅衣女郎，向桑林中去，那或因中午路上太熱，穿桑林小徑，藉蔭遮日，或因膀胱膨脹，入桑林解決內急問題，都有可能，不足爲奇。總之在二十世紀，狐仙鬼怪，只有愚夫婦，才會相信了。

闢讀者信箱啟事

本刊爲適應讀者需要，自下期起特闢讀者信箱一欄，凡讀者對有關生活，社會等問題均可提出詢問，由本室作答，如認爲有討論價值者，並可舉行讀者座談會，共同研究討論。

一、來信上角請註明讀者園地欄。

二、請註明真實姓名地址，必要時直接函覆。

三、來信請勿提瑣碎或漫無邊際的問題。

四、答覆意見，祇供讀者參考，不負任何法律責任。

什訊

（本社訊）上海六月底因政府公債傾跌，引起金融風潮，同鄉中被其波及而致傾家蕩產者頗不乏人，山幫在上海之經濟地位，因此一落千丈，不知何年何月，才能復原？

★同鄉會爲便利旅滬同鄉匯款起見，聞已與關係方面洽妥，不日開始接受匯款事宜。

★木山公路仍在積極推進，救署已派第二測量隊進行測量工作。

編輯室

在許多熱心同鄉的指導和幫助下，第三期的本刊，又已出版了，這一期，在質與量的方面顯然地已有極大的增加和改革。

× × × ×

根據多方面的意見，使我們了解旅居在他鄉的同鄉，希望多得到些故鄉的消息，而在東山的同鄉卻希望多知道一點蘇滬同鄉的動態以及喊出些抑制而不能申訴的呼聲。

× × × ×

為着感謝許多同鄉給我們許多寶貴的意見起見，我們決不惜犧牲地來增加篇幅，和增闢讀者園地，雨花播音台社訊欄，和滬訊欄，但初次嘗試能否使讀者滿意，尚待繼續指正。

× × × ×

本刊是故鄉唯一的輿論，督促東山進步是我們的責任，督促本刊辦得好是讀者的責任，因此我們希望將編者和讀者打成一片，「有話大家來說，有事大家商量，不論男女老少，人人可以投稿。」

× × × ×

莫釐中學出版的鄉音月刊已經二期，洞庭東山旅滬同鄉會的會刊亦將出版，黑夜里的一聲撞擊，已經得到一點回聲，我們早已說過，本刊的出版，對東山的文化教育將有划時代的轉變。

× × × ×

為提起讀者的興趣，從本期起，我們把「鄉訊」一欄另題了「雨花播音台」這個名字但是我們不願意使他營業化，凡是不確的鄉訊，我們不預備廣播，而翔實的消息，一定義務的代為宣傳，絕對不收分文。

× × × ×

本期稿擠，尚有佳作多篇不及刊出，準於下期登載。

× × × ×

鵬君鑒，請來編輯室面談。

× × × ×

投稿諸君鑒：來稿除鄉訊外儘可能在廿三號以前寄來。

× × × ×

代銷及經售處鑒：每月二十五日必須將收條簿帶來結清，以便錄下通訊處按期寄與讀者。

× × × ×

這期我們所感到榮幸的，就是張醫師惠寄了大作，本刊一方面在打破迷信，一方面也在極力刊登些有關生活的科學論文，這次的「瘧疾在東山」，正是我們所渴望的佳作。

× × × ×

關于婚姻與婦女的問題，這是故鄉社會問題中的一個大問題，現在所刊登的二篇作品，雖足以說或能引為讀者的注意，然而到底還沒有觸及問題的核子，我們希望讀者們提供寶貴的意見——尤其是女讀者們，希望以自身的經歷來報告和研究，這一定比較更真實些。

× × × ×

立過了秋，天還是熱，為了印刷排字的不便和編輯自己生了幾天小病，使本期排得零零亂亂，並且脫了期，在是萬分的抱歉。

小消息

◇蘇庭輪船局特快輪當日來回蘇山間，已於十二日起早晨七時由蘇山開，中午十二時返蘇。蘇庭輪船局自十二日行駛蘇山來回班，舊有各輪，均起效擊，二十二日又新添一新興公司之快輪，來回於蘇山間，旅客莫不稱便。

◇蘇山輪船票價每位連小眼一千五百元，客飯每客一千五百元。

◇施巷河親德堂金錫之家，前經水上巡防隊勘作總隊部營房，於七月十七日進駐，八月六日奉調離山，該屋經管人於部隊開拔後進宅掃除，查見各處門窗上銅搭攀拆去五十餘只，椅凳上坐墊毀去面子十七個，房主曾用過之新脚盆面桶碗桶亦被帶去，樹中所藏書畫翻倒狼籍，其他什物究竟損失幾何，因房主遠居滬上，一時尚難查考。

◇後山紳董朱厚蓀先生，平日對地方公益素具熱心，有流火之疾，來滬求治，請中醫夏某開刀，不料竟割傷動脈，流血不止，無法收拾，急送惠旅醫院檢視之下，認為情況嚴重，有生命危殆，經過鄭重診斷，結果將左腿截去，經過良好，已脫險境矣。

◇後山各鄉長紛紛來滬向旅滬同鄉呼籲，集款購械，增強自衛力量。

◇八月廿四日自蘇開山之公茂輪遇劫。綁去之鎮秀教員費雯銘等聞已釋放。

◇教育局長王芝瑞及孫保安隊長於八月十八日蒞山視察。

◇吳縣縣政府擬將第五區（橫涇）併入十二區（東山）改稱東山區，區署設於渡村，縣方將於九月一日召開擴併鄉鎮會議，本區推席侍豐沈新槃，同鄉會推朱潤生劉道周四位先生代表出席。

莫釐風月刊

逢每月一日出版

本期零售每册五百元

編輯及出版者　東洞庭山各校同學聯誼社

發行人　席玉年

上海通訊處　北京西路一〇八號　洞庭東山旅滬同鄉會　電話　九三四一九　九六五九七

東山通訊處　席家湖嚴宇丞醫室嚴星洲

蘇州經售處　閶門內東中市　蘇州教育用品社

東山經售處　殿前嚴大德堂藥材店　葉巷村莫釐中學　橋頭劉平補雜貨店

廣告刊例

（長期酌減）

地位＼每期	全頁	半頁	四分之一	八分之一
封底　封面裏頁	八萬元	四萬元	二萬元	一萬元
普通	六萬元	三萬元	一萬元	

莫釐風

第四期

頁衔　　丁陽作

東聯社出版

東洞庭山各校同學聯誼社籌備委員會啓事

本社自籌備以來，至今已歷四月，一切籌備工作，均已次第完成，現决於十月中旬（日期另行通知）召開成立大會，以利工作之進行，希各校同學注意爲荷

東洞庭山各校同學聯誼社籌備委員會啓

安定同學會徵求同學通訊處啓事

我安定同學會自廿六年夏成立以來，迄今已將九載，其中雖因戰事而曾停頓，然仍能於廿八年秋復會於孤島之上，團結幹部，聯絡同學，共謀自身之進修，及故鄉文化敎育之推動，堅持吾東山青年不屈不撓之精神。自抗戰勝利以來，各地同學歸來者日多，因環境變遷而通訊地址更動者頗衆，是特重行徵求同學通訊地址，以便召開會員大會及重編同學通訊錄。

安定同學會幹事會啓

籌組南陽同學會啓事

吾母校於民國二十二年爲同鄉前輩葉仲嘉先生所創辦，苦心孤詣，英才輩出，迄今十四年於玆，歷屆同學，大半經營在外，尤以滬地爲多。敝人等屢謀籌組同學會，每以格於環境，遲未成立；覩今我山安定、務本、鑑塘等校同學會均已先後成立。家杰等益感組織之需要，乃毅然發起籌組；以聯絡同窗友誼爲主旨，並謀母校之復興，深望吾校同學盍興乎來，藉收羣策之效，是爲啓。

・以姓氏筆劃爲序・

發起人　王家貞　徐振聲　張元良　葉盛榮　王堉麟　徐振常　張甫鑅　嚴家杰　朱宗蔭　徐振亞　葉鈺銘　嚴家照

通訊處：北京西路一〇八號洞庭東山旅滬同鄉會嚴伯豪（家杰）同學（電話九三四一九・九六五七九）

本刊編輯室啓事

本刊創刊迄今，已屆四期，然因各部幹事工作之忙碌，致對外來之稿件，意見及鄉訊，不及一一答覆及刊載，深以爲歉，自本期起，一切前存文件，均擬一一整理答覆，今後來稿，請按照本刊投稿簡約寄交北京西路一〇八號洞庭東山旅滬同鄉會轉本刊爲荷

本刊啓事

本刊上海通訊處，現已更改爲北京西路一〇八號洞庭東山旅滬同鄉會內，讀者如有稿件，信扎，及電信，請註明轉莫釐風月刊社收，敬希讀者注意。

第四期目錄

民國三十五年十月一日出版

雨花播音台

地方會議決議 鄉鎮機構裁併

由區公所呈報縣府核示中

九月十七日開地方會議商討改正鄉鎮名稱，經會議議決東街鎮改爲東山鎮，西街鎮劃出二保，劃至王家衖爲止。西街鎮改爲前山鎮，將滌涇鄉劃出一保併爲十一保，楊灣鎮改爲後山鎮，編成十保，席周鄉改爲莫釐鄉，其他各鄉鎮照縣府原議，已由區公所呈報縣府准予改正云。

地建會奉令結束 正風社積極籌備

東山士紳集團的活動

東山地方建設協進會自奉縣府批復無設立之必要後，即自動解散，頃悉該會已准於九月三十日辦理結束，據聞魚蝦商所欠繳之補助費，達一百七八十萬元，聞收回極感困難云。

東山士紳席微三，席侍豐，周叔皐，嚴譜南，葉伯良，沈汝舟，鄭偉民，許志遠等八人發起組織民意機構，定名爲東山「正風社」，其宗旨以聯絡同鄉感情及督促區鄉行政之實施，入社之社員分贊助及普通二種，社費尚未規定，刻正積極籌備進行徵求社員中。地址在漾橋村惠安善堂。

（又訊）「正風社」現正推舉該社社員葉伯良，嚴譜南代表詢問徐區長三點疑問：

一、前次所收魚池蘆蕩捐約八十餘萬元，新廟做戲補助六十萬元，同鄉葉振民先生教育經款壹百五十萬元如何分配應用。

二、現在區建設委員會爲何不成立，現收魚捐作何開銷。

三、席周鄉所收蠶子捐作何開銷，要求切實答覆云。

如此治安？

竊賊力大如牛 警士一名被摔

盜匪依舊猖獗

警所破獲偷竊一案，竊賊名葉泉生，王家涇人，該賊犯案累累，據供曾偷竊十餘家，翁巷村天香館席侍豐家及典當弄周叔皐家之竊案均渠所爲。該賊力大如牛，警所派警士捕捉時，曾有警士一名被渠摔倒。

九月十七日東攔渡口竺福臣家突來匪徒數人刼去米六十餘担。

九月十八日倚錦村夏阿辛家等三家遭匪徒洗劫並將夏阿辛綁去。

石井人夏邦才俞塢人周阿二有通匪嫌疑於三日由西山引渡到山，翌朝移解法院訊辦。

東山教育在普及中

東西街鎮第一中心國民學校（即前文昌小學），現在學生四百餘人，比上學期略爲改少，教師及校長十二人。東西街鎮第二中心國民學校（即前鍾秀小學）。現有學生一百八十餘人，教師五人，渡橋鎮培育小學現有學生一百四十餘人，比上期略爲增加，本期並增加五年級一級，教師校長共五人，據該校范校長云，本期免費生甚多，現每級有免費生五名，學費由教師平均負担，希望各校羣起響應，以使普及教育。莫釐中學現有學生一百另四人，計初一上下期共五十二人，初二上下期五十二人，現正舉辦備取生先修班，學費收入、一次派給教員。

東山教育方面本學期增設保校三所：西街鎮第十保保校校長陳惠霖，渡橋保保校校長王覺，蔣舍鄉第五保保校校長張挹羣，均在勘址開辦中。

新設民族文化學院院址殿前薛家祠堂，該院負責人爲沈頴閣先生，內分中文系，中史系，中醫系，已在招生，定十月十日開學。

小消息

△金家驥致函徐區長，略謂：將來招撫工作須請協助彼之部屬情報主任蕭企東等數人於九月十六日來山，勘定施巷鄭氏之惝園爲辦事處。

△中秋節地方士紳公祭文昌宮節烈祠王公祠，由席侍豐主祭，儀式簡單隆重。

△秋風起，羊肉上市，擺價一斤二千四百元。

東洞庭山各校同學聯誼社成立大會前奏

籌備經過報告

金新

記得那是五月里的一個晚上，微雨飄在我們臉上，大家很高興走進了人彥兄的辦公室，坐下來閒談和交換一點意見，而東聯社和莫釐風的定名，就在那時決定了的，雖然人數只有十幾個，而實在也可以算是第一次的籌備會議了。

當時決定先出莫釐風，用東聯社的名義發行，玉年兄担任了發行人的名義，我和慶元兄任了編輯，德基和惕敏兄負責總務，而請了鄭振華兄和人彥兄任財務委員之職，因爲刊物的出版先得有墊款，而他們兩位對錢是比較有一點辦法。

後來還交換一點別的意見，總覺得人太少，大家得好好的拉生力軍。

直到第二次會議中，才正式地決定了社的定名，改洞庭東山各校同學聯誼社爲東洞庭山各校同學聯誼社，簡稱東聯社，出席的人數大爲增加，對於章程稍稍地修改了一點，再在成立大會時正式討論。當時決定主要工作，就是莫釐風的出版，日期是七月一日，通訊處是上海岷山花園一號。

六月和七月是一個較忙的時期，當時履仁兄負責了故鄉新聞的採訪，我和慶元忙於編輯工作，人彥兄拉廣告，玉年和德基兄設法經費，煥書兄接洽印刷所。匆忙了好多天，莫釐風終算出版了，雖然不能說如何的好，但匆忙却有了代價。出版之後，忙壞了惕敏，純時，熙元，孝修，紹裘諸兄，發定單，收定費，按戶寄出………

直到八月四日，大家又碰了一次頭，這次增加了生力軍，緒華，思庚，尚德，維鈞諸兄都參加。

那次討論了關於社的工作，以第一二次及本次會議之同學爲當然籌備委員，還公推了席玉年兄爲籌備會主席，緒華兄和德基兄副之。

因爲籌備委員的增加，各部負責人重行推定，當時決定如次：

發行　席履仁　席純時　楊熙元　金尚德
編輯　金　新　許慶元　葉緒華　葉煥書
財務　鄭振華　翁人彥　鄭思庚
總務　鄭惕敏　席德基　葉煥書
廣告　翁人彥

最後決定爲了便利起見，莫釐風的通訊處改在同鄉會轉。

第二期莫釐風出版之後，八月十九日的會議上決定了召開成立大會的日期，因爲一切工作正待開展，而徵求參加的社員已經有二百餘位，而成立大會不召開，總覺社務不能發展，因爲務本同學會擬於十月十日開大會，因此就決定了十月的中旬開成立大會，正式日期臨時發信通知。

對於故鄉的聯絡工作，因爲嚴家杰兄的來滬就職，乏人負責，所以推定慶元兄負責聯絡及彙集鄉訊工作。

九月七日的一次會議，則是集中於編輯和發行工作的檢討和研究改進辦法，因爲莫釐風的出版，已引起了全體同鄉的注意，一舉一動，已足以左右一切，所以鄭重討論，決定編輯中心，決以創刊宣言爲努力目標，繼續前進，而發行工作，足以影嚮刊物之推廣，所以也需要加緊工作。

最近工作，則着重於大會之召開和莫釐風第四期的出版。

回想五月至今，已經有四個月了，由一次非正式的討論到現在濟濟一堂，確不是一件便當的事，因爲大會召開在即，希望社員們能知道本社的過去和現在，所以草草寫成此文，對於今後的工作進行則期望於大會成立後之負責諸君。

——本文根據歷屆會議錄整理而成

寫在社員大會前

·風·

自從戰爭結束，東山各校同學紛紛由各地回到上海後，東山青年又開始活躍起來了。

同窗的感情是深刻的，雖然經過了數年的隔離，但一經聚首，各人的熱情，又很快地匯在一起，各校同學會也隨着復活了。

由於這次世界大戰的教訓，各人流浪生活的經驗，促使各同學有了進一步的認識，有個更廣大的要求，「四海之內皆兄弟」，大家都不願固封在小小同學會的範圍裏，歷史是向前的，青年人是敏感的，於是「東聯社」的組織產生了。

經過幾個月的籌備，「東聯社」在各位熱心同學的推動下，已漸漸進入具體化，現在已決定在十月中旬召開社員大會，希望在這次大會後，經過一次民主化的選舉，產生個推動社務的健全機構，使「東聯社」的前途，一步步輝煌而蓬勃起來。

「東聯社」的組織是公開的，志願是純正的，我們希望國家强盛，故鄉安樂，我們並沒有什麼野心，也不願和任何人爲敵，只要和我們志向相同的，我們都願意忠誠合作。

在「東聯社」的號召下，希望各校同學團結起來，爲故鄉的進步。攜手前進！

現在我們提出下列六項作爲大會的參考，以確定「東聯社」今後的任務！

一、建立公正不偏的輿論——故鄉一切權力，完全操縱在士紳官僚手中，人民的意見，始終沒有表達的機會，現在是民主了，我們必須建立起公正不偏的輿論，代表東山多數人的意見，來監督當地的行政，以及一切公共組織，使一切工作都能一步步趨向正規。

二，普及東山教育——故鄉文化落後，我們要使人人都能識字，寫信，然後逐步提高文化水準。

三，舉辦同鄉福利事業——故鄉人士，大多沒有合作的精神，我們要取得多數人的信任，必須爲多數人的切身利益努力，如舉辦消費合作社，生產合作社等。

四，促進故鄉生產——故鄉不論工業農業，生產率都很低，家庭費用，大多依賴上海男人供給，這是個很大的損失，我們必須設法改革，促進大家生產。

五、改良故鄉果木——故鄉白沙枇杷，聞名全國，但品質始終不加改進，將來難免要被淘汰，故鄉土質，適宜果木，我們必須負起改良各種果子品種的責任。

六，澈底破除迷信——迷信只有增加消費，助長依賴，青年人任何事必須抱定奮鬥的精神，決不能爲無稽的「命運」而躭誤前程。

我們的任務雖然很艱難，但團體的力量是偉大的，衆志成城，任何艱難的任務都可以完成。

同學們：「東聯社」的成立不是偶然的，我們要好好培養它，一切要有犧牲「小我」成全「大我」的精神，社的前途才能發揚光大。

世界在進步，祖國在進步，故鄉也要進步！

祝大會成功！

金風送爽工作忙 務本同學會重組完成 雙十節召開成立大會

務本同學會自決定重組以來，工作緊張，同學入會者日衆，現重組工作次第完成，決於十月十日召開大會，選舉各部負責人，及討論會章，確定工作，屆時秋高氣爽，同學濟濟一堂，當有一番熱鬧云。

（又訊）務本同學會擬編輯會員手冊一冊，內容以母校沿革，同學會過去及最近工作報告，以及通訊錄等，內容精采，圖文並茂，現已開始徵稿，出版之期想不遠矣。

同鄉會徵求會員大會開始 東聯社特組織莫釐風隊爲紀念本刊出版

同鄉會第三十五屆徵求會員大會將於十月一日開始，本社爲紀念莫釐風出版起見，特組織莫釐風隊，參加團體競賽，凡本社社員自願參加及入會者，請即電話通知同鄉會嚴伯豪君，以便將入會申請書送奉。

同鄉會電話　九三四一九　九六五九七

談戀愛與婚姻

·毛　羽·

一提起。「戀愛」這兩個字，「老派人」就要頭痛，認爲這實在等于「軋姘頭」，不過是美其名而已。

至于「婚姻」；最近東山盛行著「看照片」，「相親」的辦法，照過去純粹的「父母之命，媒妁之言」來看，不能不說是有了一點小小的進步，不過這僅僅是容許了他（或她）有選擇對方外貌的自由而已；究竟內心如何，誰也不是看相家，那裏能够了解呢？還不是父母之命媒妁之言決定了一切。

我不是在這裏提倡「戀愛」，不過我認爲要使東山人對婚姻自由會有一種良好的印象起見，我想先來談一點關于戀愛的問題；因爲在正確的「婚姻自由」之前，必須先有一個正確的戀愛階段。

第一：我以爲「戀愛」決不是「軋姘頭」；前者是純潔的，而後者却是肉慾的，這分別非常明顯，誰也不能含糊，那一個青年人如果沒有「定力」，只要錯走了一步，就不但會妨礙了自己的前途，而且在影響整個新時代的進步上說，還是一個大大的罪人。

第二：我以爲戀愛固然是要談，但決不能妨害了自己的事業，（包括學業）要知道戀愛只是人生中的一個過程，生活上的一小部份，而奮鬥于事業，服務社會，才是一生的責任，所以我希望沒有成熟的人，暫時不要談戀愛。因爲本身太幼稚了，在這個時期還分不出輕與重是與非的。

第三：我認爲談戀愛，切忌「飢不擇食」！在沒有理想的對象之前，不必操之過急，但理想過高，要求對方爲一個十全十美的人物，那也是不大可能的。總要先了解自己是怎樣的一個人（包括主觀上與客觀上的條件），然後刻劃出一個怎樣適合自己的對像來，慢慢地尋求。

第四：在談戀愛的過程中，千萬要理智一點，尊重對方即是尊重自己。在沒有完全了解對方之前，亦可以說戀愛還沒有成熟之前，熱情的話少說，熱情的動作儘量避免，這樣，將來即使談得沒有結果，彼此都還有餘地，精神上的打擊較小。

第五：了解對方應從對方所接近的親友方面去探詢爲主，本身所說的爲輔，再去加以研究。切忌聽了幾句「哥哥妹妹，祇有你能了解我是怎樣的一個人……」的自白做根據，這不是叫你不信任對方，而是叫你在眞正的了解之後，更信任對方。

第六：談戀愛儘不妨坦白。在沒有惡意的親友父母之前，多用幾個參謀不好嗎？鬼鬼祟祟是會引起各方猜疑與不良影象的。（筆者第一個要批評你對于戀愛的認識還不够）。

第七：朋友與愛人必須嚴格的劃分，不可能成爲愛人的異性朋友，形跡上應當特別注意，勿以多交異性朋友爲榮。要知道「日久生情」的那句話，戀愛的成熟不宜太迅速，近乎「一見生情」的那樣！成熟了便應當立刻宣佈訂婚或結婚，使事態明朗化；確定雙方應當互負的責任，矢志不渝。

好了，再談下去本文將完全是一篇「戀愛經」了，讓我拿主要的目的——提倡婚姻自由，來做一個結束罷！

東山的賢明家長們，今後的潮流不容許你們再一手包辦子女們的婚姻了，但爲了你們做長輩的責任，爲了子女們的經驗見識還不够，最好以一個參謀的身份來幫助策劃一切，本文所講的幾點，如果你贊成的話，應當嚴格的解釋給你的子女們聽，注意他們或他們的是否實行。

對于一部份「夏虫不足以語冬」的頑固父母，我鼓勵子女們勇敢地起來做一個「光榮的叛徒」！但是誰如果違反了上述的大原則，誰便沒有資格接受這「光榮叛徒」的稱號，他或她將是一個永遠恥辱的「罪人」！

投稿簡約

一、本刊歡迎讀者賜稿，尤以有關東山之建設和批評之論文以及消息等。其他佳作，亦甚歡迎。

二、來稿請註明眞實姓名及通訊處，發表時筆名隨便。

三、來稿本刊有刪改權，預先聲明者例外。

四、來稿如不能刊載，除特別聲明者外，概不發還。

東山青年的出路

公望

「××伯伯，×囡今年已經十×歲了，是學生意的年齡了，我看伯伯的這種生意多少好，眞發財啊！我想拜託伯伯假使有機會的話，請你薦頭生意好嗎？……多謝你，我託在你的心上……」這是時常可以聽到的一個東山母親爲着牠的兒子去懇求人家薦生意的一種口氣，這幾句雖然很平常，可不要小看它，發生效力的却很多很多。吾鄉一般青年的職業，多數由他母親東託西託託成功的，所以他們的職業，完全靠自已的命運，和他們親戚的手面，致於個人的興趣那根本不能顧到。即使你感覺薦到的職業沒有興趣而不滿意，結果却被這爲你懇求職業的慈母教訓一頓，說薦得着生意已經不容易了，還要揀精擇肥，怎樣對得起××伯伯介紹你的一片好心呢？末了再把行行出狀元等的勉勵話，半騙半迫的爲他打了舖蓋，送他上生意去了。

諸位：請想一想，像這類的「就業」，眞眞活像一個女子的嫁丈夫，受了父母之命，半哄半騙的造成了不自主的結合。現在故鄉的婚姻問題亦正提倡自主，打倒不道德婚姻。但是另一方面，男子的出路——職業，却被人忽略了，仍舊孤注一擲的靠命運，靠介紹人和親戚，而他們的出路呢？當然祇限制在他們介紹人的舊路上了；這種舊路就是前輩人的職業，東山人的前輩在上海最有聲望的職業要算是金融界了。因爲從前有幾位老前輩做了外商銀行的華經理，在銀錢業有一種特殊的勢力，所以有許多許多的人被他們介紹進

特製的牛，定造的雞

潤

（譯自本年七月號讀者文摘）

那一天，我同一位任職農林部的朋友談天，說起汽車製造業的進步，預料最近的將來，那些流線型的，調節冷暖的，避免衝碰的，節省汽油一半而又一手可推動的，輕便精美汽車，將依照着使用者的需要隨時出品，這眞是一種科學的奇蹟哩。

朋友笑笑說，「還有什麼希奇呢，我們農林部裏，這種進步的奇蹟多得很呢，即如此刻，我們正在研究產生流線型的火雞，空氣調節的生菜，不爛不銹的番茄，適合冰箱的西瓜等等。我們現已有了能供給平常兩倍火腿肉的猪，還有各處顧客定製的羊，分別適合於新英格蘭農夫，洛薔山地農夫，以及西南部印地安人農夫們特別要求的，你試一參觀我們新型的出品，你更要目瞪口呆哩。」

在曼立蘭省倍爾斯維地方，有一所世界最大的畜植試驗場，我化了整個一星期的工夫，參觀了這一所一萬一千英畝大的奇境，在實驗室中生物學家正在改造自然，我看見了從未見過的新植物，也看了許多定製特造的動物。

倍爾斯維的那一所只是現在美國所有六所研究場中的最大一所，此外尚有四十八所正在建築中，它們由科學家努力培養新型的農產與新型的畜產，以供明日的農場採種。我們從考察回來，看見過成串的楊梅，不辣的洋葱，無毛的桃子、以及許多其他的東西，最可驚奇的乃是牛場和雞棚與穀種場中的產品了。

有一頭牛形體龐大，身子堅實，牧牛人說「這是混合種的，將爲一種新型種牛，看看外形，並無可異，至於出產牛乳，可與衆不同了，去年牠產生了一萬五千磅的乳，中含牛酪一千磅，比了常年的產量增加幾及三倍，牠的性格溫和，生活正常，而且可以長壽的。」

這裏又陳列着他日的肉種牛了，牠們身體重實，像一隻長方形木箱，又像一所活動的牛排與燴牛肉的製造廠。又有一種兩用的牛，能產乳像及賽種的乳牛，又能供給較佳的牛肉。又有許多養牛人現在要求一種加速長成的小牛，能在十八個月內長成，而免耗費平常四年至六年的育養時間，康倍脫的農夫也在要求乳肉兩用的小牛了。

南方海灣沿岸的養牛人，又在要求一種牛類能自動抵抗蟲咬，又能抵抗酷熱，政府的科學家已解決這一個問題。我所見的一種難看的駝背的牛，名爲麥唐納種，乃是阿白廷思格斯種，與印度棗白來門種的混合物，牠的背部能抗驕陽，牠的油皮，能抗蟲豸，當其餘的牛躲在樹陰裏透氣的時候，牠們若無其事，好像告訴主人說，他們在增加本身的重量，替主人撐更多的金錢，替食客們供給更佳的牛排哩。在加立平地方的農夫，也需要新式的乳牛，因爲本地的牛產乳太少了，而平常美國種牛又受不住熱帶的氣候，南太平洋的農夫，也需要一種多產的乳牛又要不怕熱浪，

銀錢業，因而得到了人家最羨慕的銀飯碗。其次較有勢力的職業是綢緞業，其中做批發的綢莊亦有，做寄售的綢緞公司亦有，被薦的青年，三年生意學滿，還家的時候，都穿上了他本行最新的出品，這是多麼顯耀啊！那些永居鄉下的老婆婆，逢人便說×家少爺多好！眞有出息啊！而他們自已也頗爲自得。

其他還有許多種職業像棉布紗布等等，但是不外乎批發商和另售商而已。研究批發商，另售商所需要的人才是什麼？是事務員，是跑街，比較需要技術的人才，充其量亦僅僅是一個帳房。而全東山的青年却把他天賦的智慧，大才小用的專門向這幾條舊路上走，這不是太可惜了嗎？假使他們能够放棄舊路把這得天獨厚的智慧，使用在需要優秀人才的工業上，那末將來一定能像從前在金融界的威風轉移到工業界上去，況且現在國家不是正闊着建設嗎？——是否已在建設，我們且不管它。反正建設時期是一條必經的大道，工業化是國家謀生存的惟一辦法。那時候我們不能說金融事業要淘汰，事務員，跑街根本不能生存。但是社會上的沒有技術的人才總是供過於求的，那末這時候這種人的處境，一定是很困難的，列於供而沒有被求去的人，天天求人託人，他們的母親又開始向伯伯們懇求。那些很僥倖而被人求去的，都是小心謹慎地捧牢飯碗，惟恐失去了以後找不到，像這樣前途不是很危險的嗎？

所以以後東山的青年，應當看清事實的需要，向有興趣，有希望的事業上努力！家長們再不要造成那些不自主的歸宿，應當引導子弟向正當的路上邁進！我想東山青年還着故鄉山清水秀，優越的地理，素稱甲於江南超人的智慧，能向工業上發展，一定能够達到預期的成功！同時我對那些尚未有出路的同鄉青年們有一個忠告：「不要怕工業上沒有親戚，沒有人提攜，因爲有了技術是不怕沒有人保薦或聘請的。」

不生熱帶病的，聽說科學家們差不多把這兩個問題都解決了。

在養雞試驗場中，明白的雞種，又有一半成功了，管理人告訴我說，「那些蛋種的雞羣，每頭年產二百六十至二百九十只蛋，較常雞產量約增一倍，有些雞能產特大的蛋，其大如香櫞一般，那邊更有專產富於蛋白的雞，這種雞蛋尤宜久藏。」

「那邊許多小鷄，翼上帶着黑條紋的，實在都是些肥嫩的雞肉，養雞人請求把食雞與蛋雞外形分別，所以特地加入幾條黑色條紋，使人一望而知，作爲分別的標記的。」

對於牛雞選種配養的技術，同時對於穀類也應用的，混合種穀已有極大的成功，在此次大戰初起的時候，我們農林部曾解決了一項難題，日本人侵入東印度後，我們樹膠的來源斷絕了，我們的郵票上將沒有膠水可用了，平常的澱粉是不合用的，因爲缺少黏質，幸虧有一位種植家發現一種新法，產生了帶有黏亮的混種穀，即在倍爾斯維農場加緊種植，在十二月中產出足够的種子，分散給各商業農場，現在全美國的出品，已够我們郵票上膠水之用了。

我們穀類的農場，曾被一種祕密的敵人所侵犯，一種肉色的小虫叫做歐羅巴蛀虫，先侵入新英格蘭地方，後來普遍蔓衍開去，殺虫藥對於牠們毫沒影響，因爲牠們深藏在梗內，不能看見，直等到梗也斷了，穀也空了，才知道牠們的存在。現在好了，我已見到一種害虫們不喜歡吃的梗了，到一九四六年度，新種將全面採用，一畝的穀田中，也不致有一支斷梗一顆空穀了。

我立在兩方麥田中間，宛如在神話中一般。這一邊的田裏，完全是萎頓的麥，都倒在地上，另一邊的，田裏麥禾挺秀，一望無際，臨風招展，不見有一絲損害，科學的混種，已把這萎縮病治愈了，這新種並且增加了百分之三十的產量。我又見到了一種節省戰時人力的蘆粟，平常的蘆粟長得比人高，需要用手採集，頗費力氣，農夫們向農林部呼籲想把粟蘆改良得低與麥齊，以便用刈麥機器來收刈，政府的專家研究結果，果然滿足農夫們的欲望，新種的蘆粟，其高僅及人的腰部而已。

我所見得的新麥，梗既不萎，葉也不秀，而且性極耐寒，在零度以下六十度，也可生長得出來，即如阿拉斯加地方本來只生些莓苔與矮松的，以後也可以播種麥子了。

生物學家已能多少改變自然了，下面是他們的出品一斑，不怕日炙的小猪，不刺人的蜜蜂，適合與機器採刈的棉花，加倍維他命量的大豆和白菜，在乾燥的天氣裏也不落子的萵苣，不爛不蛀的山芋等等。

美國的生學家應該出力扶助歐洲與亞洲的農業，因爲各國的植物與動物曾幫了改良種不少的忙，我們應以研究所得的結果，貢獻給被戰爭所摧殘的全世界，作爲一種酬報，這是理所當然的。

譯者附記

我把這一篇稿子譯出，介紹與莫釐風的讀者，是有一番深意的。篇中所述，雖然新奇，但都是事實，並非神話，根據科學的研究，經過實地的試驗，才產出可靠的結果。我們要迎上時代，必需要加緊前進，力求進步，切不可再墨守成法故步自封了。我很想借此引起讀者研究的興趣，來促進東山農業的進步。

初探長圻能仁寺地道記

·凡鳥·

後山長圻，位于楊灣的西面，遠在明朝的時候，是洞庭山最熱鬧的街市，就是前山的渡水橋和轎子灣亦比不上它的繁榮，這不但從故鄉陳舊的書志上可以看到，而且上年紀的人，亦能隱約道及，尤其是到了長圻，看那殘碑敗垣，更可以推測到大有滄海桑田的變遷，使人們平空興起無限的感慨！

在三年前一個春天的早晨，作者和幾個朋友，還是到長圻，在荆棘縱橫裏發見了一座古寺，幅員的寬廣决不是現在與福寺靈源寺等所可比擬，在寺的左邊空地上，發現一口古鐘，因年代古久，鐘上所鑄的字，都模糊得難以認識，後用手指撫摸，才知道有明朝弘治十年和能仁寺的字樣，這才確定這寺的名稱和年代，再用手摸，發覺還有震澤鄉長圻能仁寺等字，就猜想那時長圻還屬於震澤管轄呢？現在洞庭山歸入吳縣版圖，想當年變遷的時候，一定有一些趣味的掌故，可惜現在沒有人能知道而敘述呀！再講整個寺的滿地，都是荆棘，而茅草房屋都禿了頂，亦沒有一間是完整的，在寺的後面，發現了一口潭，潭是成正方形，潭水非常清洌，却並不怎樣深，潭底滿佈着小的岩石，在潭的正面有一塊碑，碑上大書泗洲池三個字，池字的下半部已埋沒在泥土下了，它的落款是作者的高曾祖王鏊公的名諱，當時覺得小小的一口潭，何必立碑，請名人題字呢？可見古人的歡喜揮弄筆墨了。

後來遇見長圻鄉人告訴我們，方才知道這潭裏的水永遠不會涸轍，即使是在大旱的年份也不會乾的，這件事是不是確實，我亦無從去證實，好在姑妄言之，就姑妄聽之，根本不必去認真追究它。

至於那裏是廚房，那裏是大殿，亦祗能隱約辨認，但是找遍了全寺沒有見到一位神像，想來他們因為這地方非常荒涼，不甘靜居，雲遊到別處熱鬧地點掛單去了。在殿角的左邊地面上有一個地穴，穴口是長方形的大小約闊二尺長五尺光景，穴洞裏是一個地道，非常黯黑，目力不够看到底部，用一根長竹竿試探，亦不知其多少深，後來用這竹枝，敲碎了一端，拔了些枯茅草，把竹枝的頭燃着了，當作火炬，作者一個人舉了火炬進入地道，起先還覺到寬大，慢慢地狹小起來，後來祗能匍匐着爬行，大概再爬了十幾步，到達底部，底部是被岩石砌沒，並沒有可通的地方，這樣就祗能敗興而回，當進地道前，預先叫一個朋友在地面上跟蹤着，聽下面的聲音，在下面不能再通的地方，上面是一座牆壁，壁外是一隻糞缸，因為年代已久，早不用了，裏面僅僅滿堆着泥塊和石子，並沒有臭氣，我提議，把糞缸搬開，朋友們亦很高興，於是就開始工作，把牆壁先拆除，再把糞缸裏泥土和石塊搬開，再用大石把糞缸擊穿，足足費了一小時，完成了這無以名之的工作，搬去了糞缸，見下面却是鬆散的泥土，在作者的意見，以為泥土下一定是另有一洞，或者當時的和尚欲圖滅跡，用泥土堆積洞口，在上面再放一隻糞缸來遮掩，所以提議把鬆土掘去，一探真相，但是朋友們大都已精疲力竭，而且見糞缸下面，只是一些泥土，已覺非常灰心，都不贊成提議，而作者亦獨力難支，只得打道回家，路過長圻，問起鄉人們這地道的歷史，他們都說地道裏有得道的和尚住着，切不可進去，否則是有危險的，又問這傳說那裏來的，他說是祖上一代一代傳說下來，告誡子孫的，我們聽了不由得大家相視而笑了，因為在半小時前，我們正在那地道裏，大鬧而特鬧，而那個「得道和尚」却沒有來干涉我們，現在我很想再邀了幾個志同道合的朋友探一個明白，幸而如願，當再作報告。

快樂的苦悶

歸途追記之三

舟

在某一個雨夜，幾個路上的同志，又聚在一起，最後，自然是談到了來的路上去，重心是在江山。

共計五十多天的旅程，在江山却佔了七天，大概和江山比較多些緣分。

說也慚愧，我們趁的雖是一九四一年舊佛萊式的小轎車，可是，在路上却拋了不知多少次錨，我們常常會停在路旁等待着救援，當每輛曾被我們超過而車又被他們追出的車子，投下一陣尖剌的嘲笑時，我們是萬分難受的。拋錨的原因，雖說是駕駛技術不够好，而老天似乎也有故意作對的嫌疑。

譬如在到江山之前，我們絕不希望下雨，然而他却連下了幾十天梅雨，以致把公路的橋梁冲斷，在平坦的路上，安排了無數陷阱，就在到江山的第二天，我們的車子終於埋入了泥淖。

「我決定把他們裝船了，照這樣的情形，前途是不堪設想的。」小陳望着陰霾的天空，然後下了這一個决心，於是，僱了幾十個扛夫，化了整天工夫，把兩部車子推下了船中。

那是一條相當大的船，艙底已裝滿了茶葉，兩部車子平放在上面，並不覺得怎樣吃力，可惜是江水太淺，還需要大雨的降臨，那時我們的心理，自然已和廿四小時前大不相同，我們居然也盼望着大雨來了，公路的能不能開車，全不關心，人心誠然是最自私的。

吃船飯的人，大都懂一點「天文」，這一位船主，因爲年輕，經驗不足，船的開否，決定在他的舅父嘴裏，他是一位六十多歲的老船夫，每天總要來江邊觀察一次氣象，而我們也就把希望寄託在他的身上，如果他說一聲：「今晚一定要下大雨，」那眞是天大的喜事，然而失望了，最多爲了使我們不太懊喪，很圓滑的說一聲：「只要風向一變，就會下雨的。」可是，每天早上起來，不僅依然吹着東風，甚至把水位也吹落了不少，一天，二天，三天……只見水位低落，而雨意杳然，這在我們是很大的苦悶。

在失望中，我們常常苦中作樂，大鷄大肉自然是每餐必備，有時託船主婦代辦，有時高興，幾個人親自架爐調味，倒也別具風味，吃過飯，躺了一會，就浸在水中，拿游泳來代洗澡。

晚上，更是一個興奮的時候，幾個以釣魚消遣的鄉人，常在黑黯的江上度過他們的半夜，於是我們伴着他們，等待魚兒的上鈎，當一條大魚或是一只甲魚躍進船中，一陣狂喜的呼聲，常會驚破人家的好夢。

有人說：「未來太空虛，現在又太現實，只有過去是最引人入勝的東西。」這句話很有意思，現在想來，在江山的七天，實在是值得留戀的，在如練的澄江邊，躺在甲板上，看看新月初掛，或者聽聽夜半雨聲，如果沒有鄉思的話，我想不至會是一種苦悶的快樂罷！

秋風——遙寄五弟

舟

秋風起了，
想是還吹着六月的衣裳，
淮上的烽火吹得熄嗎？
是他燒冷了我們創痛的心。

× × × ×

你說：「終有一天，會回到幼年的樂土上，
　相對來一次盡情的哭。」
然而是一年後呢，抑是十年？
你看，又是秋風起了。

× × × ×

吹吧，一年一度的秋風，
吹盡了故園枝上的葉，
吹狂了地上燎原的火，
吹皺了我們額上心上的紋路。

× × × ×

犧牲者（上）

·白·

她默默地站在窗邊，微風吹動了她額前底短髮，望着新秋的景色在出神。蔚藍的天空，皎潔的秋月自由底掛着，遙遠的地方星星閃着，可是她並不注意這些，祇望着無際底靜空，悄然遐思，烏黑的眼中蘊藏着無限哀怨。

「春花秋月何時了，往事知多少。」她頹然地把身體倒在席夢思床上，眼中底淚任它流，流到枕邊，在她晶瑩的淚水中，映現了她唯一底愛友，微笑着。

在一個平凡的早晨，她上郵局寄信，也許是心急的緣故，不留神被脚下的石子阻住，竟和對面的人撞了個滿懷，手中的信，掉在地上，她羞澀地抬起頭來，祇見那人正溫和地凝視着她說：「小姐，對不起有什麼地方撞痛嗎？」她客氣地說過後，便俯身替她拾信。

「謝謝你。」她接了信，懷着感激的心，和他點頭分別了。

她憶起他就是救亡工作隊中的宣傳員，他們演劇，他們演講，歌唱，他是個學生，一個有爲的青年。在不知不覺的時日中，他和她都知道了彼此的名字和地址。

是一個炎熱的夏天，他除了上午工作之外，下午總在家裏恭候她的降臨，這已成了兩人不可少的日課，她總靜靜地傾聽他曼妙地講述關予學校中的趣事，激昂地講說着救亡 作是每個青年職任。有時她憂鬱地告訴他些家庭婚姻的不滿，可是她不能反抗，爲了她的老母。

一天她又在他家裏敍談，在一個小小底書室裏，充滿了喜樂和悲憤不同的情緒。老媽端來了一盆切片的嫩藕，他們倆吃着，覺得清涼和嫩甜。

「芳！你看藕雖然斷，她的絲是不斷的。」他把一片藕折成二片，對她說。

「唔……」她覺得驚喜。

「不管你我分離到天涯海角，或是甚至你已出嫁，祇要你明白這個眞理；我們仍可以做一個文字之友，——精神上的朋友。」

「眞的嗎？」她興奮熱情地投到他懷裏，依偎着，微笑地注視着。

她的臉像秋天的月，豐滿而皎潔，她的眼像星點，活潑而晶瑩，她的烏髮是多麼美麗而光滑。她倆互相擁抱，只有時鐘的搭的搭地走着。

「……假使有人從中一拉，不是就斷了嗎？」她從新懷疑着仰望地他說。

救亡工作不斷的展開，他們倆也因爲工作的關係而更加親密起來，他們互相鼓勵，互相幫助，他更常常告訴她關予戰爭的一切。

「芳！這幾日戰局很樂觀，報上記者八月十四日我國飛行健兒大炸出雲艦的偉績。同時我們出了壁報；爲要提高抗戰情緒而努力發揚抗戰的神聖和意義，報道國軍底英勇和雄壯。芳！我有幾遍稿子沒有謄清，妳假使有空的話，替我謄謄好嗎？」

「好的，不過我的字寫得不好！我覺得我們女子也應該幫忙，不過爲什麼你的團體中沒有女性呢？」

「不，有的，妳不看見在我們演的戲劇中有着二位女青年嗎？她們也是同鄉，但她們的觀念不同，雖然她們的水準不够，不過她們有勇氣，她們這種勇敢的精神是不可磨滅的，本來這次民族抗戰救亡運動，凡是中國的國民，不論男女老幼都應該負起這偉大的責任，我希望妳能參加我們的工作，做一個女子的先鋒，領導各階層女子盡一些國民天責！」

「好的，我也可以參加嗎？但你要不斷地指教我和鼓勵我的呢！」她興奮地又抱住了他，緊緊地。

夜色濛濛地籠罩着書室，他就帶着興奮底心送她到歸途上。

秋是涼爽的，可是到了深秋那不同了，有人歡喜秋天；他愛秋月和星點，這是芬底臉和眼，他愛點點楓葉，鮮紅地散佈滿山野，這是奮勇底將士的熱血。可是雨天的景色是灰昏的，有點哀怨和悲慘的感覺！

一個秋的陰雨的早晨，她和他到她家裏去，那是一宅古老的充滿着封建氣氛的房屋，她們住在末進，她領見了她的母親和嫂嫂，她們用着鄙視和驚訝的目光來接見他，他在無可奈何中默默地坐了一回，好似有一種無形底繩索束縛着，好容易她們一個個地溜了——她母親拿了念佛珠去念她的心經，她嫂嫂抱了她底愛子到房裏去了。

翠姐

黎遠

在故鄉的××村裏，有十二只鳳凰；金翠姐是十二只鳳凰中的頂兒，是鳳凰之王。所有的人都說：「金翠姐是越來越出落得標緻了。」烏雲樣的秀髮，散在二肩，又柔軟，又光亮，映襯得臉兒更加粉嫩紅潤。殷紅小巧的嘴唇，配着那銀鈴般的聲音，還有比這再美的嗎？當她明澈的眼光掃射過來，人們的心就會突突的波動着。

當她這麼輕輕地．輕輕地笑着的時候，誰都會感覺到輕快和涼爽！

誰都想到金翠姐家裏坐一歇，誰也想把她多看一眼。

有一天，金翠姐的爸爸，在半醉的時候，得意地，驕傲地說；「鳳凰只停梧桐樹——翠姐一定要放一家有財有品的人家」！

翠姐會得一手好針線。閨房靠窗的一邊，擺着翠姐的繡花的活計。像畫家一樣，用五色絲線繡着她的藝術結晶；這是翠姐的嫁妝品。這一件上是對對飛舞着的彩蝶，那一件是鳳吞牡丹。她一面刺繡，一面做着夢：鳳凰從綾緞上飛了出來，停在碧綠青翠的梧桐樹上。現在梧桐樹是得意了，迎着和風，搖擺着身子。

窗被梧桐樹的葉子遮滿了，雙眼幻夢似地望着，輕輕地贊嘆着：「綠得這麼美，滿房間都綠了。」翠姐的笑容從沒離開臉兒。

終於，爸爸給翠姐定下了婆家。

「婆家是有財有品！」媽悄悄地告訴翠姐：「就是李鄉紳家的．倌人聽說在做生意了呢！」

翠姐只是低下了頭，暈紅了雙臉，心頭裏只是卜卜地跳，不知說些什麼好。

結親的日子來了，翠姐的心亂了起來，不知道做什麼好。拿起來了這樣，忘丟了那樣，一只熟悉的面孔映現在她眼前，過去是一直深藏在她的心底深處的。他是這樣的嗎？翠姐不知道，他的面影是根據她的想像才創造出來的。現在他對着翠姐笑，翠姐也對着他笑。

結婚前一晚，她和媽媽一塊兒睡着。媽媽對她說了許多話，她記不得了，她只記得一句話：「有財有品的人家，規矩是頂重的。」

瞌着眼，她只看見長久伴着在她心裏的面影，這面影老是對他笑。

一頂紅紅的花轎等待了半天，翠姐終於被扶持出來：「啊，這裏的一切都是熟悉，椅子呀，門窗呀，茶杯呀……還有永遠沒有離開過的媽媽，現在都要分手了，要到一個陌生的地方去；婆婆是陌生的，小姑是陌生的，就是要和她一床睡的他，他是陌生的嗎？他們會待我好嗎？」這麼一想，翠姐的眼睛紅了起來。

紅燭高高的燃燒着，火焰偶然抖動了一下，新房裏的一切東西，也似乎跟着跳躍一下，終於又都寂靜下去。緊張的空氣，已跟着騷動的客人以俱去，再也撩不起熱鬧了。翠姐站在梳粧檯旁邊，摘下了頭上一朵紅花，側身過去，正眼瞅着倒在床上的他。現在可以正眼的瞧着，可以仔細地和伴隨在心中的他較量了。他，不濃的眉毛，端正的鼻子，嘴唇是平平的，顯着軟弱無力的樣子。臨着事，顯然不會有強有力的決斷力的。現在面色是紅潤的，這是飲了過量的酒所刺激起來的。一天的疲倦，完全佔了他整個的身心，再加上酒精的發揮，益發使他疲乏不堪了。

「像了一半，也不像了一半！」翠姐在較量了以後，忖着：「現在該怎麼辦呢？他是睡着了嗎？該我走上前去嗎？」翠姐想移動腳步，可是又縮住了：「要是他忽然睜開眼來？羞嗎？翠姐，這算羞嗎？」她這樣自問着。

正在爲難的當兒，躺在床上的他睜開眼來，想道：「怎麼會這樣寂靜的呢？這些胡鬧的人，都走了嗎？」一想到這些，勉力把眼睜開來，正好就碰到了翠姐的明澈的目光。翠姐紅了臉，轉過頭去。

他開口了：「都走了嗎？」

不響，翠姐只點點頭。

他站起來了，走到翠姐的身旁來了。翠姐覺得臉上更烘熱起來，突突地跳個不住。

「你的名字，……」

「翠……」是這麼輕輕的。

「倦嗎？」他貼近來。

「你倦了，快睡吧。我要守着這紅燭，紅燭快燒完了。」翠姐扭開了身子，拿起檯上的一雙竹筷，將過長的燃燒着的燭蕊，夾了下來，丟到那盛滿清水的碗裏，碗裏響着蚩蚩的聲音。

燭光搖動着，二個巨大的影子映在牆上，幌動着。漸漸地，二個影子併合了，談話聲是細細的，充滿在翠姐心中的是衷心的喜悅。

「使他健康！使他快樂！使他幸福！」翠姐這麼想着。

燭光突然一亮，火舌向上面竄了二竄，隨着就熄滅了。房間完全浸入於黑暗之中，黑憧憧的，僅餘窗外的月光照射進來。

×××　　　×××　　　×××

儘管翠姐的媽在妝奩上放了多少彩頭，講究了多少陰陽吉利，天下的事總沒有十全十美的。三天甜蜜的光陰剛過去，婆婆就出閒話了：

「狐媚子，振發要被迷死了！訂親的時候，我就不喜歡！」

養到了這麼大，兒子却被媳婦佔了去，在做婆婆的心裏，感到莫名其妙的難受和妒恨。

翠姐知道了以後，心裏一陣難受。婆婆為什麼要這麼說呢？難道不希望兒子快樂嗎？唉，該耐心下去，不要讓他為難才好。

晚上，振發進房間來了，翠姐就推他出去，叮囑他：「再去婆婆房間裏坐一歇吧，再去和婆婆講一些吧。」

振發呆呆地坐在母親房間裏，一句話也講不出。

可是婆婆說：「還是做給我看的。」

早晨，太陽剛鑽出了地平線，翠姐連忙翻起身來。丈夫拉住她，不讓她下床，翠姐急了：「你，你快放手，再不出去，婆婆又要講了。」

振發想起了母親的臉色，只好歎了口氣，將手鬆了。

翠姐走到客廳裏，婆婆已經火起了臉，對着公公說：

「我做媳婦的時候，有這樣寫意？天還沒亮，就得起來的！」

咽下了眼淚，小心翼翼地，強露了笑容，翠姐將一碗泡茶，雙手端上去說：

「婆婆，茶在這兒。」

翠姐剛一轉身，就聽見婆婆說：「唉囉底叫人，聲響細得像根銅絲。現在是——哼！媳婦為大了。」

翠姐只好將氣鬱悶在心裏，「唉，明天再起得早些吧！」

第二天，天還只有朦朧亮，翠姐就驚醒了。一骨碌爬起身來穿衣服，丈夫還睡着，迷糊地問着：

「哼，天還沒有亮，幹麼這麼早？還可以再睡一會。」

翠姐打着呵氣，想再躺下來，突然，昨天婆婆的面影，在她面前掠了過去，停了停神，連忙走到客廳裏去，現在一個人也沒起來，翠姐靜靜地收拾着房間。

房間收拾得差不多的時候，婆婆走了出來。翠姐迎上去叫了一聲婆婆，滿想得到一聲愉快的回答，可是婆婆却緊閉着嘴唇，鼻子管裏這麼哼了一聲，一面自言自語的說：「晚上一夜沒瞌着眼，天亮時，剛剛要睡熟，就給吵醒了！哼！在男人面前裝什麼腔？又怪我做婆婆的不是！」

翠姐端了茶過去，記起昨天的話，就把聲音提高些：「婆婆，茶在這兒。」

可是一待翠姐轉了背，婆婆的話又來了：「你看，真當我耳朵聾了！明明是氣着我，茶倒沒喝，氣却被受飽了。」

翠姐只好暗暗地流着淚。到底要怎樣才合規矩呢？媽媽說有財有品的人家，規矩是重的，規矩真是多麼重呵，要被規矩壓得喘不過氣來了。

瞧着妻的受難，有時，振發也看不過去，略略替妻辯護了幾句，於是婆婆就大光其火，頓着腳，拍着檯子哭着罵着：

「有了老婆棄了娘！你也幫着欺侮我起來了？好！我讓你們！我死給你們看！讓你們快活！」隨後，就是大哭。

衆人跑了攏來，先把婆婆勸住了，隨後，把振發責備了一頓，結果，還是翠姐倒了霉，二手捧着茶，戰戰兢兢的在婆婆面前跪下去，頹聲的，小聲下氣的對着婆婆說：「婆婆請不要光火，這都是做媳婦的不是，請婆婆……」

婆婆只是鐵板着臉，從鼻孔子裏漏出一股子氣來：「哼！」

振發的假期滿了，不能再在家住下去，必須和她分開了。這次，翠姐感到了真真的悲哀。

他要走了。現在剩下她一個人，眞眞的一個人了！孤零零的，再有誰知道她的苦楚呢？再有誰來安慰她呢？晚上，將只有一盞黯淡的油燈，伴她到夢裏，再也沒有別的了。婆婆將更要挑剔了吧？

臨別的晚上，翠姐沒有瞌過眼，紅紅的眼睛浮腫着。從心底裏流了一晚上的眼淚。

「翠姐，忍耐下去吧！不要和媽爭辯，我知道你的！」

「我總會忍耐下去的。」翠姐拭乾了眼淚，「你不要惦念着我！在外面冷熱要自己當心呢。」

「我一定會常常設法回來看你，等我多賺了錢……」

翠姐又抽噎地哭了起來。

天一亮，丈夫坐着「龍飛快」走了，翠姐的心也跟着「龍飛快」去了。婆婆的刁難，愈來愈重，但不論有多少的重壓，翠姐總是默默地承受下去。

時日在翠姐的身上留下了血痕：腰身細了，臉色蒼白，二只明澈烏黑的眼珠，越顯得大了，在那黑的深淵裏，蘊藏着千萬斛哀愁。

婆婆說：「這都是想男人想瘦的。」

翠姐飯嚥不下去了。看見飯，總是搖着頭，總是皺眉尖。

婆婆說：「一定振發私下帶錢給她買另食吃了。兒子賺錢養老婆，做娘的沒份，十月懷胎一場空呀！」

翠姐一天天的瘦弱下去，只是沒有力氣，走步樓梯拎桶水，也都感覺到吃力，要喘氣。最後躺在牀上，不能起來，病倒了。

婆婆說：「討來媳婦大如娘，倒抬一個太婆來了，要我做婆的服侍不成？」

翠姐猛烈的咳嗽着，胸口悶塞而疼痛。

婆婆說：「傷風要算病，我混身有上千種病了。」

翠姐的病愈來愈沉重，連翠姐的娘家也講話了。

婆婆說：「人是蠻清楚的呀，寒熱又不高，一定着了邪，明早求求菩薩看，純陽殿的菩薩蠻靈的。」

菩薩開了方子，翠姐的病還是不見起色。看看已經近重陽了，婆婆也得情形不佳，心裏想着：「今朝不請醫生來看，明天若眞有三長二短，是要怪我的，看過了，沒有我的事了。」

婆婆去把醫生請了來。

醫生看完了，走到客廳裏說：「太晚了，還是癆病，藥是白吃的。」說完，照例開張方子，走了。

將近重陽佳節的一天，西北風颼颼地括了起來，風力很有勁，窗外的梧桐葉，沙沙地全被掃落下來，在地上打着旋渦。

翠姐在上午還是好好能講話的，婆婆想：「看光景，還有幾日挨，能挨過了重陽，也許還有轉機。」

誰知道，翠姐下午就轉了機。先是只覺得痰湧了上來，氣接不上。翠姐竭力的呼吸着，像有人按着她的嘴鼻，不讓她透氣似的。眼睛漸漸地迷惘了，反了上去。

突然，翠姐重重地掙扎了一下，像獄囚掙脫了鎖鍊，眼睛張得老大的，眼球顯出了異樣的光芒，呼吸似也順暢了許多，僅僅這麼一刹那，翠姐的眼簾垂了下來，握緊了的手，也鬆懈了——接着的是一片哭喊聲。

翠姐的丈夫趕着回來，可是婆婆不讓他去瞧她一面。婆婆說：「癆病蟲是最會傳染人的。」

振發呆坐在屋後池塘邊，秋風吹拂着他冰涼的心，遠處吹來了片片的梧桐葉——已經枯黃了的梧葉桐，無聲無息的落在水面。

振發只是在心裏喊着：「翠姐！翠姐！」

新月吟

田非

我循着軌道在宇宙間遠行，
帶着歲月如我的行裝。
有多少或遠或近的友伴；
他們都閃着耀眼的光芒。

我的生命力來自輝煌的太陽，
他永遠放射着光和熱。
白天和黑夜同樣；
我有像他的一個理想和希望。

我的臉孔時常顯得這樣澄澈，
但是也有着多少個『噴噴』。
而人們有的說我蒼白；
有的加我以一個形容詞『高寒』。

有的看見我而歡樂，大笑，狂歌，
有的無限傷感或淚痕斑斑。
有的引起難堪的懷古幽情；
有的託我向遠隔的人投一個思念。

我想大笑和大哭一場，
因爲我是這樣簡簡單單。
人們却要以他們的種種角度；
把我看得這樣古怪離奇。

我親眼看過了地球上的一切，
從原始的野蠻到靈魂高貴的峯巔。
戰場的白骨和纏綿的偎倚；
放縱的享樂和如海的苦難。

從前在夜深的時候我輕輕撫摩
小草和白楊的樹梢。
山中的石級瀑布，老年的秋柏；
深藍的湖水和大海的波濤。

現在我看見廣大的平原橫着沈默的鐵軌，
半枯的莊稼在昏睡作夢。
大街和小巷有飢餓的兒童傴臥；
傴僂的老更夫敲着無聲的竹梆。

這一切使我驚異憤怒發呆，
我要集和這世界上的不幸，憎恨，希望。
把我自己再塑成另一模型；
好像羅丹雕塑的人像。

四六，九，十九日

星·月·與火

玄丁

在西邊的天上，
有一鈎月，三顆明星；
斜睨着烏黑的東山。
山之麓，古老村屋的輪廓，
睡在昏沈沈的夏夜裏；
不見一絲燈的光彩。

寂寞圍繞着湖嘴，
前面有一片大湖，平靜無波。
很多的漁舟，停在石岸外，
不遠的湖中，那邊沒有蚊子。
他們爲了逃避騷擾，
爲了抵抗燃起野火一堆。

星的光，何等美麗！
月的光，何等燦爛！
它們贏得古今詩人們贊歎。
清風不來，蚊子不去，
只有火，掃除了煩惱的根由，
只有火，值得漁人們愛！

三五，八，卅，夜，在席家湖嘴

讀者園地

一份建設上的備忘錄

建設新的席周鄉

嚴士雄

我承鄉中父老及公職人員推薦爲席周鄉的鄉長，自思讀書不多，未足以負重任，實感汗慚。然既受重託，自不得不夙夜精勤，計劃一切以謀鄉政之推進，庶幾不負愛戴之雅意，尚希高級長官，先識之士及民衆統力合作，協助推進，以利進行，不勝翹企之至。

竊以吾鄉位處東山東北，自長涇浜起至漁灣爲止，村舍連綿不絕，僅余山與豐圻嘴隔一衣帶水，峙立太湖之中，統計全鄉劃分爲七個保，約六百多戶。

從高處眺望，山上都爲花果，沿山湖邊，間有稻田魚池，山水林木，甚得地利之樂。

然因敎育之不普及，知識方面難免有封建餘毒，亟應有改進之必要，故一切設施自當以敎育爲先。

現略分敎育，團體，經濟三項分條述之：

甲、對于敎育方面：

一、培育農村建設人材。

二、培育農村技術人才。

三、家庭衞生敎育。

四、公共衞生敎育。

乙、對于團體方面：

一、組織福利社。

二、組織自衞團。

三、設立娛樂場醫院，體育場等，

四、以團體力量開闢剩餘荒地。

丙、對于經濟方面：

一，設立合作社。

二、設立農場。

三、設立運銷機構。

四、設立經濟保管處，糧食倉庫。

五、推行造林運動。

六、水利。

七、罐製食品。

八、統一度量。

九、減輕田租。

十、人工肥料之製造。

十一、改良飼畜方法。

惟所述者之易易，付之實現，障礙良多，此種計劃固非一人之力可辦，當此民主時代，更不能利用職權，實施强制執行，故盼政府及社會賢達，聯合扶助，我知識誠之士，定當有以敎我，而厚生之道，庶能有所成就矣！

（寫于豐圻之惟耕惟讀齋）

一個讀者的意見

充實莫釐風

重組校友會

錫淳

自從莫釐風創刊以來，接踵着已經三期了，對於我們故鄉的文化和敎育都有着非常的貢獻，這是不可否認的事實。另一方面對於我們故鄉的消息，也有着正確的報導，所以，東聯社的產生，莫釐風的出版，正是盡了很大的責任。

但是還有一點不能使大衆滿足的，以讀者的意見：質與量的方面，尚嫌不足，必須要積極的擴大和充實，以整個東山道爲對象，推廣到各個階級，使它都有良好的影響，不過這是需要更强大的努力，和團結，希望大家趕快放棄「自顧自」的心，以及自私的拜金主義，切勿再存有十八世紀的頭腦，分出「莊稼」「出客」「老爺」「奶奶」，那種封建思想的頭腦，會使地方永久不能聯絡的。

怎樣來加强我們的力量呢？東聯社的成立，既然是聯合東山各校校友而成立的，所以第一個目標要重新組織有力的校友會，尤其在人力與財力兩重聯絡之下，以身作則，以不折不撓，大無畏的精神，達到我們的理想目的！

第三期的本刊裏，務本同學會首先重組，南陽等校亦有籌組消息，該兩校爲葉氏所辦，英才輩出，當爲別校之冠，此次改組有賴各校中堅份子的努力，希望現在尚未改組的各校校友們！也考慮一下，怎樣籌備我們的校友會！

同鄉會的功過得失

·莫城·

洞庭東山旅滬同鄉會在鄭澤南氏任主席的時候，正當吾國遭逢劇時代的變故，共時滬戰西移，災黎遍野，鄭氏督率各委員，不辭勞瘁，於遣送難民，撫輯流亡，很有許多貢獻，更可喜的是在這大艱難中，還能奮臂而起，開始募集會所地皮的基金。鄭氏在位之日，他對於會務的工作標準，是一貫的以「旅滬」同鄉的切身福利為主。以扶助家鄉的事業為輔，自從鄭氏不幸被狙，葉振民氏起而代之後．起初尚能蕭規曹隨，完成了會所地皮基金的募集，但是葉氏過於穩重，對於建屋募款，中止進行。其後更接受了外界的囑託，專心壹志於惠旅養病院的經營，募集了不少資本．而對於惠然軒公墳以及震德堂藥局事件的管理頗多放任，三年期滿，席光熙氏繼任，其他方面平平而過，但將所有募得之貸學金則泰半用之於故鄉小學，旅滬同鄉清寒學生所得，祇不過極少數而已，吾人姑且置申山界限於不論，同樣是清貧學生，應無分軫域，可是「旅滬」的清貧學生的成績和家庭狀況，是經過委員們的調查與考核，家鄉清寒弟子的貸金原不以學生為對象，而以學校為單位。弄得爭多爭少．風雨滿城，直至儲金告罄，辦事者開始感覺辦法不對，往後擬改為獎學金了，席氏對於公墳和藥局，也僅能縮小其範圍，而不予以絕滅，現在聽說有位先生，以護功大法師之姿態，表演其復興道場傑作。這大概是眼見張天師求見吳市長毫無結果，×法師有些不服氣，來玩一套傑作給匝伲山浪人看看。只可惜原子時代的張天師，對於捉妖，並無把握，而科學時代的什麼魚肝油精丸，配尼西靈，消治龍等等，比靈符還靈，看來張天師祇不過可供大世界遊覽者視作擺設，看看白相而已。更何論於這班非張天師的徒子徒孫的客串們！當時同鄉會如何會接受惠然軒創辦人的囑託，筆者非當事人，不知底蘊。然而這種「復興護法」的工作，假使承認牠是同鄉會工作中的一環，請問如何說得過去。

筆者希望同鄉會一方面速謀連絡會員的方法，一方面以大公無私的態度和大無畏的精神繼續為直系的會務努力，我們須記住不合時代的事業，應摒棄不管，謝絕囑託，讓牠自生自滅，其他如醫院產科學校等等的生產事業，應該讓創辦人的後裔和投資者去經營，也不要和會務併在一起，能如是則處理會務者力量得以集中，同鄉會方始有復蘇之望。

×　×　×

讀者信箱

編輯先生大鑒：

十一日那天，從郵差手裏接到貴刊，懷了極大底興奮，翻開貴刊底第一頁，在那時候，心靈上充滿的祇是熱烈底情緒。

承蒙你們見教，我是多麼的高興，我應當很快的到那裏請你們教導，那確是我天天渴望着底機會呀！我覺得我太愚了，我竟會為這短短的幾個字怔住了，我因為有不得已的苦衷。

現在廠裏銷的路轉佳，廠方開日夜工，分班工作，我担任了夜班底職務，白天我祇能睡覺，怕的晚間沒精神作事，這雖是萬分底不願意，但又不得不躺到床上去，我常常對自己說：「我是在「黑暗裏過生活，暢亮底太陽不是我底。」那倒是句實話。

就因為如此的生活，我把許多親戚朋友隔絕了，我雖一再聲明原由，但他們會不會原諒我呢？不知道這種日子還有多久，我坦白地指出我自己底短處，我不善詞令，不長交際，我與一個客氣底人談話，我會顯露侷促和不安，怕講錯了話，被發生誤會，我底知識淺薄是一個最大底原因。

我底生活，詳細你們還不知道，至少大概情況你們是明白了，我終年像機械般工作着，不發一句怨言，因為像我這樣命運底人，社會上比比皆是，在我的努力中，我希望能得到一點額外的安慰與高興，並且祈求着同類沒有悲哀，沒有痛苦底存在過着不平凡中平凡底生活！

老鼠似底生活，白天睡覺夜晚工作，沒有一個適當的休息時間供我寫作，在燈光下亦寫不出什麼來，我很覺惶恐，太對不起貴刊，你們出了這許多力，我一點不讓自己辛苦，眼看你們很勞心又很光榮的一期期底出版，雖然我底作品，很是拙劣，但是我總希望我能得到諸位底教導、漸漸地進步！

還有許多事沒有做，在匆促間寫了這封滿紙塗改的信。

敬祝

撰安

鵬敬上　九月十四日

覆函

鵬先生：

我們很高興的接連收到了你的大作和信件，你這樣的熱忱見愛，使我們感到慚愧。

在這個世界上惟有以自己的勞力來維持生活的人是最可貴的，雖然忙碌的工作剝奪了做人應有的享受，連得睡眠也不能按照常規，在人家甜夢的當兒，你卻在昏暗的燈光下勞動，這固然是不合理的事，然而在這神聖的勞動下，你一定可以很清楚的看出這個世界，認識做人的道理。

我們底莫釐風，其主旨固然在於報導和傳達故鄉與上海的消息，但我們同樣也希望能在這小小的刊物中，傳佈我們年青人的心聲，讓我們東山的年青人在這裏得到互相研究互相學習的機會，同時也拉起手來做一點事兒。那也就是我們和你同樣希望得到的一點額外的安慰和高興。

希望你隨時給我們指示　祝

安好

編者

莫釐遊誌（三）

許明煦

「太湖中多山，其最鉅者曰洞庭，其東十里而遙，又山相距而差小，其勝略等，人稱東山以別之，其尤勝處，往往有禪寺據之。寺有廣福翠峯者，在莫釐峯東南之麓，當兩山對峙，鬱然若翠，又山有九塢，凡塢之水，合流循寺門而行，松根石罅，水聲濺濺，殊爲幽僻，地形勝而棟宇雄麗，屹然一名藍若，俗氛所不能至，而佛院之所融攝也。歲久廢興，皆莫能考其創造，相傳席將軍宅田捨以建焉。唐天寶間，雪竇禪師于此闡經說法，致神龍出井而聽其高足弟子天衣妙契禪旨，嘗親汲鑿爲衆僧都甕，寺右忽湧異泉，既甘且洌，名之爲悟道泉。宋淳熙戊申元日建塔迪功郎盛滄爲之落成，予惟自孫吳國江左蘇之有寺，蓋自此始，蕭梁踵其故都好佛愈甚，一時穹廬廣庭徧于南中，今試詢其肇建之代，無非赤烏天監而已，歷年已久，半亦成墟，茲寺復于成化間，修於嘉靖中葉，葺於萬歷初年，雖志存恢復，力欲鬪新，然作輟相循，罔克有濟，至山中翁叟邀仰嘆發願，起頹爲壯，易壞爲美，補缺爲完，工不爲勞，財不知費，先鼎繕大雄殿，而天王殿次之，高廣深闊，一如昔制，凡所像設，無一不備，值席君某相與贊成，君蓋席將軍之裔，善承先志者也，仍構堂以安清缽，築室以嚴淨居，東西表乎兩山，前後煥乎二殿，種種莊嚴，咸臻嘉麗，不惟緇表，大生歡喜，乃山爲寺而秀，泉爲寺而美，人之跡爲寺而勝，巍然東方一大叢林矣。寺僧復初誦檀越思，請職其事，余嘆曰：世之有力者不肯爲，與爲之而弗底績，並未足數，今得翁席兩叟，庶合支遁買山肯構之意歟！始於萬歷甲午春日，畢於戊戌中秋，記之日爲庚子七月七日長洲張獻翼書。」

陳宗之翠峯山居修普同塔記文云：

「翠峯自雪竇開山，天衣禪師從之，始聚徒匡衆，建設林宇，鑿井以通汲，則有悟道之泉，置塔以代封，則有普同之窆，是二者，生養死歸，歷五百年未改也，山中僧嗜牧豕釀麵，破律放濁，惟山居片地，晨鐘夜梵，楚楚有風規，隣僧忌之，托形家言，謀毀其塔，向高尋餘，今則童然，與纍纍者相伍，兔絲燕麥，棲荒莫掃，賴諸檀信呵護，稍復舊觀，然已岌岌乎有饞羊之虞，夫無塔是無叢林，無叢林是無天衣以來燈燈相傳之法系也，其爲關係甚鉅，近日高緇，有以修復祖塔與荐神犄角者，此猶有僧俗之辨，若同棲淨域，共託祇園，而倜然肆其鬪蹋，此豈欲以屠酤之氣，抹殺五百年宗風乎，多見其冥悍不知量矣。於是主者寂上人既正告大衆，屬余記其成毀，以俟後世考焉。嗟乎！法教陵夷，如棟斯崩，繇塔推之其賴弘匠支撐，傾圮焉豈止塔焉已哉。」

宋李彌大遊洞庭山曰：昔白樂天爲姑蘇太守遊洞庭山題詩翠峯寺，有笙歌畫舫之句，紹興壬子，彌大守平江，閱月而罷，片帆來遊，首訪翠峯，追懷古昔，擬樂天體，聊繼其韻，時異事別，各適所適之樂爾。詩云：

山浮疊玉翠空沉，萬頃光涵幾許深，
梵刹樓台嘘海蜃，洞天日月浴丹金，
秋林結綠留連賞，春塢藏紅次第吟，
擬以一舟追范蠡，從來世味不關心。

范成大詠翠峯寺云：

來從第九天，橘社繫歸船，借問翠峯路，誰參雪竇禪，應眞庭下木，說法井中泉，公案新翻出，諸方一任傳。

釋重顯赴翠峯請別靈隱禪師詩云：

臨行情緒懶開言，提唱宗乘亦是閑，
珍重導師并海衆，不勝依戀向靈山。

元湯仲友詩云：

寒色滿空山，翛然一經閒，鳥啼黃葉外，人度翠峯間，古殿藏雲氣，唐碑帶蘚斑，未窮幽寂處，興盡忽思還。

釋子賢寄翠峯寺敏仲謙詩云：

敏公遙住洞庭西，咫尺烟波路欲迷，
落日斷霞山疊疊，楊舲鼓棹風淒淒，
魚龍出沒隨潮上，橘柚參差壓樹低，
東崦人家更清絕，也思來此作幽棲。

明吳懷詩：

野服乘春到梵宮，上方佳境似崆峒，
藤蘿翠插千峯雪，蘆蔔香傳一殿風，
閒聽磬聲知定起，靜依潭影覺情空，
清時未許投簪紱，此意還應問遠公。

吳寬入翠峯寺詩云：

步轉危峯路豁然，梅花叢裏見青天，
青泥不汚登山屐，又過長松吸冷泉。

（待續）

編輯室

在靜寂的屋子裏，伏案編輯着這本小書，窗外的風拂在臉上，已經有點寒意。記得前幾期編輯的當兒，還常常要揮動紙扇，想到光陰的迅速，眞有無限感慨。

× × ×

莫釐風深幸能得到故鄉人士和旅滬同鄉的助力，勉强已經走了這末一小段路，在荷花爭放到現在丹桂飄香的一段路程中，最明顯能夠看得出同鄉給予我們助力的——就是投稿的踴躍。

× × ×

最可感人的是鵬君的來信和來稿，雖然大作「幽魂」，因爲限於本刊的性質未能採用，但筆調的老練和內容的充實已深印在編者的腦海中，深望鵬君能不以我們不刊爲憾，繼續爲我們寫稿。

× × ×

來稿的擁擠，一方面編者固然可以省力不少，不用再東湊西拚，但一方也覺得佳作滿目，而本刊却限于篇幅，不能完全刊登，因此常有無以取捨之感，這不得不請投稿諸君，多多原諒，好在一則叨在同鄉，二則大家都是年青人，一定能原諒編者的苦衷的。

× × ×

這期編者所敢負責爲讀者介紹的，則是黎遠君的「翠姐」。黎遠君是有名作家，此次爲本刊執筆，使本刊生色不少。「翠姐」描述大家庭的悲劇，絲絲入扣，動人心弦，我們東山是製造這種悲劇的大本營，希望讀者能因此激發，，努力改造這個社會，使不再有這種悲劇發生！

× × ×

與「翠姐」同爲以文藝筆調描述戀愛悲劇的，則是白君的「犧牲者」，可惜限于篇幅，未能一次登齊，這要請作者特別原諒的。

× × ×

凡鳥，公望兩君此次爲本刊執筆，使我們感到欣幸，希望以後常賜大作爲幸。

× × ×

讀者園地開放二期了，希望讀者投稿●信箱一欄，讀者如有關於婚姻，家庭，教育，戀愛，職業，生活上等等問題，請寫信來，本刊公開答覆或直接函覆。

× × ×

星，旅人，消瘦，錫淳，芝敏，青虹等諸君的大作，因爲篇幅所限，本期未刊登，請特別原諒。

× × ×

本刊的老家「東聯社」將於本月中召開成立大會，本刊特爲他奏出了前奏曲。下一期起，將爲東聯社成立特輯，而本刊也正式由大會推定主編人選，那本刊一定較之現在更爲充實，希望讀者拭目以待。

× × ×

對於讀者，也祈望能賜給我們關於東聯社成立的一切感想和意見，一方面使本刊得以充實，一方面使東聯社有加改進的機會。

× × ×

最後消息

自前月廿八日交通警第八總隊第一大隊附蔣海波率領官兵四百餘人員駐山後，不到半月，突於十一日調往常州，迄無接防希望，地方防務空虛，湖匪不免覬覦，而前余塢被綁之嚴子香等七人，雖經暗中數度接洽，但盜匪之慾望得寸進尺，目前尙難安返，匪方曾於廿日晚測其家境，攜肉票陸慶甫來山，順手牽羊將三難家搶刧二小時許，損失百餘萬元，眞所謂雪上加霜，因接防遙遙無期，地方自衛薄弱，以致擺渡口之小幫土匪亦公然發動，本月十七日夜突來便衣土匪十餘人，持有短槍三支，長槍一支，將住居擺渡口即渡橋鎭一保江北籍農民梁學信所收割存穀五十餘担搶去，十九日夜又將該處農民穀子卅餘石刧去。

吾山因無駐軍，又乏自衛組織，匪人之猖獗，理所不免，席周鄉位置湖濱，地勢更形險惡，本月十七日晚十一時許夜深人靜之際，突來湖匪一羣，因適逢無月黑夜，故未能辨別有無槍械，盜等實施搶刧，尙錦村居民殷洪興家被刧被頭茶壺套鞋衣服等損失尙微，刧後並將豐拆居民徐晉卿（小名阿星）綁去。（現已報區追緝），匪乘原舟向西太湖方面逃去。

本刊啓事

邇來因印刷成本增加本刊自下期起更訂售價如下：另售每册六百元

長期定戶先收　四千元每期按八折扣除

莫釐風月刊

逢每月一日出版

本期零售每冊五百元

編輯及出版者　東洞庭山各校同學聯誼社

發行人　席玉年

上海通訊處　北京西路一〇八號　洞庭東山旅滬同鄉會　電話九三四一九　九六五九七

蘇州經售處　閶門內東中市　蘇州教育用品社

東山總經銷處　殿涇港朱家弄瞿友農

東山經售處　殿前嚴大德堂國藥號

廣告刊例

（長期酌減）

每期地位	封面 封面裏頁	普通
全頁	八萬元	六元萬
半頁	四萬元	三萬元
四分之一	二萬元	一萬元
八分之一	一萬元	

莫釐風

東聯社成立大會特輯

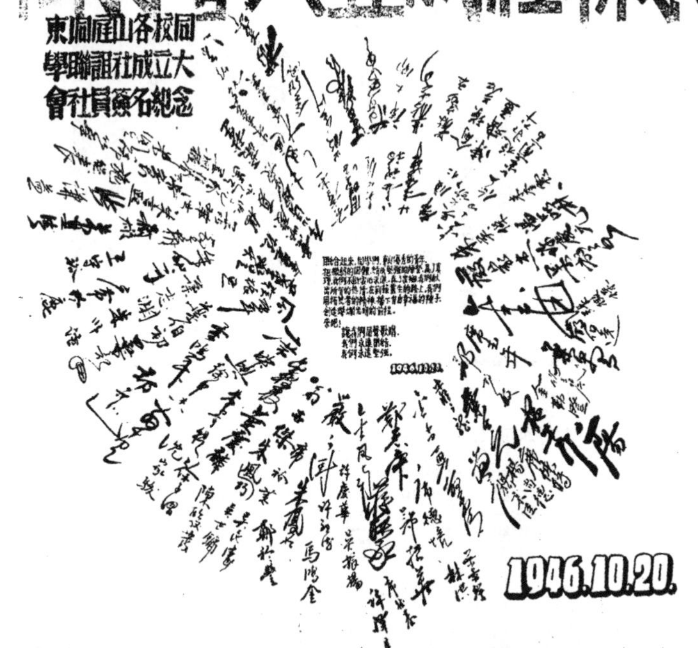

東聯社出版

鑑塘同學會爲徵求同學通訊地址啓事

母校鑑塘小學，爲先賢朱公鑑塘，悉心創辦，自民國十年， 先後設一二三校于楊灣槎灣王舍，後山青年，得以教育者，幾逾半數，但離校以後，頗乏連繫，先後同學或離別過久，常相遇而不相識者，比比皆是，抗戰時期，少數同學曾組織鑑塘同學會，已成雛形，但當時爲限于環境，未能公開徵求，今國土重光，結社自由，爲特重徵會員，希前輩同學，後起俊秀，共襄盛舉，以謀會務之進展，故即日起請吾校同學，（無論肄業畢業）賜示通訊地址逕寄北京西路一〇八號洞庭東山旅滬同鄉會轉楊熙元君處登記，以便定日召集，特此啓事。

鑑塘同學會

籌組文昌同學會並徵求通訊處啓事

我文昌同學會，自民國二十六年成立以後，抗戰軍興而告停頓，迄今已屆九載，茲者，抗戰勝利，國土重光，同人等鑒於聯絡感情之重要，並集合同學，共謀教育之發展，爰特發起籌組，廣徵會員，並徵求通訊處，凡我同學，切念共奮之誼，踴躍參加，共策進行，是爲啓。

以姓氏筆劃爲序

發起人

徐子渭　嚴星洲　翁晏清
陸志新　金維剛　蔣聯承
黃兆華　沈家駿　周錫淳
金勒澄　沈鍾麟　潘學謙

通訊處：北京西路一〇八號同鄉會周錫淳

第五期目錄

民國三十五年十一月一日出版

親愛的聽衆，我們不僅希望你們聽着我們的播音，更希望供給我們消息，只要翔實可靠，我們一定代爲轉播。

征兵令到了東山

風蕭蕭兮易水寒，壯士一去何日歸？

本縣縣府，奉令抽征，第一期抽征辦法，業經縣府決定，按照各區所有保數，平均支配數額，第一區城區三百名，第二區木瀆八十名，第三區光福六十三名，第四區滸關八十六名，第五區橫涇四十六名，第六區黃埭一百二十八名，第七區湘城五十名，第八區車坊四十八名，第九區唯亭四十八名，第十區角直四十二名，第十一區周莊二十八名，第十二區東山三十一名，第十三區西山三十名。（孟）

自縣府征兵令發表後，據悉，本鄉須派到入役者三十一人，惟本鄉向來對於兵役，不感興趣，此番公令難違，近日來，更催解甚急，致連日區公所以及鄉鎮保甲長，頗形忙碌，而鄉人方面，亦憂愁不堪，大有談虎色變，山雨欲來，風聲鶴唳之勢。（錫淳）

區署奉縣府令着各鄉鎮實行徵兵，年齡十八歲至四十五歲，初期十八歲至卅五歲爲合格。本山計十鄉鎮，徵兵卅一名，每鄉鎮不均三名。十九日各鄉鎮當衆抽簽，東街鎮有自願被徵者三人，㈠姜頌明㈡姚××㈢徐桐生，渠等願徵原因，因姜頌明和姚××失業多年，致債增高築，無法清償，被徵者可出若干代價以清償渠之債負，作爲條件，徐桐生爲殿前街某理髮店內之理髮師，自願應徵原因不明，瀆田鄉亦有自願應徵者二人。

席周鄉被抽之壯丁三名，內有繆姓者，因該鄉鄉長嚴士雄，所實施之徵兵方法不合當局法則，因此雙方鬧至警局，並有同情繆者數十人相隨去警局，助繆辯論，一時形勢頗爲緊張，後因巡官赴蘇，一場波折不了了之。

所被徵之壯丁，已令集合於廿日晨，由區長及自衛隊伴送赴蘇，共裝「龍飛快」二艘由輪船拖帶。

據聞楊灣鎮被徵壯丁，居姓顧姓二名，于集合前晚忽失蹤云。（新植）

販毒案下文

區公所奉縣府令云：與販毒案有關之區公所助理陳某，着令區長解蘇偵詢，因縣方對販毒案頗爲注意云。

盜匪猖獗

（十一日晚）十時許，金灣附近忽來匪船一艘，共約六人，其中二人持有匣子槍，挨戶洗刼，事爲金灣村所悉，立即鳴聚衆，匪等見勢不佳，隨開槍三響，狼狽引退，臨行時，並綁去周阿二兄弟及某姓子三人，後悉，此次之搶刼，或爲無計劃行動，因被綁去之三人，既無資產，而所受刼之家，亦皆貧戶，故損失尚爲輕微云。

十八日天色黎明，禾家灣有民船二艘，至河南辦羊，來山銷售，船經太湖黃家蕩缺口，蘆蕩內忽搖出匪船一艘，當即鳴鎗一聲喝令停船，即由匪船靠近，跳至船上搶刦，因時在黎明辦羊者婦孺居多，並鬧帶有幼孩，故被嚇昏不敢正面視之，據被刦一百卅餘萬元，內中損失最多者，爲吳盤甫，臨行被取去槁子二枝，搖櫓二根，該二船以只能以平基代櫓頹然而返。

廿一日禾家灣又有民船一艘，出外購羊，由鷄山港出湖，正在出湖口時，忽由後面，追上一匪船，喝令靠船，該時大略呈魚肚白色，而該船知係遇匪即用力搖向太湖逃走，幸距離尚遠未遭洗刼，亦告幸矣。（易）

俞塢綁票案均已贖出；據聞共計五千萬元，陸慶甫二千萬元，嚴子香二千萬元，周明甫一千萬元云。

保護百姓，捍衛地方。

保衛團相繼成立

本山因無駐軍，盜賊猖獗，故自衛團已漸擴展，並經區所呈縣府申請發給槍械，本月由蘇領到輕量等各式步槍二十餘支，當即分發各保衛團備用，並於九日晚說試槍三天，當初碰碰之聲，不絕於耳，鄉人有不明眞相者，頗有紛擾，及後始知爲試槍，方皆安定。

逆倫！

住居武山鄉之夏明德在警所控其子才生忤逆父言經該所陳巡官票傳夏才生到案，嚴予訓斥，從輕處罰，拘留二日，以儆後効。

夏子山者在警所控訴其子興根殿打其母，即經該所陳巡官票傳夏興根到案，詳加訊間，後姑念年輕無知，減輕發落，處罰拘留五日，以示薄儆。

從此往返有陸路 無慮湖匪再逞兇
木東公路在籌建中

同鄉會訊：為溝通蘇山交通，木東公路已為不可缺少之通路，並悉第一綏靖區司令陳大慶氏有建設太湖農漁業模範區之計劃，對於木東公路之建築頗有關係，故已由該會分向善救總署及省公路局等各機關要求協力完成，現據善救蘇寧分署通知：木東公路已踏勘竣事云。

木東公路總計須築三十公里：

木 瀆——橫 涇	十公里
橫 涇——浦 莊	四公里
浦 莊——黃 坍	四公里
黃 坍——渡 村	四公里
渡 村——渡橋鎮	六公里
渡橋鎮——大 街	二公里

費用需麵粉代工一六七三噸，建築材料費一三·九九五·〇〇〇·〇〇〇·〇〇元云。

蘇州護龍街改名中正街 慶祝主席華誕

「本報蘇州訊」本縣臨參議會於九日下午三時，舉行第廿三次駐會委員會議，出席各駐會委員，由議長單東笙主席，成立重要決議案三件，分誌如下：

㈠蔣主席六旬華誕已屆，仰體儉約意旨，廢除一切奢華慶祝，惟為表示崇敬，決定將本邑護龍街改為中正街，並呈獻祝壽簽名冊及蘇繡壽旗，以示永久慶祝之意。

田賦徵實 即日開始

本縣田賦徵實，省令九月十五日開始，惟以本縣情形特殊，尚未開辦，茲因省令規定，不能展緩，決定即日開征，鄉區八分處正為專任，副為兼任，人事在考核中，一俟發表即普遍開征云。

東山的洋式建築 啓昌輾米廠被拆了！

渡橋鎮，有已故席啓蓀君建電氣廠房一幢，現改名為啓昌輾米廠，建築頗為堅固，前日忽由乃姿張氏在蘇僱匠工十餘人來山全部拆除，後由渡橋鎮公所悉用而阻止，惟已被拆去屋面一間，現聞張氏仍在設法拆除中。

▲東街鎮鎮長席企周因病辭職，由各保長推舉周竟如繼任。

▲警察所巡邏隊往西街巡邏時，查見形色慌張之老嫗，即上前盤查，當在渠身伴搜出煙土一包，約計三錢左右，巡邏隊即將該老嫗帶往警所，旋經巡官陳立中詳加研訊之下，據供訊得該老嫗葉張氏，年六十六歲，因病吸食鴉片，此土乃預備合戒烟丸之用，警所以事關烟毒，立將該葉張氏並烟土三錢備文派警解至層峯核辦矣云。

▲有何逸萃者，在警所控訴孟憲章之妻孟張氏毆打情事、即經該所陳巡官飭警票傳孟張氏到案，訊問供認加暴不諱，當處以罰鍰一千元開釋矣。

▲警所緝獲積竊犯葉全興及同黨周順生（即丁跷脚）等二人，並聞曾經偷竊葉伯良，周叔高，席侍豐，馬錫川，嚴錫根等家之廚房內鍋子，湯鑵，磁碗等什物，業經警所當將該積竊犯葉全興等解往層峯嚴辦云。

上海要沒有黃包車了

上海當局為了本市汽車太多，黃包車軋在一淘，一則太擠，容易闖禍，二則也不好看，所以規定取消黃包車辦法。市政府發出命令，是採用抽籤方法，三年內可以沒有黃包車了。

可是黃包車夫覺得取消拉車之後，恐怕一時找不到別的事，所以在本月十五日由黃包車商的代表到南京去請願，目的是這樣：

（一）希望政府能體恤民艱，最好能讓人力車自然淘汰。（二）希望政府能參照本市參議會展緩廢除人力車的辦法，（自卅十九年二月起四十二年止為淘汰期）。

但是請願結果，毫無辦法，所以將來山郎入來上海來白相要沒有黃包車坐了。

見仁見智集

鄉曲

東山區鄉鎮之改稱

九月初吳縣改併鄉區會議，先有東山併入橫涇之說，同鄉會當局赴蘇分呈縣政府及臨參會，屆會議之日，復派代表据理力爭，以東山連橫涇總稱「東山區」定案，殊足稱道者也。嗣因縣府方面聲稱，將來區的名義須要廢除，而以鄉鎮爲推行政治之單位，於是旅滬同鄉會提供意見，知會山中討論，改定鄉鎮名稱，爲要保留「東山」永久的名義；因此東街鎮改「東山鎮」，西街鎮改「前山鎮」，楊灣鎮改「後山鎮」，席周鄉改「莫釐鄉」，聞已呈報縣政府備案。此舉不但爲大謂覺得有些不通。如果要改的話，顧名思義，大須研究；蓋因東山既經稱區，何能東街又以「東山」稱鎮，且東西街均爲「前山」之一條大街，何獨「前山鎮」僅限於西街。而席周鄉之改爲「莫釐鄉」，亦覺籠統不恰當如此一改，將東山之地理形勢弄得莫明其妙，難以昭示來者，反不如仍其舊稱之爲愈矣。至於慮到將來廢區連「東山」的名稱也將化爲烏有，是萬萬不會有的事；試舉一例：蘇州本爲吳郡之總名，前清設府治，民國廢府改縣，即今之吳縣，而蘇州之名著於天下。現在廢不掉，將來還是存在。我們洞庭東山太湖名勝之區，歷史已久，又患乎名之不存。此番東街鎮獨稱「東山鎮」，西街鎮獨稱「前山鎮」未免欠於斟酌，有調整之必要。

關於莫釐三善堂

同鄉社會事業，以慈善團體之莫釐三善堂，歷史最長。前人創立遺傳後世，旨在利濟平民，若施棺、掩埋、殯殮、恤嫠、施診、給藥、義渡等諸善舉，俱有成規。自敵寇侵臨，財產損失，竟爾一蹶不振，殊堪痛惜。然三善堂之組織及董事會依然存在，可見保守未嘗無人；惟所保守者，除劫餘之房屋地產外，僅銀行保管箱中若干契券而已。其他事業，一律停頓，斜橋路之善堂殯舍，出租與江北老闆之鸝園殯儀館，「鵲巢鳩佔」，同鄉頗有煩言。蘇州之東山碼頭，則爲已故李蕃江之家屬强佔，至今毫無辦法，聞所有床帳被褥生財，已銷耗殆盡。山中之存仁堂，體仁局，除寄放棺柩而外，別無工作可言。西山，擺渡口，及余山往來之義渡船隻，則不聞不問，聽其朽爛或任人變賣。吾人對於三善堂諸堂董先生處此經濟困難的狀況下，不能求全責備，但覺諸公既負保管之責，對於事業之維持，太覺放任不去問訊；應請負起責任來，繼續前功，加以整頓，重新計劃，做些實際慈善福利的工作。我們知道善堂財產如果好好的整理，不是無辦法的，倘若徒知盲目株守，不事改進，辜負前人創立之意，並且辜負同鄉一致的期望，實在說不過去。

論惠然軒公壇

宗教信仰，世界各地民族，各有其自由，可補政治法律之不足，原不必絕對加以反對和禁止。惟無謂的旁門左道，如「同善社」，「先天道」，「一貫道」之類，政府是應加以取締的。吾國儒釋道回諸教，民間信仰隨時代而消長。釋爲出世之法，道乃清靜無爲，儒爲入世法，俱有高深之哲學思想，惟儒教爲吾國文化之正宗，行諸萬世而不泯者也。今世流傳之乩壇，蓋道統之別流，不知始於何代。就吾所知，就季扶鸞之風極盛，可以召鬼魂，卜休咎，求單方，神乎其神；因此士大夫輩趨之若鶩，疑仙疑神，實則如玩「碟仙」，抬「坑屎姑娘」之類耳。東山純陽殿，殆始於明代，而乩壇之來源，相傳自菰港。吾自幼在山，目覩三十年前壇風之盛，深得中上等之信仰與崇拜。田濱之麟慶堂、澗角之裕慶堂、渼橋之惠安堂、翁巷之容春堂、翠峯之純陽殿、寒山頭、楊灣之體仁局、皆有乩壇，不一其名。每遇法事拜懺，陳設莊嚴，法衣法冠，誠虔誠敬。中元左右「放煉度」「秋緣」，門口黃紙正書「暈穢莫入」，吾輩頑孺，如東闖西跑，包管驅而逐之。內壇更爲神祕，乃演扶鸞術之地。香烟繚繞，桌上置沙盤，上設木乩，如推磨之長撐，作丁字形，「左操」「右操」各執兩端，俄頃神降乩動（實在電感作用），在盤中四轉，若書若繪，惟識者知之。以此問吉凶，求壇方，作爲紀錄，有時賜詩一首，賜酒一杯，賜一法名，若有所憑依，令人不可思議。前輩法師道功深湛者，聞能手訣，噹血退鬼，煉丹，長生諸術。同鄉前輩席錫蕃吳子深劉恂如諸先生篤信之。醉心此道，極力提倡，此上海惠然軒之所設也。初則一種特殊之信仰，頗具有淨修之意味，大都「清家串」，無其他副作用，且不受酬報，更無明定價目之事。降至末流，在民十以後，山中壇弟子以失業之「紅甘蔗」，酒食之徒充數之多。逢到人家請敎，主人必須敦請爲上賓，好烟好茶不用說，必備豐饌美點，還得要「阿芙蓉」資之供奉，方能滿意來勁。往往一懺之資，窮人半年糧不止，弄得人不敢請教，於是山中壇風不振，漸成衰落之象。惟滬上五都之市，善男信女，來者無不富而好禮，因此惠然軒流風餘韻，至今不絕。我山無聊壇弟子，遂縱饋於斯，樂不思蜀，復有護法的同鄉衛道支援，成為牢固的壁壘。伍老成凋謝，席二太翁年亦衰邁，眼見流弊日滋，無法再問，故連一切房屋生財移交同鄉會管理，亦已有年矣。同鄉會當局，念係前人所設，雖有取締之意，但並無取消之心。近有公壇管理會之組織，乃欲納諸正軌，而將在壇吃壇之「寄生蟲」加以限制，宗旨坦白，並未操之過激。乃有冥頑而好事之輩煽動設立復興委員會，呈控市府社會局，謂同鄉會霸佔等情，竟欲涉訟，向旅滬同鄉大集團鬥法宣戰。噫，可嗤已。在此提倡社會教育新思想潮流中，公然樹敵，何其不自諒哉。吾敢預測，此種乩壇，虛無縹緲，玄之又玄的信仰，不過十年的壽命罷。諸位「壇柱」已經四五十歲以上的人了，你的下一代，除非跟着你一樣地不受教育，做世襲的信徒，乃能傳授心法及其道統。否則，現代的國民，及有思想的青年，沒有那個會信仰的。禮運篇云「大道之行也，天下為公」我同鄉與其護壇，還是幹點公益罷。孔子曰「未知生，焉知死。」諸位還是做點活人的工作罷。祈福修道，皆是幻想。「攻乎異端，斯害也己」。

同鄉會三十五度徵求會員已於本月三十一日總揭曉總計人數二，五二九人，分數八，一六七分。茲將優勝各隊成績錄下：

人數	冠軍	席裕昌	一七〇人
	亞軍	葉榮天	一二五人
	季軍	薛劍秋	一二一人
分數	冠軍	葉光九	四二二分
	亞軍	席裕昌	四一三分
	季軍	薛劍秋	三九九分

個人徵求人數分數前三名：

人數	1	薛劍秋	一二〇人
	2	葉瀛洲	一一三人
	3	陳友三	一〇三人
分數	1	薛劍秋	三八九分
	2	葉瀛洲	三二〇分
	3	葉榮天	二八七分

莫釐風隊	二七四人	五四九分
惠旅醫院隊	一一七人	二三〇分

風語

救濟

金暉

偶然聽見人說：「某君肯出資收容我們東山無業人民，祇要他肯在他的門下做一點小事」。

聞訊之下，覺得某君的收容我們同鄉，正合乎救濟之道，也足以表示我道慈悲心腸的，我覺得我們同鄉無業人民，正可以三跪九叩首的表示感激零涕了。

但是可惜的是今日的天下我道並不十分占優勢，要多多收容恐也不是力之所及，其所以作此豪語者，也不過表示其牛鼻子中還有一息尚存也。

總有一天牛鼻子中沒有氣息的時候，連自己怕也要人家收容和救濟了。

裝腔而已

司徒新

小的時候聽父親講故事，聽到濟公活佛穿了破舊不堪的道袍，赤了足，躲在牆角裏啃狗腿的時候，一方面垂涎欲滴，一方面却欽服濟公的落拓無拘，不肯裝腔作勢，表示一面孔假正經的。

但是換了幾個朝代，到底也新法起來了，在做道場，拜懺的時候，已經見不到那懸形懸狀的濟公，原因是黃紙上寫上了大字「寧穢莫入」，大家都一本正經起來，臉出鐵進，儼然在發揚我道精神。

可是這種板板六十四的面孔維持得並不多久，一到功德圓滿、立刻扯下了寧穢莫入的字兒，照樣也大喝大吃，好在開銷已經不成問題，再要裝腔作勢，豈不是違背了做人的道理了嗎？

閱報有感

朱始仁

九月廿七日上海文匯報「讀者的話」上，刊登着西山一校長因文字招禍而去職的呼聲。原因是西山某校的校長，寫了一篇「戰後的西山」，刊登在西山旅滬同鄉辦的金庭民報上，因為文內涉及地方行政的腐敗，脫去了西山區長大人的面具，因此惱羞成怒，恐嚇，警告，最後是驅逐出境，使這位熱心的校長先生流浪異地了。

其實在這個世紀里，老百姓雖然沒跼氣視為政者為人民之公僕，然而老百姓有看不過的地方，站起來說幾句話，這權利到底是有的。是若因此而惱羞成怒，還實在太小氣了一點。

所謂真金不怕火，一個好的官長，是不怕人民說話的。

父母之命和自由戀愛

——談擇偶問題

旅人

「男大當婚，女大當嫁」還是人生必須經過的階段，所以一個人到了相當的年齡就要論娶嫁，論娶嫁第一個步驟是擇偶（找對像）。從前擇偶是由父母來作主張，兒子從不問津，父母所以高興和兒子娶娶媳婦大概抱有四種目的；㈠「無後爲大」娶個媳婦是爲了傳種接代㈡自己年紀老了，娶個媳婦來服侍服侍，家務亦可有個交托，不用自己再來操心，㈢眼見兒子年齡大了，衣裳破了沒有人補，娶個媳婦亦可使他有個歸宿，㈣恐怕兒子在外尋花問柳，娶個媳婦來管束管束，這些動機都出於父母愛子之心，所謂「舐犢之情」每個父母都有的，但是爲什麼他們老人家費心出力來替兒子討老婆，反吃力不討好，被兒子說聲什麼專制婚姻，包辦婚姻，舉起叛變的旗幟向他們父母喊出了革命的口號？其中的原因大都由於父母不了解子女的心理，他們代子女找對像全憑自己的好惡，至於子女的個性，思想，志趣，學識，體格等條件與所擇的對方是否配合全不顧到，因此婚後爲了上述的條件不能調和，夫妻間時有反目以至離婚，自殺等情形產生，鑄成了無數悲劇。現在兒子們的婚姻革命多半成功了，婚姻的自由多數已從父母的手中爭取過來，父母之命媒妁之言的婚姻制度已被推翻，擇偶再不用父母來包辦了；然而繼而代之又有一種不合理的半自由式的婚姻制度產生，所謂半自由式的婚姻，就是由雙方先看看外表，如果形式條件以爲合意了，就訂婚，訂婚後再開始友誼，戀愛。這種畸形的制度很普遍地存在中國的現社會中，成了過渡時期的產物。

現在社交公開了，婦女解放了！青年們都在理想着能自由地找到一個合於自己理想的伴侶，能在花前月下，談心說愛，田野溪邊，攜手同遊，那是多麼地快樂！但是理想未能盡如人意，在現經濟制度下，擇偶的條件仍脫不了經濟這個桎梏，在本刊上期「論婚姻大事」作者嚴雯先生所以要常常想到應該獨身」也是經濟制度給予他的苦悶，因此他理想着：「能有這樣的一種世界，人可以不再担憂着個人的生活，有事做，有飯吃……」我很同情嚴雯先生，因爲我和他同樣是衣裳破了沒人補的「光棍」。現在擇偶的條件之多實列不勝列，一個女子理想中的丈夫是要既英俊且多金，外表要好看，思想要前進，學識要高超，並且主要的是在銀行裏的存款簿上有上數不清的圈圈，可是事實往往與理想相反。英俊者偏不多金，多金者偏不英俊，思想前進，學識高超的青年大都是窮措大，他們不愛好在這個銅臭的社會中去和一些庸俗的商人競爭，一些有錢的青年大都不是市儈氣味很濃厚，便是紈袴子弟，對於愛情抱着「朝秦暮楚」玩玩性質，還有男子事業的成就大都在壯年時期，到那時候金錢是有了，地位是有了，可是嘴邊卻生了鬍髭，一派商人氣，又不夠英俊的條件了。一個男子心目中的妻子既要像花般的美麗，還要是位賢妻良母，能做得一手好女紅，責得一手好小菜，在交際場中態度大方溫雅，在家庭裏把家務處理得有條不紊，但是擅交際的女性大都產自都市，她們祇懂得怎樣打扮最合時式，她們嗅得出三花牌香粉，巴黎香水的氣味，她們的腦裏充滿着玻璃提包，尼隆絲襪，美國最新出品………日間衛生麻將廿四圈，晚上跳舞場，電影院是日常功課，口頭說說一口新名詞，什麼精神至上，心裏卻是物質第一，享受第一，賢妻良母大都產自鄉間，她們懂得怎樣體貼丈夫，服從丈夫，扶育孩子，操作家務，但是她們一旦遇見丈夫和另一個女朋友談話時，她就會嘟起了嘴一百個不快樂，她們不崇拜享受，不擅於交際，更不懂得所謂人生藝術。

因此在不能兼顧的情形下，使許多青年徬徨歧途，蹉跎了寶貴的青春。

擇偶的確是目前青年最感苦悶的一個問題，形成這種苦悶的原因，是由於不良的經濟制度和封建觀念，我們要衝出這個苦悶的包圍，我們對於擇偶的態度不要受外來的支配，我們應該放出勇氣來衝破封建的觀念，更不應把金錢，物質列入擇偶的條件，這樣也許能使大家得到好的伴侶，白頭到老！

從封建家庭中解放自己

消瘦

中國現在正處於劇烈但亦逐漸轉變的過程中，故鄉當然也有在漸漸地轉變，但是故鄉的家庭，依舊保留着封建和專制的作風，這對於青年的影響是很大的，所以東山的青年，也須有現代的科學思想，訓練和團結起來，將封建專制的家庭制度，改變一下去迎合現時代青年的需要，使他們都有很好的機會，造成自治的獨立的青年，

尤其東山的婦女們，因爲一向是被束縛在專制的家庭中，她們一旦有機會能踏入現代社會時，她們就抱着自信力向着固有目標前進，可是因爲教育的缺乏，以致不能應付環境。

所以東山的婦女必須教育自己和訓練自己，以使自己進步，差不多吾鄉的青年有許許多多是因爲在家庭間權力的關係，而妨礙了進步，雖有志氣，終於屈服，在專制之下，或因家長不能瞭解現代各種學科的需要，而不能負起教養子女的責任，尤其是一般頑固父母的頭腦中，總是重男輕女，以爲一個女子何必把她造就得如何的高深，等到一出嫁不是什麼都沒用了嗎？他們的口號是「嫁出女兒潑出水」，女兒命好嫁一個賺得動而有家產的丈夫，自己只要略會寫算就够了，有功夫去上學讀書，還不是在家中學學家務，將來嫁了出去一樣也不會，豈非要坍娘家的台了嗎？

當然，亦有少數的家庭比較開通一點，父母也能注意到子女的前途，尤其以爲一個女子更需要有獨立的能力，即使嫁了一個所謂有家產賺得動的丈夫，這也並非絕對可靠的，如若一個女子毫無獨立的能力，這豈不是受了她們的父母的欺騙了嗎？所以瞭解子女的父母們，他們能想到女子沒有能力的痛苦，很能聽從子女的意志，讓子女能得到教育和學習的機會。

當然，這樣能了解子女的家庭是很少的，所以吾們東山的青年男女們，應該努力負責把現在多數還生活於十八九世紀環境裏的弱者，加以引導和援助，使大家都成爲二十世紀的，有思想和勇敢的青年。

讓社會上多一份新的力量。

東山一般的婦女生活

東山的婦女底生活，一般說起來有着三種不同的形式；就是三種不同階級的生活的映影。

破落戶底婦女——她們底父兄丈夫是一般納薪水階級，掙下的錢不足以使她們家庭舒適富裕，祇能够敷衍就是了；所以他們自己不得不爲家庭做種種的工作。她們終日勤勞，看管弟妹及子女，整理家務，縫洗衣服，燒飯煮菜，剪紙錢，摺錫箔……等等。

資產階級底婦女——她們是一般老闆經理底小姐太太。在家庭中有着婢僕們代替她們操作，她們祇要預備做他們「候補的玩偶或奴隸」好了。整天喝喫賭玩，講究時髦裝飾，她們驕傲自得，以爲自己富有金錢，或是能唱能舞，或是貌若羞花，或是擅長交際，或是獵得才郎。過着一切嬌養慣了的生活！

「莊稼人」底婦女——她們不知道什麼叫「智識」，什麼叫「學問」，她們是「目不識丁」的盲目者；更談不到什麼是「人生」。她們非但是自己家庭的奴隸，而還做「用客人」家奴隸。她們的掮賣自己的勞力。她們操作，每日如是，一生如是，對於精神生活方面，是完全顧不到的，由這樣無意味而悲慘生活一直下去。

這一般的婦女生活，在大時代底婦女運動聲中，是不是健全的，在改造東山，建設東山的時期中，對於她們又怎樣呢？

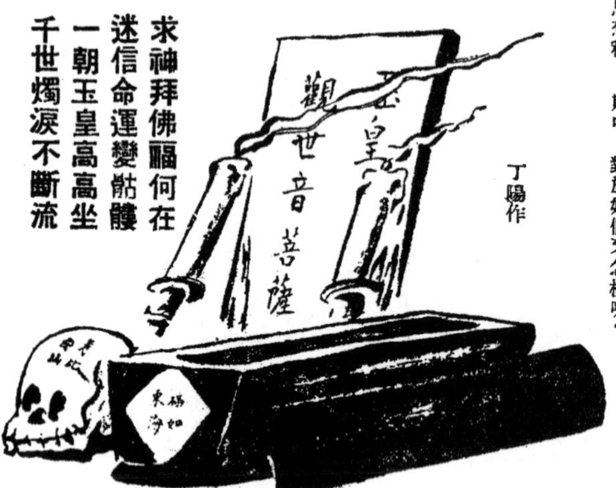

丁陽作

宗教和迷信

錫淳

我不反對宗敎，因爲牠是有利的，試問世界上那一個國家沒有宗敎，即使是相當强大的國家。不錯，宗敎可以補充法律的不足，讓自己得到反省的機會，何況信敎自由是人民的權利，這是誰也不能强制干涉的。

各種宗敎都有他的立場和理論，譬如說罷，佛以淸心，道以養性，儒以修身，就是講到現在由外而入的西敎，基督天主等等之類，皆以勸人濟世，同登彼岸之說來感召大衆信仰，知過以至改過一切所犯的罪惡，同時世界上眞不知多少人受了感化，自認以往所有的錯誤，成功了偉大的事業，所以由此，可知宗敎是有利益的，絕對不可否認，我國數千年來儒，釋，道，三敎占着很大的勢力，尤其在帝國專制時代，御封護國師，詔祭宗廟，莊嚴隆重，決不是馬虎隨便的事情，聖主有旨，怎不叫老百姓馨香禱祝呢？

爲着傳統關係，數千年的帝制風習，早已深入民間。宗廟庵閣，充滿了國內各處整個的鄉村城鎭，好像是牢不可拔的堡壘，並且自有一大部份固守的信徒，一時決不容易破除的，其實，若論將近二十世紀，科學昌明的原子時代裏，差不多知識達了頂點的國家，宗敎的力量已漸趨薄弱，尤其是那種帶有迷信氣氛的宗敎，再也要不得，否則，民族永久不能進步，國家永久不能復興，因爲他們是早已違背了宗敎的原則，用哄騙來當幌子

漫談巫師治病

靑虹

原始時代的人類，患了病，他們唯一的醫病方法是把病人暴露在廣場上，由其親族跪地祈禱，禱告蒼天將患者治愈。

因爲原始社會時的知識淺薄得可憐，人類對於疾病根本沒有法子，於是在恐懼與失望之餘，幻想鬼神，而想藉鬼神的力量來治病，因而就對天祈禱，冀望茫茫神祕不測的天空能够有神下來治病。在這種愚蠢的方法下，無知的原始人類，不知枉死了多少！

可是在被稱爲「世外桃源」的山鄉僻野的故鄉——洞庭東山，當二十世紀的科學世界的現在，却仍存在着與原始時代一般的迷信觀念，許多年來，它一直將樸實的故鄉父老兄弟姊妹的頭腦麻醉着。

在原始型的故鄉，若有人患了病，毫不猶豫的便馬上先請巫師(看鬼的)來醫治，他們百分之百的相信，巫師是一個神祕的人物，他能通鬼神，眞正是病人的救星，而且更相信巫師的無邊法術一定能够驅除病魔，但事實上，僞善的巫師正是一個殺人不見血的劊子手，在他手下無辜犧牲者也不知有多少。

因爲請巫師來治病，終免不了一套做道場吃香灰燒紙錠三部曲。但這三部曲，對於病人有何好處呢？無可諱言的不但毫無效果，而且只會使病人的病情更趨沉重。

現在先講第一部曲的做道場，普通的病人總是心喜安靜，適宜閉眼睡眠作靜養，可是一做道場，和尙或道士便要進門，不可避免的敲鈸，擂鼓，念經，敲木魚……等的喧嘩鬧成一片，於是影響於一個病人心境與精神。

第二是「燒紙錠」，病人需要淸快的和新鮮的空氣，使呼吸舒適，但燒紙錠的氣味，很容易使病人的呼吸受阻礙因而惡化病狀。

第三關於吃香灰，據巫師說那是仙人賜藥仙方，靈藥呀，吃了就會好的，不過儘管他的話講得怎樣漂亮，稍具有科學頭腦的人，一看便可以折穿西洋鏡，這是什麼東西？祇是香燒後的灰呀！試問在灰裏誰保得住沒有細菌？在這時病人虛弱的腸胃，吃普通食品尙且要格外鄭重，而且香灰這東西給一個普通健康正常的人吃了也極易發生意外不測，那何況是一個患病者呢？

從這裏我們可以斷定巫師是絕不能治病的，因爲那只是原始迷信的因襲，隨時拿人家生命來玩弄的騙錢勾當。最可笑的患病者的親族的相信命運論，以爲一切都是「天數」，都是「前世註定」的。

在這裏我們可以完全戳穿了巫師的拐騙手段，以後希望別再有人拿自己的生命作兒戲，迷信巫師的鬼話，不過改正它還須配合破除迷信的利器——新敎育的普及，用它去啓發故鄉的知識，提高故鄉的文化水準，合力淸除愚民的迷信的封建堡壘。

的了！

再談我們東山的宗教罷，迷信於宗廟庵閣的信徒，還是佔着大部份，這無疑地，是教育程度低落的緣故，即使要想破除也是件很困難的事情，民國成立以來，已經三申五令，但收到的效果，還是一個零，究其原因無非是愚民採取不合作主義，我行我素，以及連年的兵災人禍，使政府不能進行積極的工作，如果要澈底的破除，還得靠更大的努力。

東山人的迷信毒，實在中的太深了，我每次回到故鄉，看到幾家烟容滿面的吃葷和尚，沒精打朵地替人家做「超渡」總是嘴裏駡着人，說別人的是非，不但如此，還有很多和尚，做出傷風敗俗的事情，我真不懂鄉人怎麼倒原諒了他們，使得他們毫無忌憚地逍遙法外，並且成了他們的習慣，事實不可否認他是失卻了宗教的意義了，愚弄鄉民，騙去金錢的確有損無益，而那班入了迷太太們，還口口聲聲說着「阿彌陀佛」深信不改，此外，還有「搬碗」要燒紙錢，「拜土」，請道士做等，往往使人不解其所以然，東山人依舊過着十八世紀的生活，不明白世界的潮流，實在太可笑又可憐了。

各位優秀聰明的東山人，宗教果然可信，但切不可違背了宗教的眞義，變成了迷信，在原子時代的人民必須以科學的理智，去分析研究，否則，國家與民族的復興難免要受到障礙！

建議創辦洞庭東山示範農場

醒農

抗戰八年，光復河山。勝利後，對於農業建設事項，在去年十一月廿六日開全國經濟委員時蔣主席的訓詞中云：「全國勝利矣，應立即籌劃建設新農村，以增進我國農業生産，並付諸實施」云云。還有一節是「應該籌劃一個長期造林計劃，使吾國所有山林的實貴土壤能够保持；並可供給必要之木材，實在非常重要，並且要立即開始」云云。恭讀了上面訓示後，我東山同鄉們再不可袖手旁觀了。

又在同鄉會十九期會報上展悉 席光熙先生提議：成立東山漁農實驗所之事，至今未見下文。現今有東聯社創刊一種莫釐風，是以建設新東山爲目的。著者亦是同鄉一份子，久在農林界服務，被我們東山出客人視爲莊稼人的。好得莫釐風是東山人民喉舌，不分階級的，所以乘此機會，立在農人地位，出來說二句話，好得有上面蔣主席及席先生有提議在前。

吾東山地處太湖東南，山地多於田地，風景絕佳，名勝甚多，所少者公園？假使木東公路築成後，交通便利，一般到蘇遊春人士，即可轉達東山一遊，乘此時期創立東山示範農場，以仿上海冠生園農場辦法，一方面以庭園佈置，除栽培林木花卉外，再建築茅亭數處，點綴風景，一方面另闢茶室，飲食部及攝影室等，以增特殊收入；另一方面開闢果園，苗圃，花卉，蔬菜，園藝蓄牧，鷄兔，以作示範；改良栽培方法，使得農畜有科學思想，破除迷信，走上正規，達到新農民目的。還有一種三年生果，油梧桐，四川湖南省生産最廣，利息之厚，比任何事業穩妥。桐油出口外洋，是吾國主要出口之一，吾東山所有荒山廢地皆可種植，本輕利重，何樂不爲耶？昔年東山綠蔭遍山，森林叢叢，現則牛山濯濯，更非趕緊發起造林運動不可。

近年來農産物之價格，日趨高昂，在都市經商反感不佳；一般有識之士，均轉移目光，改投資於農業。勝利後，經營農場者，正如雨後春筍，在上海四郊已有大規模農場卅餘處，小農場有八十餘處，已在市政府農林機關登記。此誠社會極好之現象。我國自古以農立國，但農夫向被都市人士所輕視；吾東山風俗亦分出客人及莊稼人故業農者均屬無知識農民，以致農業迄無改進希望。目前則不然，向來輕視農業者，均自願參加經營農業，重農之觀念，今既增强，前途自可樂觀。要知農業乃係脚踏實地穩妥可靠的生産事業，投一分資金，費一分勞力，即可得相相當之酬報。雖不像投機市場有暴利可圖，但也沒有投機事業的傾家蕩産的危險。所以希望吾們東山父老同鄉們。棄商皈農，大家起來提倡試辦一個東山示範農場，本諸有力出力，有錢出錢，有地出地的原則共同生産，互相合作，增加收益，俾爲桑梓發展光榮事業，而且農業生活是最高尚。因其求利於土，求食於力，皈依歸農之興趣，在歷史上也很多見到：先賢范大夫，他情願棄官皈農，回鄉栽桃養鷄養魚，到後來成爲大富，還有一位陶朱公，誰人不知，那個不曉；他亦是皈農致富者。有志促進桑梓建設及興辦農場者，盍興乎來！

抗戰開始時停頓了的同學會，現在又開始重組成立，希望它在各師長和同學鼓勵協助之下，向新的道路前進！

務本同學會成立大會追記

長欽

務本同學會，經過了二個月的籌備，終於在十月十日下午開大會宣告成立了，那天恰巧是雙十節，同學們重溫同窗之夢，眞是有說不出的高興和愉快呢！

大會開始

到三點鐘，正式搖鈴開會，相率入席，母校校董葉振民、葉樂天、和來賓朱潤生、席玉年、席德基、王礪琛、吳啓周諸先生，入席之後：由葉緒華同學任臨時主席，報告籌備經過，並且說同學會不應是虛擬會議　而應有實際工作的表現，還說同學會的成立並不就是同學會已經成功，其成功與否，還得靠同學努力。之後就是

校董訓辭

大家推讓了一陣，葉振民先生先立了上來，很簡單的說了幾句鼓勵的話，並且希望同學會能幫助母校發展。葉樂天先生的訓辭是很長的，主要是說：母校初創時是以氏族爲中心的，到民國十三年改新學制，由一級改爲三級，學生也增到八十餘人，當時一切由葉紹庭先生負責。廿六年改組，向教部備案成立正式小學。並由馮志亮任校長，抗戰至今已垂九年，淪陷時環境特殊，端賴馮校長應付有方，雖沒有如何建樹，總算還保存了一點實力。最後說同學會的成立，可以使母校增加勇氣，增加信心，共同爲教育事業努力。葉先生講畢，就要請

來賓致辭

了，主席微笑地介紹了朱潤生先生，朱先生大要是說：凡事由小至大，所以小學是教育之根本，做人之根本，時代是進步的，大家要羣策羣力，多數比少數容易成功，所以希望由各個同學會，組後一個大團體，認淸方針，努力前進，那是希望無窮的。隨後是同鄉會的青年理事席玉年先生致辭，他說，他的辦安定同學會是在看到務本同學會辦理的團體事業之後的決定，他說務本同學會的孤軍作戰，到現在得到了反應，像一只蔴球上黏上了無數蔴芝一樣，所以希望大家努力，

同學施景汾也立起來代表同學致辭，大意說大家應當羣策羣力，努力工作，並且希望成立合作社等，同時多多貢獻意見給母校。

緊張的空氣過去之後，爲了調劑一下精神，所以就

請吃茶點

起先大家互相客氣一陣，等到校董和來賓相繼退了席，大家就不客氣的吃起來，主席說，每人祇少吃二塊，其實吃三塊四塊的人也有，眞是美點在前，不可錯過的，加足油後，大家又靜靜地傾聽主席的話，因爲還是

通過章程

的節目了。空氣很沉悶，主席一節節地朗讀，沒有意見的，就作爲通過，意見雖然不多，但有到底是有的，尤其是在保管基金一項上，頗有爭辯，但發言大都集中於幾個同學，其餘的都閉關自守，很像是做客人一樣。沉長的章章在沉默的空氣中一章章地通過了，接着就是

選舉開始

一張張的白紙飛到每個同學的手中，依照章程，要選執委十五人，又候補五人，監委七人，又候補三人，一共要三十人，大家東看西望，覺得三十人很難選出，主席就說：上面有字典，那就是張同學的大名單，大家有了字典，就很順利的選舉好了，公推了六個人開票，喊的喊，寫的寫，忙碌異常，一個個「正」字爬上幾十個人的頭上，直到七點鐘，開票完畢，就是

選舉揭曉

這一張執委和監委的名單是：葉緒華、金尚德、鄭思庚、鄭萬永、金尚儉、葉承丙、施景汾、葉緒同、葉緒經，葉承爆、嚴衍廣、鄭萬濼、葉承煒、嚴慶澍、金勤德第十五人爲執委，候補是嚴家杰、金尚勇、葉慶植、葉緒茂、周正炘五人。監委是秦泳本、施承先、嚴慶龍、葉慶爵、嚴雋保、葉慶錚、葉緒修七人，金敬業、翁世傑、陳賢增三人爲候補。

到這時候，肚子都有點餓了，所以就散會，幾個當選的執委和監委，在商議着第一次執監聯席會議的日期，以便新的工作的開始。

南陽同學會雜搭

葉伯初

莫釐風雖然還沒有吹散故鄉封建落伍的氣氛，但在鼓吹東山青年團結這一點上，它是成功的，南陽同學會就應運而生。

南陽，在後山是一個規模並不小的學校，所培養出來的子弟，也不下百人，直到現在，還是弦歌不輟。在幽靜的校園裏，塵土瀰漫的操場上，不知留下了多少兒童的蹤跡。

然而，昔年的兒童，在歲月的流駛中，一個個長成了。他們默默地離開這心愛的學校，誰也不招呼一聲，就捲進了社會的洪流，在這裏磨鍊，奮鬥生活着；到稍稍安定的時候，偶一回首，往事如夢，一種懷念的心思，油然而生。而同學會就在這相同的要求中，開始座談，籌備組織。

十月一日下午，由於徐振聲同學的提議，開始假座同鄉會座談，交換組織南陽同學的意見，出席的人雖不多，但各級的中堅都來了。當時推定嚴家杰爲籌備主任，徐振聲爲總務股股長，王堺麟爲聯絡股股長，開始了具體的工作。

之後，當然已經歷相當長的時間，同學知道的，都踴躍來參加了，共策共勵，才決定十月十六日下午開籌備大會。

這是一個頗具規模的會議，出席的同學也增加了許多，並請安定同學許慶元君列席指導，主席推定嚴家杰同學。分別了廿六年的同窗，今天都會見了，這歡忭是難以形容的，雖然時間使各人面貌有些顯著的改變，但當道出名姓後，這無形的隔膜就消除了，他鄉遇知己，不由人不人笑起來。所以，儘管窗外呼嘯着寒意的秋風，而室內依舊是溫暖的有活力的。

這次大會主要的工作是撰述及研究會章，並選出參加東聯社的執監人員，結果葉容白朱慈云分別當選，同時推定人選，負責各部工作以進行同學會的成立大會，結果如下表所示：

- 籌備主任
  - 正 嚴家杰
  - 副 朱慈云
  - 總務股 徐振聲
    - 文書組 葉伯初 嚴星洲 葉甥英 朱壽祺
    - 會計組 徐振亞
    - 庶務組 葉士元
  - 聯絡股
    - 王堺麟 葉容白 徐中杰 葉士元（兼）
    - 朱宗蔭 張元良 王家楨 張甫鑅

哦！友誼是可尊貴的。

一方面還在莫釐風和同鄉會刊上登載南陽籌備同學會的啓事，以知照其餘的同學都來參加。

由於這樣，所以東聯社成立大會出席的同學，以南陽最多，差不多佔全數四分之一，並且對東聯社負了一點小小的貢獻，我們預備了一部卡車接送同學，也許在啓發同學聯合這一點上，南陽一無效勞之處，但在實際促成團結，南陽是出了力量的。

值得一提的是當東聯成立大會散後，南陽同學十八人還舉行了一個聚餐會，那是在北四川路一家紐約餐廳里。

童年的友情，雖然中斷一時，現在又聯接起來，在杯觥之間，敍談了別後衷情，當意興闌珊時已是深夜，友情便我們留戀得忘却了時間，擁出門，冷風撲在臉上有着清新的感覺，人們還不肯分別，一起慢慢地走着，直到不能再挨時，才惋惜地分了手，我眼睜着一個個黑影的消失，茫然回去！

投稿簡約

一、本刊歡迎讀者賜稿，尤以有關東山之建設和批評之論文以及消息等。其他佳作，亦甚歡迎。

二、來稿請註明眞實姓名及通訊處，發表時筆名隨便。

三、來稿本刊有删改權，預先聲明者例外。

四、來稿如不能刊載，除特別聲明者外，概不發還。

東聯社成立特輯

東山青年大團結！

熱烈·緊張·活潑·團結

東聯社召開成立大會

東洞庭山各校同學聯誼社，爲東山各團體中最年青者，自五月中開始籌備以來，歷時五月，一切籌備就緒，乃于十月廿日下午二時假座旅滬同鄉會召開成立大會，到會者一百餘人，代表七個學校，並請同鄉會先進劉道周，朱潤生致辭。大會通過社章，選舉執委及監委。最後備有餘興，自開幕至散會，情緒始終熱烈緊張，表現出東山青年的活潑和團結　（新）

成立大會特寫

葉伯初

在這整個世界都陷在不團結分裂的情緒中，東聯社的能夠成立，那確是可喜的，它象徵着東山前途的無垠。

正因爲東山是一落伍陳舊充滿封建思想的鄉村，所以在它懷抱裏產生出來的子弟，不免要受到深刻的影響而變成散漫自私；但是，看了二十日那天的開會，證明東山的青年也是前進的，這樣濟濟一堂，歡敘洽談，在東山的歷史上，是空前的創舉也是重要的轉捩點。

會址借在同鄉會，禮堂佈置得很清新，四張彩色的漫畫，尤其發人遐思，主席台上，白色的桌布，映着藍色的花圈，非常奪目，如果這裏還有缺點的話，那該是地方太小座位不舒服，尤其一吸烟，空氣窒息得難受。

南陽同學因爲有十輪卡車接送，也許比較到得早，但不到二時，人都絡續來齊了，在門口簽了名，拿選舉票，踏上樓梯到樓上，環繞在耳邊的全是鄉音，我相信同學們離開故鄉都要六七年了，但口音全沒有變，幾乎令人疑惑回到了美麗的東山，更滑稽的是，到處都聽見二個同學在自我介紹後，忽然又握緊手大笑起來，哦！原來他們是同學，歲月使他們忘記了童年的遊伴，但今天又從新相識了，怎麼能不高興呢？就在笑聲裏鈴聲長鳴：開會了。

開會沒有任何儀式，主席報告大意說：「二次大戰時威爾基先生呼籲天下一家，這種思想中國在春秋時就有，不過無人發揚而已，國尚且要聯合，我們東山的青年，更應當聯合起來爲東山服務」。來賓劉先生喻我們爲原子能，希望我們爲東山子孫造下一座堅固的洋房，而不是美麗的坟墓。朱潤生先生因雖是東山籍，但沒有在故鄉讀書，所以不能加入本社他以爲遺憾，他願意我們與同鄉會聯絡，共同工作。至於各校代表的致詞，也都熱忱和充滿着希望和光明。

籌備處的報告，具體而簡單；他們幾位同學，早見到團結的重要，而熱心地工作和出版莫釐風，在鼓吹團結的事實上有不可抹煞的效果，我們漸愧地不過坐享其成而已！

當主席報告通過會章時，全場都精神一振，任何會成立時，這是最難拍司Pass的一關，非詳細地辯論一下不可，自然這也沒有例外，而且，更因爲各人所持章程不一，還費了相當時候去調，脣鎗舌劍地鬥一番後，已是夜色深濃了。

於是：燈亮起來，排在最後的餘興節目，爲了調劑精神而趕先出節，首先出現的是口琴，嘈雜的聲音，立刻靜下來，幽揚又輕快的音樂，便震盪在各人耳傍，所有的疲倦都消失了，音樂是感人的啊！當琴聲戛然停止後，瘋狂的掌聲像要震塌那間屋子，獨奏之後是歌唱，三隻曲子雖然都是民謠小調，但却蘊含着一種力，嚮亮緊湊的歌聲，叫人非發奮不可，當主席提議請指揮茹煒先生獨唱時，讚成的掌聲四起；於是洪亮的伏爾加船夫曲歌聲，擴散到任何一個角落，斯拉夫民族剛毅的個性，被表現無遺，眞是天才哪！

臨時動議又是難關，有人提議把東聯機關刊物莫釐風改名東聯，而又有人反對，雄辯一番結果是移交新的執委會議上討論，其實這不過是形式的問題，命名如何，並無多大關係，倒是刊物內容，值得研究。

最後大選，結果另有記錄，不再贅述了。

「散會」二字從主席口裏說出來，人們站了起來，坐長登已有五個鐘頭了，都不免感覺腰酸背痛，但沒有怨言，大家還是興高采烈地搭着南陽同學會預備的車子回家去。

車輪前進了，深藍色的天空被燈光反映得通明。

我想：東聯是前進的，光明的。

東聯社的意義和工作

鄭思庚

今天是十月二十日，我們的東聯社終算在這個日子成立了。在這興高采烈的氣氛中，開了這個永久性的，紀念性的成立大會，我們不得不感謝這般籌備會中熱心幹事的心血和勞力。

諸位同學，今天兄弟要和各位談談的，是東聯社的意義和工作。

東聯社的意義，就順東聯社的社名和今天十月二十日的日子，可分二種意義：

第一、東聯社的意義是崇高的，東聯社就是東洞庭山各校同學聯誼社的簡稱，顧名思義即是文化教育的基本組織。一個能爲文化教育的組織，那是最崇高不過的。國家的強弱，就看文化和教育發展的程度如何，尤其在黑暗的東山，能有這樣肩負起爲文化和教育推進的責任的組織，那是值得驕傲的。

第二、東聯社的意義是艱苦的，今天是十月二十日，在這日子的字面上看，是三個「十」字，「十」字是何等艱苦的象徵，照世界的歷史上看，在這「十」字中，流了多少的熱血，犧牲了多少生命。蘇聯的十月革命，我國的十月十日的國民革命，基督耶穌釘十字架的宗教革命，是何等的艱苦，但終久是勝利了，蘇聯無產階級抬了頭，中國從帝皇的政治改爲百姓的政治，耶穌脫離了保守，自私的舊教，成立了入世的，爲大衆服務的新教。在我們的故鄉，物質精神的迷信，封建的思想，浪費，都是前進的障礙，在這些障礙前要展開我們的工作，是艱苦的，但我們假使都具備着革命和服務的精神，背負着「十」字——甘受艱苦，最後勝利終於是我們的。

總之：東聯社的意義是偉大的，非但是東山各校同學的組織，也就是東山一般優秀青年一種有力的表現，我們要舉起我們龐大的手臂，豎起東聯社的旗幟，號召，吶喊，在這文化教育的基礎上樹立我們的新東山。

其次，就是東聯社的工作。在社名的『東洞庭山』「各校」「同學」聯誼社上，和今天日子的三個「十」字就作爲三個動向來講：

第一、「東洞庭山」。就是故鄉方面——我們是東山人，關於我們故鄉的一切，不能不關心和顧問的，但光是關心顧問有什麼用，我們要以東聯社固有的服務精神，深入其間——例如加入同鄉會能共同幫助辦理一些對於旅滬同鄉的福利工作，這是對於上海的；對於東山，我們要盡量與民衆發生直接關係。在文化教育陣地上，圖書館是個堡壘，它可以與民衆發生直接關係，它可以使民衆在生活上有所指示，在思想上有所糾正。

第二，「各校」，就是各校同學會方面，在我們東聯社加入的社員——各校同學統計報告中，知名的連唯一的莫釐中學共計七校，在七校中已成立的只有二三校，其餘沒有組織的或在籌備中的。總之，我們要知道各校同學會的組織，就是我們東聯社的基礎，所以我們東聯社對於各校同學會應該幫助各校同學會的趕緊成立，即如已成立之同學會，更應當經常的聯繫，密切的合作，在共同目標下，爲文化教育而服務。

第三、「同學」——社員方面，我們東聯社更應當有熱忱的服務精神，我們要使社員在日常生活中，得到幫助；我們要使社對於社員有家庭中兄弟姊妹般的親愛，沒有一些間隔。

以上是三點工作的方針，我們不要以空頭的騙人的廣告式的工作標題陳列，我們應當把握現實，把握時代的需要，腳踏實地，實事求是的去幹；担負起三個「十」字架的苦難，向着三個不同的方向，忠實地，誠懇地服務！

末了，我要強調一句：以東聯社的意義充實我們的工作，以東聯社的工作表揚我們的意義！

一點感想

東聯社的產生，是東山各校同學組織而成的團體，也可以說，大部份是我們故鄉的青年組成的團體，已經出版到第五期的喉舌莫釐風，更成了東山民間的喉舌；在聯絡感情，服務桑梓，切磋學術，發揚文化的宗旨下，漸次地實現理想，前途無可限量，至於作者呢，雖然沒有什麼貢獻，但是內心充滿了熱望，覺得時代允許我們這樣做，並且希望每一個社員，在東聯社領導之下，大家於可能範圍之內，出一份力量，同心協力，來完成我們未竟的大業。

本月的二十日，東聯社開過了成立大會，我覺得印象很好，能聚各校校友，齊集一堂，已經很榮幸，並且又承蒙　劉道周朱潤生二位先生致詞，訓勉有加，更增加了我們不少的光榮，這是值得紀念的一天，但是，在討論時候，發生了滔滔不絕的雄辯，未免有傷感情，因爲現在東聯社還剛開成立大會，談不到什麼成績，更需要社員進一層的羣策羣力，東聯社是一個家，自我之私見，是千萬要不得的，同時我們應當扶助力量薄弱的同學，組織他們的同學會，這才表現着東聯社社員，眞摯誠懇的意念。——錫淳——

祝東聯社成立大會

玄　丁

我們咀嚼栗子與銀杏，
我們懷念我們的故鄉。
洞庭東山有千年的歷史，
牠年年產生新鮮的菓子。
牠也產生過多少英豪，
將軍有莫釐，宰相有王鏊。
不同的時代有不同的典型，
我們需要不斷的前進。
古老的東山，讓牠古老，
新的東山，叫誰來締造？
這一副担子，叫誰來揹？
來罷，我們東山的青年！
不要害怕嫌力量的微弱，
我們需要有一個聯合。
聯合起來，青春的怒火！
我們要鋪一條新的道路！

卅五年·十·二十

東聯社第一屆執行委員會及各組主任名單

執行委員會

主任委員　葉緒華（正）　席玉年（副）

委　員　嚴慶澍　席純時　葉容白　楊熙元　席裕憲　周錫淳　席叔輿　嚴家杰　席德基　金尙儉　許慶元　翁人彥　徐振聲

候補委員　葉承煜　鄭錫敏　鄭思庚

監察委員會

主任委員　席履仁

委　員　嚴雋保　朱慈云　姜禮鈞　許慶華　嚴星洲　王維鈞

各組主任

總務組　席德基
會員組　許慶元
財務組　翁人彥
文化組　金尙儉
康樂組　鄭思庚
服務組　席純時

會中人語

有人說，東聯社和同鄉會的意義是相同的，但照本人的意見以爲性質完全不同，東聯社的社員都是生氣蓬勃的青年，而同鄉會中雖然亦有一部份進步的會員，但還存有一部份「老而不堪」，「朽木不可雕也」的頑固份子，試看，同鄉會有公壇迷信的組織，東聯社決不信有拜懺做道場的鬼戲。

時代是進步的，誰是誰非，將來自有事實證明。

——翁人彥——

我們應該用沉着和堅苦的精神來充實自己，我們決不要像美麗的鮮花經過短期的時期就萎謝了，我們應該像蔚藍的天空，儘管夏天的雨，冬天的雪，但最後仍舊是明朗的青天。

——葉緒華——

歸來

外一章

鹿子

渡水橋隱約在望，心頭禁不住緊張起來。呵，東山，我的母親，我回來了。

我重又聽見沉重而親切的鄉音，重見那些誠樸的面孔，那悠長的岸堤。靜靜的河流，肥沃的田野，狹長的街，靜寂的衖；十九世紀擁擠低矮的一連串房屋中嵌着那末多熟悉的門。

但，那些門已經蒼老了，像一個營養不良的老者，禿了頭髮，滿臉皺紋，面色蒼白，有些已經像倚了一根拐杖慢慢地在倒下去了。裏面不再有熟悉的聲音在呼喚我，熟悉的脚步在迎接我，我悵然坐在顛撲的車子上，寂寞地經過那些門，一扇復一扇。

一陣辛酸掠過心頭，不自覺地摸摸自己的頭髮。

——九個年頭呵！

孩子們走在前面，坐在妻的身上，他們問媽媽爲什麽還不看見好婆？那陌生的媽媽面對着那寧靜的街道亦在迷惑地問我：爲什麽那末冷靜呵？

是的，爲什麽那末冷靜呵？那些光亮的汽油燈呢？那些熙熙攘攘的人們呢？那些……我頹然點上一根紙煙。

許多房屋被拆掉，許多桑園樹木被砍掉，像一個癩痢頭，顯露着太多的瘡疤，荒草野花，夕陽烏鴉，很少看見路人。一只野狗孤獨而艱難地在覓食，見人來馬上鑽進草叢，睜着眼。有許多的門給堵塞了，從圍牆的空處投下一瞥，僅見一片鉛灰色的天空，野草在肆無忌憚的擴展地盤。我行進在不平的路上，經過好多童年時消費過金黃色日子的地方，那裏的水曾經養育我；那裏的花曾經吻過我，那裏的山谷曾經擁抱過我；那裏的鳥獸都認識我……呵！今天我回來了，今天，我的心在顫抖，故鄉的土地在顫抖。

交響場，裏面一幢黑色高大的房屋我曾在那裏誕生，十來年童年的生活在裏面度過。流亡開始，我曾向床上患病的祖父告辭，（願祖父的靈魂安息。）不忍揭開他的帳子，摸摸弟弟的小頭轉身就走，月明星稀，母親流來眼淚送我到施巷河上船，今天我回來了，我要回家。

但那房子不復是我的家了，裏面住着不相識的人，由於「生活」，已經父親（願父親的靈魂安息。）的手轉讓。呵，我向何處去？

摸索到務本堂，天將黑，那是一位族中長輩的家，母親暫住在裏面，推進門，在一間昏暗的食桌間裏，有兩位老太太在坐着，當我詢問我的母親在那裏時，挨近門坐着的一位倏地站了起來，呵，我的母親，那讓苦難折磨了多少年的母親，我來不及多看她幾眼，一種巨大的力量使我支撐不住，我扶着桌子坐了下來。

傷逝

我立在太湖之濱，讓一支小樹爲我遮蓋陽光，遙望那點點歸帆，突然我心頭發抖，福森，你給過我一張相片，你曾是這樣兀立站着的。

到處聽說到你的死訊，福森，你眞的已經離開人世了嗎？將近六年沒通信了，我無法探知你的情况。這次回來，從友人口中知道你母親已逝世，你姊姊隨夫離山，你已身亡，家中更無一人，呵，老友，我酸楚地凝視着你家大門，從我模糊的視線中，希冀有一個熟悉的足音出來……。回到上海，死訊更爲確實，我們這批業已長成的小朋友們，九年前猶如給獵戶衝散的雁羣，而今都從天南地北飛回來了，沒到達的亦有了音訊，祗有你，福森，我們引頸望天際，終不見你一點影蹤呵。

聽說你別後是學戲劇，參加救亡工作，然後在南京一帶遭逢某種事變而在敵僞魔手下殉難的，如果屬實，那末對於你的死，對於一個不願意做奴隸的殉國者的軀下，我們應該抹一抹眼淚，站在同受損害與壓迫者羣中間，向你致虔誠的敬意。

六年前你曾來信說過，你要做一個人民的藝術家，詛咒醜惡，謳歌光明，你努力學習。不幸邁開第一步便慘遭魔手的逆襲，讓純潔的鮮血，滋潤曾經養育你的江南土地。我們似乎知道你做些什麽，爲什麽死，但我們亦說不出什麽，對你還沒沒的死去，我們吞咽着默默的眼淚，你不再僅是我們的好友，你已走入廣泛的人民大衆，你的死不僅是我們的損失，抑且是中國人民損失了他們戰鬥的伙伴！

福森，好好地安息，我們深深地瞭解你，前夜在同學會上又談起你，逢逢的頭髮，蒼白的臉，老是掛在嘴上的微笑，有點口吃的愉快的聲調，掠過我們的眼前，我把酸楚的鼻子轉向牆壁，傾聽着隔壁歌詠團有力的歌聲：

『……………
在荆棘叢生的路上，
我們以拓荒者的精神，
播下自由幸福的種子，
創造燦爛光明的前程。………』

福森，安息吧，你善良的靈魂。你會含笑的，因爲你聽見了東山青年覺醒的呼聲。

向阿四學習

（歸途追記之四）

舟

「拍」，輪胎爆了，緊湊着的是一個爲我們熟習的聲音：「我×你的娘……」每當車子拋錨，阿四終得出這一口氣。

「下來！大家動手呀！等着做什麼？」對于命令式的語調，我們自然感到不快，但是，這是大家的事，沒有法子逃避，而且也不應該逃避的。

於是在沉默中，我們展開工作：拆卸輪子，搬工具，補胎，打氣，裝輪子，每次終是四個人很快地完成了，雖然起初有些吃力，但在幾次練習之後，我們都是補胎的老手了，說句不是誇口的說；也許補胎行裏的技工還不及我們呢！

「阿四，你眞是一個汽車的全能人才，名義是的機匠，其實倒是一位頂好的司機呢！開得又快又省油」，阿四是喜歡捧的，於是我們常常這樣稱讚他，其實，阿四的開車眞要不得，不但性急，而且抱省油第一主義，目的不過在保持人家的讚譽，因爲另一輛小陳開的車子，每天走同樣長的路，而耗油量常會超出一倍來。

「陳先生，我眞不懂，你怎麼會用去這麼多油的？下坡時，你不會把油門關上嗎？白費掉這許多的油，眞不應該！」每當晚飯時，阿四終得如此地教訓一頓小陳，這是他一天中排定的得意傑作，小陳是一位公子，油的多費，自然不放在心上，訓罵由他，頂多是點頭笑笑。

阿四的性急，現在想來，猶有餘悸，離開昆明的第一天，爲了缺少經驗，在一個彎度很急的地方，他依舊加足了馬力，臨時突然煞車，結果是車子掉了個頭，好像要開回昆明去了，我們僥倖沒有翻車，給他一個苦笑，而他是不肯認錯的，「我×你的娘，這路是哪一個通的？我倒還沒有見過這樣彎的路呢！」掉轉車頭，于是他勝利地前進了。

還有一次是在黃平，爲了補胎沒有脊皮，預備明朝想法，半夜裏，正當大家睡得舒服的時候，忽然這位性急而粗心的阿四大喊起來了：「大家起來趕路，車子開了，車子開了。」

我們疑信參半地披上衣服，心裏奇怪着阿四的本領，兩只輪胎居然一個人補好，興冲冲跑下樓去，哪知是一個失望，車子下面依舊兩只氣癟的輪子，望着未曉的天，我們只有苦笑。

六十天的旅程，阿四的確是够辛苦的。開車固然吃力，修車尤其吃力，而且不僅修一輛，小陳的一輛也得由他負責，在黑夜中，在大雨下，却得鑽到車底下用盡心力地工作，沒有一個人會幫他的忙，爲了修車，他的手上，臉上，身上永沒有乾淨的一刻，有時，甚至會廢寢忘食去醫治他的病人，但他是永沒有怨言的。

「阿四，你眞像一只泥烏龜了。」當他從車底下鑽出來時，我們常常嘲笑他，他並不在意，照樣跑進飯館吃飯睡覺。

肯做事，肯吃苦，是阿四的可愛處，尤其可愛的一點是他的認爲任何事情都有辦法做到。他永不會遇難而退。譬如：水箱壞了，我們認爲只有請教銲銅匠，但他會想出一個用肥皂塡嵌的辦法，而且很有效。

說句老實話，我對阿四是感到討厭的。可是除了講話沒有禮貌外，我說不出什麼理由。

但是，他的任勞任怨的工作精神，却是値得向他學習的，那末，我爲什麼要討厭他呢？

彗星

芝敏

在我枯寂的生活里
你似彗星一現
這黑夜底一閃
照徹了我靈魂底陰層

而今一切復歸沈寂
只多了一顆受創底心
使它更多的驚惶與不安
爲什麼要有這片刻的光明呈現？

找不出恰當的理由
爲什麼値得我戀戀
爲什麼使得我傾心
這是永遠解不出的謎呀！

飛逝的彗星
帶走我青年底野心
我飄泊流浪一生
讓痛苦伴着終年

絕望的期待
陰暗里的火光
永生的彗星呀
你帶着溫暖再臨人間

得到精神底慰藉
治療創傷的心
回復少年的熱情
我們優游人間！

山行隨筆

·潤生·

在淪陷時間，交通情形惡劣，不易出門，尤其因爲單幫客的興盛，火車中擠得滿坑滿谷，非單幫的客人幾乎無法插足，只有特殊勢力的敵僞人員，才有優先權利，並不受到擁擠之影響。

不料勝利一年以後，這種情形不但不能改良而繼續存在，除了有特別辦法的人士以外，要出門一次，至少須經過二次難關：第一買票，第二上車，此次返山，爲了在上海日間有事，乘的九時五十分的特別快車，票子是託人買的，即使是旅行社也得有熟人，方能保證買到。中國旅行社門前每天買票的行例，排如一字長蛇陣，天天如此，因爲買的人一多，便又發生黑市黃牛黨了。九時五十分開車，在八時先上車，到了站台上一看，二等車上早已擠滿了人，勉強擠上去立在踏步上面的門口，此小小一方出入口，便坐立了十三個人，外加大包小裹，幾乎沒有立足之地。後來的人根本是擠不下去了，結果繼續擠上了四個人，到了崐山，沒有人下去，又擠上了二個人，立在中間，四面受敵，好像砌在人牆裏一般。

因此覺悟到國家是勝利了，人民尙在不安定的狀態中生活着，要恢復到承平的世界還須伸着頭頸望着哩！

河水高漲，浸及隄岸，初秋來此，已有此象，這一回所看見的景象，比上次更爲明顯了。但是許多魚池均已加高，低田亦然，倖免於難，至於不知防護的，早已沉沒了，人力之不足，不可完全怨天尤人也。

水漲的原因多少與山上樹木被芟有關，纍山禿禿，大雨之後，既無吸收，亦少攀滯，以至急瀉直冲，宛如瀑布，全注河內，毫無損失。據云聞有回雨後山洪暴，大股水流，頃刻之間，街上之水達二尺高，孩子們有被冲走的，雖未釀大禍，也飽受驚惶，斬樹爲生者其足戒矣。

山上暫無駐軍，保衛團漸擴展，大抵皆各方自辦自管，而由各地人士捐款辦之，各自爲政，並無系統性，有此基楚有此存在，而已在進步的道路上希望再過相當時期，必能更獲結果，尤其希望各鎭各鄉，互通聲氣，舉行聯防，以收守望相助之效，東山治安前途大可樂觀。

蘇山交通比較的進步了，輪船已有早午二班，便利來往客商不少，午班十二時開，上海回里的同鄉們本來到蘇儘可從容搭乘午班，當日到山。更因水大的關係，輪行也快，從關門到渡水橋，約行四小時半，四點半到達。望見夕陽在山，暮烟四起，正是工畢回家的時候。

保安醫院診務甚忙，產科更漸漸普及，著者在山二日，第一天有三人，第二天也有三人，半夜來喚的也有，難產平產切各安全。足見山人智識進步，慢慢趨向新法，可是後山診務不見發達，產科排號極少，一則文化程度相差，二則醫師常常更換，鄉人心裏，重視個人，故往往一位醫師到來，必須經經相當日子由診治過的病人輾轉介紹，方能博得後來者信用。所謂生病三部曲；（一）祈神，（二）中藥，（三）西藥的習慣尙難打破，社會敎育急不容綬。

即如保安產科最近來掛號的，有同鄉人的家眷，在轄河南，山西的也有，自橫涇，渡村，蘇州來的，亦有自上海回鄉來生產的，可見有知識有閱歷的產婦倒是外籍居多。奈何本山婦女，尙固執守舊滯留於中古文化，將生產重要的大事，輕託於不科學，不衛生的收生婆，將自已的性命，看得輕似鴻毛，可爲一歎！

收生婆的可惡，近又聞得一事，簡直無理，可惡，令人髮指，據聞收生婆有地域門戶之限制，所謂「門度」是也。

即如某一人家，向由某人收生，某人即爲「門度」，非由他收生不可，甚至由醫院產者，雖不經其手，也要照收收生費的，因之有許多產婦已向醫院掛號接生，須付二筆費了，不得不還就而由收生婆接生，可以較省費用，這種反客爲主的阻攜自由，遺害人民，強蠻無理的惡習劣風，若不打破，安想社會進步。

故著者在此提出，望同鄉加以注意，設法取締，眞是極大慈悲無上功德。

詩二章

·星·

殘冬

北風掠過了太空，
帶來寒冷的信號，
給大地上的人們；
痛苦——
悲哀——
看——勝利後的祖國，
　依然炮火蔽天，
　趨向毀滅，
　　大地在顫動。
怒號的北風，
驚動了人們，
那些人們
是——
　站立在
　　勞動——
　　　寒冷——
的尖端上活動了，
如今他們又——
度過了三十四年的殘冬。

忍

料峭的天風，
　吹堅了青年人的心，
爲着祖國，
在——沉毅地工作。

犧牲者（下）

•白•

現在就剩了他和她，他鬆了一口氣，立起走到長窗邊，望着那小小的庭園，在右面有一塊長的石條，上面放着三隻破花盆，那是一盆千年運，一盆吉祥草，和一盆不知名的長綠草，在左邊有着一堆亂磚砌成的花台，上面種着一堆條狀綠叶的草本，蒼綠的叶，鮮紅的花，眞像她古老的家庭中有着一位充滿青春的芬一樣。

「芬！在這季節裏，在這環境中，竟有着這樣鮮豔底花，這眞像你呢！只要好好的愛護培植，美是永久存在的。」他回轉頭來對她說。

她會意底笑了一笑說「我們到我房裏去坐一回吧！」

這是一間小小的廂房，臨窗對着那堆鮮花，房中陳設很整潔，他在床前傍窗的椅子上坐着，她依着坐在床上。

「芬，這環境我眞覺得窒息，覺前沉悶，像雨中的秋天……」他感慨地說。她聽了默然地傷感而終於流淚。

「芬！別傷心。」他安慰着又鼓勵地說：「祇要我們的意志堅決，不做封建社會底俘虜，不做人言可畏下底犧牲者，總可以保住我們永久底友愛。」芬聽了微笑地說：「我聽說你已經訂婚，怎麼你沒有和我說過。」她又天眞底始起頭來，說出了懷在心中的好笑的問題。

我是已經訂過婚了，但已解了約，訂婚是在我七八歲的時候，根在是不自主的，完全父母之命。解約是在今年四月中，那時對你沒有講，是爲了沒有意思，本來婚姻是人生大事，每人必經的階段；可是一身幸福完全建築在婚姻的合理與否的基礎上，所以說沒有感情的婚姻是不全理的，雖婚納妾都是由此而起，但我不希望你也有此舉動，我希望妳和他在婚前共同有感情上的聯繫和人生觀的檢討，才不致有不睦和爭吵的發生」。

正說到這裏，她母親進來了，一看見他們這樣親熱地在談話，不覺憤憤的說：「少爺，我們還沒有開通呢。一個男人坐在一個小姐房裏……。」

「媽……」她虛心而又恐懼地望着她母親同時又望着他。

「不，芬！我們是坦白的、眞摯的，我走了，我們再談吧！」他誠懇地立起來，又回頭道聲：「伯母再會」。

天啊！這一聲再會，就成了永別，他幾次到她家中去，總是由她嫂嫂開門回絕，而她呢，毫無勇氣地做了封建家庭的俘虜。

一天又一天，一年又一年，她已成了兩個孩子的母親。平凡的生活，沒有朋友，祇有丈夫，孩子和神聖尊嚴的公婆，同住在上海。

人民的力量奠定了和平底基礎，勝利爆竹聲中帶來了她永久底悲哀，她底丈夫眞正的永久分別｜病逝了，她沒有安慰，擺在面前的祇有空虛的責任，對上侍奉公婆對下育養兒女，她要她的兒女，不致於再遭受像她同樣不幸的悲劇。

她茫茫地：「雪哥，你仍舊是這樣嗎？你笑，你笑，你決不是笑我，是笑一般無能的女子們，你在那裏？我來看你，我須要你底愛，你底安慰，你底鼓勵，你底……唉，不，不能，還是不名譽的，犯罪的，對不起死的丈夫，和活着的公婆孩子們。

「人言可畏」，……她內心痛苦矛盾，她祇有痛哭，不再仰躺着，她雙手掩面轉身俯撲着，她痛哭，大概是激動過分的緣故，驚醒了她可愛底女兒。

「媽！妳還沒有睡嗎？妳哭嗎？想爹爹？」那女孩一面用手揉着眼睛，一面匐伏到她可憐底母親身傍問。

「寶寶，不，你乖乖地睡，妳媽是個犧牲者。……」

還鄉詩艸

玄丁

夜車赴蘇月色佳甚口占二律

皓月照當頭，清光若水流，車聲搖旅夢，燈影壓離愁，故國危如此，羣生醉未休，蕭蕭風露裏，夜半到蘇州。

秋月一何皎，人生若轉蓬，纔辭黃歇浦，便近梵王宮，上界浮雲盡，低田薄霧烘，野行思在遠，萬里此晴空。

蘇山道中調寄水調歌頭

八載離鄉後，今歲四回還，重睹洞庭秋色，相對有歡顏，漫道瘡痍未復，漫道萑苻未靖，纍纍總牽懷，行盡天涯路，難忘故家山，百里通臾會，一水儘潆洄，遙望莫釐尖頂，隱約現西南，七十二峯蒼翠，三萬六頃浩蕩，歷歷在庭階，無恙慈雲寺，終古十分閒。

偶成

短棹破晴波，款乃前山去，水深荷葉殘，雲白秋陽暮，兩岸悄無人，一鷺飛上樹，何年洗風塵，歸隱故鄉住。

三十五年十月

不平則鳴！

對區長不滿的呼聲 在上海也可聽到了

——一個區公所職員在上海文匯報上的控訴

編者先生：我是東山區公所的一個職員，同時我亦是貴報的忠實讀者。每見到 貴報「讀者的話」，見到這些檢舉貪官汚吏的文字，使我深深地感覺政治的黑暗和腐敗是怎樣嚴重。我在去年進區公所服務，至今已足足的將近一年了，在這一年的過程中，內幕的黑暗，眞使人痛心極了。在勝利之後，我不相信還會看見這樣的區長。

九月九日看到「蘇報」「民衆的話欄」，登載暴露徐淦清貪汚瀆職的文章，十日却接着看到地方土豪劣紳及徐淦清的辯白啓事。眞可笑這樣的辯白，只是反使當地人民更增加惡感吧了。到十月一日却又有一位保長投函蘇報，證明徐淦清區長貪汚屬實，眞是針針見血，徐區長見後，即召集全區保長開緊急會議，但全區保長計八十六名，到區開會却只有二十八名，當時徐區長就拿十月一日蘇報給各保長看，當時衆保長都一口否認，結果徐區長說：「既然你們都沒有登」。那很好，即刻就拿出早經做好的辯白文章，命各保長一個個的蓋印，或打手印，於是這樣他又可登啓事，爲自已辯護了。

其實關於徐淦清的罪惡，是數不清的，現在據我所知道的，再來告訴幾件：（一）在九月九日蘇報披露徐淦清區長私放販毒犯，得賄八百萬元，此事頗爲哄動，縣府即派專負機密室羅主任來山調查，調查得清清楚楚，一般民衆認爲徐區長此番一定逃不了，那知相反的，徐區長不動聲色，反變本加厲。居然再向該二毒犯勒索二百萬元，保險無事。這事區公所職員伙夫及地方人士都很清楚，於此可見徐區長神通廣大，手腕高明了；而一班民衆自然均敢怒而不敢言。去年十一月，徐區長爲增强自衛力量，組織自衛大隊，成立自衛經費籌管委員會，由同泰生醬園經理趙加生保管。徐區長曾派王永祥（此人吃白粉；並且是前敵僞時期鎭長）。及自衛團員，分向武山鄉，潦田鄉，鈕王鄉，楊灣鎭等各保徵收魚池捐，每池僞幣四十萬元，均出三聯單收據。東山統計魚池五千，數目驚人。此款準備爲自衛隊購置槍彈服裝，及訓練各級人員之用，但事實上並未購鎗彈及服裝，如此敷衍塞責，三月期滿，呈報縣府畢業了事，各堂即告解散，自衛之事無形結束。此筆龐大的款子，自然皆爲徐區長飽入私囊了。（二）五月五日，地方民衆演戲，歡迎國府還都，而該區長無理阻止，經中間人調停，竟私收法幣陸十萬元，名目是充區公所購賣步鎗六支之用，但至今數月，未見購貨。（四）上月縣府，向區公所借糧米一百担，徐區長即向各義莊收取五百萬元，但，區長却以三萬四千元價，買進糧仙五十担，解往縣府，餘款也不知何處去了。（五）九月廿五日，區公所得密報，席周鄉第四保保長夏鑫甫家私設煙燈，陳助理即同自衛隊王隊副與團員數名，至席周鄉豐岐夏保長家調査，當場捕獲席周鄉長嚴士雄，保長夏鑫甫，錢三寶，錢淦淸，錢子才，夏福生等六名，煙槍二枝，並全副煙具，扣押於區公所。徐區長知悉，大發雷霆，說『沒有我的命令怎敢隨便。』反認爲陳助理多事，即將煙犯釋放，煙具發還了事，實在其中別有其他原因。

爲了徐區長一貫貪汚勒索的作風，東山民衆不知吃了多少苦楚。他們內心的怨憤是說也說不完的。結果終於投函「蘇報」，暴露了徐區長的全部罪狀；可是主管當局爲什麼不問不聞？雖會派羅主任來山調查，得到鐵證很多，但爲什麼見不到下文？我們希望當局有個明白的表示，也讓我同東山民衆得到一個解釋。

編者先生：我明知道本文一經貴報登載，必將失去飯碗，然而我寧願犧牲我的職位，爲東山被壓迫被宰割着的民衆吶喊！把這蠹蟲似的區長驅逐出境。

洞庭東山區公所的一個職員謹上

十月五日

原載十月十五日文匯報

凡鳥先生鑒：

將後再探長圻龍仁寺地道時，敝人亦有意同往，不知 先生能否認我爲同伴。

讀者 許明煦上

通訊處：蘇州公園路揚子江水利委員會太湖流域工程處

讀者信箱

編輯先生：

我是生活在刻板，單調，氣惱的家裏的一個弱女子，在十三歲畢業高小以後，就開始了家務的操作，等待着出嫁，直到現在結婚已經二年，一直沒有讀過別的書報，每天過着刻板的生活，受些新鮮的氣惱。最近在親戚家裏，看到了貴刊，由於親戚的指示，讀完了黎遠先生的「翠姐」，唉！實在翠姐的遭遇，太像我自己的環境了，現在我明白了，我看到了自己的可怕前途，我更加悲苦了，叫我怎麼避免翠姐的命運呢？本來在世界上做一個人，是很不容易的，但是我想活下去，我要快樂地活下去！我就寫了封信，給在上海做生意的丈夫，告訴他在家庭裏的痛苦，我再不能忍受了，不久就要被折磨死了。因爲我知道他是和我很好的，我就請求他接我到上海跟他一起住。寄了這信，心裏倒鬆了不少，想到將來無管無束住在上海，多快樂啊，那知回信來說，上海市面不好，薪金不加外快賺不到，近來寅吃卯糧，勉强維持，要開二面伙倉，根本沒有力量，加之上海房屋鬧荒，找房屋要化金條，最後安慰了我一番，要我耐心等待。天啊！死氣沉沉的生活，我是過够了，再要我等待到幾時呢？

爲了離開這愁苦，鬧氣的家庭，爲了避免將來的悲慘結果，我願意節省，我願意勤勞，甚至女工，我也願意幹，只要能够幫助小家庭的建立，可是想到將來有了孩子，開支就得增大，身體就不能自由，怎麼辦呢？，被迫而再回東山老家，叫我怎能受得住呢？想來想去，總是絕路一條。忽然想起貴刊是東山人民的喉舌，讀者信箱是指示方向的明燈，因此，我就不顧一切，把我的難題寫出，請求先生引導我走上一 光明的道路，永遠感謝你！祝你撰安！

東山弱女子　影謹上

覆函

影女士：

我們很興奮的讀完了來信，這是一個現實的問題，而且不僅是個人的問題；在東山爲這一個難題而感到苦痛的女子，一定不知凡幾，所以我們很冒昧的把它公開出來，作爲一個公開研究的課題。

從你的來信中，知道你是生活在一個錯綜複雜而多矛盾的環境中，因此使你的意念也常有了矛盾的地方：第一，你想快樂地活下去，可是並沒有生活的信心；第二，你丈夫是一個薪水階級者，對你感情很好，但是當他因經濟關係而拒絕你的遷滬請求後，你就對他有了怨恨；第三，你對現實的環境頗有憤懣和立志改革的意志，但是結果却想逃避現實，到上海去了；第四，當你有意爲組小家庭而決定外出時，忽又想到了將來有了小孩以後的生活困難。

根據上列四點，在矛盾交織的情形下，自然要感到絕路一條了。其實世界上沒有走不通的路，因爲路根本是人踐踏出來的。現在我們歸納起來，放在你眼前的有三條路：第一條是毫無反抗地老死在舊式的家庭裏；第二條是不顧一切地來滬組織小家庭；第三條是暫時在鄉間找尋一個有興趣的事情，或者集合幾個同志創辦一個技術的或學術的團體，使你的時間化得較有意義，使你的生活內容稍覺充實。

上面的三條路，第一條無疑地是使你搖頭的，第二條我們相信至少在目前是不會採納的，因爲你出走的目的是使大家快樂，如果踏上這一條路，快樂大概就少希望，那末走那一條路呢？自然只有第三條了。就拿東山做例子，以前有一個分陰會，會員都是閨閣千金和少婦，她們的目的，是共同研究學問，儘管思想陳舊，總算是一個辦法，如果興趣好的話，不妨把它復活；至於技術方面像結絨線，只要有同志就可組織起來，共同研究共同學習，或者請人教授，或者買書自修，此外像機關做事也是辦法，最要緊的還是要看興趣所在，所以我們熱誠希望你告訴我們你的願望和興趣，只要力之所及，我們一定肯幫忙。

以上是我們的答案，相信一定不能滿足你的希望，我們以萬分的熱情，期望讀者們能幫助你找覓第四條甚至第十條第一百條路出來！

不過，我們深信在生活的道路上需要的除了勇氣和毅力外，樂觀也是很要緊的，誠如來信中所說：「我要快活地活下去」；那末爲什麼不笑呢？笑吧！你看世界在向你笑了！

莫釐遊誌

（四）

許明煦

陳霽詩云：

白雲幽谷訪禪宮，絕磴迴轡有路通，
澗響乍驚林麓雨，松聲長帶石樓風，
泉深古湫龍應伏，碑斷荒基塔已空。
聞說南宗留影在，欲將心法問休公。

徐禎卿詩云：

香燈間照古堂室，日午桐陰上井遍，
嘗橘客求藏甕法，煑茶僧乞嗳泉詩，
聽經猶剩當年鹿，好事誰攀宿草碑，
陳迹半銷何處問，令人空憶翠峯師。

張本賦翠峯寺二首：

㈠方丈朝朝紫霧生，兩僧曾此佛成名。
巉峯飛瀑花流影。松壑懸巢鶴送聲。
古殿月高龍井冽，迴轡雲湧道泉清。
梅開不減羅浮境，振策還期雪後行。

㈡停雲峯下翠千重，寶殿猶懸海上鐘，
喬樹豈無聞法鳥，古淵嘗有聽經龍，
林飜黃葉留寒屐。江送澄波照晚客，
却笑殘螺元不變。一池秋水綠溶溶。

又翠峯山居詩二首；

㈠金池橋帶亂峯橫，桂樹叢高烟霧生，
空翠萬重山色裏，佛燈常照太湖明。

㈡一林甘露萬花明，悟道泉深徹底淸。
花外客來尋曲徑，隔林遙自候吹笙。

吳鼎芳翠峯山居過陳仲醇詩云：

仄徑峯陰入。靑靄拂曙關，好聞常住寺。
無意亦看山，飲鶴空潭上，烹泉亂竹間。
牀頭雲一片，飛去不知還。

王思任翠峯寺詩云。

徜與幽討遍，大壑氣沉沉，山寺逢秋醉，
溪鐘入午瘖，是泉從竹過，無石不雲深，
沁骨涼風到，僧寮綴碧陰。

葛一龍東客避暑翠峯詩云：

松陰一寺掃風藤，澗瀑飛來點點冰。
嬾挂寸絲三夏臥，尙嫌諸有不如僧。

陳繼儒（仲醇）翠峯山居結夏詩云：

激湍飛作雨，獨樹偃爲梁，雞犬有傲色，
炊烟多異香、淸陰終日綠，秋葉幾時黃，
擬仕重陽後，還分橘柚霜。

王琬翠峯寺詩云：

翠峯擁出太湖東，峯上樓台架碧空，
曾拂豐碑讀文字，將軍第宅改禪宮。

吳偉業翠峯寺遇友詩云：

臥疾峯腰寺，欹危脚步勞，松聲侵殿冷，
花勢擁樓高，薄俗詩書賤，空山將吏豪，
不堪從置酒，白髮自蕭騷。

淸葉松詠翠峯寺句云：

一峯生衆塢，一塢一菴存，分却諸天去，
終推古寺尊，泉誰曾悟道，法恐或多門，
且與嘗香茗，同尋碧澗源。

明吳恪酌悟道泉詩云：

久踏翠峯路，今嘗悟道泉，淡中偏有味，
妙處欲生連，石鼎誰聯句，松根手自煎，
堪嗟陸鴻漸，未喻雪公禪。

吳寬謝吳東磵惠悟道泉句云：

試茶憶在廿年前，抱甕傾來味宛然，
踏雪故穿東澗屐，迎風遙附太湖船，
題詩寥落懷諸友，悟道分明見老禪，
自愧無能爲水記，徧將名品與人傳。

沈周和前詩韻云：

彭亨一器置堂前，思此冷冷久缺然，
借取白雲朝幞甕，戲兼明月夜同船，
小分東磵聊知味，大吸西江亦喻禪，
紗帽籠頭烟繞鬢，煎茶有法是盧傳。

蔡羽吳東磵品悟道泉詩云：

靑霞翳杳嶂，綠竹迷重關，豈知天竅靈，
千古封潺湲，取供學佛人，一飲通聖頑，
吳公我舅氏，心與泉石閒，品水得方法，
勝事傳人間，白鹿一朝去，妙韻不可攀，
至今苔岩下，屐齒生苔斑，松杉擁寒磵，
惟有雲月還，阿我亦佳士，吟咏興不慳，
欲覓舊茶灶，同子臥東山。

唐寅詩云：

自與湖山有宿緣，傾囊剛可買吳船，
綸巾布服懷茶餅，臥煑東山悟道泉。

文徵明詩云：

空翠夾輿松十里，斷碑橫路寺千年，
遺蹤見說降龍井，裹茗來嘗悟道泉，
伏臘滿山收橘柚，蒲團倚戶泊雲烟，
書生分願無過此，悔不曾參雪竇禪。

編輯室

當每期編輯工作完畢了的時候，總覺得好像有滿腔的話要說，然而執筆望着稿紙的時候，眞是千言萬語，不知從何說起。

○　○　○

承蒙有許多讀者提供了寶貴的意見，就像上一期，大家都覺得太偏於文藝方面，忽略了鄉訊和短小精悍的風語，覺得不足以表現本刊爲東山的喉舌。

○　○　○

事實上確是如此，上一期文藝性的作品佔了半數以上，這實在是編者所當引以爲咎的，以後當致力於一般性，以副讀者之祈望。

○　○　○

同時也祈望於讀者和作者，希望來稿不要過分冗長，因爲本刊固然篇幅有限，而讀者也喜歡看一點現實的小文章，所以請寫稿諸先生注意。

○　○　○

東聯社正式成立了，本刊自本期起，隸屬於東聯社文化組下，繼承籌備時期的編輯方針，繼續努力，同時更望讀者諸君指敎和鼓勵！

○　○　○

這一期增加了四頁，爲東聯社的成立出了個特輯，承蒙東聯社幹事賜下大作，使本刊生色，但是因爲時間的倉促，和編者的敷衍塞責，一切都不能盡如人意了，這要請大家原諒的。

○　○　○

來稿的踴躍，這是表現讀者的愛護本刊，但因爲篇幅的關係，常常有許多佳作不得不擠到下一期，像這期刊登的青虹，消瘦，旅人，芝敏，星等諸君的大作，都是收到了好久，直到這期才刊出，這實在是不得已的事，想來大家一定會原諒的。

○　○　○

雨花播音台中，廣播了一點上海的新聞，這是一個嘗試，想讓故鄉的讀者也知道些上海的事情，假使讀者們感到需要，我們可以多登一些。

○　○　○

本期佳作甚多，恕不一一介紹，因爲最好的批評就是讀者自己，編者的主見並不能代表讀者的。

○　○　○

所以希望讀者常常賜予高見，告訴我們那幾篇是需要的，那幾類是並不十分需要，讓我們有所取捨。

○　○　○

莫釐風是大家的，讓我們攜起手來！

（新）

代郵

嚴士雄先生鑒：

閱第四期莫釐風大作，不勝感慨，可稱與敝人志同道合，惟以難見一面爲憾，未知能否作一文字之朋友。

讀者 徐耀農上

通訊處：浦東東溝　上海市農林試驗場

更正：

上期試探能仁寺記有云及震澤鄉者，實係後山之一鄉，非因屬震澤而名

最後消息

席周鄉七保（余山）於本月廿三日晚十時許突來匪船一艘，盜匪十餘人，口操湖南雜音，各持短槍，盜匪蜂擁登陸，因余山孤峙湖中鄰保無能呼應，且自衛毫無因此聽其所爲，即將居民金文高，席榮甫，席廣生席林根等四家被刧，匪等刧後原舟滿載向攔渡口方向而去，計被刦箱子三四只，衣服棉被檯子熱水瓶等物損失，約計百餘萬元，失主報請當局緝究云。

金灣村被綁三人　在太湖中發現屍體

金灣村有富農黑鬍髭，黃鬍髭弟兄二人，早被匪徒覬覦，綁案發生前有匪徒潛山以接洽打唱敬神事作爲掩護，實係探視情形，詎料黑鬍髭者自餘塢綁案發生後即遷居，家中只留黃鬍髭夫婦二人，黃鬍髭係一盲者，綁徒未認清目標即將鄰居四人綁去，事隔甚久，音訊杳無，然近忽在太湖中浮現三屍，衆皆以爲即被綁之三人云。

故鄉最近物價

杜米	每石	五萬四千元
茅柴	每担	四千元
肉	每斤廿兩秤	四千二百元
蝦	每斤廿兩秤	四千八百元
羊肉	每市秤每兩	二百五十元
蕈菜	每斤	四百元
鴨蛋	每隻　大	三百元
	小	二百五十元
鷄蛋	每隻	二百元
毛豆	每斤	四百元
萵白	每斤	五百元
芋頭	每斤	四百元
豆腐	每斤	四百元

莫釐風月刊

逢每月一日出版

預定先繳四千元每期按八折扣除
本期零售每册六百元

編輯及出版者
東洞庭山各校同學聯誼社
莫釐風出版委員會

上海通訊處
北京西路一〇八號　洞庭東山旅滬同鄉會
電話　九三四一九　九六五九七

蘇州經售處
閶門內中東市　蘇州教育用品社

東山總經銷處
殿涇港朱家弄瞿友農

東山經售處
殿前嚴大德堂國藥號

廣告刊例（長期酌減）

每期／地位	封面封裏頁	普通
全頁	八萬元	六萬元
半頁	四萬元	三萬元
四分之一	二萬元	一萬元
八分之一	一萬元	

莫釐風

第六期

東聯社出版

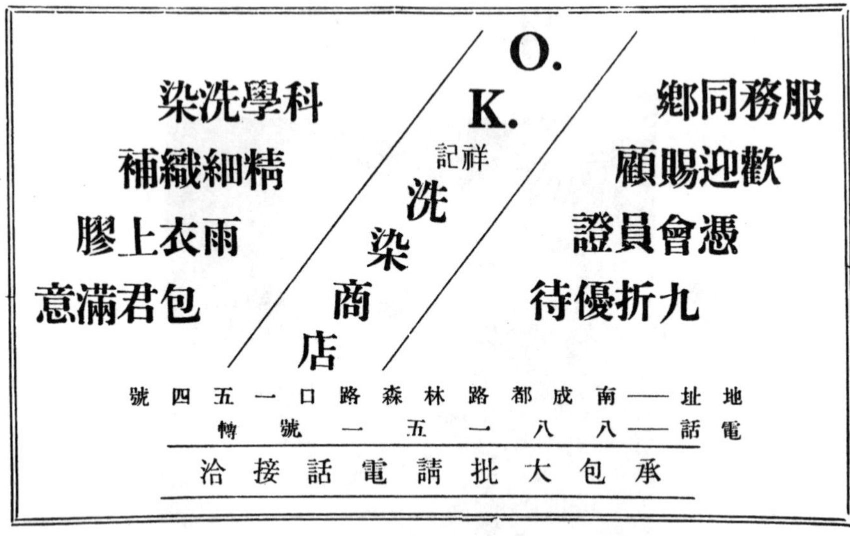

第六期目次

民國三十五年十二月一日出版

雨花播音台

親愛的聽衆，我們不僅希望你們聽着我們的播音，更希望供給我們消息，只要翔實可靠，我們一定代爲轉播。

又是湖匪逞兇 公茂輪遭刼

損失千餘萬元

十一月十四日，由後山開蘇之早班輪船，於渡水橋搭客時，即有二匪黨混入，駛至擺渡口附近，遇裔裝捉魚船之匪船一艘，喝令靠船，匪徒五人，其中四人執有匣子鎗，任意洗刼，約半小時許，目的既達，即向南太湖揚長而去，聞損失約數千萬元，並剝去花呢袍子數件。（錫淳）

往來蘇州及洞庭東山之內河早班輪船，於十一月十四日上午九時許發生搶刼，當地民衆自衛隊首先得悉是項消息，即報告此間警局及橫涇駐防部隊，及前山警察局，民衆自衛隊隊本部，協助追緝，傳案具訊，各情現由本刊特約記者採訪經過詳情如下：

前日（十四日）上午七時許，有停泊東後山楊灣鎮之早班輪，開往前山渡水橋搭載旅客，約有四五十人，由東山開往蘇州。行經浦莊地區，岸上草棚之傍，突來盜匪四人，持有短槍四枝，其中一盜鳴槍一發，喝令停船，三盜登輪，將旅客揀選半數搜刼，越二十分鐘始攜贓而去，事後檢點損失：計被刼現鈔及赤金戒指、首飾、細軟、皮毛、衣服等類約值千餘萬元之譜，事後調查，覺該案突出離奇，因搶刼旅客尚未全數波及，該盜登輪時，揀一半搭客刼去財物，猜測大致有當地之惡棍，地痞作內線，一般僥倖旅客，趁原輪開往蘇州，遭刼者，被盜迫令回山，現正由地方軍警會同剿捕云。（王樹聲）

嚴冬！實施宵禁 添購槍械

讓百姓們過一個太平冬天

時近嚴冬，謹防匪盜，區公所有鑒於斯，爰特張貼佈告，着令於十一月十五日起至明年一月底止，爲冬防實施期間，大意謂「在冬防期內，自午夜十二時後，迄晨曦爲止，不准施放鞭爆之類，並使用手電筒及結隊通行，惟若有必要時，亦祇以二人爲限，並須使用燈籠，又經過哨兵時，要報以眞實姓名住址等云云」。（錫淳）

本鄉自衛團，爲繼續增加防務起見，近日以來，再度由蘇添購大批槍械，經費大都由保甲處自動募集，據云：每枝代價十餘萬至二十餘萬不等，照目前統計，全山自衛團所有長短各種槍械，已達百餘枝之多，計武山鄉有卅餘枝，渡橋鎮二十餘枝，西街鎮卅餘枝，潦田鄉廿餘枝，後山亦有卅餘枝，故日後如再配之以訓練有素之熟手運用，自衛團實力已有相當雄厚，使之捍衛地方，或已足够有餘（錫淳）

東山鎮（即前東街鎮）發起組織自衛團，該鎮鎮長周竟如特去滬託旅滬同鄉設法募捐，以購置槍械及制服等。

寒冬將屆，竊案甚熾，新任巡官陳爵起頗爲重視，特親率警士深夜巡查。（旅人）

橫涇代表到東山

商討併區問題

縣府併區會議，決定東山與橫涇合併爲東山區，區署設渡村，區長人選由地方保舉，併區即將實行，橫涇特派代表孔涉祐先生到山與東山地方各界交換意見，當日由席侍豐先生設宴招待，據席君語記者云：區長之人選，地方將後之行政，希東山人民，同鄉會，東聯社及各團體多多發表意見，東山士紳所組織之正風社僅係團體之一，正風社旨在推動民主，余盼東山行政能逐步民主化云。（植）

不堪虐待苦 攜款到姑蘇

——一個幼童出走記

東山人黃林生，年十三歲，家住閶門外東海里二九號，其生父名許鳳崗，業已去世，林生於七歲時，即出嗣於東山楊灣鎮黃保雞爲孫，黃於去年五月間被匪擊斃，之後林生同祖母居住在東山陸巷村平濟堂國藥材原址內，時遭其祖母虐待，最近擬將其置於死地，林生聞知驚駭萬分，乃於（十日）清晨，乘其祖母不備，竊取法幣七十七萬元，趁輪潛逃到蘇，即至閶門外橫馬路金城飯店關室投宿，該旅社茶役魏道慶，見其身攜鉅款，行跡可疑，乃投報該管警察第二四分所，派警帶所，當經該所李巡官問訊後，備文送交警局核辦，傳家屬領回云

（王樹聲）

打不破的迷信 又是一趟出會

十一月十二日，有武山鄉金猛將「薛落谿」者，因新近開光，粉刷工竣，例須舉行賽會，是日冲風傘旗，人頭擁擠，沿途觀衆道爲之塞，頗極一極之盛云。（錫淳）

本月十四日武山鄉鄉民因尊神薛落谿新近開光大出興會，臂鑼旗傘，及吳巷村之拜香隊，相當顯赫，由武山出發時在清晨，途經渡橋，蔣田，俞家庫一路至後山，回來經西街，東街，下渡橋，返回武山時在午後四時半，歸時各商店均供香案，恭候大駕，燭火通明，香氣瀰漫，鄉婦均合掌膜拜不止云。

小消息

東山警察分駐所巡官陳立中他調，由陳蔚起巡官繼任。（旅人）

有渡橋鎮電器廠房一幢，爲已故席啓蓀君之私產，詎知事過境遷，近忽被乃叔張氏售與一外埠人，當收定洋二百萬元，餘款俟拆除後，再行付訖。後爲渡橋鎮公所悉，即出而阻止，惟一時頗相持不下，現某已由蘇僱工十餘，將屋面拆去一間，及後，由同鄉會出面，據悉以四百萬元收回云。（錫淳）

民族文化學院簡訊

該院前身爲中國國學研究所。創辦於民國三十二年十二月五日，以四川江北陳姓房子爲臨時所址，勝利後該所隨政府南歸。屢次召開院董會議於首都，改名爲民族文化學院，暫借東山桐陰別墅上課。並於該院院址固定後，即謀恢復，將改名爲民族文化研究所，招收各大學之文科畢業生，從事高深學術研究。幷添設完全附中一所，本年度該院十二月五日將於該院文化發祥地——東山——舉行盛大慶祝。

（又訊）十一月十九日教育部特派高等教育使（督學）黃問岐先生蒞臨東山民族文化學院審察，翌早即由東山回部。（秀影）

最後消息

莫釐中學教務主任 衛露華以漢奸罪被拘

遺職由馬錫川君代理

莫釐中學教務主任衛露華，突于十一月廿四日因漢奸罪被拘，由法警二名帶蘇，即將依照懲治漢奸條例第三條之罪，依治提起公訴云。

衛露華年五十二歲，蘇州人，現任莫中教務主任，敵僞時期曾任僞江蘇省立日語學校教導主任，主持奴化教育，助長日寇侵華政策，並于三十二年間，又曾出任僞嘉興縣府主任祕書等職云。

（又訊）莫中國文教員原由衛露華担任，現衛因漢奸罪被拘，所遺國文教授一職，由該校校董席徵三面懇馬錫川君暫代，馬君年五十五歲，泰州人，北京大學肄業，久居本山，現任正風社常務理事兼文牘之職云。

歡迎投寄 各種消息

同鄉會訊

徵求會員大會結束 十二月十五日 舉行聯歡大會

節目精彩，並有摸彩助興

三十五度第八屆會員徵求大會結束，成績圓滿，聯誼委員會決議定於十二月十五日假座甯波路山西路錢業準備庫禮堂召開會員聯歡大會，有本會康樂組之話上班演出和惠旅助產學校自治會之平劇，並有美國新聞處電影等精彩節目，聯誼委員會爲增加興趣，特向個人及各廠商籌捐獎品，據聞已有無線電一座，手表，雪花霜等，準備當日供參加聯歡大員之會員摸彩，助興。聯歡大會結束後有聚餐會，當日情況之盛定可預料，並歡迎會員家屬參加。

同鄉會與惠然軒之爭 會員數百人聯名呈文 要求社會局主持正義

洞庭東山旅滬同鄉會，近以會址問題與惠善軒慈善會復興委員會發生衝突，近少數人士突以慈善會名義向社會局朦請登記，圖攘奪惠然軒主權，取消同鄉會，因此使同鄉會全體會員激于正義，聯名呈請社會局主持公道，茲探錄該呈文如下：

呈爲惠然軒慈善會復興委員會假借名義朦請登記覬覦公產提倡迷信請予取締事竊具呈人等均爲洞庭東山旅滬同鄉會會員前因先同鄉席錫蕃先生所捐地募資創辦之惠然軒公壇全部產業設施由原管理人等公決移交同鄉會管理迄已數載今秋忽有以公壇弟子名義二十餘人組織一惠然軒公壇復興委員會又以慈善會名義向
鈞局朦請登記意圖攘奪惠然軒主權取消同鄉會現有一切文化教育設施業由同鄉會理事長備文中陳理由呈請
鈞局核辦在案詎該會近竟變本加厲擅自行動越出範圍在外則揚言同鄉會接管爲非法在內則干涉同鄉會行政設施具呈人等同爲同鄉會員目睹種種不法行爲不甘緘默爲特詳具理由呈請
鑒核

（一）查該公壇由先同鄉席錫蕃獨力創辦除自捐地基外又奔走捐資建屋以底於成嗣以精力不及乃由其另請當時共同創辦之同鄉席雲生席徵三席潤生席頌平金錫之等爲董事協助管理席錫蕃先生去世後即由席雲生等五董事管理多年三年前席董事等均因年高力衰無暇及此乃公決移交公益團體之同鄉會接管其不以該壇授與私人而歸爲公有其措置可稱大公無私毫無他意

（二）同鄉會接管以前曾經鄭重討論加以考慮因該壇創辦人既屬同鄉而歷年亦向由同鄉人主持事關公益乃公決接受絕非私相授受有移交信件可資憑證在情在理均無不合。

（三）該二十餘人所議復興委員會如何產生其組織有何根據均屬疑問如以信仰弟子之關係而組織委員會奪取管理權則凡信仰該壇弟子奚止數千人以上卽具呈人中亦有不少以前信仰弟子在內則區區二十餘人顯不足以代表一切。該委員會之組織如根據其先人或本人曾經捐款則查數十年捐款於該壇者人數更多中外各方人士均亦非該會所可代表如該會向政府機關登記成立則以後類此之組織將如雨後春筍不斷產生根據同樣理由請求登記又將如何處理乎且查該二十餘人中有二三人與該壇歷史甚淺亦有最近參加者竟亦居然以該壇壇柱自居其用心何在不問可知

（四）該委員會對外假用慈善會之名義向
鈞局朦請登記其眞正目的事業則在於扶乩禮懺等工作全非屬於慈善事業之範圍應請
鈞局予以派員調查便可洞明眞相

（五）同鄉會接管該壇後，因遵照移交人之意志對於該壇設置予以酌量保留並未取消再另派專員管理壇務惟爲推廣服務同鄉之宗旨有利用該屋一部份空屋辦理學校設立圖書館爲國家社會略盡棉力當爲政府當局所獎勵而贊許者該委員會意欲假名取消同鄉會一切設施擴大復興扶乩禮懺倒行逆施孰此爲甚

（六）信仰自由原爲國法所允許但崇拜神權迷信則政府令飭查禁在案該壇崇拜祖師提倡扶亂事屬崇拜神權迷信實有取締之必要

（七）民間產權之移交合法與否國法自有規定如該二十餘人自認爲有管理惠然軒之權認爲同鄉會之接管爲不合法或移交人不應移交者儘可依法訴諸法律誰是誰非不難明瞭

基於上開理由具呈人等爲擁護合法地位保障社會福利計不嫌詞費冒昧陳述仰祈鈞核准予取締非法組織之復興會以杜覬覦而免糾紛俾現有之教育文化等公益設施得以繼續不致橫遭摧殘實爲公便謹呈

上海市社會局局長吳

具呈人（名略）

關于文化基金借款

·羽　毛·

東聯社在十月二十九日的執監會議，通過了五百萬元總額的文化基金借款辦法，這一個勇敢的決定，將使我們東聯社當前的工作，遭逢極强烈的試煉。

許多人以爲這一個目標太大了，因爲東聯社的成立，到現在還祇短短地一個月的歷史，在基礎方面的不够，是不可否認的事實。而且大部份的社員，都還是經濟力量不十分充沛的青年人，一下子要湊集起這樣的一個數目，恐怕有相當的困難，但經過了一番熱烈的討論之後，我們認爲：

一、實際工作需要迫切，我們以爲『發展故鄉文化』，這不能永遠是一句口號，東聯社的使命是披荆斬棘的實際工作，爲了眞正的担負起這一個偉大的使命，除了每一個熱心工作者的精力之外，『錢』實在是第二件不可缺少的東西，將後我們辦圖書館需要的是錢，建立壁報需要的亦是錢，辦刊物更需要準備着鉅大的貼耗，……一切的一切都離不了這一個字。

二、募集對象不限社員，我們的社員，果然多數的還年青而不够有力，但這不一定完全要向社員中募集，發展文化，是爲國家爲社會的進步，爲我們未來的子孫打算，這可以說每一個人都有義務和責任：我們可以向周圍的同情者，父老，親朋……方面去取得更廣大的幫助。

三、一年之內保證償還，我們收到了這一筆款子之後，當負起完全的責任，保管生息，原則上决不動本，在一年之內分四期抽籤拔還，出借者損失了一點利息，却收到了幫助文化發展的實際效果，這當是每一個有心人所樂爲的。

四、進步者昌，落伍者亡，偉大的時代，永遠在不斷地前進，對于『錢』應當使牠用得有意義，今天雖然還有一部份人相信迷信拜懺，甚至情願化錢去支持一班『癮君子』『紅甘蔗』之流，荒謬鬼混到底，但任何人都知道違背時代的行爲終歸淘汰，落伍者將落伍到底，（各方面的落伍到底），是他們應有的報答，我們相信大多數的進步同鄉必將更踴躍而愉快地響應號召，幫助我們的成功。

文化基金借款案，終于這樣地被通過了，在未來的短短三十天中，（本年十二月底前）每一個東聯社的熱心工作者要一致地加倍努力，用突擊的精神，完成當前這一個偉大而有意義的任務。

勝利與成功，必將屬於我們！

東聯社文化基金借款還款辦法

三十五年十月二十九日第二次執監會議通過

一、借款總額　國幣伍百萬元。

二、借款用途　由本社專用於發揚文化及扶助東山地方性文化事業。

三、負責保管　由本社全體執監委員共同負責並另組保管委員會辦理該款之生息及還本事宜

四、收据定額　分五　及二萬兩種計五萬元六十張（1－60）二萬元一百張（1—100）均記名式但遺失者概不補發。

五、還款辦法　於民國三十六年中分四期抽籤計三月底抽還五十萬六月底抽還一百萬九月底抽還一百五十萬十二月底普還二百萬一年內當全部還清屆時抽中之號碼及姓名即於本社出版物公告。

六、鳴謝紀念　借款總額收齊後當即公佈全部姓名於莫釐風月刊鳴謝以誌紀念。

七、抽籤號數　第一期五萬元抽六號計三十萬元，二萬元抽十號計二十萬元合計五十萬元。

第二期五萬元抽十二號計六十萬元，二萬元抽二十號計四十萬元合計一百萬元。

第三期五萬元抽十八號計九十萬元，二萬抽三十號計六十萬元合計一百五十萬元。

第四期五萬元共二十四號計一百二十萬元，二萬元共四十號計八十萬元合計二百萬元。

師資問題和東山教育

一驅

在建國工作中，有人喊出了「教育第一」的口號，對於這一個提議，作者是百分之百贊成的，由于八年抗戰，全國的教育程度，低落不少，東山亦然，於是許多長輩們搖頭歎息了：「讀了六年書，連信還不能寫一封！」他們的感傷，確有事實的根據，雖然觀點是已失時效的。

然而，問題的嚴重，倒不止是不能寫信而已！

勝利以還，教育的情況，並沒有比戰時好轉，由于生活程度的奇高，在戰爭期間認爲最嚴重的師資缺乏問題，現在依然存在，最近報上有一則浙江江山小學校長應孜浙贛路路警的消息，這一個事實，對教育的前途無異投下了一個嘲笑，雖然爲人師表是清高工作，但是爲了生活，大家將敬謝不銘。

回顧我們東山，由于待遇和交通的關係，師資的難找本來是主校者最感頭痛的，因此教員的資望往往不能和城區相比，于是，專攻「子曰」「詩云」的私塾，依然存在，他們現在也許還對五四時代的白話運動感到新奇；或者則濫竽充數，把小學畢業的小先生權充講席；或者爲了增加收入，夫婦相輔，食於斯，生於斯，無異是一個家庭學校，這都是可怕的事實，這不僅是教育上的問題。而且是一個道義上的問題，因爲濫竽充數是誤人子弟的。

所以，我願意提出一個警告，就是：師資問題如果一日不能解決，東山的教育將一日沒有辦法。

然而，師資缺乏是一個全國性的問題，要解決自需相當時間，爲應急需，我想提出幾個補救辦法，願以一得之見，就正於東山父老和各校師長之前。

（一）各校教師應有一具體的聯繫性的組織使各教師經常保持密切關係，主要的可以互相研討學校管教制度的改善，或者互相交換學識；附帶的是可以減少各校的隔膜，作者以往不僅是東山的學生，而且忝列教師之一，常覺到校與校間，總帶有敵視的成分，所以慨乎言之，願因此而見障礙之消除。

（二）教師應虛心進修，以增長學識，一般教師以爲做了先生，不好意思再讀書，尤其是怕學生知道，這是不智的顧慮。古人曾提倡不恥下問，何況我們是互相切磋？所以我極盼各校教師組織一個進修會，最好自然是請有學問的人指導；否則可以各個人擅長作交換的研究，這樣，直接是教師得益，間接卻有助于學生。

（三）各校當局應在可能範圍下，輪流派遣教師聯合作赴外考察。東山是鄉區，保守成性，而城區學校則日新月異，如果不多參觀檢討，自然會由落伍而終于淘汰。

（四）地方當局和地方父老應籌設一相當規模之圖書館，以能供教師作必要參考爲最低限度。

（五）地方當局和父老應選擇清寒而有志教育的東山學生，資助其專攻師範，由地方負担全部費用，但須以學成後爲東山學校服務爲原則。

（六）學校當局應設法籌措較充裕之經費以提高教師待遇，如能高于城區學校，則優良師資，自能聞風而來。

上面拉雜的提了一些意見，在辦理上，困難尚少，而對目前師資問題的解決，或者會有一些消極的幫助。不過，待遇的改善，無疑是最要的一着，要使教師安于職守，必先使他們不愁衣食，因爲「教育第一」是空話；「吃飯第一」才是今日最迫切的呼聲。

莫釐煙雲

諸葛英

△返鄉三日，歸途中見聞感慨殊多，拉雜記之，以應催稿之需。

△湖港水深，各輪船公司，都已改駛小型拖船，船小客多，「相當」「熱鬧」。

△輪船公司多，所以票價賤。（由蘇往山各公司都祇收一千五百元）

△回去時所趁輪船，招待週到，客人行李，還與你拿下拿上不另收小賬，這是新公司。

△出來時所趁之輪船，每人另收規定小賬一律三百元，不過茶役還是驕慢，這是開了好幾年的老公司。

△殿涇港依然靜寂，養力亭換了新裝，「門外」新添照牆一座，黃牆玄瓦，倍見生色，可見故鄉已在「進步」中。

△街上行人寥落，商店門可羅雀，故鄉還是故鄉。

△總理誕辰的那日莫中當局請學生每人吃一碗大肉麵（不另收費）以資慶祝。

△據悉上次蔣主席華誕，亦是如此，足見該校設想週到，學生們口福無窮。

△蔣主席華誕，街上沒有彩牌樓，大概當局體恤山民。

△徵兵，一般人沒有感到恐慌，因爲辦法「好」。有及齡壯丁在山之戶，每戶出五千至一萬元，可以

向封建舉起槍來！

易白楚

「封建」是前進的絆石。

「封建」：像一條毒蛇，纏住了時代，不許他向前跑。

在另外有些人早已不受它束縛的今天，我們多麼可憐，還呻吟着忍受苦難。

如果你覺得羞恥，那應該向封建舉起槍來！

我說舉起槍，就是向它直接攻擊的意思，單口說掃除「封建」是沒有用的，它不會退縮，也不會銷聲匿跡，這是一個頑強的魔王，要苦鬥！

然而，槍也不能亂投，我們應該擇中要害，才用力地刺進去；如果僅憑着血氣之勇，回鄉去拆廟宇，燒祠堂；不要說鬼神來找你「晦氣」？恐怕工作還沒有做完，那些「封建」的「代表」，受誘惑的農民。就會來和你火併，當然，我們不許怕惡勢力，但盲目的犧牲也是不必要的。

那末，怎樣向封建投下槍來呢？

最顯明的一點是「封建」能够存在，因爲教育不普及的緣故。有智識的人，明瞭科學的人，是決不會再向這魔王低頭，也絕不受它宰割：但一個潔白善良的鄉民，是容易矇蔽的，幾千年根深蒂固的統治，使他們不敢反抗。所以，要投槍，唯一的目標在教育上，等大家都知道，菩薩不過是木頭雕的，「出客人」不過是有幾個錢，官吏不過是人民的公僕，結婚並不是父母結婚，這時他們也會向「封建」告別的。

可是，慚愧得很，「普及教育」這個口號喊了差不多也有十幾年了，不是仍舊一無結果嗎？所以，我們現在不必再喊」，要換一個方式來實踐，這就是說多辦學校沒有用，大人既不能進去，窮孩子也祇好望洋興嘆，即使免費吧，說不定他是家庭的生產者，白天沒有空來就教。即使進了學校吧！也不過是讀死書，現在教育是填鴨式，是爲升學而讀書，對於生活毫無用處，現在祇有一個方法是開辦「民衆識字夜校」。 在這個舊形式裏，注入嶄新的內容。

具體的實施方法，我設計了一些。

一、爲了經濟，這種夜校必須借故鄉原有的小學來創辦，此外；人多的廣場上，茶場裏，備一塊小黑板，也可以作爲露天教室。

二、上課在吃過夜飯後，到天黑，沒有火不能識字時就散，要利用鄉人不能工作的時間，讓他們以識字來打發空閑。

三、學費絕對不收，講義免費分發。

四、因爲課本不必有，也不能用；「人手足刀尺」大家是不會有興趣來唸的，要以日常生活作題材，教他們想要知道的字和事。

不抽，不願出這一筆款的，就要抽，但是；不要怕，抽到了不願去，能出卅萬元，仍可以與你代僱的，沒有錢「活該」。

△所以慘劇祇可發生在窮人身上，有一「網船上」人在席家湖被許多人「抽」到了區公所，家中妻小哭哭啼啼，要想「設法」，總算放出來見了一面，但是沒有「錢」，最後仍是挺出去的，

△沿途經過各碼頭，都有穿了筆挺制服的自衛隊手執匣子砲，檢查輪船，但他們並不下船，祇要船上送了一張什麼乘客往來單子上去，就可派司，假使船上眞的有匪，或許另有情報會知道的吧！

△莫中另闢操場一方在棐巷留餘堂隔壁每天升了國旗，相當使人注目。

△莫中當局，辦事嚴謹，所以敎職員們都是碩德望重，學生秩序井然，但似乎「還」可以「再」加一些朝氣進去。

△紅灣，上錦等山坳內，綠葉紅橘，相映成輝，因爲氣侯比較和暖。所以洞庭紅亦豐收，村婦童稚，正在快樂的摘剪，想半載辛勤，玆屆收獲，其內心之痛快當然不言而喻。但是外面「花旗」多，他們眞的可以得到一個滿意的收獲嗎？

△區公所還沒有搬到渡村去，仍在東山安然辦公。

△負責防衛東山治安的是吳縣保安大隊。

五、成人，兒童，女子都必須分班上課，這因爲生活不同，興趣不同，志向相異，在廣場上當然例外。

六、上課前，對男子講些通俗小說，有關科學時局的故事；對兒童講名人，奮鬥史童話；對女子，不妨教編織絨線刺繡之類的技術，要使大家有興趣加入，自願學習。

七、教育的目的在使他們能識能寫一些簡單的信和帳，懂得衞生的重要，神巫的虛幻，對於社會的責任，和國家的影響。我們不需要用高深的學識來嚇人，一切非通俗不可！

八、師資和教本是二重難關，目前祇能請東山原有的教師來幫忙，（當然要付薪水），教本暫時由他們編。

總而言之；這種學校大門兩開，任人進來，而學習時間又不妨害工作，同時儘量提高興趣，到大家知道讀書有這樣味道時，不必強迫人們自會蜂擁而來；一方面，經費也並不需要許多。當然，在實踐的過程中，會有困難發生，但持之有恆，缺點會改善的。

然而，這樣就能掃除「封建」嗎？事實不會如此簡單，普及教育不過是治本，沒有治標工作，它還不能發揮威力。這輔助工作目的在擾動目前東山封建的氣氛，像洪鐘似的驚醒那些渾噩的鄉民，準備受新的洗禮，這任務由戲劇，影展來負担。

怎麼辦呢？我們不妨組一個流動劇團，（十人）到故鄉上演。廣場，大的廳堂，都可以作戲台，有一些簡單的道具佈景，幕布和幾盞汽油燈，就能上戲了。在晚上，任何人可以來看；對話用土白，也不妨以國語試試，劇本是反封建性的，要淺得每個鄉民能瞭解，但意思最好深長，上演必須拿故事先講一遍給大家聽，時間要經濟，在緊張中開幕，在興奮裏散場，使大衆帶着無限的高興回去，這樣演上十幾天，一定能受到熱烈歡迎，讓大衆的腦海裏留下一種新的印象，反封建故事一發酵，他們會疑惑，深思，祇有向學習路上去求眞理，於是，夜校填了空白。

當然這個計劃是比較難實現的，經費演員都成問題，但東聯社有話劇團，同鄉會有財力，兩者合作這理想未必不能成爲事實，除非有人不想建設東山，但那是多麼卑鄙自私可咀咒的人！

搜集一些國外農村情形，照片去展覽，也許更有直接效果，那些農民，看了人家的，耕地，戽水，刈草，割稻機器，噴殺虫粉吹管，肥大的果實，一定會起異常的驚奇，原來大水淹田，並不是海龍王發怒，大旱也不是太陽菩薩鬧氣，機器可以把水戽進戽出，然而抬城隍猛將出來，水會理睬嗎？蝗蟲出現後噴水槍可以燒，DDT能殺，但鑼鼓大旗能把那些飛賊嚇得退嗎？瘟疫盛行人家連牲畜都打防疫針，去污水，洒藥水，很可以有恃無恐。但相信人心壞，天老爺要收所以求香灰吃仙水，那倒要「包送終」了，道理解釋得清楚，又有物證在此，最迷信的農民，也會覺悟的了，不是嗎？

「封建」的崩潰是必然的，但我們應該加速摧毀它；不要怕困難怕挫折，把握住信心，勇邁前進！

這是一件偉大的工作，要苦鬥！

喂！向「封建」舉起槍來！

槍！

十一、廿六、深夜

談友愛

雲

「海內存知己，天涯若比隣」。這兩句話是包含着多麼深刻友愛的意義，然而看到今日的社會中；只有利用，欺騙，自私，狡猾，一般人認爲在這社會裏只有自私，狡猾，才可以生存，只有狡猾，才可以不上當，他們根本沒有想到這兩句話的深意，能給人多少溫暖，人們只是嘆息着：「人情薄如秋雲」！

人是情感的動物，我們不能沒有愛的溫暖，當我們在失意的時候，生病的時候，遭遇到打擊的時候，像鳥兒似的飛倦了的時候……本能上我們是多麼須要愛的安慰，只有在那個時候，我們才想到愛的偉大，愛的深厚。

然而摯誠的友愛，是需要我們日常去培養的，我們決不能自私地在失意時才想到「人情薄如秋雲」，而平常得意時爲了自私的滿足，老是欺騙別人，利用別人，不關心別人，「各人自掃門前雪，休管他人瓦上霜」的自私觀念，這是傳統的深刻觀念。

無情無意，對現實冷淡和麻木，狹隘自私，對旁人的生活漠不關心，甚至幸災樂禍，這是現社會的一般情形。

一提到愛，一般人總覺得是戀愛，一種以自私爲出發點的愛，除此好像就沒有愛的存在了，由于愛的觀念不够健全，因此阻礙了正確的，廣泛的愛的發展。「死的拉住活的」我們必須根除舊的和不正確的觀念。

代替冷淡和麻木的是鮮明和積極，代替虛僞和欺騙的是誠懇和老實，代替狹隘和自私的是實實在在承認旁人和關心旁人幫助旁人。

東山的青年，因爲受傳統觀念的影響很深，再加上現社會的不正確的觀念，因此各歸各的生活着，現在東聯社成立了，我希望東聯的青年漸漸地拋棄舊的，以鮮明誠懇的態度本愛人自愛的精神發揚友愛！

吳三桂的悲哀

木一

想不到洹泥的同鄉中，竟亦產生了幾個借清兵的吳三桂，爲了惠然軒的產權問題，不惜引狼入室，弄幾個外頭人做後台，無理取鬧，覬覦公產，眞是殺不可恕，我們倒要看看他們的神通到底如何，將來一無結果，問問他們可對得起同鄉？對得起祖宗否？

除非張天師當權之後

立四

『惠然軒復興委員會，』這一個非法組織，竟敢以「慈善會」的名義，朦請社會局登記，我想除非是張天師當權之後，我們的中華民國改了『中華道國』，這組織才有核准之望，當局旣明令取締迷信，應卽嚴予駁斥。！

請同鄉會公佈「山奸名單」

會員

同鄉會爲文化公益：興學校，辦圖書館，光明正大，名正言順，洹泥同鄉，一致擁護，不料竟有少數『山奸』，吃裏扒外，私通外人，替自己同鄉會搗蛋，這一批『山奸』的眞面目姓名，我們要請同鄉會公佈一下，讓大家來見識見識，瞻仰一番。

眞理

金曄

中國有句老話：「志不同，道不合，不相爲謀」。見別人的「志」和自己不同，走的道路又兩樣，那麼就分道揚鑣，大家不鬪。

但從沒有人肯在這裏化一點時間去想想；我和他走了不同的路，但總有一條是對的，眞理只有一個，他對，跟他跑，他不對，也應該叫他回來和自己一同走。

所以如其大家在做事，看見別人做着自己不贊成的事，就怒髮沖冠，不問情由的走自已的路，這樣的態度，年青人是不應該有的，應該挺身出來，大家一起探求一個眞理，爭一個是非，誰對就拉起手，一塊兒走！

不相爲謀並不是好辦法。

君子風度

心

有些「大人」雖然不時被「小人」辱罵，攻擊，但他們仍是一貫作風，貪汚作弊，隨你們怎樣地駡，祇當是耳邊風，因爲他們到底是「大人」，「大人」們都有君子風度，所謂：「宰相肚里好撑船」。

四季風

白

故鄉雖然充滿了西風的寒意，但家家戶戶，店堂茶館，都流行着四季風——東南西北風。其樂融融，可是當心有時樂極生悲來一次「中風」。最可憐的，有一般浸迷在風子中的同鄉，借了二角過洋去吹，想來一隻「發財」，結果家里老婆子女等着喝西北風。

轉風水

田

在敵僞時期，鎭長的「小官」，再肥也不過了，拆房子，買賣基地，其進帳之好，祇有他知道。勝利了，舊鎭長下任說：「兩袖淸風」。可是鄉間都金風起了：「出客人」近來田地魚池賣風甚熾，佃農漁夫胃口很大，所以鄉長哈哈地笑道：「風水轉了」！

天下爲公

心君

在什麼地方看到了有一句漂亮的話：就是大道之行也，天下爲公。眞的，這二句眞是妙語，無論國家團體都可以引伸着牠的，然而在引伸着的人，眞可以辦到這二句的本意嗎？說穿了，那一個人做一件事，可以辦到「公」而無一私」的地步，不論爲團體，爲個人，在對內謀，總是「公」，但；一旦對了外呢？自然地又變成私了，雖然，當局者沒有感到，但是「自私自利」就很自然地發生了，反過來講，你亦「自私自利」他亦「自私自利」吾亦「自私自利」大家爲了「私」就要競爭，那倒不一定是壞現象，其競爭的最後呢？還是「公」也就是「合」。旣然結局還是「歸公」，就希望這競爭的階段短一些，手段文明些，大家理智些，說起來究屬雙方都有充分的「私理」况且都是「仝鄉」呢？

平凡的故事

——歸途追記之五——

舟

差不多兩個月前了，報上刊出了一個消息：

「昆明新中國劇團一行數十人，分趁難民車復員，于一日離筑東駛，其中一輛不幸于十餘公里處慘遭覆車，藝人周沙龍等不幸身死，沙龍夫人受傷……誠爲劇藝界一大慘劇。」

我望着報紙，久久，久久，總不能離開這幾行字，雖然睛眼已經模糊，但還不信似地看着，「或許是另外一個人吧？」「或許是誤傳吧？」我這樣想着，然而一幕慘絕壓寰的悲劇，已經是註定的事實。我的朋友——一位忠於劇藝運動的信徒，竟做了異鄉的鬼。

其實，這也不過是一則平凡的故事，在西南區公路上，因翻車而做流浪鬼的，指不勝屈，只要司機一疏忽，也許我也是其中之一。

西南的公路，自然以滇緬路爲最險，照相上的廿四彎，已够怵目，眞是極盡了高峻險惡，迂迴曲折的能事，其次是滇黔一段，也够可觀，萬山叢中，蜿蜒着一條無盡的線，有時越峭壁；有時臨急流；有時在深谷中；有時在峯頂上；有時是急彎；有時是陡陂，坐車的人如果外望，定會心驚胆寒。

事實確是險的，不是嗎？在路旁數十丈下的山谷或河流中，你常能看到許多破而銹的車殼，無秩序的倒臥着，像一個戰敗的勇士，又像一個病死的流浪者，剩一副骷髏，在雨打日晒下，自然地，緩緩地消滅着。

聽說，覆車中最多的是軍用車，大概駕駛者是軍人，比較性急，在緬甸戰役敗退時，萬千華僑跟着軍隊沿滇緬路撤退，那時，車輛綿延數百里，在這千鈞一髮之際，如果有拋錨的車子，後面的就會不留情面地把它推下萬丈深淵，這是被動的覆車，數目很可觀，往往同一個地方會堆積着好幾輛。

在滇黔路上，我們雖沒有見過如此規模的翻車，但是，在那時的報上，差不多隔幾天總有翻車的消息，幾年積下的數字，自亦不小。

未到晴隆前，就是有名的廿四彎，向西是下坡，向東是上坡，司機在未到之前，一定要好好地準備一下，好像面臨一場大戰，所以儘管廿四彎是最險的一段，但是，無論上坡下坡，都少見翻車慘劇；反之，在平坦和寬闊的地方，倒常會發生，從這一個事實上，我們得到一個教訓，就是過失往往發生在你不注意的時候。

翻車原因，除了司機的技術，性情，和精神不佳外，政府也該負一些責，復員之初，爲了急于通車，每段路常責成各地方政府在一個偏促的時間中，完成修建的工作，於是軍民草率地把缺陷塡平，荒艸劃除，結果僅僅得了一個表面，事實上只要車子開過，依然是陷阱滿路，行不得也哥哥！

戰時的翻車，誠然不算希罕，但終認爲是一件悲慘的事，尤可悲的是有幾次覆車，因爲離村落不遠，驚動了許多居民，照理是應當搶救不暇，但是爲了利，他們只做到了「搶」的工作，「救」却不關了，這是比覆車更可悲哀的事。

在我們中國，路上常能看到兩個人在扭打着，四周圍了幾十個人，他們在欣賞着打的藝術；或者一個女人在路上跌了交，旁人就會當作一幕喜劇，觀着嘲笑着，如果有一個同情者扶助一下，就會遭到謾罵，好像剝奪了他們看戲的權利，這情形和上面的搶刼覆車者初無二致，不過是略微罪輕而已。

從上面的故事中，對于國民性的卑劣，我是感到一點難過的。

定閱諸君鑒：

一、由第一期起繳費三千元者，按定價八折扣至本期止，款已所餘無幾，如欲續定，請來本刊通訊處繳費，或電話接洽。

二、自本期起要預定的，每次先繳費五千元。

三、本刊收款另有收據爲憑，請注意。

四、凡讀者有親友未定閱本刊者，請多多介紹。

靜霞和影萍

湯經緯

靜霞脫離母體才九個月，她已配偶到一個未來的丈夫——菊生。

當她投在母親的懷抱裏吮乳感到滿足的時候，慣當放棄了乳頭，朝準了她母親的面龐，甜蜜的嬉笑着，在她家裏閒玩的隣友，有意由解着誚笑她：「小東西，配了如意郎就如此的快樂，賤骨頭。」事實上她祇知果腹之外，什麼都不懂。但是，歲月的增進逐漸啓發了她的智慧，使她認識了人生的眞諦，領會了愛情自由的可貴。因此，在十九年前父母把她攀親給菊生的婚姻，時刻激動她的心弦，在抑鬱之下，暗地總是吐露着怨恨的語氣，發洩在她認爲最知已的影萍面前。

在某天風雨交擊的晚上，潛伏在她心胸的煩惱，使她不能安寧地躺在牀上，披上了雨衣，帶了編結已半的絨線，循着彎曲的汚泥小道，輕輕敲開了影萍的家門，同影萍直角相坐不滿二分鐘，她懇切地，羞澀地說：

「萍姊！我決不能承認菊生是我的未婚夫，因爲她和我的理想太遠，同他沒有情感，我所理想中的丈夫，決不是好賭，酗酒不事生產而沉醉於聲色中的人，可是他善於拍馬奉承，深得我父母的歡心，我屢次向父母揭露他的放浪行爲，無奈父母祇有懷疑，沒有信任我的表示。我怕，怕到某一時期，跌入無救的深淵，現在我預備着，如若眞有這一天的來臨，我唯一的態度，是結束我自已的生命。」靜霞傾吐了胸中的煩悶，接着冗長地嘆了一口氣，感覺身心無限的輕鬆，低頭開始編結她手中的絨線。

被生活鞭笞了的影萍，爲了肩負撫養兩個孩子的責任，不顧自已身體的瘦弱，整日繼夜的縫紉；靜霞的一番心事刺入了她的內心，禁不住淌下了兩顆辛酸的淚珠，哽咽符合了廊沿流下雨水的節奏，靜霞停止了手中的編結，很驚訝地凝視傾聽着她不可遏止的悲哀：

「油嘴善笑的王婆，至死解不了我心中的宿恨，她爲了個人的利慾，花言巧語昏迷了我的父母，騙我嫁給那癆病鬼，同他做了三年的夫妻，我得到的是什麼，還不是跟他洗濯了三年的痰盂，他忍心在前年揀了風雨猛烈的一夜，因肺癆的折磨，使他感到生的乏味，隱瞞了我自縊在門口的一棵皂夾樹上，可是我爲了兩個孩子的生存，不能同他走上同一的路呀」！

影萍簡直好像瘋的一般，搥着自已的胸膛，嚎啕大哭起來，靜霞急得手足無措，也慟哭起來，整個室內的空氣被哭聲震動得混濁，一盞煤油燈已失卻了它的光芒，因爲她們的眼眶充溢了淚水，呈現在面前的祇是一片黝黑。

勉强鎭靜的靜霞，表露着懊喪的神情，用懇求的口吻：「萍姊！請妳寬恕我吧！我不應該掀動妳的心底，害妳重復撫摸已往的創傷而感到深切的悲痛」。

影萍抹乾了淚水，繼續發出沙啞的音調：

「靜妹！妳的隱衷，就是未婚之前我的隱衷，當時我同樣有和妳一樣激發反抗情緒，我恨自已太懦弱，沒有勇氣擺脫情感的鎖鍊，鑄成了我今日的命運。

妳年青，不應該滋生消極的思念，自殺就是很迷信的人把一切不能解決的事情諉諸命運一樣的無聊，一樣的沒出息，妳決不能做沒出息的低能兒，眼前命運還沒證實的註定妳，萬一舊禮教的魔掌日益迫近到妳無可挽回的最後關頭，妳儘可不顧一切多餘的情感，向外出走，憑妳的學識，才幹，祇要理智認淸，應付妳新的環境，定能創造成功妳的理想樂園；妳如若借自殺來逃避現實，這不啻是撕毀了自已的錦繡前途？」

靜霞週身的血液被影萍激動得已臻沸騰，彷佛已經置身在自由，合理的新天地中，披荊斬棘的開闢着理想的幸福之門。

遠足碧雲洞記

青

同學們嚷着秋季遠足，早是半月多以前的事了。這張沒有兌現的支票，總不好意思再强調未到期等類托詞而把它退回。恰巧是一個涼爽的秋日，秋陽高照。午飯前通知了級長，立刻，他們和她們的臉上，充滿着快意的笑容：有的竟手足舞蹈的騷動起來；教員休息室內，也平添了不少不耐的探問。

地點決定碧雲洞後，十月廿六日下午一時半，我們率領了四十三名中高級同學，由校出發，却把低級的大部份同學散了學。然而偏有兩個又矮小又瘦弱的孩子堅要參加，勸阻以後，竟哭了起來。孩子們的心情永遠是那麽純潔天眞！

隊伍，出湖沙，才上石皮嶺的時候，聽得後面哭喊的聲音，回頭一望，正是這兩個被阻的孩子，連哭帶跑的追上來了。雖然誰都懷疑：他們是否眞個跑得動？却不忍再度拒絕；於是，我們的隊伍，半途中添上了二個同伴。

近二旬日子沒下過雨，石皮嶺上的石級，分外地光滑難行，道旁的野草，也早被驕陽熏得祇賸一些枯梗，光禿滑溜。蠕蠕而進，達到嶺上，才鬆了一口氣；幾個穿單衣的同學，也累得汗吁連連了。

下嶺以後，繞過宅前，北望，幾個疏疏落落的村子，村子上幾所古老的房屋，老是那麽低着頭默默無聲，像在迴念着過去的無限往事似的！間或有幾個停立在門口的婦人，注視着我們的隊伍竊竊私語。四週顯得很甯靜，祇有我們達達的步伐聲和風捲殘葉的簌簌聲，像是交織着這靜逸村子的讚美詩！

田畝中很少見農夫在割稻，幾處已割過的地方，已經茁長了所謂「貳稻」這一類東西，而幾塊空田上，僅有一簇簇的稻草，疏散地欹斜在田裏，掩飾着它內心的空虛！

轉過北望，穿過一個竹園子，便是那碧雲洞所在的那座山頭了。隊伍的步伐，立刻分外地輕鬆起來，我們從山後翻至山頂，遠眺茫茫的太湖；俯瞰碧雲洞屋後一角，在眼前，心胸間頓時湧起了一種歡欣。到了碧雲洞，向同學們告誡了一番，然後點名解散。

碧雲洞並不大，僅可容納近十個人。洞裏的岩石倒還嶙峋，終年淋漓地滴着山水。但。只可惜的是：大好的天然洞穴，洞口却無辜的被人搭出二小間屋子，以致失掉它的眞面目未免太煞風景吧！難道洞裏供奉的一尊觀音，會嫌寂寞而一定要硬拉財神等神佛來，一起受人們的香煙麽？

三時左右，風聲愈急，太陽也似乎懾於風威，躱藏到雲後去。西山諸峯，隱約可辨；太湖中波濤澎湃，其勢洶洶然，湖面上三四孤雁，平水翱翔，與翻起的白浪互相起伏，却不見漁船蹤影；蘆葦隨波搖曳，嫋嫋娚娚；碧雲巖邊，怒濤激撞在岩石上，飛沫四濺，直爲萬馬奔騰，不可遏抑！孩子們不禁有些懼色。

記得上次來遊的時候，晴日當空，風平浪靜。我曾坐在伸入湖中的岩石上，脫去了鞋襪，把雙足浸在水裏，用足趾蹴埋在湖底被巨浪冲磨過的石子；閑眺着飄渺莫釐，心曠神怡；又曾像維掘寶藏似的檢拾過灘上晶瑩的石子；另一個同伴赤着脚，彎着腰，立在湖邊摸絲螺。這時，聽不到怒濤，更聽不到喧鬧，我們確曾沉醉在這靜寂幽美的意境中，滌濾了胸中鬱積的煩悶！

我更想像：假如今天湖水沒有這樣汪大，依舊讓潔淨的石灘，呈現在我面前，風浪仍然肆暴，却也能把灘邊的小石子激動起來，看一看前人所說的：「小石穿灘」，該是一種何等暢快的心情呵！

穿着單衣的孩子，耐不住勁風的侵襲，相繼躱到洞裏去。幸虧我們預先帶來了鉛吊茶杯，就在洞內土灶上煮起野茶來，同學們三三兩兩的忙着拾柴枝，忙着司火，還有幾個小同學，湊熱鬧地把靑葱的野草也送了來。

熱茶飲畢，整隊歸校，各人拖着沉重的步調，但內心却誰都懷着一種活潑鬆弛的心情。那兩個被阻而哭的孩子，畢竟也沒有塌台，反是我們失察了。當隊伍步入本村時，已日暮沉沉，炊煙四起了。

卅五年十月廿八晨作于余仁

枇杷

·黎遠·

天氣漸漸地熱了，枇杷也漸漸地熱了。望着裝在筐內纍纍的澄黃色的枇杷，趙阿大從心底裏笑了。

澄黃色的枇杷，閃着耀眼的光，像金子似的。趙阿大的老婆對趙阿大說：

「枇杷賣了，有多少好賺呀？別忘了給我打副金鐲子來哎，粗一點哎」。

「嘻！嘻！」趙阿大傻笑着。

四歲的孩子在床上哭了，趙阿大的老婆趕緊走過去。彎着腰，抱了起來。一只手抱了起來，一只手拍呀拍的，嘴裏唱着：

「寶寶，嗯嗯，寶寶爸爸到上海呀，買東西回來給寶寶玩呀，嗯……」

趙阿大看看孩子看看老婆：又看看黃澄澄的滿筐的枇杷，裂開了嘴吧。

「這回一定得到書錦里去買盒鷄蛋撲粉來給阿順的娘，還再買雙襪子吧。這些枇杷，一到上海，怕不立刻就……上海人有的是錢」！

「阿順爹，今年水果捐爲啥這樣大呀？聽說是津貼教書先生的，盒尼孩子又不在學堂讀書」？

「讀書的都是少爺呀，盒尼全靠少爺幫忙呢？這次枇杷帶去，就靠少爺幫忙呢，明朝清早就要開船走的」。

「阿順爹你看枇杷一定賣得脫嗎？向吳太爺借的錢不好錯日子的呢」！

「一定一定，我還向吳太爺多講了幾天，一定不到日子就還他」！趙阿大喜氣洋洋的說。

天曚曚亮的時候，趙阿大和他的黃澄澄的金子似的枇杷就登在船裏了。枇杷船掛在小火輪後面，小火輪不知道還候着什麼人，只是不開，趙阿大的心裏發着焦，好像再過一個鐘頭不開，這些黃澄澄的枇杷，都得爛光了似的。趙阿大在船艙裏靠筐坐着，一顆心蹦蹦地跳個不停，什麼也沒有心思。

過了大半天，在趙阿大看來，太陽已經掛得很高了，前面小火輪的烟囪裏，忽然冒着濃洌的烟，噴出了「嘟嘟」二聲，枇杷船被小火輪拖動了，船身兩邊翻捲了二條浪花，趙阿大這才吐一口氣像放下一條心似的。小火輪飛快的走，阿大的心比小火輪還走得快些早飛到上海了。

上海眞是一個繁華的世界，黃浦江裏，一艘艘儘是些灰白色的兵艦，把黃浦江塡滿了，弄得黃浦江成了非常狹小的內河，馬路上儘是人儘是車一個推着一個，一輛接着一輛，初看上去，像都膠着在那兒似的，細看一下才知道他們是在擠着，慢慢地移動着，馬路邊擺着一只只玻璃櫃，每一只玻璃櫃的四周圍滿了人羣，打火機，橡皮糖，維他命，如意袋，玻璃什麼的。店鋪子成了死人展覽他們的服裝處所了，櫥窗裏有的是壽衣，壽鞋，外套，脚架……有多少酒吧開設了出來，不時有着悠揚的音樂從裏面飄揚出來。

趙阿大拎了幾簍枇杷，在馬路上急急地走着，對着這些景緻，看得有些眼花撩亂起來，放下了枇杷，在牆角旁歇了歇，提起衣袖，拭去了額上滲出來的汗珠，歎了一口氣滿意地想：「有這許多人呀，我的枇杷是不怕沒人要的，只要有人買這麼……」站了一會，又走起路來，一面走，一面想：「待賣脫了枇杷，也到那玻璃櫃檯上張張去，揀新奇的，便宜的買一二樣去，也給阿順的娘開開眼界」！

在一家石庫門首，趙阿大停了下來：「不知李大少爺出去了沒有」？想着就伸出手去推門。

李大少爺沒有出去，和着他的少奶奶老太太在客堂裏吃花旗橘子。

李大少爺拿起了一爿切開的花旗橘，熟練地望嘴裏一送，接着就拉一塊皮下來，向紅木櫈子上一丟，拿起手巾揩了揩嘴唇說：「今年花旗橘眞便宜，東西還來得好，嘸沒和平以前，那裏吃得到，只有國際飯店裏，要八九十萬的菜上才有一盆花旗橘子呢」！

「靠勝利福，美國人到底比東洋人好」！老太太說着，一抬頭，看見趙阿大走進來，連忙說：「阿大，你幾時來的呀？快來，快來吃一只花旗橘子，你們在鄉下難得吃的」。一面拿一只橘子遞過去。

趙阿大連忙放下了手裏的幾簍枇杷，伸出兩只手去接了過來：「謝謝太太，謝謝太太」！

「阿大，你吃吧，橘子價錢蠻便宜的，過天你回去，給你帶點去帶點給你小囡吃吃」。

「謝謝太太！謝謝太太」！阿大一面吃，一面說：「太太，這兩簍枇杷是我帶給太太和少爺吃的，肉頭蠻厚的，漿水也蠻足呢！我又要來麻煩少爺，託少爺給我銷脫點」。

「阿大，這趟你帶多少枇杷來呀？你女人好呀」？老太太溫和地問着。

「都好，都好，謝謝太太托太太的福」！阿大連忙接着說：「這趟我多帶了一點，比往年多一半，嘻嘻，我想伐打好了，吃枇杷的人一定比往年多，這回少爺要多幫幫我阿大的忙，好讓我還脫點債，買二斗穀」。

「阿大，自家人，好幫忙總盡力幫忙的」。老太太說。

李家少爺穿好了長衫，把草帽捏在手裏，正想往頭上戴，忽然想到了什麼似的，立停了，回轉身來問：

「阿大，你的枇杷賣多少錢一簍」。

「便宜的，便宜的，少爺」！阿大急急地湊了上去說：「五千塊一簍，五千塊」！

「五千塊呀」！少爺似乎呆了一呆。

「五千塊一簍，少爺，便宜呢！人家要賣七千八千，我因爲樣樣自家來，所以……」

少爺把頭重重地搖了一搖，緩慢地吐着話：

「貴是——不貴，不過，五千塊錢花旗橘，有二簍好裝了呀」，說着少爺把眼光向客堂裏刷的掃了一下，似乎徵求着意見：「是不是？人家吃枇杷，還是吃花旗橘呢？——價廉物美」！

趙阿大聽得呆了。嘴吧裂得大大的。花旗橘比枇杷便宜。花旗橘也是種出來，不是變戲法變出來的呀？而且要從花旗運來呀？難道花旗比我們東山近？想了半天，總也想不明白，覺得這總不會有的事，趙阿大探聽地問道：「少爺，你講笑話了」？

「眞的花旗橘便宜呀！不信到馬路上去買買看」！

趙阿大這才想起來的時候，的確一攤攤都在買着花旗橘子。這件事想來是確實的了，心裏頓時焦急萬分，心裏一亂話就更加講不出來了：

「少爺，這，這，如果賣不出去，怎麼辦呢？我還向吳大爺借着錢哪，我……」

「我總給你去兜兜看，你別處也去想想法看，今天就在這裏吃中飯吧，我還有事去」。說着，把手中捏着的帽子，望頭上一鼠，出去了。

望着少爺的背影，趙阿大的心裏忐忑不安，在平日，藍邊碗滿滿三大碗，還覺得不够飽，今天吃了淺淺的一碗，肚子裏似乎就飽了起來，再也嚥不下去了。

「太太，我就擱在蕭泰客棧廿三號房間，明後天我會再來的」。趙阿大向李太太告辭着。

「好的，好的，大少奶，你寫寫下來，阿是蕭泰客棧廿三號房間，少爺如給你兜掉多少，我會差人來關照你的。」

「謝謝太太，謝謝……」

趙阿大走了出來，懶洋洋的，再也沒有像來時的一股勁兒了，心裏面只記掛着枇杷的事，那熒熒的黃澄澄的枇杷，比起花旗橘子來，實在渺小得多了，花旗橘又大又黃，閃閃發着亮光，似乎敲上去，噹噹會發出聲來似的，看看馬路邊的橘子攤，趙阿大愈覺得枇杷的顏色太潦白了，太沒生氣了。

驟然，一張生滿了橫肉，眯着雙眼的臉，放在面前了，這是吳太爺，吳太爺似乎也知道枇杷在花旗橘前落伍了，向着趙阿大伸過手來。

這時旁邊一個路人，突然扯着趙阿大衣服，狠命一拖，趙阿大吃了一驚，人也醒了過來，只聽得扯着他的人指着前面高聲的道：「你不要命嗎？看看這部吉普車，美國兵開車是不管死活的呀」！趙阿大順眼看去，從他身旁擦過的吉普卡，已經駛得老遠的了，還隱隱聽得開車的美國兵的笑聲。

昏朧朧的過了二天，趙阿大的枇杷，沒賣去多少，熒熒的金黃色，似乎在漸漸地變顏色了，趙阿大恐怖起來，水果就怕爛呀！立刻急促地去見李家大少爺商量。

李家大少爺的回答是：「兜是很難兜脫，這樣吧，我給你買十簍吧，其餘呢？我看與其爛光，還是便宜點賣給水果店。一起去。只好蝕點本吧」。

李阿大沒法，含着眼淚，硬着心腸，把黃澄澄的枇杷，賣給水果店裏，拿着錢戀戀不捨的看了好一會，最後，歎了口氣走了。

坐在小火輪裏，趙阿大無神地望着回家的路途。

金鐲子，鷄蛋撲粉襪子……像沉澱在水底的棄物一般，一剎那都翻了上來，在眼前滾動着。

趙阿大垂頭喪氣的到了家。手裏拎着二簍李家太太送的花旗橘子。

趙阿大的老婆迎了出來，一看見丈夫的臉色，不敢大聲說，默低着喉嚨問：

「怎麼啦」？

「喏」！趙阿大將二簍花旗橘子提得高的。接着就望抬子上一擲：「碰」！頭一回就到房裏去了。

老婆去解開了簍子一看，輕輕地說：

「是花旗橘子呀！比枇杷……」

讀者園地

不守時刻，待人傲慢，診病草率，收費浩大 對於保安醫院 鄉人不能滿意

鄉人對於新醫學，信疑參半，往往有不能信任者，一半固由于教育不普及，知識淺薄所致，惟亦有其他之原因也。

其一

竊鄙鄉保安醫院，爲東前山僅有之醫院，創立遠於事變之前，向係公辦，今屬同鄉會管理，以服務桑梓，便利病人，發揚新醫爲宗旨。院長張克勁，任職有年，聲譽尚佳。惟鄙人此次因事返鄉，適逢小女患病甚劇，因小孩生病較爲難治，既不會說話，又不肯服藥，無可奈何，求於保安醫院。是日清晨，匆促赴院，時正九時，理該掛號，詎知職員剛才起身，只得鵠候門首，時病人有三四位候治甚急，然也不便催促，及至用早膳時，一片男女職員調笑之聲，正和病人吟呻之聲相對照。鐘鳴十下，方始掛號，而醫室尚未收拾清潔，經略等候，然後由一西服革履之青年接見，此君或爲助手，頗善修飾，鄙人詢以張先生是否外出，二聲未答，請問尊姓，亦未見答，而態度傲慢，診人之病，更馬虎不堪，僅有其表而無其裏，草率了事，令人對該院有所遺憾！

保安醫院爲桑梓而服務，豈可隨便不守時刻，待人傲慢，診病草率，此事尚小，貽誤病人則大，深望有關方面善爲改進，則我鄉幸甚矣。

·錫淳·

其二

編輯先生：鄙人於九月十三號返鄉，適值東山疫氣猖獗，令人有談疫色變。最初流行者爲關市殿前大街，得此疫最烈者爲撑船的錢阿二之妻，所幸滬地同鄉會在東山設立保安醫院，院長爲張君。鄉人得此疫病，所好均知危險，立刻送院醫治，得醫師悉心打鹽水針醫治，日以繼夜，不憚勞苦，染此疫病均爲張院長治愈出院，鄉人莫不感其德。但出院後，該院之醫藥費清單送至病家，一看之下，心爲之一駭，因該單註明鹽水針每磅五千元，手術費每磅五千元，惹大醫費使病家如何有力負担，如錢阿二之妻即注射四十八磅之多，最輕者也要十餘磅之間，又有萬餘米號棧司之妻，也染此症，送院三四天後，此棧司不知其妻病得如何，詢問張醫師可危險否，張醫師很爽快的答云：「不知道」。鄉人以爲張院長不應如此，故與論方面對渠甚是不滿，要知此保安醫院係同鄉會爲同鄉謀幸福，減少病家負担起見而設立，不能和私自經營之醫院同日而語，又聞該院之鹽水針係滬地同鄉會向同鄉捐來，由滬地同鄉會免費撥付該院，鄙人素知貴刊爲東山唯一喉舌，希即賜刊此致

撰安

英九月廿五日

來函照登

謹啓者頃閱十一月份第五期

貴刊內載蘇州東山碼頭爲已故李蓉江之家屬強佔，且聞床帳被褥生財已銷耗殆盡一則不勝駭異查與事實殊屬非是爲此具函將詳情譯列於後

（一）蘇州東山碼頭之房屋糾紛因爲先嚴李蓉江主管該碼頭三十餘年在職時素以忠誠服務自問兢兢潔身不料於卅二年有匿名金厚生者向三善堂誣告稱先父將窑餘細位留售黑市一節該申堂主管人不加調查其實妄憑片紙即派該堂司事金振聲來蘇接充先父因蒙受不白未便即辦移交即函向三善堂交涉，請迅指人證質對以白眞相後經該堂解釋前非繼稱爲四合弟婿後之新房越住有礙會章仍處停職先父因鑒與名譽無關不與斤斤辦理移交惟卅三年春同鄉會之月刊內仍有列入先父之不規等情即函同鄉會及三善堂分投交涉久懸不復致氣憤成疾竟成不治抱恨長逝鄙人繼向嚴重交涉後經萬仲堅葉蔭萍二君來命調解云由彼咨同鄉會即載月刊更正之仍未履行迄無音訊致懸案未決不勝悵悵查該碼頭之房屋定章民初由各董決議第一進出租第二三兩進爲便利同鄉寄宿均有案可稽舍下於民三年以租賃法遷入迄已三十餘年絕非強佔住居

（二）至於山碼頭之床帳被褥及生財先嚴辦移交時詳單點交由金振聲接管對於添變及銷耗等情鄙人無權顧問上述各節攸關鄙人名譽素仰貴刊熱忱並請主持公正即希予下刊更正以昭曲直而明事實相應函達謹希查照爲荷此致

莫釐風出版社

貴主筆鈞照

鄙人李伯翔謹啓

卅五年十一月十九日

嘴上宣傳有利同鄉
實際不利同鄉

我吃了一次匯款的苦頭

編輯先生：

由於貴刊的敢於說話，主持正義，東山人民深爲慶幸，地方上的一般專以吸取民脂民膏的「壞蛋」，見了貴刊多少有點忌憚，不敢爲非作踐惡了，眞所謂「日出鬼進門」，輿論眞是一面鏡子啊！我有一件事想商懇先生借一借這面鏡子——貴刊，來照一照以便利同鄉匯款名義來欺騙我們的商店的眞面目給東山人士看看。

目前旅滬同鄉最感麻煩的就是申山匯款，在上海經商的每月總得要匯些家用到家裏，因此有些投機商人就以爲好機會來了，以便利同鄉爲口號招攬生意，我就是上當的一個。

上個月我托慶成錢莊匯筆款子到東山，那知隔了十天山中還沒有收到，我就到慶成去質問，慶成說早已代匯到蘇州永裕號，並取出蘇州覆函來給我看，的確不錯，慶成是我們同鄉人辦了很多年。信用是很好的，後來我叫他們再去函杳杳，回音也很快的來了，說永裕號早已匯到東山鼎豐，我想這筆款子一定被鼎豐擱起來做生意去了，不出利息的借款，便宜落得塊。我對於匯款是很有經驗的，因爲我遇到這種情形已不止一次了，我想寫信叫家裏到鼎豐去取是徒然的，他們會巧妙地回答你通知單還沒有到。家中已在急等錢用，所以我又托人再帶了一筆去，這筆匯款看他們何日送去，不料接到家裏來信：自匯款日起到收到日止一共二十天。

這些商店在過去就以匯款來囤貨物，價錢一漲，他們是肥了，可是匯款人卻大大地吃了虧。要是人家在等匯款來買米買柴的，那末給這麼一擱，豈不是要坐以待斃了嗎？所以我希望這些老闆和經理放點良心出來，旣取了人家的匯水，這些意外之財不要去貪它。我還希望同鄉會能把匯款服務恢復起來，這樣可避免市儈的詐術，而使同鄉得到眞正的便利。

編輯先生，希望你把這封信公佈出來，使同鄉不會再去上當。敬頌

撰安

讀者朱九如謹上

通訊處河南路四〇一號

期望于正風社的幾點

·思庚·

正風社的章程，筆者沒有看過；不過顧名思義是絕對贊助和同意的，尤其在區長朱孚棠望吏治腐敗的故鄉，能有這樣個人民團體，爲故鄉服務，造福同鄉，其功德之大，當勝於惠然軒的「九皇大會」！

在筆者片面的思慮中，覺得有幾點小小的意見：

一、堅强幹部　幹部的堅强，在一個集團組織中是必需的，每個工作人員不能有一些私見存在，在統一的戰線下嚴守崗位，對敵是不怕艱險的「鬥」，對友是不顧一切的「愛」。

二、爭取羣衆　每個組織都建築在羣衆的基礎上，羣衆的力量是龐大的，羣衆的思想是純潔的。要爭得羣衆爲後盾，爲磐石，必須以實際的工作博取羣衆的信心。

三、主持正義　正義只有一條，我們不能放鬆，非但我們要緊握，並且對于故鄉的「邪風」要革除它，對于放毒縱賭，欺弱扶强的「兇手「敲打倒它。

四、認淸時代—時代的潮流，已進趨到「民主」的大漩渦中，生爲這時代的人物，亦應緊隨着洪流前進。國民革命到今日，已進入實施憲政的時期，封建專制的遺毒，不能再存在，階級觀念，也應破除，沒有「出客人」「莊稼人」，「紳董」「平民」，祇有故鄉同鄉，祖國國民。

前山寄到後山的信，比外埠的還要慢！

——請郵政局注意及之——

前山郵遞至後山之信件，往往較寄至外埠爲遲，甚至有就擱四五天以上，且該局職員肝火頗旺，鄉人有事相詢，輒遭白眼，据後山人云，除掛號快信之郵件由郵差直接送達外，普通信件，常常託人轉帶，以致遲慢云

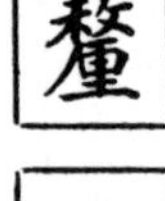

莫釐遊誌（五）

許明煦

王祖畬悟道泉詩云：

名泉眞乳穴，滴滴滲雲腴，白石支丹鼎，
青山調水符，靈仙凌玉法，人世獨醒徒，
長嘯千林竹，淸風來五湖。

張本詩云：

沫井渫浮青玉巘，山風香拂紫霞紋，
客來試汲蓮花水，倘自開關掃白雲。

悟道泉爲東山五大名泉之一，昔有董文敏公其昌題石，自古爲人重視，今則處身夢艸間，鮮有問訊，古泉有知，當抱伯樂之悲。寺側唐武衞將軍祠，卽前之席建侯祠，明崇禎初，三十世孫端樊端攀重建，以將軍祔，光緒十二年重建，乃稱今名。距寺里許而至飲月亭，亭爲六角，故俗稱六角亭，盡其五而置其西。壁有橫碣二：上爲淸宣宗御筆印心石屋四字，兩江總督陶澍道光乙未冬日恭摹上石。此刻凡六：除飲月亭外，一揚州平山堂；一鎭江焦山；一蘇州滄浪亭；一光福銅觀音寺；一洞庭西山龍渚石佛寺。下爲茜跑重修六角亭記，於亭之興廢，言之綦詳，其文曰：

「古雪居創自席氏，席氏爲吾山望族其先太僕公富而好禮，朝野敬之，是居係公之孫樹屛席公讀書處也，其中樹木屋石，位置天然，錯落有致，一泉涓涓曰紫泉，味甘且冽，掬飮沁心脾，泉外巍然一閣，庋以額曰薇香，薇香閣之外，有亭翼如，數其角數六，人故呼之爲六角亭。然觀太湖備考所載飮月亭條下，註明在東山翠峯塢，席戶部永勛築。謹按永勛卽樹屛席公之名，則是亭當以飮月呼之，是居旣有諸勝，故遠近之名公鉅卿，暨騷人雅士探勝而至者，輒以作製相唱和，高積幾人身，而陶文毅公澍，彭剛直公玉麐兩公之詩之聯，尤膾炙人口，蓋文字以人而重也，顧年久失修，予生也晚，洎余屐齒所至，覺嶙然者日就索然，翼如者已難自如，以耳之所熟，證之於目，胥不獲聰合，惟聞山禽之飛鳴上下，與夫霸風之撼木吼石，若怒若號，若歎若訴，而紫泉之流之聲，復嗚咽激聒，一若與木石風禽相吁嗟而太息，此何爲者耶？殆有今昔之感歟。宣統紀元有樹屛席公之裔孫裕麒，號玉書者，見之欷歔若不勝感，亟出鉅資獨任修葺，爲余言及，余曰：是是居之幸也，亦游人之福也，子將統是居而新之乎？抑擇所好而修之乎？至書曰：「是居之一艸一木；一瓦一椽；一泉一石，凡載於斯土者，皆祖宗之遺澤也，余何敢擇而修之。曰若者吾所好，若者非我所好乎？雖然，今余之急欲與修者，却注意於俗所謂之六角亭耳！」余曰：「是必有說，請言其故？」至書曰：「其中諸勝，雖皆得名公鉅卿暨騷人雅士之文章潤色，於是以傳，然得邀聖眷垂誌不朽者，是亭之所遇獨優，子不見亭中恭鐫印心石屋四字，係宣宗成皇帝宸筆所賜書者乎？」余如憬然悟。又觀太湖備考續編雜記中載有「翠峯塢山腰有六角亭，道光十年，江督陶文毅公澍以勘河至東山，登翠峯，憩斯亭，賞其幽勝，奉宣宗御書所賜印心石屋四字，鐫橫碣嵌置亭壁」之文，益不禁瞿然起敬曰：「吾失之矣，吾知之矣，是舉有極重之關繫兩大端在焉：蓋尊王也；崇祖也。修所當修，急所當急。昔曾子述孔氏之言曰：「知所先後，則近道矣。」玉書其庶幾近乎！」不然，吾山之勝，不獨古雪居，古雪居之勝，不獨是亭，而必先修是亭者，凡以爲尊崇王祖起見也，夫豈可與尋常修復古跡同日語哉！又豈可儕謂玉書游歷東瀛，東瀛頗重古跡，故歸而萌此修復之念也哉。余敬玉書之尊崇得宜，而尤望其由近及遠，日擴夫親親仁愛之量，與太僕公之好行其德，後先輝暎焉，故秉筆而樂爲之記。」

亭背山而湖，風景淸幽。淸張鵬翀詩云：

古砌盤幽曲，孤亭路渺茫，
傍空無四壁，乘月飮湖光。

民國玉守梧登六角亭詩云：

竹路幽深甚，山行曲折迷，
方疑到岫北，却在嶺雲西，
六面感堪憩，林巒一望齊，
山鵑歸去意，故作送春啼。

亭左有泉聲出自石間，卽所謂紫泉是也。壁題紫泉兩字，泉水淸徹；味甘質厚，冬夏涓涓，不盈不涸，欲品野茗，其飮料均取汲於此，誠如江上淸風，山間明月，有取之不竭，用之不盡之妙。朱潤生詩云：

六角亭中容小坐，印心石屋憶當年，
踏青山半行人渴，野水烹茶試紫泉。

東聯社社歌

孫慎作曲
葉放作詞

F　2/4　快板

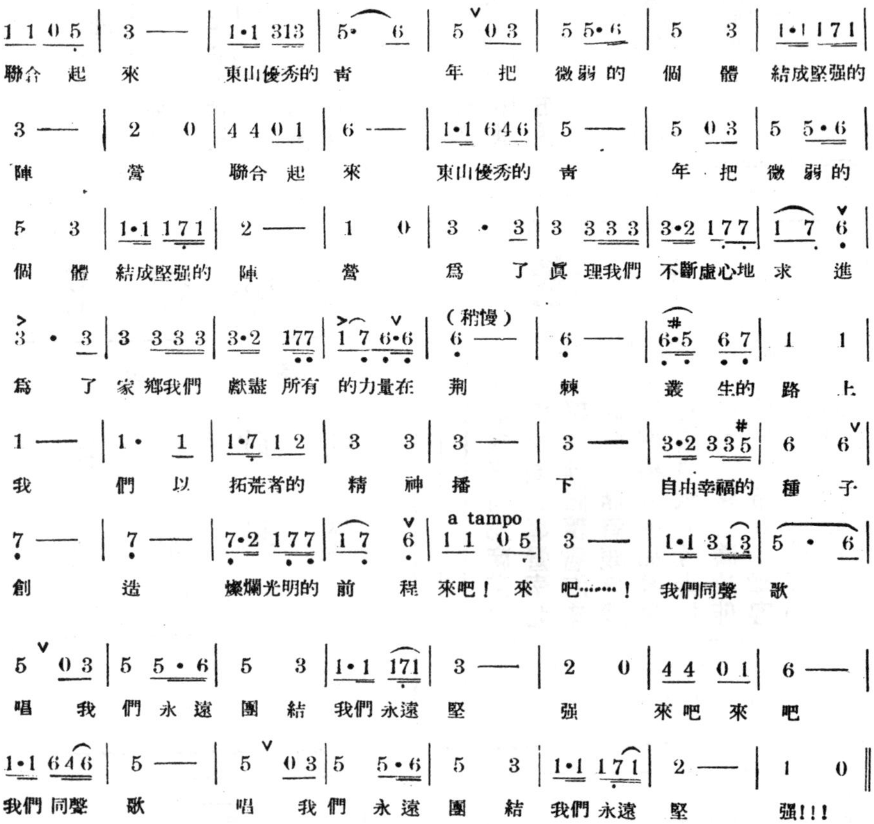

1 1 0 5 | 3 — | 1·1 313 | 5· 6 | 5 0 3 | 5 5·6 | 5 3 | 1·1 171 |
聯合 起 來 東山優秀的 青 年 把 微弱的 個 體 結成堅強的

3 — | 2 0 | 4 4 0 1 | 6 — | 1·1 646 | 5 — | 5 0 3 | 5 5·6 |
陣 營 聯合 起 來 東山優秀的 青 年 把 微 弱 的

5 3 | 1·1 171 | 2 — | 1 0 | 3 · 3 | 3 333 | 3·2 177 | 1 7 6 |
個 體 結成堅強的 陣 營 為 了 真 理我們 不斷虛心地 求 進

3 · 3 | 3 333 | 3·2 177 | 1 7 6·6 | （稍慢）6 — | 6 — | #6·5 6 7 | 1 1 |
為 了 家 鄉我們 獻盡 所有 的力量在 荆 棘 叢 生的 路 上

1 — | 1· 1 | 1·7 1 2 | 3 3 | 3 — | 3 — | 3·2 33#5 | 6 6 |
我 們 以 拓荒者的 精 神 播 下 自由幸福的 種 子

7 — | 7 — | 7·2 177 | 1 7 6 | a tampo 1 1 0 5 | 3 — | 1·1 313 | 5 · 6 |
創 造 燦爛光明的 前 程 來吧！ 來 吧……！ 我們同聲 歌

5 0 3 | 5 5·6 | 5 3 | 1·1 171 | 3 — | 2 0 | 4 4 0 1 | 6 — |
唱 我 們 永 遠 團 結 我們 永遠 堅 強 來 吧 來 吧

1·1 646 | 5 — | 5 0 3 | 5 5·6 | 5 3 | 1·1 171 | 2 — | 1 0 ‖
我們 同聲 歌 唱 我 們 永 遠 團 結 我們 永遠 堅 強！！！

東洞庭山各校同學聯誼社編印

歌　詞　二　　（玄丁作詞）

聯合起來，東山優秀的青年，把微弱的團體，結成堅強的陣營，

聯合起來，東山優秀的青年，把微弱的團體，結成堅強的陣營，（重一遍）

為了正義我們發出擁護的呼聲，為了進步，我們反抗頑固的精靈，在坎坷不平的世間，我們以殉道者的精神，遵循光明正直的大道，達到和平快樂的人生，

來吧，來吧，我們同聲歌唱，我們永遠團結，我們永遠堅强

來吧，來吧，我們同聲歌唱，我們永遠團結，我們永遠堅强

莫釐風月刊

逢每月一日出版

預定先繳五千元每期按八折扣除
本期零售每冊八百元

編輯及出版者
東洞庭山各校同學聯誼社
莫釐風出版委員會

上海通訊處 北京西路一〇八號 洞庭東山旅滬同鄉會 電話 九三四一九 九六五九七

蘇州經售處 閶門內中東市 蘇州教育用品社

東山總經銷處 殿涇港朱家弄瞿友農

東山總售處 殿前嚴大德堂國藥號

廣告刊例

（長期酌減）

地位/每期	封面封裏底頁	普通
全頁	十二萬元	十萬元
半頁	六萬元	五萬元
四分之一	三萬元	三萬元
八分之一	一萬元	一萬元

莫釐風

第七期

安世作

東聯社出版

恭祝
新年快樂　並頌
進步

東洞庭山各校同學聯誼社
莫釐風月刊出版委會員　謹賀

東聯社啓事

啓者本社爲各校同學聯合組織之純粹文化團體其所發行之莫釐風卽以發揚文化服務桑梓爲責志凡社中一切職務均由各校同學分別負責近忽發現少數人士有假借本社名義非法斂收錢物等事實深遺憾茲爲避免外界誤會用特鄭重聲明凡有前本社對外事務如刊物之預訂等均須由爲本社及負責人員簽章後始具效力諸希　公鑒

東聯社文化組會員組啓事

啓者本社成立以還對社員聯絡尙鮮成績良以社員間尙少消息之溝通爰經第三次執監聯席會議議決由本組發行「東聯」不定期刊一種專以傳播社員音訊報告本社社務爲主旨務希各校同學多賜短練之佳作以光篇幅爲荷

籌組文昌同學會並續徵通訊錄啓事

本會籌組以來，蒙各同學踴躍參加，對於會務，業已迅速推進是實幸甚茲者經第一次籌備會之議決，本會不日召開成立大會惟念母校歷史攸久，歷屆同學衆多，尙未入會者定又不鮮，爲特續徵通訊，俾得及時參與大會共策進行，是爲啓

籌備主任周錫淳啓

第七期目次

民國三十六年一月一日出版

雨花播音台

親愛的聽衆，我們不僅希望你們聽着我們的播音，更希望供給我們消息，只要翔實可靠，我們一定代爲轉播。

良，許志遠，酒店萬興酒店，久和糧食號，萬順醬園，受害人吳亮卿家屬，朱炳軒，周阿鶴，橫涇賈百年，木作主孔阿坤等二十餘名到案偵訊。

東山的惡痞，人民之公敵！

何阿四解縣嚴懲

（本刊綜合報導）東山惡痞何逸羣（即何阿四）年二十八歲。在淪陷時期，充過忠救的外圍，又投敵警備隊武田作密探，作惡多端，即槍殺吳亮欽及十三歲之幼童一事，已爲全山人民所髮指。勝利以來，竟以地下工作者自居，依然仗勢力欺壓人，受害非淺，地方人士迫于淫威，敢怒而不敢言，最近突遭遂縣長手令拘拿解縣嚴懲，一時人心稱快。緣最近徵兵時，有鈕王鄉壯丁秦某中籤，秦即託何阿四向該鄉鄉長說情，鄉長不允所請而遭何怒，於深夜持槍恐嚇，聲言要罰機槍二梃，後經西街鎮鎮長調解不成，該鄉長即報告區長，轉呈縣府，縣長即手諭區長逮捕何魔，區長奉令後，即會同保安隊，警察隊出捕拘獲，並抄得長短槍各一枝，隨即一并解縣軍法室收押嚴訊中。

何阿四遭捕後，被害人家屬即赴高院控告何殺人及漢奸罪，高檢處亦已出拘票于七日開審，惟因被告暫羈押在縣府軍法室，故改期再訊。

（又訊）本月十七日蘇州地檢處派法警來山票傳何阿四案主要逃犯秦金壽，暨兇鈕傳興，李小毛。鄉鎮長及證人鈕王鄉鄉長李子茂，第十保保長楊伯卿，區所助理員陳錫卿，西街鎮鎮長鈕鑫甫，渡田鄉鄉長江偉生，武山鄉鄉長朱巧根，楊灣鎮鎮長居庭楊，席周鄉國民學校校長何三元，證人席煒，葉行淦，鄧惠民，葉士

區所開支大　人民苦哈哈

國家法令，對行政費用，不得向地方攤派，然各鄉鎮奉命攤派者，層屛疊疊，尤以冬防時期開支浩大，數倍于往時，然上峯經費並未見發下，以致也只得再向百姓頭上動腦筋云。（敢厂）

蔣舍鄉副鄉長

朱鏡立中風病故

後山蔣舍鄉副鄉長朱鏡立，年四十七歲，平日努力鄉政，備受辛勞，不幸于本月十二日失足中風，後即送往登善醫院抽血救治，終于回生乏術，嗑然長逝。所遺副鄉長之職，將由地方推選云。（王樹聲）

小消息

▽席周鄉之自衛團之制服已辦好，呢質衣料，配備甚齊惟槍械尚未購置，現擬在該鄉勸募，並希該鄉旅滬人士，多予匡助，共襄盛舉。

▽席周鄉舉辦之地方福利社，甚得該鄉民之贊同，惟因各業蕭條，雖有成績云。（敢厂）

▽閘石張順芳者，向在滬充錢莊出店，故世後由其子繼任，媳某氏潑辣成性，時虐待其姑，一日竟以和刃投姑，幸未得中，乃姑即投警所要求保護云。（植）

▽私立務本小學六年級級任教師鄧某，因身體瘦弱，因向該級學生徵索鷄蛋，此乃本山敬師運動之先聲云。（初）

▽本山良友養蜂場係葉瑞榮昆仲所倡辦，設蜂場於後山陸巷村，所養之蜂均係意大利種，每遇白枇杷花開時，該蜂即向之採取花粉，因此所釀之蜜味香可口，現在前山古石巷承德堂園內設立分場，聞該場所出之蜜，亦本山土產之一云。（永）

▽警所日前捕獲一販賣白粉老嫗。該犯住西街王家街姚家場，聞悉已解蘇云。

▽各鄉鎮募捐自衛團鎗械共數可觀，據聞所有鎗械均向太湖中之游匪散勇中收集購來，因此賬目外界不明，致使一般人深爲不滿。

▽本山營業稅房捐已由稽征主任吳維熾在着手進行中，冬防捐已由鄉鎮長在辦理徵收中。（易）

★　★　★

有鄉不稱蔣石鄉　因避主席大名諱

蔣舍鄉鄉公所十二月四日開保民大會，主席葉叔平，到有民衆葉耕香等，行禮如儀後，主席報告稱，奉上峯令，卅六年元旦起後山要裁去一鄉，王石鄉與蔣舍鄉併一鄉，新鄉名本應稱蔣石鄉，惟因須避　蔣主席之諱，故改稱文恪鄉，擴大爲十三保。

又訊自衞隊槍械由本人赴滬募款購得，當稱完善，足使冬防無慮，惟制服問題不敷全體隊員之用，現委託王樹雄君赴滬向旅滬父老募款定製云云。（王樹聲）

東山選舉忙

（前山訊）各鄉鎮民選代表已選出，然保甲長兼職者極多，實有違政令，而參議員本區僅有三名，致各鄉鎮選舉頗爲鄭重，俾達到爲民喉舌之任務。（敢厂）

（後山訊）後山甲種公職候選人已決定，爲朱季彬、周知辛、吳子瑾、高元端、楊泉聲、王序林等六名，已由省政府民政廳審查合格，現王省主席已將是項及格證書令縣府轉交本山區公所發給云。

奇事年年有　冬雷世所稀

陰歷十一月初二日深夜十一時，突然雷電交作，大雨傾盆，形似夏季陣雨，鄉人夢中驚醒，隆隆雷聲竟當作砲聲。天明則細雨濛濛，溫暖異常，穿着單薄衣衫，仍不覺冷，據一般鄉人言：冬聞雷聲，人口不安，是來春荒災之兆，則亦不足爲信云。（王樹聲）

建設故鄉提倡農業　籌建新的農場

本山農林果木，素負盛名，如洞庭紅白沙枇杷等，惟因年來墨守繩規，鮮有發展，茲有識之士，擬在鄉創辦農場，着重科學種植，提倡農業，進而建設故鄉，茲悉第一次座談會于十二月十七日下午七時假座同鄉會舉行，到會者有農林專家徐醒農及葉緒鑫、葉緒華、席玉年、金尚儉、許慶元、鄭思庚、金尚德、席履仁、葉煥售、席德基、姜禮鈞等多人，尚有席周鄉鄉長嚴士雄君因事未到，即席交換意見，定名暫爲莫釐實驗農場，除設法田地產外，並轉請同鄉會諸公協助，共圖盛舉云。（新）

民族文化學院訪問記

錫淳

（本社專訪）因爲教育的不能普及，使故鄉文化低落，同時在交通沒有便利的情形下，也很少會注意到這塊——三面環水的半島——洞庭東山，如果有人要想辦一所高等學校，覺得有點太近於理想，成功是非常困難的。

但是，事情往往會出於意料，在殿背後的薛家祠堂內，居然發現了一所高等學校，——「民族文化學院。」門口很簡單的裝飾，就可以看出牠是由抗戰區裏遷出來的，作者因爲要明瞭一點實情起見，特很冒昧的去訪問。

到樓上的會客室，就由一位同學殷勤地接見，經說明了來因之後，就另外介紹了一位校長，從校長先生的談話中，知道了該校的許多事實，經略爲記錄，大意如下：

民族文化學院，是一所高等的專門學校，創立於民國卅二年，當初同學祇有十三位，以章太炎先生興學之精神，發揚文化，研究學術，在重慶時經教育局廣播宣傳一個月，在貴陽，又受孔祥熙先生，大門學會繼續經辦，擴充基本，再遷武陵，民國卅四年七月廿五日開始招生，正在日本受降之時，勝利以後商議遷江蘇，但是交通不便，各位同學有在重慶，貴陽，南京的集合也非容易，就向教育部進行申請，以爲國府在南京，比較得到連絡上之方便起見，准定在鄉間清靜的地方創辦，可是那知道在東山的困難的情形也很多，所幸環境頗佳。

至於院方的宗旨是：一、復興民族正氣二、發揚民族文化三、溝通中外學術四、提高民族思想。

最後，校長先生講完了該校的一切經過，作者也起立答以懇切的謝詞，願望將來能有更多的合作，給於我們的故鄉。無論在教育，文化建設上，在國家，民族，不可分離的步伐下，保持我們的精誠團結，那末，最低的限度，對於這塊山清水秀的土地——洞庭東山——增加光輝的一頁，我謹在此，預祝牠的理想成功，前途無量！

本刊徵求特約通訊員，請注意應徵辦法。

回到農村去——略談農場的建立

葉緒華

首先我得聲明一點，就是我提出這個口號，並不想叫每個同鄉都回到東山去，客觀的條件下，東山人在上海已經樹立了相當規模的經濟基礎，要重回老家自難辦到，而在主觀的條件下，那是更不可能了，根據家叔樂天先生新編著的鄉篡類志，東山的全部面積總計是十二萬畝餘，如果以四萬人口計，每人只能分到三畝，但是根據美國伊斯特教授的估計，每一個農民至少要有十畝土地才能供應他一年的開支，這兩個數目相差實在太大了，所以我喊出這一口號的目的，僅僅是希望每一個離鄉的東山人，不要太漠視了故鄉，祇少對故鄉的農村問題要增多幾分關心。

中國的農村是破產了，東山未能例外，這是我們的切身問題，然而很少有人注意到，以作者本身言，不僅對故鄉的農村沒有幫助，而且知道得太少，在鄉時如此，離鄉後更甚，這是我最感愧恨的，我想同鄉中有同感的一定不少。在繼續演進着的經濟崩潰和農村破產聲中，挽救垂斃的故鄉命運的責任，是應該由我們來担負了，雖然在政局動盪的大前提下，我們的力量顯然太小，但是我們只要能常常回頭，看看我們的老家，常常播下一些心和力的種子，我想對于故鄉多少會感到一些溫暖，多少會得到一些幫助。

十二月十七日下午七時，十多個同鄉在會裏商討着農場的建立，同鄉會理事朱潤生先生和劉道周先生因事不克出席，席周鄉長嚴士雄先生，太約因輪船脫班而未能參加，這是一大遺憾，但是遠在浦東的上海市農林試驗場的故鄉農業界先進徐醒農先生却帶着他一本厚厚的計劃書，欣然蒞止，滔滔不絕地談着他的經歷和抱負，時間偷偷地溜走，我們也從名義談到地址集股，範疇，內容，附業，人事以及其他的一切。一般的意見，認為只要土地有辦法，農場的建立將如水到渠成。

談起農場——尤其是集體的農場，是現代國家——尤其是以農為本的國家所一致認為建國的基本磐石了。在三十四年五月十九日六全代會，農業政策綱領中的第二條這樣寫着：「擴大農場經營，以便大農制之推行農場，面積應有最小不可分割之法定單位，並獎勵合作，或集體經營。」從這裏政府對經營農場的扶掖是十分明顯的，然而由於種種關係，在租佃制下的中國農村裏還少見農場的幼苗。

中國社會的惰性，誠然是很重的；但東山的惰性更重。所以我們經營農場的理想，不可能過大或過速，真如中國建設服務社王艮仲先生說的：「我們的理想在私人經營集體農場，以新的生產方法建設新的經濟和理論關係，進而完成二者的革命任務，我們的着眼點並不是在土地的所有權，而在農業經濟生產關係，進而從小經濟生產改為集體生產。」

基于上述的理想，我們就可以略述一些農場的使命了：

（一）地盡其利——我們的經濟基礎在土地，所以土地的分配和土地的使用均須使其合理，務使達到地盡其利的目的，其中土地的使用遠較土地的分配為重要，所以我們應該把重點放在怎樣使已墾的田地增加其生產價值，茲將土地分配和土地使用的意義引伸如下：(1)所謂土地的分配就是儘量地

後山教育近況

東後山教育自去歲抗戰勝利後，已恢復原狀，現統計有縣立國民小學三，私立小學四，成績均楚楚可觀，故本學期吳縣教育局長王芝九縣督學馮志亮聯袂蒞山視察，對于各校設施，頗為滿意，而尤以本山私立各校校董能捐資興學，更屬難能可貴，茲將縣私立各校最近狀況，分誌於后。

（一）鑑塘小學　該校在抗戰期內，曾改為慕塘小學，由周君大文私人開辦，去冬由前校長李潤生君重行召集校董會，并加聘葉振民朱厚蓀吳企周等為校董，會議結果，公推潤生先生為主席校董，周知辛君為校長，於本年二月份起，恢復私立鑑塘小學名義，按月經費，由校董會負責籌措撥給，現該校學生有一百廿一人，分「一二」「三四」「五六」為三級，編制係複式，設備完善，兒童程度整齊，校舍亦極寬暢。

（二）南陽小學　該校於民國廿二年春，由已故士紳葉仲嘉先生捐資創辦，廿四年秋，呈准吳縣教育局立案，江蘇教育廳備案，事變後停頓。迨去秋我國領土已恢復，抗戰已勝到，該校校董葉振民葉漢青葉樂天葉善先葉光九葉行之等，以王石鄉一帶附近兒童，咸有失學之虞，故特重組校董會，負責籌劃經費，於是年九月份起復校，特聘吳縣縣立師範畢業前任碧螺小學高校長蒞山主持校務，兼任高級主任，并添聘蘇州東吳大學附屬中學畢業之嚴仲威為初級主任，現該鄉戶口雖少，而學生亦有七十七人之多，係複式編制，各年級兒童成績優良，各項設施亦頗完備，而校舍之幽雅，尤為後山各校之冠。

利用荒地。東山的荒田爲數很小僅占.82%。但山地中的坟地爲數一定不小，農場的土地不妨從坟地裏去設法。(2)所謂土地的使用綜括說來就是增加生產價值；詳細說來就是一方面求經濟地使用土地，在分割上切不可畸另細碎，以免許多不必要的損失，另一方面還須合理地使用土地，使在性質上沒有不合分類原則的使用，在機會上沒有違反平等原則的使用。

(二)實驗與示範——經營農場者的原意，自然是重在本身的實驗，但在農業知識貧乏的可憐的東山，農場應負另一神聖的責任，就是把他們的實驗成績公開傳授農民作爲一種示範，爲求明晳，可分土地，農具，和產物三點來說：(1)土地——農業土地分成下邊際，邊際，和上邊際三種。下邊際的土地是指收獲少于成本的，邊際的土地是說成本收獲恰相抵銷的，上邊際的土地則是收獲超出成本的。但是同一塊土地在這一個農民是下邊際的，也許是在另一個農民變成了上邊際，其原因端在使用技術的不同，所以農場的工作之一應該把土地性質多多實驗，多多改良，使每一方土地都能成爲上邊際的土地。(2)農具——東山的農具恐怕還只是耕牛犁鋤之類；農場如能多多利用科學工具，替代舊有的農具，以事實宣揚機械工具的效用，使舊有的農具逐漸淘汰，那末對農民的勞力和時間，便可減少浪費。(3)產物——農場既有示範作用，自須求其實驗的迅速和準確，所以作物的試種還較果木畜牧之類適用得多，此外如引用良種，增多肥料，防除害虫等都須充分地做到，務使在農場經營下的土地能够達到報酬遞減律的頂點。

(三)建立大農制的先驅——立國現代一切都須用大經營制：工業如此，農業也當如此，但是在頑固的東山，急劇的改變一定辦不到，我們只能用循循善誘的法子去引導農民們，尤其重要的是必需以事實而不是理論去證明大農制的優點，然後使農民心悅誠服地自小農渡到廣泛而大規模的集體農場的經營。

(四)剩餘勞動力之利用——在一個較大的農場中，因爲應用的人員較多，每當休息或農閒期常有剩餘勞力，如果任他浪費，實非合理；所以一個完要的集體農場，應該辦幾種附屬事業去利用這一份寶貴的力量；像設立學校，可以減少鄉間文盲，灌輸普通常識，或者開設有關農具製造和肥料製造的小型工廠，以達到農村工業化的目的，最重要的一點則是教授實用的技術，凡在耕作，灌漑，畜力使用，各方面均應以實際的傳授，這樣對農民固然有益，對農場的生產效率也可增高，據統計中國小麥每公頃需耗七六三小時，在美國祇需二六小時，相差二十九倍之多，其最大原因自爲科學技術程度的差異，我們如果能在技術上多下一番苦功，那末事半功倍，不難達到。

由于租稅，戰爭，生活，和工作不多等種種原因，農民們相率離開農村的數目並不算少，在這一個情形下，我們喊出了「回到農村去」的口號，想不會被認爲多事吧！勝利一年以來，中國的工商業被外力摧殘得體無完膚，經濟崩潰的危機已經不允許我們閉着眼寄身在商場之中，我們應該睜着眼睛看看這動亂中的世界，爲了自已，爲了故鄉，更應當去挽救這垂斃的東山農村，怎樣挽救呢？我想農場的建立或者是方法之一。

回到農村去！對的，我們是應該回去了，爲了什麼？我們的田園詩人說得好：「田園將蕪胡不歸！」

(三)鍾英小學　該校於民國三十三年春，由周純武李麥生吳企周姜少卿等組織校董會，假龍泉宿址開辦單級小學，定校名爲鍾英，聘定江蘇簡易師範之夏息廉爲校長，一師本科畢業之王錦章爲級任，現學生有六十五人，該校經費充足，教師待遇最優，而每月教費，又能提前發放。

(四)余仁小學　該校于去年秋季開辦，由校董葉履彬徐子星籌撥經費，假湖沙村徐氏宗祠爲校舍，現學生有八十人，仍係單級編制，由蘇州中學高中畢業之高九青主持校務，并添聘姜伊祖爲助教，學生成績雖斐然可觀，然五級兒童併在一教室內上課，教授殊感困難，故下學期擬設法分級，以利教學。

(五)中心國民學校　楊灣中心國民學校，學生有八十餘人，分爲兩學級，校長由蘇州萃英中學畢業之吳子瑾担任，吳君與地方人士感情融洽，而對於教育尤具熱忱，故校務頗有發展。

(六)槎灣保國民學校　該校于今春開辦，假劉公祠爲校舍，由一師畢業之吳濟人任校長，現學生有四十餘人係單級編制。

(七)蔣灣保國民學校　吳縣教育局于本學期在蔣灣巷保儉堂內設立一保國民學校，并派張挹羣爲校長，現在該校學生有五十餘人，亦係單級編制，該處地方人士，對於教師頗爲尊敬，故張校長按月薪金除由教局發給外所有膳食，概由蔣舍鄉鄉公所設法供給，俾張君可安心服務，然非葉鄉長之熱心教育，曷克臻此。

記南陽同學會成立大會

葉伯初

1

南陽終於開成立大會了。

2

惠然軒的大廳，本來是香煙迷漫；清脆的木魚聲，混合着苦澀的誦經聲，交織成一個多麼古老荒唐的夢！然而，現在任何人都感覺異樣了。

我們的台搭在廳左，一排排桌子上，鋪着白的檯布，耀目的燈光，映着鮮豔的花，彩色的畫布；有一種新生蓬勃的氣像，前後的情境，不是猶如隔了一個世紀嗎？

3

七時開會，早已是擠滿一堂了。

起先是致詞，有主席的，有來賓的，有各校代表的；都發揮了精堪的見解。綜合許多人意見：都希望一、參加同學會不僅是形式的，應該具體地來一起工作。二、在一個團體裏，必須放棄小我，成全大我。三、同學會健全後，更要向較大的組織發展。這些意見是可寶貴的，我們正向着這目標做去。

之後，出乎意料之外，當我們同學代表朱慈芸上台致謝詞後，竟惹起了一場風波。

4

我不想在這裏追敘事實。

在場的人也都知道致謝詞後曾有許多女性向外跑，隨後是嘘聲四起，樓板抖動。

這糾紛說不定全是「退席」二字的誤會，我們承認講話的技巧有些不靈活，但惠旅同學的意氣用事也實在是遺憾！這對於我們眞是一個不小的打擊。

關於爲這事，後來有人調解，也有人喻我們與惠旅的紛爭爲幼稚舉動，對於前者，我們表示敬謝，至於盲目的批評，我們也只能一笑置之……

5

也就在這時，開麥拉特別活躍，强光燈四處亂掃；先是來賓攝影，然後全體會員合拍一張。

暫時的休息，開始分發茶點。

茶點雖然祇有二件西點，却頗得會員歡迎；因爲正襟端坐之餘，大家不免有些拘束，這茶與點剛好是一種精神的調劑品，把感情舒暢一下。

6

通過會章比較費時多些，這是任何成立大會必有的現象，愈是爭辯得多，會章也愈是完善。然後，我們開始了選舉。

同時，餘興節目上場……

最先上台，却是金霖森先生。在如雷的掌聲裏他表演了口技，可眞是維妙維肖，可惜沒有化裝，否則一定更有效果了。

7

幕再度拉門來，那已是話劇「未婚夫妻」。

——關於「未婚夫妻」的演出，是經過很多困難的，雖然很早就排演了，但因爲佈景，幕布，台都有問題，所以一度停頓下來，預備朗誦。後來，終算由於大家的幫助，把困難解決，但那已是七日的晚上，演員什麼都不熟悉，明天怎能上演

結果：犧牲一夜睡眠，熬住了寒冷，通宵趕排。

現在，一切呈現在會員眼前，演出的好壞，因爲我也是劇中人，無法瞭解，但這劇本的確生動緊湊，容易討好，

二十分鐘後，在笑聲裏，幕閉。

8

彈詞上，幕合久又分！

幽靜的絃聲，爽朗的蘇白，散佈到每一角落，別有情致，當旋律悠然停止後，彷彿一陣暴風，拍掌聲從四處響起來，似乎不能不再奏一曲了。

最後歌詠，也許時間比較晚些，人已絡續在散，會場的秩序不能控制，然而表演者還是認眞的，獨唱合唱都非常宏亮而有節奏。

當口琴奏了半曲後（席玉年先生不肯奏全，有什麼辦法）？散會了！短針正指在十時上。

9

散會了，剛才熱鬧的景象一刹時就改觀，人生眞是……

幹事還不能走，會場需要收拾。大家在閒談之間，都認爲這次熱忱有餘，而事前缺乏聯絡工作和計劃，但能有這樣成績也算不錯了。

這該不是弊帚自珍吧？我想：缺點是可以改善的。

10

南陽終於開成立大會了！

但這不是事實的終結，而是工作的開始。

讓我們「緊緊」的握手吧！

記於十二·八，成立大會歸來時。

新年特輯

（以收到先後為序）

一九四七年我們工作的方針

思庚

恭賀新禧！一轉瞬又是一年的開始。我們的工作除具體計劃外，特別提出三個目標，作為我們今後向前努力的總原則。

第一是提高大衆文化水準，我們大家所共同努力的這個東聯社，一向是站在前進的立場，但是所謂前進，並不是使自己離開大衆，把大衆拋在後面；我們必須注意到最大多數的羣衆在文化方面的實際需要，我們必須用盡方法幫助提高他們的文化水準，並且必須使他們都能受到我們文化工作的影響，因此我們不能以僅僅出了一本莫釐風，就認為滿足，必須同時顧到故鄉大多數人的文化食糧的需要，所以我們在第一個標題下，要復興「新東山流通圖書館」。

第二是供應建鄉需要，我們當前最重要的任務是建設故鄉，我們所努力的一切工作必須着重在建鄉方面。我們建設故鄉，先要明瞭故鄉地勢的情形，和客觀環境的條件，因此我們應該改革農村經濟，促進農業生產，提高農民生活水準。所以我們在第二個標題下，要建立莫釐農場。

第三是發揚服務精神，我們東聯社可以說是服務同學同鄉的機關。服務的目的是迎合一般的需要和便利，解決一切困難問題。試看我們的同學同鄉的家屬，除一般有力量的居住在蘇滬一帶外，大都還留居在故鄉。所以聽到家屬們的呼聲，不是匯款的遲滯，便是日用品價格的高漲和不易買到。我們東山青年，尤其是東聯社社員，具有着不可磨滅的服務精神，所缺憾的沒有發展到故鄉。現在為了要使我們的社務得到更大的開展，對于故鄉有更普遍而深刻的貢獻，我們現在要把這傳統精神盡量發展到故鄉每個鄉鎮，所以我們第三在發揚服務精神之下，要創辦東山合作社。

促進大衆文化，供應建鄉需要，發揚服務精神，這是一九四七年我們工作的總原則，願大家努力邁進！

「希望」之意義

志新

「莫釐風」編者出了這個固定的題目（關於新年之希望……），要我寫一點湊數。

出題作文本不是一件容易底事，更何況我對寫作常存「心有餘而力不足」之感覺。好得這個題目還不難，姑且讓我胡亂寫一些吧！

× × ×

一個人都有他的希望，不論是老的，少的，聰明的，愚蠢的，除非他是擬子或是失去知覺者，所以我說希望未必一定要在新年里有，每時每刻都有「希望」存在……

不過我們須要認清，「希望」是廣泛的，並且希望不是奢求。

希望與追求本在一條路線上的，一個是想像的，一個是動的，如果著意不是慾望，那麼存於人們腦子里的本是偉大光明的。一件事業得到完善或一個人成為超人，在他過去的光陰里，一刻不停寄着「希望」！

所以，我們不要遷一己之希望——享受奢侈——我們要以大衆之希望為希望……消極派在平時為惡劣底命運播弄，過着失意底生活時，他就希望明年起必需要改變方針，他們就用「希望明年」掩飾當時底窘態。

× × ×

同鄉會開聯歡大會那天，我處在這個和醇容氣里看到了這裏活的興高彩烈底戲劇後，覺得我們同鄉已步入什麼階段了？

於是，我希望東聯社底「莫釐風」在新年出現時，是力底代表作，使每個讀者受到自覺和感動底影響。

旅滬同鄉果然是前進了，可是考其因，祇是與物質文明底大都市接近後應有底現象吧了，試想故鄉能改變得這樣解放嗎？（所指解放以團結，秩序，自由，演劇，招待等的好現象）

所以，我在新年里有的希望，就是利用了「莫釐風」底宣揚，不要忽略小處，不要放鬆機會，讓我們看到故鄉，在明年里漸次掙脫「束縛」底障礙，追上時代底巨輪，符合民主自由的口號。

十二月十六日夜

迎新年

康年

時日總是那末匆匆，回憶東聯社去年十月廿日成立的情景，猶在目前，如今，卻迎着這三十六年的新年。

假使過去是播種，那末現在我們須得耕耘，以往是奠基，現在我們得開始準備建築。

荒蕪的故鄉，需要我們去開墾，種植，陳舊的故鄉，需要我們去改造刷新！

我們應當檢討過去，展望將來，天下決無不勞而倖得的收獲，也沒有徒勞而不獲報酬的結果，一切事在人為，憑着我們的精神，毅力，不辭辛勞，不畏艱苦，羣策羣力，團結一致，負起我們的責任。

來吧，握起我們的鋤頭，開墾這荒蕪的故鄉，憑着我們的智力，來創造未來美麗的家園。

新年特輯

我的新年希望

醒農

從今年起。東山成立一個莫鰲農場。該農場附設中小學之農事實習班，以半工半讀爲宗旨，專收有志爲農的失學青年，農業爲人民的生活的樞紐，我們不提高農民生活則已，倘使要農民生活提高，非先從農民子弟教育方面着手不爲功。故鄉在山者百分之八十是農民及漁民。所以需要從農業上立脚。

這樣看起來，農業知識是何等重大。尤其一般鄉村國民小學，雖則小學課程裏有自然科書本，但是學生不感有什麼興趣，更要切實注重高小級之學生受農事教育，使兒童對于農業發生興趣，不致個個向城市方面跑。所以我的新年希望就是這農教問題，歡迎教育界起來實行及討論之。

迎「新年」

緒華

「新年」先生又到了。我想和他講幾句話，算是歡迎詞也好：

「呀，新年先生，聽說你是在三十六年一月一日〇時〇分到的，你確是一位世界上最守時刻的人。

近幾年來，你常常悄悄的來，悄悄的去，而且臉上總少有快樂的樣子。你是在怪人們沒有熱誠歡迎你嗎？是的，他們是比以前冷淡多了。而這責任不是他們的。

我奇怪爲什麼你每次來時，袋裏總塞滿了那些戰爭，死亡，罪惡，貧乏，疾病，……以及一切可詛咒的毒物呢？你不能換一些糖果，米麥，幸福，和平之類的東西嗎？

而當你離去的時候，你又毫不留情地把錢財，脂血，幸福，甚至生命囊括而去，你確是太殘忍了。

新年先生，你感到寂寞吧？你在渴望着我們愉快的歡迎吧？告訴你：這是很容易的，只要在你來之前，先檢點一下你的袋裏，把那些可怕的罪過的壞東西丟個乾淨，同時不要忘記帶一些足以療飢的食糧和一個永久的和平……」

寫到這裏，「新年先生」已經踏進了大門，他飽滿的袋，上而露出了一根桅桿，我還有什麼話可講呢？我只能送他一個苦笑。

新年希望並期望東聯社

席履仁

時值歲暮，莫鰲風擬出新年特輯，編輯金新兒以「新年希望」爲題見囑，余不文，際此新歲之始，謹綴數言，以誌慶祝。

（一）追求進步——歷史巨輪不斷地前進，青年應推進時代，跑向時代頂點，否則保守易於落伍。目前反動勢力之強大，歷史巨輪遭遇有力的阻礙，青年集團——東聯社，應聯絡一切進步力量，不分老少，不分貧富，江海不擇細流，泰山不擇小壤，以蔚成巨大力量，剷除障礙，使時代推躍進展，我們的口號是懺封建，破迷信，建民主。

（二）主持正義——目今社會惡勢力瀰漫，眞理泯滅，舉世滔滔；蠹是見利忘義，假公濟私，趨炎附勢，寡廉鮮恥之輩，還類小人趨此黑暗時即爲非作歹，剝削弱小，人民敢怒不敢言，我東聯社既以主持正義爲職旨，應不畏暴力，不苟安怕死，爲正義，爲眞理，集合大衆力量，向惡勢力鬥爭！

（三）發展文化——民族性之低落，農村經濟之破產，皆基於教育不普及，方今世亂正殷，政府力量有所不及，人民團體應協助之，諸如督導農作物之改進，學校之興辦，文化運動之展開，東聯社能起而領導，社會有不聞風從者乎！

余不敏，謹以芻蕘之見，願同學共勉之，並祝諸君康壯百益，日進無疆！

元旦試筆

渭

新年到了似乎應該寫一些善頌善禱的文章來應個景兒，那麼我亦不免隨俗來胡說幾句吧！

「莫鰲風」已出到第七期了！像一枝幼苗，植在荒蕪的山上，雖然在漸漸地長大，不過離開長成的階段，還須要一個相當的時期呢？望上去還算可以使人家看到有這樣的一枝樹苗在點綴着，至少增加了一些視覺上的美觀，不斷地受人欣賞贊美，在它的本身好像够榮耀了！

雖然如此終究還是一枝嫩弱的幼樹，假使狂風暴雨來襲擊，那還是不能支持的，所以吾們做園丁的一羣，應該設法使這一枝幼樹使他長成得鋼鐵一樣的堅強，要與百年的松柏媲美，不怕風霜打擊，屹立在莫鰲峯巔。

新年獻辭

玄丁

恭喜！恭喜！

新年中相見，大家都說恭喜發財，鄙人祇道恭喜，不說發財，其中有深意存焉。

我們一般人，從小到老，由少年，青年，而壯年，新年裏所聽到的恭喜發財，不知有多多少少，足見大家心目中，早已成爲習慣。每以發財爲人生大目標，一年新希望，此以自勵，也以作祝頌他人。但是發財不是乙件容易的事，孔子也說過，富可求也，願爲之執鞭矣，可見富是不可追求的，尤其在這個年頭，正當的財路缺缺，假使勉强以求之，除非是巧取豪奪，盜竊貪污，於是乎一切非法的行爲都發生了，社會爲之不寧，法紀爲之紊亂，推求其因，無非爲了要發不義之財而已。

富貴榮華，誰人不想，禮義廉恥，廉爲最難，惟未是鬪・決非佳事，以義爲利，庶乎近矣。正義的富人，也顚有其人，有富於信譽者，有富於學問者，有富於經驗者，有富於道德者，有富於見聞者、有富於財產者。我敬祝大家在新年以後，以各種的「富」爲目標，不要僅以「財富」爲限，尤不可爲了追求財富而抹煞一切。所以今天元旦，我逢人祇道——恭喜！恭喜！

同鄉會訊

旅滬同鄉老少咸集 聯歡大會盛況空前

十二月十五日，同鄉會假座寧波路錢莊俱樂部，舉辦會員聯歡大會，是日天氣晴朗，到會者會員及家族，來賓計千餘人，由理事長葉振民先生担任主席。二時許振鈴開會，由主席致辭，略謂此次大會承各位蒞臨，眞是榮幸得很，繼謂同鄉會正致力于東木公路及太湖信託公司之進行，深望同鄉協助等語，聯誼委員會主任報告徵求會員之成績及優勝之隊名，以後由耿美娟代表惠旅學校向主席獻花及劉道周先生代表會員致辭，此時已二時五十分，給獎及社會局代表致辭之後，儀式告成。于三時零五分餘興正式開始。餘興節目以金霖森君之口技爲首，次爲惠旅同學之平劇武家坡，四郎探母，五時四十分口琴演奏，話劇開始前，插參摸彩，話劇還鄉淚演畢，即殿以歌唱，並以英國新聞處之新聞片爲壓軸，全部節目終了時間爲八時五十餘分。同鄉及來賓等始意興滿足而離場返家。（儉）

同鄉會員聯歡大會剪影

幹事籌備忙

每一個工作的過程必須經過籌備的階段，聯歡大會的籌備工作實在比正式的工作繁重得多，記者在大會的前夕因爲看話劇預演先到錢業公會去觀光了一下，地上橫着佈景用的木柱，幕已經裝好，但大部工作還得明晨趕辦，幾位佈置會場的幹事眞够辛苦。

由于大會裏管理員的苛刻條件，聽說話劇佈景要另想辦法，借人家的地方誠也不自由，因此同鄉會自建會所更覺需要。

會場輪廓

當記者在十二時，踏進會場時，我好像走錯了地方，這樣一個美輪美奐的會場難道就是昨天我所見到的地方嗎？因知一椿工作的能否辦好，動手做是第一個條件。

先看台上正中是一張握手圖象徵着同鄉們的團結親愛，前面是一只桌子放着耀目的銀盾獎品之類，桌子前面是幾只鮮艷燦爛的花籃，再看台下幾百只椅子凳子，整齊地排列着分着主席團來賓記者會員幾類，右面有發售食物的小店，左角是領獎和幹事辦事的地方，如果你向上一望，還可看到許多美麗醒目的標語，其中一張記得是：「東山同鄉團結起來大家爲建設新東山而努力。」

大會前奏

十二時後委員們陸續駕到，簽名後就到摸彩處，摸到跑鞋的是一臉笑，沒有摸到的看得眼紅，只好暗裏怪自已的手不爭氣。

會場花絮

△規定開時會間是二點鐘，二點鐘到後，麥克風報告說：這裏的鐘快五分鐘，因此，開會時間是二時零五分。然而到底還延了幾分鐘，正式開會是二時十六分。

△惠旅助產學校的同學進場時，聲勢浩大，由馬成英同學擡旗領導，在樓廳入坐。

△據記者統計，該校同學二十餘人中，圍紅圍巾者達十二人。

△四郎祝耀珍是二時十五分進場的。

△葉瀛洲同學領取獎品時，頻頻點頭，與別人行鞠躬禮者，另有一派作風。

△四郎探母精彩紛呈，尤以叫小番一句，獲得滿堂彩聲，惠旅校長劉道周先生頗現得色。

△餘興節目中，金霖森同學之口技，眞是另有一張弓，化裝了一個十月懷胎的老太婆，引起哄堂大笑，演出時常常捧着肚皮，好像恐怕小孩落地似的。

△話劇還鄉淚，表現人間悲歡離合，勾起人們無限愁情，女太太小姐們都飲泣不已，記者目睹朱潤生太太，和惠旅校友章桂秀徐惠芬等都抽噎不已。

△參加口琴演出的四位先生，都是眼鏡一副，配給均等。

△陳吟瑤小姐臨時客串黃水謠，以瑤唱謠，自然精彩。

△翁人彥同學担任報告，一口山郎閒話，使大會增加鄉風不少，尤以賽過新廟郎看會一句，更是懂得盆尼山郎人之心理。

△廣告做得最多的，則是東聯社和莫釐風，而担任實際工作者，也大都是東聯社社員。

△席履仁同學湊一脚再和莫釐風做廣告時，某先生在旁道：不要儘和莫釐風做廣告，也報告一點會刊情形，因此麥克風中又有會刊之廣告矣。

△節目完了是在八時五十五分，較預定時間延長五十五分鐘。

△四郎探母上場時，花藍送上不少，都是公主與駙馬的，無怪張如琴在演出時常常露出笑臉也。

（金新）

★ ★ ★

△同鄉，絡繹不絕。錢業公會前，車水馬龍。六時許：同鄉倘源源而來。極一時之盛！

△三時。會場，擱樓。塞得滿坑滿谷。可以媲美故鄉新廟看會。

△惠旅助產學校代表耿美娟小姐獻花，葉理事長笑容相迎。

△中國口琴學會陸金邦先生之口琴，爐火純青，獨奏「卡門」一曲忽如秋風落葉忽如萬馬奔騰令人應接不暇。

△麥克風中，時時以「好戲在後」爲號召。累得衆人飢餓以待。其實是「戀戀不捨，樂而忘返！」

△麵包，橘子。生意興隆，一刹那間，麵包告罄。趕緊添辦；以應市面。

△朱潤生太太，巧中二獎。朱氏欣喜萬分，衆人紛紛握手道賀。「以祝鴻運」

一點半音樂開始，理事長葉振民先生在樂聲中蒞會，笑容滿面，他的盡瘁會務，在今天終算得到了一點報酬。

之後，會員來賓來得更多了，有小孩有嘧司有太太有……聲浪漸大，我相信這溫暖的會堂應該就是新東山的搖籃了，二時助產學校學生翩躚進來，她們是佳賓，招待請她們更上一層樓，可以看得清楚些。

開幕了

二點過牆上的警鈴忽然大響，大家耽心把望着，幾秒鐘後才算釋然，原來是開始了。

這時太陽偷偷地溜進了會場，他也來參加我們的盛會了，理事長在掌聲中致詞，接着是總幹事朱潤生先生對徵求會員的成績作一綜合的報告，然後再由劉道周先生代表會員致詞，那時人聲雖然如鼎沸，但是麥克風自有辦法。

三時正，在潮湧的人流中社會局的指導楊知方先生蒞臨，他公事匆匆說了幾句就告別去了。

接着是惠旅助產學校向校董獻花，由耿小姐代表，並且還講了幾句感謝的話。

給獎是令人眼熱的，這種光榮是熱心的代價，失敗的隊長們不必灰心，下屆可以顯些顏色。

看不厭的餘興

餘興是最吸引人的節目，首先由金霖森君表演口技，化裝了大肚皮婦人，講了幾句常熟話，就裝警報、小孩哭、狗相打、猪叫，等很受會員喝采。

平劇是武家坡四郎探母兩齣，唱做俱佳，記者對平劇少有研究，只見聽衆們的手在拍着，我居然也跟着拍拍，覺得倒很舒服。

話劇還鄉淚中最受賞識聽說是××小姐所扮的瞎眼老母，當他說着「瞎了一年多了」的時候，眞使人難過，而在結束時說到「×兒不要再求他了，我們窮要窮得硬氣」這兩句時有些人竟在拭淚了。

其他像陸金邦先生的口琴卡門獨奏，有如大珠小珠落玉盤，令人百聽不厭，歌唱中有陳吟瑤小姐的「黃水謠」獨唱，纏綿悱惻，別有風味。

最後是英國新聞處的電影都很精彩，看了本國戲還要看外國戲，會員們眼福眞不淺了。

餘興後的餘興

在餘興之後幾十個聚餐會員跑上了二樓，時針指在九時，肚皮確實餓餓了，理事長很愉快地講了幾句話，因爲他完成了一件偉大而愉快的工作，然後由總幹事朱潤生先生發表談話，他對東聯社的出力深感欣慰，同時還講了一個非同鄉請求入會的故事，這確是事實，可算是大會最大的收穫。

接着東聯社代表葉緒華，席玉年，席德基，席履仁等都有意見發表，理事葉樂天先生更對木東公路改進有所報告。

綜合全部談話的意見，認爲自建會所已屬刻不容緩，聯歡大會閉幕了，我們應該展開此聯歡大會更重要的工作。

△話劇「還鄉淚」，渴望已久，姍姍來遲。全劇自始至終，高潮疊起，其中以飾老母之吳繡雯飾張股長之尙華，爲最出色！

△掉換口味，本會歌詠班合唱「東聯社社歌」「插秧謠」，「保衛黃河」三曲。歌畢；全場報以熱烈掌聲，有大有欲罷不能！

△陳吟瑤小姐獨唱「黃水謠」一曲，歌來「纏綿悱惻」婉轉動人。眞有餘音嫋嫋，繞樑三日之感。

△電影完畢，衆人尙屬依依，希望明年再來一次

△五時卅五分舉行開獎，每當翁人彥君報告得獎號碼時全場情緒緊張異常，況若處于「風聲鶴唳草木皆兵」之境況中。（俞康年）

★　★　★

會場花絮

△天作美，隔夜大雨，當日止，寧波路上車馬多猗歟盛者！

△大門口簽名處招待喝時新貨——西北風。

△獎品管理——姜太公（禮鈞）常將手撳住彩桶口，以防漏彩，並不時搖動，狀頗自得。

△老爺太太到得多，但一批所謂「少爺」並未完全光臨。

△葉瀛洲摸到了一雙高果鞋笑得合不攏口。

△有的來賓招待了他們笑嘻嘻。

△有的來賓你招待他，他大扠大樣的不睬人。

△葉樂天先生奉公守法至摸彩處一樣淘出會員證，經招待老爺驗過身份，値得說一聲，給一般「賤」客看一看。

△葉理事長到得早，老是笑口常開，東張西望眞像人家做喜事的主人

△副總幹事葉緒華，忙着寫花絮，在會場內，眼睛四處的射，看到了就寫，

△金霖森君的口技，先拉警報，剛巧警笛沒有修好。幸虧，末了猪玀叫得眞像，博得滿場彩聲不絕。

△節目單上的順序是完全不準，後到的同鄉，有的大搖其頭。

△三堂會審變了武家坡，一句一馬離了西涼界，眞够味。

△四探，唱唸均佳，不過表情還不够。

△獨唱獻得有眞功夫，假使排在大合唱前，更可以使得觀衆靜靜的聽，不會鬧哄哄了！

△到開電影的時候，忽然司閽老爺大開方便之門，放進了不少外鄉人。

（尙德）

同鄉會的「當務之急」

易白楚

青年人熱誠，中年人沉着，老年人安逸。

唯其熱誠，也就容易前進；唯其沉着，也就處處打算；唯其安逸，也就比較保守。同鄉會是一個「少長咸集」的公共團體，擁有許多年齡絕不相同的會員，所以，它所主持的一切活動必須適合各方面才可，太偏重於那一方，都不是健全的現象。

然而就現在看同鄉會的聯誼組織是比較適合青年的；這些中年，對歌詠、口琴、乒乓、話劇一定都不感興趣，望而却步。同鄉會與它們之間，缺乏密切的聯絡，那就因爲這裏沒有他們活動的餘地。就同鄉會立場講，前進的是會員。保守的老年中年也是會員，要不厚此薄彼，而面面顧到就非得另辦幾種組織不可；譬如：票房，棋社，經濟理髮室，消費合作社等的設立一定非常能吸引他們來參加。

我是青年，但我的確希望所有同鄉都緊緊團結起來，爲建設東山而工作我相信青年與老年中年常常保持接觸，一定能融會起來使他們走上前進的道路，那豈不是兩全其美！

爲達到大團結的目的同鄉會需要再創其他活動。

△　△　△

如果同鄉會要展開新的工作，那必須先解决地方問題，否則一切計劃，都不過是紙上談兵。自建會所，現在誠然祇是理想，但要在這牛角尖裏有所發揮，那也是不可能的事實，因爲三間房子，早已不敷應用了。目前同鄉會要擴展，祇有和清境商量，才可以讓出一些地方，這一定又牽涉到許多問題，然而不管反動勢力多麽强，不管迷信集團內有否自已的朋友，在眞理的感召下，是應該設法的。當然，爲了避免衝突，不妨儘可能採取和平手段。

我承認人類有信仰宗教的自由權利，但以神道怪佛和文化工作來相權衡，却是可以看得出那些是來得重要，同鄉會的主持者，全是明理的智識份子，不會不觀察到這事實吧。

那末，我們期待你們積極的行動！

△　△　△

事實上卽使沒有境，整個的惠然軒還是不够支配的。

我們試想將來會務發展後，假使每晚有二百個會員來參加活動，那不是不可能，這小小的地方，怎麽寄得下？豈不是要「摩肩接踵」了嗎？所以根本的辦法，還在自建會所，雖然工作艱互却是一勞永逸好在基地已經有了着落，困難無形減除一半，祇要建築費募足，這希望不難立卽實現；但問題就在這筆經費太龐大了，不是短時期可以捐募得到的，所以我認爲現在就籌備起來，像徵求會員一樣，聘請知名之士當隊長，分幾十隊去徵募，這樣積少成多，放下一年半載功夫，一定有相果效果的。

不要因爲目前不感到需要然淡然處之！

「宜未雨綢繆」還是一句名言呢！

風語

人情

金曄

傳聞故鄉最近爲了檢舉何阿四，竟然展開了兩派的鬥爭，在蘇州報上也常常可以看到雙方論爭的新聞；這當然不外乎：一方面是認爲何阿四罪不可恕，一方面却在利用各種力量爲之緩頰。

何阿四之是否有罪，這只要問問東山的百姓們，因爲百姓們的眼睛是雪亮的，寒天吃冷水，點點在心頭，用不着我們多說話。

所以爲之奔走的人，無非是爲了有些私誼，爲朋友盡點力，以冀解脫何阿四之罪。

中國原是着重人情的，所謂法律不外乎人情，但是一個懂得一點道理的人，也一定知道大義滅親的故事。

應該明是非，辨黑白，說眞心的話，決不能屈服于交情，勢力，金錢之下，抹着良心說話。

團結的力量

朱始仁

十二月十五日同鄉會的聯歡大會席上，眞是興高彩烈，其樂融融，盛况的確可以說是空前。有這樣的成績的，則不得不歸功于籌備人員的一致努力。

綿紗綫能够拉倒石牌樓，這是一句名言，籌備人員來自各個小團體，全心協力，表現了眞正不分老小，不分宗派的精誠團結，造成了一次不小的成就。

力量是不能分散的，不論自己是如何的了不得，脫離了大家還很難有所作爲，所以必需要大家聯合起來！

團結才有力量，在這次聯歡會上，大家都可以看到。

發起組織合作社

鄭思庚

我們要組織合作社，先要明瞭合作的意義。「合作」的意義，具體的解釋：「合作」是一種團體的形式。在此團體中，人們以人的資格，自動的組織起來，根據平等的原則，應用和平的革命手段，大公無私地去增進他們自已經濟上的利益，促進他們相互間倫理上的關係，以謀實現人類最高的理鎖。

至於「合作社」，是把合作的原理應用到經濟制度上來，以社團的形式，來從事經濟活動。依照我國合作社第一條的規定，新謂「合作社」，它的本質，除了通常「彼此合作的意義外，還有七個更深的意義：第一是同社的人彼此都是平等的，不能誰剝削誰，誰榨取誰；第二是同社的人，彼此要眞誠，互助，決不能用人利已；第三是民主的管理，而不是少數強有力者的操縱把持；第四是入社公開，退社自由，不受限制，故社員人數與股金總額均可變動，股票不會漲價跌價，此外，社員一人只有一個表決權，年終盈餘不得按股分配，而應按交易額分配或留社發展其他業務。

回顧我們的故鄉，是衰落，不景氣，停滯，陷進了階級經濟缺陷狀態。我們要拯拔推進到復興建設的道路上去，不得不使用這改造現階級經濟缺陷的新制度合作社！如何改造現階段的經濟呢？便是運用上述平等，互助，民主，公開的各種原則，集合經濟上的弱者於一處，以從事其經濟利益和生活的改善。例如，信用部辦理存放款匯兌等以謀便利蘇滬匯兌，調劑金融；供銷部供給日常生活必須品，以免商人高抬物價，剝削或停售的操縱；生產部辦理小型實驗農場如榨油糶米等工廠，以謀生產與消費的平衡，實現生產建設的目標；公益部辦理圖書館俱樂部等，以謀生活之改善，正當娛樂及文化水準之提高。

由此，合作社不但是改造經濟的新制度，也

旅途的邂逅

湯經緯

在常情上妹妹出嫁，做哥哥的必須准期到場的，我不能例外，揀了個靜朗的天氣，踏上了京滬線，到蘇州祇有十一點鐘，正好趕上本鄉中班輪船。

這天大概是黃道吉日，旅客多得被茶役所厭惡，當船開始蠕動的時候，擯棄在船埠的一羣，彷彿在怨恨着我們剝奪了他們的權利，害他們留在陌生的姑蘇過夜。

船艙裏的人，擠得同糞蛆一樣地攢着，沒有我參加湊熱鬧的餘地！，祇能蜷坐在船頭上，忍受着凜冽的西北風，幸而坐在我面前的恰是一位年輕的姑娘，所以並不感到一點寒意。

她面龐生得很端正，一雙明媚的眸子，配着一張櫻桃嘴，她的皮膚可以證明是生長在水鄉的，細膩得像飽滿的水質，一件絨羊毛的大衣，裹緊緊身體，萎縮了頭頸，好像在深思似的，爲了旅途的寂寞，兩個子談起話來。

小姐，我好像對你好面熟，妳是不是東山人。

是的，舍間就住在渡水橋畔，不過，鄙人自幼生長在上海，爲了求學，返鄉的機會很少，所以對於本鄉人很感生疏，請問先生貴姓。

我不加思索地說出了自已眞實的姓名，同時她的芳名——仁瑛，也深刻在我的腦際。

從她的談吐裏，知道她今番返鄉的動機，全爲了她爛污的母親，整日的跟茶坊中一批遊手好閑的人混着雀戰，一點不守婦道，外界的非議，日益降低着她的聲譽，間接影響了她體面的父親，她不忍眼看着自已的母親爲了一時的昏迷，走上了墮落之路，更不忍父親一手從艱難中之造成的家，摧毀在她的手裏，她因要改造性本善良的母親，和挽救這正在動搖的家，不得不中斷幾天學業，設法來勸導她的母親，希望她能够早日回頭。

朱小姐！妳爸有妳這樣一個前進的女兒，不怕沒有幸福的家庭。

經緯，噢！恕我冒昧得很，什麼我直喚了你的…………

那沒有關係，妳儘可喚我的名字，請不必有所顧忌。

如果你也叫我名字的話，我一定遵照你的意思。

她雙手遮掩了緋紅的兩頰，羞澀地低了頭抬不起來。

仁瑛，叫個名字，何必要如此的害羞，妳瞧！周圍的人都向妳注意呢。

我並不是爲了這個，實在妳錯讚了我前進，覺得有點自愧。

我故意表露着信任，使她可以鎮靜下來恢復常態，免得旁人注意我們的談話。

「仁瑛，我希望妳沒有進行任務之前，預先充份想好些資料，上手感化妳的媽媽比是一種穀進的，脚踏實地的社會主義運動。所以這不是空喊的，是實幹的；尤其是一般「故鄉運動」者，更應該深切的認識，熱烈的擁護和參加，使能成一個眞眞的建設故鄉，服務桑梓的工作人員！

東山農村迷信問題之商榷

醒農

我鄉莊稼人僻居鄉野，性情呆鈍，對於迷信一事，尙視若天經地義；以致無意識之舉動，層出不窮。賽會迎神是應做之事，燒香拜佛是必然之舉。雖廢時傷財在所不惜。但是對於公益有利地方諸事。要他們出一點錢，就非常吝嗇，而其對於關係自身有密切之農業，如何改良，菓樹發生虫害損失，還有魚池爲水患成災等等。則反不聞不問，不之顧及。推之於命運委之於鬼神，墨守成法，不事改進，爲時代落伍者，此實迷信所致也。

然則改進之法當何如？宜逐漸開導，不宜操之過急，而致無效。緣莊稼人對於迷信觀念實已根深蒂固。倘或採取極端手段，反易惹起意外激變。昔年北伐時代，當局採取非常手端，或搗毁神像，或拆壞廟宇。以冀根除迷信，因此反發生農民暴動，增加其對於迷信之信仰，對於農民之心理，仍無所裨益。所以對於農村迷信根本辦法者：惟有實施農民教育，以增進其智識，培養科學觀念。在不知不覺之中施以感化，同時提倡正當娛樂，以陶冶其性情，改變其迷信舉動。再灌輸農業常識使之對於農業有改進之思想，不致凡事皆託之於鬼神。凡此種種，皆係急要之圖，實爲破除農村迷信必要途徑，亦今後東山農村社會上之重大問題也。

總而言之。農村迷信，非一朝一夕就可以破除。其根本在展開農民教育，則惟有望諸東山教育界協助推進。不勝企禱之至。

（寫於上海市農林試驗場）

較可能有効，因爲凡一個沉迷於當局的人，要使他接受忠告，非常困難，除非她清清楚楚的剖明了切身的利害，對她才有一種警惕。」「你的金玉之言，我已深深的領會，不過，處於我的女兒地位，不便向一個長者直接痛快地揭露她的不是，恐怕萬一傷失了她的尊嚴，弄到了老羞成怒的地步，那越發不可收拾了；現在我惟一的主意，首先設法使她離開罪惡的東山，因爲我知道近來本鄉的風紀惡劣不堪，雀牌的聲浪震撼着整個的東山，商人不思謀正當的牟利，而藉聚賭抽錢來維生計，日常施着卑鄙的手腕，一桌拉攏又一桌，天天變成着……」說到這裏，她突然停止，憤恨地站起來，朝準了隱約的莫釐峯吐露着純文藝的語氣：

可愛的東山，雖然妳已出現在我的眼前，但是我看不到你本來優秀的面目，我見的祇是一團模糊，我並不是對你沒有你留戀，只怪你甘心隱伏在烟霧的後面，貪歡着甜密的夢境。

仁瑛，什麼，妳在詛咒故鄉。

並不，我不過內心上有點感觸，等它吹散了籠罩的烟霧，現露了完美的面目，我還是要投入它的懷抱的。

妳的成見，雖然爲了不景氣的故鄉，想把妳媽變遷環境，暫時避開到上海，這的確很對，但是站在應該愛護自己故鄉的立場上，我希望妳除了關切妳自己的母親之外，對於故鄉的沉浮，同樣的關切着，因爲妳母親不過是被環境主宰中的一個，單獨帶走了妄的媽，妳所期待着的故鄉，還是不會明朗，我們爲了故鄉的興亡，應該向執政的當局控訴，憑什麼默認他們抽錢聚賭是正當的。合理的。

怒吼的西北風無情地猛烈的侵襲，仁瑛的身子緊偎了我的肩膀，同我遮隔了不少的寒流，我祇感到體溫在增加。

汽笛叫醒了船上的人羣，經過了一陣的的擾動，我們踏上了故鄉土地。

意外的，仁瑛的媽，今天並不在雀戰，却鵠立在船埠候接，事前大概她早已知道了女兒的來意。

身條靈活的仁瑛，很老練地立在我們的中間介紹：

經緯，這就是我的家母！媽，這位是我學校中最知已的同學，湯先生。

我和她媽寒暄的時候，好像感覺到有一隻纖維的手，輕輕的插在我的大衣袋裏。

我跨上了車子，回顧向她們揮手示意告別的當兒，窈窕的仁瑛，向我深情的一笑，並且做着手勢，暗示我別忘了袋中的一張粉紅紙條。

視線已見不到她的倩形，我咀嚼着紙條上娟秀的字跡：

經緯：

雖然你是我旅途中片刻的伴侶，但是在我的印象上却已留下了不可磨滅的追憶，你有否同感，那我不能得知，我想，你是個聰明人……

如蒙不棄，明日請駕臨舍間小憩。

仁瑛

我彿彿注射了某種藥劑，神經上起了强烈的反應。

歸途追記之六

佳節

舟

車子將到來陽的江邊，對岸嘈雜的鑼鼓聲和人聲，引起了我們的注意，這聲音似乎表示一種歡悅，然而今天是六月四號，並沒有什麼可慶的故事，他們爲什麼還樣高興呢？我有些茫然。

歡聲更近了，江上浮出了三條疾馳着的小舟，每船的左右很整齊地坐着十多個有力的划手，船首一個指揮者，不可一世地立着，雖然距離很遠，但從他的姿勢上，很容易看到他是多麼地緊張，多麼地用力，好像要把船一舉手送上天去。

「對了，今天是端午，」祕密終于給小陳發現了，「在來陽我們可以吃粽子了。」

我掐指一算，今天果然正是「佳節」。這佳節我並不想遺忘牠，在昆明時，我還預備在端午到家，看看滿山枇杷的故鄉，嚐嚐母親手做的粽子。然而，在出發後十天左右，我就知道這是一個奢望了，所以也就把佳節索性丟開。我固然不再忘想到家過節；然而我也沒有想到會在來陽一看江上競舟的好戲。

江上是三只萬人注目的划船，載着三四十個英雄，對岸有瘋狂的羣衆和激盪的鑼鼓聲，我們是過路人，爲了候渡，就暫且立在另一岸，聊作壁上觀了。

這三葉輕快的小船，往返在一段並不過長的距離中，牠們好似三個游泳選手，當每次鼓聲一起，競賽就開始了。划手們埋頭穿梭似地玩着他們的武器，指揮者立在船首，用一種力的姿態，力的狂呼，來鼓勵他的將士，一旦得了第一，就會受岸上觀衆的青睞，歌頌，而指揮者⋯無異是受崇拜的英雄，當他對敗陣的⋯手投了一個勝利的驕笑之後，就望着岸上，接受觀衆們的歡呼。

船賽就這樣一次，二次⋯⋯不斷地上演着，然而我却始終感到一種寂寞。

聽說，盲詩人愛羅先珂到了繁榮熱鬧的北京城後，竟連連喊着：「寂寞呀，像沙漠中一樣的寂寞呀！」這是難以令人置信的，然而，當我在江邊被這煩囂的人聲，鑼聲糾纏不清的時候，我方纔嚐到了煩囂中的寂寞滋味，同時，我也開始領會了這一位詩人由衷的苦痛的歎息。

的確，競舟於我，除了寂寞，並沒有什麼反應，我所看到的人物，無異看到街旁一堆亂石泥土；我所聽到的眞像是催眠的木轆聲。如果一定要說我反應的話，那末，競舟只是引起了我一縷淡淡的遐思。

端午據說是紀念愛國詩人屈原的，當這位詩人因憂國而自投汨羅江之後，民衆們每年此日總把米飯投下江中，表示一些悼念，爲免江水的冲失，想出了用箬葉包紮的法子，就成了現在所稱的「角黍」和「粽子」。

從這吃吃粽子，看看競舟的佳節裏，人們究竟想到了一些什麼？我自然不能知道。但，至少我可猜到，百分之九十九的人是把這位愛國的詩人遺忘了。

在汨羅江裏，詩人還能找到幾個粽子？

在汨羅江裏，詩人究竟有過幾個同志？

然而時間已經溜走了二千多年！二千年中，祖國的土地上，遭受了幾千萬次的浩劫。

汨羅江裏的江水，到現在還繼續在冲洗流不盡的腥血。

我想：這位詩人假使復活轉來，他一定依然會喊着：「世溷濁而莫吾知兮，」

他一定會裝着「吾方高視而不顧」的樣子，去做着「吾與重華遊兮瑤之圃」的美夢了。

這是詩人的悲哀，也正是佳節的悲哀。

未是草詩四章　　舟

喜見尌兄又別

生涯白樵蘇
相見數風塵
×
亦有書慣意
人間眞如寄
×
未盡西窗燭
何須怨離別
×
歸來春已至
最愛斜陽裏

×　×　×

歲月垂垂過
此身豈屬我
×
客中數年華
何必歎無家
×
秋山又幾重
多事是相逢
×
好作還鄉遊
烟波泛小舟

春夢

外三章

王樹聲

春夢

朋友，這裏請你們冷靜的認識一下：人生，決不是一場春夢！

我們的一代，確確實實地活着，醒着。決不被私利攪昏了頭腦！我們清清楚楚地，堂堂正正地做一個人，我們決不墮入迷離撲朔的春夢裏去！

冬來了

冬來了，勝利後又是一冬，但社會上依舊是千瘡百孔。國事隉阢，時局動盪，哀哀小民，命運何其悲慘？美貨源源而來，國貨疲莫能興，江河日下，利權外溢，漏巵難塞。在迷夢中的人兒呀！趕快不要自相殘殺，拉起手來建立一個民主富強的新中國吧！

試鍊

雖隨着嚴冬來了，而以後還有不少日子的寒流，我們將怎樣咬緊牙，握了拳，縮了肩來換過去呢？我們自信有足够的勇氣，不會在春天到來之前倒下去的，我們在「試鍊」

人

人可以分三種：一種是自己要活，而希望別人也活着，一種是自己要活，卻把自己的幸福建築在別人身上，一種是自己厭了世，不想活，但也不希望別人活着。

失去了愛憎的人，不是人，因爲他沒有了善惡是非的觀念和喜怒哀樂的情緒，假使我們活着一天，就要活得很像一個人。

吻

夾竹桃底蓓蕾，
杏李底蓓蕾。
我若溫和地吻了你：
可使你們早日燦爛芬芳！

×　×　×

盛開底荷蓮，
怒放底芍藥與茉莉。
我若熏醇地吻了你。
再把你底馥郁帶給愛你們底人間！

×　×　×

黃金般的木樨，
深紅色的丹楓。
我若銳利地吻了你：
人們纔知道已步入深秋！

×　×　×

寒冬里掙扎的霜菊，
倔强傲慢的臘梅。
我若殘酷地吻了你？
總能再見明春百花底笑靨！

脫稿於九月八日

徵求特約通訊員

本刊創辦以來，多蒙故鄉人士及旅滬同鄉之愛護，有此小小成績，現在爲使本刊更形充實，並符合一般讀者之要求，擬多刊故鄉或上海有關同鄉之消息或通訊，特公開徵求特約通訊員，希望讀者應徵，辦法訂立于後：

一、凡要做本刊通訊員的，請寫一封信來，並寫明姓名，年齡，通訊處，職業，另附最近作品一篇，寄本刊編輯室收。

二、本刊收到應徵的信，如認爲合格的，就即編入本刊爲特約通訊處，由本刊出給聘書。

三、特約通訊員應該隨時爲本刊採訪新聞，隨時報告本刊，並規定每月祇少需寫通訊一篇或報導新聞數則。

四、通訊或報導之新聞，內容並不專限於新聞或大事，如學校拾另，社會瑣聞，人物訪問，以及最近物價之變動等，均爲本刊所歡迎。

五、稿件如經刊出，本刊當給以相當之酬報，祇少酬以稿箋一刀。

六、特約通訊員如需購置書籍文具等，本刊可以代辦，並按定價九折計算。

特約通訊員名額暫以二十人爲限，於卅六年一月底截止，謹祈注意。

認賊作父　爲虎作倀
剝削人民　殘殺同鄉
罪孽昭彰豈容再逃法網
正義長存深望各界支持

——讀者控訴何阿四

編輯先生：

貴刊主持正義，敢於說話，夙爲故鄉人民所敬仰。東山在淪陷時期，吃够了敵僞的苦頭，慘遭殺害的人不知有多少，但因爲這些受壓迫，遭殺害的盡是些目不識丁的鄉農，和無知的婦孺，他們不懂得去檢察，去控告，就含寃不白地白遭犧牲，而這些過去曾爲非作歹，主使敎唆日寇殺人的敵僞人員，勝利後依舊如故，有幾個　地又成了地下工作者了，到處敲榨鄉農，地方上有人起來仗義說話，他們竟敢揚言暗殺，但眞理終於勝利了，這班惡棍之首腦何阿四，(卽逸羣)因殺人罪被人控告於地院，已解蘇地檢署偵查。何魔被拘後一班羽黨均紛紛避匿，現在吳縣地檢署已在滸中偵查，但東山人遭他殺害的已事實昭彰。我想過去何魔在太湖一帶勢力頗大，恐怕犯案不止這些吧！現在把我在東山所知道的一些寫給我們旅滬同鄉看看，希望大家主持正義，並且亦能讓大家知道東山現在是什麼樣的一個世界。

何阿四過去在敵軍武田隊裏充密探，改姓王，他當了鬼子的密探，便開起煙館和賭場來，並且包辦了拆屋，砍樹，到處敲榨，勒索，後來忠救軍到東山，他又投機到忠救軍去，忠救軍離了東山後，他便殺害了幾個平民，一個名吳亮卿，一個是朱炳軒的孫子，年齡祇十三歲呢！据他說殺這二個人是因爲吳亮卿囑這小孩抄了一封無頭信到鬼子的部隊裏去說他的壞話，所以把他們殺了，但試想這個不懂什麼世情的孩子有何辜該殺呢？他任意的鎗殺無辜難道是國法容許的嗎？後來他便遁跡在太湖上做湖匪，專事綁架勒索，橫涇同豐米行的賈百年來山收賬，便被何阿四綁去，在「夏荷園」論斤頭，賈百年爲了保全生命便向西街鎮鄭鼎有米號借了三千餘萬才被釋放，諸如此類的綁架勒索的案子說不勝說。勝利後他又以地下工作者的名義帶了鎗械橫行不法，時時到農民家攤捐要錢，僅以借了修理吳巷的一個學校的名義他就向當地農民勒索了一千餘萬，結果賬目未見報銷，也未見該校開學，而他把一部份錢向督學一塞，敎局反令區長傳令嘉獎，以何辦校有功！可見他的神通廣大了。可是法律是尊嚴的，任你有多少財富，有多大門路，殺了人終難逃法網吧！

地方上的士紳，商店的經理，以及鄉鎮長，他們激於義憤，這次都毅然去蘇作證，見義勇爲，這是好現象，希望他們能不爲威屈，仗義執言，堅持到底，使惡勢力永不敢抬頭，並祈同鄉會，東聯社以及社會人士主持正義。此頌

撰安

讀者王易明謹上

北風起
自衛隊員尚無棉衣

籲請旅滬同鄉援助

旅滬諸位同鄉：

吳縣縣屬之洞庭東山，交通很是不便，商業日見蕭條，現在各地民衆自衛團奉令冬防，我們第十二區亦奉到邊縣長的命令，在十一月十五日就開始出防了。唉，現在天氣一天天的冷了，半夜的狂風呼嘯地吹得緊，這班隊員還穿着單薄的制服，立在步哨線上，兩只冷如冰的手拿着鐵的槍桿子，毛骨竦然的和寒風去抵抗，掙扎，這他們的責任。可是這兩天隊中有兩個同志已經要病倒了，難道讓他們應該凍死嗎？這是保衛地方治安的青年，豈不應該凍壞他們的，故懇貴刊代爲呼籲希望旅滬同鄉設法援助，使此輩青年，能在此冬防時期，努力守衛，則地方幸甚矣！

洞庭後山蔣舍鄉民衆自衛團
王樹聲代表全體隊員謹上
十一月卅日

莫釐遊誌

（六）

許明煦

下行至古雪禪院，俗稱古雪居，淸順治間僧心淨建，康熙間席氏爲止白淨禪師重建。淸流一曲，經寺右而下，每逢水汛，其流急湍，聲似洪鐘，又似千軍吶喊，萬馬奔騰，山間瀑布之勝，當推其冠，故寺前有枕流閣，處境深幽，足供瀏覽，閣內楹聯，均出諸名人手筆，如：

溪頭細雨流花出，樹外閒雲載鶴回—陶澍

古香自有梅花在，雪色時看望鶴來—贊公行

四座勝流添逸興，一庭花雨助機鋒—王鈍根

倚檻遠眺，四山環抱，樹杪隙處，微露太湖一角。陶澍詩云：

古翠標峯妙墨留，禪房深處徑通幽，

簷連樹色雲生案，澗瀉濤聲雨入樓，

遠有明湖窺一角，來從絕頂豁雙眸，

匆匆莫笑無鴻影，一夜靑山借枕頭。

彭玉麐手書評軸一幅，步陶澍詩韻句云：

運甓勤餘寶墨留，我來憾晚漫尋幽，

莫釐未許遊蹤去，天遣擬鑱壓上頭。

何平詩云：

斗室起何年，石徑路紆折，山爲淸淨身，

澗作廣長舌，中有古心僧，篤學成四絕，

木榻漸以穿，目不窺門閾，飢取柏子餐，

渴挹溪水歠，去人旣已遠，風雨心如鐵，

豈惟結習盡，正復性淸潔，屋後眺千峯，

石邊看九節，翛然趺坐間，謝客非因砄，

間閒剝啄聲，路僻無車轍，烹茗引飛瀑，

蟹眼點淸冽，更有靑精飯，薇蕨稱佳設，

山居五月寒，相對忘內熱，翻笑拘彌冰，

那慕崇儷雪，俯視紅塵中，如物在纓紲，

方信明悟人，入道迥然別，旣謝榮辱名，

復無生與滅，冬深補破衲，寧恥鶉衣結，

不學哀安僞，匪繼惠可決，定中思飲冰，

大千惟玉屑，瓦礫無人投，坐聽幽泉咽，

靑峯隱蒲屋，主靜推僧傑，我亦冰雪姿，

樂家老岩穴，維摩辭法喜，許由師齧缺，

千年雪饕禪，爾我兩澄徹。

王守梧遊古雪居枕流閣詩云：

樹影沉沉堪小眠，四圍一碧草痕鮮，

綠波萬頃松林裏，翠黛千層竹榻前，

古雪居中聽響澗，枕流閣上俯鳴泉，

暮春夜雨如能聞，瀧瀧聲同滴瀝連。

寺旁一徑貫雲，爲登莫釐峯大道，登臨者拾級而上，恆惴惴然惟恐失足，樵歌聲聲，似有効之長力劑，能使人振奮，至金牛嶺巓，大致已力不勝任，而莫釐峯猶高插雲霄，正似由傲來峯攀登泰山景象，初看傲來峯削壁千仞，以爲上與天通，及至傲來峯頂，又見扇子崖尙在傲來峯上，及至扇子崖，又見南天門更在扇子崖上，故非具大勇者，殊難登臨。順道可訪烟火墩之頂，頂築方土，橫闊一丈許，相傳吳王所築以瞭越者，東山遺跡，此爲最古。過百家站，抵慈雲菴，取如來慈心，如彼大雲，蔭注世界之意，中有大士殿，三官殿等，結構宏敞，於山頂建築，頗屬不易，每逢巨風，則首當其衝，故牆垣屋脊，時有吹折之虞，今主其菴者，爲法海寺主持湛明上人所兼，渠意四周砌以圍牆，以防侵襲，惟工程浩大，迄今未果。廟中香火，尙稱不惡，尤以六月十九觀音誕辰爲最盛，昇平之日輒行通宵，名曰伴觀音，香烟繚繞，燈燭輝煌，足見鄉人對大士虔奉之愚忱。自庵後登丈許之坡，即達莫釐絕頂，但見湖水共長天一色，帆影與沙鷗齊飛，遠山如屏如障，近山如案如几，吳江金天羽君題雲濤極望，吳縣鄭偉業君題湖心積翠，各抒所見，均屬不謬，民國十八年臘衙李根源題莫釐峯三大字，爲苔蘚侵蝕，有古色古香之感。明沈周題莫釐登高卷云：

洞庭兩山浮其區，金庭玉柱仙所都，

翰林王君列仙儒，住隔萬頃波瀲湖，

洪濤巨浪相吞屠，我欲從之老命虞，

海東文侯眼孔大，視之不與坳堂殊。

眼中之人不可呼，飄然往就蕭之鳧，

文侯文侯賢尹吳，所治百里山水俱，

山靈河伯受約束，疑爲後擁仍前驅，

高登莫釐盡奇觀，云古未始今當無，

白波靑嶂坐可挹，紅粧細馬來敢汚，

兩人傲睨萬象表，但恐笑語天人狙，

揮毫撫景開杯酌，作文競與山描摹，

湖山洵美我未識，翻意斯文相厚誣，

綠文作畫强鄙夫，正如摘埴求其途，

茫茫意會復有咏，長安西笑何其迂，

有生不遊山亦誚，手撚白髮吁嗟乎。

套句老話說：『光陰如箭，日月如梭，』好容易一年又過去了，說是沉長的歲月，却又有一瞬卽逝的感覺。

× × ×

在讀者讀到這本小小的刊物的時候，已是一九四七年的開端，莫釐風月刊特地出了個新年特輯，無非是應個景兒，多蒙讀者賜稿，眞是萬分感謝。

× × ×

莫釐風創刊至今，很巧是半個年頭，創刊號是七月一日出的，至今是第七期開始了，承蒙讀者愛護之深，終算支撑了這半年的歲月，以後日子正長，還望讀者諸君的助力，使本刊在這遙長的歲月中前進。

× × ×

本刊既是東山人民的喉舌，理當至誠爲同鄉服務，爲了傳達更多的消息與旅滬人士之前，特徵求通訊員，以冀中山的聯絡加强，希望愛護本刊的在山讀者，踴躍應徵，上海或別埠的讀者也希望能賜稿告訴我們同鄉在各處的生活狀況，以使本刊做到眞正的東山人民的刊物。

× × ×

這次旅滬同鄉會的會員聯歡大會，席上麥克風中和本刊做了不少廣告，爲酬答雅意起見，我們也義務的把會場中情形介紹了一下，雖然算不了什麼，但讓山郎人多知道一點自已同鄉會的情形，不見得是一件多餘的事吧！

× × ×

本由東聯社主辦，已往常常刊登東聯社之各種消息，但有許多讀者認爲，這樣會使社外之人看得乏味的。所以經過幾次的商討，决定另外出一份東聯，專門介紹和報告東聯社的消息的，這樣可以使得本刊致力于爲同鄉說話，節省寶貴的篇幅不少，這想是讀者歡迎的。

× × ×

近聞故鄉有興辦農場之議，故特請龔緒華同學著文鼓吹，同時希望讀者發表意見，羣起響應，使此實驗農場，能早日完成。

× × ×

讀者來稿，日益增多，爲增加寫稿興趣起見，以後當小備贈品，不敢云酬，一點點小意思耳。

× × ×

話又說了一大堆，就此住筆，順便和諸君行一個新年的敬禮！再會

卅五年聖誕節

莫釐風月刊

逢每月一日出版

預定先繳五千元每期按八折扣除
本期零售每册八百元

編輯及出版者

東洞庭山各校同學聯誼社
莫釐風出版委員會

上海通訊處　北京西路一〇八號 洞庭東山旅滬同鄉會 電話 九三四一九 九六五九七

蘇州經售處　閶門內中東市 蘇州教育用品社

東山總經銷處　殿涇港朱家弄瞿友農

東山總售處　殿前巖大德堂國藥號

莫釐風

第八期

東聯社出版

第八期目錄

民國三十六年二月一日出版

新春獻辭

新春來臨，萬物向榮，際茲歲始，吾人希冀內戰早停，國家進步。幷敬祝父老諸姑兄弟姊妹身體健康，家庭愉快，事業順利，學業進步，爲頌無量。

國曆元旦前夕，同人等藉假期之便，曾返山一行，幷同各界首長地方士紳以及各階層同鄉交換意見，叨聆教益，深覺今日之東山由於十年來地方不甯，已臻衰疲之境，吾人生於斯，長於斯，家室於斯墓園於斯，實無法坐視，乃重申吾人立場，幷寄與在山及旅滬父老以無窮希望，作爲新春獻辭。

「東洞庭山各校同學聯誼社」立場異常簡單，宗旨亦卑之無甚高論：對內爲互求身心之健康，對外爲輔助鄉政之推進，如斯而已。

基於此，凡有益於吾人進修者，莫不參與，作爲旅滬東山青年在健康學習，事業各方面相互砥礪之集團，雖年齡不同，性別不同，職業不同，居處不同，而都能融洽相處，儼若手足；基於此，凡有利於吾鄉之進步者，莫不參與，務使成功而後已，與諸父老分享一點愉快，一點欣慰，基於此，幾有害於吾鄉之進步甚而使吾鄉雞犬不寧者，吾人必羣起而攻之，至勝利而後止，與諸父老分担一點憂慮，一點憤恨，俾使逝者安眠於鄉土，生者在鄉土上能享受自由與幸福。

吾人雖散處各地，而心懸故鄉則一。

試述東聯社與同鄉會之關係，在原則上聯絡感情，服務桑梓，殆無二致。在實質上則有爲長者之與晚輩，長者經驗豐富，深謀遠慮，一事三思，兢兢業業，而晚輩熱心洋溢，說到就做，往往大碰釘子，鼻青臉腫，是吾人爲少碰釘子，事半功倍計，同鄉會諸長輩無一非吾人之顧問，無一非吾人之老師，在同一目標上向前邁進！

故東聯社與同鄉會之關係，曰：融洽！

試述東聯社與東山旅滬各學校同學會之關係，各校同學會是基本的有力組織，化零爲整，赫然東聯社是也，故兩者乃一而二，二而一，絕不可分，曰：融洽！

試述東聯社與故鄉各界首長父老之關係，一則爲東山之復興進步而努力，一則爲東山之進步而呼喊，而輔助，而行動，在初期或有意見相左引起不愉快之處，但日久知人心，吾人動機純正，兩者目標相同，自能獲得諒解，緊緊握手，故兩者之關係，曰：融洽！

試述東聯社與在山各校同學及校外兄弟姊妹之關係，吾人不怕見笑，敢以兄長自居，彼等在故

風語

「盜匪猖獗」

司徒新

翻開一本莫釐風來，雨花播音台的新聞中，每期有得出現的題目是「盜匪猖獗」。太湖强盜的聞名天下，自古已然，而經過了連年兵荒馬亂，自然於今尤烈了。

古人有句老話「人之初，性本善」，而盜匪的產生，當然有少數是生性兇惡，殺人放火，但因爲時局的動盪，生活的困難，爲了要活一條命，而迫上梁山的，在數也一定不小。

所以要求盜匪的消滅，最要緊還是要使這產生强盜的社會加以改革，使時局平靖，使人民生活安定，使大家過着眞正的風調雨順，國泰民安的生活，所謂「倉廩實而知廉恥」，到這個時候，怕誰也不高興打戶刦舍，來做這些以生命換生活的事了吧！

年常舊規

雯韻

年常舊規，還是中國的一句老話，一切依從舊規，從不肯有一點改革。

我們東山人的生活，更是不肯違背舊有的規矩，雖然時代的激流多少已經使東山人的生活改動了一下，然而，大多數生活的積習，還牢牢地套在東山人的身上和心上。

在「過年」的一個時期中，我們可以看見有人家有了要顧到年年的規矩，供尊，祭神，不肯有一點退班，其實經濟却很困難，爲了一點面子，甘願在經濟的浪潮中掙扎，甚至還負了不輕的債。

中國舊有的一切規矩，其實並不多是好的，如若爲了一點面子，一定要照樣排場，而讓自己在已經貧乏的家庭中，加重一層困難，加多一重開支，這實在是不必要的，雖然節流不如開源，不過改革掉一點不必要的舊規，這也是很對的。

鄉或工作，或家居，或求學，耳聞目覩，莫非東山現狀，喜愛與憎恨，自當較遠離故鄉之吾人爲親切，其反應更較吾人爲眞誠，國家的希望在下一代，吾山之希望亦在下一代，此下一代人與吾人息息相關，利害一致，喜怒相同，兩者之關係自極融洽。

至此，敬獻吾人之希望：

希望於故鄉各界首長及士紳父老者，東山不幸，屢遭變亂，民生凋敝，滿目創傷，諸公或係地方士紳，或係他鄉貴賓，同爲東山服務，吾人僅遙致敬仰之意！

東山今日主要課題，厥爲使人民享受安甯之生活。固然，大局不靖，烽火漫天，東山焉能成爲桃源？惟際此荒亂動盪之時，如何使人民瞭解時勢，如何使人民生活積極，不豪賭，不吸毒，不拆盡高樓大屋，不砍光桑園菓木，白天黑夜不爲抽丁徵糧怕土匪及其他惡勢力之滋擾傷盡腦筋，使人民負担合理，使人民羣趨生產，使人民有自衛能力，使人民成爲東山行政當局强有力之後盾，此雖近乎高調，但苟朝夕以赴，執法乎上而得其中，自當有所收獲。縣各級以下行政者均係親民之官，際此政治刷新之日，自應一改數十年來黑暗貪汚不負責任之態度，自應一改數十年來士紳鬬法，士紳與官吏暗爭之對銷力量的惡劣作風，和和愛愛，做到「親民」兩字，導之以正，感之以誠，務使一甲一戶，無空閑之人，一畝一分，無荒蕪之土。實行家庭訪問，瞭解人民生活，舉辦鄉鎭合作，充裕人民生活；澈底肅清烟賭，振奮人民生活，訓練地方團隊，保障人民生活；增加鄉鎭學校，掃除文盲；注意疾病防治，破除迷信；改良農作物增加生產；舉辦閱報室啓發民智；……千頭萬緒，無一非戰後復興所需，當擇要逐一完成之，官吏不分文武，蓋均係人民之公僕，人民愛戴與否，當爲政治優劣之試金石，官吏與士紳間更應和愛相處，推心坦腹。諸公或熱愛故鄉，或長居東山，與東山人民造福殆無異義，吾人敬拭目以待！

希望於旅滬緒父老前輩者，諸公瞭解東山較吾人深切，諸公在故鄉資產及在滬地位更較吾人崇高，一言九鼎，片語息紛，自有其魄力與權威！絕非吾人所能及。是今日故鄉之事，毋論地方之建設，地方之糾紛，尙望賜予顧及，在山各界首長及父老輩正以無限熱誠盼望諸公有力爲實貴的建議與幫助，吾人亦敬此拭目以待！

希望於東山各中小學工作同人者，大局動盪，社會秩序瀕於混亂之境，生活艱難，諸君仍堅守崗位，爲下一代着眼，吾人僅致崇高的敬意！而今時代在變，國家在變，東山一隅所遭受之不甯，蓋莫非整個中國之縮影，如何使下一代認識現狀，懂得恨，懂得愛，懂得獨裁與專制之不合理，懂得民主與自由之可貴，懂得內戰前途之可怖，懂得和平之難得及其珍貴，諸君之辛勞有其代價，新東山將因之而加速產生，新中國將因之而加速形成！

冰雪解凍，陽春來臨，吾人希冀春天帶來和平，亦帶來充沛的精力與諸父老兄弟諸姑姊妹，亦帶來溫暖予寒冷中的故鄉！

何逸羣案

地檢處已提起公訴

因退役後在閭里間頗不安分　犯罪事實鄉保長均供陳明確

何淑英控告區長

東山鄉居民何逸羣，前經該管鈕王鄉鄉長李子茂，檢舉謂有妨害兵役，公共危險，妨害自由，勒索未遂，侵佔捐款，暨曾任敵僞密探，假借勢力，殺害鄉民，勒索僞幣等罪嫌一串，經該區徐塗淸區長，層送縣府，轉移地檢處偵查後，昨業由蕭檢察官偵查終結，除侵佔捐款案，查無實據，處分不起訴外，其妨害自由，勒索未遂等案，已予提起公訴，送請刑庭審判，關於其他漢奸部份，則擬呈解高檢處依法偵訊，今將其起訴書原文誌次：

雨花播音台

（檢察官起訴書）

被告何逸羣，男，年二十七歲，業浴室，住吳縣東洞庭前山，另案呈解江蘇高檢處，鈕傳鑫，男，年業不詳，現所在不明。右被告三十五年度偵字第七○九號公共危險等案件，經偵查終結，認爲應行提起公訴，茲分述犯罪事實等項於次。一、犯罪事實，何逸羣曾服務於忠救軍，退役後在閭里間不安分，會有同壯壯丁秦金壽，於上年十一月間，經鈕王鄉抽中征服兵役，秦毋曾請其設法，何逸羣因代向該管鄉長李子茂要求免徵，未允，乃唆使秦金壽逃免，並對李鄉長有所懷恨，同月廿三日晚間，偵得李子茂宿於西街鎭其友人陳壽生家，何乃持鎗，與其友鈕傳鑫，迫同該管保長楊柏卿等，前往陳宅，詭稱檢查戶口，將李子茂挾持至西街鎭鎭公所，並向其勒索盒槍兩枝，嗣李子茂經鈕鄉長釋放後，報由該管區公所，轉呈吳縣縣政府，將何逸羣逮案，並抄獲盒槍等，解送偵查到處。（二）證據並所犯法條本件經訴據被告何逸羣，對前開事實，雖不承認，並稱未曾庇護或便利壯丁秦金壽逃避，亦未曾向李子茂勒索盒槍，至查獲之槍，係潦田，涇渭等鄉鄉長所託購等情，查壯丁秦金壽，被抽中後，即請由該被告幫忙，並向鄉長李子茂交涉免徵，嗣以未獲允准，秦金壽即行逃避等情，業據該壯丁於吳縣縣政府軍法處辦訊中自認，並據該管保鄉長迭次供陳明確，上年十一月二十三日，該被告與在逃之鈕傳鑫，持鎗迫使保長楊伯卿，同往陳宅，將李子茂挾持至西街鎭鎭公所，並向其勒索盒槍兩枝，嗣經鈕鄉長釋放，始獲恢復自由等情，亦據保長楊伯卿，鎭長鈕鑫甫到案結證屬實，並經被害人李子茂指供歷歷，至拘案之盒鎗兩枝，並非爲潦田涇渭等鄉，鄉長江煒生，居庭揚先後陳明，供證在卷，該被告所辯稱各節，既非實在，其妨害兵役勒索未遂，及私行剝奪人之行動與意圖供自已之用而持有未受允准之軍用槍彈等情，實犯妨害兵役治罪條例第四條第二項；刑法第三百零二條第一項，第三百零四條，第一百八十七條之罪？被告鈕傳鑫亦犯刑法第三百零二條，第一項之罪，查係共犯。與數罪併罰等，應依同法二十八條第五十，第五十條處斷，獲盒鎗彈藥之案，並應依同法第三十八條第一項第一款第二項宣告沒收，除被告何逸羣所犯侵佔公有財物等嫌疑，另行處分外，爰依刑事訴訟法第二百三十條提起公訴。

（不起訴處分書）

本件被告何逸羣，經其同村人士席煒等聯名呈訴，曾於敵僞盤據本縣時間，先後殺害鄉民吳亮欽，朱炳軒之孫，並曾向實百年勒索僞鈔三十餘萬元，及於上年曾將經募修理武山鄉小學捐款侵爲已有等情，查該告發人所訴殺害鄉民勒索僞幣等情，業據被害人家屬吳魯氏，朱炳軒等，到庭供明，係其任敵密探時假藉敵僞勢力所爲之罪行，不屬本院管轄範圍，依特種刑事案件訴訟條例第一條第一項第二項之規定，應俟呈解江蘇高等法院檢察處依法偵訊，至侵佔捐款一節，業經電請該管區公所查明，該被告並無侵佔情事，並據包工孔阿坤到案結證屬實，有卷附原復文及偵訊筆錄可按，犯罪嫌疑不足，應依同條例第一條第一項，刑事訴訟法第二百三十一條第十款不予起訴，除被告所犯妨害兵役公共危險勒索未遂罪行業經依照通常刑事訴訟程序提起公訴外，爰依同法第二百三十四條第一項，特爲處分，並敍述理由如右。

（又訊）東山居民何逸羣，前以私藏鎗械，阻撓兵役，殺害人命，藉端勒索等情，經該區區長徐塗清報由縣府，移送地檢處，在押所中，近因患病狀請交保，承理該案之蕭檢察未予核准，又何妻何淑英狀訴區長徐塗淸吸食鴉片，賄釋烟犯，私設捐稅，貪汚瀆職諸款，昨由地檢處潘檢察官傳到告訴人何淑英，及被告徐區長，及關係人席煒，王林生，葉晢塗等，庭訊一過，命將徐區長帶至戒烟所調驗後，飭着徐區長交保，餘均飭回，該案候核再傳。（王樹聲）

（又訊）徐區長自被何逸羣姘婦何淑英檢舉爲貪汚，並犯吸毒，勾通地方紳士席煒等組織地方建設協會，向民捐款等，地檢處已二度傳訊，開偵查庭，以證據不足，且原告有挾嫌誣告之情況，故原告被告均暫交保釋放，改期裁判。

（又訊）何淑英並檢舉前僞區長葉伯良，及席侍豐，告席氏曾充任漢奸，征收軍糧，故該案亦已由蘇州高等法院開庭偵查中。（雨晉）

吳縣組成完密通信網
東山區計劃裝設電話

蘇省府前以各地萑苻未靖，爲謀加強地方防務，並便利一般人民之通話起見，特一再令飭該縣縣府從速裝設鄉區電話，本縣府奉令後，爲謀組成完密通訊之便，積極籌備敷設有線電話，茲悉由城區爲起點，各線分佈狀況，摘誌於後。

A線——城區——胥門——橫塘——木瀆——橫涇——東山。

另一支線木瀆——善人橋——光福。長度四十四公里。

一，十一，王樹聲。

新正賭風猖獗
當局佈告查禁

新正以來，本鄉賭風頗熾，到處莫不三五成羣，團團圍住，竹牌之聲，與人聲嘈雜，互相呼應，賭徒們如瘋若狂，作孤注一擲。年例警局寬放三天，不予拘捕，初四日起，先由區公所張貼佈告，「嚴禁賭博，如逮拘捕」次日，再由陳警長張佈查禁，大意謂，人受賭害之甚，重者傾家湯產，輕者挺而走險，不予查禁，前途不堪設想等云云。（錫淳）

選舉縣參議員完成

本山共得三名

一月十二日上午九時爲本區選舉縣參議員，共選三名，東街、西街、席周三鄉鎮合選縣參議員一位，地點區公所，選舉者三鄉鎮之鄉鎮民代表，公選之時至九時半已簽到代表四十九名（總數五十四名），出席已超過半數以上，合格開會，臨時推主席周則方，報告選舉縣參議員之手續及詳解意義，並推徐晉康、陸秉銓、費文元等爲臨時監察，區長爲監督，九時三刻開始投票，中央設一投票箱，唱票周竟如，開票結果席煒廿三票，韓步愈廿二票（即文伯），劉道周三票，周昌漢一票，餘則華鏡澄、周昌猷、嚴挹謙均無票，席煒則合格當選，韓步愈爲候補，渡橋、武山、鈕王、潦田四鄉鎮合選一位，地點渡橋中心國民學校，投票結果，葉振民以三十二票當選，後山鄉鎮當選者朱潤生云。（農）

蔣含鄉民代表候選人

保別	當選人姓名	票數	候補人姓名	票數
一	金仲寶	二八	葉龍安	一五
	周進興	一五	馬金松	四
二	葉耕香	四〇	唐新福	九
	吳仁根	一四	蔣棟生	六
三	俞志成	三三	張熾安	一六
	王軒銘	二一	朱永昌	六
四	王志全	二六	顧福生	五
	姚德寶	二三	葉惠春	一三
五	張福全	二六	張子興	一一
	葉福民	一五	王介銘	一七
六	葉桂林	二六	朱寶興	一五
	沈傳興	二五	唐文良	七

美國小艇來山打獵　文化學院離鄉他遷

前駐渡橋之縣保安隊計一個分隊，於廿一日奉令他調，今由西山原屬部隊中隊部隊金中隊長（常州籍），携有一分隊及中隊部仍駐渡橋云。（友）

元月廿四日（初三日）席家湖岸到有一美國小艇，栽有羅宋人四美籍二人，來山遊覽打獵。計獲得肥獐五隻野兔一只，野雞一只，餘則水上小鳥，四五人至翌晨即滿載啓椗返滬。（豪）

一月廿日太湖水上第四警察局，奉令全部開山分駐薛家祠及渡水橋，如房屋不敷，據稱或分駐具荷園云，局長係張少華云（友）

殿涇港爲我山之交通要道，忽於十三日，在孫公亭北段之路基，因年久失修，遽告崩斷，來往車轆爲之不便，旋經地方人士將前地方建設協會建設專款項下動支款項，修駿竣事。

聞悉潦田鄉之魚商，皆因運銷虧本致倒閉者已有多家。

席周鄉鄉長嚴士雄，曾被某君檢舉吸毒案，經地檢處傳訊檢驗。

山中茶室之中，每多抽頭聚賭。此風甚盛，尚希主管當局，爲整飭社會風氣計，予以注意及之。

販吸海洛英買賣者，山中實亦不尠，尤以在西街一帶爲多，際此禁政聲中，治政者自應責無旁貸。

民族文化學院，已離山他遷。（以上警）

住居蔣含鄉第一保，當下村前巷，即「蕭家塔上頭」，居民周進興，乃妻年約卅許，有孕達十二月滿足臨盆，當在臨產時突變難產，情勢險惡，竟產雙胞胎，因喚老娘助產，故而嬰孩落地，一男一女，落地即氣絕，幸而產婦無礙云。

洞庭後山蔣含鄉住居第一保當下村，後巷逍遙台地方，鄉民周阿四之妻，年約四十餘歲，周阿四已在七年前病故，尚有子四，均服務於蘇州，周婦時在陰歷十一月廿六日，因病身故，當時已遣人趕蘇州命子回山料理，不料在次日竟然復活，漸漸醒來，遂步轉危爲安，現已恢復常人狀態，眞世所稀聞的事。

東山近事

△自衛隊已紛紛成立，從此鄉民一變而爲制服階級，優哉游哉！

△標會之風大盛，在年底竟有出到三角五分以上的利息來奪標的。

△與鄉農閒談，知道鄉農所恃以爲生的，除魚蝦，及一小部份菓子外，其他就難以變錢。至於素享盛譽的育蠶事業，早已連桑樹都燒掉，根本談不到了！

△聽到過這樣一句話：有形跡可疑的二人到過灣裏。

△過去盛極一時的舊貨攤，現在紛紛的收歇了，剩了一二家資本較充足的，亦有難以維持之感。

東山花草

英明

△葉巷村唐坊巷內，新開一演常錫文戲的「戲院」所演各劇雖然低級，惟營業倒不惡。

△大年夜，蘇州開山的輪船，祇開早班（晨七時）一班，致旅客被困在蘇州的亦不少。

△初一下雨，路上行人寥落，潦里的十騎小猛將亦沒有出，新年景象爲之減色。

△今年過年景象比去年更不好，但仍有出了二角個洋來硬撑場面的亦不少。

△新正賀年，給小孩「拜年錢」大多在一千左右，二千元以上已是鳳毛麟角。

△新正五天，賭場紛紛開設，據聞這五天當局是取放任態度的，連平日的規矩亦嗚呼了！枱面大概自五六十萬至二三百萬元不等。

東聯社在鄉三日記

雲

「東聯社」這個東山新興的青年團體，成立到現在雖然還只有三個月，但卻引起了東山及上海有關方面的注意，這成功並不是偶然的，而是由於已往東山青年在各方面所表現的成績的收獲，也是東山青年的光榮。

「東聯社」是去年十月廿日成立的，爲了要和家鄉各有關方面作一次感情上和工作上的聯絡，在今年元旦，利用三日的例假，約集了八九位執監委員——和二十餘位熱心社員，先後回到家鄉，這聲勢是够雄壯的，這裏就將在鄉三日的經過作一報告：

當我們到山的第一天晚上，很榮幸地就得到區長，警察所長，和各鄉鎮長設宴招待，地址是在民衆教育館，正巧這天新成立的自衛團也在民教館聚餐，汽油燈的光把民教館的禮堂照得如同白晝，濟濟一堂，備極熱鬧，席間就地方問題，互相交換意見，至八時方盡興而散。

翌日上午正風社也爲我們開招待會，正風社是東山士紳組織的團體，成立還不很久，社員大多是年高德厚的父老，而我們東聯社完全是青年人，雙方年齡有相差五十歲者，少長咸集，一掃過去老不軋少的習慣，主席席微三先生很熱誠地把建設新東山的重任寄望于東聯社，席待豐先生告訴我們故鄉最近的種種情形，我們也先後發表了一些意見，和聲明了我們的立場，會後由嚴舜民同學攝影留念，當日下午全都參加務本小學同學舉辦的新年懇親會，並且在寶貴的節目中，東聯社也參加了一個報告節目。

爲了酬答各方面的盛情，同時也是「東聯社」到山的主要任務，在第三日的下午，我們以「東聯社招待各界聯誼大會」的名義招待各界，上午由葉緒華席履仁兩位同學代表東聯社到區公所和警察所答謝，下午三時假座莫釐中學禮堂開會，到有區長，鄉鎮長，正風社代表多人，教育界代表到莫釐中學，務本小學，鐘秀小學，文昌小學各校代表，同鄉會代表陸鍾琪先生，和保安醫院院長張克勁先生都駕臨參加，遺憾的是後山各界因通知不及，都沒有代表出席，這是我們應該致萬分歉意的，同時教育界方面因當日適馮督學宴請各校當局，因此有許多學校都沒有代表來參加，這是我們感到非常遺憾的二件事。

會場佈置很簡單，正面牆上貼着一張巨幅的握手畫，結實而有力，有着很深的意義，我們很希望故鄉各界都能這樣緊密地團結起來，坐位排成倒U形，並且略備了些茶點和香烟。

三時正招待會在東聯社社歌聲中展開，會場情緒在樂聲中顯得輕鬆而活潑，樂畢由主席葉緒華同學致開會詞，使大家知道這次我們招待會的目的，接着有席德基同學報告東聯社的組織，讓大家明白東聯社的內容，繼由席履仁同學報告莫釐風的宗旨和立場，之後由區長徐淦清先生正風社代表，金鳳生先生，鄉鎮長代表周景如先生，同鄉會理事陸鍾琪先生，保安醫院院長張克勁先生，文昌小學代表龔先生，鐘秀小學代表顧蓉先生，分別致詞，語多建議和勗勉，最後由嚴慶澍，許慶元二位同學發表了一些對故鄉的意見，至五時全體留影後散會。、

「東聯社」在鄉三日承各界招待，我們是感到萬分感激，只因時間忽促，不及一一答謝，還望各界多多原諒，今後尚祈多加指導和協助。

展開造林運動

•醒農•

在同鄉會會刊及莫釐風會刊上拜讀了朱潤生先生的大作，他那種爲桑梓努力謀地方造福而奔波的精神，使得每一個同鄉人士，都表示無限的欽佩。

作者是一個農人，是不上不落的莊稼人，本該躲在農場裏從事農業工作，不聲不響，但是拜讀了朱潤生先生發表在莫釐風第五期上之大作：「山行隨筆」，內中述及河水高漲，浸及隄岸，這實在是一個嚴重的問題，作者是同鄉一份子，知道了這一個嚴重問題，非常之不安及關心。

森林爲凡百木材之總名。乃爲防禦水旱災荒，如總理遺訓民生主義第三講中云：「近年來水災爲什麼一年多一年呢。古時的水災爲什麼很少呢。這個原因就是古代有很多的森林。現在人民採伐木材過多，採伐之後又不補植。所以森林日見減少」。

八年的抗戰中。家山之森林與坟墓林，砍伐殆盡。全山都是牛山濯濯。一遇大雨，山上沒有森林來吸收雨水，和阻止雨水，山上的雨水便馬上流到河裏去、河水便馬上泛漲起來，即成水患。要防止水災者非先造林不爲功，造林是防水災的根本方法，有了森林，遇到大雨時候，林木的枝叶可以吸收空中之水。林木的根部，可以吸收地下的水分，所有大雨及綿綿的春雨，都被林木吸收了，然後慢慢流到河中，便不致於成災。所以防水患，便先要造林，有了森林，便可免去東

幾點意見

·一飄·

回鄉四日，苦於酬酢，喜因東聯社招待會之便得與故鄉各界略敘片刻，爲時雖暫，所得啓迪不少，夜雨寒窗追述如下：

東山目前最大危機，在各界之間缺少協調，人人之間如此，團體之間也是如此，所以在寫意見之前，我要求大家先認識一個最大的前提，就是：「精誠合作！」

如果我們願意有一個健全善美的東山，我們一定要切實地做到「合作」兩字。官長和父老合作，老年和青年合作，男人和女人合作，上海和「山浪」合作，出客和莊稼合作。這樣人人合作，時時合作，處處合作，事事合作，然後我們才可以談其他工作，否則後面所談又和白紙何異？

在合作的原則下，我以爲大家應該發動去做到下面幾件事：

（一）政治的刷新——區政是最起碼的政治，正因爲其起碼，所以更顯得重要，因爲他是國家政治好壞所繫。東山區政，或許不算最壞，但至少也沒有進步。十幾年前我所看到的「衙門」，今天依然絲毫未變地放在眼前；十幾年前我所聽到的黑暗消息，今天依然盪漾在我耳際，所以我希望長官們不再墨守成規，要知生長在這一多變的時代中，我們一定要常常的改革，好的設法建立，壞的必須根除，我們不妨慢慢的改，但是一定要實實在在地改。西萬提斯說：「取道於『等一會』的街，人將走入于『永不』之室！」政治自然是更不容許「等一會」的。

（二）經濟的開源——分析政治腐敗的原因，我們知道經濟拮据是重要的一環，因了經濟的收入，或許使若干罪惡延續了生命，在經費無着的情形下，我們對當局的從增稅上着想，不忍苛責，但我們要提醒一點：能不能從積極的生產上去另闢一條開源的道路，使一般人民的負担略予減輕？譬如建立農場，創辦合作社等，如果以地方長官的因勢利導，加上父老和全體民衆的力量，我想一定沒有問題，幸而成功，民生固然解懸，區政所需，也將有所出處，我們深信：如何使人民富庶，才是充裕收入的最聰明方法。

（三）理智重于感情——東山各界的不協調空氣，已達頂點，往往由于一件小事，甚至一句閒語，會弄得同室操戈，不惜以生命作孤注，這是可悲的事實，考其原因，無非是感情用事的作祟，我希望今後大家保持一個清楚的頭腦，以健全的理智去控制感情。能够如此，那末一切不愉快事，才能由大化小，由小化無；也惟有如此，才能談到合作，才能減少無謂的爭執，多做些有意義的工作。

（四）一顆善心——有一位哲學家說：「人生最需要有的是一個善心，有善心的人，對已則能自安自足，去做一切與已適宜的事；對人則是一個良好的伴侶。」一種良好的心，一種愛人的性情，一種坦直、誠懇、忠厚、寬恕的精神，可說是一宗無價的財產，這宗財產我們儘管大量的給予他人，但並不因「給予」而減少，相反的會因給人愈多而所有的更多。在我私人的感覺中，認爲一般東山人還缺乏這一顆善良的心，我們不能因習于那足以硬化人心的無情的冷酷的行爲之故，而至于目光被蔽，只看到別人的壞處而看不到他們的好處，假使我們能改變態度，不一意去指摘他人的缺點，而只注意他們的好處，則于已于人，均有益處。

上面是我個人所感到的幾點意見，或許僅是一小部份。但在我，希望以後不再有更多的意見發表。

山的水災之禍。我們東山之造林還要靠旅滬同鄉發起，再靠了全東山同鄉之力，大家起來提倡造林，本諸有力出力，有鈔出錢，在互相合作之下，才容易成功一大規模造林運動，使得桑梓永無水患發生。否則不消十年，東山所有民屋皆有坍屋之危險；因家山民屋大都依山邊建築而成，各位只要回山時，在渡村那邊遠望家山的形勢，民屋之建造卽知全部依山而築了。故祈東山父老紳士及旅滬同鄉們密切注意。

再則森林與風景大有關係，人類之精神，對于周圍之自然物，常受絕大之感化；俗云「漁夫之豪胆」「樵子之沉勇」，均與其環境有關。試投入百花爛漫之花園之中，誰不發生美感，早夕散步田野，但見阡陌縱橫，青翠成羣，則怡自然得。白晝入蔭森巨林之中，誰不爲之肅然動容，觸於目，感於心，而表於情也。家山昔年綠蔭遍山，現則牛山濯濯，我們的同鄉們，大都在蘇滬一帶謀生活，日處在人烟稠密乾燥枯寂之環境中，終日辛勤，精神已受到莫大之痛苦，一旦適逢假期或清明上坟汎，返歸家山，可以調劑精神，到了故鄉遍山綠蔭，跑上兩花台及莫釐峯。兩側栽植之森林，蒼翠綠叶，養靜怡性，足使遊人流離忘返。

但是近年來在申蘇之同鄉們，返歸故鄉後，已不能再看到此情此景了，所以不能袖手旁觀，大家起來鼓吹宣傳，時機一天天的緊迫，如果再不起來造林，悔之晚矣。謹以至誠向朱潤先生商榷，和就正于同鄉們的。（寫於上海市立農林試驗場林木育苗圃）

山行隨筆

•玄丁•

為了一些私事，蕭蕭風雨裏，五度到家山，清晨上車，十一時到蘇州碼頭上一問，方知今天中午赴山的班輪不開了，說是要調整時間，明天改開來回班，船是停在河邊，客是聚在岸上。不開了，一句話，客人們進退維谷了，這突如其來的改革，客人絲毫未知，輪船的老闆不肯為客人們着想，放生是沒有責任的，法子要自己去想，辦理公共事業的人們，那一天才肯在「服務」兩字上用工夫呢？此時適有渡村班輪到達蘇州，一轉瞬間，即行開回，我一轉念，想坐該村輪船到渡村再說，不料船已開去了，立即回身追趕上去，細雨濛濛，打在身上，路上泥水濘滑，七跌八銃趕了一段路程，過了一條橋，方始趕上，即從木排上走去，該輪頗為客氣，暫停相候，方得上船，不過在踏上輪船邊舷時，一根圓木，脫離木排，立脚不穩，壳龍通一聲，右足已踏入水內矣，虧得左足立得尚穩，不致作為落湯雞，尚稱大幸，可是受了小小一驚。

渡村將到，天黑如夜，風愁雨慘，心中躊躇，如何渡過這十里短程，到得東山。偶聽得艙內有人在談價目，靈機一動，或有被東山班放生的同志，也在動腦筋了，即上前探詢，果有四位客人，正在同船上職員商量，請其直放東山需價若干，他們答應可去，但要索價十萬元，一算人少價貴，頗為束手，我即出面向船員解說此次東山班突然停開而使客人遭逢困難，這是失去了服務的意義，貴輪倘能仗義代送到山，乃是極榮譽的事情，是服務公共事業應取的態度，價格方面，可以從長計議也。我主張以四萬元為標準，船員聽了我的一番意思，頗為感動，認為有理，自動減為六萬元，於是大家同意，每人出資一萬成交，所缺之數歸我負責，當時另有擺渡口鄉人數人，每人願出一千五百元，拚合起來所少也有限了，交易成功皆大歡喜，雖然多耗了一些金錢，却可以安抵故鄉了，船員的態度和怨，的確可以表揚幾句的。

渡村的輪船，是一種艒艒船改裝的，船身狹小，機器間即在艙後，並不分隔，用汽油作燃料，我們偶處艙內，單放西進，此時有一位務農同志，（被東山班放生之同志也）忽然烟癮來了，一枝在手徜徉自得，鄰座某君即告誡他，汽油在旁不要吸烟以防危險，他似理不理，也不言語，吸之吸之，若無其事，我又要多言了，即含笑對他說：汽油易燃，輪船因此失事的已很多了，我們沒有權力可以禁止你，但是事關公衆安危，所以善意勸告，我也頗想抽一支，以解寒寂，不吸者為此也，來，來，來，不要吸香烟了，我們大家吃糖罷。於是便把我隨身帶着的一小包五色可可糖分散各人，每人二粒，他居然笑了，自動熄火，一室融洽，喜氣盎然。

到山後料理私事之餘，參觀了渡橋國民小學的新址，此屋原為啓昌電氣廠的原址，新由建記銀團委託同鄉會購下，假與渡橋小學作為校舍，矗立河濱，整潔寬敞，渡橋的小學生是很為幸福了。此屋建造以後，電氣廠沒有開成功，曾經作為輾米廠，麵粉廠等用途，新近幾乎被拆，幸虧當地幾位熱心人士，出來設法保留，方得依舊存在，如浦柏卿席惠民盛佐卿諸君均是很有功勞的，尤以浦君出力為最多。最近正在大加聚漆改造之下，煥然一新，有大禮堂一所可容二三百人，正在添做講台，規模粗具，該校原係縣立，地方獨力協助，得此成功，殊有可佩。

匆匆而來，匆匆而去，留山一天即回上海，在這一天之中倒也聽到很多的開事，說開其實也不開，一件，是三善堂的殯舍客滿了，東西兩廠共存棺柩三百零五具，大有鬼滿之患，後來者無地收容，亟應設法埋葬，以讓新客。一件是醫院產科接生後，竟有老法穩婆，（即老娘）要去收取規費一兩萬元不等，以致有些產婦不願出二筆費用，只得勉強遷就，叫老娘來接生了，此種陋規實有取締之必要。一件是時疫期間打鹽水針收費一事，據說當時東山鄰近諸鄉鎮的醫生有每磅收費六萬元的，保安登善酌收四千元貧病不計，竟有人並不貧苦的，病人打針全愈後，而不顧付費的，本人以為這種便宜，還是不要揭的好，為了自己的健康着想，為了公共的衛生着想，為了未來的需要着想，一所醫院，希望要大家來維持的，受惠人更不應該忘記了牠的好處。

各鄉各鎮紛紛辦自衛團了，這是一個很好的現象，但是較之鄰區已嫌落後，更兼各自爲政缺少聯絡，希望能實行聯防，開誠合作，對於地方的治安，這是絕對重要的，好像小時候教科書上已有過這麼一句老話了，一支箭是容易折斷的，一把箭是不容易折斷的，我們不能忘記這一件故事。出山時，輪船生意興隆，因爲早上七點鐘原有早班，也取消了，兩班的船客搭在一班裏，自然客滿了，輪船的老闆一切的計劃，以營業收入爲前提，至於便利旅客一節，要放在後面了，即如小小一間艙內放了兩張方桌八張長凳，其目的在叫旅客途中打兩隻麻雀，以補船員的收入，至於乘客有無座位，不管了，擠到不能再擠，而船員依舊勉強拉攏牌局，請已有座位的客人立起來讓出位子，以助竹興，從便利旅客的觀念上說起來，無論如何是不合理的。此種畸形現象，畸形思想，不知何時方能改善呢，恐非三言兩語，所能挽回得了的。

大除夕東山物價表
至今又漲了多少？

品名	單位	價格
白米	石	六六〇〇〇
糯米	石	八二〇〇〇
樹柴	担	七〇〇〇
毛柴	担	三〇〇〇
菜油	斤	二四〇〇
醬油	斤	六〇〇
食鹽	斤	四〇〇
醬	斤	八〇〇
白糖	斤	二四〇〇
紅糖	斤	二二〇〇
燒酒	斤	一二〇〇
陳酒	斤	一〇〇〇
鮮肉	斤	三六〇〇
猪油	斤	四〇〇〇
羊肉	斤	二八〇〇〇
白菜	斤	五〇〇
青菜	斤	三〇〇
蝦	斤	五〇〇〇
青魚	斤	二八〇〇
白魚	斤	二四〇〇
蛋	個	二五〇
野鴨	對	二五〇〇〇

「想起了，當年事……」

時間雖然溜走了幾十個年頭，想起了孩子時代過年的情景，仍歸是這樣的活躍，這樣的新鮮，這樣的可愛！

新年將到，家中早就忙着燒菜、做糕、搬碗、送灶、獻路頭、接財神等，花樣百出。在我，最要緊的，則是一個押歲盤，裏面幾塊圓圓的洋錢，眞够可愛！

年初一那天，不知怎樣會起身特別早，着好新做的皮衣，先進糖湯，於是拜天拜地，在拜年時聽祖母以慈祥的口吻講着聰明智慧，那天，拌糖圓子是必需的點心，不僅自己吃，還得預備一半給「喊好」的江北人。

吃好圓子，于是準備貴客的光臨，在我，這是一件高興的事，因爲可以進帳一筆不小的拜年錢；較空的時間，就跟着母親出去答拜，無非也是爲了更多的紅封袋！

此後幾天，在家是擲骰子，打牌；在外是看猛將衝湖嘴，或者跟猛將滿山轉，或者到親友家吃年飯，眞是吃不勝吃，看不勝看，玩不勝玩，現在想來，眞是想不勝想了。

所謂新年，已經過了不少，現在居然是中年人了。在依人籬下，虛度歲月的環境裏，何處可找到我已失去的銳氣？何處是我的「前途」和「希望」？而一種「眞正的狂歡」自亦不敢有所妄想！所以在今年的新年裏，我就破例地沒有去拜年，在「朱門酒肉臭，路有凍死骨」的世界裏，過年不過是一種富貴階級者的示威！聽着這千萬巨砲的怒吼，看到這漫天遍野的烽火，我又何忍強顏歡笑去多做這一種無謂的事？那些砲聲，哭聲，實在要比天堂裏的爆竹、恭喜之聲，「對手」、「七巧」之音要響得多呀！

新年還沒有過去，我仍歸被丟在寂寞裏，惟一的慰藉，還是幼年的回憶，想得有味，還可以拉起京胡，哼兩聲「想起了，當年事……」

（寒）

東山出會汛

杜歌

我們故鄉過年，可比別的地方鬧猛得多，從臘月廿五起，一直到正月半，差不多天天有大大小小的猛將（故鄉稱做會）東到西，西到東，上山下山，勁道十足，我現在就拿這來寫出來，以足榮耀歸於故鄉。

臘月廿五這一天，每村都把旗干豎在大殿的廣場上，拿村中的會請了出來，穿了袍，這叫做下殿。

初一到初四這四天，大會則專門到最近結婚的人家去送了，打着鑼，把會枱到人家大門口，由會首（管理會的首領），拿了玩具似的小孩兒送到新房里，拿到了喜錢和年糕之後，又枱了會到別家去了。

這幾天小會是只有滸里的十奇頭在大街上走，由年初一至三三天，年初五灣里的中會出到街上來，這是路頭會，數目沒有一定，大會也常常出來，只是沒有一定的路程。

到了年初六，那就是精彩和緊張的開始了。

這天前山的七奇會都出動，一早滸里會由渡水橋出來，經大街進馬家堤回滸里，諸公井老會則由西到東，一直到席家湖跐頭，所謂湖跐是伸出于太湖中的堤岸，大會則在堤岸上來回三次，叫衝湖跐，是衝退湖中的鬼怪。

在老會衝湖跐的同時，後山槎灣會則獨轉前山，前山的各村都迎接，（除滸里，諸公井不接，因為公出了）一直往西，至天井灣平嶺，回後山，後山會接好衝湖跐衝好，六奇大會都到滸里，滸里會盡地主之誼，諸公井老會則以大阿哥自居，一起座着，其餘的老弟們則卸了袍由會首枱着東逛西逛，會老爺們都眉花眼笑的一任會首搖擺，興盡之後，才到六雅橋（譯音）上裝回家。

初七大家休息。

初八晚上，相傳是滸里農民抗租來太湖廳（現名區公所）請願，大家提了燈，沿途各村民參加者甚衆，這次抗租運動，名曰滸反，現在到初八由滸里人的老虎旗領導。提燈周遊全山，這天各村猛將堂前燈蠟輝煌，旗干上點塔燈，各村的小會們更是高興得非凡，還是大戰前夕，民間的鑼鼓也沿街敲打，這夜的會首們，是不會安然入睡的。天還未亮，（初九的早晨）就燒會飯，由船裝到後山楊灣，滸里的兩而老虎旗更一早就插到前後山交界處—唐跐嶺頂上，別村的會首都選了勇猛的枱了小會，較為年老和無力的管了大會，小會是很早出發了，以便在老虎旗後選一個優越的地位，大會則聚于麥場頭，七奇都到了，才浩浩蕩蕩的向後山出發，小會們等着等看，看見爸爸（大會）的來了，都等着號令，搶往山下，一決先後，發號令的是滸里人，滸里的小會，（初一至初六出的十奇頭）慢慢的先下嶺（慢慢的十分慢的）在下嶺的時候一路打着鑼鼓，吹着瑣吶很是好聽，待十奇頭下了嶺的時候，則由一個滸里人執着黃大纛旗，當先奔下，各村的小會們由會首拖着拉着枱着搶着奔下，一時塵埃漫天，殺氣騰騰，受踐踏的不知多少，嶺下是滸里人看守着，排着第一，第二……一直到最後，小會們多下了，大會卻依了次序衝下嶺去，大家到楊灣船上吃會飯，加油之後，才漫着山走一直到後山的邊沿，上平嶺到前山，所謂平嶺不過是由山後至山前的幾條嶺中比較平坦的，並不十分平，所以大會由後山到前山必需結了繩拉上去，送下來，一直到前山天井灣，大概終在四點鐘左右，大家休息了一下，小會則更要換轎了等（本來的在搶賽時大多毀了），如果搶得第一的比較喜歡場面一點的，則更備足了冲風旗傘鑼等，由他領頭，依了搶得的先後慢慢的慢得要命的，（有人說進一步要退二步），向新廟走着，這時新廟上是人山人海，男男女女競相爭艷，小會們出足了風頭，走完了，才是大會，大會的次序卻顛倒了（由末的排前）啣着香烟，穿了披風，很神氣的在金雞嶺上衝下去，最後，卻是一馬當先的滸里的十奇頭了，十奇頭也顛倒了（由末的排前），最後，卻是看會的人們。

在前山大小會漫山轉的時候，後山的大會也來前山，只是大家集中了前山會，不十分注意後山的了，所以總只是淡淡的一行而已（但後山會卻很好看，旗傘都新，有時還有軍樂），他們是文轉，前山是武轉，各有形式不同。

初九之後，出會之汛，大致結束了，初十，十一，十二，等幾天，灣里的中會常常出來，只是沒有一定的，十三那天，後山又有大會來前山。

到十五之後，大會升殿了，除非有人請他看戲，或是求雨，趕禁等，他是不高興再出來，一直到臘月廿五日。

從迎神賽會說農民娛樂

青

迎神賽會在農民迷信行為中實占着重要的一頁，推其動機，多數是求病求福求嗣心切的虔誠表現。農民的思想簡單，知識淺薄，才有求神問卜等種種迷信舉動。譬如求病，僥倖而癒痊，農民定必對於神的信念愈堅定，對於迎神賽會，也愈感其重要性了。又假使求病而不癒，則農民也必狃於舊禮教的陳習而決不敢稍有過分的思想，只有在迎賽的節目中益顯其誠，以求博得神的靈佑。至於對民族前途，社會經濟，他們根本沒有想到。

去年夏天，城隍會的前後，曾經瘋狂了整個東山民衆，一連有一個月光景，這些日子內，街道上，田畝中，所碰到的，大多是在談論着出會的新聞。承一個年長的莊稼人告訴筆者，他們一年到頭祇知道做生活，每逢到出會，才是他們盡情任意地暢玩的日子，在這幾天，工作全部停下的。至於小弟兄們對於出會，據說更是分內的事了。山

「潦反」頌

鹿子

非常懷念東山的「潦反」。兒時，與其說在新年喜歡鑼鼓，猛將會，拜年得錢，還不如喜歡看「出潦反」來得熱切。前者是喧鬧，亂哄哄，反而平凡，「潦反」則不然！

總是在馬家街口一家南貨鋪裏，祖母正襟危坐，四週擠滿了人，滿街燭光中搖曳着滿街黑壓壓的人羣，我坐立不安地在祖母身邊打轉，等侯「潦反」，傾聽她老人家說掌故：

「古時候，潦里人造反，夜間提着燈籠出來，後來失敗了，但潦里人不甘心，到每年正月八便集合全村人口出來提燈滿街走，」祖母想了好半天「就像你們學堂裏雙十節出提燈會一樣，紀念紀念。」

「但是你不許叫潦反，他們聽見了打你！」祖母爲我發出警告。

「那末叫什麼呢？」

「出燈」

出燈，燈來了，在千萬人的渴望中過來了，先聽得鑼鼓響，那聲音不再刺耳，卻使心撲通撲通地共鳴起來。伸着頸子從人做的屏風中向前探視，紅燈點點，街燈大亮，遙遠的一條火龍慢慢地蜿蜒過來，她經過池塘和土丘，荒陵和小橋，村落和田地，帶着滿身的泥土氣，行進到大街上來了。

而我，當她到達面前的時候，連呼吸幾乎亦給停止。

呵！你看那些燈，那些又大又圓又光亮的油紙燈，擎在他們茁壯的手裏，就像一片軀幹修偉的紅橙樹，一顆顆飽滿的果實在上面發着紅寶石的光芒。你看他們的行列，沒有經過人工的「苦練」，步伐并不整齊，但陣容絕不散漫，他們一個挨一個，塞滿東山狹窄的街道，默默地向前進行，猶似一支凱旋的鐵軍，能你再看看他們一個個又紅又黑的臉龐，他們泛着笑，仇恨，驕傲，愉快滲和在一起的笑——不，他們沒有笑，是由苦難和哭泣變成這個樣子的，他們憤恨他們多少年來一年一度的「潦反」，是一年中苦難的遭遇底總發洩，無言的憤怒的抗議，爲「出客人」提出備忘錄——別忘記他們的苦難和力量，然後拖着疲乏的身子回去，臘點完了，上弦月爲他們照路，在破爛的床上躺下，養足精神，第二天再起來開始接受又一個年頭苦難的生活！

「他們很厲害」，歸途中人們欣賞之餘開始討論，用着鄙視的口吻。「潦里人嘛，——」另一個和着，我們孩子們便唱：

「潦里人，

石揩（讀若Ko）聲，

伸出拳頭就打人。」大人們笑着，叱罵着。

於是就寢，做着一連串紅燈的夢。……

「不幸，」人長大了，事情懂得較多，對「潦反」尤感悲哀。那些善良的人們，爲了活不下去，曾經反抗帝皇的專制而倒了下去，他們用紅燈起事，紅燈照耀着他們殷紅的鮮血，紅燈照耀着失敗者羣逃回老家，而後世的子孫，卻用紅燈來紀念他們的死者，而更聰明的士大夫們輕輕地爲他們這「愚蠢」的舉動加上「潦反」兩字，意思是說：

「潦里人造反，造反是要殺頭的啊！」

造反沒造成，帝王終給推翻了，應該是老百姓歡天喜地共慶「五穀豐登，天下太平」的時候了，但，但，……

不要悲哀你們死難的祖宗，他們死得有代價！——讓你們知道憤恨。不要怕聽「潦反」和石揩聲，伸出拳頭就打人，」他們不瞭解你們，你們粗獷熱誠，而無虛僞，同他們隔着深深的溝，活得爽朗痛快，應該引以爲榮，人是應該敢說敢笑敢打敢罵的。不要仇視那些「出客人」，他們活得比你他更可憐，你們挨餓可以束緊肚帶，他們挨餓還不得不請客送禮！你們受到欺侮能夠反抗，了不起死掉拉倒，他們給人打了左面耳光之後還要把右面送過去，連進公安局都沒勇氣，做一輩子眞正的奴隸，還怕會老，會死，連對主子哼一聲都不敢，不要詛咒這苦難的年頭，吃不飽餓不死還給抽丁徵糧受欺侮，拿出聲音來，跟大家說，同「出客人」聯合起來向上面說，讓你們活下去，讓「出客人」活下去，讓中國人活下去！

舉起你們的燈來，你，潦里人，你，東山人！走向「潦反」的行列，把隊伍結成鋼鐵一般，在這可詛咒的地方，擊退還醜惡的時代！

此看來，農民沒有正當娛樂的調劑，所以對於出會也更爲看重。

筆者又觀察一般農民，除少數的男子每天吃上一二次茶作爲他們身心的片刻調劑外，其他的娛樂，可說沒有。有之，也只是叉麻將還勾當爲他們唯一消遣了，然而這是限於極少數樂觀派的一羣，大多數的農民，還是勤於做工，不知道要什麼娛樂的。

普及教育，誰都不否認是破除迷信的唯一良方，廣設學校，是着手於教導下一代的重要工作；舉辦民衆識字班，須要顧及農民的心理和需要；設立醫院，必須取得農民的信任。而筆者的意思，還應努力提倡農民的正當娛樂，以陶冶他們的性情，聊補教育的不足。像闢閱報室、音樂室、畫片展覽、組織流動劇團、活動宣傳隊、內容力求輕鬆而淺薄，含意卻要深刻而其感化的潛能，以引起農民的好奇及興趣，久而久之，以至他們竟參身其間。則精神有了調劑生活方式自然也容易改變；至此，普及教育可說已有一點成績了。此事雖屬於次要，但也很有意思，謹草此篇，以就正於東山諸公。

歸途追記之七

贛南三多

舟

離界化隨踏進永新的區域，就是江西省份。也許是更近了家鄉一步，所以在心理上，感到和湖南有些異樣；事實上呢，贛南也確乎有他特殊的地方。

看到了災黎遍野的湖南，再跑到山清水秀的江西，無異是從地獄走進了天堂。然而在民國建國史上，贛南倒是一個遭遇最慘的地方。八年的抗戰，不必說起，十幾年前中共堅壁清野的大戰眞是陷贛南於萬刦不復的致命傷。

贛南的山也許並沒有和其他地方的兩樣，但是碉堡的多，該是首屈一指了。差不多所有的山上，都有一個、二個、三個，或在更多的碉堡屹立着；所有的碉堡上，都有一個、二個、三個，或在更多的巨眼睜視着。這是够觸目的東西，牠象徵着吃人，罪惡，戰爭……以及一切不可想像的慘劇，如果是月黑風陰的晚上，你有興漫步於空山或者江邊，你也許會有置身在戰場中的感覺，在月亮洒着的淡淡的光度下，在林間吹着的蕭蕭的風聲中，你也許會聽到幾聲舊鬼新鬼的哭聲。呀！這可詛咒的東西，雖然牠已是歷史的陳跡，但是，我就心着牠還有復活的一天，你看，牠還這樣恐怖地，高傲地倚視着我們，牠在期待什麼？

可以和碉堡數一爭短長的建築物，可算是祠堂了，不過，前者是居高臨下，後者則平地起屋，在普通的村落裏，只要這建築是天橋式的牆壁，一定是祠堂無疑，由於這一個定理，我發現在幾間住屋的中間，總有一所「×氏家祠」，有時則幾個家祠連綿不絕，我不得不驚奇江西的家祠爲什麼這樣多。原來在贛南一帶，父親死後，做兒子的唯一大事，就是建一座祭祀的祠堂，代代相循，遂成了不變的俗例，從這一事實，我們可以看到贛南人氏族觀念的濃厚，也可知道以往贛南人民的富庶，在十多年戰爭之後的今日的贛南，民衆們是否還有餘力去做這一種顯親揚名的把戲，自是疑問，但我斯相信一般生前侍奉無狀的「孝」子們，爲了表示他們的「孝」思，也許會忍痛來一個援例照辦。

第三件贛南獨多的要推女人了，或者我不應說女人太多，而應說贛南的男人太少了，十八年至二十年間的中共戰爭，把贛南男子打個精光。老母膝下無兒，寡妻獨守空閨，情形已够慘絕，但事實的殘酷，還不止此，尤可悲者是他使贛南無數人家，因此而絕了後嗣，跑進贛南，老太婆的多，會使你吃驚，中年的婦女也不少，女孩那就如鳳毛麟角，男孩好像我沒有見過，這一個血淋淋的事實，是戰爭的賜予，而這賜予，是使贛南人常興「此恨綿綿無盡期」之悲的。有一次車子因拋錨停留在山股裏，我們找到一個「家」，除了一位老婦外，只有一個少女，老婦正用她的老花眼檢看半是碎石的雜糧，她對我們的停留，似乎很淡漠，但居然開口問了一句：「先生，仗還在打嗎？」我說：「小打仗大概還有，我想，明年總要太平了，」「爲什麼不打個乾脆呀？大家死光了，倒也痛快！」對這充滿着怨憤，悲壯，爽直的憤語，除了同情外，我沒有勇氣說話，我想她或者還在悲痛着她的丈夫和愛兒的一去不返吧？

由於中年男子的缺少，小孩——尤其是男孩——是贛南最可寶貴的東西，有錢的常願化一筆可觀的鈔票去買一個小孩，在我經過時，每一個小孩可值到二十萬塊錢，現在也許又漲了價。我記得在路上，我們常笑談着爲什麼在衡陽不帶幾個無衣無食的小災民到贛南來呢？一方面既然救了幾條小生命；一方面又滿足了懷有母親慾的婦女的冀求；而第三方面又得了一筆不小的利益，眞是一筆沒本錢的名利雙收的善舉。

碉堡多，祠宇多，女人多，這是我所見到的贛南三多。從這三多中，我更看到了另一多。

那就是：戰爭多！

啓：

本刊因印刷所新春休假關係，致脫期多日，請讀者原諒爲感。

祖母

湯經緯

冬夜的失眠，使我沉浸在靜寂的大海中，過去的一切，一幕一幕地映入了眼簾，祖母的逝世，引出了段段的回憶，勾起了無限的悲痛心腸。

七年前的今天，我就讀於上海，中午門房小王來通知有人找我，姑母園中的花匠帶給我一個惡訊，祖母病了，我緊緊地追問他祖母的病況，他只是支吾地叫我快去請假，請假條是父親的字跡，顯得有些兒抖、寥寥數行寫着：「學生湯經緯，祖母病重，特請假數天，請予俯准爲幸」，得到了教務長的允許，忽忽地理了幾件衫褲，乘着京滬車向家鄉——東山——進發。

途中除了胡思亂想之外，只有默禱着祖母的無恙，這天，輪船恰巧被某部隊「捉差」，急得我像熱鍋上的螞蟻，因受不住鍋底的熱度，不惜代價僱了一隻小舟，出胥口船夫喜洋洋地豎起了帆蓬，借天然的風力推進，遼闊的大湖，祇行了一個鐘頭已到它的盡處——湖嘴頭。

我跨上了岸，直望家中奔走，到了離家不遠的地方，忽有一陣木魚磬子聲傳入了我的耳膜；啊！難道……我不敢想，我不敢想，但願這不幸切莫降臨在我的頭上，但是已停立，淸淅地門口飄着的是黃色紙條，裏面和尙在誦經，經驗告訴我這是一個如何是結果，一種莫名的感覺馬上湧到了心頭，鼻子一酸，淚水已如飛泉般地直淌了出來，姑母與母親已聞聲而出，他們儘量地安慰我，然而除了悲痛欲絕四小時之外，我這枝禿筆再也不能寫出我當時的情景，眼花目眩，連跑帶跌地直入廳堂，母親扶着我跪倒在祖母的靈前，一忽兒暈了過去。

模糊中只聽見姑母在祖母的耳旁喊着「母親！妳心愛的孫兒來了」然而那時的祖母，她只是靜靜地橫臥在板門上，再也不會伸出她慈愛的手來撫摸我，來安慰我，任我哭破了喉嚨，她一動也不動，竟得不到她一點理睬，但是祖母啊！妳雖然中風而毫無痛苦地離開了塵世，去到那遼闊的天邊，難道妳竟忍心拋棄了妳心愛的孫兒，願任他在這茫茫世海中去受苦，去磨難嗎？不，我不信，我決不相信。

記得在離家的一天，妳送到了大門口，倚着牆，呆望着我，我屢次的回頭，總是看見妳望着我背影，頻頻向我揮手，直到牆根的盡頭，還聽見妳高聲地叮囑我起居要當心，現着依依不捨的樣子，誰知這次普通的分離，竟成了生死的永別；又記得在妳生前，因着疼愛我的緣故，而被人目爲偏護，而我生就倔強的個性，竟因此誤認爲溺愛的結果，可是妳還是那末地愛我，用盡了種種方法，哄我讀書，哄我寫字，見了人總是說我頑皮，但是當人家稱頌我祝福妳的時候，妳又樂開啦！滿意地瞧着我，撫着我的頭，然而這偉大的茲愛，除了我本身領有者外，又誰能體味呢；然而這一切的一切已成了過去，無法再享受妳的慈愛了，祖母，我親愛的祖母，妳安心地長眠吧！妳和藹的慈顏，已深深地印入了我的腦際，如火炎般地不可磨滅，我無時無刻不在想念妳，永遠，永遠，直到死去的一天。

想到這裏熱淚已充滿了眼眶，這無可挽救的遺憾奪去了我報答的機會，今後惟有刻苦耐勞埋頭苦幹，養成堅毅的個性，爭取前程，將來以鐵一般的事實來證明他人的錯覺，而爲妳爭這一口氣，將後的成就，除了父母師長的誘導外，我將驕傲地對人家說：「這是受了我祖母薰陶的緣故呀！」一切的一切，我將歸功於妳，瞧！妳滿足了，妳笑了，妳在點頭，「克己待人」的一句金玉良言，將永誌我心。

安眠吧！祖母，雖然現在天各一方，然而人生七十古來稀，天下無不枯的樹木，待妳所疼愛的孫兒，嘗盡了人間的辛苦，歷盡了世間的艱程，完成應做的工作之後，即將踏着妳尙無泯滅的足跡，來到妳的跟前，到了那時讓我們再聚一堂，再度來領受妳偉大寶貴的慈愛吧！

夜，漫漫的長夜，窗外呼呼的北風，帶來了瀝瀝的雨聲，大自然已起了共鳴，熄了燈，閉了眼，默告我祖母在天之靈。

三六・一・六十一・在深夜追憶中

投稿簡約

一、本刊歡迎讀者投稿，尤以有關東山之建設和批評之論文以及消息等。其他佳作，亦甚歡迎。

二、來稿請註明眞實姓名及通訊處，發表時筆名隨便。

三、來稿本刊有刪改權，預先聲明者例外。

四、來稿如不能刊載，除特別聲明者外，概不發還。

紫金菴記

錫淳

紫金菴位于西塢村之西北麓，以羅漢彫塑馳名，離前山鎭約六里，屬西街鎭管轄，相傳去後山鎭亦僅六里，故若論交通，兩者適得其中也。

因該菴地處偏僻，招待又不週得，菴中當家師「補根」和尚，乃一事替人做「超度」之在家和尚，遠非是雨花台之惹人注意，使人逗遛，致遊者頗少。

作者此番返里，受知友三四相邀，慕其名而同往，並定晨九時在西街鎭集合，當日過金塔河，繞狗頭嶺轉興福寺，未及一小時，即達目的地，及至大門口，陳舊不堪，也無標記，及進二門上書「護國佑民」數字，方悉是「神」之所在，再進乃一羅漢殿，旁置石碑一，大意是爲建造紫金菴之緣由，歷史數度更名等，殿正中置大如來一尊，旁邊羅漢分列，共二十四尊，俗稱一堂半，佛身全花，大小尙適中，而彫塑甚精緻，相傳爲唐時所塑，距今千餘年，我全國僅二堂半云，可貴於花紋細形姿勢狀態，皆各不同，別出心裁，此種藝術據云現已不復再有，確否待考？再進尙有楠木廳一間，柱樑全爲楠木，如若不信，可試以石，一擦卽吸住，迨無訛也。少時渴甚，進之白水，茶葉全無，該菴簡陋，可以想見。遊畢，原路而歸，時十一又半，正用午膳之時也。

山之神

志新

峻巖的山麓下，
婉曲的叢林里，
有着：
「山之神」
×　×　×
瞧你，靜靜地！
又靜靜地流，
我底心靈里，
是怎樣地留戀着你？
×　×　×
曲折的路途，
崛起的岩石：
阻止住你底旅程。
你始終這樣地：
嚮着前進！
復前進！
×　×　×
一旦，「春之神」蒞臨。
柔軟底碧茵，
給你披上外套；
艷麗底粉蝶，
充作了你底明眸。
那時呀！
你竟變得多麼含有詩意！
×　×　×
醇風吻動着你那外套，
更閃耀着那雙明眸；
這時節，
沒再有什麼比你更驕傲？
×　×　×
愛你的，只爲你又靜，
何況你還長着不屈底精神。
我始終留着守望你，
這並不能說是我底慾念！
×　×　×
峻巖的山麓下，
婉曲的叢林里。
有着：
「山之神」

謁路公祠

徐豫

國事如麻不可爲。中原滿目盡胡騎。英雄空有恢圖志。台閣猶爭朋比私。一片孤忠遺帝闕。半生功業付衰時。莽山剩貌依稀在。留得丹心萬古師。

哭玲兒四首

前人

無端癲疾苦吾兒。愧我窮愁未盡醫。一自家書傳噩耗。傷心視汝已來遲。

瘦骨支離不勝衣。相逢膝下故依依。道是臨危無別語。痴心猶望阿爺歸。

自小何曾解別離。可憐此別永無期。不知今夜泉台路。弱質煢煢孰護持。

三尺桐棺淺淺堆。荒郊狐鼠更相摧。遙知春地非兒願。待等來春送汝回。

未是草詩兩律

舟

亂後返鄉偕友初登醉墨樓

小樓偶動寺鐘音　畫裏在逢恐未眞
鐵馬松風萬葉落　銅駝荊棘八年爭
烟帆數點如堪拾　鳥語幾聲聊可親
劫後禪林縱改色　老僧獨識舊遊人

弔還雲亭廢墟

亂石縱橫荊棘裏　鐘聲寥落過山來
遊人悲嗟詰千篇　歸客愁銷酒一杯
燕戀舊巢應啣恨　雲離空岫不思回
嶺西枝上無消息　怕傍廢墟寂寞開

何案下文

讀者園地

以血淚來向各界申訴

被害人家屬

「希望當局依法嚴懲，我們的冤屈，也可以得到伸雪。」

編輯先生

我們是東山的兩個苦百姓，在敵僞時期，受盡種種痛苦，因爲自己能力薄弱，沒處申訴，所有隱痛，一直含忍在心頭。但是勝利之後，地方惡勢力還不能消滅，深怕一旦舉發，自己敵不過他們，反遭暗害，所以噤若寒蟬，直到今天才敢向大家呼籲，希望社會各界，給我多多的援助申訴。現在把我們切身受到的苦難，向各位申訴，我們東山在敵僞時期，地方造成了一種惡勢力，殺人越貨，巧取豪奪，各有憑藉，無所不爲，其中當以何逸鰲（卽何阿四）爲魁首，他在八年之間，恣意橫行鄉里，在三十三年陰歷九月裏，又把我的兒子孫兒無故的殺死，使得我們絕了後嗣，像這樣的慘酷手段，眞是可惡之至，其他殺人綁架勒贖等案，眞是筆墨難以形容，那時候我們爲了怕他的惡勢，所以敢怒而不敢言，現在他因爲在鄉目空一切，更加無所不爲，但是善惡到頭終有報應，在上月他已被拘解縣府，轉送法院訊辦，他的漢奸罪行，也有人在高等法院檢舉，已經予以偵査；不過何某羽黨甚多，腰纏很富，所以幕後牽線者也大有人在，（中略）似這樣的信口雌黃，在明眼人看來本不值一笑不過像這一個人所共棄法所不赦的人，居然有人替他百般設計竭力庇護，這裏面的關係，不言可喻，此案經法院偵査以後，是非當可大白，我們想何某這樣的罪惡昭彰，他雖用盡心計及金錢，當局決不會被他朦蔽，我們的寃屈，也可以得到伸雪。現在虎兒在押，所以我們大胆的向各界呼籲，請求大家支持正義。

上面所說的話，都是我們眞心的話。

懇請

貴報予以披露，感謝之至。

敬祝

撰安

吳縣東山朱炳軒
吳魯氏　啓

多難的王石鄉
刼案兩起

洞庭東山後山區王石鄉郎（石橋村）住居該鄉七保五甲居民張興隆棄福生家，日前（一月十三日）晚間八時許，突有盜匪七八人，口操本地口音，及雜音，各攜長短槍械，將大門撞開後，便强行入內劫去猪鷄鴨各數頭，及金環戒首飾等物，該暴徒等得逞後，便乘來船向太湖方面駛去，臨走時，並鳴槍兩響示威，案發後，雖經當地楊灣廟分駐所警隊及楊灣鎭自衛隊本該鄉自衛隊，蔣舍鄉民衆自衛隊姚兼隊長率領全體隊員，星夜趕至出事地點，會同三鄉自衛隊及警士等，圍剿追緝，唯該盜等早經聞風逃逸，至黎明時仍未破案云（王樹聲）

後山王石鄉地方，因而臨太湖，該處地勢險要，屢爲盜匪所逞，且有一月數起，年初四上午一時十分，突有太湖方面駛來匪船一艘，上載盜匪十數人，各持有長短槍械，該匪船靠岸後，卽有盜匪五六人均攜槍械，相繼登陸，闖至該鄉五保三甲三戶居民沈根福家以槍撬開後門，形勢洶洶，蜂湧入室，其時居民沈根福，偕其妻女等，正値甜睡好夢之際，見該盜突然闖入，當告驚慌萬分，該盜匪當喝令室內人衆，不許聲張，旋卽搜刼全屋，計劫去衣服飾物棉被等項，損失約數頗鉅，歷刼半小時許，該匪等得逞後，幷將戶主沈根福一名綁架而走，乘原船向太湖遁逸無蹤，臨走時復鳴槍一聲示威，事出後當地警所及後山各鄉民衆自衛隊聞訊後，急率領所有武裝團警等，黑夜冒雨趕赴出事地點査緝時，該匪徒等早經遠逸，且時値黑夜，雨絲滿佈之際，無法追緝，僅向太湖中央連發數槍示威，該案現由木瀆太湖淸剿指揮部，令縣府轉飭所轄警局等有關機關，嚴密協緝。

旅途的邂逅

上期本刊登載湯經緯先生的大作，「旅途的邂逅」一文，於一月廿六日接到姚釐明先生致該文作者的一封信，要編者在本刊發表，並要求湯經緯先生公開答覆，因此編者就把原函寄與湯先生，並蒙湯先生答覆，因此就在此一幷發表，來函及覆函均稍有刪改，此則編者所當向兩位致歉的。另外一篇文字，是一讀者對於「旅途的邂逅」的意見，現在也附於此，作為一個參考。

姚釐明先生的信

湯經緯先生：

我和你素來是不相識的，然而你的文章在莫釐風上却讀過不少，你從來沒有聽見過我的名字吧，可是我讀了你的「旅途的邂逅」一遍大作後，不得不由我寫這一封信給你。

記得在一月之前吧，瑛是爲了祝賀我同事茂君及驊君的喜慶，代表我到山浪去參加二個結婚典禮，回來時承蒙你的便，一路護送抵申，這是應該向你感激的。

回申後你就作了「旅途的邂逅」一文，其動機無非是爲了想假設事實去勸導東山婦女改造鄉風，這個照明彈自上海爲出發點，照到了全東山每一個角落裏去，未嘗不是件美事，不過結束一段插曲——一張粉紅的條紙，不知你用意何在，令人費解也。

當瑛看完了你的大作後，廢寢忘食，痛泣了三日三夜，查其起因，完全是爲了你一人，試問你如何對得起瑛，又如何對得起我——一個不相識的朋友。

現在瑛是很恨妳，一輩子都深切的怨恨你，比怨恨她的仇人還要厲害，經緯君，你太不該輕舉忘動來破毀她的名譽，我相信，你有離間我們夫妻情感的作用，我不會相信瑛有這樣的舉動，瑛早已是一個有夫之婦，並且將要結婚的女子，經緯君，請你設身處地的想一想，假使你的夫人任人憑空借鏡做寫作的資料，你的內心感覺到怎樣，快樂呢還是辛酸。

我的朋友，經緯先生，請你承認自已的錯誤，在第九期莫釐風上向我們道歉，祝你

大安

姚釐明謹上　三六、一、二六、

勸告各界投資組織農場

嚴士雄

我國素稱爲農業國家，而農村屢遇經濟之壓迫，將致頹局，究其原因，除經濟制度之限制外，科學之生產方法，爲最大原因。然而生產事業繁多，千門萬戶究先從何者着手，最穩妥者惟有組織農場，廣栽花果蔬菜及畜養牲畜爲根本保障農村經濟之最基本方法。

今略述組織辦法如后：

名稱：東山〇〇農場

目的：改良品種，增加生產，用科學化實施之。

資本：用投資及招股辦法。

地畝：能買進數十畝之地產爲好（因彼確保永久土地權）

經費預算：（一）薪俸項
（二）辦公費
（三）設備費
（四）器具費

實驗種類：（一）花果類
（二）牲畜類
（三）養魚類
（四）森林類

農場之宗旨，既抱發展農業前途，故經營其業者先應有資力之充足以保障流動，而積因先求試驗，暫不必廣大，然後對于品種之改革栽培之方法按步實施，使農業進行有步驟，不致茫無頭緒，否則徒廣其地，一旦經濟力不足，以致管理

起了風波、

湯經緯先生的覆信

姚釐明先生：

當我讀到了你給我的信不由得一驚，我發覺自己被誤解了，同時也省悟到誤用了現成的名字，以致冒犯了你和瑛小姐，肉心眞漸疚萬分，謹在這裏向兩位道歉請罪。

不過還請你容我剖白幾句，因爲你好像對拙作結尾的寓言，有了懷疑，但是我敢指天日的，如果我有意侮辱瑛小姐，那是我自己抹殺自己的人格了，很感激你能明達洞知拙作的動機是爲了本鄉的風氣，確是懷了這苦哀的，不過在此次旅途中偶而「靈感」突發，才虛擬了事實，可是因爲寫作經驗與技巧的缺乏，所以當我把這篇帶有些「說道氣氛」的文字，作一輕鬆的結束時，却想不到遭誤解了，但還請你姚先生更能了解區區鄙誠，那眞感激不盡了。

再知道瑛小姐爲了拙作竟痛心如此，使我感到無上的抱歉，不過還想斗胆，請瑛小姐釋懷，因爲我寫的是空中樓閣而非寫實，瑛小姐和我同舟來申當然知道，並且我寫的背景是東山，而瑛小姐根本不是東山人，這都是和事實絕然相反的，我不過假託了她一個現成的名字而已，世上同姓名的又豈可說沒有呢？我是決不敢有意借爲題材資料妨害令譽，這一點請瑛小姐諒解。

我得聲明一聲我的剖白，並不是强爲自己飾非，不過是想請兩位釋誤寬懷，我承認我自已粗心的錯誤，所以再在這裏誠懇的表我的歉意，並將我爲兩位的祝福來謝罪。

敬祝

儷安

湯經緯謹覆三六•一•卅一•

淺薄的表現

施景汾

二十世紀的時代裏社交公開，每個人都可以交到一個或幾個異性友人，這是極平常的事情，因犯不上引以爲榮，更不必形之於筆墨，徒是令人感覺他的淺薄與無聊而已。

不幸得很，本刊上期却發現了這類的作品。作者除了竭力炫耀他的「文筆」外，末段的話簡直是向壁虛構，我們以常識來觀察，任憑一個生長在都市裏的東山籍的小姐，尤其社交到的異性朋友，決不會如那位作者所講的這般熱性奔放，我很懷疑作者寫這篇文字的用意。

我們再研究一下這篇文章刊載了的後果。設或那位小姐的父兄或者丈夫飛到了其反響是多麼的嚴重，至少甯靜的家庭給它攪得不安，甚至美滿的婚姻給它起了裂痕，這樣，不是多由這篇文事而起嗎？

觀乎此，我們要求主持編輯的先生，以後對於來稿，要審愼這一類文事的刊載；更請撰文的先生們在運用你們生花妙筆的時候，在筆底存些厚道不要因一時的感情衝動，信筆亂書。

疏忽，勞力不周，難免成好大喜功而惑于俯拾千金之浮想，與宗旨適得其反。當非所願也。

吾知東山不乏提倡實業者，希鼎力培植促其實現，俾謀展開農業前途，是爲至盼。

行使選舉權的檢討

問天

「人民有權，政府有能」，這是國父畢生研究古今中外政治的結晶；三民主義的民權主義，在國父遺教中，闡述很詳盡。

政權與治權的分立，劃淸人民與政府的立場，各行其權，各盡其責，達得合作程度，保持立國精神，這是我國父的遺訓，我們站在人民的立場，對於行使政權，應該有澈底的認識！

選舉權，是四項政權之一，是與創制，複決，罷免各權並列的，行使創制，複決，罷免三權，是我們舉出的代表去行使的；選舉權，是由我們每一個公民直接行使的，在我們行使選舉權的時候，要沒有澈底的認識，隨隨便便的去選舉，不考慮被我們選舉的人的品學，能力，德性，那是要不得的；那就失掉選舉的意義，保不住被選舉的代表要利用，政權和地位來營私的。我們能在這方面注意到，被選舉人的的品學，能力，德性，足够做我們的代表才行，要是我們；因爲感情，或其他關係，就隨便選舉，這是大錯特錯的，我們應該知道。選舉，是我們每一個公民的權利，但：也是我們神聖的使命和責任，要沒有澈底的認識，那就是所舉非人，鑄成大錯，我們希望國人注意，更希望我們東山的公民注意！

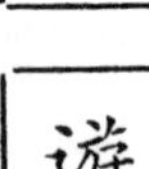

莫釐遊誌（七）

許明煦

王世貞望莫釐峯詩云：

已憑藜杖恣攀緣，興盡還勝入剡船，
遠水蒸霞開色界，空林答籟奏鈞天，
蓮花倒挂雙帆影，橘柚寒收万井烟，
最是莫釐堪騁望，吳門匹練爲誰懸。

王世懋詩云：

震澤長烟窈縹緲，莫釐秋色門崢嶸，
空青一點似相送，掩映雙帆殊有情，
丹樹幾家承相里，白雲何處闔閭城，
茲遊不擬山靈負，自耐胥濤氣未平。

申時行詩二首：

一、莫釐千仞削芙蓉，賈勇先攀最上峯，
陸絕丹梯凌日觀，依稀玉檢護雲封，
澄湖漸隱中流楫，遠寺惟聞下界鐘，
敢謂勝遊同謝傅，東山蠟屐有遺踪。

二、千峯雲氣俯岧嶤，萬籟松濤起泬寥，
岩岫欲浮波浪出，蓬瀛不隔海天遙，
御風直欲凌三界，捧日猶疑近九霄，
莫怪狂瀾頻駭目，閒身久已伴漁樵。

王鏊與嚴道卿同登莫釐得句云：

微雨發春妍，春風花外軟，良朋約佳遊，
遙指莫釐巘，平生山足志，老脚肯辭繭，
壺觴紛提携，曲磴屢迴轉，小憩山之腰，
祕境遂披蕆，紫翠蓋幢翻，青黃繡裀展，
須臾造其巔，四顧目盡眩，太湖小汀瀠，
風帆時隱現，吳門俯可掇，越嶠杳難辨，
摩挲舊題名，斑駁半苔蘚，日斜下山椒，
窅爾迷近遠，問途值樵夫，失脚悔已晚，
懸崖颭伶俜，絕壑窺㶇洟，蒼茫認前村，
韓公鐫華嶽，正自恐不免，登高弗知厭，
持生戒軒冕。

吳偉業詩云：

始信一生誤，未來天際看，亂峯經數轉，
遠水忽千盤，獨立久方定，孤懷驟已寬，
亦知歸徑晚，老續此游難。

歸莊九日登莫釐峯詩云：

勝地登高杖短笻，厨岡邐迤度深松，
漸窮歷亂雲端石，盡出青蒼湖山峯，
漠漠長空飛雁鶩，茫茫大澤臥蛟龍，
良辰擬醉江州酒，有客携罇山半逢。

清高宗莫釐縹緲云：

洞庭相望分東西，西則縹緲東莫釐，
兩峯巃嵸連雲水，是一是二誰然疑，
漁舟賈舶浮浦漵，月天淋宇棲嶔崎，
眼前勞逸不可齊，誰欲齊者問畫師。

錢謙益乙未九日許吏生扶侍太公邀侯月鷺路安卿翁於止登高莫釐峯詩二首：

一、粘天震澤妥飛濤，雲物平臨散鬱陶，
　　却訝人間還有地，信知今日是登高，
　　點空晴嶼開眉目，銜岫陽烏見羽毛，
　　眼底三吳腥腐界，滿城風雨定蕭騷。

二、五十流年昔夢中，登高錯莫御秋風，
　　整冠那得雙蓬髩，吹帽休嗟兩禿翁，
　　九日茱萸殘刼火，百年藜杖倚晴空，
　　夕陽桔社龍歸處，笑指紅雲接海東。

査愼行登莫釐峯詩云：

靑天七十二芙蓉，個是芙蓉第一峯，
吳越有山多作案，東南無水不朝宗，
盪空日氣消飛蜃，拔地風聲穩臥龍，
份記岳陽樓畔望，肯敎雲夢芥吾胸。

王守梧登莫釐峯詩三首：

一、迷離烟水寺門前，到此眞疑身欲仙，
　　七十數峯高下列，萬千餘頃遠連天，
　　山容似黛青松滿，波色如金白日懸，
　　石罄一聲人籟寂，惟餘天籟響流泉。

二、水色空濛山色濃，連山青翠盡蒼松，
　　白雲迷住山中路，身在洞庭第一峯。

莫釐遊誌補遺

朱始仁

第六期莫釐遊誌上，有記飲月亭上之横碣，文曰：「壁有横碣二：上爲清宣宗御筆印心石屋四字，……此刻凡六：除飲月亭外，一揚州平山堂；一鎭江焦山；一蘇州滄浪亭；一光福銅觀音寺；一洞庭西山龍渚石佛寺……」然筆者于某次遊錫時，在惠泉旁亦見一石碣，上刻印心石屋四字，與飲月亭上之似出同一拷貝，惟較爲大耳，書此以供許明煦先生之參考。

本刊因爲印刷所新春停工的關係，一直延到今天才能與各位相見，有使讀者久盼，眞是萬分的抱歉。

× × ×

年已經過了，冬天也已經盡了，一切工作都恢復了，我們的莫釐風，從下一期起，一定盡更大的力量，達到不脫期的目的，編者願以此爲努力的目標。

× × ×

並且在下一期起，在內容方面也有一番小小的改革，每期增刊社評一篇，以表示本刊對各方面的意見，其他文字也希望能夠做到人人要看，人人想看的地步而後已。

× × ×

•上期本刊出版以來，有許多讀者對於本刊登載的一篇「旅途的邂逅」提出意見，認爲有一點鴛鴦蝴蝶派，過分的描寫情愛，並且還接到一封以事實爲抗議的信，使我們覺得很是抱歉，現在把這些信和文字一起刊在讀者園地裏。

× × ×

對於「旅途的邂逅」，編者認爲作者描寫風花雪月，缺少現實的內容則有之，如若說到有意賣弄筆頭而喧染豔遇則是過分，這一點想必讀者一定能夠看得清楚的。

× × ×

但對於讀者的認眞批評，使我們很是高興，希望以後讀者能常常給我們批評和指正，使我們有所改進。

× × ×

去年東聯社一部份工作人員趁年假之暇，曾返鄉一次，聯絡各界，這期刊登了幾篇作品，一則表示我們的立場，二則也算是酬答各界的。

× × ×

舊歷新年，本鄉照例是有出會之舉，本刊特爲刊登幾篇關於出會的文字，有介紹的，有批評的，也想作一點考據的，但最大的原因，無非是因爲新年，寫幾篇大家鬧猛鬧猛的。

× × ×

本刊徵求特約通訊員，自上期刊登應徵辦法之後，承蒙讀者應徵，但人數尙少，我本很希望讀者踴躍參加，同時新望讀者多多寫稿，對於東山行政或重大的事情，很希望讀者多多表示意見，我們當儘量刊登的。

× × ×

我們極誠的希望讀者們的合作。

莫釐風月刊 逢每月一日出版

預定先繳五千元每期按八折扣除

本期零售每册一千元

編輯及出版者

東洞庭山各校同學聯誼社

莫釐風出版委員會

上海通訊處　北京西路一〇八號　洞庭東山旅滬同鄉會　電話 九三四一九　九六五七九

蘇州經售處　閶門內中東市　蘇州教育用品社

東山總經銷處　殿涇港朱家弄瞿友農

東山總售處　殿前嚴大德堂國藥號

廣告刊例（長期酌減）

地位　每期	封面封裏底頁	普通
全頁	二十萬元	十萬元
半頁	六萬元	五萬元
四分之一	三萬元	三萬元
八分之一	一萬元	一萬元

東聯社文化基金借款

徵信錄（第一次）

二萬元

1 翁鶴齡
2 徐繁勳
3 翁人彥
4 翁人彥
5 翁人彥
6 湯經緯
7 廣惠民
8 席春宜
9 葉光九
10 張鴻威
11 蔣君里
12 李正廷
13 裴庭志
14 席養達
15 吳聲如
16 何麟書
17 葉緒華經手
18 葉緒華經手
19 葉緒華經手
20 葉緒華經手
21 葉緒華經手
22 李賓泰

五萬元

1 席正林
2 席正林
3 楊富根生
4 葉振民
5 施汝新
6 許明煦
7 席履仁
8 席德徵
9 席繼清
10 鄒海山
11 葉緒華經手
12 葉緒華經手
13 葉緒華經手
14 翁德法
15 朱潤生
16 朱潤生
17 朱潤生
18 朱潤生
19 朱潤生
20 李德輝
21 施蔭生

尚有借款人台銜容後絡續公佈

莫釐風

第九·十期

陸志庠寫生　葉蓁刻

東聯社出版

第九·十期目錄

民國三十六年四月一日出版

社評

傷心與灰心

——寫在同鄉會會員大會之前

二月十六日同鄉會會員聯歡會上，一位會員說明了同鄉會的工作都是令人傷心的工作。因爲在前進的國家中，辦教育、造公路、甚至辦醫院，那一件不是國家的事？這一事實，未經說穿，倒也平淡無奇；但是一經戳破，實在頗堪玩味。

同時，從理事長的短短談話中，我們領會到有了另讓賢 之意。如果這僅是謙辭則已：否則，我們所認爲傷心的，倒不在事不可爲，而在負責人的一絲將灰之心。

從人口或者地域的比例上，在同鄉會中，東山同鄉會的成績，實在值得驕傲，值得興奮。我們固然不能因此自滿，但是，更不能因工作的艱巨而輕視了我們的力量。

由於宇宙的偉大，使我們感到人生的短促以及力量的微弱。無論個人或團體，果然幸而成功，對於這浩渺的宇宙，也不過如在萬里長途上挪移了一寸兩寸。能夠明白這一點的人，我們相信他一定能抱着「仁者不憂」以及「知其不可而爲之」的精神生活下去。在工作時，他們將不憂成敗，不憂得失，他們只問是否在工作，以及工作之有無意義。

聽說，哥侖布在發現新大陸之前，船員們迫於風浪和飢餓，幾次威脅他回去。然而，哥侖布總是沈着地說：「Sail on, and on, and on!」最後，一個新的世界，終於給他發現了，他的成功，可以說全在這「On, on, on!」三個字上，我們很願意把這個口號獻給同鄉會會員，尤其是幾位負責者，希望大家整齊步伐，去完成我們萬里長途上的一寸兩寸的路程。

最後我們承認同鄉會的艱難工作，都是分外的負担，我們可以因此而傷心，但是，我們絕對不能因此而灰心。

兩花播音台

親愛的聽衆，我們不僅希望你們聽着我們的播音，更希望供給我們消息，只要翔實可靠，我們一定代爲轉播。

沈縣長蒞山視察

二月廿五日下午二時沈縣長及王教育長並縣俞秘書本區金區長等及隨從人員等廿餘人專輪由橫涇視察來山，晨九時在舊區公所召集地方自衛隊，陸警，山賦自治稅所，有所訓話，當晚一行宿薛家祠內據稱下午專輪赴西山視察，是日由席侍豐席徵三周叔皋諸位先生以及盛汪二鎮長等設宴招待於正風社內云（思）

聯絡感情·討論鄉政 參議員士紳鄉鎮長三合一

旅滬同鄉葉振民、朱潤生、劉道周、席伯蕃等一行于三月十一日蒞山，下午二時假前山鎮鎮公所（即舊區公所）大禮堂召開地方人士暨東山六鄉鎮長聯席會議，出席者東山方面席煒、葉哲淦、韓步愈、席徵三、周叔皋等及六鄉鎮長均準時出席討論裝置長途電話、整理路政、提倡教育等項，四時許散會。

翌日十一時新任鄉鎮長爲聯絡感情起見，特假保安醫院設宴招待云。（思）

（又訊）前後山各鄉鎮長爲歡迎東山參議員葉振民、朱潤生、席煒等，特設宴于登善醫院客廳計有二席，即席交換意見，對于東山建設事項及民生疾苦各項，決議向各方會商改善，意見殊爲融洽云。（丁）

東山橫涇併區完成 金晟熙任東山區長

東山與橫涇的併區，已經全部完成，金晟熙榮任東山區區長，並依法組織區建設委員會，以便推進區務云。

區建設委員會第一次會議于三月十四日在蘇州國貨銀行二樓舉行，討論設置長途電話，促成木東公路，要求蘇州電氣廠開放東山電流及修築石湖蕩駁岸等云。

莫釐風刊物

以文會友

沈秉龍題

區建設委員會委員名單

金晟熙、蔣元、孔慶宣、俞士臣、張宗鼎、王明性、唐頌、席徵三、葉哲淦、韓步愈、席賚、陸友瑚，席煒、葉振民、朱潤生、朱世瀚、孔叔愼、王季鈞等十七人云。

衙門場成歷史陳蹟 莫釐中學喬遷之喜

俗稱衙門場的東山區公所，原爲地方民間公產，係茶館店內每壺加捐一文集資而成，初爲太湖廳署，後改行政委員公署，改區後設區公所，茲以東山與橫涇併區完成，區署設于渡村，故由地方人士決定作爲莫釐中學新校址，刻正在修理中云。（丁）

（又訊）前第十二區區公所擴併之後，屋址勢必廢置，吾山莫中校舍迄無安定，經旅滬同鄉商得六鄉鎮長之同意、准改莫中校舍云。（思）

（同鄉會訊）關于區公所衙址擬充莫中校舍事，已由本會函本鄉各鄉鎮長洽商，茲據函覆業經三月二十日鄉鎮長會議一致通過，准予照辦，並呈由區署轉呈縣府備案云。

（又訊）莫釐中學本學期學生人數計二年級男生二十五名，女生十八名，一年級男女生共四十八名云。

鄉鎮合併頗費週折

東山之鄉鎮改名事，經鄉鎮會議鄭重研究討論，決定改爲三鎮四鄉，惟現決定改爲三鎮三鄉，即：

原名	改名
東街鎮、西街鎮	前山鎮
渡橋鎮、武山鄉	渡橋鎮
潦田鄉、鈕王鄉	潦涇鄉
席周鄉	席周鄉
王石鄉、蔣舍鄉	文恪鄉
楊灣鎮	楊灣鎮

惟據地方人士及葉朱兩參議員之意，東西兩街爲本山薈萃之區，如合併爲一鎮，似覺過于龐大，與其他鄉鎮不相稱合，故擬呈請區署及縣府更改云（思）（丁）

參議員据理力爭

席氏同族會宣告成立

決議恢復安定小學

（本社訊）籌備已久的席氏同族會已於三月九日在同鄉會召開成立大會，成立前曾登載本市各大報，該日到有會員九十餘人，盛況空前，會議中有人提議安定小學復校案，當即獲得一遍響應，決議提交第一次理監會議擬具體辦法儘速實行，預料不久將來東山又可增一小學，在戰前葉氏務本席氏安定二小學在東山素負盛譽，戰後不數年安定小學因校長病逝，校務無形停滯，而今欣聞該校有復校之訊，特寄望該校主辦當局及該校旅滬同學會本以往之精神，重師資，健校務，爲東山教育盡一份力量。

（又訊）該會第一次理監事聯席會議已於三月十五日召開，當場選席季明、席季明被選爲理事長，席光熙、席裕昌、席涵深、席伯華爲常務理事，席事組織復校委員會於安定復校事決議由全體理監事負責募集基金，工作準備於秋季正式開復已進行復校預算及校云（夏）

旅滬同鄉會會員代表大會召開在卽

同鄉會本年度會員代表大會召開在卽，內定日期爲四月下旬，對于產生代表之辦法，雖有一部份會員主張普選，然或礙于手續，經第十次理監事會議席上決議，由全體會員依照原籍鄉鎮區域分別推選代表，每三十人產生一人，俟代表產生後再行定期召開大會云。

前後山兩醫院二月份診病近況

	前山	後山
施診	二九一人	一三九人
門診	二二人	六人
住院	一人	
產婦住院	一人	
出接	六人	一人
手術	六三人、小三八人	一〇人
門診免費	全免二人、部份免二八人	八人
軍警	二五人	

聯歡！聯歡！

東聯社爲聯絡社員感情起見，特定于二十日下午六時召開社員聯歡大會，有歌唱、滑稽、口琴、國樂、京戲等餘興，希望社員參加云（新）

迎參加本月二十日的社員聯歡大會。

東山近事

△吳縣縣參議會於三月十五日在蘇州縣商會大禮堂開成立大會，本山葉振民、朱潤生、席煒，橫涇孔慶宣、張士矑、朱羲元、俞士臣等均出席參加云。

△江蘇省太湖水上警察局長張少薤氏，奉令進駐吾山以來，賴以防衛尚稱平安，於三月八日奉令移駐木瀆九日晨正式離山，吾山地方人士暨全體鄉鎮長列隊歡送。總局雖駐木瀆，尚留第四大隊仍駐吾山云。

△縣府爲改善區鄉鎮自衛隊素質增强地方防務起見故有集中各鄉鎮隊附甄試除四鄉鎮合格如渡橋鎮之李懋庭文恪鄉之王志全潦涇鄉之金仁傑楊灣鎮之楊德清尚有前山鎮席周鄉往試不合格由縣派潭國華爲前山鎮隊附邱學榮爲席周鄉隊附不日分派各鄉鎮服務云而正隊長則由各鄉鎮長兼任云。

△前西街鎮長鈕鑫甫因案被拘行賄情事已於二月廿八日處有期徒刑六月云。

△前區長徐淦清及楊灣鎮鎮長居廷揚爲徵兵涉有替代行爲已被團管區傳詢云而楊灣鎮長由副鎮長朱紀炳接任副鎮長由葉振聲繼任云。（以上思）

△洞庭業餘補習學校爲使同鄉會及各同學會幹事於工作餘暇，利用以作學術進修，爰有學術研究班之設立，業於三月廿四日上課，科目有歷史，經濟學，時事常識英文四科，每晚九時至十時上課，每週五小時，祇收雜費五千元，尚有餘額，報名從速，非同鄉不收。（新）

鑑塘

鑑塘同學會在三月十二日晚上，假同鄉會舉行了本年度的會員大會，到會人數四十餘人，內有女性同學一人，每個同學都是那末前進，熱誠，天眞活潑，生氣蓬勃，席間發言以同學徐星垣君爲最多，熱心可愛。

會場四壁，簡單樸素，主席台後，正中懸着二個莊嚴大字——儉仁，這是母校的校訓，大家在求學時代已經曉得了，誠是東聯社代表席德基先生在致詞中說：儉仁不僅是本校的校訓，假使能够以儉仁來對人對己，對于社會是一定能有着偉大的貢獻。

來會的同學有許多是長久沒有看見了，有的根本離開了學校還沒有看見過呢！所以在一見之後，互道寒暄，在會場的角落，到處是傾訴離衷，暢敍別情，四週的環境活躍着，人類的感情，眞情的流露，熱情的奔放——

在討論會章進展到第五行「組織」的時候，對于執監委員」名額即刻掀起了辯論的場面，各人有各人的主張見解，熱烈的情緒，泛濫會場！台上主席笑容滿面，一度以退出主席的身份來加入討論。

會章在容納各方智慧的過程中，到了第七項「任期」爲了執監委員的任期高潮再起，激烈辯論，充分地襯托出民主的風度，顯出了每一個人的智與力，最後終于由朱瀾生先生出來解圍，詳細釋疑，才得繼續進行。

時間很快的過去，執監委選舉後，部份的散會了，每一個人帶着愉快的心情，咀嚼着大會上的糖果踏着輕鬆的步伐——歸轉。

會場頓時的寧靜下來，唱選舉票的聲音，逐漸的低沉，是的，他們是太累了。前晚又是辛苦了一個晚上，另外收拾會場的同學在揩檯布撕標語，有的收凳子整什物、這是最後離場的幾位熱心的人物，在弄口我爲禮鈞兄等同學握別道晚安，正好是午夜十二點

但是經過這次的集會參加大會的人數雖然有四十餘人之多，然而經過統計的結果我們的同學至少在十位以上，這因爲有很多同學無法獲得他們的地址，所以在這次加强組織之後，一面由負責人繼續徵求同學的地址，一面請各同學自動來信使我們可以開始聯絡起來。

丁揮

鍾秀

鍾秀同學會自從幾位幹事熱烈的籌備以來，已經粗具規模，刋在正在印通訊錄，聽說不日就要召開大會，所以希望還沒有入會的鍾秀同學，趕快到同鄉會來登記。

務本

三月十四日的那天下午，務本同學在中國銀行餐廳舉行了一次聚餐會，到有三十餘同學，校董葉樂天等也出席，熱鬧非凡，大家感得很有意思，有位同學提出每月舉行一次，得到一致贊成，邊吃邊談，葉樂天先生說是『春夜宴桃李』眞是應景的話，一直到八時三刻，才盡興而歸。

一千萬元的教育基金捐款，現正準備結束，希望經手的同學把捐簿交到同學會，基金的利息，一部份準備撥給母校作學生教育貸金，現正趕製調查表格等。

長鋏

文昌

在細雨濛濛的傍晚，我跨進了同鄉會的門檻。許多佩了紅紙條的「文昌」幹事們，在招待着，我也冒昧地在「白緞」上寫下了我的名字，又被殷勤招待到了會場。

鈴聲響了，「文昌」幹事們，又大趕忙頭，東請西請的把許多來賓及各代表請入了席，我呢？自然不客氣也到了會場！可是會場裏早已擠滿了，不得已找了一「末座」坐了，眞熱鬧極了。

幕開時，各代表都被請上台的後端一列坐着。當然，開首總是由主席致詞的，由此周錫淳君在掌聲中立了出來，開始了他的言詞：

………雖說是我們文昌同學會在今天成立了，但我希望它能永遠健在；永遠爲故鄉盡一分綿力，更希望我們同學，多多貢獻意思，爲着母校；更爲着故鄉！

接着來賓們在熱烈的掌聲中，都作了一番極短而含義深奧的演說；

直到致謝詞畢後，就是討論會章了，這是需要來賓及代表們退出，于是我效法也退了出去。

很快地，「文昌」的幹事們又來相請入席，原來章程已順利地通過了，選舉與攝影都已辦竣，馬上又開始了餘興節目：

一開始同鄉會的大合唱，就博到全場的掌聲，在一致的要求「再來一次」。刹時會場的空氣由嚴肅而轉爲了「異常活潑」一個個的節目，使得我手心也弄紅了，歡欣使得風雨聲都不能傳到人們的耳鼓中去了，吳文凱君的口琴獨奏，金維剛朱聯元兩君的平劇清唱，金勤德的口技，張積成的胡琴等，幾乎都出人意外的好！掌聲的頻起，使我擔心會不會有人忘掉了回去！

終于，幕徐徐地在掌聲中閉落下來，但我願意「文昌同學會」馬上去展開「追求眞理」和「服務故鄉，母校的工作」的序幕！

藍珊

都是同學會的消息

歡迎各同學會投稿

論收生婆問題

嚴雯

最近在莫釐風上，看到了有關收生婆的文字，同時在朋友之間扯談，也常常論到這一類問題，因此，也就在此刻胡亂地發表一些意見。

故鄉正和別的中國的鄉村一樣，西醫的輸入還是最近的事，在沒有西醫之前，對於一切病痛多數是依靠于仙方土法，最多也不過是延請幾位祖傳的名醫，這對于別的毛病還好，但碰到了產科，大家從沒有想過「生孩子」也用得到請郎中的，一方面故鄉也從沒有一個女醫生，一個懂得一點生產的女醫生，所以，大多數的東山婦女在生孩子的時候，總是叫一個老娘來收生就够了，好在這一門也非常容易學，只要自己生過孩子，懂得陣痛，頂門，落地；就够了，因此，東山的一批遊閑婦女們：「阿胡嫂，五嫂」之類，平日除了做媒人，做看房喜娘之外，多了一套法寶，兼做收生的。

東山收生婆想必不少，爲了免得搶生意起見，不得不規定幾個門戶，就是所謂門圖，而一般的人家，或者由于「頭生」順利的關係，討一個吉利，或者是面子的關係，也漸漸地承認這一種門圖，世代相襲，以迄于今。

如若我們這東山一直維持着數十年時的那種古風，也許就不會有人談到這種收生婆有改革的必要，因爲那時除了老娘收生之外，更沒有別的辦法，雖然曾有人難產而死，但是生孩子本來是一只脚踏在棺材里的事，有誰想得到有減少或是避免產婦死亡的方法呢？

總算科學之風也吹到了東山，西法接生這個名詞也在東山出現了，雖然大多數的婦女們還是墨守成規，不肯輕易嘗試，但是到底已經有人經過西法接生了，老娘收生與西法接生的比較，大家總可以理解，醫院來得「衛生」。老娘自己也漸漸的曉得自己的飯碗總有給醫生搶完的一天，因此，想出了一個極法子：「叫我接也好，不接也好，鈔票還是要的」。雖然錢的爲數尚少，但是誰高興化二次的錢呢？收生婆的生意還有了着落，而祈求故鄉進步的我們看來，這未嘗不是一個阻礙，同時也是一個問題。

在收生婆自己，並不是一個如何萬惡的罪人，她並不知道她自己是不衛生，不科學，以及該打倒的。在沒有「西法」之前，誰也是從她的們手中生下來的，她們的浮收數萬元的錢，無非爲了維持這垂老的生活，靠一點面子而活一條命吧了。

其實，這種陋規固有取締的必要，然而如何的讓她們得到生活，這也是一個問題，在我覺得，在可能範圍之內，讓收生婆懂一點醫藥衛生，懂一點急救常識，依舊可以由她們代產婦收生，因爲東山雖然有了醫院，但是西法接生的人家到底還少，多數小康之家與莊稼人家，也沒有錢也不肯西法接生，即使大家願意西法接生，在今日的東山的醫院也未必有力量接受這許多產婦的要求，因此，今日東山的收生婆也自有其存在的必要和理由，在整個國家已經把科學用在爲人民服務了之後，那時候醫院多了，人民的智識提高了，收生婆這一類人，他們自己也會淘汰的。

如何產生一個沒有社會問題的社會，這該是大家所需努力的吧！

（一）

前言：如果「人傑地靈」這句話有靈驗的話，那末，以東山的山明水秀來說，應該是有不少「人傑」的。

為了介紹這些「人傑」，我們決定從本期起專闢一欄，以每期至少介紹一人為原則。使讀者多認識幾個東山人物。

「人傑」不一定指成功者，所以我們對已故的先賢，成名的碩彥，各界的先進，固然樂於表揚；即使是那些事業的失敗者，夭折的天才，無名的英雄，甚至是一名沒有過河的小卒，只要他的一生有我們值得學習的地方的人，我們同樣樂於介紹。

由於編者的人少力微，以及見聞不多，我們要求同鄉先進，同鄉讀者多賜幫助。這是一次做闕故鄉光榮的寶藏的發掘，如果失敗，將不僅是編者的失敗，而將是全體東山人民的失敗！

同鄉會理事長葉振民

一知

有人說：「東山同鄉會是東山的靈魂！」如果說得不錯，那末，同鄉會的理事長，應該是東山靈魂之靈魂。現在，我們向讀者介紹的正就是本屆同鄉會的理事長——葉振民先生。

一個不高的身材，經常穿着西裝革履，在容光煥發的臉上，架着一副無邊的眼鏡，從那深邃的鏡片裏，透露出一些慈祥，端莊，沉着的眼光，加上數莖白髮，使我們常生一種親切與尊敬之感。

葉氏在東山是大族之一，他們的值得效法之點，在於所舉辦的事比較切於實際，而且比較持久。像義莊的濟貧卹嫠，學校的培育子弟，都是富有意義的。這種優點，自然不得不歸功于創辦人的高瞻遠矚，而這創辦人正就是振民先生的先祖翰甫先生，幾十年來，葉氏族中的事業，先有翰甫先生的苦心擘劃，繼有鐵生先生的繼承先志，現在則由振民先生担負了這副重担，克紹箕裘，發揚光大，我想是沒有問題的。

除了族中事外，更重的一副担子，自然是同鄉會務。大家知道，同鄉會理事長是一個賠錢貼工夫的工作，做得好，不算希奇；做得不好，就會橫遭指摘，但是振民先生已經勇敢地擔任了三屆，數年來，像同鄉會三十週紀念特刊的編印，把故鄉文化的歷史，劃了一個階段；莫釐中學的創辦，在東山的教育界中，放着驚人的異彩；而惠旅，保安等醫院的擴充，更為貧病者所歌頌，他如造公路，建會所等，雖然還未成功，但是已有了進行的計劃。從這許多工作裏，我們不難看到理事長的盡瘁會務，同時，他的興趣所在，也可一目瞭然了。

公益之外，自然還得劃一部份時間化在私人企業方面，在勝利前，振民先生本是中法工商銀行的華經理，後來，因為大同橡膠公司的總經理職，十分繁重，就辭去原職，每天九時至四時左右，常川駐在公司辦公，在工業凋敝的今天，大同公司在橡膠方面的不斷奮鬥，至少在挹注外匯方面，是有一些功績的。

記得在同鄉會的每次大會上，理事長常以「兄弟拙於言辭」之類的話來開場，如果我們承認這是事實，我想：也不是一個缺點，因為口才的吹噓，決不是有效的宣傳；只有工作的昭示，才是最好的宣傳。這一次吳縣參議員的當選，就是明證。

據記者所知，振民先生在公衆事業方面的工作或名義，除同鄉會理事長外，有吳縣參議員，惠旅醫院名譽院長，莫釐中學董事長，務本，南陽等小學校董，以及葉氏同族會籌備主任委員等；在私人企業方面，除了大同實業公司外也有許多，因無需要，不再列舉。

從工作之多看來，我們想到振民先生的私生活是十分緊張而嚴肅的，公餘時間泰半化在開會之中，如果他是喜歡看電影的話，我想也無法如願了。惟一的消遣，恐怕就是每晚歸家之後的含飴弄孫，只是這位祖父太年青了一點，你看他連半根鬍鬚都還沒有呢！

一年一度的同鄉會會員大會，本月中又要開幕了，在選舉時，我們希望葉理事長重作馮婦，做一個同鄉會中的羅斯福。

如果我是同鄉

同鄉會雖然並不是一個龐大的組織，尤其是我們的同鄉會，僅祇有二千餘個會員，也許在規模上講是最小的了。然而，它所管轄的機構，所發生的事情，仍是相當紛繁複雜的；當一個理事長要處理得會務有條不紊，蒸蒸日上，似乎也並不容易，非精明強幹的人不可。所以，歷屆的選舉，差不多都是年老的紳士當選，大家雖然不明瞭他有否才幹？但以他財產的多，聲望的高，和年紀的老，想來終在社會上齊門過一番，富有辦事經驗；由他主持會務，當然遊刃有餘；就這樣，會員投了信任票，而且，這方法習慣似地傳用到現在。至於我們後生小子，也許連做夢，都沒有夢到過當同鄉會的理事長吧！

時代的潮流在變遷，同鄉會僅做一些消極的慈善福利事業是不够的，它必須担負起開發東山建設東山的責任，但不幸這一個目標，却眞是以前的理監事們所忽視的；回頭來看以往的歷史，我們固然不能一筆抹煞他們的功勞，但至少他們沒有特殊的成就，沒有儘量發揮同鄉會的能力是事實。這弊病如果不能及時糾正，那東山永遠只是一個封建的黑暗的鄉村。

一般的講，青年終比老者前進而有朝氣，變革和建設，在他們不過是本能的表現，雖然也許會缺乏經驗，但在不斷的實踐的過程中，就會熟鍊起來，克服所有的阻礙了。不幸青年當同鄉會的理事長是史無前例的，同時又誰能担保一定搞得好，在大家不信仰的前題下，至少在目前，這決不能成爲事實。作一個青年同鄉，而對着這樣的情形，不能不有所惋惜！雖然如此，有時常發生一個幻想：「如果我是同鄉會的理事長」，那該怎麼辦？當然這念頭太荒唐，犯不着費心研究，但我還是作了許多計劃。如果我是同鄉會理事長，就我個人講，我必須做到下列各點：

（一）任勞任怨：當一個理事長，雖然並不是了不起的大事，但必然的要牽涉到各方面的人和事，接觸一多，就不免毀譽不一；人類的批評，原是由本身的利害出發，祇要大多數會員無異議，即使偶有誹謗，根本就不必睬它。如若因此而抱消極，那眞中了他們奸計；我自問無愧於心，堅持不拔，任勞任怨地幹下去，日後自會分曉。

（二）不徇私情：同鄉會是公共團體，一切設施當然以有益大衆爲鵠的，決沒「私」存在的餘地。不論這一個改革或施策，有否損害到我的利益，或我親友的利益，祇要與全體同鄉有利，那我就必須迅速毅然實施，同時也絕不懼怕任何的阻力。

（三）緊隨時代：二十世紀成了一個原子能的世界，科學的昌明，文化的發達，使社會日新月異，瞬息卽變；如果不問現實而貿然以祖傳古方實行，那非但無益，反而貽害，我必須讓自己與時代緊密的聯絡起來，不落伍，不頑固，使建設起來的東西，能適應新社會。

如果我是同鄉會的理事長，對同鄉會，我要將它發展到這樣的地步：第一、同鄉會是旅滬全體同鄉的同鄉會。這一句話也許有人認爲不通，但事實擺在眼前，同鄉會有許多設施如：圖書館，聯誼會的活動，醫院，學校等精密的估計起來，同鄉參加的倒反少，大部是外幫人在享受。固然；服務是不分地域的，非同鄉來沐利，又怎能拒絕！到現在再分幫派氏族，豈

風語

微言

朱始仁

近來故鄉好像很鬧猛；區合併了，新區長就任了，新參議員也有三名，鄉鎮合併也完成了……套一句山浪老話：打話頭「舊官革職，新官上任」，好一番熱鬧也。

區長上任之後，召開過區建設會議，參議員，士紳，鄉鎮長也兩度聚議，對于地方建設，人民疾苦，都曾很詳細的檢討過，會商過，但大多數卻着重于公路的建築，長途電話的推進等……。

公路的建築，長途電話的推進，大家當然希望其成就，而今日東山人感到較上者尤爲急需者：也在數不少，如徵兵的不合法令，地痞的作惡多端，烟賭的毒害人民，事雖微，影響于人民生活良深，所以希望爲政者也能稍稍地加以注意。

當然，在今日的中國，要如何地有所作爲也並不容易，但如若能小處着手，切切實實地做，總可能有一點成就吧！

好文章

金暐

許多朋友談起，莫釐風上的許多文字，都有一種空洞的感覺，不能十分的眞切，這是確然的，原因是大家對于各種問題，各種生活都沒有深切的理解，不能把某種問題

會理事長

葉伯初

非封建思想？但事實上，同鄉會工作的對象到底是同鄉，假使某一種活動創施出來，同鄉參加的非常寥落，那就證明這實行的方法不對，或根本事業就不適合同鄉，非改革不可。否則的話，捨本逐末地發展下去，同鄉會成了外幫人的營地，同鄉反漠不相關，那豈非荒謬絕倫！所以；在這一方面，我必須將所有的設施，改革得都能適合同鄉，祇要本質不歪曲，技術是可以變換的，以爭取同鄉的注意，愛護和團結。此外，除了舉辦福利，康樂事業外對於學術進修等積極性事業，亦速速計劃實施，以提高同鄉智識水準。

第二同鄉會是東山的同鄉會：說不定有人認為同鄉會不過是一種聯誼性的組織，祇要所有的同鄉都能團結起來，那任務就算完成，但事實又不盡然。假使同鄉會發展很健全，而故鄉非常黑暗、混亂、那這種本枯枝榮的現象，一定不能維持永久，因為後起乏人，仍舊要衰敗下去；所以，同鄉會的責任：除了聯絡在外同鄉外，對於發源地還負有輔助建設的義務，而且兩相衡量，後者不知要比前者艱巨多少。以前同鄉會在東山的設施，無論質和量都顯得不够；所以一定要將同鄉會大部的主力用在這一方面，目的是：掃除封建，（舊禮教）專制，（土豪劣紳貪官汚吏）迷信，（鬼神廟庵）文盲，（愚夫蠢婦）使東山成為一個和平光明民主的模範農村。

第三，同鄉會施政的技術檢討。中國人有一個最大的弊端是：「計而不行」。偉大精美的計劃雖然很多，但從沒有兌現過，有的即使實行，也已非原來面目，結果仍是一副老樣子，這最大的癥結就是實施技術不良。我以前講述了同鄉會二大任務，在這裏不妨討論一下實施方法，以免譏為大言不慚紙上談兵。

然而，我能講的，也還不過是總的綱目，就是「大處着眼，小處着手」。這意思是說實施要以一般為對象，確定原則，而工作須由小而大，由下而上做去；在不妨礙總的原則下，任何方法都可以採取。譬如舉辦學術演講會，在原則上是要提高同鄉智識，這當然是正確的；然而，同鄉不歡迎不參加又如何呢？這一方面：或許由於演講的學術太高深，太枯燥；與切身的生活沒有關係，一方面：或許由於時間的不允許，興趣的不適合；在這樣的情形下，就不妨將演講會的日期定在假日晚上，講的題材要與大家有聯繫，要通俗化，大家能懂；要興趣化，大家愛聽；再或在演講會後，舉行一個時間極短的 Party 以吸引傾向康樂的同鄉來聽，慢慢轉移他們的興趣。又如在團結的目標下：不妨設立合作社，經濟理髮室等……以爭取中年以上節儉的同鄉；設立話劇歌詠團等……以爭取活潑的青年，對中年婦女：可以設立婦嬰衛生講座。如果有這樣的條件：「參加者可以發到惠旅醫院免費檢查體格券，生產半價券，會後有種種餘興」。那我相信即使最保守的婦女，也樂於嘗試一下。又譬如掃除專制，最好的方法是故鄉一有黑幕，同鄉會就出來揭露，主持正義，以爭取全山民的擁護，藉羣衆的力量，制裁那些弄權術者；至於掃除文盲，不妨多設「說書化」的民衆夜校，多置貸學金，閱報處……掃除迷信，我們不必直截了當的焚廟宇燒菩薩，那反而有害；一方面可以在故鄉造成一種空氣，使大部居民的注意力集中在新興的科學的事情上，一方面：可以儘量宣傳佛教的真義。如果在莊嚴隆重神秘的儀式下，由愚夫愚婦崇拜的和尚，親口講佛也不過是人，不管現在壞世俗事，那對迷信者是一個嚴重的打擊。

以上說得非常瑣屑；但也證明了沒有一個計劃不能實施。終而言之；祇要總的計劃不錯誤，那就可以想盡方法，來推行，如果一條路走不通，或者有障礙，就停頓下來，那因噎廢食，永無成就的。

最後：「如果我是同鄉會長」這念頭終不過是妄想而已！但我的確希望這「空泛」的計劃，能給未來的理事長一個幫助。然而取捨與否，卻權不在我了！

三，廿四，一九四七作：

某種生活的深處寫出來，僅僅寫了一點表面。

如何才能寫得深切呢？

只有生活在其間，親身嘗到了這種痛苦和辛酸，只有自己深切地覺得這個問題的嚴重，這生活的慘痛，有向大家提出討論，呼籲，控訴的必要的，這樣寫出來的文字，才是真實的，才能看到這問題這生活中的甜酸苦辣，才能够得上說「精彩」。

這不是靠想像的，或是靠觀察得來的，而是用經年來生活的血淚寫成，寫他們不得不說的話，以致這成了好文章。

忘記了大家，單憑自己的主見是不够的。

佈施

司徒新

在中國，任何一地都有很多的乞丐，尤其在上海；只要你稍稍地體面一點，他們總會在你們身後先生少爺的叫上一陣，而他的目的，希望你的佈施。

在我，總常使這班乞兒們失望，我總不肯解囊，因為我覺得，我們這種佈施從沒使他們生活得好起來，不過讓這羣多活些時而已！

中國年年有水災旱災之類，哀哀之羣要求佈施，我們確會佈施了，但中國沒被佈施出更太平的中國來。

佈施，不過是一種暫時的消極的辦法而已。

最大的佈施，是創造一個新的世界，沒有佈施和沒有被佈施的新世界。

獻給東山的婦女們

東聯社第一次學術座談會紀錄

發言人：葉緒華・樊葉放・席德基・金新・席麗仁・錢文英・

紀　錄：嚴孝修・葉煥書・整理：金新

▲葉緒華　關於三八婦女節的歷史，各位從報章或書本上已經看到，爲了節省時間，我只想簡單地追述一下。

在一九〇九年三月八日，芝加哥的婦女爲了爭取經濟平等，舉行了一次示威運動，這可說是婦女運動的爆發點，到一九一〇年由德國克拉拉蔡特金在瑞京第二屆國際婦女代表大會中提議決定每年的三月八日爲婦女節，大會一致通過，才有了三八婦女節這個名詞。

然而我們追溯婦女運動的歷史，她的發始至少應該在法國革命的時候，那時法國的知識婦女像維蘭夫人等從「人權獨立宣言」中尋出了女權問題，發表了一節女權宣言，才展開了以後廣泛的婦女運動。

可是說到中國最早的婦女運動，還只是三十七年前的事，那就是因秋瑾的參加民族解放運動而引起的女權運動，幾十年來除了剪髮，放足之外，好像還少有成就，推究其原因，應該是，一、參加婦運者只知道婦女是人，應該受人的權利而不能理解女人之處于「非人」地位是由于不合理的財產私有制度以及階級制度。二、沒有廣大的基礎，譬如東山的婦女恐怕有百分之九十九沒有懂得婦女運動的意義。

討論婦女問題最難理喻的說法常有兩種：一種是認爲婦女老死家中是她們的「天職」，幾千年來如此，已經不成問題，一種是從生物學及生理學的現象强調婦女的弱點，其實他們忘記了女子生理弱化的現象正是幾千年來男子支配下的結果，對于這兩種說法的不確，我們也不必多辯論了，我們所要研究的應該是如何達到婦運目的的方法。

▲樊葉放　關于婦女問題我有幾點意見：剛才葉先生說婦女幾千年來受了一切的壓迫，束縛了自己，影響於體格上的不健全，但是我在後方所見到各地的婦女，都相當的堅强，我在北方的時候較多，看見北方二十多歲的女子仍舊纏足，小得極，所謂三寸金蓮，我看到的怕只是二寸半金蓮了，她們並不因小足而妨害工作，照樣工作得很厲害，可是回看南方的婦女呢？更是出乎意料，廣東廣西的婦女担任着一切工作，連人力車也竟於女子拉的，她們的工作的能力可以超過男子，由此可見女子的能力並不遜于男子，故而一切强調的話，什麽生理上的不及男子，以及女子總是在家中的一類話，都不足憑，我相信中國的婦女是有辦法的。

至於知識婦女呢，我相信也並不下於男子，在抗戰期間，許許多多的女子團體，從自己的崗位上去參加各種工作，吃盡千辛萬苦，以前她們也是千金小姐，然而現在脫去了女孩子的氣息，和男子一樣地站起來了。所以我相信中國的女子是有希望的。

▲席德基　今天是三八國際婦女節，全世界婦女們都熱烈地慶祝着這個偉大的節日，由於這個節日把全世界被壓迫的婦女們都驚醒了，然而我們中國除了女學生，女工職業婦女外，大多數的婦女還是不能知道這三八婦女節的意義。

如果要中國强盛，佔人口半數的中國婦女必須參加社會生產，參加社會活動，但到今日爲止，這還是一句口號，當然主要的原因還在於政治上不民主的原因，但是政治民主化，須要爭取，靠施捨是決不能達到的，同樣的男女平等也要爭取，有幾分力量，得幾分地位，這是一定的，因此我認爲有二點婦女界必須做到，同時也是進步的男子們應該加以援助的。

一、提高婦女政治水準，——今日中國大多數婦女對于政治常識都很缺乏，要參加社會活動必須要有清楚的政治認識，不然一切都難免是盲動，非但不能達到目的，並且可能被利用。

二、爭取經濟地位—在今日的社會裏，婦女佔經濟重要地位的眞少得可憐，有許多女性謀職業的目的，很多是爲了自己賺些錢用，很少想在地位上爭取更高更穩的地位，因此婦女界在社會裏的地位大多是不生根的，也是容易被排出的。

講到東山的女性，可以說一切都很落後，現在終算有一部份女性出來讀書或參加社會職業了，但爲數實在少得可憐，我很希望這僅有的力量逐日培養強大，爲東山大多的女性謀獨立解放。（他的意見是書面提出的）

▲余新　我覺得討論婦女問題的時候，首先女子們應該深自警惕，因爲壓制女子獨立的，固然可以說是大多數的男子，但不可否認的女子自己過份的看輕了自己，以爲女子是應該服從男子的，所謂在家從父，在外從夫，夫死從子，而這一切足以輕視女子的教育，卻大多數是由女人自己教育給子女的，譬如在故鄉的一般婦女，在做媳婦時吃盡了千辛萬苦，而等到自己做了婆之後，也裝出了一副婆腔來照樣虐待媳婦，從沒想到做媳婦的痛苦了。還有一種重男輕女的惡習也可以說是女人自己造成的，做娘的生了女孩子，總是不很歡喜，叫她賠錢貨，看輕她，做娘的忘了自己也是女人，這樣就造成了女子自卑的心理，其實女子應當深切的瞭解女子自身的苦，團結起一切受苦難的女人，爭取合理的生活。

第二，女子所要爭取的，不要僅僅做到表面的，在國民大會上一位女士要求男女平等爲做女男平等，其實這種表面的、形式的、文字的獨立是沒有什麼意義的，要緊的還是實際的，經濟上的獨立和平等，有許多女子以爲交交男朋友，通通信，這樣就是文明了，其實結了婚，還不是做奴隸，一個女子要爭取獨立，必需要除掉一切足以依靠別人的劣性，堅毅做一個堂堂的人。

第三、女子必需知道，在這個世界上，不僅僅是女子是被壓迫者，同樣大多數的男子也是被壓迫者，女子不過是被壓迫中的尤者，所以女子，可以聯合一切被壓迫的男同胞或女同胞共同努力，因爲婦女問題是許多社會問題中的一個，單單要求婦女獨立而忽略了國際的社會的情勢是不能解決的，所以必需聯合起一切力量，解放自己，以及一切受難的人民。

▲席麗仁　婦女問題還要女子自己來解決，要是一個丈夫願意他妻子走出家庭到社會上去服務，而他妻子偏喜躲在家裏做寄生蟲，享受奢侈的生活，靠人家的施捨引以爲榮，這種女子社會上是不乏其人，這種觀念是不對的，所以一個現代女性不但應謀自己自立，抑且要幫助一般被束縛的女子求自立，求解決！在我們東山的婦女中，一般家庭觀念很深，不獨她自己做了家庭的俘虜，並且她還要俘虜她的丈夫，因此一個男子在他結婚後往往跟朋友疏遠了，工作懈怠了，大衆忽略了……他惟一的服務對象便是他的妻子，孩子，家庭，這種自私的觀念便阻礙了我們東山婦女解放運動的發展。因此東山的青年女子，不能再去模做她的母親，祖母，她應該把她的丈夫解放出來，鼓勵他和自己一同參加社會工作，使愛情在工作中培養，茁長。

▲錢文英　在此我個人有些感想同在坐的姊妹們談談：我們不都是近于產科方面嗎？故我想把本位來談是較適宜實際些，起初剛踏進校門的時候，理想着將來在社會上爲人羣服務，但事實上出了校門畢業即是失業，更談不到爲別人服務，舉例來說吧：我終算有了職務，在鄉村，可以把鄉村情形來談談：最近遇到你我最令人痛心之事，那有一個產婦腹痛了五天，非但不產反而腹膨脹更大，老娘無法，祇好來請所謂西醫助產士去，那時我和一位小姐二人同去，一內診知道泡水早已破了，兒已死亡在腹內了，這時候照此種情形祇好用穿顱器把兒頭內之腦子流出，然後取兒身，當時和她丈夫說明原因但鄉下是沒有此設備，故叫他們立刻送往上海，否則晚上恐有性命危險。祇見立在我對面她的丈夫低着頭在哭，一句話也沒有回答我，還有一位婆婆在旁哭得更傷心，向我們哀求要我們可憐他們！這年頭那裏有錢送上海呢：求求先生救救她吧！然而我們有什麼辦法可救呢，帶着一顆同情無法的心歸來了，到明天據鄉人來說昨天晚上果然死了，聽了此消息後，我像一個瘋狂者的發作了，自說自話的一個很健康的人，活活的胎兒就斷送在經濟和封建之下了。我想並不是只有一處地方發生，中國這樣大的地方各處可發生同樣情形，可是據上述情形還我們的理想在這社會裏無法實行，眼看着一個可憐的人在經濟壓迫下犧牲了，在教育不普遍的中國，我想現代的青年婦女尤其是今年三八節任務更重，要把我們的口號，轉到實際上去做。所以我感想到我們現代的責任是要把家庭婦女也要解放出來，使她們懂得女子並不是單守着三餐領着孩子之責任就够了，同時婦女的地位與走出廚房是要靠自己的力量去爭取才能護得眞正的解放的。我希望在坐各位姊妹們都能去實行此任務，幫助建設和平新中國。

紀念「三八」婦女節

莫釐風　第九・十期

「上墳」篇

鹿子

王師北定中原日
家祭毋忘告乃翁
——陸游

又是清明時節了。

我們東山人對於「上坟」是個隆重大典，大忙一陣之後，銀錠，元寶，庫籤，菜肴，酒點，路近點找人挑着，路遠點雇條船，浩浩蕩蕩。大人們熟悉「祖宗」的帶着淡淡的憂傷；孩子們則像過節日似的高興，他們與逝去的長輩不大熟悉，甚至沒見過面，沿路大叫大嚷，摘桃花，採野花，甚至在船頭上放起鷂子來。

無論站在倫理一方面說，或者站在衛生一方面說，上坟有它的意義與價值，紀念先輩與春日遠足都是件很好的事。

尤其是今年，八年亂離，有多少遊子回來了，有多少遊子回來以後再亦看不到他(她)的父親或母親，祖父和祖母，甚至兄弟姊妹以及熟悉的親友，悲痛死者，亦悲痛活着的，悵望長空，吞咽着默默的眼淚，……

去吧，到他(她)們坟上去吧，首先告訴逝去的人們：『我，回來了，是帝國主義的侵略活生生把我們分開的，現在，「王師」已把侵略者逐出「中原」去了，今日家祭，應該首先報告你們，讓你們安息，我們是勝利者。』

再告訴逝去的人們，(在墓前獻一束野花，像他(她)們活着時你把花扣在他(她)們的襟子上似的。)『但，「中原」并沒有「定」，相反的變本加厲打起內仗來了，可歎可泣的民族自衛戰爭一變而爲可恥的兄弟之爭，人民不得休息，生活更無保障，你們從來沒見過的大額鈔票充塞市上，工廠商店相繼倒閉，一家在大笑，一路在痛哭，你們活着時曾慨嘆生活不易，今天的局面如果你們還活着不知說些什麼才好，……

『你們或許到過白山黑水的東北，亦到過山明水秀的川康，亦到過貧瘠荒蕪的陝北，亦到過孤懸海中的台灣，亦到過沙漠戈壁的新疆，現在那些地方正扮演着人類卑鄙醜惡的一幕，活不下去的人們正舉起了粗陋的武器，抵抗最新式配備的屠殺。別說遠去了，拿我們家鄉來說吧，呵，別太驚慌，我恍惚着見你在坟墓裏坐起來，——家鄉，你們知道我們是這樣的懷念着她，千辛萬苦地回來了，在渡水橋口，淚水早已忍不住淌了下來，大尖頂一片模糊，鄉人和親戚們歡迎着：「重慶來的，發了財的」，不久他們亦失望了，「重慶來的亦有窮的！」——呵，很對不起，這就是今天上坟菜如此菲薄的緣故，所幸的異國紙幣貶值當不像這人間，這一點點或許够你們化一陣子。

我們是受不住窒息的苦悶才流亡出去的，根本沒有想到要撈錢回來呵！

或許你們罵我是呆子，是「戇大」，——不會的你們曾不斷地告誡訓示我們：「禮、義、廉、恥！」

逝去的人們，長輩們，我們回來了，帶着清白，帶着憤怒，帶着貧窮與創傷，即使你的手已經腐爛，伸出骨頭來吧，我們決不會害怕，請伸出你們的手來，撫摸我們的頭，甚至伸出骷髏頭骨來，端詳我們已經長高了的身體，和你們不相識的小輩們，——我們不會害怕，你們較活着的「人」慈愛，你們眞正具有一副「人」的心腸。

太湖在嗚咽地流，山風在哀傷地嘆息，故鄉迥非往昔，荒蕪了，貧窮了，大樓房拆光了，草木樹砍掉了，吸毒的人增多了，墮落的風氣加重了，抽壯丁抽得雞飛狗跳要繳和迫得骨髓俱乾，東山人在打發着苦難的日子，……

你們在生前，給我們講過不少故事：長毛造反，袁世凱做皇帝，尤其是乾隆下江南把「嚇煞人」改稱「碧螺春」，在冬天廊沿下溫暖的陽光裏剝着長生菓，在夏天晚上天井裏剖着西瓜，這黃金色的年代不再回來，而殘酷的歷史竟接連地在重演。

別憂傷，逝去的人們，恍惚看見你要跨出坟墓，——實在這人世間沒有回來的意思了，安靜地躺下去，再等等，等到那風和日暖，你在地底下眞正聽到了人民的歡笑的時候再回來吧。

我們要走了，很對不起，上上坟把你們平寧的生活擾亂了，實在沒有辦法，(你知道今天的局面實在教人無法安靜呵！)到明年再來，或許可以稟告一些歡喜的消息。我們去了，回到各個人的崗位上，從各個角度予眞正愛護我們的國家以擁護，從各個角度爲眞正愛護我們的國家而努力。

歸途追記之八

貴陽五日

舟

起畢了六百六十公里的長途，我和貴陽第二次見面，我是一個健忘的人，四年半前貴陽的面目，已經忘記得一乾二淨，然而這陰沈多雨的天，這泥濘難走的路，這立着身子散步的人力車夫，還有目中無人的老鼠，這一切的一切，又給我寫下了一個四年半前貴陽的輪廓。

三十年秋，大概有二十多個人吧，從上海沿着海岸向南，在鼓浪嶼我們被颶風困過，在香港到廣州灣的大寶石船上，我們做過沙田魚，登了陸，在粵桂交界的地方，我們坐過籐轎，然而總沒有「抑上輕輿趁晚涼」的閒情逸趣，車過宜山，我們就從此跑進了雨的世界，經過了這一個疲勞的歷程，大家都渴想在貴陽舒適地遊上幾天，至少也得痛快地睡一大覺，不幸的是，幾百個工程師把貴陽城市的旅館佔據盡了，失望之下，只能分別揀幾個簡陋的旅館將就一下，這對于飢極的臭虫，自是一大機會，在沒有D.D.T.的後方重鎮裏，我們都只有自咲命薄的分兒。

四年半後的貴陽，不能說沒有進步，幾個月前，省主席厲行着剪長衫的運動，似乎使行人多了一點生氣，只是那些人力車夫，在拉人時還是這樣懶洋洋地優悠地，很難配合他們的身份。

老鼠自然還是以前的樣子，一到晚上，泥濘的街上，都是牠們的世界了，牠們長得大，更不怕人，這對于江南人是一大驚奇，很多有錢的人家，化了一筆錢去買一隻貓也不過是裝裝腔而已，因為那貓一定要用繩結着，一方面怕逃，一方面怕人家捉去，于是這貓在天時人為的苦境下，常常瘐死在一根繩索之上，而貴陽（雲貴一帶都是如此）的貓的身價就永遠高高在上了。

茅台酒是貴陽的名產，然而我沒福消受，在我這名酒不過是高粱的一種，而我是怕見高粱的，每當喝酒的時候，我總是一個旁觀者，無論從瓶的式樣或者酒的味道上，我終看不出什麼有「名」的道理，我覺得酒的苦味是一大損失，自然這在喝酒者聽來真是一個笑話。

由于修車的關係，在貴陽就了五天，花溪自然去不成，無聊之餘，只能欣賞一下貴陽的電影，然而遺憾的是我記不起看的是什麼片子，我只記起戲院裏是一片泥水，幾分鐘內，總得看看腳下的泥水，會不會膠住我的腳底。

內地的電影，即使是昆明也不能與上海相比的，化了錢去聽一點不愉快的音樂，看一些模糊的圖畫，倒不如跑向公園中去喝幾杯綠茶來得舒服，在我的印象中，河濱公園是一個可以留戀的去處，亭樹小邱，茂林曠場，都有他的可愛處，尤其可喜的，是下面的一泓流水，配着這遙遠的山陵，使我覺得河濱公園是不屬于貴陽的。

兩次經過貴陽由于心情的不同，覺到現在是可愛了一些，話雖如此，在天無三日晴，地無三寸平，人無三分銀的世界裏，我是不會有興趣長居的。

有機會的話，我僅希望作一次花溪之遊，順便在荒山中找尋一個苗胞的村落看看他們跳月的情景。

山行隨筆

玄丁

最近又兩次回到家鄉，一次在前山逗留了二十四小時，一次到後山掃墓。春意初回，東風猶厲，湖山無恙，人事多艱，不覺有所欲言，再寫山行隨筆。

在以前數篇隨筆中所提及的事情，有幾點已得到滿意結果，頗為歡喜，輪船每天上下各有三班，便利不少，治安方面有水警，有自衛團，略可保障，併區後鄉鎮長有聯合辦事處，趨向於相互合作，這是一種進步，反之農作物價值不高，農民力弱，去年蠶繭收價太低，使得本年養蠶的人裹足不前，許多桑樹已被砍作柴燒了，生產得不到鼓勵，生活都受到影響，還是一重隱憂。

在舟中望出去，沿河魚池隄岸上的蠶桑十里，已有許多地方被擺錢了，有的已改種了橙子樹，有的任其空着，看看實在喪氣吟詩一首：

夢裏田園憶故鄉，歸程隨處見春光，山青水碧渾如昨，卻少沿河兩岸桑。

夜宿登善醫院，空巷犬吠，足音跫然，由遠而近，由近而遠，而知是自衛團夜巡，心裏不免有些空虛，早起走過山路，回首一望，便見太湖，以前的樹木倒光了，一些屏障都沒有，偶有幾處小田裏有新樹栽種着，十年樹木之計，亟應早日着手起來，第一步在於試植樹苗，放遠目光，其利在後。

保安張院長室內佈置楚楚，窗明几淨，絕不富麗，而清潔可喜，胆瓶中插梅花一枝，半已開放，身處其中，恍在塵外：

早梅消息透新枝，春晚猶寒花放遲，莫道東風吹不到，一樓春色胆瓶知。

大千擾擾遍人間，到此莫偷半日閒，是亦桃源塢小隱，映窗一角是青山。

徵丁記

・旅人・

夕陽開始向屋脊下漸漸地沉下去，黃昏的餘輝照耀着一間矮屋，屋內顯得沉寂，除了灶內燃燒着的青竹枝發出劈拍的爆炸聲外，惟有的聲息，便是一個睡在床上病着的老婦人的氣喘聲。

根生坐在一隻斷了脚的矮凳上，臉上顯得和這天氣一般地死沉，他無表情地凝視着房門上的一張褪了色的紅紙上面的一個「福」字，他記得這個字是出於他已故父親的親筆，是他老人家在前年他結婚時寫的，可是現在這個「福」字正像他的命運一樣，漸漸地褪色了。他時時向人說：阿菊——他的妻——是個薄命人，自她進門後父親便死去，母親病了快一年了，一年窮苦一年。但有時他也懷疑：我這般地辛勤，爲什麼積不起錢來，去年爲了納糧還租還要完什麼稅便把僅剩的五担白米賣了，今年連自己吃的糧都沒有，祇好吃粥。去年養蠶蝕了本，今年沒有本錢再養了……。早上對面阿福嫂街上賣菜回來說今天抽壯丁就在各鎮公所抽籤。前幾天爲了這消息，隔壁的才林，子林兄弟二個，對面的阿二和村裏很多人都到上海去避風頭，田裏荒蕪了，魚池裏的水草亦沒有人去撈，再過幾天魚都會全餓死的。這個年頭連命都活不了，「觸殺你媽的還要……！」心頭的一股怒火從他嘴裏爆發出來。

「什麼事啊？根生，」阿菊把頭從灶角裏伸出來，望了望他的丈夫。

「粥燒好阿曾？肚皮餓了，」雖然他的回答不是他心中想的事，但近來的確他的肚皮時時易餓。「好了，你把櫈上的東西收拾收拾，」阿菊從灶角裏跑了出來，瞧着根生的臉色有些異樣，走上去摸了摸他的額，關心地問，

「想什麼啊？田裏的菜花結得怎樣了？媽的病很厲害啊！……。」她一等丈夫回來總喜嘮嘮叨叨地說上一大套他丈夫最不愛聽，又沒有辦法的家事。

他沒有回答，端出了一碗沒有油的青菜，盛了一碗稀薄的粥，很快地吃了三大碗，他感到身上有了一些暖氣，將桌上的碗筷收拾好了，便去代他妻洗碗筷。阿菊走進房去餵她的已哭了好久的孩子，又去服侍病在床上的婆婆。

黑暗漸漸地向每個角落裏伸展開去，小河旁的橡樹上的二隻烏鴉正在哇哇地叫，根生聽了這聲音就感到萬分煩悶，更睡不着了。天氣雖然已是春天，但夜晚的氣候還寒冷，他好日時做的三條新棉被，一條最厚的被那時駐在鎮上的××部「借」了去，一條給了病着的母親，這一條薄薄的棉被和一條又硬又黑的棉花毯，便是他們倆渡過寒冬的惟一的禦寒物了。他們緊緊地擁抱着，惟有用各人天賦的熱力，來溫暖這個被窩，使這生下祇三個月的孩子不受凍。

烏鴉的聲音越叫越響了，好像在悲嘆，又像在哀鳴，遠遠地傳來幾聲狗吠聲，使根生敏感地想到將有一個不良的預兆降臨。

「阿菊，今天鎮上抽壯丁不知那一個倒楣被抽中，我眞担心近來運氣不好，不要被……」根生總於把他久壓在心上的事告訴了他們的妻子。

「不會吧，我們村裏百把個壯丁中難道偏偏你會中籤？睡吧！不要去想牠。」阿菊心中雖然很担心這件事，但爲要安慰他的丈夫，她不願把自己心中的恐懼來向她丈夫傾吐。

「百把個壯丁已有一半往蘇州，上海跑掉了，留下的都是沒有辦法的人，這次據說我們村上要三個，那就很難逃掉。」根生的心在忐忑地跳着，好似身體上壓了一塊千斤的大石似的，使他翻來覆去地難受。

狗吠聲越聽越近了，門外起了一陣急促的脚步聲，在牆外好像有人在竊竊地談話。

「根生！你聽什麼人啊，」阿菊機警地坐起來，細細地靜聽。

門外人聲越響了，好似又有人跑過。

「讓我起來，」根生，一躍躍出了床沿，不等他穿好衣服一陣急促的敲門聲接着便響了，一聲很熟悉的聲音在喊。

「根生，開門！是我……有事。」

這是王保長的聲音。那麼晏他來幹什麼？根生遲疑了一下，阿菊立即阻止了根生去開門，自己應了一聲，一面輕輕地叫根生躲避。

門外的敲門聲越打越急了，牆外的幾條電筒光像猿虎的眼睛似的在探搜着，根生想爬上矮屋，可是被這閃閃的電光嚇了下來，終於使他遲疑地坐下來。

不等阿菊開門，已格的一聲門起了裂縫，一條電光從裂縫裏照進來，照着了根生的臉——這死人一般的臉。

門開了，王保長，李鎭長後面隨着幾個穿黑制服的警察，陪着笑，走進來，向根生那邊走去，「根生，今天鎭公所抽籤你中了，這是很公平的由××校長當衆抽的。」王保長說明來意，並聲明抽籤沒有弊病，以卸自已的責任。

根生沒有回答，可是阿菊已淌下了眼淚。

「我們這鎭共抽三個，一個是黃貓你大概認識的，一個張阿四，一個是你。區長說所有壯丁今天晚上集合，明天送蘇州，他們二個已送區公所你快點收拾，有無話語和你嫂嫂談談就立刻說吧！」李鎭長催促着。

「李伯伯……」一聲號哭，阿菊已伏在李鎭長的脚前；「李伯伯做做好事，根生不能去……，我……我們老小三個要靠他吃的……，」阿菊跪在李鎭長和王保長的面前哭叫着。

「根生嫂嫂起來……我們沒有辦法，這是命令，這是國家的命令吓」李鎭長連連的搖頭。

「是，這是國家的命令！」王保長再重重地重新說了一句。「…………」「根生你有話快跟你嫂嫂說吧，弟兄們恐怕不耐等了。」王保長拍了拍根生的肩頭，催促他說話，又看了看後面站着的幾個警士，好似在向他示威。「好，阿菊，你起來。」根生從地上站起，臉色靑得可怕，一手去拉他的妻子起來。

「不……你不能……去，李伯伯做……做好事啊！」阿菊掙扎着，嗚咽着，但終被根生扶了起來，把她推到房裏，低聲地說：

「阿菊；這是命中註定的，沒有什麼可怨，滿了期，我仍可回來的。」他沉默了一會繼續說：「家裏的事你得好好地照管，孩子……，送給了人家，不，還是丢了吧。」說完，他向他母親的床邊走去，見她老人家正在掙扎着起來，他便溫和地說：

「娘，沒有什麼事，他們是來催和的，你不用起來，當心你的身體。」他一手撳了他母親睡下，代他蓋好了被，衝出房門來說聲：「走」。

於是李鎭長，王保長同口說：

「好……好。」便一股蜂地走出了這矮屋。

屋內的一盞如豆般的油燈火發出了微弱的光亮，照耀着一個蓬頭散髮的婦人，那尖銳的哭聲響徹了整個的原野，驚醒四週的隣舍，劃破了沉寂的黑夜！

山居誌趣

嚴士雄

一　賞梅

在每個山塢里，各處都分佈着梅花，從嶺上眺望下去，都似成片的香雪海，一種清幽的馥香，盤旋在腦海中，每棵樹綻開得像天上的星一樣燦爛，又似寶石般底光耀，待滿意了的心身，走出叢叢的梅林後，滿身還保住着香味，花片像是留戀你愛護它的人，給你一件紀念。

二　泉水

每天它潺潺地流着沉留在水底鷺形的石子，透明地光滑得可愛，它從不發着鉅大奔波的聲音，來擾亂你的神經，時常的我帶着烹茶的器具，坐在溪旁慢慢地享用它的賜給，待一杯濃厚而醇和的茶進了嘴里，把一天的煩惱多消除了。

三　看雲

每在神清氣爽的時候，抬頭可以望見燦爛的雲，而蘊含着無盡的朝氣，可是在慘苦回憶的時候，它亦會現着像一個怪或是一個幻境，紛亂的你神經，在這時眞是人的理智和情感的交織中心點，你應該如何在這種環境下展開思潮或希冀，它亦更會給你滿意的回答。

四　松林

山上密密層層的松林里，時時的發出着萬馬奔騰似的音響來，像是怒吼着像是夜哭，又像是歌舞，朋友！你心中有一切不可發洩的怨氣嗎？它會鼓勵着使你發洩，使得你一吐爲快。

五　浪花

我的村落在湖邊，每見到浪花冲積在沙灘上，或撞在蠻石上，冲上來退下去，無時或歇，似的給我們以鼓勵．當在春風微拂，水波不興的時候，坐在沙灘邊上濯足，并且可以欣賞着湖景，是多麼有詩意呀！

六　品茗

喜愛悠閒的人，茶總是離不開他們，雖是愛之好之癖之並有不少人爲之鼓吹，然而我們能不能都用得適得其時呢？當在醉後或是醒來或三朋四友團聚着談古說今，在此時等待着候火新煮佳茶時的心境，眞是人生那有幾回的情境呢！

七　竹筍

東坡居士說：「忍可食無肉，不可無此君」，自已不敢自附風雅，平日祇要此君上市，亦有愛啫之癖，它在山塢中排列着生長，待到能掘出新鮮的筍煮炒，或是加進肉類，是鮮美不過的，我不敢放棄肉食，亦如不甘作鄙者一樣，伊能享到口福，人生總還以爲有點偷得哩！（寫于豐圻耕讀堂）

讀者園地

旅滬同鄉不必要分界限，同鄉會選舉理監事不是選舉鄉鎮長，有了界限，好像分了家一樣，不能表示旅滬同鄉團結一致的意向。

關于同鄉會本屆大選

一會員

時光是很快的，上屆同鄉會會員代表大會開會的情形，猶在目前，今年的會員大會又要舉行了。

在同鄉會工作人員聯歡席上，葉振民先生提出了怎樣的選舉方能合于情理，要大家即席發表意見，當時劉道周先生就貢獻一個辦法：以會員故鄉的鄉鎮的分別，編印一鄉或一鎮中的會員名單，就名單中互推數人爲候選人，再由各鄉鎮中的候選人來選舉本屆理監事。當時有人起來反對，認爲：

一、各鄉鎮中的會員人數有多寡。

二、各鄉鎮中不一定能選出候選人。

三、……………

反對的理由很多，當時就由朱潤生先生補充，認爲各鄉鎮可依人數爲比例，人多則多選候選人，人少則反之，各鄉鎮可以互選別的鄉鎮的會員爲候選人等等，當時因爲是聯歡會，不能有所決議，就由劉道周先生說：提交理事會討論，有結果後，再召開工作人員大會討論決定。

聯歡大會之後，大家就很少提到這個問題，理事會想必討論過了，但工作人員並沒有意見參加過，到底如何，不得而知，因爲大會期近，我們提出一點關于選舉的意見如下，希望大家參考。首先我們覺得旅滬同鄉不必要分界限，同鄉會選舉理監事不是選舉鄉鎮長，有了界限，好像分了家一樣，不能表示旅滬同鄉團結一致的意向。

第二夏像上面反對者的意見一樣，分區選舉的困難很多，而朱潤生先生既然以爲可以自由地選舉別的鄉鎮中的會員，那末這分與不分已沒有什麼分別。

第三我們覺得既然可以印了會員名單分區選舉，也同樣可以印了名單全體普選，這樣好像沒有什麼困難的地方。

總之，我們以爲既然名之曰會員大會，則應該有讓會員隨便選舉的自由，也可以讓會員有到大會上來聆取報告和提供意見的機會，這樣方能使同鄉會走到完善的路上去。

第十一期本刊準于五月一日出版敬請賜稿

目前文藝工作者應以什麼作題材

——給經緯兄——

履仁

拜讀了本刊第七期上經緯兄的「旅途的邂逅」一文，就有很多的感想，可是沒有時間寫下來，接着在第八期的讀者園地上又刊載了幾個聲明和意見，在本刊編輯座談會上對該文又來了個對作者和編者的「攻擊」和批評，但這些「攻擊」和批評並沒有指出其錯誤的癥結和指示其今後應趨的途徑。

文學是現實的反映，某一種時代才會產生某一種文學，文學的思潮是隨着社會的經濟基礎的演變而演變的，所以在文學史的演進過程中有古典主義，假古典主義，浪漫主義，新浪漫主義，現實主義而進展到新現實主義，一個文藝學習者應了解其思潮的演變和其發展的法則，是有牠內在的合理的要求；我們讀了這類「落難公子中狀元，私訂終身後花園」等的作品，我們就了解那是作家的不滿意當時的婚姻制度，而去暗示讀者怎樣去反抗不合理的婚姻制度和怎樣去使讀者對這些戀愛悲劇的同情，知道設法避免和不要再去製造這種悲劇的產生。五四運動以後還種反封建的思潮更形澎湃，所謂新文化運動，便是主張反封建，提出了婚姻制度的改革，在陳獨秀，胡適之，魯迅等，諸新文化革命者編辦的「新青年」上所有的作品便可代表當時文學思潮的傾向和反映，及至五三慘案以後，又有反帝國主義的運動興起，同時又有左傾文學家如成仿吾等的產

幾點有關征兵的疑問 敬請當局答覆

編輯先生：近日來故鄉又聞徵抽壯丁之說，鄙人對于徵抽辦法不得細知，茲懇借貴刊一角詢問有關當局，或區公所方面，並且要求一個答復，茲將詢問數點略述于後：（一）近日徵抽之壯丁是第幾期的是否奉命而行？（二）出了錢去買來的壯丁是否合法？（三）目不識丁身體衰弱者是否合法？（四）一戶有兄弟二人兄已合格弟還未成年其兄不知可免役否？

一個老百姓農忠上

一個讀者對本刊的建議

翁鶴齡

在一年以前偶然與幾個同鄉青年集合在一起，談論的中心，往往會轉到東山缺乏一份報紙或刊物的話題上去，認爲是最大的缺憾。

一年後的今天，「莫釐風」像一個黑夜中火把似地擎了起來，使我們東山人都感到了一陣光和熱，從創刊一期，二期：到七期八期，眞與故鄉莫釐峯的大尖頂二尖頂山麓一樣綿亘不斷，不可否認地，「莫釐風」在故鄉的歷史上，已有了光榮的一頁。

使人更興奮的是同鄉會同「會刊」亦跟進了，廣大的東山青年在「會刊」「莫釐風」的號召下團結起來，「東聯社」「同學會」，活潑的內容造成一批批青年幹部，成爲同鄉會的新生力量，有人譬喻「東聯社」是幹部製造廠，同鄉會是發行所，而「莫釐風」恰正是最早的一份募股書。

具有這樣偉大意義的「莫釐風」，具有這樣偉大功勳的「莫釐風」，牠的獲得多數同鄉的歡迎與擁護，能有今天的地位，决不是偶然的。

可是據我所知道，「莫釐風」今天的經濟情形相當緊急，原因是白報紙「跳」得太貴了，成本激增，預算困難，售出的價格，又未便過高，這差不多是最近來每一個文化事業共有的危機，我相信「東聯社」的諸位先進們，一定有打破難關的辦法，爲了我個人對于「莫釐風」的衷心擁護，站在一個東山人的立場，謹提供下面的意見。

一、東聯社執監會，應迅速通過撥支文化基金的一部份利息援助貼補。

二、把「莫釐風」的出版地位獨立起來，組織「莫釐風」出版社，徵求更廣大的同鄉人士參加援助。

三、同鄉會原有會刊，每期印送三千份，往往一家內就收到六七份，浪費太甚，最好能打破「同鄉會」「東聯社」各有刊物的虛榮界限，集中雙方的人力物力，合併一份刊物來發揮報導兩方面的意見及消息。

上面的第一點，我想是可能採納的，第二三點的原則，還要請「同鄉會」「東聯社」諸君加以注意，能討論出一個具體的辦法來。

虛榮心絕對要不得，一切要爲故鄉的進步作前題，希望同鄉們的指教。

生。由此我們可知道文學思潮的演變不能忽略牠內在的合理的要求的因素，文藝工作者應怎樣去迎合這要求，去引導羣衆，從不合理的生活中去走向合理的生活。

目前中國還在半殖民地半封建的時代，造成其現狀的原因，我們不能脫離這時代的社會的經濟的政治的範疇——不上軌道的政治，買辦官僚資本……，因此目前所迫切需要的不是「旅途的邂逅」一類的反封建的或吟風弄月的供有閒階級欣賞的作品，（註：對該文的寫作技巧筆者不加批評）而是需要眞正能反映老百姓的痛苦的現實生活的著作。

文學不能脫離現實，但亦不是現實主義，作者對他的作品應飾以技巧和滲以主觀的思想，但我們不能渲染過甚，脫離了可能性，否則便是在向時代開倒車，重走上浪漫主義的道路——惟美的羅曼蒂克的思想，我們要不得的！

在我們的崗位上 讓我們展開工作

杜納

活潑碧綠的水波，蕩漾在莫釐峯下，洗淨了山崗上的人們，樸淳的高山，更賜與了我們莊重的恬靜。莫釐風第九，十期又與我們相見了，這是我們東聯社的唯一的精神食糧，也是東聯社仝人業餘的結晶，我們遠離故土，旅居滬上，與此複雜之社會，奮鬥進取，正需我們相互之團結，與互助，在地理上，上海與東山雖僅一日之行程，惟相互間消息頗多隔膜，家鄉之動態，社會之演進，雖有地方報紙爲之記載，但甚少完整及系統之報導，家鄉人士更少獲知之機會，所以我認爲本刊負有溝通鄉閭間文化之責任，並督察家鄉地方政治之設施與改進，一面用以發揚固有之精神，加强同鄉間相互之聯繫，以促進團體的及個人的事業之開展。

在今天，莫釐風在現實的環境下，需要充實內容，不論爲上海爲外埠，或爲故鄉，更不論爲歷史性或現實性，不論爲綜合性或比較性，更不論爲研究性報導性或建議性，祇要在不違背一個刊物的立場及宗旨，在今天人民底世紀裏，民主浪潮泛濫的今天，應廣爲吸收優良的進步的作品，讓我們這本美麗的刊物更充實，更堅强。

莫釐遊誌

（八）

許明煦

三，石砌盤紆上翠微　山雲山霧溼我衣　閒吟小步到僧寺　寂寂松房掩竹扉

莫釐峯爲太湖七十二峯之冠，其偉大勝景，已見於吟詠，而王鏊登莫釐峯記一文，用如神之筆，述湙山之勝，尤膾炙人口，乃錄之於下：

『兩洞庭分峙太湖中，其峯之最高者，西曰縹緲，東曰莫釐，皆斗起層波，矗逼霄漢，可望而不可即。成化戊戌，予歸自翰林，文吳縣天爵邀予山中，相與窮湙山之勝，行至法海，仰見異峯，寺僧進曰，「是所謂莫釐者也」，文振衣以升，衆皆繼之，或後或先，或喘或顚，至乎絕頂而休焉。天若爲之寬，地若爲之闢，西望吳興，渺瀰一白，有若雲焉，隱見天末，或曰卞山也，北望姑蘇穠金一帶，人家歷歷可數，有浮屠亭亭，曰靈岩上方也，東望吳江，雲水明麗，帆影出沒，若有若無，蓋七十二峯之麗，三萬六千頃之奇，皆一覽而在，曰：「大哉觀乎」，相與席地行觴，踞石賦詩，久之暝色四合，微月破林，湖光潁洞，崖壑黯黮，乃相與循舊路而歸焉。語有云：「不登高山者，不知天之高也；不臨深谿者，不知地之厚者也」。莫釐猶爾，況所謂泰岱恆華者哉，予以是知學之無窮也，故記之』。

晨觀日出，雖無泰山日觀峯之勝，惟於初秋四時餘，立峯頂東望，見東方曙光一抹微白，漸成蒼綠，由淡而濃，其時下層白光，亦漸明亮，轉成黃金色，少時，上層之蒼綠色，襯以五色，似雨後之虹彩，紅日一輪，乃出地而升起，半吞半吐，欲上又止，及至日離地面，始冉冉上升，五色畢現，殊爲美觀，紅日由此漸呈黃色，繼而白色，四圍和色，隨隨消淡，此非親歷其境，未能與言其美，即具如神之筆，亦難描述其奇，想泰山遠在千里之外，登峯攬勝，因屬不易，東山則近在咫尺，便於往返，故樂爲介紹，何敢珍秘，欲觀日出者，不妨一試，始知言之不謬也。循大路而下，道旁青松，迎風點首，似歡迎遊客者然，半山有亭，名曰棲雲，取高棲在雲之意，爲遊者休憩之所，內塑佛像，斷臂殘足，潦倒十分，然仍爲善男信女膜拜之對象，殊爲不解。王守梧登莫釐峯半途中即憩棲雲亭詩云：

山裏棲雲亭，閒雲每此停，隨風飄去也，
飛過亂峯青。

回瞻莫釐，又在白雲之中，下瞰法海，寺院整潔，殿宇軒敞，至錫帽峯，遊山峯禪院，俗稱三茅峯，三茅者，漢茅盈及其弟固與衷也，盈即茅君，少秉異操，獨味清虛，年十八棄家入恆山修道，後隱江蘇句容縣東南句曲山，即今之茅山，其二弟亦棄官訪兄，咸得仙法，齊東野語，姑妄聽之而已。寺建於明嘉清間，寺屋三椽，置慈雲法雨額，右眺平嶺，白沙，蝦蟆三嶺，左瞰大闕諸村，古木參天，市聲徹雲。下嶺抵壽墳有唐寅所繪二老圖及「瑤池萬年宴，玉樹四時春」石刻，重九登高，冠蓋雲集，仕女熙攘，爭撫二老之首，傳可益壽，摩崖鐫鳥語花香，金礪湖山一覽等題字。處境清幽，足可留戀。至大闕村，訪右源公席氏之墓，公名端樊，乃文華殿中書舍人加御太僕寺少卿晉階一級本禎之父，弘光元年二月之奉天誥命，及明誥贈亞中大夫太僕寺少卿右源席公墓表兩區碑，最屬穢之，分踞路側，淡藤遍地，芳草萋離，東行至唐股村，相傳昔有唐姓孝子割股療親，而失其名，乃以唐股名村，敗垣一彎，碧池一泓，俗稱寶珠澤，池園假山，堆砌玲瓏，浮沫斷處，倒影成味，相傳爲王鏊眞適園遺跡，按眞適園在唐股村王鏊宅後，有莫釐巘，太湖石，蒼玉亭，香雪林，湖光閣，款月榭，寒翠亭，鳴玉澗，玉帶橋，舞鶴衢，來禽圃，芙蓉岸，滌研池，蔬畦，菊徑，稻塍，十六景。王鏊眞適園詩之：

萬株香雪立東風，背倚斜陽鼎酒紅，
把酒花間花莫笑，春光還屬白頭翁，

循道東行，過文昌宮，清嘉慶二十一年太湖同知羅琦創建，就祠之兩廊，分置齋舍，爲諸生肄業之所，名曰仰雲書屋，後任陳仰龍，劉鴻翙，增籌膏火資，咸豐十年燬，同治十一年同知朱守和重建，改題五湖書院，劉鴻翙撰，勸捐仰雲書屋膏火文曰：

太湖舊無書院，中書羅前雅出佐郡，創建文昌宮，闢其旁室曰仰雲書屋，聚士子肄業其中，丙戌秋，余來此，士子以膏火不繼爲憂，余與董事諸君子議勸捐，未舉，歲之正月，有以錢債涉訟者，願讓其利千金，爲仰雲書屋膏火，余斥之曰，爾無事，讓利可也，爾有事，雖累千金，余不爲仰雲書屋受也，書屋爲士子力學之地，學莫大於辨義利，無所爲而爲之者義也，有所爲而爲之者，利也，爾以涉訟之故，讓利，是有所于於我也，受爾之讓利，是有所挾於爾也。上有所挾，下有所干皆非義也，遂平其訟使退，今余與董事諸君子勸捐，無所爲而爲也，雖然，山之搢紳好學者，有資於仰雲書屋也，爲身計，捐焉可也，爲子弟捐焉可也，爲後世之子弟計，捐焉亦可也，爲山之人材捐焉，亦無不可也，是亦有所爲而爲也，是則義而已矣，嗟呼，辨義利者省學者終身之事也雖余亦自警焉」。

首先得向各位讀者致以萬分的歉意，在無可奈何中我們脫了一期，九、十兩期併在一期了，承蒙讀者的垂念，函電催詢，使編者一方感到讀者愛護之深，私自喜悅，一方面卻有說不出的慚愧和難受，實在覺得無以對讀者。

這一期，在篇幅方面本來稍擬增加，但是結果還是如此，因爲事實上時間的匆促，就有了力不從心之感，不過總算在內容方面有了一點新貢獻，譬如像社評和莫釐人物誌的增加，這也是一種小小的改革。

當然需加改進的地方還多，就編者自已看來，一期一期的出版了，編者總覺不能盡如人意，尤其像上一期中的錯誤更多，連得封面上也排錯了字，這當然是編者應自承其咎的，並且得向作者，讀者致歉的。

就編者個人講，是一個低能兒，對于這扭負着爲東山人服務的刊物的編務，有時候覺得有點徬然，但既然扭當了下來，當然應當勉力以赴，不過編者個性比較遲慢，一切應該增減的地方，總不能一時的改進，以副讀者的厚望，但因爲讀者諸君的指引，一步一步的向前向高的地方走去是不會忘了的。

所以，我們是竭誠的希望大家的指示，以使本刊內容和形式上更爲生色，更爲進步，更使它成爲眞正東山人自已的刊物。

這一期中，我們刊登了東聯社第一次座談會的記錄，這是關于三八婦女節的，因爲東山的婦女們也許對于三八節還很陌生，並且這座談會的內容有許多地方對于我們故鄉的婦女——卽使是男子，多少還有一點益處的，所以我們全部轉載于此。

同鄉會在四月末旬要舉行本年度的大選了，因此，讀者賜寄關於同鄉會的稿件很多，有讚揚的，有批評的，也有貢獻一點小意見的，這一些，多是很有寶貴的價值的，因此，大部份我們都登了出來，也足以反映同鄉會一部份會員的意見，和値得同鄉會當局參考的。

嚴冬過了，陽光普照大地，各同學會也相繼活動起來了，有在徵求會員的，有在召開成立大會的，交給本刊要發表的消息也特別的多，不過因爲篇幅關係，只能擇要登載，好在都是自已同學，一定能够賜予原諒。

最後我們得感謝沈縣長，賜給我們墨寶，使本刊生色，這是我們萬分榮幸的。

三月廿六日

莫釐風月刊 每月一日出版

預定先繳五千元每期按八折扣除

本期零售每冊一千二百元

編輯及出版者 東洞庭山各校同學聯誼社 莫釐風出版委員會

上海通訊處 北京西路一〇八號 洞庭東山旅滬同鄉會 電話 九三四一九 九六五九七

蘇州經售處 閶門內東中市 蘇州教育用品社

東山總經銷處 殿涇港朱家弄瞿友農

東山經售處 殿前嚴大德堂國藥號

東聯社文化基金借款

徵信錄（第二次）

二萬元

23 湯經緯
24 湯經緯
25 沈智伯
26 葉伯銘
27 葉伯銘
28 逸屋
29 逸屋
30 逸屋
31 逸屋
32 逸屋
33 琪藤
34 張建清
35 36 37 38 39 40 41 42 43 44（席於毗經手）
45 石松生
46 盛毅人
47 沈叔良
48 周錫淳
49 金維剛
50 黃兆華
51 朱師謙
52 徐嘉寧
53 德勇記
54 金新
55 金新
56 嚴星洲
57 王乾德
58 姜凱聲
59 姜凱聲
60 錢寶祥
61 陶志冠
62 嚴志清
63 朱子憲
64 金妙泉
65 姜承德
66 張巢鵬

五萬元

22 逸屋
23 逸屋
24 逸屋
25 逸屋
26 施紹棻
27 席於毗經手
28 葉瀛洲
29 葉瀛洲
30 嚴孝修
31 周錫淳
32 周錫淳
33 陸志新　沈家駿
34 陸若巖
35 席光熙
36 金蘭言
37 劉道周
38 葉振民
39 席涵璨
40 吳蘭生
41 葉樂天
42 翁康民

本社啓事

財務組

謹啓者：文化基金借款亟應結束，如有經手而未繳集者，即祈將臨時收條及經手借款擲還本組，以便結束。

社員組

本組自徵收會費以來，因手續關係，尚有少數未能收齊，故祈未繳社費之社員，即請逕交本組，以清手續，不勝感荷。

文化組

我們爲了聯絡社員，以及使社員增進一點學識起見，決定舉辦學術座談會，社員中如有願意參加的，請來本組登記，以便舉辦時發函通知，請社員踴躍參加。

發行部

茲遺失莫釐風月刊收据361——380一册，特此聲明作廢。

洞庭圖書室啓字

本室擬創辦資料室，特徵求莫釐旬報及二，一，六刊物，如同鄉持有者請駕東山同鄉會本室或撥電話九六五九七接洽。

莫釐風

第十一期

陸志庠寫生　葉棻刻

東聯社出版

本社啓事

財務組

謹啟者：文化基金借款亟應結束，有經手而未繳集者，即祈將臨時收條及經手借款擲還本組，以便結束。

社員組

本組自徵收會費以來，因手續關係，尚有少數未能收齊，故祈未繳社費之社員，即請逕交本組，以清手續，不勝感荷。

文化組

我們爲了聯絡社員，以及使社員增進一點學識起見，決定舉辦學術座談會，社員中如有願意參加的，請來本組登記，以便舉辦時發函通知，請社員踴躍參加。

第十一期目錄

民國三十六年五月一日出版

社評

木東公路必須興築！

從吳縣參議會議長錢大鈞氏的談話中，我們聽到有建設太湖遊覽區的計劃，這是一個興奮的消息。尤其使我們高興的是，遊覽區的中心，正是我們的故鄉——東山。

然而在興奮之餘，我們感到一點慚愧。

從風景上講，東山以半島方式，雄峙湖中。北望縹緲，峯巒飄忽；南瞰越中，檣櫓櫛比；東有阡陌，綿亘百里；西則平湖一片，落日奇景，甲于天下。有了這樣一個天造地設的環境，作為一個遊覽區的中心，自然當之無愧。可是，當我們想到東山交通的不便時，就不能不就憂着東山的不堪重任了。

在科學的時代中，時間高于一切。即使是遊覽，也須先算算時間是否合算。如果為了一個名勝，須化上八九小時，去迴旋于曲折錯綜的港汊之中，那在遊人，實在是一種可怕的浪費。我們深信；即使東山果真榮膺了遊覽區的王座，也終將使遊人裹足不前！

根據這一點，我們覺得木東公路的建築，實有其必要。

自然，木東公路主要的任務，並不僅僅在使東山勝任于一個遊覽中心的輕鬆職務，而在使東山獲得一支輸血的大動脈，使以後東山人民的營養、知識、幸福、有所寄託，有所出處。

讓我們相信：沒有這一支動脈，東山將僅僅是一個「病美人」，東山將永遠是一個貧瘠荒蕪的世界！

有遠見且具實力的同鄉們，這是一個機會，不要輕視這支未來的動脈，不要讓計劃永遠是計劃！

衣敗絮，行荊棘中！

時間過得不算慢，離開東聯社成立，已逾半年；一個月後，又將是本刊的一週紀念。一年了，像一個夢，像一縷烟。在這如夢如烟的日子裏，我們沒有失去什麼；然而也沒有得到什麼。

薄薄的十本莫釐風，究竟換到了一些什麼？我們不知道；幾百顆赤子之心的搏動，引起了幾許的共鳴？我們聽不到。就像是黑夜裏披着敗絮的一羣，我們摸索在荊棘叢生的長途上。

有時，荊棘刺痛了我們的手，我們用口沫滋濡着血的裂縫；有時，荊棘把我們拖到在地上，我們倔強地立起來、有時，荊棘刺痛了我們的心，我們默默地噙着眼淚。誠然，荊棘是夠可怕的，然而永不能使我們氣餒，永不能使我們屈服。

有人說，我們沒有錢；有人說，我們太年輕；有人說，我們力量弱，這些都沒有什麼可怕，致命的荊棘，只是自己的失去自信以及工作的自反而不縮。

孟子說：「自反而縮，雖千萬人吾往矣」！只要我們的工作是理直氣壯的，我們將不怕一切，勇往直前，而且應該永久保有一份成功的自信心。

瞻望前途，艱苦正多，讓我們珍惜這一襲敗絮，讓它溫暖着我們的心，讓血液循環地奔放着；讓眼睛集中在目標上；讓雙脚不停地前進着；同時，我們的手，不僅要緊緊地握着，而且要結成一個痛癢相共，休戚相關的個體！

雨花播音台

沈濤任東山區長 金晟熙告別民衆

（本社訊）金晟熙自二月十六日受任東山區區長以來，區政賴以刷新，惟出任半月即提出辭呈，業經縣府照准，金氏特親撰「我的告別書」一份（文另詳），向我東山區民衆告別。（新）

（又訊）金區長往鎮受訓之後，區長一缺，未便久懸，故於四月三日由沈濤接任，新任沈區長係渡村籍，前年曾任第一區（即城區）區長，此次出長東山區長，足見關懷家鄉云。（思）

（又訊）沈區長接任以來，於本月十九日召集全區民衆自衛團集合於渡村會操並檢閱，是日計到全體官佐隊員共四百餘人，檢閱完畢，並由沈區長訓話，四時許始散會。（思）

縣參議會功得圓滿 提案二百順利通過

吳縣第一屆參議會第一次大會業於四月廿一日在蘇州東北街拙政園縣參議會會場開幕，會議本定五日，後因審查會不及審查，故特延長一天，於廿六日下午圓滿閉幕。茲將議題及會議情形錄下；

廿一日上午開幕典禮，下午預備會議，廿二日上午第一次會議，縣政府施政報告，下午第二次會議，縣政府附屬各機關報告，廿三日上午審查會，下午審查會，廿四日上午審查會（延長），下午第三次會議，討論提案，廿五日上午第四次會議討論提案，下午第五次會議討論提案，廿六日上午第六次會議討論提案，下午閉幕典禮。

記者於廿六日下午至蘇，趕赴會場，適已閉幕，遇東山區縣議員葉振民、朱潤生二先生步出會場，滿面笑容，談笑風生，記者趨前招呼，二先生同口異聲：「功德圓滿」。會後記者探悉東山區三議員在臨時動議時提出促縣府協助東木公路之建設及整理稅收安定民生等提案，均順利通過。並悉此次會議空氣和諧，提案共二〇六件大部均通過，堪稱「功德圓滿」矣。（新）

縣參議會花絮

◇××區代表係二農民，開幕第一天出席報到後，便未見蒞臨。

◇會議發言最多者爲教育界及律師。

◇此次會議共費二千餘萬，每議員領得旅費四萬元，會場設有膳廳，每桌五萬元。

◇議員平均每天收到各界請客帖一張，多者可收到三四張。（新）

×　×　×

我的告別書

金晟熙

我國官僚習慣，上至軍政大員，下至鄉鎮保長，在上台的時候，往往要發表一篇告民衆書的大文章，發揮他愛民如子的施政方針，在下台的時候，再來一篇告別書，把他在任內所做的驚天動地偉大事業和盤托出，這一類丑表功的文章，真是司空見慣之事。

我自從去年四月二十四日，再作馮婦，接了第五區，糊裏糊塗的快將一年，本年二月十六日，再加上一個十二區，也莫名其妙的接受下來，不知不覺的過了四十天。

在我接到了擴併的新命，使我莫知所措，叫我怎樣接收，怎樣推進工作，怎樣推行新縣制，一陣的思潮，我覺得我無能力，我幹不下去，我要躭誤國家，我要躭誤我的家鄉，我對不起我全區八萬個同胞，終於提出了沒勇氣的辭呈。三月十五日，奉　令調省受訓，我的辭呈邀准了，交替由代行指導員辦妥了，到四月五日回家，已經恢復我民主的自由，論理；我也應該來一篇告別書，丑表功一下，可是（一）我無功可表，（二）我不能做文章，（三）我依舊居住這個地方，向誰去告別呢？

話得說回來，告別書是丑表功，是例行式的，並不叫你向誰去真正別離，那末我就借重莫釐風的一角，來一下丑表功。

我究竟表些什麼功呢？造福桑梓，謀地方的福利，論不到我頭上，可是，我告訴大家，我一年來沒有做過一件對不起自己良心的事，沒有貪污人家半文錢，這算是我的丑表功，再得向誰去告別呢？第一個是東山區一顆鈐記，第二個是地方自治工作，我向他們二位告別，敬祝二位獲得馴良的新主人後，向着光明的新縣制大道邁進。

殿涇港路基傾頹 鄉士紳募款修築

請大家踴躍輸將

殿徑港官路，年久失修，加以今春洪水久浸，以致駁岸泥土鬆裂，養力亭一段，前已崩塌，幸經地方熱心人士集資搶修，豈知小屋一段（即鏡人館）又告傾頹。査殿涇港係東山要道，行人如織，若不急予修理，實有礙交通，最近席煒等諸熱心人士發起勸募，擬將該段路基重行塡鋪，現已掣就正式收條，並向旅滬同鄉呼籲，望踴躍輸將，收款處：渡水橋浦柏卿君或同鄉會及本社轉。

頂替兵役有罪 徐淦清等判刑

前第十二區區長徐淦清、楊灣鎮鎮長居廷揚，金灣保長賀禮馨，區員居修斌，區丁席子濤，共同保證爲該保中籤壯丁周洪泉因病而不能應役，代價以盛阿男頂替兵役一案，前誌十期本刊，業經吳縣團管區司令部併案詢辦，於本月四日審結判決，居修斌賀禮馨各判徒刑三年六月，褫公權二年，居廷揚席子濤盛阿南各判徒刑一年九月，徐區長亦一年九月，則緩刑三年，周洪泉免訴，代價應予追繳沒收云。（思）

鰥夫寡婦暗藏春色 翠峯道上桃紅柳綠

本山居民朱××者，年近花甲，斷弦已久，頗不甘獨居寂寞，與俞塢村×氏寡婦相識已久，往還頗密，值此柳青花紅之時，更撩人春思，於三月二十四日晚，在某處邀金氏聚歡，孰料春光洩露，事被乃子及媳得悉，便會同親姆及出動長工等七人各持圓樹木棍，密集翠峯道上，實行總包圍，不問情由，把×氏亂打，致使×氏遍體鱗傷，於翌日×氏投警所要求驗傷，警所認爲乃子及媳×氏等等有傷害罪，即派警士將上列等人一併拘捕賀訊，後由鎮長汪其成出面調解償還醫藥等費，一場春波遂告平靜。（新）

蘇山客輪班次時間表

來往蘇山班已於四月十六日起更改時刻

往東山（新鐘）		往蘇州（新鐘）	
一班	七點	一班	七點整
二班	十一點	二班	八點半
三班	十二點	三班	十二點

希同鄉旅客注意

▲二月二十二日下午一時許石橋村上巷嚴家巷朱姓空屋突然起火，後經各鄉洋龍救滅，損失頗巨，起火原因不明。

前山鎮中心國民學校赴蘇遊覽

活教育的應用！

前山鎮中心國民學校此次旅行蘇州，可謂創東山小學之先聲，該校五六年級男女同學共四七人，由教師三人率領，於四月三日由山出發，至蘇午餐後，即整隊出觀前至獅子林遊覽，至三時半，出獅子林轉道至閶邱坊巷電信局，參觀「交換室」及「報務室」，晚宿於海紅坊中和學校。

第二日（四月四日）晨八時，整隊至觀前醋坊橋，向公共汽車公司包汽車一輛，直放火車站，至月台參觀，並研究火車各種機構，稍後即沿鐵路步行至虎邱，時正上午十時許，入冷香閣茗茶，下午一時，出虎邱至西園，留園遊覽一過，即返中和休息，晚往蘇州大戲院觀電影。

第三日，乘候輪時之餘暇，至公園、滄浪亭、可園一帶遊覽，十二時乘輪返山、各學生咸依依忘返云。

* * *

東山近事

▲據北望村里人云，上月爲盜匪綁票之沈福根，已於本月七日傍晚返家，共耗洋一千五百萬元，沈×即於明日赴滬。文恪鄉鄉長楊泉聲聞訊後，即令該保保長調査云。

▲楊灣鎮鎮公所感巫醫之害人不淺，特三申五令鎮民勿信巫醫，以後如再妖言惑衆，即嚴辦不貸。

▲謠傳本年度徵兵於四月一日開始，各鄉及齡壯丁聞訊後，紛紛亡命他鄉，因此路中難見一二青年。（以上虹）

▲査戰前原有鄉區電話，公私稱便，戰事發生，因此無形停頓，迄今勝利，縣府急予恢復，月前令飭各區趕裝鄉區電話，電話機等材料由縣府計劃，電桿與勞工由各區自行分担，査吾鄉地處湖濱，且較他區離城更遠，極宜裝設，但電桿一項，需款頗鉅，如鄉間籌劃勢難辦就，故由吾山六鄉鎮長聯名函請同鄉會葉理事長轉懇旅滬同鄉，慷慨相助，以資早日完成。（思）

從一個小劇而感到破除迷信和普及教育的重要

葉緒茂

務本同學會在東聯社社員聯歡大會席上，演出了一個以東山的故事爲背景的小劇；寫一個小孩名沈正男，傳染了腦膜炎，他的娘爲他求神拜佛，看鬼送客人，拖延了一個禮拜，竟而不治，雖然他的娘在悲痛中喊出了「我害了你」。然而這樣的故事在故鄉還是很普遍而平常存在着，由此想到了許多問題，拉什寫在下面：

小時候曾讀過：憶國父孫中山先生的故事，是說國父小時候就有過破除迷信的壯舉：把廟裏的一尊菩薩的手指頭拔掉了。據說國父這種叛道的思想和行動，奠定了他後日建立民國的偉大事業的基礎；因此，我小小的心裏，不免對國父有點羨慕起來，時時想起到廟裏去拔斷幾個菩薩的手指頭，預備將來也能達到像國父一樣崇高的地位，至少也可做一名偉人。

這種念頭，當然是隨年齡的漸增而消失了，不過，對於破除迷信的理解方面，却也增加出不少正確的認識。

故鄉的教育比較不發達，一般所謂「出客人家的婦女或男子也都流入佞佛求神的迷信裏，至於一般「莊稼人」的迷信，更是牢不可破。每年的迎神賽會，不但使大批人的精力耗去，而且大量的金錢，平時不肯用於建設方面的，也都投入浪費的洪流裏去，毫無所惜。

在四川，鄉下人生了病，往往在「趕場」的一天，到鎮上去請教「巫婆」——「看鬼阿三」「積大得娘」之類的人物，——桌上點起了香燭，求教的人先叩頭跪拜，祈禱一番，於是「巫婆」口中喃喃有詞，手中捏着一個雞蛋，湊在燭焰上端詳者久之，然後雙目緊閉，哼哼有聲，突然醒轉，將病人的病因解釋爲鬼的作祟，應該怎樣祓除凶惡，怎樣酬神等等，於是求教的人滿意而去。

所幸「巫婆」如「看鬼阿三」「積大得娘」之類的人物，在故鄉是漸漸地被淘汰了。求教於醫院的人數逐年漸增，但不肯求教醫生而去純陽殿求「仙方」給病人吃的還是相當多。「拜懺」「燒香」等無意識的舉措更是沿習成風，（勝利以後「拜懺」的風氣似乎更形興盛了。）在這種情形之下，當然有不少「沈正男」之類的兄弟姊妹會被殺害了。誰能知道在這些「寃枉」死去的人中會沒有一個是未來的偉大人物呢？這無疑是故鄉的，國家的，甚至是世界的損失。

「東聯社」成立的時候有過「破除迷信」的一句口號，但也止於口號而已，至於如何才能「破除迷信」，似乎還沒有過什麼具體的主張。在此，我願意提供一點小意見，就是：發展民衆教育。

民衆教育在整個的中國，根本就不發達？一方面固然由於從事民衆教育的人材太少（晏陽初先生是我國唯一的著名民衆教育家），而另一方面是從事民衆教育的大都沒有能把「教育」的意義弄明白。像抗戰前故鄉的「民衆教育館」在范方中的主持之下，工作大都偏重於「識字運動」和「娛樂方面」，從來不曾做過些實際的工作，而「公餘」之暇，還要製造些ROMANCE，以致所謂「民衆教育」完全失去了意義。抗戰以後，民衆教育館停辦，竟連「識字運動」及正當的娛樂也無人主持舉辦了。

我以爲故鄉的「民衆教育館」，應該恢復設立，由同鄉會及地方當局聘請有經驗學識的人士來主持？工作應偏重於「實際」，像如何防止疫病，如何改良農作物等，平時尤應對於衣、食、住、行、的衛生方面作種種的宣傳，關於娛樂方面，除了話劇的演出之外，最好能辦一個「巡迴放映團」，專門放映有意義的教育影片（同鄉會最近曾舉辦兩次電影放映，實在是值得提倡的，不過或覺得在上海的同鄉們，似乎不缺少這一類的娛樂，不妨時常讓「山浪」的伯叔兄弟們享受享受這種娛樂吧）！

與其造就十個留學生，不如造就數百千個小學生，這是一位名教育家說的話。的確，推行基層教育在目前的中國是最重要的。爲了我們的故鄉，爲了我們的國家，我提議同鄉會和故鄉的開明人士趕快恢復設立「民衆教育館」來發展東山的民衆教育。

青年

•李炳泉•

記得有人說過，青年人有朝氣，老年人卻是暮氣沉沉，這當然是年齡的關係，但也可以說：青年人是戇性一團，有什麼事應做的，揹着就做，並且越做越起勁，然而老年人卻不然，他們修養深了，懂得也多，有許多事，除了對自己有利可圖的，稍稍的出一點力，對於吃力不討好的團體事業，則頂多掛一個名，也算是服務人羣，要他眞的也費心費力，賣力如青年者，眞是少見的。

青年的可愛處在這裏，而老年的自以爲聰明處也在這裏。

但有時候碰到年青的朋友，也自以爲工夫到把，自有一般更年青的人在賣力，在發戇勁，自己也掛個名，担任一些什麼之類，好像也非常之進步，這實在是使我們覺得悲哀的。

年青的人要永遠年青！

問題在那里？

司徒新

洞庭東山是塊小地方，在交通上講很偏僻，在文化上講很是低落，但是或者因爲大部份同鄉，都在外面經營就業，各方面都表現得並不十分甘願寂寞，甘願保守，確確實實的有很多的人在費心盡力想建立一個理想的東山。

先有已故的席啟蓀先生的建公園，經營電燈廠……。

再有同鄉會諸理事的築建公路……。

而更有東聯社諸君的發起建立莫釐農場。

青年之導師　朱潤生

•新知•

朱潤生先生，在青年人的腦經中該不是陌生的名字吧，朱氏今年才四十餘歲，精神很健旺，他那結實的體軀，和靄的態度；善談的口才，流利而充實的寫作，敢說敢做的毅力，堅强耐勞的意志，多少青年人都在他的號召下向他看齊。

朱氏現任同鄉會常務理事，兼任聯誼委員會主任委員，青年會週六經濟談座理事長，與縣參議員，以及鑑塘小學的校董會主席和其他各公共團體的負責人。

這裏筆者約略介紹一些朱氏的一般情形，以供我們青年人有所借鏡。

朱氏思想崇尙自由主義，對各種言論都要聽聽，生活反對嚴肅，絕對主張人身自由，常勸人勿盲目跟從，平常好研究各種學說，所以對任何問題，不固執不武斷；遇有問題喜歡大家發表意見，青年會週六經濟談座也由朱氏主持，舉辦至今已達二百八十餘次，由此可知朱氏愛好學術的恆心了。

對於團體事業，朱氏積二十餘年的經驗，常常感慨地說：在團體中爲名譽的多，肯實幹的少，享受團體權利的多，肯爲團體盡義務的少，因此團體事業不能發揚光大，常爲少數人利用，這幾句話把社會上一班團體的缺點都講了出來，同鄉會聯誼委員會，是朱氏領導的，但卻很少見到他的名字，平日除對於原則問題有所指示外，一切都由大家自由發展，但對於實際工作必親自參加，過去同鄉會徵求會員，發動會員聯歡大會，都由朱氏策劃推動，聯誼委員會能有今日的蓬勃氣象，決不是偶然的。

朱氏志向於文學事業，平常愛好寫作，尤善詩詞，常以玄丁名發表著作，對於有關故鄉人民的福利事業，及當地的頹風惡習，常著文抨擊，最近聞在盡量收集東山歷史風景材料，準備編輯「東山導遊」（現書名尙未定筆者係根據此書內容假定之名）一書，將後此書出版，當爲故鄉文獻放一異彩，我們且拭目以待。朱氏除精心寫作外，並長口才，常出席各團體演講，博得許多人擁護，當初爲東山與橫涇併區改名問題，在併區會議席上，堅持以「東山區」爲新區名，滔滔宏論，引證史地經濟上種種理由，與橫涇代表激烈辯論，終於爭得「東山區」的新名，最近選舉縣參議員，朱氏當選爲「東山區」的代表之一，最近在縣參議會開會席上，爲東山區人民陳述痛苦，僕僕於滬蘇道上不辭辛勞，爲東山人民流汗。

朱氏的私生活很隨便，常與友朋在家中隨意談論，逢假日常與家屬及小猳聚集一起，談談各種趣事，或同遊郊外，或齊往觀劇，朱氏常以此爲一樂。

以上所述僅筆者一得之見，以朱氏之名望，這裏幾點不過其中的一部份而已。

這在別的鄉村中，我想由純粹的鄉民自己來經辦，或曾經辦過，或正在想辦這一類鉅大的事業，想是並不多的。

不過公園、電廠雖然出現過，但是失敗了，公園荒蕪，電廠變了學校。

公路正在計劃，成於何年何月，誰也不敢扭保。

而莫釐農場，更是不必談了。

為什麼東山的事業如此難以建立呢？這問題在那裏呢？

是的，問題在於這個世界，這個國家，這個社會。

世界在動亂，國家在徵糧抽丁，社會卻是如此自私自利。

要在痛苦上建造幸福，要在烽火中找淨土，要在這個民窮兵困，戰亂連綿的國家中建立一個美麗的，幸福的，和平的新東山，怕是一個難題吧！

關于『論收生婆問題』

·嚴　雯·

拙作『論收生婆問題』一文，在上期本刊刊載後，有很多朋友提出意見，說是作者用了人道主義的眼光來看問題，結果由於憐憫與同情，輕輕地放過了那些依靠了舊勢力而噉飯的寄生蟲，失掉了批評者應有的嚴厲的態度。

我很承認我有時的確是一個人道主義者，也的確的我也很容易因為憐憫與同情而放過了敵入，但是，我也不得不聲明：我把收生婆的生活問題看做一個社會問題，這也是不錯的。

我們大家一定知道，產生出像收生婆這一

雜論工作的態度

朱始仁

東山現在總算較前有了進步，學校增設了不少，兩個醫院只要看他們的診病報告，也可以看得出較前發達，當然這是我們東山之幸。

不過我們如若稍為留意一點民意的話，故鄉人士對於學校和醫院這種進步事業方面，也還常有不能滿意的地方，譬如對於醫院，本刊也曾刊出過讀者的來函，對於學校，雖然沒有具體的報告，但零零碎碎的意見也曾聽到過，當然，任何一件事，總常常有反對的一面，但這反對的一面，未嘗不能當他一面鏡子，來看看自己的是與否。

本來，在這個世紀里：醫學衛生和文化教育應該是最神聖與重要的，然而在我們這個國度裏，這類事業卻是最可憐的事業，何況在我們故鄉，窮鄉僻野，交通遲滯，在物質條件的貧乏之下，有此成績已經不易了。

不過我們常常聽到的一點意見，卻不在於物質的不滿，而在於精神上的，即在於服務諸君的工作態度上的。

工作者的態度問題，對於整個事業是很有影響的，現在故鄉正在展開科學和迷信，頑固與進步的鬥爭，然而如若我們儘管高喊科學萬歲，教育萬歲，然而老百姓卻不懂得這一套高深的理論，紙上談兵是沒有用的；要讓大家從心底裏感到這是好的，這是需要的。譬使我們儘管說醫院看病比求神拜佛好，但是因為掛號員的一本正經，板起了面孔，不像菩薩一樣笑瞇瞇的，手續又麻煩，再加收費又貴，那麼有了小毛小病，誰願意立刻進醫院，假使工作者的態度很和氣，理解大家正眞的需要，對大家眞心的關切，讓大家有了這倒比過去的好的心理，這樣方能敵得住迷信和頑固作祟。

我們已經說過，中國的文教工作是清苦的，這原是衆他週知的事，服務於此的諸君，想一定比我們更明瞭；就是這不能說是職業，而是服務，如果說是當他一個普通的職業，那末東山如此荒僻，物質條件如此貧乏，誰能安於職呢？所以必需抱了服務東山的神聖的職旨，才能夠勞心勞力的工作着。

職業是付出了自己的勞力而獲得生活的酬勞，服務卻是化去了更大的勞力，那種勞力雖然也要求獲得維持生活的酬勞，然而最大的目的，乃在於解救在痛苦中的千百萬生靈，孔子的摩頂放踵，神農氏的嚐百草，都是以自己的工作來解救別人的。

並且，這不是沒有酬報，在建設新東山的里程碑上，將刻着你們的芳名，讓東山人世代歌頌！

類人物的是這個社會，不是收生婆自已，所以我們要取締收生婆這類人物，首先應該理解這個社會，如果單單認爲幾個收生婆的存在就妨害了今日東山科學的發展，這是表面的看法，問題不會得到解决的。

未是草詞一闋

·舟·

點絳脣（三月二日與東聯諸友幾三十人，赴周氏及中山兩園作竟日遊。載歌載舞，樂而忘返；稚心未老，幾於忘年。歸後試塡一闋，聊以寄意。）

春到人間，稚心又被鶯喚住。園林日暮，花影參差舞。

一曲霓裳，莫教聲便去。待細數：烽火處處，愁飛如柳絮。

祝詞

——賀緒華兄新婚

樊夏

歡笑自今日開始，
惡夢已告終結。
別離的火焰曾燃燒過你倆底心：
你倆像一雙鹿樂躍弄過淡地，
　而進抵蒼綠的林泉。
你倆底堅貞，
雖華燿的紅寶石和明瑩的珍珠也難比擬；
湖波浩蕩，江南草長，
薔薇已放出馨香，
這也是海燕飛翔，駿馬鳴嘯的時節呀，
願你倆以愛與力結合衆人，
爲實現眞理而獻身，
滅絕那吮血魔障？
幸福永歸於衆生，幸福永歸於你倆。

臺擱怨

·子鹿·

——臺擱一只　紅甘蔗一百

——東山人語——

在東山Y村猛將堂的儲藏室裏，有一堆臺擱架子在互相傾訴它們「冷宮」的悲哀。其中三只正展開劇烈底論爭，一只是「水漫金山」，（水小姐）一只是「武松殺嫂」，（武先生）一只是「狸貓換太子」。（貓太子）——

水小姐：（委屈地）算了算了，（長嘆一聲）今朝初一，初二，初三，……還有十二天，到十三我們便可以出去走走了，前山十三，後山十六，聽說會首已經開始寫捐，還派人到上海募款，談起上海，（她摸一摸秀髮）眞想到上海出出風頭去，我……

武先生：（大喝一聲）住嘴！你這個騷貨！還想把你抬到上海去，我是恨不得一把火把咱們都燒光拉倒！

水小姐：（要哭了）你亦不能駡人呵！命裏注定是台擱架子，抬東抬西當然由人擺佈嘛！大家評評理看是我對還是你對？（一堆台擱架子齊聲長嘆）——半響：

貓太子：「人爲名死，鳥爲食亡」，咱們自然希望常常抬出去咯！想當年，（感慨系之）唉，是我們老了？不中用了？還是東山人窮了？玩不起了？

水小姐：（想起昔日的「光榮」）呵，那些人，太湖水一樣的人，那些攤子，樹底下大堆菌子一樣的攤子，都爲了我們而趕得來，擺起來，「台擱一只，紅甘蔗一百」，……

貓太子：什麼叫紅甘蔗？

水小姐：你還小，不懂，紅甘蔗就是男人，從上海趕來看台擱——不，從上海趕來擠熱鬧看女人的男人就像甘蔗似的多，一捆一捆，一捆一捆……

貓太子：那末爲什麼叫他們「紅」甘蔗呢？

水小姐：那個，那個，……

武先生：他們的面孔生來紅的，做出難爲情的事情亦不會紅面孔，所以叫「紅」甘蔗！

台擱們：哈哈！

水小姐：不然！我就親眼看見一個男人當他的妻子給白娘娘一記荸薺渣擲到粉臉上以後，他就紅起臉孔一聲不響，冷不防一把石頭打中白娘娘的屁股哇的一響哭了半天，

武先生：（冷笑）男人，祇許自己同女人擠眉弄眼，不准人家瞅他太太一眼，——這就是男人！

有一只壓在最下面的台擱架子吃力地問：武先生，今天你怎麼不分男女大駡一陣？

武先生：我？公平論事，不分男女！

貓太子：所以令嫂就命傷在閣下的寶刀之下了！

台擱們：哈哈！

武先生：不要譏笑我！（全體悚然）我反對出台擱，主張把我們一把火燒光，第一：就是爲這個不正當的娛樂，把孩子們繩捆索紮，顫巍巍的坐得高高地，一天到晚血液不暢，心臟恐懼，胆小的面無人色，大聲哭叫，可是他媽的人們看得樂呢，裂着嘴大笑大嚷，指指點點，有的人還因爲自己的孩子輪不到而垂頭喪氣，你們想想，把

快樂寄放在孩子們的痛苦上，還算正當娛樂？一陣騷動：「是呵，前年那扮許仙的小孩就撒了我一身尿」！「那個姓劉的孩子囘去還痛了幾個月呢！」「……」

武先生：第二點，……

貓太子：怎的武兄你今天這樣文縐縐了？

水小姐：你不知道，武先生前幾年同我給他們寄放在T圖書館裏，他便一天到晚翻起書來，……

貓太子：武兄改天出去不必裝戲文了，放一疊書就行。

水小姐：那就沒人看了，人家不是爲看書才湊熱鬧的。

武先生：我不管。第二點，同虐待孩子相彷的，就是欺侮女人，孩子們天眞無邪，受着大人的慫恿，把甘蔗孳薺渣兒盡量往女人頭上臉上身上，……

貓太子：最要緊的是屁股上，……

武先生：胡說！（太子無言）長得愈漂亮的俟扔的機會最多，甘蔗還好，孳薺可不得了，滿滿的口水，比一堆鳥糞還結實，……

水小姐：（掩住鼻子）噁心得來！

武先生：別裝佯！大人們還再三叮囑，要多多的扔呵！要扔得準呵！口水多放點呵！扔得重一點呵！下面的甘蔗、孳薺、毛巾、用竹竿川流不息遞上去，孩子們在兒童節都享受不到的「待遇」呵，受寵若驚，只有加緊咀嚼，拚命找目標，用力扔，於是牙齒、胃、神經、唾液腺一齊動員，緊張過度，替小身體找麻煩。女人們逃避、驚慌，爲了借來的衣服被汚而難過，在大笑聲中垂低了頭。（當然有少許是「毛遂自薦」她乖乖兒俟湊的！）你們想想，把歡笑寄放在女人們的驚慌上，這算什麼娛樂？這這這，好像在那本書上看見過，叫做什麼「淫虐狂」哩！

貓太子：高論高論，武先生對於出會吊臂香的朋友總要稱贊稱贊吧，那麼大的一面鑼，用針吊在手臂上，邊走邊打，面不改色，呵，武先生，你們是英雄……

水小姐：（掩住臉）我怕看這些，怕死了，眞討厭，每年我們出去一趟，他們總是一齊出動，呵呵呵……

武先生：跟我們一起出來的那些玩意呢，儘是迷信，放下不提，那吊臂香我尤其不贊成，那——好像書上亦說過，叫做什麼「蠻性的遺留」，不是文明玩意！

全體台擱傾聽武先生宏論，精神大振，都抬起頭來，灰塵落了一地，武先生咳嗽一聲，一只蝙蝠駭得從大匾背後掉了下來。

武先生：錢化得太多，太寃枉了，這是第三點。

水小姐：是呵，「紅甘蔗」從上海專程趕來的呢！東山要派捐，上海要「募捐」，加上十幾天的化銷，你算算看。

貓太子：我是連加法都不會的。

武先生：皇宮裏的太子，有錢人家的公子，很少不是飯桶！

貓太子：武兄，我可沒有得罪你呵！

武先生：不是說你，我是說一般情形，都是那麼顚三倒四，日月無光，極盡反常之能事，譬如拿那麼多的錢出台擱吧，這筆錢拿來造橋、修路、辦學校、辦運動會或者競技會，辦自衛團、辦農產品展覽會、辦民敎館……哪一件不比出台擱強！

貓太子：那些不干地方上的事。

武先生：什麼？那末敎誰辦？

貓太子：由政府辦！

武先生：（跳起來）你別做夢！政府、政府來管你這些鳥事？成天籌劃打仗的軍火軍餉都來不及呢！政府眞要是管那些爲人民服務的事情，我告訴你，咱們早就變灰了！

水小姐：政府管人民，與我們有什麼相干？（她又摸摸一頭秀髮）再說，人們不是挺歡迎我們的嗎？

武先生：（大怒）住嘴！你這個騷貨！不合理的娛樂祇有在不合理的政治之下才得存在！人民正常的生活祇有在合理的政治之下才得享受！一方面是炮火連天，民不聊生，一方面是經濟破產，農村崩潰，而東山人却抬着我們這羣寶貨東遊西蕩，向愚蠢、野蠻、迷信、墮落的下坡路走去！

貓太子：（帶點譏諷）武兄，第一點是虐害小孩，第二點是欺侮女人，第三點是化錢太多，第四點呢？

武先生：浪——費——時——間！

水小姐：東山人有的是時間，還有上午皮包水，下午水包皮的呢！分點出來侍候我們算得了什麼？

武先生：人應該有空閑，有娛樂。書上說的：「能休息的人是能工作的人！」但是你們說我們這裏的人是怎樣在「休息」着？怎樣在「工作」着？

那只蝙蝠再亦忍不住了：我作證！我是每天夜間出來的，我親眼看見人們在賭博、縱酒、抽鴉片白面、……我的祖母和父親亦這樣看見的，我的大女兒小蝠亦看見的！

水小姐：滾渮！（蝙蝠嚇得飛到匾後豎起了

小耳朵。）

武先生：不許欺侮弱者！（水小姐撇撇嘴）你們都聽見了，的確有一部份人是怎樣過活的，但不能責怪他們和她們，由於沒有人領着他們朝有生氣有光明的路上走，相反的在破壞他們安寧和平的生活，在他們日常的生活中滲入了營私舞弊的卑鄙行爲，於是，人都變得下流了，（他指着一堆舊松樹）到處一樣，表現在東山的不過一點點。不信你們看！

貓太子：那末多少年來人家都贊成出台擱，沒聽說有人反對過。（他眼睛釘住舊報紙上一個叫什麼的女明星半身裸像。）

武先生：你們沈醉於人們盲目的崇拜裏，怎麼會知道這些事情？帝王要你們服從。乖乖地做奴隸，要你們相信菩薩在暗中監視你，不許你訴苦，穩固他們的寶座！要女人供給他們玩弄，要裹小脚，要讓他們荒淫奢侈的生活豐富不顧人民的飢餓，出台擱亦是基於這種心理產生，和發展起來的！而可憐的却是老百姓自己，千幾年來奴隸「良民」的生活，他們眞像牛似的馴順了！而那些士大夫們，有錢的人們，却利用歷史的成就做他們的基石，他們高高在上，指揮下人，忘記了立脚石是如此的動搖，他們自以爲滿足，人民愚蠢了，什麼都要仰仗他們，而我看起來，他們才是眞正的愚蠢，（隔壁傳過來豬鼾聲）像肥豬一樣呵！

水小姐：（不感興趣）十三，十三，十三前山出，十六後山出，快了，快了，（她面向猛將堂一塊玻璃照照臉孔）瘦了，瘦……

武先生，住嘴！你這個騷貨！今天我來放火，把我們一起燒光！

全體大亂，只聽見架子們一片格格地響，他們在發抖水小姐嚶嚶啜泣。武先生跑到香爐裏去取火種。一看已經好久沒人來燒過香了，頹然回來，坐下。

「噓」！大家鬆一口氣。

貓太子：武，武兄……這；這不開玩笑。不……

水小姐支持不住，倒在太子身上：「我的親娘呵！」

△學校簡訊▽

▲莫釐中學自搬入舊區公所後，經王校長悉心計劃，內部已煥然一新，大門對面照牆上已粉刷雪白，又加上了墨黑壯嚴的「私立莫釐中學」六個大字，王校長熱心教育素來聞名，又有旅滬同鄉慷慨補助，可見茲外同鄉對本鄉子弟謀深造努力。

▲葉士良君創辦保國民學校一所，暫假席周鄉教大堂爲校址云。

▲莫釐中學新任教務長朱秉鈞教授，早年留學英國，卒業愛丁堡大學，回國後歷任北京大學農學院代理院長等要職，爲學術界耆宿。本年起主持莫中教務，故鄉學子莫不稱慶云。

▲莫釐中學本學期學生激增，原有葉巷校舍，不敷應用，一部份已遷至前太湖廳舊址上課，該廳建築古舊，光線暗淡，現正僱工修葺，加以改裝，以便絡續將宿舍等移入。惟該校操場狹小，圖書儀器甚感缺乏云。

▲葉氏務本小學之設備師資，於故鄉學校中最稱優良。本學期更將操場外附之山麓茅草地欒平，闢爲球場。欒地芟草工作，全由小學生動手，平時嬌生慣養的「出客人」子弟，也得脫下長掛子，接受一下勞動教育。全場圍植法國梧桐、白楊、西湖柳等林木，莫釐峯、二尖頂屏峙場後，風景秀麗，氣勢雄偉。每當課餘學散，常見一羣羣小朋友在放紙鳶、玩球戲、追逐跳躍，領受大自然的陶冶。

▲席氏安定小學，於民國二十六年故鄉淪陷後，即行停辦，迄今已有十年，今聞席姓中熱心教育者，發起復校運動。日前有安定校友席某，回山勘察校址，託作頭王杏生預算修葺校舍，添置校具之費用，並擬造一復校計劃書，積極籌款復校，不久東路學子可以就近求學矣。

東山近日商情　四月廿一日行市

上白粳每担十八萬元
中白粳每担十七萬元
白粳每担十五萬元
白尖每担十六萬元
白元每担十九萬元
杜荳每担廿二萬元
杜赤每担二十萬元
麵粉每袋七萬三千元
荳油每斤五千四百元
菜油每斤五千五百元
陳酒每斤一千六百元
杜糟每斤二千六百元
糟燒每斤二千二百元
燒酒每斤二千元
鹽　每斤八百元
糖　每斤四千六百元
生麵每斤一千七百元

火油幸福邊箱每聽五萬四千元
火油美孚每聽六萬元
青魚每斤二千元
草魚每斤一千六百元
桂魚每斤二千元
鯽魚每斤二千元
蝦魚每斤四千元
鴨蛋每只一百八十元
鷄蛋每只一百六十元
香青菜每斤一百五十元
竹筍每斤一千元
烏巨筍每隻一百元
梗柴每担一萬一千元
樹柴一萬五千元
蘆柴每百個一萬元
肉每斤七千元

聯歡大會一團和氣
東山青年各顯神通

幫幫忙，頂好嫑落雨

東聯社社員聯歡大會在二十日下午六時開幕了，中午天空還滿佈着烏雲，洒下幾點雨，但是三時左右，太陽經過了一翻掙扎，從雲端裏探出頭來，這該是給東聯社一個很好的象徵吧！

報告社務完畢，餘興就此上場！

大會遲了個把鐘頭開幕，先由主席報告，接着是社務報告，今天的報告都很簡單，大概因爲時間關係，等到節目開始，也已經近八點鐘了。

先是文昌口琴上場，繼而南陽的彈詞都是拿手傑作，大家洗耳恭聽，一曲終了，接着是一個小劇上場。

這個老太婆，做是做得像得來

原來這是一個專門講山浪閑話的戲：看鬼、叫性、送客人，不一而足，連得老太太們看了也說，他們那裏也學會了這許多。

當心燒了鼻子！

鑑塘的技術表演，正是笑壞了肚皮，鼻子工夫到把，還以爲是大世界請來的呢！

接着鍾秀的女兒淚上場，描寫幾個舞女的慘苦生涯，賺人眼淚，不過因爲聲音很低，使得後面的人心焦煞哉！

你這個壞東西！

衣聯社客串的歌唱，由陸雲指揮，一共唱了五支，曲曲動人，尤以其中的你這個壞東西，更是充滿着憤恨的情緒？

國樂上台，我還以爲是奏的昭君怨，結果「拉藍獨獨」一支梅花三弄，曲畢大家拍手，一致要求再來一個，但是時間關係，只能使大家一曲難忘了」

參加聯歡大會以後的一點意見

社員之一

我很興幸，竟能在俗務羈困裏抽出了三點鐘的時間來參加我們東聯社的聯歡大會，在這人力物力都感不足的環境裏，我們東山去年能以眞誠合作的精神建造起這次大會來，實在叫人——尤其是一班自私自利帶有渺視的人——會感到驚異的！可是在我們社員本身呢，除了表示興奮外，似乎還需要來一番仔細的檢討，以爲將後改進的參攷，下面幾點，就是本人的觀感，雖然有些苛責，但對於一般熱心的自家人，或者不致見怪吧！

（一）先來說：大會的時間問題：我以爲最好在星期日的下午一時至六時或在星期六的晚上，這樣對於一班——難得參加的會員，可以有較多的時間來逗留，即使節目繁多，亦可以有充分的時間來演出，不致使大家引起「太晚」的恐慌，以致使壓軸好戲變成「草草終場」。

（二）關於管理方面，似乎缺少負責的人，譬如舞台墊得不穩，走動稍用力時，就見桌，椅瓶，交搖搖欲墜；燈光無人負責啟閉，常使明暗失當，影響台上情緒殊多。

（三）彈詞，夜深沈，和技術表演，都有很好的修養，爲大會生色不少。

（四）「第一百萬〇一個」很輕鬆幽默，意義的含義很深，務本同學能以自編自演的姿態參加，實爲難得，可惜演沈父的台詞太快，太輕，年紀與沈毋相差很遠，表情不能沉重，致使一個很重要的「對迷信者的警告」高潮，輕輕地放走了，那是很可惜的！

（五）女兒淚意義很好，可惜被台詞太生，國語不能流利，表情不恰當，三種原因的打擊，以致失敗了，但是成功的地方也有，像大姐和二姐都很稱職，

東聯社社員

八大鎚京戲上場

文昌同學的京戲，素負盛名，金維剛登台，佐以張君的胡琴，眞是相得益彰，一句一彩，大有欲罷不得之勢。接着的會演武家坡，也是響遏行雲繞樑三匝。

大公無私噱頭多
京戲話劇弄不清

衣聯社的大公無私，壓住了大會的陣脚，不愧乎壓軸戲，小民告狀反而坐到台上審法官，眞是笑話百出，上台笑到下台，皆大歡喜。

彩！

摸彩了，更是鬧哄哄，熱水瓶，司麥脫，外加還有扇面送，摸着的人笑嘻嘻，摸不着的不生氣，下次再來。

散場，已經十一時多了。

演母親的也不算壞，最少練習的，似乎要屬演女友和舞客兩人了，他倆的台詞輕得連三排以後的觀衆，無法聽到，還一點，或許都受了國語不熟的拘束吧！

（六）獨唱或合唱，最好印發歌詞使聽者可以了然所唱的內容，不致有莫名其妙之感。

總之，這次「處女演出」雖然不甚滿意，但是在我們小小的東山人的青年團體裏，能夠在精誠合作的條件下發揮出如此的成績來，實在難能可貴了！我在吹毛求疵之餘，希望着第二次的大會，將有更好的合作表演展開在上海或故鄉！

會後小語

•田　月•

會場佈置，大方、美觀。彩球高懸，更形富麗。

觀者勢如潮湧，未及七時已「羣賢畢至，少長成集」。

各校熱心同學全體出動，分工合作，大都連吃晚飯多忘掉了。

開幕儀式及報告等節目完畢，餘興開始，台下掌聲如雷。

「夜深沉」一琴一鼓音律清晰，好像在欣賞梅大王的「別姬」。

金維剛同學歌「八大鎚」一段嗓高韻厚，配以張積成之琴更收牡丹綠葉之妙。

張謙益同學唱武家坡之生，外行有此成績亦不容易了！

東山梅蘭芳朱聯元軫移蓮步上台歌武家坡一齣，老手唱來，毫不費力，精彩異常。

一對活寶姜禮鈞與楊熙元二同學的技術表演，滑稽突梯，觀衆好如玩了一次大世界，尤其是姜兄的鼻頂「火燒報紙」看得人家心勿定，恐怕燒壞了他的「罩子」呢？

弦子叮咚，彈詞登場，台下突然無聲，雖祇唱了一折「刀會」開篇，但覺餘音未盡，繞人耳際。

各校同學合作的國樂「大合奏」，祇奏了一齣「梅花三弄」，台下大叫再奏一只「昭君怨」，但時間關係，沒有再奏，那眞是觀衆的損失，要那一天，再有此耳福呢？

口琴獨奏，祇有曲高和寡之概。

「衣聯社」的大合唱，共唱五曲，曲曲精彩，末一只「你這個壞東西更受台下熱烈的歡迎。

話劇共有三「只」由清一色務本同學演的「一百萬〇一個」首先上演，他們連女角都是反串的，用的是「阿二山浪閒話」劇情又是每一個山浪人所熟習，什麼「送鬼」「叫性」「吃仙方」「看鬼」等等一應山浪人生了病的一套把戲，都搬了出來，起先觀衆鼓掌大笑，慢慢地忍住了笑，最後老太太們有的竟哭了！實在劇中的「小少爺」就在那一套一套的「迷信戲法」變完了以後，就回到了「老家」去了。演畢竟有人鼓掌叫再來一個的。

第二個上演的話劇，由「鍾秀」與「惠旅」合演的「女兒淚」無論化裝，佈置，均臻上乘，導演更形努力，演來絲絲入扣，指示了一條光明之路。

壓軸戲由「鑑塘」同學邀請「衣聯社」演出，老手演來，當然精彩紛呈極盡諷刺官場之能事，刻劃入微，直令人有啼笑皆非之慨。

每一個人所企求的摸獎節目終於在各項表演完畢後鄭重舉行。辦理摸彩的務本同學及上台摸彩的二位觀衆，聲嘶力竭的喊着「第某某號十獎」「第某某號頭獎」一獎一獎的順次而下得獎的欣然上台來領，但在台上忙的人，眼巴巴的看自來水筆呀！西裝襯衫呀！熱水瓶呀！以及名貴的扇面呀！一樣一樣的給別人領去了，自己呢？白忙一陣子，連小木梳都沒有摸到一只。

獎品中的司麥脫襯衫由新改穿西裝的楊熙元同學所得，祺袍料由席裕蕙小姐所得，眞是各得其所得也！

聯歡大會在高興愉快中度過

歸途追記之九

富春江上

•舟•

一個笑話

汽車擱淺在江上的船中，應該是一個笑話，然而我們已經擱淺了七天，看看天色還沒有下雨的希望，於是五人决定以十七萬的代價買棹東下。

船的一半包給另外五位，十員大將中，男女各半，頗不寂寞，自然有了女性，終不免拘束一點，然而也幸而如此，否則小小的船，怕要鬧得天翻地覆。

身爲二十世紀的人，却偏愛着沒有機器的小舟，輕風的傍晚，江上和江邊是一片恬靜，張着飽滿的帆在夕陽流水中掠過了，兩岸的遠山、村落、碧樹，看波紋盪碎了江底的云影、山影、船影、兩支櫓互奏着輕鬆的船夫曲，飄飄然，我想到了蘇東坡的「小舟從此逝，江海寄餘生」這一首詞。

船家素描

船的主人是兄弟二人輪流做着把舵和搖櫓的工作，赤着膊戴着草帽，一天到晚老是這樣吱咖、吱咖地搖着，除非有了順風，他們總不會得到一點休息，在烈日中天的時候，黝黑的皮膚上，閃着點點的汗珠，多麼勞苦的工作呀！然而在他們臉上，你找不到疲勞和不耐煩，他們是永遠只知道前進，沉着地前進。

船主人的老婆，就是我們的厨司，她燒的菜並不十分好，尤其在這樣熱的天，大衆對於吃飯似乎都沒有興趣，可是當飯搬到我們嘴邊的時候，總覺到一種香味，在我，似乎船上的飯始終是這樣香的。

蕭山楊梅

出發的一天，夜宿衢州，在抗戰中衢州是一個重鎭，並且有東部最大的機場，當我們到的時候，已經薄暮，只能匆匆在城區作一簡單的巡禮，第二晚宿蘭谿，大而紅的楊梅，初次耀入眼簾，五年了，沒有看到過這樣可愛的東西，於是盡興飽嘗，雖然是蕭山的名產，然而終是異味，想到幼年扒樹偷吃的情景，終覺得這名產似乎還少了一點不可或缺的東西。

窄溪一席

從蘭谿到富陽，原是一天的路程，可是由於風的關係，我們决定在窄溪就擱一宵，那是一個濱江的小地方，同行者想飽嘗一次魚蝦的晚飯，叫了幾只較爲精彩的菜，張單開來，五人共吃了一萬〇三百元，大出預計（現在看來，一萬元算得什麼呢？）原來我們忘記已經踏進了天堂的邊緣。

子陵釣台

在富春江上嚴子陵釣台是獨步的名勝，可惜爲了趕路，我們是失之交臂了。釣台是在桐廬建德之間，聽去過的人說：釣台的本身僅僅幾塊石板，並不十分可愛，不過是借了古人的名去招徠幾個遊人，可愛的倒是釣台四週的風景，遠山近峯，茂林溪澗，眞是一個天造地設的好去處。本來名勝古跡也原是這麼一回事，須有了好的襯托才會名垂千載。

踏進天堂

第五天的早晨，我們從富陽前進，這是船生活的最後一程，在不寧靜的心緒中，十個人理着自己的行裝，談着怎樣暢遊西湖。同行中很多是沒有見過西湖的面的，我攏着過來人的面孔，講了一套計劃，其實我與杭州睽違也已十一年了，經過了八年的戰爭，對西湖的是否無恙，不敢預測，即使無恙，我也早已忘記了她的面目。

下午三點多鐘，我們的船邊過了六和塔，盪過了錢江的大橋，於是一羣人，重又背着沉重的行李，背着高興和苦悶的矛盾，踏進了這人吃人的世界。

返鄉吟

巨廈吞噬了旅客，
烏黑的列車又迅速地蠕動！
沿途的景色看不淸，
嘮叨叮嚀倫聽不盡。
晨曦改變了夕陽，
船碇代替着車廂。
水鷗吻着起伏的波浪，
遠山點綴在遼隱的岸旁。
高樓尙存眼瞠，
古老的建築重現，
到處是稔熟的眼光，
怎不感：離別太惆悵！
重燃起靑春底活力
疲乏失去了。
暢情地休息在溫暖裏，
忘去了崎嶇底旅程！

——一、十五作於東山——

•志新•

返鄉什記

·金辛明·

偶然的機會，又讓我回到了久別的故鄉。

這一次返鄉，連化在旅途上的時鄉，一共只有二天，雖然匆忙，但也有一點可記的東西。

乘七時半的火車，到蘇州輪埠十點三十五分，一看人頭擠擠，一羣小女兒在吱吱喳喳，我還以爲十時半的船未開，擠上前一打聽，原來清明時節，返鄉的人特別多，十時半的一班早開了，並且留下這羣旅客，等候着十二時的來回班，我也只能擠着留在人羣中。

今天候船的人，都是些十四、五歲的男女孩子，經一留意，才知道是莫釐中學的學生來蘇旅行，今天是歸程的日子。

待到船到來，卻又是滿滿的一船，莫中的學生擠着叫着：

「文昌的也到蘇州來了」。

「他們也來了」。

輪船靠了岸，文昌的學生上來之後，莫中的就下輪船，而我們平常的乘客，則乘了拖船。

人很多，立在船頭上的也很多，莫中的旗幟飄揚着，我覺得東山的教育總算也在找一點活的教材，讓學生們也能看到一點死氣沉沉的故鄉以外的事。

天氣陰沉，風浪很大，開了窗怕吹了傷風，不開空氣悶塞，加以人多，連坐也要斜着身子，有二個青年大概悶得受不住了冒着風坐在船弦一，上只手淘水作樂，「船上人」看到了叫他進來，一言不合，爭吵起來，一個說是風大人多，側翻了船，性命交關，一個說我是乘客，不該由你管我，我偏不進來。「船上人」只管嚕囌，一個昂自負氣坐着。我想這個青年也太固執了，所謂同舟共濟，一船的生命都在那一瞬之間，被「船上人」說幾聲雖然不服氣，但爲着自己的生命也爲着別人的生命，何必爭此閑氣，我想東山的少爺脾氣不該在這時擺出來。

不過說起「船上人」，也並不如何的叫人高興，就是小賬的一端，也常常會爭得面紅耳赤，我看見一個浦莊客人，只有二百元，「船上人」嫌少，浦莊客人說：既然是小賬，高興給多少是多少，那有規定要多少之理，我只有二百元，多也沒有了。「船上人」即不客氣的說：嘸沒休想上岸，要上岸就把東西留着。碰着這個浦莊客人，也火起了臉說：我上下不止一次，扣留客人東西倒第一次聽到，小賬偏沒有，有種到浦莊來看我入•你一句我一句鬧個不休，使大家不安，其實出門出路，五百元小賬果然是爲數很小，但是既無明文規定，卻一定要强索，這實在不能使人服貼，雖然「船上人」說沒有工錢，靠此小賬開銷，好像也很可憐，那麼船老闆何不把這五百元規定在票價之內，分折與職工，一樣五百元，一樣給他們，卻叫人服服貼貼，免得吵吵鬧鬧，煩煞人呢？

船到橋頭，我第一個跳上岸，上殿涇港，進山水岸，到大街，一路上淒淒涼涼，冷冷清清，連得一條糖人担，一羣孩子，這東山固有的一點點綴也沒有，使人起一種寂寞的感覺，故鄉風景幽美，土產豐盛，名勝古蹟也不少，春假期內，別的地方都車水馬龍，遊人如織，而我們的家鄉呢？

次日，與弟同乘八點鐘的輪船返蘇，人少船大，與昨天成了反比，風尙未息，太陽却高懸着，下日是清明節，聽說渡村有丟石仗之風俗，實在因爲急於回申，否則倒可以忙裏抽閒，欣賞一下這種富有原始作風的遊戲，也可以多一點寫稿的資料。

過橫涇，時正十一時，船上人忙着開飯，船上的飯正是百吃不厭，幾塊紅燒肉，更是家鄉風味，幸而肥肉乏人問津，可使我一飽胃福也。

昨日苦寂，今日有了伴侶，促膝細談，到也不覺冷靜，我平日最怕旅途中碰着熟人，交談也不好，不交談又像冷淡了人家，情願一個人呆着，看看流水，望望遠山，倒也覺得怡然自得，除非是十分知己的人，高論闊談，上至國家大事，下至家庭瑣屑，我和弟弟，就是這樣的到了蘇州。

火車站買票很空，就買了二時許的二等車票，步入月台，一會兒一班慢車駛到，只有三等，雖然很空，沒有人上車，大家買的是快車票，不肯放棄這快車的權利，但是不幸的是快車來了，卻擠得滿坑滿谷，大有悔不當初之感，一直立着擠到上海。

二日匆忙往返，如夢如醉，拉雜寫來，也算到過一次故鄉耳。

本刊歡迎交換，無論鉛印，油印，甚至手抄都好，來件請寄上海北京西路一〇八號轉莫釐風月刊編輯室。

壽坟山

·奕城·

我小時候，祖父帶我跑山，總是跑壽坟山，所以故鄉的許多山，我最曉得名字的，便是壽坟山，那裏有石羊石馬，我起先只會騎石羊，自從學會了騎石馬後，我就常常瞞着母親去騎一會，有時把腿上的皮也擦破了，可是我還是愛騎石馬，愛上壽坟山。

每當重陽日，寂靜的壽坟山，居然變爲人山人海，我那時矮矮的個子，在人叢中搶先跑上去，摸到了刻在石頭上的老壽星的面孔，就好像完成了一件大工作，高興得說不出話來，因爲曾祖母祖母常對我說：「登高的那天，你一定要去撫撫壽星的面孔，可以長壽的」。

春天的燒野茶，我們也常常在壽坟山上舉行，因爲它離我家很近，取水又方便，山上又有現成的灶頭，又有石桌石橙，那時我雖然只有八九歲，也會幫助着拾拾柴，所以每逢家裏的人出去燒野茶，一定帶我去的，我們嘻嘻哈哈地燒，嘻嘻哈哈地喝。

年齡大了一點，才知道壽坟山的好玩，並不是在石羊石馬，它有寬闊的墓道，古老的牌坊，還有那排列在墓道兩旁的高樹，它有一層層的石階，它的頂上有一大片綠色的松林，配合起來這是一幅多麼美的畫，記得在一個多天吧，我又同許多人在這裏喝茶，我們欣賞那超乎塵俗的松濤，我們凝望着汪洋的太湖，當夕陽西沉的時候，那片綠松林漸漸變爲金黃色，我們不禁高聲地唱起歌來。

不久我就離開了故鄉。在外面流浪了二年多，直到去年夏天才重新回到老家，有一天晚飯後，我開了大門，獨自出來散步，不知不覺走到一個特別空曠的地方，我很奇怪，看到地下橫着幾條石頭，我認出是壽坟山的牌坊石，怎麼都倒下來了？我看到了光秃秃的石馬石羊才恍然大悟，這是壽坟山啊！怎麼墓道兩旁的大樹都不見了？抬頭一望，夕陽正西沉，可是山頂上正該發金黃的松林也不見了，難我離家後，它們也跟着漂流到異鄉去了？我再細細地看看，只見野草滿地，石階也拼毀得不成樣，以前雄赳赳的石馬，現在也變得怪可憐的，已往重陽日的盛況，燒野茶的歡樂，現在都消失得無形無蹤，同伴們做事的做事，讀書的讀書，出嫁的出嫁，死的死，只剩下我同石馬石羊在這荒涼的空山中，我不禁頹然倒在草地上，遠處的知了還在興高采烈地唱歌。

詩

春花開在秋天裏

·志新·

海濱的孤島上，
孤島上的叢林裏；
僻靜中帶點陰沉，
遼遠而穩伏着幾千百哩！

×

沒有人工的「爵士」，
小鳥奏得更幽揚；
看不見大廈凌霄，
古槐的枝幹掩蔽天日。

×

沒有炎熱、寒冷，
更無花卉點綴那春光。
乾燥，羶溼，
喉脣似裂，濘泥涉足。
　永遠傳播着秋的氣氛！

×

泥地面灑出的光亮，
繪出的自然底畫案。
小草挺起身子便會折斷腰；
留歇在高枝椏的
　優哉遊哉！
偶而失落的種子，
　滅亡正待生萌芽！

×

假若：有朵春花開在這秋天裏！
美麗、嬌柔、又倍襯鮮豔，
她輕擺着嫩肢，
　傲然地四覗，
就想咀咒這孤獨，單調和寂靜！

×

白天蝴蝶吻着牠的粉瓣，
小鳥向她詠唱；
夜晚又迎送光芒底夕陽，
靜聽奔騰的湧潮。

×

她幸福、她歡笑、
　不再愁！更無憂！

×

竟比往日更燦爛：
　晚有這天的落日。
一整夜的驟雨……
……柔嫩底春花怎能開在秋天裏！

×

彎曲了肢腰，打破了軀體……
低垂下凋零的粉瓣，
蝴蝶不會再吻她
　而小鳥還引吭歌唱！
水一樣的年華，
　浮雲般的風光……。

一九四七，三，十作

謹請同鄉注意

收入開支，相差甚巨，賠貼太大，本山郵局要改爲代辦所了

查本山郵政局，戰前原爲二等局。「八一三」事變後降爲三等甲局，今年起又降爲三等乙局，最近江蘇郵政管理局有將本山郵政局撤銷，改爲郵政代辦所之見議，這是一個很可注意的問題。

東洞庭山郵政局每月售出郵票共計一百二十萬元，而每月開支須三百五六十萬元，相差甚巨，賠貼太大，因此有改爲代辦所之議，按東山每日出口信按算，平均每月可售出郵票三百萬元，但是因爲有許多人家寄信的郵票，都是由家屬從上海買了寄回來的，因此東山售出數量大爲減少了。

長此以往，東山郵局的改爲代辦所，恐怕要成爲事實，但是改了代辦所，眞要不便多了；郵政匯兌，包裹航空信件等一律均須停辦，取消申山直接包封，由上海寄山信件必需由蘇州轉口，同時減少郵差，使當日到達之信，不能一天送完，這與東山鄉民與旅滬同鄉均有利害相關，所以希望大家注意及之。

在上海的同鄉最好不要在上海買了郵票寄回家中，讓家中向東山郵局購買，可能的話，還希望由家中買了郵票寄到上海來應用，這樣可以增加收入，使郵政局不致再降級。

同時，也希望郵政局能在各鄉鎮中設郵票代售所，照原來價格售出，不要再像有些地方代售郵票，竟要較票面漲上一倍，這實在是不合理的事，如若大家覺得便利，不吃虧，當然也不必從上海去買了。事關本山居民利害，希望郵政局及東山人士，旅滬同鄉大家注意。

答農忠先生兵役疑問

讀本刊第九——十期第十七頁載農忠先生要求解答兵役疑問數點，似在本人任期內有關，謹答覆如后：

（一）本年度徵兵尚未奉　令實施，諒係足下傳聞失實；（二）有犯妨害兵役治罪條例第五條之規定，絕對不能出錢買頂；（三）兵役法第一條第三條並無規定識字，同法第二十一條規定應經體格檢查；（四）兵役第二十四條規定，不能緩徵常備兵役與補充兵役，同法第二十六條第四項規定，可緩召常備兵預備役，補充兵預備役及國民兵，絕對不能免役。

前東山區署區長金晨熙答

四月九日

既謂造福同鄉。自應優待同鄉。一羣後山同鄉來函要求登善醫院減底診金車資

編輯先生：

誰都知道醫院是完全慈善性質的——尤其是同鄉會管理的。但昨天我們有事到登善醫院去，在簡章上看到從四月一日起該院出診費與車資等均提高百分之六十。唉！我們不懂，這是什麽緣故呀。——在這物價平定的時候。

後山是一個比較苦的地方，鄉民每日生活開支祇能免强維持，試問一個住在遙遠地方的鄉民如遇急症，怎能化這一筆龐大的十餘萬元診金、車資來請醫生呢？因此我們希望貴刊代爲公佈，懇求同鄉會理事爲同鄉幸福計設法將診金、車資減低。此在鄉同鄉幸矣。此請

撰安

徐振擎　潘世啟　葉德明　葉子熙
楊尙綱　葉盛惠　葉鶴年　王樹雄

莫釐遊誌（九）

明思

羅琦撰錢永書嘉慶二十三年立太湖新建文昌宮碑記略曰：

「凡天地之載在祀典者，類非大夫士之所得祭，而文昌之神獨異焉。史記所謂斗魁戴匡六星，一曰上將；二曰次將；三曰貴相；四曰司命；五曰司中；六曰司祿是也。小司馬索隱引孝經援神契曰：文者精所聚，昌者揚天紀。又引春秋元命包曰：上將建威武；次將正左右；貴相理文緒，司祿賞功進士；司命主災咎；司中主左理；則天道精嚴顯赫，統見於斯，而無一人一事不在其中矣，宜乎自古以來，無上下貴賤，皆得祀之也，今上御極之六年，命京師立文昌廟於地安門外，詔禮部太常寺議春秋歲祭，如制使天下所在，咸得奉祀，豈非天道之統著於斯，而又自嚴迄周，皆載在祀典者乎，況三吳爲人文之藪，包山乃靈秀所鍾，蜿蜒扶輿，旁薄鬱積，水土所生，神氣所感，俊逸如林，才德輩出，琦不佞，承乏其間，樂與切磋而淬厲之，於是與邦之諸君子議建文昌祠於莫釐峯下，以歆勵羣志，而即於祠之兩廊，分置齋舍，以爲肄業之所，鳩工庀材，七閱月而祠成，祠既成，相率拜祀，尊爵淨潔，登降雍容，雲日祥和，山川清淑，蕭艾歌詠，人士抃躍，文昌之神，將以斯道昌是邦，而士庶之德行道藝，遂駸駸乎其日隆也，琦因稽其事之由來以刻諸石」。

朱守和撰，俞樾隸五湖書院記文云：

「太湖古稱具區，亦曰五湖，周八百餘里，縹緲莫釐兩峯，東西對峙，土地衍沃，生齒繁滋，其樸而愿者，釆山釣水，自食其力，而秀民俊士，挾策負素，諷誦於漁莊蟹舍間，游庠序，登賢書者，恆有之，人文之盛，不下劇縣，然舊附吳縣考試，不設學校，道光初同知羅公琦創文昌宮，春秋祭祀，以旁屋爲課士地，據其後，陳公何龍，劉公鴻翱，又增益其膏火之資，於是山中入士，益知嚮學，彬彬日盛矣。逮咸豐季年，燬於粵賊之亂，同治八年移奉文昌神於微香閣，以時致祭，而課士之事，未遑議及，守和於十年十一月奉檄攝承事，甫之官，即集兩山之士而試之，程其文藝，嘗其器識，所甄賞者，皆山中之秀，諸生歎美，謂近年所罕見，時潘都轉其鈐讀禮在籍籍有建書院之議，俾多士肄業其中，謀求實學，以儲國家之用，守和毅然從之，然下車伊始，催科孔亟案牘繁多，其勢未能兼顧。至今歲之春，國賦畢輸，積案咸理，雀羅堂下，草滿獄中，吏諒其誠，民安其拙，相與無事，乃進縉紳耆老而謀焉，即文昌宮舊址，改建五湖書院，其聽事正中仍供文昌之神，東西兩廊，爲課士之區，外爲儀門，又其外爲大門，左右爲轅門，前爲照牆，悉如規制，聽事之東，又爲正屋三楹，奉羅陳二公栗主於其中，崇德報功，禮也，此外羣屋又若干間，爲課士時退息之所，且以居掌教者，經始於五月，至九月而畢功，都凡用錢一千四百緡有奇，皆出於捐款，一曰當捐，每月錢二十千，一曰典捐，每月錢十千，一曰桑葉捐，每葉百斤，買者賣者各捐錢十文，至於鳩工庀材，則皆候選訓導鄭君長標，及四品封典鄭君書煊，與其子舉人戶部山西主事鄭君懋勳，舉人嚴君福保等，實心經理，克底于成，此後春秋祭品，及師生修膳膏火所需即將當典月捐，永歸五湖書院作經久之費，由守和具詳大府立案，地方官不得藉公提用，庶俎定常新，絃誦弗輟，以仰副聖朝樂育人材，振興文教至意。守和浙東下士，學術膚淺，書院落成，諸生請爲文以記之，誼不得辭，乃述創建五湖書院本末勒諸石，光緒八年夏四月立石。

文昌宮今爲前山鎮中心國民學校所在，書聲琴韻，朝氣蓬勃，校屋傍山而設，朝嵐晚露，景色絕佳，操場一方，如能銳意經營，可爲東山唯一絕好之運動場。其旁水平王廟，舊傳后稷庶子佐禹平水，疏水浚導，因祀之，宋慶歷間，知州事胡宿奏請列入諸祀典。俗稱襄公廟者，因內附周文襄公祠，祀明巡撫尚書周忱，撫吳十九年，奏減糧額七十餘萬石，吳人德之，立祠以祀，循四家山小路東行，青山迎人，曲徑通幽而達雨花禪院，俗稱雨花台，明萬曆二十七年僧松竹建，清順治五年，僧戒生重建，咸豐三年重修，有咸豐三年智能記雨花禪院重修緣起正書，十年燬，同治六年重建，民國二十二年再修，葉恭綽題雨花禪院門額，後爲法雨香花額，右爲方等，左爲圓覺，中爲大雄寶殿，供普門大士塑像，金碧輝煌，一塵不染，殿後萃香泉，自石罅中流出，絡年不絕，清可鑑髮。舊跡摩岩篆書，錫山秦銓題，里人朱賦書，年久漫漶。民國二十一年冬修浚，闢而廣之，補王大隆篆額萃香泉三字於泉上，寺側有樓，張謇題額曰醉翠樓，窗明几淨，佈置非然，壁懸長聯云；

湖山成千古畫圖，南望吳江，西延夾浦，北臨惠麓，東達金閶，此處足清游，古刹被名僧所占；
景物極四時佳境，春風柳岸，夏岫雲峯，秋正歸帆，冬留積雪，我生厭塵俗，一官爲勝地而來。

吳偉業聯云：

秀聳千重翠幙，奇添一片冰壺。

窗外長廊，圍以雕欄，倚欄遠眺，太湖浩渺，塔影迷離，屋宇鱗比，樹林陰翳，近視則澗瀉清泉，山含斜陽，禽聲濤聲，極耳目之聽視，廊端懸大曆五年顏眞卿書逍遙二大字。樓左卽松石山房，額爲葉昭畋所題，山當北窗，葱鬱其氣，野發而幽香，佳木秀而繁陰。前人云：修竹萬竿松影亂，山風吹作滿窗雲，苟移貽於此，亦未爲不宜，如能常作樓上客，享此清閒，不啻神仙，所謂人到清閒便是仙也。吟詠佳作，多不枚舉，茲錄數則，以供同好。

明吳偉業登東山雨花台詩云：

白雲去何處，我步入雲根，一水圍山閣，千花夾寺門，日翻深谷影，烟抹遠天痕，變滅分晴晦，悠然道已存。

清錢謙益詩云：

拂石登台坐白雲，重湖浦溆似迴文，夕陽多處暮山好，秋水波時木葉聞，玄墓烟輕一點出，吳江鷺重片帆分，高空却指南來雁，知是衡陽第幾羣。

鄉賢嚴國芬詩云：

當筵極目望長空，石壁嵯峨太古風，對面湖光波映綠，舉頭山色日蒸紅，萃香泉冽流無盡，醉墨樓高景不同，一事先生輸與我，此身常住白雲中。

按：詩中所云先生，係指吳蔭堉而言，時吳蔭堉又周德馨等，均有詩紀盛。

安定小學校長李家瑞詩云：

醉墨樓高放眼空，憑欄飽飫晚秋風，東鄰古雪峯名翠，南望太湖日印紅，塔影沿堤孤峙遠，鐘聲出岫一時同，萃香泉水煩僧掬，乞火烹茶黃葉中。

青年詩人王守梧夢遊洞庭雨花台，醒後但記風前葉落隨風舞，月下僧歸逐月行，因足成之：

隱約林間微火明，秋蟲唧唧四山鳴，風前葉落隨風舞，月下僧歸逐月行，萬樹青松聲始定，千竿綠竹影初生，聞吟步上高台望，一片秋光萬里情。

至九峯峯腰，過還雲亭，俗稱四角亭之廢墟，亭柱鐫歸去來辭；雲無心以出岫，鳥倦飛而知還句。今倒臥道旁，飲朝露，餐夕曛，度其潦倒生涯。四周樹木，鬱然成林，越嶺至馬家塢，登吟風岡，放懷長嘯，古垣喬木，映帶左右，相傳文徵明及張本題吟岡三字於摩崖，歷時悠久，早爲苔封，張本詩云：

青天半入石嶙峋，雲裏風和三月春，滿徑桃花自天地，狂吟時有謫仙人。

吳時德詩云：

縱目凌千仞，山寒落日西，詩亡懷雅頌，薇老慨夷齊，古渡波濤迴，荒村草木迷，莫云衣未振，高臥白雲低。

馬家隖爲一片平陽，仲春季節，遍地芳草，清泉一流，繞隖而行。紙鳶高翔，點綴於青山白雲之間，引人神往。如能於此闢爲果園，則前途未可限也。經桑圃，僻巷，過黃芽嘴，抵下席巷，俗稱花園弄，因弄左爲東園所在，故名。園爲席太僕本禎，購翁氏集賢圃移築。康熙三十八年，聖祖南巡，至東山，嘗臨幸焉。今存水樹廣地，猶可憑弔，席阡春仲東園社集詩云：

風光駘蕩日初長，裙屐名流集勝場，靜愛看棋臨石竇，閒拚縱酒學高陽，禽聲巧和箏成曲，花氣濃薰翰墨香，好續西園舊騷雅，清詩未許效齊梁。

弄之南口，壁置萬曆乙巳三十三年季冬王禹聲撰，翠峯寺弟子體元書，少山翁君修路碑記，字跡模糊，不易卒讀。循道西南行，經積穀倉，今爲席周鄉保國民學校所在，鳥語花香，環境清幽。復又行，抵殿前，茶館酒肆，百貨雜陳，殿前街右，古籐一株，濃蔭蔽日，紫花怒放，香氣四溢，諺云先有紫荊籐，慢有殿前街。籐側石牌，舊傳宋建炎三年，牛皋被劇盜郭吉所擒，曾縛於此，姑妄言之，姑妄聽之可也。

編輯室

我以為編就了一本刊物之後，可以不必要再來這裏嚕囌，因為編輯室附於刊物之後，正是畫蛇添足，很是惹人討厭。然而幾位朋友，却認為一定需要，因此不得不繼續執筆。

× × ×

二十日的聯歡大會，忙得大家走頭無路，排戲，編特刊，……因此，莫釐風的稿子，一直到會後，大家才埋頭寫作，加以特約的幾篇佳作，一直沒有見賜下，寫稿難，拉稿更難，現在總算勉强併湊完成，編排方面恐怕也未必見得會出色，尚望讀者恕罪。

× × ×

不過可以告慰於讀者的，就是下一期有幾篇佳作可以預告，一篇是紅甘蔗日記，一個則是在聯歡大會上曾演出的山浪方言劇，這二篇作品完全以山浪生活為背景，寫大家所熟悉的東西，一定為大家所歡迎的。

× × ×

同時，保安醫院院長張克勁答應我們寫一點關於產婦的常識，嚴士雄先生為我們寫東山茶葉的產況，這都是有價值的論文，敬請讀者拭目以待。

× × ×

在本期刊出的佳作中：鹿子的檯擱怨可謂獨創一格，在檯擱對話中道出東山人的心理；用孩子作為遊戲的工具，以女人作為取樂對象，同時表現出對現世界的憎恨與反對，想大家也有同感吧！

× × ×

莫釐人物誌，這期介紹了朱潤生先生，尚有追述席錫蕃先生的大作一篇，容以後絡續刊出。

× × ×

歸途追記之九，作者已經踏進了天堂的邊緣，一路描寫景物，如描如繪，歷歷在目，使沒有經歷過這地方的人，也能夠在那裏領略一點他鄉風光了。

× × ×

葉緒茂同學會服務教育界，此次為本刊執筆，使本刊增光不少。

× × ×

七月一日出版的第十三期係本刊一周紀念特輯，尚望讀者惠賜宏文，不勝企盼。

莫釐風月刊

每月一日出版

預定先繳八千元每期八折扣除

本期零售每冊一千五百元

編輯及出版者　東洞庭山各校同學聯誼社　莫釐風出版委員會

上海通訊處　北京西路一〇八號　洞庭東山旅滬同鄉會　電話　九三四一九　九六五九七

蘇州經售處　閶門內東中市　蘇州教育用品社

東山總經銷處　殿涇港朱家弄瞿友農

東山經售處　殿前嚴大德堂國藥號

莫釐風

第十二期

遠山流水人家——殿涇港　朱潤生攝

東聯社出版

東聯社財務組啓事

查本組籌集文化基金借款，目標爲國幣五百萬元，至最近截止實收國幣四百萬元正。因辦理結束較遲，致原定於三月三十一日舉行之首次抽籤還本不得舉行，嗣經決定抽籤日期，改定爲本年六月三十日，九月三十日。十二月三十一日，三十七年三月三十一日，抜還成數仍按原定比例辦理，敬希鑒諒是幸。此啟

本刊啓事

本刊自本期起，改爲每月十五日出版，敬希讀者注意爲荷。

發行部

一、本刊近常接獲讀者未能收到本刊之電話或函件，本刊除照補以外，對於尚有未收到者，請即通知，以便補寄，又吳淵如君聲稱尚未收到本刊，除補發外，謹此致歉。

二、茲遺失本刊收據 00561——00380 一冊特此聲明作廢。

三、本刊之徵求讀者運動，定閱申請書上左角之收條係專供經手人臨時出給定戶者，本刊收到定閱申請書時另有正式收據爲憑謹請注意。

第十二期目錄

民國三十六年六月十五日出版

社評

打開東山的窗子

東山最近發生一件事情：文昌小學的先生打死了一條大蛇，學生們打死了一條小蛇。其中有一個學生突然精神錯亂，神志昏迷，甚至連父母都不能辨認，經保安醫院治療打針以後稍見鎭靜，住院繼續醫治，第二天病人的父親去院要求領回這生病的孩子，張院長告以病況好轉，進院時什麼人亦不認得，一味吵鬧，現在已經認識爲他治病的醫生，涉幾天便可以恢復正常了，在這時候領回去是非常不智的舉動，這位家長便據實奉告，說領孩子不是他的本意，而出之於孩子的母親，今晚祭鬼「送客」，必需「當事人」回去云云。數天後孩子已很清醒，但尚未完全正常，張院長因事上街，回院一看，孩子已被他家長像「搶親」一樣「奪」回去了，用酒菜擺在城隍廟，（文昌宮附近）在神鬼之前乞求恩赦，幷懺悔「兇手」愚昧的舉動，幸這病孩已經痊愈，未因「搶親」和「祭奠」重復刺激他的神經，得免於舊病復發，不可收拾之境。

對於這件事情，讀者諸君的反應當然豈僅是啼笑皆非而已，今天已是原子時代，而故鄉的落後仍然是如此可怕，我們的感覺，亦豈僅是感慨而已！

文昌小學位於山麓，發現一些狐鬼蛇獐之類是很平常的，牠們在山上「不甘寂寞」或「因事下山」，絕非城隍老爺的邀請甚至或「化身」，是可斷言。

而打死幾條蛇，無論是「三角頭」或「圓頭」，亦不過和打死一只蚊子蒼蠅一樣，分別在於動物體積的大小而已，尤其這年頭連人的性命和「價值」都日趨低微的時候，——蛇命云何哉！

但我們關心那位受驚以致精神失常的同學，對於他的不幸遭遇，幷致關懷和慰問。

他爲什麼「發神經」，按照字面解釋，係由於神經受刺激所致，我們願進一步解釋：係由於「恐怖的氣氛」所致。

人類在野蠻時代，對動物的崇拜甚至供奉爲神的很多，到今天非洲土人和康藏邊境還有以蛇爲神在膜拜牠的，稗官野史和中西舊小說中拿蛇作爲題材的很多，就是一個明證，東山風氣仍較閉塞，——廣東人接近海洋，得歐美科學進步之風甚早，東山城隍廟前受人馨香膜拜，酒席祭奠的死蛇，如在廣東，早已成爲盤中佳肴了。而打死蛇的地方如在他處還好一點恰巧正在東山人「不敢正視」的城隍廟前，對「蛇」的不敬，——東山長輩們看見蛇是要燒香唸經請他「走」的，孩子們還沒檢起石頭已挨着一頓臭罵，——那孩子頭腦裏連做夢都會夢見那條死蛇張牙吐舌撲向床上來的。再加上大人的叱罵，誇張的恐嚇，而城隍廟前那陰森森的空氣，汗毛懍懍的多少年來的「鍊條響呵！」「算盤珠又少一粒呵！」「半夜審堂呵！」之類的傳說，孩子們的心頭已不勝負担，再加上家裏見神見鬼，陰慘慘的做些「法」事，孩子每天必需上學校，上學校必需經過城隍廟，所有的傳說和恐嚇（別忘記他一生下來從聽得懂話的時候開始便知道「冥冥之中」有些什麼了！）越壓越重，越來越害怕，說不定其他頑皮的同學還要火上加油冷不防嚇他幾下，周圍的氣氛是如此恐怖，於是我們可憐的孩子神經錯亂了！

幸而保安醫院及時診治，更幸而「搶親」是在孩子病況好轉以後，否則，結果是很難想像的。

據孩子的家長所說，病者之能痊愈係由神鬼所賜，神鬼附身，六親不認，惟認得張院長，因爲鬼怪怕醫生云云。——是則假定有神鬼，神鬼居然怕起醫生來，神鬼之法力亦無所謂矣。

我們對以往數十年來的中國教育表示失望，更對「民衆教育館」表示失望，單是這個例子，足夠什麼科什麼廳什麼部的美麗的統計表和報告書黯然失色！

這不是一件小事情，牠說明了吾山人民在一種什麼空氣下過日子？吱吱喳喳，談神說鬼，若干年來，竟無有力量的鄉長們對「科學」與「迷信」的蕪草下過一鐮刀，讓牠蔓延擴展，孕育和儲藏起無數「迷信」的毒蛇，在噬害我們優秀的東山兒女！

打開東山的窗子，讓科學之風多多吹進來吧！

雨花播音台

太湖中的風雲人物

龔國樑投案偵訊

敵偽指爲「通敵」判罪八年

勝利後被訴漢奸投案訊押

敵偽時期曾充「陸軍第三師」偽職之龔國樑，戰前原係水警方面知名人物，在洞庭山及瀕湖各處駐紮甚久，國軍西撤時，龔尚率部駐守洞庭東山，當以未及撤離，遂召集舊部，幹共自立爲王的勾當，嗣爲敵寇注意，誘令附敵，担任偽太湖水上警察隊總隊長，未及月餘，即以連絡中央爲由所部爲敵寇繳械，龔與其弟（國楨）均爲敵偽判罪。抗戰勝利始獲恢復自由，迨後龔國樑本人又爲人控告有漢奸罪行，經高檢處提起公訴後，由刑三庭蔡推事二度傳訊，龔因作客他鄉，未能到庭受審，在前月二十八日投案偵訊，龔即說明與中央政府係有聯絡，請求交保，但未蒙准許。

（又訊）龔國樑被押後，東山公民席微三等曾具呈縣參議會瀝陳龔在抗戰時期受命策反工作，請求司法機關釋放云。（王樹聲）

橫涇囤糧如何發落

東山區人士請就地平糶

縣府却說難予照准

東山區參議員俞士臣、朱義元、席煒、葉振民、孔慶宣、朱潤生等，具呈縣府請求將橫涇封存之囤糧全部就所在地舉辦平糶，以裕貧民，縣府據呈後，當以該項成案，係會同各有關機關共同商討之決議，自難予以更改，故將不予照准，並派員會同有關機關代表，前往橫涇將是項囤糧啟封運城配售云。

（又訊）東山寓蘇公民朱鎏、席紹樑等，以縣府封存橫涇米糧，配售各機關，因東山區本非產米之地，似宜就所在地依歷屆平糶成例，（橫涇之米平售橫涇貧民）以蘇民困，故特電參議會呼籲，參議會據情後，對所請一節，確甚實在，已函請縣府酌辦云。（王樹聲）

東山參議員在縣參議會

提出蠶桑貸款問題

議員朱潤生葉振民等提：查洞庭東山農民素以飼蠶爲農村生產之一大項，勝利後農村不景氣，各地皆然，洞庭東山去年繭價不及無錫之高，而生產力遠不及抗戰前，不識今年對於東山蠶桑補救辦法，曾否計及向農民銀行申請貸款辦法，應如何接洽祈賜覆。

（又訊）農推所周主任，答東山議員問：蠶桑貸款，可以增加生產，將來須本所協助時，本所當協助辦理云。

五、一、王樹聲

一連串的盜竊新聞

生活所迫乎？

五月二十二日漾橋村嚴譜南家突遭竊賊光顧，損失骨牌凳十八隻，據嚴氏家不久前曾被竊半桌一對迄未破案云。

五月二十五日上午九時左右，餘家湖木牌樓宗法堂門口，有一女孩名賈阿金年十二歲，突遭一穿短衣男子搶去金線環一雙，該女當即大聲呼喊，隣居聞聲，緊追該盜，直至殿前被渠在人叢中遁去。

竊盜案時有發生，地方治安機關，近日每晚四出巡視，以防宵小，五月二十五日巡邏隊在湯家場陳家弄附近發見有二男子徘徊於黑弄中，巡官上前調查，孰知該二人反問來者何人，巡官急趨前，該二人知情不對向後疾奔，巡官當即開鎗一響示威，後卒被兎脫云。（新）

東洞庭楊灣鎮義成元大等米商，前曾向南潯福順米行購存白米三十二担，黃豆數担，日前派貨船兩艘前往駁運，未料該貨船駛囘東山時，行經菱白港口地方，突遇匪船一艘，上載匪徒數名，口操土音，兩匪各持長短槍械，喝令停船，該米船之船夥等，情知必非善徒，意圖脫逃，匪等連發四槍後，終爲匪方追獲該舟，計洗刼白米十一石，黃豆兩担，現鈔數十萬元，該匪船得逞後，逕向東南黃蘆方面逸去，刻已由地方機關報請總局查緝。

（王樹聲）

到東山販枇杷 賭銅錢送了命

寧波人鄔志林，業小販年五十七歲，五月二十二日偕友人張行富赴山販枇杷，於二十三日在殿前福義園茶館吃茶聚賭，鄔氏突中風倒地，當經在旁者急送保安醫院，因施救不及，當即身死，隨將屍體送三善堂，一面由張行富赴蘇通知鄔氏家屬前來收屍，豈知張行富一去四日杳無音訊，而屍體因天熱發腐，地方當局因有礙衛生已代收殮候領云。（新）

嘉禾鄉離奇命案 稚年女遭人勒斃

東山區嘉禾鄉第九保，農婦陸施氏年五十二歲，丈夫早故，遺有子女各一，女名大妹年十二歲，於本月五日午後至田間採取蠶豆，直至傍晚依舊未歸，當時分至田野喚尋，不獲影蹤迫至次日晨，始發現被人勒斃於嘉禾鄉之邊境莊子橋附近田溝內，死者右眉稍有血痕，頸間爲一闊二寸許之青布條緊扣，顯係生前爲人用強仇殺云。

東山近日商情

五月二十八日行市

上白粳每担四十六萬元
中白粳每担四十四萬元
白粳每担四十三萬元
白尖每担四十三萬元
白元每担四十五萬元
杜赤荳每担三十六萬元
麵粉每袋十四萬元
荳油每斤六千八百元
菜油每斤六千八百元
杜糟每斤四千八百元
糟燒每斤四千元
鹽每斤一千元

糖每斤六千元
生麵每斤二千三百元
火油每聽八萬元
鮮魚每斤五千元
蝦每斤四千元
鴨蛋每只四百元
雞蛋每只四百元
竹筍每斤二千五百元
粳柴每担二萬元
樹柴每担二萬六千元
蘆柴每百個一萬元
肉每斤六千元

大義滅親

丈夫有芙蓉之癖 妻子到警所告狀

洞庭後山楊灣鎮大浜村，居民周泉聲，平日不務正業，且染有阿芙蓉癖，日來變本加厲，竟吸白粉，其妻周施氏見狀不忍乃夫墮落，曾經屢次規勸，惟終無效，前日氏以忍無可忍，且以正值六一總檢舉，遂毅然向當地警所檢舉，經派警士將周泉聲拘獲，並搜出吸毒用具白粉等件，旋卽傳所訊問，周供因患吐血症關係，承認吸毒不諱，該所業已備文解送總局訊辦云。（王樹聲）

東山發現拍花黨？

邇來各地傳聞時有發現婦女拐匪，專以昏迷藥劑，誘拐孩童，並殺害其生命，實慘不忍聞，前賽會時東山亦聞有發現，據云有拐匪婦女，假裝剪花樣，及相面算命，捉牙蟲等混入人叢間，乘機誘拐孩童，下午二時許，在後山楊灣附近，有金灣周姓之小孩，突被一女拐匪以昏迷藥將其頭上一拍，當時失去知覺，因藥性不足，該童蘇醒後始知受騙，遂脫逃返家，將情告知乃父，一面呈報當地自衛隊嚴緝云。（王樹聲）

小消息

楊灣鎮購槍

後山楊灣鎮爲鞏固地方治安，擬購辦輕機槍一挺，該鎮旅滬同鄉已在進行募款，惟聞該項槍械，均向太湖中游匪散勇購買，去冬自衛團槍械捐款，因經手人賬目不清，故深爲捐款人不滿，今聞鄉區自衛團欲購置槍械可向縣府申請購買以免受黑市損失云。

可貴的風氣

有鄉舟平者，臨終時叮囑妻兒，渠死後不必哀哭，亦不要舉喪，殺將遺產一百萬元補助莫釐中學，救培清寒子弟，六十萬元捐助地方公益。及亡，二子遂所囑草理喪事，免除一切鄉風俗禮，實開吾鄉新風氣云。

爲何厭世

五月十日晨前山曹公潭某姓家有一婦人自縊，當卽身死，原因不明。

病者福音

夏季將臨，東山地處水區，蚊蟲猖獗，患瘧疾者甚多，壽親義莊有鑒於此，擬與東聯社合辦免費送藥處，分送治瘧專藥阿的平等，現正在接洽地點不日開始分送云。

東山區擴併後 本社初訪橫涇鎮

新知

東山自和橫涇併區後，所轄區域由三鎮三鄉增至六鎮九鄉，區署原定設渡村鎮，因渡村無適當辦公地址，現暫設橫涇，本社所辦莫釐風，原爲服務東山同鄉，今東山區範圍擴大，本社服務範圍自當開展，五月二十九日記者代表本社初次訪問橫涇鎮，茲將經過情形，摘錄於后：首先應感謝前山鎮鎮長周竟如先生在他百忙中爲我們抽出了一天時間，陪同記者拜訪橫涇鎮，在周君的介紹下，記者首先拜訪東山區署，適沈區長因公赴蘇州，先由唐書記接見，繼由王助理出來招待經周君介紹後記者首先聲明來意，繼而闡明東聯社的組織，莫釐風的立場，以及希望區署盡量供給各鄉鎮消息，更望各鄉鎮能有直接通訊員，使各方的消息習俗能互相交流，莫釐風今後願爲整個東山區服務，王助理和唐書記非常贊成本社的宗旨，希望今後發揚光大，並答應當盡量供給區署消息，并赴各鄉鎮廣爲宣傳，記者即將隨帶之巨幅廣告畫二張，請張貼鬧市，旋即提出二點問題，由王助理答復：

記者問：東山與橫涇併區後現轄那幾個單位？

王助理答：併區後直轄十六單位，最近奉令將前莊鎮及堯吳鎮併爲一鎮，改名前堯鎮，所以現在實轄十五單位，共六鎮九鄉，計前山鎮，楊灣鎮，渡橋鎮，文恪鄉，潦涇鄉，席周鄉（以上三鎮三鄉原屬舊十二區）橫涇鎮，渡村鎮，淑莊鄉，前堯鎮，候巷鄉，韓寺鄉，嘉禾鄉，石塘鄉，浦莊鄉。

記者問：東山區署經指定設於渡村，今後是否遷往渡村？

王助理答：這一問題最近縣府又有命令着遷往渡村，因當初併區時，區署規定設於渡村，縣府已有記錄，因此縣府常有案卷直送至渡村，關於這問題，區署已有呈文到縣府，解釋原由，因渡村無公共建築，如要新設，人民決無力負担，因此只能暫設於橫涇。

記者因見王助理非常忙碌，不便多問，便辭出，由周君陪往橫涇鎮中心國民小學參觀，承陶校長熱誠招待，邀至各教室參觀，教室設備均甚簡單，但佈置整潔，據陶校長說，在他接收校務時，課桌均殘缺不堪，校中甚至連時鐘也沒有，現在雖略具規模，現除六年級教室課桌比較整齊外，其餘教室仍殘缺不全，在陶校長接收時，經常將私人薪津貼入學校，甚望旅滬同鄉，多加資助，希望與本社多多聯絡，辭別了陶校長，與周君同訪前東山區長金晟熙先生，一進門就聽得金君招呼的聲音，金君雖曾任區長，但一無官場習氣，身材並不高大，臉部帶尖，態度溫和，金君現業醫務，坐定後，由周君介紹記者身份，金君對莫釐風推崇備至，記者請金君對莫釐風發表意見，金君很謙虛的說很好，希望今後把消息的範圍擴大，使東山區的人民都感興趣，記者請今後爲莫釐風經常撰稿，承金君慨然允諾。問及對於東山區的意見，金君說東山合併後，只是形式上的併區，各鄉鎮的文化，經濟，以及各鄉鎮的風俗習慣，還是各自獨立，並沒有互相交流，這是人民的傳統觀念，一時不易打破。記者再問及橫涇鎮旅滬同鄉大多服務何種行業，金君說橫涇人民大多務農，所以旅滬同鄉甚少，金君所知幾位旅滬同鄉，均已加入東山同鄉會。別了金晟熙先生，又承區隊附張有實君邀進午餐，張君是東北人，爲人爽直，酒量甚宏，記者因不善酒，不能與張君痛飲一番，惋惜不止。飯後適東山區電線木開標，記者欣然應邀參加，開標會議由王助理主持，因木頭尺寸規定與登報徵求尺寸不附合，因此投標木商一時無從核算，最後決定改期，記者在橫涇逗留四小時餘，承長官及當地父老殷勤招待，這裏一併誌謝。我們企望東山區各鄉鎮能團結起來，爲建設完美的東山區而努力！

莫釐人物誌

爲善最樂的席錫蕃先生

半解

在東山的先哲中，席錫蕃先生是一個如雷貫耳的名字。返鄉時，輪船還沒有到河神廟前，你就可以看到一件細長的白東西鑲在灰色的遠山之間；或者當你爬上莫釐峯時，你也可以看見湖邊有一件巍巍然的建築。這是東山最高的建築物——安定塔。造塔者誰？是席錫蕃先生。

從翁巷到殿前，有一條捷徑，我們叫它「土山」。磚石鋪成的道路，特別顯得整齊。半途有歇涼亭一，名曰「椿蔭亭」，跑得累了，坐下來看看山景樹色，十分舒適。造路的是哪個？是席錫蕃先生。

惠旅醫院在上海，雖不是第一流的醫院，可是你跑到裏面，一種蓬勃的氣象，一種服務的精神，都使你感到親切。這就不能不使我們想到締造者的熱心和遠見。那末，惠旅的創辦人是誰呢？又是席錫蕃先生。

看了上面的三點，我想讀者已經十分明瞭錫蕃先生是一個有信仰，理想，和熱忱的人了。

此外，洞庭東山會館的建立，先生是發起人之一，在民國四年，和幾位熱心的同鄉，奔走呼籲於滬蘇東山之間，終於在五年二月落成，於是和三善堂同鄉會三位一體，同爲旅滬同鄉服務。

由於時間的因素，錫蕃先生的信仰，自然和我們不會相同。在三十餘年前的中國，信神拜佛，視爲天經地義，所以，錫蕃先生的創立惠然公壇——即今日之惠然軒，實在是一樁很自然的舉動，我們自不能拋却時間的觀念，以現在的眼光來苛求批評。何況，我們深信：當時的惠然公壇，一定不是一個以慈善作幌子的賺錢機構。

進一步講，錫蕃先生的信仰，也是緊隨着時間在改進着，這一點，可以從惠旅療養院的設立，獲得證明。從光緒二十九年至民九止，短短的十年，已把這位慈善爲懷的老人，自迷信的範疇轉到實際的工作，如果今日先生還在的話，我們深信：他的興趣，將不會遠離這現實的時代，而將領導我們做一番更切實的工作。

在中國的傳統哲學中，一向標榜着「窮則獨善其身，達則兼善天下，」的錯誤口號。我們知道錫蕃先生的爲善，却是以「人必心力有餘而始爲善，終其身無爲善之日矣。」這兩句話爲原則的。我們姑勿論先生的爲善，是否在心力有餘之時，但是，只要存了這一份心，那末，這一種爲善，將更使我們感到可欽可佩了。

中國人在外人的心目中，認爲是缺少同情心的。人家出殯，他們看得歡喜；見人跌交，大家哈哈笑笑。在這樣一個世界裏，要找一個急公好義的善人，實在是不容易，無怪太史公要在史記中加上一篇游俠列傳來頌揚幾位見義勇爲的俠士了。他對朱家的評語是「趨人之急，甚己之私。」對郭解的評語是：「以德報怨，厚施而薄望，既已振人之命，不矜其功。」我們希望這一種熱腸古道，能夠廣泛的推展開來。

對於錫蕃先生的豐功偉業，因爲後生的關係，我們很遺憾於不能稍盡棉薄，但是很幸運於能夠見到他的事業永遠在發揚光大，永遠在造福人羣，永遠在推動並鼓勵我們。

「天下有飢者，猶己飢之也；天下有溺者，猶己溺之也。」這一種博愛的精神，我們在錫蕃先生的一生中，看得十分清楚，在世風日下，道德淪亡的今天，實在值得我們學習。

先生生於遜清同治二年八月。卒於民國二十二年二月，享壽七十有一，以金融業終身。

本刊徵求讀者運動宣言

莫釐風月刊，在去年七月一日出版以來，到今天恰巧將近一年，在這一年的歲月中，經過了旅滬同鄉，東山區士紳，以及年青同伴們的愛戴，幫助，鼓勵，總算有了一點小小的成就，這實在使本刊感到高興的。

不過使我們所不能感到滿足的，就是我們雖然付出了多量的精神和物質，以數字上講卻只能得到四百多個定戶，當然每個定戶不一定是一個人看的，然而以旅滬同鄉和東山區鄉民的數量計，這樣一個小小的數字，怕是太少了吧！因此，爲了使我們的精神和物質化得更有意義起見，我們決定發起徵求讀者運動，擴大徵求，讓『莫釐風是全東山區民衆的喉舌』，這句話更切實點。

我們的目標是一千份，這個數字并不大，想在諸位熱心的同鄉父老兄弟姊妹們的共同努力下，一定能夠使這次運動得到成功，這是我們懇切祈望的。

徵求讀者運動辦法

目標　一千份。

收費　每份一萬元，本刊依照定戶地址按期寄奉，每期按定價八折扣除。

期限　自六月十日起至七月十日止。

揭曉日期

第一次　六月廿日

第二次　六月卅日

總揭曉　七月十日

獎勵辦法

優勝前三隊及個人前三名均給予紀念獎品。

東山名產之一 碧螺春茶

嚴士雄

茶是人之嗜好品，飲茶之風，由來已久，流行至今，已爲日用品之一種，而名士者流更以茗茶爲風雅，故有「茶經」及「茶集」等專書，藉以表揚，歌之誦之，樂此不倦。吾東山出產碧螺春茶葉蜷曲如髮，芬芳如蘭，極負盛名，作者生長產茶區，且手植茶園，玆正農月茶汛，筆之一二誌盛，惟蟻螻之言，尙盼高明者有所教益也。

碧螺之掌故

碧螺春之命名，據王應奎柳南隨筆略云：「洞庭東山碧螺峯產野茶，每歲土人持筐採歸，歷數十年未見其異也，康熙某年，出葉較多，筐不勝貯，因置懷間，茶得熱氣，異香忽發，採者驚奇呼曰「嚇殺人香」，由此有名，而土人朱某獨精製法，尤稱妙品，康熙巡幸太湖，巡撫購此茶以進，上幸，惟覺其名不雅，於是賜題名曰「碧螺春」茶，名乃大噪，每年地方大吏，必採辦進貢，例爲貢品之一，民間輕易不易嘗到矣」據此東山碧螺春茶葉由來已久，乾隆不過賜名而已。

茶山統計

吾國土質肥沃，南部氣候溫暖，最適合茶樹之種質，而茶樹壽命甚長，歷數十年不衰，不受一切限制，年有豐盛收入，所獲亦鉅而可靠，是故農家樂於開墾栽培，良有以也。

東山茶園調杳，因鮮有大規模之面積，頗難以統計，大都爲與花果樹間植，僅在產量輸出時略求其數，未能作眞確之推求耳。

產處以豐圻石井，余塢，西塢及槎灣等最多，尤以前者二村出產額最多，產額約六十担左右，炒靑製綠茶最多，紅茶極少，茶園地區因得崇山峻嶺雨露之氣，復得陽光之臨照，農家利用天時和地利栽植茶樹，煞費經營，蓋茶樹在幼苗時，有受野獸，天災或樵牧者之損壞，非加以保護，難有成就也。

採摘手續

摘採時間，頭茶起自清明，二茶至夏至爲止，亦視天氣和生長之地爲定，摘法需有精練快速之手法，以抓住嫩頭一扯而下，老者不摘，本山風俗習慣，大致在此茶汛前，家家雜事拚擋告一段落，至開摘時專心摘採，而皆委之於婦女幼童，當時收拾淸潔竹筐（東山曰勾籃）在晨曦初放時，不論遇風受雨，往來蔥綠叢中開始摘採工作。

每天工作所得，僅可得二斤左右，因一蕊一芽，面積微小，非有極大之忍耐心者，不能表現工作成績也，如或天氣乾燥或曾受雪害霜損，產量尤少，否則雨水調勻，天時得宜，收獲則較多矣，待第一次摘採完畢（即曰頭茶），繼續出芽（即曰二茶，餘類推）始可開始連摘，而採之法不如他處老嫩帶葉連梗全下，除嫩者外絕不顧及，故能成精品。農家在逢此茶汛繁忙時，有歌謠一則可證明之，「靑山茶葉綠又多，手扶茶顆嘆一聲，一天摘茶忙到晚，那有工夫談談心」。

培製法

當茶葉滿筐摘下，即施以揀倒手續，剩嫩頭留存培製，不如他處老茶合炒再施揀倒也。培製之法略述於后：使鍋子燒柴使燙，將茶葉放進用兩手快速勻翻，不得停留，雖然火燙非凡，祇得連續工作，否則茶葉即焦黃，取出後即行揉搓，然後用水除去膩汁，再放鍋內攪炒，待水份全乾呈白乇，（穀雨後即少見，所以雨前明前爲可貴耳）即告成功，到市出售矣。因碧螺春質料精細，培製工作尤繁而慢，故能得此名望，及有悠久之歷史。

希望今後生產改良

一、茶樹生長數十年，難免有枯死者或呈黃褐色等，皆爲衰敗之期已近，每年應逐漸截幹，然後施肥，俟新苗長出，一切中耕，除草修剪加以適當培植，仍可收獲其量，且能保住其品種，生產不致減少，惟最好在第二年摘採，藉以保住原氣，否則發育難全也。

二、東山產數不多，且皆散漫，殊少大規模面積，而空餘荒地隨處皆是，如能增加生產，設法儘量開墾，建造茶園，并改良栽植茶，俾求品質越趨上乘，庶可增加農村經濟力量，及擴大推銷，普遍供應。

應行興辦之處

一、一般茶農，僅憑經驗，對於改進步驟，毫無心得，爲根本解決製茶人材問題，技術上之訓練，實爲必要。

二、舉辦茶葉講座會，利用閑暇時間，聘請技師講解，授以改良知識和技能。

三、組織合作社或公司。對於行市應有捷便之消息，免以減少商人壟斷與剝削。

四、如增加生產後，可研究機器製造，盼國家能普遍發放農貸金，流動農家經濟力。

以上改良及興辦之二項，希望能於最短時間使其實現，使吾鄉碧螺春之地位更可穩固和暢銷，否則際此原子時代，不加有具體之改進濫製發賣，虛徒其名，日久難免一蹶不振矣。

（寫於豐圻之耕讀草堂）

夏令衛生常識

劉恭植

上次承編輯先生的囑付，叫本人寫一些關於吾鄉夏令衛生的常識，但是因爲本人一則才識的淺陋，二則離鄉已近十載，對於吾鄉的情形，實在不十分明瞭，所以遲遲執筆，然而既受囑付，不得不儘本人的力量寫一些於後以供參考。

首先我們要知道，人類是自然界的一種生物，像其他動植物一樣，能適應自然的環境，所以在自然氣候的變換中，它有特殊的機能保持本身正常的體溫，繼續生存。但是這種調節的機能，每個生物均有一不同的最適合度，像人類，它的最適合度大概在攝氏十七度與二十度之間，倘使超過這溫度的氣候，則其特殊調節機能的工作當然要增加了，因此在夏令的時候，往往能影響皮膚毛細管的擴張，汗腺分泌的活潑，及代謝的增加，像夏季常易發生昏倒等情形，亦因血液受氣候的影響充於皮面，而內部的其他部份發生貧血之故，所以人類在夏令的時候，並不是其最適合生存的季節，反之有許多其他生物，能在夏令時候很舒適的生活，像微生物中的一部份細菌罷！它的最適合溫度恰巧是在夏令氣候中，所以它在這時候是非常的活動，繁殖率亦增高，到處都是它營養的對像，生活的根據地。在人類因氣候的不適合，所以覺得很困難應付這環境，當然本身更無強大的抵抗力去阻止這到處爲家的敵人，因此夏令時候疾病叢生。然而我們必須想一方法加以補救，惟一的辦法，就是預先築起防線，這就是衛生，所以我們能夠很明顯知道夏令衛生的重要性了。

關於夏令的衛生，因爲我國文化和科學的落後，加之貧窮的原故，至今實一無建設，尤其在窮鄉僻野更是談不到了。據聞吾鄉在夏令的死亡率，數目實可驚人。而今春光已逝，炎熱的夏季將屆，病叢的根源亦逐漸在發展起來，我們在這無統一衛生防線的機構下，只得注意個人的衛生。普通夏令的衛生，不外於下列二方面來講：

第一即日常生活的衛生：日常生活的衛生，以適合吾鄉的條件，將最簡單的常識略述於后。

一、衣着方面：宜穿白色，勤於洗濯。

二、飲食方面：（一）飲料的煮沸：關於飲料的問題，在夏令實佔最重要的地位。因爲大量出汗的關係，血液濃度增高，非飲大量水份補充不可，但是在普通生水中，實包含着無數的各種病原菌，像痢疾，傷寒，及腹瀉等病症，均由水之傳染，所以夏令的飲料必須注意，尤其我們大部份的同鄉，平常因工作的過度，即以就近的河水或井水作爲飲料，此實非常的危險。普通水之清潔法很多，不過在吾鄉以煮沸最爲適合，因燃料是吾鄉特有的土產，煮沸的標準，大概在沸後，再煮十分鐘至十五分鐘爲最妥。

（二）切忌冷飲：因爲各種冷的飲料能直達腸部，在胃並不停留。本來胃有很強的殺菌能力，可是此種冷飲品不經胃之殺菌，因此其傳染疾病的可能當然較大。

（三）食物的注意：在夏季因代謝的增高，加以調節機能過度的工作，非有很好的營養不可，然而夏季因溫度的足夠，並不須要大量的熱力，所以食物實宜加以選擇。平常宜擇富於營養，易於消化，像新鮮的菜類，荳類，蛋類等食物，反之能產大量熱力的脂肪類食物應少食爲佳，在飲食時或略佐以酸醋可增進食慾，爲夏令時很宜的調味品。

三、環境方面：（一）住宅的清潔：在我國各鄉實在可憐得很，還是居住着十五六世紀的原始房屋，根本合不上衛生的條件，然而在無力量建設之中，我們亦應保持其清潔：即常用水灑掃，陰溼之處置以石灰，屋內用艾草薰燒等。

（二）糞便的處置：糞便是我們鄉胞的黃金，所以大家都是很寶貴的置放着。可是在糞便之中，病原菌之多，實盡人皆知。用其作爲肥料時，對於傳染疾病，實有很大的可能，尤其像我們熱天最愛吃的瓜果，更易作爲媒介。普通在陳腐的糞便中，所有病原菌較新鮮者爲少，而對於植物的營養價值反大，所以普通糞便之處置，應用二只糞缸，深埋於離住屋較遠之處，一置鮮糞，一置陳糞，交換使用，不但合乎植物肥料原理，而且病原菌亦大可減少。

第二即特殊衛生方法：

一、免疫接種：在近代有許多流行的疾病，均可由人工疫苗的注射，增加此種疾病的抵抗力，然而每種疾病均有特種的疫苗，譬如像虎列拉，傷寒等均有其各別的免疫苗，我們應視季節的不同，趕快去分別注射。

二、疾病的隔離：凡一染到了疾病，應即送醫診斷，假使是流行性傳染病，即應盡力加以隔離治療，切不可再去求神問卜，因實有誤已誤人之可能！

以上所述各點，實不能稱近代的衛生法，在近代衛生中，第一應着重於建設上的衛生改革，像吾鄉首宜陰溝之改造，自來水之建設與其化學之清潔，及肥料的科學處置等，然此實非一朝一日，所能成功，願羣策羣力，以付諸實現，其次即醫藥機構之推廣，若公醫制度等，於鄉民之健康，始合理想。

碧螺

玄……

東山的碧螺春茶葉，是經過皇帝伯伯品題過的，名貴可知，可是牠的原名叫「嚇煞人」，一個多麼奇怪的名字！一樣是三個字其雅俗相去不可以道里計了。筆者雖非雅人，竊慕風雅，便借用碧螺的雅號，作爲篇名。其實「碧螺春」還是「嚇煞人」一而二，二而一者也。名稱不同，實質相同，茶葉依舊是茶葉。自從改名以後。不知道可比從前更爲佳妙了嗎？當然不會的，茶葉是如此，文字又何嘗不如此。篇名題得雅一些，聊以自喜，至於內容或者依舊是「嚇煞人」呢，反之，要是我把這篇名題爲「嚇煞人小品」，太怪了，豈不更貽笑大方矣乎，一笑。

碧螺是東山羣峯中的一個小峯，在白雾嶺之南，演武墩之北，俞塢峯之西，石橋之東。山名是美極了，攀登山頭，卻感覺得與東山其餘的各峯相彷彿，好是好，並沒有特別佳勝之處。但是因有碧螺春茶葉之故，就此「一舉成名天下聞」了。這是碧螺峯特別幸運之處。

東山的碧螺春，最佳產品，據說是關帝廟前的幾棵樹所採，以清明前所採者爲貴。色碧多白毛，一旗一槍，初汁不用故市售者已經一次浸洗過了。宜用山泉水煮沸泡之。至多沖二次，多沖味即不佳。今春三月在雨花台醉墨樓上，以萃香泉水煮新碧螺春飲之，美景良辰，一杯在手，倚欄閒眺，悠然自得，頓忘塵俗之累人，此情此境惜乎不可多得也。

山閑品茗，稱爲雅人雅事，但是「茶」，實在已是我人必需品之一了。清朝名士鄭板橋先生有一首詩道：『書畫琴棋詩酒花，當年件件不離他，而今七事多更變，柴米油鹽醬醋茶』所謂開門七件事是也。足見茶是列入柴米一類的酒是列入琴書一類的。雖然這是他老人家個人的見解，卻也有相當的理由。國人無論貧富高下，在朝在野，大都以茶款客，相習成風，不備茶葉的人家可說絕無僅有，又據西北歸來客談起，在新疆西藏荒野偏僻之區，土人食物，除了牛羊產品外毫無植物類的東西。僅以茶爲主要調劑品。他們是用磚的，連渣帶末，和入牛乳或乳粉，大嚼大吞，其味津津。那邊不產茶葉而茶耗甚巨，均須從內地運去，成爲交易的大宗。原來那邊既乏五穀蔬菜之類，爲了維持生命必需借茶葉中的葉綠素

戰亂吟

言子

戰火漫天黑　鎗炮連珠術
老弱守空屋　少壯咸徵集
晚來野犬吠　月黑蹄聲急
驚起門隙窺　星火自明滅
登床將入睡　有聲起屋脊
初疑爲盜賊　繼聽風打葉
人儀怕入夢　鷄犬不寧夕
機杼聲不聞　田事久荒歇
生產等於零　捐稅多如鯽
征吏來鄉間　面色青如鐵
偶不就所欲　拳打復足踢
物價直線漲　生活頻艱擊
家無隔宿糧　舉炊常太息
老妻慣爭吵　弱媳背人泣
稚孫不解事　滔滔問不絕
阿爺幾時回　烽烟幾時熄
欲答語又止　喉頭似在噎
含淚不敢墮　惟恐孫兒駭
孫兒年尚幼　莫使受刺激
但願長大日　戰亂自消滅

及維他命C來補足營養了，可見茶葉的功用殊大，決非僅是消閒之品，可惜平常人們未曾體會及此而已。

小品

丁一

再說得遠大一點，茶爲我國特產之一，小學教科書中，早已有這麼一句書「我國出口，以絲茶爲大宗」。茶佔了出口物資中重要地位，當然値得我人鄭重注意的，不料近數十年來，情形已大不如昔，產量既少，品質又不見改良，其出口地位已被桐油，猪鬃，鎢砂等等擠掉去了，其入超漸高，對於國計民生影響是太大了。即如本山碧螺春一項，產量微細並沒人來鼓勵增產，物稀爲貴，祇可作爲富貴人家的點綴品而已，好像多多少少，已無關宏旨了。其實如能廣爲種植，改善品質，增加產量，多多外銷，直接可以扶助農家，間接可以增加國富，豈不較之僅供私人品賞更爲得計呢？

作筆每一把盞，便多遐想，信筆所之，越寫越遠，再寫下去，碧螺小品要成爲「嚇煞人大品」了，不寫罷，就此煞住。

隨感

方焚

東山，我第一次來。

慣於在城市裏生活的人，像沉浮在骯髒泥塘裏面的魚，看起來，雖自由自在，無拘無束的穿梭其間，其實，總逃不了那泥濁的塘面，那塊毛玻璃下面的生活，刺激，乔逐，喧囂，緊張，從頭髮到脚底，從感覺到心靈，都被一種無形的巨大的力壓迫着，約束着，原野的空氣呼吸不到，純樸美麗的大自然接觸不到，鳥語花香的新鮮聽不到聞不到，相反，四圍盡是些都市的畸形生活，和虛僞的文明傳統。

人類解放了自然，到頭來自己卻被城市囚禁了，活着只爲了嚐盡了城市裏怪味道和骯髒氣……就這樣活着又死下去，一代復一代的沿下去，那太悲哀了。

因此。隨友人席存之邀，我第一次瞻拜東山。

由於語言上的隔膜，和自己又是個外鄉人的緣故，使我的心靈不能爲東山的朋友們打開，我雖幾次嘗試着打開，結果還是關閉了。這是遺憾的，使我不能更多的了解，更多的知道這古寂幽靜的東山，這偏伏一隅的大自然懷抱裏的一座小市鎭啊！

但，憑我的知覺，我看到些，也聽到些，我不期然而然的暗自測度着，東山，這一座屹立在風雨飄搖中的小鎭，像是被隔絕了，或被割棄了似的，「現代化」的蹤跡，不曾在這兒鋪過軌道，現代化的聲音，不曾在這兒囘旋盪漾，奇怪的，儘管如此，東山並不舊，並不古，更不腐朽，這麗居僅五六萬人口的小市鎭竟有二三十座小學，一個莫釐中學，兩個設備還不算簡陋的醫院，另外還創辦了一個近乎現代化的雜誌刊物莫釐風。（這在文化荒漠的中國，還算是相當驚人的跡象。）從這裏，可以看出她可能的企圖與發展，雖則官老爺們和政府當局並不重視她，但，東山在家鄉人手裏，在優秀子弟們辛勤扶植下，她，將可能是一座閃着星光的小鎭啊！

我祝賀她，也讚美她。

可是，我也有另外的顧慮：我走過前山鎭，楊灣鎭，我看到很多深狹的弄堂，潮溼，長滿了苔蘚，滑漉漉的，人走在裏面很安靜，可以聽到沉響的脚步聲，沉落且也恐怖。夾着弄堂的兩邊，都是高大厚壁的牆，恰像一座又一座高大的壁壘，也像一幢又一幢陰森森的牢獄，再看看，居住在裏面的鎭民們呢，他們的心上也浮映着高牆的影子，彼此間似乎很難打得通。

人與人之間的交流，親切，都被這種自我建築的高牆，壁壘，弄得顯然萎縮了。

果眞如此，那將是東山繁榮興盛的瘤，將使新東山受到可哀的限制。原因是一切美麗的理想必得建築在坦誠無私的合作上。

五月二十九日

未是草詞一闋

舟

水龍吟（賦布穀鳥）

（五月十五日，閒步獨訪飲月亭，夾道古木蕩然，非復舊觀，好鳥亂鳴，其音淒絕，似爲行客歌「不哭」者。念烽火遍地，田園荒蕪，不能自已，爲賦「布穀」，固以爲好鳥知音也。）

春來又續清商，飄零獨向東風說。天涯羈旅，幾番敘別，愁聆嗚咽。誰是知心，萋迷空谷，年年柳色。正清明時節，「家家布穀」，待歸耕，音塵絕！

惆悵荒山殘月。記當時小樓閒笛。池塘澀綠，榴火半發，遺蹤安覓。望盡烽烟，情難將息，欲啼還歇。細聽來，不是聲聲布穀，是離人泣。

蘇州全書 乙編

歸途追記之末

晚鳥歸林

舟

別有滋味在心頭

重看見西湖的時候，像一隻倦極的鳥，飛畢了萬里征途，找到了一個歸宿。雖然還望不到自己的家園，然而終有一些輕鬆喜悅的感覺，何况我是前度劉郎又來，眞是久別重逢，別有一般滋味在心頭！

這裏是天堂了！

卸下了風塵滿面的布衣，脫去了劍痕處處的敝屣，換上一身筆挺的西裝，加上一根閃耀的領帶，多麼難過的刑具啊！坐下前，先得拂一拂櫈上的灰塵；落雨了，更得找一個蔽身的地方，使褲上保持着一條挺直的摺痕。就是皮鞋吧，也得爲它揀一個較爲乾淨的地方。從這一點，我想起了布衣和敝屣的可愛了，它們是多麼的體貼入微，多麼的任勞任怨！不僅爲我抵禦風雨，而且載我越過了千山萬水。然而現在，它們卻被拋在一邊了。我慚愧地投了一眼，好像在求它們鑒諒：「老友們，眞沒有辦法，這裏是天堂了！」

西湖消瘦了！

西湖邊依舊是充塞着熙來攘往的人流，笙歌盈耳，尋不出當年西子蒙塵的遺跡。湖中的畫舫，點綴在青山綠水之間；兩支長隄恬靜地躺着，上有蔥翠的柳枝遮着六月的陽光，船娘們競拉着生意吱吱喳喳地，像一羣麻雀的叫躍。這正是十一年前的舊遊之地，然而，西湖畢竟消瘦了。一泓淺濁的湖水上，漂浮着各種水草，微風划出了鱗鱗的，斷續而無力的波紋，充分露出了西子的病態。

走馬看花！

六月的天氣，本來是不宜遊湖的，單靠這「曲院風荷」如何會使人滿意呢？偏又加上了荆棘遍佈的汪莊蔣莊，燒毀了羅漢殿的靈隱寶剎，更令遊人多了一點不小的損失感。

就在兩天中，我們像走馬看花似地繞湖兜了一個圈子：淨慈寺中的老僧，仍舊在靠着朽木吃飯，他爲我們講着數十年來不變的故事；岳王廟裏依然充塞着土產攤販；孤山的梅樹，顯得十分冷落了；還有三潭印月，平湖秋月，自然沒有人垂青，因爲現在還不是他們的季節；只有博覽會在吞吐着鉅量的遊人，他們是爲看三百年前的木乃伊而來的，的確，這木乃伊倒是我們惟一的意外收穫。

由於天氣和其他的原因，我倒覺得晚上湖濱納涼是最堪回味的一頁，三四個人坐在椅上，望着岸上水底閃着星星的燈光。有時，遠處的畫舫，傳來輕盈的歌聲，我想，當年有名的秦淮風月，大致也不過如此吧！

我愛太湖勝西湖

在遊覽區中，西湖是不會被遺忘的。蘇東坡的「欲把西湖比西子，淡粧濃抹總相宜。」是古今來對西湖的最高評語。然而在我，始終是愛太湖勝於愛西湖的。這並不是偏袒。而是西湖給予我們的優美觀，都可在太湖中找到，而太湖的自然，雄偉，浩渺，變幻，是西湖中無法見到的。試想：當你躺在碧雲岩上，靜聽着浪打岩壁的一種情趣，可能在纖巧的西湖邊領略到嗎？

休把客衣輕浣濯

離開湖濱前，整理着剩餘的行李，床底下躺着一堆污舊的衣物，檢翻一遍，默默地搬到了旅館茶房的手裏，他雖說着：「謝謝！」心裏也許在說：「多麼髒的東西」吧？然而在我，對於拋棄這相隨多年且又患難與共的衣物是感到頗不忍心的。我很想對這茶房說一聲：「休把客衣輕浣濯，此中猶有帝京塵。」

茶館

頤和

我小時候除了伯祖父帶我到王家門前聽書外，就難得有進茶館的機會。當我踏進茶館，總是熱烘烘亂糟糟的，我對牠非但沒有好感，反生厭惡。

到了四川，最令我驚奇的，就是茶館特別多，等汽車等得不耐煩的時候，不妨進來一坐，朋友來了，沒有地方談話，得到茶館，上一座山，跑得汗流口渴，就希望峯迴路轉有館翼然，得享清茶一杯，茶館豈可少哉。

翻過與重慶隔江相對的山頭，便是黃桷埡，由黃桷埡走十里路再上一個山坡，便是汪山，一路上林木森森，風景自不待言，有一家露天茶館，到現在我還念念不置；一只只的圓桌，散佈在一大片松林裏，跑來的茶客都是衣冠楚楚的，絕無嘈雜喧喊之聲，只是溫文地談心而已，有時月色皎潔，松影斑駁，

紅甘齋日記

紅甘齋主

自序

余不文，惟幼讀聖賢之書，粗識之無；復性好風雅，酷嗜弄墨、索居多暇，輒就經歷所知，信筆錄之。久之居然成帙。

某夕，至友某君見而好之，慫謂予曰：「君誠人傑矣哉！是作也，讀之不僅沁人肺腑；抑且寓深意於風趣，寄豪志於閒情。苟能公諸於世？其將紙貴洛陽，不脛而走也必矣！余有稔友主編××風，君如無藏之名山之意。願效微末。」予聞之，因有感焉：

夫吾一隱士耳。名利二字，早已淡忘。况吾之戲弄文墨，亦不過遣一時寂寞，安敢有藏之名山之意。所慮者，讀書不多，見聞有限，信手拈來，恐難登大雅之堂耳。顧吾友一片至誠，不忍過拂其意。於是不揣鄙陋，允爲付梓。既副吾友殷殷之望，兼以就正於邦人君子。未嘗非佳事也。

雖然，名不正，則言不順。此短短數篇日記，安可無名？惟搜遍枯腸，難獲佳題。偶憶平日蹤跡所至，無論長幼婦孺，咸以「紅甘齋」呼予。因思古來騷人墨客，碩彥名流，以齋名其居者，俯拾即是。舉其近者，有「苦雨」，「苦茶」之類，獨吾之齋，既紅且甘，允稱佳構。抑更有異於他人者，即齋無定止，凡吾足跡至處，即爲吾齋。今移以題日記之名，則將來文之所至，即有吾齋，自能傳之萬世，而收相得益彰之效矣。

整理方畢，付梓有日，謹以此記獻於列祖列宗之前，藉以告慰在天之靈，而里中同道，尤冀不吝賜教，庶幾千百年後，吾子吾孫，展讀之餘，有所獲益，俾期瓜瓞綿衍，而示吾道不孤。則幸甚矣！是爲序。

××年正月初一日　陰寒

昨夜除夕，大爲米困。好夢方酣，「屋裏响」（內人之謂也）力推乃醒。心竊不樂，顧今日爲大年初一，不便吵鬧，忍氣披衣。惟新歲之始，即有此不快之感，可知今歲流年，必不佳矣。

一年一度之拜年禮節，又得奉行，諸親長輩，恐已新裝以待。不到必遭物議；去則限於年齡，不惟叩頭無錢，抑且小輩不少。眞是賠錢貼工夫事也。不得已，決多拉一個小兒，使能多撈一筆，以供家計之用。

正想念間，老婦授我一襲棉袍，此爲十餘年前舊物，因係綢質，留作應酬時用。惟十年前式樣陳舊，加以人長身瘦衣短而寬，頗不相稱，礙於面子，勉强穿上。吃罷圓子，與大小兒俱行。北風吹衣，似知我內衣已破，老天亦太惡作劇矣！

正月初二日　陰寒

昨晨拜年之行，計賺一元二毛，三四日開銷，可告無虞，今日乃再跑數家，想不到兒子猶有如此用場，街頭店門緊閉，雲色沉沉如墨，倍形淒涼。惟間有三數小兒，御新衣，攜玩具，奔跑呼喝於浜場之中，聊爲新年點綴。而中天王行宮廣開宮門，猛將衣紅袍，戴花帽，不可一世。此後十數日中，惟此君爲天之驕子，惟究爲人玩猛將，抑爲猛將玩人？吾不能解。

年菜多宿貨，兒輩似頗有味，吾則味同嚼蠟，僅進一碗。

下午聞具者堂有排九節目，興沖沖而去，不料時運不濟，輸掉數毛，幸有小兒拜年錢可以挪用，方告無虞。（待續）

同二三知己坐樹下，享人間清福之至極，其美何可勝言。

嘉陵江附近有一小鎮柏溪，我在那裏整整住了一年。我常常到江邊一片一片的大石板上散步，吃茶，那邊有家茅草棚茶館設備雖然簡陋，老闆却會別出心裁，把椅子排在石板上，我們可以俯視綠水之美，仰觀宇宙之大，同汪山的風味又截然不同。我更愛黃昏時候去吃茶，四週寂然，惟有江水汩汩，遙望對岸，則燈火明滅，此時靜坐，眞可寵辱皆忘，悠然自得。

假使天氣晴和，興緻勃發，約了六七個人去划船，船裏預備開水，茶葉，花生，糖果之類，放乎中流，我們圍坐飲茗，高談闊論，名之曰水上茶室，亦無不可。

這次重返家園，第二天就到醉墨樓的走廊裏吃茶，因爲幾年不見，覺得這座樓更可愛了，雖然坐的是硬板椅子，我總覺得比異鄉的軟綿綿的躺椅來得舒適，同樣是一壺茶，我覺得故鄉的茶味好得多，我撫着欄杆，面對着太湖，靜靜地回想流浪時的吃茶景致，這大概是我的偏見罷，我總以爲什麼都是故鄉好，吃茶也是在故鄉來得痛快甜蜜。

第一百萬零一個

上

故事：正是三月江南草長的季節，在東山的山村裏，到處活躍着小孩們的歡欣。然而這春的季節，也正是百病叢生的淵藪，天花，白喉，腦膜炎……把這恬靜的水鄉，攪得人心惶惶了。

沈正男——一個十歲的小學生，不幸正是病者之一，他雖然有父母的愛護，然而，父親遠在上海，母親是一個信佛的主婦，當正男因染腦膜炎而臥倒以後，她就一味從神佛中去求助。再加上了張媽——她家的女傭——的頑固和迷信，更覺得如虎添翼了。

在求佛，拜懺，送鬼，燒香的交織中，正男的病自然只有加重。慈母的眼淚，無補於愛子的病狀，最後，只有就教於西式的醫院，可是醫生搖着頭，只說了一句：「太遲了！」

當正男呼吸他最後的一口氣時，窗外飄着淒風苦雨，慈父從遠方的上海，匆匆趕來，然而也「太遲了」，他僅能聽到愛子的最後一次心臟搏動的聲音。

在東山，和正男遭受着同樣命運的兄弟姊妹，何止百萬？誰是他們的劊子手呢？聰明的讀者，你們一定是最公平的審判者。

第一場

時間：一個春天的晚上

地點：沈家的臥室

人物：沈太太：一個五十左右的主婦，信佛。

沈正男：她的獨子，年十歲。

張　媽：五十歲左右，沈家的女傭。

佈景：一間陰沉的臥房，東北角是一張牀，牀前桌子上除了一盞黯淡的燈外，還放着熱水瓶和茶杯各一，西南角的桌子上，放着一座佛像，前面的香爐正在那裏香烟繚繞，桌子前放着一個墊子，室內零落地立着兩三只櫈子。

開幕時：在閃爍的燈光下，牀上睡着一個生病的小孩，他時喊時歇地吵着，母親坐在牀邊，顯得很不安的樣子。

正　男：媽，我要吃橘子。

沈太太：正兒，橘子今天買不到了，況且你熱度很高，不能多吃。等病好了，寫信叫爹爹在上海買一桶大蜜橘來。

正　男：媽，爹爹爲什麼不回來過年？

沈太太：他因爲事情忙。過兩天就要回來看寶攔了。乖男，好好地睡一覺，讓他出一身汗。明天才好起身上學。

正　男：（顯得無力地）媽，寶攔眞的就要出了嗎？今年我可以到後山去看了吧？媽，讓我穿那身過年拜年時的新衣服去，好嗎？

沈太太：可以，可以！好了，不要多講了。時間不早了，快些睡着吧！

正　男：媽！——我——

（正男漸入睡鄉，沈太太把被頭整理一下，靜坐牀上，室內一度靜寂）

張　媽：（輕輕地步進房內，問着沈太太，輕輕地）奶奶，小少爺到底是什麼囘事？白天還是強龍健虎的，一會兒怎麼生病了？我看一定是學堂裏受了驚，或者又碰到了什麼「客人」了。奶奶，要不要現在送一送「客人」等一會再叫佩性？

沈太太：我也這樣想着。——張媽，那末準定這樣辦吧！你先到正間裏拿一些錫箔紙錢，備幾碗飯菜，向東北角送去，我想幾位「客人」也許是在石巷弄裏的。

張　媽：是啦，奶奶！

（張媽說着，就匆匆退出）

沈太太：（長歎一聲，摸着兒子的前額，很焦慮地自語着）怎麼？熱度更高了！汗還沒有出過，如何是好呢——有靈有性的客人們，你們有什麼話來和我講吧，他太年輕了，他還不懂得事，有什麼衝撞的地方，就看在神佛的面上，放鬆了他吧！

（正男突然的驚喊了一聲，像是受了惡夢的驚嚇。）

張　媽：（拿着庫鑑等物進來）奶奶，一切舒齊了，你先到外面去吧。

（沈太太應聲而出。）

張　媽：（裝着送鬼的樣子，沿着牆壁走着，嘴裏唸唸有詞。）有靈有性的客人們，小少爺年紀還輕，而且是老爺太太的獨養倪子，有什麼衝撞的地方，千萬饒了他一次。如果要用錢的話，我這裏已經預備了一點，請你們今朝囘到府上去吧！這裏是屋小人多，實在是立客難當的。有靈有性的客人們，來，讓我來領你們出去。

（張媽若有所見地走出了房間，她是送鬼去了。不久，沈太太又趾進了房。她從抽屜裏拿出了一張紅紙，一雙筷，一只碗，幾個銅錢，那是預備叫性用的。）

（兒子突然哭着，他踢着被，顯得熱度的高以及病狀的加重。）

沈太太：正男，不要踢被呀！受了寒，病不會好了（她急忙趕把被頭蓋好）

正　男：（顯得口渴斷續地）媽——，我乾，我——熱，——我要——橘子——。

沈太太：（倒了一杯開水）吃杯開水吧，不要吵，熱了才會出汗，出了汗病就會好了。

（正男暫時安息，昏沉入睡。那時張媽囘來，她完成了一件要務。）

張　媽：奶奶，客人送走了。小少爺睡着沒有？

沈太太：（她看了一看兒子，然後輕輕地說）剛才睡着。

張　媽：那末趕快趁機去叫性吧！

沈太太：好的！

（兩人拿着叫性用具，雙雙出房。）

（幕後隱約聽得叫性的聲音，一唱一答，很富有神祕的意味：「阿囡勿要嚇家家來，」「噢，來哉！」「土地公公領之囡囡家家來！」「噢，來哉！」「齏陽公公領之囡囡家家來！」「噢，來哉！」……這樣循環似地叫着，二三分鐘之後，這聲浪由遠而近，終於喊到了房裏，沈太太把一個紙包放在兒子的頭邊，兩人很疲倦地坐了下來。）

沈太太：（卸下衣服輕輕上牀入睡）張媽，你也很累了，快去睡吧！

（張媽點上紙撚，熄了燈，緩步而出）

（幕下，門外正響着敲更的聲音。）

第二場

時　間：二天以後的晚上。

人　物：沈正男：同前

　　沈太太：同前

　　張　媽：同前

　　沈克非：十三歲正男的堂兄，且係同學。

　　積大的娘：巫婆，以看鬼餬生。

佈　景：同前

開幕時：正男的病狀沒有見好，雖然比前靜穆了一些，但是這說明了他體力的銳減。母親跪在佛台前祈禱，弄着她迷信的玄虛。上香，跪拜，磕頭，很見得一番虔誠。禮拜之後，囘到床上，摸着正男的前額。

沈太太：（焦慮地自語着）怎樣，正男的熱老是不退？呃，叫我怎麼辦？

（門上有輕敲聲）

沈太太：是誰？進來好了。

克　非：（跑進門來）叔母，正弟缺了兩天課了，林校長問到底是什麼病。是不是在請張醫生看？

沈太太：克非，正男的病，我想就會好的，他現在已經吵得好些了。今天到純陽殿求了仙方，還託他們拜了一堂懺，等一會積大得娘還來看鬼——不，是看客人，這樣明天也許可以退熱了。

克　非：叔母，校裏的老師說過，生了病，看鬼，求佛是沒有用的。這幾天，外面腦膜炎，天花流行得很，正弟今年還沒有種牛痘。還是請張醫生來看一次吧！

張　媽：（拿了一杯仙方進門）奶奶，仙方好了，積大得娘還沒有來嗎？

克　非：張媽，積大得娘有什麼用？她怎麼會看病，她不過是騙幾個錢罷了！老師告訴我們，現在有一種藥品叫「般尼西林」，任何重病，都有辦法的，爲什麼要去求神送鬼呢？

張　媽：呃，罪過罪過，小少爺呀，你年紀還輕呢。什麼「般尼西林」，「般尼活林」，難道菩薩們會不懂得這些嗎？在仙方裏，也許都是許多般尼西林呢！小少爺，快些不要說這種沒有輕重的話，罵神佛是罪過的，罪過的！

沈太太：童言無忌，不要緊，不要緊，克非，你去睡吧，不要吵醒了正男

克　非：（邊說邊走）那末，叔母，明天會了。

（克非下，隱約的聞敲門聲。）

沈太太：張媽，是不是積大得娘來了？你去開門吧！

張　媽：（急忙跑出）一定是她。

（不久，張媽領積大得娘上。）

積大得娘：阿彌陀佛，太太，一向好呀？小少爺有點小毛病嗎？這幾天陰間也不大太平，許多客人們都跑到了陽間，弄得到處病人，害得我東跑西奔，多費了許多口舌。許多客人都說陰間的物價漲得厲害，沒有法子回去，所以我也只好勸勸那些病人多化些紙錠錫箔，讓他們早些囘去。

（未完）

逃丁

黎遠

（一）

過了正月半，天氣就暖和起來。風不像前些日子的尖利，碰着人有些和顏悅色，柔順可親了。光秃的柳枝到處鑽出了嫩黃的芽葉來，隨着風，胆怯怯地抖勤着。金發自田裏回來，一件破棉襖，綁在鋤頭上，額角上微微出着汗，瞧着擱在山坳上的太陽，心裏想：「又過了一天，但願今年年成好一些，捐稅輕一些，下半年總要做一件新花棉襖過過冬。」想着，想着，脚步就不由的跨快了一些：「三冬靠一春呀！勤力總是不錯的！」

太陽似乎也知道了金發所轉的念頭，在臨去的一刹那，好像在笑着，鼓勵着金發。

離家還有半里路，金發的老婆迎面趕來，氣敵敵的，一看見金發就喊：

「阿根爺！阿根爺！」

金發怔住了，家裏鬧了啥禍水呀？就跑了過去，拉着老婆問：

「啥事體？啥事體？」

「剛才李保長來講，要抽壯丁了，册子上有你的名字！……」

金發的二只眼睛儘瞪着田野盡處，眉頭打着結，緊閉着嘴唇，沉默了半晌，最後，迸出了鐵冷的聲音：

「到家去說！」

於是二人悶悶地，沉重地，回到了家裏，碰的一聲，狠命地把門給關上了。

「阿根爺，怎麼辦呢？我看去求求李保長，……」

「求有屁用？保長吃什麼的？要嚇，錢，」金發記起了上次張家少爺送了十萬塊錢給李保長，不就沒事了。

「可，可是我們那兒來的錢？爲了要種這幾畝田活命，還向劉爺借了錢，下半年是要還穀的呀！不知道還出還不出呢！」

「提這些做什麼？煩死了！你點盞燈來吧！天怎麼暗得這麼快？」金發走近窗口去。外面的天，差不多全黑了。

「要打風暴了吧？還沒有這樣早哪？」金發的老婆一面裝油燈，一面說：「那麼，那能辦法呢？難道眞的，眞的去，去去……」金發嫂好像覺得金發拿着的鋤頭已經變成一枝洋鎗，在打着仗了，子彈砲彈向金發射過來，金發頭上淌着汗，正好像血漿，不由的打了個寒噤。

一盞菜油燈放到了桌上，幽幽的發着光，房間裏還是黑森森的。金發在窗口沉思着。

他想起了前村的王麻子，自從被抓去以後，一直到現在，連音訊也沒有，許多人都說是打死了。他的老婆和孩子，餓得沒得吃了，天天在跟着人要飯，孩子已經瘦得只有一副骨頭一張皮了，回頭看看睡着的阿根，金發不忍想下去就向着窗外瞧去。

現在窗外是漆黑一片，黑影幢幢的好生可怕，突然，不知在那裏野狗狂吠起來，還有尖銳的聲音混和着。好像王麻子披頭散髮，血污滿面的在奔跑着。

「阿根爺，你看王麻子家的」！金發嫂嗚嗚地哭了起來。

像一根又尖又利的銀針，直刺進金發的心窩裏，二只眼睛充滿了火焰：「走，逃走了再說」，說着，不自覺的，把鋤頭往地下一丟，噗的一聲，發出了重重的響聲。

睡着的阿根被驚醒了，駭得狂哭起來。

「哭點啥，你要哭死你爺嗎？你再哭！」金發嫂跑過去狠命地把孩子打了一頓，孩子哭得更響了，金發嫂的心忽然一陣子酸，二只手軟了下來。一滴一滴的眼淚落在阿根的身上。

（二）

在一條比較熱鬧的街上，金發擺了一個攤頭，一件破棉襖仍舊披在身上，棉絮一絲一絲地拖露在外面，天氣非常悶熱，金發的臉上滲着汗珠。

街車輕輕的響着，金發的胸中，也隨着振動着，看着這些激流着車子，金發想着：「田裏的秧子，該長成了，那些綠油油的田爿，整天的看着，也不會厭的呢！今年雨水不知道怎樣？阿根娘一個人不知道怎樣來弄着？爲啥要抽壯丁呢？東洋人不是打敗了嗎。還打啥呢？……」

「喂！橘子那能賣？」有二個穿袍子的走近了攤頭。

「二千一只。買多少？老闆！」金發連忙堆下了笑臉。

「去年賣幾鈿呀？生活不得了。」

「和敵僞時期沒有二樣，要打仗總沒有辦法的吧。」二人苦笑了一下走了。

眼巴巴的望着他們去了，金發茫然地低下了頭，不解地想：「怎麼上海人也這麼窮呢？據說是打共產，唉，一眼財產都打光了，不共也要：……唉，阿根娘長遠沒有信來，家裏不知怎麼樣了，田裏事體，女人總是不當心的，要時時留心的呀，水乾了要車，草長了要勸拔，阿根娘她就粗心……」金發正在鬱悶地沉思着的時候，突然街頭起了一陣呼囂和騷動。他抬起頭來，向四周探，只看見別的攤頭都已收拾起來，有的拎着，有的挑肩，慌張的向前逃跑着，不知是誰，在大聲地喊着：「巡捕來了！巡捕來了！」

金發聽了一驚，習慣地，匆促地收拾了一下，正矮下身去，預備挑起担子來，隨着大家逃避的時候，担子被拖住了，他被逼回轉頭來，一個高大的穿着黑色制服的警察拉着他的担子，一面用棍子敲過來：「去！去！局裏去！」

金發放下了担子，臉上露出了尷尬的笑臉，二只手拱了攏來，這麼裝了幾裝，又像叩頭又像鞠躬的樣子，斷斷續續地懇求着說：「嗨，嗨，先生苦惱子，先生……先生幫幫忙！幫幫忙，先生……」

那個警察把眼睛一彈：「不行！」接着，提起了脚，很威風地，向那水菓籃就是狠命的一踢。橘子散滿了一地。金發仍是嗨嗨地呆笑着，想跑過去拾那鋪滿在地上的黃金也似的橘子，却又不敢，儘瞧着警察的臉，喃喃地喊着：「先生，先生。」

可是警察再也不管他，只拖着他的一副担子，到黑車子裏去。金發才清醒過來：「啊呀，我這做生意的錢是借來的呀？今天還要付利錢，我拿什麼，什麼來，來……」金發想不下去了，就拚命想法子想進上黑車子去。金發正要進上去的時候，却一把被人拉住了。

「金發！金發！鄉下有人出來你家有要緊的事，快回去。」

（三）

小火輪嗚嗚地尖銳地鳴叫，噴着濃黑的煙，遮滿了天空。船舷二旁，激起了高高浪花，像是宣洩非常的憤怒。

船頭上站立着金發，挺着胸膛，二只眼睛裏，充滿了血絲，炯炯地發着光，像要噴出火焰來，他的二只手，揑得格格作聲，他似乎隱隱地聽見前面有血鐘不斷地在敲打，而他正患着血的飢渴！

「」從他家鄉出來的親戚的話，又在他耳邊響起來：

「……李保長嘜，他領了幾個你，到你的家裏去，……他們衝了進去，他們穿房入戶找你……他們翻箱倒筴的把東西都弄亂了，他們順手牽羊的把値錢的塞滿了袋袋……他們敲打着你的老婆……阿根駭得只會哭……他們盤問不出什麼，火了起來，把你老婆捆了起來……關了二天才出來，……這正是午飯時候，阿根實在餓不下去，只好自已燒飯吃，天哪！……你的老婆一步一拐的回家，火頭已經穿出了窗戶，聽見孩子的哭聲，連忙跑進去，……就這麼……火柱閉困了他們，……就這麼，就這麼……」

金發彷彿看見他的老婆根孩子在火網裏絕望地打滾，掙扎，烟熏黑了他們的眼睛，火燒着了衣服，火舌向他們舐着，張着牙齒。

那些絕命的呼喊，那些絕命的掙扎，那李保長的獰笑不斷地在金發的眼簾前映演着。

「這血海深仇，我一定要報復！我不能讓他們舒服的活，我要他們一樣的死！一樣的死！我不想活了，……」

在金發的腦海裏，沒有別的字眼，他只有簡單的幾個字：報仇！死！報仇！死！

（四）

在一個寧靜的夜晚，李保長的家裏都已經睡靜了的時候，房子裏突然冒起火來，一些些時候，四周都是火了，全屋都包圍在火海裏的時候，裏面起着嘈雜人聲，想奔出屋外來，但是門窗不知在什麼時候被關閉上了，走不出來，在嚎叫聲中，有一個人影捲着火舌在屋頂上出現了，他手中高擎着火把，手舞足蹈地在狂笑着：

「哈！哈！哈！哈！哈！……逃不了，我也逃不了！一個都逃不了！我要報仇！……死！報仇！死！哈！哈！哈！哈！……」

寫在本屆同鄉會會員代表大會前的二點意見

大力

本屆會員代表大會，開會在邇，因就感想所及，特草此文，謹獻於新理監事之前。

無庸爭辯，現在同鄉會辦事的精神、毅力、可說都超過以往的成就，所以現任的理監事能得到一般同鄉們的擁戴，亦不是一樁容易的事。但筆者倘有私見二點，不妨提出談談。

一、關於工作方面，現在同鄉會所辦的工作，固然很多，同鄉受益的亦不少，然而能合於實際，而能以大衆爲前題的，似乎還不多，就把×××先生曾說過的一句話來講吧！他說：「現在同鄉會的工作，非但爲同鄉謀福利，連非同鄉亦受其惠了。」（大意如此，原句不能盡憶）從這句話來看，就可以反映出同鄉會的辦事，似乎還缺少一個中心目標，正應了一句山浪話「貪多嚼不碎」的俗語，努力的精神，固然敬佩，但推進的効率，却可成疑問。就把惠旅助產學校，及洞庭補習夜校來說吧！它們素來是外鄉人超出於同鄉的，辦學校根本是最好的事業，——撇開同鄉會立場而言。但狹義的說既是掛上了東山旅滬同鄉會的招牌，當然以同鄉爲對象，假使轉變一下，來辦理一點純粹爲同鄉服務，而能使同鄉直接受惠的工作，把祗能使少數同鄉能享受的事業，改爲大多數同鄉都能受益的工作的話，吾想其結果，一定可以使一般同鄉，對同鄉會有更深的認識和印象。像文盲滿山的故鄉，同鄉會正可以分出一些力量，抱愛鄉不限山、滬，的精神來辦幾所義務小學，使鄉民們亦可以得到一點益處。再看到在上海的惠旅助產學校及補習夜校，對同鄉的影響怎麼樣？有多少「山浪人」能得到沾惠？吾並不主張那一類事業不要辦，更不是自私，祗覺要本身力量未豐的時候不要忽略了自己的任務。希望抱寧缺毋濫宗旨，對工作方針能立一個對大衆有利的中心目標。

二、團結就是力量，是衆所週知的一句話，看我們同鄉會表面上是融融洽洽似乎「很團結」了！究其實際呢？那還不是應的「粉刷太平」。這一種事實，恐怕當事者亦不能否認吧！

現在苦悶的是，理監事覺得辦事雖很努力，但好似牡丹，缺少綠葉。而願意辦事，有聲望的人呢？覺得吾並不是理監事，亦不必多管閒事，做一個旁觀者，看你怎麼樣？試想在如此的狀態下，如何談得上團結談得上建設？所以許多有資望而很希望服務故鄉的一般賢達們，雖不能都當選，那末，我們亦總得想法羅致，不可因選舉不上，就說他們沒有資格，或再說，他們沒有服務桑梓的旨趣呀！

所以吾希望本屆的新理監事，選出以後，應抱虛懷若谷的態度，請幾位眞正關懷故鄉的德高望重之士，以及在山的士紳，來担任同鄉會的顧問。

至於熱心辦事的青年們，更可以盡量吸收進去，担任幹事，負起實際的基層工作。

現在更不能有成見、派別、以及什麼門第等詞句了！應當精誠合作，切切實實，像雨花台泉水一樣的清冽、純潔、來一個空前的大團結，建設我們理想的東山。

●　●　●

爲故鄉壯丁請命

一得

每當徵丁一次，故鄉就得起一次不小的擾動，大批壯丁逃出去避風頭，被抽去的闔府啼號，雞犬不寧，把整個平靜的鄉鎮鬧得烏烟瘴氣，大好田園任令荒蕪。

故鄉近年來經過了敵僞的蹂躪壓榨，盜匪的幾度綁架搶刼，連樹也倒光了，屋也拆掉不少了，同鄉們的生活弄得捉襟見肘，奄奄一息了，現在所急需的是安定是休養生息，再也經不起騷擾了！

米價衝近五十萬大關，都市裏掀起了嚴重的工潮和學潮，弄得整個社會惴惴不安，大有「山雨欲來風滿樓」的惶恐氣氛，據說這次白米漲風，導因於軍糧消耗過多和農村產量過少，這裏姑置軍糧問題不談，單說產量過少，主要原因還是爲了抽丁而影響了農村的正常生產。

國家的法律是爲了保障人民生活的安樂繁榮而設立的。徵丁的法令，非但不能保障人民生活，反而引起了人民的恐懼，促成了社會的不寧。有遠見的政治家，應該考慮改弦易轍了！何況目前多的是退了伍的失業軍人呢。

國以民爲本，民以食爲天。我們爲故鄉秩序，更爲故鄉的生產軍——壯丁請命！

莫釐遊誌（十）

明照

第二組　北部外圍

渡水橋東北為連璧橋，越橋而至湖亭嘴，昔為翁氏集賢圃所在，今成廢墟，由陳宗之記中，可窺當時結構之宏大：

「……長堤數百步，從浩淼澎湃中築址，由一石橋入門，折右數武為開襟閣，……下開襟閣有角形如亭子，自此至蕚玉堂，八窗玲瓏，居圃中央，疊山環之，取徑西涉，則石橋几管，下臨碧潭……，直抵來遠亭，繞亭叢桂森森，復有三角亭，琉璃巧構，晶瑩類雪，其下石洞，背靚莫測，名曰飛香徑，稍前豁然開朗，從朱橋渡而西……有屋三四楹，名一葉居，……由此漸往而北，仄逕山罅，有如石梁者，……俱在蕚玉堂背也。躡石而上，薄寒香齋，齋傍亦迴檐繞，漪瀾館在焉，館內有積秀閣，閣不甚敞，而幽邃楚楚……蕚玉堂南對則有荷池，乃與西石洞外朱橋處相連，池東有亭，可資納涼，北有土神祠，循是跋而前，其屹然高峯，峙蕚玉之前者為主峯，其外支峯，參差俯仰……，其下則洞竅嵌空，白石磷磷，水泉吞吐，與太湖通，此又非西石洞名飛香徑者同派，亦有樓榭可攬湖光，迴廊右旋，則又與開襟閣相屬矣……」。

其遠吞山光，近挹波影，誠為東山第一園林，後為席氏所得，惑於堪輿之言，移置東園，變天然為人工，化雅為俗，良可惋惜，今雖荒涼，惟汪洋太湖，猶可憑眺，濁浪滔天，魚艇出沒，足稱大觀。明范景文詩云：

少伯湖中第一山，山中另有一人間，
園開透水峯峯出，花斷成蹊樹樹灣，
海氣滿前樓閣敞，春燈徹夜酒杯閒，
還聞光祿神仙去，不待千年化鶴還。

韓敬乙卯春日題積秀閣詩云：

樟榆枝蔴蔴數蕭朵，放眼空濛應接勞，
新月乍臨雲障曉，微颸纔動萬林號，
東西崦出如相媚，向背峯危欲鬥高，
浮白初停奇快甚，軒眉天半愁揮毫。

王世仁冬日過洞庭亘賽親翁招飲開襟閣詩云：

芙蓉飛玉綴丹丘，碾出陵空十丈樓，
輕捲湖光銀欲凍，窗含樹色翠交流，
杯中竹葉浮深夜，笛裏梅花落素秋，
歸路不知何處是，半鈎殘月挂扁舟。

沿堤有太湖神廟，綠楊深處，黃牆一角，頗含詩意。廟祀太湖之神，清順治間，席本禎重建。明陸燕喆太湖神廟碑記為駢驪體，東山碑記文之用駢驪體者，捨此而外，未曾多見，故錄於下：

「原夫在天成象成池，列於五潢，在地成形江漢，環於四瀆，魚龍之所出沒，舟檝之所往來，莫不覩河洛而思禹功，歌瓠子而悲漢武，所從來矣。震澤為東南之巨浸，莫釐尤商賈之淵藪，家藏猗頓之書，人抱鴟夷之智，六周四達，遙通牛斗之區，九塞三韓，直走塵沙之地，出門而滔滔滿目，祖道而迢迢一帆，身命輕於鴻毛，蹤蹤等於萍梗，雖復蚨飛子母，青鳧赤雀之船，鶴跨王孫，桂棹蘭橈之舫，孰不沸波駭目，驚湍怵心，涉巃嵸之梁，則險能負嶽，入鮫人之室，而淚可成珠，其或颶母吹風，江豚鼓浪，奔如白馬，氣擁紫髯，吞丹於一甲之間，陵劍於睡龍之側，於斯時也，勇如秦帝莫辦頡山之威，辯似韓公，幾阻馴鱷之力，然而一念冥依，寸心默欠，甫濟九死，俄動百憂，扇雷叱電，如揚子胥之濤，卷旆迴旌，遂彌錢塘之怒，河伯之婦不娶，牛女之槎可歸，不必連弩以射大魚，然犀以照水族，而方其震蕩也如彼，及其恬息也如此，此神之所以有叩必答，無觸不應者也。茲山之民，習焉已久，望氣知賓，獲母呼珍，亦有桔社桑麻，桃源雞犬，仙人灶鼎，留遺跡於千秋，少傳文章，擅高名於四海，華宗列望，並世而昌，子姓同居，百傳無恙，思其所息，莫非神貽，乃好事者有池台絲管之誤，為善者惟祗舍玄宮之建，黃蕉丹荔，寂耳無聞，淵藻溪毛，闕焉靡薦，遂使湘靈鼓瑟，徒觀江上之峯，屈子吟騷，莫降雲中之駕，曝牲雞卜，無由致其精禋，三老長年，用是竊於祈穀，豈所以彰明信，昭奏假乎。太僕寧侯席公，疑彼里中善士，齊焉鳩庀，剋日落成，飾諸神於前楹，位三元於後寢，合樂則高閣臨流，施茶則水亭當道，橋名渡水，逕號玨區，門挹風帆，堤迎沙鳥，朝吞暮吐，濤聲韻於神弦，黃犢青旗，石碣題其廟貌，輕舟短棹，如遊新婦之磯，水遠山長，彷彿黃陵之蹟，其有船頭澆酒，棹尾舞鴉，村社鳴鉦，漁鄉擊鼓，剖洞庭之霜桔，膾立澤之鱸魚，盼霓旌之飄遙，驂文虯而欲下，椒堂蘭棟，於此憑依，水虎鱗蛟，茲焉效順，若乃秋羅紅樹，春汎白蘋，苦竹橫溪，蒼烟捲岫，鑑輿之所登眺，畫舫於以棲遲，無不覺逕瞻容，捫蘿禮像，亦可謂闡斯幽岷，表厥靈符者矣。爰為送迎神曲以歌之，其詞曰：木葉脫兮洞庭波，衝風起兮廻九河，河伯驂兮揚素戈，神鴉譟兮飛恫峨，激黃雀兮啓紫蘿，奠椒漿兮發浩歌，泣泉客兮鬱巃嵸，神嗜飲食兮朱顏酡，千秋萬歲以降箇孔多」！

由長涇浜西北行，人在阡陌間，稻香撲鼻，田左清溪潺潺，時與頑石相激成聲，桑圃，田禾，倒影成趣，至坊前，光緒六年立國學生翁大本，樂善好施牌坊，聳立於芳草叢中，古意盎然，循道東北，白堊短牆內，樹木鬱然者，昔為席氏所創之安定小學，抗戰後，年停辦其內屋舍儼然，行道整潔，綠蔭覆地，花氣濤馨，可入內參觀。最近有復校之議，如成事實，則莘莘學子，可多一求學之所，東行經倪家湖而抵席家湖，中席巷口讞萬歷乙己三十三年季冬，翁憲祥撰，俞體元書，少山翁君重建石塘碑記：

「……席家湖石塘者，席怡亭所創也，嘉靖初，梁族而謀，分調度，鳩匠役，斬木陶甓，壘石為基，石塘且湖中長凡三十餘丈，闊×××，萬曆中葉，翁居士謂塘不甚長，無以遏西來之水，故擬修葺……」。

由此可知石塘之始。沿河下行，有亭，壁嵌重修席家湖嘴碑，其文云：

「席家湖嘴者，肇始於我族諸先祖，維時族人率多居此附近，因湖濱築堤，以障沙濤，其堤身象形似嘴，鄉之人遂以湖嘴稱，並即歸之席姓，蓋由來已數百年矣，惟是積久失修，嘴頭巨石，盡沒湖心，中復低陷，旁欲，殘闕纍纍，幾於跬步維艱，辛丑春，余自滬返里，膽舟此嘴，目覩前狀，思有以扶先澤於不墜，因力任捐修，由匠目湯榮卿經承斯役，於是鳩工庀材

編輯室

這一期起，我們決定以每月十五日與讀者相見，因爲我們大家是有職業的人，月底總非常之忙，往往脫期，所以到十五日出版，可以免得常常脫期，一方面也可以準備得充分一點。

× × ×

上一期預告的佳作，除了張克勁先生的產婦常識，未見賜擲之外，別的都刊登了。

× × ×

紅甘齋這個名詞，想必大家都熟悉，現在把他的日記登出來，大家可以看看他的生活到底如何了，現在還剛剛是開一個頭，欲知後事，還得請讀者看下一期呢？

× × ×

嚴士雄先生，對東山土產研究甚深，這次寫的東山茶葉的產況，當有獨到之處，東山土產最多，然乏人提倡，以致日漸淘汰，以後擬請嚴士雄先生經常爲本刊介紹東山農產品，想讀者一定會歡迎的吧！

× × ×

歸途追記，至此告一段落，作者至杭州之後，就到了上海，結束了他的旅程，在這十節追記中，看得出一個苦行人的心情，想讀者也有此同感吧！

× × ×

玄丁，劉恭植諸先生忙中抽暇爲本刊撰稿，使編者萬分感激。

× × ×

因爲稿擠和時間的關係，有多篇佳作都未能排進，倏金晟熙先生的橫涇備考，和前山鎮公所的捐款報告，都只能在下期披露了，倘祈原諒爲感。

× × ×

這一期，是本刊第十二期，一個月一期，恰恰合了一年，從下一期起，就是本刊第十三期，也就是本刊第二年的開始了。

× × ×

這一年中，我們除了免强致力於這本小書之外，別的工作一點也沒有做，並且也不知道這本東西是否配大家胃口，爲了這樣，我們希望大家趁這一年的結束，寫一點意見和批評。不論是好的和壞的，我們都歡迎。因爲這樣可以讓我們得到一個改進的機會。

× × ×

爲了這樣，可能我們要出一個一周紀念特刊，除了對本刊批評之外，如若有對於一年中故鄉行政建設等的批評和感想，我們亦所歡迎，敬請多多賜稿。

× × ×

一年過去了，這不是一個短的日子，然而未來的日子卻更長，讓我們繫起手來，爲我們東山這一本小小的刊物而努力！

六月五日下午

莫釐風月刊

每月十五日出版

預定先繳壹萬元每期八折扣除

本期零售每册三千元

編輯及出版者

東洞庭山各校同學聯誼社

莫釐風出版委員會

上海通訊處　北京西路一〇八號　洞庭東山旅滬同鄉會　電話九三四一九　九六五九七

蘇州經售處　閶門內東中市　蘇州教育用品社

東山總經銷處　殿涇港朱家弄瞿友農

東山經售處　殿前嚴大德堂國藥號

廣告刊例

（長期酌減）

地位＼每期	封面封裏底頁	普通
全頁	五十萬元	四十萬元
半頁	廿五萬元	二十萬元
四分之一	十三萬元	十萬元
八分之一	八萬元	五萬五

莫釐風

第二卷　第一期

小舟尋夜泊（黃楊灣）　朱潤生攝

東聯社出版

社評

珍惜我們的下代

「石榴花開，暑假到來。」這歌聲想又一度洋溢過熱浪襲擊下的故鄉。繼這歌聲之後，幾百個弟妹走出了六年相處的樂園，幾百個孩童準備跨進這學校的門檻，學校忙着送往迎來的工作，家長們想正爲子女們的前途猶豫躑躅，愁眉感額。

這確是一件不平凡的大事。

回憶十餘年前，我們也正是一羣天眞無邪的學童，然而經過時間洪流的激盪，我們已兩鬢如絲，飽經滄桑。在此時此地，眼看着一大羣弟妹們攜手緊隨，自不能無長江後浪推前浪之感。所可憾者，東山受較深教育的寵兒，實在太少，數十年來，終未能如百川之匯合成流，滔滔東下；雖然年年有後浪的推動，也不過似微風吹皺一池春水，始終被圍於四周的土岸中。這是東山文化的悲哀。吾人慨念及此，自難免有淚如傾。

權利與責任，一般看來是相對立的，然而從最高的道德意識來講，實在無分彼此，惟有從盡責任的過程裏面，才能得到充分權利的實現。有時，會因環境的不同，權利和責任竟相互易。譬如讀書，在歐美各國，是兒童的責任；而在我國，便成爲權利，在「校門深如海，無錢莫進來。」的旗幟下，多少天才被擯在書本之外？多少青年，徬徨在黑暗的歧途？這眞是國家民族莫大的損失。

根據三十四年的統計，全國學齡兒童總計爲六千八百萬，就學的僅一千七百萬。佔四分之一，進中學時淘汰十分之九，進大學時又復淘汰十分之九，這一數字，我想一定適用於目前的東山。此一過失，一方面固在政府舉辦義務教育的不夠普遍；一方面不得不歸咎於父母的短視，現在，我們願意拋開政府不談，謹就教育子女的責任和目的二點，向故鄉諸爲父母者一述：

（一）教育子女的責任　「養不教，父之過。」父母兄長對子女弟妹的教育責任是不容推諉的，吾人不幸處此亂離之秋，自不忍苛求於衣食不週的家長，一定須緊縮褲帶，培植子女；但在東山，有不少父母是很有財力去負担一筆子女教育費的，可是，他們不此之圖，以爲識幾個字，會打幾下算盤，就可度此一生，他們的見解，分析起來，可分兩種：

一種是把子女當作私產。當作賺錢的工具，學校不過是沒有職業前一個寄身的地方，如果職業找到，那就刻不容緩地把子弟送到十里洋場，做着迷途的羔羊，在他們的心目中，爲父母者最大的責任，在替子女們完婚，他們寧化一筆可觀的錢，用之於婚嫁而不願用之於教育，你想，這樣一個羽毛未豐的子弟，要希望他有一個光明的前途，何殊於水底撈月，緣木求魚？

另一種是擁資鉅萬的父母們，以爲讀書的最終目的，不外求富，今既腰纏萬貫，讀書又復何益？於是愛子女如掌上明珠，不教進修，一任揮霍，幼時養尊處優，長則沉緬聲色，此輩子弟，往往爲傾家蕩產之能手，卒至窮途末路，乞食街頭，辱沒祖宗，莫此爲甚，求之東山人中，爲數不少，與其謂爲子弟之墮落，毋寧謂爲父母之過失。

（二）教育子女的目的　在比較開明的父母中，他們教育子女的目的，仍舊逃不出升官發財的範疇，他們一樣把子女當作工具，這樣的教育，又有什麽意義？我們要明白教育的功用，重在引導被教育者自己去發探本身的優點。在德文裏面，教育稱爲“Erzierhung”，也帶着「引出」及「拉出」的意義。這便是承認被教的人是有本身的價值的；否則教育就不會有意義，有效果。教育的對象是生命，教育的目的，就在發展人類的生力，智慧與人格，以引發他生命內潛的價值。

吾人熱誠希望故鄉的父母們，不以子女爲私產，爲工具，同時相信教育，沒有錢，要設法送子女入學，有錢，更應該加緊教育。並且認淸教育的目的不在升官發財，而僅在使子女們堂堂地做一個「人」。

在數百個天眞無邪的故鄉弟妹們畢業未久，或者行將入學的時候，我們有權向有肩膊、有脊骨、有心胸、有眼光的故鄉父母們呼籲：「珍惜我們的下代！」

雨花播音台

自衛隊檢閱遭繳械 曹科長知法復犯法

江蘇省保安司令部校閱第三組組長沈子興等于廿八日前蒞蘇，並定于六月廿九日晨九時令各單位自衛隊集合于蘇州公共體育場，以便檢閱。東山區各鄉鎮之自衛隊亦奉命出發，不意于檢閱完畢解散退出時，縣府軍事科曹科長稱亦擬乘此校閱，斯時體育場四周縣保安隊遍佈崗哨並架機槍，形勢緊張，如臨大敵，同時實行繳械，一部份自衛團以鄉間集款購械之不易，故亦子彈上膛，反抗繳械，沈縣長聞訊後，知事態嚴重，即親往公共體育場調查，並將一部份已繳之機械發還自衛團，一場嚴重糾紛，始告平靜，事後曹科長在省被扣審訊云。（思）

自衛隊員攜械收費 擊傷農民激動衆怒

（渡村通訊）渡村鎮雇用之自衛隊員十餘名，在五月卅一日下午，因不滿金鎮長處理已辭職之事務員朱堅（蘇北人）非法手段；而引起攜械衝突，幸由地方士紳勸阻，致未肇血案，奈至翌日，該批隊員奉命赴保內收取自衛經費，又與居民發生爭吵，農戶李德高父子，竟被擊重傷，因此激動全鎮人民之憤怒，羣起反抗，一時情勢嚴重，秩序紊亂；該雇用隊員見勢不佳，均避入碉堡，後由鎮公所派人赴區報告，在下午六時許，沈區長親自至渡村召集全鎮居民訓話；並當晚將雇用隊員全部帶區署懲處，一場風波，始告平靜。（郁夫）

前山鎮遴選鎮長

前山鎮鎮長汪其成出任以來，對於地方服務，尚得民心，惟因前曾向居戶勸募經費，致引起一部份居民之不滿，近遭人控告於國防部，前日該部派員來山偵詢，汪鎮長受此打擊因此呈准區署另選。於本月八日下午三時召集全鎮鎮民代表，全體保長，當由汪鎮長報告經過，而周副鎮長同時亦報告許多困難，亦請遴選，次由區派黃監選指示一切，繼因全鎮鎮民代表及全體保長到會人超過法定人數，即投票選舉正副鎮長，開票結果：前山鎮第六保保長吳瑞麟得票廿票，當選爲前山鎮鎮長，鎮民代表張季生得十九票，當選爲副鎮長，聞不日即行移交云。（思）

徐淦清案不起訴

前第十二區區長徐淦清，被控貪污案件，經地檢處偵查終結，宣告不起訴，詳情前已刊載，茲栽理由於後：本件告訴人盧成章，係舊十二區自衛隊隊附，以該區前區長即被告徐淦清，在其任內自上年四月起至本年二月止，積欠告訴人餉薪十月，計合食米十石，認係被告扣留不發，有犯貪污罪嫌，狀訴偵查到處經訊，據被告徐淦清供否認有前開犯罪情事，且辯稱：「所有自衛隊薪餉，均募自各鄉，故餉薪亦由地方負担，至隊附即告訴人盧成章，因係縣府委派，故其餉薪不在地方籌募範圍內，直至本年一月間始接縣府命令補發，但自二月份起即卸職，」等語，並提呈該區自衛隊餉冊等件爲證，經核閱與該補告之前項供述尚屬相符，旋告訴人又以事經調解，具狀聲請已屬無此需要，查該被告之未發告訴人餉薪，既因該項經費未在募籌範圍內，今若遽以貪污論罪，嫌疑顯屬不足，應依特種刑事案件訴訟條例第一項第一條刑事訴訟法第一百三十一條第一款不予起訴。（王樹聲）

納涼聽曲尋快樂 動武相打惹是非

時屆炎暑，殿場上每晚男女麕集納涼，直至深夜始散，六月五日在興隆池門口有人雇賣唱者二男二女，唱各種小調，唱畢，雇者尚欲添唱壹支，當經拒絕，雙方發生口角，繼即動武毆打，賣唱者中有一年老者當被毆傷，事後即赴渡橋報告水上警察局，水警得悉即至出事地點調查，見人雜聲沸，即鳴鎗三聲示威，納涼者聞聲均作鳥獸散，四隣誤爲盜劫，水警一無所獲而返，翌日由警察所拘捕行兇嫌疑犯朱阿松金阿四綽號大頭三囡者數人偵訊云。（庚）

洞庭圖書室舉行讀者聯歡大會

洞庭圖書室前次徵求讀者，成績優良，現定于八月三日下午在同鄉會大禮堂召開新舊讀者聯歡大會，並有歌唱演講，詩歌朗誦等餘興節目，並給獎等，歡迎該室讀者參加云。

蘇山輪船時刻表

	山至蘇	蘇至山
1.	6.00	7.30
2.	8.30	11.00
3.	13.00	13.00

旅滬同鄉會召開會員代表大會

同鄉會第三十六屆會員代表大會，于七月六日下午二時在大會堂舉行，到代表七十三人，由葉理事長領導開會如儀，社會局並派方委員滌滋臨指導，先由主席致開會詞，繼請方委員訓話，次由產業，文化，建設，聯誼，財務公墳等小組分別報告一年來工作狀況，報告畢，即修改會章，然後臨時動議，各代表紛紛提議熱烈爭辯，尤于公墳管理問題，辯論最烈，最後選舉新任理監事，結果以劉道周葉秀純等得票最多分別當選爲理事，監事，選舉既畢，大會乃于七時宣告閉幕。

附新任理監事名單

理事長　葉振民

常務理事　席滿深、劉道周、席玉年、朱潤生

理事　席光熙、王礪琛、席伯華、葉恩溥、席裕昌、席德基、葉緒華、嚴挹謙、、張紫綬、席季明

候補　葉樂天、翁清澄、吳啟周、陶鍾琪、葉伯初、翁受宜、周錫淳

常務監事　嚴錫繁

監事　葉藜青、葉秀純、席德柄、翁人彥

候補　嚴慶澍、吳蘭生

（又訊）多數代表一致要求取消惠然軒公墳管理委員會，爭辯結果，名義暫時保存，由新理監事加以改組或限制，並移大禮堂佛事設備于三樓，大禮堂用作食堂，理髮等福利事業之用云。

關于永久會員名義問題，雖經上屆代表大會決議取消，惟一部份永久會員頗以此爲不滿，故在此次大會中續有討論，社會局方指導員表示在整理以前之永久會員名義依法不能存在，故最後仍維持去年之原議云。

（又訊）惠旅助產學校向附設于惠旅醫院，現因學生激增，課室宿舍均感不敷，故于去冬購進斜土路空地六畝四分三厘，現已動工建築，需款法幣七億餘元，即將于九月間完工，下學期即可遷入新校舍，預期該校將在助產學校界放一異光云。

（又訊）江蘇洞庭旅京同鄉會委員周景文同孫周煃光來滬同鄉會訪問，周氏云于十七年接任京同鄉會，廿五年修建徐家巷會所，希望京滬有所聯絡云。

小消息

郵局新政

吾山郵局戴局長出長東山以來，力謀發展，改善一切，每日郵包本當蘇山祇有早班一次，而最近中班船蘇山五加一次，由至中中至山如較路便之處，已能當日送達，而郵差亦隨之每日二次送遞云。

夫妻相爭

東山楊灣鎮居民黃鶴生，於民國三十三年娶同村女子吳富寶爲室，結婚後三載，情感素稱融洽，不意於去年十一月二十日因細故口角，曾經前任鎮長居延揚等調解，言歸於好。詎料翌晨乃妻吳富寶負氣出走，迄已六月，音信全無，黃鶴生遍親託友探問下落，復登報找尋云。（王聲樹）

愛子溺斃

居住席同鄉七保七甲二戶卽殿後村石脚盆地方居民陳長友，四九歲，業小販，生有一子名關寶，年僅六歲，於本月六日下午四時許關寶獨自出遊，在附近丁家埸小河潭不塡失足墮潭之後，待家人發覺已奄奄一息，急送保安醫院求治，因飲水過多，隔半小時已不救身死，陳長友夫婦因祇生一子，遭此不測，痛心之至，當卽收殮云。（思）

厭世自縊

前山鎮七保五甲四戶，居民史月康之妻姜氏，今年三十歲，鑑於其夫裁縫生意請淡，生活無力維持，竟生厭世之念，於日前趁夫不備，懸樑自縊，迨史月康歸來，覩狀大慟，但已香消玉殞，返魂無術，比山警察所飭鎮丁偕同史月康本人投報法院，當經檢察官訊問一過，核准免驗云。（記者）

楊灣鎮訊

本鎮本年度繭捐共計法幣壹千三百五十萬另二千元

本鎮及文恪鄉應攤長途電話工程費共計法幣柒百萬元業經六鄉鎮聯合會議決由本鎮繭捐收入項下撥支已由朱鎮長如數解交前山鎮汪鎮長點收彙轉

關於本區建設電話一事現已由縣隊派技士湯瀛至區署接洽定十九日開始架設東山六鄉鎮工作起迄地點自擺渡口起至前山鎮鎮公所止共需民工每天四十名至工程完畢爲止本鎮共攤民工六名約計全部民工需四十五名

本鎮平糶米由區署分派糙米八石已於廿二日全部領到廿三日開始發售以肆升爲一組計價一萬元每一家戶限購四升

鎮民代表會主席一職於廿七日由區署派王指導員來鎮監督選舉開票以施炳南爲最多當選爲主席

（楊灣鎮壁報社）

楊灣鎮屬大戟港，爲蘇山航輪必經要道，歷年所遭刼案，均在該地發生，楊灣民衆自衛隊有鑒於斯，除每日派員於上下午兩次來往隨輪護航外，特在大戟山頂由第一、二兩保按國民勞働服役辦法造碉堡一座，派隊員駐守以資警戒而策安全云。（紀）

紀念本刊出版一周年

一年

金新

去年七月一日，我們把莫釐風出版了，直到今天，已經在趕着出版一週紀念特刊了。一年，一個並不短的日子，然而去年此刻，我們還記憶得很清楚的，我們當時既未抱着如何大的野心，打過怎樣精細的算盤，也許有點冒失，就把這本創刊號問世了。

我曾說過：一本刊物的出版，正像一個孩子的問世一樣，剛出世的時候，只要是一個孩子——不論長的美和醜，總能給辛勞的母親一點高興，一點愉快的。然而孩子一天天的長大起來，母親必需在喜悅上加上辛勞：爲着孩子好好地成長，不得不加以教導和管束。我們的莫釐風月刊，原先冒冒失失的出版了，沒估計到什麼，可是它一期一期的出版下去，大家對它的期望也大起來，然而担當着培育孩子的母親雖然也想着它能出人頭地，好好的不負衆望，然而因爲力之不及，有時候也顯得非常之勞瘁。

莫釐風月刊在這遙長的一年中，結實地踏着它的脚步，在這荒漠的人生道上前進；在現在這個時候，文化就代表着荒漠，而我們東山區的文化園地，却是荒漠更甚吧！然而我們畢竟選上了這條路，原因就是想在這荒漠的人生道上，種一點草，植一株花，讓大家得到一點人生應有的喜悅。

現在，我們終於幹了一年，在這一年中我們得到了很多寶貴的意見和許多精闢的言論，我們很是感激，同時也想囘憶一下。

東山是一塊封建的土地(可憐中國革命了三四十年，連這小小的一塊土地上的封建勢力也毀不了。)生長着不同性質的人民——莊稼人，出客人，士紳，小店員，家庭婦女，小學教師和學生們，因此，他們所需要的也各各不同，說東山多的是農民，因此談些農事，但莊稼人未必看，談了些戀愛的故事，又使一般正人君子們討厭……而旅滬同鄉却頂好多知道些鄉訊之類，然而這小小的一冊莫釐風，顧此失彼，未能盡如人意，尤甚者是我們的一羣，從小離了故鄉，對於故鄉的一切都不十分熟悉，寫出來的東西不是過份的拘謹嚴肅，便是沉於空談，雖然希望把莫釐風的內容冲淡些，談些風月，說些鬼怪，然而我們的一支筆管住了自己，從不敢過份的撒野，但我們也先後的加了些『餕頭』進去，雖然還不夠，但我們還是向這道路上盡力的。

同時我們所發表的文字，有時是不一致的，所謂兼收並蓄，因爲我們都是自由結合的，所以文字也自由而不能一致，觀點也不同，但是對於基本的立場是一致的，我們的目的是求故鄉的進步，只要不違背這原則的文字，我們都能代爲傳播，决不存着宗派和成見，因此莫釐風有時候顯得凌亂，散漫。這當然也是一個缺點，但爲着使這小書能充分表現出是東山區人民自由發表的園地，所以一時也不得不如此。

缺憾沒有不可彌補的，我們不知道則已，既然知道了，自然有彌補的必要，我們希望莫釐風能時時刻刻不忘改善自己，以使日新月異，把自已漸漸地引到好的路上去，這雖然是幾個編者的事，然而旁觀者清，我們冀求着指正，讓我們走上更好的路。

我們很知道，我們過去所費了的心和力，並沒有能換得理想的收成。我們做了，辛苦地做了，然而我們沒有能知道我們做的是否是大家所需要的。雖然說『只問耕耘，不問收穫』。然而我們這一班人，大家都有職業，我們爲自已生活而匆忙，但是爲着憧憬眞理，我們在僅有的一點業餘時間上，想把自已的一點心和力送到遼遠的故鄉，送到每個同鄉們的心中，所以期望大家指示，讓我們的心和力的消耗，不會等於浪費，人在寂寞的時候，只要一聽見別人的足音，就會感到高興，——不論這來人是友是敵，但多少可以打破一點死寂的空氣。我們的莫釐風，有時候也像在黑夜中的行人一樣，常常希望得到一點別人的聲音——批評，指教，甚至反對我們，我們都感到需要，因爲這樣多少可以衝破東山的一種停滯，混濁而汚穢的空氣的。

東山區的同鄉父老們，兄弟姊妹們，同學們，讓我們舉起雙手，迎接着你們，把你們和我們打成一片，在這個荒漠的土地上，合力散佈些自由的，美的，進步的種子吧！

美麗的新東山區遠景會漸漸的接近我們，它必然會開出燦爛和自由的鮮花！

讓我們舉起雙手吧！

一年話舊

緒華

一年來，莫釐風在嚴威和冷眼中，走着所謂文化工作的路。

在內戰愈演愈烈的今天，幹文化工作是一件慘絕的，也可說是人間至愚的工作，然而，莫釐風終於在讀者的支援與工作者的努力下，勉渡了它的苦難的第一年！

無論站在讀者或工作者的立場上，我終以爲莫釐風在了解讀者的需要一點上是失敗的，由於此，莫釐風讀者，並不如理想之多；由於此，莫釐風的呼聲，未能引起最大的共鳴；由於此，莫釐風自有負於它最高的使命。

所以，今後莫釐風的急務。我以爲應該是怎樣去爭取讀者，以及怎樣去知道讀者，最後還應該研究怎樣使讀者自身來支配和撫育這一本小小的刊物。

我們深信：一個六七萬人口的東山區，沒有一本像樣的刊物，固然是文化的悲哀；然而，刊物而遠離了讀者，也將無異於幾堆白紙。

現在，莫釐風已踏進了第二個年頭，也許它仍將在嚴威和冷眼中，沉默地走着所謂文化工作的路，然而在光明與至善的希望裏，它將永遠勇往直前；一無恐懼。我這樣想。

本刊一年來

席玉年

本刊一年來負起了東山輿論的担子，喊出了東山人民的聲音，殘暴的，汚濁的，倒退的不得不遁形匿跡。我們更認識故鄉是國家的一部份，也是世界的一部份，欲求國家繁榮，世界進步，那麼爲建設故鄉而呼號努力，不是全沒意義之舉。因此，過去一年間，本刊喚起了東山青年，普遍從事利羣工作，打破了狹窄的學校界限，氏族觀念，成立了前後山青年大團結的「東洞庭山各校同學聯誼社」，更進一步與同鄉先進，故鄉官長父老取得諒解合作，消滅歷來「老不輒少」的習慣，在高喊「天下一家」的時代，我們先做了「東山一家」的基本工作。

本刊一年來受到很多讀者的指摘，多數意見是嫌本刊太保守，太過慮，太怕事，太少刊載激昂的作品。這一點我們虛心領受，並且對熱望本刊進步而來指摘的讀者，衷心感謝！但是爲了愛惜這冊僅有的東山民間刊物，我們不能不顧及四周的環境，避免「小不忍則亂大謀」的後果。請看：一年來多少報章雜誌爲了稍一觸怒當道而遭到了不幸的處分。雖然，我們還是儘最大可能，發出正義的呼聲，來堅持本刊勇敢和忠誠的服務精神。

本刊一年來突破各種阻礙，經受苦難的試煉，如今，內戰烽火還在祖國各處燃燒，貪汚橫暴，腐敗黑暗，物價瘋狂，正在方興未艾，我們的前面將是更深重的苦難，更殘酷的試煉，爲了珍貴本刊幼小的成果，爲了本刊能繼續負起「東山區人民的喉舌」的使命，我們必須踏着更堅毅沉着的步伐，不斷求進，使本刊眞正配合讀者的需要，成爲讀者自己的刊物，讓大家來響應本刊的工作，參加本刊的工作，集合更多同志，執行第二年新的任務。

檢討以往瞻望將來

席德基

本刊創辦迄今，時適一年，在這一年中，國家社會都處在動蕩不定中，物價成直線上漲，本刊印刷費由每期二十餘萬元漲至二百餘萬元，其間雖有定戶費收入；但收支始終不能平衡，大多靠幾位熱心的同學支持和貼補，而幾位主辦者能坦誠相共，團結互勵，也是本刊所以能堅持一年的主要原因，儘管在人事上經濟上不斷發生危機，但每次都在坦誠相商下克復。現在，莫釐風出了一週紀念特輯，編者要我寫一些意見，現就個人在一年中所感，略表淺見，還望諸同學指正。

首先我感到，「莫釐風」是我們東山區僅有的一本綜合性刊物，它不但把上海和東山區的消息構通和感情上聯繫，並且還可以把東山區的知識份子團結起來。所以「莫釐風」必須使它繼續出版下去。雖然在這一年中所收的效果並不大，但是這是今日出版界的一般現象，我相信只要本刊能堅持下去，在二週紀念時，一定會收到更大效果的。

在客觀上，本刊已不像初出版時的孤立，我已聽到許多同情者的好評，一年前投下的種子，已經在發芽了，我相信，我們所費的心血。決不會毫無結果。

一羣苦幹的拓荒者·再用駱駝的精神，繼續幹下去！

但是，我們也決不盲目的幹，一年來我們已得到很多的教訓。我們要檢討內在的阻礙。

第一件我們可以估計到的。「莫釐風」今後的經濟將步入更困難的階段，如果不預先準備，這將是我們的致命傷，事實上東聯社的七個單位，每月分担二百餘萬元照算起來數目並不大，主要的原因在於各個單位還沒有眞正動員起來，並且有幾個單位根本還不了解經濟的困難，所以我以爲要解決今後莫釐風的經濟困難，必須讓各單位的同學徹底明白，並且把莫釐風的重要性也要讓各同學瞭解，因此我建議莫釐風出版委員會下成立經濟組，由各校同學會推舉一人至二人組織之，專事負責解決經濟困難問題，同時再經常舉行座談會，讓大家有批評瞭解本刊的實際情形。

第二件重要的問題就是內容改進問題，近來聽到許多讀者的意見大多批評內容還不夠健全，因此使讀者不能引起興趣，不過再進一步請教應該如何改進意見時，大多說不出所以然。這是由於今日文化事業正當低潮的時期，多數人生活的不安定，因此，對於任何出版物，都不感興趣，不過本刊內容不夠讀者的要求，也是事實，今後也須要積極改進，爲使這項職務專責起見，我建議今後必須擴大編輯組，聘請各校同學或同鄉中有經驗人才組織之，專事負責內容之改進工作，其次須健全的就是各鄉鎭通訊網的建立，特約通訊員的聯絡，都可以幫助內容的改革。

再有一點也是很重要的，前面我已提到莫釐風是東山區僅有的一本綜合性的刊物，如今東山區已合併爲十五單位，本刊極應將服務範圍擴大，使東山區的人民都能打成一片，所以我希望本刊應從狹隘的圈子中，走到廣大的人民面前，使它成爲一本眞正代表東山區人民說話的刊物，這樣可以得到更多讀者的支持和擁護。

以上三原則與本刊今後有密切關係，本刊一週紀念，檢討以往瞻望將來，還希望大家努力！

紀念莫釐風創刊週年

羽毛

莫釐風月刊在一羣青年人的努力支持下，由創刊到今日竟然一年了，這確是出於很多人意外的，在這裏我不能不對於曾爲莫釐風孜孜工作，埋頭苦幹的全體工作人員表示敬意，認爲你們創造了一個光榮的奇蹟，同時對我自己因爲體弱而起的怠工，深感慚愧。

在紀念莫釐風創刊週年的今天，一方面我們果然要熱烈的慶祝，發出『莫釐風萬歲』的歡呼，同時我們還要趁這一個機會對過去做一番深切的檢討

莫釐風　第二卷　第一期

，這將使我們未來的工作有更進一步的前途。

讓我們先從去年莫釐風創刊時的客觀環境說起罷！

在去年的今天，我們的故鄉和旅滬同鄉們開正處於文化刊物眞空的狀態，多數同鄉中的有識之士，無不渴望着能有一份鄉土性的刊物担當起報導鄉訊聯絡感情，發揚故鄉文化的任務，把故鄉的經濟政治各種動態能在輿論上加以督促反映出來，這一個理想就由莫釐風來宣佈實現了，這確是驚天動地的一聲號砲，開得合乎天時得於人和，就由於這一砲才奠定了今日的基礎。

在繼續出版第二、三、四期的過程中，莫釐風號召幫助了東聯社的成立，東聯社成立又更加强了莫釐風的地位，這每一個處置都表現得異常恰當，特別是把通訊處移到同鄉會裏，使和各方面的聯絡通訊更緊湊地的接近了起來，而以一羣涉世未深天眞未泯的小夥子對同鄉會方面的關係竟亦能相處得很好，使一向故步自封的同鄉會並不以爲是一羣小弟弟而發生輕視，相反的倒讓我們滲入了一點年青人的活潑氣息，這些都是值得特別提出加以表揚。

可是絲毫不必否認，我們亦有着許多嚴重的缺點存在，第一，我們的經濟力量太薄弱，出版經費往往有捉襟見肘之苦，第二，有些時我們的鋒芒太露，要求太高而太急，使別人受不住，予中立人士有『火氣太大』的感覺，第三，在編輯內容上往往只顧了我們自已的口味，並不適合於許多水準較低的同鄉。因此，便減少了不少讀者和定戶。第四，不知是故鄉的教育界沒有一個熱心人呢？還是我們的聯絡工作做得不夠，東山有這許多的教員，竟然多數對莫釐風表現出淡然無動於中的態度加以坐視，使這刊物的鄉訊報導以及稿作來源都打了極大的折扣，不勝遺憾之至，當然在我們的立場只能說這是自已的聯絡不夠，希望能立刻改進。

針對着過去的許多缺點，緊緊地把握着目前客觀上的有利形勢，一一加以克服，這是我們今後努力的方向，這裏我提出下面幾點淺薄的意見，希望得到各方面的批判和研究。

一、內容方面，要有濃厚的鄉土氣息，取稿要通俗而活潑，特別是鄉訊要愈多愈妙，使同鄉各階層人士都能發生興趣。

二、售價要低廉，每期徵募自由捐貼補不足。

三、出版地位最好獨立，聯合同情人士另組莫釐風出版社，募集基金，使成爲東山唯一的報刊，可以登載各團體機關的公告及消息，使人力集中物力集中。

四、加强對各方面的聯繫，每一個莫釐風幹部應努力學習怎樣去待人接物，注意語言及風度，提高本身的道德修養。爭取同鄉們普遍對莫釐風的合作與信仰。

末了，敬祝莫釐風的前途無量！

莫釐風發行一周紀念獻詞

朱潤生

莫釐風月刊發行以來，已經一年，出足了十二期。在這個生活不安物價高漲的時候，能按期出版，維持不輟，確是一件值得欣慰值得祝頌的事情。

回憶一年以前，創刊號剛出世的日子，本人便認爲這將是東山青年的呼聲，同鄉大衆的喉舌，直到今天，不負所望，事實表現，這一點觀察是很正確的。牠已代表時代的思想，寫出了民間的痛苦，促進本山的進步，提出了改善的建議，以獨立的地位，謀公共的福利，率直檢舉，大胆批評，這一種精神便是輿論的初步，民主的基礎，是值得大家維護的。但是，這與我國數千年來傳統的民間思想；『金人三緘其口』，『君子潔身自好』，『各人自掃門前雪』等等，是顯然完全異趣的。我不願作空泛的諛詞，說這是一本最好的刊物，一年來刊出的文字，不能說盡善盡美，完全合乎理想，當然有大障也有小疵，是是非非，付之公論，我們要追求眞理，我們要隨時檢討，這是最好的辦法。否則習非成是，安能有正確的認識呢？我願牠成爲東山同鄉自由言論的公開園地，在這裏可以發表個人的主張，同時也尊重別人的意見，用冷靜的頭腦求眞正的是非，既不固執，也不盲從，這是一個正當公民應具的條件，也就是一本民間刊物應取的態度，敬以此義，來祝頌莫釐風光明的前途。

狂飈

——莫釐風一週年感言

葉伯初

莫釐風
在無聲的黑暗的故鄉倔起，
像狂飈般地，
掃過那古老的——莫釐峯。

莫釐風，像狂飈般地——
掃過那古老的莫釐峯，
看哪！
　封建的信徒倒下了！
　專制的後裔吹走了！
　迷信躲避；
　貧窮逃跑；
它威脅着僞善者，
它吒嚇着胆小的人。
像世紀的末日已到，
神在選擇他所喜愛的人，
讓生者生！
讓死者死！死！

沒有毀滅，
也沒有了新生；
在衰敗的廢墟上，
才能建起雄偉的宮闕；
該生的人，
在莫釐風的號召下，
快團結起來。
修葺這荒涼的慘景。
但，
莫釐風下——
　胆小的不要來
　自私的不要來
　享受的不要來
　動搖的不要來；
來的要堅強耐苦的人。
組織成一支鉄流，
掃除陳舊，
建設新樂園。

破壞，建設，
這堅苦的工作啊！
非短時期可就；
一周年，
那不過是開了頭，
還有漫長的路要走；
還有紛繁的困難要消除；
變改是持久戰，
不能貪懶，
也不可存儌倖之心，
朋友！
振一振你的精神。

能建設起新的莫釐風——
　是鉄流一樣地
莫釐風。
一九四七，六，卅，作。

爲莫釐風一週紀念題詞

許明煦

莫釐風出版以來，瞬經一年，在這匆促的過程中，雖沒有達到理想的美滿，但在東山底平靜的文化圈中，已掀起了一些小小的浪花，看到現在幾位編者的熱心，努力，那末，第二年的今天，我相信這浪花一定會擴大，澎湃！

熱心的編者們！希望你們把這東山僅有的文化園地。好好地繁植吧！多栽幾株花木，使遊人沒有秋和冬的覺感，同時還希望能多產一點豐腴甘美的果實——像照種枇杷一樣。

……………………

許慶元

在時代動盪，國事如麻的環境中，莫釐風出版到現在已經一年了，在過去漫長的一段時期中，它雖然不能說使我們滿意，但至少在這滿目瘡痍的家園裏，已發出了一絲嫩芽。

故鄉，自從經過八年艱苦的抗戰以來，已經呈顯得十分衰落。繼着的，應該是建設和教育，我希望莫釐風能繼續負起這個責任，爲東山的人民服務。

……………………

王樹聲

大公無私，報導詳實，敦風化俗，克盡厥職。

……………………

公夏

清和初夏，風物宜人，東洞庭與橫涇鎭，誼屬同區，如脣齒之相關，指臂之相聯，際玆農事忙，枇杷黃時適値貴社莫釐風第十三期出版之日，願述觀感，藉伸頌意。東山區之能導先路而樹模範者，一地勢之優美也，三萬六千頃之汪洋，氣壯可吞山河，二文風之丕振也，五千年文化之所集中，默化復兼潛移，今者兩地一家，物產豐富，人文薈萃，願莫釐風領袖羣倫，永袞勿替刊無盡期，文遍各地，此作者之所渴望者也。頌曰：五湖具區，父母之邦，爲民喉舌，筆走四方，立德立言，區治之光。

記席徵三先生

·秋·

東山耆老席徵三先生，一生獻身于公益慈善事業，始終不懈，無論識與不識，無論在東山，在上海同鄉間，以及東山一帶的鄰鎭近鄉，莫不知『三爺』其人，也有稱之爲「席善人」的，可見各方人士對他的敬仰和信服的程度了。

席先生今年高齡七十，精神甚佳，早歲從事典業，在旅滬同鄉會中辦理公益最稱熱心，當時席錫蕃、席雲生、席徵三、三位一體，稱爲「同鄉三席」，曾創辦了不少慈善的事業。若惠然軒，惠生社，東山會館，惠旅醫院，半日學校等，均創造有功，煞費苦心，宛如開國元勳一般，其他如同鄉會，三善堂。宗祠等，莫不參加擘劃，輸財出力，尤其對于水旱賑災，冬防施捨，致力更多。

民國十八年陝西大旱災，赤地千里，震動全國，上海各界集款放賑，公推先生親赴災區，實地考察，監督施放，先生跋涉長途，披星戴月，不辭辛苦，先後發出現款三十餘萬元之多，那時的法幣與現在的價值當然不可同日而語，若以黃金來比較，此款可買六七百條之多咧，這個數目，不可謂不大，先生就地監放，務使災民實惠，一絲不苟，因之口碑載道，遺愛在人，席善人之名，是名副其實的。

東山十九年歉收，二十年水災，米價騰貴，民不聊生，先生又倡導平糶，捐集巨款返鄉發放，活者無算，功德無量，雖然比了陝西放賑，如小巫之比大巫，但造福桑梓，事半功倍，事在眼前人人共見，故尤爲故鄉父老嘖嘖稱道不止的。一二八之役，淞滬抗戰，人民愛國心油然大發，紛紛起而援助，當時先生領導同鄉，主持十二傷兵醫院及第八救護隊等，歷時數月，晝夜操心，活人無數。

近年以來，離滬返鄉，以遂初服，栽花種茶，淡泊自娛，但是地方上的大小事情，有關各方，均去請教他，他謙恭自守，既不隨便附和，也不孤高自鳴，力之所及，均願爲公衆利益而出力，地方受益，實匪淺鮮，而先生則公而忘私，義而忘利，至今兩袖清風，依然故我，這是昭昭在人耳目的。

最近又受了上海同鄉會之委託，就近處理莫釐中學，前山保安醫院，後山登善醫院等一切事務，申山接洽，事務紛繁，頗爲操勞，而不以爲忤，熱心公益，孜孜不倦，像先生那樣眞可稱爲大衆福星了。

民國卅年先生與席雲生，金錫之，席頌平，席潤身等諸君因爲各人或以事冗，或以年老，決定把惠然軒與惠旅養病院全部事業移交旅滬同鄉會管理，這一種公開坦白的舉動，眞足以勵末世而振人心，挽頹風而矯弊俗，讓一班專務私利，只顧小我的人看了豈不愧死呢？

「慈祥面目，菩薩心腸，守拙安貧，捨身濟世。」這十六個字，是作者對先生的評語，以下是先生所撰六十自述詩中的一首，先生的抱負於此可以窺見一斑了。

怕聽親朋說舊新，綜言八事總因人，
天公若許衰頑健，敢惜餘生逸此身。

風語

施比受更有福

一得

有人以爲同鄉會目前辦的事業，使外鄉人也沾了惠去，眞是犯不着，在這自顧不暇的時候，應該防止利權外溢。又有人以爲替同鄉會和東聯社服務，祇盡義務沒有權利，更是犯不着，在這個年頭兒，應該少管閒事，多爲自身打算打算。驟聽起來，好像理由十足，其實每個人都抱了自顧自不管閒事的態度，那同鄉會和東聯社叫誰來辦呢？恐怕連沾惠的是同鄉和外鄉也不用討論了。因此，這個我們生長在自私自利的現社會裏習染來的「小氣」，也是個阻滯社會進化，阻滯自身進步的千萬要不得的觀念。

韶光把「獨善其身」的時代，無情地拋遺在後面，前面的是「天下一家」的人民世紀了，不論個人或團體，要配合着時代前進，必先棄絕陳舊的觀念接受新鮮的思想。同鄉會辦的公益文化事業，恩澤被及外鄉人士，是我們全體同鄉的榮耀。爲團體獻出我們的勞力，使它茁壯使它進步是我們的權利也是我們的光榮，「小氣」的後果是孤獨，是倒退。祇有「利人」的報酬，才是「利己」！

翻開史冊，我們可以認識很多捨己爲羣的偉人，由於他們不斷的奮鬥，犧牲，換得了現代的燦爛的文化，要是我國沒有個愛管閒事的孫中山先生起來領導革命和許多志士的前仆後繼，恐怕到現在，我們東山青年：男的還是梳長辮，女的還得纏小腳。再看一羣愛管閒事的青年同鄉，他們吃了自己飯，來爲同鄉會創設了洞庭業餘補習學校，圖書室，聯誼室，奕棋室，乒乓室，編會刊，又爲東聯社發行了莫釐風月刊，在故鄉辦免費給藥等等，看來他們太犯不着，太吃虧了。但是他們并沒損失什麼，在集體生活中受到了友情的孕育，工作的磨礪，倒反比以前更長成更幹練了。親愛的同鄉們！請記取一句給你終身受用的名言：「施比受更有福！」

東山放映教育衛生電影記

前山二天·橫涇一天·後山一天

潤生

自從同鄉會去冬為了聯歡大會開映電影，曾經一再與美國、英國、蘇聯、等新聞處商借影片，在那一天會場上曾放映了英國新聞處的戰爭片及新聞片，獲得許多人的好感之後，惠旅醫院即商得美國新聞處的同意在同鄉會大禮堂上屢次放映醫藥影片，以及其他各種短片，幾個月來已經有四次之多。可惜為了會場的容量關係，不得不限制人數，除了醫院工作人員及惠旅助產學校學生外，分出一部份位置公開留給同鄉會員參加。此項工作，以後仍將繼續。這對於追求新的智識，活的教育，無疑是一個好的辦法。是我國前所未有的，於此，不得不感謝美國新聞處協助教育的一種好意。

作者也參觀過歷次的映出，深深感到其教育意義之深遠，與效果的確切，便想到要把牠介紹到東山本鄉公開放映，讓本山各界人士，也得一次領略世界最新的見聞的機會。當與理事長商量之下認為極有意義又獲得多數理事之贊助便與美國新聞處孫主任數度接洽，祇因東山尚無電流的設備，必須自帶發電機，比較有些困難。經過一個月之籌備工作，終於設法借到了一架發電機。乃決定於六月十九、二十、二十一、三天分別在東山橫涇放映，臨時又因後山朱楊二君的意思，又於二十二日在後山加映一天，一共放映了四個晚上。十九、二十二天，地點都在前山新廟露天廣場上放映，一張白幕張在戲台邊上，放映機置在半山地上。此地本來是廟會時做草台戲的地方，足以容納數千觀衆，場所很為適宜。第一天參加的有三千餘人，第二天節目完全換過，與第一天不同，來看的人更多了。估計約有八九千人左右，因為第一天來看過的人，知道了既不需任何費用，又不作任何宣傳，放映的影片，有聲有色，明晰異常，其內容又多是新鮮活潑，見所未見，醫藥教育都不沉悶，於是攜老挈幼爭前趨後，不覺轟動了整個東山，聽說潦里一村男女老幼幾乎全體出發，其他各鄉鎮也是多數來參加了。真所謂萬人空巷，盛況空前，獲得了異常美滿的結果。

在前山映演的二天剛逢陰歷月初，有星無月不礙觀衆視線，天氣晴朗，寒暖適宜，從九點鐘放映到一時。觀衆鵠立靜看，很熱心的聽取麥克風裏本地口音的解釋，以及片上的國語說明，或是音樂，極少嘈雜喧嘩聲音。這算是一種難得的好現象。而且當時有自衛團，及水警等在場維持秩序，毫無事故發生，這要歸功於前山汪周兩鎮長及自衛團水警雙方的熱忱協助，十分可感的。

廿一日在橫涇放映，廿二日在後山放映，可惜天公不作美，接連下了二天雨。不能在露天開映。橫涇是假座城隍廟的，初映時未曾引起各方的注意，僅有學生及附近人士參加，映到一半，聞聲而來者蜂擁而至，天雖在大雨，也有一大半人，立在天井中，看到終場，擠得水洩不通。在沒有廣大場所的物質限制之下，也已獲得了最大的效果了，這天觀衆，約有三百人光景。

廿二日在後山，本來預定在王頭山開映，至少可以容納一二千人，也為了天雨的關係，改在鑑塘小學大禮堂開映，參加者亦有一二千人，後來者不免向隅，這是不勝遺憾的。

所映影片有農業片，如『蟲蝗之生長與撲滅』，『水之清潔』，『美國農民生活』等。有教育片，如『電氣原理』，『童子軍』，『籃球』等。有醫藥衛生片，如『肺炎』，『接腸術』，『開腹手術』等。有教育卡通片，如『雞與狐』，『松鼠與狗』等。有歷史戰爭片，如『太平洋登陸』如『迫敵應戰』等。包含範圍頗廣，對於本地一般觀衆大半能接受其意義，惟因初次嘗試，尚不能完全滿意，所映各片未必一定適合當地需要與水準，以後倘再有機會放映時，一定能選得更有意義的片子的。

同鄉會會同美國新聞處，到東山區放映電影，這是空前創舉。說得小一些，是與民同樂。說得大一點，是溝通文化開發民智。試問，在東山，在各鄉，不化錢的娛樂。有誰來提倡過呢？我們既不借此宣傳，也不借此募捐，又不借此售貨。惟一目的，無非聯絡鄉誼，提倡同鄉與東山的互助與合作而已。

我們在本山的山浪人，已看了幾百年的草台戲了。出了幾百年的台擱了，跑了幾百年的五方了。在這個二十世紀原子時代裏，難道不能享受一些科學的娛樂，看看進步的世界嗎？以十八世紀十九世紀的頭腦生活在二十世紀的世界裏、不是太落伍了嗎？所以我們不能不亟求建議，亟求進步。方可免於相形見拙，方可免於自然淘汰。看看世界豈不是一件很重要的工作嗎？

這一次同鄉會方面到山參加者除了作者外，還有席韻樵、陸鍾琪、席德基、金霖森等幾位都出了一份力量，尤其對於美國新聞處張金濤先生不憚跋涉來山主持放映事宜十分感謝。蒙美國新聞處的協助假予發電機放映機等，全部設備，毫不收費，種種盛情，在此表示謝意。

作者與張先生帶了三四百斤重之機械，十九日清早乘凱旋號火車轉蘇搬運到山，當天晚上，便在東山演出，確是很費心力的。我們希望以後能自備發電機，那麼，放映的機會一定更多了。

遙寄母親

•鴻•

記得在童年的每一個晚上，綠豆似的油盞燈下，夜深人靜，萬籟俱寂，媽終是彎着背，不斷地剪着紙版銅錢，一個連一個的永遠像流水般的沒有休止，直到燈油將盡，才帶着疲倦的身子上床。

「鴻兒：你終得爭氣，要有出息，將來開店張業，翻你爸爸的本才好呢。」我翻着書，下意識地點了點頭：「媽！我一定。」這很清楚的一幕，永遠在我腦海中盤旋着。

由於處在宗法封建的社會中，男權崇高的時代中，爸對家庭是不很顧到的，媽噙着淚，帶着孩子，沉默地忍受着，日以繼夜，不停的靠手工生活的所得，來彌補開支的不足，從不想到反抗，恐怕拂逆了爸，索性連僅有家用都不寄來，生活不是要發生問題了嗎？於是一線的希望，寄託在她的獨子，我的身上。

光陰迅速，已過了二十個年頭，人海滄桑，變，變，變，不斷的變，媽變得蒼老了，瘦弱了，帶着咳嗆的病軀，然而過的日子，一點沒有兩樣，一點沒有改善，剪刀，通缸，紙錢，永遠伴着，晚上原爲火油價貴，才停了手早睡。可是打仗啦，土匪啦，米貴了，屋坍了，捐呀，稅呀，種種煩惱，磨折着，困擾着，烽火起處，爸又失業在家，含有報復性的爭吵，反目，更使家庭間添上一層陰影，現實最是無情，媽，總是長久地帶着固執的心腸地期待物價會平會小的，日子會好過的，可是高、漲、飛、升、爲了生活，你親眼看見家鄉的果木砍平了，房屋拆毁了，樹根掘盡了，舊貨賣盡了，物價呢？還是繼續高漲，關金券，萬元票，簡直搞不清楚，五十萬元一担米，聞所未聞，這日子怎麼過呢，好心腸終給打破，媽對自己的成見動搖了。媽，唯有的希望：「鴻的爭氣，翻本。」終於使你永遠抱着愛子之心，寄託在狹隘的，虛渺的希望之中，媽，我很對你不起，沒有照你的希望去做。「個人出路」，在這苦難的時代是難以得到的，何况我又沒在好好的努力，媽，你不諒解吧，失望了吧。不，我是努力的，一定的，我們是會有出頭的日子的，媽，你不必失望，願你再忍受些艱難的日子，保重珍攝，我們的希望是不會遠的。

*　*

飫翠山房殘稿

道

送別

風雪關山歲暮時天涯讓別各淒淒臨岐執手情無限珍重晉書莫我遲

極目中原百感侵連年烽火總驚心君今莫作乘槎客努力前途挽陸沉

次朱潤生鄉長四十初度原韻存一

年年却爲稻粱求蹤跡飄蓬逐水流大地風光增閱歷華堂樽酒笑虛浮相欽

有志遊千里莫道無方展一籌今喜遭逢强壯日何須朝夕說多愁

祝壽詩存一

世變空前感海桑卜居相與寄江鄉連天烽火驚三月避地親朋喜一堂向日

荆花稱濟美盈階玉樹看聯芳乍醒春草池塘夢吟得詩成好侑觴

晚香玉

夜臺虛手種親栽懶向朝陽笑口開留待玉人新浴罷晚粧樓上送香來

舟中口占

倦倚危舷罷舉杯遠灘漁火隔窗來舟人夜語知潮長盡被離人破曉悶

有感

四十年華志未酬飄零蹤跡逐波流崎嶇世路悲家遠奔走風塵抱國憂

哭至友（君執敎內地某校迄今音信杳然聞已去世）

風雪天涯枉自傷紅塵黃土兩茫茫幽魂畢竟歸何處爲理殘書欲斷腸

未是草詩

舟

懷五弟二首（不見來書，九閱月矣）

輾轉關山音渺茫，
生涯念汝自樵桑，
强顏歡笑掩親淚，
舊簡苦吟伴月光，
浮世信知半夢幻，
閱牆應痛兩俱傷，
江南春殘鶯聲老，
有弟有弟天一方。

自是人生多乖違，
天涯淪落幾時歸？
空看黨局付兵燹，
又見河山揚狄旗！（傳外蒙騎兵已入國境六百餘哩）
骨肉年年憶絕塞，
夢魂日日繞重扉，
草長三月花狼藉，
猶有北風吹爾衣。

*　*

紅甘齋日記（二）

紅甘齋主

正月初九日　晴寒

數日來賭運不佳，恐有做局，心有不甘，頗有再決雌雄之意。

晨起，道友王君來訪，約赴堂子嶺看搶會，因思搶會係一年一度盛事，且賭錢總不如賭命爲好看，欣然從焉！

據長者云：東山欲求太平，必須搶會，搶得愈慘愈烈，天下愈見太平。竊以爲然，蓋若羣跑得快力氣大者多死幾個，豈非少掉若干惹是招非者，不僅東山可以太平，即於世界和平，亦有甚大貢獻。此與人類從戰爭中求取和平，有異曲同工之妙。予嘗謂和平乃戰爭之休息，和平之目的，在養精蓄銳，以準備更爲精彩之戰爭，非至戰到最後一人，永久之和平豈能光臨。

三步一停，五步一坐，好容易爬上堂子嶺，地上樹梢，人頭多如過江之鯽，蠕蠕而動，遠望之，若坑中蛆焉。

好容易揀得一錐之地，靜立以待盛會之舉行，不意十分鐘後，忽聞身後人聲鼎沸，若有大事發生者，細察之，見一西裝革履之少年，似爲上海衣錦榮歸者，正向一莊稼人大肆咆哮，隱約問得數語：

「你敢悔（著者按當作「侮」）辱我？」

「少爺，這不是我呀！」

「好，你竟敢講話，這裏是你講話的地方？簡直悔辱，簡直悔辱！」

予聞之，百思不解，何謂「悔辱」哉？豈上海流行罵人語乎？既而思之，諒係侮辱之誤，不覺啞然。是時，有一好事者上前排解：

「這一點小事，有什麼關係，何必面紅耳赤？『一隻碗不響，兩只碗叮噹，』不要……」

不意此青年勃然大怒：「什麼？你配說話？這不是你的事，不許多講！」於是好事者苦笑而去，而此青年餘怒未息，大聲對莊稼人曰：

「有種，請到上海來，要打，開話一句，否則非登報道歉不可！」

予誠不知究係何等大事，竟嚴重至此，輾轉問人，知因青年鞋上着了一點泥灰，彼以爲此莊稼人有意侮辱，事態乃大。

偉大哉！此東山青年！

搶會結果，曹塢第一，僅死張姓一人，係跌斷肋骨所致，據一般有經驗之觀者云，並不甚慘，且僉以爲死者太少，深爲未來太平憂焉！

正月十四日　雪晴

一夜大雪，銀色滿窗，院中數枝，垂垂而發，疏影橫斜，映白雪而增妍；暗香浮動，疑美人之窺戶。因思醉眾樓旁，萬枝招展，苟得二三知己，踏雪尋梅，其韻味雅趣，何可言喻哉？

屈指知友之中，俗物太多，不足與語舉杯賞梅，登樓賦詩，有之，其惟賈子崇雅，金子頌古乎？

下午三時，作訪戴之行，披裘一襲，持杖出門，朔風緊峭，顫慄不已，入殿涇港，望皆白，渺無天際，惟港水一泓，宛若鴻溝，因思唐人張打油（當是諢號）先生有詠雪詩一首云：

江上一籠統，井上黑窟窿，
黃狗身上白，白狗身上腫。

貼切風趣，誠詠雪詩中千古絕唱，非打油之祖，不能辦此；非打油之儕，曷克臻此。無怪二千年來，古體詩將成絕響，而打油詩仍能獨步詩壇，不可一世也。

興念及此，忽有感於國事蜩螗，用步原韻，口占「有感」一絕，所以寄感慨之意，古人云：「詩以言志」，此之謂也。詩云：

何時大一統？舉頭問穹窿。
骨枯將軍胖，彷彿被打腫。

自第一字至第二十字，歷時不逾十步，惟終自愧無七步成章之才。

既入大街，先訪崇雅，繼晤頌古，二子初有難意，幾經慫恿，終於載酒具肴還登雨花高樓，時嶺上數樹寒梅，帶雪怒放，暗香浮谷，清麗絕世。於是置酒入席，低酌淺斟，三人中酒量，崇雅稱冠，可以豪飲，頌古最弱，予于酒本無好惡，酒量固不自知，殆古人所謂一斗亦醉，一石亦醉者乎？惟當此良晨美景，予自信雖飲一石，亦不醉也。

酒至半巡，頌古詩興勃發，請詠梅聯句，拈得陰韻「起」字，崇雅首起，頌古承之，予則兼任轉合，頗費斟酌。詩云：

寒影倚樓幽谷裏，清溪雪照賸珠淚。
舊情片片付東流，縱有春風吹不起。

崇雅對拙句稱頌不止，許以「哀而不怨，能得詩旨，」不敢當矣！

少焉，月出於東山之上，酒興已闌，相偕賦歸，明月照積雪，春夜冷如冰，地滑酒醉，不勝踉蹌。將抵家門，靜無人籟，門外一犬，一路燈，爐搖搖若死。

第一百萬零一個

下

太太，我想小少爺是不要緊的，放心好了。我一定可以打發他們去的。

沈太太：一切靠你大力了。

積大得娘：那末，讓我先來問問他們吧！（她走到了牀後，若有所見。）噢，一個，二個，三個，人數倒還不多，穿也穿得還好……你們到底要什麼呀？……噢，只要幾千塊錢，便宜便宜……什麼？要美金鈔票？……東山哪裏有美金鈔票？……金條？不行，……不行，……噢，改實國銀行鈔票……好的，好的……那末要多少？……什麼？三百萬？……太多了，太多了……好，好，一言爲定，就聽你話，一百萬，明天送來，今晚不可再吵了，讓小少爺安睡一晚，聽到沒有？（轉向沈太太）那末，太太，準定這樣，明天送一百萬實鈔給他們，好讓他們買票回去。時候不早了，我也要回家了。

沈太太：積大得娘，等一等。（從袋裏掏出一個紙包）這樣夜深，要你跑了一趟，這裏是五千塊錢，請收了罷！

積大得娘：不要客氣了，太太，罪過死了。不過——（難於出口似地）這幾天米價漲了，否則，我也眞不好意思開口的——哈哈，太太，不要見笑呀……

沈太太：積大得娘，是不是嫌少嗎？

積大得娘：不是的。不是的，我是說米價漲，所以我夜間出門的錢加了一成，數目只有五百元，不給也沒有關係的，沒有關係的。我不過提起一聲罷了。

沈太太：原來如此，那有什麼不好意思。（袋裏掏出一張五百元票）這裏是五百元，請收了吧。

積大得娘：眞罪過了，太太，你眞是一個阿彌陀佛的人，小少爺包我身上，一定會强龍健虎地好起來的——好了，明朝會啦，太太，請安止罷（積大得娘隨張媽下，嘴裏還說着：「太太眞是一個好人。」「出之好心有好報。」「小少爺包在身上。」之類的話。由近而遠，由響而弱）

（幕下）

第 三 場

時　間：離開第二場三天之後的薄暮。

地　點：同前

人　物：沈正男，沈太太，張媽。

張醫生：三十多歲。

沈先生：正男的父親。五十多歲。

佈　景：如前。窗外下着淅瀝的雨，風很緊。燈光微見閃爍，暗示着一幕悲劇的行將發生。

幕　啟：母親經過了幾天的艱辛，顯得憔悴不堪，眼睛已有些紅腫，她是常在爲她愛子的生命而流淚，現在她坐在牀沿上，眼珠有些瑩瑩發光，她又在拭淚了。

張　媽：奶奶，不要哭，哭有什麼用呢？如果小少爺有個三長兩短，那也是命裏註定的。我們什麼事都做到了，叫性，送鬼，燒香，拜佛，求仙方，拜懺，還有什麼不週到的地方呢？

沈太太：你的話雖然沒有錯。可是，我自問生平沒有做錯什麼事，爲什麼不應該讓我有一個兒子呢！菩薩呀！我只有這一個兒子呀！

張　媽：奶奶，現在事已至此，我想只有等醫院裏張醫生來看後再談了，上次克非少爺講的什麼般尼西林，也只得試試看了。

沈太太：但願還有辦法。（忽然想到了一件事）張媽，今天輪船到了沒有？三天前，寫信給老爺叫他回來，如果收到的話，今天應該趕到的。

張　媽：剛才似乎聽見拉過回聲，如果來的話，應該已在路上了。

沈太太：（長嘆一聲）如果正男沒有希望，叫我如何交待呢？

克　非：（匆匆跑進）叔母，張醫生來了。

沈太太：噢，張醫生來了，張媽，快把房間收拾一下。（張媽和沈太太急忙整理房間）克非，你去請張醫生進來吧！

（克非出門，不久，領了張醫生進來）

張醫生：沈太太，（卸下雨衣）好！

沈太太：張醫生，多謝還好，眞對不起，這樣大的雨，還要勞你的駕，（對張媽）張媽，快倒茶來。

（張媽倒茶上）

張醫生：小弟弟究竟患的是什麼病？

沈太太：很難說，發熱已經有了一個星期，始終沒有見退。

張醫生：如果是慢性腦膜炎，那倒討厭了，這兩天外面流行得很，讓我先來看一下。

（張醫生走到牀前，用診斷器詳細檢杳。）

沈太太：張醫生，有希望嗎？

張醫生：（連連搖頭）呃，太遲了！如果早了兩三天就有辦法了。

沈太太：張醫生，用般尼西林有沒有辦法呢？

張醫生：般尼西林也沒有這樣大的法力呀！沈太太，我看事已至此，不必再悲傷了，還是準備後事吧！

沈太太：（聞言驚惶失措，泣不成聲）呀！正男，我害了你了。

（窗外的雨聲更大，門外有急劇的敲門聲）

張　媽：奶奶，不要哭了。你聽、似乎有敲門聲音，是不是老爺回來了。

沈太太：快去看呀！

（張媽匆匆下）

張醫生：沈太太，不要過分悲傷，你的面色也很難看，自己的健康也須要注意一下。

（沈先生急急忙忙衝進房裏）

沈先生：張醫生，好久不見，今天又勞駕了。（急促而帶有殷切期望之意）小兒的病，還有希望嗎？

張醫生：沈先生，令郎的病，已經絕望。因爲看得太遲了。

沈先生：（向沈太太）正男已經病了幾天？

沈太太：（很不安地）已經七天了。

沈先生：前幾天是那一位醫生看的？

沈太太：（很難過似地）起初，我以爲沒有關係，所以……沒有……

沈先生：（抱怨似地）那末，你們在忙着些什麼？

沈太太：（更難過似地）我……我……

沈先生：（很悲憤地）好了，我也不用你講了，我已知道了一切，一定是枉費了許多鈔票忙着送鬼，拜懺，燒香，求佛之類的事，留着一個好好的醫院，不去請教。……可是，現在怎麼啦？那許多神佛，究竟有些什麼法力呀？（回頭向躺着的愛兒）正兒，你死得太寃枉了。要是我早知道兩三天，你一定還有生活的希望的。正兒，我知道誰是殺死你的劊子手，我要替你報仇，我一定要替你報仇！（向張醫生）張醫生，我們東山人眞是太愚蠢了。他們太辜負了你們的好意。幾百年來，他們始終被神佛欺騙着，到現在還不覺悟，張醫生，我想東山人這種已入膏肓的心病實在是不可救藥的危症。張醫生，你能幫助我們診治這一個可怕的危症嗎？爲了我們的子孫！

張醫生：沈先生，你說得很對，我一定盡力爲之，我相信，即使我們這一代沒有法子完成使命，我們的下一代一定會更勇敢地達到這一個目的。沈先生，今天你太興奮了，早些安息吧！明天會，沈先生，明天會，沈太太！

（張醫生匆匆下）

（沈太太向牀上坐下，泣不成聲；沈先生帶着憤怨的表情，呆若木鷄地立着，眼中熒熒發光。）

（幕下，猶聞沈太太飲泣之聲，窗外風雨更大。）

寫在編演之後

務本同學會

由於偶然的興趣，我們決定在四月二十日的東聯社聯歡會上來一個方言趣劇，目的是想用方言以輕鬆的情調，把故鄉的風俗綴成一個故事，從這故事裏使到會的社員大笑幾聲。

那時，因爲離大會只有十天左右，編劇的人只能在二天中匆匆的完成了這一幕「第一百萬零一個」。

對於話劇，編者是很少接觸的，無論從結構，技巧，情緒方面，「第一百萬零一個」顯然不會符合於一個完美的劇本的條件，然而我們終於很大胆地把它搬到了台上，而且列印到莫釐風上了。

我們希望讀者不以話劇的標準來看它，而僅當它是一則淺明的故事。如果幸而在看的時候，能使讀者笑中含淚，或者淚中含笑，我們也就滿足了。

風

女美

風啊！
當你吹着纖細的柳條，
　使他左右的舞蹈，
就知道你是喜悅，
　從喜悅中現出微笑。

風啊！
當你吹天邊的浮雲，
　使他慢慢地飄遊。
就知道你是無聊，
　從無聊中露出煩惱。

風啊！
當你吹着渺茫的海濤，
　使他洶湧的奔跑，
就知道你是吼號，
　從吼號中發出殘暴。

風啊！
當你吹着山間的溪溝，
　使他甜唱着幽歌，
就知道你是悠閒，
　從悠閒中顯出清高。

風啊！
當你吻着山谷的野花，
　使他底幽香飄蕩，
就知道你是顚狂，
　從顚狂中映出放浪。

三五，五，二〇稿於鑑塘。

誰推動了時代的巨輪？

•民•

時代是一個巨大的飛輪，
旋轉不定地向前推進。

誰在推動這巨大的飛輪？
誰能握住這飛輪的軸心？

*　　*　　*

激湍奔狂的流水，
在夾隄中間，

怒吼着澎湃；
冲動了時代的巨輪，

前進，前進，
不顧一切地前進；

輾碎了後途的障礙，
開闢了前進的大路，

創造科學的新世界。

*　　*　　*

不知多少青年英雄，
在這巨輪底下犧牲。

他們的骨肉，
塡平了前進的大路；

他們的熱血，
匯成了奔狂的激流；

他們的靈魂，
永遠握住了這

大時代的巨輪的軸心。

六，二，一九四七。

讀者園地

夏令已到，疫癘流行，死亡六畜，易佈病菌。

請大家把死亡六畜掩埋勿投河中，以重衛生

吳忍仙

防疫之道，首重清潔，我國人民除少數外，均不甚重視，尤其鄉村農人。例如其家中所畜之六畜（如猪羊貓犬等）或打死毒蛇之後之屍體，都不肯費些工夫將牠掩埋，往往拋擲河中，任其浮沉，隨風浪飄蕩，昨日不侫偕同友人至橫涇，在半途（在涼亭三樓橋間）看到死羊一頭，其腹如鼓，其臭如糞，急忙掩鼻而行。回憶去夏至蘇，在途不知遇到多少飄蕩死亡六畜及蛇等，今者又臨夏日，癘疫流行，此等死畜，更能傳佈病菌，希望我賢明當局着鄉鎮保甲長曉諭大衆，及嚴密監視；不准將死亡六畜及蛇等拋擲河中，均應掘土掩埋，如敢故違，應予以嚴罰，而罰款半數，可充入臨時防疫醫院，半數獎賞報告人，如此數次，就無人再敢將死亡六畜等拋擲河中，對於防疫之道，亦不無小補，

木東公路途程之檢討

吳忍仙

貴刊第十一期社評「木東公路必須興築」不侫十分贊成，但關於公路之過道，當宜鄭重檢討，若仍依原有電線築路，則破壞田畝必多，建築工程亦大，且原有電桿一株不存，因此仍依原有之計劃，有損無益，竊以爲木東公路之起點宜始於木瀆之醋坊橋，出醋坊弄西南行，過仇家邨，行走馬塘，經朱墅廟。（此處宜立車站）沿塘南行，直達候巷橋（此處宜立車站），復南行前漊上，出東塘港口轉西行南塘村，上福履塘橋，（此處爲舊五區中心點宜立車站）復沿塘西南行安投村，直達黃壚橋石塘鎮，（此處宜立車站）再行渡村，（此處宜立車站）過擺渡口斜徑行小山上，（此處宜擇要立車站）一直可至渡水橋矣。假如醋坊弄拆闊，破壞房屋損失浩大，可改起點於西跨塘，路過同春橋，出和合山，走鳳凰池，經蕭家巷，繞山南行，直達候巷橋。亦稱便利，如此行程，均屬高原，而尤較他道爲近，並村落繁多，行旅安全，建築上亦可以減少費用，節省工程，况值此農村崩潰之際，焉可再去妨礙農作，假使仍依原有計劃建築，定然怨聲載道，如能更變方針，尋討新路線，依管見所及，則事半而功倍也，想我區不乏明識之士，均能洞悉利弊，深願我同鄉大家來作一個詳細檢討，以匡不逮，來符合我拋甎引玉之意吧。

尋人

金瑞和　女年十九歲

通訊處　東山金家店前　崇本堂金翁氏

・莫憾・

金瑞和，籍貫見前，（父金魁元，已亡故，母金翁氏（在家做女紅度日。）在十六歲的那一年，由同鄉人名席永清者介紹，過寄與敵僞時代的僞鄉長鄭逆念萱爲寄女，經過事實是這樣的：

因爲金女面目娟秀，那惡魔千方百計用欺騙手段，將寄女騙到家中，他的說法是寄母歡喜她，要他陪伴以解寂寞，被領去之後，女母金翁氏思女情切，在數度哭泣請求之後，母女曾會面過一次，當金翁氏問女：「阿囡你一向阿好？』金瑞和祇回答一聲：「啞！』繼之以兩行熱淚，在魔掌擺佈下，金女於母女會之後，又被領去，直到勝利來臨，那鄭逆避向南京方面去，金女至今沒有下落。

現在女母金翁氏思女心切，據說已立誓長齋禮佛，看來還不是神經上起了變態！倘有過往仁人君子，得知金女下落，通風報信，使母女能重復團聚，筆者亦終算盡了一樁義務哩。

親眼看到一個婦女在受苦

文英

親愛的姊妹們：

今天我見到了一個殘酷的事實。約模上午十一時光景，有一位穿着短衣黑褲的女人，（年齡約二十七、八歲左右），怕羞地從門口踏着步子到掛號室門口，我問她看什麼病，她吞吞吐吐似像不忍說，慢慢的拚出一句話：「有孕預備打胎。」聽了使我一驚，又問她已有幾個月，她說已有五個月，原因是丈夫在鄉，雙目已盲，家裏還有二個孩子，一個年老的母親，田產都已賣掉，爲了生活祇得帶着腹中五個月的胎兒到上海幫傭，維持一家的生活，但是不幸的事，降臨到她的身上，因肚子一天一天大了，重事情不能做了，主人見了她重事情不能担任，就預備回掉她，當然她着急了，如回鄉，一家的生活去靠誰呢？我誠懇地告訴她五個月是不能打了，胎兒已成，况且大人有性命危險，然而她很堅決要除掉，苦苦哀求醫生幫幫忙，——實在沒有辦法，是爲了生活，我並不存心捨棄這一條小生命，醫生是無辦法，叫她到別院去設法，她拖着沉重的脚步，帶着失望的情緒，走出了大門，當她影子消失時，我發呆了，剛才她所說的句子，不斷從腦中湧出來，顯映在面前，重複地念着。唉，她也是一個有肉體有靈魂的人，爲了生活，冒險着自已性命，不得不犧牲這孩子，我真替她担心，第一點她已受孕了，五個月，照醫學理論上是不可打胎的，第二點如果可打，那筆費是很可貴的，她是否有？第三點她的性命太危險了。在這萬惡都市中，可能遇到不正軌的醫生，答應她這要求，那就有危險性。這是社會在逼她上一條死路，譬如不打掉吧；她一家都有問題，那怎麼辦呢？眼看到一個婦女遭遇着不幸，誰能去救她呢。

這裏我對讀者有一個要求，希望你們共同來檢討這問題，我們應該怎樣起來解救這不幸的女性，我想在這社會裏決不止她一個，每一個女性多可能遭遇到或更嚴重的事實，今天太使我感動了，我爲祖國悲哀，爲我們婦女們遭遇而流淚，我不準備結論，這是一個大衆的問題，尤其是女性，最後希望這個問題大家來解決！大家來下結論吧！

× × ×

要辦一個旅行團

親愛的主筆：

由於「莫釐風」的幫助，使一個久離家鄉的遊子，對於過去一年間故鄉的概况，以及旅滬同鄉的動態，得到了親切的認識，你們一年來忠誠服務，加惠同鄉，眞是值得欽佩。

現在我有一點粗淺的意見，不知能否假貴刊一角貢獻給同鄉大衆。

東聯社和同鄉會創辦了很多公共事業，受惠的人，的確不少，由於每樁事業都得賠錢貼工夫，因之市上常有山浪人捐册發現，長此以往，非但捐款人覺得討厭，經募人也覺得麻煩，就是靠捐款來維持的事業本身前途也有很大的隱憂。所以建立團體生產事業，遂成爲刻不容緩的首要之圖了。可是處於這個經濟恐慌開支浩大的時期，投資農，工，商業很難得到安全的保障，管理方而又是問題叢生。不過團體的經費還得出本身來解決，我以爲在服務大衆的過程中，不妨抽取一、二成手續費，充作經費，取之於大衆，用之於大衆，入情入理，不過務須利用人多「套打」，使出錢的人負担於不知不覺不吃虧之中。

綜觀大衆最感興趣的，無過於旅行，的確，旅行可以接近新的環境，展廣見聞，吸收新知識，增益新經驗，是含有豐富的教育意義，至於聯絡感情尤其餘事。於是在上海有很多旅行團，應時而起，雖然他們都能獲到，可是考究他們的服務條件，遂發生很多問題，不是團員過多，向隅者纍纍，就是團址簡陋，團員不能經常與團方取得聯絡。我以爲設能將東聯社和同鄉會的服務精神以及地點適中的同鄉會會址來辦一個旅行團，一定能夠收到滿意的效果，則不特團體經濟可資貼補，還可以貢獻山浪人的精神，給大家有個機會來「讀萬卷書，行萬里路！」質諸高明，以爲然否？此頌

撰安

一個忠實的讀者上

學校簡訊

橫涇中心學校

△本鎮熱心教育的席揆一先生和席世涵先生捐贈該校課桌椅各十付。

△陶校長偕教導赴距鎮五里之侯巷及馬沙里（在侯巷之北二里）各保校輔導，並有陶君之友好侯巷鄉范隊附同往。

△東山朱潤生先生由區署王助理陪同來校參觀，當由陶校長招待云。

安定小學

席氏同族會復校安定，籌款壹萬萬元，先由校董墊款修理校址，今將竣工，開下學期即行開校，席氏同族會爲提高教育水準，對校長人選頗加考慮。（新植）

莫釐遊誌（十一）

明照

壘土累石，就所傾圮，次第施工，闕者補之，殘者易之，頹者平之，墜者起之，其有原植木椿，稍涉朽敝或形孱弱者，尤不惜材力，務易堅好，以策基址，由是全嶴上下，悉臻完善，砥平一律，盡復舊觀，詠吉於光緒二十八年壬寅正月興修，至是年仲夏凡五閱月而訖工。……素恆重修并撰記」。

逾亭，見安定塔七級高聳，過節孝坊二，即達塔前，塔建於民國五年八月里人席錫藩遵父命，報母恩而造者也。陸紹庠書安定兩字額。門聯云：

遠繞湖聲應法鼓，餘暉山翠起梵鈴。

內壁鑴三元大帝像，頂懸鐵鐘，以杖擊之，聲遏行雲，角懸小鈴，風吹鈴鳴，清脆悅耳。湖嘴盡端與武山，西金山遙遙相望，舟楫東西，飛禽上下，湖風撲面，胸廓爲清，前爲蘇山外湖班輪船停泊處，建有候舟室，曾一度熱鬧，自經停駛，又形冷落，該處港灣深邃，足可容納巨輪，爲一良好船埠，今其附近，爲船戶集居之地，綠楊深處，遂庭炊烟，詩情畫意，不可多得。清袁宏道云。

野樹澄秋氣，孤蓬罩晚暉，漁舟懸網出，溪叟截鱸歸，山疊鷓哥翠，浪瞞白鳥飛，暮來風轉急，吹水濺行衣。

可爲該處之寫照詩也。折回經金家湖，過高橋弄，至社下里，古名橋社，宋范成大社山放船詩云：

社下鐘聲送客船，凌波擊鼓轉春灣

橫烟裊處雞豚社，落日浸邊桔柚山

八表茫茫孤鳥去，萬生擾擾一舟閑

湖心行路平如鏡，陸地風波却險艱。

洞庭靈姻傳云：『唐儀鳳中，柳毅應舉不第，過涇陽見一婦牧羊，泣曰：「妾洞庭君女也，嫁涇川君次子，而夫爲婢僕所惑，日以厭薄，君將還吳，以尺書託寄。」毅還家，訪於洞庭，取書寄之，洞庭君欲以女妻毅，毅曰：「殺人之夫而娶其妻，不可也。」後毅再娶盧氏，貌酷類龍女，既產一子，乃謂毅曰：「予即洞庭君女，涇川之辱，君能救之，向所以不言者，知君無好色之心，今所以言者，知君有愛子之義」。

今道旁有柳毅井，壁嵌明正德九年王鏊所題柳毅井三字隸書，其泉爲東山五大名泉之一，颶風撼而不濁，天時旱而不涸，張大純采風類記云：

『柳毅井在洞庭桔社，洞庭龍君女託毅寄書曰：「洞庭之陰有大桔焉，曰桔社，擊樹三，當有應者」。即此，今桔社樹尙在，故名其地爲社下』。

社下之名，其來由此，明吳時德柳毅井詩云：

橋樹無蹤征往年，塞泉村落尙依然，

靑鬟龍汲猶相粢，閒坐銀牀語舊緣。

葛一龍咏柳毅泉詩云：

山根一泓碧，中有龍君居，柳生落第客，傳得涇陽書，事去井還在，徘徊空照影，不見風鬟人，居人亂垂綆。

吳偉業詩云：

仙井廢虛音，原泉瀉桔林，寒添玉女恨，淸見柳郎心，短便書難到，雙魚信豈沉，波瀾長不起，千尺爲誰深。

循道前行練至谷家嶺下之啓園，園爲里人席啓孫所創建，開山塡湖，煞費苦心，門額由伊立勳題啓園二字，內有四面廳，動物園，花圃，挹波橋，環翠橋諸勝，占地五十餘畝，航輪可直駛園中，沿湖短欄，可憑眺湖中佳景，烟水浩淼，波濤洶湧，欄挹碧波，門對靑山，朝鎔晚嵐，風景不凡。距啓園數十步，有三官殿，屋僅一椽，內祀三官大帝，殿門雖開，無人看守，民風淳樸，由此可知，壁間懸手抄大士籤，例如第九十一籤上上句云：

好把愁眉須展開，大則大用存將來，

一條大路平如掌，凡有施爲總稱懷。

傳可決疑，錄以博笑。其旁毗羅洞，一名羅洞，俗稱仙人洞，內有石觀音像，昔時香火不絕，今已傾圮，相傳由此可達鎭江，無稽之談，更未能信。明陳宗之記文曰：

橫涇備考（一）

本書係里人莊企周景藻先生遺著，惜未竟功而遽歸道山，原稿失散頗多，僅存什一，茲錄投本刊，以供欲明橫涇掌故讀者之參攷。

金箴熙識

區域

市鎭：橫涇爲吳邑濱湖重鎭，相傳吳越春秋時，吳王夫差讌涇使美人經此，采蓮，因以爲名。（又傳管夷吾鮑叔牙曾於此分金，又名橫金，橫涇塘河東通越來溪，故又別稱橫溪）。

橫涇十景曰：春草古松，寶華殘雪，胥江漁火，橫溪榆蔭，曲流分水，古寺斜陽，太湖落雁，堯峯打鐘，虹橋望月，石湖歸帆。

陳巢閑橫溪寫景詩：

橫溪山水接香溪，中有峯巒東復西，兩岸小樓人醉酒，四橋（鎭上有象興積慶望仙駟馬等四橋）午時叢鬪雞，太湖卅里縈迴繞，莫釐雙峯縹渺齊，蓮社風流今異昔，子規空向月中啼。

楊秋心橫溪雜詠

我到陳家春草軒，庭前獨見古松存，夜來聽得濤聲響，似有千軍萬馬奔。（春草古松）

何妨去訪薛家灣，也爲思登寶華山，殘雪猶存途本滑，高峯眞個最難攀。（寶華殘雪）

當年吳郡爲樵子，此日胥江作釣徒，遙望漁舟有燈火，恰逢月落與烏啼。（胥江漁火）

橫溪之水碧於油，兩岸靑榆樹蔭留，試看綠陰眞可愛，阿儂頤在此間遊。（橫溪榆蔭）

木履橋邊到浦莊，東西六里路蘇長，曲流從此方分水，兩派居然各邐强。（曲流分水）

延慶古寺至今存，尙有僧敲月下門，莫說夕陽無限好，可憐時已近黃昏。（古寺斜陽）

光景又屆小陽春，鴻雁多飛震澤溟，不料獵徒心太忍，盡羅候鳥作珠珍。（太湖落雁）

重陽佳節上堯峯，欲覽汪公昔日蹤，待到興闌下山去，耳邊聽得隔林鐘。（堯峯打鐘）

記得吳王與越娃，曾來此地采蓮花，而今國破人安在，獨立橋頭望月華。（虹橋望月）

算儂本是居吳市，作客偏教過石湖，每逢星期乘艇返，一帆風順到姑蘇。（石湖歸帆）（未完）

優勝榜

本刊第一次徵求讀者運動于本月十日揭曉，茲錄優勝者姓名分數於后：

團體冠軍　**文昌隊**　三四一分

亞軍　**務本隊**　三〇一分

季軍　**安定隊**　二六二分

個人冠軍　**周錫淳**　二〇二分

亞軍　**嚴孝修**　一五三分

季軍　**徐元焜**　一三四分

總成績　一二八二分　超過目標

又**徐元焜**同學將個人季軍獎品義賣，由**安定同學會**以四十五萬元買進，得款捐贈本刊（詳情請閱莫釐風徵求運動號外）

文化基金抽籤還本

東聯社文化基金借款于本月十日在本刊總揭曉席上當衆抽籤，茲將中籤號碼刊載于後，出借諸君希對號前來領取爲荷。

二萬元者　70　49　71　64　9　2　4　19　60　58

五萬元者　25　22　3　5

莫釐風月刊（13）

每月十五日出版

預定先繳壹萬元每期八折扣除

本期零售每册三千元

編輯及出版者

東洞庭山各校同學聯誼社

莫釐風出版委員會

上海通訊處　北京西路一〇八號　洞庭東山旅滬同鄉會　電話　九九三四一九　九六五九七

蘇州經售處　閶門內東中市　蘇州教育用品社

東山總經銷處　殿涇港朱家弄瞿友農

東山經售處　殿前嚴大德堂國藥號

壽親義莊 東聯社 合辦免費送藥分站地點

▲前山▼

總分送站 席夢齡先生 天香館

第一分站 保安醫院 葉巷村

第二分站 正風社 殿前

第三分站 前山鎭公所 王衙前（前區公所內）

第四分站 渡橋鎭公所 渡水橋

第五分站 席周鄉公所 長涇浜

第六分站 潦涇鄉公所 夏荷園

第七分站 瞿友農先生 殿涇港

第八分站 金子廣先生 潦里

第九分站 嚴士雄先生 豐圻耕讀堂

第十分站 席夢齡先生 天香館

第十一分站 朱全高先生 武山鄉

▲後山▼

第十二分站 楊灣鎭公所 楊灣

第十三分站 文恪鄉公所

第十四分站 鑑塘小學 上楊灣

第十五分站 施炳南先生 楊灣鎭

第十六分站 余仁小學 湖沙村

第十七分站 登善醫院 張巷村

服務組啓事

（一）茲承葉仲灝君捐贈痧藥一百瓶，嚴星州君捐贈痧藥水二百瓶，特此致謝。

（二）暑天降臨，本社所備之夏令藥品如痧藥水等，尙不敷應用，敬請熱心人士，多多輸將爲盼。

（又訊）壽親義莊交來痧藥水一千瓶，不日送山分發云。

第二卷　第二期

湖山秋色　　金良攝

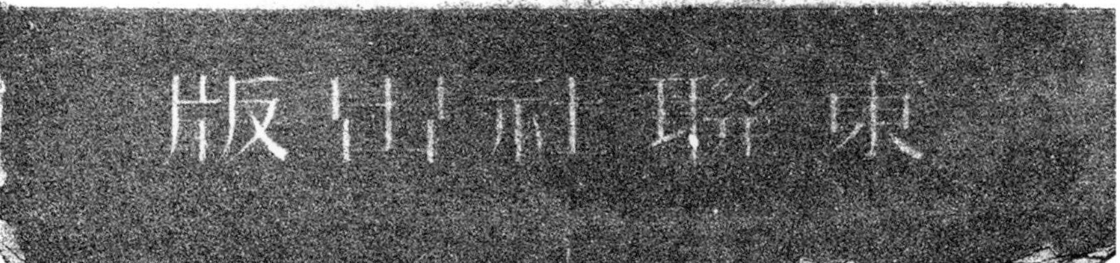

社評

（一）區政二三事

東山區署之設，始於民十八年，其前身卽民初之民政署，曾先後改稱爲行政委員會及鄉政局，最後始正名爲吳縣第十七區區公所，廿二年又改爲第十二區區公所，名稱雖異，其爲區政之中心機構則一。

今春縣府遵照政府所頒新訂標準，將橫涇、渡村、浦莊、東山等合併爲東山區，無論從面積、人口、風俗、文化等方面觀察，都可說是東山區政史上劃時代的變更。從此東山區將益見龐大，而區長之任重道遠，亦必倍逾往昔無疑。

未併區前之東山區，僅指洞庭東山一隅而言，以其深入湖心，三面環水，常爲盜匪覬覦所在，按諸數百年來史乘所載，匪禍之多，怵目驚心。是以歷來主政者，咸重兵事。方今萑苻未靖，烽烟猶熾，而東山匪警，幸能日趨減少，具見當局殫圖擘劃，爲民除害之苦心，吾人深願好景常在，俾今後官民均能以充沛之精力，從事於建設之工作，庶幾吾人憧憬已久之新東山，終有出現之一日。

吾人爲謀衣食，羈旅他鄉，惟於鄉政之一動一靜，未嘗片刻或忘。敢就最近區政觀感所及者，覼縷而言，亦所以效春秋責備賢者之意云爾。

◇　◇　◇　◇　◇

上月初，前山鎭鎭長因向居民收了一筆不大的費用，結果爲人告發於國防部，在部方派員偵查之下，兩鎭長提出辭呈，另議賢能，現在，新鎭長人選已定，此事當屬明日黃花，可是，我們覺得有兩點還值一提：

（一）受政府委任的鄉鎭工作人員，對於任何一件小事，都應該鄭重將事，三思而行，尤其在經濟方面，應該儘量公開，務求合「法」。我們很知道多數鄉鎭長有着不勝墊款之苦，但是萬不能以此爲收費之藉口，在民生凋敝的今日，我們願爲鄉鎭長者，凡百設施，不以「合理」爲足，務以「合法」爲則，

（二）在民主時代中，人民檢舉當政者的過失，自屬天經地義。這一次鎭長的檢舉，如果眞是一秉至公，那末，我們將爲東山的民主歌頌；如果僅爲快一己私怨，那末，我們以爲此風不可長，俾致優越的幹才，對仕途望而卻步。

◇　◇　◇　◇　◇

抗戰以還，徵兵的風潮每年刺激着動盪的人心。在請求免役、逃役出亡、强行拉伕的浪潮下，

第二卷第二期目錄

民國三十六年八月十五日出版

使人民失却了對役政的正確認識，除了恐懼之外，他們一無感應。雖然勝利已經兩年了，而抽壯丁的故事，還是這樣新鮮！這一件大事，自然非區鄉鎮長能力所能左右，然而，人非艸木，我們眼看着一幕幕生離死別的悲劇，誰能不興無限的感觸？所以，我們期望區鄉鎮長在辦理此次役政的過程中，除了要辦到公正和忠實兩點外，尤盼以獎勵自發自動的應征為主，而以抽籤為輔。同時，對在滬服務的及齡壯丁，應否計入，也須有通盤計劃，以免重複。

◇　◇　◇　◇

東山區署，原定應設渡村，惟因乏適當地點，迄今仍設橫涇，此於區政之推進，不無阻滯，補救之道，厥在區長之常蒞僻壤，勤求民隱，與民更始，昔周公有一沐三握髮，一飯三吐哺之故事，使千載稱頌不置，區長既為親民之官，苟能不辭勞瘁，與鄉閭賢達，多作意見之交換；對民生疾苦，常作實地之察訪，則區治之改進，庶幾可待。

（二）祝同鄉會新理監事會

繼會員代表大會之後，同鄉會新理監事會宣告產生，而且在溽暑困人中，已經召開了兩次會議。

大體上言，這一屆新理監事的陣綫，並沒有多大變更。這是說明了上屆理監事的熱心工作，獲得了多數會員的擁護與眷念。

尤其巧合的是在理監事一致的同意下，通過了理事長蟬聯的提議。這樣，無形中使同鄉會少去了一種形式的紛繁，而理事長的駕輕就熟，也一定會使會務的進展，加增速度。

在同鄉會踏進了它的新的年度的今日，新理監事會對於會務的安排，定已胸有成竹，緩急輕重，我們雖尚未獲悉，但知其必以「切於實際，合乎時要。」為依歸。

此一臆測，可由新理監事會下各小組中增設福利委員會一端證實之。

福利組織，在今日進步之社會中，已屬習見，每一團體組織之宗旨，類皆以謀取公衆福利相揭櫫。吾東山同鄉會組織之最終目的，要亦不外乎此。

所可憾者，三十多年來同鄉會對會員的福利工作，做得太少。原因之一，恐怕就在沒有一個專司其職的機構。現在，我們終於很幸運地看到了「福利」兩字，明確地出現於同鄉會組織之中，這自然是同鄉的福音，也就是同鄉會的進步。

我們熱誠期待着福利委員會工作的展開，希望在不久的將來，我們跑到會裏，耳目為之一新，我們可以在最適當的地方，找到我們所渴望已久的經濟食堂、理髮室、浴室、消費合作社、………以及同鄉間的溫暖。

祝新理監事會為同鄉福利工作努力，成功。

風語

冥鈔入銀行

·心咸·

聽說：冥鈔跑進了銀行。這對於銀行，似乎是一種侮辱。

其實，一張冥鈔，紙張加上印刷，其成本想不會低於若干種眞正的法幣。如果如此，那末，冥鈔的混入銀行，又有什麼侮辱的理由呢？

我倒相信，終有一天，冥鈔會在市場絕跡，因為印冥鈔的商人們，一定已看到用眞法幣改造要比另外印製便宜得多了。

因此，我願意向銀行貢獻一個意見，快將沒用的法幣，加印「冥國」字樣，賣給那些愚蠢的人們，讓他們燒個痛快。

不要看輕了小額的法幣，它們也許會負起「陰陽一統」的責任來呢！

「老頭兒」和「猴子」

心咸

有一天，明太祖微服出宮，聽到了一個賣菜的老婆子在講他，而且稱他為「老頭兒」，於是當天就把老婆子捉進宮裏，問成死罪，尤可怕者是竟然罪及九族。

大約在六百年後的西方，有一位畫家把羅斯福（記住他是大總統呀）畫成一只猴子，印到了報紙上去，奇怪的是這位總統不但沒有生氣，而且還把這幅畫拷貝了多份，逢人便送，狀頗自得。

我想，這位畫家和總統一定沒有聽到過這一個「老頭兒」的故事吧？

東方和西方的不同，民主和獨裁的分野，上

雨花播音台

吳縣縣長沈乘龍調職
由王介佛繼任

蘇省府十二日例會，通過吳縣縣長沈乘龍調蘇財廳主任祕書，遺缺由丹陽縣長王介佛調充。

前山鎮鎮長重選　韓步愈新官上任
各鄉鎮長頻有調動

前山鎮鎮長汪其成辭職及吳瑞麟等當選鎮長，各訊本刊上期已有報導，近因吳瑞麟因故懇辭，故於七月十八日重選，結果韓步愈（文伯）當選爲正鎮長，周竟如、張季生爲副鎮長，聞已交卸清楚，開始辦公云。（思）

渡橋鎮長盛佐卿接任以來，自覺愧無建樹，一再呈辭，業蒙照准，咋接區署派令，在未正式重選之前，該鎮事務暫由副鎮長許桂生代理云。（思）

本區署指導員唐頌清，由前第五區公所轉任，辦事幹練，一向服務司法機關，現今就職安徽省甯國縣地方法院看守所長，已於上月辭去指導員職務，前往就職，臨行由金前區長及地方士紳設筵餞行云。

橫涇鎮長庵景湘辭職照准，由徐永銘接充，徐君年少英俊，係吳縣地方行政幹部訓練所高材生，上年曾代理徐墅鄉（現渡村鎮）鄉長。

浦莊鄉長高灝，渡村鎮長金德華，已准辭職，遺缺尚在物色中，侯巷鄉長朱介良辭職已由顧柏青接充。查高金朱三君均爲江蘇省訓練團第十期畢業，與金前區長晟熙爲同班，倦勤求去，深爲地方可惜。（金）

開自兵役開始以來，各鄉鎮保長均擬辭職，但均爲兵役期間，不得辭職爲由駁回。（慶）

橫涇居民包圍區署
商民控訴隊附政警

（本刊綜合報導）東山區橫涇鎮，九日發生事端。全鎮居民數十餘人將區署包圍，一時情勢嚴重，全鎮商店均紛紛關門。茲將詳情採錄於左：

事緣縣長沈乘龍以本年徵兵業已開始，所有東山區署轄境內之壯丁年次調查表及役齡男子名簿，至今猶未造報，乃於八日飭派政警隊警士李鳳齡趕赴橫涇催辦，該警因該區署一時不及趕造，遂留該鎮守提。

九日下午四時許，李警由該區自衛大隊附陪同在該鎮下塘陳逢春飯店吃酒，是時適有攤販王順和妻來酒店向張隊附索取欠債，一語不合，即觸該警之怒，加以毆打成傷，羣情嘩然，即至區署理論，並將李警包圍，此時適沈區長返署，即勸解而散。

事後李警即返蘇報告縣長，並謂前區長金晟熙煽動羣衆，乘機暴動等情，沈縣長得報後。業已諭令該區區長將出事經過查明詳報，以憑核辦，而橫涇鎮全體商民，以張隊附及李警歪曲事實，曚報縣府，特聯合啟事如下：

「頃閱報載東山區壯丁受人利用，包圍區署面的兩則故事，給了我們一個何等鮮明的對照！

「諱辯」
·心威·

幾個月前，後山的「蔣舍」鄉改稱「文恪」鄉．鄉鎮的改名，不算大事，而且新名字改得也還不錯，本來可以不必重提。

然而，無意中看到了改名的理由，原來是爲了避諱。我很疑惑：難道我們還生在唐宋八大家之一的韓愈老先生之前嗎？爲什麼他所寫的一篇載在古文觀止中的「諱辯」，還沒有給我們東山的鄉老先生垂青過呢？

這眞是頗堪玩味的，在人家拚命把馬路改爲「中山路」、「中正路」、「林森路」的時代，我們却來這樣避諱的插曲。

這眞是一個了不起的諷刺！

考驗
·金曄·

同鄉會本年度會員代表大會席上，有人提議撤消惠然軒公壇，立即得到了大多數代表的贊同，並且議決改組公壇委員會，移佛事設備於三樓，這個消息傳來，我想多數求進步的會員聽了，一定覺得萬分高興的吧！

然而只聽見樓梯響，不見人下來，堂堂同鄉會的會址，依舊給一班善男信女們佔領着，仍舊是叮叮噹噹，烟火瀰漫，非但沒有要他們搬上高樓，而他們的氣燄卻方興未艾！

東山人是最懂得人情之重要的，有許多事明明知道是必需做的，不過投鼠忌器，欲行又止，因此取消公壇這件事變了議而難決，決而難行了，當然當事人有他們的苦衷，不是我們局外人能知道的。

不過我們覺得，多數會員對於本屆理監事期望很深，大家希望本屆理監事們能敢作敢爲，一改過去畏首畏尾的作風，而理監事們是否能不負衆望，眞正在那爲着會員們做一些事，這次「惠然軒公壇」事件，是一個偉大的考驗。

，兇毆政警。前任區長金晟熙有指使嫌疑云，查與事實不符，謹將經過情形，詳陳於后，以明眞相，敬希各界主持公道。緣本區區隊附張君實任職年餘，毫無建樹，平素酗酒滋事，向本鎭各商號賒取貨物，從不給價，稍不如意，動輒恣意咆哮，商民畏之如虎。日前（八日）有縣府所派政務警李鳳齡來區署提取公文，傍晚向本鎭聚興菜館叫一蛋炒飯，原價八千元，反命該館找取二千元，實欠一萬元，該館學徒不允，即被毆打成傷。九日晚復與本區區隊附張君實同在下塘陳逢春店內飲酒，事先張君實在本鎭攤販王順和處賒欠打火機一隻，計價六萬元，屢索不付，是時該攤販王順和之妻秦氏又向伊催索，並見該政警李鳳齡一同在座，叫他一聲李班長，因李鳳齡原名李兆起，敵僞期間曾充僞第三師第三連班長，無惡不作，全鎭商民素所認識，致觸該警之怒，將秦氏拳足交加，毆打成傷，當時昏厥倒地，因此激起商民公忿，一時麕集數十人，陪同王順和扶持秦氏，齊赴區署請願理論，不意秦氏復遭毆擊，羣情更形憤慨，全鎭嘩然，幸經金前區長等與沈區長磋商調停，當場勸諭，各商民始各散歸，靜候合理解决，不料張君實李鳳齡二人於翌晨潛赴縣府，危詞聳聽，顚倒是非，矇報長官，圖陷善良。惟事實俱在，非片面之言所能抹殺。且國法無私，終有水落石出之一日。除聯名呈訴當局暨縣參議會呼籲澈究外；爰特聲述事實，以正視聽云」。

金家讓太湖落草
縣政府電令圍剿

近日軍事當局據各方情報謂：東西山太湖附近發現有股匪三百餘名，各持長短武器，由名金家讓者（即金阿三）率領指揮，邇來太湖往來客商時遭刦擾，當局據報後，頃已電令省保安司令部轉飭太湖沿岸各縣，迅予出動軍警，予以淸剿，以安客商，縣府業已接奉上項電令，將即日派保安自衛隊前往太湖圍剿云。（王栩聲）

長途電話首次通話

本山長途電話在八月二日下午一時許與上海同鄉會首次接通，聲音尚稱淸晰，茲將該途各站價目列下：

上海——蘇州——木瀆——橫涇——渡村——東山。後山尚未接通。

9000　4000　4000　2500　1500

返山旅客注意　須帶國民身份證

自蘇州閶山之輪船，凡至渡村附近，太湖水上警察卽上船査詢旅客國民身份證，現因實施未久，致旅客每多不帶者，希吾山來往旅客行前先自檢點，以免不便。（豪）

代夫復仇未成
吸毒鄉鑑入獄

橫涇鎭鄉婦龔宋氏及吳泉根陸傳金等聯合控告其夫之伯父龔湘洲，於敵僞時教唆僞自衛團長施肇奎吳家珍等殺害其夫龔伯禹，但因罪證不足，可能宣判無罪，該吳泉根陸傳金二人竟於白日持斧至石杏生茶館中意圖殺害本案證人朱雲伯，後經地方公憤聯名控告該二人行兇及吸食毒品罪，已由橫涇警察所拘解辦理云。

徐莊鄉鄉正副
被控私販槍械

徐莊鄉鄉長張渭，爲組織民衆自衛隊曾向前任東山區長金春田買步槍四枝，當取得二枝，尙有二枝說妥過一時間再取，至三月間，金區長已向縣府辭職照准，遺缺派沈濤接任，沈悉徐莊鄉長購槍一節，事前未有申報，涉有私販槍械嫌疑，卽送地檢處核辦，票傳徐莊鄉鄉長張渭副鄉長陸初甫到案（七月十六日）由地檢處羅檢察官審問認有犯公共危險罪嫌，被告交保定期調査罪行再訊云。（王栩聲）

伴觀音的插曲
水警想吃荳腐
兄弟代抱不平

夏曆六月十八日，有西街鎭居民周君偕其姊及友葉君前往大尖頂伴觀音，途中因腹飢至麵攤吃麵，周葉先後吃畢靜待其姊，此時，有便衣水上警察二名，於周女士之側，竟以手拍其肩膀，該女士以含羞不敢作聲，惟立在左側之兄弟，目覩此情以爲跡近侮辱，不覺勸怒，乃斥以不要臉，不意便衣警惱羞成怒，飽以老拳，衝突隨起，幸有自衞團及陸警聞聲趕來，該二警始悻悻而去，走後並聞鎗聲二響。（慶）

來函照登

逕啓者：今閱貴刊第二卷第一期內載有渡村通訊：「自衛隊員搶械敲費，擊傷農民激動衆怒」一新聞一則，核與事實不符，誠恐淆惑聽聞，合函更正於後：

一、在本鎮公所事務員朱鏊，平素怠忽職守，屢誡不悛，鎮長爲免當地民衆責難起見，乃予撤職處分，詎知本鎮雇用之自衛隊員多係朱之同鄉，竟爲無理之要求，當經拒絕所請，乃各悻然以退，當時既未引起搁械衝突情事，則何勞地方士紳之勸阻，而鎮長依據職權處分部屬，更毋須出以非法手段。

一、查本鎮雇用之自衛隊員，對於職務之分配，伙食之管理，均派有人員專責處理之，此次該批雇用隊員因向居民李德高父子收取自衛團經費，發生衝突，因此激動公憤，鎮長於事前既無所聞，則究奉何人命令前往收費，自屬疑問，迨至事後聞訊，誠恐釀成事端，乃派員向區署報告始由沈區長將該批雇用隊員全部帶區懲處。

依據上開事實，訪聞顯有失實之處，相應專函奉達，即希

查照賜予更正，以正視聽，而免誤會實級公誼。

此致

莫釐風主編先生

渡村鎮鎮長金德華

卅六年七月卅一日

小消息

▲惠安善堂定於夏曆七月初一起施診壹個半月，至八月半止，議決內科每號叁千元，外科每號六千元，此乃醫師之診例，延請陸蠏岩、周則方二醫生担任醫務，掛號處設在正風社內，開施診費共計籌備叁百萬元，半數由惠安公產項下支撥，半數申請上海三善堂補助云。

▲吳縣參議會已定於八月十八日在蘇舉行，本山參議員席煒、葉振民、朱潤生等已整備提案前往出席。

▲前西街鎮長鈕淼甫前經地院判處六月徒刑，現刑期已滿，安返東山矣。

▲安定小學校董會已告成立，並聘請席裕昌大律師爲該校校長韓運先先生爲代理校長，積極籌備復校事宜

，開將於九月初開學，茲將採得校董名單列後：

席守愚　席徽三　席季明　席光熙

席德柄　席鳴九　席玉年　席裕昌

席伯華　席潤身　席正林　席敍中

席少蓀　席涵深　席韻樵

▲席氏同族會，爲提高故鄉農產水準，決定組織席氏農林公司，應用科學技術，發展農業生產云。

▲文恪鄉裝電話。後山楊灣鎮、文恪鄉爲便利一般人民之通話起見，擬合裝一電話於石橋村文恪鄉公所內，因地點適中，便利南北通話，積極敷設有線電話一架，惟經費頗鉅，經鄉長決議向居戶勸募按戶攤派六千元，日內裝設完竣。

▲小汽艇巡弋太湖。東山面臨太湖，形勢向極險要，爲商民安全起見，水上警察大隊張少華大隊長及該管警所聯繫巡防，特駛小汽艇巡弋太湖，加以防範云。

▲洞庭業餘補習學校爲發展校務，特擴充校址，並添聘學識卓越之教師，凡屬同鄉子弟入學，給予八折優待，及凡在本校肄業成績及格之老同學，特設九折優待辦法，如有家境確實清寒，經本校調查屬實者，可申請免費，並即日起開始報名云。

▲同鄉鄭鵬南等，籌組東海旅運商行有限公司，租妥四十匹馬力輪船一隻，可載重廿、卅噸，並可拖廿噸船約十只左右，自東山直開上海，需時約廿四小時，載貨搭客，便利同鄉往返申山，取費低廉，以迅速爲宗旨，每日自東後山七時開前山九時渡水橋開出，次日清晨四五時到申，上海下午五時開山約在次日下午二、三時到山云。現探悉其航線如下：

內河	外河
上海	上海
周家橋	七寶
北新涇	泗涇
紀王廟	青浦
黃渡	朱家角
安亭	金澤
菉葭浜	蘆墟
斜塘	黎里
蘇州	平望
橫塘	北厙
越來溪	吳江
橫涇	蘇州
浦莊	木瀆
渡村	胥口
東山（前山、後山）	東山（前山、後山）

東山商情

上白粳	每担卅八萬元
中白粳	每担卅六萬元
次白粳	每担卅四萬元
白尖	每担卅二萬元
白元	每担卅八萬元
杜赤豆	每升四千五百元
太和粉	每袋十二萬五千元
荳油	每斤七千二百元
菜油	每斤七千二百元
杜糟	每斤四千八百元
糟燒	每斤四千元
燒酒	每斤三千六百元
白糖	每斤八千八百元
赤糖	每斤八千四百元
生麵	每斤三千元
火油	每聽連聽十四萬元；還聽十萬元
白魚	每斤六千元
蝦	盂水一萬元；太湖每斤七千元
鴨蛋	每枚六百元
鷄蛋	每枚四百元
毛豆	每斤二千元
黄豆芽	每斤一千四百元
豆腐	每斤一千六百元
梗柴	每担四萬元
樹柴	每担四萬元
茅柴	每担二萬五千元
肉	每斤一萬三千元

八・八・市

朱稷丞

•良•

頎長的身材，白皙的皮膚，一個雖似清癯但很結實的體魄，手足四肢都顯得特別的長，面部輪廓，似乎是一個等邊三角形，上方而下尖，天庭顯得很具稜角，就是頷部稍爲削瘦些，濃淡適中的兩條眉，底下一雙又尖銳又靈活的雙瞳，配上了嫵媚的所謂雙眼皮，薄薄的兩片嘴脣，就是在薄怒時，眼角脣邊的幾絲皺痕，也似乎留着幾許春痕，這便是那絕頂聰明東山才子朱稷丞先生的浮雕。

朱先生長在閥閱之家，從小他的父親（獻准先生）督教他是很嚴厲，因爲他天賦聰穎，又肯刻苦，在文的一方面，詩詞歌賦，無一不通，旁及琴棋書畫，也都涉獵。獻准先生性好技擊，家中請有拳教師，家中備着各種武器如刀槍劍戟之類的所謂十八般武器，稷丞在一旁觀摩效學，雖不必如稗官野史上所稱十八般武器件件精通；但筆者在同鄉會的幾次游藝會裏，親眼看見他打過譚腿；耍過單刀和花槍；吹過笛，彈過琴，都是很有功夫，並非亂來一陣，這可見他的絕頂聰明處，可是這許多玩意，僅是他二十歲左右時所愛好的藝事！

他受着五四運動的影響，把一切咬文嚼字堆砌詞藻的工作，完全拋棄，從事於白話文，像胡適、魯迅、郭沫若、幾位傑出的導師，他都很崇拜。他的思想，從此轉變得很積極，除廣泛地愛好英法書籍外，尤其愛好蘇聯文學。他在這時創辦了一個辛酉學社，以創辦及寫作人的姿態，出現於廣大羣衆之前，還編製了幾個戲劇，最受人歡迎的要數那「狗的跳舞」，就是現在最能吸引人的「大馬戲團」。這時田漢已露頭角，稷丞要是專研戲劇，也不難成名。可是他腦子裏的東西，寀得實在太多了，他鄙棄寫字間的牛馬生活，忽地動着出國的念頭，他雖然學的是英文，但是他不想到英美諸大邦去，原因是他的囊中空虛，因爲出國之舉，是他父親妻子所絕端反對的。他是獻准先生的獨子，他本人又祇有一個女兒，——叫朱梅。在他出國之先，很得意的說：「憑我這些聰明，終不致於流浪絕域，成爲丐兒」。他又安慰着他的夫人說：「我去去就回來的，萬一不回來的話，你可以另外嫁人」。他先到法國，半工半讀，滿擬學些專門技術回來，後來不知怎樣，忽然效學起「大馬戲團」裏的角色起來，據一位接到他「海外來鴻」的朋友說，他居然在演馬戲之前，以團主的姿態，表演一番中國技擊。很受觀衆的歡迎。後來似乎不大得意，輾轉由俄境而到達新疆，勝利之前，還在當地一個戲劇團體裏担任了某種職務，這是從田漢先生那裏聽來的。至於詳情，他的家屬既無所知，就是他的在滬諸友好如筆者以及嚴潔身兄等，也不知底細。合着傳奇上所謂「才人畸士之特立獨行歟」！真令人不勝低徊者也。（末兩句爲稷丞古文所常用）。綜上所述，加以結論稷丞是一個由舊禮教中生長而加以新洗禮者，因爲家庭間新舊思想的不調和，遂致困頓異域，不想回家；或因自古才子必多情，在番邦娶了番婆，以致不能過關探㝷，把家中的妻女也就拋棄了。此雖臆測之辭，或許談言微中。現在證實他已經在新疆病故了。在說他壞話的人，不免要說一聲「聰明反被聰明誤」；但是在筆者的見解，一個人壽命的修短，豈關人事，要是能天假以年，或者從新疆回到了上海，還不是挺前進的一位傑出之士，該是一般年青人的導師吧？我爲東山同鄉會痛斯人！吾又爲東洞庭山各校同學聯誼社失此導師惜！

筆者雖然寫了這麼許多文字，還是覺得傳來之聲，不甚確切。最好由同鄉之士，蒞事徵集他近幾年的事蹟，一方面由同鄉探聽他的家屬，有沒有他的最近通信，不妨用追悼會的方式，請他的家屬來報道一下近年來他的生活，我想不會是椿毫無意義之舉吧！

洞庭圖二週年 莫釐風一週年 紀念大會速寫

瞿而敷

炎熱的天，沒有一些風，晚上，更顯得悶。

在北京西路的一條弄內，洞庭東山旅滬同鄉會裏集合了幾百個愛好文藝的人，男的女的，甚至年邁頭髮已經脫落的。今天，他們都冒着溽暑的侵襲，懷着一顆火一樣燃燒的心，來參加這一次洞庭圖室和莫釐風月刊聯合舉辦的紀念大會。在這裏，不單單爲着這二個機構的成長而慶幸，還爲着檢討過去和展望將來。

本來是作佛事用的惠然軒神壇，陰凄凄的氣氛籠罩住這一個大殿，祇有幾個道士在做他們的功課。他們以此種欺騙的迷信，來作他們生存的工具。可是，今天，改變得那麼嚴肅：魯迅先生，法國大文豪羅曼羅蘭等的圖像，一筆筆的勾劃出生命的力，這一股力的表現，頃刻間傳到了每一個角落。中間用條櫈擱板，搭成一個小的台，後面用藍布作爲遮幕，「生活，學習，戰鬥！」六個大字貼在這塊藍布上，表現得更其有力。到會的每一個人，都會受到這一股力的傳佈。他們一方面在敬仰這幾位不朽的大偉人，一方面在等候着台上一幕幕的節目，來慰平他們的稽曲的心情。

八時剛過，紀念大會就在大家殷切的冀望下，宣告開始了！從事教育事業的葉聖陶先生特地趕來參加，並且是請他來演講的，主席報告以後，在熱烈鼓掌下，葉先生走上了講台。

操着蘇白的葉先生，今天精神特別矍鑠，他在台上看到了這一大堆的年青人們，他們都是圖室和莫釐風的讀者，他就以讀書這二個字作爲出發點。誠摯的語音，打動在每個來參加大會者的心上，他用很通俗的辭句來解釋着讀書，舉出了很普通的地理上的題目，來分析目前教育上的不合理，他說：「我們可以把書本上的句子忘掉，祇要我們所讀的，在我們生活上實行就夠」。他又舉了一個例：「譬如讀衛生課，不論你讀得如何純熟，而你天天不洗臉不刷牙，那末這種讀書，等于是沒有讀」。

他對于目前「記」重於「學」的教學方法，表示異議，他說：「現在有許多土木科畢業的學生，去從事商業，有許多畢業出來的學生，所做的事並不是他們所學的，這是什麼原因呢？這完全由於他們的生活並不適合他們所受到的教育」。這是多麼切合目前社會的批判。

最後他說：「讀書就是食糧，吃飯也是食糧，人爲什麼要吃飯，爲的是肚饑，人爲什麼要讀書，爲的是精神上的饑餓，我們要免除精神上的饑餓，就得讀更多的書」。葉先生說完了這句話，就在大家感謝的掌聲中離開了講台。後面藍布上「生活，學習，戰鬥！」的六個大字正在熠熠地發光，這眞是一句最名貴的座右銘。

司儀在報告了，朱潤生先生第二個請上了講台，朱先生是同鄉會的常務理事，是對同鄉會有很多貢獻的人，他開始就說明了同鄉會的沿革，在民國元年洞庭東山旅滬同鄉會就開始成立，起初大多舉辦些慈善救濟事業，直到民國二十六年，同鄉會本身感到工作範圍太狹小，需要做一些積極的文化教育工作，圖室，莫釐風就在這種目標下，由于一羣青年同鄉的努力而產生了。

朱先生對於圖室和莫釐風寄予深厚的期望，並且很透澈的說：以前是大家抱着明哲保身的態度，現在可不同了，我們應該說話了，莫釐風就是我們的口舌，我們要說可以到莫釐風上去說，並且，每個山浪人都可以到莫釐風上去說，莫釐風不僅僅是東聯社所辦的刊物，也是全體東山區人民的刊物。

沉重的担子，就在大家的囑託下，放到莫釐風的肩上。

圖室是跨了二步，莫釐風是走了十二步；一步比一步更結實，一步比一步更困難，它們會繼續着他們的步伐，走得更遠，照耀得更光芒。」在這種祝禱的口吻下，朱先生結束了他的演辭。

接着走上了同鄉會理事長葉振民先生，戴着眼鏡，稀疏的頭髮，一看上去是位挺和氣的人物，今天他担任了給獎品的工作，司儀叫着徵求圖室和莫釐風讀者優勝者的隊名和人名，一個個得獎者走到台邊，接受葉先生的獎品。每個得獎者不但是得到榮譽，並且同時得到的是欽佩！爲了文化事業而出力的得獎者，是該得到這一份驕傲的。你看：在他們接受獎品的當兒，到會的人是如何的鼓着掌來感謝他們所付出的力量！

餘興節目在嚴肅的空氣下開始，司儀打趣着說：「讓歡樂的風來吹散這沉悶吧」！

農村對唱，這是一支鄉土氣味的歌，生活在都市裏的人們，每人都嚮往於鄉村的生活，在農村對唱裏，說明了鄉民的怨和恨，這是由一男一女對唱的歌曲，唱得恰到好處，博得彩聲不少。

艾青是愛好詩歌的人所熟悉的作家，「向太陽」是一首眞和美的詩，它不但能反映出目前社會的腐化，並且還說明了一般人的心理；期望着太陽，企盼着太陽的上升。在這裏，朗誦者把內心的抑鬱和憤怒，表演得夠淋漓盡致的。小提琴獨奏一曲，音響鏗鏘，一時是珠轉玉盤，一時是如泣如訴，餘音繚繞。

最精彩的是「王大娘補缸」，由男女兩人合演，這是一種描述鄉村情况的舞蹈，用唱詞把整個鄉村裏的卑汚齷齪，反映得乾乾淨淨。

老槍別窰是齣改編投軍別窰的戲，完全用投軍別窰的調子編成老槍別窰，飾老槍者功架老到，老槍婆由一男性反串，哄得全堂笑聲不絕。

口技由同鄉金錝森君客串，學小囡哭，雞啼，猪叫，狗吠，頗爲神似。

在大家興高彩烈下，演畢了餘興節目，每個人得到了一股熱，一股力和一股愛，得意洋洋走出了同鄉會大門，那時已十時半了。

在弄口，一位同鄉在說：「同鄉會辦得眞不錯，可以常常來來，這裏有許多我們所不熟悉的東西」。

農村掇拾

俞亮畫　田非詩　過怡刻

一．土地廟

愉快而莊嚴
那尊小神像
安慰着農民一切的災難

鄉村教育

金監

鄉村的教育眞難辦，單拿我們橫涇幾隻保校來講吧；校舍十九借用人家的祠堂或廟宇，除了課時的朗聲外，其餘的時間，差不多清靜得不能再清靜了，那裏有佛有老爺，有鐘有木魚，晨鐘暮鼓的簡直在修行，年老的在那裏，好似在養老，喜靜固是老年人的心理，所以身在清靜的環境裏，還過得來，但無形中也加深了他的無趣和不樂觀，更不幸的是一班青年的人兒，天眞有爲，朝氣蓬勃的他們，驟然關進了這個清靜的場所，起初也覺得異樣的不合意，後來因爲心有餘而力不足，沒有勇氣去改造它，硬生生地屈服在環境下，憂鬱、消沉暮氣沉沉地和以前似同二個人了。

教室光線太暗，有損學生目力，檯凳缺損，學生擠軋，運動器具沒有，圖書設備沒有，都影響了學生的身心，一切的一切，在在都要錢，現在我國正圖復興，竭力的在普及教育希望當地的鄉鎮長及地方士紳，儘量的對教育熱心淆。

翁巷村第六保創校一二三事

・演隆・

本年二月間病魔纏繞着我，一個面熟的同學，姓名忘記了，從他的衣袋裏，拿出來一個黃色的信封，笑嘻嘻地說，「老天高就了」。我說別開玩笑，人家正在生病呢！但我一面握住那一封，信封面上寫着「訓令乙件葛演隆」。此時，我

赴三山記

・嚴和芳・

日子很快的在逝去，時間是永遠新鮮的，新的現象在時光的飛逝中會不住地萌芽的，待見那各商店的大犧牲大減價，及先知先覺的上海人們都已換上了夏季的服裝，於是暑期的大考來臨，又很快的結束，一時思鄉之感湧上了心頭，便帶着悵然的心情，踏上了歸鄉的旅程，在歸途中，開始計劃着假期的工作，一定要看完那幾本書，寫日記，以及……，可是待事實到來，卻全不是那麼一回事；每天每天，炎熱的天氣——尤其是下午，雖是寂靜無聲，但腦子昏沉沉地，總想找尋一點涼意的去處，有時坐着被寂寞苦悶着，或是自騙自地胡亂看那麼一頁兩頁我所需要看的書籍，閱一下無聊的報紙，竟把寶貴的日子極輕快地從扇子底下打發過去，未免太可惜太單調了。

山父親的吩咐，我隨着本鄉登善醫院醫師一起赴三山注射霍亂防疫苗，我異常的興奮愉快，因爲可調劑我疲乏的精神，又可增進注射的經驗，奈天公不作美，氣壓太低，據術家目光看來，恐怕有陣雨，因此欲行而又止。講到三山的地位，孤立太湖之中，雖不與東山連接，相隔距離也有好幾里的湖面路程，而是屬楊灣鎮直接管轄的，所以本鄉組織防疫委員會，爲保持安全起見．不怕酷暑天氣，也必需雇舟前往。

翌日（七月八日）早上．我們走到楊灣，已感熱意，登上小舟，好像躲在悶熱的籠子裏，幸同行人少，舟主兩人，另有乘客一個，共七人，因時候已不早，拔起篙子，拾起槳，船身蕩漾不停，已在進行中，可恨風伯爲難，頂頭逆風，船家揮汗如雨，足見相當的努力，但我們總覺得其慢如牛，沉重的櫓聲，擊潑着江水，急促的呼吸，互相合奏成交響曲的旋律。

強烈的陽光照射在船棚上，僅僅一張蘆席遮蓋，猛烈的熱力散佈在船艙中，同時熱力在每個人的心田中蒸發着，感到窒悶的氣味，嗡嗡的蒼蠅，眞是討厭，牠將人類當靶子，不斷的騷動，不斷地襲擊，還要刷刷翅膀向着你看，隱隱有：「你有何辦法」之意，舟人是邊談邊搖，講到八年抗戰間，山上到過什麼部隊，面部表示着往事經過的繁多，我沉默着，在靜寂的空氣中使我覺到無名的悵意，素來不喜說話，到此受了四週靜寂的反射，我更不願意開口了，他們雖然在談着，我卻以蟬鳴鳥語一例聽之，絕不細細的留意。

凝望向後掠過的江邊，全是青翠的草木，無數的葉叢閃着光，憔悴垂擺的柳樹，半則全是池塘，荷花卻已開放，清氣森然，只見漫天碧綠荷葉，托起一朵朵粉紅色花，扶搖於流風蕩漾中，我雖愛荷花，卻不喜歡她盛開的繁密，我愛這種疏疏的幾柄，點綴在烟波中，如此方見花影水光之妙。所以我愛瞧初夏的芙蕖，或秋日的殘荷，而不愛熱熱鬧鬧的情況。李義山云：「留得殘荷聽雨聲」，確是荷花很好的時期，不過覺得傷感成份太濃了，假使在月下泛舟，到秋露溼衣，月亮高掛，雖缺一角，但光輝不減，荷葉面上都浸潤到了雨露，經過這番烘托，定更顯精神，平添無限生氣，且爭相輝映，交織成一種神祕的幻景，至此非特有珠光寶氣之美，且令人生神仙縹渺之感呢！陣陣地涼風吹醒了我的幻想，已渡到萬頃碧波的太湖了，船後曲折的水痕，似金甲輝

眞感到惶然無措了，雖然服務教界爲我一貫之志，然抱病在身，又使我如何去創造事業呢？況且開學已迫在眉睫，這是使人最心焦的一件事。

在一個熹微的春天的早晨，門外傳來一陣叫喚聲，原來是陳君，他是我的一個職務上的同志，又爲八年前的一個同學，他知道了我此種隱情，已請了一個知已的友人顧君前去接洽開辦了，我聽到了這一句話，除了深感他熱情的幫助而感謝外，反使我一句話也說不出來了。

顧君初到東山，人地生疏，一切事情都難以着手進行，適值各鄉鎮公所忙於辦理擴併交替手續，在百忙中承東街鎮(現已擴併爲前山鎮)周鎮長熱烈招待，周鎮長對於教育，素稱熱心，故本校之事，亦得以相助而順利進行，更有賴地方父老紳士等全力贊助，始開展校事，有地方父老葉士良君對於興辦教育，素負盛譽，中西女校亦爲葉君之心血結晶。此次開得六保翁巷村創辦保校，興奮異常，慷慨負担二教員之膳宿，並因校舍一時不及物色，慨然將敦大堂暫借一學期，其熱心教育之精神，洵屬難能可貴，造福失學子弟，實匪淺鮮，本學期容納兒童四十三名，秋季開學時，當儘量容納貧苦失學子弟，但校具一事，因地方經濟拮据，一時難以籌製，此事端賴同鄉諸大善士解囊慨助，不勝企禱，俾使流浪街頭之失學兒童，得一歸宿，此非東山之幸，而社會國家亦與有幸也，望各界人士，羣起而扶之。

× × ×

耀的大蟒，蜿蜒蠕動，遙望帆影依稀，大概受不住在火傘下航行。環列於太湖一角的三山，就在目前了，但是經過五十分鐘的搖曳，望着仍在那裏，因此，船家說：「眼看青山近，搖斷背脊筋」，倒是經驗之談了。

總於到了目的地，河港是荒涼的，空無船隻，狹窄堤岸的石塊崎嶇不平，如同一個大口，打着呵欠，露出一排不整齊的長牙。羊腸小徑，蔓長的野草，開了花朵，硬挺的有刺的，發着夏的氣息的許多漫野的植物，生長在汙泥堆上。經當地的地方人士招待先到祠堂內的一所學校中，該地共有五百左右的人口，只有五十餘孩子在讀書，也沒有醫生、店鋪……，假使在冬天，則更是一無所見了，那時沒有任何青綠之物生長，或許青苔也沒有，那更爲灰暗而且荒瘠，所有的祇是灰色的石塊、泥土、和灰色的人。

忙壞了吳儂軟語的校裏的先生，預備飯菜等，原來他老人家暫兼當地保長，所以學生先行注射，排着隊，一個個圓睜了眼，卻很乖乖地，門口擁有幾個伸着頭在那裏探望的婦女，指指點點不知在議論些什麼，孩子們是天眞的，他們都答應叫家屬來注射，跳躍回家吃午飯了，我們稍息一刻，就用午餐，校門口有一株完全獨立着的大樹，它有很粗的幹，樹枝錯雜的，而且是光滑的，在濃密的葉子下放着桌子，我們坐在底下，聽着微風陣陣地吹過樹葉，飄出清美的青味，土蜂在草間嗡鳴，知了噪聒耳鼓，桌旁圍滿了旁看的人倒有十多個，津津有味，如看西洋鏡，我閒着無聊，找尋着小魚，但是一條也沒有，淺淺河水，接通江口，可是也沒有一只水鳥飛來，我感到深深的空虛，因爲這裏是連水族和飛鳥也不臨近的。學生們今天在作音樂考試，高聲歌唱，增加了這裏的生氣。這時看熱鬧的又多了幾倆，他們是來打針的，年青、年老、胖、瘦、男女都有，原來他們要到外埠，是爲了防疫證的關係，不得不注射一下，其中的一個，是念佛和尙，手提衣服赤了足，血紅的臉面，不知灌了多少老酒，他自已承認是酒肉和尙，雖是佛教子弟，然而現在的世界不比以前，什麼都可以，粗大的聲音一路咕嚷着，我發現他沒有香洞，這世界上的寄生蟲，在陽光燒熱着的路上移動着剃光的禿頭，漸漸地消失他擺搖的物體，那幾個婦女，是極樸素，看來較我東山人勤儉，捲起長長的衣袖，他們很胆小呢，緊鎖了眉尖，其實也沒有多大的苦痛，有的婭妮作態，叫人陪着，大約怕難爲情吧！然而燙髮革履的也有，僅一二個而已。最後結果，只有百人注射，其數少得可憐，無論怎樣勸導他們，可是他們閉而不化，竟然有人說，你們又不是東洋人。唉！他們願意在日本人壓迫下麼？使我無限地痛心，不，不，他們根本不明瞭注射的原理，只知迷於神，信於鬼，以我簡單的測想，最大的原因，知識欠缺，更須從教育着手，以提高文化爲原則，就是我本鄉人民，對防疫注射，也非常害怕，都有不願打針的，但是與三山比較，好得多了。

因時間的不允許，只得離開三山，獨了小舟，在水浪底拍擊，音樂的奏鳴中，經一時半的駛行，始畢歸程。

七月十日

紅甘齋日記（三）

紅甘齋主

正月廿五日　雨，嚴寒

今日因雨，無意出門。

日來米價步漲，每石已自六元七角漲至七元，歲暮所傳正月漲風，不幸果中，米店居奇，有價無市，僅另星糶售，想富戶穀積如山，惟恐出虫，苦者惟吾哀哀小民耳。

昨晚老妻又訴苦經，良以百物飛漲，不免胆寒。一年以來，念彼獨當門戶，愧赧之餘，不忍多言，余豈無良心哉！惟女人終不免「小家派氣」，耳邊嘵嘵不休，令人不快。

午後，雨仍不止，老妻以修葺滬上，託人謀事相促，如此冷天，寫字誠一苦事，滴水成冰，墨淡如灰，手僵足裂，痛澈心肝，設非下雨，我真欲溜之大吉，尋個火盆去處，溫暖一下矣！

念親戚之間，雖不乏「當手」「買辦」階級，惟若輩薄于情義，於故鄉公益，既鮮顧問；而於患難親朋，亦避之猶恐不及。憶失業之初，曾走遍侯門，雖無宗臣報劉一丈書中之一拜再拜禮節，然「相公倦，謝客矣，客請明日來。」之聲，猶洋溢耳際。

於此，因憶齊人不食嗟來食故事：『齊大饑，黔敖爲食於路；以待餓者。有餓者貿貿然來，黔敖曰：「嗟！來食！」餓者揚目而視之曰：「予唯不食嗟來之食，以至於斯。」終不食而死』。予雖未致乞嗟來之食，然頗嚮往於此餓者之精神也。

觀乎今日，天下能爲食於路，以待餓者之黔敖，已不多見，而餓者固滔滔皆是，縱欲求嗟來之食而不可得，噫夫！安得善士普施千鍾粟，大果天下寒士腹，黔敖其再生乎？

予既不願向親戚乞謀枝棲，惟有於朋儕之間另闢門路。十年前稔友張述執，昔爲大同莊同事，與余意氣相投，交稱莫逆，張兄揮霍無度，致因虧款離職，惟塞翁失馬，近聞已榮任世界銀行經理，出入有車，藏嬌有屋，士別三日，便當刮目相看，此之謂矣！以昔日交誼而言，一枝半職，想無問題。

爲信與作文，似頗不同，我於詩詞文章，往往下筆千言，頃刻立就，惟寫信則有江郎才盡之感，尤以乞求者爲然。握管數小時，研墨數十次，細數紙上，惟「述執經理吾兄英鑒，別來無恙否……」十三字，而天幕漸黑，寒氣益厲，不得已，乃懸寬假一日，再作計較。

晚飯前，飭張媽往同泰森沽高粱二兩，挑燈獨酌，雖乏佳肴，而味無窮。將盡，手足微熱，寒意稍斂。

正月廿七日　晴

張兄之信，今日竟功，大兒對改造郵票，頗具經驗，檢得五分者一枚，天衣無縫，即固封投郵，如無意外，六七日後或可得復。

今日爲殿前張家嫁女，雖非戚族，叨在鄉誼，化二角錢賀儀，五六次酒飯無問題，誠好交易也。

過殿場，無賴小兒甚多，余急欲避去，而已不及。時有一王姓小孩大聲呼曰：「喂，大家看

農村現狀歌

忍仙

桑樹荒蕪膽棘榛，蠶絲價賤農村貧，劇憐烽火無時熄，到處常逢菜色民。（蠶桑慘落）

去冬米糶二三萬，今夏突漲十餘倍，穀賤傷農老古話，（指用新的時候）農村焉得不破產。（穀賤傷農）

用夷變夏眞堪哀（孟子云吾聞用夏變夷者未聞用夷變夏者也今日之愛穿西裝者其未讀孟子之書乎）洋貨傾銷我國來，鄙棄綢緞着外貨，農村破產沒挽回。（喜穿西裝）

目下農人固最傷，他時各業莫商量，千丈一落難振興，削弱本源國難強。（同歸於盡）

湖濱

民

是一個春殘的黃昏，
一個月缺的夜，
灰白的雲，
佈滿了半個天空，
在另一半的藍空中，

，新紅甘蔗來了！」於是紅甘蔗之歌如浪濤澎湃，響遏行雲，歌詞尙不生澀，不知捉刀者誰。歌曰：

「紅甘蔗，紅甘蔗，
年紀活了三十多，
只會吃飯勿會做，
嘸不鈔票還要賭，
輸之銅錢屋裏躲，
穿之一條破棉褲，
人家喜事上頭座，
讀之幾句「子曰」與「嗚呼」，
一日到夜「古」呀「古」。
紅甘蔗，且聽我：
由浪日脚勿好過，
儕個年紀勿算大，（讀若『度』）
還是出去賺幾個銅錢不（義同『給』）家婆。
轟轟轟！
幹幹幹！
做做做！」

吾對紅甘蔗稱謂之出典，迄未明瞭，惟必屬嘲笑無疑，予年前初聞之時，大爲不懌，憤欲飽以老拳，惟若輩均係小孩，奈之何哉！一年以來，男女婦孺，競相呼予，予雖習聞，然終覺刺耳，難免不窘。

歌方止，一小孩笑謂余曰：「喂，紅甘蔗，幾個銅錢一根？」予乃佯作揮拳之狀，衝過殿場，直抵張家。

門前，打狗呆子坐鎭中央，大頭金龍唸唸有詞，似在禱告，此二人固爲婚喪必到之客。

將十二時，佳賓畢至，頌古亦與焉，執手交言，暢談新聞，悉此次婚期，本定秋天，不意新耶孱病轉劇，雙方協議提前舉行，謂之「沖喜」，謂此早有先例，屢試不爽，是耶否耶，姑待來日。

嫁粧因時間匆促，半係借來，東山人最講面子，婚嫁尤屬講究，惟恐使看客失望，致起物議，一若嫁粧專爲看客設者，今日之東山父母而有女及笄者，不易爲也。

鐘指一時半，始見設席，予因早已飢腸轆轆，急與頌古先行入席，其他兒者蜂擁而至，有二小孩由女傭護持，佔得二席，予頗厭之。

菜甫放定，二孩食指大動，女傭幕後策動，頃刻間，靑梅佛手之類，已入女傭手帕之中，予僅掠得糖花生十多粒，靑梅竟無分焉，望帕中纍纍之物，不無遺憾，予對小孩之憎恨，此殆亦一因歟？

飯後雖有酒食，因稔友不多，與頌古聯袂赴同樂社打小麻將，是役，略賺數毛，惟係欠帳，欠者適爲予債權人吳君，自難啟口，心悶悶不樂，返家飯罷即睡。

吳中葉氏同族會成立

吾鄉吳中葉氏同族會籌備經年，業于六月八日下午二時假同鄉會會址召開成立大會，到會員綏之等九十三人，自第三十世迄三十七世止，八代同堂盛極一時，先由主席綏之致開會詞，繼由籌備委員會樂天報告籌備經過，然後通過會章選舉理監事十四人，（名單列後）情况熱烈，堪稱千載盛會，今後聞將在安樂相警惕忠難相扶持之精神下，積極展開實際工作，爲該族中人竭誠服務云。

當選名單

理事長　樂天

常務理事　綏之　樂天　慕文　棣華　春帆

理　　事　志修　久芳　潤之　振民

監　　事　月軒　蘂青　光九　慶麟　士良

貶着幾點小星。

×　×　×

微風吹皺了湖面，
映着銀灰的月色，
泛出鄰鄰的波光，
蕩漾的波浪，
冲激着橫輸着的沙，
濺起一層白沫，
低低吐出水聲。

×　×　×

湖際一座黑山，
獨立在奔騰的波浪中，
他雄峙湖心，
俯視着萬頃的洪流，
永遠沉默着。

×　×　×

遠處移動着一點帆影，
乘着東風，
駛向山邊，
一會兒
駛過山邊，
轉過山後。

×　×　×

微風陣陣地吹着，
湖波悠悠地動蕩着，
山峯靜靜地立着，
白雲淡淡地瀰漫着，
人，
無言地徘徊着。

·故事新編·

葑山之宴

浮云隨風，零落四野，
仰天悲歌，泣數行下！
——高啓：悲歌

·緒華·

> 下面是我杜撰的一個有關東山掌故的故事，我對於裏面所指二位主角的一生，自問知道得太少，尤其是關於他們兩人的交誼。現在我把他們寫得如此知己，也許不是事實，然而，爲了我希望如此，所以就大胆寫了再說。
>
> 我至誠希望席氏族中，以及其他對東山史蹟有研究的同鄉給以指正。

葑山的荷花，這兩天格外顯得清麗奪目了。萬綠叢中，倏着點點紅白，幾隻採蓮的小船，隱現在花葉之間，清風帶來了小孩們所哼的不知名的山歌聲，充滿着一種鄉村閒適的情味，滿山飛着穿花的蛺蝶，站在山腰，一眼望去，眞是一幅葑山荷舫的絕妙好畫圖。

雖說是酷熱的夏天，但是葑山有挾着菱荷清香的湖風，吹到身上，準會使你年輕幾歲。尤其今天的風，好似更有勁似地，吹得蓮葉們翩翩起舞，許多不勝戲弄的蓮蓬，倒垂着頭，像是含着一種少女的羞澀。

那時，曾爲兵事緊張了好幾個月的葑山營裏，難得在忙着設宴餞行的輕鬆事務。主人是席太僕寧候；客人呢？就是流寓東山，奉召行將赴閩的路漕督振飛。

一早，太僕公攜了公子，分趁兩頂轎子，就到營裏來了，他對於這位知己的別離，自然是不勝依依，尤其在國亡家危，烽烟方熾的今天，看着一位文武兼備的朝廷大臣的離去，再想到未來東山的治安問題，是如何可憾可怕的一回事呀！然而，這是皇上的御召，爲了國家，爲了朋友的前途，都是勢在必行的。

主人知道客人是酷愛荷花的，所以擇定了剪取名山一角的葑山營，作爲送別的長亭。這自然是最適合不過的，在這裏，有的是青山曲水，茂林修竹，而夏天的風荷，更是目前獨步全山的好風景。

日昃指着已過巳時，而客人還不見來，主人蹀躞在樓中，他並沒有倚欄賞荷的興趣。

「啓圖，你去看下面有沒有準備齊全，客人大概就要來了。」

公子沒有下去好久，就匆匆跑上樓來，說是路公已來，他的轎子已經將到門口。

於是主人略整衣冠，急忙下樓，一口氣跑到門前。下轎的果然是貴賓，還帶着他第三個兒子澤濃。

「寧候兄，眞對不起，因爲家裏有客，以致來遲一步，有勞久候，抱歉抱歉！」

「說哪裏話來，這樣熱的天，還勞跋涉，眞過意不去，那末，請寬衣到樓上坐吧，這兩天荷花盛放，值得一看。」

於是衛士接去了衣冠，兩人緩步登樓。

客人對葑山營，原是熟悉不過的，就說看荷花吧，一個月中，他已在樓上看過二次了。然而這一次却有着異樣的情緒。望着窗外的景物，客人用傷感的口吻說：

「唉！人生原不過是生死聚散四個字！明年今日，不知我將在何處可以看到如此好的荷花了？也許我……」

「我們只能怪自己生不逢辰，活了將近六七十歲的人，還要嚐到亡國的滋味。在這兵荒馬亂的時代，不要說聚散是常事，就是說死亡，又有什麼希望？惟一的願望是明年今日，河山規復，讓我們再同作葑山之遊。」

「如果這樣，我一定掛冠來山，最好是在此搭一座小樓，終老五湖，了此餘生！」

「這在我，是求之不得的事。見白兄，東山大約可算是你第二故鄉了。」

「誰又說不是呢？去年我奉母柩卜葬東山，早立下一個心願，就是自己身亡之後，即使是萬里間隔，我也要囑兒子把我的屍骨埋在東山法海塢中，我以爲能和莫釐將軍長眠一起，是我無上的光榮。」

「不，這應該說是東山的光榮！」

「哈哈，寧候兄，你眞太會開玩笑了。」

主人的輕鬆的語句，換得了客人的笑聲。

那時，林間的蟬聲，掩蓋了他們的談話，二人呷一口茶，暫時靜靜地望着窗外，太陽已移到了天幕的中央，像一團火，延燒着青山，延燒着樹林，延燒着河流，還延燒着屋內兩顆灼熱的心。

午時已過，樓上擺定四個席位，賓主外，由兩位公子作陪。

「見白兄，今天飲橫涇燒酒呢？還是紹興黃酒？」

「我想：今天天氣太熱，還是飲些黃酒吧。」

「也好，只是下酒之物盡爲是些鄉村土味。」

「寧候兄，這話眞太客氣了。天下名菜雖多，可是，還有什麼比東山的魚蝦來得更爲物美價廉呢？」

「這話也許不錯，然而在我們吃慣了的人，倒也不覺他的好處，非到遠離故鄉，就不會領略到寤寐求之的苦處了。」

那時，酒菜已上，主人灑了兩杯滿滿的酒，相對高舉，一飲而盡。坐在兩側的陪客，一位是路公的公子，還只十三歲，不會喝；主人的公子雖然已大，然而父執在座，似乎不便，於是只能看着兩位父親，去打對台戲了。

「聽說，這次老兄赴閩，是就任左都御史之職。這言官的責任，實在是非公莫屬，試看今日朝中，還有幾個是不畏權勢的耿介之臣？」

「算了，這種事事開罪豪門，而一無好處的閒職，不是我這種呆子，還有誰高興做呢：如果御史是一個進帳銀兩的肥缺，恐怕就挨不到我了！」

「這也未必盡然，像今上這樣一個英俊賢明的君主，哪會有忘掉一代功臣的道理？想起當年你做涇陽令時，曾大膽打破了爲魏璫建生祠的惡例，這眞是一樁了不起的功德。當時天下之人，無論識與不識，都替你捏一把汗，如果不是魏璫速禍的話，恐怕就不會有今日之會了。」

「其實，這不過是一件平常的事，在我，官可以不做，而斂取民脂，獻媚權貴的醜事，我是決不幹的！客人講到這裏，呷了一口酒，嘆一口氣：

「唉！我大明之遭今日的慘變，都是那些罪不可赦的權臣，不顧國家安危，但求一己富貴，像魏璫，馬士英之流，，甚至拉攏了一個奶媽客氏，來左右政治大事。你想：這樣一個國家，儘管先皇帝是一個發憤圖强的開明君主，亦安有不亡之理？」

主人自然也不免感從中來，插入了一句：

「所謂國家將亡，必有妖孽！大概客氏也是一個天上的星宿！」

二人對酒高論，一席憤慨的言談，使大家感到疲勞。於是客人倚窗外眺，兩眼追逐着穿梭於荷花中的小船。他想：他們是何等的閑適！不是比做官的人，要幸福萬萬倍嗎？尤其在目前，做到官就非貪汚奸佞不可，如果是一個淸廉耿直的人，不但難以爲生，而且隨時有殺身之禍。想起自己在溧陽任上的拒建生祠，幸而邀天之福，沒有罹身首異處之災，又想到弘光元年撫甯侯朱國弼的諫劾。那時，我和他在淮上共理漕運，結果挾餉南竄，跑到朝中，勾結了馬士英說我侵餉棄淮，這是何等重大的罪名！假使不是南都失守，恐怕我的老命早已送掉。唉！想想淸官實在是無足棲戀的！

山風吹着天上的雲塊，漸聚，漸多，漸濃，太陽收斂了他一部分的光芒，西面的高空，隱約有雷聲，這是陣雨的預兆。

「今天的風，倒是挺有勁的。」主人打破了沉寂已久的空氣，

「大雨就在後面了，夏天的雨眞令人有逢赦的快感。」

「如果下雨，我們可以多飮幾杯，來，見白兄，勸君更盡一杯酒，……」於是主人舉杯先飮，客人也不甘落後。

「這一次你的遠去，對於東山將來的治安，倒是一個不可彌補的損失！」

「未必見得。東山有你老兄這樣一個急公好義，雄才大略的人在運籌帷幄，少掉一個區區，又有何妨？」

「見白兄，這並非是我的阿諛和自謙，一年以來，東山的平安無事，是全仗大力的，賴你的三百家丁，爲我們訓練民兵，並且爲免意外，想出了利用猛將賽會的玩意，充作訓練工作的外衣，如果不是這樣，那末，這一次敗將卞滕，黃蜚的幾艘巨舟，一定把東山擻個精光了。」

客人點頭捋鬚，表示了一點意見：

「說起賽會的玩意，我的不惜使用一筆鉅款，弄得旌旗蔽空，鉦鼓喧天，並不在圖好看，實在是遮人耳目而已。我希望老兄繼續指揮，利用它訓練出一些苗壯勇敢的幹部。在我看來，東山人是富於團結力的。觀乎幾次寇艦侵襲的時候，合山的人，奮力而起，不賴官兵，即能把敵人驅逐出境，在此亡國之秋，看來惟有自己的力量，最爲可靠。」

「話雖如此，沒有一個領袖人物，難免不事倍功半。」

「那末，自然是有勞於你了。」

「我嗎？老了！不中用了！」他說得很重很慢。

「老兄，這是義不容辭的事了，你是東山的當代卜式席太僕本楨，說出去，哪個不曉？當年天下大饑，你把裏樊之米，裁運東下，普賑中吳東齊二千里內之飢民，活者無數，朝廷震於大名，賜你太僕寺少卿，這是何等的光榮，所以……」

「算了，談到太僕寺少卿，我眞要慚愧死了，這不過是掛了一個空銜罷了。」

主人搶着插了進去。

「這不能說是你的沒有才略，只能說是那些吝嗇的富戶沒有國家觀念。其實，何奴未滅，何以家爲？況且錢是什麼東西呢？生不帶來，死不帶去，儘刮着有什麼用？我以爲你的效法漢代卜式，是聰明之舉。」

「我哪裏敢和卜式相比，我不過是把祖宗積下來的產業，用之於更爲正當，更爲値得的地方罷了。」

天上的烏云更多，太陽不知躱到哪兒去了。四野的風聲呼嘯着，他狂吻着大地的一切，莳山簮的樓窗嚇得在格格作抖了，狂風却一次、二次、三次地衝到了十分酒意的老人面前，像一個頑童似地，戲弄着老人們的長鬚，老人們感到一陣涼適，酒意吹掉了一半。

「見白兄，我看時間已遲，可以進飯了，我們大家各盡三杯，如何？」

「正中下懷！」客人的酒興眞是不淺。

主人舉起了一杯滿滿的酒，一手捋着長鬚，高聲說道：

「第一杯，爲我們大明隆武皇帝萬歲祝福？」於是兩人一飮而盡。

第二杯，客人搶先立了起來說着：

「第二杯，爲我們當代卜式太僕寺少卿保障下的東山太平祝福！」

主人自然不肯放鬆第三杯的發言權，於是說：

「最後一杯，爲我們大明左都御史前程無量祝福！」

兩位公子看得出神了，他們想：自己的父親怕要吃醉了，然而酒杯已空，只能聽其自然。

進飯時，主人挾了一塊荷葉粉蒸肉，送到客人碗上：

「這是眞正莳山荷葉所包的，請愛荷的客人略嘗味道，如果幸而中吃，不妨連中三元。」

「啊喲！主人爲何不早說明？早知有此名肴，我決不會多吃酒菜，不用說三塊，就是十塊，我也得吃個明白！」

說罷，主人來了一個哈哈大笑，說道：

「這正是兄弟小使『滿』城計，我想：還是請主人權充代表吧！」

緊密的雷聲，帶來了暴風疾雨，山色，樹色，花色，溶化在烟雨之中，江上的輕舟，被繫在樹蔭之下，樹上的蟬也暫停了牠們的高歌，頃刻間，暑氣全消，憔悴的大地，汗梫的人們，才又得到一絲生氣。

「雨後的荷花，是最淸香的。」客人說：「我記得周邦彥有一闋蘇幕遮裏有這樣幾句：葉上初陽乾宿雨，水面淸圓，一一風荷舉。眞是寫盡了雨霽風荷的姿態。我眞想採一張荷葉，放幾粒淸水，看他們滾來又滾去！」

「你不想想已是年逾半百的人了嗎？」

「這和年紀有什麼關係呢？我以爲只要力量可能，老年人一樣可做小孩的玩意，如果你還有老勁的話，不妨再去背一個猛將到井上去。」

主人被說得有些窘態。

「東山人眞會開玩笑，不知是哪一位造了這一個滑稽的謠言。唉，居然也傳了好幾十年了。」

窗外雨聲轉小，江山經過了一番淋浴，分外顯出了嬌嫩靑翠。（下接十九頁）

給故鄉農村小朋友們

徐醒農

我是一個東山人，我家世代務農，故居菱田前村，以半耕半讀，所以堂名是耕讀堂，到洪楊時代，全家被迫離鄉，先曾祖看守家園，死在兵荒馬亂之中，先祖帶着家眷叔祖等，出外經商，所以我年雖半百，仍飄流在外，對於山中風俗人情，不知詳細，我現在仍是一個農民，故鄉叫做莊稼人。

去冬在同鄉會遇到一位嚴士雄先生，是一位熱心農事同志。受過中等以上教育，有志農業，所以皈依歸農。談起故鄉的果樹園藝，日見衰敗，果實越結越小。而且甜味不足，植者不知改良，墨守成規，我雖有心回山改進農業，但爲生活關係，只能在農界方面糊口，一時不能放棄原有職務，心甚遺憾，俗云心有餘力不足也。所以時常在莫釐風上，發表一點農業方面之文字，後蒙莫釐風主編諸位同志，發起創辦東山莫釐農場，以改進東山農村着手，因時局關係，籌款不易，暫時不能實現，但是成立農場已定方案，亦只是時間問題耳。

昨日赴上海親戚家中，嚐到故鄉白沙枇杷，甜味不足，價格則較市上出售者貴，價高貨劣，照我的目光看去，故鄉之果園事業，再不改良，失敗僅時間問題，將來生出來果子一定會到發青味酸之地步，但是你們的家長一定守着舊法，古語有一句叫傳子不傳媳的祕訣，將來再傳給你們下一代。但是你們已經受過教育，應當大家起來改良，畢業之後，家長無經濟力量，給你們進中學或大學，還是仍回到農村去，負起改進農村的責任。不要向都市上討生活，我們中國農村子弟，在學校讀了幾年書，就不肯回到農村去過鄉村生活，（家無田地者不談）寧使在都市中捱受氣惱，甚至當一個小職員，好像總勝過農夫，總而言之，家山風俗，出客人與莊稼人之階級觀念甚深，所以農民家長，使得下一代教他們受了教育，讀了書即叫他們向都市跑，爲家庭增光榮，在家鄉者一世無出息，此一點思想，你們不可再留存腦海中了。

你們現在受了新教育，一定記得國父說過：「農工商學兵」。農爲首位，不要再聽家長或者親友之虛僞的引誘，現在我所知道者，一輩小學畢業同鄉們，求親友介紹到都市裏過學徒生活，希望學出山後，登龍門身價十倍，職位謀得好的是不錯，但是大多數在怨天尤人，憂傷憔悴，哭喪着臉在過他的煩悶日子，現在這種人在都市上，有百分之九十九以上，諸位小朋友應該覺悟罷。

就拿我的家庭來說；曾祖以上，世代務農，因爲下幾代羨慕都市生活，將上代所有之魚池、蘆塘、桑田陸續出讓給富農們，投資於商業，到我的一代，已一無所有了，回山聽同村老前輩說起，我的曾祖在日，雇用長工十幾人，自有大小船隻十幾隻，連得菱田前村現在上岸之水橋（大金渡）是我徐氏所築。昔年我家農業之發達於此可見，可是現在故鄉留存者只有老屋一宅，河邊之水橋，宅前幾十畝之桑田，都已改他姓所有了，現在想回山爲農。苦無田園，心甚遺憾。

全東山的農村小朋友或有志爲農者，大家起來成立一個農事研究會，而且你們家裏有田地，果園，又可以代家長謀副業收入，養鷄、鴨、蜂、猪、牛、羊、兎。或同家長改良果樹方法，不要墨守成規。得到了好收成後，你們的家長一定會信仰科學方法了，對於農事，如有疑問，我可以負責解答，並可在莫釐風月刊上公開商討，各位小朋友可以大家來討論，文長者可由我直接答復，因爲農科一門，千頭萬緒，不是三言二語可以了解的。

但是也不能單單着力於農業事業，——同時，也應該設法改變東山的封建思想，使得東山具備科學的精神，各位小朋友要認清時代，努力奮鬥，現在是科學時代，要用科學精神，科學的方法來做事，要做現時代的人，不要跟落伍者去跑。假使違背時代的人，一定會被時代淘汰或遺棄的。宇宙萬物，都是爲我們而生，所以我們就是宇宙的主宰，牠們要征服自然，利用萬物來增益人類的生活。這是人生的眞理，我們人類所以能生存在這宇宙裏，一年比一年，一代比一代的進步與繁榮，就是因爲我們有聰明的頭腦。萬能的雙手，能克服自然，征服自然，利用自然，現在有幾十層高樓，有十幾里長的黃河大橋，將上古時代住的是山洞，走的是一根繩橋一比，這就證明了科學時代的萬能，我們人類偉大的進步。

現在歐美各國的農村都很發達。最近上海英國大使館，招待我們一羣農業技術人員。去參觀英國農村生活及農產果園的影片。每一農戶有自備汽車，農民生活之優裕，比中國富人還要適意，因他們農業科學發達，可以達到此種目的。我中國以農立國，去買西貢米及暹羅米吃，又買美國麥吃，再有花旗桔了，中國人當恩物營養品，請你們各位小朋友想想，是否羞恥和慚愧？你們都是將來國家主人翁。還不大家起來和大自然鬥爭，建設我們的新東山和新農村，在鄉村過生活，比在大都市坐寫字間，或當一個小店員，有意義得多。

希望各位小朋友大家努力！

二十世紀的奇事　鄉村竟有妖精

編者先生：

……………………

故鄉的一角——碧雲巖傍的×村中，現在正鬧着一幕神話式的事情。

幾月前×村中發現了一位神話中所謂的妖精——頭戴禮帽，西裝，革履，態度瀟洒的一個潘安般的美男子——自稱花花公子。每在深夜他常學着舊小說中的故事。戲弄太太小姐們。

現在他竟鍾情於一個有心臟病×小姐，一變已往慣例，願永結秦晉。並且假×小姐口要求家屬設神位。承認他爲快婿。不然則以帶她到另一世界去爲威脅，不意×小姐的家庭竟加以拒絕。

因此他竟變本加厲的吵擾，使本來很美麗活潑的×小姐變成骨枯如柴，奄奄待斃！

×　　＋　　×

在二十世紀的原子時代我想這是不會有的事吧！一定是不良份子所爲，恐他的祕密敗露，所以用妖精爲烟幕來欺騙一般愚夫愚婦們！

但我不能武斷，希望當局加以調查與研究，把事實查個明白。

……………即祝

撰安　　　　一讀者上

沒有子女的求神拜佛　太多子女的尋醫打胎

還社會多不合理

讀上期本刊讀者園地上的「親眼看見一個女子在受苦」的文字之後，心中有說不出的難過，在這個社會里，有的人沒有子女，到處求神拜佛，把兒子比作寶貝，但是有的人有了孩子，卻覺得討厭，尋來尋去求醫生打胎，這還像什麼社會呢？

本來在世界上，結婚，生育，都是天經地義的事，那知道傳到民國手裏，生一個孩子也要鄭重考慮，一個不留神兒女成羣，自己肩頭挑不起，也夠苦了孩子。

像文英小姐所說的，那個女子爲了生了孩子不能做事，祖上又沒有家當傳給他們，只能靠自己的一雙手，孩子固然要的，但是要了孩子就得活活的餓死，在這種情形下，那個女人還算是想得通的，但是打掉了孩子，她也仍舊只能過苦生活。

用什麼方法可以使那女人可以有孩子，也可以做事，我想在中國目前是沒有辦法——外國是有辦法的，聽說美國和蘇聯都有辦法；它們的國家出錢造了很多的托兒所，誰生了孩子，自己要做事不能養育孩子，那麼就把小把戲送到托兒所去，他們照樣把小孩子養得胖胖的，比自己餔養來得週到，但是中國那里去找托兒所呢？

所以文英小姐說要大家設法解救這個受苦的女人，我倒一時想不出來，並且因爲中國這樣受苦的女子太多，太多了，要一個一個去設法，事實上也辦不到，想來想去只有一個辦法，就是想法把這個社會改造一下。

爲什麼要改造這個社會，因爲事實上這個「女人的受苦」的問題，不是一個女人和幾個女人的事體，救了一個女人，還有別一個女人，因爲根本這個社會在使人受苦，如果社會改過了，中國也有托兒所，中國也和外國一樣的有事做，有飯吃，這不是就好了嗎？

不過怎樣改造這個社會呢？筆者一時也想不出，希望大家發表意見。

讀者錢醒儆上

尋訪務本同學施冰清（福森）先生

莫釐風執筆先生台鑒，敢者，吾是貴刊的一個讀者，並且是東山同鄉，我的名字大約會有幾位先生認識的，今想借貴刊讀者園地一角，打聽舍弟的下落。

舍弟施冰清，是務本小學的一個校友，他是從學校畢業後即在中習商，後因意志不合，改入新春秋戲劇學校，沒有多時，有同學多人一併赴蘇北，（大約是時在二十八年份）參加抗戰工作，起先倘有信札寄家，通信一年後，即無音訊，當時想因環境關係，不能通訊；但至勝利之後，至今仍音訊杳然，想現在舍弟一號同學相繼由內地歸家了，惟吾弟未見歸來，連信息全無，想貴刊四佈各地。能否在各位讀者方面得到一點消息，是不勝祈望的。謝謝謹此順祝

撰安　　施琦　由蘇州胥門外橫涇鎮西市西橋堍寄

探訪施冰清（福森）同學消息

施冰清同學是我們同學會中前進份子之一，抗戰後兩年即流亡在外，勝利二年迄無音信，關於施君下落各同學中如有所聞，請即通知本會以慰施君親屬之眷念。通訊處：本刊轉

務本同學會啟

讀者園地

（十二）

「東山塢有穴陶如野獸所窟，其深爲池，瀜瑟泓肥，大旱不涸，數年前，有鄉大士置此洞窖，恐行人蹤其巔，植石幢識之，近士人見湖傍時有燈光，於是士女駢集，奔走恐後，余秋日同友人遊宋灣山家具雞黍相邀，從髑頭剪橘爲瀹，薄暮行山徑中，確犖崗崗，惟聞夾款冬櫱花甚香，是日，平湖瀲漣，煥若波鏡，縱掉遥往，躐展書旋，入秋風雨闌珊，此遊最稱清適，奚奴於水濱拾赤石脂數片而歸。」

今水濱石卵，貝殼，經湖水歷年之冲濯，光澤無比，遊者競相拾取，以爲玩品。至楊家塢，訪翁見滄之墓，墓前桂李爭豔，鳥歌競勝，（一）仙遊深處；（二）德音永蒸，惠澤遹揚；（三）停雲檻等三石坊，深深蘊立。明天啓四年所立之趙宧光撰并篆額李流芳書，明故隱君見滄翁先生墓表；張鼐撰錢錫龍篆任大冶書，明故洞庭東山翁隱君見滄公墓志銘；徐元正撰并篆額陸樞書，明故隱君見滄翁先生傳；陳元素撰，陸敏中書篆，明故隱君見滄翁先生行狀等四巨碑分立兩旁。文云：

「翁氏世居吳之東洞庭山，用計倪策，（註：策，恐係筴字之誤，筴俗策字，謀略也。呂氏春秋簡選：「此勝之一筴也」。計然春秋葵丘濮上人，姓辛氏，名研，字文子，善計算而精研，故號曰計然，吳越春秋謂之計倪，其先晉國亡公子也，嘗仕越，陳蔡好尚，貫流通，尚平均，戒滯停等十策，越用其五而得志，范蠡師之，殖產至鉅萬）。子孫彥榮而息之，天下知其名，其先則自宋建炎中有諱承事者，率族屬千人，扈蹕南渡，散處臨安海虞間，而承事則暨其區莫釐之勝，遂樂而家焉，數傳爲震亭公，諱永福，震亭之子曰春山公，諱參，春山之子曰少山公，諱燧，世有隱德，少山公子二人，隱君其次也，君諱哉陽，字元復，別號見滄……」——以上錄自行狀。

「……生隆慶己巳二月七日，卒萬曆丙午十月廿五日，配吳氏，子四：曰彥陞；彥登、彥障；彥博，而彥陞爲光祿署丞早卒，三子皆國子生，女二，孫男六，孫女四。以天啓甲子季夏二日葬於東山楊家灣之新隴。……」——以上錄自墓志銘。

墓旁假山，堆砌深邃，樹木森森，確爲佳城。彥陞之墓在廟山，於後言及，緣道北行，至斜坡之頂，有亭翼然，名曰古希，蹬虛可窺太湖，遠山如黛，碧水如鏡。下行爲倚心灣，劉觀察蓉峯故居傳經堂在焉，有明文待詔東西兩山圖，及明王文恪公洞庭兩山賦石刻，賦云：

『楚之湖曰洞庭，吳之山亦曰洞庭，其以相埒耶？特地脈有相通者耶？郭景純曰：「包山洞庭巴陵地道潛達傍通，是未可知也」。而吾洞庭，實兼湖山之勝，始山特爲幽人韻士之所棲，靈仙佛子之所宅，至國朝名臣傚爵，往往出焉，豈湖山之秀，磅礴鬱積，至是而後泄於人邪？東岡子曰：「山川之秀，實生人才，人才之出，益顯山川。山川顯之維何，蓋莫過於文，兩山者，秘於古而顯於今，其實有待之無用辭。」余曰「然」，乃爲之賦，其詞曰、「吳越之墟有巨浸焉，三萬六千頃，浩浩蕩蕩，如滄溟澥渤之茫洋，中有山焉，七十有二，渺渺忽忽，如蓬壺方丈之彷彿，日月之所升沈，魚龍之所變化，百川攸歸，三州爲界，所謂呑雲夢八九於胸中，曾不蔕芥者也。」客曰：「試爲我賦之，夫太始湯穆，一氣推遷，融而爲湖，結而爲山，爰有巖峯，散見疊出於波濤之間，或現或隱；或浮或沈；或吐或呑；或如人立；或如鳥騫；或如龍潛之躍；或如虎豹之蹲。忽起二峯，東西雄據，有若巨君彈壓臣庶，又若大軍之出，千乘萬騎，旌幢葆蓋，繚繞奔赴。東山起自莫釐，或騰或倚，若飛雲旋飆，不知幾千百折，至長圻蜿蜒而西逝；西山起自縹渺，或起或伏，若鸞鴻翥風，不知幾千萬落，至渡渚迴翔而北折。試嘗與子登高騁望，近則重岡複嶺，巇呀嵺嵂，縈洲枉渚，盤壇綿邈，遠則烟燕渺彌，天水一碧，帆影見而忽無，飛鳥出而復沒，靈岩則返照孤棲，弁山則輕烟一抹，此亦天下之至奇也；若乃長風駕浪，歘山欲墊，足使人魂驚而汗駭，及其風日晴煦，縠紋漣漪，又使人心曠而神怡，至於塔海上月，流光萬頃，星河倒懸，瀲漾山影，又一奇也；遙山霽雪，凝群萬疊，玉鑑冰壺，上下相合，又一奇也。風雨晦明，頃刻異候，烟雲變滅，只尺殊狀，雖有至巧，莫能爲像。試嘗與子吊古尋幽，則有迴若穹窿窈窕相通，琳宮梵宇，暮鼓晨鐘，蒔藤雲樂，美蔭長松，金庭玉柱，石函寶書，靈威丈人之所詗也；以闕殊宮，綰綬鳴璫，御毀書生之所婉也；翠峯杜圻，范蠡之所止息；黃村角頭，綺皓之所從逝也。而闔閭夫差之跡，尤多存者：玩月之渚、消夏之灣；牧馬之城；圈虎之山；練兵之溪；射鴨之幹；出金鐸於淺瀨，逸梅梁於焦湍。它若毛公燒丹之井；蔡經煉藥之墩；郊姑絕維之塘；毒龕降龍之淵。其石則炭藍嶙峋，瘦漏嵌空，牛奇章有甲乙之品，宋艮嶽有永固之封，其泉則困淪蕩沸，甘寒澄碧，羅佑君表無礙之名，天衣禪留悟道之跡。斯地也，孫尚書欲卜居而不能，范文穆思再至而不果，豈如吾人生長茲土，依岩駕棟，古野分圃，散爲村墟，湊爲闤闠，桑麻交蔭，雞犬鳴吠，里無郭解劇孟之俠，市無桑間濮上之音，婚姻相通，若朱陳之族，理亂不識，若武陵之源，佛狸之馬跡不到，周顒之俗駕自旋，星應五車，地絕三斑，盧橘夏熟，楊梅日殷，閩蚊銀杏，家種黃甘，梅多爽嶺，梨美張谷，雨前芽茗，發餘萌竹。水族則時裏之白鰷，殘之銀舫，鯔鱸鱟白昔所珍，吾且與子摘山之毳，撥野之菲，割湖之鮮，釀湖之醴，泛白少傳月夜管弦之舟，和天隨子太古滄浪之歌，吊吳王之離宮，扣隔凡之靈窩，淩三萬頃之瓊瑤，覽七十二之嵯峨，其亦足樂乎，彼岱陽彭蠡，非不廣且大也，而乏巍峨之氣，天台武夷，非不高且麗也，而無浩渺之容，蓋物不兩大，美有獨鍾，茲爲人間之福地，物外之靈峯，是固極游觀之美，而未知造化之工，且夫天地之間，東南爲下，非是湖爲之尾閭泄之滌之，則汎濫橫溢，江左之民，其爲魚乎？懷襄之世，湖波震蕩，非是山爲之砥柱鎮之澆之，則奔激暴嚙，湖東之地，其爲治乎？唯夫天作之宛，以納以容，地設之溢，以襟以帶，禹順其流分疏別派，三江既入，萬世允賴，而後吾人，乃得優游於此，蓋至是而後知造化之意深而神禹之功大。辭曰：吾何歸乎？吾將歸乎？湖山之青山世與我而相遺，超獨邁其途遠，海山兜率，不可以驟到，非茲峯之洵美兮，吾誰與寄此高蹇。」—
明正德十四年夏

（上接十五頁脊山之宴）

那些出水的芙蕖，也以另一種委靡，呈現在遊人的眼前。

主人知道客人擅於詩文，於是問道：

最近可有什麼大作見示？」

「因為天熱關係，無暇及此，在寫了那篇文章之後，就一直沒有提過筆。」

「你所說的文章，是指那篇唐內侍張承業傳嗎？」

「不錯。」

這篇大作我已經拜讀，我雖是是一介武夫，但是此文的絃外之音，自問略有所見，你所說的：悲夫五代之無人也。……不羞自反，仍負功高，頑鈍無恥，人道幾乎息矣。……這幾句話還不是有感而發？而上面的生為唐官，死為唐鬼，大約也有自況之意了」。

「寧侯兄的記憶力，倒是驚人。好了，今天是難得的盛會，從今以後，不知何年何月何日，再能聚會，還是不要談這些「官」和「鬼」吧。此次赴召，倒有一事拜託，就是舍間仍擬寄居東山，以守先母之墓，如有緩急，還望多多照顧。」

「那自然是義不容辭的。老兄儘可放心，只是自己還得一一小心，並望常賜魚雁，以慰故人。」

雨過天晴，太陽又放出了本來面目，客人看日昇已指申時，想起有事待理，就向主人告別。主人邊送邊說：

「希望不久，我們舊地重敍。」這時，賓主們緩步走下樓去。

「一定就要來的！」客人強帶着笑顏。

於是客人攜着公子，坐進轎中，從紗布內看着脚下的荷花，漸漸消失；山漸漸溜到了轎後。

主人呢，他悵望着遠去的轎子，耳際彷彿盪漾着一句有力的聲音：

「就要來的！」

「就要來的！」

本刊徵求故鄉文化刊物啓事

啟者：吾山文化刊物，二十年來在諸先賢及前輩之努力下，數見不鮮，本刊同人中因多屬後生，對各種刊物之內容、背景、出版情形及歷史等頗多隔膜，深以為憾，茲為便於參考起見，特公開徵求莫釐旬報莫釐滬報二六一新東山（兩種）東山青年等刊物，同鄉中如有保存，而願割愛者，請向本刊接洽為荷。

本刊資料室啟

莫釐風月刊

(14)

每月十五日出版

預定先繳壹萬元每期八折扣除

本期零售每冊三千元

編輯及出版者　東洞庭山各校同學聯誼社　莫釐風出版委員會

上海通訊處　北京西路一〇八號　洞庭東山旅滬同鄉會　電話九六五九七　九三四一九

蘇州經售處　閶門內東中市　蘇州教育用品社

東山總經銷處　殿涇港朱家弄瞿友農

東山經售處　殿前嚴大德堂國藥號

廣告刊例

（長期酌減）

地位＼每期	全頁	半頁	四分之一	八分之一
封面封裏底頁	五十萬元	廿五萬元	十三萬元	八萬元
普通	四十萬元	二十萬元	十萬元	五萬五

莫釐風

第二卷　第三期

東聯社出版

社評

嚴重的失業問題

普遍的失業問題，在現社會中已是司空見慣，惟其見慣，惟其普遍，也就顯得問題的嚴重。

造成今日失業的主要原因，自然在現社會的未上軌道。幾年來青年界流行着「畢業即失業」的口號，除非是有背景的，要打開職業的大門，有如「蜻蜓撼柱」，要找一個學以致用，人盡其才的職業，更有水底撈月之苦。

在我們東山，除了不合理的社會爲造成失業的主因之外，還有若干個人的因素。

第一是自視太高。我聽得一位出身微末的人託人謀事時說：「我要做先生之流的事，不願做低於先生職位的事。」這是一種虛榮心的作祟。其實只要工作的本身無損於人格，我們都可以做，而且都應該做。穿短衫者固以能做穿長衫者的事爲榮，但穿長衫者做穿短衫者之事，不一定就是可恥，問題固不在職位的高低，而在工作的有無意義。

第二是無一技之長。技能是生活的工具，職業的保障。尤其在這多變的時代，更需要較多的技能和最新的技能。我們常聽到失業者嘆着沒有文憑，資格不夠，或者沒有門路，提拔乏人，因而怨天尤人，頹唐悲觀，其實所謂文憑和門路都是空的，如果我們能從經驗和書本中把自己琢成一塊「美玉」，還怕人家不爭買？

第三是倚賴成性。多數失業者在託人謀事之後，常優游家園，無所用心，一若謀職是介紹者的責任了。這是一個大錯，職業是應該自己去找的，以乞憐的方式去求取職業是不光榮的。最好我們還得設法自己去創造事業，因爲寄人籬下，到底不是安全的職業。

失業是一種不幸，我們同情這種不幸，尤其同情一般由於不可抵抗的環境所促成的失業人們。但是，我們希望他們自省一下，有沒有上面的弱點。

我們極盼同鄉會以及其他團體共同設計一保障職業的方案，使東山普遍而嚴重的失業問題，減輕到最低限度，同時，我們更願向失業者們致意：不幸的失業，決不是一宗罪惡，也並非羞恥，切不能失望，更不可失意，如果你以爲「同學少年多不賤，」便慨歎「眼前豎子盡成名」，而認爲事無所爲，憤世嫉俗，灰志玩世，那結果必然是自墮前程，自暴自棄，那才是眞正的悲哀了。

×　×　×

雨花播音台

橫涇事件下文 政警業已開除

關於橫涇鎮壯丁被人利用，毆打守提壯丁名冊政警李鳳齡，包圍東山區署各節，沈縣長爲明瞭眞相起見，特手令飭東山區署沈區長澈底查明經過事實查覆，頃以沈區長將經過事實呈報：「爰於八月八日派政警李鳳齡守提壯丁名冊（九日）下午該政警酒後與該鎮商婦王秦氏發生衝突，將秦氏毆打成傷，秦氏受傷叫哭，激起全鎮民衆公憤，前來區署請願理論，經本區長勸諭始各散歸，此案對於抽壯丁毫不相干，純係私人關係，該政警遂於（十日）先行歸縣覆命」，沈縣長據呈事實查覆後，業將政警李鳳齡開除云。（王樹聲）

濫收安家費，引起鄉人不滿

青年抱不平，拳打足踢交加

石塘鄉第十保保長史兆春，因收徵兵安家費，於本月十七日，率領僱佣壯丁數人，至該保邱家橋張根詩家徵收，因當時開會議決，張根詩推派着二十萬元，徵收時要增加至三十萬元，因此爭吵，一時人聲鼎沸，致引起附近農人紛紛前往觀看，內有徐阿金者，年輕性躁，秉性直爽，即抱不平，責問該保長曰：「政府命令，是勸募歟？强徵歟？况政府規定，每一壯丁只要四百萬安家費，今邱家橋一甲，已徵二百七十三萬元之鉅，則每保以八甲論，你要募多少？照你最好月月徵兵，可以發財等語。是以該保長惱羞成怒，即誣告徐阿金阻撓兵役，有某種嫌疑，喝令僱佣壯丁，拳足交加，並將繩捆綁解，送鄉公所，禁錮一宵，十八日徐阿金家屬委人保釋，並罰鉅款了事。（我見）

催繳經常費動武 濃茶與鮮血合流

前莊鄉第十保保長張文卿，於本月三日在候巷鄉朱沁祥茶館門前涼棚內，向該保唐才木討取鄉公所經常費，而發生口角，張保長謂伊種租田八畝，唐才木答今歲只種六畝租田，相差二畝捐款，一言不合，即雙方大打起來，時唐才木手中所持茶壺墜地破碎，以致濃茶四溢，適張文卿足穿皮底鞋，一滑仆地，右足小腑跪在茶壺缺口上，以致血流如注，茶與血渾成一片，經旁觀者爲之包扎，嗣後乃僱小舟載至前莊鄉鄉公所將經過情形告薛鄉長，後由薛鄉長勸導，着令唐才木當面道歉，並賠償醫藥費及繳出經常費了事。（我見）

龔國樑宣判無罪。

僞第三師師長龔國樑，自向高院投案偵訊，數度審理，已屆一月，昨日（八月九日）又屆審理，刑三庭沈庭長升坐法庭，十二時許，宣判，龔國樑無罪，當面諭令交保開釋云。（王樹聲）

楊水火陸水仙水火不相容 三年夫妻卒告異離

石塘鄉田肚村楊水火者，務農爲業，娶韓寺鄉東區村陸根林之女水仙爲妻，水仙雙十年華，略具姿色，自入門後，三年來相安無事，不料今春陸根林去世，因此水仙藉此常宿母家，致被歹人誘惑，竟席捲潛逃無蹤，楊水火偵騎四出，於本月十三日在滬尋獲偕歸。詎知十八日水仙又告情奔，並至東山區警察署誣控虐待，楊水火探悉水仙已隨某有勢者爲妾，知無法挽回，祇能忍痛脫離夫妻關係，雙方乃委沈恆良、汪阿火等，出外調解，將警署原案撤銷，經過幾度磋商，由陸水仙賠償損失費六百萬元，一場春波，始告平息。（我見）

夫婦就寢 禍從天降

渡村一木匠遭匪槍殺

東山區渡村南庫九保三甲六戶居民吳祥生年三十二歲，娶妻錢氏業已育有二孩，祥生向在上海業木匠，日前返家，詎於八月四日晚十一時許，祥生夫婦已寢，忽自東南方面太湖附近來短裝中年男子八名，分持長短槍，電炬四射，打門入內，不問情由便將吳祥生自床拖起猛擊兩搶，一彈未中，一彈自前胸進後背出，當場倒地，鮮血直濺，然後匪等揚長而去，仍向太湖方面逸去，事後雖經吳妻錢氏俯詢其夫，兇手是否認識，吳祥生已然口不能言，旋即身死，暗殺原因，迄未知悉，當以死者慘遭非命，乃由地保孔大朋到蘇城報告地檢處定六日晨派員蒞驗。（王樹聲）

髮妻失蹤，扭控嫌疑犯

住東山席周鄉積穀倉前客藉居民高郵人朱爽之，年三十一歲，六年前憑媒娶同鄉女子吳芬蘭（二四歲）爲妻，結褵以來，感情尚佳，曾育有一孩，惟已亡故，於本年舊歷六月十一日芬蘭忽藉故外出，迄未歸返，經多方探尋無着，諒係跟人出走，旋由朱爽之想起在其妻出走前，曾有楊州婦人周至林之妻吳氏（四六歲，住該處渡水橋），曾去其家，以賣瓜爲名，將其妻引出頗久，殊有嫌疑，故即去吳氏處探問，詎已全家不在，於是疑竇更重，直至日前朱再去吳氏處，適見其夫在家，當將其拘獲交當地警所請究，吳氏問訊後，亦即自投警所偵訊，矢口否認有誘拐吳芬蘭情事，該案已移解總局核訊。（王樹聲）

旅滬同鄉會三十六年度徵求會員運動即將開始

洞庭東山旅滬同鄉會卅六年度徵求會員運動，將於十月一日開始，預定目標分數一萬分——每一萬元爲一分，人數三千人，並發表徵求會員宣言如下：「每年一度的徵求大會，現在又要開始舉行了，期間定十月一日起十月卅一日止，近來同鄉會的會務蓬蓬勃勃日益展開，足見旅滬同鄉，對於集團公益擁護熱忱與日俱增。一年來在同鄉會會內會外的一切工作，均已有相當的成績，或者恢復舊觀，如公用事業中，長途電話之再設，如私人興學中，安定小學的復校，或者創設新獻，如席氏葉氏同族會，各校同學會的成立。或者擴充範圍，如惠旅助產學校校舍的建設，或者正在進行，如公路之督促籌建，以圖改善交通，如福利委員會的籌設理髮室浴室食堂等。這些事實都可表現出東山同鄉心理的進步，工作的活躍，建設的努力。

總之，團體的力量，一定勝過個人或小組的力量，這是不容否認的。我們同鄉會目的在集中東山同鄉的全體力量，推選熱心賢達的人士，來分別辦理各項公益互助的工作。所以凡我同鄉，均應參加同鄉會，既不放棄同鄉間應盡的互助義務，也不放棄同鄉間應得的互助權利，方能容易完成各項公共的事業。希望全體旅滬同鄉，不論以前曾否入會，在本屆徵求大會期間，均能加入本會爲會員。在上海許多旅滬同鄉會中，樹立一個組織完備的模範。這將是我們東山同鄉人的光榮！」

小消息

▲旅滬同鄉會協同美國新聞處第二次至本山放映電影，聞已定於本月廿七日前山，廿八日後山放映云。

▲壽親義莊與本社聯合徵求（一）赴山教授佈種牛痘手續及消毒方法之同鄉女護士或醫生。（二）故鄉有意服務佈種牛痘之婦女。（三）產米之田若干畝。以便作冬賑之用，以上均請函本社接洽可也。

▲東海輪船旅運商行業已洽借安各埠停泊碼頭，東山前山停泊渡橋鎮浦柏卿先生碼頭，東山後山停泊楊灣鎮居廷揚先生碼頭，蘇州閶門南新橋碼頭，胥門明山碼頭，現擬先將南獄輪替班於九月六七號開山試航，擇於九月十三日正式將長源機輪行駛。

▲鄉鎮聯誼會傳來消息，東山區應撥給縣府機槍五挺步槍七三枝駁壳八枝，並抽每鎮直屬隊員三名補充城區保安隊云，本區各鄉鎮自得訊後，已聯合簽具理由据理力爭。

▲近以鄉區民事案件，迭有發生，警察分駐所職權所限，必須轉押縣府法院裁奪，如屬互毆，家庭爭吵等瑣細民事，甚感不便，爲維護原被告之利益及改少法院民事案件計，特由警所及地方士紳綜合組織調解委員會先以調解，如調解不成，再由警所將原被告提交法院處理云。

惠旅高級助產職業學校舉行畢業授憑典禮

八月卅一日，惠旅高級助產職業學校假座同鄉會禮堂舉行第一、第二、第四屆聯合畢業授憑典禮，到有校董，畢業生，來賓等百餘人，於上午十時半開始，行禮如儀後，首由校長劉道周先生報告向教育局領取文憑之經過，及學校之狀況，旋由董事長葉振民先生訓詞，以道德及精神之重建，勉勵畢業生，校董朱潤生先生由助產之「助」字出發，闡明人人助人，人人就能獲得別人的幫助之精義，來賓致詞請由東山趕來之王季緒先生扭任，王先生強調助產職務之神聖，謂牛頓，華盛頓之誕生，均經助產之手續，中國數千年因隱婆之疏忽不知犧牲了若干偉人，引得哄堂大笑，末由第二屆畢業生童樹氏代表學生致謝詞，對於劉校長之辦學精神，深致敬意，并代表全體畢業生向校長獻萬世師表銀盾一座留念，文憑由葉振民太太授給。至十二時聚集惠旅醫院攝影後散會云。

◇　◇　◇

莫釐風第一年

嚴慶澍

一 任務

東聯社出版莫釐風，東聯社的任務——我們東山青年對故鄉的一切看法用文字和圖畫表達出來，希冀幷推動東山向好的方向走，這義不容辭的任務分擱在東聯社及其他友人的肩上，一方面我們虔誠的請教於同鄉會先進及故鄉諸父老，一方面用莫釐風發出我們的聲音：

第一是反對迷信，例子多得不勝枚舉，我們大聲疾呼，打開東山的窗子，讓科學之風多多吹進去、再不設法，故鄉將眞的成爲「世外桃源。」距離這時代無法以道里計了。

第二是反對不合理的一切現象，從買賣婚姻到「卅六股黨」之流，從封建惡勢力到政治黑暗，我們大聲疾呼，打開東山的窗子，讓民主之風多多吹進去！

我們的任務原則上如上所述：科學，民主作爲我們第一步對故鄉服務的目標。

一年來，除實際工作外，莫釐風的工作又如何呢？

二 檢討

A.量：十二期，共十一冊——八、九兩期因印刷所有問題，合刋爲一冊——共一〇九張，二一八頁。

B.質：

1.畫圖——封面，木刻，照片等十一頁
2.廣告十三頁
3.評論社評短評論文等•四三又三分之一頁
4.新聞。三七又三分之一頁
5.雜文。五又三分之一頁
6.報告。十九頁
7.信箱。十又三分之一頁
8.專載。十五又三分之一頁
9.文藝。四十八頁
10 編輯室•十五又三分之一頁

這是一個籠統但頗具體的統計，當然我們不是辦報銷，無需過份重視質的分配量，而在乎質的「本質」是否優秀——退一步說，是否不違背我們的任務？

1.封面：它代表刋物本身的一種風格，戰鬥或安寧，艷麗和樸素，它給予讀者的印象是迅速而有決定性的，第二期「奠基」意思很好，但「三大標語」似乎大可商榷，第六期「賣國求榮」，很難使人領悟，意識方面亦欠明朗，歸納一句，封面的形式大方有餘，襯托力不足，原因不在於藝術水準的高低問題，而在內容。

2.廣告：（無意見，僅希望熱心的同鄉先進們多多介紹廣告）

3.評論：見仁見智，各人對同一事情的看法當不會完全相同，但下列兩點，似應孕育着的：一是對人類的愛，（表現在本刋的是對東山人，地之愛）惟因有愛便有憎惡，但這兩者出發點絕非純由私人的感受而基於人類（東山）美麗生活的遠景，達此無論社評，短評，論說等評論文字，均將黯然無光即使文筆犀利，但僅有少數人感到一時痛快，甚鮮價値。

一是眞憑實據，但非拿到人家的弱點便沾沾自喜，在感情上應誠摯，在口氣中應考慮到一點。就是：「我們目的是在使被批評的事改善（從迷信到不迷信，從不民主到民主）被批評的人改良，而不是把被批評者給擯出去，我們希望這對象會參加到我們陣營來。」

當然，明朗的固執的一切惡勢力，我們不惜與之戰鬥到底！

4. 新聞：基於我們的任務，一切新聞要配合起來，黃色的少渲染，迷信的不附會，寫之前最好自己去看一看，問清楚最低限度要得之於可靠方面，我們報道的是東山同鄉的苦難與歡笑，而非搬弄一些故事和情節。

5. 雜文：雜文是鋒利的標槍，容易擊中要害，因此使用之前，似應考慮一下。

6. 報告：多報告具體的「這件事」

7. 信箱：除了來信不踴躍之外，我們做的很夠。

8. 專載：（或轉載）多載些結實的理論方面的，我們年青，我們需要精神的「卡羅里」充實戰鬥力。

9. 文藝：希望多刊載些眞實性的，言之有物的作品，虛搆揑造，「羅曼蒂克」，不適宜莫釐風，否則會戕害了我們這個刊物。

三 瞻望

莫釐風是苦撐着的，以後還要艱苦地撐下去。是黑夜，東山會單獨天明麼？既然是黑夜，燒些柴火，讓我們取點溫暖，使野獸們不敢太放肆的走近身來，不是較好麼？

我們做的，與我們所處的大環境是如此的不協調，我們要安寧，大環境却大動亂，我們要建設，大環境却大破壞，我們希望家鄉八年元氣大傷之後「補一補」，事實却擺在眼前，我們希望（多麼卑微的希望）自己身心都能進步，健康，事實亦擺在眼前，有比今天情形更使人傷心的麼？

團結的好處就在此，我們不傷心，我們緊緊的團結，黑夜中我們有營火，暴風雨下我們有棲所，至少在我們圈子裏可以得到溫暖，你不能忍耐，我們會爲你的前途祝福，你願意忍耐，那末請你同我們一起看守這營火，以微薄的力量保護家園直到天明。

最後消息

中一添闢農科・擬在本山設校

吳稚暉丁福保楊中一等籌備恢復戰前之中一學院，並擬至東山設立農學院，丁君致函席玉年同鄉，託代覓院址，本刊探得原函照刊如後：

玉年先生偉鑒久仰

鴻才夙欽

駿業雖未把晤彌切依馳迺者弟與同里楊君中一及其他同志數人以鑒於舉世擾攘民不聊生惟有提倡教育振興農業庶足以增加物質生產恢復精神文明以期納世運於康莊登斯民於袵席爰擬恢復中一學院並添農科擴爲大學幾經籌劃略有端倪惟辦農科必須農場以資實驗都市之中空地難得

貴鄉洞庭位於太湖之中地土肥沃適始耕種且也素諗

珂鄉人傑地靈多慷慨熱心之士而

台端桑梓情殷事業心重敢乞於

貴同鄉中

賜以吹噓徵求同志籌劃校舍及空地俾本校農學院得以告成而

珂鄉農產亦可以增進一舉兩得惟

足下圖之專此敬請

籌安

弟丁福保頓首　卅六，九，十五。

楊灣發現挖眼黨

挖眼黨之流言，一度在上海頗爲恐怖，誤認良民爲挖眼黨而加以毆傷之事，時有發生，最近東山楊灣，亦有此項流言，鄉鎮空氣驟形緊張，每夜於港口懸掛汽油燈，港內張撒漁網，風聲所傳，草木皆兵，並有船夫小關金謂目睹一黑色人形怪物，躍入水中，惟問之事實則幷無確證，妖耶，怪耶，抑庸人自擾乎？

專論

開放對日貿易的剖視

·舟·

（一）前言

早在今年五月間，日本方面傳出了一個消息，說不久中日間貿易就要恢復戰前狀態；並派堀內爲日本駐華公使。現在，我們可以從對日貿易的開放，證明上述的「傳聞」，並不是「空穴來風」。

由於問題的重要，當政府依据國務會議的決議，宣佈開放對日貿易後，輿論界和工商界一致以憤慨情緒，發出了他們的呼聲。因爲如果我們不太健忘的話，一定記得十年前所發動的抗戰，其最大目的即在抵制日本的經濟侵略。好容易經過了八年的浴血奮鬥，終算如願以償，然而想不到在勝利剛及二年的今日，我們又重陷於戰敗國經濟侵略的危境中了。古語說：「前事不忘，後事之師。」我們不能不悲憤政府的健忘，竟會到如此程度。

（二）輿論一斑

現在，讓我們先來看一看輿論方面對此一問題的意見，究竟如何。

監察委員萬燦說：「開放對日貿易是麥帥總部的決策，也是日本所歡迎的，稱之爲日本決策，也無不可。日本利用僞裝民主，博得麥帥歡心，再通過麥帥，讓中國成其工業品的尾閭。」

張絅伯說：「日本在其美國爸爸扶植下的重新向外發展，將使中國成爲其經濟侵略的對象。」

婁立齋說：「政府經濟政策的錯誤之一爲輕決多變，倫敦的經濟學者雜誌說過：『只要內戰存在，任何聰明的理財家，甚至亞當斯密再世，也無法挽救危機。』在無法挽救的危機中，輕決多變也就無可避免了。」

田和卿說：「政府決定非開放不可，也許可以說有說不出的『苦衷』，但我國僅有的民族工業，却將被『苦衷』所斷送了。」

孟憲章說：「在美國這種反動政策下，中國將淪陷爲『生產外國，消費中國。』的悲慘境地。」

大公報說：「我要賣的他不要，他要買的我不該賣；我要買的他沒有，他要賣的我不該要」

馬寅初說：「現在開放對日貿易，無異是先養兒子後結婚。……對日貿易之結果，祗有對美獨佔資本家，日本財閥軍閥及中國極少的官僚豪門有利而已，對於民族工業、整個經濟及全國人民都是絕對不利的。」

（三）日本戰敗乎？

從監察委員萬燦的評述中，我們知道這一次美國陸軍部和麥帥總部所宣佈的開放對日貿易，正就是日本的決策，他們抱着臥薪嘗胆的決心，致力於領袖遠東的雄圖，現在和談雖未舉行，但是日本已迅速地完成了他復興的第一步，他的對外貿易的路綫和數字已經公佈，內容大致如下：

（一）恢復一九三〇——三四年工業水準，使在和談中以既成事實減少物資的賠償。

（二）希望在一年內對華貿易輸出達九千九百二十八萬美元，輸入爲四千七百六十八萬美元，亦即對華出超五千一百六十萬美元。

（三）輸出品以纖維雜物、棉紗、棉布、絲織品、毛織品、人造絲、機械器具、生絲、鐵秧、水產、藥品、橡皮製品、陶瓷、玻璃、金屬、及木材等。尤以前三種爲主。

（四）輸入品爲棉花、羊毛、汽車及另件、糖、飼料、工業用鹽、磷礦、石油、煤、皮革、油脂、大豆、橡皮等原料。

（五）輸出地區以中國及南洋爲主。

無論從哪一條看，對日貿易的開放唯獨與中國都有極不利的影響，而在日本，如果這貿易政策倖獲實現，那末在第二次世界大戰中失敗的將不是日本，而是中國。

（四）美國爲什麼開放對日貿易？

對日貿易的開放，影響吾國工業的深鉅，既如上述，關於這一層，美國當局未嘗不會看到，然而爲了自己的利益，決定宣佈了日本對外私人貿易的開放，歸納起來，有下面四個原因：

一、美國企圖組成遠東的經濟布洛克。

二、緩和英法諸國對於美國壟斷遠東市場的不平空氣。

三、減輕在日佔領費用的負担。

四、迅速扶植日本成爲遠東的反共防蘇堡壘。

上面四個原因，雖說還只是一個粗枝大業的看法，但是已足夠我們驚心怵目而感到自慚形穢了。一個戰勝國竟不能如戰敗國之爲人尊視，究竟是一種恥辱。

（五）對日貿易在中國是一個怎樣的問題？

現在，對日貿易是決定開放了。那末，就我們中國而論，究竟是一個怎樣的問題呢？我們以爲這不僅是一個嚴重的經濟問題，而且是一個較經濟更爲重要的政治問題，因爲經濟的損失可以數字衡量，且可設法挽救的，而政治方面將是一種無形而難以彌補的損失，先從經濟上看，對日貿易的開放，一方面自然將使中國的民族工業，尤其是輕工業，遭受到致命的打擊，另一方面是無形中每年喪失五千萬美元的外匯，去間接負担一部份美國在日的佔領費用。再從政治上看，抗戰勝利雖已二年，而對日和約，遲遲未訂，日本的賠償問題，領土問題，天皇問題，以及軍閥問題等等都沒有解決，而在此時竟先談貿易問題，正如馬寅初先生所說"Put the car before the horse"了，尤其是中國對日貿易，簡直是有百害而無一利。以"戰勝者的身份，聽着戰敗者喊着「美國經濟援日，日本經濟援華。」我們將有怎樣一種感觸呢？

（六）所謂政府的「苦衷」

根据上面的事實，我們十分明白了對日貿易開放的可怕，但是，我們的政府居然不顧一切地通過了開放的提案。他們的理由有下列三點：

一、只有戰勝國可派代表團到日本，日本不能以商務代表團或私人到戰勝國，與正常貿易不同。

二、日人希望在一年內對華貿易出超五千萬美元事，將由於我們嚴格的輸入管制而不可能，反之，我們在有利條件下，日人輸給我們若干貨物，我們可以加倍的貨物輸往日本。

三、有礙國民經濟的貨品和數量，由我們自由限制，所以日貨的的傾銷中國，絕不可能。

這三點理由，雖說是冠冕堂皇，但是由於日本的走私本領，比美國人更高明，明搶可躲，暗箭難防，再加上政府的無信，我們實在不敢相信會成事實。况且政府的通過此一決議，說明有它的「苦衷」，所謂「苦衷」大概是苦於內戰，急求外援，不得不俯仰由人，聽從一下三姆大叔的意旨，既有「苦衷」，其是否有利，已在言外了。

（七）可怕的遠景

在已被美貨摧殘得體無完膚的中國工業，對日貿易的開放，確是一道催命的符籙。我們眼看着戰敗國成立了「外國貿易代表團招待委員會」，眼看着東京的股票價格，直線上漲，不久之後，又將眼看着大批的日本纖維雜品，棉紗棉布，自彼岸滾滾而來，換取我們的原料或外匯，自然在這些輕工業品大量輸入之下，我國的工業勢難維持，其理由有二：

一、吾國工業基礎在輕工業，其中又以紡織工業為重心，而日本輸入者即以此為主，而且在美國的管制下，日本將永遠限於輕工業方面的發展，這一事實，不僅使中國市場，日貨充斥，而國貨運銷南洋的遠景，也為之幻滅。

二、日貨的價格，由於工資成本約為吾國工資之八分之一，故國貨斷難與之抗衡。据調查，日本八十碼的細布，賣五十萬元，而中國四十碼就要賣四十萬元，在成本懸殊的條件下，教中國的工業界如何與之頡頑？

在此對日貿易開放之初，我們已看到了一幅可怕的遠景，那就是中國工業的宣告破產，許多工廠是倒閉了，許多工人打破了飯碗，民間的資產，愈集中到少數人手中，即使要恢復戰前「工業日本，農業中國」的口號，也不可能了，因為財富的集中，使農村利潤的分配，更不合理，於是只能成為一個「無業中國」。

我們眞不明白化費了八年悠長的時間，付出了千萬生命代價的浴血抗戰，究竟是為了些什麼？

風語

惠靈吞的錶

心　咸

惠靈吞公爵天天帶着六隻錶，他誇耀一生約會，從未遲到。這在生為中國人的我們看來，究竟是不是一件值得誇耀的事呢？

我以為：

第一，值得誇耀的應該是在錶的多。例如我們東山，女人家逢吃喜酒。總須備些首飾，珠光寶氣，炫耀一番。

第二，約會而不遲到，在敝國似乎太可笑了，約會畢竟不是吃飯呀！

「霍亂」與「虎列拉」

心　咸

霍亂者，Cholera也，Cholera者，霍亂也。

霍亂初為中國特產，傳至國外，譯音為Cholera，不知是哪一位聰明的中國文人，一見此字，即福至心靈，把它譯作「虎列拉」，這樣一來，霍亂就變作外國的輸入品了。然而事實是事實，霍亂終究仍是中國的特產。

由於霍亂，使我想起了另一個外國字，那就是Kotow，在舊式的字典中，本無此字，因為英美根本沒有「叩頭」禮節，現在英美人居然把它譯成英文字，居然把它編入字典，不能不說是中國的殊榮。

我希望幾年或幾十年後，再有一位聰明的文人把它譯成另一名詞。（如「拷土」似尙不差）這樣，「叩頭」禮節，就變為「外夷」的發明品了。

莫釐人物誌

鄭澤南先生

敬之

鄭公澤南是位不必多用贊辭介紹的先哲，他是一個有堅定信仰而又勇敢的英雄。在近年來同鄉會的主席中，給我們明朗印象的：像他的熱情果敢和現今葉振民先生的毅力精細，都是爲鄉梓福利所不可少的動力和泉源。

他從不逃避現實的痛苦，就是在戰火中，他也沒有一天不在爲人們幸福的受蹂躪而痛苦，呼號，計劃。（註一）那種公而忘私的精神，我們可從不少談述和書集中，不少感人的畫面和故事而顯露在眼前，這一切會使我們相信他一生所努力的，也許是將崇高的想像成爲現實，將艱難的工作克服完成，有時他忘了自己的一切，被一個美的眞理吸住着，不惜廢寢忘食，窮歲累月地去奮鬥堅持着，我雖無法表彰出他的緊張的情緒，和辛勞的程度，不過我可以說他是無時不在爲更多人的困苦而工作，私利和報酬在他的字典中是找不到的。（註二）

在我童年時，有一次，參與他老人家的壽誕，記得那是一個夏午，在一點半時，他才匆匆地回來，脫去白紡綢的袍衫，穿着件小網眼外還有不少大洞眼的汗衫，足上一雙古式的雙樑鞋，一面揩汗，一面很起勁地吃黃鱔麵。後來又匆匆地出去，從此在我童稚的心裏，他的破汗衫就留下很深的印象，似乎這與平日大人們所描摹的崇高人物似不和諧，後來年齡日增，才感悟一個眞正具有人格美的，本來不是以服飾來炫耀的？（所以他的克己又認眞，甚之爲着自己的信仰而犧牲（註三）眞也言明他不僅爲着生命而愛，而且是人類而愛呢。）

每當燭殘更深，他雖整日辛勞，還毫不苟且對子姪輩嚴謹的訓導，雖然那目光是嚴峻的，令人生畏的，其實內心却掩藏不住他燃燒着的無限的希冀和慈愛。眞的他是不顧一己的享受，而努力於下一代的耕耘的，你看他的子弟在國外在國內在學校在社會，都承繼着他的氣質和風格，並且他是永遠活躍在更多有同感的後繼者底心裏。眞如西諺云：「人類的偉大決不是集中於一個時代也不是一個民族，却是一個時代傳給一個時代，一個民族傳給一個民族，而且像眞理的一支火炬一般由一個人傳授給一個人——若是人類繼續呼吸，這支眞理的火炬就永遠不會熄滅。」

我們都知道在國難時，一個國民安守國民本位工作，自是常事，有時爲堅持正義而犧牲，按理也不足奇，然而這究竟是一件難能可貴的事。那末他的寫了遺書（註四）從容殉仁的一幕，博得了千古流芳自是應該的事。他的確符合了在歷史上記述着被人感佩人物的幾個原則，一追求眞理，二捨己爲人，三獨立特行。

在他殉仁前二月，又是夏天，他與家父談着木東公路時，我見到了他，我記得很淸楚他一手搖曳着摺扇，平頂頭的上額冒着汗，在他出門時帶着嚴峻的微笑看着我，又看了看他的雙樑鞋走了，我望着他穿了白紡綢長衫的背影。我不禁還了個微笑，現在這微笑算是變成了惟一不可磨滅的崇高的敬意的表示。　卅六、八、十三。

註一　詳見東山卅周紀念刊，其他有關諸篇如八六頁及二三一頁。

註二　他愛護糖業公會同鄉會酬答他在主席任中賢勞的匾額，比什麼都珍惜。

註三　民國卅年八月廿七日殉仁於滬。

註四　民國廿九年四月登報啟事聲明雜糧糖業等公會立場，拒入僞市商會，並寫遺書及托友人徐寄廎先生書。

惠然與僞善

李炳泉

惠然軒公壇之設立，在當初想必是幾個人的志同道合，擬依此作爲研究道學，以及道學同志業餘聚會的地方，不過一年年的下來，眞正對於道學有修養有信仰的道學同志，老的老了，仙逝的仙逝了，而現在盤據在惠然公軒的幾位仁兄，我想他們對於道學的眞義與瞭解，恐怕是等於零了吧！也許竟把惠然攪成僞善了。

我們毋容諱言，只要常常到同鄉會來的每一個同鄉，終有這樣的感覺：覺得這一般人現在不過是在背了這一塊腐蝕了的「惠然軒公壇」的招牌，騙口飯吃，苟延殘喘罷了。平日閒着的時候，還不是天天呼嘯成羣，滿桌酒肉，等到黃湯下肚，不是翻那家舊卷，就是道這家長短，甚至在大廳上，天井裏，公然糾衆聚賭，弄得同鄉會烏煙瘴氣，那裏還有點惠然軒原有的精神，簡直就是社會上的寄生蟲了。

所以聽說同鄉會要改組惠然軒公壇，並且要淸除這些「僞善」的敗類，我們非常贊成，因爲這批遊民再在同鄉會鬧下去，同鄉會簡直變成了難民收容所，惠然軒也變了僞善軒了。

「莫釐峰下故將軍，戰骨蕭蕭瘞白雲；大樹不凋前代葉，垂陰連蓋幾家墳。」

明葛一龍詩

莫釐將軍墓？

·葉奕欽·

太湖備考塚墓類：「隋莫釐將軍墓在東山圓極宮前樹下。」寺觀類：「圓極宮在東山靈佑廟東，明正德間道士曹雷溪募建，今易名佑聖宮。」祠廟類：「靈佑廟在東山之廟山，（俗稱新廟）宋建炎四年建，祀眞武劉猛將。」

莫釐將軍之墓址，讀以上數類記載，可知其必在新廟相近。新廟爲山人所習知，惟世故滄桑，屢經兵燹，非復當年舊觀。昔有大香樟三本係明代物，在眾微菴前，盡爲日寇斫伐，古木更無有存者，閱續編太湖備考祠廟寺觀各條，有如下之記載：

「劉猛將軍廟舊在前山靈佑廟內，咸豐十一年（公元一八六一年）燬，光緒十八年於廟基之左重建廠堂三間以奉神；圓極宮又名佑聖宮在東山靈佑廟東，咸豐十一年燬。」

據此，新廟及佑聖宮之建築，均毀於距今八十六年前「長毛」時候；現在中天王廟乃在廟基之左改造，而佑聖宮遺址一片荒蕪，已難斷定其方位與範圍之大小。今欲求如太湖備考所載圓極宮前大樹下莫釐將軍之墓，則大樹早已無存。余訪之二十年徒見道旁山坡之下，蔓草荒塚，四顧茫然，杳不可得，詢諸父老竟無有知者；思欲檢査太湖廳同治魚鱗冊，或可得佑聖宮之方單圖形，亦因

參議雜誌

朱潤生

吳縣參議會第二次大會，已於八月十八日舉行，會期四天，地點在東吳鎭第一中心小學之新建大禮堂欣洪堂內，本區參議員七人全體出席，會中有報告，有提議，有辯論，有決議，一切如儀，於廿一日下午六時準時閉幕，圓滿功德。一切詳情均見各報，本文所記，以詳其所略，而略其所詳爲原則。

錢大鈞議長辭職，照章應補選正議長，錢議長爲了恐怕辭職不成，連參議員的職務，也一併辭去了，大會中有許多參議員，認爲正議長應向大會辭職，大會既未通過，何以已有補選之議程，縣府有越權之嫌，但也有人以爲參議員的辭職，照規定不必得任何人的允許，祇要辭職書到達之日即發生效力，準此說法，則參議員的身份已辭去了，當然不能再任議長，故不必再由大會通過了，此種說法，似亦振振有辭，結果大會通過辭職，重選嚴欣淇爲正議長，薄鑄爲副議長。

據著者的看法，正議長受本會之推選而担任，對全體參議員既負全責，則理應先向大會提出辭職，俟通過後，再辭去參議員較爲合理，在未曾辭去議長職務之前，不宜先辭參議員之職務。這是責任問題，愚見如此，不知各位法律專家以爲然否。

會中對於第一次大會議決案件多未能澈底執行，縱不是「議而不決，」仍蹈了「決而不行」的通病。這一點已有許多人指出，認爲遺憾。我以爲這有幾個原因，縣參議會議決案件，均送縣政府執行，縣政府對於各種案件簡易可行的，自然儘先辦理了，一有需要經費的事件，或者有關上級的或中央直屬機構的，便須請示省府，或增加核算，或行文轉達各機關辦理，其成效如何，便可想而知了。所以縣府方面既受上級省府之主管，又須協助中央直屬機構推行各政策，更須接受縣參議會之決議來往之互相抵觸，勢難順利進行，權其輕重，往往將決議案暫行擱置，好在一切責任均可以正在「請示省府」來對付一切的。

既有縣參議會，實行縣自治，則應有一個自治的範圍，在此範圍內，在不違背中央或省府的律令限度內必須有處理的自由，否則件件決議，事事受制，豈非徒有自治之名，而無自治之實，譬如鄉自治經費，縣道公路之修建，以及其他縣之教育、治安、生產、建設之推進事宜，若秦牛能決而不能行，那又何必多此一議呢？

大會中爲了自來水公司的籌備遲緩，不克積極進行，縣府擅將鄉鎭監印費四千餘萬元，未得各鄉鎭同意，加入了自來水公司作爲股款，引起許多城鄉參議員之不滿，又因電燈廠收費較京滬各線尤貴，更於七月間提前一月加價，也引起各方的不滿，結果均推出代表，去調査內容，督促改進。後文如何，須待事實來說明了。

大會開會期間，適值本縣進行徵集志願兵最後關頭。各鄉各鎭爲了這一件事鬧得非常不安，徵兵抽丁，事關國家行政，縣參議會聽到各鄉鎭的辦理困難情形，各鄉民爲了分攤安家費的應付

循未果，實爲訪古中一大憾事。

按七十二峯足徵集第九卷施中小傳云：施中字正甫，號海麇，葛一龍破屋先生傳曰：「先生居莫釐將軍墓側，大樹壓其廬，僅蔽風雨。」此可想見圓極宮前大樹左右，當明季葛一龍時施海麇有破屋居其側，足資參考。今以其地推之，應在翁百萬（亘寰）墓前一帶村舍中，鄉人呼曰「廟圖上」，即「廟濱村」也。

今夏盛暑，余返蘇小憩，一日訪書於文學山房，有長者至垂詢余姓氏，經主人江君介紹，識爲杭縣祖繇颺民先生。寓吳三十載矣，倦宦之餘，潛心典籍，今年七旬，精神健旺。其五世族祖沈佳於清康熙間隨徐健菴尚書詣東山書局纂修一統志。因此颺老數往山中游覽，頗悉吾鄉掌故，語余曰：莫釐將軍事蹟不能考，其墓曾往訪得。余聞而異之，亟詢其究竟。颺老云：昔年嚴公子猷之喪往東山時，以莫釐將軍墓詢席君德炯昆仲，因得鄉人導往所在；其地去嚴家花園不甚遙，乃在人家村落中，石碣猛存，今爲席氏世守。余猶疑信參半，次日往其居復問之，莫唐武衛將軍墓之誤乎。答曰：非也，席將軍墓在嚴氏樂志堂相近，此即別是一處，地名則漠糊矣。余益驚奇，不圖久訪不獲之古墓，沈老以他鄉之客已先我二十餘年得之，深慚其固陋也。余幾欲奮身即往踪尋，人事卒卒，欲行又止，即以一函告莫釐中學王校長季緒託其代訪，猶未得復，幽懷未已，適莫釐風月刊徵稿於余，藉此述其探訪之經過。倘有同志履其地者而證實之，吾人生長莫釐峯下，庶幾數典而可不忘乎。

卅六・九・十一・上海

爲難情形，志願兵安家費數目之爭論情形，以及許多街談巷議因志願兵安家費而發生的販賣壯丁，包辦壯丁等等的傳說，我們聽了只覺得感慨萬分，很慚愧一時無法減輕人民的負担，惟有請求辦理兵役的團管部長官在手續上力求從寬辦理，使辦理的人略舒一口氣罷了，所以在第二天的大會上，堅決主張請正副議長親自往訪團管部杜司令轉達請求放寬的意志，幸獲應允將限期放寬數天，並將錄收志願兵的體格標準放寬，在這一方面我們祇能做到這一點點，却也費了很大的力量了。

再在此次徵兵分配名額發現了一件極不公平的事實。此次吳縣徵兵人數共爲一千三百五十五名，較之去年約增加百分之五十，如其依照人口密度或壯丁人數而分配徵額，則應全縣比例增加毫無疑義，不料這一次經縣府召集的兵役會議決定了一個原則，即城區每保徵二人，鄉區每保徵一人，表面上看來城區每保多出一人，事實上大大不然，原來城區每保約有三十甲，每甲約有三十戶，所以一保共有九百戶，鄉區每保約十甲，每甲約十戶，所以一保共有一百戶。結果城區每九百戶出二人，而鄉區每一百戶出一人，豈非大大的不公平，於是此次城區共徵名額三百名，與上次相同並未增加，所增加的約四百名名額全在鄉區頭上。譬如我東山(舊十二區)一地去年名額卅一名，今年名額七十一名，要增加四十人之多在一倍以上。以每丁安家費實付數平均八百萬元，全山共負担安家費五億六千八百萬元之多，若照比例計算，至多本屆應徵四十六名，所以我們東山在這一個兵役會議決議之下，便多出廿五名的壯丁，及二億元的安家費了。東山如此，各鄉鎮也大都如此，間有少出的，是極少數的例外。

自從發見了這個事實之後，在大會提出糾正之提議，但因爲時較晚，徵兵已在積極進行之中，萬難中途暫停重行分配，事實如此，祇有希望下屆的重行公平分配了，蔣副議長鑄一口答應，担保下屆決不至再發生偏枯不公的分配辦法，一面又議決了追究責任的決議案，方始此案告一段落。

在會議時可以看出鄉區的議員來自各鄉間，要能了解民間的痛苦，指出各種弊端，各種困難，並建議改良的方法，而城區的參議員也能寄以同情，即如壯丁分配一案，其爭論之點，不在吃虧與便宜，而在要求公平，其指摘目的不在城區而在兵役會議，決定此項辦法各位先生，須知我們在參加一個會議，決定一個議案，有多少人將受牠的影響，其責任何等重大，若不以大衆的幸福利害爲前提，豈不是辜負了代表的使命呢，我願許多競選國大代表，立法委員，監察委員，以及其他大大小小的人民代表的各位先生們，要捫心自問，一旦當選了能對得起被代表的許多人們麼？這實在是一個非常重要的要素。

慚愧得很，作者也是參議員的一份子，願常常將此言來自勉，兼勉同人。

歡迎投稿

紅甘齋日記（四）

紅甘齋主

二月上旬　多風雨

十天來春寒料峭，不勝握管，因改日記爲旬記。但此例一開，以後懶虫必經常出動，予謹在此立誓：「只此一遭，下不爲例」。

上丁日，街頭學童頗多，但予非知星期日，因大小兒一早赴校，繼而知今日文昌宮有祭祀，東山儒門，例須盛服赴宮，於是學校被動放假，數百學子，雖荒課一天，惟衷心欣喜不置；而教師亦得少吃幾升粉筆灰，一舉數得，何樂不爲？

初八爲張大帝誕，大帝何人，予不詳其身世，或即係龍虎山張天師，考天師自開山祖遞傳迄今，已達五十餘世，教徒遍天下，實今日教中祭酒，以吾東山論，吃道教者多書香子弟，豪門寓公，勢力之大，使佛門弟子，黯然失色，惟所奉者似爲呂純陽祖師，不知差異何在。予愧忝壇弟子之一，迄不能辨，未嘗不恨。予之吃教，不過吃吃而已，教義何在？本非所計，惟尸位素餐，妄然吃於彼，老於彼，死於彼，終不免自慚形穢耳。故我但冀另謀一噉飯之地，以謝祖師。

壇中經常生意爲拜懺，予亦偶一爲之，以吾之博學，於經典竟常茫然，隨聲和調，况其下焉者乎？惟擊鼓誦經之聲，殊可與梅博士之霸王別姬，一爭短長。他如扶乩，原不過一種噱頭，壇中人故玄其說，無非爲吃飯耳。

在宗教中，道教實爲最自由者，牛肉猪肉都可吃，女人烟酒都不關，但我以爲既係宗教，總須有些規矩，而若干女子，一到夏天，頭髮蟲起，擅名之曰：「道士頭」，其有辱教門可知，予意應成立一「正名委員會」，提出抗議，並登報警告，以維尊嚴。

本月母親由我奉養，高堂飯量雖不多，但菜肴總須較好些，一則聊盡人之子道，二則爲爭點面子耳。弟媳素好說長話短，恐已冷眼相看久矣。

十日來每日冒風雨至郵局候張兄信，輒失望而歸，張兄忙乎？忘乎？抑亡乎？

二月十二日　晴

前數日，風雨施虐，今日花朝，居然晴朗，盎然有春意矣。相傳花朝爲百花生日，闔山仕女例須以綵綾爲帶，繫花枝競豔，謂之賞紅。然此景久矣不見，殊屬憾事。否則街頭仕女如雲，萬紫千紅，足供品頭評足，豈不快哉！

農村掇拾

俞亮畫　田非詩　過怡刻

石橋

石與石
相累相連，跨過清冷的溪水
毫無怨言地載負着
頻頻經過的農夫、農夫與小孩

古屋

塗滿歲月的灰塵
蛛網，灰黑和朽木
如親切的老保姆
一代代蔽護着她的子孫
從風雨兇殘的襲擊

中午，應崇雅邀飲，談及將有征丁之舉，聞東山計攤派三十人，安家費由全山分配負担，如以一人百元計，即須三千元，殊屬駭人聽聞，噫！「當世正多事，吾儕方苦兵」。戰爭，戰爭，天下多少罪惡，假汝之名以行。

既而酒盡，醉意亦爛，返家擁被而臥。

未幾，忽報×長攜一警士來訪，乃請客廳相見。坐甫定，略事寒暄，予先啟口。

「×長駕臨，有何見教？」

「此次因征丁事急，擬請黃先生賜予鼎助。」

「×長要我幫忙的是人呢，抑是錢？」

「人倒是小問題，上面有的是人。」

「那末是要錢了。×長，你是知道的，我賦閒已久，哪裏有錢？」

「話也不錯，不過此次征丁，因爲數過鉅，如果牆門人家不應酬，叫那些莊稼人如何服貼？」

「這不能如此講吧，小弟實在是心有餘而力不足，況且我家沒有一個及齡壯丁，爲什麼一定要出？」

「這是上面的規定，有丁人家自然要出，沒有壯丁人家也得出一筆『優待費』」。

「我不管這些，反正我沒有錢。」

「黃先生，我和你無怨無仇，我做這個辭不掉的差使，也是逼上梁山，如果肯施捨一點，就是幫兄弟的忙……唔，金察友！」

「有！」此警衛之聲，聲若洪鐘，予一驚而醒，原來是南柯一夢。

醒時，牀邊老妻怒目而視，謂予曰：

「吃得這樣酒水糊塗，睡着了還在跟人家相罵」。我雖心中雪亮，但仍狡賴。

「沒有。」

「那末，爲什麼要這樣大聲呼喝？」

「大概心裏不大快樂。」

「像你這樣吃吃睏睏，還有什麼不快樂，人家說：乞丐做三年，不想做皇帝。再過一年你這紅甘蔗怕要做得有癮了。」此「紅甘蔗」三字竟出諸家人之口，其不快可知。繼聞聲曰：

「賴在牀裏做什麼？起來『觸祭』夜飯了。」

予乃穿鞋出房，回憶夢中情景，如在目前，×長之笑臉尤爲可怕，雖非真事，但我對×長之印象，大不佳矣。飯罷苦無消遣，惟有睡覺，但思及抽丁，就有餘悸，久難入睡。

悠靜地輕移　　拖曳着黃昏
它載着一船疲倦的歸心

晚渡

天堂建築在撒旦的土地上(註)

——祝安定復校

何遜

因抗戰而停辦的安定小學，在勝利後兩年的今日，宣告復校了。「野火燒不盡，春風吹又生。」當我們聽到從一長列濃蔭的大槐樹中，重傳出弦歌之聲的時候，快樂的應該不止是安定的創辦人、校友、以及師生們，凡是關心東山教育的故鄉人士一定是具有同感的。

辦教育是一樁艱苦的事業，不能當他是一件輕鬆的職業。辦教育者應該確具有一種造福人羣的志向，不能僅憑一點興趣，或者爲了好名，甚至爲了賺錢而侈言辦教育。

這一次安定的復校，我們知道決不是由於幾個人一時的高興，也不是爲了爭名，更不是在賺幾個錢，而將是在普及故鄉的教育。

記得一位教育家說過：「教育着時代落伍的人，一起趕上時代的前線，是普及教育運動的目標。我們必須拿着現代文明的鑰匙，才能繼續不斷地去開發現代文明的寶庫，保證川流不息的現代化，普及教育運動的最大使命，便是把這鑰匙從少數人手裏拿出來給大衆。」主持安定復校的人，也可說是完成了他們把這「鑰匙」從少數人手中，拿出來給大衆的工作。

也許有人說：辦小學太平凡了。但是平凡無過於一張白紙，如果經惲南田王羲之塗上幾筆，便會價值連城；平凡也無過於一塊石頭，如果到了米開朗基維或楊惠手裏，就可成不朽之作，如果我們眞以心血灌溉我們的種子，那末小學雖小，成果一定是很大的。

由於經費的限制，安定學校仍然是一個貴族化的學宮，但是他的再生，終不失是一件好事，至少他是帶着一點誘發作用的。我們希望今後會不斷地看到：「天堂建築在撒旦的土地上。」

註　是Can set up Heaven's Kingdom on Satan's Land 的中譯，意即變魔窟爲天堂。

安定小學復校開學典禮追記

·鵠　山·

荒蕪了十年的安定樂園，經席氏許多熱心教育者的努力籌划，終於在八月三十一日上午十時在原址舉行莊嚴而隆重的復校開學典禮，這對於未來東山教育的發展，無疑的，是增加了一支強有力的生力軍。

三十一號那天，晴空一碧，似象徵着安定小學復校開學的順利與今後該校前途的光明。七時半以後，來賓校董陸續到來，禮堂前面的簽名處，也陸續有人在簽名了，到了十點鐘的時候，天眞活潑的小朋友也鄭重其事似的已正襟危坐在禮堂上了。鈴鐘聲響後，大家相率入席，司儀者發出了「大會開始」主席席侍豐先生隨着「主席就會」聲，接引上位，行禮如儀既畢，主席報告安定小學的歷史沿革及復校開學的經過情形，之後就是來賓致辭，大家謙讓了一陣，金鳳生先生，首先上了台，他講的「怎樣做個好學生，」以恭敬，勤儉，守紀律三項，詳加闡述，最後說：「安定小學爲正式學校，環境優美，各位小朋友可說是幸福之至」。——等語，用資激勵。繼金先生說話的就是兪亮先生，兪先生特別將一個「新」字，加以旁證博引，盛贊安定小學有着「新的氣象」他說：「新就是好，我們應本着這個新，這個好，以達到理想的境地」，兪亮先生講畢，就是校董訓詞，席微三先生以老當益壯的矍鑠姿態，含笑上台，他老人家言簡意深，末了說：「現在本校復校伊始，許多設備不十分完善，希望以後隨時補充……」其深謀遠慮熱心公益的情形，當不難觀滴水而知大海矣！末了，就是韓代校長的致謝詞，大意說：「……席裕昌校長不能來校出席這次的開學典禮，本人是接受了代理校務的任命，今天代表席校長及全體小朋友向許多來賓及熱心教育的校董校友敬致謝忱。」

散會後，攝影留念，先是師生合影留影，再則來賓，校董及教師合影還有簡樸而莊嚴的禮堂拍照，直至日已當中，諸事完畢，小朋友還蹦跳在校園中，誠如兪亮先生說的「新的氣象。」

這一次大會，美中不足的，是上海校董的未能親自到來，使得在山的人們及許多小朋友不能得到更多更新的指教和知識。（但是上海校董有着事務紛忙而不能到來也是事實），不過，在外各校董一定在關懷着安定小學復校開學的事情。所以這次雖不能滋臨指教，而來日方長，定能給安定樂園以許多寶貴的啟示，我們虔誠的渴望着。

安定小學復校開學了，這不獨是發展東山教育的一支生力軍，而且也是未來建國的一塊奠基石。

連環套

·金仲侶·

前言

去冬余因公去北方某縣採辦土產，該縣鄰近戰區，難民羣集，旅店告滿，沒奈何覓得一簡陋宿店，委屈寓下。某日；日睹善良苦難的鄰居，受人威脅欺凌，飛臨悲慘不幸的遭遇，茲將它寫出。時適政府諭令全國嚴厲決心禁絕煙毒未久，斯篇之作，要亦可促使吾鄉里智淺識薄的父老兄弟姊妹們！有所儆惕。否則，身入囹圄，悔之晚矣！

一

她的丈夫遭遇逮捕以後，她和她唯一的兒子——八歲的順生，孤零零的，經營着慘淡的日子，生活給予她們娘兒倆的，沒有快樂，沒有生趣，祇有一線渺茫的希望。

一個小小做飯的泥爐子，吐出熏熏火苗，像一隻餓急了野獸，露出血紅的舌頭，在吞食着她心血換來的煤塊。

順生雙手抱着窩窩頭（實心餑頭）在啃着渣兒從嘴角邊漏下來，她的媽媽一一的拾起來，重塡進他的小嘴裏去，撫着他的頭殷切的叮囑着：「順兒！以後吃東西的時候，要小心一點，媽賺錢不容易啊：：」順生好像領會他媽的意思，很體量自己的媽媽財源來處不易，用一隻小手接攔着散渣往嘴裏送。

她坐在那舊洗衣盆的一邊，一隻小矮櫈上，兩隻久已麻木的手，在水盆裏的措衣板上，做最後的掙扎，腰彎有些兒發痛，腿曲的有些發酸……

她慢慢的直了直腰，仰起了頭，兩隻眼睛出神的，凝視着空中的流雲，早晨的清風，拂慰着她那憂愁的心靈。兩隻杜鵑兒，臥坐在東南牆角的小桑樹上，相互的洗着羽毛，面朝着剛升起的太陽，放出輕快的聲音。

她突然低下了頭，一串使她永生不能忘掉的事跡，又重新掀起了思潮，返復的演映在她那煩惱憂悶的腦海裏。

二

房東兼任着甲長，不大不小的個子，瘦長的臉上帶着灰土的顏色，一副大黑邊的眼鏡時常架在鼻樑上，做起事來，多少總愛做些便宜。房東的太太，矮矮的個子，渾身上下長的倒也豐滿，將要變蒼了的頭髮，梳起了兩道彎，衰老的臉皮上，老是塗着胭脂擦着粉，裝出年青的姿勢來，兩隻馬鈴薯式的脚，走起路來，一扭一扭的像一隻要下蛋的鴨子，說出話來嘴一咧一咧的可眞有勁，差不多的人都說不過她，綽號「母老虎」聞名很遠。她們倆口子都沉醉着於鴉片烟，有時緊閉着門，一天看不見人影，過着白天和黑夜倒着的生活。可是沒有人願意得罪他們，都抱着誰犯法誰受的主義，因此房東倆口兒，一天比一天的胆大起來，不但自己抽，竟偷着賣了起來，甚至於把素不相識的陌生客也弄進來了，外面風聲也跟着漸漸的緊起來……

一天甲長拿着一張素沒有見過的單子，遞給順生的媽媽並吩咐她。叫她馬上打手印。她的丈夫照例是在鬧市賣破爛——自己有一個小攤子。

「甲長！這是什麼呀？」她驚奇地問着。

「五家連環保單」。

「幹甚麼用的呀？甲長。」

「少說閒話！叫妳印上一個指印，妳就印上一個就是了，還有什麼可問的呢？」甲長有些不奈煩了。

甲長太太站在旁邊，撇着頭，迷着眼，嘴角上掛着狡獰的冷笑「嘿！嘿！眞是老趕到家了，連那幾個字都不認得，還配在城裏住……」伸手從順生媽媽手裏接了過去，讓二娘給妳講講，看妳會聽不會聽；她忍氣吞聲的望着甲長太太一張一合的嘴唇。

「保」字妳懂得嗎？就是「保定府」的保，妳連保定都不知道嗎？她點了點頭。

「連環」就是一個圈套着一個圈，誰都懂得，妳懂得嗎？她馬馬虎虎的答了一聲「懂」。

「哎！別看她土頭土腦的，可知道的到還不少呢？」甲長也跟笑了笑。

這單上面是說，咱們五家有沒有抽那個烟（大烟）的，妳想咱們都是窮人，誰能抽得起，反正咱們都不抽，甚麼都不怕，總而言之，我保你，妳保我，咱們這五家賭保一下就是啦，你抽了那個，把我們四家也一起抓走，我抽了那個啊……啊反正都一樣，誰也不吃虧……

恐怖像電一般的打在她的心弦上，憂愁立刻飛到她的雙頰上。

「等順生的爸爸回來再說吧！」

「哼！那怎麼能成呢？公家的事妳敢就誤時間？就是我當甲長的

都不敢……哼！」甲長怒冲冲的說着。

「不保行不行呀？甲長」她在乞求着說。

「噯喲！說妳們土氣可眞土氣，眞不知利害，保不保還出妳啦？就是我們先生甲長說不保都不興呢？快點兒別胡扯了」甲長太太搶着回答說。

她祇得伸出了顫抖的大姆指，照着甲長告訴的地方，像在生死簿上蓋指印一樣的按了上去……

當她丈夫知道了這回事，僅僅的長嘆了一口氣而已。「唉！連環就連環吧！反正該倒霉，怎麼也是一樣……」順生媽也跟着「唉！」了一聲，屋子裏靜悄悄的，沒有一點兒的聲息。

三

一陣狡滑的笑聲從甲長屋子裏傳了出來，幾個買烟的顧客，鬼鬼祟祟的在院子裏走來走去，激起了他們更深的怨恨……。

可是在這彼此相連環的五家，誰又肯大胆的檢舉甲長違法呢？

那是一個歲末的午夜，天黑的逼人，使人害怕，小星隱匿不願見人似的，北風從半空飛過，發出呼嘯的聲音，人們早已步入夢鄉了。

房東的屋裏依舊燈火灼灼，順生的媽坐在一盞暗淡的棉油燈下，替人家趕做年衣，她停止了針線，給她勞累的臂膀和麻木的手指以休息，凝視着睡熟了的順生，又看看手裏的衣服，心裏想着，要是給順生做的，他小心兒將要是如何的高興，自已該是多麼歡喜……。

「拍！拍！拍！」「開門！」「開門！」

前門是有人高聲的叫門。「撲通！撲通！」的是有人從後院牆上跳了下來，鄰家的狗拚命的吠着，掀開了沉寂的黑夜。

房東屋子裏的燈光即熄滅了，順生的媽不知外面出了什麼不幸的亂子，也趕快的熄滅了燈火，驚醒了倦乏的丈夫和順兒，慌張失措不知怎麼才好……

兩個陌生的人從甲長房子裏跑了出來，嚇得沒魂似的不知往那裏逃竄才是，一頭鑽在順生家的外間屋的麥柴堆中，像僵死的人一樣，一點氣也不敢喘……。

一個黑影從地上挺了起來，一手舉着手槍，一手照着電筒，大聲喊着：「不要再亂動，我們是尋人的！……」緊接着，驚笛響了，幾個持鎗的警士，都從牆上跳了進來，一陣喧嘩，闖入了房東的內室，查出了在牆洞裏祕密藏着的抽煙的傢俱和一些生煙土。

甲長兩腿戰慄，吞吞吐吐的哀求着：「隊長！這……是第一……次請饒……一條命……吧！再……再不……敢了……」素日口齒銳利的甲長太太，嚇的連屁也不敢放，一副黃臉變得死灰似的蒼白了，緊靠着牆角微微的顫抖。

「隊長先生！天氣……這……這樣的冷，帶着弟兄們老……老遠的來……了，好不辛……苦，我……我窮甲長當……當孝敬幾……幾個酒錢，別……別見怪，」甲長迅速的從櫃裏提出一個紅布口袋滿裝着鈔票，恭恭敬敬的送到隊長面前。隊長擺出了莊嚴正經的態度：「告訴你！中國人不都是愛錢的！快給我滾開！」「是！隊長！」

甲長太太鼓着最大的勇氣，又在甜言蜜語的勸着隊長，也遭受了嚴重的打擊，很覺難爲情，不言不語的呆立在一邊等候着 人家的處置，兩個抽煙的客也被推了出來，一起四人都拴在一根麻繩上，活像一串大閘蟹，順生的爸爸也就被混入到麻繩上去了……。

順生媽淚流滿面的衝了出來，拉着丈夫的衣襟，向隊長哭着求着，哀哀的說，「我們心地是光明善良的，沒有犯什麼法，爲什麼把他帶走？隊長！他是寃枉的，亦許你老人家弄錯了。」隊長嚴肅地說：「這是國法是無法挽回的事，你們不知利害被一個指印所累了。」順生媽恍然大悟，兩手放鬆，垂首默然無語，長噓一聲……。

一陣風波之後，嘈雜的人聲消失了，隊長和他的弟兄，手提着煙土和錢包欣喜的跨出了大門，鄰家的狗還在斷續的吠着……。

她長噓了一口氣，憤激的眼光，望着丈夫消失的蹤影，她的頭發熱，發昏，她的心不停的鼓動着，一種無處發散的憤恨，悲哀，祇有宣洩在幾滴酸痛的眼淚上。

在連環單上的五家都先後被逮捕走了。

時光慢慢地向前蠕動着，一天兩天，一直過了半月，她的被累坐牢的丈夫，不知何年何月才得被赦放回家？天天翹首盼望着。

鄰居二狗的媽，的確是個忠誠的人，親切的對着順生的媽低聲的說着：「聽見對門大牛的娘在說，預備想法一筆錢，到衙門裏去運動一下，或許有希望放出來，你這樣空盼着不如趕快花上些錢，想法託託面子，順生的爸就有希望出來了……。」

她牢牢的記住了二狗媽的一套話，天天不顧命的工作，白天縫一整天的衣服，晚間再做半夜的針線生活，希望能積存些錢，能將久押的丈夫贖出來，他沒有疲倦，也沒有勞累，祇是幹！苦幹！一個美滿渺茫的希望爲她努力的最終目的。

她一閉上眼睛，彷彿丈夫失望的眼色緊瞧着自己，臉色慘白簡直不像自己的丈夫了。她似乎聽見他微弱的聲音，正向着自己訴說着無底的怨屈……。

一滴滴的血淚的結晶，都浪費在無濟於事的地方了，誰知道她被那些人吃人的人欺哄了，愚弄了。

她還不完全失望，她祇有懷疑，她不知道到底須有多少心血，才可以換得丈夫的生命回來。一陣心酸，一股昏迷，使她不由得低下了頭，在想：想，在希望，在作渺茫的希望。兩滴眼淚衝出了她的眼眶，跌在洗衣盆裏……。

兩隻杜鵑兒，依然坐在小桑枝上，發出輕輕凄楚的聲音……

修理殿涇港駁岸路面支收清單

收入項

席涵深先生經募	洋十五萬元
王礪琛先生經募	洋十五萬元
席裕昌先生經募	洋十五萬元
席伯華先生經募	洋十五萬元
朱潤生先生經募	洋十五萬元
嚴挹謙先生經募	洋十五萬元
陸鍾琪先生經募	洋十五萬元
席玉年先生經募	洋十五萬元
劉道周先生經募	洋十五萬元
葉振民先生經募	洋十五萬元
葉恩溥先生經募	洋十五萬元
翁受宜先生經募	洋十五萬元
葉樂天先生經募	洋十五萬元
席光熙先生募黹	洋十五萬元
葉藜青先生經募	洋十五萬元
汪其成先生經募	洋十五萬元
盛佐卿先生經募	洋十五萬元
浦萬興先生經募	洋十五萬元
周竟如先生經募	洋十五萬元
嚴雪畊先生經募	洋十五萬元
夻錦甫先生經募	洋十五萬元
金鳳池榮生先生經募	洋四十五萬元
孔慶璋先生經募	洋十五萬元
瞿友農先生經募	洋九萬元
王杏生先生經募	洋十五萬元
浦柏卿先生經募	洋四十五萬元
大同實業公司捐助	洋六十萬元
葉振民先生捐助	洋十五萬元
浦柏卿先生捐助	洋八萬七千四百元
本山建設經費項撥助	洋三百萬元
桑葉行同行捐助	洋三十四萬元
後山王君掉款貼息十天	洋八萬元
暫存同泰森息金收入	洋五十三萬六千三百元

共收洋九百三十二萬三千七百元

支出項

孔作　每工一萬二千元　十九工　每工一萬六千五百元　四三工　畚箕一萬一千二百元共付洋九十四萬元

砌街匠　每工一萬六千五百元　三七工　每工二萬九千七百元　一九一工　又二萬八千元共付洋六百三十一萬一千二百元

小五　每工一萬元　三二工　每工一萬五千元　六五工半　另挑泥二萬元共付洋一百川十二萬二千五百元

王作砌臾姓門口矮石欄，共付洋四十五萬元

修理文昌宮大殿（周竟如手撥助）共付洋三十萬元

共支洋九百三十二萬三千七百元

以上收支兩抵平衡

經手人浦柏卿

三六，九，三。

東聯社 莫釐風 舉辦第一次學生徵文簡則

一、資格：凡在東山區各級學校就讀之同學均可應徵。

二、題目：「我的學校」。

三、文體：白話文。

四、字數：以一千字爲限。

五、繕寫：用白紙以正楷自右起直寫爲原則，並於末頁左下角註明「校名」、「年級」、及「姓名」。

六、投郵：凡應徵文均應固封以單掛號寄「上海北京西路一〇八號東山同鄉會轉莫釐風月刊編輯室」收，信封上並註明「應徵文」字樣。

七、評閱：由本刊聘請朱潤生、劉道周、邱良玉三先生担任評閱。

八、發表：凡中學第一名及小第一至三名一經評定卽於本刊發表，並酌給實物獎品如下：

中學第一名：　約十萬元

小學第一名：　約八萬元

二　約四萬元

三　約二萬元

爲獎勵起見凡應徵者一律贈送文具以致紀念。

九、截止期：三十六年十月二十日截止以郵局戳記爲憑。

讀者園地

爲安家費怨聲載道 請同鄉會主持正義

逕啟者：敝人長於洞庭東後山，家世清寒，乃流落滬埠，依人作嫁，以此過活，近因鄉間鄉保甲長爲徵兵安家費，依戶收徵費用，竊思抽丁乃係壯年之口，爲國家効勞，出征服務，而其安家之費，依法均由壯丁中之中請免緩召者攤負之，爲何依戶微收。而無壯丁之家亦須付費，且毫無標準。不論是貧是富均須捐助，惟亦有一毛不拔者遍遍皆是，鄉民十之七八怨聲載道，敢怒而不敢言，素聞貴會爲旅滬同鄉之咽喉，皆抱正義，特請調査事實，轉呈當局，引導民衆高聲呼籲。止其不正行爲，爲國家增光，爲鄉民造福期望佳音此致

上海洞庭東山旅滬同鄉會執事先生公鑒

洞庭東山旅滬同鄉會一會員謹啟

卅六年八月二十三日

病家贊揚保安醫院 施行手術安全可靠

東山居民席彤薇，其妻受孕甫二月，於上月一日腹部突作劇痛，初疑俗稱痧症，不頃刻該氏奄奄一息，其母睹狀大驚，急送保安醫院求治，當經院長張克勤醫師，診斷係子宮外孕輸卵管裂破，是時血已注滿小腹部，囑病者須剖腹，割治已裂之輸卵管，否則性命堪虞，其母其夫請求割治，乃經張院長施行手施，經半小時後該病者已安臥病床經，一星期之悉心療養，今已恢復健康，剖腹手術之施行在東山尙屬首舉云。

◇　◇

檢點自己的頭腦

曙始

前幾天回到母校，聽說有位教員（姑隱其名）將同寢室另一教員的枕褥亂翻，事爲被翻者識破，那位老師竟括不知恥，若無其事，被翻者甚感怏怏云。

不論他是意圖偷竊，抑是檢査失物，背了人在翻動別人的所有物，總是件可恥的卑污行爲，不幸的是這樣可恥的事件，竟發生於光榮的母校，尤其不幸的是這位行爲卑污的人物，竟是爲人師表的教員，以致惹起了校友們廣泛的憤懣。

現在姑隱其名，是給他一個檢點自己的頭腦的機會，要如他沒有悔改的勇氣，那只能請學校當局摒除這種敗類。

×　×

小消息

收生婆過失殺人 嬰孩落地，產婦身亡！

楊灣姚福大之女嫁與長圻許明章爲室，平日夫婦情篤，於本月十日黃妻足月待產，僱收生婆（穩婆）接生，嬰孩落地後，胎盤遲遲不下，穩婆用手去取，誤將膀胱（尿囊）拉出，可憐許妻旋即氣絕身亡云。

▲東山翟友農先生暨前山鎮副鎮長周竞如，席周鄉鄉長周裕源，於月初先後來向旅滬同鄉呼籲，捐款僱志願兵代替抽丁，聞前後山七十二保，每保須抽一丁，志願兵每名祇少需安家等費八百萬元，故東山捐款目標當在五、六億之間，惟旅滬同鄉對此甚少興趣，響應者殊鮮云。

▲安定同學會成十於民國二十六年夏季，近爲慶祝母校復校，決定集款購置禮物充足賀儀，同學捐款頗爲踴躍，如有尙未捐付之安定校友，希望於最近期內送交席玉年，席德基，許慶元，席履仁諸同學云。

（十三）

北越斜坡而抵宋家瀆，有額題松家瀆字樣，今稱宋家瀆者，想宋字係松字之叫別耳：一名白雉瀆，吳王得白雉於此。再越斜坡西北行，抵豐圻之白馬廟，廟居東山之北端，門額題古龍女祠四字，今爲白馬土地廟，爲東山二土地廟之一，內祀柳毅及龍女，相傳柳毅送書，曾繫馬於此，故廟廡塑有泥馬及猙獰之馬夫，豐圻之南有石壁，即當時柳毅叩壁問訊之處，葉松詩云：

屏立分林麓，依然帶水雲，即今捫石壁，住處問龍君。

吳門補乘云：『東山有柳毅井，嘉靖辛丑，中書舍人王某與友人同游，酒酣，因吟云：「菊花垂蔭碧闌干，此地曾經柳毅傳，柳若有書吾肯寄，汲深千尺轆轤懸」。時林月漸明，隱隱見美人遙吟云：「橘花如雪曉風清，迢遞關山青夢驚，明月一天涼似水，不堪重省舊時情」。即追討其迹，杳不可得。質明，得一石碑，曰龍井神女祠，因建字其上』。

循道下行，果木無際，茶樹夾道，綠竹漪漪，丹實離離，橘林之外，繞以太湖，風逐蟻舟，波翻金影，另番天地，別饒風趣。昔歸莊答翁季霖書曾云：『……弟嘗謂洞庭橙橘，處山楓葉，海濱菊花，皆屬盛觀，而并在一時，地非同路，勢難兼得，至秋冬之交，當檥一小舟於阿干，任風吹之，至東則東，西則西，連日西風緊，將吹到東海之濱，菊花叢中矣。……』閒情逸緻，活躍紙上。洞庭橙橘，自唐迄今，名馳遐邇。本草亦云：橘非洞庭不香。南史有人題書尾：洞庭霜橘三百顆。宋張來詩：十年不摘洞庭霜，喜見新苞照眼黃。梅堯臣詩：洞庭朱橘未弄色。則古來詩人文士，凡言橘必首稱洞庭。而唐可瀕瑜洞庭獻新橘賦，宋蘇軾洞庭春色之詩之賦及今古奇觀所載，轉運漢巧遇洞庭紅之故事等等，尤膾炙人口，如身處橘林之中，始知其名傳天下，不謂無因。

南行，訪海眼泉於山坡，大石之上，有上下兩孔，宛如人目，孔內清泉涓涓，冬夏不涸，深約尺餘，爲東山五大名泉之一，王鏊題「海眼」於其上，字跡模糊，隱約可辨，吳會詩云：

深治一勺碧淵淵，誰鑿坤輿著底穿，
定是水源通萬里，故教峯頂出雙泉，
泛來只合舟如芥，墳處難容石似拳，
挹取漫期珠滿掬，鮫人清淚不輕圓。

葉松詩云：

山半開松逕，行人過可捫，千尋通海脈，
兩穴倚雲根，共閱炎涼態，平分兩靈思，
源源曾不竭，潮汐理相存。

南行至石井，橘林陰翳，浪聲澎湃，黃髮垂髫，怡然自樂，遊人經此，輒興世外桃源之感。再南爲小長巷，民國十九年毛吟槎題求長巷額，今皆稱小長巷者，不知何因。復下行，茂林修竹，清流激湍，穿越叢林至倚錦村，乾隆壬子，建有古倚錦額，民國七年春重修。斜陽影裏，訪古天池，空山無人，水流花開。余弘道歸探天池詩云：

酒渴有餘興，來探第一泉，山空寒印月，雲淨冷涵天，荒僻誰曾問，幽清自合傳，夕陽催客去，回首望蒼烟。

南爲周灣，村戶相望，雞犬相聞。舊傳棋盤石，嗚則興兵。葉松曾詠棋盤石詩云：

棋局依然世局非，爛柯人空幾時歸，
仙家遊戲還多事，勝負之間起殺機。

復前行爲吳灣，山嘴脊母廟，即脊母土地，爲東山二土地廟之一，其麓石澌泉，日汲不淺，味淳性冽，宜瀹茗釀酒。吳大本詩云：

誰爲浚雲根，涓涓月一痕，寒香冬不竭，
清冽夜難昏，自有本原在，非徒古跡存，
水經猶未息，識此示兒孫。

上嶺東行至平嶺，下達靈官殿，又名慈雲菴，順治間白沙吳國章建，雍正間，席永助重建前殿，門前過街涼亭，可供行人休憩。嶺麓一坊矗立，爲里人周德驥妻嚴氏之貞節坊，東山石坊，以此爲最新，距時亦最近，民國十年所建也。逾坊至法海路，路係民國八年，嚴家熾斥資興築，循路上行抵法海寺，寺居莫釐之陽麓，昔爲莫釐將軍宅，後捨宅建寺，梁乾化間，改名祇園，宋祥符五年復今名，復有龍宮遺跡，前存華表，明爲叢林寺，萬曆二十八年僧道金建天王殿，三十七年僧碧筠建彌陀殿，崇禎十一年修，其後大殿燬於火。吳惠重建法海寺記文云：

「重建法海寺成，寺僧善琳，偕吾友施廷樂以儒士吳思復狀具寺之廢興之由，修建之次第，請予爲文記之，按寺居蘇之吳縣洞庭東山，莫釐峯之下，山勢秀拔，羣峯下繞，茂樹長林，窅深奧邃，一塵不到，而有青白二泉之靈異，寺獨據其勝焉，考寺之始，剏於隋義寧中，相傳莫釐將軍捐宅爲寺，舊名祇園，世遠莫究其詳，宋祥符五年，有齊禪師者，齎符請額於朝，勅賜名法海，其崇樓廣殿，悉燬於元季之兵，寺舊有一十一房，僧多淪沒，迨我聖朝，平二區宇，於是平山，久軒，正軒，西軒，四房之僧，歸紹餘緒，而逸菴俟公輩，草剏庵舍於三門之外，以圖興復，洪武辛未，詔爲叢林祝讚道場，永樂中，照公用明主其寺，辛酉迺作大雄殿於故址，工力甚鉅，規模宏廣，此寺之所由興也，殿粗成而公化去，繼用明者，然公唯山而力底於有成，適遜寧菴僧玓公無照歸併來寺，乃復海雲房不紹寺之產業×於××人樂助之，洪熙乙巳鑄洪鐘，正統癸亥作四大天王殿，繼作伽藍殿，而其用工亦甚鉅矣。丁卯，唯山偕其徒法震，可作觀藍殿，塑五十三參，鑄銅觀音像，天順巳卯，智達作祖師殿，唯山又作彌陀殿，塑三聖十八羅漢像，復構延明之堂，清趣之閣，佛雲環翠之樓，以館賓客往復，而凡兩廡三門僧舍庖庫無一不備，自興復迄今歷四十餘年而克成。由唯山傾囊倡衆，毫積銖累而作也，今智清欲增作三大士殿，亦將不日而成功焉。夫洞庭二山，佛宮不少，若其六殿相望，飛甍傑構，與碧螺縹緲相高，像設崇嚴，金碧鮮麗，與洞天林屋輝奐，勝有如法海寺之勝。其間經營制度，則唯山功多焉。蓋公實襄閎爽，偉貌長身，才智不羣而能研極宗旨，爲時老宿之所推重，今年已躋八十又四，戒行精專，愈老不衰，而又遭逢我國家太平之日，故其成功非他人所能及也，然則寺之興復，豈非有待於時與其人也哉。寺之成故可書，而諸僧爲國祝釐，報本之誠，用心之勤，皆不可不書。前武功伯大學士徐公元玉來山中，留憩累日，而嘆賞寺之成功不易，顧謂予曰，不可無文以垂永久，因公之命，遂不辭而併書之。時天順六年歲次壬午五月吉旦。

編輯室

這幾期因爲稿擠的關係，編輯室也停二期，其實編輯室的文字無非是充個數，並沒有什麼大價值。

× × ×

最近常常引起各方詢問的：一是不能準期出版，二是不能按期收到，關於這二個問題，現在奉答如下：

脫期問題，編者罪不容恕，實在因爲來稿較少，截稿時期不得不稍爲綫延，尤以雨花播音台的新聞稿，力求其準確和新鮮，所以常常因爲等待某一篇特約稿和某一件新聞稿，而致脫期的，其中苦衷，只有編者自己知道，然而編者必以力之所及，儘量使其準期出版。

發行手續，現經澈底革新，每期加封袋郵寄，然而倘有讀者來稱未能收到者，想是地址不符或者郵局遺誤，所以希望讀者有未收到的，立刻來信示知，並附通訊處，本刊自當立刻補寄。

× × ×

前期一周紀念特刊，本刊特約嚴慶澍兄大作一篇，惟因嚴兄突赴台灣，因此未能如期刊出，今由台灣寄到，特於本期刊出，本文對於本刊一年之檢討，精細週詳，希讀者注意。

× × ×

本期承葉奕欽、朱潤生兩先生慨賜佳作，使本刊生色不少，葉先生對於東山史地文物，名勝古蹟之考證，頗多成就，朱先生爲本山參議員，歷屆出席參議會，更多見聞，以是二文之賜，非特編者以爲幸，亦讀者之福也。

× × ×

敬之、金仲侶等先生初次爲本刊執筆，情文並茂，亦希讀者注意。

◇ ◇ ◇

東洞庭山各校同學聯誼社啓事

謹啓者：茲定於十月下旬（日期、時間、地點俟決定後另行通知）召開三十六年度社員大會，報告上年度工作概況，並修正社章，重選執監委員等，務希各校同學及社員注意爲荷！

莫釐風月刊　(15)

每月十五日出版

預定先繳壹萬元每期八折扣除

本期零售每册三千元

編輯及出版者

東洞庭山各校同學聯誼社

莫釐風出版委員會

上海通訊處　北京西路一〇八號　洞庭東山旅滬同鄉會　電話　九六五九七　九三四一九

蘇州經售處　閶門內東中市　蘇州教育用品社

東山總經銷處　殿涇港朱家弄瞿友農

東山經售處　殿前嚴大德堂國藥號

廣告刊例（長期酌減）

每期＼地位	封面封裏底頁	普通
全頁	五十萬元	四十萬元
半頁	廿五萬元	二十萬元
四分之一	十三萬元	十萬元
八分之一	八萬元	五萬五

第二卷　第四期

東聯社出版

社評

打倒節約的敵人——迷信

由於大量財力和物資的消耗，第二次世界大戰給人類帶來了不安、苦痛、貧窮和災難。大西洋憲章的字跡，墨瀋未乾，但他所留給我們的一幅無底匱乏、無底恐懼的美麗遠景，已經幻滅無遺。勝利算是得到了，可是和平在哪裏呢？戰爭雖只剩了幾點餘焰，然而有誰能不懷疑第三次大戰就在明天？這種匱乏、恐懼的情形，在東方，尤其是我國，可以看得很清楚；而在西方，也一樣的觸目皆是。

譬如英國，五年的戰爭，造成了經濟的危機，艾德禮首相指出這是「第二次不列顛之戰」，他要求人民拿出作戰的勇氣和力量來應付。於是全國不分男女老少，不論是科學家、工人、學生、商人、公務員……一致捲起衣袖，如同戰時一樣，甚至他們的褲帶結得比戰時還緊，消費的限額制度並未稍鬆，家庭的主婦們常化了幾個鐘點，排隊去買麵包，每星期每人只能吃一兩只雞蛋，一磅米的點價是八，而每人每月的購買點共是二十。這樣的節約竟行之於四強之一的英國，不能不說是不幸，然而不是在一個堅忍勇毅的民族中，又何能做得到，受得住，行得通？

試一回看我們自已又如何呢？我們固不苟同「月亮也是外國的好」這一套謬論，但是事實雪亮，眼前的中國充塞着：貪污、荒淫、奢侈、迷信、還有戰爭。拿這許多可怕的浪費，來和英國人的節約相對照，我們有何感想？

現在，政府鑒於危機的嚴重，頒布了節約的綱要，雖然在內戰無法終止的時候，節約的功效，小得可憐，可是，就我們本身說，節約確有其需要，也許有人要說，目前的中國人，是在死亡線上掙扎，生活水準早就在節約的最低限度之下了，公教人員由於收入菲薄，生活朝不保夕；都市中與日俱增的失業者，生活更是困難；農村中大多數農民，由於負担苛重，度日維艱。由此可知中國的大多數人民，多已自動地節約，而且一定已到了節無可節的地步了。如果在此時此地，再向他們喊出節約的口號，其有無意義，是很有問題的。

話也許不錯，多數中國人確已早在過着節無可節的生活了，就拿東山人說，節約早就是他們的美德。主婦們見了一粒米的拋棄，常會連呼「罪過」；冬天的橘皮，曬了泡茶；夏天的西瓜，子可炒，皮可醃，在他們的手中，天下似無一物稱做「廢物」。然而，我們仔細想想，在他們的生活中，究竟有沒有和節約相悖的行爲呢？

我們的回答是：「絕對的有！」

那是什麼？就是：「迷信」！

只有迷信，使他們無條件地忘懷了節約的美德；只有迷信，使他們的錢財，無形中化爲烏有。崇神、禮佛、敬祖、卜巫、把他們拖入了不拔的迷津。

時代是進化到研究原子能的二十世紀了，神佛的有無、科學已給我們否定的答覆，爲什麼我們還要去製造、去崇拜那些不可知的偶像？爲什麼我們不去信仰眞理？信仰良心？信仰理智？而願把心血換來的鈔票，拋向火中？如果有統計的話，東山每一年內消耗於錫箔紙錢之類的金錢和時間，將是一個何等可怕的數字？翻轉來說，那些「神佛」所賜予的恩惠，依然是些疾病、災難、戰爭、死亡。

再說到祖宗一方面，數典忘祖，固然可恥，但是我們紀念祖宗，不一定要以搬碗焚箔之類來表示，拿現在的物價估計，搬一次碗，過一個時節所費不小，而祖宗所得者是什麼？拆穿了講，還不是自己的肚子，可以多裝一些飯菜。所以我們以爲做子孫的如果想略嘗一些時鮮的味道，不妨隨時酌量爲之，似可不必拿敬祖作幌子，常常有過分和無意義的消耗。每逢忌辰，替兒女們講講祖先故事以及爲人之道，其意義一定比吃吃來得深長，如果祖宗死而有知，一定會較看到一席酒菜，一撮錫箔灰更爲高興吧？

至於在生理方面，科學的進化，已把治病、助產、保健諸方面，研究得十分美滿，難產可以開肚，急症可以打針，在這樣的時代中，如果我們還要迷醉於卜巫之道，一方面固在開自己生命的玩笑，一方面與節約之道，也就大相逕庭。

關於迷信的文章，本刊已一再刊登，這一次鑒於政府頒布節約綱要意義的深長，我們願再以淺見，提出呼籲，今後國家經濟的安危，決於能否善用每一人力，每尺土地，每斤物產，以及每一分錢的資金，然而，如果迷信存在一天，這一希望，將一天不能實現。

雨花播音台

捉賭！

東山渡村鎮自衛團第二班孔令琦、殷禮壽，於二十六日夜八時左右担任夜防任務，適有該鎮牙橋堍民樂茶館集衆抽頭賭博，該巡查隊前往善言勸導，詎賭徒金水根，邱阿三，張老二，及張老二之夥友等，非惟不聽勸導，竟糾衆行兇，該自衛團等即將該賭徒拘補後，面呈該鎮鎮長處置，詎意金鎮長令第一班全體隊員持械威脅，致使第二班孔殷等無從執行任務，該鎮商店紳士恐因此惹成事端，出而斡旋和解云。

（又訊）警局趙局長，因據報東山各鄉村賭風甚熾，爲肅清煙賭起見，特派幹員前往東山區會同該地警所在該處前山、渡橋、席周、潦涇等鄉普遍搜查，計在殿前地方金王氏家先後查獲賭犯金王氏、王才林、錢阿二羅世興等四人，在諸公井林姚榮興店內，則查獲賭犯姚榮興張福壽等二名，後又在渡橋鎮朱馬氏所開設之茶館內，查獲賭犯施阿全、施利生、沈順德、劉德才等四人，已悉數解抵總局，幷經司法科訊明，以施阿全、施利生、沈順德、劉德才在公共所聚賭，當解地檢處懲辦，餘犯則均判拘禁七天示儆。（王樹聲）

王縣長袁督導赴東山區視察

縣長王介佛氏暨省廳戶政督導袁民强，爲明瞭各區區政推行概況及戶政工作實施現狀起見，特於九月二十三日晨七時許聯袂乘輪赴東山區署視察。於九時抵達橫涇，當由沈區長迎入區公所休憩，旋即赴當地警察分所、稅捐處、自衛隊部、各學校及鄉鎮公所，依次視察一週，下午復召集各鄉鎮長、戶籍幹事、小學校長及地方士紳等舉行座談會，由王縣長及袁督導分別對區政設施一一指示綦詳，至下午六時許始行視察完畢，乘輪返城云。（王樹聲）

余山刼案餘音

時難兼世荒　飢寒起盜心

（本刊訊）吾山席周鄉九保余山地方，於本月七日子夜十二時左右遭刼一事，業已見諸蘇州報端，當時共有便衣匪徒十餘人，內二匪各持長短槍械，登陸後即分頭洗刼，被刼者計有農民席阿全等八家。歷二小時許，始相率趁原船滿載向東太湖方面逸去。遭刼各戶，事後檢點失物，約値五百萬元之譜，乃聯名開具失單，分呈水陸警政當局，請求追緝。警所據報，一方面進行查緝，一方面即報請蘇局存案云。

（又訊）余山刼案發生後三日，駐東山太湖水上保安警察第四隊派駐西山第三分隊，因人密告，搜得形跡可疑之徒三名，經加訊問，果非善類，並經供尙有餘黨七八名，匿居東山殿涇港附近，分隊得訊，當即飛報東山隊部，由駐渡水橋第二分隊派幹練人員根據線索，星夜圍捕，結果於農戶林鳳英家內搜得嫌疑犯若干人，彼等甫自蘇北來此，言詞支吾，當將一干人犯連同林鳳英及其子小林，帶局嚴鞫，除林鳳英外該犯等雖不能確定爲此次余山刼案之主犯，但對上次官山之刼，咸直認不諱，故已由局方拘押，不日將移解蘇州訊辦云。

該訊一出，鄉鎮方面，因知林鳳英係一般實農戶，且家道小康，決不至此，此次因案牽連，罪及無辜，實屬寃枉，當即聯名具保釋出，其子小林則平日爲非作歹，在淪陷期內，即已有案，此次重犯，自應嚴加懲處。以其家道之無虞凍餒，竟仍不知悔改，加害赤貧，其罪之重，較之迫於飢寒而出此者，尤覺罪不可赦。

國府要人雷震赴山爲母安葬

國民政府參政會祕書長雷震氏，爲太夫人安葬，特於本月三日由長興小溪口起程，偕其夫人公子扶柩抵蘇，十一時達胥門東山輪埠，由吳有秋名律師陳督察長克和等前往輪埠迎送，路祭，下午二時專輪赴東山，安葬母柩，於五日回蘇云。（王樹聲）

韓寺鄉有盜搶鴨

有韓寺鄉張莊村陳學忠者，種田爲業，並以養鴨爲副業，僱有傭工五人，專司看護，本年育鴨五百餘隻，產卵甚夥，致遭歹人覬覦，於九月二十午夜，突來小船四艘，載有暴徒十餘人，持有長短槍械，闖至鴨棚內，先將看鴨者監視，禁止聲張，其餘暴徒，將鴨悉數驅至船中，臨去並鳴槍示威云。（我見）

王礪琛先生逝世

本社名譽顧問，同鄉會理事王礪琛先生，不幸於本月十六日病逝於惠旅醫院，並於十八日在麗園殯儀館大殮，同鄉往吊者甚衆云。

▲鄭鼎有永記醬園辦理中山匯款，歷有數載，手續簡便，日期迅速，無論前後山限期確能如期取到，上海由嘉和錢莊、慶成錢莊、慶大錢莊等爲同鄉熱忱辦理匯兌手續，誠我旅滬同鄉之福音云。

水警尚未請調 挽留電文已傳

東山夙爲盜匪出沒之區，勝利甫定之時，尤見猖獗，迨太湖水上警察局派駐幹練部隊，即今日之駐山保安警察第四隊以後，匪焰始告斂息，七八月來，旅途平安，人民安居，自爲東山區民所共見，迺日前有傳水警自行請調之說，居民聞訊，咸相惶恐，良以太湖匪患，迄未全滅，一旦他調，必遭覬覦，故由東山區參議員席煒僉士臣等聯名具銜，以代電致駐蘇水上警察局張局長少華，請求免調，茲悉張局長已有復函到山，准如所請云。

× ×

本社代表訪駐山水上警察隊部

本社主席葉緒華君，因返鄉之便，特於十月十二日晨八時代表本社山翟友農君偕同往訪太湖水上警察局駐山當局，先赴渡水橋第二分隊駐所晤宜分隊長，洽談甚歡。繼逕赴馬家隄第四隊隊部，當由顧大隊長延見，顧隊長儀態誠摯，雅擅辭令，除對本社出版之莫釐風貢獻不少寶貴意見外，對東山治安尤有具體而深刻之見解與針砭，本社代表，除表達慰問之意外，對莫釐風之立場及宗旨，有所闡述，最後並以熱誠之願望，要求合作，當蒙隊長慨諾，歡談歷一小時許，始興辭而出。

又一個枉死的產婦！

嬰孩甫生身先死 丈夫銜怨埋親女

浦莊鄉第七保靑前頭，農民李蓮生之妻梅氏，於廢曆七月卅晚，點地藏香後，在門口納涼，及九時許，滿腹疼痛，知將分娩，詎料愈痛愈緊，迨十二時許，果產一女，呱呱墜地後，產婦旋即逝世，李蓮生痛妻心切，遷怒於女，未及黎明，急將女裹以敗絮，提至荒郊，掘潭活埋。至下午三時許，有同村石星來之長媳某氏，至該處刈草，忽聞塚中哭聲，亟將刈草鐮刀，挖開泥土，提出嬰孩，而螞蟻已嚙遍周身，速擕至河畔拂拭殆盡，而皮肉已破碎不堪，後爲同保張林廟村黃景雲之妻何氏抱去扶育云。（我見）

× ×

小消息

東山僞警分局長 趙蘭亭覆判

僞吳縣警察局東山分局局長趙蘭亭於敵僞時參加僞職，並縱屬向民間強行勒索，勝利後經人告發拘捕後，經高檢處偵查起訴，經刑庭判處徒刑五年，趙申請覆判，茲後經最高法院判決：趙蘭亭漢奸一案，原判決撤銷，改判有期徒刑三年，褫奪公權三年，財產沒收。（王樹聲）

自衛隊附 被控貪污

橫涇自衛隊附黃在榮，徐可依，近被該鎮鎮民趙錢氏，徐恆康投狀地院控告貪污，謂黃等在鄉濫收壯丁安家費，強迫勒索且賬目不清等情，該案業經地檢處票傳雙方到庭應訊，結果黃在榮徐可依交保，餘均飭回。（王樹聲）

鎮長辛勞成疾 壯丁又逃兩個

前山鎮長韓步遠上任之始，即爲壯丁事大傷腦筋，辭既不能，做又困難，因此辛勞成疾，臥病數日，至今壯丁大事，尚未告成，而已徵征丁中，又逃兩名，此無異雪上加霜，益形困難，聞副鎮長周竟如亦正爲補額事奔波設法云。

秋高氣爽 友聲旅行團遊西山

上海友聲旅行團團員二十餘人，於十月十一日徒自木瀆趁自備輪赴西山遊覽，攜有石家飯店名菜三席，先赴林屋洞包山寺，繼至鎮夏進膳，飯罷，遊石公；當晚逕赴無錫，隔宿火車返滬云。

亦園書場開幕

十月十四日起，東山有一新開書場出現，場名亦園，地居殿前大街芝蘇棚東，首檔爲范寄舟之玉夔龍，從此附近居民，不愁夜長難度矣。

▲洞庭土產公司爲徐鼎年，吳德明等創辦出品有藕粉蜂蜜等，提倡故鄉土產，希讀者諸君廣爲介紹云。

東海輪船商行試航

東海輪船旅運商行經三月之籌備，已于九月十七日先借南嶽輪由上海開山試航，沿途尚稱順利，惟以船身太大，在渡村一帶稍覺難行，今決以長源輪擇日正式開航云。

文昌同學會舉行第二屆會員大會

九月二十一日，文昌同學會假座同鄉會大廳舉行第二屆會員大會，到會員五十餘人，來賓參加者有同鄉會代表，東聯社代表及各同學會代表等，濟濟一堂，極一時之盛，大會於八時開幕，由主席周錫淳致開幕詞，陳述會務甚詳，繼由同鄉會代表席玉年，東聯社代表葉緒華先後致辭，通過會章，重選執監後，餘興開始：有話劇、京戲、國樂、魔術等，精彩紛陳，至十一時許始盡興而散云。（錢）

論婦女解放

錢鏡新

讀「鄉音」第十三四期斯玉作的：「我們還是自己站起來吧。」後感

一、引言

莫釐中學同學會編輯及出版的「鄉音」第十三、四期合刊上，有斯玉作的一篇關於婦女的文字，題目是：「我們還是自己站起來吧。」

該文的大意是說：「我們婦女在禮教桎梏呻吟之下過那不合理的生活已四千餘年了，在這個偉大的時代，應該有這偉大的呼聲，」同時列舉婦女在歷史中表現出並不比男子落後，「……宋朝著名的詞人——李清照，嫘祖發明蠶絲，……武則天的政治手腕，辦事能力那一樣次於男子呢？」

但是爲什麼女子現在會呻吟在禮教的桎梏中呢？因爲最先農業生活開始時，女子就有了穀物，「財產愈聚愈多，久而久之婦女的生活不斷改進，而一般的男子們生活却毫無起色，由是婦女們走到了男子的前面，……但後來男子們來向她們求婚，女子有了男子來效勞，便積漸的貪逸，只管享受，結果一切的權力復歸於男子，而造成現在的局勢——婦女們仍然被男子壓迫。」

隨後作者指出了：「我們可以知道現在的婦女所以被男子壓迫，並不是社會造成的，唯一的原因是在婦女自己只知道享福，不知道努力：……所以我們要盡我們自己的力量，去研究創造事業，奪回我們固有的權力。」

最後作者說：「我們要得到解放，必須先要有知識，……婦女不要再在男子的脚下呻吟，我們必需從自己做起——充實我們的知識，研究我們的學問，發展我們的能力，……等待他人的幫助，都是靠不住的，我們還是自己站起來吧！」

以上大都節錄原文，本文對於婦女運動的見解和指示發表得很多，也很準確，不過有幾點還值得大家商討，所以我把自己所知道的寫在下面，這不過是一點個人的見解而已，希望原作者以及關心婦女問題者指正。

二、女子怎樣屈服在男子的脚下呢？

我覺得研究任何一個問題，不應該單純看事物的外表，應該從事物發展的內在動力去看，關於婦女問題，也不能例外。

作者說：「我們婦女在禮教的桎梏下過那不合理的生活已四千餘年了，」那末女子在什麼時候開始過那不合理的生活呢？

因爲農業生產的發展，婦女享有經濟上的權力，所以造成了母系制(即以女性爲中心的社會)，但是後來並不是「女子們既然有了男子做幫手，自然要稍微休息休息，……女子因爲有男子效勞，便漸漸的貪逸，只管享受，結果一切的權力歸於男子。」而是因爲社會的需要而改變新的社會形式，農業及牧畜業急激的發展，於是男子們在戰爭中捕獲異族，使之作爲奴隸，使之生產勞動，這樣，男子便由戰爭的指揮者變爲生產的指揮者，遂一躍而占經濟上的重要地位。

女子享有了經濟權，地位就在男子之上，男子享有了經濟權，當然地位就在女子之上了。同時我們也可以明白婦女所以被男子壓迫，確實是社會造成的，並不是女子「只知道享樂，不知道努力。」

女子的被壓迫是這個私有財產的經濟制度下(卽財富集中在少數人的手中)必然的產物，不是男子，也不是女子自己造成的。

三、把男子看成壓迫自己的對象，對嗎？

作者說得對：「經濟的獨立，是我們現在所日夜高呼的基礎，我們要得着自由、獨立、平等，我們必先要求得經濟上的自由，經濟上的獨立，經濟上的平等……」不過作者又說：「使男子們不敢再對我們婦女界每個同胞施以壓迫手段」，同時「奪回我們固有的權力。」原來經濟的獨立，不過是想「奪回我們固有的權力」，我以爲還是不對的，在這個社會里，女子是被壓迫者，而多數男子也是被壓迫者，非但在禮教的桎梏下呻吟，更在這個經濟困乏的制度下呼號，並不自由、獨立、平等、作者只知道男女間的不平等，而不曉得男子和男子間也有不平等的事實，婦女與婦女間也有人在壓迫人。就拿故鄉中常見的事來舉例吧：仇視自己媳婦的是婦女自己，看輕自己女兒的是婦女自己，所以女子求解放的目的，並不是向男子挑戰，也不能仇視男子，如果求得自由之後想使用自己的權力，去壓迫、奴役所有的男子，這就忽略了獨立、自由、平等的眞義，所以女子不應以男子看作壓迫自己的對象，應該尋求這個存在着男女不平等的社會的，經濟的因素，應該了解只有這個產生不合理的現象的社會的改進，才能使人類(不論男的，女的)的生活改進。

四、如何求得婦女的眞正解放

第一、我們要正確的認識婦女運動的本質，不能以男子爲壓迫的對象，不能從抽象的「性的關係」中求解放，應該認識婦女問題是社會問題的一環，整個社會問題沒有得到合理的解決之前，婦女問題不可能單獨解決的。

第二、「充實我們的知識，研究我們的學問，發展我們的能力，」對的，但是有幾個女子（就以故鄉來講）能得到求知識，求學問的機會？即使有了知識，學問，有幾個幸運是能有發展我們能力的機會，婦女要求獨立，不單是求幾個知識婦女的獨立，不單是求幾個貴族小姐的獨立，而是求一切痛苦的、被壓迫的、貧窮的、以及無知無識的一切婦女的解放，一切婦女的獨立、自由、平等，所以一切有知識有學問的婦女們，應該教育一切婦女，讓她們知道這個世界爲何使人受苦，聯合起來改造這個社會，在新的天地中才能有充實知識，研究學問，發展能力的機會，才能享受眞正的獨立、自由、平等。

第三、「我們還是自己站起來吧！」對的，但一定要和男子一同站起來，因爲多數男子也在這個世界中受苦，受壓迫，也同樣要求解放，同樣要求經濟的獨立，所以婦女應該和男子們駢肩作戰！

爲着獨立、自由、平等而努力！

歡迎投稿

從惠然軒不再做道場說起

雲

在十月五日的晚上同鄉會當局以迅捷的行動，解決了將近三年的惠然軒問題，本來這並不是一件困難的問題，然而在今日的社會中，一切以私人關係爲重，實際情形反而不顧，因此爲了這件事竟經過四個月的準備，耗費了許多精力，時間，與金錢，這天——十月五日——同鄉會動員了好幾位熱心的理監事以及本社四十多位同學以大量人力，將大禮堂整個調動，本來是個佛堂的佈置，不到數小時就改變爲禮堂，在這次行動中，本社同學貢獻極大的力量，很多人這次行動都認爲同鄉會的空前創舉，緊接在這行動後，同鄉會又發表聘任本社副主任委員席玉年同學爲總幹事，這種堅決爲同鄉會發展的精神本社謹以十二萬分的熱誠表示敬仰與擁護。

在本社的立場，我們並不妨礙別人的信仰，但是我們堅決反對迷信，惠然軒既已經移交同鄉會管理，當然應當受同鄉會當局的指揮，但已往的一年中公壇委員會僅有其名，並無其實，一班自命爲信仰者，非但不知自愛並且變本加厲，引導與惠然軒無關的外人參加，企圖利用外來的惡勢力與同鄉會對抗，使同鄉會的一切會務受到阻礙，無法發展，這種只知少數人而不顧多數人的自私行爲曾激起同鄉中普遍的反感。

在本屆同鄉會的代表大會中本社根據多數同鄉的意旨而提出「限制公壇的範圍」，利用大禮堂興辦會員福利事業的建議，當場得到全體代表的同意和贊助，顯見得多數同鄉對公壇的不滿而對會員福利事業的擁戴。

同鄉會自成立到現在，雖已有三十六年的歷史，但早期和中期的會務，大多辦些消極的慈善事業，很少注意發展積極性的社會事業，自從葉理事長接任以來，便一改過去的作風，首先與青年人取得合作，完全打破過去「老不輒少」的觀念，因此會務日新，現在又痛下決心，把惠然軒問題解決，今後的同鄉會，當可以更新的面目與同鄉相見，負起眞正服務同鄉的任務。

應該指出這次解決惠然軒問題的成功是老少合作的成功，在今後的「興辦會員福利事業」時，我們要與同鄉會更進一步合作，爲未來的同鄉會建設而努力。

「限制公壇的範圍」是對同鄉會的一個試煉，而興辦會員福利事業該是我們必需担當的一個任務，因此我們必須儘快動員！

文昌同學會各同學公鑒

鄙人等於第二屆會員大會時辱承各同學選舉爲本屆執行委員實深榮幸，奈以陋質菲才，未敢當此重任，加以個人事務日繁，恐有礙會務之發展，故擬即日起，辭去所既担承之一切事務及執委之職自后對於文昌同學會不負任何責任，特此啟事，事非得已，敬請諒之。

鄭叔良　佘茂昌　石松生
佘尙勇　夏　穆　金維剛
盛介福

紀念東聯社成立一週年

東聯展望

·潤生·

莫釐風的一週紀念纔過去，東聯社的一週紀念又來了，編者又要我寫一篇紀念文字，很感覺得話說多了，未免無聊。但爲了紀念，不容不寫，寫下了一個『東聯展望』的題目。

東聯社的前途是有希望的，但必須認定了正大的主旨，把握住進行的路線，不容走入邪道，不容走入腐化，要以民主，科學，建設，爲唯一的目標，切實做去，一定能得到光明燦爛的結果。

東聯社既是各同學會的合體，每過一年，便應有一批新社員加入。今年畢業期已過了，不知增加了多少社員，應該設法使大家都來參加。

莫釐風既是東聯社的出版物，便應共同愛護牠，養育牠，使他日新日新又日新。有不好的地方要改革，有不夠的地方要加強，去汚生新，方能逐漸進步，方能達於完善之境。

我們既同屬於東山同鄉，更要大家放開眼光，多做有利於東山全區的工作，多做有益於同鄉全體的工作。放棄小我，以利大我，非但在嘴上或紙上，說說而已，要切切實實的做起來。一點一滴的甘泉，終能成爲泱泱的大湖。

今天一週年紀念，寫下了以上幾點意思，檢討過去，展望未來，希望能在十週紀念的時候，再來寫一篇慶祝成功的文字。

敬祝東聯社進步！

太湖兒女（1）

·爲東聯社一周紀念作·

何遜

「這好像是一羣天鵝，他們的叫聲，掠過烟囱和晒黑的屋瓦，掠過山林和嗚咽的波浪，直到遠處的天空。一種自由和勇敢的生活的寒慄，一時震動了這個古典式的田園的寧靜。」

「你輕輕地彈着吉他，我低着聲兒歌唱……」林鸝斜倚在石欄上，一隻手托着臉，在背誦着「回春之曲」裏的一首歌。忽然她停止了低唱，好像在凝視着樹林後面的醉蟲樓。醉蟲樓並不十分高，但是從山坡下跑到山坡上，對於一個老弱婦孺，也算是一件够吃力的工作了。所以平常除了幾個學生，常常令光臨之外，終是恬靜得像一個隔絕塵寰的世界，但是，自從日本鬼子在上海放出了第一發子彈以後，許多城裏人都逃到了這裏，自然，醉蟲樓也就從此變得熱鬧了。那許多撤空着身子的「難民」除了聽聽炸彈的聲音外，也只能扶老攜小去流覽一些山水，消磨一些時光，以醉蟲樓的路近山低，更成了衆矢之的，加上今天是星期日，樓上的遊人更多了，談談笑笑的聲音，穿過了疏枝密葉，送到了林鸝的耳中，有時一陣風來，却把聲音吹到了另外一個地方，但是林鸝似乎並不在注意這些，她所念念不忘的倒在另一件事，就是「回春之曲」還有一個星期便要上台了。像他這樣一個沒有舞台經驗的人，居然要上台，而且是上台用國語演戲；不僅演戲，而且還要插進一支歌曲，這是多麼難堪的事呀！雖說上了台還有提示的人，但是，如果聽不淸的時候，怎麼辦呢？那時候，萬一台下的人笑了起來，又叫我怎麼辦呢？而且許多看客之中，都是些面熟陌生的山浪人，說不定還有許多搗蛋鬼，說錯了一句，馬上會喝上幾聲倒彩，想到這裏，林鸝簡直要哭出來了，她眞想把脚本爽快地撕了拉倒，她知道自己是一個道地的話劇迷，但是，在那個時候，她却覺得話劇是一件不甚可愛的東西了。

正在這樣糊思亂想的時候，山坡上傳來了兩個人的脚步聲，林鸝一聽，知道是他們——逵夫和靜子——回來了。

「林，歌唱得怎麼樣了？可以表演一下嗎？」那是靜子的聲音。

「我就根本沒有唱過。」林鸝回答着。

「還有一個星期了。唱得不及格，我們可不放過門的。」逵夫一半警告一半笑談似的大聲說着。

「我眞不想上台了，因爲我越想越怕了。」

「爲什麼要怕？」

「第一，我的國語太不够資格；第二，我沒有舞台經驗；第三，我的聲音太低；第四……」

「够了，够了，照你這樣說來，我們就都沒有演劇的資格了。」逵夫遮斷了她的談話。「小姐，還有七天了，我們籌備了這樣許多時間，難道就讓它流產不成？一個月前，我們的「秋陽」不是照樣搬到舞台上去了？」

「好了，不要多講了。怎麼小黑子還不見來？他一定買了糖一個人去吃個暢快了。」靜子說着。

東聯社一週有感

德

爲了發揚故鄉文化，聯絡各校同學感情，及爲社員謀福利，這種種旨趣，所以東聯社是成立了！

在去年將成立和籌備時期，熱心的社員是抱有崇高的理想和自我犧牲的精神來幹的，記得它的代表刊物「莫釐風」初出版的時候，是使故鄉的鬼、魅、魍、魎、悄聲匿跡，它的輿論亦相當使人注意。這就是青年人新的團結，新底力量的成功，那時期的東聯社無論反對的人，贊成的人，對於這一股熱流可說是另眼相看。回憶成立的那一天底熱烈情況，出席的社員，都深深地感動着，認爲以後一定有一番大作爲，來實現吾們的理想，這一時期可說是「東聯」的黃金時代吧！

時間太快了，一年輕易地溜過了，喧赫的黃金時代曇花一現似的，祇能使人咀嚼回味了！吾們以社員的立場來檢討一下過去吧！吾們不必諱疾求醫，應該坦白的講，爲了我們自己的團體，不忍看它由燦爛而趨平淡，吾們應當抱籌備時期的熱情來恢復過去的工作。

一年了！吾們的基礎是有了！有的是社員，但社員雖有，似乎對於聯絡感情一方面，祇顧到了表面，還沒有融合到內心，它的癥結是什麼呢？可以說以往的工作，是缺乏一種眞實性，雖然工作似乎很多，但相反的，還不能增進雙方的情感，亦就是缺少一座增進友誼的橋樑，吾們是青年，然而青年却萬萬不能染上了敷衍的態度，要眞情相處，應該設法建築那友誼的橋樑來謀增進社員的友誼和福利。希望以後對於青年切身的問題——亦可說是自己的事。加以注意推進和設法因爲社員們都是薪水階級居多，然而各人的如何生活，自身的進修如何？可說你不知吾，我不知你，唯一的辨別好似祇在衣着上了！說句實話除了自己的同學外，其他的社員間能知道他學校姓名的能有多少呢？在如此狀態之下，如何聯絡情感？如何謀福利？如何推進會務呢？所以假使要預備把「東聯」永久維持的話呢？吾想第一步還是設法使社員間的情感融洽才是。

談到經濟，「東聯」的經濟基礎沒有確立，以往對於莫釐風維持的已是心勞日絀，更無論來推進社務了！爲了一勞永逸計，迨本屆大會後，似可以發動一次大規模的徵募運動，來作「東聯」的基金，然後再來發揚我們光輝的工作。

拉雜寫來已是不少，在這裏敬祝新理監事努力！

號召東山青年參加東聯社

履仁

東聯社，同鄉會，正風社是東山的三個鼎足而立的團體，這三個團體的宗旨都在於服務桑梓，謀東山進步。用政治的眼光來分析，這些組織都是在沒有經過普遍民選時期的地方民意機關，牠們能直接作用於地方行政。像東山如此孤僻的鄉村能有這樣三個民意組織，很可慶幸。可是一個足以代表人民意見的團體牠必須要迎合人民的要求，這樣才能爭取羣衆，受羣衆擁護和支持。

一年來東聯社的工作，沒有足以滿意的成績表現出來，但可自慰的，總算沒有違背它創辦時的初衷。一年來爲了反封建，破迷信，不惜開罪了幾個同鄉，爲了爭取民主，不惜和地方幾個政客和惡勢力鬥爭，有時也受到一點威脅，但是眞理和正義是不能撲滅的，東聯社的同學都是青年，他們不懼暴力，因爲他們對於自己的主張有着堅定的信念。

一個團體的行政能發揮其効率，全仗意見的統一，密切的合作和羣衆的擁護，東聯社一年來所以沒有足以

沙灘上的燈塔

——紀念東聯社成立一週年——

金新

我覺得：東聯社像燈塔，它負着重大的使命，在黑暗里發光輝，照耀着寂寞的夜，而我們的社員呢？燈塔的基層呢？卻像是一片沙灘，使燈塔有搖搖欲墜的危險，所以團結每一個社員，成爲今天很重要的課題。

我現在就趁紀念東聯社一週年的當兒，來談談這個「團結」等問題。

我覺得東聯社實際工作上所以不能有顯著的發展，其主要原因之一就在於同學與同學之間，負責人與社員之間，缺少了思想上的統一，也就是大家對於社的了解不能一致，對於社的工作的看法不能一致，這原因是如何發生的呢？

一、社的負責者（即執監委員們）不能使社的工作，配合社員的需要。

二、各校同學把東聯社看做人家的，有了成見。

關於第一：就是我們在做一件事的時候，沒有經過詳細的研究和檢討，沒有知道大家是否需要社這樣做，我們往往在幹了一件事再想：不知大家需要否？共實應當大家

滿意的成績表現出來，就是因爲還有一部份的同學徘徊在東聯社的門外，試想東山各校同學何止數千人，今入社的不過十分之一二。東聯社的組織旨在建設故鄉，但在故鄉亦沒有一個支社的分設，因此計劃的推行，未能收到迅速的效果。

團結就是力量，一年來東聯社在七個同學會的扶育中茁長起來，今後我們不但要本着已往的合作精神幹下去，並且要擴展其組織，在東山橫涇，渡村等鄉區設立分社，號召東山青年參加，向這時代的逆流中衝闖去。

『東聯社』一週年

周錫淳

「東聯社」處於兵荒馬亂，生活不安定的現在，度過了她的週歲，這一點我們覺得榮幸，我們除了開第二屆大會之外，再添上本刊的特輯，這樣地慶祝着，儀式簡單而隆重，已經盡善盡美，雖然不能謂「成功」，至少是初具規模，正向着「光明」的大道前進。

事實上欲辦一件團體工作，必須要擁有大衆的力量單靠幾個人的努力是不夠的，此外。尤其是「人力」「財力」兩點，更不可或缺其一，否則。單憑「人力」，有的是計劃，而缺乏經費，結果還是不能實行，有始無終，尤其是目今物資奇昂之時，辦一件事業，不能確定其預算，而數目龐大，更增加着當事人的苦惱，我想，辦過團體工作者，都嘗到這種困難吧？所以。「財力」是不可或缺的，同時。需要專門的保管者，分配適當，並保住其基金不虧損。

追溯已往「東聯社」的社務，除了繼續地維持着「莫釐風」的出版工作之外再沒有發揮着進一步的力量，已感精疲力盡，我們不無遺憾，深覺到應付的不容易，像上次「莫釐風」擴大徵求讀者運動一樣，亦無非是「財力」不足，加之出版費不斷地高昂，想多備一些原料，若論「人力」。東聯社的社員，充滿着青年人的活力，相當地富有新的智慧，只要看到在同鄉會內進出的一羣，各部的工作人員，我們就會相信，同鄉會不再如從前般地「保守」，需要如此般地「熱鬧」，務使每個會員都能得到聯絡，眞正的民主化，要「量才錄用」勿「我行我素」使其「望而却步」。

希望未來，「東聯社」的壽命，能永久地延長不息，熱心份子，愈益衆多，保護「莫釐風」的生長，並且能更多做一點有利的公益事業，扶育着故鄉方面的進化。給予下一代的人們，留下深刻的印象，爲整個民族的幸福，奠定永久的基礎，還是需要更多的團結！更多的努力！

無題

承先

東聯社在團結的旗子下將展開第二年的階段了，回顧一年間，牠的確在寂靜的同鄉中，如深夜一聲撞擊，起了個聲波，但是世界上不永久是黑夜的，我們在這黑暗與黎明之間要撞起時代的晨鐘，握着周圍好夢的同伴的手，大家虛心學習，像過河的卒兵在這黑暗里創造光明的環境，所以紀念她的週歲，還是要廣泛地堅固她的靈魂——團結，聽吧！我們的社歌：聯合起來，東山優秀的東年，把微弱的團體，結成堅强的陣營……。

×　　×　　×

希望我們做這件事，我們就做這件事，否則就容易發生東聯社是由幾個人操縱着的觀念，這樣就容易造成：

第二：東聯社是他們的，我們還是努力於自己的小團體吧——同學會校友會之類。這樣一來，對於社更多了一層隔膜，一方面東聯社覺得幹事缺乏，許多事集中在少數人身上，而一方面卻覺得不能參加社的工作，因此，使社的工作冗於空洞的，形式的，不能有進一步的發展。

爲了社的前途着想，首先應該打開社與社員之間的隔閡，同學與同學之間的成見，使大家了解社的存在的意義，使大家覺得東聯社的工作是爲大家，使大家需要這個社。

而同學之間，應該理解東聯社是東山各校同學聯合組織的，東聯社的成就，就是自己的成就。

使大家理解東聯社，以及覺得東聯社是自己的，最好的辦法：就是要大家參加東聯社的任何一部份工作，只有這樣，才能使社與社員緊緊的團結在一起。

青年朋友們起來吧！脫出個人的自私偏見，一起工作：批評和克服那些壞的，贊助和努力於新的，有一分力，發一分光，把沙灘砌成水門汀，讓燈塔永遠地發着光輝！

紀念東聯社成立一週年

風語

天下本無事

從一位新自山浪出來的山浪人嘴裏，聽到一個消息：渡水橋一家木行裏的學徒，下水搬木，結果爲水怪所害，頸部發青，頗爲奇突，並且還有人見過這水怪，面目猙獰得可怕。另一消息是湖嘴頭漁船之上，夜半常有怪物自水中躍出驚擾，漁舟們集體合作，每夜集十五人輪流値班，共防妖孽，同時楊灣鎮也有類似的鏡頭。

這是拍花黨，挖眼黨之後的另一動人新聞，所異者前者是外面的舶來品，而後者是道地的東山榮譽土產。

在戰火正旺的今日，風聲鶴唳，艸木皆兵，鬼怪的出現，實很自然，我們對於那些庸人們的惶惶不可終日，除了可憐之外，不忍多說，而如何去拯救他們逃出於惶恐自擾，憂愁苦痛的境域之中，倒是値得我們明眼人多加思考的。

國家將亡，必有妖孽，難道我們的國家，一定非亡了不可？

•心咸•

救救孩子

金曄

魯迅先生用了這個題目寫了一篇文章。大意一時記不起了，而我現在竟也襲用了這個題目來做文章，這實在是很可悲哀的，隔了數十年的今天，魯迅先生墓木已拱，而中國的孩子，還要我們這些百無一用的人來高呼「救」！「救」！

東山的孩子是很可憐的，從出身一直到長大，一直讓父母當着玩偶，假使是女的，那連被當作玩偶的一點價値都沒有，整天成了父母鬧脾氣

莫釐人物誌

葉翰甫先生傳

立生

吳中葉氏，東洞庭之族最著。近百年中，鄉邦論人物，富而好行其德者，宜莫如葉翰甫先生。今距先生之卒三十年，遺澤昭垂，其行誼烏可不書，以示矜式！

謹按先生諱祥鑾，初諱懋鑾，字翰甫，號偉成，行四，宋石林少保二十七世裔孫也，世居葉巷之文蔚堂。曾祖諱孝寬，祖諱傳福，考諱家綿，潛德弗曜。妣席太夫人既生有三子，患多育，孕先生時，躬操井臼，腹觸於磨，謀墮其胎不得，終誕降於東山之陽。

先生天賦強固，讀書有奇悟，習禮義，少長喜閱春秋左氏傳，儀觀甚偉，顴高額廣，目炯炯有神，出語驚儕輩。値洪楊兵燹之餘，家徒壁立，乃廢讀治生，習典業於松江青浦，旋行賈江上，替木筏於中流，先生左持籌，右握管，對答肆應，罔敢或殆，烏程劉氏賞識之，畀以重任。

維時淮鹽開江復運，揚州爲名郡，帆檣四達，行商雲集，先生襄佐劉氏及吳中王氏舉辦票鹽運揚子四岸，供軍糈民食之需，其利甚溥，因立業焉。

先生心力有餘，知人善任，進與四方之士，商策書經濟，從事貿遷，開設大生錢莊於揚城，德生莊於淮陰，道生莊於京口，德生尋改泰生，並在高作，睢寧設當肆，投資不一而足。其在蘇滬者如永生、鼎康、大德諸莊，及協盛諸當，無不以先生爲號召，而聲譽隆起。前清光緒之季，淮南鹽產寖衰，與山陽縣令歙縣汪魯門君詠沂呈淮專案，在淮北蓋蕩營地首創同德昌鹽垣，尋改大德製鹽公司，即今濟南鹽場之開山，於是江淮南北，無不知有洞庭葉翰甫之名矣。

先生居揚州最久，左衛街李宮大宅，有園亭之勝，因屬劉氏鼎新之，以爲招待嘉賓之所，燈紅酒綠，宴會殆無虛夕。時或棹舟北郭，輕霞船，蕩漾於瘦西湖隋堤之間，人比之范大夫後身焉。

其在故里，娛親承歡，構新第於王衙前，是名文德堂，有敞軒曰居易，長沙王先謙題書。山居時，少長咸集，間枌榆之桑麻，悅親戚之情話，接之也溫，其義則嚴，無不敬服。既與族人葺祠宇，備祭掃，復在水東置田千畝，創立義莊爲贍族之舉，重修吳中葉氏族譜，使二百年各派宗支散而復合，厥功尤偉。辛亥革命，湖氛不靖，先生始營新居於蘇城高師巷。

先生垂老歸休，敦宗而外，更惓惓於桑梓公益；如修築殿涇港長堤，興造蘇州東山碼頭，以便行涉，捐建上海洞庭東山會館及三善堂，莫不慷慨輸將。而於江北賑饑諸役，尤樂於勸募，急公好義，蓋出於天性，其遣送族再姪東吳大學理學士兼文學士承豫留美紐約康省奈爾大學習農事科學，實開挽近獎學之風氣，且欲由義莊興辦學校以宏造就，有志未遂，而先生忽於民國六年之冬與世長逝矣，距生於清道光丙午，享年七十有二。（公元一八四六——一九一七）

先生既卒，哲嗣與族兄詠霓，鏡湖，慎徽諸賢暨紹庭，樂天承其遺志，於民國九年秋間辦私立務本小學，延良師以教山人子弟，迄今二十有七載，英才輩出，咸知先生肇其端緒今登醉墨樓頭，（醉墨樓，南通張謇題書，葉氏築以紀念先生，樓在雨花台畔）湖山無恙，斯人長往，緬懷往哲，蓄不勝低徊之思矣。

先生哲嗣慶錚，原名昭錚，字鐵生，茲年亦屆古稀，頤養吳下。長孫弈鐸，字振民，知名於時，語云，善人是富，克昌厥後，信哉。

時的出氣洞，幸而有幾個幸運兒，到了七、八歲能夠得到讀書的機會，而讀書也者，孩子們也沒有能在那裏得到一點享樂，但六年的寒窗卻成了東山做父母的一種責任，做孩子的一種義務，六年畢業，（也有不畢業的）男的出外學生意，替父母爭光榮。女的出嫁，養男育女，了此一生。

不過現在終算有了一所中學出現，也有了眼光遠大的父母，肯化了本錢讓孩子們破例地進了中學；這在我們孩子時代是沒有的。

可是我今天的「救救孩子」的呼聲，原也由此而發：

孩子是需要有活潑的精神，健全的心理的，中學生大概也可以算作孩子吧！但是東山的中學生呢？我卻很有點懷疑了，至少，那中學生們所受的教育是不夠清新和活潑的。

偶然之間翻到一冊油印月刊，那是標明學生們自己編輯出版的一本刊物，可是內容呢？除了幾篇創作之外，一點也看不出這是一本今日中學生出版的刊物，況長、高深，如其說這是今日學生水準的提高，還不是說這是東山孩子們六年寒窗之後的更多的負担。

東山是死沉沉的，東山是寂寞的，我們應該打開這種沉寂的空氣，而現在東山最高學府中的學生，也已經先領受了這一套幽玄的哲理和論說，以及那些傷感的，懷古的詩詞，讓他們在理應享受清新、活潑、蓬勃的新氣象的時候，先給他們心理上的壓制，這是殘忍的。

偉大的教育家應該懂得今日的時代的要求，應該接受今日孩子們心理的要求，孩子們有他們所需要的，不要把孩子們不要的東西塞給他們，讓孩子們有一個自己的新天地吧！

× × ×

東山農村的寫眞

退園

作者是在東山生長着的，覺得家鄉有許多地方需要改進，所以作此小文，以對於社會風氣和破除迷信，啟發教育有所貢獻。

一、這裏封建的餘毒及迷信的崇拜，眞是牢不可破，有了辮子的人很以爲有了皇帝出來，中國才有救。不識字的人說：「不識字不要緊，不識人頭才要餓死」。於是乎假使生了病，祇有神佛及巫婆盲目的指示，待到無可藥救的時候，才去尋醫生，不過到這時候，雖扁鵲，華陀再世，也要束手無策了，結果只得說這是命里注定的。女人呢！大半的青春，消磨在一巴剪刀一疊手印的紙板銅錢上，每天不停的剪着，到頭髮白了剪不動時才歇手。

二•東山出會那一種空前熱鬧的場合，眞是使人異常驚奇，用了那麼多的精力和金錢，消耗在無謂的舉動上，只覺得東山文化前途暗礁重重，用數十隻針，刺進了皮肉里去，掛着很有份量的重器，這究竟是娛樂呢，還是殘酷的行爲，尤其在抬擱上把無知小孩捆捆扎扎的綁在鐵檔上，供給大衆來欣賞，眞是覺得可憐又是可笑。

三、在鄉村里失學的兒童，在在皆是。農家的觀念，當然希望兒子讀了書後能升官發財，可是又捨不得把羊棚里的羊或猪活活地餓死，又要去捉毛栗，於是一年復一年，蹉跎了光陰，待兒子長大成人不會發財時又怪兒子太笨，講到鄉村的兒童資質和體格與城市中的孩子比較，並不見得低落，有的不過稍爲頑皮一點吧了，如能培育起來，難保若干年後不是社會的基石，國家的棟樑呢，所以我說要國家強，先來救救我們的孩子吧！

四、這里有很多外方人（指他省縣的人）種植着客田，亦有不少是自備的，照東山人口和稻田比例統計，自顧不暇，根本談不上還有租出的餘田。人類生存在這個時代，决不應該發生界限和移民去強制他們的行動，除了一方面敬佩他們刻苦開發的精神，使得廣大的地上有着富庶的出產品外，另一方面嘆惜着東山人的偷閒安貧的劣根性的顯露，如要統計時間和經濟的損失，一定要使人驚奇的。

尤其在茶坊、酒館、賭場上，藉以解除煩惱，消耗最多，上帝給我們堅苦卓絕的性格，及廣大未開發的土地，只待有人去利導，一定是成績完滿的，然而一般的養成了徼幸，懶惰，卑劣，投機……的心，這也是社會事業不能進展的原因之一。

以上數點，皆爲今日東山社會不能進展之癥結，特書此以供求故鄉進步者之參考。

× × ×

約翰根室筆下的美國

·舟·

——美名記者約翰根室著『美國內幕』——

以一個最溫暖的，最愉快的，最活躍的，精神上最年輕的，最引人注意的，從事於調查本國的美國記者，來描寫一個全世界最大的，最奇特的，最危險的，最不穩定的，最動人的，最不長進的，最強有力的，最壯麗的國家，應該是一件最最恰當的工作。

約翰·根室在他出版了「亞洲內幕」，「歐洲內幕」，「拉丁美洲內幕」之後，化了三年工夫，遍遊了美國的四十八州，他從加里福尼亞出發，一州復一州，接談了九百另四個人，用了三百十九本參考書，只揀了三分之一的資料，就寫成了這一本約計一百多萬字的「美國內幕」。

大概由於作者是美國人，無形中難免不在替美國講話，他相信美國有偉大的前途，還說世界上只有美國是眞正自由的國家。但是，作者也攻擊美國人種的偏見，特別是壓迫和屈服黑人。黑人在街上要讓白人走路，白人不能和黑人握手，黑人不准進白人去的飯店、旅館、電影院、戲院，不能坐白人坐的汽車和電車。他認爲這是目前美國最嚴重，最危險，最不易解決的問題。

作者認爲中西部的孤立主義，是影響美國外交一個最重要，最具體化，最合美國人口味的力量。因此美國的外交，看起來非常混晦，從而推測到美國的將來，頗爲危險——一個國家連自己都沒認識清楚，那能有世界化的感覺？有人說：「美國人想這個，想那個，信這個，信那個……」其實，美國人什麼都不想，什麼都不信。

美國內幕是一本平民化的書，裏面有很多雜碎而好笑的統計，像第四十九州紐約的人口，世界上有四十一個國家不及他多；可口可樂已銷到二十七國；虐殺黑人最多的是密士失必州；南方是頂窮的區域，一千一百萬人中，平均每人每年收入不到二百五十元；全國祇有六個州的總資產，大於都城人壽保險公司；大通銀行的資產與肯塔基一州的資產相等；美國財富的一半由兩家公司佔有；此外像牛肉是蒙大拿的最好吃；冰淇淋是利曲蒙的最有名，諸如此類的有趣資料，可以在書中找到不少。

全書最大的缺點是作者的立場太模糊，有時爲民間的疾苦呼籲，有時卻爲那些自私的政客張目，明明是政客的錯誤，但他卻說政客是人民選舉的，所以也是人民的過失，這一種理論常使我們感到混亂，然而只要讀者的頭腦清醒，大概也沒有什麼問題。

在本書結論中，作者概括地說：「美國最相信的兩種事，乃是進步與改革。」美國是否在進步中，讀者看得很清楚，最後，我以熱誠介紹這一本書給讀者，這是一本應該一讀的書，至於好不好，那得請讀者自己去決定了。

書報介紹

秋風篇

徐元焜

文筆生涯，無之久矣。所以在開始寫本篇的時候，就感到受了羈絆的痛苦，本來不預備寫了，可是主筆先生討債的本領，實在太高妙了，所以結果還是勉強雜零狗碎的湊成了一些來敷衍這次的債務吧！所以讀者諸君，以後讀到了本篇，請勿作爲文章一般的看法，以筆者無非是還債的性質而已。

走馬上任，就來一記下馬威，這固然已成爲一種習俗了，非但官場如此，即民間凡是有人事進出的，莫不皆然，所以在我國人的腦中，好像大家都已背熟了這一課，逢到這種情形，必定謹愼其初，暫時避避風頭，等到一炮之後，已是風平浪靜，那末又可以恢復其本來的行爲了，所以好的官兒，就是沒有官腔、官架子、和下馬威，我想：人民依舊是很尊敬他的，決不會因此而藐視，假使反過來說：貪官污吏，再搭足些架子和來一下赫赫的下馬威，仍舊是沒有用的，因爲他自己本身還沒有治正，一時的假面具，欺騙不過人民的聰明，要想一手掩盡天下人之耳目，這是萬萬做不到的事情，所謂己不諫，何治於人，大而執政，如此，小而人事，如此，何必一定要裝腔作勢。勸勸大人先生們與其來一記下馬威，倒不如來一下民主的仁政。

不以規矩，不能成方圓，做了官，必先做像一種官規矩，不然的話，就失去他做官的威嚴，做了官無威嚴，就不成其爲官了，非但做官要如此，就是狹小的範圍來講：工廠中的廠長，銀行中的行長，公司和商店中的經理，都有他們做領袖的規矩，這亦可以說對於下屬必須要裝設這塊招牌，不然的話，就不成其爲廠長，不成其爲行長，不成其爲經理了，雖然，明知在現在民主的潮流中已是不適宜了，但是除非你不吃這碗勞什子的飯，否則，你要顧全這只飯碗起見，不怕你不服貼，不怕你不識相些，叫你知道在這民主的潮流中，還有更大的吃飯問題在哩。

歸鄉記

金世爵

在吳縣的地圖上可以覓到一個如靴子一般地伸入太湖的半島，上面注了四個字——洞庭東山——那兒有山，——青翠碧綠怪石兀立高入雲霄，而可以廣胸襟的莫釐峯。——那兒有水，——茫茫無際，水天共色，永浮着大大小小的小島，而且上面總是生着綠油油的稻麥或者青草。除了極短的凋枯時期外終年如此，那浮有這些小島子的水就是「跨三州」號稱「三萬六千頃」的太湖。——雖然，東山的面積很小，但是，優美動人的風景也以驕傲。只因爲交通的不便利，而遊者甚少。那美麗清秀可愛的洞庭東山，就是我的故鄉。

八月二十日，我歸故鄉去探望別已多年的年老的祖父母。

太陽還沒有出地平線，賣菜人的喊聲還方才開始，街上的店門還緊緊地關着，守夜狗的責任未盡完，黃包車也只有一、二輛，懶洋洋的走着。

七時，汽笛「嗚……」的叫了，船也慢慢地離開了輪碼頭，而帶着一大批人離開那「奢華」「萬惡」的都市，而到天眞無僞的鄉村去了。船在進行，兩邊的水勁盪着，時間愈長，離那虛僞的都市愈遠，與眞實的水石之勝天然入畫的故鄉愈近。

夾岸的稻像翡翠似的軟而厚的絨毯，有的已經黃了。天上片片的白雲像沒主似的小船，在碧藍的天空中飄呀盪呀！又像一個將歸家而無力的老漁夫在划着槳似的。飛機似的蜻蜓時常跟縱着輪船，比賽似的不肯放鬆，追呀追呀追的，但是，終於落後了。

狹狹的河道本來靜着，經不起「怪物」的擾動，就起了巨大的波浪，澎湃地衝向兩邊去，本來兀立着的草倒下去了，可是，浪過了它還是站直着。鴨子見到浪來，而很敏捷的跳往岸上去了。浪聲在石塘上，發出潑拉……的聲音，像叫饒般的，但是，它還不放鬆而反「變本加厲」的聲着。

船繼續進行着，離故鄉更近。遠遠橫着似隱似現忽有忽無的故鄉的山巒，上面有片片的雲，青青的林，有幾隻山鷹盤旋着。四面都是白茫茫的水，永久波動着，而永久是碧綠的。細細地聽好似已經能聽到故鄉作勞工的抗唷抗唷……的喊聲，搖舟依呀依呀……的櫓聲，……。

故鄉挺秀的山峯，肥沃的田野，豐富的池塘，茂盛的果林都已經出現在眼前了。在人聲船的靠岸聲之中上了岸？我想向故土親一個吻。見到的人雖全是不相識的，但是，我也如親人般地向他們微笑着。

我的家離河埠雖然有幾里光景——在馬家堤——可是，因行李的微少，車費的昂貴而慢慢地走到了家，那黑牆前有四級石堦的油漆門現在前面了，一級一級地走到了最高一級。敲了一記，門裏答應了一聲，那聲音多麼熟悉然而是許久沒有聽到了！那就是慈愛的年老的祖母的聲音。到了裏面總是問問答答地過去了。

廿一日那天的早晨，去拜訪那山巒中最高的莫釐峯，欣賞它的挺秀。

時鐘還指着六時上吧！已經到了山腰。遠遠的紛紅色的似小姑娘害羞似的紅暈的曉霞，飄呀飄呀的飄，無力地無目的似地飄，自地平綫下飄到我的頭上，再飄到那邊的地平綫，終於不見了。山麓的樹木如一簇簇黑黑的東西，分不清是什麼樹，是松呢？還是枇杷？梅樹：

一會兒，已到山的頂端，山那麼低嗎？不，這是愉快輕鬆和興奮的結果。再一會兒，永久波動的太湖那邊，浮起一輪胭脂似的初出地平綫的紅日，慢慢地升着，四面的曉雲更顯紅，水波動着，發出紅紅的光芒，照着欲歸的漁船也顯得有些紅。曉風一陣陣溫順的送來，似慰撫一般的溫順，心神爽快，眞有如入「神仙之境」之樂。脚踏着嫩而微微動搖的青草，比都市裏的任何地毯來得舒適。嫩紅的花，碧綠的草，青翠的樹木多充滿着露水，嬌豔欲滴。

鳥兒們方出巢而在枝上吱吱鳴個不休，好似在歡迎美麗的早晨。晨風裏夾着樵夫們的村婦們的山歌，輕重頓挫，有着自然美的喉聲和韻律。這時我才知時光已不早了，丹朱般的紅日發出强有力的白色的光芒。花草樹上的露水也不知何時飛般的跑掉了。

於是，依戀地沿着山谷的小溪走下來。

流水琤琮的清澗裏時有怪石聳起着，青玉似地不停地向山石逆擊着，碎成萬粒珠璣霍霍地響着，如一種反抗的呼聲。遠遠望着那滾滾的太湖的那邊一簇簇的市街夾在青山白水之間，倒影宛如飄浮在空間的蜃樓海市。一大批的桑樹遠遠望去像一片綠錦平鋪在密密層層灰白色的矮矮籬笆上，有規律的排列着。白雲像天鵝絨軟軟的鋪遍了那無邊涯的藍天。慢慢地走着，不覺已到東山唯一的「大街」，見到茶坊中坐滿「茶客」，這也可算是他們的「功課」吧！

童年愉快的情境在故鄉重溫着，這種情境在空氣混濁的緊張的都市中可能找到嗎？

帶我歸到萬惡的都市的輪子在旋渦，向前順風破浪地進行，渡水橋看不見了，故鄉的山巒有些漠糊了。再會吧！再會吧！美麗可愛的故鄉。再會吧！使人留戀的故鄉。

莫釐風 第二卷 第四期

紅甘齋日記（五）

紅甘齋主

二月十九日　晴

因昨日之約，今日乃有眠佛寺之行。步入大街，家家門前，婦孺麏集，且竊竊私語，一若看會者然，心頗異之。偶一前瞻，於人羣前見一時代女郎，方緩緩而行，捲髮高跟，極盡摩登，外加短裘一襲，彌顯華貴，使後之覽者，眞有凌波微步，羅襪生塵之感。予乃悟婦孺所談者卽此，急趨數武，前有母女二人，問答頗有風趣，爰特摘錄如下：

「姆媽，你看她的皮衣裳反穿了。」

「你懂什麼！這就叫時髦。」

「爲什麼人要去做『貓』呢？」

「上海地方都是這樣的。」

「上海在什麼地方？」

「蘇州過去。」

「上海到底怎樣好法？」

「有洋房、有汽車、有電車、還有一個大世界。」

「哦……啊唷！這個女人眞奇怪，上面穿了皮衣裳，脚上連襪都不穿一雙。」

「怎麼不穿？她穿的是西洋貨，比我們棉袴還要熱呢！」

「我也要買一雙。」

「你配？」

此一女孩之問題，天眞可愛，以我等言，此種女郎，在上海已司空見慣，毫不足奇。乃越女郎之前，溢奔前程。時女郎因御高跟，街道高低，不良於行。復以後隨者衆，雖久經洋場，亦不能無窘態矣。

漸離市廛，步入山村，青山圍合，花鳥悅人。因緣山徑行，數經轉折，忽有菴焉。友人乃發思古幽情，叩門而入，惟見菩薩蒙塵，炊烟不舉，一片淒涼情景，曾問民國以前，尼庵鋒芒畢露，爲山中韻事所自出，逮後官方以此風不可長，乃有劉鴻翱之「戒洞庭兩山各庵尼姑示」，發句若干，猶能憶及；

「薩菩庵爲清淨福地，女之削髮爲尼者，固亦王制所不禁，乃聞尼行多不檢，往往粧飾小尼，引誘兩山浮蕩子弟，又聞尼院多複室祕屋，官府之命一出，卽有受賄爲之隱瞞者……」

今者複室祕屋，不復可覩，僅餘兩間東倒西歪屋，一個老態龍鍾人。嗚呼，滄海桑田，我於此庵見之矣。

友人巡視一週，爽然若失，相與偕出，途中猶唏噓不置。

西山人

新植

東山與西山僅一湖之隔，由後山趁渡船至西山，遇順風需時一小時半，如遇逆風則倍之。東西二山雖屬近鄰，但彼此似乎很陌生。三年前我在故鄉養病，摯友C執教於西山大新義務小學，邀我往西山一遊，那時正值四月暮春，風和日暖，薔薇盛開，我欣然隻身雇舟由席家湖起椗前往，一路風平浪靜，約二小時抵達西山。由船夫嚮導，自埠頭至秦家堡大新小學約七里餘，所步經村鎭有四五個。西山村鎭宛若東後山楊灣石橋村等，村與村相距有間隔一、二里者，有隔三、四里者，大街甚短，沒有一條像東山直自殿前至諸公井這樣長的三、四村相連的集中的街市。當我行經大街時將近午刻，街上顯得冷落，西山街市很早，天剛破曉卽已人聲鼎沸，菜場上市了，及至太陽東升，街上行人已寥寥，因那時村人已上山樵柴或下田耕種去了。

C所執教的那個義務學校是由當地在滬經營棉布的富商陶姓出資創設，有學生百餘人，C係該校惟一的女教師，因此住在該校創辦人的岳母家裏，這位老太太村上都稱她爲「外婆」，那是個仁慈的老人，她的兒子早已死去，留下一個寡孀媳婦，亦是個賢妻良母，她們惟一的安慰者，祇有一個在上海棉布廠裏學生意早已娶了媳婦的孩子，逢人談起她的孫子，這位仁慈的老人，就感到莫名的欣慰，這個新進門的孫媳婦和她的婆婆，祖母一樣地以自己的一生希望完全寄托在這個孩子——比她年幼的丈夫——身上。我亦隨C住在「外婆」家裏。西山人是很儉樸的，就是連這個年輕的孫媳婦亦是鄉人裝束，一清早天尚朦朧時她們已在菜園裏工作，每天吃的蔬菜，全由自己種植的，當地所有人家，除了食鹽由外運入，其他一切調味品如醬油等類亦由自己製造，所以西山的進口物品很少。

大街上的茶館中自早至午絕少有閒散的人泡茶聊天，有些街上根本就無茶肆開設，就是農家的婦女，她們亦隨着男人一同在山上或田間做工，似乎沒有閒時話長道短，談些人家私事，以惹是非。鄉人都很敦厚，買賣很少虛頭，亦不會因陌生人而行欺騙，我曾穿西裝上街買過菜，並不曾被視爲上海人而被敲竹槓。

翻越山嶺，即抵眠佛寺，寺甚小，殿中一佛臥甚酣，上覆紅布，塵垢滿面，殆已數十年未醉矣。方流覽間，一嫗奉茗進，尙淸冽，相與談佛事，嫗如無所悟，惟侃侃訴生活之難，眞一大部苦經也。稍息，予因有要事，亟欲歸去，行前，友人揀炭枝就牆上書「民國××年二月十九日×××××到此一遊」兒時回念，油然而生。旣歸，遄赴源源，將掛錶質得一元，半還賭債，餘可買數日醉，抵家佯作不樂，妻問故，乃以遊山失錶相告，妻嗤以鼻，似有不信意。

二月廿六日　陰

日來阮囊羞澀，而債戶逼緊，誠一苦事，不得已，決向夫人作將伯之呼。

凡事成功與否，繫乎技術之高低，乃買粽子糖一包，以爲進言之階。

入夜，就燈前與妻談及山居無聊，擬跑單幫，百物中錫箔之類，蘇山價格相差甚鉅，山中雖多窮人，而此類消費不減，頗值一試，妻於此道，似亦頗感興趣，予乃告資本短缺，數固不必大，但得金戒一枚足矣。老妻聞之，頓鎖雙眉，乃婉請將婚時贈戒之一，暫假一用，不意妻頻頻搖首，顯無允意，不得已，乃再危言聳聽，詳爲闡釋，以單幫之本小利大，數年累積，安知不能開一冥器店乎？但妻意終不爲動，予眼見戰略失敗，不覺愧恨交迸，厲聲斥之：

「如果不允，則請將兩只贈戒璧還。」

「我哪裏還有什麼戒指？早已貼到家用裏去了。」

我知此係遁辭，乃詢：

「我不過失了一年業，哪裏要用掉這許多金子？」

「你不知物價天天在漲嗎？開門七件事，哪一件不在漲？叫我兩手空空，不貸金子，難道要我去搶？去偷？」

「好了，終是你理由充足，即使戒指眞的賣了，難道你的鐲頭不能借來一用嗎？空放着有什麼意思？」

「這是我的東西？空放由我空放。」

「何必這樣火氣大呢？我們到底還是一家人，和和氣氣合作一下，不是更好嗎？」

誰希罕你合作？一年來，你拿出過幾個家用錢？」

「我辛苦了十多年，休息幾個月，難道不應該嗎？況且現在是民主時代，男女一律平等！」

「還虧你談男女平等，你除了吃飯、睡覺之外，做過些什麼？呸，這也算是平等。」

時兩小兒驚於爭吵，呆立如木，予乃怒斥之。繼揀粽子糖一粒持餵太太，不意彼信手丟來，適中正額甚痛，並聞獅吼一聲：「誰希罕你的糖？」

於是借金事敗，悶悶不樂，「有錢萬事足，無妻一身輕。」沒有錢豈能結婚，豈能養兒？

西山的風氣近來亦開通得多了，一天我和C去訪一位士紳，適遇外出，由她的姪女出來招待，她並沒有因我是一個陌生青年男子而顯得拘謹，房內的姑娘們沒有一個喜歡在門縫中窺人，她們都很隨便地一個個到客廳上來和我們聊天，做母親的亦沒有阻止她們，相反地慫恿着她們隨我們同去遊石公，這些姑娘們都很聰穎，可是她們除了待着出嫁的日子來臨外，社會沒有給她們鋪好一條比出嫁更好的道路。

西山的教育界很活躍，由於C服務爲教育界，因此我得有機會參觀了西山所有的學校，和認識很多教員。西山教育界的惟一特點，便是各學校中的教職員有着很好的私人感情，每逢星期日，幾個學校的教員便聚在一起檢討工作，或出外遠足，我亦曾隨C在秉常村秉常小學中聚過一次酒釀圓子會，由校長權充廚子，教師担任伙夫，其餘的彈着琴，唱着歌，他們比孩子更天眞，更活潑！有這樣健全心理的教師，才能造就健全心理的孩子。

幾天的西山生活，使我留戀忘返，尤其是樸實，敦厚，勤儉的西山人給我留下一個深刻的印像。

發刊王礪琛先生追悼特輯啓事

逕啓者：本社名譽顧問王礪琛先生不幸於十月十六日逝世，本刊哀悼之餘，擬於下期發刊特輯以誌紀念，尙望礪琛先生生前之友好，共賜宏文，不勝感激。此啓。

中一學院校董會成立

吳稚軍丁福保等擬籌備於東山恢復中一學院事，已誌上期本刊，現悉該院校董會已成立，並聘請本社名譽顧問葉振民氏爲校董，不日籌備復校云。（錢）

洞庭旅行團遊嘉興南湖

洞庭旅行團成立已來，參加者甚衆，於本月十二日作嘉興之遊，參加者百餘人，遊興甚濃，並定於十九旅行常熟，歡迎同鄉及非同鄉者參加，報名處在北京西路同鄉會內云。（錢）

要渡村鎮鎮長公佈壯丁安家費賬目

渡村鎮民 朱曉星

逕啟者，茲有一事，請借貴刊一角，披露一段，以供各界公正人士視聽，緣曉星係東山區渡村鎮種幾畝租田的佃戶，一家數口，每年收成，暨與人幫傭所得工資，日食僅夠，詎鎮公所征收經費以來，曉星按年結草甚虧，祇有「欲飯則粥，欲菜則虀」，以挽虧欠。查適此國家征兵之秋，渡村應攤志願兵十名，奉政府明令每名安家費四百萬元，本鎮因招募不易，特價六百至六百五十萬元之譜，按戶攤派，詎值此青黃不接之時，稻谷未登，曉星係貧民，故一時難以應付，次日竟有警士登門，無可奈何，祇有重利典質俾本鎮完成役政，以重政令。查本鎮攤志願兵十名，按數僅六千五百萬元之多，運用支七千萬元足矣，今竟開共收耗達九千萬元左右，核此數超過甚鉅，未明此三千餘萬元，所支何處，且結束多日，收支清賬，尚未公佈，此甚為可疑。查本鎮副鎮長家業蕭條，未接任前，連茶社一壺茶資，一支香烟，均無法現交，今接事以後，征解志願兵赴蘇，闢室「江南」飯店一一三號等房間，暨城外「新閶」「新江南」飯店，每日攜帶大喇叭（妓女）至茶館酒肆，上海蘇州老正興等飯店進餐，各戲院觀劇，夜間留宿，每日耗資甚鉅，且購青年裝，短青年裝，上等草帽，旅行包，公文皮包，女色祺袍料，達二百萬元，該副鎮長係一貧者，何有此錢浪費購買，「薄薩賣藥」此不說而知。再會計及事務員等均購買衣物，與副鎮長每日帶妓女酒天花地。查事務員薪金僅石米之數，欲坐三十天或多一天，始能到手，伊等非癡呆之輩，能忍心將自己血汗換來的錢去浪費嗎。查鎮長等解送志願兵，亦其職責，不能將民衆的血汗錢，來任意浮支浪費，即支用飯宿車等費，亦有證明賬單，不能任意浮支亂用，希請貴刊披露，以供視聽，並希該鎮長，予以公佈清賬！此請

莫釐風主編先生

撰安

東山區渡村鎮民朱曉星謹啟

一封關於渡村「攜械衝突」事件的更正函

逕啟者頃閱 貴刊第二卷第二期內載有渡村鎮長金德華更正所敘一則，「事務員朱堅平素怠忽職守，屢誡不悛，撤職處分，引起同鄉無理要求」，核與事實不符，誠恐淆惑聽聞，外界不明眞相，合函更正辯駁於后，以正視聽。

一、堅曾於八月十一日「因鎮長金德華往來蘇滬等地經商，置本所職員生活於不顧，全不重信用，專施敷衍手腕，不思異鄉食宿無門之苦，鑒於此為，決意呈請長假，該鎮長置之不理，且污言相謗，故又於是月十八日再呈催批，該金德華狡猾異常，慮及辦理兵役期間，無人辦理，故批「照准服務至五月底」，堅因職務關係，仍進行工作終結，至三十一日夜晚，假批已終，即向其催給薪金，以備離渡，未蒙核允，祇將征收各保經費收據發給，堅拒絕不收，並云業已核准解職，無權征收，「且前數度催給，答拾月終」，該鎮長強不給薪，以施拖延，並云至沈區長處去拿，堅不允是言，致引起口角，該鎮長竟行使職權，率領軍、便服壯丁多人，荷搶實彈，自持二號駁壳搶，蜂擁至鎮，如捕匪相彷，將堅綁至東太湖邊，實施慘極之刑，渡地衆目昭彰，後經地方士紳陸宋禮馮靄人兩先生，情說不允，該士紳等思堅並無錯點，即行釋放」。

二、查金德華更正云：平素怠忽職守，屢誡不悛：堅已服務兩任，計七月之久，並未提及錯點，待至假期終了，發生不幸，今竟以此搪塞是非，不敍明情形，眞小人也。

三、至云撤職處分，更屬荒謬全不顧信誠，任意毀謗，堅有假條以為證，且其親在會議席間所批，今污言損壞他人之名譽，金德華為人不言而知之。

四、同鄉無理要求：未敘明事實，顯有隱瞞內情。

五、攜槍衝突：查渡村鎮濱臨太湖，時有匪徒騷擾地方，雇用隊員駐守碉堡，負責地方治安，與鎮所距約二百米左右，當堅被綁時，人聲嘈雜，雇用隊員聞聲以為匪，即攜械分出探視，適堅已由陸馮兩先生釋囘，聞非匪情，即行返隊，次日金德華與地方士紳暨堅同赴區署，互將情形報告沈區長，後經區長將堅暨雇用隊員調囘，此事即告一段落，詎料竟有虛揑事實，借貴刊登載，希圖以此淆惑事實。

以上辯駁，均屬事實，特借貴刊一角披露，糾正事實，以正視聽，並請貴社暨各界人士主持公正，給予批評曲直，以明是非！ 此請

莫釐風主編先生 撰安

東山區署朱堅謹上 九，十五。

莫釐遊誌（十四）

明煦

民國二十年重修，李根源書法海古寺門額，內壁繪四大金剛像，中供彌勒，後爲韋陀，內進爲大雄寶殿，中供三世如來，後爲望海觀音，兩旁塑十八羅漢，金碧輝煌，莊嚴淨土，側屋三楹，纖塵不染，壁懸字聯如：

雲散天空毒龍歸缽，風清月朗猛虎聽經——孫鏘。

冷逐白雲歸整性，寒隨皓月浸清心——問鶴亭。

明吳橋冬日同王少谿重遊法海寺詩云：

歡聚憶當年，笙歌列梵筵，今來人已老，僧寺亦蕭然，古木荒烟外，寒山落照前，不知方外月，能更幾回圓。

周詩夏日同王少谿過法海寺：

尋覓山中寺，烟蘿入鳥陰，涼生一徑僻，炎隔兩崖深，黎渺香雲度，台傾慧日臨，願因灋治水，一洗畏途心。

吳寬詩云：

行盡松杉嶺漸平，日高深谷喜新晴，
山樓飯罷渾無事，獨倚危欄聽水聲。

顧峰詩云：

紫閣崔嵬映遠空，瑤花深處隱龍宮，
林深五月藏寒霧，地迥諸天聽曉鐘，
絕頂江湖開日月，半山松柏吼蛟龍，
探奇已得高僧語，入谷尋眞意未窮。

自悅東山法海寺次陳翰林韻：

忘倦莫釐巔，松高翠接天，孤泉飛素練，兩髻鎖青烟，鳥宿寶林裏，僧棲石竇邊，五湖晴瀲灩，新漲欲平田。

青白二池在今寺外荒場中，一清一濁，青泉潔而明，白泉渾而厚，爲東山五大名泉之一，寺僧飲水，均取汲於此。葛一龍曾咏青白泉詩云：

兩泉同一寺，青白各自好；發寒人汲稀，寂寂山花照。

原道折回至路文貞公振飛墓，同治七年並唐翰題篆，「路氏先筌」墓碣，光緒五年，長白椎齡奮立路公墓碑記概書，今餘贔屭，舊徽錢賺銓撰路文貞公神道碑。荒烟寺落，蔓草縱橫，文貞公當明不綱之時，黨禍日慘，兵戈擾攘，公竟獨立不阿，登朝則彈劾奸邪，不避權貴，專閫則總制軍旅，首啓戎行，功績偉然，當其爲松蘇巡按時，將民間疾苦，悉達上聞，奏本中曾云：「江南之民，一困於賦，再困於役，蓋已皮盡而骨存矣」，又云：「穴居野處，無不役之人，累月窮年，無安枕之日，彼官官族黨，奴僕坐享高腴，耳不聞當差一字」。其率直如此，意爲讒邪所中失職，值中原道梗；僑居東山，值明敗將黃蜚卞勝遁太湖，欲掠東山，公率家丁鄉勇禦之而退，東山之不罹患寇，實公之謀而全之也。清吳莊路公墓詩云：

落日荒烟過客哀，萬人留葬廣平來，
五湖不藉公屏障，多少山林付劫灰。

下行至廟山，俗稱新廟，古木參天，高閣連雲，相傳陪莫釐將軍墓在圓極宮前大樹下，黃土一堆，相對茫然，按圓極宮在靈佑廟東，明宣德間（乾隆吳縣志作明正德間建，太湖備考云明正德間道士曹零溪募建易名佑聖宮建，嘉靖間廢，萬曆間重修，今廢。葛一龍莫釐將軍墓詩云：

莫釐峯下故將軍，戰骨蕭蕭接白雲，
大樹不凋前代葉；垂陰連蓋幾家墳。

葉漁莊詩云：

荒壠證誰禁採樵，將軍遺恨未全消，
一壞隱約留題誌，石馬嘶風大樹凋。

吳縣芳詩云：

將軍世上雄，力能搏猛虎，將軍泉下魂，不能禁牧豎，飢鳥啄荒陂，塞日照大樹。

下有戲台，爲酬神演戲之用，對台爲靈佑廟，俗稱猛將堂，宋建炎四年建，祀眞武劉猛將，猛將堂普稱爲中天王行宮或上天王行宮，間稱揚威侯祠，及吉祥王宮者，遍設於各村，猛將姓劉則一，惟其名則異，幾輔通志，載劉猛將軍名承忠，廣東局川人，元末官指揮，有猛將之號，江淮蝗旱，督兵逐捕，蝗盡殞死，後因元亡，自沈於河，土人祠祀之。

莫釐風月刊 (16)

每月十五日出版

本期零售每册六千元
預定半年三萬五千元
全年六萬元

編輯及出版者

東洞庭山各校同學聯誼社
莫釐風出版委員會

上海通訊處　北京西路一〇八號　洞庭東山旅滬同鄉會　電話 九六五九七 九三四一九

蘇州經售處　閶門內東中市　蘇州教育用品社

東山總經銷處　殿涇港朱家弄瞿友農

東山經售處　殿前嚴大德堂國藥號

慶祝東聯社成立一週年聯合廣告

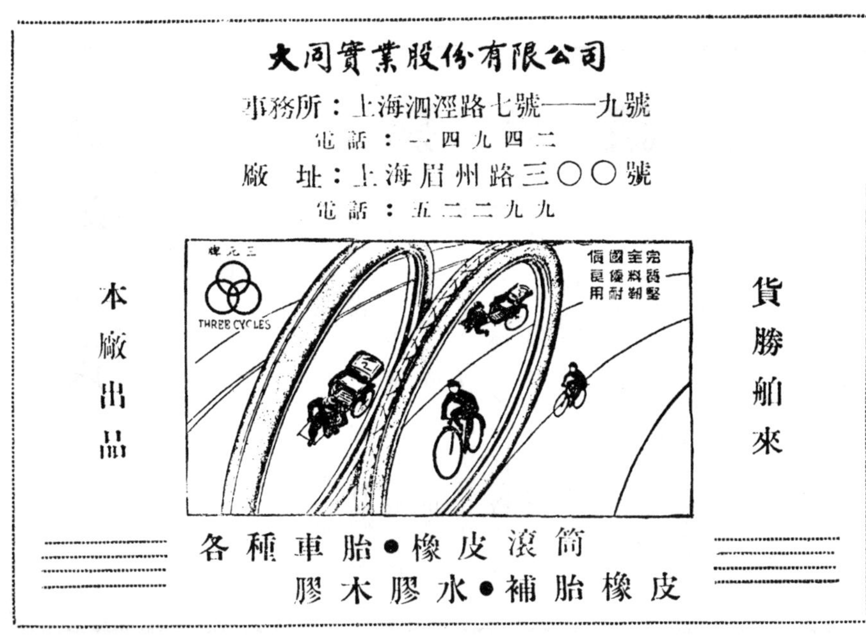

大同實業股份有限公司
事務所：上海泗涇路七號——九號
電話：一四九四二
廠址：上海眉州路三〇〇號
電話：五二二九九
三元牌
THREE CYCLES
完全國貨
質料優良
堅韌耐用
本廠出品
貨勝舶來
各種車胎・橡皮滾筒
膠木膠水・補胎橡皮

滙款洞庭山

◉迅速◉準確◉

不取匯水

本莊辦理洞庭山匯款。完全抱服務梓鄉之旨。專誠當差。不取費用。日期既屬迅速。手續尤求簡便。特約**鄭鼎有號**認眞負責承付。（山中歸鄭鼎有號收費一分藉爲該號之調劑手續費）無論前後山鄉鎮村里。限期三天。必可取到。決無往返徒勞之憾。而有準確可靠之便。區區微忱。略盡厥責云爾。鄉人君子。幸指導之。

本莊**匯款業務** 京滬杭沿線各路均通如荷委託無不效勞迅速。

嘉昶錢莊

袖珍支票戶 隨時開戶　毋須介紹　並奉精美皮夾

活定二便存款 保本安全　保息最厚　存取便捷　可代禮劵

上海南京東路二三〇弄
電話　一九九七八　一二〇九五
電報掛號　〇七二八
郵政信箱一四二二號

滙款洞庭山

▲▲迅速●便利▼▼

東山 鄭鼎有永記醬園

本園辦理同鄉匯款。完全抱服務梓鄉之旨。日期既屬迅速。手續尤求簡便。旅滬同鄉如需匯款。請到**嘉昶錢莊**接洽。無論前後山村鎮鄉里。熱誠服務。限期必可取到。決無往返徒勞之憾。而有準確可靠之便。區區微忱。略盡厥責云爾。鄉人君子。幸指導之。

本園　東山諸公井
長途電話直接本園
嘉昶錢莊上海南京東路二三〇弄
電話　一九九七八　一二〇九五
電報掛號　〇七二八
郵政信箱　一四二二號

莫釐風

第二卷　第五期

東山之喉（湖神廟）　鄭榮章攝

東聯社出版

雨花播音台

區長沈濤縣令免職 遺缺派傳伯儒接任

東山區署舉行聯席會議

我邑區長沈濤，出任以來已屆八月，近因事故縣令免職，遺缺縣府派傅伯儒接充。新任傅區長已於十月十九日赴横涇區署辦理移交接收事，於二十日視事云。

（又訊）區署新任區長傅伯儒，於十月二十一日接鈐視事後，於二十七日召開各鄉鎮長自衛隊附暨戶籍幹事第一次聯席會議，主席傅區長。決議案如下：一、各鄉鎮選舉權證，最遲至本月底須就呈報。二、關於冬防問題，參照上屆冬防計劃加强實施。三、各鄉鎮自衛隊槍械彈藥服裝從速造册具報，以便存轉。四、關於戶籍整理，原限於十月底完成，應依限完成具報。五、奉令利用農閒征工濬河計劃，由各鄉鎮就實際情形具報彙轉。六、奉令編組自衛直屬分隊，在月底組成具報。（王澍聲）

韓步愈積勞成疾 周竟如出任鎮長

前山鎮鎮長韓步愈，爲辦理志願兵等事務，以致積勞成疾，一再請區准辭，業已照准，故於前山召集全體鄉鎮民代表，實行重選，當選周副鎮長周竟如爲鎮長云。（思）

自衛隊附妄無法紀 擅拘鄉民私刑拷打

嘉禾鄉竹匠朱永康五十七歲，於十月七日下午四時左右，因在百和堂國藥材店內，暢談該鄉自衛隊隊附臧松齡種種劣跡，經自衛隊隊員通風報信，竟即派員至該藥店內擅將朱永康帶入隊中，誣爲通匪，痛加毆打，繼更緊閉隊部大門，將其反吊樑上，私刑拷打，竟致昏去。後經該鄉調解委員會徐委員寅林出而調解，始得保釋，現已由被害人朱永康向地院遞狀投報，控訴臧松齡傷害瀆職等罪，請求法究云。（王樹聲）

（又訊）嘉禾鄉朱永康被臧松齡私刑拷打成傷後，即投地院驗傷，回家後，復遭臧强迫撤回告訴，未遂。致又觸彼之怒，誣朱吸毒，拘解縣府看押，又經朱妻至地院申請提訊。又全區鄉鎮長特聯合登報啟事，語多袒臧，鄉人議論紛紛，莫衷一是云。（我見）

吳縣第八信用合作社開幕

東山區吳縣第八信用合作社，前由該會理事主席高天虛積極籌備以來，業於十月二十五日在東山前山鎮正式開幕，并由席侍豐、席微三、周叔皋、席惠民等，在城區南濠街設立辦事處，由葉培深担任經理，汪其成金鳳池等爲副理，該社除一般業務爲存款、放款、抵押外，并免費經辦匯兌事宜，委託上海東萊銀行代理，此後由上海至蘇州東山區間之匯兌，將益感便利云。（王樹聲）

（又訊）東山區吳縣第八信用合作社，前於本月二十五日開幕，是日上午九時已賀客盈門，當地士紳席侍豐、席微三、周叔皋、嚴譜南、席惠民等及地方長官亦已翩然蒞止，冠蓋如雲，頗極一時之盛。該社內佈置井然，壁懸各界賀聯甚多。尤以董財政廳長鈕社會處長中國合作專家鄭厚博先生及王縣長介佛等之題詞意義最爲深長，聞該社業務純以誘導游資，促進生產，福利社員爲目的，存款利息竭力提高，社員均可享受免費匯兌等權利云。

太湖水上警察局東山劃爲防區 冬防期內實施宵禁

以沿太湖港口及湖面爲限

江蘇省水上警察局，訂定冬防期內實施宵禁辦法，茲錄如次：

一、本局在冬防期內，爲確實控制防區治安，杜絕匪徒竄擾起見特訂辦法如下。二、宵禁時間每日暫以下午八時開始，至翌日上午六時解除。三、宵禁後禁止船隻捕魚行駛，暨出入港口，並禁止人民通行，但醫生及公務員持有夜行證件者，不在此限。四、宵禁後，其有違反第三項之規定者，即以盜匪論，致遭發槍被擊傷斃及擊沉船隻者，本局概不負責。五、各沿湖駐地，除派艦艇常川巡弋湖面外，得與鄰近軍警機關及自衛隊密切聯絡，會同當地鄉鎮保長舉行不定時之戶口檢查，各船戶或住戶不得拒絕，查有匪嫌送局法辦，違犯保甲規約者，就地由鄉鎮公所處理。六、宵禁地區範圍，暫以本局防區沿太湖各港及湖面爲限。七、非常警戒後茶坊酒肆各商店，及娛樂場所，一概停止營業，違者依照違禁罰法處罰。八、本辦法適用於冬防期間。九、本辦法呈請江蘇省政府核准後施行。（王樹聲）

◇　◇　◇

警局破獲販毒案

縣警局據報東山區橫涇浦莊鄉居民董士元，近在該鄉大量販毒，貽害地方非淺，旋經趙局長飭令橫涇警所查辦，茲悉該警所業已查明屬實，幷已將售毒犯董士元及吸毒犯顧壽生倂寺壽等三人連同白粉二十九小包解抵總局嚴辦。（王樹聲）

嚴紫恒被人檢舉

原籍洞庭山嚴紫恒，被人檢舉漢奸案，業經滬高檢處提起公訴在案，茲由中央信託局敵偽產業清理處函吳縣警察局，請當地警所會同該地所轄保甲長，澈查該逆全部財產，並即扣押呈報核辦。（王樹聲）

× ×

前後山放映新聞教育電影

（東聯社訊）同鄉會爲木山同鄉在高物價重壓下，生活痛苦，缺乏正當娛樂，曾於六月間商得美國領事館新聞處同意，來山放映教育、衛生、農業、戰爭等有聲五彩影片。免費招待同鄉，介紹最新美國動態，及進步學術。頗得東山同鄉之歡迎。乃於十月十六日再度商請新聞處張金濤先生攜發電機放映機等設備由席玉年金霖森兩同鄉伴同來山，當晚在新廟廣場開映，到觀衆四千餘人，次日至後山德本堂廢址開映，觀衆二千餘人，所映有「孕婦哺乳婦及嬰兒之營養」「郤利的起居」「工人的安全」「肺結核」「週遊全美」「太平洋岸的體育表演」「直升飛行」等影片。據聞張金濤先生之七齡愛子適於十四日夭亡，彼含痛工作之精神頗値欽佩，又王富興葉振聲諸同鄉之佈置會場，水警、警察、警備班、自衛團等武裝出動維持秩序十分忙碌。觀衆看得有聲有色的免費電影，莫不皆大歡喜，稱讚不止。

渡村離奇命案！

渡村鎮吳同康妻倪氏，在上月二十九日下午突然暴逝，狀甚可怖，全身青色，面呈紅色，頸項間有青紫，傳說服毒，惟在入殮後，孝幕突然起火，燃及棺木，幸撲救迅速，致未成災。倪氏死因母家在調查中。（客觀人）

（又訊）渡村一保七甲吳仁寶（即同康）妻倪氏，在十月二十九日午後二時許暴病而亡，事出離奇。緣該倪氏死後屍體現青紫色，頸項有紅紫繩跡，而呈紅色，狀甚恐怖，有傳說服毒吞金，又有說被夫絞死等語。傳說在未死之前存有金條一根，金戒子七只，金鎖片二只，（兩數不明）及現鈔千餘萬元暨毛皮衣料壹大箱，均不知其所藏之處，因未死前曾與仁寶發生口角，爭執甚烈，因吳仁寶任僞鄉長時，所刮民脂民膏及現在販白粉所獲利潤甚巨，故一向欲娶石塘鄉盤絲洞女子名大阿姨者爲妾，因此爭吵，詎料時僅一日之隔，倪氏即已暴死，此實可疑也，聞倪氏母家有向吳仁寶交涉擬勿報驗云。（孔一諾）

爲勸兒子戒賭 老父被人毆傷

東山舊淑莊鄉西林浜，於十月十七日因鄉村迷信惡習，俗例土地神生日，闔村酬神聚賭，熱鬧非凡，其中有該村第四保農民陸其祥，因阻止其子阿三浸淫其中同流合污，當晚阿三即遭賭友章木泉陸根虎備加譏諷，嗣以言語不合，更起毆打，阿三身受重傷，不省人事，暈厥倒地，幸經當地自衛隊聞聲趕到，始未釀禍，乃經妻子扶返。翌日（十八日）清晨即由老父陸其祥投鄉區公所報告請究，詎竟又爲章木泉等將其誆至蔣家弄口，在華順根所設鐵舖內搶得鐵棍便打，陸其祥年老體弱，受傷不支，竟告二度暈厥倒地，經人送醫院急救後，二十日經鄰里人抬送蘇輪赴城投地檢處申告檢驗傷痕，請求准予法究云。（王樹聲）

生活困難 丟棄親生骨肉

十一月五日早晨於同鄉會所辦惠旅醫院門診室內，發現棄嬰一個，幷留一字條，寫明嬰兒八字及因生活困難，無力扶育，請求收養，功德無量等語。記者聞訊往訪，見該不幸棄嬰係一男孩，生出不滿一月，方面大耳，逗人愛憐，後由該院一產婦領去養育云。在此生活高漲之秋，薪水階級所入不足糊口，竟至拋棄親生骨肉，誠人間慘事也。（本刊記者）

小消息

十一月七日同鄉會常務理事席涵深先生四十初度，友好假席君府邸爲其舉行慶祝華誕大會，到各界祝壽來賓數百人，宴後開映世界拳王喬易斯之拳擊影片娛客，至晚十一時賓主盡歡而散。

✱ ✱

十一月八日下午，同鄉會理事席德基君，假座卡夫卡斯禮廳，與川幫銀行巨子李公惕君之愛女德輝小姐舉行訂婚典禮，由劉道周君證明，朱潤生君介紹，到有葉振民君等親友，來賓百餘人，林森路上，車水馬龍，頗極一時之盛云。

✱ ✱

（本刊訊）上月後山各村競相演戲，十月廿五日夜半楊灣鎮演戲時，忽有一酗醉自衛團員盒子槍走火，子彈經自己左腿穿入膝部，當夜一時許送至登善醫院求治，經姜院長將子彈取出，脫離險境云。

✱ ✱

莫釐風　第二卷　第五期

社評

向合作看齊

在全人類爲世界之和平幸福，集中智慧向黑暗的社會與神祕的自然進行搏鬥的時候，東山也在或多或少，或遲或速地迎接一些新的變化，幾年來，小學的復活，中學的建立，電話的接通，以及設立學院，籌建公路的醞釀，都令我們意識到一個新的東山，可能來臨。

這許多事業的新生，固然得力於少數熱心者的努力。但是，全體東山人民認識的轉變是主要原因之一環，他們多少已領略到教育子弟是一種責任，同時，科學的宣傳，使他們對神佛的崇拜，減低了熱度，據說除了少數愚昧的鄉民外，燒紙錢之類的消耗，已經有顯著的減少，無論如何，這是值得我們自慰的進步。其次，水警陸警的不辭勞瘁、宵旰忠勤，使故鄉減少了匪焰的威脅，使許多事業能夠在安樂的土地上建立起來，其功自然也不可沒。

東山雖小，但是要建設成一個完美理想的樂園，並不是件容易的事，儘管我們的憧憬是如何的好，儘管樂園的輪廓是如何清晰，可是橫在我們脚前的是一條遼闊奔騰的河，那條河裏流着猶豫，猜疑，推諉的濁水，它們的浪濤，常常顚覆我們的渡船，所以如果我們要同登彼岸的話，一定要在河的上面建起一座橋樑，這座橋就是「合作」——多方面的合作。

第一、治安當局要合作——目前負責東山治安的，有水警和陸警，合作的前提是水陸警的權限要明白規定，在不越俎，不代謀的原則下，大家互相幫助，互相監督，使能做到除惡務盡的地步，聽說，東山的水陸警方面，曾有過微小的誤會，大約起因就在權限不明。我們希望這僅是一個偶然的情形。因爲東山的安樂幸福，完全建築在水陸警合作之上。

第二、鄉鎭公所和治安當局合作——鄉鎭長在官民之間，負有聯絡責任，對於民情良莠，比較熟稔，發現有不良的風氣，如賭博，烟毒，盜竊之類，應該隨時報告治安當局，不可隱慝；翻過來，對治安當局的請求協助査緝，更該多方致力，不容含糊或包庇。

第三、鄉鎭當局和同鄉會合作——同鄉會對於桑梓的治安建設諸方面的關心，自不比身在東山者爲小，而鄉鎭當局，對鄉政當局苦心的擘劃，自爲同鄉會所洞鑒和樂聞，基於此，雙方的合作，是必需而極自然的。不久前，爲了壯丁事，據說雙方曾有過隔膜，這是可以惋惜的事，希望當事者本和衷共濟，共建東山的前提，掃除陰霾，加强合作。

「和平，合作，建東山。」這是我們站在東山人的立場上，向各方面提出的一個呼籲。

諷

治病與做事

金曄

說起治病，實在是外行話，不過大家總知道：治病必須治根，譬如生了濕氣，搨搨藥膏固然可以好，不過也得服幾貼藥，淸除淸除體內濕氣，否則也許會復發的。

中國人行醫，往往學會中庸之道，用藥不肯過於激烈，不像外國人一樣肯開刀，用冰，來肅淸病毒，有時也許會因此死了幾個人，但外國人的茁壯，和中國人的孱弱，這里是不難看得出的。

行醫與做事，在中國也可併爲一談，必須應付得圓滑老到，方算是一個大人物，「辨事澈底」，這是外國的東西，我們古國是必須三思而行的。

現在想到了割除盲腸這件事，我實在很欽服西醫的，雖然在動手術的當兒，免不了冒一點風險，不過割除之後，就成了一個健康的人，永遠沒有再發生盲腸炎的危險了。

開刀實在是一件很慘的事，動手的醫生，一定有人說是太殘忍了，不過醫生一定還是咬緊牙關，迅速的割除，決不肯良心發現；且再讓留存一點的，因爲醫生知道他的行動是對的，他是爲了這個病人的新生。

對於做事，也可引用這個例子，決不能因爲情面的關係，或是有人說做得太辣手了，就此放手，讓他存留一點，這樣面子果然是大家有，而盲腸的不能割除淸淨，難免有天再發炎的。

登高？避難？

心咸

幾千年來，登高節的沒有被時間所沖淡，可以說明患難始終沒有離開過中國。

「萬方多難日，此地獨登臨。」「遙知兄弟登高處，偏插茱萸少一人。」當我們讀到一千多年前詩人登高的詩句時，就好像是自己要說的話一樣，它竟這樣的貼切，眞實。

鄉村教育淺識

沁禾

中國的社會大部分是鄉村，中國的居民百分之八十是農民；中國的文盲到現在爲止仍舊是百分之八十以上。欲普及中國的教育就必須由鄉村普及起，但農民是不可能離開鄉村而特地到城市來上學的，所以要辦鄉村教育，只得下鄉。

晏陽初先生在法國的時候發願來中國提倡識字運動，回來之後，一看情形，他發現識字還不是農民最需要的，他說若使識字爲農民的需要，則應先改進其整個的生活，這已是十幾年以前的話了，但到現在還是適用。看情形：我們外受國際的壓迫，內裏自相殘殺，還加天災人禍的摧殘，中國的鄉村社會，不止是經濟破產，精神上也難以支持了。這是個社會問題，也是教育的責任。這責任本身實際上亦是個社會問題，它的意義是廣大的，決不是開幾所學校，教幾個蒙童就算了；它的對象是全民衆，尤其該重視的是成人；它的範圍包括全生活，教學的課程必是按照生活的過程；教學的方法是社會化，生活化，科學化；教材是現成的大自然，大社會，着重直接的認識，不只是教幾個字或限於書本的講解；它的目的是在改進整個的生活，做一個現代的人；包括以上各點，它有一個基本原則，就是民主。民主在教育上的意義是機會均等。

辦任何事，都得按「對症下藥」的方法，才收成效；不然就得浪費。教育不能獨立發生作用，它與政治、經濟有密切的關係：和心理，哲學，社會學，自然科學……相輔而成，要辦教育，不但應明瞭當前的時代背景和當地的生活環境（自然的和社會的）；還需要觀察那些因時代，環境所給予的傳統和刺激的影響而形成的心理，智識，道德，習慣，思想等等。根據前者，可以教育的力量因勢利導，特別强調其優良的特點以收政治的效果；根據後者，可以教學的方法因材施教，發展個性的特長，培植專門的人才。爲了要熟悉那些人和事，爲了要知道我們應如何着手，爲了不使我們的人力物力浪費，在進行中，就自然地排就了先後的步驟：

實施鄉村教育時第一個問題是心理問題，這是一重關：怎樣使鄉民願意接受你的教導？他們的生活圈子狹小，沒有接觸過他們自己生活圈子以外的世界，也就不相信這以外的一切。多是固執的，守舊的，總以爲自己的對，古老的好（一切活動，傳統，習俗等），譬如你去指導他們種田，他們不會相信你的辦法，或者會笑你少爺們怎麼懂莊稼，甚致笑你一聲「無出息」。怎樣來打破這重關？在施行教育之先，必須有一番準備的工作，也就是教育過程中的第一個步驟——下鄉訪問。訪問和考察不同些，這是必須深入鄉村，同鄉民做朋友，隨意地作親切的談話，友誼的關懷。觀察他們的生活和他們應付這生活的能力智識；分析他們的心理和他們對於時代的認識；瞭解他們的難處和決定他們的需要。在這種場合之下，就可隨時施用着教育。不過這時的教育當寓於教員的一舉一動間，和隨意的談話中，作啟發的工作。起先不可驟以我們自己的理論作說教式的講解。應順着他們的心理，將舊道理鞏固他們的自信力，如此可以與農民的心理感情上溝通融洽，然後再輸入新的知識道理來改革從前不適

爲什麼中國的人民，要永遠被丟入苦難的漩渦中呢？

原因就在於中國人見了患難，只想逃避。事實上，你逃避一次，患難就跟進一步，拿我們東山說，當年的逃難勝地——蕁坟山，居然也蒙了難了。怕適鹿子君所意識到的「雜樹」數枝，也不再能找到了。

我不知今年到蕁坟山上登高的人們會有什麼感觸，當他們見到了僅存的一些零亂顛倒的無首翁仲，萋萋荒草，還有一片馬背夕陽的時候。

女學生及其他

嚴雯

其實我對於女學生的生活之類是非常隔膜的，從我在學校里畢業出來爲止，男女同校在我們的學校中還沒有通行，所以無從知道。以後，也就更無從知道，雖然也曾和幾位女學生往來，但對於「她們是怎樣生活着的」的問題，一向是不求甚解的。

最近，卻很有機會看到一部份她們的生活了，覺得做學生有時也很開心，假着的時候，只要有上三個人，就可以消磨很多的光陰：一個彈琴，二人相偎而抱，學着「社會學院」中領略得來的狐步，華爾斯之類，雖然校方規範甚嚴，不能越雷池一步，但此中樂樂，原也不會覺得不很自由的了。

偶然的機會也上過舞場，看到那些黃毛小丫頭，脫離娘胎還不過十五六個寒暑，卻一味拋眼色，灌媚湯，實在覺得可憐也復可厭；因此，看到那些女學生也學了三步二步之類，不覺也有點未能釋然，這當然是迂者如我的感覺，不足爲前進者道的。

在上海學學跳舞，這是很平常的事，譬如四强之一的我們的盟邦美國，還不是把這事看得平平常常，何況在鷄尾酒會席上，要是會跳一下交際舞，也許更可以附驥尾而名益彰吧！

但記得去年畢業典禮時，一位學生代表所講的：「我們要到農村去服務」，如若這句話眞是學生的「代表作」的話，那末，空暇時學交際舞是不夠的，還不如研究研究中國社會問題，看看有關農村生活的書籍，以便到鄉村去服務，也對得住辦產校者，並且免得東山收生婆的猖獗，而收什麼「門闔費」，以及「收生婆過失殺人」了。

用的一切以適應現在的世界。用深入淺出的方法，先從談家常，講故事入手；或用戲劇，山歌，展覽會……以提起他們的興趣；或幫他們工作，在工作中指導他們，不用抽象的理論而用具體的示範，工作給他們看我們的成績，做個模範以取得他們的信心，而引起他們摹倣和學習的動機。他們得到事實的證明，知道的事多了，見地亦就放大；認識清了，就有所判斷，自然地去舊從新，樂於接受教育。

關打破了，（其實第一步到第二步並無明顯的界限）第二個步驟開始——社會化的教育。利用當地現成的環境如茶館，會場，引使農民彼此聚合；利用當前的需要，在日常生活上提引種種問題——切身的問題如水災，旱荒，匪患，瘟疫，戰爭……讓他們共同來討論，沒法解決，當他們不能解決時，教員指出一條路，供給一個辦法，有了辦法之後，還須鼓舞他們實行。才算盡了教育的工夫。由於生活上的需要，爲了應付當前的問題，他們自然地會覺得教育的重要，識字亦就成爲普遍的要求，那時就可發展學校教育。

這裏的學校，與普通的不同些。在班級方面，可按年齡而分設兒童班和成人班（包括婦女）；按工作的性質和學生的程度而分設各種科系和班次。此外應某項需要而添設臨時班，授課的時間應隨工作的閒忙和季節的不同而有所伸縮，冬季的授課時間可多些。在課程方面，一般的需要是識字；史地和自然科學（淺近的），社會問題（農村問題，經濟問題，政治問題等）也是必修的課程。史地是讓他們明白歷史的變遷，而有所處時代地位的自覺；後者是讓他們對眼見身受種種問題得到清楚的，正確的認識，不再是糊裏糊塗地育從。在行政方面，辦學的人必須和當地的領袖，成年的鄉民聯成一起，才得收效迅速。除那些直接辦學者之外，應另有一個團體以顧問的地位在旁察看，在經濟上學術上隨加援助和指示，負領導和促進的責任。

在鄉村裏，除了普及教育，辦鄉農學校之外，也需要設立中學，大學，研究所等高等教育機關，可促進當地的文化發展：一方面因學習上的需要而產生其他文化機關如：圖書館，博物館，實驗所，體育場，報館，書局，工廠，戲院……把外界的文化事業引導進來，改進當地的社會生活，增廣鄉民的識見；一方面可由那些教授們和學生們作模範而作推進和領導的工作；此外，有了中等和高等學校，可便利於那些初等學校的畢業生升學，因爲往往鄉村裏的人不大捨得兒女出外求學。因此埋沒了英才，這是多大的損失！

教育可改進生活，教育能創造環境；却又不能獨立發生效果；它必須受政治和經濟的拘束，也被歷史和環境牽制。舉個小小的例吧：我們山浪人的家族觀念太深，講到一般所謂出客人養大了兒子（女兒根本不算在內）念了三五年書，就給婚婆。先把家庭負担掮起，不得不出外找事賺錢養家。被家庭的權利義務所限，把一個人的感情才能圈得窄窄的，不得盡其才，遂其志，把感情深入廣大的人羣中。這裏已不知埋沒了幾許人才！不但貽誤了子孫，還影響了社會，多可惜！山浪人的階級觀念未去，只要看一般莊稼人，常以務農爲下等，做着當出客人的夢。於是進學校讀書，識字，學算盤，他們的目的與「學而優則仕」同工。略識之無，就到上海或別地方來當先生，倒把實在的工作放棄了。即如此類的心理還多着，都是教育沒有澈底地盡其責，可是形成這種心理的，多少還是受傳統的遺毒。環境的習慣和經濟，生活的限制。

現在的教育問題，實際上是整個的社會問題了。政治不上軌，生活不安定，教育就難以發展。生計不得解決，教員那能專心致力於此，師資就此成了問題。一般受教者又何暇顧及求學？所以教育問題必須同其他問題同時解決，教育事業必須合其他事業相輔而成，即使在一個小小的鄉村裏。

「現在的中國是處於爭取自由民主，爭取科學光明的時代」，對外防禦侵略，對內要求建設，正是教育的重大任務（這句話已成老生常談，反不爲人注重了）先知先覺的教育家有鑒於斯，便有「生活教育」和「活教育」的提倡。顧名思義，就可知道這是打破傳統的呆板的教育，它把學校的圍牆衝破，讓大家有權利來享受教育；它把教科書的枷鎖解除了，使不再空談理論死讀書。活教育是陳鶴琴先生根據杜威的「教育即生活」，「從做中學習」和陶行知的「生活即教育」，「教學做合一」的理論發展而成的新學說，這學說還在實驗期中，它的對象目前還只限於兒童。我想如果用這活教育的理論去實施鄉村教育，也很合適的。

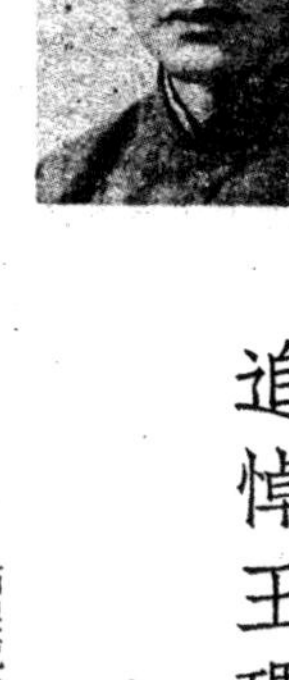

追悼王礪琛先生逝世特輯

——以收到先後爲序——

輓王礪琛先生

樂天

王君礪琛吾山有心人也歷任同鄉會理事言論持正不阿公益義舉無役弗從舉世滔滔君獨憔悴臥病未幾竟卒於滬上惠旅醫院存年五十有四率賦兩律以誌哀思

訂交憶自廿年前　敬梓恭桑早著鞭　滬報刊行倡輿論（莫釐滬報君爲發起）　菁莪樂育僻囊錢（背資助前山中西女學並織碧螺設釐峯小學）　多君嘉勵名山業　助我校讎志稿編（予撰鄉志類稿君助校正）　秋老晦明風雨裏　蟾來月冷失時賢（重九前六日君卒於上海）

議席商量每夕曛　同鄉同志況同文　浮華等作烟雲視　雅敍還留面目眞（同鄉會三十週刊醫院管理會等皆共攝影）　未遂五湖歸老計　那堪一旦死生分（予往探疾已屆彌留默無一言次日即逝）　碧螺此日登高會　偏插茱萸無故人

輓王礪琛先生

容齋

倜儻無華五十年。平凡自得性中天。何期一夕庚星隕。頓返人間謫後仙。

交期道義論平生。咫尺違顏歲月更。一自西風傳噩耗。愁聽鄰笛慽淒聲。

滿眼龍蛇劫未休。晦明風雨憶同舟。（與君共事山滬家鄉公共事亘數年）而今世道艱如許。陸失斯人怎不憂。

梓桑事事漸施宜。兩字名言確不移。（君有文願大家來作魏大）不料英才成絕望。哭君豈獨爲朋私。

內舅父王公礪琛逝世前後

姜耀宗

鳴呼痛哉！內舅父王公礪琛竟於月之十六日棄弱妻孤兒溘然長逝矣。享壽僅五十有四，不可謂之高；得病即求醫，不可謂治療之不速，終至撒手而去，豈始料所及耶。

內舅父幼年失怙，家道不裕，全恃克儉成家，以故晚年家道雖稍寬裕，仍自奉儉約，不事調養；而於公餘則致力於本鄉公益，雖疲不輟，終至積勞過度，體力不支，不得不休假就醫矣。

疾初發時，內舅父猶本節儉初衷，勉力支持，就平日常請之中醫盛夢仙處門診。據云爲脫力症，需加休養，詎三診之後，病勢加重，身體疲不能興，乃請出診，如是又三診，臥病不能起。家屬咸相驚慌，以爲病勢匪輕，亟以電話就商於余，乃請本院莫鴻賓醫師出診；知係患性貧血，需打V－B及Glaucose，並多加休養，方能復原。乃遵囑購上項針藥，每日由莫醫師注射，如是又三日，病勢未見好轉，且臥床以來，從無熱度，而飲食日減，氣息漸微，怕煩易怒，均非好兆，舉家驚惶，議論結果乃請施院長出診。

施院長與內舅父係幼年知交，見症象險惡，病源難斷，竭力相勸住院，以便檢驗病因。既入院乃親爲診治；先驗血及大小便，一面打針服藥以調理之。五日經化驗結果，斷爲腰子病，而病根已深。入院兩日，因路途顛簸，入院灌腸後大便不止，因益疲衰，漸入昏迷，急問計於施院長，乃囑購葡萄糖一千西西注入肌肉，圖轉生機，詎知藥石罔效，毫無反應，至夜人事不省，氣息漸微，適葉振民、席涵深兩先生偕來探疾，見情況嚴重，乃就商於施院長，決電內科專家樂文照醫師會診。診治結果，斷爲高血壓腰子病，已入嚴重狀態，每日需連續打葡萄糖及濾尿針，使尿毒於腰子中流出，方有一線希望。如此兩日，祇神智稍清，飲食仍不能進，家屬憂慮萬狀，會商結果，又請中醫祝味菊以重料藥投下，果略見活動，如是九日，中西醫藥雜下，於平淡中趨於沉寂，雙目入定，氣息僅屬矣。第九日祝味菊搖首另請高明，又請丁濟萬來診，則謂全身機構全壞，開藥一服，以盡人事而已，既煎服下，全部嘔出。次日午後午未之交，全身冰硬，張口無聲，撒手而去，於焉死寂之室，猶如霹靂一聲，內舅母久鬱之心，至此大放悲聲，呼天搶地，悲怆欲絕，餘人亦均淚下沾襟，雖明知有犯院規，亦無法勸阻，死別因人生莫大哀事。

嗟夫！內舅父一生節儉，從事公益，不遺餘力，唯一希望，在教子成名，彌留之際，猶喃喃以從事公益，發展店務及子女前途爲念，可知其求生之切。奈何皇天不仁，一至於此，從此孤兒弱妻，依靠無從，家屬彷徨，悽惻莫名；來日方長，悲哀寧有已時，內舅父九泉有知，當亦有難以瞑目之悲也。

余不文，謹述病之前後，聊表哀痛於萬一。

一個戇大死了

朱潤生

——悼畏友王礪琛先生——

嚴正戇直的王礪琛先生，於本年十月十六日以胃臟宿疾不治謝世於上海，享年五十有四，消息傳來，不覺悲愴萬分。

先生一世爲人，嫉惡如仇，大公無私。遇事直陳，剛正不阿，確是同鄉中不可多得的正人君子之一，在民國十年前後，辛酉學社時代，我與先生初度識面，那時還不很熟，民三十年春，先生重入同鄉會爲執行委員，自此聚首漸多，常常聽到先生的讜言高論，便感到他的思想前進，行事切實，一矯時流虛妄投機取巧之弊。卅週紀念特刊上，先生寫了一篇短文「願大家來做戇大」，實是一般自私自利人們的當頭棒喝，其實名曰戇大，豈眞戇大，目光遠大，行事光明，不爲一己之私而謀衆人之福，苟能切實做到，古之聖賢，無多讓焉，戇大云何哉？

先生一生行事，今日蓋棺論定，可以當「正人君子」四字而無愧，此非我一人的私譽，質之同鄉，以爲然否？

去年冬天，爲了後山楊灣鎭的自衞團槍械經費，今年夏天爲了楊灣鎭的重整救火設備經費，幾次與先生商量，向本鎭各同鄉捐募，集得成數，兩件事均已約略辦好，雖未能盡如人意，總算略具規模，我們以民間的力量，辦一些地方上小小的公益設備，力量有限，成效自小，我們不過量力爲之而已。這一種戇大精神，正是每個人需要有的，但是放眼看來，眞正因公而辦公的有幾人，假公而濟私的，滔滔皆是矣。在先生已逝的今天，我不禁有哲人其萎之感！

先生對於早期的莫釐滬報，近來的會刊，貢獻甚多，故鄉兒童敎育方面，更竭盡心力，如釐峯，南陽等校的創設，均曾得其極大的援助，去年冬季有一個機會，他對於我所辦的鑑塘學校，貢獻了許多意見，我不勝折服，曾依照他的意思，實現過幾項改革，所憾者至今尚不能把這所小學辦到理想的境地，這是很有負於先生的殷望的。

一個戇大死了，「戇大」是正人君子的代名詞，決不是一個不好的名詞，我們追隨他的精神，繼續爲同鄉爲公衆努力，「願大家來做戇大」。

又死了一個戇大

良玉

——爲追悼王礪琛先生而作——

正因戇直少，洒脫乖人多，佳士遍逢厄，其如濁世何！

上面的一首五言詩，是筆者往年輓鄒澤南先生四首中的一首。

鄒澤南先生曾自認是一個天字第一號的戇大，王礪琛先生傳其衣鉢，便在同鄉會三十週紀念刊上寫了篇「願大家來做戇大」，理直氣壯，不媿名作。我於王先生之逝去，不禁愴然涕下，要說一聲「又死了一個戇大」！

我前在本刊替故友朱稷承琢了一個浮雕，相隔不久，再來替王先生寫上幾行：

中矮身材，面部輪廓是個方形，雖略見清癯，但生就一副闊肩膀，兩片薄薄的嘴脣，一雙很堅定而具有威儀的眼睛，鼻樑高低適度，濃淡適中的兩道眉，在轉角處有幾莖較長的卷毛。——這種毫毛在相書上的說法是有壽者相的。膚色黃中微兼點黑，在前幾年面色尚紅潤，近一、二年來，漸見蒼老。談吐舉止，頗疊溫文，薄怒和沈思時鼻樑間的皺紋特別明顯，有時口銜雪茄，藹然微笑時，則又春意盎然，接之彌溫。鄉音特殊濃厚，會議逢到緊急關頭，每能扼要發言，振振有詞，閤座爲之斂容，這便是他的沈毅果敢，迥然獨特的一種氣度。

東聯社得有目前的成就，完全發揮於洞庭圖書室，而圖書室的創立，要不是葉慕文及筆者的竭力主張和王先生的附議贊成，恐怕還在未定之天。現在葉慕文和我，因爲事忙，不得不把會務擺脫，王先生則依舊砥柱中流，鍥而不舍，他這種一貫精神，是值得青年們所效法的。

我和王先生獲交之始，遠在念年前朱獻淮先生長同鄉會的時候。那時獻淮先生要替同鄉會辦一張小報般大小的刊物，囑咐他的兒子稷承去辦理。稷承便邀約朱潤生、王礪琛、任慈陶、殷志誠和筆者共同寫稿，滬報卽由此誕生，稷承主言論版，並負全責，我担承副刊東山半月關。朱潤生主詩詞。王先生、任慈陶和嚴志誠寫雜稿。當時王先生所作的東山俗語考，很受讀者歡迎，後來社會日報汪仲賢（卽汪優遊）的上海俗語考，卽師其意。所不同者，每篇加一譜音的插畫藉以引起讀者的興趣而已。

在葉仲嘉先生長同鄉會時，王先生因爲是仲嘉先生之甥，於會務方面特別賣力氣，無異是仲嘉先生的智囊，故鄉之有人力車，都是王先生推動而由仲嘉先生創辦的，自從仲嘉先生作古，王先生便與同鄉會暫作小別。其後在鄒澤南長同鄉會時，（在天津路最行里齊殷公所內）某一次會議要徵集賢才，我就說「五步之內必有芳草」，因爲甯松記就在齊殷公所的斜對面。澤南先生笑問何人？我就以王先生對；由是王先生重復與同鄉會發生聯繫，在葉振民、席光熙兩主席任內，策劃了不少任務，尤其是如上文所說的力持試辦圖書室，引用青年爲同鄉會服務，力闢老不札少之荷說，爲設展抱負的作爲。現在東聯社所辦的莫釐風替他發刊特輯，聊表追念賢哲之意，筆者認爲是他應得的報酬。

王先生實一恂恂儒者，他有如許學養，如許造就，還不肯自滿。下筆爲文，必極審慎，而又謙謙有君子之風，常以寫稿不能洋洋灑灑爲憾，而很羨慕朱潤生及筆者寫作之如決江河爲難能。有一天他特地到舍下把此問題垂詢於我，我卽告以寫文章只求精審，不必冗長。如欲爲長文也頗容易，在昔八股時代有起承轉合等等許多說法，降至今日，有兩個訣竅，其一卽旁徵博采，撮拾前人，參加己意，惟此工作，非有豐富的藏書及堅強的記憶力不爲功。其二卽東拉西扯，反覆申論，自始至終，以不離論題的經緯爲原則，別無祕訣，王先生笑頷之，其一種好學深思不恥下問的戇度有足多焉。

王先生在甯松記當會計主任（卽總賬房），有時我去訪他，他在百忙中一邊寫算一邊和我談話，可見他資格之老，經驗之富，與治事之勤。有一次我到他家裏去，他正在揩檯掃地，他和他的夫人伉儷情篤，他說「內人受小孩子的累，我不得不幫着她勞力」，這眞太使我感動和欽敬了。

在他起病前一、二個星期，我和他在東新橋附近相值，大家坐在人力車上招呼，因爲兩車快涉不同，略爲寒暄幾句，也就分別了。又誰知道一次見面便成永訣呢！後來他病了。我全不知道，在某一個讌會上承席光熙表弟告知，才知王先生患氣喘腳腫，很想去看他，因爲事忙未果，再隔幾天晤葉慕文兄，承告王先生病很凶險，慕文去看他，他已神智模糊，不能言語。我自思他既不能言語，卽使趕去看他，徒增感喟而已。後於嚴仲繁先生嫁女之日，又承席涵深先生告知王礪琛先生已過世了！

我寫此文，滿想於此結束，不料碰到了一位清客，他於王先生之死，另眼看法。他說王某是發起圖書室的一份子，席玉年率領衆家弟兄趕懺堂撇場的轟動事件，王某必是主謀之一。現在開罪了祖師，毋怪「劉伯溫」扶乩說他重陽午時三刻死，他必定準時死！我聽哈哈大笑，繼思「劉伯溫」果然好陰陽！好八卦！假如遠生在一、二個世紀以前，說不定是位護國軍師呢！我特地把牠附記於此，作爲一個小插曲。

最末，我還得說幾句使「劉伯溫」嘆氣而使東聯社諸子警惕的話。我們追悼礪琛先生，必須要秉承他的遺志，邁步前進，百折不回，方才不違背這追念賢哲的意義，而無負於你們的使命！

戇大是又去了一個，這是事實，可是千萬個戇大，在後面跟着邁進。已過去了的戇大們，你們永遠地長眠在地下罷！或神遊乎縹渺的山峯之巔罷！把未了的一切工作，寄託在後起的戇大們的肩頭罷！你們的軀殼，或許在短時期內腐蝕，但是你們的一副戇勁，——也就是精神——，將如浩然之氣的長存乎天地之間而得到永生！我謹以此爲你們已過去了的戇大們祝福。

筆者慘惜逝者之餘，拉雜寫來，不覺冗長，再將我所作的一首誄詞，鈔錄下來，以爲本文之殿。詞曰：

穆穆王公。仰之彌高。憶昔爲文。執掌帑松。澤被桑梓。汲引靑年。襟懷濟泊。爰述豐功。
睪華豪大。視之彌雅。埋頭勤寫。名馳商界。蓋謀昨費。厥志毋懈。宅心耿介。合祭於社。
沉毅果敢。愛之者衆。俗語鄉諺。鈎稽度支。襄贊機宜。圖書集成。撤手西歸。奉倚神傷。
吾黨健者。憎之者寡。傳誦江夏。安詳盈泰。鍥而不舍。頷首稱快。魂遊天外。愴然涕下。

悼礪琛先生

緒華

礪琛先生死了，但他將活在東山靑年的心上。

雖然礪琛先生並不是一個小說家筆下的目光如炬，聲若洪鐘的巨人，但是，他的兩目，常烱烱有光；他的聲音，響亮而有勁，使諦視者和傾聽者，感受到一種力的威脅。

我和礪琛先生的相識，不過是一年左右的事，那是同鄉會幾次會議所賜予的機會。見面的次數並不多，談話更少得可憐，拿句子做單位，怕不會超過十句以上吧！但是，他的坦白、誠摯、和勇毅的個性，已給我留下一個不可磨滅的印象。他是一個不顧偶像、不顧一切庸俗的成見，也不顧一切社會惡勢力的人。

每次開會，他銜着雪茄，眼望着冉冉上升的烟絲，傾聽着人家的談話，自然也在想着自已該說的話，一旦話了起來，他就會手之舞之，滔滔不絕的雄辯着，他的手常握着拳，他的眼睛，橫掃着四週，使旁人不敢正視，也許這是我過分的描寫，然而就我個人說，這是非常正確的觀察。

拿做人的類型來說；人大概可分三種：一種是圓型的，一種是方型的，一種是尖型的。由於年齡的關係，礪琛先生也許不會被圈到尖型的一類裏去，可是他至少也不會歸入圓型的一類，不信的話，可以看他在同鄉會卅週紀念刊裏所寫的一篇「願大家來做戇大」，這和魯迅的「聰明人和奴才和傻子」，雖然寫法不同，但感情於「傻」和「戇」則一。

做人實在是不應該太圓滑的。所謂「千人之諾諾，不如一士之諤諤。」所謂「君子和而不同。」都說明了獨立主張的可貴。而這「一士之諤諤」，這「和而不同」，正是一般人所認爲做人欠圓滑的缺點，於是就免不了人家的一番攻訐。十六世紀初叶，科泊尼枯士首先喊出了「地球是動的。」許多僧侶和教士羣起反對，以爲是妖言惑衆，強迫他收回這一句話，可是，科泊尼枯士始終堅持「地球是動的」，於是他被丟入火中，在將死的一瞬，他依然指着地說：「牠是動的！」

死，原是極平常事，它和生的平淡，沒有兩樣，哪一個人沒有死？哪一個時候，哪一個地方沒有人死？如果你是活得像「人」，即使死得早，有什麼遺憾？翻過來說，一個行尸走肉的廢物，即使活到了百歲千歲，試問有何意義？

礪琛先生離我們去了，放眼看得遠一點，他不過是比我們早走了一步。我們在悲悼之餘，應該想想用什麼去紀念他，才是最好的方法，才可以不辜負我們的有涯之生！

追念王礪琛先生的『戇』

凡詠

一個人死了，往往就給人看重起來，顯得好起來，即使在冤家的眼睛裏也似乎會一變而不如生着時的不可取。至於闊人，那就不得了。闊人一死，在他的哀啓上果然是滿篇豐功偉蹟——彷彿那人活着時候做了那麼許多事，偏都沒給人家看見，或者看見了都沒有認識它們的重要，偉大；但那是由他們子孫寫寫，且不管它——旁人所實在看得見的至少也有叫生而不闊的人眩目的「哀榮」，這似乎比紙上的空話現實些。

可是嗚呼王礪琛先生，他的哀啓上恐怕沒有滿篇豐功偉蹟，「哀榮」恐也帶一點寒酸吧。因爲他不是闊人：他不富不貴不偉大，也無浮空的稀稀名·相反的，他只是一個渺小的匝泥山浪同鄉。不偉大——卻不能不說是難得的難得的。是什麼？——是「戇」。

在同鄉會三十週紀念刊裏可以看到王先生大聲疾呼叫大家來做戇大的宣言，的確他自己就是一個十足道地的戇大，而且能一直保持着戇的委總和精神爲同鄉會忙了一生。別的不詳細，同鄉會歷年所出版的刊物，就沒有一份不滲入着王先生的一點一滴的心血。編也來，寫也來，校對來，甚至於抄寫的工作也來者不拒。戇字當先，不怕人說話，不怕賠錢不怕貼工夫，不怕忙倒了自已的身體。

這樣腳踏實地的人不但在我們小小的同鄉會裏找不出幾個，就是在整個的社會上成千成萬如蟻的人羣中又能看到多少個戇直如王礪琛先生的呢！

他叫人不要敲邊鼓，不要冷笑，（見同鄉會三十週紀念刊：(王文願大家來做戇大)這當然也是從他的實幹精神出發的一種呼聲。但是我倒覺得邊鼓也需要敲，只要敲得有戇勁，不要像戲台上的鼓手，手裏担着敲棒，竟不覺得這一雙手在做些什麼，甚至這一雙手連什麼知覺也失去，在篤險篤險的瞎睡裏。即以冷笑論，也只要笑得戇，當面笑給你所笑的人，或事，或物看，給你笑的對象以反感，抗議的表示，給他們難堪，使他們從腐朽，虛僞，自私，朦昧裏醒過來，這還不是要不得的。祇怕是躲在背後作乖人的笑，那這笑本身既可鄙於人於事於物更都無裨益。

戇直的冷笑是批評的一種，甚至於是消極的對腐朽虛僞攻擊的戰略之一。反之，使足戇勁敲邊鼓便是「同路人」精神的充分表現；說得再實際點，競賽當中不是「拉拉隊」的叫喊也支撐着戰鬥員的聲勢嗎？敲邊鼓須有戇勁，那才能鼓起戰鬥員的戇勁。冷笑要笑得戇，笑在當面，不怕報冤，不怕惹是非，只要認清對象的確是該當冷笑的。

總之是「戇」字第一。謹在哀悼王先生文中推其所倡「戇」的基本精神而廣其義以及於打邊鼓和冷笑者之羣，我們願大家效學王先生來做「戇大」，同時也歡迎來打邊鼓和冷笑的「準戇大」！

這是王礪琛先生給予我們的教訓，並有他生前的工作給予我們做榜樣。

但，王先生的不富不貴，沒有博得世稱的「偉大」，他沒有贏得所謂「藉藉名」者，當然也得歸一半因於他所倡導力行的「戇」。

嗚呼，王先生，我以滿懷的悲憤哭着你……

輓聯

（一）

爲故鄉謀福利若教育文化若衛生消防捨己耘人是戇大豈眞戇大

對後世樹楷模有卓見眞知有熱誠正義大公無我挽先生願學先生

——朱潤生輓

（二）

兩間鍾浩氣，此身爲道義而來，化雨春風，公眞梓里造福者。

一夜隕大星，撤手捨妻兒以去，長林落葉，我亦碑前墮淚人。

——席制玉年拜輓

（三）

貧病滿人間共謀救死濟生原是件苦事

知交遍海上僉欲急公好義少了個善人

——惠旅醫院董事會輓

（四）

在亂世時談公益辦教育直道難行宛如癡人說夢

於同鄉中富勇氣更熱心矜人其萎豈眞天道無知

——上海惠旅高級助產學校輓

（五）

敢說、敢闖、敢做，雖然先生死了，豈會忘掉先生的精神？

建會、建鄉、建國，只要我們活着，就該記住我們的責任！

——東聯社全體社員敬輓

寫·在·鍾·秀·同·學·會·成·立·之·前

·靜君·

是今年的中秋節，天上沒有月亮，外面又是那麽地瀟恰，我獨自在臥室中，哼起了一支戀曲，我平時愛好音樂，我喜歡歌唱，而尤其是抒情歌，在這一個情景裏，雖然忍着牙痛，可是我還是一遍一遍地唱着，夏之秋作的思鄉曲：

月兒高掛在天空，光明照耀着四方，在這個靜靜的黑夜裏，記起了我的故鄉，深夜裏炮火高張，火光佈滿四方，我匆匆地逃出了敵人手，到如今東西流浪，故鄉遠隔在重洋，且夕不能相忘，那兒我有高年的老命娘，盼望着遊子返鄉。

門突然地推進來，這是老友湯經緯君，他低下了頭，沉重的步子，我知道他給我的歌聲感動了，的確，我的眼眶已潤溼，他的心已閉塞，燃起了一支烟，坐在沙發上他向我吐出了他的心願：

唉！他首先嘆了一口氣，原來是爲着他的母校，我傾耳細聽，知道了一些關於鍾秀的滄桑。

在洞庭東山提起鍾秀亦可說得上一聲，設備完善，歷史悠久的學校，在本鄉與安定，文昌，務本更是鼎足而立，可是現在呢，眼看着人家的同學會一個個地產生了，鍾秀的同學會還是各人異處，至今還沒有一個統一的機構來加以組織與號召，共爲同學母校謀福利。

記得前任校長楊茂芬女士，她以畢生的心血，犧牲一切，獻身教育，培植英才，不遺餘力，把一切的希望都寄託在她的學生身上，尤其在淪陷時期，她更忠貞自守，歷經艱辛，未有一日，離開職守，而我輩之畢業生，地處異鄉，倘不能團結一致，實有負於楊女士。

勝利以後，當局派員接收，校長無法，亦祇得含淚嘆氣而別，如今更不知去向，我人謹以十二萬分誠意爲她的幸福與安全而祈禱，但盼能有一日，鍾秀校友能會集一堂，而楊女士亦能突然來臨，共敍離別衷情，這是多麽快樂的一件事情。

「可是，靜，這不過是一個夢，一個虛幻的夢想」。他又嘆了一口氣。

東聯社莫釐風 舉辦第一次學生徵文揭曉

中學：第一名　莫釐　凌肇元

小學：第一名　務本　李孝圭

第二名　鑑塘　葉世儀

第三名　務本　王長濤

我的

莫釐中學初一

凌肇元

學校是兒童的樂園；但在我，回想讀書已八年，每年的學校生活，所感到的祇是惆悵和感慨。

當我五歲的時候，抗戰軍興，爲了避免敵人的轟炸。全家移居在離城五十里光景的一個鎭上，——浦莊。房屋的前埭，就是浦莊鎭的中心小學，我看見小朋友們，出出進進，讀書遊戲，多麽快樂，於是我要求母親送我上學。但父親說我的年紀太小。因爲那時候我十足年齡還祇三歲半，在學校裏，僅知和小朋友們遊戲，至於讀書實在還不明白是什麽一回事，好在學校和家在一起，終於得到父親的允許，這是我的第一個學校。

明年，我才開始正式上學，那時我家已遷歸城裏，進入小姑母所讀的晏成中學附設的幼稚園，上課時候所看見的完全是陌生面孔。父親爲了我胆怯，天天送我上學，立在教室外面玻璃窗看得見的地方，我不時的望着。忽然不見，就止不住的哭出來，這種情形，到現在想起來，還深深的記憶着。這是我第二個學校。

到了二年級暑假的時候，姑母在初中畢業，到上海去升學。在學校裏，我驟然失去照應的人，又轉學到北街小學，我讀書向不偷懶，老師都很喜歡我，但是這裏的校舍和一切設備差得多，不再有像從前那樣的遊戲場所，我不忘故校，時常夢想，這是第三個學校。

隔了一年，死去了小的妹妹，她是我母親最心愛的，父親在鎭江教書，爲了減少母親的悲傷，把全家搬到鎭江去，起初我進的是鎭江縣立模範小學，不久又轉入省立的實驗小學。這個學校的規模相當大，環境又十分優美，我不但讀書的時候在學校裏，就是在放學以後或假期內也常常在學校裏玩，那時和我一起在學校裏讀書的，還有我的大妹妹，她自從和我同學後，一向沒有離開過我，我們兩個人在學校裏所特別學到的是：竟能講一口很熟練的鎭江話。一個人行蹤難定，想不到我竟會到鎭江讀書，鎭江的學校，竟成爲我第四，和第五學校。

又是一年，家復遷歸蘇州，在善耕讀了一學期，爲了住宅的問題，常常的移動，因此我又不能不分離我的第六個學校。

平江小學——是我第七個學校。社會不景氣，城市裏有人滿之患，住的問題

「胡說，這是一個計劃，一個可能實現的計劃，祇要你有勇氣來苦幹一下，人非草木，孰能無情，鍾秀同學有不願來與你合作共謀福利的麽？我相信，他們一定會團結一致，向着共同的目標而前進，只要你能發起，大家幹一下。」

「經緯兄，有志者事竟成，精誠所至，玉石爲開，假使需要的話，我願助你一臂之力」。我用着反激的方法來爲他打氣。

「靜，眞的麽？」他從沙發裏跳了起來。

「當然眞的，只要你肯去幹」。

「我眞感謝你」。

「不用說這話，人生本來是一場夢，我與你飄流外鄉，誼屬同鄉，又是好友，有能坐視的理由嗎？我一定盡力爲之，只要你有勇氣去幹。」

「好的，我一定要幹一下」。

以後呢？爲着各人工作的繁忙，又把這一件事情就了下來，到了九月中旬，曾聽見鍾秀同學焦急的呼聲，九月末東聯社各友亦頗自告奮勇，力促其成。

是九月卅日，我沒有記錯，當我深夜十一時回家的時候，開出門去是嚴季祥君與湯品麟君，爲着同學會的組織，要我幫忙，他們從七時就到我家，空等了四小時，這樣的誠意，還好借辭推却嗎？自然滿口答允了下來。

可是我沒有進過醫科學校，唸過助產學，惟旣蒙請託，自當客串一番，使這難產的鍾秀同學會能呱呱落地，早日誕生，可叨光一客茶點。幾經商量，現已決定於十二月七日下午一時假座同鄉會聯誼室開成立大會，全部餘興節目，亦已編排完成，屆時盛況當可預卜，最後謹以十二萬分的誠意預祝鍾秀同學會順利組成，全體校友團結一致，相親相愛，互助互惠，以天下一家的精神來爲同學謀福，爲母校爭光。

作於十一月四日晚十二時

附啓：

鍾秀同學未加入者，請於每日上午九時至下午八時至北京西路一〇八號洞庭東山旅滬同鄉會幹事室嚴季祥先生處接洽。

校

相當困難，我家終於和祖父，祖母。併住在一起，又轉學到晏成。

晏成是有名的學校，在六年級讀了一學期，父親因負担不起學費，不得不重換一所，結束我小學課程的穆光小學，這是第八第九個學校了。

讀了八年書，轉換了九個學校，總算夠苦了，固然增加了我不少的惆悵和感慨，但也感覺到不少的興趣。

莫釐中學是我現在的學校，它有優美的環境，良好的教師，應有盡有的設備，溫和而天眞的同學。這是我第十個學校，也算是我第個二家庭，我不願離開固有的家庭，更不願離開這新興的家庭，我要隨着它長大，一直至大學完成爲止。希望不要再有第十一、十二的學校了。

務本小學校
六上李孝圭

在一個山明水秀的農村裏，垂楊和冬靑，環繞着一方平坦的場地，場地的西南角上，豎着一根高高的旗桿，每天的早晨，總有幾百個小朋友在這裏隨着升旗的號音，很嚴肅地立正着，對那緩緩上升的國旗，行着注目禮，綠油油的柳條中間，隨卽飄揚着一面燦爛的國旗，「萬綠叢中一點紅」眞有說不盡的詩情畫意，原來在這幽美的環境中，却隱藏着一個富有歷史性的小學校——務本。

我們幾百個同學共分了六個教室，很有紀律的在這裏過着集體的共同生活。互相的切磋，互相的研究，互相的觀察，互相的實踐各種新的智識和新的事物。和善的老師們，更能以活潑的方式，引起我們求學的興趣，因此，整個的學校，滿充着快樂的氣氛，同學們的學業、品行、都很優良，祇有極少數的同學比較差些。這便是老師們教導有方，及同學們能夠接受教育的一個證明。可是，這樣良好的收獲，也該歸功於校方的設備完善。譬如上自然課時，我們便可到儀器室裏去實驗，或觀察動植物的標本，上歷史、地理、國語等課，我們便可到圖書館裏去閱讀各種的參考書；上體育課時我們便有許多的運動器具，用以鍛鍊體魄。這許多完善的設備，的確，也幫了我們不少的忙。

我們校裏非但對於學業認眞，而且對於學生的自治活動，也很重視。巡察組每天要受嚴格的童子軍訓練，出版組要按期出版「溯光」月刊；衛生組要檢查各教室的淸潔及負責小醫院診療事宜；其他如圖書組、體育組等都能切實的工作。每二個星期，我們必須舉行一次保聯會，來檢討各組的自治工作，對於負責的同學，假使有失職的地方，每一個同學都可以提出質詢，十足的表現出民主的作風。尤其是在星期六的下午，我們高級的同學由老師領導着到雨花台，或六角亭等地方去野外演習，更覺興緻萬倍。這些事情表面看來，雖很平淡，其實對於我們的身體、學問、品行都有良好的影響。

同學們！我們在這種優良的學校裏讀書，如果不能認眞地求學，切實地陶冶品性，努力地鍛鍊體格，那就辜負了學校的創辦人葉公翰甫先生，欺騙了老師和父母，更損毁了我們的學校。

同學們！努力吧！我們要爲着學校的光榮而努力！我們要爲着將來的自己而努力！我們要爲着將來的國家而努力！

遙•望•壽•坆•山

鹿子

D領我上那圓山神社，憑弔日本法西斯愚昧人民誇張武功的陳迹。在頂上可以鳥瞰台北，台灣海峽波濤洶湧，小型颱風的尾巴尙未離去。我們在寂寞空洞的小樓中坐下休憩，燃一枝煙，談到他在內戰前線的故鄉保定，談到我的故鄉東山，談到登高，重陽節、重陽糕、壽坆山……一連串金黃色童年的夢在閃閃發亮。

幾乎是相同的推斷，我們認爲登高有着它極有意義的副作用：是讓人們不要老呆在家裏，秋高氣爽，應該上高地去呼吸點清新空氣，在牛馬似的日子裏，或在太舒服的生活中，前者滲入一些新鮮的力，大自然給予貧苦人民與生活鬥爭的力，後者換換口味，讓一雙老是注視紅中白板的眼睛亦去看看青山綠水。說得好聽一點，那該是「民族健康」的問題了。

我告訴D，我酷愛在小學時代學會的一支「重陽歌」，即使它的意義是消極，不足取，但在我流浪期中，十年來每一個重九節都會記着它，哼一哼，潛意識地感到淒楚的慰籍：

「籬外雨潺潺
秋意正闌珊
報道重陽又到也
故園東望　長途漫漫
十年來　常作客
兄弟各一方
茱萸獨向他鄉插
舊恨新愁何處消
黃花悶對胸懷
青春年華去不返
往事成塵
不堪回首一瞬
借問——「何日是歸期」——末兩句似乎不是這樣的，似乎還有什麼頭髮亦白了之類。D很感興趣，他說：「怎麼你那邊小學生的歌詞是這樣的憂傷，充滿了人情世故味，充溢着低調？」

是的，在沒落的封建社會裏，連我們當小學生唱的歌都喪失了創造與鬥爭的力，喪失了天眞，還沒有向生活邁開第一步便已看見了棺材。

但所以產生這種情形當然有它的時代根據。

目前東山的小朋友似乎不會再唱那些「人生的低調」了。遙望壽坆山，在翁仲石馬上翻來翻去的，在山石樹叢中鑽來鑽去的，夾雜着拿了個方盤，一塊塊三角糕上插滿了小三角旗的小販，孩子們嬉戲無所知，大人們則專爲躲避災難，取得平安而來，我彷彿看見了十載遠離的壽坆山，而且還是登高的日子，但登高的人們沒有了，蕪草雜樹，空寂無聲，那個翁仲似乎在掉淚。……

災難，災難不是登高可以躲避了！

災難，這些淳厚善良的太湖村鎮，已蒙受了近二十年的災難，老年人死亡，中年人憂傷，青年人徬徨，孩子們幾乎失盡了快樂，苦難有如巨型颶風，它挾帶強烈的腐敗政治，兇暴的土匪隊伍，無孔不入使人民失明的各色各樣的灰砂，毀去了人民的房屋，捲走牛羊，拔光樹木，括掉壯

秋風篇

徐元焜

▲怎樣做人

在這個新陳代謝的時代中做人，要算最困難的事了。偏向於舊的一方面，那末成爲時代的落伍者，創造的叛賊，假使向着新的一方面呢？那末種種的困難將要降臨到你的身上，招到守舊派的卑視，怒駡，以爲背叛禮敎的逆犯，假使迎合世俗，跨於兩者之間吧！左來也好，右來也是，以和媚的笑容，做出迎合和奉承的醜態，豈不蒙蔽了本心，成爲隨波浮沉的人了，這種人是最無爲的，亦可以說是社會的寄生蟲，或許還是一個鄉愿，將要賊害道德，阻礙前進。

假使我們處於這種情形之下，要做着一個有意義的人物，那末除了拿你本心去行事，沒有第二個法門了。因爲陳舊的不能說完全沒有意義，至少亦有幾種是可以行世的，新穎的不能說全有價値的，至少亦有幾種是有弊病的，或許還應當去改良它，所以舊的固當廢除，新的固當實行，其中亦應當用着自己的觀察力，參入正確的意見，當行則行，當止則止，當去則去，無論新舊，切不可一味的唱和，與反對，要知道新的正待改良哩！假使能如此的做人，雖然有譏笑，怒駡，艱難，危險……橫在你的面前，只要問心無愧，便可以迎刃而解了。

所以我們應當記住，依着本心去做人，這是不會錯的，所以天理永遠是時代的鍼砭：

▲大蒜

大蒜這東西，是富有多種的維他命，所以一般人都很喜歡親近它，這無疑是有益於身體的緣故吧！然而在都市中的一般公子哥兒和摩登小姐的心坎中雖然明知它是含有豐富的維他命，却很憎惡它，原因是大蒜還含有一種使人難聞的氣味，這種氣味，當然不像花香粉芳和各種使人嗅了開胃的氣味了。這種氣味是不合時宜的，像文人一樣，雖然滿腹經綸，但是說起話來，在一般人聽來，以爲還不如販夫走卒的婉轉動聽。原因是這樣的，文人究竟是文人，而太少了。販夫走卒究竟是販夫走卒，普天之下，滔滔者皆是也。大蒜亦然，所以這種氣味，我們不可以肯定的說：它是臭的，無非這種氣味不合我們的脾胃吧了！但是這使人難嗅的氣味仍還遮不了它豐富的維他命，仍舊有多數人去歡迎它呢！

我們從這方面看來，一個人結果還是靠自己的眞才

丁，衝坍堤壩，帶走了東山人民安寧幸福的日子！太湖奔流着東山人民的呻吟！

壽坟山，不再是躲避災難的地方。

要活下去的，——眞正像個「人」活下去的，我沒有本事請問其他人們，我們東山的長輩和兄弟姊妹們是可以在這裏請教請教的，我們是「人」，東山是我們的，中國是我們的，我們爲什麼不喊一聲：「我們要安寧而富足地活下去！我們要愉快而堅强地建設開拓。」

但，你不會做的，卽使你已經想到，你亦是不會這樣做的，我們都不會而且不敢這樣做的，——這就是遠超乎苦難以上的苦痛！除了吃飯上寫字間生孩子以外，我們似乎很少可能證明我們是實實在在不折不扣的「人」了！

對黨派我們沒有興趣，東山人一聽見黨派就頭痛，這「習慣」根深蒂固的在我和你的血液裏晝夜不息地流着。對生活的「保障」我們可有興趣，全世界的人們亦是一樣，但到了生活毫無保障「屁亦不敢放一個」（恕我用一句鄉下土話）的時候，人類的悲劇愈演愈濃，苦難亦越來越重，終有一天會呼吸都要窒息，你說，我們還是穿上壽衣等死，抑是擰斷扼住喉嚨的罪惡黑手？

生存是不用考慮的，「革命」不會亦不敢，（這太違背了我們東山人「逆來順受」之道，）而日子一天天確實過不下去，壽坟山登高避難哄孩子都不會相信了，你說怎麼辦？

兩個黨在大打架，却必需要老百姓參加，在政府統治下的人民得打共產黨，在共產黨的統治下人民得打另外的中國人，人類愚蠢，眞是莫此爲甚！歷史上任何大小戰爭都有和平的一天，我們深信中國必將和平！但問題在於尚未和平之前，東山每況愈下，東山人生活水準亦每況愈下，在這兩黨的一把大剪刀下，我們如何應付？

這裏的「應付」，不是說敷衍政府，或敷衍由共黨改稱的「共匪」，我的意思是我們如何挨過這「刼數」，人少死幾個，米少丟一粒，房屋少拆一棟，樹木少砍一棵，卑之無甚高論，如此而已。這是我甚於一個純粹東山人愛護家鄉的看法，如果還有較好的辦法，可以出斯民於水火而登之袵席，那又當別論了。

遙望壽坟山，憂心如焚。下來吧，登高避難的人們！大家得想想辦法，別讓災難年年跟緊我們。

（三十六年十月。台灣）

實學，單從外表的修飾，是不可靠的呀！我寫到這裏，心中意見早已全盤托出，然而未免離題太遠了，所以現在我再來愼重的說兩句，作是篇的尾聲吧！

有人說：臭大蒜，這句話是錯了。大蒜正像一個君子人，不善以諂諛的態度來博得人家的歡喜，所以在外表方面是不受人歡迎的，而眞實的內容，可以說：無可比擬了。所以我爲大蒜嘆惜！爲正人君子嘆惜！亦爲普天下之萬紫千紅，狗苟蠅營，諂諛脅肩之輩嘆惜！

漫談單級教育與教學

志凌

教育局爲普及教育，加速掃除文盲起見，特別注重鄉區單級。在可能範圍之內，儘量添校添級，以致鄉區保校，逐年增加，以前域區級數與鄉區級數之比例而論，恰巧相合；但失學兒童，域區少而鄉區多，這是無可諱言之事實，失學原因複雜，非三言二語所能說完，在教育經費竭蹶，師資缺乏之今日，要解決失學兒童教育問題，祇有採用最經濟的辦法——廣設單級小學。

設立單級小學，推行義教，世界各國不乏先例；其著者有英、德、日三國，成績斐然，我國的單級教育，已經有三十多年的歷史，但缺乏研究精神，沒有什麼成績可見，少數從事單級教育人員，視爲畏途，避繁就簡，不加研究；實因單級教育應付不易，所謂：「爲師不難，爲良師難；教人不難，善教人難」，但我們如果能抱努力研究之決心，教學之效果，實可能與普通學級並駕齊驅，諒服務單級諸位同仁，亦有如此感覺吧！

單級教學法之最重要者爲：

（一）日課表之編排——直接能影響教學，如直接教學與自動作業之調和，以養應付四種異程度的學生於一個教室內，須避免聲浪之衝突，俾教學過程，得以順利完成。

（二）教案——事前須充分準備教案，以免臨時慌忙，俾養撙節時間。

（三）直接教學——尤應注意低級生，因低級生非直接指導不可，講述時須扼要，有系統，不重複，注意時間之支配，及空時的利用。

（四）自動作業——爲單級優點之一，兒童自動作業多，就是練習機會多，自動精神儘量發揮，有時並有創作之發現。

總之，單級教育的開發民智的利器，尤其對於鄉村，因鄉村地方，人稀地廣；集年齡程度相異之兒童於多級學校，學額往往不易招足，唯單級能解決上項之困難，未知諸位同仁，以爲然否？賚予指正，則幸甚焉。

東聯社召開二屆社員大會

東聯社第二屆的社員大會，在十月廿六日召開了，那天秋雨綿綿，到會的很少，但是情緒始終是熱烈緊張。

下午八時，主席葉緒華走上台去宣告開會並致開會辭，接連着是各校同學周錫淳，金尙德，席玉年，周金裔諸同學先後致辭，大多是申述一年中會務不能開展的主因，並且提出「團結」爲本年度工作的主要目標，席德基報告社務，着重東聯社的無形的成就——東聯社成立後對於故鄉和同鄉會多少有了一點好的影響。通過章則時，修改很多。朱潤生先生蒞臨時，正在熱烈討論，通過了全部社章，就請朱潤生先生致辭，朱先生對於同鄉會，同學會和東聯社的工作關係闡述得很詳細。這時已經十點鐘，立刻開始選舉，因爲時間的關係，選舉票固封在投票箱內，次日開票。最後[illegible]是摸獎，因爲人少，差不多大家都拿到一點，興高采烈的帶着回家去。（劉）

團結就是力量

東聯社第二屆社員大會席上致辭

席玉年

去年十月二十日本社在這裏舉行成立大會，這間同鄉會聯誼室擠得水洩不通，座無隙位，那時的盛況諸位一定還能夠記得，時間眞快，一年後的今天又在此地舉行第二屆社員大會了！可是，情況却此去年冷靜得多。今天的風雨淒厲，果然是出席人數減少的一個原因。不過一年來物價的不斷高漲，社會經濟的走向下坡，使得每個社員在生活上感受到極度的不安和嚴重的威脅，社員們不得不拚着全力去謀本身的生計，對於社務也就降低了熱忱，這確是社員出席減少的一個主因。我們只要想一想去年今天本社出版的莫釐風，定價是每冊五百元，到今天是漲了十二倍，定價是每冊六千元了。在一年中間不斷漲價，不斷增銷，結果還是不斷地虧本，不斷地設法彌補。這中間是一段多麼辛酸的經歷！從莫釐風的奮鬥史，我們不難想像到每位社員在這一年中間的生活奮鬥史。所以今天許多社員的缺席，我們非但不能加以苛責，而且應該寄以極大的同情。

照目前情形觀察，物價恐怕一時不易穩定，社會經濟將更趨貧乏，處此不幸的環境裏，個人的生活必將愈益艱苦。那末，到後來我們的社務不是將無人顧問了嗎？東聯社的存在還有什麼意義呢？

由於人類生存競爭的經驗，發現了一條「團結就是力量」的眞理。這條眞理曾被無數次證明其準確。諸位看到今年夏季一部份國立大學的公費生，爲了物價波動，政府發給的公費每天祇夠買一副大餅油條，絕對不能維持生活，而掀起的反飢餓學潮，博得全世界的同情，震動了整個中國，急得政府官員手忙脚亂。這班反飢餓的人怎能發生這麼大的作用呢？論地位，他們都是苦學生，論經濟，他們窮到飯也不能吃飽，論武力，他們更沒有什麼槍桿子。可是，他們懂得「團結就是力量」的眞理，所以能夠發出如此宏大的力量。後來政府覺得苦心維持公費制度，不能得到學生的感恩，反而遭受偌大的麻煩，不如從本學期起決定停止大學公費名額，以免去以後的公費生風潮，還能夠省下政府的一筆開支。可是這對於本屆秋季高中畢業的許多清寒學生的升學，却無異宣判了死刑，許多無依無靠的苦學生對着近乎絕望的升學問題，就來了一個「窮拚包」。他們自動團結起來，發動了一個大規摸的助學運動，動員了幾千同學，從義賣市場到街頭募捐，籌集了不少金額。不僅解決了生活，並且給自己打出了一條接受高等教育的道路。他們的成功，沒有什麼祕訣，就是活用「團結就是力量」一句名言！

我們社員論地位，經濟，能力，祇少比苦學生要勝過些，我們爲什麼不能團結起來，解決社員的切身問題呢？我以爲東聯社的社員，雖然來自各校，但是我們是在同一個山明水秀的環境裏長大起來的，從小都在相似的學校裏接受教育的，到目前還同是處於這個不幸環境裏的不幸青年，有着這樣相似的先天條件，我們必然可以順利結合起來，不論對那一校的同學，我們都應該一見如故，親如兄弟。任何一個社員在生活上發生了困難，我們都應該拿出力量，幫助他解決，任何一個社員受到了打擊，我們都應該拿出力量，把他扶起，我們要對待每位社員如同家人一樣。依賴本家親戚，經不了幾度人事的變遷，很可能成爲一無所謀。假使東聯社能夠得到全體社員的親密合作，那末，每個社員依偎在東聯社的四圍，就像依偎着泰山一樣的穩固。所以環境越是惡化，社員們越是需要東聯社的幫助，東聯社的使命也就越是重大。不過，東聯社要負起這個重大的任務，必須大家來獻出可能獻出的一份，然後大家來領受需要領受的一份。希望東聯社第二屆執行委員會，充份運用「團結就是力量」的眞理。領導社員渡過生活的難關！

如果做到這一點，我相信：明年的第三屆社員大會，就是假同鄉會的大禮堂舉行，也將容納不下擁擠的社員。

東聯社第二屆執監委員及各組主任名錄

執行委員會

主任委員　葉緒華（正）　席玉年（副）
祕　書　金尙儉
委　員　席德基　許慶元　金維剛
楊熙元　嚴孝修　施紹裘
嚴星洲　徐元焜　嚴季祥
席履仁　周錫淳　金尙德
鄉惕敏　徐嘉筬　張元良
石松生
候補　徐嘉甯　沈玉琴　周金裔

監察委員會

主任委員　湯經緯
委　員　王維鈞　席純時　葉煥書
葉慶麟　吳心明　黃兆華

各組主任

總務組　金尙德　席德基
財務組　席德基　嚴孝修
社員組　許慶元　嚴季祥
康樂組　金維剛　石松生
文化組　葉緒華　嚴星洲
福利組　徐元焜　席玉年

莫釐風出版委員會
主任委員　金尙儉
委員　葉緒華　金尙德　鄉惕敏
席玉年　席德基　周錫淳
席履仁　徐嘉筬

紅甘齋日記（六）

紅甘齋主

二月廿七日　晴

澈夜失眠，至晨微有熱度，欲起又止。妻雖未加溫存，惟已察知，既而外出，門外與母親竊竊私語，良久始息。予則輾轉床第，終不舒適，舉被蒙面，恍惚入夢。

比醒，母親坐牀前，猶戴鏡剪紙錢，及見余醒，移手加額而問：

「覺得好些嗎？」

予唯唯而已。

「怕又是眠佛寺跑累了，這樣冷的天，還是少出去的好。受了寒，生起病來，又得吃藥化錢。」

予乃告僅小不適，待汗出熱退，即可起身，可勿多慮。母親繼謂予曰：

「還有呢，在家裏終得和和氣氣，俗話說：家和萬事興。常常這樣哭哭鬧鬧，被人家知道了，算什麼呢？再說新娘子這一年來，也夠苦了，你又沒有一個錢拿出來，巧媳婦難爲無米炊，你也應該體諒她才是。唉，我做大人的，吃你們這一口飯，也眞是……」

予乃知昨夜之爭，已爲母知，時母親未語先咽。予乃曰：

「我們不過是偶然的誤會，沒有什麼大不了，何必這樣關心呢？」

「但須如此。不過，你久閒在家裏，總不是辦法，過兩天病好了，不如到上海去託託親友，找一頭事情做做，也好有個着落。你從十六歲起在外做生意到現在，店家也換了不少，但是終沒有恆心，如果能專心一志，到今天不也在掙大鈿鈿了嗎？——吃人家飯，終得耐性一點。」

「母親，我並不是不肯吃苦，除了不會拍馬外，我會寫字，會打算盤，而且也沒有做過錯事。可是，做了二三年，我終是在獻路頭那天，在人家的白眼下，掮着舖蓋出來。」

「這也許是多讀了一點書的緣故。怪來怪去，只怪你父親爲什麼要你讀那些四書五經，你看看紅牆門的蔣桂化，他從小就沒有說上一百個字，可是，現在，聽說做了什麼經理了。就說你的弟弟吧，比你少讀了幾年書，然而錢還是他賺得動。你的父親一生埋首在書堆裏，到頭來只有幾百本線裝書冷冷的放在廳上面，除了賣給江北人包包長生果外，有什麼用？看來你也在學你父親的樣了。」

予聞之，不禁感從中來，母親之言，蓋亦有至理在焉。「讀書識字知何益，贏得淸風兩袖空。」世上不平事固多，孰有甚於此者乎？

頭昏燈暗，擱筆而臥。

三月一日　陰

數日來苦於小恙，杜門不出，別有閒趣。

今日，綠衣人遞一信來，赫然張兄手筆，經兩次函索，張兄未失吾望，中心之懽愉，豈可言喩！然且疑夢，乃私囓舌尖，隱隱作痛，知果係事實，急啓讀之：

「甘齋吾兄大鑒：疊接手敎，奉悉一是，以俗務栗碌，稽答爲歉。所囑介紹職務一節，自當效勞，惟晚近謀職，例須先經考試。茲悉××銀行將於三月二十日招考臨時僱員十名，以高中畢業，年在二十至二十五歲者之男性爲合格，待遇每日一元。吾兄年齡與資格，雖有不合，但弟當可設法，因該行經理固弟莫逆也。惟文憑一紙，尙祈早日設法，至囑。專繁匆覆，順頌

潭祉

弟述執手

啓二月廿八日。」

覩乎語氣，除文憑外，一切當無問題，予驚喜一別年餘之上海，行將再見，滔滔浦江，巍巍高樓，終將日夜在我眼底，而冠生園糖果，逸園跑狗場，航空獎券之類，亦得重溫舊夢，豈非快事！

予既遍告家人，乃急走書復謝張兄，並告日內來滬。畢，步至郵局，途有風甚緊峭，予因新病，兼初次出門，徒感寒慄。

歸途便訪頌古，外出未遇。

入夜，妻以行期及旅費如何相詢，予不能答，除舟車費外，尙須攜送禮物若干，如此則非十元之數不辦矣！

東山的秋

浦夕

秋風在呼號，從湖上來，從山野來。

站立在大尖頂，你感到須暈目眩？你驚駭，你想喘氣，你站不穩，你要後退！

朋友，挺直起胸膛！迎着這巖峻的風陣，你要考驗你自己，是否活得堅強！用你的灼熱發光的眼，遙注那激盪的湖波，孤舟在苦撐，鷗鳥在飛渡。

東山的秋，在生死之間。

遍野的菓木，遍地的草莖，山坡上點佈着一方方荒涼的墓道，草木中殘立着斑駁了的碑石和牌坊。

冬青，楊梅樹正綠葉蓬蓬的，梧桐，銀杏樹正變得焦黃，種菓人正在施肥，枇杷正待開花。

死靜的墳墓，生氣的菓園，兩相交綴在山野裏，是生者陪伴着死者哩？還是死的照管着活的？

看那彷路上，有個整潔的婦人攜着幼子到廟裏燒香還愿，另一條道上，兩個孩子擔着竹籃在低頭掃落葉。還有鄉姑們挑兩簍柿子毛栗走上街市，市場上有幾個賣野鴨子的，那倒是飛游在明朗的湖灘和蘆叢間的鳥兒啊，如今牠似乎在期待着判決了。那邊盆裏還有肥蟹在吐沫，鱸魚在噞喁哩。

秋風在呼號，從街頭來，從深巷來。

多天不落雨了，溪裏的水不發綠，不再流動，但小魚羣仍然穿梭其間。在那巷口外，衰倒的草蔓裏，也還能挺長着一二朵黃的藍的野菊花。

那殯舍裏修理得風雨不漏，牆上都經過粉刷，裏面安排着富麗的靈柩，這是死者的精緻的床，烏亮的漆頭寫着一行金字，從森嚴氣氛中散出漆的馨香，誘惑着路過的行人，幸而河岸上擱架着一隻新修的船身，那水上人的家，正油得黃明耀眼的，又使生者欣羨起湖上的漂航！

東山，到底是一塊生物豐森的鄉土啊，白頭翁愛在這裏做窠，蒼鷹也愛在它的天空翱翔，只要你願意堅強的飛行和勇敢的歌唱！

東山的路也是平整的，細磚舖的，方石砌的，請大胆的在黑夜裏走，也不會遇到毒蛇和猛獸，更沒有碎石子絆脚或踩着了骯髒。不過水溝和彷路很不少，邊水也都有拱形的石橋，看你向那邊跨脚。

東山的秋，在生死之間。

秋風在耳邊呼號，秋風在耳邊嘆息，山在憤怒，湖在激盪，大地的脈搏在跳動！

家山之戀

『翡翠的莫釐峯在太湖如鏡的水面，畫着一幅理想的風景！搖曳的漁船，搖曳的蘆葦，長巷和古舊的高牆，樓頭。』

——亢子——

上官父

一　四月的鄉愁

葉鳳珍是一個東山的姑娘，他獨自一人離開了故鄉，離開了母親，到上海來求學，考入了VV助產學校，主要的目的，無非想借這一門智識，獲得將來的職業作爲餬口之計而已。

今天，一個星期日的早晨，同學們都已出去了，他孤零零地一個兒坐在課堂裏，一張靠窗的書桌邊，想寫一封家信給留在東山的孤苦老母親。提起來筆，不覺想起了一年以來自已的遭遇，一幕幕的映在眼前。

葉鳳珍離開故鄉到上海來求學，不覺已經十九個月了。

這短短十九個月，在鳳珍的生命史上，的確是一個大大的轉變。生長在鄉村裏二十一歲的女孩子過慣了恬靜的生活，那些青山，碧水，長巷，古屋，桑園，橘林，魚池，蘆塘，織成一幅美麗的圖畫環境，一旦踏入繁華的都市，便被這些高樓大廈，五光十色，攪得目眩耳昏，又驚又喜。稍過一個時期，便又感覺到那富麗的外表，並不一定如理想的十分美滿，其中却蘊藏着無窮的缺憾；而最可惱的，除了平滑的道路，與耀目的燈光外，一切奢侈繁華，都是屬於另一階段人們的，並不是人人有份，假使沒有金錢的媒介，便無法去親近這些豪華的享受。於是驚奇的念頭，變成了失望與自慚。心中便充滿了悲哀與怨憤。在課餘散步的時候，在深宵人靜的時候，曾經落過不少眼淚。

回憶離開東山的那一天，這雖已在一年以前了，好像還是昨天的事情。他記得明明白白，是陽曆八月二十五日陰曆七月十九日的那一天，是一個初秋的早晨，山頭的霧氣冲淡了初升的朝陽，街上有些潮濕，上街的男女已很多了。不知怎樣，走在路上有些異樣的感覺，似乎不是平日走慣的道路了。母親親自送上輪船，除了一個衣包，一只小箱子外，他又親自做了一方烘糕，一包栗子作爲路上點心用的。到了船上，因爲時候還早，人還不多，母親便在船上陪坐一會，在眼睛潮濕，聲音凄咽中，說些關照的話，什麼冷熱小心呀，自已掙氣呀，要認眞讀書呀，許多的話，其實都是老生長談，也不知已經說過多少遍了，但是一字有一字的力量，想到母愛單純誠摯，一切都含淚牢牢記着。在母親上岸以後，一路上老是覺得這幾句話，縈迴在耳邊，好像母親的笑貌依舊在身旁一般。

母親年紀是老了，老了，今年已是五十六歲了。他老人家半生辛苦，頭髮已有三分之二花白了。自從父親故世以後，哥哥在南京一家商店裏當一個小職員，一直好幾年沒有回來，那薄薄的薪水，自已照顧自已還來不及，那有很多的餘錢可以寄回來顧家呢？於是一副家庭的負担都擱在母親的肩上。十六年的辛苦將自已撫養成人，給攻書上學，居然在山中的小學校裏畢業了，那時自已覺得很爲高興，似乎已是有了學問的人了，不是一個普通的女孩子了。其實呢，說也慚愧，小學裏所得到的學識，夠什麼用呢？母親不懂得這些，好像女兒已畢業了，成了一個道地的讀書人，於是一切關於寫字的工作，如上帳，寫信，開便條等等一切文字，都要來委託辦理了。於是，靠了一半在學校中學來的，一半在平時看來的智識，什麼都得强做一下，不管他成績如何。這樣一來在母親眼中看來，這一個女兒，簡直是「了方不得」了。

但是，生活的鞭策，環境的折磨，慢慢把一個已經不容易維持的家庭，轉到更困難的地步，物價的高漲，意外支出之增加，捐稅攤派的繁重，沒有一件不是麻煩而需要應付的。同時，因爲東山與外面的接觸也一步步的增加起來，上海的同鄉們又到東山來做了許多事業，醫院也擴充了，中學也設立了。一群群在外邊的東山人接一連三，隨時隨刻，都要回來看看故鄉，看看舊家，看看祖墓。尤其在春二三月掃墓的季節來的人更多，他們帶來了上海的繁華，上海的奢侈，上海的洋化，一切都使留在鄉間的兒女們心旌搖搖，由好奇而羨慕，不知不覺發生了一種向外發展的意念。除了外表的富麗新奇之外，又聽到了智識文化上的新解釋，學問見識上的新範圍。葉鳳珍便在這個時候受到心理上的劇烈變化，感覺到學問的無窮玄渺，自已程度的不夠，退處於鄉的不合時代，發現了前途的新希望，於是一顆心躍躍欲試，亟欲打破一切困難，設法到上海去追求些新的學問，同時兒見世面。

經過了不知幾十次的前後思量，週密考慮，反覆轉側，連宵不寐，終於在某一個晚上，吃過一餐簡陋而單調的晚飯以後，毅然向母親提出了出外求學的意思。這一個兀突的提議驚倒了母親古老的頭腦，一時竟不知所措，無從回答，只是張開了二隻乾澀的眼睛，呆呆地注視着鳳珍的面部，似乎要在他女兒的眼睛裏搜求一句話的意思。『這是眞的嗎？還是出於一時的好奇，說着玩玩的，還是別有意思？難道這平時婉順聽話，貞靜細心的女兒，竟有了別的意思了嗎？這眞是不可想像的，』許多思想，都在默默不語靜視鳳珍的神情中蘊藏着，卻不說一句話。不過人類的五感，並不全靠說話的，有時候不說話比說話更能表示出內心的意思。鳳珍看了母親的神氣，他已很明白，已很懂得母親的意思。

於是鳳珍再向母親開始表白一番，他說明了幾天來日夜焦思的經過：因爲看到上海來許多人家的子女們，他們的裝束，態度，談吐等等，除了些富貴氣象外，另有一種不同於鄉間歷代相傳的習慣環境作風，譬如動作的敏捷，走路與坐立姿態的活潑，談論範圍的廣泛，智識的豐富，均非鄉村女兒可比的，至於一切新穎之用具，豪華的衣飾，那倒並不足以引起他的嚮往，最服膺的卻是有一天遇到一個嚴家的姨母，說起許多上海女子，大半都已進了中學，有的已入了大學，這不是一個奇跡嗎？女子也可以入大學，同男子一樣。他又有一次遇見了醫院裏幾個看護，——八年來他才知道其實不是看護，正確的名稱是助產士，但是在鄉間一般人看來，除了醫生以外，便是看護。——了同他們談過幾次話，才知道他們也祇在助產學校裏讀過二三年書，便已能自立，自己若能求得一二個親戚的幫助，一定也可以實現這一個理想的，所以，他已打定主意，決不放棄了這一個求上進的道路與機會。

母親聽了這一篇說話，便低頭不語陷入了沈思，他在想：『的確，女兒是變了，有了野心了。他想離開家庭離開故鄉，走入社會中去了，』但是，還不能判斷到底是好呢？是壞呢？是對呢？是不對呢？在這個重大的關頭，做母親的不覺躊躇起來。

母親開口了，他說：『鳳珍，不是做母親的不答應你，這件事實在太難了。到上海去讀書談何容易，又要學費，又要生活維持費，我們現在衣食尚且不周，那裏有這筆閒錢來化費呢？一個女孩子家何必一定要去求什麼高深的學問呢？就是讀出來了，也未必就能靠此發財呀！就是向人家去告貸，也要被人家「鈍」出來的。據我看來，還是託託親戚，找一門合適的人家，定頭親事，但求日後你能衣食有靠，我也了卻一件心事，這才是正當的辦法。你快不要多心多思，反而糟壞了身子呢。』

母親的話雖然如此說，但是鳳珍一再解說，表示堅決求學的念頭後，母親也心動了。尤其是聽得鳳珍告訴他，上海有同鄉們辦的助產學校，收費不大，對於同鄉入學，更多便利，只要先寫信去問問上海的表兄周茂元，託他去打聽一下，便可以明白一切了。至於費用問題，想來爲了讀書求上進，去同幾個親戚商量商量，大概也是很有希望的。母親聽他說得頭頭是道，不覺也笑了，這事便這樣決定下來。

不久以後，表兄周茂元的回信也來了，附着VV助產學校的章程，果然學費便宜，而且可以住宿，膳食也同時解決，而且表兄已替他報了名。現在的問題是入學考試的一重難關了。考試期已很迫促，大概已來不及趕上。雖然學校裏答應可以補考，不過要免考是不可能的，究竟考得取考不取呢？這件事使鳳珍扭了極大的心事。明知自己的學問不夠，但也祇得硬硬頭皮去試一試。於是一邊向親友方面思索可以借貸的地方，由母親去進行借貸的事；一邊找出些舊時讀過的書籍來溫習溫習，不料翻開這些書來一看，覺得對於這次考試的科目，似乎毫無相關，連要預備的目標也茫然了。倒是母親一方面的進行借錢，頗有一些面目，好在爲數不大，並不像預想那麼困難。在一個遠房的族叔那裏，借到了足夠的盤費與雜費。又在上海的一封回信裏，得到平日不大來往很疏遠的另一表兄沈之瑞的鼓勵，慨然允許幫助學費，並說，讀書努力，是他最願意幫助的對象。如能繼續奮鬥，成績優良的話，凡力之所及，以後的學費，願意一直担負下去。這眞使鳳珍感激涕零，覺得平時一向以爲人類同情，祇限於最親近的家屬中間，這一個觀念是錯了。

一重一重的難關都過去了。這些深刻的影子，今天重又奔來了鳳珍的眼底。記得這求學的念頭，開始於前年四月裏，正是枇杷將熟的時候，如今，又是四月來臨，前天接到母親來信說同住的阿富娘子，今年要出來販賣枇杷，忽然觸動了鳳珍的心事。四月的東山，蠶事已了，果樹滿山，這是幼時在山最高興的季節。今天，他是孤零零地在上海，母親獨自留在故鄉，應該更覺得孤零零的了。

◇　◇　◇

（第一章完）

太湖兒女（2）

•何遜•

提起了小黑子，大家就會想到一個修長、輕鬆、臉上常掛着笑意的影子來，他這名字，是在「秋陽」演出之後才響起來的，可是對於鎭上的人們是何等的熟習！也許因爲小黑子有一張黑黑的臉，所以非他就不配叫這一個名字了。

在他們的一羣中，小黑子是最活躍的一個，筆挺的衣着，飛機頭、紋皮鞋、像是腳底裝着彈簧，一跳一跳，配合着一幌一幌的背影，多麼有節奏的步伐呀！在鎭上人的眼光中，正是一個標準的在上海做生意，賺鋼鈿的少爺。

他有勇於任事的個性，凡事常會拍着胸脯說聲：「我去！」老倪要買一樣東西，「我去，」小蔣要借幾本書，「我去」，抗敵後援會要物色幾個檢查仇貨的人員時，自然也是他第一個喊出：「我去」！

那是七七事變以後的事了，鎭上的官紳們組成了一個抗敵後援會，除了宣傳慰勞之外，還做着檢查仇貨的工作，幾家大商店，把日本貨搬到房裏去了，野猪牌的蚊烟香，洋鬍子的仁丹都買不到了，然而終不免有一些疏忽，有一次，小黑子的隊伍在一家商店裏找到了十多只玻杯，居然是日本貨，於是小黑子發火了。

「爲什麼還賣東洋貨？」

小夥計好像很有信心似的回答着：

「這不是東洋貨，這是蘇州國貨公司批來的。」

「你騙誰？不看見杯子上刻着 Made In Japan 的字樣嗎？」小黑子拿起了一只杯子，指着杯底的一行蟹行字。

於是，「拍，拍，拍……」十多只杯子從柜裏跳到了街中。老闆睁着眼，心裏說不出的悲痛，懷着滿腔的憤怒，可是有什麼法子呢？還不是直望着小黑子搖搖擺擺地領着隊伍浩浩蕩蕩的去嗎？

就像這樣，小黑子老是喜歡做這一類出鋒頭的事，加上了另外幾個想到就做的小伙子，自然天下就似乎沒有什麼難事了。這種不管明天的作風，可以說是他們的短處，然而也正是他們的長處。

今天，幾個人爲了唸台詞，溜到了山脚邊的樹蔭下，灼熱的陽光，嘈雜的遊人，沒有風，再加上小黑子喜歡動，於是唸了幾句就停止，停了做什麼？敲竹槓吧！東品香的松子糖好久不吃了，還有黃埭瓜子也不錯，於是每個人的袋裏少了幾角錢，可是有了錢，誰去買呢？不用說，又是那慣喊「我去」的小黑子了。

幾十分鐘後，小黑子終於急忙忙的跑了回來，汗滲透了衣衫，兩手空空，第一個發急的是靜子。

「哼，小黑子，你果眞不出我所料，騙了錢，一個人痛吃一頓。糖呢？」

「糖？你去向蘇空頭討。」

「什麼。眞沒有糖嗎？那還我們錢！」

小黑子從袋裏掏出一捲角票，向石凳上一摜。

「拿去，我白跑了一趟，結果落上了一個騙子的銜頭。」

「何必這樣嘔氣呢？我們是丈二和尙摸不到路，講講看，到底是什麼回事？」逸夫忍不住問着。

「我眞討厭那些蘇空頭，濫吃濫用，他們眞是逃難來的嗎？還不是跑來吃吃玩玩的。我從東品香跑到東——東什麼？——噢，東恆泰。」小黑子說得氣急得很。「不要說松子糖沒見到一塊，連玫瑰瓜子，也找不到一粒。再過幾天，怕眞要吃光洞庭山了。」

大家一想，不錯呀，蘇州人好吃是出名的，一條觀前街，糖果店佔了一半，而且生意老是這麼好，現在，他們到了東山，可憐只有數得淸的幾爿吃食店，自然是不經他們一買了。在戰爭緊張的現在，進貨十分難，論賺錢，這是好機會，可是貨進不來，有什麼辦法？

「買光了也好，讓那些城裏人早些回去，倒也淸爽。」沉默了好久的林鷺，懶洋洋地說着。

「回去？你不知道這兩天戰事不利嗎？蘇州怕就要淪陷了。」小黑子很悲觀。

「照這樣說，蘇州人怕要一輩子留在東山了。」靜子被小黑子說得很難過，緩緩地坐在山坡的石級上，兩只手托住了下頦。

從這一期起，我們的編排上有一點較進步的表現；就是多用六號鉛字。因爲我們常常聽見許多意見：說是本刊份量太薄，渴望了一個月的這本刊物拿到手裏，很快的就能讀完，要求我們增加篇幅。這是的確的，不過我們維持這樣一本刊物，已覺力不勝任，當然不能再加重份量，因此，想出了一個兩全之策，多排六號字，這樣在字數方面可以增加四分之一，想必讀者一定滿意的吧。

× × ×

這期可以推薦的佳作很多；沁禾君的鄉村教育淺議和鹿子君的遙望尋玫山，都是精心之作，沁禾君在會刊第四期上亦有大作，會刊編輯潤生先生已有介紹，請讀者注意。鹿子君這個名字大家一定很熟悉，因爲旅台的關係，不能常有作品寄來，最近承鹿子君答應每期一篇，決不有誤，這在大家一定萬分的希望着。

× × ×

我們發刊追悼王礪琛先生逝世的特輯，承諸同鄉先進，惠賜宏文，我們希望在這許多大作中，讀者們一定能夠認識了一位「爲了大家而努力的犧大」，希望大家在哀悼之餘，踏着先輩的足跡，繼續着爲大家而努力！

× × ×

此次我們舉辦的第一次東山區學生徵文，承蒙各學校的學生踴躍的應徵，使我們感到萬分的高興。現在全部作品已由劉道周、邱良玉、朱潤生三位先生加以評閱完畢，並且決定了中學一和小學三名的優勝者，這四位小朋友的作品，將表現着東山區今日學校的水準了。

這里我們先把中學第一和小學第一的二篇作品，優先揭露，其餘小學的二篇，因爲篇幅的關係，容下期刊載。

這次應徵的學生很多，不過因爲名額有限，有許多好的作品，却不能選入，這實在是很抱歉的。對於這些作品，可能之內也將刊載在本刊上。

不過這次還有不能使人滿意的地方；就是應徵的學生還沒有能遍及全東山區的各學校，這當然是我們聯絡的不够，希望第二次舉行時，將有更好的更普遍的表現。

× × × ×

承南陽小學寄來許多小朋友的作品，很是感謝，因爲題目的限制，不能作爲應徵文，不過可能在下期刊載，並且我們想闢欄兒童作品，專刊東山區各學生的文字，這當然要請各學校的師長們多多幫忙，多多指敎的。

× × × ×

對於讀者來函，揭露或批評地方上的壞事情，我們是盡可能的予以登載，因爲本刊已經標榜「東山區人民的喉舌」，對於人民眞正要說的心裏話，我們自然應當盡量登載，不過我們希望大家着重於大的問題，就是一個壞的事件將是影響於多數人民的，我們應該不怕一切的揭露和批評，希望壞的改過，走到好的路上。對於那些細小的，個人的，並不影響多數人民的，我們是不能代爲傳佈的。

× × × ×

爲了便於答覆起見，希望讀者的來稿或來信上，都能注明通訊處和眞實姓名，最好加蓋圖章，發表時可用筆名，對於通訊處及眞實姓名，本刊自當負責保守祕密，希望讀者注意。

× × × ×

這期因爲稿擠，有許多佳作不及排入：如陳守道，嚴士雄，曹竹君，諸先生的大作，容後陸續發刊爲歉。

× × × ×

橫涇陸鍾麟先生：施琦小姐說您有漫畫「復興農村」多幅，想投寄本刊，現在請先生先寄二幅來，以便决定。

橫涇徐中良先生：來信收到了，請附一個通訊處給我們。信容下期刊載。

莫釐風月刊 (17)

每月十五日出版

本期零售每册六千元

預定　全年六萬元　半年三萬五千元

編輯及出版者　東洞庭山各校同學聯誼社　莫釐風出版委員會

上海通訊處　北京西路一〇八號　洞庭東山旅滬同鄉會　電話　九六五九七　九三四一九

廣告刊例（長期酌減）

全頁	半頁	四分之一	八分之一
一百萬元	五十萬元	廿五萬元	十三萬元

從嘉禾鄉自衛隊說起、
自衛的目的要認清

·王樹聲·

民衆自衛隊這五個字映入眼簾時，我想不用解釋，大家一定都已知道民衆自己保衛自己所組織的隊伍，所以實在它也就是一個武裝了的人民團體。民衆爲了要保衛自己，所以挑選幾個年輕力壯的伙子，給他們吃，給他們住，甚至有的還給他們錢，使他們保護自己。論理，既然受了他們的供給，當然應該替民衆們出力，保護人民，使人民平安的生活；然而，在這貪污遍全國，政治未上軌道的時代，一件事往往是與理相悖的，有些不肖的自衛隊，除了吃、住之外，還要敲竹槓，肆意凌虐，倚持着槍桿子的勢力，任意欺侮老百姓，行同虎狼，望之生畏。像嘉禾鄉自衛隊隊附將朱永康拘隊，私刑吊打，實在是眼前一個最好的例子。朱永康有傷痕，業經地檢驗明，非毆打何以致之，今嘉禾鄉藏隊附不求悔過，而反逼該鄉鄉保甲長登報聲明否認，并請向地檢處交保釋出，一面并由保長等呈聲明此事撤回調解，這種涉度，實在是要不得的，知道自己有錯，而還硬說是對，不思改換，將來此風一開，人民還能安居嗎？所以希望縣府重視嘉禾鄉自衛隊隊附私刑吊打之事實，予以澈究，以免後起效尤。

關於渡村「攜械衝突」的又一封更正函

逕啟者頃閱

貴刊第二卷第二期載有「雇用隊員攜槍與居民李德高父子爲收經費發生衝突，引起公憤」一則，查其事實不符，緣榮勝担任自衛隊辦事員兼管雇用隊員伙食，金鎮長德華素專商業，於鎮務督自衛時有不顧，來往蘇滬經商，一去旬餘，對榮勝等生活置之不問，隊員伙食，無處領給，朝食思夕，當向金德華理喻，給養問題，經金德華將各保之經費，劃給數保，給予收據，令榮勝派員征收，而各隊員至戶征收數次，均拒不繳納，當請示金德華，令不繳即拘隊懲戒，當有張宗炳、陸宗祺、馮藹人三先生在場，據更正云「鎮長於事前既無所聞，究奉何人命令，前往收費」此均不全信用之小人所言，事後揑詞搪塞，且命令時有上列三先生在場，事實可查，均非虛揑，榮勝誠恐外界不明真相，特請

貴刊露披一角，糾正事實，以供各界視聽：

此請

莫釐風主編先生　撰安

東山區淑莊孫榮勝謹上九，十五

「要渡村鎮鎮長公佈壯丁安家費賬目」的一個答覆

主編先生：

閱貴刊二卷四期讀者園地欄內有朱曉星一文，「要渡鎮長公佈壯丁安家費帳目」甚覺駭異，查朱曉星翻遍戶籍册，並無此人，顯乃揑名攻擊，本人在去年七月蒙地方人士推選爲第五區徐墅鄉副鄉長，服務至十月上旬，因鄉長陸君倦勤辭職，經地方人士再度選舉，推本人爲正。斯時適辦理第一次徵兵開始，在政府命令未能澈底推行自治之時工作之人員感覺種種之困難，凡自治人員均知個中之痛苦，在今年三月奉令擴併鄉區，徐墅鄉改渡村鎮，本人得暫告休息，詎料五月中推選鎮民代表主席，本人又被選爲主席，緣因素性剛直，不提懼任何惡勢力，願爲地方犧牲一切，敢說敢做，達民意代表之職責，八月中旬，政府下令募志願兵，區長沈濤因顧慮鎮長金德華兵役辦理困難，恐延 役政，再三面商請以方地爲重，兼任副鎮長之職，幫辦兵役，本人自感年輕識淺，如斯重任，決難兼顧，堅決辭呈，但地方士紳保甲長等一致懇商，勉爲其難，兼任副鎮長助理兵役。是時有一部份鄉鎮敗類，咸恨本人公正無私之作風，反對甚烈，然因抱爲國家、爲地方不怕一切而助理役政，經一月之時，全部志願兵拾名已告送齊，惟安家費及慰勞費款項至今尚未收淸，一部份之款乃向浦莊米行所借，對於兵役期間款項之領付，全部經由渡村兵役協會出據領取，而由鎮長經手再撥交志願兵，及付各種應付項目，全部收支賬册，有會計會報兵役協會，本人只助理辦事，無經手款項之權，一切有賬册可稽，査公佈賬目亦非本人之責，職爲公爲私，自問對得起政府、地方。貴刊乃東山區民間刊物，發揚正義，敬希予以報告各界，以正視聽，是所感禱，敬祝

撰安

渡村鎮李震民謹啟十一月三日

莫釐風

第二卷　第六期

太湖風帆　　秦榮章攝

東聯社出版

第二卷第六期目錄

三十六年十二月十五日出版

社評

歲暮雜感

鼙鼓未休，歲聿云暮，各人以不同的心情打發着歲末剩餘的日子，迎接着未可知數的來年，雖然在芸芸衆生中，儘有許多天之驕子，在費盡心機，窮奢極侈，安排着享受的節日，但是佈滿在我們週遭的還是苦難的同胞多，我們能在薄飯之餘，沾着都市設備的光，坐在水汀或火爐邊寫着「爐邊閒話」之類的文章，如果和難胞相比，實在已夠幸福，然而也正因爲此，使我們難于下筆。文化界儘多着洋洋灑灑的宏文，但猶閉戶造車，對多難的現實，似乎距離太遠，倒不如三言兩語，隨手寫來之能接近現實。

叔本華說：「無刺的薔薇是沒有的，可是沒有薔薇的刺却很多。」幾段雜感大概也不過是一些無花的刺而已！

× × ×

首先自然要談談國事，中國人素少談國事，數十年來如一日，雖然上而喊着大家要愛國，可是政府要人民少談國事，教師要學生少談國事，家長要子弟少談國事，好像愛國和談國事是相敵對的。於是發表文章時，「莫談國事」，發表演說時，「莫談國事」，甚至上飯館時，也須「莫談國事」。其原因大概是今日的國事實在太難談了。譬如現在談到厭惡戰爭，人家就會疑心你不忠於國，然而戰爭畢竟是目前惟一大事，且爲大家厭惡，除非是帶着「醉眼中的朦朧」的人們，都能看到戰爭是把人民和政府拖得遼遠的魔鬼，惟有和平，纔能使破碎的河山，重現光明，頹唐的人心，重行振作。

× × ×

談到人心，記起了國民參政會裏的一個提案，就是如何收拾人心，人心墮落而至於須待收拾，是至可悲哀的事，但是，我們不禁要問一聲：爲什麼人心會敗壞到如此地步呢？簡單的回答，就是多數人沒有飯吃。所以收拾人心並不難，只要政府設法使每一個老百姓每天都能在寧靜的空氣裏，大家吃一口安逸飯，誰都知道，百分之九十的中國人是馴服得像羔羊的，如果不爲衣食不週，有誰願以身試法？進一步說，假使多數人有了飯吃，社會的安寧和合法，自有了保障。

× × ×

在大都市裏，冬天一到，厚而重的皮衣，亮而堅的車殼，高而大的牆壁，把世界划成了兩個世界，一半是在水汀或爐邊飲着葡萄美酒，聽着霓裳仙曲，一半是瑟觫在牆脚或街頭，忍受着風雪的交侵，稍具良心的人們，目染耳濡，寧不有動于中？然而今日有良心的人，實在太少，尤其在衣食富裕的一羣中如此，這一次上海籌募冬令救濟費，總數是二百億，在有錢人的眼中，何等微小，或僅是一筆交易，一場豪賭，一夜歌舞。可是出錢的還是中等的或竟是貧苦的人們爲多，這情形頗值得我們深思，也可說是籌募冬令救濟費中的另一收穫。

× × ×

新年的享受誠然是可戀的，然而在少數家長，却是一副重大的担子，拿我們故鄉東山說，新年不過是一個浪費的季節，一半化在吃，一半化在迷信，我們相信多數有識之士，尤其是素來反對迷信的青年們，對此一定具有反感，自從東山青年喊出了破除迷信的口號後，一般的批評是高呼者本身奉行的很少，所以我們如果願意以身作則，那末，「新年」倒是一個實行的好機會，把新年迷信的成規粉碎掉，以事實的表現說明破除迷信的決心。新年將到，希望大家從自己做起，大家同時做起，最好是馬上做起。

× × ×

是寒流襲來了。

我們像是趕路的人，不久我們又得過一座重要的關，步入另一新的境地，本來，我們的生活，就是爲了趕路，儘管地土被凍住，河流被凍住，儘管冷風吹紅了我們的鼻子——我們得熬下去，熬過這個寒流，熬過這個苦難的年頭。

但是請記住：我們得不停地趕路，「等待」是可恥且亦無用的。

雨花播音台

縣府召集各界會議
擴併鄉鎮原則決定
由區署組織委員會商訂計劃 限二十前送縣轉參會核議

縣府前爲撙節縣政經費，加强行政效能起見，特依照省頒規定，實施縮併機構，擴併鄉鎮，除縣級機構之縮併，已於月前遵照辦理完竣外，關於各區鄉鎮之擴併事宜，王縣長特定於十二月下午召集各有關機關代表舉行擴併鄉鎮會議，共同商討各區鄉鎮擴併方案，出席者有參議會薄副議長，議員凌昂霄，黨部書記長王，警局金鳳霄，商會吳慶善，地藉整理處章子謙，教育局長王志瑞等，主席王縣長。討論結果，決議要案如下：（一）遵照省頒各縣鄉鎮組織調整辦法即日着手辦理。（二）通過縣訂「吳縣調整全部鄉鎮區域計劃草案」並函參議會審議通過後呈省核定施行。（三）組織擴併鄉鎮委員會，由各區長負責召集地方人士，各參議員，鄉鎮民代表，鄉鎮長，各中心國民學校校長，商討擴併事宜。（四）各區原轄鄉鎮，應以規定擴併爲原則，東山區原轄十五鄉鎮，併爲二鎮四鄉。（五）鄉鎮劃併日程，規定於十二月廿日以前，將擴併計劃送縣府轉參議會審議。（王樹聲）

東山初步決議
合併一鎮一鄉

本月十八日上午九時縣參議員席煒奉參議會公函，召請各鄉鎮保長代表以及地方人士關於擴併鄉鎮之會商並稱擴拼鄉鎮於卅七年一月實行，本山計有六個鄉鎮，照編組之規定，城區以三進制編組，而鄉區以十進制組編，前頒之規定城區每鄉鎮以三三制，五千戶至一萬戶。鄉區三千戶至五千戶，應如何決定。公決以卅戶爲一甲，十甲爲一保，通過。本山六鄉鎮共約計七三〇〇戶，依照卅戶爲一甲，十甲爲一保，僅能擴併一鄉一鎮，前山四鄉鎮擬併爲一鎮，取名擬謂東山鎮。而後山二鄉鎮，併爲一鄉，擬謂後山鄉，應該如何決定。議決：前山四鄉鎮決稱東山鎮，後山決稱後山鄉，又提議鄉鎮長及保甲長人選應取公正廉潔者充任之，關於劃併鄉鎮界限應從長再議云。一切議案，由席參議員備文呈報云。

前山東山鎮
後山後山鄉

東山如此民主

潦涇選舉國代 鄉長被民控告

自開始選舉國代以來，各鄉微有糾紛，最近潦涇鄉一保四甲七戶居民朱以丹，具狀地檢處，告訴該鄉鄉長金鳳池違法選舉等，十二月一日蕭檢察官簽發傳票飭傳原被告雙方定十二月八日上午九時開庭偵查。

（又訊）潦涇鄉鄉長金鳳池，前被該鄉一保農民朱以丹向地檢處告訴妨害投票一案，經蕭檢察官偵訊過後，以據金鳳池稱：朱以丹於投票期內，臥病在牀，鎮公所至最後一日，不見來領，方始將選票送去，且查該項選票仍在，並未擅代改選他人，尙不得謂爲妨害投票，已特處分不起訴云。（王樹聲）

不選錢鼎 驅逐出境

（又訊）東山競選國代，一般鄉人都莫明其妙，幸有熱心保甲長在旁指導，沒有鬧笑話，選舉票都由保甲長代塡，並且都塡「錢鼎」其人，聽說不選錢鼎，就要驅逐出境的。（吳）

渡村自衛隊擒械搶劫
由水上警察隊捕獲押蘇

渡村鎮於十二月九日晚十二時許突有歹徒六人手持搶械，口操雜音，身穿制服，向該鎮農民數家搶劫，事後檢點，損失食米、白糖、白酒、衣服等物，約值數百萬元。後由失主數家，商議當晚投報該地駐防水警張少華部下太湖水上警察某隊，請求追緝，該隊據報，星夜全班隊員赴捕，經過土地廟傍側橋洞之中，見有可疑船隻一艘，停泊在橋洞中間，且無人在，警士詰問附近居民，可有此船停泊該地，竟然無人認領，後經警士隱身橋傍，守候達一小時，有一人到達船上，該警即將此人先行扭捕，訊問不諱，贓物在船，證據確鑿，招認行劫夥合六人，三人係該地草棚居住之客藉居民，即現在當地自衛隊隊員，故有步槍三枝，其餘三人無槍械，係當地之人民，即地痞敗類，該警士據供按址前往緝捕，人犯槍械一起擒獲，次日人犯槍械由水警隊乘輪押解蘇州總局訊問，移解縣軍法處定罪云。

席周鄉境內 五家遭匪刼

東山區席周鄉轄境，於十二月五日晚十時許，突駛來盜船一艘，靠岸後即見匪徒七八人登陸，攜有長槍一枝，短槍二枝，形勢洶洶，口操雜語，旋至該鄉居民金文高，席周氏，周阿二，席廣明，席廣生等五人家內搜刼達二小時許，計損失食米衣服等物，總值達五百萬元之數，該盜等得逞後，復乘原船駛向擺渡口方而逸去，事後由當地軍警追緝無着，該案已由東山警所報請總局備案。（王樹聲）

韓寺鄉北港村發生盜刼案

東山區韓寺鄉，第十二保北港村，於十二月六日夜間十二時許，突有匪徒十餘人，持有短槍二枝，長槍一枝，分乘漁船三艘，是夜適有米船酒船各一艘，泊於該村港內，滿載食米四十餘石，燒酒六十餘担，匪徒登岸後，即蜂踴至船上刼米，一聲鑼起，該鎮自衛團即趕派隊員捕剿，匪等竟亦開槍還擊，一時槍聲大作，激戰達半小時，匪徒見勢不佳，即向太湖西南方而逸去，事後檢點，計損失白米十一石五斗。東山區署當據情報請縣府備案，王縣長已令飭警局迅即破案云。（王樹聲）

白石嶺上少年逞强暴★
★往來行人留下買路錢

東山白石嶺蝦蟆嶺兩地，係前後山來往要道，近有青年數人專在山嶺樹林之中藏身，白鬟打刼來往婦女財物，且手無兇器，空手行刼。前日有石橋村年輕婦人名桂寶者，向做茶館小販賣紙烟果餅等物，故往前山販貨行經白石嶺地處山林之中，遭歹徒喝令止步，將該婦身伴搜査，假爲搜査白粉，結果見其衣袋中儲有現鈔三十萬元，即將鈔刼後，足踢該婦人至山嶺之下，婦人口喊救命之際，該青年等即手捧山石恐嚇，婦女不敢狂喊，即遭此損失，聞同樣案件，前後山來往婦女已發現數次云。（王樹聲）

三善堂存棺過多
請家屬前去遷出

吾山三善堂，爲便利旅外同鄉身故在外，一時不易覓地，故可將棺暫寄堂內，該堂之規章，因堂舍有限，不能儘量收受，寄期以一年爲滿，在一年之中應由各家屬陸續遷葬，筆者有事往堂，堂董正在集議寄棺問題，據諸堂董之議決，暫寄過期之柩，限至本年冬至爲度，逾期不遷之柩，一列堂方自動遷葬義塚，因此相告寄棺之諸位旅外同鄉，提早遷出，而免義塚之葬，家屬對死者何能置之不理，如能依限辦竣，想死者在瞑瞑之中亦得安慰也。（思）

洞庭乙組乒乓隊
第一賽小勝嘉昶

本月六日下午八時在本會乒乓室比賽

（洞乙）	（嘉昶）
徐介壽	李頤道
嚴耀章	龔永言
徐瑛	張元潔
楊慶華	李俊臣
姚榮祖	劉振秋

四——一

蘇山輪船往來時刻表

東山開　早班：七時　中班：八時半

蘇州開　早班：八時半　中班：十一時四十五分

小消息

▲石塘鄉商民陳鼎甫，向業酒貨買賣，最近受蘇州各酒行委託在該鄉收買酒貨，因鄉間現鈔缺乏，故開具劃款字條，加蓋印章，由蘇州往來行莊墊付現鈔，乃有不法之徒，私刻印章，僞造該項划款字條，企圖向各行商騙取鉅款，現陳君聞訊設法將查僞造之人，嚴加法辦云。

▲橫涇嘉禾鄉沈莊鄉民沈壽根，四十八歲，於去歲十一月廿四日憑中吳菊安四十九歲住禺莊，將耕牛一頭，賣與鄉村龔世泉，當時言明糙米十二石，先付二石，其餘十石，約期至本年九月交付，最近龔竟不予置理，沈壽根遂投木瀆警局指控吳龔串同詐欺。（王樹聲）

▲文昌同學會，前因金維剛等同學爲本身事忙辭去執委後，消息一度沉寂，現金君等經該校同學懇切挽留，爲同學會前途計，金君等決重行出山，爲該會服務，並謀於最近期內，發起徵求會員運動，希該校同學踴躍參加云。（俞）

▲務本同學會於本月十四日假座同鄉會聯誼室召開二屆會員大會，到有會員及來賓等四十餘人，修改章則及重選執監等，於五時許散云。（新）

▲惠旅高級助產職業學校，於本月二十日舉行新屋落成典禮，寥寂之斜土路上，頓形熱鬧，並有平劇等節目助興云。

▲本社與壽親義莊聯合舉辦之東山免費給藥，總站改設於安定小學，最近壽親義莊託本社寄山癨疾聖藥壹萬粒已在各分站發給云。

▲安定小學自本學期復校以來，經韓代校長銳意經營，形式內容，煥然一新。近正於花園弄內添闢廣大操場，校內已裝置滑梯、木馬、橈橈板等運動器具，天眞爛漫的兒童遊戲其間，莫不歡欣萬分云。

▲後山朱巷南陽小學創辦於民國二十二年之春，三十三年春季曾一度停辦，迨三十四年秋，勝利後葉氏族人續組校董會醵資復校。迄已三年，近因百物高騰，基金日形減削，經費頓形拮据，葉滋青，葉扶霄等因發起募捐，目標一億元云。

▲同鄉會大廳現暫充惠旅醫院三等病房之用。

▲洞庭旅行團擬徵求發起團員五十名作爲將來擴大徵求之基本云。

▲十二月九日，席氏同族會理事長季明先生五十初度，於白克路教義堂私邸舉行宴會，有滑稽、魔術、技術等堂會表演，一時冠蓋麕集，極一時之盛云。

通貨膨脹下的今日論發行大鈔

董啓聖

民國廿六年，抗日戰爭爆發後，政府因戰局的關係，將國都西遷於重慶，同時將不重要的縣市，作戰略上的放棄。因之當時政府的轄區，僅偏處於西南一隅，財政收入方面，徵稅區域大爲減少，再因戰爭的破壞，稅額亦爲之減低。而另一方面，因抗戰的需要，而擴充軍備，軍費驟加。政府在當時的狀況下，財政的收支就自然的發生支拙，當財政的不平衡發生後，則就必須設法彌補。在當時彌補赤字的方法，大致有三種，第一是發行公債，第二是借外債，第三是發行通貨。現在試將以上三點，略加討論。

第一是發行公債。在政府首次發行公債的時候，人民因一致決心抗日，對政府的發行公債頗加擁護，紛紛踴躍認購，成績殊佳。但是，神聖的抗戰是持久的，是非達到勝利不可的，所以戰時的財政也是持久的。戰時財政之異於平時財政的，是支出超過收入的不平衡，所以一時雖經發行公債而得彌補，但是到一個時期後，不平衡的狀態，又復重現，而且週期性也漸漸縮短。而當時人民，對政府的抗戰，雖然深表擁護，然戰爭帶給人民的，不是幸福，而是顛沛與破產。所以政府如繼續以發行公債的方式來彌補赤字，則人民必限於力量而無法購買，同時政府的發行公債，也就無法推行。

當第一種方法，發行公債的方式，不能實施的時候，則只有第二種方法，借外債以彌補赤字。當時因爲世界上所有的國家，大多數都捲入戰爭的漩渦，而且截然的分爲兩大陣營，軸心國與反軸心。我們中國，是具有優良民族性的國家，當然是站在反法西斯陣營上的，而同時站在反法西斯陣營上的，尚有英，美，蘇等的國家。美國是世界上最富有的國家，這是大家一致公認的，更因她佔了地利上的優勢，本國內沒有被戰火燃燒着，生產力反因戰爭而增加，而較戰前更爲富有。當中國的政府，因財政的不平衡而將減低軍事力量的時候，站在盟邦立場的美國，當然不能坐視不救。而且如果中國動搖，對於美國也有害無利，所以就有借款的成立，以及軍械物資的運華。但是持久的抗戰，可發生的赤字財政，借外債不過是維持一時的辦法，決不能永久到勝利，所以借外債亦只是彌補一時的辦法。

以上兩種方法，實施不通的時候，則政府只得以發行通貨的方式來彌補赤字，因爲這一點，在政府是比較容易一些。但是發行通貨的後果是不堪設想的。通貨一天天的膨脹，就產生出大量的游資，游資泛濫後，就向物資進攻，因而發生囤積居奇的行爲，而物價亦因之上漲。通貨發行量愈大，則物價上漲亦愈高，這是必然的定律。民國廿六年抗戰初期起至民國卅四年八月抗戰勝利止，據政府宣佈，共發行通貨壹萬億，但至卅五年十二月卅日止，十六個月內，又增發三萬億，今年一月至九月，政府尚未公佈通貨發行額，但據一般估計，約在十五萬億。根據以上估計，政府在本年九月底已發行通貨十九萬億，最近三個月來，尚未有正確數字，大約亦在十萬億左右。在抗戰八年期中的通貨發行額，尚不過爲壹萬億，然在勝利迄今的二十八個月內，竟發行了二十餘萬億之鉅，由是可見戰火一日不戢，則通貨必日益膨脹，這是必然的趨勢。

目前全國各地，紛傳政府將發行大鈔，而財政部的發言人，正在竭力否認此說，一般輿論界亦各有所見，筆者以人民的立場，試將發行大鈔的問題，略加討論。在政府的財政未達到平衡之前，發行通貨以彌補赤字這是難免的。如果認爲發行大鈔將刺激物價，這在理論上講不通的，因爲政府發行通貨，是視事實需要而決定數量，大鈔與小鈔，不過是票面上的分別，對於發行量決不會因大鈔而多發，亦不會因小鈔而少發。至於在事實上，發行大票後，市場確是將起劇烈波動，究其原因不外兩點。第一，在目前無論婦人小孩，都知道法幣在日跌價值，每個人均不使法幣在袋內過夜，這是他們的生活經驗。如果政府一旦發行大鈔，他們則認爲幣值更加貶落，而力購物資，而他們却不知道在沒有發行大鈔之前，通貨也是跟發行大鈔之後一樣的在膨脹着，這一點完全是心理因素。其次在通貨膨脹之下，就產生了大量的游資，游資的綜合目的，是追求最高利潤。游資的握有者，在目前經濟危機日益加深的時候，就運用他的手段，以取得最高利潤。所以政府的一舉一動，均爲若輩投機的機會，這一點純爲投機商人欲取得最高利潤的手段。故在經濟危機日益加深通貨不斷膨脹的今日，要使物價不上漲，決不是不發行大鈔所能奏效的。游資還是要找它的出路，投機商也還是要不惜手段的獲取利潤，發行大鈔，不過給若輩一個掀風作浪的機會，如果政府能夠嚴加管理，使若輩手段無所施，則物價自會平穩。

總之，物價上漲的原因，全在於游資握有者的作祟，發行大鈔後，政府如能採取有效措置，嚴防若輩投機，則發行大鈔對物價就不能發生作用。

編者按：大鈔已于十二月九日由政府明令發行，計分關金一千元，二千元，五千元三種。（即法幣二萬元，四萬元，十萬元三種。）

安定小學教導實施一月談

陳守道

安定小學自八月三十一日復校開學迄今，忽已月餘，茲將一月來的教導實施情形，略述於后：

全校同仁以鑒於本校開學較遲學期開始即實行加速度的工作，在第一週（九月一日至七日）當中，教導方面除辦理入學註冊手續，規定臨時上課編排日課表及作息時間表外，並擬訂各項章則，提付教導會議研討，通過施行，教導會議除修改通過擬訂的章則及有關教導的許多臨時動議外，並決定廢止打罵教育，加强常規訓練……等項。

到了第二週（自九月八日至十日）在結束入學註冊手續之餘，並組織級會，使各級小朋友能過着有系統有組織的團體生活，組織學生自治會，使小朋友自己管理自己，利用團體制裁，養成服從紀律，遵守秩序的習慣，養成其使用民權的能力與爲團體協作的精神，使小朋友實地做事，從「做上學」以收得正確有用的經驗和知識。更於星期六的週會班，舉行大操場的大掃除（校舍因新修目前尚清潔）小朋友們都能夠做到熱心，負責，勸勞，吃苦，精誠團結，互助合作的這一點，實在値得嘉許，這也可以說未始不是我們教師以身作則的能身先學生之故，從這天起我們深信「做上教做上學」的原則，是我們教師的座右銘。

第三週（九月十五至二十日）開始，覺得小朋友秩序方面的欠合理想，除中心訓練實施規律週外，並舉行各種信號的辨別實施訓練，以提高小朋友的警覺心，及理解判斷能力，使養成靈活的頭腦和身體，能實現理想的規律生活；而週會活動的故事比賽，小朋友們更振振有詞，侃侃而談，那種有聲有色的表情及動作，這對於以園丁身份的我們，不啻是絕大的精神安慰，若說教育生活有無限的樂趣，那麼樂趣就在這裏。

時不我留，第四週（自九月二十二日至二十七日）瞬即已到，不論行事曆的規定也好，不論現實的需要也好，本星期的佈置教室，確已急不容緩，我們的教室本來是相當富麗堂皇而新穎的，與其粗製濫造的亂來一下，難免弄巧反拙，所以爲愼重其事起見，事前我們教師略加商討。又是星期六了，本週的週會活動是寫字比賽，當早上將寫字比賽的辦法報告給小朋友聽的時候，他們那種躍躍欲試的情態，就曉得小朋友的心裏是怎樣向往着分了。說不定每個小朋友會憧憬着書法比賽結果的遠景呢。

第五週（九月二十九日至十月四日）時間告訴我們一月的光陰已過去了，依照行事曆的規定，本週需造九月份報銷，及繪製圖表，正苦於材料缺乏工作感到棘手的辰光，忽被小朋友週末餘與的生動表演所沉醉致樂而忘事了。好容易，一個月就這樣的過去。

以上實施，大部係依照行事曆規定的重要幾件，事實淺鮮易見，致於小朋友的功課情形，我可以拿韓代校長問小朋友的一段話作答：「小朋友，你們的簿本，比以前慢慢的淸楚起來了，爲什麼道理，你們曉得嗎？」小朋友說：「因爲以前我們的筆記錯了不詳細訂正，並且還受打罵，」這話說來雖然天眞，但亦不無有理，很明顯，它是否定了已往的打罵教育。

一月來的教導實施，雖然建樹毫無，但亦差强已意，不過我們實不以此滿足，而且更覺得反躬自省除舊佈新的必要，的確我們的錯處很多，茲就犖犖大

靜候・判決

小弟兄

在上期本刊王礪琛先生逝世特輯中，讀到了良玉先生所寫的悼文，裏面有幾句似乎和自己有關的話，那是在一支插曲裏的，這插曲是三種關係的構成，就是：王礪琛——衆家弟兄——公壇。

雖然在少數自稱爲太祖師入室弟子的手裏，所謂衆家弟兄的黑單究竟包括哪幾個人，誰都不能知道。（席玉年一名除外）但是，據我個人臆測，自己應該是義不容辭地忝列弟兄之一的。並且我覺得良玉先生所引的「衆家弟兄」這一稱呼，似乎還不夠貼切，聽說「太祖師所賜予我們的壇名是應該叫「小強盜A」，「小強盜B」，或者「小強盜X」的。這名字我們實在不知出自何典，可是，既係太祖師所賜，自然却之不恭，只好聽人使喚。

上面是名稱的問題，無關宏旨，掠開不談。

使我們感到抱憾的倒是礪琛先生之死，照壇弟子們的說法，我們也有一部份責任，因爲即使礪琛先生是取締公壇的主謀之一，如果沒有這班衆家弟兄，自然也取締不成。既然不成，那末，礪琛先生之可邀得祖師寬恕下諭暫賜不死是無待蓍龜的。

殺人是罪過的。雖然祖師的弟子們頗有將礪琛先生之死歸功於祖師意旨的表示，但，他們又覺得祖師一向仁義爲懷，決不便親任劊子手，沒辦法，姑且把罪名送給了小強盜，好在，死的死了，俗語所謂「死無對證」，既無對證，則我們的罪名，自然無法卸脫，除了靜候判決，有何話說？

人終是免不了死的，即使是忠誠似壇弟子者也不能例外，不過他們死後，不是祖師座旁的金童，也可權充一下鼓手，小強盜呢？一定是天牢中的囚犯無疑。

生盜死囚，實在罪有應得，且爲祖師法力無邊，無法違抗，於是想在未死之前，錄下一點遺言，以供祖師及壇弟子參考。

第一，能否將小強盜們何時該死的日期，洩漏一下，使大家好從容作囚，聽說壇弟子們對於死是看得很平淡的，礪琛先生死了，他們頗爲得意，頗有「哈哈，死得好也，果然逃不出我們祖師爺的手掌。」之慨，而且還說：「太祖師說：王××一定在重陽節前某日某時死的。」這簡直有莊子鼓盆而歌的作風，我們雖自愧弗如，但自信怯弱而至於逃死，是不會的罷！

第二，請勿罪及無辜。因爲現在是民主時代，罪及九族的條例，當爲道教所不取，不要將來有一個毫無關係的人死了，大家就嚷着：「這是小強盜X的表兄的夫人的同學呀，太祖師是限定她那個時候死的。」

第三，請太祖師對下屬應該優渥一些，因爲據我們觀察，葬死人吃飯終不是辦法，固然一年中有幾次什麼八皇大會，十皇大會之類，但爲了幾頓大吃，去伸手捐錢，究傷大雅，尤其是捐到了他們所不屑掛齒的小強盜身上，實在有失祖師尊嚴，所以我以爲至少應該給他們一個存身和吃飯的地方。

礪琛先生是死了，大概是他年紀較大，所以被祖師首先圈定，接下來應該是衆家弟兄，第一名不必再提，我呢？還未分曉，在焦急之餘，不免筆下有偏犯少數壇弟子之處，但我對他們的秉性淳厚是具有信心的，謂予不信，只要礪琛先生的遺族託他們拜一堂懺，相信他們一定會盡棄前嫌，連說着：「礪琛先生本來是個好人。」了。

者背之有四：

（一）不能如期完成所預定的計劃：這情形可以從第四週的佈置教室的拖延時日證明，雖然我們同仁曾一再商榷以不求其速，力求其精的從事教室佈置，但對於工作的太遲緩，想必爲我全體同仁所心照不宣吧？又像第五週的繪置圖表，到現在除辦公室中最急切的幾張外，餘則空空如也。

（二）教學方法的不合理想：我們身爲安定樂園的園丁，自不願辜負了爲安定樂園寄予無限期望的關懷者，亦不願蹧蹋極有前途的一所栽培國家民族幼苗的苗圃，更不願自欺欺人而諱疾忌醫。所以我們覺得我們的教學方法，雖已不是教書匠的教死書，但是我認爲，沒有徹底做到「做上教，做上學」及「勞力上勞心」的地步，這就是說：我們的教學方法，多少還留有不曾完全脫化的尾巴。

（三）學生自治能力的缺乏：鄉村兒童比城市兒童要來得忠實，這是對的，但我不承認鄉村兒童比城市兒童要笨，我以爲鄉村兒童見到先生的呆若木鷄，是先生的敬懼心理作祟，有了這種敬懼心理，所以成了處處被動，被動即被治，他就沒有自治的能力，這情形在我們校中若留心一下「唯先生是問」的事情，就曉得本校小朋友的自治能力尚差。

（四）圖書醫藥設備的欠缺：我們校裏的圖書，除長期的定了一本兒童故事外，餘則就是寥寥幾本猴子的故事，凱旋門，仙人的故事，巨人的花園……所以小朋友老是在國常與算術兩本書裏打圈子，這兩本書不是包羅萬象的，小朋友的頭腦雖極簡單，但是老捧着這兩本書，總會覺得單調，無聊，枯燥，乏味吧！若說到醫藥設備，根本連紅汞，藥水棉花都沒有，無怪那天小朋友流鼻血，用黑墨硬紙塞鼻孔了。

（五）學校與家庭社會的缺乏聯絡：陶行知先生說：「社會與學校打成一片」，陳鶴琴先生又說：「社會，學校，家庭三者相輔而行，有機的組織起來……」這不是說明了學校與家庭社會須得聯絡嗎？爲什麼要聯絡呢？當然有它的重要性，姑且不作旁證博引，單就我們學校的經歷來說：前幾星期我們照夏令時間上課，八點鐘上早操，八點半須上正式課，有的小朋友因路遠趕不到，非常抱怨，但是像煞又不好向學校說明，結果還是小朋友的家長對校董說明，由校董轉告校中……像這樣的事情若學校與家庭社會打成一片的說話，總不會有勞校董的轉言了。

偶一思及，就有五大缺點，當然掛一漏萬，其中缺點，實在很多，但是即此五點，就可反映出教導事宜的不良了。「往事不諫」，檢討過去之餘，正可作爲殷鑑而策勵來茲。願以改進之道，略抒管見於左：

（一）今日事今日畢，教師爲人師表，處處地方應以身作則，推已及人，在這裏本人引爲無限內疚，一月來的教導實施，不能一一如期完成，未始不是教導無方所致，不過，我們安定小學復校伊始，百廢待舉，又因學校地處鄉村，材料採取不易，如佈置教室，繪置圖表等事，也可以說大半爲了材料缺乏，傳曰：「凡事預則立」，以後我們做事，如果能在事前下一番預備工夫，多少有助於事情的順利完成。

（二）教育事業是日新月異的，我們的教學方法也應當隨着潮流逐步改進；現在我們全校的同事都能和衷同濟，精誠團結，若多作不定時的商討（正式會議也好，非正式會議也好）得能集思廣益，共襄教學的改進，並請上海校董多介紹幾本有關教育及教學的書籍，使我們能夠簡接得到些新的教育知識，教學技能，更希望能直接到外埠去參觀，藉以取人之長捨已之短，而在沒有簡接，直接得到良好的教育知識和教學方法以前，我們可能儘量互相切磋，共同研討，俾使教法以所改進；求學可以「借助他山」，難道我們要獲得較好的教學方法就不可以「借助他山」嗎？

（三）欲養成學生有自治的能力，必須做到師生同工作共生活，打開師生意識的藩籬，先生要加入兒童隊中，誘導兒童，勸勉兒童，鼓勵兒童，信任兒童，這樣，師生無隔閡，沒有敬懼先生的心理，可以發揮他們天賦的才能，運用其固有的創造能力，從而學生自治能力就可潛滋暗長，萌芽壯大，繼則由兒童領導兒童由兒童自己管理自己，卒致自治治事，亦在其中。反之處處奴役兒童，命令兒童，先生高高在上的恍若天神，使得學生見而生畏，這樣欲養成學生有自治能力，豈非緣木求魚。

（四）若夫學校圖書，醫藥的缺乏，似已涉入學校設備問題：不過，我也認爲這與學生自治組織的健全有關係，假使學生自治組織健全的話，在學藝股下，可另設一圖書幹事，由圖書幹事發起（當然須要教師協助）全校同學每人徵書一本運動，如是則全校九十餘學生，即可徵集九十本不同的書籍，以四學級的我們安定小學，若徵集了九十本書，再加入校中的數量，不是很可以成立一個小圖書館嗎？又若醫藥用品亦可請求校方津貼一部份費用及動用一部份學生自治會費（自治會費由學生繳集）以購置最急需的醫藥用品，能這樣總不會使小朋友用紙塞鼻孔了。上述兩點，我以爲不妨在最短期中實施，其成敗結果，在所不計。

（五）學校與家庭社會之缺乏聯絡，其弊害既如上述，今後就可對症下藥，我們極希望學生家長，社會賢達，隨時隨地到我們校中來參觀，垂詢，更希望予以不客氣的批評，未來的家長談話會及懇親會，我們擬擴大舉行，俾使「學校與社會打成一片」親愛的父老兄弟姊妹們，再不要猶豫不決而相觀了，我們攜起手來，爲了我們的後一代，爲了未來的國家主人翁。

總之，一月來的教導實施，鮮有成就，反躬自省，無限內疚，敬乞學界先進，不吝教益，指我迷津，則本人願附驥尾，而竭盡駑鈍可耳，兒童幸甚國家幸甚。

獃勁

徐元焜

有一個很熟稔的朋友，他參加團體的工作，已經一年多了，可是他的意志還不夠堅強，近來因爲給外界賜上了一個獃子的名銜，所以對於平時的熱忱，有些動搖了，前天跑來向我訴苦地說：以後預備更變環境，洗雪這次獃名的恥辱，言下有不勝的憤怒。我聽了，黯然了一會，方始回答他說：假使你對於團體中的工作，還沒有堅定的信念和深切的瞭解，同時你爲了愛上了一點虛榮，怕人家稱呼你獃子的名字，那末你你可以放棄你的鬥志，去和一班隨波浮沉的人同流吧！這樣大約可以減少你虛榮心理的一點痛苦了。但是你應當還須要知道一點，假使你脫離了你很有爲的朋友們，是否在你的精神上會永遠不再感到痛苦，假使在你許多的朋友中都認爲你是漸漸地在落伍了，他們當然在沒有辦法勸你歸入前進的行程中時，亦認爲你是獃子的時候，你要感到痛苦嗎？假使到那時候，你同樣地感到了痛苦，那末你預備怎樣辦呢？

我可以告訴你，我披上獃子的銜頭

，已經好幾年了。對於人家的說我們是獃當然是有根據的，在這舉世滔滔的時代中，衆所推崇的，是物質的享受，他們爲了要使自己的享受求到滿足，不惜傾了寶貴的年華，盡了畢生的精力，從事在這物質的交換品「金錢」上，使他們的財富永遠地可以增加，享受漸漸奢華。至於我們一班獃子呢？吃了自己的飯，一天到晚地在想着怎樣爲羣衆謀福利，怎樣爲羣衆服務，賠錢貼工夫的事情，不知貪汚，不會享受，一味在擬想着挽還已倒的狂瀾，你想；他們要說我們獃呢？不獃呢？然而在我們的心中，何嘗願意做一個獃子，無非爲了社會，爲了同胞，我們要學習，我們要工作，使我們的學問得到修養，使我們的精神得到磨鍊，你說：我們的獃在那裏？

親愛的朋友！請你記住吧！國家是需要靑年的，時代的巨輪是要靑年人去推動的，至於我們的獃不獃在我們，說不說在他們，我們何必斷斷於這一點微渺的虛榮呢？

在宿遷

虞凡

在蘇北難民齊向江南推進的時候，我也隨着他們的行列，離開了蘇北，縱然我並不是難民，但至少也帶有一點逃難的成分。

八年鬼子的踐踏，二年內戰的摧毀，蘇北人民已貧窮得可憐了。加上今年的水災，天災、兵災、橫行之下，他們不得不流浪了。

在驚風駭浪中度過二百多天的歲月，而且時時患着思鄉病的我，照例去留是毋庸値得再去留戀，可是我現莫名地時時惦記旅居十月的宿遷。

宿遷，她並沒有江南優秀的景色，足以使人留連，並沒有像都市舒適的享受，使人忘返，除了在那裏有旅居二百多年的三千戶的洞庭同鄉外，我簡直說不出其他理由。

從人口數字上來看，五千多戶並不是一個小的數目，可是從歷史上觀，已有二百多年了，我們想一想，在寄藉宿遷二百百多年的同鄉，是不是還在惦念他們的故鄉，這裏，有一個明確的答案，可以告訴你，我們可以看到一所足以代表，他們怀念故鄉的建築物——姑蘇洞庭會館。

洞庭會館，它正跟蘇北的命運一樣，幾經滄桑，它雖然在炮火中幾度毀去，可是在同鄉的努力之下，又幾度恢復了舊觀。但勝利後又失去了原來的撲樸，我所看到的僅是賸一個軀殼，我相信，在不久的將來：我們的同鄉又會在原址上重新建築起來，這是在會館主持人葉樹民氏的一句口號。

葉樹民氏，年紀還不到五十歲，可是幾年的流浪，使他變得更蒼老了。他從來沒有到過故鄉，他祇知道他的故鄉在蘇州的洞庭山，在幾次的會面中，他老是問着我故鄉的一切。

「假使你要知道故鄉最近的情形，這幾本小書——莫釐風、會刊，可以告訴你。」

他很有興趣地翻着這幾本小書，他看到滬上同鄉的蓬勃，他看到故鄉的莫中，他若有所思地告訴我：「在我的理想中，我早有一個計劃，擬在宿遷辦一所中學，勝利後，聚集了幾個志同道合的同鄉，謀在會館的原址建立起校舍來，並且當時就募集了二十頃田地，作爲學校的基金，可是爲了田地也在內戰的炮火之中，不易售去，這個計劃，就停頓下來。」

「這中學的名稱定了沒有？」

「洞庭中學！」

可是，在沒有看到洞庭中學成立的時候，我就離開了宿遷，我相信，在不久的將來洞庭中學已佇立在宿遷的城畔。

風語

無題

司徒新

一天，幾個朋友偶然談起，說是×小姐因爲難產的關係，生命很是危險。（願他現在平安）

事實是這樣：

×小姐臨產之前，在蘇城由醫師檢驗有難產現象，本來應該讓她在蘇州生產，以便照料，那知他們婆家（在西山）以爲生產不能在娘家，必須在家里，因此冒着生命的危險送到西山待產，那知臨產血崩，急急送到蘇州博愛醫院求治。

在今日這個時代中我們竟還會遇到這樣不合理的事，這實在是一個很重要的問題。

封建的餘毒殺害了不知多少的有用的人。愚蠢的鄉人，竟然願意自己的親人冒死亡的危險，爲着要對那茫茫然不可知的「規矩」服從，爲着未來的不可知的命運，把兩條生命作抵押，這不但是愚笨，而是自私，可恥。

老太太們在唸經，拜佛之時，可也不想着那種「規矩」的作孽嗎？可不想想那些無辜的媳婦的生活的安全，眞是你們幸福的本錢呢！

打倒那種不合理的「規矩」，眞是大家應該努力的，把我們的努力來打倒這些「規矩」，讓子子孫孫活得好一點吧！

再論婚姻大事

嚴雯

我現在常常想：結婚這一件事對于一個人的一生是有很大的關係，然而一個人也就往往會在這一件大事上糊塗，這實在是一件危險的事。

最近在上海開映過的影片：『謫仙怨』，就很明白的告訴我們：一個對于音樂很有興趣的青年，不去愛一個同他有同樣興趣的女子，而貿然的娶了一個較他有錢，愛美的女性，開始他們的生活是幸福的，漸漸地，在工作上（音樂）發生了異趣，而女的更以自己一向很任性，要男的怎樣就要怎樣，因此發生了裂痕，大家感到他們的結合是不快樂的。

因此，我記起了一句話：「只有工作與愛的眞個結合，那才是幸福。」如若結合之前不能有這一點認識，那末除非結婚之後願意躲在閨房內過着丈夫的生活，讓妻的柔情埋葬了你的一生。或者，你有能力教育她，讓他和你一起生活。

否則，請和愛好相同的人結合吧！

要在工作中創造愛情，愛情中創造工作！

小朋友作品

遠足雨花台記

南陽小學六年級生葉明珠

十月十日是雙十節，我們趁了這一天國慶日去遠足，我們約了佘仁小學的師生，一同去，佘仁小學有四十多人，我們學校裏也五十多人，後來佘仁小學的老師同學，到了我校裏，齊齊在我校的操場上，休息了一回，等到八點鐘，就同我走上白石嶺到前山，走到廿四個灣兜的時候，覺得很有興趣，立脚不住的衝下去，後來到了前山，看看前山的市鎭，比後山的市鎭熱鬧得多了，走了許多路，再到雨花臺，看看景緻很幽雅，前面有兩棵桂花樹，更是淸香撲鼻，我就喝了一杯茶，休息了一回，就和胡老師一同到大尖頂去玩，大尖頂後面有一片荒地，這時天空中的風，吹在我的身上，很是爽快的啊！

回來到法海寺，寺中有十八個佛像，名稱叫做羅漢，覺得很美觀，吃了午飯，就到渡水橋去趁輪船，到了四點鐘輪船還沒有來，所以我們就趁了帆船回後山，我們到了楊灣，已經燈光燦爛，到家吃了晚飯，就睡覺了。

雨

南陽小學六年級生葉肇勤

今年已好久沒有下雨了，田中河中都要乾涸，照這樣再乾下去，河中的輪船帆船，都要不好行駛了，田中的稻麥，都要乾死了，忽然昨日有一陣大雨，雷聲隆隆，黑雲佈滿天空，這一陣雨

東聯社 莫釐風 舉辦第一次學生徵文揭曉（二）

中學：第一名　莫釐　凌肇元

小學：第一名　務本　李孝圭

第二名　鑑塘　葉世儀

第三名　務本　王長淸

我的

鑑塘小學六年級葉世儀

蒼翠的山峯，倒好似排列在前後面，那山的四周，有跨江浙兩省的澄淸太湖環抱着，從這背山的頂上極目瞭望，便可見一幢古式的房屋中間夾着一根參天的旗桿，光耀的國旗飄揚空中更顯得壯嚴，那便是歷史悠久的母校——鑑塘小學。

校長先生告訴我們，母校的歷史是在民國十年間，本鎭的紳老朱公鑑塘先生，見到本鎭失學兒童的可憐，就立志興辦學校，不幸的正在計劃進行中，鑑塘先生病故了。在他臨終時，囑咐他的兒子（就是現在爲本鄉謀幸福的朱潤生先生），繼續辦起來，完成他的志願，所以因紀念鑑塘先生而就定名鑑塘小學。

母校是本鎭起始第一個時代化學校，自從成立之後，一般失學兒童，都能得到教育的良機，同時打破了本鎭歷來陳舊落伍的制度，不問莊家出各，不論男女，一概全收，並且學雜費均免，不過出幾角小洋茶水費而已。

母校的校舍，是鑑塘先生的住宅，約有四公畝，有四個教室，中間是大禮堂，壁的正中，掛着國旗及風姿英爽目光炯炯的 國父孫中山先生。運動在校外西南面，約距十丈的一片廣場上，足球、籃球、沙池等設備，應有盡有，童子軍的配備俱全，組織嚴格，在抗戰之初，母校的童子軍，參加後方服務，曾得奬狀。

圖書室及實驗室在西面的一幢樓上，佈置得很藝術化，那裏是同學們的知識庫，各種書籍，約有千數之上，但于抗日戰事爆發之後，敵冦逐漸侵至本鎭，母校幾次被日軍搜査，幸賴校長先生早經準備萬一，把貴重書籍搬出，隱藏未失，仍能滿足我們的欲望。

自日軍無條件投降後，校長先生立刻計劃復校，經過幾次的努力奔走，和校董們商量，不到半年，受過日軍蹂躪的校旗，居然又在空中飄揚，發出我勝利的微笑。

學校中的老師有五位，都是和顏悅色，他們在教導方面，隨時活用他們的技能，他們總是希望我們的精神格外活潑，心地格外光明。課餘更分別指教我們日常生活，有領導我們運動的，有替我們解答各種問題的，有指揮我們服務公衆的，每一個都赤心苦力地教導的啊！我們有了這樣爲兒童造就的老師們，誰也感覺不到學校和家庭，還有什麼分別，老師們不就是我們的父親了嗎？

我們在校中自由活動，由全校同學組織一個自治委員會，以下設衛生、巡察、學術、遊藝、康樂等股各項事務，一切事宜，均由同學們推選品行學業優秀的同學担任

正不小，但是聽農民說：昨日的雨還不大，田中河中只有三四寸，我們希望再下一些雨，若不下雨，物價就要飛漲，人民就要受苦痛，將要變成旱災了，前幾天乾得井中河中都沒有水，幸而昨日下了雨，井中河中都有水了。

暑假中的見聞

南陽小學六年級生葉盛泰

自放暑假以後，我一人在家寂寞異常，而每日天氣又非常之熱，華氏寒暑表上，總要升到九十度及一百度以上，所以也不能往外去遊玩，但是雖然一人在家，而也能聽到很多的新聞，連我都記不清楚，現在把簡單的寫在下面：

一天，有許多人到我們家裏來說：要寫壯丁捐，爲國出力，我們便照數付去，並且收到一張證據，衆人去後，我對母親說：這是應該出的，所謂『有錢出錢，有力出力』，將來長天以後，必定要幫助國家攻退敵人，母親說：你眞是一個愛國的孩子。有一次，我到街上去要見校門口高高的貼着招生紙，我見了快樂得很，就立刻去報名，從此以後，我又要聽老師的敎訓，下課時候和同學一齊遊戲，上課時候，一齊讀書，寫字，比在家中要快樂得多呢！

諸位同學：你們想光陰得快嗎？所以我們不得不努力求學，將來才能成爲一個好國民。

◇　◇　◇

小朋友作品

，這樣同學們被此都能養成服務公衆的習慣。

當校長先生見到同學們奮勇自治工作的精神，他時常贊嘆，說學校就是一個社會的縮影，你們在學校裏有這樣活躍的自治精神，將來爲國家服務，一定也是勇敢有爲的革命青年，但遺憾的是我們的創辦人，他早已離世，不能見到我們一般天眞活潑的小朋友們所遺留下來的鑑塘小學，仍是黌舍巍然歌誦不輟。

啊！我可愛的學校，我敬仰的鑑塘先生，再過半年，我就要脫離你的懷抱了。

學校

本小學校六年級上王長清

我早想用我的筆，寫出「我的學校」。可是好久不能實現。因爲我怕寫壞了「她」，或者寫得不像。反而使讀者摸糊，不能深切的了解、認識。其實，我對於「我的學校」，就好像我對於自己的家庭一樣；我固然愛我自己的家庭，但是我更愛「我的學校」，寫作的好壞，不過是個程度的問題，與我寫作的立場，有什麼關係呢？

如今，我很擔心的寫了「她」，眞覺得是個冒險的嘗試呢！

在離開吳縣城廓八十里左右的光景，有一個小小的山鎭——東山，這裏有着大自然的環境，好像是一個景物宜人的大公園。起伏的峯巒，點綴在肥沃的原野上；明鏡似的太湖，却又環抱着這一塊物產豐盛的原野。這裏的居民，也許是經沾着山明水秀的薰陶，養成了勇敢和活潑的性情。一切的一切，都在猛進，尤其對於敎育事業，更有長足的進步。

爲了大衆的需要，我的學校早在民國九年便產生了。到如今已有二十七年的悠久歷史。自從有了「她」，這裏更有了朝氣，更有了新的啟示。好像在荒蕪的園地上，開出了一朵鮮花，而且是一朵燦爛的，開不完的鮮花！是民主的搖籃，是棟樑的製造廠。就在這裏畢業了不少有爲的同學。

在這長長的時期裏，雖然經過了不少時局的變動，可是她仍舊安然無恙。尤其八年的抗戰中，我們全校的師生由校長馮志亮先生領導着，輾轉在敵人的鐵蹄下，爭取着學校的自由，敎育的自由，始終沒有受到敵僞的奴化敎育。我記得很清楚，在三年級的時候，關上了校門，我們在唱着抗戰的歌曲。勝利以後，「她」得到了省政府的嘉獎，以及八年來的畢業證書，准予驗印的無上光榮。這眞是淪陷區內各學校的一個奇蹟。

我們的校舍雖然借用着一所古老的祠堂，可是倒也明窗淨几，佈置得有條不紊。大禮堂、辦公室、圖書室、儀器室、抬球室等等，已經足夠應用，設備是相當的完善。在校舍的東面，便是一片廣大的場地，足有十畝田大小，原來是校舍的基地，現在却暫時把它當作運動場。我們在這裏升旗、早操、擲籃球、踢足球、拍羽毛球，鍛鍊我們的體魄。

全校共有十一位老師，他們用了滿腔的熱忱，循循善誘的來敎化我們，讀書的時候，敎我們認眞的讀書，研究的時候，同我們盡心的研究，遊戲的時候，却又同我們一塊兒遊戲，眞似父母子女一般的親愛，和睦。而且在團體訓練的時候，常以「誠實勤勞」的校訓，及「德智體羣」四個字來勉勵我們。期望我們達到「眞善美」的境界。

回想我在抗戰開始時，從原籍鹽城遷到東山以後，在這漫天烽火的現局中，我還能夠在這樣的一個學校裏讀書，實在應該感謝學校創辦人葉公翰甫先生。

「我的學校」究竟是什麼學校呢？「她」就是東洞庭山前山鎭古石巷內的「吳縣私立葉氏務本小學校」啊！

莫釐風　第二卷　第六期

赴英途中（上）

——贇——

十年前在吳淞唸書的時候，常到海邊去散步，游息目送一二艘大船一直駛向大海的邊緣，曾引起了許多幻想：在大海的那一邊究竟又是怎樣的一個世界。那時一股探索神祕的慾望是强烈極了，但以後這十年的動亂局面裏，一直生活在生活的尖端上，天天爲生活而生活著，一切爲生活綑住得緊緊的。幼年時代的幻想連續被粉碎，希望的圈子亦縮小到只剩一點，一個人像一把刀子，刀背都在起銹，刀口上的光芒，亦快將消失了，這回得着一個出國的機會，相信這快要窒息的生活，又得換一口氣了。

從九月五日踏上船到今天已是半個月了，生平還是第一次海上旅行，海對於我這陌生的旅客終算非常客氣，從黃海到南海，從印度洋到阿拉伯海，海一直是和顏悅色，平靜得像美麗的湖一樣，雖然如此，我仍刻刻感到海的無上的尊嚴與威儀，海的浩瀚，海的深邃，就可以表現出大自然的浩瀚與深邃，蘇格蘭皇后號就是戰前昌興公司的日本皇后號，是艘二萬二千〇三十二噸的大船，戰後行駛遠東的船隻中要算它最大了，論其設備和規模，可稱得海上的一座大廈，不過龐大如蘇格蘭皇后號出現在茫茫一片的大海上，亦不免有滄海一粟之感，蘇格蘭皇后號的速度平均是每小時二十一海浬，比上海到南京的火車速度慢不了，許多從香港到星加坡計程一六三〇海浬祇行了三天，從星加坡到印度的孟買祇行了五天，全程由香港到英國的利物浦城只須二十七八天。可謂相當迅速，全船共七層，上下有電梯，此外有游泳池，有華麗的餐廳，跳舞廳，電影場等等，船上的動力約四萬匹馬力，相當於半個上海市區內的電力。此船戰時由英國政府徵用爲運輸艦，現在亦仍在替英政府運送兵士，除開一部份頭貳等艙由船公司賣客票外，其餘全由軍隊佔用。這回船上士兵約有二千餘人，乘客約一千人，士兵和乘客各有規定的活動範圍，好些地方如最高層甲板，休息室等只限乘客活動，士兵不能混入或越雷池一步，英國軍隊的紀律不由人不佩服，英國人的守法早已聞之，士兵亦不例外，由此得到事實上的證明。船上的中國人大部份是留歐學生和少數假期進修的教授們，其中女性近十位，所佔百分比不算小，以國籍來分英國人最多，大都是復員的將士及其眷屬，其次便是中國人，印度人，尚有少數是奧國法國意大利俄國籍的。其中大多是傳教士，船上的伙食因受英國政府的限制，每日規定只有三餐，每餐只三道菜，實與昔當然都較戰前差，但勉强可以解聊者，船上的伙食聽說要比英國當地的强些，至少可以吃到鷄蛋魚肉等等，中國乘客對船上唯一不滿的亦就是伙食一項，既談不到調味花色，翻來覆去這幾樣，麵包吃不到新鮮的，硬得可以，尤其西菜的分配往往是一道冷，一道熱，中國人的胃有些受不了，講到吃的文化，中國實在可以自傲一番，在星加坡和孟買中國乘客都忙着上岸去找中國館子饕餮一番，海上的生活，原是極枯燥的，只覺得時間有餘，除了吃飯睡覺以外便得自己找些事情或消遣來消磨這旅途的光陰，看小說，寫信，玩橋牌，蹓躂於甲板之上聊天，說故事……這許多節目似乎尚不够憤滿時間的空格子，儘有許多時候叫人懷故思舊起來，感覺旅途生活有時候是單調的寂寞的。

在上海到香港的途中，同船有位英國青年，曾在中國做過幾年救護工作，這次去香港進香港大學攻讀，他喜歡和中國留學生混在一起，同船都問他英國人是否一般都很冷酷不輕易理人，他并不否認，并講了一個故事：從前有一艘船遇險，船上各國人都有，這些人被飄落在一孤島上，一二天後，美國人丹麥人西班牙人都相處很熟，各人找着工作在做。有的砍木，有的覓食有的蓋屋，唯獨一英國人呆坐一處不動，口亦不開。其餘的人都怪而問他究竟怎麼回事，這英國人，才回答說：「我還沒有經過介紹和誰認識呢？」這故事挖苦英國人之冷酷可謂至矣盡矣，這位英國學生很坦白，他說香港的英國人尤其具有主子氣味，自視甚高，這很不對，他說英國有好人亦有壞人正像中國一樣，他補充他的意思說「希望中英民族不要互相歧視要互相求了解」，談起香港問題，他說這是我們上一代的政治家留下來的不愉快的錯誤。希望這一代的人不要再犯。這位英國青年的話很質樸率直，敢信不是口是而心非之談。

香港是舊地重游，太平洋戰爭爆發的那年正好在香港，天上日本飛機在打轉，在丟彈，尙以爲是國家空軍在演習，迨確知日本已和英美宣戰後眞是一則以喜，一則以懼，喜的是日本註定了戰敗的命運，懼的是自己未知的命運，果然不久，皇家軍乞降，目擊日本鬼子耀武揚威的進入香港，從此身陷敵手，記得那天天氣陰沉，全城死寂，但見鬼子行進之際塵土飛揚，益增肅殺之感，兩日迷糊之間不覺泫然泪下矣，此次重臨封地，自多感觸，尖沙嘴，半島酒店，皇后大道，匯豐大樓曳小洲：都還是當年一般，但其間朝代數易，歷盡興衰，思念及此恍然如在夢中，香港爲自由港，一般物價較各地便宜，英美貨價只及上海之一半，本地及上海貨則未見便宜，現時港幣價值約抵戰前的四分之一，反觀我國的通貨平均已膨脹至戰前之三萬倍，能不悚然，在港一日半一切運送行李，購票及換錢手續均委托通濟隆旅行社辦理，行旅稱便，同行有委託別家旅行社者，其服務精神均不能與通濟隆比，後者爲旅客服務已垂數十年，聲譽中外，洵屬名不虛傳。

船離香港三日，即抵新加坡，到達前乘客俱忙於寫信以便在星交寄，船上可換新加坡幣每一英鎊可換八元半星幣，一元星幣約折合國幣壹萬四千元，抵星的翌日，由星洲日報館胡君領導參觀博物院，植物園及觀光市區，這天爲星期日不然將有更多可參觀地方，新加坡爲英屬馬來亞半島上一口岸，但市內充滿中國風光，店鋪什九爲華僑開設的，居民百分之八十爲中國人，登臨斯土并無身在國外之感覺，黝黑的馬來土人反而退居點綴地位而已，在星華僑大致分爲兩系，即陳嘉庚系及胡文虎系，兩系各據有報紙一張，前者代表不滿現狀派，後者與政府站在一邊，在參觀途中，車過胡文虎氏所有虎豹別墅，門首左右，塑有兩虎各踞一邊作跳躍狀，着虎黃色，虎下有胡文虎三字，兩虎姿態實欠威儀，別墅之情調香豔有餘而氣派不足，一若暴發戶所有者，星加坡華僑之兩大經營爲橡膠與錫，橡膠鞋在星加坡并不便宜，原因聞係人工貴，因聞上海之橡膠品有遠銷至南洋的亦就不足奇矣。新加坡地近赤道，氣候却并不太熱，對於植物之種栽極宜，四季常青，新加坡全城就像一所美麗的公園，第三日中午船離星加坡，同船中國人不勝惜別，良以別離星加坡不啻眞正離開了祖國的懷抱，彷彿此去將盡是化外異域了。

——待續——

三十六年九月二十八日于蘇格蘭皇后號上

紅甘齋日記(七)

紅甘齋主

三月二日 晴

比醒，見日照牆，樹影婆娑，啼鳥處處，盎然有春意矣，新年以來，初感暖意，倍覺舒適。

起步園中，綠草如茵，生氣勃發，而草上露圓如珓，陽光到處，閃耀可愛，殊令人不忍踐踏，時薄霧溟濛，彌增詩意，造物之神化，殆難言喻，憶十數日前，猶衰草蔓徑，枯枝疏藥，幾徑雨潤，頓易舊觀，語謂「春雨如油」，信矣！

因念人生亦然，蟄居過久，必乏生趣，以我為例，失業一年，已感無聊，一朝出外，卽虎虎有生氣，諸親友亦另眼相看，是以工作之於人生，猶春雨之於草木，受人青睞，固猶餘事也。

竟日為旅費奔波，薄暮赴同樂社稍坐，朋輩咸以何日赴滬相詢，消息之快可知，閒談間悉一月前新婚之張家新郎，終告病亡，沖喜未成，反招悲戚，為之唏噓不止，問男女家因此頗有隔閡，男方以媳婦未盡厥責，有意銜恨女方，女家則目覩愛女少寡，自多怨言，於是親家幾成寃家矣，余意事既如此，徒吵何益，況命運天定，無可勉強，自以悉事寧人為是。

所可恨在，女家有所謂「阿舅」之一者，竟主張其妹再醮，實屬荒謬之極，渠對此次婚事素所反對，故特提出此議，以示搗蛋，惟吾山不乏正人君子，對此謬論，必有嚴正之譴責。夫今日世風之所以不古者，無他，貞節之婦女太少耳。試數民國以來，新建貞節牌坊，僅有幾處，而滿清時代，則遍地皆是，卒使道德，維持不墜，洎乎今世，男女攜手偕行，恬不知恥，三從四德，遺忘殆盡，至今日而竟有倡言寡婦再醮者，其蔑視綱紀倫常，昭然若揭，此輩青年，實乃中國道德淪亡之罪魁，期東山有心人抱滅此輕食之心，羣起而攻之，東山幸甚！中國幸甚！

今日送禮者甚衆，此情此景，久矣不見，東山人俗稱之為「刁」，所以示送往迎來之意，惟予旅費文憑，猶無着落，受之不免有愧。

晚間，兩兒就燈前寫作，鉛筆短至二寸，猶書寫不已，渠等雖從未啓口索購，但予擬在滬購一打寄山，一年來予視兩兒如果物，能稍覺興趣者，其惟今日乎。

三月六日 晴

經數日奔走，旅費僅及半數，賴妻籌措，勉集十元，頗非易事，擬以一元購東山名物帶滬送禮，二元充赴滬旅費，四元添置衣着，文憑一紙，傳價想需二元以上，則所餘亦無幾矣！

今日家中為我獻路頭，示出門順利且多財氣之意，物雖不多，但所費要需二元以上，紅燭高燒，香烟繚繞，與當年初學生意時無異，飯鑊之上，元寶一只，惜為粉做，似屬金質，豈不佳哉！豈不佳哉！

清晨，赴二姑母處告辭，途中見家家門前，楊枝招展，知係清明，鄉人忙於上坟，遠者泛舟，近者擔榼，山野之間，楮錢灰飛，為踏青人增一點綴，間有新嫁娘衣紅裙花衫，俗稱之上花坟，萬綠點紅，益為青山增光。

返家道上，婦女之見我者，似甚客氣，不復效往日之戲謔，惟小孩仍多以紅甘蔗呼予，殊為可惡。

抵家後，妻告有黑牆門白家老媽者，託為其獨子在滬謀一枝棲，予頗有啼哭皆非之感，其子幼孤，賴母扶養長成，今方讀就國民小學六年級，今夏當可畢業，未雨綢謬，自屬好事，顧吾己身職業，猶在未定之天，如何談到薦人，口雖唯唯，心實忐忑，愚者鄉民，渠等因以為凡到上海者，必有金飯碗可捧，孰知事有大謬者乎？

× × ×

憧憬

·若夢·

昏暗的斗室中，亮着一盞十五支光的電燈，房中顯出不甚明亮，窗外下着濛濛的細雨，使室中更顯出冷清寂寞，祇有那淅瀝的下雨聲來點綴這寂寞，在葉窗的寫字檯旁枯坐着一個青年，這就是——我——腦海中推演着一幕幕的情景。

她那臨去的情景臨去的留言又在眼前幌着：

「這幾塊手帕是流盡了，我那悲酸的淚給你作個紀念吧！……

……」

「……鮮紅的櫻唇上凝住着人生底溫馨，

明亮的秋波裏，輝耀着生命的光輝，

秋波！櫻脣！雖足留戀，

生命！人生！更須努力！

願君為祖國，社會，努力……

……」

四年了，歲月很快的過去，一切已成過去的憧憬，可是我回憶甜蜜的過去，已不會回來的過去。

三年前的冬天在遠方來了一個我母親的姊姊，那就是我的姨媽，並且帶來了一位和我相彷年紀的表妹——她——

為了大家知趣相同，所以每天相聚在一起，記得一天為了她的讀書，曾從南街跑至北街，替她找尋一所比較合適的學校，而且那北風狂吼，可是為了她，終於在北街找到了一所縣立的學校，匆匆的跑到她的窗前，在那潔白的紗簾裏，隱約看見她靜靜的靠在沙法上看書，秀美的眸子，凝視着書本上的小字，我屏息了一下，舉起那凍紅的手輕輕的叩了二下。

「請進來！」裏面傳出那輕而溫和的聲音。

「表妹！章程已經拿來，學校是縣立，依妳的程度，大約可入第二級。」

「這樣冷的天氣，倒累你跑了整半天，眞對不起，謝謝你！」於是倒了一杯熱氣騰騰的玫瑰茶遞給我。你冷嗎？要不要到那邊火爐邊去烤烤」，她顯然看見我的身體在有些顫抖，眞在談得很投機的時候，母親在外面喊着：「××，外面有朋友看你」，她在窗口叫着「現在有誰來看我」，我嘴裏咕嚕着悻悻地辭了出來。

自她進了學校因為路途的遙遠，往返的不便，於是寄宿在校內，每逢星期六的下午回來，可是又沒有機會來聚在一起，星期日的下午又要回校，我底能快快的在門口目送她的身影消失。

是姨媽——她的母親——四十歲的生日，在前一天她便在校中告了三天假，趁此她也可休息幾天，同時也是我和她生活史上燦爛的一頁。

永遠的不會忘記，在一個淒厲的冬夜，有朦朧的寒月，從家裏吃了酒，微醉出來，我和她曾

（下接第19頁）

家山之戀

上官父

二：戲

葉鳳珍寫完了寄給母親的信，開好了封面，正待起身，想下樓去交給在醫院裏擔任事務員的同鄉王榮生，只見同級的同學劉慧玲一蹤一跳的跑進課堂來，手裏拿着二張小紙條兒叫道：「鳳珍，你今天下午有空嗎？我們一起去看話劇去好不好？這是人家送我的二張票子，是K劇團的公開表演，每張票子要賣二萬元錢呢！聽說很精彩，我想你一定願意陪我去的。」

鳳珍看她一副高興的樣子，不覺把方才憶鄉的愁思暫時拋却了，對於話劇電影是最高興去看的，可惜爲了經濟狀況，不能常常去看自己想看的演出。今天有不要化錢的戲可看，自然是求之不得的。可是口頭上却不肯直捷的答覆。他含笑道：「慧玲，我先問你，這票子是那裏來的，是不是徐先生送的嗎？你爲什麼不同他一起去呢？却來找我同去？」

慧玲微笑道：「你不必問我那裏來的，究竟你去不去呢？你不去，我便去找邵惠英同去。雖然我是最希望你能同去的，但也沒法强迫你去呀？」

鳳珍笑笑，一面立起身來，一面接了票子來看時，是K劇團籌募基金假座蘭心大戲院演出曹禺的「日出」，下午二時起，是對號入座的。明知道這是那院中最佳的座位，蘭心大戲院又是演話劇最好的場所，很難得看好話劇的機會，心裏已是千肯萬肯。便笑道：「你且不要着急，我沒有說不陪你去呀：准定同去，不過看完了戲我便回來，你們要到別的地方去，或是吃晚飯，我便恕不奉陪了！」

慧玲似嗔非嗔的道：「你的話太尖刻了，「你們」二字是指誰呀！你先陪我去看戲，其餘的事等一回看情形而定，我不來勉强你就是了。我要出去做做頭髮，你是守舊派，向來不做頭髮的，可願意陪我去坐一回嗎？」鳳珍搖搖頭，劉慧玲便獨自一蹤一跳的走出去了。

在VV學校中，劉慧玲與葉鳳珍雖是同級，但在性格上他們却代表着絕對相反的兩方面；一個是活潑積伶，一個是恬靜淡泊，一個是機警迫人，一個是溫柔款款，一個是新穎時髦，一個是古老樸素，一個是來自南方自由家庭的寵兒，一個是來自鄉村古老家庭的姑娘。照他們兩人的性格看來，應該各成一派，絕對不能融和的。不知怎樣，他們兩人相遇後便十分接近投機，不多時早成爲一雙良友。一到散了課的時候，二人便常常在一起，或是同做自修工課或是同做手工生活，如結絨線等等。在功課方面，葉鳳珍要比劉慧玲優良得多，在人情世故方面，劉慧玲却比葉鳳珍來得熟悉。他們兩人互有長短，攪在一起，的確有互相補助的效果。經過半年以上的同級友誼，兩人間已有不能一刻分離之感。

劉慧玲做好了頭髮回來，在校中陪着葉鳳珍吃過午飯，略加修飾，便一同走出學校，雇了一輛三輪車，直趨滬西蘭心戲院去。到達時，時間不過一點左右，已有不少人擁在門口。忽見一個青年學生模樣的人，上前來招呼道：「劉小姐來了，我們榮幸得很，快進去罷，徐先生已等了你好久了。」鳳珍聽說，便橫眼看了慧玲一眼，笑了笑，心想原來徐道恆早已來了，你却不先告訴我。慧玲若無其事，好像沒有理會一樣。一面略與那學生招呼一聲，便進了大門。將票子交欄杆旁站着的收票人，是二個少年童子軍，他們把票子扯去了一半，將其餘一半交給一個羅宋姑娘，領着他們進場。

這裏是一所影戲，話劇，音樂三用的新式戲院，有銀幕，有舞台，建築已經多年，又經過了中日戰事期間幾度浪用，不加愛護，現在雖已修葺過了，依然流露出若干創痕。這裏在劉慧玲是來過多少次的，知道前後時代的不同，但是在葉鳳珍還是初次光臨，祇覺得裝修富麗精緻，色彩配合和諧，十足表示一所高貴的娛樂場所，坐在裏面另有一個舒適的感覺。他們跟着領座人走到第七排靠中間的幾隻位子上對號入座。葉鳳珍一眼看見那接連的座位上已有二個青年男子，一同立起來，招呼着他們兩人，原來其中一人，便是劉慧玲的朋友徐道恆。

徐道恆一面招呼着葉鳳珍劉慧玲，一面便替他的朋友介紹道：「這位是敝同事吳友松吳先生，這兩位是葉女士劉女士。她們便對他點點頭，各自佔了座位。那些位子，是在第七排中間，二號四號六號八號，並排四座。葉鳳珍坐了二號，劉慧玲四號，六號是徐道恆，八號是吳友松。

此時離話劇開演尚有相當時間，看戲的人已來了大半，尚在絡續進來，劉徐兩人原是熟人，一坐下來，說話很多。葉鳳珍低頭讀着說明書，並隨意看看演出人的名字，忽然劉慧玲囘頭對鳳珍道：「鳳珍你不認識這位吳先生嗎？他是你們同鄉呀！

鳳珍給他一說，不覺囘頭看了吳友松一眼，一個穿洋裝的青年，不過二十多歲，似乎比徐道恆年輕些，清瘦的面容整潔的服裝，似曾相識，却記不起在任何處所見過。便笑道「是嗎？我好像不大認識。我們同鄉人在上海很多，除了幾家近親近族以外，大都是不大知道的。」慧玲笑道：「我提起他的父親來你大概一定知道了，他是從前在上海開棉布字號的吳靄如先生，乃是東山的董事，現在他父親故世了，所以一切都是他自己管理的，年紀輕輕做事倒很能幹的呢！」吳友松接着道：「劉小姐說得太好了，我是不會做什麼事的，葉女士也是東山人嗎？我們同鄉人在上海的，缺少聯絡，所以除了幾個常常見面的人外，往往是面不相識的。我們男子也是如此，無怪葉女士不知道了。」

葉鳳珍聽見劉慧玲提起吳靄如，他雖不認識，却是知道的，並且同他家裏還有一點淵源。便道：「原來如此，令尊大人是東山人人知道的，做過許多慈善事業，東山人大家都很敬重他呀！」劉慧玲笑道：「吳先生，鳳珍在上海熟人很少，我們以後有機會，可以常常見面，我相信你一定很歡迎的。」鳳珍聽了他直捷的拉攏，倒無言可對，祇笑了一笑。

葉吳的談話到此爲止，接着便是劉徐二人的繼續談話，葉吳二人的繼續靜默。

不久，上演時間已到，此時院中的座位早已佔滿了，各人間輕微的談話所織成的一片浮喧，在場中的電光突暗時，頓時靜下，接着便見絨幕分開，台上的燈光漸漸亮起，劇中人早已在台上，呈現在觀衆的眼前，K劇團表演的「日出」話劇便正式開始演出。

「日出」是曹禺的成名作，葉鳳珍讀過他的劇本，所以情節已知大概。

在話劇演出中間大家聚精會神，注視台上。把劇中人的環境遭遇，作爲人生的反映，各人生出各種各樣的感想來，有的在憧憬於陳白露的奢華逸樂；有的在憐憫小東西的孤苦磨難；有的在悲憤黃三省的懷才不遇；有的在憎恨潘王亭的荒淫無恥。大概都是從本身的出發點，看到話劇中的一角。其實在我們觀看自己的人生，又何嘗不是如此，各人祇看到他自己的一角而已。

葉鳳珍雖不是第一次看話劇，但也不過是第二次而已，看到那些新式華美的佈景，服裝，道具，燈光，配合着劇情，配合着劇中人的身份。這是一種經多人研究努力而產生的藝術。不是隨便湊合而來的。劇員的表情，動作，對白等等，也有很多精彩的地方，時時博得場中的拍掌聲。K劇團這一次的演出是相當成功的。

不覺想起了山中的廟台戲來，小時候在新年裏聽到看戲是十分高興的，大部份的做戲，在名義上是做給猛將菩薩或城隍老爺看的，名字叫做酬神。許多廟宇，都自專用戲台，沒有戲台設備的，便臨時搭起草台來了。年歲太平，五穀豐登，大衆認爲受了菩薩老爺的保護賜福，自然要酬謝一番，做幾台戲。假使蠶花不旺，或是瘟疫流行，那末又要祈求菩薩老爺發施他的威力，鎮壓邪道，恢復安寧。事後又要做幾台戲了。故鄉的農民是多麼可憐呀！除了祈求老爺護佑外，還有什麼辦法呢？

可是葉鳳珍在當時是想不到這些的，正同閤山的男女兒童一樣，只要有戲可看便覺高興，其他都非所問了，除了小孩子，即使是成年的男女，未免也有一部份人抱着這種心理，雖然，做戲的錢是出在大衆身上，大家很願意分擔着這一筆經費，也有少數不願的，格於公論，也不得不湊出來了。

至於戲的內容無非是白水灘、三叉口、烏龍院、白蛇傳等等而已，另有那些草台班子，專接鄉村間的廟台戲的，他們以角色的好壞來定包費的多少，都是論日子計算的。自然與大都市舞台的京戲班子，是不可同日而語了。

今天的話劇，與當日的草台戲，不一樣是「戲」嗎？唯一的不同在於當日的戲所表演的是已往的故事，及已死的古人。今日的戲所表演的是現實的生活，是日常的人物，便因爲如此，看話劇時便多了一種親切之感了。

二小時的演出，很快的終場了，劇中人的悲歡離台，多少有了一些結果，在觀衆的心上，也留下了一些淡淡的影子。劉葉兩人起身離座，預備出場的時候，不出鳳珍所料，果然，吳友松提出了請吃晚飯的主張，邀劉慧玲葉鳳珍同去，鳳珍根據前言，堅持不去。但是徐道恆一再邀請，從中拉攏，堅勸同去，劉慧玲也說：「你囘去也是吃飯，在外邊也是吃飯，何必一定要推却吳先生的好意呢？」

戲就是人生，人生也就是戲。台上的戲結束了，人生的戲，可是無窮盡的，每天，每晚，有些在開場，有些在進展，有些在結束。

——第二章完——

太湖兒女（3）

•何遜•

夕陽斜照着還讚亭下的一片山坡，小北湖中平靜的水面上，點着幾葉懶洋洋的歸舟，空中流駛着片片晚霞，那些被夕光映幻成多色的奇形的晚霞，似在和山徑中的歸客競走，他們飄忽地，自在地，不絕地，多變地飄出了山谷，漸漸褪色，漸漸消失。

同時，山谷中，小溪邊，高樓上蕩漾着吳儂軟語，由遠而近，由近而遠，那是「難民」們三三兩兩地踏上歸途了。當他們走過石級時，都對着四個年青人投下一種奇異的眼光，好像在數着：兩個男的，兩個女的。

她們斜側着頭頸，仰望着樹隙中的浮雲，達夫也失去了唱「夜半歌聲」的勇氣，小黑子好似餘怒未息，默無一言地看着螞蟻搬家。這沈默的空氣，一直持續到遊人走完之後，才被林濤的嘆息聲浪打破。

「我眞耽心會碰到個把熟人。」

「怕什麼？難道男女就不能在一起遊山嗎？眞虧你們還談婦女解放，僅這一點，就解放不了自己。」小黑子憤憤地說着。

「你不知道東山是一個閉塞的地方嗎？」靜子很不服氣，何況她們原是一路的。

「就因爲他閉塞了所以需要你們加倍的努力，你們不要以爲女子放了足，捲了髮，拋棄了裙子，跑進了洋學堂，就算是解放了，最重要的倒是那些無形的潛伏在心底的封建意識，我們要發掘它，連根帶枝地把它毀滅乾淨。」

「不要太嚴肅吧！」達夫打斷了小黑子的解放高論。「提起了包脚，使我想起小時候看祖母洗脚的鏡頭，每到冬天，在陽光普照着的園地上，祖母戴上老花眼鏡，解開她脚上沒不通風的包布，同時爲我講着包脚時的苦痛。我覺得這是人間至大的慘事，我常問着祖母，爲什麼你們一定要包脚呢？而回答終是不很滿意：不包脚像什麼樣呢？直到現在，這問題還沒有得到滿意的答覆。」

「還不是你們男子爲了自己打算的結果嗎？舉一個例，所謂第一名留學生蔣鴻銘在提倡娶妾之外，還以喚女子的小脚作爲一種享受，這簡直是侮辱。」

「靜子的話也許不錯，可是你們女子也得負大半責任，試問自己爲包脚受了多少痛苦，爲什麼還要她的女兒，孫女，世世代代，受着同樣的苦呢？再說，男子也許是包脚的發明者，可是，最後還是靠了男子的攻擊和呼籲，才解脫了你們的桎梏。現在，你們的脚算是放大了，然而可惜的是，依然不能跑更遠的路。」

「這都是『家』的牽制。」靜子邊說邊向着達夫：「喲，喲！」

但是並沒回音，她拾起一粒碎石，向他拋去。回音算是來了。

「小孔，我的大名可不叫『喲』呀！」

「我偏要這樣叫，喲，你說『家』是什麼？」

「家嗎？家是一個枷鎖，一座牢籠，父母的命令是鐵柵，橫的，豎的都有。」

「然而鐵柵是可以用火融斷的。」小黑子說。

「即使沒有高熱的火，時代的磨鍊，一樣可以把它打開，我相信。」這是達夫的意見。「你們看：在我們之前的幾十年，還唱着男女七歲不同席，現在則漸漸看見太夫人移步出堂前了，雖然男女還不能社交公開，可是拿妳們舉例，居然能夠到新東山流通圖書館裏服務，已是很不容易，可見時代還是前進的。」

一個暫時的沉默。

「噢，我幾乎忘記了一件事，我得馬上回去。」

靜子站了起來，緊張得很。

「什麼天大的事？」林濤問她。

「不要管他，回去再說。」

「你不說明白，我們不想回去。」

「我要到圖書館去借一本巴金的『春』，說不定已經被人借去了。」

「原來是這樣一件小事，也值得如此大驚小怪的。」

林濤說完，跟着站起，振一振衣。

疲倦的醉翠樓，靜靜地躺在暮色的山坳裏，他已經招待了不少的遊客，現在該是他休息的時候了。四個人背着樓步下山去，路磚砌得很平，山下是一長列住屋，頂上吐着灰色的炊烟，連結成一個烟環，像是仙女身上的綺羅。

他們的速度很快，在將近街時，她們和他們分成了兩路，因爲一般的東山人，從他們自己的體驗推想起來，覺得年青的男女在一起走，總是搞不出好來的。這在有着新的頭腦的他們，也不能不略略顧到，因爲人言畢竟是有些可畏的。

鍾秀同學會成立大會誌盛

•鄭瑛•

籌備了多時的鍾秀同學會，終於在十二月七日在同鄉會舉行成立大會了。那天風和日暖，正是十月小陽春的天氣，在曾經給多個同學會開大會的同鄉會，又有了一番新的氣象。——一般女同學們在樓梯上和休息室中輪流招待着，有抱着孩子來參加的同學們，這些，是和別的同學會不同，這是鍾秀的特色。

貼着的標語眞是雅俗共賞，像：

「銀親戚，金鄉鄰，鄉鄰那有同學親。」

「兄弟姊妹，快來入會。」

「今日共聚一堂中，他日攜手不放鬆。」

…………使人看了有親切之感。

二時許，宣布開會，主席毛永齡致了開會辭，就請楊前鍾秀校長茂芬先生訓話，楊先生以三點來致誨她的學生們：一、要保持母校的校格，就是威武不能屈，富貴不能移，也就是保持自己的人格。二、要記住據訓𠎃樸，不要給環境轉移。三、要聯合別的同學會一起求進步，不要以爲自己是女子而氣餒，語多鞭惕，使同學們深深地感動，爲了表示敬意，由同學會代表獻花。

接着由同鄉會代表朱潤生先生東聯社代表席玉年先生，以及來賓席德基，俞康年，張之溫等致辭，並由該校同學湯經緯致答辭，爲了時間的關係，討論會章和選舉却留在後面，把精彩的餘興先上場。

華聯的歌唱班唱了二個歌曲：大家唱和黃水謠，接着的是魔術，國樂，口琴，獨唱，滑稽，粵樂等都精彩異常，餘興節目終了，來賓進出，接着通過章程，開始選舉，由湯經緯、毛永齡、嚴李祥、沈玉琴、許慶華、席裕蕙、馮琴娣等當選執委，韓世雄、陳齊孟等當選爲候補執委，湯品林、席德華、蔣宗龔等爲監委，候補爲季興良，選舉完全之後，同學們嘻嘻哈哈的回家去，鍾秀同學會成立大會也就在這樣歡樂和愉快中散會。

莫釐遊誌（十五）

明熙

恬庵雜錄則謂宋景定四年旱蝗，上敕封劉錡爲揚威侯天曹猛將之神，蝗遂殄滅；舊蘇府志謂：劉錡之弟銳爲猛將神；近人徐濬，以宋景定四年封神敕及楊溥神祠之名揚威侯祠作證，從恬庵雜錄說。封神敕云：

「宋景定四年三月初八日，皇帝敕曰，國以民爲本，民實比於干城，民以食爲天，食猶重於金玉，是以后稷教之稼穡，周人甚之井田，民命之所由生也，自我皇祖神宗，列聖相承，迨茲數葉，朕嗣鴻基，夙夜惕若，邇年以來，飛蝗犯境，漸食嘉禾；宵旰懷憂，無以爲也。黎元吞怨，莫如之何，民不能祛，吏不能捕，賴爾神力，掃蕩無餘，上感其恩，下懷其惠，爾故提舉江州，太平興國，官淮南江東西浙西制置使劉錡今特敕封爾爲揚威侯天曹猛將之神爾其何同羣庶血食一方故敕」。惟據會典云：「雍正二年，奉旨祭劉承忠於各省府州縣，神能驅蝗，世稱劉猛將軍」。則神當爲劉承忠，非劉錡兄弟，封神敕係好事者僞撰不足憑信，神祠之名揚威侯者，亦因誤傳誤所致，松江府志更引王阮亭說劉溫室一云漫塘爲蝗神，李元春益聞散錄，俗傳神爲劉章，及兪樾壺東漫錄疑爲城景王劉章則更矯誣不足信矣。

靈佑廟右爲東華殿，再右爲翠徽菴，門額題香林花雨，三月初九開鎖時，香火頗盛，右殿供純陽呂祖，聯云：

濟世有方，惟在致誠能感格；
度人無量，須憑功行叩慈恩。

樹林陰處，可望平嶺白沙蝦蟆諸嶺，一徑蜿蜒，行人蠕動，廟山南麓，有翁瓦賓之墓，翁君即集賢圃之創建者。墓側豎明光祿丞瓦賓翁公誄（崇禎辛巳朱陛撰）並哀詞（汪度撰）明故光祿寺丞瓦賓翁先生傳（馮士驊撰薛益書），明故光祿丞行賓翁公墓誌銘（張溥撰，馮士驊篆額周恭由書），明故先祿勛瓦賓翁先生瓦狀（陳宗之撰，）明故光祿丞瓦賓翁先生墓表，（楊廷樞撰文從簡書）明先考光祿丞瓦賓府君行略（文先撰於天啓壬戌）等石碑六：

「……公諱彥陞，字陞之，瓦賓其別號也……」——以上錄自傳。

『……洞庭翁氏之有聞於吳也，自宋建炎始，當時車駕南遷，翁公承事率族屬千人，扈行入平江，渡洞庭，顧東山而樂之，遂卜家焉，曰子孫世世以山爲宅，鄭杜之志也，數傳及少山公箋，箋生見滄公啓陽，子姓益廣，見滄公生四子，長者曰翁光祿，光祿諱彥陞，字陞之，別號瓦賓，其命名也，取美士曰彥之義，號瓦賓者，喜翠峯賓之也……』。——以上錄自墓誌銘。

『……萬曆庚申，吳患祲甚，道殣相望，邑宰萬公憂之曰：「孰有起而活諸溝壑者」，公慷慨獨先請捐囷倉，設萬人食，閭左竟賴以全……』。——以上錄自行狀。

「……生萬曆己丑十二月五日辰時，卒天啓壬戌四月七日丑時，得壽僅三十有四，嫡配葉孺人，故居士華陽女，側室生子三，其夫益，國子生，次天章，郡庠生……」。——以上錄自府君行略。

下行至諸公井，以諸公井名，井後有猛將堂，相傳東山欲塑神像，苦不得其客，神乃顯聖，作孩童像，像成，舁過該處，坐井欄小憩忽重若千鈞，不能舉移，乃知神意於此，遂於上建廟，故前山之中天王行宮，以諸公井爲先，所謂井大殿二橋三漤四漾五席六是也。附近商店林立，市廛稠密，名廚美點，茶室書場，各就所欲而止焉。東行至響水澗，因澗水流響經年不絕，故名。東山有此一脈清流，將外來之一切汚濁氣氛沖乾淨，里無郭解劇孟之俠，市無桑間濮上之音，士安於學，商安於賈，工安於職，農安於耕，居民融融，行旅樂樂，固今世之桃源，洞天之福地也。

第三組　中部內圍

由廟山之麓至曹塢，訪小東林，從小東林額，跋曰：

「吾宗吳興支派，當有明太祖御駕親征，僞吳張士誠，戰艦鱗集太湖，駐節其地，遠祖諱二公，樂助軍需二萬兩召見恩封壽官，崇祀湖州府德曉祠中，賜祭春秋，子孫世居於此，康熙歲甲甚季重建，華亭沈宗敬跋，兩學士後裔宗范書，乾隆乙卯仲冬，嘉慶己卯仲冬重建」。

沈梅谷處士之墓，在其附近，明嘉靖間王廷喆撰沈梅谷處士墓表，便道可訪。循道西行，兩旁古木參天，青山含笑迎人，上蝦蠓嶺，有亭一座，創於嘉慶二十四年八月，壁豎石碣數方，言亭之建，嶺之修之始末綦詳：

一、是亭之建，先祖之賢勞也，年久失修，傾地堪靈，經沈桂山毛愛山等光復後重修兩次，路人得庇息於今，現有欠修坍塌，同人等爰集善人之款，覆斯亭之舊觀，是爲記。

小消息

▲同鄉會聯誼委員會主辦洞庭話劇團現已成立，據聞已聘請戲劇界前輩馬徐維邦常少白二君爲顧問，周洪濤君爲主任，日前先行舉辦國語、化裝、演劇三種訓練班，歡迎會員參加云。

▲務本同學金霖森君近就任同鄉會義務幹事云。

▲同鄉會所辦洞庭圖書室，近因讀者激增，不日即將發動徵書運動，擴充爲洞庭圖書館，并在東山莫釐中學內設立分館，以便利故鄉讀者，現正積極籌備云。

▲木瀆至東山之公路自經席鳴九君就任同鄉會公路委員會主任委員以來，積極推進，不遺餘力，現已集合蘇州木瀆橫涇，渡村等地方人士，組織籌備委員會，湊集籌備費三千萬元，以供詳細測量、繪圖、預算之用，江蘇省公路局局長張競成致函席主任，聞已派定沈學爲測量隊長不日將率領隊員十一人，開始測量工作云。

▲同鄉會公壇委員會爲整頓壇務已聘任朱鵬候同鄉爲壇務幹事云。

▲太湖水上警察第四隊由顧君諤隊長率領駐防東山以來，對於治安頗著勞績，不日即將調防云。

▲莫釐三善堂已將蘇州金閭門外山碼頭收回，本擬添辦生財，辦理同鄉寄宿所，不料蘇州城防指揮部搬入辦公，祇能暫擱置現正由同鄉會出面交涉收回云。

▲十二月七日本社顧問王穎琛先生淨土庵設奠，同鄉會惠旅醫院，惠旅助產學校均致公祭牯嶺路上素車白馬，頗極哀榮云。

▲莫釐中學開辦以來，教學認眞，學生激增，現因物價高漲，經費困難，校董會現正進行募捐，現已捐得現金一億餘元，及沈萊舟董事慨助良田六百畝，作爲校產云。

從同鄉會成立平劇股說起

一得

爲了平劇愛好者，在同鄉中非常普遍，同鄉會聯誼委員會在三年前就有創設票房的理想，最近在經過多數愛好平劇的同鄉積極進行，洞庭平劇股終於產生了。這不能不說是同鄉會中一樁大事，同鄉中的一件喜訊。

聽說有一部份人對於它的產生頗表反對，所持的理由：第一是同鄉會爲了管理公嘗有位同鄉中的敗類（姑隱其名）竟聯絡了外幫人與同鄉會爭產權爭管理權，同鄉會處此多事之秋，只求保持現狀，一時不應再創新的設施。第二，是在聯誼委員會十一月份常會中，關於組織平劇股的提案，因時間不及沒有討論。許多愛好平劇的會員，卻性急了些，沒有等到下次會議通過，就依從了許多同鄉的愛好與需要，憑着一股熱誠，立刻開始吊嗓了，於是一部份人大打官話，認爲沒有經過合法的程序，明明是以既成事實來迫使聯誼委員會承認，甚至有人說，以後任何事件都可援例以既成事實來使聯誼委員會通過，那末聯誼委員還有什麼辦法呢？其實平劇股的發起者以爲平劇股是同鄉會在很早以前就想設立的，當時沒有熱心的人來發動，也就遷延了下來，現在既有許多同好來學習這樁名正言順的國粹藝術，而在十一月份聯誼委員會上，雖沒有正式討論，但是大半委員都希望它早日成立，況且內部辦事費用等，大部都由股員自己籌劃，很少影響同鄉會中的人力物力，因此就毅然吊嗓了。至于同鄉中有敗類與全體同鄉一致擁護的同鄉會搗亂，會方更應根據會員的需要與會員加強聯繫來抵抗外力，絕不應向會員打官腔，尤其不該怕是非而因噎廢食，與會員脫節致而分散力量。假使有一部份會員爲着研究交際藝術，自動來組織一個交際舞藝實習班，相信同鄉會儘可以應用政府節約法令的理由來加以反對，可是對有正當理由和會員有益的設施有什麼加以反對呢？聽說聯誼委員會爲了平劇股的問題，特別將十二月份常會提前召開了，在會議席上，經過熱烈的辯論，終於通過了平劇股的誕生。

從這裏，我們看到了同鄉會裏保守與進步兩種力量的消長，我們看到了東山青年的無限遠景。

關於壯丁安家費 渡村鎮公所有了答覆

逕啟者茲閱

貴刊第二卷第四期讀者園地內載有：「要渡村鎮鎮長公佈壯丁安家費賬目」一則，全非事實，該朱曉星顯有恣意誹謗，故意中傷之意圖，合亟分別駁正於後：

一、查本鎮此次奉令辦理役政，爲愼重將事起見，對於經濟出納，由當地士紳組織本鎮兵役協會，負責辦理，何能任意浮支浪費。

二、查本鎮役政，雖經結束，惟因各保所領去之吳縣兵役協會新兵安家費收據，尚未如數繳回，因此無從核結。

三、查本鎮因兵役事宜，支出各費，均有賬單可憑，凡屬本鎮公民，均可要求本鎮兵役協會查閱。

四、查本鎮居民中查無朱曉星其人，此次投函貴刊，具名朱曉星者，顯係化名誹謗，意圖中傷他人，以决一己之私，其人格之卑鄙誠不屑與辯。

五、查本鎮此次因役政事宜，一切支收賬冊，業已整理竣事，一俟各保所領去之新兵安家費收據全部繳來核對後，即可公佈，以昭信實。

以上五點敬希

貴刊賜予載入來函欄內，以正視聽，而維信譽，實級公誼，此致

莫釐風主編先生

吳縣東山區署渡村鎮鎮公所啟

來函照登

逕啟者：茲閱

貴刊第二卷第五期內載有：「渡村離奇命案」新聞二則，除對於亡妻倪氏因病身故部份已由同康之岳父倪正祥等將當時亡妻得病情形及經過事實分別函請更正以明眞相外，所有誣衊同康部份，自應嚴詞駁正於後：

查同康前因本鄉民衆之央請，以免地方之遭受惡劣環境之威脅，遂不顧利害，毅然出任艱巨，余鄉民衆得以安居樂業，事實昭彰，無可文過而飾非者也。同康捫心自問，縱無微勞之可言，但亦無負於地方民衆之期許，苟同康誠如該新聞內之所言，確有非法行爲，則於民國三十五年三月十五日被人檢舉，竟蒙　江蘇高等法院檢察處偵查終結，認爲同康毫無罪行，即以不字第一滸六號予以不起訴，否則早經身入囹圄，安能在家苦守三貧，此足徵同康當時服務桑梓，並無欺壓民衆之情形也。至於該新聞內又載稱：「現在販白粉所獲利潤甚巨」一節，更屬含血噴人之詞，同康雖愚，豈不知禁政森嚴，家有薄田數畝，足堪溫飽，安肯以身試法，縱同康惟利是圖，罔顧利害，然本鎮鎮保甲長，焉能任令胡作妄爲，不予檢舉，同負罪責，理尤顯然，總之同康素心剛直，嫉惡如仇，難免於排難解紛之間，有所開罪於人之處，致有此捕風捉影之事，故意中傷，殊不知刑事罪責之認定，須以事實證據爲依歸，豈能信口雌黃，以圖陷害而遂私慾，同康雖不願有所辯解，第以名譽攸關，誠恐淆惑聽聞，因此專函奉達，敬希

貴刊賜予登入來函欄內，以資更正，而維名譽，實所盼幸，此致

莫釐風月刊社主編先生

渡村鎮吳同康謹啟　三十六年十二月五日

憬憧

（上接15頁）

在淒涼的街道上，偎依着，北風儘管逼得緊，但我倆的心還是火般的熱，從街燈黯淡的光裏，能够看到我們的影子緊貼在一起，殘缺扁長的月我們嫌它醜劣，那時，不曾忘記那瘦長的電線木，伴着那禿了頂的樹枝，共守着漫漫的長夜，天上還有那閃閃逼人的寒星，路畔有那瑟瑟作抖的野狗，可是我們感到溫暖，誰說：「戀愛是一杯嘗不盡的苦酒」！

我們從家事談到學校情形，從長長的南街走回北街重重的濛霧籠罩着整個的街道，在深黑的半夜，我們踏回了歸家的路途。

不幸的情形在翌晨發生了，接到從遠地寄來她父親的來信，要她們即刻回到故鄉，她也不等學期的結束便輟學了，當天的晚上，母親偕她們餞行，我的心中，眞有一種說不出的感覺，我倆默默的坐着，當我偷偷地向她看上一眼的時候見她兩眼紅腫，顯然她是已經過一陣悲愴的咽泣了，雖然她母親說爲了遺失了一件東西，唉，可是我知道那是爲什麼……

晨光熹微中，被動的被母親拖着送她上車站，汽笛鳴……的響了，把她帶往遙遠的地方，留下了在月台上的我。

「人而不知何處去，桃花依舊春笑風，」唉！夢幻的浮生，偶然的聚首、無意的契合，月台上的一剎那，是生離死別，唉！命運的魔掌，永遠的衝衝哀號着。

窗外的雨依舊是淅瀝的下着，枯坐着的我，在推演着歸事，嘀嗒……遠處傳來了教堂悲凄的鐘聲，把我從回憶的幻境中拉回，知道是子夜十二時了。

三十六年十一月十九日修完

莫釐風月刊 (18)

每月十五日出版

本期零售每册六千元

預定　全年六萬元　半年三萬五千元

編輯及出版者　東洞庭山各校同學聯誼社　莫釐風出版委員會

上海通訊處　北京西路一〇八號　洞庭東山旅滬同鄉會　電話九三四一九

東山

鄭鼎有永記醬園

滙款洞庭山

▲迅速・便利▼

本園辦理同鄉匯款。完全抱服務桴鄉之旨。日期既屬迅速。手續尤求簡便。旅滬同鄉如需匯款。請到嘉昶錢莊接洽。無論前後山村鎮鄉里。熱誠服務。限期必可取到。決無往返徒勞之憾。而有準確可靠之便。區區微忱・略盡厥責云爾。鄉人君子。幸指導之。

本園　東山諸公井

長途電話直接本園

嘉昶錢莊上海南京東路二三〇弄

電話　一九九七八　一二〇九五

電報掛號　〇七二八

郵政信箱　一四二二號

吳縣第八信用合作社

承辦洞庭東山 横涇 蘇州匯款

穩妥 信義服務

迅捷 不取匯水

本社辦理存款，放款，抵押，匯兑等業務，純以服務桑梓，社員爲宗旨，如承委託匯款，概免一切費用，手續簡便，解款迅速，東山區所隸屬之市鎮鄉村，無論遠近，均可專司送達，以免跋涉之勞，特請上海天津路**東萊銀行**集益里**信和錢莊**、天津路鴻仁里**嘉昶錢莊**代理收解，凡吾社員，深盼踴躍賜顧，並希同鄉先進賜以指導爲幸。

總社　東山前山鎮

分社　横涇中市　長途電話直達

辦事處　蘇州南濠街一八五號

電話　一五八七　一一九四號

莫釐風

第二卷　第七期

席家湖畔安定塔　　秦榮章攝

東聯社出版

第二卷第七期目錄

三十七年一月十五日出版

社評

新年談青年

這一期本刊和讀者見面之時，適介於國曆新年和舊曆農閒季節之間，由於傳統習俗之根深蒂固，依然是鑼鼓喧天，一片新年景象。

一月以來，繼國大代表選舉之後的立委競選，以及赴美技術團的啟程，表面上都有些喜氣洋洋，另一方面，九龍事件重給我們表演了一次帝國主義殖民政策的猙獰面目，物價依然直線上漲，像一匹脫韁之馬，戰爭的烽烟，繼續蔓延；這許多都告訴了我們：一九四八年依然是一個苦難的年頭。

這一慘酷的現實，對於素具敏感和最易煩悶的青年，是一種苦惱。我們願在新歲之始，略述一些意見，作爲一年來自我的檢討，以及今後工作的參考。

青年之不滿現實和易於煩悶，應該可算是好現象，因爲這是冀求進步的表示，青年多擁護眞的、善的、美的，憎惡假的、惡的、醜的，而且開誠布公，不假隱飾。九龍事件的抗議，爲學生所首先發難，雖然遊行口號的效果，小得可憐，但於中國民心的振作，不無小補，再如冬令救濟運動的推行，也多半賴學生之力，他們冒風雪，忍飢寒，爲苦難同胞奔走呼號，當然爲世人所共見，這一片赤子之心，也正是青年所特具，我們應該在珍視之餘，充分發揮。

但是，如何才能充分發揮呢？我們覺得最好的方法是全體青年統一陣線，加强團結。我們深信惟有通過集團的方式，才可以發揮眞正的力量，古語有云：「生爲大事來，做一大事去。」有爲的青年，都應立志爲大事努力，要在生存溫飽以外，通過集體，爲社會盡一點力。我們以爲「青年」這名詞，並不局限於年齡，如果你是一個老於世故、獨善其身的年輕小伙子，同樣會被摒於「青年」之外，因爲作爲一個前進的青年，不能脫離集團，僅以生存溫飽爲足。

我們願向有爲的青年呼籲，就是對於現實，我們不應止於不滿，止於煩悶，應該進一步的去解決牠，衝破牠！

由於青年的血氣方剛，凡所行動，不免有操之過急的缺點，於是乎添了許多無謂犧牲，似乎太不値得，九一八事變之初，北平人心惶惶，當故宮博物院的玉佛專車南運的時候，教育部及若干名教授却申斥學生不能安心上課，以致擾亂後方，當時魯迅先生就挺身而出，主張學生不但應該逃難，而且應該及早逃難，逃難的意思，並不是怕敵人，而是爲愛惜青年，減少國家無謂的損失，我們目前的處境，雖有異於當年的大學生，但是前車可鑒，這故事一樣還値得我們警惕。

因此，我們願向大家提出一個口號，就是：「主張堅決，態度和平。」

爲了要求大家珍視我們的責任遠大，我們趁新年開始之時，提出了上面的一點見。

雨花播音台

東山區合併鄉鎮全部完成

十五鄉鎮劃併爲三鎮三鄉

三鎮：東山鎮　横涇鎮　莊蓮鎮
三鄉：後山鄉　浦莊鄉　堯峯鄉

區署訊：吳縣東山區區長傅伯儒，遵奉縣令擴併鄉鎮，曾於上月間召集該區參議員，地方士紳，鄉鎮民代表主席，中心國民學校校長，及各鄉鎮長等有關人士，計出席：席煒、俞士臣、朱義元、徐永銘、周竟如、金鳳池、葉振聲等六十四人，當經依照天然形勢、風俗習慣、交通、文化、經濟、治安等必要條件，並遵照鄉鎮數額限度決定十五鄉鎮划併爲三鎮三鄉，即依照減少小單位，充實大單位之原則，按三十進制重編保甲戶口，其劃分區域暨改定新鄉鎮名稱及說明如下：（1）東山鎮——以原前山鎮，渡橋鎮，滄涇鄉，席周鄉合併並依據洞庭東山之意義改稱東山鎮。（2）後山鄉——以原文恪鄉，楊灣鎮合併，並依據沿習：東山前山後山之稱，改稱後山鄉。（3）莊蓮鎮——以原渡村鎮，石塘鄉及嘉禾鄉之一部（以第一次擴併前之舊黃墟鄉全部劃入）劃併至莊蓮鎮，名稱之意義按渡村鎮原有莊子橋一座，相傳爲莊周所建，石塘鄉原有採蓮橋一座，其採蓮名稱係根據吳王西施曾在該處採蓮後建此橋，定名爲採蓮橋，皆載吳縣誌，當經討論結果根據歷史意義改稱莊蓮鎮。（4）浦莊鄉——以原浦莊鄉，韓寺鄉，及嘉禾鄉之一部（以第一次擴併前之湖喬鄉全部劃入）劃併仍稱浦莊鄉。（5）横涇鎮——以原横涇鎮，淑莊鄉，合併仍稱横涇鎮。（6）堯峯鄉——以原前堯鎮，侯巷鄉合併按前堯候巷兩鄉鎮境內連亙之堯峯山，係堯王曾避洪水於此山峯後人故稱該山爲堯峯山，吳縣誌及歷史皆有記載，結果改稱堯峯鄉。

縣參議會舉行大會

吳縣參議會第一屆第三次大會，於十二月廿五日在中山堂開會，會期三天，東山區各參議員如葉振民朱潤生席煒俞士臣朱義元張士鼎孔慶宣諸人均出席參加。此次會議重要提案有擴併鄉鎮，通過預算，及追認田賦附加每元四升六合充作全縣鄉鎮自治經費等案，大都順利通過，惟擴併鄉鎮一案爭論頗多，尤以黃棣區木瀆區等爲最。（潤）

鄉村電話未能普及鄉村

縣參議員要求及早添裝

鄉村電話東山區原定東山及横涇二處外已擴展者有前莊浦莊等處，後山一處早經洽妥，惟因故遷延，迄尚未裝就，刻經本區參議員葉振民朱潤生等在蘇與王縣長及陳建設科長面催，已獲保證於最短期內提前裝設，並盼地方人士予以合作便利云。（潤）

又訊：參議員俞士臣等向參議會提稱東山區鄉鎮電話不便，擬請縣府指令建設科加設東山單程直達路線，以期迅速，而免隔礙，並請多設分機，俾利電信一案，經審查後函縣查照辦理。（王樹聲）

木東公路測量完竣

展至後山便利行商

木東公路迭經同鄉會提倡以來，爲日已久，並經提出縣參議會決定設立，惟以測量，籌備需費浩繁，縣府財政拮据，一時未能付諸實現，茲經同鄉會公路委員會羅致蘇州木瀆横涇東山各方人士組織木東公路籌備委員會，推席鳴九任主任委員，籌備委員葉樂天嚴織岐二人爲副主任委員，籌備委員有三十餘人之多，已商請省公路局派員作詳細測量及繪圖工作，頃經測竣，正在製圖預算中，並聞爲便利後山及西山同鄉起見，擬將路線展至後山太湖之濱云。

歲寒征糧急　鄉人過年難

東山區爲督征三十六年度賦糧，依據王縣長指示要點，訂定緊急辦法如下：一、本區各鄉鎮糧戶應納賦穀統限於本年十二月底以前如期如數征足。二、凡一鎮完納不齊者由該鎮長負完全責任，一鄉完納不齊者，由鄉長負完全責任，一保完納不齊者，由保長負完全責任，一甲完納不齊者由甲長負完全責任。三、鄉鎮保甲長及糧戶如有玩忽情事，由區署或警察機關轉解縣府以軍法論處。四、各鄉鎮自衛隊及警察機關，應隨時指派武力協催。五、各鄉鎮應立即組織巡迴督征隊，深入農村宣傳云。（王樹聲）

横涇巡官被控

地檢處已定期偵查

吃空餉·收陋規

東山區横涇警察分駐所巡官張鵬，近忽被顧渭泉者，（住横涇美麗理髮店內）向有關機關告發，謂其有濫收陋規。吞吃空餉等貪污罪行，該案經地檢處檢察官簽發傳票，飭傳顧渭泉，張鵬，及應訊人周白，（住三元坊長幹補習所）劉開金，彭斌，趙一璧，孫火壽，陳元琨等定一月五日上午九時開庭，並公函吳縣警察所詢問該案眞相。（王樹聲）

東山也要清剿

十七日由蘇開山二〇二師青年軍，赴東山駐防，並設太湖清剿指揮部於前山鎮公所，據云需駐三月之久。

吳縣縣銀行

在東山設辦事處

吳縣縣銀行在洞庭東山設辦事處，並於農曆正月初五日正式營業，地址在文德堂內，由葉頌莕任主任。

少婦遇小開　旅社中幽會

·野鴛鴦好夢方酣·
·查房間拘入警所·

横涇浦莊鄉農民吳志德，年廿二歲，娶妻蔣水雲，年十九歲，頗有姿色，結婚以後，感情淡薄。會有蘇州齊門外永興森木行小開陸綺萍，年十七歲，尚未娶親，與水雲素來相熟，近悉伊夫婦感情不睦，乘虛而入，花言巧語，向女大獻殷勤，女卒爲之心動，乃於五日前離家出走，與綺萍闢室於閶門外橫馬路南洋旅社一二二號房間幽會，樂不思歸，伊夫吳志德自乃妻失蹤後，由鄉到蘇，四處找尋無着，志德有姻親張景良，（廿五歲，住橫涇浦莊鄉四保一甲一戶）於前日下午七時許，在閶門外大馬路見水雲與綺萍挽臂而行，狀極親暱，景良乃尾追身後，見伊等走進南洋旅社，旋往探悉伊等開一二二號房間，迨至十時餘，城防部糾察隊檢查房間，景良乃上前將詳情報告，旋由該隊士打門入內，此時一對野鴛鴦正赤裸合抱而臥，旋經穿衣後帶隊轉解西區分局，經孫局員訊問一過，陸等雙方承認奸宿不諱，剩張景良已返橫涇，喚伊夫吳志德來蘇，茲悉，該案因妨害家庭，擬於（一月六日）解送西區分局訊辦。（王樹聲）

王礪琛君靈柩運鄉
船夫揹縴滑落河中

王礪琛君靈柩於十二月十七日由上海雇定顧阿二船裝運歸鄉，行葬於白河門。不料天不作美，該舟行至半途，氣候劇變，天降大雪，停泊渡村過夜，船老大（小關金）因先一日乘火車搭輪抵山，船夥自知已誤妥十九日一時之前須要趕抵楊灣，故天方黎明，由渡村解纜，船夥三四人登陸揹縴，道途凝冰，雪地濘滑，頭縴之人，偶一不慎，滑入河中，因天時嚴寒，救至船中，已奄奄一息，急將棉被裹身，姜湯灌之，漸見甦醒，至十九日十二時許方抵達東山楊灣河埠云。（王樹聲）

愛子失蹤
老母自縊

東山渡橋鎮農婦金宋氏，年四十六歲，夫故多年，僅遺一子一女，長女雲福，已於前年遣嫁，其子（十八歲）忽於一月十二日失蹤，不知去向，金宋氏痛子不見，又迫於家境貧苦，昔日孤兒寡婦，相依度日，現愛子失蹤，故於十三日傍晚六時許，乘人不防自尋短見，縊死於房內牀上，經鄰人發覺施救不及，當由地保金寶投呈地檢處報驗，屍屬宋雲福泣請免驗，經原檢察官訊後准免云。（王樹聲）

頑童嬉弄脚爐
棚戶慘遭回祿

後山文恪鄉張巷村即元寶石頭，有湖北籍居民，（姓名不詳）寄居該地棚戶，十二月十日下午六時許，因頑童玩弄禦寒脚爐，倒翻於柴堆之中，突告失火，冒穿棚屋，草屋易於着火，加以風勢熾烈，一時火光融融，及至各村水龍抵達施救，已告灰燼矣， 幸而毗鄰未遭波及， 事後損失據災主稱：時因秋收，米穀登場，家內儲藏白米十石許，焚爲燬米，一應家俱什物等亦付焚如云。（王樹聲）

洞庭補習學校
招收免費學生

同鄉會主辦之洞庭桑餘補習學校董事會決定下學期起招收免費生二百名，有英，國，算，簿記，會計等學科，並定於二月十六日開學，即日開始報名，額滿截止云。

船廠婦人
二度驗傷

東山渡橋鎮開設船廠之王巧弟，其妻李氏，因被姑及弟阿三無故毆傷，於前日十九日向地檢處申告後：返家竟有又遭阿三之妻取木棍痛毆成傷，乃於三十日下午再投地檢處二度申告驗傷云。（王樹聲）

·教師聯誼社·
·積極進行中·

東山各校教師於十八日假座後山登善醫院開初次座談會，推出代表前後山各二人，並定於三月七日開第二次籌備會，商議成立教聯社事宜云。

鄉區緊急徵兵配額
一律限四天內徵集

本縣奉配緊急征兵六百名，奉令一律按照廿一歲至廿五歲役齡男子名簿編號抽籤征集，除城區已由縣府於前日抽征一〇七名外，各鄉區共應征四九三名。縣府謀迅速計，特分派高級幹員，於今晨持令分赴各區督征，限四天內征集，被派各員，東山區吳子山，西山區高德清等，上列各員，縣府並分別頒給手令一件，該令內容（一）本縣第一期征兵，限元月底如期如數征齊，如有遲誤，以貽誤戎機論罪。（二）派該員前往督征，毋任因循延誤，致干重懲。（三）該員須嚴督該區長如期如數征足，違則報請懲辦。（四）通知該區送征壯丁時，每二名攜帶棉被一床云。

小消息

▲同鄉會擬舉辦木刻，雕塑漫畫等各藝術班，現正積極籌備中。

▲王喬前松園弄對過廢曆年內將設立鼎大典當，由浦伯卿等主持，據云當息需三角四分云。

▲後山裝置長途電話所用木桿，早經旅滬同鄉及當地人士集款購備一百二十根，堆放渡水橋港內，不意大風吹斷排紮二次，前後失竊十一根，捐款人認爲保管馬虎，頗表不滿云。

▲洞庭旅行團發起團員，現已徵得五十餘人，將於農曆新年召開成立大會云。

▲後山開出柴船，須向鄉公所繳納捐稅，但無正式收據云。

▲同鄉會理事葉樂天先生，於一月四日舉行四九壽辰，並將諸友壽儀購置兒童文庫，分贈文昌鏡秀二校，藉以提倡教育云。

▲橫涇辭所十二月十九日在內費莊第十一保十四戶內查獲賽牌九麻雀首李阿大，賭徒李森源，秦阿二，郭伯金，金虎，翁林生，李虎林，翁林寶，李金寶，薛金虎，陶衛生等十一名，連同賭具，一併帶所解送總局。

▲嘉禾鄉居民金斌，特在蘇報民衆欄內，刊載一節是請教東山區傅區長如何產生鄉鎮長以及嘉禾鄉的新鄉長徐進明是否能保證他順利推進鄉政。

▲同鄉會辦理東山區匯款，不論遠近三天送到，完全服務，不收匯水，到會委託匯款者，絡續不絕，莫不稱讚穩妥迅速，便利云。

回鄉花絮

▲三十七年元旦東聯社同人三十餘人，浩浩蕩蕩分批向故鄉進發，最後到達渡水橋者，已經黃昏七時了。

▲二日東聯社假座萬家祠莫釐中學教室招待東山各校的師長，到了十三所學校的師長，三所學校的董事。

▲莫釐中學王校長在招待會上發表長篇演說，闡明人類的眞正敵人并非原子彈，而是卑不足道的原始生物的細菌等類，並希望東聯社同人本服務故鄉的宗旨，發揚光大，聯合各國人民，消滅國際隔膜，共同向自然界的敵人作戰，以確保人類的安全與繁榮。

▲出席招待茶會的各師長聽演講出了神，檯上的可可茶，花生，糖菓，蛋糕，餅乾銷路缺乏。

▲莫釐中學校董席微三，安定小學校董席伯華暨吳縣教育局馮督學三位姍姍來遲，頗受會場注目。

▲莫中教員提出東山各校師長應組織起來，共謀學術上的進修與物質上的福利，東聯社同人很希望這個弟兄組織早日成立，將來申山呼應，對於故鄉教育界定有劃時代的貢獻。

▲會場上發言最多的是莫中王校長，其次是馮督學，多數師長因爲時間關係，僅在介紹時起立一次。

▲一時散會，因爲時間已過晌午，叫來照相的人回去用飯了，難得盛會，沒有攝影留個紀念，眞是千古遺憾。

▲後山各校師長，由東聯社招待至安定小學午餐，由葉緒華，席德基二同學作陪。

▲二日下午務本小學招待東聯社同人參觀他們的成績展覽會與懇親會，小朋友的勞作美術，玲瓏滿目，爲東山教育界一開眼界，懇親會的表演也很美妙，實量并重，頗爲回鄉遊客所贊賞。

▲一月二日適逢務本創校人葉翰甫先生逝世三十週紀念，懇親會開幕後，全體來賓起立靜默三分鐘，以資追思。一個人死了三十年，肉體腐爛了，但是他興學的精神，還生動地活在每個學生，校友，和家長的心裏。

▲三日上午十一時東聯社籃球隊與務本，安定兩校教師聯隊於務本球場舉行籃球友誼賽。東聯隊多十年前洞庭隊之老將，球藝還可以，長力則不足，教聯隊則個個能征慣戰，精壯非凡，尤以務本教師俞亮最稱活躍。

▲球賽結果40——28教聯小勝十二分。

▲東聯隊葉緒華，席履仁，打畢全場，窮拚到底。

▲席德基上場不到五分鐘，即行掛彩下場。

▲金尙德葉龍翔長力不繼，已無昔日威風。

▲嚴伯豪從揚州趕來助陣，也是無濟於事。

▲嚴永樂臨時客串，終也敗下陣來。

▲席玉年最稱賣勁，觔斗跌得頂殺搏。

▲三日下午東聯社集合東山

關於教聯社（註）

·悟·

在故鄉，一月二日東聯社招待師長的茶話會上，莫釐中學樊濂放先生曾以誠懇的語調，講出對東聯社的欽佩，和希望在東山的教師們也能夠有一個組織。

他說：「東山各校的同學們，能夠在上海一方面就業或求學，一方面利用業餘的時間來組織東聯社，以團結互助的精神，使自己學習，同時更能服務故鄉。因此，東聯社的社員和幹事們，可以說是東山優秀的青年……我們身爲教師，在平日除了教導同學們的課程外，不免也會感到自已智識的不足和進修的需要……今天我們來參加這一個會議，使平日不相識的朋友們，能夠聚在一起，首先應該感謝東聯社，同時，我個人就有一個感覺，就是希望我們教師們也能夠組織一個教師聯誼社，使我們能夠時常在一起，互相研究，互相討論，在智識上，生活上都能夠進步。」

莫中王校長也說：「我們的精神食糧的確是需要而且迫切的需要的，師長有時候有什麼問題而想在別的書上參考參考，結果因爲沒有好的參考書，只能在課堂上當場出醜，所以教師可以聯合起來，收集一些書籍，互相借閱，也可以互相商討，這也是一個非常重要的課題。」

樊先生和王校長的話是眞摯的，當時爲着時間的匆促，（散會已下午一時半了）我們祇得把這個問題留在返滬後再進行。

我們覺得，經過八年敵僞的蹂躪，東山的文化教育水準，已經墮落得很低，其中受到環境及其他的原因很多，但主要的是師資素質的變化。這一點，在勝利後雖然同鄉會東聯社以及地方人士十分注意，極力設法提高，到現在已略有成績，但是一個教師或一個學校的提高是不夠的，我們要使故鄉的文化水準提高，我們便得使所有的教師素質普遍的提高，教聯社的成立，是能夠推進教師們的自求進修。

由於通貨不斷的膨脹，生活越來越艱難了。公立學校教師的待遇不用說，就是一向待遇稱優的私立學校，也難維持了，教師們覺得錢不夠用，家長同學們在喊學費負担不起，而校董們所貼出的錢却在無限地增大，在大家都困難的情況下，教師們祇有團結起來，以自己的力量，來治根治標，開源節流地解決自身的問題，教聯社的成立，是能負起解決教師們艱難生活的使命。

根據以上二點，我們可以看到教聯社成立的需要，同時將以後的工作也就可分爲文化和福利兩大部門。

文化方面：可分A.出版一張油印刊物，以聯絡各校教職員的感情，貫通各校消息，並報導一切活動爲目的。

B.經常舉行座談，研究，辯論，聯歡，演講等等集會，使教師們多獲得增進知識的機會。

C.支持同鄉會不久將舉辦的『洞庭圖書室東山分室』，使教師，甚至同學們能多看到課外讀物。

福利方面：A.舉辦醫藥治療組，聯絡醫院及東聯社滬親義莊合辦的診藥站，在各校普設分站，一方面可以服務同學及居民，另一方面也爲自已預防疾病。聘請當地醫生爲顧問，爲防止急病或重病的經濟困難起見，還可以徵集一點基金。

B.舉辦消費合作社，使教師們所需用的物品都能從產地直接批購，避免剝削，也就是減少負担。

其他像各種比賽運動會，康樂等等活動。我們想各校的教師們對自身的事業一定還有很多並且更好的意見會產生。

教聯社是教師們的，但也應該說是故鄉的，它直接是提高全人福利和教育，但間接也是提高東山的文化水準。

東山的父老們，校董們，以及同學們都應該扶助這枝幼苗的長成。

（註）教聯社是我們在討論這教師聯合問題時假定的一個名稱。

各校，舉行各校師生新春聯歡大會。會場是借的務本禮堂。

▲禮堂只能容納三百個坐位，東聯社就由文昌同學金維剛印贈了三百張入場券，再由各校同學捐贈了三百餘份彩品，目標是每人一彩，人人不脫空。

▲回鄉者走在街上，被親友包圍着討入場券，其實入場券早由許慶元同學分送給出席招待茶會的各校師長了。

▲三日中午，鑑塘，余仁兩校師生七十餘人由後山越嶺而來，帶了節目參加聯歡會。

▲東聯社因賽球過份緊張，沒有準備好後山師生的午飯，臨時大起忙頭，去周家館叫了六桌飯桌，在務本操場舉行野宴會，小朋友肚皮還沒有吃飽，飯桶倒已經朝天了。看看時間已過二時，聯歡會就要開場，鑑塘師長，與余仁師生，都只能枵腹參加演出，後由東聯社各同學捐出餅乾，牛舌餅，綠豆酥等乾點，以資慰勞。

▲聯歡會的特色就是節目豐富，各校競賽性的演出，都屬精彩非凡，沒有冗長的演講，只有幕間的輕鬆報告。觀衆目不暇接，大爲滿意。

▲莫中同學演出喜劇『縣官坐堂』，最受好評，後台主任俞亮把它排在壓軸，確是頗有見地。

拜訪故鄉

·金新·

我們東聯社，在新年休假的幾天裏，集合了三十多個幹事，先後地從上海回到故鄉，作一次一年一度的拜訪。

三十七年一月一日，在街頭已可以看到莫釐風的號外，上面寫着我們獻給故鄉的幾件主要工作，當最後一批幹事們到達鄉土時，暮色茫茫，渡水橋已經隱藏在黃昏的黑幕中。

二日清晨，莫釐中學門首懸掛着國旗，幹事們在忙碌着，「東聯社招待各校教師座談會」就在這裏舉行，會場佈置簡潔，從上海帶來的茶點，花生米……都放在桌上，等待着故鄉堅苦的教師們的光臨。十時半，由主席宣佈開會。這次出席教師包括整個東山的學校：莫釐中學、務本、安定、鍾秀、鑑塘、南陽、余仁等小學，前山鎮中心小學、渡橋、西塢、曹塢等保國民學校，莫中、務本、安定等學校並有校董出席，教育局督學馮志亮先生也出席指導，席間大家都有意義深長之演講，總結起來，大致有過樣幾點：

一、闡述過去東山教育之情況。

二、對於將後東山教育之展望。

三、東山教師本身之進修，福利，以及應有進一步之聯繫。

故鄉教師們是難得有機會在一起聚聚的，這一次的聚會，大家都有千言萬語從何說起之感，但是因爲時間的匆匆，在一時許大家分手了，然而要一個教師聯誼社的願望，放在每個教師的心頭。

下午，我們到務本小學參觀他們的懇親會。

三日，務本小學成了東聯社的戰場，我們反客爲主的假座它作爲「東聯社新春聯歡大會」的會場，好在舞台和會場都是現成的，這不能不感謝務本小學的給我們這方面許多便利。

余仁小學和鑑塘小學的隊伍早上就到了，只能招待他們在操場上休息。

我們在佈置停當之後，安定和務本的教師們邀約我們作一次籃球友誼賽，務本的籃球場邊早塞滿了人，兩方各各會商戰略，整裝出發，聲笛一聲，廝殺就起，教聯隊平日馳騁沙場，英雄久戰，東聯隊却是當年老將，一旦重上前線，不免心慌，雖然東聯拉拉隊助戰，終於以二十八對四十敗下陣來。

中午，在務本大操場上招待後山各校師生進中膳，但是時間太偪促，飯館裏一時燒不出這許多飯，而聯歡會就要開始，因此使許多師長及同學餓肚皮，這實在是這次返鄉中最覺得抱歉的一件事。

一時許大門口早已擠滿了人，拿着入場券擠着鬧着，幸而招待人多，收票，摸彩，給贈品，招待入座，秩序還好。

下午一時半，聯歡大會在雄壯的東聯社社歌聲中開幕。這次雖然是東聯社主辦的聯歡會，但節目除莫釐風徵文給獎，及彈詞外，大多是各學校學生担任的，節目大致如下：

莫中：話劇縣官審堂等

務本：黑人舞等

安定：話劇新鞋子等

鍾秀：歌劇麵包歌等

余仁：話劇敵僞時代人民的痛苦等

鑑塘：話劇不懂國語的痛苦等

…………

一直到六時半，才告散場，歡樂，滿足，高興陪着大家回家去。

假期的限制，不能作多方面的拜訪，四日的淸晨，大家在輪埠上和朋友們握別，輪船的馬達聲振動了每個離別人們的心弦，二日來心是溫暖的，天氣也特別暖熱，我們望着莫釐峯，望着隱約的房屋，再會吧，故鄉，再會吧，故鄉的辛勞的朋友們！

回鄉花絮

▲有一位鑑塘小朋友看表演，擠不出禮堂，及知大隊同學已回後山，非常發急，幸得文昌同學葉志浩伴送回去，行至蝦蟆嶺脚始得趕上大隊。葉志浩乃折返務本。

▲託席惠民同鄉赴蘇，叫一單放汽輪，預備四日趕上海開關事務，至三日黃昏十時還沒有回音，多數同學料到輪船脫脚。

▲四日早晨輪船札足，葉樂天同鄉等至湖嘴頭僱小舟，出太湖至木瀆經蘇州到上海。

▲席玉年同學因未知汽輪脫脚，篤定等候飯後單放到蘇，及知同學都已離山，湖嘴頭小船已被趕開關者僱空，急得東奔西走，結果託保安醫院工役桂生至教睦堂僱得下蕩船一艘，一帆風順到木瀆。

▲此次東聯社同人回鄉兩天，也是緊張了兩天，總計化掉法幣一億元以上。

▲四日淸早大家趕輪船，羊肉，野鴨搜購一空。頃刻之間，羊肉每兩從二千元漲至二千五百元，野鴨從每對八萬五千元漲至十四萬元，小生意皆大歡喜。一到上海，車錢亦告大漲，一問才知米價已告一百五十萬元。離滬四日，恍如隔世之感。（傀）

培植播下的種子

•席德基•

隨着時代的進展，東山青年的活動也進了一步，這次——一月二日，三日——在山招待各校師長及號召各校同學聯合的二次聯歡會，充分表現了東山年青人的力量。

記得在我們童年時期，甲校的同學往往與乙校的同學採取敵視的態度，校與校之間，亦是各自爲政，各不相關，而今各校的校友都能通過東聯社的關係，促使各校同學打成一片，把歷年那種分裂的趨勢轉變過來，這不能不說是東山劃時代的進步。

在這次招待各校師長的會議上，有位師長提出了組織各校教師聯誼會的建議，這是件非常切實的，也是我們東聯社極希望成立的組織，所以我們除了當時非常贊成這個建議外，今後我們還要盡力爲這個組織服務。

教聯會在城市中已早有這種組織，它不但爲各校教師解決了許多切身的福利問題，並且可以提高教育的水準，促使各校學術交流，使當地的教育平均發展。在東山有二十多個小學和一個中學，因爲與都市隔離，所以都市中的進步教育不能普遍地傳到鄉村，如果有教聯會的組織，那末只要有一個教師，有計劃地到都市中來考察，就可以把許多新方法帶到各校來，這樣我們東山的文化水準就可以普遍改進和提高。

在東聯社的聯歡會裏看到各校同學參加的踴躍和表演的精彩，這對於故鄉的同學是有很大影響的，這裏可以給大家看到合作的重要和團結的力量，我們要把這股力量把握住，使它完成一件事業，如小先生的推行，圖書館的創辦等。

這是二個很有期望的種子，我們要盡力培養使它發揚光大。

「聯合起來，東山優秀的青年，把微弱的個體結成堅强的陣營，……爲了家鄉我們獻盡所有的力量，在荆棘叢生的路上我們以拓荒者的精神播下自由幸福的種子，創造燦爛光明的前程。」東聯社正向着既定的目標前進！

風語

由禁舞而想入非非

徐元焜

當一個女子，不幸爲了生活，踏入了貨腰的生涯，更不幸爲了政府的禁令，粉碎了唯一依賴的飯碗，那末面臨這十字街頭徬徨的時候，究竟應當走上那一條路呢？

找一個職業，或是嫁人……都不是容易隨便解決的事情。

試想！在這個爭搶飯碗的時代裏，那裏還有機會給一個一無所長的弱女子插足呢？

嫁人！更其是一椿複雜的事情了，普通的青年男女要找尋一個理想的對象，尚且是一件很困難的事情，勿論一個沉湎在淫蕩奢侈生活中的舞女，那裏還有人敢請教呢？雖然俗語說：「與其尼姑還俗，不如妓女從良」，然而在現在一般人的心目中，總覺得她們是出於被迫的，同時以往舞女嫁人的不得善果，已經給人一個很壞的印象了。

在這生活鞭子的鞭策下，找不到職業，得不到歸宿，那末唯一的出路，究竟是那一條呢？

我想：一個沒有受過充份教育而生活在這糜蕩風塵中的人，雖然她們的世故人情是比較老練了，可是她們的意志，一定是不够堅强的，或者他們做夢亦沒有知道「堅定」「剛毅」……等字樣，所以根本談不到奮鬥和苦幹。

爲了生活，在沒有辦法的時候，是否會走到另一種比較舞女還不如的環境中去，到那時候；這班風絮落紅的人們，我們的當局，是否應當負起收拾的責任，還是一錯再錯的讓她們去自害害人？

講到現代的社會，那一只角落裏，不是在葬送着青年人的前程！我相信，不多幾時的將來，一定另有一種殺害青年的嶄新刑具出現了，雖然，咎由自取，但是我們不能不代一班到死還沒有知道自己罪孼的一班同胞所惋惜！

諫

朱始仁

聽說：古時候有一種叫做「屍諫」的；就是皇上做了一件不十分「仁德」的事，某個忠臣有些看不慣，就去勸皇上，皇上不聽，臣子爲了表示自己勸皇上是爲好，別無「恣意誹謗」之意，所以撞死在金鑾殿上，希望皇上因爲愛卿的死，感動了改過他的錯誤。

後來呢？自然有賢德的聖上感動了，眞的改過了，但也有非但不聽話，還覺得臣子的死由應得。本來呢，皇上居萬民之上，那有做錯事的，即使是錯，朕即是天下，掉句現在的話：我就是法律，當然不會錯的了。

「民可使由之，不可使知之」，孔老夫子這樣說：每個老百姓應當服從上面，信任上面，不可以想知道什麼，也不可懷疑什麼，這許多，現在稱之曰「專制」。

民國成立至今，垂三十七年，當然這些專制時代的舊貨，是不需要再翻出來了，而百姓們的意見，也已漸漸地被重視，因爲中國已經是民國，老百姓就是主人，政府有什麼錯的，人民是可以自由說話的，這是人人所知道的事了。

但是現在竟有人還以爲是孔老夫子時代，只許自己放火，不許百姓點燈，假使有人對上面有一點意見，一點疑問，就立刻確定他是「化名誹謗，意圖中傷他人，以快一己之私。」嚇得人家從此不敢說話，這樣也許就天下無事了。並且現在人也聰敏了，當然不會再有「屍諫」這類事了。

但是，一個好的官長，是願意和應該多聽聽人民的聲音的，沒有人批評並不就等於好，無聲的抗議也許更甚於有形的抗議吧！

請多聽聽人民的說話吧！

論繁榮

錢眞

回到故鄉，第一就是覺得太冷靜，和上海比起來，眞是天差地遠，一條大街上僅有的幾爿店，門前冷冷淸淸，難得有個把主客，街上，行人三三二二，閑散得很，沉寂得很。

每個關心故鄉的人，大家都有這種感覺，覺得故鄉太蕭條了，因此，有人想來繁榮故鄉，發展故鄉，使故鄉變沉寂而爲熱鬧。

因此，有人認爲開拓公路是繁榮故鄉最主要的方法，因爲東山的交通太不方便，太不經濟了。

但是，我們曉得，交通便利自然是使地方繁榮的一個主要條件，不過一定先使整個的社會得到安定，要使多數的受苦的人得到安居樂業，要一個國泰民安的國家。否則，一條公路開拓完成，至多，又是給有錢的人去享受，造成一個表面繁榮的東山而已。

大•鈔•與•物•價

席玉年

十萬元大鈔終於不顧財政大員的幾經闢謠而出世了，它一出世竟不顧及許多經濟論客「大鈔不致影響物價」的論調，而使物價開始狂漲了，這是個有目共睹的殘酷的現實。我們生活在這種現實的威脅下，張開眼睛來研究它一下是應該的，也是十分需要的。不然，就容易上了閉着眼睛發違心議論者的大當。

大家知道通貨膨脹就是政府「空車袋下米」的別名，老百姓要米吃，必須先設法到錢，否則光拿「空車袋」是絕不能得到米的，可是在政府就有辦法了，因爲她有發行權，可以從印刷機上印出許多鈔票來收買民間的物資，但是印出來的鈔票一多，却造成了討厭的通貨膨脹。

因爲戰火不滅，政府開支日益浩繁，通貨也就日益膨脹。於是民間收到的紙幣越來越多，民間物資的存底越來越少，結果是物價越來越高，三十六年春季五張萬元大鈔可以買到的一石白米，現在需要一百五十張才能夠買到了，不幸萬元大鈔經過一年的折磨，就變成了萬元小鈔，而且現在印刷一張萬元小鈔的成本已在萬元以上，所以它只能被注定是落伍者，不合時宜了。於是十萬元大鈔就乘時崛起，成爲時代的寵兒。不過，依它出世時的一副狠勁，或許它的衰老比它的前身——萬元大鈔——還要迅速。這並不是我個人的武斷，我們不妨根據費雪兒（Irving Fisher）貨幣數量學說的公式來一下證明：

$$mv+m'v'=PT. \quad \therefore P=\frac{mv+m'v'}{T}。$$

這裏m是代表貨幣和紙幣的流通數量。

m'是代表信用。（指可以用支票的活期存款，也即是上海所指的劃頭頭寸）。

v是代表錢幣流通的速率。

v'是代表信用流通的速率。

P是代表物價指數。

T是代表貿易量（指商品總量）。

從這個公式裏，我們看到：假定其他因素不變，市面上現鈔和劃頭的頭寸越多，物價也就越漲，反之則物價下降。頭寸流通得越快，也會使物價越高，反之則物價下降。市上的商品量越少，也會使物價越高，反之則物價下降。簡單一句話：物價指數與通貨量及其流通速度成正比，與商品總量成反比。這是已被很多人認爲正確的「貨幣數量學說」，也就是物價漲落的基本原理。

現在大鈔發行以後通貨量當然不免增加，四行二局雖能收縮銀根，但是不能永收不放，所以常常有假差進，明緊暗鬆等現象，因此m'和m在不斷增大。因爲法幣的票面額已經超過了中儲券，物價的漲勢也比淪陷時期更加猛烈，人民對於法幣的信仰心，不免受到影響，呆放現款，不加運用的人，也就越來越少，因此v和v'也一定在增大。由於戰爭破壞，運輸不暢，動力不足，生產力本來就很微弱，加上通貨膨脹的結果，T必然是愈來愈小。

因此，要是想不出避免通貨膨脹的基本辦法，儘管政府對物價的管制如何嚴厲，也祇能做到暫時的平穩，P的前途還是不斷上升，十萬元大鈔還是不能避免被打入冷宮的命運。

從本刊上期讀到「通貨膨脹下的今日論發行大鈔」一文，對於它的結論：「總之，物價上漲的原因，全在於游資握有者的作祟，發行大鈔後，政府如能採取有效措置，嚴防若輩投機，則發行大鈔對物價就不能發生作用。」一節，不敢苟同，謹將大鈔與物價的基本關係，就教於董啓聖先生。

編者按：由於上期董啓聖先生的一篇文章，引出了席玉年先生的「大鈔與物價」，前者以爲發大鈔無關乎物價，後者以爲物價決定於通貨，我們的意見是兩者的理由都對，但都有些偏，費雪兒氏的貨幣數量說有其缺點，原因在於「假定其他不變」，但事實上，世上事互有關聯，所以P的變化不一定和M．V等成正比例，此外該說在實用上也少價值，因爲公家方面此式中僅M可以控制，其他均無辦法，故不能據以施行政策，私人方面因爲P所指的係一般物價，對別的物價不能明白，尤其在短期間內如此，惟就長期言之，此說尙有相當用處，根據各學者研究的結果，物價和幣值的重要性因地而異，在經濟高度發展之國家，物價重於幣值，在經濟落後如中國之國家，幣值重於物價，所以在目前的中國，貨幣數量說尙有其重要性。總之，今日中國的物價問題是一個多方面的綜合性的問題，要說物價之漲決於投機或者通貨膨脹，兩者都對但都有漏洞，質諸兩位先生，以爲如何？

東聯社 莫釐風 舉辦書法比賽簡則

（一）資格：凡是東山區各級學校的同學都可參加（沒有領到紙張的可來函索寄地址見後面第九項）

（二）繕寫：用毛筆寫在本社發給的紙上

（三）字體：不論．但須正楷

（四）字句：大楷：「蓬在麻中不扶自直白沙在泥與之俱黑」

小楷：「站起來，中國的小孩，我們要幫助大人，把祖國振興起來，人人有書讀，人人好吃飯，叫他們知道我們的厲害，我們是中國的小孩。站起來，世界的小孩，我們要幫助大人，把民主陣綫展開，培養新人類，創造新世界，叫他們知道我們的厲害，我們是世界的小孩。」

（五）分級：（1）小學分初級高級兩組（2）中學不分級

（六）錄取名額：（1）小學大小楷每組取三名共十二名（2）中學大小楷各取一名

（七）評閱：由本社聘請邱良玉陸海濤徐六笙三先生担任評判

（八）酬獎：凡優勝的同學由本社酌贈物獎以爲紀念

（九）投郵：請各校負責師長集中後單掛號寄「上海北京西路一〇八號東山同鄉會轉莫釐風月刊編輯室」並且在信封上註明「應徵件」字樣

（十）截止：三十七年二月底截止以郵局戳記爲憑

東山一婦女

敬之

一個早年沒有受到家庭品德陶冶與良好教育的男子，到了立業之時即使內在的生命潛力十分充沛，然而運用駕駛失制，往往會傾斜到歧途上去，滑入泥潭無法自拔，波先生便是在這種一味溺愛，不知教養的環境下之產物，僅是二十多歲的年青人，而他似乎不應該這麼早就結束了他的生命，和末了的責任，他委實像旭日方昇後的朝陽呢！然而他終於悄然又沒奈何地離開了世界，連他自己也沒有明瞭為什麼他這麼早就死去，這不是誰的錯與不錯，幸與不幸，而是家教的失檢，也是時代的黑暗所造成的錯誤，在那時代以及鄉僻的人羣中所常見的悲哀和現象，並且這現象發生後又不就此終止。這所謂一死是不能了了的，這裏便接連着發生了留下的波夫人的青春和生活的問題，不是更困難了。在我們故鄉的閭閻中，我們好像很會直覺和熟悉多少度着清苦艱寂生活的年輕寡婦，當然波夫人的命運是如何坎坷，即使安排着撫孩教子，或豐衣足食，寄情琴詞，而未亡人的心已夠空了，何況她不僅沒有留下或子或女，更來不及推想到如何度着那些遙遠又寂寞的日子，而最要緊的倒是生活條件之保障在那裏呢？在這兵荒離亂的年代，大家都難保自身，都是那末憔悴又貧乏，而是誰能管得了誰呢？即使心有餘，可是力不足又如何呢！被在家依父兄，出嫁從丈夫，夫死從子孫的傳統觀念所束縛着的東山女子，這回又突然臨到寡婦生活的遭遇是多麼苦難又如何安排呢！好像這已是生命的末期了，即使想掙扎而又何從掙扎起，掙扎也要有掙扎的能力啊，她可能以縫級度其一生吧！不過上一代同命運的寡婦們已覺醒，生活的掙扎，不僅是女紅，也許可發揮更大的能力和負起更大的使命，終於受着同一命運而在苦悶中消磨一生青春與才貌的鄉太太的激發啓示，和其女公子的鼓勵和幫助下，她開始在與她學科基礎很難應付支持的情形下，投入助產學校去學習攻讀，這是比駱駝穿針還難的事，在穿着潔白制服的光輝上，先得將灌輸多少專門的學科與技術承受，而且融會貫通得心應手。學術是那末多，

懷鄉，還鄉，懷鄉！

·王知更·

「江山依舊，景物全非」，回到十年離亂後的故鄉，感慨眞有如此吧!?

× ×

在故鄉千里之外，只見「米珠薪桂」聲裏，竟有人編「莫釐風」，寫「莫釐誌遊」，撰「鄉志類稿」，聽說還有人想寫「導遊」之類的東西呢，另外有人提議並籌備組織旅行團，事實上還有許多人「到處逢人說項斯」，在異鄉人面前「如數家珍」一般的講述故鄉的景物風俗：從雷湖裝潮（金庵寺羅漢）講到大石頭上一個窟窿（石湯罐），從枇杷講到剪刀；從「拾命」說在「銜婦提」（大概是「湖渚」吧），有些住在蘇州的「阿二」的奶奶們也終覺得東山的茅柴好，東山人愛東山，甚至及於一草一木。

早在五百年前，東山有個王閣老就說長道短，寫「震澤紀聞」，寫「震澤長語」，可見東山人愛東山也不是從今日始，不過「於今爲甚」而已。

每一個「吾山」同鄉，聽人家說東山好則喜，糟則憂，所以有些弄弄筆墨的人，甚至竊取了一言一詞，把東山比附上去，來替東山附麗增色，譬如把碧螺（應作蘿）峯當作「白銀盤裏擁青螺」句中的青螺，又如取柳毅和龍王洞庭君公主龍女的故事來構築龍女寺，穿鑿柳毅井等等，爲什麼呢。——一言以蔽之，思無邪，不思爲鄉里增香潤澤而已。

在什麼人都被忘記了時，父母是不會被忘記的；什麼地方都淡然了時，故鄉依然清晰地留在腦海裏，在遙遠的他鄉，她便在游子的遐想中，鄉夢裏出現。

白居易有兩句詩道：

「十只畫船何處宿？

「洞庭山脚太湖心。」

寫來興緻盎然，意態怱怱，遠方游子心中夢裏正有十只畫船：忽然繫在蘆葦塢（龍頭山）裏，忽然飄於鵝鵠墩下，忽然荷風十里，忽然銀波萬頃；忽然在碧霽洞口，忽然在白馬廟前；忽然是桃李爭妍，忽然是水月交濟；一般的忽忽忙忙，一般的毫無倦意。

無論到什麼地方，一年之間終有一個季節，流行思鄉病。並且只有這種病才眞是沒有藥可醫治的，除非剝一只枇杷，揀一顆楊梅，或聽一聲鄉音，可以使人暫時爽朗一下，可是那些東西在遠鄉又多麼難能可貴。

人們對於故鄉的戀戀，自古皆然，無地不同，游子在外辛苦奔波，幸而成功了，就要衣錦還鄉；不幸失敗了，不免愧對父老，平時不免有「莼鱸」之思；老了則興歸休之願，消魂莫如「日暮鄉關何處是」；悲痛莫如他鄉「埋沒隨百草」，假如不幸竟埋骨他鄉，還「應作『異地』絮鄉鬼」。

而今戰火遍地的當兒，遠方遊子竟得慶生還，眞是：

「世亂遭飄蕩，

「生還偶然遂，

「鄰人滿牆頭，

「感歎亦歔欷。」

× × ×

十年了！——在戰火遍地的當兒，重投久違的故鄉懷抱，那是什麼滋味？滿眶眼淚又是快慰，又是辛酸；又似乎就是快慰，就是辛酸；終於辨不清到底是快慰還是辛酸了。

十年了！——十年前的一幅景象又出現在我的腦海裏了。

「撲撲撲！」輪船提高嗓子叫着，把小船嚇得躲在岸邊，不敢動了；慌忙讓出一條路來，讓這怪物追出頭去，然而輪船的速度那裏比得上還鄉人的心呢，在東山無影無蹤時，早就有人站在船沿上指手畫脚的問同伴道：

「這是大尖頂嗎？」

「上方山，過去就是七子山。」

「不，那個呀！」

「也不是，迷呀迷得濛來！」

約莫過了四五個鐘頭，輪船才過渡村時，船沿上靠東山的一面，早就像上棚板一般地擠滿了人，七嘴八舌的指着叢叢的樹林掩蓋着的一個個山坳道：

「個度裏是純陽殿啥。」

又是如何枯燥，又艱難，技術更須學行意合一才能完成的工作。她永遠沒有空，但還不够。耕耘儘管努力，但所拓的田太荒蕪啊；她身體消瘦了，她眼睛發炎了，她不禁流出絕望的淚，但又如何呢？沒有後退，只有硬挺，一年，兩年，羞澀，恐懼的心理消除了堅信的希望會從心裏透露出憧憬底快慰，眞的三年不算短，但只要走，她終於從學力不够到勝任，從了解到畢業，她是從艱難中克服了更生期初步的旅程，苦學使她變成一個可以掙扎的獨立體了，這愉快正像過了漫漫陰霧的寒冬，在明媚朗睛的郊野透一口氣，現在即使苦一點的生活，但已是自食其力了，這點至少是快慰，本來仰人鼻息，依人籬下是過的什麼日子啊！還有久想着要的秒針錶，鋼水筆，還有高統的棉靴，已可從省儉中，去自己挑選，不須再等別人的照顧，人心雖不一定會滿足，但愉快的事比較在增加，可以寄些錢給母親和婆姑了，可以買點禮物酬答親友，工作即使忙，也有休息又有同伴，生活似乎比以前安定又有些慰藉，上一代的言行思想中，感動比反對的也似乎多起來了，在不算短，也不頂長的不知不覺歲月裏，她在掙扎中悅變了，在努力中向上爬。

她的工作不僅是被人們崇敬着，也更需要着，假如因她丈夫生命的浪費所造成下的遺憾，而逐成她今日新生的光輝時，一個寂聊，彷徨的從無力到自立，從待援到助人。而現在已是崇高又聖潔的丈夫，整日在呱呱墮地的新生中服務，她在節儉中資助下一代的失學少女，繼續學程。她的重生是可爲傲然深思的，雖然有時候她會感到疲乏和寂寞，但當從她手中接抱着的孩子們，和從她的成就影響的同命運的女人，他們之中也許不乏就是將來社會上的智慧善良的服務者，她深深地體驗着她的使命，她已是從小我的生物，化爲大我的典型時，她一定感到無上的快慰，忘去了個人的辛勞，不是不值得的。這也許是故事，可能是事實，這是人類畫夢錄裏的人物，我希望總有一日會漸立起來實現，在過去，現在，和將來的多少同感中，來鋪建這條大道！

寫於卅六年十二廿二日適値惠旅高級助產學校校舍落成典禮日

「不，啥人話，個剟喏。」

「你們在賭嫖，喏……」

人家自在爭論，五渞陽自在山腰林子裏伴着「祖師」吃油氽果肉過燒酒，可是東山就是這樣像小夥子眼裏的年青姑娘，或年青姑娘心中的小夥子一般的神祕可愛，費人家的猜撲。

十年了！——十年後的今日，我又坐在東山班上了，船，碼頭，親切質樸的語音，都沒有什麼改變，甚至有幾個茶房都還是舊的呢，然而十年的確不同了，空氣是這般的陰鬱而沉重，老的無語，少的也寡言而老成，一開口便是貨價，生活，嘆氣，搖頭。

「撲撲撲！」輪船奔得喘着氣，可是乘客却覺得時間越來越長了。

七子山，上方山，在船窗外靜靜地過去，也沒有人去注意他們，偶然有個不懂事的孩子叫道：

「大尖頂喏！」人家也只淡淡地回一回頭，或輕輕地低一低頭，向窗外一瞄，似乎覺得這孩子多事，驚擾他們難得的片刻安靜。

船過了渡村，剩下來去東山的旅客還是那樣安閒地靜坐着，有的把衣服裹裹緊，舒了一口氣道：「還有一個鐘頭。」言外之意似乎說：「來吧，反正多也挨過去了。」於是空氣復歸於沉靜。

突然一個人爆炸一般的打破了這沉靜，指着窗外在望的東山道：

「喏！你看！」

我猛然回過頭去，只見純陽殿，古雪居，在那光禿禿的山均裏，在萬目睽睽之下，羞慚得無地自容似的，似乎被一個奸污了的女子見着她自己的丈夫一般。立刻在我跟她之間，被一層淚珠的幕隔掩起來了，我的心震盪起來了。

——呀，我的故鄉，你青葱的螺髻呢？你豐滿的臉頰上的笑渦呢？你昔日的美麗呢？你的青春呢？

——呀，我的故鄉，看你額上的縐紋，鬢邊的白髮；你一框眼淚，滿面愁容，呀，三徑依舊，人面已非，你被汚辱了！你老了！

——我們且慢敍說過去了的敍說不完的辛酸，且慢敍說那來日方興的大難，我們抱起頭來痛哭一場吧！

× × × ×

船窗外面，夜幕扯下來了，船頭，船尾，船棚上，船艙裏都是黑越越的，穿着黑色制服執着黑越越的槍的，眼睛注視着蘆葦遠處，黑越越的波浪拍着夜幕的邊緣的地方——匪，就在那裏活動。

空氣愈加沉鬱了，時間也覺得愈來愈長了，人們在黑越越的船艙裏，在槍口的陰影下，注視着窗外蘆葦遠處，黑越越的波浪拍着天處——那是禍患的來源，東山的人們猛然想起十年間的事來了。

——有一天，那滔天的禍水載來了一批自稱爲什麼的傢伙，其實却是一羣匪，他們燒壞了老太婆的屁股，爬塌了牆頭，搶了我們的錢財去了……

——有一天，一幫什麼匪，打着那樣那樣的旗子又來了，他們也像煞有介事的防起匪來了，然而他們終究是匪，終究載着我們的姑娘和財物，拍着滔天的波浪去了……

——有一天，他們的同夥掏又從水上來了……

——有一天，水上又來了另一夥人，他們也防起匪來了，後來也怪，空着手就去了，可是據說那才眞是匪呢！……

——有一天，過去的一夥匪又不叫匪了，又喜忽忽的拍着浪花來了，不久去了，又變成匪了……

東山的人們想到這裏漸漸有些茫然，你說這滔天的禍患還在蘆葦的遠處嗎？却覺得似乎就在頭頂了，並且愈想愈覺得就在頭頂了，——然而不管怎樣，那黑越越的槍口的陰影和黑越越的浪花使東山的人們預感到來日滔天的大禍了！

紅甘齋日記（八）

紅甘齋主

三月十五日　晴

拂曉，挑水阿根來促行，披衣而起，御棉袍，攬鏡自照，猶有寒酸相，雖別上海僅一年，惟洋場多變，此袍恐難適用。

匆匆餐畢，叩別老母，母囑囑謂予曰：「此去千萬耐性，汝年已不小，兩孫亦頎而長矣，予別無奢望，但願汝成家立業，使一家溫飽足矣！……在外飲食冷暖，千萬當心。……到上海後早來安信。」一片慈母心腸，令我既感且愧，時老妻相送門外，默然無言，頗有「殘月出門去，美人和淚辭」之情景。——一笑。

既出門，阿根捐鋪蓋前行，紅色毯，舊物也。憶十餘年前初學生意情形，彷彿在目，顧人事滄桑，吾已數易職業，但願此為最後一次。誠如老母所言，予必須於「耐性」兩字上，痛下工夫。

船行尚快，有客數人邀作方城戲，予雖技癢，惟慮有失，不敢應。枯坐尋思到滬後大事，一為住宿，次為文憑，憶同學萬津兄任教雅濟中學，或可有助，且渠係單身，住白克路同春坊，決先往訪，暫作棲止。

時山影已淡，簫米隱約，知離故鄉已遠，而鄉思亦益深矣。

到蘇逕赴車站，雖不可謂為擁擠，惟較諸鄉間，已迥然不同，恐為扒竊暗算，時以手防護，予所有固不多，但一年餘來，難得如此，況多係借來，豈能再遭意外。

三點半開滬，到僅五點半，北站景象，又換一番，兩路局高樓聳峙，具見都市氣派。

僱三輪車赴白克路，萬兄猶未歸，門外鵠候，飢腸轆轆，購麵包一只，聊充晚餐。

十時許，萬君歸，告來意，蒙暫允寄居，惟無牀，乃就地臥，以夜深，未及文憑事。

三月十六日　晴

一宿無話，惟醒來背微作痛。鐘指六時，即起身，時萬兄猶酣睡，躡足而出，就路旁進豆漿一碗，油條一根，價五分，較年前已漲二分，而質量反薄。

既歸，向萬兄探詢文憑價格，據云需三四元左右，超出預算竟達二元之多，殊屬駭人，惟既非買不可，除籌款外，別無他法，乃託萬兄就最賤者購一張，承允可先看貨，後付錢。

繼赴世界銀行晤述紈兄，攜贈土產剪刀一套，雖頗實用，惜東山商人不重裝璜，土腔十足，自難與杭州張小泉一爭短長，可憾事也！

十一時赴五姑母處，名雖探望，實另有作用，一曰吃飯，二曰借錢。將飯，姑母堅留，不敢辭，乃趁機商移二元，姑母初有難色，幾經解釋，幸獲首肯，飯罷，匆匆興辭而出。

途經外灘公園，忽聞身後有呼「王先生」者，口音似甚熟，回首窺視，僅一衣衫襤褸之乞者，心竊異之，不意此乞者笑容相視，細察之下，竟係小學同學陳君，渠本書香子弟，以嗜好故，產業蕩然無存，惟予猶不信竟落魄至此也，時春寒猶有餘勁，破衣一襲，塵灰滿面，設非開聲諦視，孰能辨識？

予雖有阮囊之羞，但心有不忍，贈渠兩角，比上不足，比下有餘，我之謂乎——再來一笑。

文憑須明日看貨！

回鄉隨筆

·知生·

或者因為上海離開故鄉太近了的原故，每逢佳節時也實在很難引起我對故鄉的懷念了，但故鄉畢竟是可愛的，至少在那裏可以呼吸到幾口自由的空氣，而且聽說母校——務本小學在新年裏要開「懇親會」，當然有幾齣好戲演出，身為校友之一，回去捧捧場也是義不容辭的。

我和故鄉睽違不能說久，即使從三十二年的夏天算起也不過三四年光景，而當我從遠處回來時又有半年和故鄉的人物風光朝夕相處，或者這也是沖淡了我「想家」的原因之一吧！

畢竟，我又回到闊別經年的故鄉了，一切都沒有什麼變動，唯一引起我的感觸的是街市的寂靜，寂靜得使我不禁驚奇。我忽然發見街上的狗和叫化子都絕跡了，這證明故鄉的繁榮呢還是衰落？我懷疑故鄉的人民生活都富庶起來了，安定起來了，因此沒有人需要求乞來維持殘喘。至於野狗呢，大概早就給區公所為了整飭「區容」而捉光了，這確實是值得歌頌的，以後在以狗屎之多出名的茶葉弄，古秦巷走路，大可放心，不致因足下不小心，踏上一堆狗屎而氣得怨天尤人。

回到「山浪」頗有點作客似的在家裏大大地被「供奉」了幾天，胃腸簡直油膩得難受。鄉下人都說：「山浪的物價才不（都被）『上海人』帶高哉！」聽聞之下，十分慚愧。「提倡節約」「破除封建」原是我們這些自命為「東山的有志青年」喊得很響亮的口號，但回到「山浪」，却不能以身作則，孝順兒子還是不得不做，何況「年夜三（歲）邊」（陽曆的）一時浪費些，自然也是情理之所當然，無足可怪。

說是「作客」，倒是名副其實。當我回鄉的第二天早晨，到文昌小學去看一位朋友，那位朋友（蘇州人，文昌教員）就拉着我到王家門前一家麵館裏去吃麵，當然，我想盡「地主」的身份回鈔了，但結果却反客為主由那位朋友回的鈔。據朋友說，縣校教員的待遇「據說」有調整希望，大概每月可以拿到一百多萬元（連八斗糙米在內），這數目自然連個人的生活都不能顧全，如果有家室之累的便只好「全家都在西風裏」，但生活雖然艱難，他們却從未能過教，充分地表現出他們那種「討亂忍死」（Tolerance）的精神。記得莫釐風上已有過不少提高東山教員待遇的呼籲，現在我願意再向故鄉的長官父老們代為請命，為了故鄉子弟的學業，我們應該讓全東山的教員們都能生活安定，在地方捐稅中提出一二成來補助他們，這對於故鄉的負担實在不能說大的。

以後故鄉將逐漸地在建設中恢復昔日的繁榮，這是沒有疑問的，只消從這一點上就可以證明故鄉已在建設中，譬如養力亭旁邊的那座廟，門前居然豎起了黃白分明的照牆，一隻重有數百斤的鼎鼎日地蹲在路邊，還有大尖頂（靈雲寺）被風吹倒了的幾棟房屋又重新修葺起來了，如果不是「匪泥山浪人」的財力充餘，怎會有這麼大的力量兼顧到這些不急之務的建設上去呢？思之思之，不覺為故鄉的復興指日可期而雀躍三丈。

匆匆的回到故鄉，又匆匆的離開了她，當輪船漸漸駛離渡水橋時，我低聲唱着一首「遼兮，故鄉」的歌曲：

「白雲茫茫，嶺樹蒼蒼……」

但，頓時我發覺我不得不改唱成：

「白雲茫茫，嶺樹光光……」了。

赴英途中（下）

——贊——

從地圖上看新加坡幾乎觸及赤道線，假設新加坡是在赤道以南，我們的船亦將經過赤道，我們將拿到一張某年某月某日某時某人經過赤道的紀念卡，可惜我們離開新加坡後便向東北入馬來亞海峽，沒有和赤道接觸的機會，出馬來亞海峽後便入印度洋的孟加拉灣，這裏的風浪是有名的，海上翻出一簇簇白色的浪花，許多人覺得頭暈，胃口不好，我亦是其中之一，幸虧第二天又告風平浪靜，什麽都不覺得了。

離開新加坡後，船行的方向開始向西，船上平均每日要把鐘點撥回半小時，所以上海人的一週時爲二十四小時，而我們在經緯線上爬動的每週時有二十四又半小時，在海上一連航行五天，始到達印度西岸邊上的大城——孟買——孟買的時間，和上海適相差四小時，上海人吃中飯的時候，我們才起身，我們吃晚飯時，上海人已呼呼入睡了。

在海上發現了陸地是最令人興奮的，何況孟買又是印度西部最大的一個城市，印度是新近獲得獨立的國家，當印度關員發現我們護照上都沒有經過印度駐華使館的簽證時，他們不讓我們上岸，好容易設法找到了我們的余領事，請他向當地政府交涉，終算成功了，但已費去一天的時間，由此我們看出印度人辦事效率比我們還不如，只有半天工夫給我們觀光一個四百多萬人口的大城，是相當匆忙的，　我們不得不僱了一輛「Taxi」以經濟時間，孟買的確很大，到處是高樓互廈，街道比上海寬坦，電車公共汽車都有，但是滿街的垃圾，便溺，和一般都是鳩形垢臉懶散無事的印度老百姓，實在不能和巍峨的洋房，漂亮的馬路相配合，反之，英國人的悉心經營更襯托出印度平民的貧苦和落後，在所有的殖民地上，永遠見不到一幅比較色彩調和的圖畫，原是不足爲奇的，我們逛了孟買的維多利亞公園，在動物園裏看到了如圓檯面大的烏龜，年逾古稀的大象，長頸鹿，斑馬，猩猩之類從未見過的動物，晚上在金陵酒家吃了一頓中國飯，味道特別好，自不在話下。

在孟買上來不少乘客，大都是印度獨立後裁下來的英國官吏和家眷，調防的英國軍隊亦不少，另外一小部份是印度學生去英國留學的，他們對英國都非常仇恨，認爲印回分治完全是英國所一手造成的，英國人希望在印回紛爭的局面下幕後操縱着印度，印回本身在歷史上有相當的仇恨，在宗教信仰上又有顯著的不同，譬如印度教徒是不吃牛肉的，牛是他們心目中的神：而回教徒偏偏不吃豬肉而殺牛以佐食，印度教在印度佔絕對的優勢，巴基斯坦沒有外力的支持，很難興風作浪的，印度除了印回兩派外，尚有不少土酋統轄的地方，直接受英國的指使，這些土酋們未必對獨立有什麽興趣，印度的語言聽說有五十餘種完全不同，故印度這古老國家的命運，尚待掙扎，事實擺在面前，英國軍隊尚未撤退，印度人已在自相殘殺了，獨立自由尚未完全爭取到，印度已分裂了，奮鬥一生，領導人民爭取自由獨立的印度聖雄——甘地先生——看到當前印度的局勢當夜傷心不已，但偉大的甘地先生無論如何已爲印度的自由獨立奠定了一個堅固之基礎，印度的新生僅是時間問題而已。

在孟買有一處名叫The Tower of Silence ，譯成中文應爲「閴寂之塔」，是值得一看的，這是波斯人死後舉行天葬的地方，屍首放在露天的土坑裏，讓天上的老鷹將屍首帶上天去，故稱爲天葬。一個屍首，不需一刻鐘的時間便化爲無形無蹤，全世界只孟買有這樣一個奇怪的地方，孟買上空，飛鷹成羣，張牙舞爪，益增其猙獰可憎之面目。

孟買而後，越三日，入紅海，紅海不紅，但因兩岸盡是沙漠，氣候特別燠熱，稱爲紅海，殆形容其熱耳，在紅海的幾天，正是月亮最好的時候，國曆九月廿九日中秋的晚上，船正駛在天方夜譚裏神祕古國阿拉巴的領海上，海平如鏡，月色照在海上，猶如刀光劍影，清輝逼使每一個中國旅客都在甲板上賞月，抬頭望見的亦正是四小時前掛在自己家門上空的那個月亮，它給遠離家鄉的我們，帶來了無限的溫暖，我們亦完全以感謝的心情來迎賞今晚的月亮。

走完紅海，便是鼎鼎大名的蘇彝士運河，一直在遼闊的海上漂泊着，忽然泛舟在蜿蜒如帶的河上，不啻給船上的旅客換了一服口味，尤其蘇彝士運河完全是人工鑿成的，大家都集中到甲板上來觀光這溝通歐亞兩洲的人工奇蹟，蘇彝士運河全長約一百英里，寬約二百餘英尺，深可七八十英尺，完全是沙漠地上開出來的一條歐亞捷徑，當年工程的艱鉅是可想而知，兩岸築有平行的公路與輕便鐵道，沿河均由英軍駐守，運河的管理權是屬於蘇彝士運河公司，公司的股票大都在英人的手裏，所以也可以說蘇彝士運河就是英國的。地中海兩端的兩個口子，蘇彝士和直布羅陀，都是受英國控制的，英國靠海權生存，非把海上交通要道抓住，她便不能控制着分佈在全球的自治領域和殖民地。

地中海上風和日暖，秋高氣爽，船沿着非洲的海岸線航行，當年納粹和盟軍角逐的沙場，隱約可見。第四天過直布羅陀海峽適在晚上，只見直布羅陀岸上的燈光在黑暗中閃爍，這幾天的月亮是越來越遲了，一出直布羅陀，船正對着天上的大熊星座而行，天氣突然的覺得冷起來了，短短的幾天內，我們像過了春夏秋冬四季，聽船上無線電的報告，知道英倫三島已開始落霜，儼然是冬天開始了。船上的英國人對氣候最敏感，男的女的都穿起很厚的大衣，英國士兵也一律換了呢製的冬裝。英倫三島是愈來愈近了，船上的乘客開始準備登陸，一月的工夫剛剛彼此混熟却要分手了，眞是天下聚散本無常，中國乘客在船上照了一張全體相，以作紀念。六日的早晨天氣特別好，成羣的白色海鷗衛護着蘇格蘭皇后號一起進了利物浦港口，船還沒靠岸，碼頭上人頭擠動都在努力找他們的兒子、丈夫、久違了的朋友，船上的英國朋友回到了家，多麽幸福，只有我們中國人的心頭不勝其悵惘，老遠的跑來是爲了什麽？

——續完——

卅六年十月十五日于利物浦

家山之戀

上官父

三：表親

葉鳳珍終於推辭了吳友松的邀請，沒有與他們同去晚餐。劉慧玲知道鳳珍向來有她自己的主張，也不便再去勉强。不過徐道恆仍舊拉鳳珍一同坐了他的汽車送他回去，到了學校門口才握手道別而去。

鳳珍走進學校，順便去問一聲王榮生，早晨的信寄出去了沒有？王榮生說，信已寄出了，方才四點鐘光景有一位周先生來尋你的，因你不在，留了一張名片在此，說着便把一張名片交與鳳珍，鳳珍一面道謝，一邊接了名片看時，原來是表兄周茂元的，那名片正面印着：

上海福和證劵號

周茂元

山西路五一六號電話九七一〇〇

再看反面有鉛筆寫着幾個字：

『奉訪不值悵悵，今日有東山四親媽來申，就擱舍間，擕有二親媽的口信及物件一包，家母亦望與妹一見，有暇希今晚來舍晚餐爲盼。

兄茂元留字』

鳳珍看了，把片子收好，便上樓到宿舍裏去轉了一轉，在日記簿裏找出了表兄家裏的地址，是在新閘路一條弄堂裏，她略一躊躇，便決定去表兄家晚餐了。

周茂元的母親與鳳珍的母親都姓臧，是堂姊妹，雖然是親戚，平時卻少來往，倒是周茂元所說的四親媽鄭老太，在鄉與母親常常見面，相當親近。鳳珍到上海來讀書，一切都很陌生，虧得沈之瑞與周茂元二人的照應，表兄很幫了許多忙，因此常常見面，有事也去找尋他們，周茂元的家裏，卻從未去過，今天他特地來邀去晚餐，所以決計乘此機會，去看看那從未見面的二親媽，而最重要的，最關心的，還是那四親媽從鄉間帶來的母親的口信與物件哩。

從學校到周家路程不遠，鳳珍並不僱車，提了一只木夾柄的藍布手袋，慢慢的步行而去。這時已下午七點鐘了，因爲使用日光節約鐘點的緣故，實際還只六點鐘，日子已長，太陽尚未下去，路上走的人多極了，鬧得很。鳳珍走了二十分鐘已到了那條弄堂，--看房子已舊，弄堂也不寬大，至少是四十年以上的建築，走進弄堂去，地上高低不平，離弄口不遠找到那門牌，是一所二上二下的石庫門房子，門上沒有電鈴，只得把銅環敲了幾下，等了一回，裏面有人問找誰？鳳珍便問道：這裏是姓周麽？裏面的人答道：姓周的在樓上，請你從後門走。鳳珍只得再走進去折入橫弄，兜到後面，數到第五家後門，也有塊小門牌。門也關着，可是門上倒有電鈴的，便按了按電鈴，裏面的人便來開門，是一個老媽子，大該是燒飯的樣子，鳳珍問他姓周的在那裏，老媽便道：是的，是的，你上樓去便了，一面便向樓上叫道：「周家有客人來了」。

鳳珍走上樓梯，忽然樓上電燈亮了，樓梯上有一個男子從房門裏走出來，迎頭一看，便是表兄周茂元，在樓上含笑迎接道：噢，鳳珍妹來了，這裏的樓梯不大好走，慢慢走好了。說時，鳳珍早已走上了樓，含笑叫了聲表哥道：「方才你來時，我沒有在校裏，失迎了。」說着便由周茂元讓進了客堂樓上的房間裏。這是一所二層樓的石庫門房子，樓梯在客堂背後。後面還有一間亭子間，下面是廚房，上面大概是一間晒台了。

客堂樓上看上去是老太太的房間，鳳珍走進去時、床沿上坐着一位老太，大概便是茂元的母親周老太了，年在六十左右，頭髮有一半白了，對面椅子上坐着另一位老太，便是鄭家的四親媽，一見鳳珍進來，便招呼道：「鳳珍姑娘，不認得了，--到上海便成了時髦的上海姑娘了，但是瘦了一些，似乎腰身更積伶了。鳳珍叫了一聲四親媽你好，一邊早由周茂元替他介紹與老太太道：「媽，這便是鳳珍妹妹。」鳳珍低低叫了聲「親媽，你好，一向沒有機會來拜候你，望你勿要見罪。」周老太道，鳳小姐，你太謙虛了，說起來，我們原是至親，只因我家一向住在上海，不大回山，來往的機會一少，因此疏遠了，現在鳳小姐在上海讀書，希望常常到舍間來玩玩，以後走走慣便格外親近了，這樣才像至親的樣子呢。」周茂元便讓鳳珍坐了，有一位小姑娘搬了一杯茶進來，放在鳳珍的面前，周茂元笑道，這是鳳珍姊姊，妹妹你要認識認識，又對鳳珍道；這是我的妹妹麗娟，我們就是三個人住在此間，於是麗娟向鳳珍叫了聲姊姊請用茶，說完便一溜煙跑出去了，

鳳珍寒喧客氣了一會，便急着向鄭老太道：『四親媽，聽說母親託妳帶了口信，她老人家在家可好嗎？』四親媽道，「妳母親在家很好，不過近來常常發肝氣，前幾天發一次很厲害，我出來的前一天已好了。他託我轉告妳說，今年夏天，可能的話，叫妳回去一次，她已有二年不見妳了，很牽記妳，她希望妳在上海隨時自己當心，又說對妳自己的親事，望妳要寫信回去告訴她一聲，究竟妳的意思怎樣？」這一句話不打緊，頓時引起了房間裏幾個人的共同注意。周老太先問道，四姊妳說鳳珍的親事，不是有人替她作媒嗎？」說着對周茂元看了一眼，周茂元雖不言語，却張大

了二隻眼睛，注視着四親媽的面部，急於等待她的回音，鳳珍面有微赧，卻先開口道：母親總是歡喜鬧這些不急的事情，我早已寫信回覆她了，她還是一回一回的託人來問我的意思，好像一定要我的意思符合了她的意思才算是眞正的意思，否則總是不對。」

四親媽笑道：「我也不大明白，不過聽說已有二家託人去對二親媽說鳳珍的親事了，一家姓沈，一家姓朱，二親媽近來也新法了，她說這事她不能作主，一切要問鳳珍自己的，不過她很願意早些有一個決定呢。」

周茂元點頭道：「是呀，現在的潮流，兒女們的婚事應該要得到本人的同意才好，父母作主的時代已經過去了，鳳珍妹，妳說對嗎？」

鳳珍笑了一笑，卻不言語。

四親媽便起身走到床前。在床旁邊的一隻袋裏，取出了一個小包交給鳳珍道：「還是妳母親託我帶來交給妳的。」鳳珍接了，隨手放在旁邊道謝了一聲，卻不便打開來觀看，看上去東西並不多，大概是食物之類而已。

一回兒周茂元下樓去了，等回來時便有一個娘姨跟了上來，手裏拿着酒杯碗筷，就放在房內的方櫈上，收拾好了，又去搬上小菜來。周茂元讓客人入座，要叫鳳珍上坐，鳳珍當然不肯坐，讓四親媽上坐，鳳珍坐在上首橫位，周茂元與麗娟坐在下面作陪，每人面前一隻酒杯，鳳珍雖一再說不會喝酒，還是給周茂元灑了半杯酒，周老太與四親媽都會喝的，周茂元自己也灑滿了一杯，舉起杯來，讓了一回，鳳珍卻不過情，也喝了一口。四親媽一喝就是半杯，似乎還留着量，否則一口氣喝一杯酒，也不算什麼一回事的。

喝喝停停，談笑風生，周茂元便向鳳珍問今天白天到那裏去的？鳳珍便把到蘭心去看戲的事情告訴了他。說起了吳友松，又說起了吳友松的父親吳靄如，周茂元道：原來是吳友松嗎？他現在在上海的金融證券號裏很出風頭呢，手面很大，生意做得大極了，每天幾百萬進出不當一回事，搶一個帽子頭便要賺一百八十萬呢！

四親媽不懂了，急問道「什麼叫做「帽子頭」，何以怎樣賣呢？」

周茂元笑道：「這是一句做股票的行語，原來是賣空買空的意思，一筆生意買進了在一轉手間賺了一些便賣出去了，也不要墊本錢，這叫做搶帽子頭生意，也有先賣出去，再補進的，總之往往在一天半天裏便當了結，否則要墊本錢出利錢了」。

鳳珍笑道：「搶帽子頭這句話我也聽見過的，可是究竟怎樣可不大明白。要是買了進來價錢小了便怎樣呢？再者，自己沒有貨，只什麼可得先賣出去呢？他們搶帽子，一定有把握賺錢嗎？」

茂元道：「是呀，所以想搶帽子的，往往結果被帽子搶了去，尤其是因爲搶帽子的人，目的不在於大漲大跌，往往做的額數極大，希望漲了一些便賣出去，不料一買進來，便連接一路跌下去，想趕緊了結，已經收不住，差了一大段，蝕本的數目極大，有時候弄得不得下台，傾家蕩產的也有。若是實事求是，墊本買進的，倒底不至於蝕得一場糊塗，投機的事情危險得很，到底不是正當的營業呢？」

四親媽說道：「這樣說來做股票生意，不是一定賺錢的了，何以大家都要去做股票，而且聽說許多人都是股票上發財的呢？」

鳳珍接着道：「表哥既然知道危險，爲什麼也在做這門生意呢？何不改一種行業做做呢？」

茂元道：「我們吃股票飯是同他們做股票不一樣的，我們是代客買賣取佣制度，自己不担風險的。但有時看見趨勢很好不免也要做一些，不過數額很小，而且非十分穩當不做。這是一件，因爲我們是經手的緣故，往往有許多便利可得。譬如佣金的減小，以及行情的便宜，又如自己想買進時，剛好有人賣出來，這買與賣的行情中間有一些距離，於是我們便能以小一擋的行情買進來了。賣出去時，也是如此。這些，都是我們較客人佔勝的地方。一樣一筆生意，風險要小一些，利益要多一些。」

周老太道：「阿彌陀佛，我們茂元是不配吃這一行飯的，我也幾次對他說，叫他托托人家，可有銀行錢莊的生意，介紹一個職位，他說，現在有敵僞時代的許多銀行錢莊，做得範圍很廣的統統停業了。人浮於事，出路缺缺，大多數的人都在做投機度日，明知不是伴，事急且相隨，大概非等到政府有路給人民走，讓人民有吃飯的辦法。一般人，總是撿有飯吃的地方走的，實在說，每一個人那能一天不吃飯呢？

鳳珍聽了周老太的話，十分感動，覺得這一位老太倒是有些見地的，若講吃飯的問題，自然是有底子的人，來得容易一些，沒有底子的人，賺一天過一天，便不能有很滿意的飯可吃了，爲了許多想做有財有勢，所以都跑到投機的路上去了，慾望大的人想在這裏一夜翻身立成巨富。胃口小的人也想在這裏摸些油水，以維生活，於是舉世滔滔盡入個中去了，天呀，這是怎麼的社會，這是怎麼的經濟制度呢？

周茂元一杯一杯的同四親媽乾杯，周老太也吃了二三杯酒了，惟有鳳珍至多嘗了幾口，一杯酒遂有半杯，周茂元搶着又替他灑滿了。小菜是自己燒的，不多，但是頗有家鄉風味，一味蝦餅子，一味鹽子肉，更是上海平常吃不到的，鳳珍已有二年沒有吃到這二味菜了，所以更覺津津有味，不覺多吃了幾筷。

忽然想起吳友松來，不覺笑道，今天想在學校裏吃夜飯的，方才吳友松等要拉我去一同吃飯，我一定不肯去，不料我仍舊在外吃夜飯，卻到了表哥家裏來了，而且吃到了許多家鄉的風味，眞要比外面酒菜館裏的小菜有意思了，不過我太不客氣，一叫就來了。

周茂元笑道：快不要再說客氣話了，我們原是很近的表親呀！

——第三章完——

太湖兒女（4）

•何遜•

（二）

當秋老虎還在山村施虐的時候，茶館前，浜塲上，樹蔭下，常能看到成羣的青年在奔走、呼號、演講、歌唱、雙拳揮舞，緊握着滲透了汗的手帕，像湖水，像延燒的火，充滿着熱，充滿着力，從東面湧到西面，從山前湧到山後，原來他們有了另一神聖工作——抗敵後援會巡迴宣傳——他們以爲在目前的東山，話劇的宣傳功效，還不能深入廣大的民間，尤其在這大熱天，除了附近的有閒階級，誰願意擁在一座不大的廳堂中挨熱看戲，所以決定放棄了公演「回春之曲」的計劃，用巡迴演講的方式，宣傳抗敵。

十多天來，成績還不錯，當隊伍到處，大批鄉民，就會像湖水一樣地集合在一起，聽他們講日本鬼子，講國家至上，民族至上，講岳飛、文天祥，再講到防空常識，或者唱一支義勇軍進行曲，演一齣方言戲，他們的汗水灑在乾燥的土地上，他們的聲浪，像警鐘、像奔濤，向東、南、西、北，自近而遠地激盪着。

在另一方面，滿腔熱誠的小姐們，在新東山流通圖書館裏做着借書、還書、轉期、通知、核銷等日常工作，或者抄着圖書館壁報，而當熱心的同鄉送了新書來後，尤其要忙於裝訂、編號等額外事務。那時，圖書館裏的新書架上，裝滿了什麼國難叢書、防空常識之類的新書，借的人很多，她們雖不常出門，但是一樣在做着宣傳的工作。

多麼偉大的新生的洪流呀！

這是一支爲抗戰所孕育出來的洪流。七七以前，他們還祇是一支深山中的小溪，僅僅幾個月，他們已在正義的召喚下，深入了民間，幹着切實的工作。雖然不能像壯丁一樣地握着武器，穿着制服，浩浩蕩蕩地排着隊、唱着歌，從大街西端泡到東端，然而，他們有筆，有嘴，他們的歌聲，一樣響徹了整個東山。他們「起來，不願做奴隸的人們！」是呀，「誰願意做奴隸，誰願意做馬牛」呢？這雄壯的歌聲，吹入耳的時候，誰都含有「光明已經射到古羅馬的城頭。」的感覺。

今天是八一三事變以後第五個星期日。宣傳隊伍在小旗幟的前導下，踏着發燙的路，向武山進發。歌聲間歇時，偶爾可聽到樹梢的鳴蟬，頭頂的太陽，給每個流汗的人們留下一點短短的陰影。

行列中，談話在進行着。現在，他們正以淞滬抗戰作爲談話的題目。

「這一次十九路軍眞有苗頭，中國軍隊到底不錯。許多人說，中國軍隊要打勝外國軍隊，很容易，只要不停地開火，一天到晚，日以繼夜的開火，因爲外國人講究吃和睡，而中國人，尤其是軍隊，即使三天三夜不睡覺，照樣打個明白！——」

「還有中國的空軍，也着實不差，聽說八一四轟炸出雲艦的一個隊長可以在天空中連翻幾十個觔斗，連他的外國教練都及不上他。」

「那簡直是現代孫悟空大鬧天宮了。」

「這一次戰爭，看來要決定在空戰的勝敗了，我們中國如果有上幾百架義大利式轟炸機，一定可以穩打勝仗的。」

「是不是指日本現在的那種轟炸機？眞可怕，又大又快，而且聲音小。」

「轟炸眞是可怕，上一次上海大世界的慘案，只有小小的幾個炸彈，就炸死了二千多個人。——噲，老田！我看你還是講一些防空常識吧，東山人不要說防空，怕連日本飛機和中國飛機還撥不清楚。」

「那倒是一個現實問題。我想終有一天日本鬼子會揀中東山，下幾個蛋，如果照現在的情形，聽見機聲就趕到門外，爭着看飛機的話，那才死得冤枉呢！」

幾分鐘後，隊伍就到了吳巷，猛將堂內的茶館中照例滿塞着趕集歸來的人，每人一副鈎籃，上些年紀的手裏一枝旱烟筒，筒端半明半滅的煙絲，散發着醇厚的煙味。

一霎間，爲直上直下的陽光所焦炙着的浜場中，站滿了黑壓壓的人，大的小的，男的女的。

「他們演起講來眞好聽，好像唱戲。」這是一個小孩的聲音。

於是老田跳上了豎旗桿的石條上，講着防空的故事，大世界是一個現實的例子，把那些鄉下人聽得變了色。

於是唱歌。

於是喊着「打倒日本帝國主義！」

「中華民國萬歲！」

「…………」

於是他們拖着汗臭而疲倦的身子踏上歸途。

這一天，他們就在西涇村的小橋下洗了一個澡。

烏鴉的老巢

玄丁

依戀着那老朽榆樹上的老巢，
半空中一羣烏鴉，嗚嗚地呼號；
似乎在互訴衷腸，盤算，商量，
茫茫然，不知將作何計較？

* * *

時代將原有的綠葉磨盡，嫩枝磨乾了，
祇賸着一段老本，三叉枯幹，
讓烏巢給風雨欺凌，全沒遮蓋，
近來，牠們也覺得不能再苟安了。

* * *

牠們也曾賣弄聰明，天天在商量，
如何把那些綠葉嫩枝給重新裝上，
希望那老榆樹有一天重新復活起來，
懷念當年，亭亭若華蓋高張！

* * *

可是一到晚上，牠們還是飛囘老巢，
蹺頭縮頸，祇求暫時向黑暗裏躲，
到白天儘瞧着活潑的麻雀們豔羨，
設想到羣綠的新樹上把巢兒重做！

莫釐遊誌（十六）

二、重修蝦蟆嶺道路碑記：禮月令司空修利隄防，導達溝瀆，開通道路，毋有障塞，左氏傳云，司空以時平易道路，此國邑原野間設官經理者也。其僻遠山谿，岸犖雜沓，人跡經由之區，月令不及備，志乘所不及詳，平易修治守土者或略焉。江南太湖東洞庭山，最高者名莫釐峯，蜿蜒盤旋，南為白沙嶺，稍西則為蝦蟆嶺，山前後往來所必經，溪澗亂石猙獰，動虞失足，循徑陟山，險巇曲折，由是路者，每躑躅不前，二三君子，乃惻然憫之，捐貲諏吉，具斧鍤，採石料，修治澗路曲徑，數閱月而工竣，中道創葺小亭；為塗人蔭，為暍者施，皆為千百年不朽之義舉，則是路即義路也，職不列於司空，典特隆於月令，擴平易修治之功，如砥如矢，所履所視，偕遊坦蕩以上佐昇平，竊有厚望焉。是為記……大清嘉慶二十有五年季夏月穀旦……長沙羅琦撰，震澤崔琳書。

三、特授江南蘇松常處太湖理民分府嘉慶二十四年八月告示：修路便民環叩給示曉諭事，據職員徐學羆金宜榛呈稱：切有憲治三十九都十圖，此係山前山後，經由大道，嶺之下，每遇大雨，山水驟發，將路冲坍週闌十餘丈而沿邊山澗，深有五六丈，行走者設有失足，墜入深澗性命堪虞，職等目擊情形，若不及早修砌，將來為害不淺，是以職等捐資，現在擇吉興工，所需黃石，該地俱有，即可隨時抬取，倘有不敷，曹塢民願捐助，不取價值，而匠工每工給錢一百四十文，惟恐有人高抬工價，遇事生波，為此聯名環叩，伏乞俯賜輿情，恩賜傳諭地保，督匠與修，併賜給示曉諭，闔山均沾厚澤上呈等情到府，據此，查修路便民，實屬義舉，除傳諭地保彈壓外，合行出示曉諭，為此，仰該處居民匠工人等知悉，所有蝦蟆嶺下冲坍澗路，現據職員徐學羆金宜榛等呈稱，捐資與修該工匠人等，務各努力踴躍，如有不法匪徒，從中高抬工價，遇事生波，許即指名稟府。以憑嚴拿究辦，該處地保早晚彈壓，亦不得藉端多事，滋出并予究革不貸，各宜凜遵，毋違特示。

四、二十四年八月份興工修理蝦蟆嶺并建造歇涼亭一座，一切工料零用捐數帳目：二十四年八月起工十二月止，共計工一千六百九十九工，每工一百四十文，計錢二百三十七千八百六十文；二十五年六月起工九月止，共計工一千四百六十七工半每工二錢四分，內有三十六工，每工二錢，合計足錢二百四十五千五百三十二文。

其餘石匠磚瓦石灰等費用，與今相較，均不啻天壤之別，惟距時僅百年而已。

蝦蟆嶺俗稱二十四灣，循道而灣，因方向不同，故景色各異，遠樹青山，烟水風帆，欲窮千里目，更上一層嶺，至巔，雲飛出岫，鳥倦知還，別具一番天地，西行，黃豬一角，為三官殿所在，民國三十二年春，王叔鑫募修，殿屋三楹，內祀三官大帝，壁鑴廿露亭觀世音菩薩靈感答訣。殿居前後山路程之中點，夏令施藥，平時施茶，以便利行人，住持僧了清欲使山徑無殊乎康莊，苟能如此，則何患寒暑。殿側一徑南下，穿越叢林，至眠佛禪寺，一稱高峯寺，位居余塢北之高峯塢，梁大同元年建隋廢，宋祥符間重建，寺後有樓，為所塑如來涅槃像眠處，今樓廢，像由泥身為木身，遷臥於大殿龕中。故寺名臥佛，丙子重修大殿，戊辰重建門樓，今寺額題眠佛禪寺，大殿除臥佛外，尚塑有千手觀音，白衣觀音及彌勒諸像，“金碧輝煌，舊鑄鐵鐘明萬歷十年造已廢，僅存光緒三十年許瑞記治坊所鑄鐵鐘，殿懸新聯云：

眠思凡間疾苦，滿腔慈愛垂護赤子，
佛法宇宙澄清，湖山生色光耀人心。

主其寺者為了清師，酷愛古玩，故佈置整潔，琳琅滿目，尤以觀音殿為最，庭前丹桂飄香，益增芬芳，清姜森玉晚過臥佛寺詩云：

策杖陟高嶺，磴轉俯幽谷，樹抄出古寺，秋氣已蒼肅，佛臥僧未歸，白雲幕相逐，遙眾竹林深，山山靜寒綠。

葉松詩云：

驅石安蘭若，開軒對茗泉，販過收果候，樵喝采茶天，一佛喚難醒，兩峯青入天，無生可無論，詩是惠休禪。

錢業生活什記

—文—

時鐘在成直角的九時上，這是銀錢界辦公的開始，一個個的客戶，匆匆而來的拿着各式的支票在往來部的櫃抬上活躍着，支票，送款薄不斷的在窗口如梭的交織着，辦事員不斷地在清脆的算盤聲中結着數目，一張粉紅色的瑞士紙收入傳票上中間一行藍色的墨水筆數字，再加了一顆砂紅印章，在被分散着傳遞着，成叠的支票深紅淺綠，中西文不一的，不斷的出現在匯划部，本道林紙的薄子上一行行地記錄着他的身世，好許多上面淡淡的墨汁，草草的數字，還有橫七豎八的印鑑，橫線，背書，收訖圖章，往往眼花撩亂，不能一瞥而知，最後解決他的是交換員，把每張支票一家家分別他的主人（付款行莊），一連串的阿刺伯字在清單，碼單上連寫，只有刷刷的筆尖聲，紙張相觸聲和急疾如飛的算盤聲，時起時減，斷斷續續的交響，直到一時把他送進了金融的樞紐——交換所。

下午工作的重心轉移在出納部，一扎一扎的鈔票像錫箔樣搬進搬出，「點一年鈔票，至少短一年壽」，這是銀錢界出納員的感慨，一張鈔票經過了健康人的手，也經過了有肺病人的手，經過財主，也經過窮人。上面都是充滿着細菌，富氣，窮氣，這些看不見的原子分子隨時在口腔，鼻腔中鑽，不是很危險嗎？同是在通貨惡性膨脹的環境下，大票，小票，關金，法幣，簡直花色繁多，假如稍一懈怠的話，很可能吃賠賬。

到三時，這是對外工作停止，同時同業間拆頭寸的電話如梭地接進接出，忙壞了幾個「理」字頭，接着交換員從交換所回來，皮包裹一大疊的支票，這時幾乎動員全體的職員來解決這工作，在匯划部仍舊不斷的紀錄這些支票，對印鑑的埋着頭細心地翻着，會計部也整裝待發，換戶在分戶賬上記着收的、付的、結出存或欠的餘額，厚厚的一本傳票，被猛食着，查傳票，覆支票，要查個收付軋平。整天的都在這些數字鈔票過去了。

「游資與物價」

一個讀者的意見

編者先生：

拜讀了貴刊二卷六期中董啓聖先生「通貨膨脹下的今日論發行大鈔」一文，覺得有幾句話想說說，雖然討論什麼經濟問題是莫釐風大部份讀者所不贊成甚或厭惡的，但爲了董先生對某種問題的結論有部份的謬誤，恐怕在一部份讀者的腦中會注入一種「先入爲主」的偏見，我認爲有加以申述的需要。

董先生在那篇文章的最後說「總之，物價上漲的原因全在於游資握有者的作祟，發行大鈔後，政府如能採取有效措置嚴防若輩（游資握有者）投機，則發行大鈔對物價就不能發生作用」，換言之，物價上漲並非由於通貨膨脹（Inflation of Currency）而完全由於游資握有者在那裏作祟，這理論是否正確的呢？經濟問題的複雜，尤其是在戰亂頻仍的中國，是不能以一而概其餘的。董先生的結論不免有武斷而短視之譏。

在正常的經濟社會中是不可能發生游資泛濫的現象的。游資之造成完全由於生產萎縮而一方面又濫發通貨的結果，而濫發通貨（即通貨膨脹）往往因戰爭消耗物資過巨而致。正如董先生文中所說「政府爲了彌補財政收支不平衡起見，只有增發通貨等方法……」（大意），然而政府財政收支不平，在平時，其嚴重性決不致像戰時的厲害。戰時，政府爲了供養大量軍隊，必須支出極大的軍費，這筆軍費自然是用來購買物資的，這種物資只有消耗，相對地剝削了人民的需要品，於是物資愈少，根據經濟學中的供求律，物價便只有上漲了。

如果政府增發的通貨能平均分配於每一個人民（事實上當然不可能），那麼物資維持原有的量，人民的購買力（Purchasing Power）平均地增大了，那物價還是要上漲的，不過其上漲的程度不會像濫發通貨而這些通貨又集在某些特殊階級（如官僚、豪門、巨賈等）的手中時引起的漲風那般劇烈，由於這些新增發的通貨集中在某些特殊階級的手中，於是造成了許多官僚資本（Bureaucratic Capital），豪門資本，買辦資本……。這些資本的握有者才是眞正的游資握有者，因爲他們的錢太多太多了，多得簡直來不及花，於是整天花天酒地，置洋房，購汽車，濫費的花，物價在這樣的情形之下，自然是非漲不可，該問政府對於這種官僚、豪門有無控制的力量呢？我們倒無需說政府是被這些官僚和豪門所控制着的，一連串的所謂「經濟緊急措施方案」那一次不是政府被動地公布的？……這些措施方案所訂的辦法可謂非常周密，但有未生效過呢？我們知道物價還是照舊漲，而且壓制的力量越大，一旦放鬆，經濟便更猛烈的向崩潰之途前進了一大步。所以，退一步講，即使董先生對物價上漲的原因委之於游資握有者的作祟而希圖由政府的控制力量來「嚴防若輩投機」，實在是望之未免過奢。

當然，物價上漲還有其他的原因，譬如因爲游資不能投於生產之途（因爲生產的成本過巨而獲利太小），還有人民的心理作用大都對手中的法幣不起信用，不願讓它在手中過夜而遭到貶值的損失，於是競相購囤貨物，貨物愈少，物價自然上漲。嚴格的講，市民階級手中的法幣是不能稱爲「游資」的，因爲那是個人的生活費（Cost of Living）本來是用在購買日用必需品上的，而造成物價上漲的基本原因（Basic Cause）乃是戰爭所引起的通貨膨脹。……所以，游資的存在，雖有促成物價上漲的嫌疑，但却不是物價上漲的基本原因。只有制止內戰，停止濫發通貨，恢復正常的經濟狀態，（也就是說消滅游資），物價才有平穩的希望。如果戰爭不止，通貨繼續膨脹，游資無法消滅，即使政府有力量控制游資（僅佔增發通貨的一部份），物價永無不漲之理。

最後須聲明的，我和董先生素不相識，而且對經濟學上的問題和理論完全是「門外漢」，這次不過因董先生一文而引起了一些摭拾而來的意見，向董先生求教，如果能得到更明白而精確的指示，自然非常歡迎的。

敬祝

撰安

葉緒茂　一月十四日

事務所：上海泗涇路七——九號

電話：一四九四二

廠址：上海眉州路三〇〇號

電話：五二二九九

康樂綢緞公司

專售 •• 各色高貴絲絨 • 各國綢緞呢羢

定製 •• 各種女子旗袍 • 式樣新穎摩登

南京西路四六三號 電話三〇六八四

匯款洞庭山

⊙迅速⊙準確⊙

不取匯水

嘉昶錢莊

本莊辦理洞庭山匯款。完全抱服務梓鄉之旨。專誠當差。不取費用。日期既屬迅速。手續尤求簡便。特約**鄭鼎有號**認眞負責承付。（山中歸鄭鼎有號收費一分藉爲該號之調劑手續費）無論前後山鄉鎮村里。限期三天。必可取到。決無往返徒勞之憾。而有準確可靠之便。區區微忱。略盡厥責云爾。鄉人君子。幸指導之。

本莊**匯款業務**京滬杭沿線各路均通如荷委託無不效勞迅速。

袖珍支票戶 隨時開戶 但須介紹 奉贈精美皮夾

活定二便存款 保本安全 保息最厚 存取便捷 可代禮劵

上海南京東路二三〇弄

電話 一九九七八 一二〇九五

電報掛號 〇七二八

郵政信箱一四二二號

莫釐風

第二卷　第八·九期

渡水橋——送往?迎來?　秦榮章攝

東聯社出版

莫釐風　第二卷　第八·九期

社評

無題話故鄉

一年一度的春節，在廣泛的農村中，是一個最被重視的節日。趁着農閒，鄉民們暫時拋開了現實的苦惱，換一套較為整潔的衣服，準備過一個愉快的新年。拿故鄉說，一到歲初，婦女們頭上，插了一撮紅絲棉的柏子花，空暇時，到門口看看猛將的笑臉；小孩們穿着簇新的衣服，捐着鑼鼓，從東面敲到西面；抬了一天猛將的男人們，好容易等到晚上，在一副紅燭之下，斟上一兩杯白酒；這樣，他們也算是在一年辛勞之後，得到了一點報酬，同時，趁着農閒，恢復一點精力，使能從事於來日生活的奮鬥！

然而看看今年故鄉的春節又如何呢？——一片淒涼，寫盡了急景凋年的慘況。

數千年來，生為中國的農民，一向是在鞭箠下的痛苦生活中苟延殘喘。「暮投石壕村，有吏夜捉人，老翁踰牆走，老婦出門迎。……」昔日大詩人所見的好戲，今天我們隨地都可見到，好像他們的命運，早經註定是：「樂歲終身苦，凶年不免於死亡。」

最近，當都市的春節，正被爆竹點燃得如瘋如狂的時候，我們從流亡鄉民的訴苦中，知道了多數年輕力壯的莊稼人，已經失去了歸家住宿的權利，有路的，拋棄了田園，鑽進罪惡的都市裏，暫時棲身；沒有路的，就只能以山野為家，坟丘中，池塘邊，蘆葦叢內，蔓艸堆裏，都成了他們寄宿之處，凍寒天氣，這一幅「有家歸不得」的圖畫，該是何等工力之作！

在「老弱轉乎溝壑，壯者散之四方。」的情形下，猛將的株守家園，自是意料中事，我們並不贊成出會，粉飾太平，所以猛將的不能出巡，並不是我們傷心之處，我們所感到悲哀的，倒是辛苦了一年的農民們，原想在新歲之始享受的一點快樂，應該可有，而竟沒有，而且連歲暮家庭團聚的溫暖，都喪失得一乾二淨了。

郭子玄說：「承百代之流，而會乎當今之變。」這一「當今之變」，想來不是猛將所能料到的吧！

不過，值得我們一想的是，愚昧的中國農民，固然是安土重遷，而且具有一種特別堅強的忍耐性，但是這一種忍耐性，並不是天生的，而是在宗法社會組織、倫理教養、及統治方式的匯流之下訓練出來的、一旦三者漏出了破綻，他們即使談不到政治自覺，也難免不走於極端。

希望服膺於「不聾不啞，不能為公。」的當政者們，在完成他們任務的過程中，終得顧到一點人情。

第二卷第八、九期目錄

三十七年三月十五日出版

雨花播音台

吳縣本年度徵兵 東山區二百五十二名

吳縣三十七年度應徵新兵配額，共爲三千七百零五名，除去歲辦理緊急徵兵已先行徵集五百十名外，餘額三千一百零五名，縣府於二十日上午，特召集各區長舉行緊急會議，商討各區鄉鎮本期配額事宜，業經完成初步配額工作，待本月二十二日全體參議員座談會審查討論後實施。計蘇州區一〇七名，黃埭區三七二名，西山區一〇六名，淞南區二七二名，淞北區二四八名，滸關區三〇二名，陽澄區二四九名，吳西區四四七名，東山區二五二名。（又訊）上海師管區梅展翼副司令廿四日午由滬來蘇召集吳縣團管區杜緒司令、吳縣吳江常熟三縣縣長軍事科長開座談會，討論有關兵役的事。要點如下：（一）這次徵兵決定仍徵志願施，（二）三月一日起公開抽籤，五月底徵集完畢。

東山區劃併鄉鎮 縣參議會修正通過

吳縣東山區爲擴併鄉鎮事宜遵令如限呈報縣府後，即經王縣長提交縣參議會第三次大會討論，決議如次：「據俞參議員士清等提議爲東山區擴併鄉鎮事，用特列陳理由及擴併辦法敬請大會審議案」。其審查意見：（一）東山鎮，（二）後山鄉，（三）莊蓮鎮，（四）浦莊鄉等四項照案通過（該四鄉鎮劃併辦法請參閱上期本刊），（五）橫涇鎮以原橫涇鎮除高三思橋港北二保灣莊鄉及候巷鄉之一部（即塘河之八保）劃併改稱橫涇鎮，（六）堯峯鄉以原前堯鎮及候巷鄉之一部（即塘河東之二保）及橫涇鎮高三思橋港北二保划併改稱堯峯鄉。「說明」依據區署會議原議決議案：以候巷鄉劃入堯峯鄉，惟據該鄉鄉長及鄉民代表公函主張全部併入橫涇鎮，茲查地理形勢，將河西八保劃入橫涇鎮，河東二保劃入堯峯鄉，擬定方案如上，關於各鄉鎮原擬甲乙等第，似有未妥應加考慮訂正之。依據朱參議員義元意見，應以橫涇鎮高三思橋港之北劃入堯峯鄉，以符地理形勢，此點已予採納加入。故第（五）項修正爲：橫涇鎮以原橫涇鎮除高三思橋港北二保灣莊鄉及候巷鄉之一部（即塘河西之全部劃併）改稱橫涇鎮。第（六）項修正爲：堯峯鄉以原前堯鎮及候巷鄉之一部（即塘河以東之全部）及橫涇鎮高三思橋港北二保劃併改稱堯峯鄉。（滬）

（又訊）東山區署爲遵奉縣令，擴併鄉鎮於二月份必須辦理完成，故於二月十六日公開該區全體鄉鎮長討論併鄉準備事宜，及決定新舊鄉鎮長交替辦法，至新鄉鎮長人選，業由傳區長遴選縣府報核。（滬）

＊　＊

歲尾臘底 縣長巡山

本邑縣長王介佛於舊歷歲底二月五日再赴東山區巡視，是日上午十時偕同沈秘書芷痕乘戈登號汽艇，直駛橫涇鎮東山區署，當即召見傅區長及田糧分處秦主任，暨所周巡官等指示。（一）加緊徵糧。（二）切實加強自衛。（三）年前年後一律不准請假，更不得擅離職守。如有查覺即予撤職等云。待午後四時，乃偕同傅區長等復乘艇逕赴洞庭東山巡視，當夜留宿前山鎮，並召見淥涇前山席周渡橋鄉鎮長金鳳池等，暨稅捐處田糧處警所陳巡官等，分別訓話，翌日應莫釐中學王校長之邀請，至該校參觀一周，繼即登莫釐峯，遊法海寺及雨花台諸勝，待傍晚返抵縣府云。（滬）

橫涇鎮有人販毒 傳區長親自提審

東山區傳區長案據橫涇鎮長徐永銘報稱：「二月十四日下午率領鎮隊附在本鎮延慶寺內查獲售毒犯許廣生，吸毒犯陸炳方兩名，粉四小包，烟灰一小包，（連皮五錢重）理合檢同供詞人犯等件，具文一併呈解」等云。當經傳區長提訊復審，結果與原供相符，且查該犯許廣生爲橫涇鎮著名販毒大王，故立即解送縣府依法懲辦，以戢毒氛。（滬）

輪船時刻及價目表

蘇州至東山——上午八時及十一時二班。

東山至蘇州——（前山）上午七時及八時半二班。

（附註：七時一班，由前山渡水橋開出）

價目

前山——蘇　五萬元　飯　四萬元

小賬　一萬元　茶　一萬元

三十七，二，二十二調查

小消息

▲後山鑑塘小學校，勝利後復校以來，經董事長朱潤生先生校長周知辛先生銳意改進，成績斐然，本學期朱董事長聘到大夏大學社教系高材生馮文偉先生担任該校教導主任，不久即將到校接事，馮先生英年碩學，對於鑑塘校務，定多貢獻云。

▲鑑塘小學本學期英文教員一席，擬聘請登善醫院院長姜鑑先生担任云。

▲同鄉會前爲整頓公墻，將大廳會一度關閉，暫借予惠旅醫院應用，目前公墻整肅人事告一段落，爲適應會員需要，業將大廳重行開放，以供會員婚喪喜慶追薦等集會時租用。

▲吳縣警察局直轄橫涇分駐所巡官，因案另候任用，遺缺調直轄唯亭分駐所巡官周政接充，周新巡官業於元月二十七日到涇接鈴視事，大事整頓氣象一新。（滬）

▲本邑駐軍二〇二師青年軍，爲清剿東山地區起見，分別駐防東山，渡村等地並爲增强宣傳效率起見，特組織東山區清剿宣傳隊，由郭連長親任隊長，本月十七日並由副隊長楊瑞庭率領該軍全體隊員抵達橫涇鎮，展開宣傳工作，表演「戡亂」話劇，軍民同樂，情緒甚爲熱烈云。（滬）

▲二月二十二日吳縣參議會舉行座談會，討論徵兵問題，東山參議員朱潤生將趕去出席云。

▲惠旅高級助產職業學校定於二月二十三日上課，規定學費三百二十萬元（同鄉六折優待），雜費八十萬元，宿費壹百萬元，膳費先繳二百五十萬元，不足照付，多餘發還，該校設備課程，稱雄全市，本學期招收新生，倘有餘額，歡迎同鄉入學云。

舊曆元旦 翁巷發生大火

緣有王順昌(已故)者搖船為業，辛勤一生，於二十年前建有二層樓房一座，於翁巷猛將堂隔鄰，現由其子媳等居住，廢曆元旦清晨，循俗例闔家至各親戚處拜年，後有同居某姓之女，忽將腳爐灰，倒於其家放在柴間內之畚箕內，不料死灰復燃，九時星星之火竟漸漸延及柴草，就致不可收拾，柴間之柴乃助火之威，迨鄰居發現，急由席廷麟者鳴鑼求救，迨各村水龍趕至，又因門口淵內，因天旱水涸，不能取汲，後將皮帶接至土山內自流井，方行射救，則因遷延已遲，全屋俱毀，幸灌救得力，四鄰尚未波及，因在白晝亦未傷人，聞有現鈔五百餘萬元，燒成灰燼，當火熾之時，全家趕回，急忙中祇搶出檯子一只，其他各物，均與樓俱毀，記者當晚至該處，見彼闔家，都在猛將堂內，嚶嚶啜泣，敗灰中猶有餘火，情狀頗慘云。

區署領到各鄉鎮經費

最高額前山九百四十萬 最低額浦莊六百十六萬

本邑鄉鎮經費業經縣府通飭各區署具領發放，東山區署已將一月份全部經費（一億一千二百零二萬五千二百五十元）如數領到，於舊曆歲底轉發完竣，各鄉鎮最高經費為前山鎮，計九百四十八萬零四百拾元，最低為浦莊鄉，計六百十六萬零三百十元云。（灌）

✱ ✱

東山近事

•戈•

☆去臘青年軍第二〇二師一部駐防東山後，分駐於葉氏義莊等處，至舊曆十二月廿一至廿三日間正預備安度殘年之時，即開始緊急抽丁，並抽查戶口，由當地保長伴同，在星光微露，寒氣襲人之夜，敲門入室，遇可抽之丁，即行抽去，如至無丁可抽之戶亦必細細盤詰，每室均經查看以免匿避云。

☆被抽去之丁，當送上輪船之際，彼等之白髮父母，嬌妻幼子，類皆哭哭啼啼，且有隨輪至蘇不忍分離，而作片刻會晤之圖者，而被抽之丁，亦態度不一，據傳有溇里某壯丁與妻分別之時云：「如吾半載不還，請即再醮」等語。

☆抽去之丁，亦同途殊歸，如灣里等處之壯丁二名，至蘇後即行放回，溇里之壯丁仍留蘇，原因何在，亦傳說紛紜，有謂已足額者，有謂體格不合者。

☆抽籤之法，於事先將戶口冊上的及齡壯丁，先行秘密編號，而竹籤上亦編有號碼，故抽出之籤祇有號碼，旁人難以窺知，迨經手人對明後即於忤夜開始往抽。

☆自經此次抽丁後，人心惶惶，新年出會之事，鄉人亦有暫停之意，迨青年軍於歲尾離山，鄉人心神稍定，故元旦日溇里小猛將照常全副旗傘過街矣。

☆大街上新春嚴禁賭博之煌煌告示觸目皆是，然牌聲亦處處可聞，如王衙門前，告示在牆，而某茶園之內進正是人頭擠擠，看齊了三十二只，檯上鈔票與金戒齊飛，烟氣味混成一色。

☆不幸者乃是後山人，元旦日當局還是路途迢迢的從前山趕來了去捉賭，連叉麻將也是有干禁令的了。

☆渡水橋及西大街各「大商店」內都裝了無線電，天線竹竿高裝屋頂，時時發出那唧唧唔唔刺耳的歌聲，據說並不是以廣招徠，其最大目的是收聽行市，並且最注意的是上海商情，假使漲了，一方面立刻改碼，一面忙將無線電開響，讓人聽明，假使物價稍跌，將無線電關上，但碼子仍舊，希望著明天的商情。所以東山的物價從沒有跌過，如白米一項紅盤竟有高至一百九十萬的，蘇州的進價，上海的實價，此所謂商人算盤也。

青年軍在東山捉賭

年頭上的幾天，街頭巷尾聚賭的很多，但是後山却沒有賭局，因為青年軍奉令捉賭，不論叉麻將，打牌九，都一律禁止，年初六的那天，在前山橋頭也因為捉賭而鬧出了一點事，事實是這樣：

青年軍便衣兵士數人，至橋頭某處捉賭，恰巧有幾個水警也在旁觀看，見有攜槍的便衣兵以為是什麼匪類活動，立刻動員了全體水警，前往把便衣兵繳械，青年軍長官聞訊，也立刻來鎮壓，一時情形很是緊張，橋頭商鋪紛紛打烊，一條殿涇港都佈滿了兵士，後由參議員及地方人士的調解，一場虛驚，始告平靜，聚賭者被罰款充各學校的經費云。（燕若）

*

壇弟子發生口角 太祖師前脫褲子

惠然軒的三樓三個房間原被壇弟子視為「聖地」，近年來卻被時代的激流沖淡得多了。二月廿四日適值元宵節開沙盤，壇中弟子循例誦經聚餐，內有太祖師信徒劉××忽與老法師朱××發生口角，劉君即發無名大火，在祖師爺前將褲子脫下，並向朱君高聲大喊「給我×你看看」，眾弟子咸認褻瀆神明，急忙勸解云。（新）

▲洞庭業餘補習學校，本學期改為義務性質以後，校方大事宣傳，近日報名新生絡繹不絕，將於三月一日開始上課云。

▲莫釐中學開辦以來，東山子弟得有就近升學機會，該校學費低廉，教授認真，頗得一般好評，本學期起有臨海蕩同鄉按月捐助大批書報，以供學生閱讀云。

▲洞庭旅行團定於二月二十九日召集發起團員，舉行成立大會，不久即將出發，集團探梅云。

▲東山各私立小學本學期收費標準業經規定一、二年級每名八十萬元，三、四年級每名壹百萬元，五、六年級每名一百二十萬元。為獎勵清寒子弟求學起見，各校均有免費學額。鑑塘小學并有兄弟姊妹同時入學者，得免一人學費，五人同時入學者，得免二人學費之辦法，以減輕子弟眾多之家長負担云。

▲安定小學本學期經韓代校長聘得新教員三位，其中二位曾受大學教育。

▲同鄉會為促進東山各校教師聯誼社早日成立起見，特於二月初特派常務理事朱潤生席玉年到山聯絡云。

▲同鄉會為贊助東聯社發起之東山各校春季運動會，特捐贈大銀杯兩隻，一名『澤南』，為小足球優勝紀念杯，一名『振民』，為爬山比賽優勝紀念杯。

東木公路何日築成？

今年元旦筆者返鄉，看見吳縣工務總段的測量隊十數人在進行東木公路測量工程，東山人的心是在跳躍着，紛紛地問測量人員；公路何日可能築成？這個問題不但是測量工作人員感到渺茫，就是新上任的東木公路籌備主任席德燗君亦不能給你一個肯定的答覆。

自前年五月裏，同鄉會便透露了企圖興建東木公路的消息之後，莫釐風月刊上和同鄉會的會刊上便有斷斷續續頗有「希望」且帶「樂觀」的新聞登載，這個新聞在東山人的心目中，猶如像「美貨」一般地被繫念着。正因如此，筆者綜合了各方面的消息，把它曲折的經過寫在下面，東木公路何日築成的問題，讀者亦能略測梗概了。

公路籌備之初，同鄉會就有這樣的一個想法；國家經過了這一次抗戰中的破壞，一定急待建設，以復原氣，現在人民自動起來協助政府建設，一定投其所欲，而樂願幫忙的，並且美國人的救濟物資堆積得很多，想來亦可能捨施點下來，因此便用了建設的帽子，洋洋灑灑地一個個呈文遞上去。這些呈文的目的是希望在善後救濟總署蘇甯分署拿到些工程所需的材料和救濟麵粉。可是這些呈文在吳縣縣府，行總蘇甯分署，江蘇建設廳，省公路局……等機關，這樣等因奉此地兜了好幾個圈子，好一段時間，最後的一個結論是：「……經核尚無不合，惟本署物資現極缺乏，一時無力協助該項工程，應暫緩議……」。當時同鄉會爲籌建公路特設了的一個「公路籌建委員會」（葉樂天君爲主任委員），不得不再加强陣線，拉進了一位世界最著名工程學府——美國麻省工學院畢業的席德燗來任該委員會副主任委員，想藉席先生的一點「關係」來挽回已被否決了的原議。當時席君任行總蘇甯分署署長，省公路局局長張籛成係席君舊日同窗侯家源的門生，這樣行總的材料和麵粉，省公路局的技術人員都能有把握了，於是又是一個個的官樣文章往

談談十年來東山的花果業及今後之改進

嚴士雄

東山濱臨太湖，物產豐富，居民專業種植花果者，估計可佔全山人口百分之七十以上；衣食咸仰給於此，據縣府調查，東山爲該縣唯一主要農產地區。其農產物之豐富，於此可見。

當八一三抗戰發生，地方淪陷，農家遭受敵僞經濟政策之影響，花果市情一落千丈，糧食飛漲，收支相差甚鉅，致農場一切設施，不得不偷工改料，藉以節省俾求溫飽，各色花果出品之低落，不言可喻，更有日供一飽亦不可得者，儘量砍伐樹木，於是風災，蟲害，及人爲盜竊，層層侵逼，在此時期內，產量之降落，銷路之不暢，殊有趨於衰落之境地矣。

東山農產之主要出品而爲大衆所熟知者：如螺春茶、白沙枇杷、楊梅、白瓏棗、石榴、香橙、栗、銀杏及洞庭紅橘等，在民國念六年前莫不在市場上視爲奇貨珍品，與白米作比例，往往果子一担可調換二、三百斤之譜，此後銷路遭受壟斷，人民購買力又一落千丈，如此連接數年，農家經濟情形，苦不勝指，無可奈何，祇能使農場忍痛任其荒蕪。

如今國家重光，河山還我，然內戰年年，烽烟不熄，雖紛紛重耕農地悉心栽培，稍有進步，然與戰前比較相差甚遠。

瞻望東山花果業發展之前途，即捨內戰不言，作者亦未能視爲必趨樂觀之境地，蓋農家經濟困頓已久，要加以改良，又力不勝任，此原子時代，仍墨守耕種成法，奢望爭取市場，保住信譽，不似擬人之說夢乎？

吾人研究洋貨之能傾銷吾國者，其原因在於品種優良，果實肥大也，貯藏耐久經年可供也，東山情形則反是果實並未成熟已要採買，或揀剔不嚴密，或果實已受傷害尚去應市，祇求脫貨，對社會上能得到何種影響，皆膜不相關，其與洋貨情形之比較，眞有天壤之別也。

作者素好樹藝，頗祖傳薄產，稍可耕耨，每日與土爲親，與樹爲友，日耕夜讀，藉求見聞，目覩東山花果業前途暗澹陰影，故略舉技術上改進之數點，俾供吾山專業花果者之參考。

一、選擇優良品種——適合社會上之需要。

二、土地改良——東山全山叠叠峯巒起伏，固不乏好土，然瘦瘠之地爲多，農家每草率開墾，不顧其他，其實土壤是否合宜果樹，日光能否流通，水份能否含營養，皆於菓木極有相關，自宜施以嚴密手續，充分注意。

三、施肥——土壤含有養料，每不足供應果樹需要，故應施以適合肥料，並可施用化學肥料發揮其生長力。

四、灌溉——果實結果期，難免水份不足之處，致果實微小，非要調節水源或備有蓄水池不可，使能充分灌施，促進果實肥大。

五、修剪——施以嚴密之手續，使果樹各部份同樣發達，充分透射日光，才可果實平均發育。

六、驅除害蟲——應施行化學原料撲殺而杜絕之。

同時作者尤所希望於東山區參議員者，希望能向縣參議會提議，轉請教育局設立農林學院，產業合作社，及民衆教育館澈底宣傳改進農產，此爲花果業之基本工作，而又急不待緩之圖也。

（耕讀草堂之稿）

解答一個大家都想知道的問題

上飛；繼之又有東山區縣參議員葉振民等在第一屆第一次縣參議會呼籲縣府協助，當時的決議：（一）東木公路當加以測量及估計，（二）由縣府二個月內詳加測量及估計，（三）發動民工，利用義務勞働服務完成工作，　其材料由縣府供給之，（四）由縣府組織籌建委員主持該路籌劃事宜。堂堂議案結果決而沒有行，第二次參議會上亦不再聽到關於東木公路的聲息了。而戰爭的火焰却越燃越大，行總的材料在火藥中漸漸地消蝕掉，麵粉有的在倉庫裏腐爛，有的變了私產，有的成了軍糧，公路委員會寄予行總的期望是隨行總本身的解散而幻滅了！

一切還是自己最可靠，今春吳縣工務總段的能去測量，是由蘇州，木瀆，橫涇，東山的三十餘位籌備委員每人墊款一百萬元的成果。測量的工作已經完成，繪製圖表正在進行。一切初期手續行將完成，　何日開工原因在於政府正在努力「戡亂」，民間的經濟情形亦在走往下坡，期待着「美援」，而公路籌建委員會尚在期待着政府的「幫忙」。

前年十一月份東木公路的全部預算需麵粉一六七三噸（代工）、費用一、三九五、〇〇〇、〇〇〇元，可是一年的物價又漲了幾十倍，照目前估計須超過三百億元，這個數字以東山人的財富來比較，並不算大，去年年底我們同鄉中有二位先生在股票的買空賣空中，一位一天賺進一百億，一位虧了九十億，，有如此可觀的財富在投機市場冒險角鬥，，不如安穩地投一部份資到公路的建設上去，以後可像蘇木公路一般地坐享盈利。

東木公路的築成的問題，不但有賴於東山的財富家對公路的投資的熱心程度如何而定，尚且需視農民和地主的合作與否。這次吳縣工務總段測量隊在沿途測量的時候，曾幾次遭到農民的毆打和地主的反對，他們是誠恐土地被充公，他們沒有了解到公路的建設對於農產品的輸出，市面的繁榮，土地的增價有着極大的幫助。因此公路籌備委員會還應該注重宣傳，深入民間去宣傳。（席新植）

六十年前洞庭山裏一個故事書後

◇曉敷◇

六十多年前有一位暴方子先生到洞庭山——西山——做角頭司巡檢，因「好事」，「又好出主見」，被他的上司——知府——認爲「情性乖張，作事荒謬」，終於在光緒十六年十一月（公曆一八九〇年）被撤職了。他卸任後，因沒有錢搬家，甚至於沒有米做飯，西山的老百姓聽見這位巡檢老爺這樣地清貧，紛紛送米，送柴，送栗子，送蔬菜。

據暴君自記，送米的事「蔓延至八十餘村，爲戶約七八千家。——一月之中，收米四石八斗，柴約十倍於米，他若魚肉鷄鴨糕酒果蔬之類，不可紀數！」當時西山的詩人秦敏樹先生於次年二月，畫了一幅林屋山民送米圖，並作歌：俞曲園先生（算起來是暴君的太君伯了）也爲此事作長歌，並爲這卷子作篆額。

在送米圖作成後五十七年，暴君的孫子春霆把這卷子給胡適之看。胡君認爲比名人手跡更可寶貴的還有三件：一件是洞庭山各村人民送柴米食物的清單，一件是上司訓斥暴君的公文，一件是他親自鈔存自己答覆上司的稟稿。從而，胡君認爲這三件是中國民治生活史料。

——以上撮引胡適：六十年前洞庭山裏一個故事（見文史第七期，本年一月二十四日上海申報）

這一個故事發生在西山，但我們東山人也能體會得到，因爲我們雖不與暴君或秦君同時，而中國鄉土社會大體上沒有很多的差異，且他們的時代與我們的接近——五六十年來，我國鄉土社會——尤其是洞庭山——何嘗有什麼大改革？

依我看，這一個故事，至多能表示三點：（一）暴君大約是一個不想使昧心錢而想做一點對於老百姓沒有害而對於上司並不有利的事，因此觸怒上司。這裏，可以俞先生與暴君的信札爲證：（其一）「然不獲乎上，民不可得而治」；（其二）「鄧尉湖山一席，最宜吏隱，從此竟可不事一事，以文盋自娛，乃可相安也」。（二）老百姓是有正義感的——至今猶然。（三）當時雖非盛世，通貨還沒有膨脹，鄉土社會大都還能自給自足，所以還能把餘米，餘柴以及鷄鴨果蔬之類送給較爲正直不自私的人。唯有「民治」在這裏談不到，因爲人民的力量並不能保留一個好官，使他在位，做出一點可觀的成績來！

近來國內研究鄉土社會的應推費孝通先生，他的「基層行政的僵化」（三十六年九月二十三、四日上海大公報），和「再論雙軌政治」（同年十月二十六日大公報），值得重視。蠡東採先生則謂我國傳統的政治機構分爲兩橛。甲橛是皇帝的政權和官僚的政治，乙橛是鄉民爲了地方公益而自己實行的互助。（見觀察三卷七期）話也很有見地。依費君的看法，六十年前洞庭山裏，雙軌不能接上而底層却沒有僵化，依蠡君的看法，暴君的去職乃由於甲橛的發達，而林屋山民的送米無疑地是乙橛在那時候也還有力量——就是人民大衆的公意，還能自由地但有限制地表示出來，恐怕倒要超過現代——這是說起來不免令人感慨的。

約在三十年前，胡君受杜威氏薰陶，自美返國，標榜「實驗主義」，但等到有了地位之後，胡君言論文章，往往近於附會，大非乃師實驗之義。即如治學，胡君對水經注致力之深，遠不如鍾鳳年先生，但胡君專好爲其鄉人戴東原（震）護短——我亦嘗涉獵水經注，戴君襲趙氏之處很多，這裏不便討論。胡君以爲送米圖是民治生活史料，難免感情用事，故不可信。

三十七，二，八。

關於朱樑丞

莊祖芩·麥夫
朱 梅·曉敷

一 憶樑丞 莊祖芩

本刊第二卷第二期人物誌朱樑丞篇，事實不盡符合略加說明：

（一）他不是才子　所謂「才子」社會上有一種定型，那便是聰明伶俐，風流倜儻，遊手幫閒的文人。可是他呢，有天才，也有正義感，能虛心學習，也能埋頭苦幹。當他組織辛西學社及劇團和主編莫釐滬報時，他曾集合有為青年，竭力對舊社會攻擊，——他的敢作敢為與一般專工吹拍的無聊文人，顯然有所不同。所以把「才子」稱譽他，毋寧可以說是無意中辱沒了他！

（二）學術的修養　他先前並未受過高等教育，祇在湖州旅滬公學，和迎芳濟讀過幾年書。舊文學方面，他曾從陳栩園先生學習。憑着這些教育基礎，加上堅強的意志，理解力和記憶力，所以在旁人看起來，他成為「能者無所不能，」至於說比較專門的一種，在他出國之前，我以為只有新戲劇一門。

自從他跨出校門，他進了生大銀行服務，但他本能地不會做市儈，仍舊憧憬着詩詞和國技。因為他的父親也對國技感到興趣，他幼小的時候，便常被帶到精武體育會——會址當時在閘北——去，他漸漸地有了國技的根底，但他的家裏並沒有拳教師，一切都從精武學來的。

那時候，已在五四之後，可是五四對他起先還沒有發生作用。時代潮流的激盪，終於使青年們感到改造社會的責任，他在精武體育會中與旨趣相同的黃培生，郁痩梅發起辛西學社——從這社名上，可以推想到當時的戀舊觀念——社員大都是職業青年，也有一部份是學生，一方面自己學習，一方面從事社會教育。他漸漸地認識了新時代，閱讀着新思想和新文藝的書籍。他的治學方法是廣博精深。

（三）弟妹和子女　他不是獨生子，妹巽和，弟均正。他也不是單生一女——梅——還有兩子，承堅和承中。

二 憶父親 朱梅

還在八九歲的時候，記得是一個朦朧的黃昏，我放學回家，看見祖父祖母的臉板着，而母親躺在床上無聲地飲泣，一種不愉快的陰沉的空氣瀰漫着整個家庭，我不敢作聲，幼小的心靈默默地思索着。當天晚上父親照例從外面回來，他拍着我的頭激情地對我說：『阿梅，爸爸要到外國去了，你不要哭，哭了，姆媽也要哭，哭有什麼用。爹爹去三年就回來，你想念爹爹的話，每年春天替爹爹整理書架上的書，拿出來曬，你長大了，慢慢看這些書』。這一晚，我沒有睡着，聽着父親和母親在整理東西，夾着母親的泣聲和父親勸慰聲。第三天，父親便離開我們出國去了，當時我僅知他去法國學習，三年後便要回來的。我記着父親的話，沒有哭，但從此我和兩個弟弟，便失却了可敬愛的父親，而我的母親同時也失去了可敬愛的丈夫。

父親是一個聰敏正直而又肯刻苦的人，由於他生長於古老的家庭，祖父逼着他早年停學，後來到一家洋行裏當職員，但他既不滿於這樣古老的家庭，更不甘於替外國人服務。所以雖然早已離開學校，他還是不斷地學習，讀了很多的書報雜誌。他在業餘從事文化工作，組織辛西學社，創辦莫釐滬報和戲劇的園地。那時候中國的新戲劇運動還在發芽時期，辛西劇團——從辛西學社產生的——之外，當時有田漢先生的南國劇社和洪深先生的戲劇協社。我國新戲劇運動的發展的道路原是艱難的，就拿目前上海的劇運來看，尚且遭到不少的阻礙，而況那時候雖然受了五四新文化運動的洗禮，然我國古老的封建基礎還是根深蒂固，在戲劇的園地裏，也還是一片荒蕪。話劇很少有人要看，聽說當時他們常常因為推銷不掉票子而請人家看白戲，但是父親並沒有灰心，他如同其他的拓荒者一樣，仍然堅毅地舉起了鋤頭為中國劇運開闢一條新的道路而努力。當初父親之從事戲劇工作，據說先是出於對戲劇的愛好，於是不免藏身於為藝術而藝術的象牙之塔，之後，當他遭遇了數次周折，同時也受了大革命的影響，他不但研究了許多戲劇方面的理論，還讀了許多政治經濟等社會科學；他不但體會躲在象牙之塔裏，戲劇不會有發展前途，還認識了一切藝術的價值，便在於為大衆服務——戲劇亦祇有在這前提下具有它輝煌的意義。所以到後來，他決意獻身於戲劇，已經不是單純的有閒階級的愛好，而是為更高的理想而努力了。然而苦難的中國隨即而來的是大革命的失敗，父親在多難的話劇運動中遭受了更大的磨練，他深感自己須要進一步研究戲劇，也為了嚮往於一個新社會，他於一九三○年得到洪深先生的幫助，出國，從藝術之宮的法國巴黎輾轉而到蘇聯。在父親剛出國的幾年中，——那時他在法國——我們時常接到他的來信，記得他給我的信上曾經告訴我他時常為了要多讀一本書而挨一頓餓。洪先生原不是一個十分富有的人，所以祇能以一個人留學的費用勉強供給兩個人。之後，他似乎仍在西歐各國流轉，直到抗戰前一、二年，他來信告訴我們，他到了莫斯科，不久又來信，他因病在克里米亞一個醫院裏養病，病愈後又返莫斯科。抗戰爆發，我們從此不再接到父親的來信，雖然母親曾從他的朋友間屢次探聽，但始終沒有音訊。有人說他於民國三十年從蘇聯回國道經新疆，得傷寒病逝，另一說，這是前年春

莫釐風　第二卷　第八·九期

季發生的事。但亦有從西北回來的人說，二年前他尚在莫斯科一個歌劇院任導演，並且很享聲譽，另一個朋友在去年春季看到一冊雜誌裏記敍着，在莫斯科有一個唯一的中國導演姓朱……（那位朋友把名字忘記了），可惜這些傳說和消息都不是十分確切的，於是父親的生死，他事業的成就，以及他的所在地仍然是一個謎。

父親，這親切的呼喚，我祇能默默地埋在心底，因爲我不敢向母親提起：當我初聽到父親病逝的消息時，我也抑壓不住心頭的悲痛，因爲他不僅是我們的父親，他實在是一個勇敢地走向理想的戰士。人生無不死，如果我們的父親果然不幸而死，祇要他將自己的一生獻給了爲大衆的藝術，那麼在中國劇運的歷史上，他曾經努力的一線光輝將永久不會熄滅。

如果他還在人間，我希望他時時想到苦難的祖國，有一天他會回來，用戲劇的犂重新耕耘祖國遍地瘡痍的土地！

三十六年十一月

★　★

一個永遠忘不掉的朋友

麥夫

穰丞，是我一生永遠忘不掉的一個朋友，他曾經給過我莫大的影響——無論在做人或是爲學的方面。

他是在「九一八」時往法國去的。在「九一八」事變後不久，我們在上海的報紙上就看見到他在巴黎因反日遊行而被捕下獄。那時候我們替他担心，又替他歡喜：担心的是那時候日本帝國主義到處被綏靖着，他的生命怕有危險；歡喜的是他有清楚的認識，在醉生夢死的環境——當時的法國——裏，決不同於一般苟安的留法學生，毅然地參加反帝的行列。

後來接到他的來信，我們才知道他爲了「反日」果眞下過獄，且被驅逐出境，又偷偷地回到巴黎，繼續從事反帝活動，終於他不容於法國政府。於是他流浪到瑞士，德國，蘇聯。他曾參加過馬戲班，像吉卜西人一樣到處流浪，他也曾在黑海邊療養過他那早已可疑的肺病。

自從他出國，直到二十五年的冬天，我一直跟他保持着信札的聯絡，之後，他還有信給誠棒。「八一三」的砲聲一響，才把他和我們的聯絡斷了。算來到去年已有十年了，我們——無論是朋友或是他的家族，不曾得到他的片言隻字。這使我們懷念，焦急。我們原先還存着一絲希望，也許因爲戰爭的關係，把我們隔絕了。但是和平了，慘勝了，關於他的消息，還是杳無所聞。後來，許多文化人從內地復員到上海來了，我們多方設法打聽他的消息。

有一位朋友說他在抗日戰爭期間，曾經同穰丞通過信，那時他在蘇聯，因爲他不斷的努力，受到蘇聯戲劇界的推崇，被請做國立藝術劇院的副導演。

可是另外一位朋友在給我的信裏說：「穰丞兄不幸於前年病故蘇聯」，等到我跟這朋友見面時，據說，穰丞是在經由蘇聯邊境進入新疆時，在旅途上患傷寒症去世的，這一位朋友相當可靠，跟穰丞也有相當的友誼——這麼說，我們懷念已久的穰丞竟然死在遙遠遙遠的異域了。

穰丞，他眞是我永遠不會忘掉的一個朋友。

他生得頎長，白皙，清秀，天資很聰敏。他能夠寫文章，吟詩，塡詞，拍曲子，鬧棋下得很好。他曾加入精武，要得一套好猴拳，舞得一手好劍。在辛酉的乒乓隊裏，他又是一名出色的選手；當他把右脚輕輕地擱在棹子上時，這一記急球是誰也擋不住的。

實在，他非但聰敏，還很用功。記得辛酉剛成立時，他被推管財務，本來不懂會計，他從此研究簿記和會計學，不久之後，他替辛酉設計了一套帳冊和表格。那時候，他在克發洋行當職員，我們時常去看他，他往往一面同朋友聊天，一面繼續着打他的文件，不用拿橡皮去揩拭打錯了的英文字。他的字典裏是沒有難字的。

他是一個很好的領導人物，但他沒有領袖慾，劇團裏的朋友，不分長幼，不分男女，都跟他搞得很好。他也有自知之明。他曾經嘗試地上過台，演過戲，但是失敗了，原因之一是他的嗓子不合宜於上台演戲，他發覺之後，便不再登台，專門努力於翻譯和導演劇本。

我們的辛酉劇團自從他出國之後，就此停頓解體，雖然一部份的原因是我們對於戲劇的努力沒有和時代的需要配合起來；一部份還是因爲沒有他，失掉了中心人物。在他出國前，「難劇運動」之後，我們接着來過一次用足精神的「文舅舅」的演出，結果是我們的努力好像白費掉了。我們由此發覺我們還是在藝術之宮裏亂撞，原來外邊已經不是契訶夫的時代了。這促使穰丞有了很大的轉變。我們忍痛地把富於封建性的團名——辛酉——取消了，但我們的活動也就止於換了一個新團名，因爲接下去就是穰丞的離國。

他在國外的革命的活動無疑是在國內活動的延長。在轉變中間，他的思想和行爲也有過矛盾，——就是有一個時期——大約是民十八——十九——他也未能免俗，涉足舞場。我呢，當以諍友自任，所以在他離國前幾天，曾很沉痛地對他說：「你爲什麼要在出國之前留給我這個不好的印象！」現在想起來，我對於當時的他，似乎太苛求了，因爲人總是「人」，我不該把「超人」來希冀他。

穰丞死了嗎？他沒有死。死不是決定在肉體的存滅的。他在國內，在國外，無疑地是有過輝煌的成就的。他沒有死！

關於朱穰丞

曉歎

我曾就一時感想所及，寫過一篇關於朱穰丞先生的雜文，胡亂湊在同鄉會的紀念刊裏，當時本無一定計劃，所以連題目都未定。不知怎的，本刊第二卷二期，人物誌的作者和被記述的人物原不算頂生疏，可是記述失眞的地方也不能算太少，也許讀者們願意知道穰丞的生平更加詳盡一點，因此我分別請求他的女公子（朱梅），他的老友——又是僚壻（莊祖荃），和他的諍友（麥夫——即「一個吃耳光的人」的譯者）各寫一篇文章，這裏想再加以補充，其實跟上述諸君所說的只是大同小異，希望讀者們參看。

（一）他的特性（甲）進步的思想：我們知道，世界進化中；人類求進步乃是由於不滿意於現實，他是一個適當的例子：他就業後學詩，學詞，學戲曲，學技擊，學游泳；稍後，學國語，學世界語，學法語，以及博覽社會科學的書籍；最後，出國遊學，向往一個新的社會制度。

（乙）正義感：在主編的刊物裏，不斷的攻擊舊社會，有一個時期不惜援助一個素不相識的黃怡青而竭力攻擊他自己的一個極親近的表兄，決非爲他私人的恩怨，只因他認爲那時他的表兄有土劣的行爲，只因他認爲黃君的口誅筆伐乃是對現實的不滿。如衆所知，他的

東聯聯歡小紀

德

一月廿四下午七時，東聯社假座同鄉會舉行社員春節聯歡，到者殊衆，頗極一時之盛，而談笑風生，妙語如珠，餘興精彩，引人入勝，誠一時之樂也！爰將見聞所及，拉什記之，以博一粲。

☆天時雖寒，而社員踴躍參加，計有四十餘名之多，擠滿一室，充滿了友愛的流露，象徵着前途的康莊。

☆未開會前，兩位「買辦」金倘倹與嚴季祥在馬路上轉了不少圈子，又算錢，又要貨品妙，爲了時間，急急忙忙地辦了不少食物——西點、水菓、糖菓、花生米都有，回來了，一袋袋的分裝，爲了要計算花生米的粒數，嚴買辦大轉其嚴頭——念頭。

☆管理交換禮物的沈玉琴小姐，及小胖子謝晶麟二位，鑒於同學絡繹不斷地帶了禮物到會，眞急得兩位心亂意煩，忙着編號整理的工作，小胖子滿臉大汗，連呼吃不消。

☆主席葉緒華姍姍來遲，一到就揮毫設計簽到紙。

☆七時半放映電影，頗具教育性，尤其是末了一卷的「吉普卡自傳」充分演出了它的優點，眞有翻山過嶺如履平地的效能，許多同學激賞不已，席玉年同學不禁連呼「請當當來放映」不止。

☆據悉此項電影是葉紫達同學，化了不少「噱頭」替東聯大吹其牛，而特請綠營社的榮養泉君親自帶了機件來放映的。

☆電影映畢，就由葉緒華同學用輕鬆的口吻報告這一次元旦返鄉的經過，對於東聯籃球隊的敗於敎聯隊表示不服，並云來年，誓雪此辱云。

☆其次副主席席玉年報告本社正在進行參加「上海職業青年週」的狀況，及東聯社福利組的積極發動組織合作社，講來頭頭是道，使參加的同學大爲興奮。

☆此後金倘倹同學約略報告一些莫釐風的經濟狀況，因爲他有自知之明，一談經濟大家頭痛，所以也很「經濟」的，將經濟在口中「糊」了過去，又談到莫釐風第一卷合訂本已在裝訂中，勸大家先行預約，——或許各同學急於要看餘興，所以好似沒有聽見一樣。

☆九時正餘興開始。

☆大家你歡我讓，正在難以解決的時候，忽有人請主席率先表演，於是一陣掌聲，直急得華兄面紅耳赤，末了他來了一個緩兵之計，允於最後表演，並點了金維剛同學先行淸唱平劇，才算解了圍。

☆金維剛同學在全體熱烈企望之下，終於先唱了！一聲「一馬離了西涼界」，聲震四座，博了一個滿堂彩，不愧同鄉會平劇組的負責人。

☆難得到會的葉熹農同學，是海上名票，專攻小生、靑衣，因爲胡琴的關係，小生祇唱了「巡營」的首段，一陣掌聲，再來一個，又唱了一段玉堂春，運腔自然，都說，東山梅蘭芳的頭銜要在他身上了。

☆翁松年同學，歌八大鎚「爲國家秉忠心，……」全部馬派，歌畢，自然掌聲不絕。

☆琴票朱君，由翁松年同學情商請來，穩而且灑，襯托有力，當然不同俗手了。

☆席德葛同學，把握時機，一待淸唱完畢，忙將圖書館最近發展情形，報告一遍，以後很斯文地難得開口。

☆九時三十分，會場好似搬到了故鄉，什麼雞叫豬叫，貓相打，狗相打，再加小囝哭，鬧成一片，原來是金森森同學的口技表演，像呀！眞像呀！大家不停地說着，據悉他是從了「師父」學來，很費一番功夫呢？

☆奇怪；方才淸唱平劇的葉同學亦會口技，一經發覺，當然不得不表演一下，他表演的亦是小囝哭，不過比金君的聲音響一些，有人說他的小囝是經助產士新法接生的呢。

☆末了，金倘德同學上場表演撲克牌戲法，當然大家歡迎，先變了一套認紅黑，將牌疊齊，背向上，一張張的認出，上面十餘張，的確都不差，之後不靈了，恐怕是裝腔作勢吧！又換了一種方式，將全副牌亂攤在櫈上，仍認「紅黑」，不料被席玉年同學識破了祕密。那金同學不服氣了，再接再厲，拿出了殺手鐗，另換方式，公推徐嘉篋同學上櫈監視，祇見取了二十一只牌，由徐同學默認一只，排了一次又一次，然後將牌背向上，四、五張一組的分成了幾組，由徐同學隨意的一組組的取去，以至於祇剩四張，二張，最後祇餘一張了，那知一翻開，原夾那寶貴的一張，就是方才徐同學所認的一張呀，那時徐同學驚奇不已，連說怎麼吾不會將那一只早些取掉呢？大家亦都在研究了。

☆表演完畢十時已過，就舉行換彩，（各種禮物均由參加同學所贈，另行編號）眞是花色繁多，內中最貴重的有葉緒茂同學所贈的口琴一只，體積最小的湯經緯同學的領帶別針一只，份量最重的席履仁同學的用紅紙包好，上面寫黃金萬兩的大磚頭一塊，及肥皂一塊，最大的有沈恆春的用恆源祥絨線號包皮紙包好的大匣子一只，最……。

☆時間將到十一時，大家亦就滿載而歸。

父親獻祖先生也是有正義感的，據杭丞親口告訴我，他公開地攻擊裘兄，他的父親事後——記得那時在濟南——也向他表同情。可惜同鄉中過於持重的太多，以致老先生們對他開始不合理的誤解，而用卑劣的手段，鑄造「十兄弟」的名稱；而憤世嫉俗的黃君後來終於爲漢奸陷害，遭到日寇的毒手——這樣倒有點近於易卜生的「國民公敵」！

（丙）埋頭苦幹：他對於書法的下過功夫，字跡秀麗整齊，但寫得並不很快，做事却非常負責，當他主編其鐵報和其他刊物時，遇到拚版看大樣，得寫稿子湊字數，往往弄到半夜甚至天明，從無怨言。在劇團裏，他翻譯和排演劇本往往廢寢忘食。

（二）他的交遊　他參加過許多團體，因此，交遊很廣。依我所知，因爲他個性强而有前進的思想，所以不易與一般年齡比較大的人們融洽，也不易與一般同鄉們融洽——他祇得來的朋友似乎以外鄉人居多，而年輕的人們都喜歡和他接近，例如一位演戲天才後來進電影界的袁牧之，可以說，便是他所造就的。

（三）其他細節　他的脚趾間有濕氣，每到霉季，現出腐爛的樣子，他毫不怕痛，常用小剪子把腐爛的皮肉刮掉，又因何理中醫師的介紹，常敷一種叫做Stoaol的油膏。油膏上面，不用膠帶，而用小膏藥——這是他的杜撰。他吸紙烟，也喝酒，但都不成爲嗜好。他看起來儀容俊秀，衣服有時也很整潔，但頭髮很長而且亂的時候多。他思想敏捷，但說起話來有點期期艾艾，不能成爲名演員，大約這也是一個原因。他對於男女間的性行爲看得極平常，對於性道德的見解也極新，但因此一般人便不容易瞭解他。

三十七，二，八。

莫釐風　第二卷　第八・九期

在上海守歲

蘭潔

一

舊曆三十六年的除夕，我們決定在同鄉會守歲，並且通宵；這是年常舊規，幾十位不同故鄉度歲的朋友，總是高高興興的聚在同鄉會里守歲，把友情溫暖自己，讓「佳節思親」的鄉愁消失在集體的生活中。

二

這天，氣候很是溫和，將近晚上的十點鐘，先先後後的來了許多人，也帶來了許多吃的東西——糖菓，瓜子，桔子等；到十一時，已來了二十多人，大家圍坐縣議室，大家輪流說笑話，一邊，吃的東西也分發到每個人的面前，第一個笑話是華說的，說得大家都笑，繼統儉也說了一個故事，一杯熱「同同」的可可來了，大家吃着，漸漸地東一堆西一堆的人談着話，時光很快的到了十二時。

三

仁立起來說有一個報告：『洞庭補校要開學了，但是報名的很少，因此提議趁現在人多，一起來寫招生廣告，並且一起出去貼』。

這個提議立刻得到了一致的贊成，由詳停當了紙张筆硯，大家推讓了一回：

——主席先寫。

——好。

——唉！一張有一張的花樣。

——呀！你還用紅筆寫嗎？漂亮極了。

東一聲西一聲，爲了慰勞起見，桔子，話梅不斷地配給着，台上堆滿了長生果殼，紅綠色的小紙兒，桔子皮……二百餘招生廣告一刹那給搶着寫完了，於是提議再來餘興。

四

華的提議眞是笑壞人，說是來一次結婚表演：主婚人，新郎，新娘……都有，用抽籤的方法決定，笑煞了男的，急煞了女的，大家把抽着小紙兒細細看，有的神神秘秘，有的鬼鬼祟祟，檢點之下，缺了一個新娘，找來找去找不到，只得來一次檢查，原來勇怕做新娘，不肯承認，但立刻給儐相，賀客們推推拉拉的到化妝室內化妝起來，這次結婚的陣容是這樣：

新郎　璧
新娘　勇
男儐相　云
女儐相　元
乾宅主婚人　華
坤宅主婚人　慶
證婚人　星
司儀　年
介紹人　放
介紹人　洲
花童　儉

「少獨獨」一聲響，新郎新娘漸漸從新房中出來，長長的花童牽着腰酒長生果殼，司儀高高地喊着：新郎新娘相向立，行結婚禮，直到致辭等；無不笑痛人肚皮，尤其是星的一本正經做證婚人，全本開人面孔，禮成之後，果殼直向新郎新娘的頭上丟，一場原子式的結婚禮就此完成。

五

接着又來了「答非所問」和「猜領袖」的遊戲，答非所問眞是對答如流，精彩莫及，其中佳句很多，尤其是：

問：戀愛有啥味道？

答：吃不飽。

……一直到黎明三點鐘。

『出去貼廣告』一聲號令，萬衆應和，拿漿糊，拿紙頭，分隊，劃區，浩浩蕩蕩，向新聞路，向北京西路，向泥城橋，約定三點半在大世界會合。

那夜，上海是一個不夜的都市，那夜，爆竹聲響澈雲霄，那夜，穿得花枝招展的女人在三輪車上兜戲神方，那夜，高廈邊的叫化子們等着佈施，而我們在街頭、在巷尾，一張一張的把洞庭補習夜校的招生廣告貼着貼着，我們的一隊，由北京西路，派克路，南京西路，西藏中路，到大世界，他們的兩隊已在擯擯炮歡迎着我們。

六

我們照預定的計劃到城隍廟去消磨這黎明前的一刻。

九曲橋上擠滿了人，我們手挽着手，擠着前進，大殿，星宿殿，更是擠得水洩不通，大家都在這苦難的年頭中，把希望寄托在城隍老爺身上，希望今天的虔誠禮拜，得到一點財富，或是一年安定的生活。我們怕走失，把華做我們二十多人的目標，我們一不燒香，二不拜佛的走馬看花了一回，就打道回去，到老北門，由河南路向北，這時家家戶戶門口貼着春聯，舊歲已盡，新春又至，我們夜行的人們，漸漸地看到東方的將白。

★　★

賣老者

敍梅

一個分別了十年的同學感慨地對我說：「唉，我老了」。

我倒有點疑心我是否也老了，因爲他和我是小學的同班同學，我們的年紀相差最多二、三歲，如果六十歲才能稱老，那末二十幾歲的青年就喊起「我老了」來，實在是太滑稽而又可悲哀的事。

同鄉會舉辦的幾種活動，我都不大喜歡參加，但我的幾位年歲相差不遠的同學卻更不喜歡參加。他們連同鄉會都難得到。他們的不喜歡參加，倒不是由於反對或不贊成，而是認爲那種活動只是「年輕人愛出風頭」而已。他們忘了自己也還年輕，不過以爲自己是要結婚或已結過婚的了，馬上就要做丈夫或爸爸了，再來和「年輕人」一起「胡鬧」，似乎有點不好意思。

我始終以爲同鄉會的幾種活動辦不好就是由於年輕小伙子來參加的太少之故，倒是幾位「老年少成」（杜撰，「少成」二字不通）的鄉先輩們既出力又出錢，不但不在旁邊吹冷氣，還高興隨時地鼓勵幫忙，比起那些自命爲「少年老成」「有出息」的年輕人們來，後者是應該慚愧煞的。

＊　＊　＊

紅甘齋日記（九）

紅甘齋主

三月十八日　晴

早起，爲一陣曼妙之歌聲驚醒，傾耳諦聽，知來自南面之朱樓，歌音婉轉，叩人心紘，竊者，必一海上所謂金嗓子之流亞無疑也。

時萬兄已赴校，予渴欲一瞭歌星面目，乃披衣而起，徐啓司潑林門，果見一紅衣女郎，倚欄獨唱，予雖窺覗，唱者未改聲色，一若目中無人者然，與古美人之「猶抱琵琶半面遮」相較，奚啻霄壤之別。其膂格之老，竟使余反覺羞慚，不敢逼視，不得已，閉門傾聽，恍然若失，詩云：「所謂伊人，在水一方，溯洄從之，宛在水中央。」殆亦予當時之寫照也。俗以「可望而不可卽」形諸渴望之苦，予並此一望之福而失之，豈不可憐。

於此，余乃驚奇於上海閨女之進步，短短一年，開通竟至於對酒當歌，不減男子，誠足驚人。

雖然，世風日下，我於此又得一明證矣。

自到滬後，吃飯頗成問題，夫省吃爲節儉之本，自應早謀揩油之道，惟目前百物高漲，揩油不易，百思之後，惟爲善軒或可有望，道友旣多，拜懺常有，吃一、二頓想無問題，近午，乃自梅白克路轉入北京路，將至軒，鑼鈸之聲盈耳，果有懺事，可喜可喜。旣入，與衆道友話舊，惟有半數，不甚面熟，聆其音，則他鄉人也。鬧聚等雄於貲財，隱爲軒之主人，一般東山同鄉反成傀儡，余頗不爲然，雖然，俗呼信教爲吃教，信教原爲吃吃，打開天窗說亮話，以我爲例，今日之來拈香禮拜者，非爲吃而何？余旣捫心有愧，自不便侈發議論，以招怨尤。況講道理是小事，一旦吃飯不成，豈不尷尬？

中飯素食，夜宴云有大肉，因留焉，與道友談古道今，聽經看拜，頗不寂寞，嚐中且邀客串，余恐誦經生澀，未應，允於下次效勞，閒談之間，知若干道友多住軒西餘屋，此實爲予理想之寓所，惟客滿牌高掛，無法遷入，否則，寄宿有所，豈僅吃吃而已哉！

八時懺畢，主人賜宴，魚肉雜陳，鷄蝦齊備，嘗台灣之魚翅，飲紹興之美酒，一時拳聲震天，一掃白晝經堂莊嚴之景，酒旣酣，有所謂某少爺者於牛飲之後，竟露醉態，大呼：「爲善軒是我的！」「爲善軒是我的！」於是拳足到處，杯盤與碗筷齊飛，黃酒共鷄湯一色，結果窗玻璃敲破三塊。

余雖未盡飯量，惟不願遭无妄之災，悄然引退，旣抵白克路，萬兄已先我歸，揭來文憑三張之多，余擇其最廉者一，討價三元六角，「枷里枷里」；（予以爲描述討價還價之確切逼眞者，無過此一形容

『大蟹上市』

☆王知更☆

人人都知道「九雌十雄」，怎麼新年頭裏說「大蟹上市」了呢？——原來此蟹非那蟹，讀者先別食指欲動。

上海話中似乎把女人當蟹，如「老蟹」，「小蟹」等等，這究竟是象形還是象聲，恕我沒有這種閒情逸致去推敲，如果讀者對它有興趣，作者只得表示抱歉。

俗語中有什麼「蝦兵蟹將」，「蟹脚」，「嚥脚蟹亂亂」等話語兒，或者因爲蟹橫行不法的緣故，或者因爲長得張飛一般的唬人，或者因爲牠有兩把時時揮舞狼牙似的鋼鉗，穿着一身鐵甲，所以把牠比作將軍了，其實呢牠却是一個「可憐虫」，像善良的老百姓一樣可憐。

人家說將軍橫行，其實將軍除了在太太或者上峯——尤其是極峯——面前怕有衝撞外，到處都是直衝直撞的，只有這可憐虫才需要橫行，照達爾文適者生存的定律說，因爲蟹生得呆笨，不像老鼠遇洞必攢，所以長了一付厚甲，眞像老百姓在大人先生面前先自自卑的一付嘴臉一樣，牠雖然有了這副嘴臉，但是到底不能像烏龜一般的縮頭縮頸到底，也不像鼠子那樣靈敏，一見苗頭不對，撥轉屁股就走，俗語道：「天有一朝風，人有一口氣」，所以一朝飛禍臨頭，牠就只好舞鉗怒目，氣膨膨的「橫槊裏一賊頭」（溜的意思）了，還眞說來令人氣短！

可是那許多可憐虫那裏識得透佛面似的漁翁耍的把戲，逃得了人造的天羅地網呢！眞像那些可憐的老百姓，「逃得人情逃勿得債，逃得强盜逃勿得官」呀！

你們上過大尖頂的不看見太湖裏橫一個「丁」字，豎一個「干」字，「半」字，……這東西就叫做蟹簖（土音兜），就是爲那些「可憐虫」設的八陣圖，那些細密，精緻，巧妙的東西，橫七豎八的種在太湖裏，告訴那些精壯的大蟹們道：「不准出境」！

次一步驟那是在半夜裏進行的，漁父便打着燈籠去找牠們了，不管你大哭小喊，妻離子散，就要牠們去塡塞那食客的胃口。

再後便一根草繩把來串了，送到市場上，最後，去矜買客盡忠。

可憐的大蟹們！跟善良的老百姓一般可憐——呃！話說顚倒了，實在我們良善的老百姓太像那些「可憐虫」了，一般是精壯的「不准出境」，一般是半夜三更打着門從父母妻子的懷抱裏被抓去，不管你大哭小喊，一般是串上草繩押到市場——不，該是……最後終得是戰場吧！

那些大蟹的大肚的買主們，有些就要求牠們供獻出一切，來滿足他們的食慾，盛筵旣開，主人堆下笑臉道：

「這個足，這個好！……哈哈，拜託拜託，幫忙幫忙」。

當賓客被金彈蟹彈擊中點頭微笑時，他們是成功了，可是那些可憐虫在席上已成一堆白骨了。

這也是「一將成功萬骨枯」嗎？

只要市場上進胃不減，蟹是不會有安寧的一天的，正如在今日的世界上，精壯而善良的老百姓也休想安枕。

現在「大蟹」快上市了，快上市了！良善的老百姓也太可憐了，他們跟「大蟹」一般是「可憐虫」！

詞，東山土話中多生動之口頭禪，此其一也。）終以三元一角五分成交，俟明日照片硬印蓋妥，手續卽告完備。

將睡，展玩文憑，愛不釋手，忽焉心血來潮，走筆爲文憑頌，頌曰：

『文憑文憑，交關要緊，
機關報名，全憑此君。
薄薄一紙，身價連城，三元四元，忽降忽升，
小學中學，聽君選定，信哉古語，「錢能通神」，
笑彼學生，何必拚命，一樣到手，枉費光陰。』

三月廿一日　晴

今日爲大試之期，未明卽起，心怦怦不已，我之處境，有如傳奇中之落難公子，予雖不敢奢望高中狀元，但終願金榜題名，俾得一啜飯之地。

七時半，擕文房四寶赴行，時南樓朱窗，錦帘高垂，歌音猶杳然也。

至外灘，行門猶緊閉，自邊門入，進會客室稍憩，靜甚，惟聞日光燈聲，頗不耐煩，八時半，來者漸衆，獨多少年，使余難堪。

九時正入考場，先作文一篇，試卷啓處，赫然七字：「發行大鈔有利論」，予於大鈔小鈔，素少研究，夙抱大小由之主義，良以鈔票大小，原無好壞之故，惟二年以還，每逢大鈔問世，物價必有劇漲，故無形之中，使余對大鈔具有惡感，至今而暢談大鈔有利，豈非違心論乎？

雖然，作文是一事，信仰又是一事，今日之口是而心非者，比比是焉，則我偶作違心之論，又何妨乎？

予對作文原不覺難，惟深知須不落俗套，斯爲上乘，因於動筆之初，卽思以奇突出之，構思再三，憶有鄉前輩東烘先生一文，足資借鏡，題爲「項羽拿破崙論」，其起句爲「夫破崙豈易拿哉，而項羽拿之，羽亦人傑兮矣！」開門見山，一針見血，具見雷霆萬鈞之力，余因仿之，摘錄如下：

「夫大鈔豈有害哉，而論者非之，其眞短視也袮矣！……夫發行大鈔之利，不可盡言，舉其要者，約有數端：曰攜帶輕便，一也；曰繁榮市面，二也；曰檢點省時，三也；曰提高生活水準，四也；曰增加人民財富，五也；……是以大鈔之發行也，不僅爲吾輩檢券生之所習喜，抑亦爲銀行、機關、官吏、商人之流之所樂聞者也！……觀乎此，則大鈔之無害已不待言，而其有利也明矣！」

作文外，尙有珠算、點鈔，成績差能自滿，惟今日投考學校尙須走門路，况謀事乎？因訪逑執兄，託爲關說，妙棋在握，可高枕無憂矣。

閒二十五日可以揭曉。

錢業生活素描之一

寢室裏

肖叟

從窗外望去，一條陰暗的弄堂中，陰沉沉的隨着夜風飄來的一陣陣的的篤，的的篤的敲擊聲和淸脆的叫賣聲，所有的聲音是那樣地令人煩躁，但比了沙沙沙的刷馬子聲是嘹亮動聽得多了：：「餛飩麵」……

寢室裏常常是我們談笑的地方，許多年靑人有一大半是同鄉，有一位五十餘歲瘦長條子的倪先生，是硤石人，講起話來滿口「哈里，哈里」，「嘿郎，嘿郎，」這時縮在他的被窩中把頭都蓋沒；祇露出稀疏的幾根頭髮，要是一個大意準不會知道在這薄薄的一層被中還有一個人安安適適的躺在那兒。可是他什麼都留意的，他閉着眼睛聽着每一個人的談話，偶或插一二下嘴。

「座」客是常滿的，總是那末高聲喧鬧着，不要說在室內聽着覺得嘈什，就是隔着三二個房間亦可能聽得淸楚：「呆浮屍」的話聲聲氣還約略帶一些口吃病，小蘇州周先生的聲音聞聲如見其人，俚條俚條聽是那末嗲聲嗲氣，那唱馬來風光的是姜老衕乾，帶有女人腔的就是「小無錫」了。

突然樓梯上起了又急又重的腳步聲，帶有啦啦的吐痰聲，我們異口同聲的說：「癩皮」來了，他卽使走過我們房門口亦不大進來，因爲他是衆矢之的，每個人都要跟他有趣有趣的，暫時的靜默，誰又吹起了口哨，小無錫繼而唱起調子來了：「薔薇薔薇處處開，靑春靑春處處在……」唱得又溫柔又肉麻，眞令人有些寒毛凜凜。

哦！全武行開始表演了，既瘦且小的施不全（其實生得五官端正的）跟綠袍老祖吵吵嚷嚷滾翻在床上，一個是二阿福，一個瘦皮猴，那結果好如以卵擊石是可預卜的。

電燈突然熄了，不知是誰弄熄的，全室墨黑，只聽見腳踏地板聲，床架擠軋聲，喊聲、笑聲、混成一片，最後施不全大聲喊起來了：

「好了……好了……噯噯：：」聲音又低下去了，有人一邊打着官話，一邊走進房來：「你們一班小人，大人一走開就要吵世界哉！」這是彈詞名家阿興的口吻，大家只當沒有聽見，蕭牆的一只床上卻奪着聲嘶力竭的聲音「……下趟勿哉……」格格格的笑聲，確浪樓上一杯開水打下來了，電燈也正亮了，照到每個角落里，只見有的橫在床上，有的蹲在地下，頭髮都亂蓬蓬的，都在喘着氣歇力，只見倪先生翻了一個身，床身在牆上一撞，發出洞的一聲，好像大音樂家開始他的樂章，發出了漸轉漸高的鼾聲。

「明天是星期一，又要忙得不亦樂乎了」這是一位綽號「死貓」說的，因此每一個人都懷着掃興的心情，拖着疲勞的身子出去了。

窗外若斷若續地傳來隱隱約約的歌聲，是那末淒切的聲調：「月兒灣灣照九洲，幾家……歡樂……幾家愁……幾家夫婦同羅帳……幾家……飄零在外頭」那聲音近了又遠了。

「的的篤……的的篤」。

雨花播音台給酬徵稿

本刊根據多數讀者意見，認爲雨花播音台有擴充之必要，因此給酬徵求鄉訊，凡賜寄之鄉訊，如經本刊刊出者，每一條新聞給酬五萬元，通訊或特寫每千字給酬十萬元，希家讀者踴躍賜稿爲盼！

我的學校

莫釐中學初一　馬祖敬

鐘聲，悠揚的鐘聲，從官式的深院裏慢慢的遠播着，傳徧了街頭，傳徧這巷尾，遠播到山巔湖畔。

當晨曦初上的時候，三五成羣的少年，男的女的，唱着歌帶着笑容，從各處循着鐘聲的方面聚集在一處，是如何的活躍，如何的嚴肅啊！絢爛的晨光映射在這潔白的院牆上，鐘聲又響了，他們又隨着這鐘聲回到每一個甜蜜的家庭裏。

這不是太湖廳了，這不是區公所了，你不要以爲在大門口站着兩個武裝的兵士，而憧憬着過去，這是它畸形的外貌，無論你向左或向右看，都可以看到照壁上，門樓上，有這麼幾個大字，「吳縣私立莫釐中學」，這不是街門，儘管放心，向裏面走去，當你走到第二進，大屏風前正在「山窮水盡疑無路」的時候，再轉進一步，却是「柳靑花明又一村」了。

樓上樓下東西的廂房，舊時官舍的氣味，昏暗的暮景，在短短的時期之內，被新文化的潮流，冲刷得一乾二淨，重佈上一層潔白的銀幕，赫赫的官舍，一變而爲絃歌之堂，樓外的荒坪，使人不堪下足，一變而爲坦平的健身之所，連室外的席右源墓前的一片的草地，也變爲童子軍的操場，變了，變了，一切皆變了，就是附近的村民也逐漸變爲溫雅知禮的人了。

這就是我的學校。

文化的種子，不是一時播下去就能成功的，遠在戰前已撒下去了，不顧不願受鐵蹄的踐踏，屈膻，的薰染，潛伏着，期待着，到了大地皆春，才滋長發育，一年兩年受了熱心教育者的灌漑培養，在山涯，在水曲，佈滿了桃李的花香，長着長着，現在還是在靑春的時代。

抗戰勝利了，但教育却破了產，在每一個角落裏，那一個學校不受政治浪潮的襲擊，這學校在東南有名的風景區內太湖的中心，洞庭山上，一若世外桃源，終朝所接近的是秀麗的山水，古樸的人民，學潮嗎？打不到我們的身上，黑名單我們更是無份，我們以社會活動的時間，來做實際學問的工作，有富於科學頭腦的校長，來做我們的領導者，有品學兼優，而深於教學經驗的教師，來教導我們是何等地幸運，這雖然是得天獨厚，但也不能抹煞了創辦者的功勞。

不到兩年的時間，已完成了初中三級的工作，原有的計劃一年增加一級，眞照這種計劃做下去，當成功了一個高初兩部完全的中學，假若仍不終止的話，那已成的高初中，將轉而成爲附中了，有志竟成，這不是不可能的。

有人以爲因陋就簡，在設備上還有些令人不滿，是的，我不諱言，現在除了辦公室，文書室，事務室，和月刊社而外，僅有四個教室，和一個小小的儀器室，教職員學生宿舍，還在遠隔一華里以上的萬氏宗祠，雖然有些圖書，而圖書室等，尙付之缺如，最使人關懷的，是鎭公所還存留着在我們的前面，阻止了發展，這雖然是事實，但學校的當局，正不斷地在那裏研究和計劃，而大的，小的寫着「莫釐中學在收」的木匣子，常常由上海運來，這不是圖書和教學用具，是什麼，我們倒不怕設備不完，而是怕不積極設備。

在物質這樣的艱苦之下，學校的當局，不獨耗費了心血，還從私囊挖出大批的金錢來發展校務，而收取不及上海小學半數的學費，使淸寒子弟得以從容就學，看看以學校爲商店，以學校爲官場的人們，我們不能不十分的感仰，而教師們過着淸寒的生活始終保持着誨人不倦的精神，我們又怎能不受其感召。

我的學校確實是我的第二家庭，我愛它，我對他有無限的希望，我有這家庭才能得到更多的光和熱，我要爲我家庭努力，不，我要爲我國家努力，我知道他們創辦這家庭的意思。

鐘聲不斷的響着，我們在不斷地努力，我們要把這鐘聲傳播到無止境處，使它永遠地響着。

莫釐中學　韓豐英

在抗戰以前，東山是沒有中學的，祇有幾所初具規模的小學。自從抗戰發生後，各地的靑年有很多是陷入了失學的境況，本鄉的一班熱心敎育人士。見到這情形想創辦一所中學來挽救本鄉一班失學子弟，就由劉道周先生等；起來草創了莫釐中學，果然不負所望，學校成立以後，高初中人數竟然有一百多名，可是不幸得很，上課不到四個月，便又因敵人佔據東山，而忍痛停辦。

雖然這所中學創立了不久，可是印象却已深深的留在東山每個人們腦海中。

抗戰勝利了，各地的學校都豎起了復校的旗幟，這時，東山的一顆蟄蟄埋藏了八年的文化種子，也受到了影響，漸漸的萌華了。那就是現在的莫釐中學——我的學校。

起初我們的校舍是在萬氏宗祠。因人數少，到也寬敞。不過設備簡陋一些，後來人數增加，教室不夠支配，於是又搬到以前的太湖廳舊址，這地方經過了一番修理和刷新之後，顯得異常幽靜而莊嚴。舊日的官衙，今日一變而爲「弦歌之堂」了。

我們的學校雖是初辦，但是校務已蒸蒸日上，就以教師方面來說：都是富有經驗的教育界的老前輩。我們能夠在這樣學校裏讀書，眞可算是幸運兒了。

不過我們更得感激各位創辦莫中的校董先生們，因爲今日所發的芽，和將來所結的果子，正是他們以前辛勞地撒下的種子，而且今後還需要他們不斷的灌溉呢。

莫釐中學初二　劉謙楨

住居在山靈水秀的東山少年，向來是受不到中等教育的，除了少數能出外求學的富家子弟以外，但是在我畢業那年卻誕生了一個中學——莫釐中學。

我就考進了這所學校繼續求我的學問，在我未進來之前這裏設備的簡單，很可使人發笑，校舍僅不過借用了私人家的小小祠堂，學生也不過數十人，但經校董會的慘淡經營，致力不倦，也就日漸發達起來。

在三十六年度的開始，我的學校便全部遷移到新修葺的校舍——前清太湖廳衙門舊地，那祠堂裏暫作教職員學生的宿舍。

現時校舍修整刷新的美善很能使人驚奇，臨去一個滿地蝙蝠屎，人跡罕至的，污穢不堪的破公廨，現在已成爲明窗淨几濟濟一堂的學府，進了校門，穿過鎮公所會議室的屏後，便可見樓上三年級的設備，沿簷配上了全套的玻璃窗，窗櫺上輝映着光亮的赭色漆，並且在樓的西端闢了一個質驗室，室內藥品儀器雖不算完全，然在一個交通不暢的東山，已是很不容易的了，樓兩旁的廂屋中間，各置一梯，東廂樓上近梯邊就是同學會辦的鄉音社，社裏按期出版一種名叫「鄉音」的文藝刊物，至今已出了十四期了。

樓下就是我們二年級的教室，在天花板和牆上粉刷得清清白白，面臨山的牆上，新開了四個窗，非但光線很是明亮，而且風景也很秀麗，原有的窗檻上漆得光彩耀目。室左端是校長教師的總辦公室，下首是膳廳，室右是事務處，下首是校工室，室外廊檻上掛了一面鐵質雲板以作上下課報時之用。

在階衙東首，又闢了二級小教室，容納兩班，一年級（分甲乙兩組）室內也粉刷雪白，光線的充足，不亞樓下，眞是讀書的好所在，沿衙走去，盡頭便是運動場，場正中原是成堆的瓦礫和滿地的荒草，現已變成了鬆鬆的沙泥，兩端植着籃球架，場西首向南有餘地那邊一方豎了一個槓子，下面便是跳遠跳高用的沙潭，

校長教師共有十一位，除了教生理衛生的張醫生，和勤植物的顧先生二位外，其餘都常在校中分担各課，同學四級共一百四十二人。

在一個窮鄉僻壤的東山，能夠產生一個中等學校是很不容易的，我們全山人應該愛護它，扶植它。

莫釐中學初三　鄭斯玉

湖波掀動的東山，是多麼秀美，多麼幽靜的可愛啊！前年我投進了故鄉的懷抱，我覺得故鄉，一切都是美麗的，自然的。只可惜教育落伍些，我期望着有人出來提倡東山的教育。不久，我的願望居然達到了，由旅滬同鄉們創辦了現在東山的最高學府——莫釐中學。

那時還只有初一一班，沒有操場，沒有宿舍，更因爲王先生有事在蘇、還缺少了位校長。一學期過去了，王校長來了，設備也在慢慢的置辦了，我們也變成了初二生(因爲開辦時是下學期)這樣一學期又在無形中溜走了。今年寒假後開學，最使我驚奇的，是有了宿舍，有了住宿生，有了平坦的操場，更多了幾位和藹可親的老師。直到現在算是初中階段裏的三班都有了，本來的學校不夠用，所以在暑假後開學，搬到了區公所的內部，我想，我們的學校，到底是改進許多了。

現在我要講到我們的王校長了，慈和的面容，善意的微笑，和親熱的勸導，再加上他穿的一身樸素的衣服……是多麼令人欽佩的一位年老的教師啊！他在教育界，可以說是一位老前輩了。他情願捨棄了繁華的都市，大學教授的身份，降低了自己的地位，來到這冷落的鄉村，教導這些學問淺薄，不知世事，而又陷在失學苦痛中的孩子，這種偉大的精神，在中國還能找出幾個呢？

我的學校，現在設立在優美的環境裏，有寬敞的教室，有親愛的同學，和態度溫和的老師。

到明年的現在，我們這一羣在母校懷抱裏團聚了兩年的孩子，要畢業了，我相信，如果東山再要沒有高中的話，本來是小學畢業就失學了，現在全要變成中學畢業的失學者了。我盼望着，我期待着，在滬的同鄉能把莫釐中學再推進一步，不僅要有莫釐高中，甚至在不久的將來能有莫釐大學。

家山之戀

上官父

四：一連串的問題

葉鳳珍聽見周茂元提起了表親的關係，不覺想起了另一位表親來。在東山，因爲地處太湖之中，姻婭連繫，往往就近都在本鄉。數百年來，不是葉家的女兒嫁給嚴家的兒子，便是沈家的孫女嫁給席家的孫子，日子一多，這一筆親戚關係的賬，很不容易弄得淸楚，往往二個東山人碰見了，一敍親誼，至少是一個遠房的表親，再算算，同時又是遠房的舅甥，再算算竟可以算出外太公與重外孫的關係來，錯綜複雜，奇妙異常。所以周茂元要在表親上面加上「很近的」三字，方可表示親切的關係來。

那另一位表親，便是資助鳳珍求學的沈之瑞表兄。他的祖母乃是葉鳳珍的祖父的堂妹，而他的母親金氏有一個妹子，是嫁與鳳珍的族叔葉禮文的。算起來有兩重表親的關係。鳳珍上海來求學，同時獲到了沈之瑞與周茂元的幫忙，鳳珍與沈周二人都是常常見面的。不過最近已有二三個星期沒有與沈之瑞見面了。

葉鳳珍心中在懷念着沈之瑞出了神，一隻手握了杯子，呆呆的不語。周茂元知道：「鳳珍妹有什麼心事麼？在轉甚麼呆念頭？請用菜呀！」

鳳珍突然意味過來，不覺面頰紅了一紅，答問道：「表哥，你太客氣了，這麼多的菜，吃得肚子也裝不下了，時間已不早，我想吃一些稀飯，要囘去了，遲了校裏要鎖門的」。

周茂元知道他們學校裏管理得很嚴的，不便就誤時間，於是大家吃飯的吃飯，吃粥的吃粥，少頃，晚餐旣罷，每人一杯香茗，是道地的本山新明前，碧綠的顏色，象徵着東山春天的景色，令人又引起思鄉的情緒來了。鳳珍呷了幾口，便提了那一包四親媽帶來的小包裹，告辭囘去。周茂元一定要親自伴送，鳳珍一再堅却，茂元不便强行，送到了弄口，要替他叫一輛車子，鳳珍也一定不要，周茂元不便勉强，送到了弄口望着他獨自走去，直到遠遠的不見影子，纔囘身返家。

這一夜，葉鳳珍就囘校裏，睡在床上，想起了這一日間的種種，引起了無限思潮，輾轉不能入眠。

看到了「日出」裏的陳白露，很替劉慧珍担了一些心事，劉的作風頗近似於陳白露，當然尙不至於眞像陳白露那麼靡爛的，但是照這樣的過下去，將來不會蹈劇中人的覆轍麼？」

「吳友松的殷勤，很值得令人囘念。他的態度、家世、人才、風格，不是一個很難得的靑年麼？」

「不過做的股票生意，據周茂元說，是很危險的。這種投機買賣，旣然很危險，何以像吳友松那麼已有地位的人，仍要去冒險呢？」

「周茂元的熱情很可念，看他的情形，頗有表示其他的意思的可能，今天他聽見了四親媽提到自已親事，不是很關心嗎？但是他是否就是自已適合的對象呢，他爲什麼沒有痛快的表示呢？如其他有所表示，則我將如何對付呢？」

「表親，表親，沈之瑞不也是很近的表親嗎？而且據母親來信說，他已挽人向母親說過了，他已在周茂元之先，表示了求親的意思了，雖然已經去信母親，叫他們暫時不必談這一件事，不過沈之瑞旣然有此表示，而最近三星期來，他也沒有來看我，我呢，當然也不便在這時去看他，不是成了很尷尬的情形嗎？」

「至於沈之瑞的身家、門庭、學問，資望都勝過了周茂元數倍，所差的，祇有一件而已。」

葉鳳珍胡思亂想，直到後半夜，方才迷迷糊糊的入夢，夢中一囘兒看戲，一囘兒遊山，一囘兒在船上，一囘兒在吃大菜，一囘兒似乎周茂元向他直接求婚了，一囘兒又似母親在勸他早作決定，一囘兒又似乎在家山做新娘子了，一切裝束定當，穿着老式的宮裝，專待花橋來就出發了，自己還不知新郎到底是誰，心中着急得很，却又說不出來，想問問母親，母親又不在身邊，這一急便急醒了，出了一身冷汗，自己想想，不覺好笑，看看窗上，略有些魚白色，原來已是晨光熹微了。

這一連串的問題，把葉鳳珍的關心攪了一晚。其實每一個人都有着他自已的一連串的問題，在沈之瑞的心上，同樣的也有着一連串的問題，攪得他心緒不寧，所以有好久沒有工夫來探望葉鳳珍了。

茂大銀行的經理沈之瑞，家住在滬西白利南路自置小住宅裏，一所二層半的雙間小洋房，有一些小小的園地，同住的有他的小叔父沈熙元夫婦二人。沈之瑞的父親已經早逝，祇有他的母親與過時未嫁的長姊麗仙二人同住着，生活尚稱寬裕，不過在淪陷期間，因爲不善投機，別人暴發的很多，他反而受了許多損失，尤其他的小叔叔沈熙元原住在閘北的家全部被毀，所服務的店在虹口也遭受了戰火的洗禮幾乎全軍覆沒，因之不得不依靠了這一位老姐台了，沈之瑞已把他安插在恩大銀行當着庶務主任的職位。收入僅足以維持夫婦二人的溫飽。

這一晚，沈之瑞睡在床上，也在大動心事。

原來他所經營的茂大銀行，是在戰後組織成立的，當時在南京汪記僞政府的經濟部註册，很費了一些力量，請客哩、托人哩，遂免不了一筆運動費，總算獲到了准予營業的部照，在二年的時間裏，爲了物價逐步的上漲，金融的波動不定，也有相當的利潤而且靠着沈之瑞的恪守信用，維持名譽，在許多的雨後春筍似的新設小銀行裏已獲得一個相當的地位。不料抗戰勝利以後，財政局規定所有在僞政府註冊的銀行錢莊應一律淸理解散，這一個晴天霹靂，把沈之瑞的所耗精神，全部付之流水，雖經一再設法，全無辦法，最後祇得遵令解散，從此以後，非但個人的銀行家地位立刻取消，而且一般同事員工也就全部失業了。

從此以後，沈之瑞雖保有相當資產，也沒有甚麼正式的事業，投機買賣，非所熟悉，而且向不贊成，有人來邀他合作，他都拒絕了。有幾次想與友人合作接辦敵僞的工廠，又因那些接收的人員捷足先登，沒有競爭的餘地，等到他承受了下來，又據人來說，願以照原價加價的辦法轉讓。沈之瑞覺得太不公平，而且明吃虧的事情也就不願接受了。於是祇能做些短期的合夥交易，有時囤些貨，有時代理做些拆放交易。

不料近來因了股票下跌物價的不漲，忽然引起了市面的不安，有幾筆代經手的放款，到期竟不能如約付款，前幾天，尚好，不過千懇萬求，希望不要收回，願付利息轉期。到了最近二天竟連利息也付不出來，情形危急，頗有吃倒賬的可能。

他所放的有兩家，一家是榮和興是一個轉運商，河北人李葆山開設的，原是沈熙元的東家，每次放款，沈之瑞均保留着沈熙元的一份利益在內，一家是順昌證券號，經理也是東山人姓兪，向來營業極大。這一次做了多頭而市價直下。以致虧蝕很多，週轉不靈起來。

沈之瑞經手的放款，都有抵押品的。他拆來的款項，有的有抵押品，有的是憑信用空拆的，這一次有一筆八千萬的款子，他拆進來是交了十條黃金作爲抵品，放與順昌證券號是全部股票作抵，照當時市價以九折作抵。不料這幾天的跌價竟使押品價値不足借款的四成，更可慮的是在昨天前，那證券號藉口出售，將一部份股票拿了去，到下午四時過沒有將款子付來，沈之瑞親去索取等了二個鐘頭。最後由兪經理出了一張明天期的三千萬元支票。明知這一張支票，非解進錢去，是收不到的，當時沒有旁的辦法，祇有將支票收了下來再說。

而榮和興的老闆李葆山避不見面，找尋了一天，也沒有找到。

「兪某向來在股票商中也是有相當手面的，難道這一次竟眞的要倒賬了嗎？」

「順昌的三千萬元支票，明天能收得到現款嗎？」

「李葆山那裏去了呢？逃走嗎？他也是有家有室的人呀？那裏能一逃了事呢？」

「那放款的銀行，雖有一百兩黃金放在那裏作爲抵押品，但照今日的市價，僅能抵過，他不要來追加抵押品？」

「況且這一百兩金子裏面自己僅有四十兩，其他的六十兩還是借來的呢？」

「要是眞的收不回來，這吃虧太大了，將如何保全自己的信譽呢？」

「在法律上有挽救的辦法嗎？明天必得去找將律師去商量商量。」

這便是沈之瑞的一連串問題。

每一個人都有他自己的一連串問題，有的很嚴重，有的很緊急，有的很難獲得解決，也有根本不成問題，不過在當局看來，認爲十分成爲問題的。

這人生就是一連串的問題。

——第四章完——

太湖兒女（5）

·何遜·

平常靜得像一泓止水的小河，現在招來了一陣激動，「闖猛」是不待多言的。浪花濺潤了乾熱的土岸和野草，拍水聲掩蔽着呼喊聲，一向在沈睡狀態中的木橋，今天也破例在跳動了，像一個老人，看着孫兒戲水，格格格地笑得合不攏嘴來，那些頑皮的小孩們，好像永遠是和緊張、喧譁搞在一起的，他們從橋上跳下水去，又從水中爬到橋上，這樣跳下去、爬上來，爬上來，跳下去，永遠不使這木橋、小河和四週的空氣有一分一秒的恬靜。

其實，這何嘗可算是游泳呢？還不是浸浸身體罷了，而且講到游泳的技術，有幾個孩子是夠得上水準的？小陳——身材短胖的一個——的蛙式擺泳，也許可以領袖羣倫，但是長力不濟是他的缺點，只要想起了湖神廟前的脫力鏡頭，就會使他感到氣餒，此外，逸帆的仰泳，也常自稱絕技，可是，有一次在湖子頭橫渡雄舉中，也有過驚險的表演，如果不能鎭靜的話，也許已遭了滅頂之禍，水眞是一件可怕的東西，然而在今天這樣的淺河中。滅頂是不可能的，然而踏水既變成了踏泥，一泓淸淺的河水，頃刻間都成了濁水，自然使游者減少了興趣。

終於在拍了幾張跳水的照片之後，一行人才帶着疲勞，踏上歸途。

「媽的，我眞想不到游泳竟會如此之難！」逢夫有着魁梧的身體，他很憤慨於自己游泳的沒有進步。

「其實，游泳並不是一件難事，一位作家曾經寫過一篇『事非經過不知易』，就是以游泳爲例的，我想，只要挺直軀幹，胆大鎭靜，做到這樣，游泳成功就不會沒有希望了。」這是逸帆的意見。

「我們的吃虧處，就是沒有人指點，如果能找到一位敎練，像我們有着一座天然大游泳池的東山人，怕不會都成了游泳名家？」成爲游泳名家是小陳的理想之一。

「不要說得如此容易吧，我以爲游泳一半要靠天才，像我，不要說游泳沒有天才，一到了水中，連心都跳得特別快了。不知什麼緣故，我覺得水好像和女人……」一向沈默寡言的史亦淸發表了他的女人和水的理論，無疑他是用了最大的努力，可是他終於沒有說完了他所想說的話。

「噢——倒看不出小史還是一位賈寶玉的忠實信徒呢！」小黑子打趣着說。「那小史一定是泥做的了，喂！大家來認認我們的泥阿福。」

其實我們的小史，並不是一個胖子，而且是適得其反，蒼白的臉色，聳起的顴骨，高而黑的頭髮，顯出了他的瘦長和淸癯。雖然臉上常有笑意，可是顯然他是一個常被深思所困惱的人，這一個觀察是對的，他常常深鎖着眉，獨個兒哼着，從他的恬淡的音調上，使你意識到他該是一個低音的歌者吧？即使是講話，也同樣使聽的人有一種醇化之感。然而他不善說話，因此也不常講話，他把想說的話放在肚子，用一種表情來使你猜測到，他的豐富的熱情也是如此，永遠地含蓄着，不輕流露。

流通圖書館的開門，小史不僅是出力者，而且捐了許多書，在佈置上，他是最合適的人才，無論是一間臥室，一座圖書館，甚至是一個舞台，他都會佈置得恰合要求，使跑到裏面的人感到一種舒適。

今天，小史破例以最大的勇氣講了幾句話——僅僅幾句而已，偏又遭到了人家的搶白，自然又只得回復到靜默的路上去，笑嘻嘻，跟隊伍走回家去。

熱氣隨着太陽躲藏了起來，當晚霞片片地飄出山谷的時候，他們的隊伍却漸漸地在街上消失了。

蜘網及其他

樹聲

黃昏，我在窗前書案寫稿，偶然的抬頭看到簷下蜘蛛，正在忙着吞吐柔絲的結網工作，這褐色小動物，口吐柔絲，頃刻間布成了一面天羅地網，專候虫豸投身其間，作他的俘虜品。

蜘蛛的聰明，不但自己能造美麗的屋住，同時更能利用了它的住屋而獵取小虫豸的生命來滿足它的食慾，我看了有點出神，就把口中僅剩的烟尾，隨手投入蛛網的中心，這小動物從暗處緣絲而來，但是一觸到烟蒂，又疾逝的逃回去了，他萬想不到來者不是他的目的物，而是火燒八卦陣的原子彈。

這是一件煞風景的玩意兒，因爲蜘蛛的聰明，究竟不敵萬物之靈的人底聰明，何況蜘蛛運用的力量，僅能運用本身的力量；人，除了本身的力量之外，更能運用其它一切的力量，來創造或破壞一切。

兵猶火也，不戢將自焚，火燒蜘蛛的八卦陣，僅憑了一個香烟尾兒。「如水益深，如火益熱」到了這個時候，人的聰明，反要被蜘蛛所竊笑。烽烟處處，捐稅重重，難道我們就沒有力量求取生存之道了嗎？

雜記

言子

續古叢編：『吳氏廬舍遇街衢直衝，必設石人，或植片石，鐫石敢當以鎭之』。我鄉復有以山海鎭；泰山石敢當等禁厭不祥，按輿地紀勝：『慶曆中，張緯宰莆田，再新縣治，得一石銘，其文曰：「石敢當，鎭百鬼，厭災殃，官吏福，百姓康，風敎盛，禮樂張。唐大曆五年，縣令鄭押字記」』。由此可知蓄石敢當以鎭妖魔者，實始於唐。

論語：『與其媚於奧，甯媚於竈。』朱註：「古五祀之一，夏所祭也」。禮記：『祝融爲竈神』。淮南子：『黃帝作竈，死爲竈神』。究若竈神爲誰，歷來奉祀者，似皆不求甚解，試執庖人而問之，則曰東廚司命之老爺也。按所謂「五祀之一」，禮記乃爲勾芒；蓐收；玄冥；祝融；后土。朱註即指祝融而言，其說本於禮記無疑。然據小學紺珠：五祀爲門；行；戶；竈；中霤。則祝融與竈，其神似難合一。淮南子以黃帝爲竈神，果何所本，未敢妄言。讀酉陽雜俎，諾皋記上：「一、灶神名隴，狀如美女；又姓張名單，字子郭，夫人字卿忌，有六女皆名察，（原註：一作祭）。常以月晦夕上天白人罪狀：大者奪紀，紀三百日，小者奪算，算一百日，故爲天帝督使。……」如是，竈神似有二人，其一即狀如美女之隴，又一乃生有六女之張，今所流行之竈神畫像，皆作峨冠博服，白鬚齊胸狀，以意度之，當係張子郭先生，若爲隴翁，則其畫像，必窈窕多姿矣。惟該書之作者段成式，爲唐時人，以唐代之人，考證古之灶神，竟詳著此，又難免使人疑者，筆者腹笥過儉，尙有待於高明。

夜

·金斌·

夜。

屋子裏坐着一個老婦人和一個少女。

老婦人的枯燥的臉上，堆滿了慈祥的笑意，在她的額上，劃出了幾絲皺紋，一看就知道她是一個溫厚辛苦的老人，她一壁做着女紅，一壁鼓勵着她唯一的女兒：

『小金，你得好好兒讀書，媽的一切希望，完全寄托在你的身上……』。

『我知道了，我每天總聽見你說這樣的話，我知道了……』

小金似乎有點兒討厭她的媽這樣地嚕囌，但她一會兒又自動地跑到書桌邊，翻出一本書來，溫習她的功課。她的媽看着她那已長得亭亭玉立的背影，很滿意地一笑，又開始在黯暗的油燈下，做着她的女紅。

那老婦人，說起來眞是一個最好不過的母親。當她生了小金不到三年的時候，她的丈夫——小金的爸爸，就永遠離開了她們。既沒有可以依賴生活的遺產，又沒有封建理想中可以傳種接代的兒子，就只有正在襁褓中的一個女孩子——小金。她的丈夫雖然也有弟兄，但都是只顧自己的人；眼前的孤母幼女的骨肉，要他們施捨一文小錢，也是不可能的事。於是她只好在刻苦耐勞，和淒涼的生活中，領着她底相依爲命的小金，過了十多年。

現在小金已是十九歲的人了，她因爲希望她的女兒，在社會上能得到一點立足的地位；所以她把平日的積蓄，每年送小金上學讀書。今年小金已經讀到初中三年級了，在這一個早春的天氣裏，算起來，不過三、四個月頭，就可畢業了。她一生的希望，快要得到實現了。尤其是她對於小金，有着最大的信心；她相信她的小金，一定是一個絕對孝順的女兒。

於是她開始幻想了。

……她好像已經看見她的小金，在一羣爛漫的兒童隊伍裏，指揮着他們怎樣唱歌，怎樣遊戲，怎樣……，小金的天眞活潑，正和這一羣兒童一樣。……

……她又覺得自己已昏沉地病在床上，小金很小心地服侍着她，慰問着……凡是她所希望的，需要的，都已在小金的雙手裏捧着，貢獻在她的面前。……

……她似乎又和她已訣別了快二十年的丈夫會面了，她告訴他小金已在她的辛苦裏長成了。在他的臉上，表露着十二分的感謝的神情，微笑着向她點頭。……

『媽，好睡了。』

小金看了一回書，因爲日間運動得太多了，已有些兒倦意。她回首看見她的母親，呆呆地好像正在思索着一件什麼事一樣，手裏拿着的針線，也停止了工作。

那時她已懂得她底環境是痛苦的。她疑心她的媽又在傷心了，所以她就招呼母親早點兒休息。

『媽，你爲什麼哭呀？』

小金仔細地一看，在媽的眼眶裏，正含着一顆沒有滴出來的眼淚，於是她奇怪地問了。

『沒有，我很快樂哩！』

小金娘的甜蜜底幻想，被小金打破了。她發現了剛才的一切，都是屬於虛無的，在她的眼前又佈滿了黑暗的種子。但她又想起了她的小金是光明的。因此，她在悲喜交織的情感中，無意地流淚了。但她忽又恐怕她唯一的疼愛的女兒，也要跟着她傷心流淚——這是她最不願意看見的，立刻又把那顆將要出眶的淚水，收住了，一面安慰着小金！

『小金，你先睡吧，媽再等會兒也要睡了。』

『媽，你別傷心。』

小金上床睡了，沒有多時，已進入了夢鄉。小金的母親，瞧着已睡的小金，微笑着，低下頭去，繼續做她的工作。

空氣由靜默而沉寂，只有小鐘的「的答」聲，在空氣中，擾起一陣陣的聲浪……。

一九四七，十一，一。

一個年老的丐婦

·徐元焜·

每天晚上，老是倚坐在牀上看書，起先原是借着消遣，後來便成了習慣，看書的時候，非坐到牀上不可了，到了牀上的時候，非提卷無味了，我自己亦不知道爲了什麼必定要這般做去，大約因爲比較舒適和靜的關係吧？

今天晚上，照例靠在牀上看書，在看到入神的時候，忽聽見一種淒涼悲哀的叫乞聲，牠擾亂了我貫注書本的神經，於是放下了書本，推開了牀前的窗子，向外面望去，在淒淡的燈光下，現出一個還不十分鳩形鵠面的老嫗，提着籃兒，沿戶呼乞，將到我窗下的時候，有一個鄰居，便給了她一張鈔票，大約不是爲了好奇心，便是爲了惻隱心的關係吧？所以詢問她這樣老的年紀，爲何還要討飯，是否斷絕了後嗣，孤苦零丁，無所依靠。老嫗嘆息着說道：我有好好的家，有兒子，有媳婦，和幾個孫子和孫女，照理兒孫滿堂，我可以享福了，無奈兒子太不孝順了，自從娶了媳婦後，便聽從媳婦的言語，漠視我們老夫婦二人不顧我們的生活，早前生活費用低，我們兩人，做做吃吃還可以過去，現在生活費用比較幾年前高了數十萬倍，我的丈夫又在去年死了，我又上了年紀，事體既做不動，兒子又不顧我的生活，爲着活命，不得不靠顏赧面的向善士們乞憐，我記得我年輕的時候，也受到丈夫愛護，這大約福氣已在年輕的時候享盡了吧。言語還沒有說完，聽她已經欷吁不能成聲了，看上去已經憶起無限的滄桑，不能再忍住她內心底悲哀了。所以說了一聲謝謝先生，便去了，我聽了這番言語，覺得世界上做兒子的多歡喜聽妻子的言語，忘掉父母養育的恩惠，但是凡是做父母的沒有不希望兒子的成立，從小撫養，費盡心力，假使兒子病了，做父母的沒有不日焦夜愁，衣不解帶的照顧着，這是爲的什麼呢，無非希望老來的依靠呀！所謂「積穀防飢，養子防老」，所以做父母的愛護兒子，眞是無微不至，然而所得到的收穫呢？能克盡孝道的，恐怕祇極少數吧！當然，這一半是時代的關係，兒子們，往往爲自已的生活，不能再像過去的時代一樣守在家裏，克盡孝道了。我這時候的神經，因之掀起了無窮的思潮，想着老嫗說的「她在年輕的時候，得到丈夫的重視和愛護」，現在她的媳婦亦得到她兒子的重視和愛護，這不是長江之水的後浪推前浪嗎？還是她的兒子，不如她的丈夫多一種孝順心嗎？還是她的媳婦不及她的賢惠嗎？還是……。種種幻想，呈現在我的腦間，想到她的兒子和媳婦，不知將來的生活要怎麼樣咧？還是將要得到同她一樣的因果呢？

莫釐遊誌（十七）

明楊文驄萬峯觀臥佛詩云：

古佛何年臥，危樓萬綠支，寧關生死事，可識去來師，廢井流丹葉，荒苔隱白槌，古今誰獨醒，高枕笑鷄皮。

自臥佛寺東南行至余塢，兩側叢竹曳風，枇杷翠樹，連亘不絕，故遊余塢宜在仲夏或初秋，仲夏則枇杷黃熟，初秋則新栗登場。道經吞襲里前之三元宮，壁嵌嘉靖五年二月吳縣知縣楊（叔器）爲申明鄉約以敦風化之碑，該碑，前後山有四：一在金塔下，一在余塢三元宮，一在下席，一在白沙，碑文略謂：

本縣遵照洪武禮制，每里建立里社，壇場一所，令各該里長自嘉靖五年二月起，遇春秋二社，措辦豬羊祭品，依式書寫祭文，率領一里人戶，致祭五土五穀之神，務在誠敬豐潔，用虔祈報，祭畢，就行會飲，并講抑强扶弱之詞，成禮而退，仍於本里內，推選有齒德者一人爲約正，有德行者二人副之，照修鄉約事宜置立簿籍二扇，或善或惡者，各書一籍，每月朔一會務在勸善懲惡，典禮恤患，以厚風俗，鄉社既定，然後立社學，設教讀，以訓蒙童，建社倉，積粟穀，以備凶荒，而古人教養之良法美意，率於此乎寓焉。

青雲里額後爲紫來門，光緒三十年里人公立，通州陸錦文書。自俞塢到西塢，四山圍抱，一徑通幽，樹林隙處，遙見黃牆，即俗稱金菴之紫金菴，相傳唐時胡僧建，貞元間廢，明洪武初復建，歸併鑑源寺，景泰間，深谷遠禪僧重建，清康熙間重修，大殿塑有十八羅漢像，係雷潮裝塑，俗傳楊惠之所作誤，按聞見後錄云：『楊惠之與吳道子同師張僧繇學畫，惠之見道子筆法已至到，不服居其次，乃去學塑，亦爲古今第一』。寄劉道醇五代名畫補遺所說略同，並云：『時人語曰，道子畫，惠之塑，奪得僧繇神筆路』。王讜唐語林云：『惠之爲唐開元間人，而其著藉，不可得而考矣』。惟正德姑蘇志，列惠之於人物門，目爲姑蘇人物，乃依據中吳紀聞而致沿誤也，近人莫天一著塑述，（東方雜誌第二十七卷第二號）第六塑之名流，首列惠之，引五氏雜苑云：『楊惠之嘗於京兆府長樂鄉北太華觀塑玉皇尊象，及汴州法五院大殿內佛像，及枝條千佛東經藏院殿後三門二神，當殿維摩居士像，又於河南府廣愛寺三門上五百羅漢及山亭院，楞枷山皆惠之塑也……惠之嘗於京兆府塑倡優人留盃亭像，成之日，惠之亦手裝染之，遂於市會中而踏而置之，京兆人視其背，皆曰：『此留盃亭也』』。則其行蹤，每在汴京一帶，似未曾南渡也，宋鄧椿畫繼亦云：『中原多惠之塑山水壁』。未嘗言及南方有其手澤也。

兩廡塑眞，或假寐、或凝視、或狰笑、或沉思、或仰或俯、或喜或怒，形態不一，動作各異，其中降龍一尊，尤爲上乘，雙目炯炯，仰視蟠柱之龍，惜龍已重塑，未能似牡丹綠葉，相襯益彰耳，惟各塑像，衣褶自然，爲南中諸刹所罕見，雖非楊塑，然觀其塑藝之高超，在藝術上亦應有其價值也。

乾隆十一年捐建淨因堂，嘉定程鏡書額，席祜灝書聯云：

萬法皆空歸性海，一塵不染證禪心。

壁嵌邱廣熙撰鄭斌書乾隆二十六年立紫金菴淨因堂記正書。餘有白雲居、靜參軒、聽松堂之勝，尤以聽松堂爲幽勝，而對高峯，遍植蒼松，山風過處，濤聲澎湃，故以聽松名堂，堂中佛龕，昔供大士塑像，及小佛一尊，現僅存大士像，據稱小佛爲遊人所竊，佛法若眞無邊，豈懼竊賊哉，明吳鼎芳詩云：

無日斷山嚮，有雲生澗陰，閉門花事過，路石蘚痕深，鳥羅知禪定，燈光是佛心，年來蹤跡處，多半是香林。

清顧超咏紫金菴詩云：

山中出絕處，當以此居先，綠竹深無暑，淸池小有天，笑啼羅漢像，文字道人禪，最好梅花候，高窗借過年。

——待續——

洞庭圖第二次徵書運動宣書

本室成立以來，由於熱心同鄉之忠誠服務，許多讀者的熱烈支持，總算有了一些成績，現在已有一千一百多位讀者，五十多册藏書，統計流通次數達一八八七九次，但因限於經費不能大量添辦新書，致使很多讀者難於借到理想的讀物，這是我們感到萬分抱歉的。

本來按照我們現有的書藉，要供應這許多讀者之須要，當然不够，在另一方面我們鑒於在鄉區的人們缺乏正當的讀物，所以準備最近期內在東山設立分室，因此書藉的儲要補充更形迫切。現在爲達到這二個目的，特發起第二次徵書運動，希望熱心的同鄉以及全體讀者儘量給我們幫助，使本室的內容更加充實，使我們在滿足讀者的渴望外，同時也開闢了一椿眞正發揚鄉村文化的工作。

徵書辦法

目　標——二萬分。

計分辦法——一、現金以一萬元爲一分。

二、書藉以市價估值現金計算。

三、書價如遇變動時以總揭擴時之市價爲準調整云。

四、書藉計分的由文化委員會决定之。

期　限——一個月（自三月一日至三月卅一日止）。

揭　曉——第一次：三月十日。

第二次：三月二十日。

總揭擴：三月卅一日。

分　隊——團體隊個人隊二種。

獎　勵——團體前三隊個人前三名由本會給予榮譽獎品。

個人分數滿五十分者，由本會給予紀念獎品。

徵書分類——一、現金。

二、捐贈書藉。

三、寄存書藉（由本室代爲保存得憑收據收回之。）

四、紀念集（捐書人得由所捐書藉上注明某一人物或事蹟，以資永久紀念。）

本刊啓事

本刊因春節印刷所休假關係，不得已出版第二卷第八、九期合訂本，第二卷第十期本刊准於四月十五日出版，諸希諒鑒，並望賜稿爲盼。

東聯社爲文化基金借款事啓事

謹啓者：本社于前年十月決議舉辦文化基金借款，于去年如期完成，並先後抽籤還本二次，第三、四次因格於時間，未及舉行抽籤，現因遵照還款辦法第五條：「於民國三十六年一年中全部還清」。故將公告，凡承借款諸君，請憑收據於三月三十一日前向本社領取，以資結束，此請公鑒。

莫釐風月刊 (20・21)

每月十五日出版

本期零售每冊一萬五千元

預定　全年十萬元　半年六萬元

編輯及出版者　東洞庭山各校同學聯誼社　莫釐風出版委員會

上海通訊處　北京西路一〇八號　洞庭東山旅滬同鄉會　電話九三四一九

廣告刊例（長期酌減）

全頁	半頁	四分之一
二百萬元	一百萬元	五十萬元

莫釐風

第二卷　第十期

農村小景　秦榮章攝

東聯社出版

吳縣第八信用合作社

承辦洞庭東山　橫涇　蘇州匯款

穩妥　信義服務

迅捷　不取匯水

本社辦理存款，放款，抵押，匯兌等業務，純以服務桑梓，社員爲宗旨，如承委託匯款，概免一切費用，手續簡便，解款迅速，東山區所隸屬之市鎮鄉村，無論遠近，均可專司送達，以免跋涉之勞，特請上海天津路**東萊銀行**集益里**信和錢莊**，天津路鴻仁里**嘉昶錢莊**代理收解，凡吾社員，深盼踴躍賜顧，並希同鄉先進賜以指導爲幸。

總社　東山前山鎮

分社　橫涇中市　　長途電話直達

辦事處　蘇州南濠街一八五號

電話　一五八七　一二一九四號

第二卷第十期目錄

三十七年四月十五日出版

同和糖菓茶食號

首創數拾餘年老店

特聘名師重料精製

應時茶點中西糖菓

香炒瓜子馳名舌餅

南北兩洋海味炒貨

零躉批發歡迎比較

應有盡有薄利主義

承蒙惠顧認明同和

地址：東山前山鎮西大街

響水澗西首

社評

農村貧血中談縣銀行

縣銀行的普遍設立，決定在一年以前的三中全會上，那時通過了一個經濟改革方案，其中（乙）項（四）款改革金融制度項下，描下了一個縣銀行的輪廓。

「縣銀行是金融制度的基層組織，每縣各設一行，資金由縣鄉鎮公款投資，並可招收民股，同時可由中央銀行、省銀行投資，如有需要，得分別由中國、交通、農民三行予以協助，目的在發展農村經濟，便利地方建設並配合地方自治之推行。」

根據如上的規定，如果全國二千多縣的縣銀行都能順利地完成他們的任務，自是一件好事，可是，在目前農村破產，民生凋疲的今日，從資金的短細和任務的艱鉅上看，這是一種奢望。

現在我們先談縣銀行的資金，方案中規定縣方負担百分之四十，餘百分之六十由中央投資，另外拖了一條「如有需要，分別由中國、交通、農民三行予以協助。」在目前縣鄉鎮的公款，事實上極少，百分之四十的數目，談何容易？再說中央投資的百分之六十，如果不是從預算中產生，而從印刷機上得來，那末不過是通貨膨脹的游資，於事無補，抑且有害。至於借重於中、交、農三行，姑勿論三行有無此閒置之巨量資金，就拿機構來說，難免有疊床架屋之嫌，因爲農民銀行的任務，本來，就在發展農村借他的錢來作爲縣銀行的資本是多此一舉的。

於是方案中乃有招收民股之規定，如果官民眞能合作，共爲地方謀福利，自然値得提倡，然而事實不容我們如此樂觀。因爲招收民股，不是商民裹足不前，便是官商互相牟利，結果失去了設置縣銀行的原意。

現在，我們再談縣銀行的任務，從上面的條例中，我們已很淸晰地看到了縣銀行的責任，廣泛地涉及到地方的管、敎、養、衛，而範圍也遍及了農、工、商、政及金融方面，此一艱鉅的重任，是否爲資金薄弱的縣銀行所能負担得起，是一個疑問。

再就人才來說，長期的農業金融，須有土地估價員等專門人才，此項人才卽在歐美已感困難，何況我國？而中短期的農業金融，又需對農業具有豐富的知識與經驗，熟悉農作物環境、農民勤惰，及信用程度之專才，也非朝夕可致的事。

縣銀行設立的困難，旣如上述，到現在爲止，縣銀行的設立，都還沒有滿一年，所以功過如何，雖有定論，但是，其成敗的或然率，是可以想像得到的。

現在，政府旣有決心設置縣銀行，我們在檢討之餘，希望主持縣銀行的當局，一定要服膺於一個原則，就是：「取之於民，用之於民。」惟有這樣，才能不負政府設立縣銀行之原意，也惟有這樣，縣銀行才會有奠定基礎的一日。

本刊第二次徵求讀者運動宣言

去年六月間，我們舉行了第一次徵求讀者運動，獲各位同鄉各位同學的努力，達到了預定的目標。

現在離上屆徵求運動將近一年，一年裏到期的讀者很多，續訂的讀者也很多，然而或者因爲職業關係，或者因爲通訊處的變更，而加以本刊人手缺少，不能挨戶收費，因此，到現在爲止，定戶又回復到去年此時一樣——四百多戶——這是一個太小的數字了。

由此，我們決定發動了這一次的徵求讀者運動，擴大徵求的積極意義是讓我們所化費的心血得到更多的收獲，消極的意義是希冀由讀者的增多，使本刊得能繼續出版。

同時，我們覺得，一本刊物果然需要讀者，也需要物質上的幫助，因爲沒有讀者的刊物等於一張白紙，而沒有穩定的經濟基礎，也必然使讀者受到屢次加價的損失，去年至本年的物價飛漲不言可知，報紙由二十七萬元一令漲到五百七十萬元一令，上漲達二十倍強，而本刊零售價去年第十二期售三千元，現在的定價是三萬五千元，只漲十倍強，而一般的讀者已覺得太貴，而無力負担，因此，本刊在徵求讀者以外，也收受現金捐款，這是要求愛護本刊的同鄉們特別援助的。因爲我們固然不願在一般讀者身上再加重負担；自然也不願本刊因蝕本以至停刊，所以接受捐款一方面使本刊同人減輕一點負担，另一方面，是維持本刊的繼續出版，我們相信站在發展故鄉文化的立場上的讀者們是不會反對此舉的。

我們的目標是三萬分，這個數字雖然並不十分大，但需要同鄉們一致的努力是無疑的，爲了這故鄉唯一的文化刊物，讓我們喊出口號：「只許成功，不許失敗！」

徵求讀者運動辦法

目標——叁萬分

計分——以現金壹萬元爲一分

期限——一個月（自卅七年四月十六日至五月十五日止）

揭曉——第一次四月二十五日　第二次五月卅日　總揭曉五月十五日

徵求分類——一、定戶　二、現金

定戶收費——半年六冊國幣貳拾萬元，全年十二冊國幣叁拾五萬元（期內漲價，槪不追收）

分隊——分同鄉、文昌、安定、鑑塘、鍾秀、南陽、務本、東山等八隊。

獎勵——團體前三名及個人前三名由本刊給予榮譽獎品，個人分數滿一百分者，由本刊給予紀念獎品。

雨花播音台

傳鄉鎮擴併 又將重行調整

（一）本邑擴併鄉鎮，業經依限完成，茲縣府爲顧及事實起見，所有本年二月份上半個月經常費仍照舊有鄉鎮辦理，下半月依新鄉鎮發放，並將整編後之保數，飭屬趕速報縣，以憑發放保辦公費等云。

擴併鄉鎮依限完成 新鄉鎮長呈報核委

（二）東山區署爲鄉鎮調併完竣後，合飭各鄉鎮長應辦事項，指示四點：（1）擴併後新鄉鎮公所應即日（三月一日）成立。（2）保甲編組依照「江蘇省各縣鄉鎮組織調整辦法第二、三兩項之規定，限三月十日前整編完竣具報。（3）鄉鎮民代表會應依照「省頒江蘇省各縣鄉鎮民代表會組織規程」之規定辦理，一律改選，趕日完成，造冊具報。（4）國民身份證即日派員領取，并收還工本費，以便繳致縣庫云。

（三）東山區署傳區長爲此次擴併鄉鎮工作，已告完成，至新鄉鎮長的人選，亦經分別遴定呈報縣府核委，計東山鎮鎮長周竟如，副金凱池、孔慶境。後山鄉鄉長施炳南。莊蓮鎮鎮長金惠華，副金杏元、高後甫。浦莊鄉鄉長高壽，副陳樹澤、尤鶴池。橫涇鎮鎮長副祖欣，副陸友鴻、顧柏育。堯峯鄉鄉長兪祖袁，副周振華。（濟）

（又訊）傳縣府爲適應非常自治工作之推進，及發揮效力起見，故有重行整調區署，訂定計劃，全縣原有九區，按照地理形勢，及實際需要，重行劃爲六區，設置五個區署，不設置之區署改爲縣府直接派員指導。劃分之區界，均係以整個鄉鎮界線爲依據，不另行分劃，經縣呈省，待核後即行正式施行。吾東山區之劃法，以東西山兩區，就原有區界合併。計爲東山、後山、莊蓮、浦莊、橫涇、堯峯、練潦、大夏、四皓等九鄉鎮，仍稱東山區，區署設東山云。（思）

吳縣東山區擴併鄉鎮統計表

擴併後鄉鎮名稱	保數	甲數	戶數	人口數
東山鎮	五一	五二六	五三八三	二二五二九
後山鄉	二一	二〇三	二四〇四	八二八八
莊蓮鎮	二八	三〇三	三六二〇	一五〇一七
浦莊鄉	二二	二一八	二六三八	一〇七三七
橫涇鎮	二七	二八〇	二九六九	一二三一五
堯峯鄉	二二	二一七	二五〇三	一一五四二
合計	一七一	一七四七	一九五一七	八〇四二八

洞庭乒乓隊戰績

洞庭乒乓隊重振旗鼓，現已聘得席玉年君爲領隊，葉志程君爲隊長，劉振秋君爲幹事，日來厲兵秣馬，訓習甚勤，茲探得該隊最近戰績如下：

對郵輪 五——二勝

對紅會 六——一勝

對浦東 四——三勝

對鴻章 三——四負

對毛一 五——二勝

其對郵九局一戰之陣容如下：

乙組乒乓隊大敗郵九局

三月四日在本會乒乓室決賽後，結果如左：

記錄：朱康裕，盛介福。裁判：葉志程，向仕仁。

（洞乙）（郵九）

徐瑛——莊文榮——三——二

盛介福——張志宏——〇——三

趙振遠——向仕仁——三——二

徐介壽——葉錦泉——三——〇

葉志程——汪孝德——三——〇

姚榮祖——陳大昌——三——〇

邵金星——卜文華——三——〇

朱熾良——何炎——三——二

後山鄉集會 商併保問題

後山鄉鄉長施炳南，就職以來，對於併保問題，詳爲考慮計劃，定四月二日召集揚灣鎮、文恪鄉、鄉民代表、國民學校校長，保甲長等，共同討論：（一）各保徵送志願兵，尙少十三名，務須短期內各保應送縣府。（二）原楊灣鎮一二三保改併一保，四五六保劃併二保，七保及文恪鄉一二保爲第三保，文恪鄉三四五六保併爲第四保，七八九十十一十二保改併第五保，原楊灣鎮八保（卽三山）因交通關係，改稱第六保。（三）保長選舉應在保內召集甲戶長改選，議畢散會。（又訊）後山鄉併保會議，各案順利通過，舊有各保長，積極召集保內甲戶長選舉正副保長，先後選出者，第三保正保長李仲華，副保長王炳文，第五保（卽蔣念）正保長周文秉，副保長兪志成，其餘各保，倘在進行推選中。（山石）

（又訊）後山鄉鄉公所職員陣容，業經施鄉長鄭重遴選，計主任幹事朱子文，戶籍幹事許俸，助理幹事徐菊舫，會計幹事姜禮楨，雇員徐叔融等云（潘）。

二月份鄉鎮經費

共計一〇三、七八〇、一二一五元

縣長王介佛氏，爲安定民生，杜絕推派鄉鎮經費起見，自本年一月份起，對於鄉鎮經費，按月發放，絕不拖欠，推二日份起根據省令，須按生活指數（六萬五千倍）發放，茲悉二月份適爲新舊鄉鎮擴併時期，並爲適應實際環境起見，將二月份經費劃分兩部，上半月份仍按舊鄉鎮計算，下半月份卽照新鄉鎮發放，故東山區署已將二月份上半月舊鄉鎮（十五單位）經費全部領到，計經常費一千四百七十六萬二千六百二十五元，生活補助費八千九百〇一萬七千五百元，兩共綜計一億〇三百七十八萬〇一百二十五元，業經如數發訖，呈報縣府云。（潘）

小消息

▲橫涇直轄分駐所巡官張鵬，因爲該伙夫頤消泉向地檢處告發，有向該竟杏花樓茶社主人趙一變及其他茶舖老闆保火爲陳元堤等收受俩規等貪污罪行，經蕭檢察官開庭偵查，並傳到該鎮自衛隊隊附劉開金等偵訊一過，併着飭回候核。

▲席周鄉鄉民夏新渡，與同村徐桂寶結婚已逾四載，突然於今情感懇劣，勢難白首，故徵得兩造見議，各願無條件，解約自便。

▲直途東山區之單保甚話線桿木，全部工程計劃，現已由吳縣建設科擬就，呈核，日內卽可興工實施。

▲渡村鄉第八渠三甲五戶鄉民杜金虎，年四十二歲，晚間在友人鑿次晉返家，失足落河，該處鄉民聞聲出視，設法救起，幸未滅頂。（王樹峯）

▲吾山勝利以來，迄今三個年頭，每屆淸明佳節，而無今歲興盛，大滅多年未返之同鄉，今年亦返山一走，以致街頭巷尼，紅男綠女，不絕於金，往逐輪只幾乎不得坐位，不過鮮魚鮮蝦價昂數倍。（思）

▲東山區署軍事晉導員保等嶽，業經總隊部調派爲常備第五中豫長，遺缺派委軍校第十七期學生報文良接充云。（潘）

▲鑑塘小學本學期開學時聘請之敎導主任馮文係先生，旋因禮務多內，提出辭職，現由該校朱潤生董事長另聘茄裕照李海齊二位先生接替，習茄先生出身國立音專，爲著名靑年音樂家，李先生則爲靑年黨家云。

▲安定小學決於下學期起添游高設一班，因課室不數應用，已由王杏生作頭於該校餘地加業平房二間，現已竣工云。

▲毛冷業鉅子尤桀舟同鄉，斥資修建文昌小學。東山鎮第一中心國民學文，原名文昌小學，歷史悠久，設備完落，惟其二部校舍年久失修，傾圯嘗實，而吳縣敎育局因限於經費，祗能任其自然。最近毛冷業頷袖沈桀舟同鄉復回山掃慕之便，會邀約同學好友，作東再太湖[illegible]遊，該校校長林仰技君興地方熱心敎育人士浦柏卿等聯絡後，商邀沈同鄉至該校參觀，沈乘舟君祝察該該二部及，當卽慨允改建兩個敎室及一大辦公室

東山教職員聯合起來

務本大禮堂餘興精彩

同鄉會為發揚故鄉文化，特派常務理事朱潤生席玉年二君，於三月三日到山聯絡各校教師，當於五日下午三時假座鑑塘小學禮堂招待後山各師長，聚日下午八時出席前山各談教師在務本小學禮堂舉行校聯誼晚會，七日朱、席二君回申述職，聞前後山附結一起之教聯社，即將成立云。

（又訊）東山教職員聯歡會，地址務本大禮堂，時間三月廿九日下午七時，出席各校校長男教員卅餘人，女十餘人，會場中縣總理像，兩旁國旗，東壁縣有聯歡晚會四字，中問連案式，連案中問一手緊湿，手持明燈，表示閑結與光明，四週排有學生所坐小議控，以備各人所坐，主席馮校志亮報告：今天開聯歡晚會，大家非常的歡喜，吾們每一個教員在此清苦的環境之下，要保持奮門的精神，在清苦之中求得自已安慰，各位很熱心於教育，故而今日的晚會，眞是苦中得樂，本會並不嚴蔚，而不舉行儀式，不過裴現吾們同仁的聯歡，來賓招待不週，拖歉得很，繼而王校長季緒講話：吾們在遺種時局與環境之下，各位大都不甚快活，吾們做教員則要問心無愧，吾們絕勿對不起人家，而人家不能對吾們不起，教育界似乎有說不出的苦衷，然而吾們天天很興奮，希望大家多快樂，吾也快樂，大家永久保持吾們的快樂。後來遊戲上場節目如下：（1）挑夫曲（文昌六位先生合唱）（2）兩只老虎（兒童歌安定俞鳴），（3）散文詩朗誦「老太婆」（務本張佩文），（4）十老安劉京劇（第二中心校馬國祉），（5）童話詩朗誦「小花兒七獅小花兒」（務本黃溫如），（6）五花洞京劇獨唱（文昌張祥生），（7）坐飛機（安定俞鳴），（8）走盆子（務本徐菁基），（9）喇嚇舞（莫中樊叢放），（10）黃河頌（後山茹先生），（11）打杯子（安定俞鳴），（12）送客（務本鄧先生），散會已十一時許。（恩）

百物高漲生活迫人

少婦張氏厭世自縊

東山席周鄉長涇浜地方，（屬第八保）居民金永奎家，於本年二月廿二日突發生少婦盤氏厭世縣樑自縊，不治身死，遣下子女各一，其情甚慘。茲將其厭世始末情形略誌於后：居氏金永奎，業圓桶，設舖東山毀前大街，於民國十五年前憑媒娶痕氏為妻，現年三十二歲，結褵以來，夫婦之間，態情尚稱和睦，膝下育有子女各一，長者六齡，幼者甫及三齡，半日經營，頼以競殺業業，家道堪稱小康。張氏因積年累月，操勞過度，致久病失當，近擊於百物高漲，生活重担，厭人，頓覺涉世乏味，厭世之念，油然而生，途於二月二十二日下午四時許，在家乘夫去店工作時，背人閉門投環縣樑自縊，斯時尚有二齡幼章在屍側邊，號哭狂叫，歷久始經鄰人發覺，奔告伊夫，經永奎還回時，已氣絕身死。遺下子女閑總屍旁號哭，聞者無不酸身。事後由伊夫具狀蘇地方法院，請求免驗，經該院傳詢確保上情，着其舖保，准予免驗後，始行收殮云。

靈源寺僧人內鬨

互控販毒殺人

東後山石橋村靈源寺僧人自來，前有人突向當地醫所密控該寺住持松梟，及另一僧人法奎，有吸毒販毒等情，該局即派醫至該寺搜查，松梟適外出，儅法奎在家，當在法奎房內之隱處，查獲白粉三小包，哈筒吸具全套，當將法奎帶所，還未訊明案情眞相，詎又有該寺僧人博也陰益二名，忽具文向太湖濤則指揮所指控自來，平時品情惡劣，曾有殺人嫌疑，并證明法套并無吸語情事，該所以殺人案嫁疑，即移送東山醫所併案辦理，該案原被告變方各執一詞，已解總局訊辦。

誘拐少女作妾

老父報警請究

住橫涇東斜路之徐安順，務農為業，其女林妹，年華雙十，數月前，為同村居民徐世上（廿一歲）所引誘，未幾二人即發生內體關保，惟世上早有妻室，將林妹領返其家內作妾，事為安順所悉，在上月間，將世上扭至橫涇奮所請究。

席氏同族會理事長夫婦春遊覆車慘死

·佩·

頌関的春雨，綿綿不停，三月廿八日（星期日）下午，還是陰況，棻雨。席惠氏，席激中，席德柄夫婦和席興韻（德柄的幼女）五人，起到大通路教義堂席季明私邸棻會，談論着席氏同族集閑同鄉祭祠的程序，結果大家同意四月三日從蘇州單放汽襪駛山，橫遊木讀，西山的名縣。賓客們飽嘗了孫鳳湖女士（季明太太）親製的字餞之後，德柄夫婦提出了利用黃花滿紀念休假，作處山小遊的建義，孫女士內塬循常熱，異常興奮，表示要是明天放晴，決興季明同往，聯盡地主之誼。

三月二十九日破曉，是一個晴朗的天空，人們帶了類跳躍的心，迎接着道個鳥語花香的假日。席季明們一夥七人，坐着一九四八年的別克新車，飛馳在錫滬路上，欣賞着花闌錦族的江南春野。上午十一時許抵達太倉縣腸雙鳳鎮車場橋，迎而來了一輛滿載空油倚的十輪卡車、彼此以高速率同時駛登橋面。卡車雖然及時煞往了車輛，不料別克新車因了閃避太急，擁斷了橋東側南段欄杆，翻身附落河底。那時一同出遊的四川沓奎公司總經理古耕虞的汽車，已很遠地前去了，席德柄所乘的吉普卡，還沒有駛到，只有卡車上的押車員趙孝芳君見義勇為，躍身下河，換開了車門，將席德柄夫人和她的女兒歐陽美生救起，先送太倉醫院急救。（棻已脫離險境）席季明救出時，已沒有了呼吸，面色發奇，兩耳發紫，額角及蹊根均現傷痕，其餘在車內的司機周奚縞，孫鳳關女士，歐陽美生的丈夫陸鴻鈞和席與韻四人，因車門不能開大，撈起時早已氣絕多時了。

特寫

不幸的席季明早年畢業國立北京大學，曾任北方改商界要職，不久回到上海，創設惠豐錢莊，組織惠豐銀行，自兼二處經理，歷任上海市錢業同業公曾主任委員，錢業準備庫委員，一面還執行會計師業務，為上海會計師公會會員，民國三十一年，上海紗業銀行創辦，聘席君任總經理職，勝利後紗業銀行收歇，又被舉為上海信和錢莊董事長，他對於故鄉特別關切，曾任同鄉會主席委員和歷屆執行委員，現任有關桑梓的職務是：席氏同族會理事長，莫釐三善堂董事長，安定小學常務董事，同鄉會理事等，據閑席氏同族會為紀念他創辦同族會發起安定小學復校的勞績，準備在安定小學創設季明兒童圖晉館，作為一個永久的追念。

他今年五十一歲，孫女士四十九歲，身後沒有子女，立他哥哥叔文的兒子——與慧為嗣。

，工程估價確定為四億元，全部由彼個人負担云。

▲同鄉會理事長葉振民君，鑒於該會事務日繁，特捐助自由車一輛，專供該會工役送發信件等使用，會務進行便利不少云。

▲前山保安醫院卅六年度結細國幣八千七百八十六萬六千一百十二元。

▲後山登善醫院三十六年度結細國幣八千八百另六萬四千八百六十二元。

▲惠旅助產學校上學期結細國幣一億七千另六十八萬七千另四十三元。

▲惠旅醫院捐款截止二月二十六日止，計募到國幣三億七千九百十一萬八千元。

▲惠旅助產學校第六屆畢業班參加會考者，計共九人，結果及格者八人，補考者一人。

▲惠旅助產學校立案基金一億二千萬元，已由業振民董事長設法籌足，仔入大陸銀行定期存戶，其存單送請市款育局完成驗印手續。

▲木東公路測量隊已將建築計劃，工程預算寄與同鄉會公路委員會，照二月底物價計算，共需國幣九百五十億。

▲洞庭旅行團發起團員五十六人於二月二十九日，假同鄉會禮堂舉行成立大會，通過章程。還舉理監事，茲採得其全部理監事名單如下：

理事十一人：朱潤生　葉振民　席涵深　席伯華　陸鍾琪　葉鍾英　葛伯藩　席光熙　秦榮章　葉華峯　徐蔚棠

候補理事三人：葉藝青　葉恩溥　翁受宜

監事五人：葉樂天　沈萊舟　席裕昌　葉迪淵　席鳴九

候補監事一人：嚴挹謙

▲洞庭補習學校立案基金一千萬元，業已籌足，存入大陸銀行定期存戶，其存單送請市教育局完成驗印手續，其指款人為：劉道周，葉振民，席涵深，葉樂天，席光熙，席伯華六人各捐一百萬元，朱潤生，葉棣華二人各捐二百萬元。

▲同鄉會代理同鄉家山匯款自一月一日至三月十六日託匯者五十六戶，共計法幣一億六千八百六十萬元。

山郎人

楊一

一 和環境奮鬥

像東山這樣有山有水的地方，照理該是詩人世家的故鄉了，事實剛剛相反，東山只有王鏊才算歷史上比較知名的人物，然而這山中無雙的宰相既不是大政治家，而且他海內第一的文章也只是八股制藝，做官的敲門磚，在文學上沒有什麽了不起的價值，爲什麽東山獨少文人雅士呢？只因爲我們的環境太苦了。

讀者先生且慢五筋狠綠筋，你可知道故鄉有多大，有多少人住在那裏？——說來慚愧得很，我也只能引用一些陳舊而不很正確的數字來搪塞搪塞，東山只有八十二方公里，卻住了三萬開外的人，平均每方公里的土地上住着三八五人，在青海省每方公里只住半個人，要二方公里才有一個人住，拿全中國說平均每方公里住四十個人，中國人口最密的江蘇省平均每方公里也只住了三二三人，東山卻每平方公里有三八五人，人多地少，生活問題自然很困難了。

如果更進一步看，格外叫阿二山郎人舌頭拖了出來縮不回去，東山面積八十二方公里中，田還不到三分之一，所以拿耕地計算的人口密度說，東山平均每平方公里有一九四七人，比歐洲工業區還要密，日本每方公里耕地上只有八七七人，比利時爲九〇八人，威爾斯爲一〇九〇人，再說得明白一點，就是每一個東山人平均還分不到一畝田，只有〇·八三七畝，福建廣東沿海一帶的情形，比東山還要好一點，如果山郎人全靠發泥坟頭過活的話，只好活活餓死了。

這種環境注定了山郎的命運要離鄉背井去討生活，好像福建廣東人被迫到南洋去求生一樣，所謂「萬里暫游，十年永隔，既淮海兮異域，復燕秦兮絕國，浮家多浪跡之人，採藥有忘歸之客。」（湯沐：五湖賦）

士大夫是不懂小民衷心的苦痛的，你看林語堂頂禮崇拜的袁中郎的話：他說「東山民倍饒裕，所可恨者，民競刀錐，俗鮮風雅，雖有奇峯峭壁，曾無一亭一閣，跨踞石上，每讌酒提壺，則盤坐荒草中，亦無方丈之榭，可以布茵列席者，山下僧寺，湫隘不堪，荒涼如鬼室，兩山之民其不好事如此哉。」（東洞庭游記）

這種自命爲民父母的士大夫們，眉下缺乏慧眼不懂得風雅且不說，那裏懂得商賈在地主貴族看來，都是末流，他們的錢得來是受了多少骯髒氣，最初是「貿遷販脂」，才「或至素封」，而其中潦倒一世的也不知其數，他們的錢得來不易，自然不能輕輕化掉，不如官僚錢已來得容易，也容易化掉，我們看看眼前官僚資本積累之速及窮奢極侈，便可知道了。

東山只有王鏊雖然在文章裏面找不到太多的風雅，可是一門中的確够風雅的了，竟在東山造了不少園囿——招隱，眞適，從適，壑舟等，而眞適園之大，佔了整個山谷，其中有莫釐巘，太湖石，蒼玉亭，香雪林，湖光閣，款月榭，寒翠亭，鳴玉澗，玉帶橋，舞鶴衢，來禽圃，美蓉岸，滌研池，蔬畦，菊徑，稻塍等十六景，以至村至今還以大園爲名，我們現在走過那裏，常常東西南北只聽見一片搗衣聲，便是過去飛閣翼亭，曲溪淵鑿的舊址，可是王鏊不是商人。

不久以前一位商人在太湖邊上築了一座園，卻帶來了一場不少的禍患，商人只有謹守勤勞儉樸，不要好事競勝的教訓，你我雖不贊成，但事實只能如此。

二 鼻子碰到牆壁了

山郎人在土狹民稠的情形下，找到了什麽出路呢？——有了，就是經商，「民生十七八即挾貲出商，（現在十二三歲就學生意的也比比皆是——引者註）楚衞齊魯，靡遠不到。」（王鏊：震澤編）可見明朝就是就樣了。

中國商家的興起，還在宋明以後，東山人大量出外經商大概也不會更早，宋明以前封建貴族擁有大量土地，農民叫做部曲，是私家所有，不准離開土地，所以不是自由的農民，六朝以來有一種法律，有逃亡者一日杖六十，三日加一等，這種農民中自然沒有辦法做生意的，那時候王室的權力不及貴族門閥，唐朝一代便是王室與門閥鬥爭的歷史，王室以科舉制度來削減地主做官的權利，自從肅宗以後，王室經費也漸漸得到了商業稅收的支撐，武則天時曾在禁宮中招待四川的商人，不過當時自然要惹士大夫看不起，韋安白跪奏曰：「商賈賤類，不應得預比會。」（通鑑二〇七）

到宋朝專制政權便徹底勝利，開始統一稅收制度，幣制及度量衡，這都是有利於商人的，於是商業就跟着專制政治的勝利而發展起來了。

山郎人最近經商的地區，除了太湖周邊外，便是淮上，一方面可從運河經揚鎮而達兩淮，這又是通中原的大道，一方面渡西太湖再赴隔湖經蕪湖也可以到淮西，稍遠一點的要算湖廣，在山郎人的傳說中常常講到湖廣，據

讀二卷六期紅甘齋日記隨感

朱飆

紅甘齋日記乃自從刊登以來，已有九期了，由於文筆輕鬆，題材現實，使我們讀了文字，非但會憶起故鄉的情景，而且，在腦海裏，就映一個像紅甘齋主的典型人物：小滴子瓜皮帽，短而大的舊線呢（間或也有綢紗的）長衫，平時彳亍在殿前街上，更有時會吃得酒醺醺地從婚喪事的人家走出來。

紅甘齋者，大概就是「紅甘蔗」的別號，由於他自命不凡，有世代書香的學養，所以有這篇傑作出現，而且經過了他以齋主身份的號召，平步身價百倍，其實還不是和普通一般，起先很紅，後來家道中落，漸漸成乾（甘），最後祇諳「石子裏搾油」一般地搾（蔗）了。

在二卷六期的「日記」裏，知道紅先生已由朋友介紹來滬應考職業，能否成功，能否立即「得發」。當然尙待「流年」「運氣」來決定，但鄰家黑糟門白家老媽子卻當他已經「得發」了，就拿兒子的職業爲託，無怪他的心中忐忑，就是我們看了，也覺得啼笑皆非。

看了這個平凡的故事，從我連想到目前故鄉人民所處的環境和他們的心理。自從經過八年敵僞的盤據和壓迫，人民的痛苦已到了極點，滿想在勝利後諒够過一點比較安定的生活，但事實的演變，卻相反了。

最近有一位從故鄉來滬的同

那裏走

葉——

說從前從西山龍洞可以走到湖廣的，不過沒有人知道。

在異鄉找生活不是容易的，常常要受人排擠，失敗了也沒人救助，於是同鄉之間便須團結，一地一地的會館也就建立起來了，家眷的負担太重了，只好留在家裏叫妻子空房獨守，父母望眼欲穿，在異鄉既如此不易，家園便成爲唯一値得懷念的地方了，祖先與天地也成爲出門人平安與順利的唯一的保佑者，家庭中虔誠禱祝也恰如門牛人的妻子當丈夫臨場鬥牛的一刹那一般，這一切互助，愛戀，忠忱與虔敬，都是痛苦的另一面。

然而商人的最大的痛苦還不是這些，雖然商人是在專制王權的孵翼下發達起來的，可是最後遇到的大對頭還是專制王權，爲什麽呢？因爲商人和農民要農民和商人負担政府的一切費用，養兵不用說，還要養地主出身的光食祿不做事的所謂冗官，因爲皇帝本身倒底也是地主呀，拿宋朝來說罷，農民公役的繁重，分配不公，甚至「江南有嫁其祖母及母，析居以避役者；又有鬻田，減其戶等者。」因爲地主官戶不服公役，因此便「田歸官戶不役之家，而役倂於同等現在之戶。」於是農民的公役負担就愈來愈重，（見宋史食貨志上五）這等於商人在開店，而官吏却把你的主顧趕跑了。

宋代冗吏之多，只一次就想裁掉十九萬五千餘人，不裁的自然更多，這種吃糧不管事的冗官誰去養活他們，除了農民之外，便落到商人頭上來了，這樣農夫既沒有什麽餘錢來買東西，商人也因捐稅而無利可圖。

專制政治是最容易敗壞的政治，一代有一個英主，下一代便是庸愚，何况雖英主也難免有一念之錯呢！當專制政治腐敗下去，到最後農民商人不能忍受時，自然要起來造反了，照孫中山先生的定義說，革命也就是造反，於是宋江，韓林兒，張士誠，張獻忠，李自成，洪秀全一流人物，便起來領導農民等起來反抗專制王朝的殘害，專制王朝也一個個的倒下去了，可是重新建立起來的不幸又是專制王朝，因此農民生活永遠得不到改善，商人也永無發展的希望。

西洋海盜出身的商人一方面幫助國王打擊封建貴族，幫助農民的解放，在國王的支持下向外拓展商場，結果，定貨增加，手工業也漸漸發展成爲作坊和用機器大量生產的現代工業，最後終於推反了國王的專制，建立了商人自己的國家，可是中國的專制王朝的力量，非常雄厚，商賈常常被拖抑，如明祖定制，片板不許入海，一直到清朝都是這樣，同時又嚴令禁絕私市，另一方面又把捐稅的重担，壓在商人的肩頭，在專制王權下求生活的山郎商人，前途多麼黯淡呀！

三 天下未亂東山先亂，天下已定東山未定

山郎商人不但生意經被抑殺，並且不斷的在農民叛亂中間，也受苦最深，至少在江南如此，太湖周遭那些飢餓的農民弄得活不下去了，在沒有結成震撼州縣的力量時，便先下太湖，因爲太湖，跨了兩個省份，沿邊有七個縣份，東山便在七縣的邊界上，太湖也成爲强盜窠的別名，外鄉人一碰到山郎人便要問太湖裏的强盜長，强盜短，弄得哭笑不得。

洞庭山在五代時便是吳越國的邊界，宋朝金兀朮還沒有打來，卻要勞駕牛臯將軍太湖裏來打强盜，元末張士誠跟明朝將軍常遇春的拉鋸戰，那鋸齒便在洞庭山人頭上挨過的，明末流寇未起時，東山就有個大盜叫宋毛三想舉大事，接着便有被清兵打散的敗將想來打刼，太平天國時代，東山便在東西兩岸顆落的匪徒火倂的場所，王衙前和殿前都作過戰場的，最近這一次戰事中更不用提了，這不是天下未亂東山先亂嗎？

我們再看看當金兀朮來，一般不抵抗的將軍也逃下太湖來了，滿洲皇帝已坐在北京龍庭裏了，清兵還在太湖裏搜索湖匪，日本人打下了蘇州，那些散兵也以太湖爲舞台，而演出了許多全武行，山郎人不身受的也必耳聞，不必多說了，勝利後城市終算暫時安定了，而四鄉太湖卻還是烏雲蓋天，這不是天下已定東山未定嗎？

丟開那些敗將不談，這些造反的農民隊伍爲什麽呢？我們知道一百另八將是逼上梁山的，他們的旗幟是「替天行道」。張士誠是因爲販鹽給豪富人家，豪富人家想黑吃黑不給錢而造起反來的，東山大盜宋毛三則想「籍臚富戶姓名，傳檄勒其貲貸」，也許是刼富濟貧吧！太平天國革命的動機明明白白的要土地，土地問題所引起的農民造反，實在是中國歷史上改朝換代的關鍵，可憐他們不懂得方法和組織，結果讓官兵打敗或讓背叛農民的領袖出賣了。

東山人是沒有土地的，山郎人向來只曉得做一個安分的商人，他們也是從土地上被驅逐出來的，壓迫農民的也不是東山人，是太湖四周的那些地主和地主組織的如虎如狼的官府，山郎人却遭池魚之殃。

土地國有不但是農民們的要求，歐洲進步的資產階級也要求土地國有，使農民富裕，成爲頂殷實可靠的主顧，地主們不必把錢去買

鄉，用懇切的語調說，故鄉由於接連的抽、捐、敲詐和層層的壓迫和剝削，人民的生活已到了求天不應，入地無門的地步，往年年底照例很熱鬧的殿前大街，去年竟然會像年初一一樣。現在他們不論聽到有你們東聯社也好，正風社也好，同鄉會也好，敦聯社也好，他們不管××軍來，××隊來也好，他們總是期望着給他們一些生活上的幫助和保障，誰能够替他們服務，誰能够使他們過較好的生活，誰就是他們理想中的救命恩人，因此每當有一個團體出現的時候，他們就會不管一切地帶着白家老媽子托紅先生去介紹他兒子的職業一樣底心理，期望着，懇求着。

的確，這生活是越來越困苦了，但是如果到了最困苦而不能過下去的時候，他們將怎樣呢？記得不知誰說過「黑夜最深的時候也就是離黎明最近的時候」。希望有一天，紅先生仍舊會回到東山，脫去蓆長衫，拿起鐮刀，舉起鋤頭，切實地來實行「上山就是樵柴夫，下山就是讀書人」。而白家老媽子和她的兒子或者也能做出有意義的生產工作，到那時，沒有大的捐，也沒有大的稅，更沒有人再敢來敲和詐，大家來能過着安定的生活。

土地，而去辦工商業，讓農民有自己的土地，歐洲沒有根本解決這個問題，却找到了殖民地當作代替品，可是中國一則沒有解決這個問題，一則不可能找到代替品，看來只有自求解決一條路了。

四　又是一條絕路

當中國海禁被洋鬼子的大礮轟開了時，的確是山郎人的希望來了，由於山郎人的努力，漸漸有許多山郎人坐進了外國銀行洋行的買辦間裏去了，因此山郎人發了洋財，無論在金融界和別的行業中間，都兜得轉，因此區區的東山，便自成一幫，稱爲山幫，我們說道幫紹幫有七八個縣份，北幫廣幫就有幾個省份，從這點可見東山人在商業界努力的成績。

後來漸漸發現這條路實在也是一條絕路，原來外國資本主義用機器來大量生產，生產品成本比手工做的低，品質還較手工業出品好，洋人本來也是手工的，後來因爲定貨加多，才慢慢改良而應用機器，現在外國廉價的商品把中國的手工業打倒了，其意義簡直等於斬絕了中國自己工業化的命脈呀！

現在我們看見了，洋人的資本却變成了大工廠，中國人的資本却變成游資，至多也只能變成檢垃圾性質的輔助性質的小工廠，大部分却擁進了各種交易所，好像在馬路上擺攤一樣，一見三道頭還要搶着逃進小弄堂裏去。

更不幸的是隨着殖民地半殖民地革命潮流高漲，洋人的商業政策不能用老辦法來執行了，洋人對於不問政治的安分的買辦先生也漸漸失去了寵幸，結果，流氓買辦政治家三位一體的人物便得了寵，脂粉不濃的自然只好入冷宮了。

五　那裏去

在這四面楚歌之下，正當商人扳盡了指頭也扳不出一條路來，你看：那些披着民主外衣的英美老闆却是殖民地半殖民地的吸血鬼！他們那裏願意讓中國眞正走上民主與工業化的道路呢？

山郎人呀！踏破了茫茫世路，到底何處是去路？看遍了這猙獰面目，到底誰是友人？——眞正跟我們相依爲命的千年來拳頭脚尖下忠厚而貧苦的農民，他們又要用他們粗暴的手去創造歷史的新頁了！

（附註：本文所用材料，大部根據鄉誌類稿）

一個陰影

·茂·

在美國獨佔資本家的傀儡麥克阿瑟的容縱和卵翼下，日本又開始迅速地復興起來了。

自然，在美國的目光中，只有日本才負得起在遠東阻遏共產主義蔓延的重任，所以，爲了美國（其實是美國的資本家所欲維持的資本主義社會）的「安全」，不

山行隨筆

玄丁

、好久不寫山行隨筆了，今年三月二日到山七日出山，十九日又到山，廿五日出山，一月之間，二度還鄉，所見所聞頗多可記，不免再隨筆一番。

近來水淺河乾，行舟須六七小時之多，因之三班輪船，減爲兩班，要到後山須坐晨八時開的第一班，非隔晚在蘇州就擱一宵不可，來往較爲不便。因第二班祇到前山，不到後山，後山的人更是吃苦了，回來時，後山七時開船，可是船老大不大守時刻，那鄙人在六時五十分到達輪埠，那船早已乖乖的開走了，於是改坐龍飛快到前山。幸而那天不是直返上海，否則不是冒險坐龍飛快，便是多躭誤一天，此種時間物質上的損失，向誰去算賬呢？

還有第二次回去時，輪船已漲了價，蘇州到前山是七萬五千元，到後山是十萬元。照路程計算，七十里收七萬五千元，每里合一千〇四十元，十八里收二萬五千元，每里合一千三百九十元。後山人要多付約三成半的票價了，而後山一般居民比較貧苦，此雖小數，也是很不公平的。其實蘇州到後山倘收九萬五千元，十八里路收二萬元，合每里一千一百元，已經在標準之上了。我建議輪船公司（一）開船時刻要遵守規定，不要提早也不要等人遲開，（二）前山到後山的一段路，收票價二萬元，照此辦法，對於公司業務，也是有益無損的。

爲了行舟之遲緩，出進的不便，聯帶便要想起同鄉會發起籌辦的木東公路了。此路自最初動議至今已有二三年的過程，經縣參議會的決議籌建，以及工程隊的初步踏勘，似乎時斷時續，近來又少人談起了，其實是無日不在進行之中，去年年底又經同鄉會邀集了蘇州木瀆橫涇東山各方的人士三十人合組籌備委員會，復聘請江蘇省公路局工程隊實行測量估價工作，由籌備委員墊款，負担測量材料等費，最近已有測量報告製出，全路自木瀆起至前山止計長二十八公里六十六公尺再加前山至後山約八公里半，共需橋樑二十一座，涵洞八十七道，全部費用依照三十六年六月份估價計算，約需一千二百餘億元。現在正在作更進一步之工作，即設法請撥材料，促進早日實現中，這件事情，說說容易，而需費既多，更有各方面的問題，難關須一重一重的打破。至少在今天我們已有了一套縝密測繪的計劃書可作爲工作時的藍本。一般熱烈希望木東公路早日成功的人們，聽見了一定高興，或者能瞭解主其事者雖然一時急不出來，仍在一步步的推進呢！

前山的保安醫院，後山的登善醫院，看病人大爲減少。諸君且慢欣喜，以爲東山的衞生大有進步，所以病人減少了，絕對不是，不是。原因很多：第一是生活高漲，一般人民對於一再增加的診費藥費針費住院費，望而却步，有的是實在負担不起，也有見數目字而吃了一驚的。所以來診的大都請求免費或減費，物價不穩的結果害得人心不安，倘然依照物價指數來比較，現在的價目反而比了一年前二年前是減低了。醫院開支激增，每月賠貼極巨，職員感覺薪水暗降叫苦不迭，病人大都負担不了，也有很多有錢而想揀便宜的，他們希望最好是一概施診給藥，三方面的痛苦。怨誰？怨天！

『怨天尤人』這四個字很可以代表鄉村間一般人的情緒。田賦徵實，每天有每天的行市，鄉下人不懂得生活指數，祇曉得錢是錢，米是米，租是租。去年七八月收入的錢，早已用掉了，或者保留着一部份付租完糧的，不料僅一蹉跎，一聽數目，要將去年全部的收入付糧還不够。爲什麼要天天增加呢？依照米價算，米價天天在漲呀！

全縣各區徵兵在積極進行，『壯丁抽籤』，『志願兵』，『安家費』，鬧得四鄉雞犬不寗。在民主國家徵兵制度之下，人人有當兵的義務，原是很正當的說法。但是爲了環境關係，並不是全國同樣進行，又爲歷屆辦理不善，發生種種弊端，一般鄉人既沒有當兵的習慣，也沒有當兵的情緒，一聽見要拉去當兵，便千方百計想逃避了，這一次吳縣參議會裏提出了壯丁安家費的辦法規定依照壯丁的年齡每人出二斗三斗五斗的米，又准許以志願兵來代替抽中壯兵，其動機原是爲不應徵的開一條生路，結果；殷富的壯丁，哈哈大笑，窮苦的壯丁，哀哀無告。老實的鄉鎮保長

惜全力來扶助日本復興。

　　坐在大廈里的華爾街巨頭和他們的傀儡政治家們已忘了珍珠港的教訓，他們已忘了日本這如許殘忍的小國正是美國數百十萬「G.I.」們犧牲了無數鮮血以及無數人民的勞力才戰敗了的敵人。有人說「日本人也要生活呀」，那麼請他別忘了日本是一個爲了自己的生活，不惜侵害別人的生活的民族。美國固然不怕日本的復興，但是對於曾受過日本數十年侵略的中國卻是一個極大的威脅。幫助敵人來威脅自己的友邦，這一個事實，儘管多方解釋，誰能相信呢？

不敢領教

徐元焜

　　這社會，這時代，實在使我不敢領教的事情太多了，所以整天整月能坐在孤獨的處境裏，雖然偶而亦和一兩個比較知已一些的朋友談談，然而終究是狹小得透頂的，根本談不到交際，有些地方，固然脈根兒輪不到我的名份，但是有有些地方，是我自已放棄責任或權利，這原因就是爲了——不敢領教的四個字。

　　有一天爲了職務上的關係，在無法逃避的情形下，竟然叨倍末座地做了一次坐上客，到一天的宴會，眞是吃過吃像，直到現在回想起來，竟然還留有一些餘恨嘛！

　　事情是這樣的，在一個富麗堂皇的場面下，揭啓了一幕含有小丑性的戲劇，每一個角兒，都悉心盡力地表演出他們每人的拿手傑作，在一等宴會的時間中，竟然把每個角落裏的人物，都撒上了這所臨時的舞臺，同時把社會中的一切虛僞——勢利——趨炎——附勢——卑鄙……等等，都纖微不遺地演了出來。我呢？不幸得很，竟然捲入了這一幕，雖然我沒有和某某闊人提過大衣或穿過衣裳，可是看到了這一班遞衣奉烟，還要扮上一個小丑笑臉的人們，眞有些代他們難熬了，不知道這幾個羨於奉承的先生們，在他們太太的面前，可曾擺過一次架子或發過一次脾氣。這一幕的表演，眞使我看過看傷了，從此以後，加强了我不敢領教的心，所以每逢到小丑性的宴會，終是退讓三舍，但是在一般不介小算，不恥上倖的大人先生們，不免要說，徐元焜畢竟還是一個小弟弟也。

奴才和狗

朱然鈞

　　動物中，狗是頂懂得盡忠之道的，只要有得吃一點主人喫過的肉骨頭或是一點殘羹冷飯，它就會很高興的爲主人服務，看到衣衫襤褸的，就吠上幾聲，以報答主人豢育之恩。

　　在我們人類中也有一種得着了主人的庇蔭而肯曲意奉承爲主子效勞的，這種人，我們稱之曰：「奴才」。而人爲萬物之靈，較之守門的狗的「忠」當然更有進步了。

　　狗的盡忠，是想能夠得一飽而已，奴才的效勞主子，也無非是想保存自已的地位和一點不知那卑得來的財產，因爲藉了這點地位和財產，更可以仗勢欺人，把別人作爲自已的奴隸，以便得到更多的財富，這在狗的腦袋中是不會想到這一層的。

　　狗坐在大廳門口猖猖作聲，這是表現主人的威武，但它到底不會說話，奴才就不對了，除了替主子奔走之外，還會代主子傳揚德政，掩飾罪惡，當然揚善隱惡，這是合乎君子之道的，原不足怪。

　　不過，叫化子給狗欺的那條狗，等到主人死了，也就惶惶然變了喪家之犬，徬惶不知所云。但這些，事先狗是決不會想到的。

四面不討好，精幹的鄉鎮保長，遊刃有餘面面俱到。志願兵早已變了賣買壯丁。壯丁有價，據說從十担米漲到了二十四担，以東山一區而論，先徵半數，一百數十名的壯丁，安家費達二千四五百担，以三百五十萬共需法幣八九十億之多。這許多米沒有留在本山，十九到外面去，鄉人大都蹙額搖頭，暗暗叫負担不得了。

　　前後山的長途電話均已通話了，可以直達蘇滬，在通信方面要便利多多。這事也已籌備了相常的長時期了，其間困難，不一而足，大部是錢的問題。此次迅速裝就，建設科長陳守和幫忙不少。眼前最受實惠的要算糧食五洋的商人，辦貨問價消息靈通，尤其是黃金的賣買，更是進出便利，利益豐厚。希望他們提出一部份盈利來，幫助幫助地方上民間的建設，不要忘了，這是直接受到了建設後的好處呀！

　　前後山教師座談會，是同鄉會文化委員會爲了提高鄉村文化水準，希望在山各校教職員學生來共同協助推進，而召開的。後山在鐵塘小學裏茶敍，前山在務本小學夜會，由到會各位教職員自由發表意見，表示熱烈贊助。不過在問題後面，隱藏着有一重陰影，就是社會經濟艱苦生活，若不設法改善，其他的問題，都要被認爲「不急之務」，而「望望然去之」了。

　　今年農歷新年前後山禁絕賭博，是由新開來駐防的二〇二師青年軍曹隊長主持的，雷厲風行，澈底辦到乃是大快人心的一件事。對於此事特別好感的，乃是一般家庭主婦，平常爲了男人沈湎竹林，不顧家計，以致夫妻勃谿的有之，妻子自殺也有之，自從禁賭以後，不必床頭人再來勸駕了，丈夫們安份守己，待在家裏早睡早息，豈不要歌功頌德，馨香禱祝呢。

　　但是同樣也有人暗中大罵的，稱曹隊長爲『十三點』，原來他們平日不事生產，靠賭吃飯，一旦禁賭，不啻斷絕了他們的生命線。尤其是在舊歷新年頭上，正是賭興最濃的當口，忽然來了這麼一手殺手鐧，眞是意外的打擊。平常逢到這種事，他們願意多化一些錢，倒不在乎，橫豎羊毛出在羊身上，落得大家撈摸一些，結果往往心照不宣，互相幫忙，逢凶化吉。不料這一次碰到了「定頭貨」鐵面無私，毫不通融。眞是意想不到的事。本來呢，「衆醉獨醒」在現時代中，要找不同流合污的人是鳳毛麟角了。「狂人以不狂者爲狂」，無怪要被稱爲「十三點」了。一歎。

　　曹隊長禁賭的辦法，犯賭者罰其捐製各校課桌課凳十副念副不等，立即命匠趕製；金錢毫不經手，所以本地有許多小學校，間接受到了他的幫助。他又督促士兵們替後山中心小學校的操場清除瓦礫，爬平地基，又爲酬獎士兵們禁賭工作清正辛苦起見，特地商由當時鄉鎮長士紳替他們辦了一副籃球設備，以作他們公餘的正當娛樂之用，種種方面，都是值得稱道的。

　　不過在第二次到山時，曹隊長帶着全隊青年軍已開走了，街頭巷尾，傳出劈拍的竹牌聲。賭徒們又在興高彩烈了，主婦們又在吞聲暗泣了。

　　我希望人人都能了解自治的意義，不一定要人家來管束。我們要養成自治的風氣，自治的人格，才能達到自治的目的，才能脫離專制的束縛。達到眞正民主的階段。

固執着愛，緊握着筆

——爲紀念美術節作

俞亮

「徒然有技巧，瞎了正視政治的慧眼．那漫畫的作者是個眞正瞎了眼的可憐虫。」

「要寫政治舞台的角色，首先我問你有沒有「天良」，你有了天良你就得寫出那些正義的大衆方而意志，不要爲利慾蒙蔽你的視眼，於是你得大胆地去寫，刻劃獨裁吸血歇的醜行而驕傲，你不要畏懼，不要留情，你得知道牠們的暴戾與所走的道路，並且你要叫人民知道這些，讓他們看到明天的勝利……」

作爲今天的一個漫畫工作者，在執筆之前，我們得讓自己靜下心來，傾聽人民脈搏跳躍的節奏，此刻你將因高度的感受而使自已不能平靜，笑，哭，愛，恨……從此，你使自己獲得更强烈的感情，如果說：藝術創造是具有一種「衝動性」的話。

如果你要哭得痛快，笑得更爽朗，愛得更深沉，恨得更激骨，那末，你就得讓自已和人民結合得更緊，讓自已活得更加有力，讓自已的筆尖磨練得更加銳利，因爲——否則，你便談不上愛，談不上不安。

你要愛嗎？就得獻身，你要愛人民嗎？就得獻身人民。

漫畫家啊！固執着你的愛，緊握着你的筆，瞄準人民的敵人吧！

吳中名賢張仲仁先生　八一三後洞庭雜詩

葉弈欽

蘇州張仲仁先生一麐以晚清翰林爲大臣袁世凱所倚重，清廷遜位實公說於袁而促成之，項城稱帝時，抗議反對，拂袖南下，退老吳中，以耆年碩德，於地方社會事業，建樹頗多，曾倡築環湖公路以達洞庭兩山。迨抗日軍興，義憤塡膺，以老子軍請纓，當道爲之感動，特予解慰。蘇城垂危，猶躬自撫勞傷兵，振作士氣；並爲振華女子中學遷地計，書函致余，囑王季玉校長率諸生來山，因設校於翠峯塢。最後公避地穹窿山中，芒鞋笠杖，隱然道者，一日自橫涇至前山，步於殿前街，余適見之，時余趨前款接，遂邀往薛家祠桐蔭書屋，爲懸榻焉。席間置酒道故，聽公慷慨言論當世諸務，娓娓不窮，時余亦宿薛氏之樓，風雨聯床，剪燭見跋乃寢，夜半公即醒起打太極拳，身手矯健，勝於少壯，余視之滋有愧色。公道德文章著海內，翰墨流傳，人爭寶之，余挽書楹聯若干副贈與山中諸位，檢書席翁微之三聯云：「苟全性命於亂世，別有天地在人間」；贈余一聯云：「呼龍耕烟種瑤草，磨刀踏天割紫雲」，署款大開居士，當公伸臂懸腕，奮筆直書，一氣呵成，繼續若干聯，無些微倦色，見者莫不欽仰。留前山數日，由後山往游西山，時湖氛不靖，公乃間道至上海，未幾轉粵入川，被推爲國民參政會議長，効忠後方，由衆論翕然。勝利前歲，竟以疾卒，不獲重見和平，客歲靈櫬歸吳，公葬於香山吉壤，遺著有心太平室集，同仁醵資刊行，業已出版。茲於集中卷十「八一三後倭寇淞滬後雜詩」擇其來往洞庭者錄出十數首，以備吾鄉掌故。

莫釐峯下指迷津，一彈飛來險水濱，辟地諸公多似鯽，幸哉呵護有湖神。（日機投彈於東山落水中無害）

夫椒笠澤甓夫差，兩拒乘虛似曳柴，六十八旬成燕雀，船山土室費安排。（十九日蘇城不守）

荷約招提小止觀，威儀三代愧儒冠，芒鞋椰栗將終老，黃檗詩篇子細看。（已辦僧裝）

汎舟裾袴與溫衾，羨免窮氓二豎侵，范叔倘逢須買褚，但求清夜自捫心。（朱立勛代售衣袴棉胎九百事分與光福香山難民）

猗儺轉詠樂無家，大好湖山玩歲華，欲向洞庭尋石室，曉猿夜鶴水之涯。（十二月二十日有洞庭之游）

瓜皮小艇泛胥江，五十年來舊酒缸，猶愧予昆就甥館，漵莊西去午鐘撞。（廿歲到漵莊至今五十一年矣由此往渡村將至東山）

五十一年尋舊游，姑胥山外水東頭，浦莊午膳橫金宿，懸榻難忘席氏樓。（自胥口至橫金宿於席氏）

朝出橫金夕莫釐，石林攜手薛家祠，山中名士多於鯽，宿衞依然見漢儀。（宿東洞庭山四日葉樂天君介紹於薛家祠）

筍輿度嶺野花香，白髮門生菜味長，謁葬先瞻王閣老，茶鐺煮火謝諸郎。（山後宿蔡功甫惠和堂）

氣包天地地包山，福地嫏嬛大亦閒，想見留侯逐四皓，咸陽大索度函關。（留侯下邳人而西山有四皓殆博浪椎後遯於此耶）

買舟西去訪龍威，古寺重遊勝槃藏，此是鄭莊通隱處，蒲團坐破雪花飛。（梨村約至包山寺下榻）

曾讀清涼讚佛詩，梅村隱語少人知，帝心早悟脩羅劫，一領袈裟證大師。

東華創始睿親王，二百餘年攝政亡，菩薩畏因慈葉赫，潛龍何似隱禪房。（右包山寺題清世祖所書佛字贈山僧曉暫和尙者二首）

雪滿山中鳥不鳴，天空玉戟失人聲，忽思李愬奇元濟，正好重來北府兵。

立馬吳山願不違，童童鐘樹幾成圍，精忠柏萎祠堂在，可有胥湖作怒飛。（右雪阻包山二首）

方推福地莫釐峯，忽報湖防地水凶，四首路公祠下過，後凋終覓歲寒松。（東山兵燹懷汝諜）

公又有題東山雨花盦一絕云「不雨天花雨血花，萬方多難樂無家，何當掃盡俘羅佛，劫土莊嚴日月華」。爲余書成立幅，擬送雨花禪院珍藏，未幾倭寇擾山，余家大爲搜索，竟失去，至今惜之。此詩集中未收，足以補遺。

紅甘齋日記（十）

紅甘齋主

三月廿五日　星期一　晴

余久與「星期」絕緣，惟自今日起，勢又與之形影不離，星期休假，自爲余所渴望，然思一年以來，無一日非星期日，酒亦涼倒枯燥，未見有何佳妙，思至此，索然寡歡矣！

高中金榜，捧得金碗，對己固可謂了一夙願，對鄉里戚黨，似亦足趾高氣揚，顧銀行是否爲金飯碗，猶有疑焉。

晨赴行報到，人事主管召訓一番，無非謹慎、廉潔一套老文章，繼乃分派工作，予被派往營業廳，助點舊鈔，小票琳琅滿目，悉屬殘缺模糊，而臭氣四溢，令人惡心，惟看在一塊錢面上，不得已十指頻動，以度此如年之日，且點且疑予所捧者殆非一金飯碗，而實一紙飯碗也。

晚歸寓所，大兒有函，不堪卒讀，雖係家醜，但卒錄之以充篇幅。並將別字予以註釋。

「親愛的爸爸：

你爲什麼不寫信呢？難道忙得連一封信都寫不成嗎？

家裏的米又沒有了，但是你沒有錢寄來，但是我們天天要吃。

母親說：借的錢都要還了，禮錢（註：應爲利錢）很大，要三角錢，一個月也要二三元禮錢呢！母親還說：你的文憑是幾塊錢買來的？用過了還是把它賣掉，把賣了的錢還了債，不是很好嗎？

爸爸，那些討債的老太婆眞使我害怕，她們平常還吃素、拜菩薩，但是討起錢來眞兇，她們對母親說，你們的少爺在上海才（註：應爲賺）大鋼鈿了，還要欠我們的債，我們的菩薩要責罰你們的。我爸爸，難道你向過菩薩借過錢嗎？但是你又爲什麼要講明送禮錢給她們呢？這樣兒的人，還要送禮給她們？

這兩天，人家都說你在上海很得發，連我的同學葉令令也是這樣說的。他們都說你派在鈔票間裏，一堆一堆，都砌得像牆頭一樣，但是，你爲什麼不揩兩堆回來呢？一爿銀行少兩堆鈔票怎麼會查得出，但是，我們就可以買幾十担米了，還有，我和弟弟的鉛筆都短得寫不出字了，請你買幾枝給我們吧！

爸爸，請你依了我的話吧！你的錢一到，我們就可以買米，就可以變富翁了。……」

荒場

山星

我又走到了這片荒場，這一片荒場沒有改樣，成年古代的那沒有了石碑的小山棑似的墳墓，仍然是起伏着。本來在春天這裏是雜草叢生，一片翠綠，可是現在仍被枯黃色統治着。雖然地上已不再像嚴冬那麼的乾燥得沒有一些兒水份，但墳墓上的枯草仍在春寒料峭中擺動着。天空裏滿佈着灰白的雲，那溫暖的陽光不知躲藏在哪兒？荒地上顯得陰森森的，四周是沈寂，荒涼。

我徘徊着，徘徊在這片荒野。

『秀玉小姐！』一聲極清脆而熟悉的聲音叫我。我即忙轉身一望，不由得驚奇起來：

『唷！秀蘭，你怎麼也到這裏？幾時上山來的？』

『前天上山來的，外婆病着，我在服侍她，爲的柴也沒有了，我到此取些柴。奶奶好嗎？』她回答着又轉問我媽的好。這時她已由一個較高的墳堆邊繞到了我的面前。

『謝謝你，我媽好的。進財呢？可曾帶來？』我提起了她的孩子。

『死了！』她眼泪汪汪地，聲音已哽咽了。這慘淡的臉色勝過了這淒涼的荒場。

『唉！』我深深地嘆一口氣，憐惜着這個年輕女人。

她本來是服侍我家堂房小阿姊的小阿姐，她父母早亡，只有一個外婆。她的身材小巧玲瓏，小圓臉，眉目淸秀，長得很漂亮的，不過唯一的缺點就是左眼皮有點吊。她喜歡唱灘簧，只要一有空，嘴裏便在哩哩啦啦的唱起來了，常常在燒飯時坐在灶角邊還唱着：『家住湖廣襄陽地，爹娘勿曾養多男女，單養奴小女半子稱……』就是洗衣服時也會唱起什麼：「奴搭儂小姐說分明」來，有時她正唱得起勁時，小阿姊有事喊她，她便會裝唱戲的腔調答應着：「噢，小姐，丫環來哉！」可是唱灘簧，她沒有一隻能夠唱週全的，只會東拖西拉的亂唱，甚至唱錯了意思，比如「平地風波起」，她便會唱成「一瓶裏風波起」。不過無論如何她總不失爲一個天眞的喜唱愛笑的野孩子。

她一天到晚她很快樂，在她的臉上總浮着天眞的稚笑，我家裏的人常說：「秀蘭這小丫頭倒好的，癡海海的看她沒有不快活的辰光的。」那時候她已十八歲了。

我很歡喜她，她也同我很好，她的名字和我的名字又有一個字相同的，有一次我對她說：「秀蘭，我們兩人的名字倒有些像姊妹的，我沒有親阿姊，就叫你阿姊吧！」說着我就「阿姊，阿姊」的亂叫着。她眞的也頑皮地叫我兩聲「妹子，妹子」，不過僅僅這一次，以後她仍是叫我「秀玉小姐」，我也是叫着她名字。

第二年，小阿姐結婚了，她也在這一年的十月裏出嫁了，嫁到下山。這樣我就很少遇見她，因爲她難得到我家來。不過關於她的消息，我仍舊知道一些。一次有個消息傳來說：「她的老脾氣沒改，她的婆婆病了，她還高興地唱灘簧，被她的婆婆大罵了一頓，以後她嚇得不敢再唱了。」後來我又聽說秀蘭有孕了，接着又有一個關於她的壞消息傳來：「她的丈夫得急病死了。」

去年正月，她生了個遺腹子，取名叫「進財」。四月裏看抬擱時我遇見她，頭上戴了一朵白頭繩花，雖然也臉露笑容地來看抬擱，但已不像在我家時的那樣癡海海的了。她抱着她的孩子，充滿了母愛。

不相信在這荒場上我會偶然的遇見她。呀！她的孩子又死了，她自出嫁到現在，恰巧整整的三年了。回想到三年前在我家的秀蘭，再看看現在的秀蘭，呀！恍如從一個春天跳到了秋天了！她的稚笑呢？她的歌聲呢？正好像這時陽光一樣，不知躲藏在哪兒？

假使我相信命運的話，她可以說是被命運擺佈着的。

『進財是瘟死的……』她哽咽的告訴着我。我想她這樣的悲哀我應該安慰安慰她。

『不要悲傷，你年紀還輕……』我這樣對她說，自己也不知爲什麼這樣說，只記得這句話是某本書上看到的；我糊里糊塗的輕易地說了出來。

我對她說了許多的話。不過這些話能夠算是安慰她嗎？我覺得我眞太口鈍了。

最後我說了一句：『到我家來玩……』。她答應着。

我離開了她，我離開了這荒場。

當我走了一段路掉轉頭看那墳墓，枯草沈寂的一片荒場上，一個憔悴的女人沈默着在低頭「捉」野柴。她，我不相信就是三年前的那個喜唱愛笑的秀蘭。

還鄉詩艸

玄丁

啓園吟

席家湖外楊家灣，百畝新園迤邐開，斗起層樓疑殿宇，平鋪雲石作階臺；長隄一帶栽新樹，隄內鑿池深幾許？嶙峋石骨砌闌干，曲折迴廊避風雨。枕流凝土架環橋，圓柱雙聳接電燎，山氣迤通金嶺脈，波光近映太湖潮。

可惜工成猶未半，銅山忽倒錦雲散，繁華從此轉蕭條，荏苒流光幾度換。

蔓延烽火到窮鄉，匪去兵來迎送忙，一旦光明終勝利，十年淪陷感滄桑。圍牆無恙林亭舊，野艸日肥花日瘦，燕雀歸來認故居，綺窗不見餘空牖。門前三徑印鴻泥，遊客重臨路欲迷，刼後湖山非昔貌，眼前人事悵烏衣！

當年意氣何天矯！此日荒涼但憑吊，除卻杏花臨水開，園林已比人先老！

過橫涇望東山

纔過橫涇市，此心已到家！故鄉五雲裏，歸艇一帆斜，細雨前村樹，東風何處花？懸知春未至，不敢問桑麻。

瓶梅

坐對瓶梅憶去年，故人情況可如前？山中近日春寒甚，桑未抽芽柳未眠。

登莫釐峯慈雲寺與湛明上人閒話

直上莫釐峯上頭，太湖四面望中收，殘雲曳雨天涯去，落日留暉水面浮，暮靄沈沈封寺院，晚烟漠漠隱山樓，野僧便欲逃人世，其奈紅塵刼未休！

河水乾淺舟行艱甚

去年河漲水平隄，今日隄高水又低。倒樹園湖誰作祟，眼前一片是淒迷。

惻惻

惻惻人間無限悲，初生十日强分離，阿爺已作壯丁死，兒在懷中尚不知！

家山之戀

上官父

五：友情

第二天一早沈之瑞起身後略進早點，即驅車出門，到了河南路茂大號自己的寫字間，先打一個電話給順昌證劵號問經理俞國璋，今天的三千萬元可以去收現款嗎？那電話裏先頓了一頓，回答道：『現在款子尚未軋進，請你稍等一回，先打電話通知老兄再去收較爲妥當。』沈之瑞皺眉道：『不過無論如何，到了十一點三刻，如不能收現，我一定要解出去的，請你設法軋進爲要。』那邊唯唯了一下，仍說請你幫幫忙幫幫忙。也沒有具體的答應。電話擱斷，沈之瑞知道這三千萬元又靠不住了，不得不作預籌之計，便向各處設法拆些頭寸進來，不料連打了幾個電話均以銀根太緊，未能拆進，不覺躊躇起來。

原來這兩天因爲中央銀行壓平物價，收緊頭寸。以致金價先降，股票大瀉，日用品也隨着稍微回跌。以致大多數商人看定通貨膨脹，物價必高，而做多頭的，受着重大的打擊，虧蝕累累。同時以黃金股票作抵押而借頭寸的，又因抵押物品價格跌落而須追加抵品或催還借款。銀行錢莊，看見市面波動，也在緊縮放款。幾方面同時交迫，形成了銀根大緊，物價大跌的局面。

終於，到了十一時三刻，沈之瑞除拆進了一千萬元以外，其餘尚無着落，俞國璋的電話沒有來。沈之瑞一面把支票介入銀行，一面又向拆進來的大外銀行通電話商量轉期，結果還去二千萬元，其餘轉期七天，利息加了二分。沈之瑞算了算各行莊的出入數目，除了那三千萬元已預備他退票之外，其餘均已軋齊，半天的軋頭寸工作總算告一段落。沈之瑞燃了一支香烟吸着接着便簽好了幾張支票，分付職員們分頭去調換票子，轉介行莊。事畢便又打了一個電話給蔣安平律師約去一同去吃飯，預備討論討論關於法律上的幾點問題。蔣律師說，寫字間裏有一些事情在談判，要到一點半鐘方能有空，約定在沙利文碰頭。

沈之瑞先去沙利文揀了一個「火車」座頭。却因時間尙早，不便先進餐，肚子倒有些餓了，便先揀了幾種花色麵包點飢，這種麵包，乃是沙利文特有的，雖稱麵包，已有花式蛋糕的意味了。一空下來暫時拋開了金融物價經濟頭寸等等字樣，腦中稍覺清靜，不覺想起了葉鳳珍來。

自從知道了葉鳳珍要到上海來求學，沈之瑞本着平時志願助人上進的一貫主張，便慨允資助學費。他常常說，凡人無論男女，要學着做一錠墨，不要做一枝筆。一錠墨，只有有人，把它豎立起來，它便能自己立着，不須人家多扶持了；一枝筆便不然，必須讓人把握住了，方能立起來，一放手便跌下去了，隨時隨刻都是倚賴着人，毫無自立的能力與志氣。一個人不能自立，豈不相同於一枝筆嗎？但是別人的扶助提拔祇有一回兩回或短時期是可能的，若要常常倚賴別人，結果一定不會好的。沈之瑞抱定了這個宗旨，一心一意，願意幫助有「墨」的性格的人。

葉鳳珍求學的動機便是自立，這先已博得沈之瑞的同情了。他到了上海之後，到沈家去訪問之瑞，見面時沈之瑞便感到葉鳳珍一種端正的姿容，安詳的態度，溫和，情性與一般都市女兒截然兩樣，却又沒有一毫鄉村的土氣，這又增加了沈之瑞對他的好感。自從那一次會面之後，沈之瑞便常常借了一些事由，找着與他晤談的機會，在沈之瑞家裏吃飯的日子很多很多，不知不覺中也增加了葉鳳珍對於沈之瑞的好感。

雙方好感的程度到了一個相當時期，不免有些流露於不自覺，在旁人看來，已經達到了感情上的另一階段了。沈之瑞今年三十五歲，却因反對早婚，同時又因幼年締姻的劉氏女夭亡了。也沒有合式的對象，所以尙是獨身。他對於葉鳳珍有何意思，却也從來沒有表示過。不過有一次鳳珍在沈家晚飯後談談說說不覺稍爲遲了一些。他一發覺時間已晚便怱忙的立起身來告辭，一面咕嚕着他們不該不早一些提醒他。那之瑞的嬸母即沈熙元的妻子王氏笑道，葉小姐你在這裏不是同自己家裏一樣的嗎？晚一些又有什麼關係呢？葉鳳珍聽了這句話，不覺面孔紅起來，看了沈之瑞一眼道，請小嬸不要取笑，不是別的，我們學校裏一過時間便要關門的呀。

之後，葉鳳珍便沒有到沈家去過。

可是在沈之瑞，一方面另有沈熙元的一位內舅王天原的夫人，在囘山的當口，忽然向葉鳳珍的母親提起作媒的事情，這原不是沈之瑞的授意，乃是他小嬸的提議慫恿着他的弟婦去說的。事先也沒有給之瑞知道，僅在過後幾天約略的告訴了他，反惹得之瑞的憎怪，却也沒有嚴辭拒絕過，不過說：『你們作事太冒失了。在現在的時代，那有未徵得本人的意見，而去作媒的道理，眞是十八世紀的頭腦，這樣辦法，便是要成功也不會成功的了。』

他的嬸母笑道，你們這樣的投機要好，旁人都以爲你們大家都心心相印了，還要怎樣的表示嗎？我們是想來湊一個現成媒人呀。

沈之瑞還是搖頭說：『不要，不要，快不要再談罷。』

這便是，葉鳳珍的母親給鳳珍信中所說作媒的事的來由。那知這樣一來；二人倒反而不好意思見面了，三個月來葉鳳珍也沒有到沈家去，沈之瑞也沒有邀鳳珍來會面，表面上似乎是反而疏遠了。

沈之瑞在沙利文等候蔣律師，一面吃着麵包，一面在想着葉鳳珍，決定過幾天要邀鳳珍到家吃飯，同他談談，消消心胸中這幾天來積着的抑鬱與煩悶。

蔣律師在一點三刻方來，於是開始進餐，一面沈之瑞把近來放款收不囘來的問題提出來同他討論討論。蔣律師道，你這個事情不好辦呀！貼票放款，先是違法的，嚴格說起來，這不是經營地下錢莊的業務嗎？至於利息方面也大有問題，便是打官司也沒有用的，若照官定利息計算，寬限歸還，吃虧也太大了。况且現在法幣價格天天低落，倘若過了三頭五個月歸還原本，所收到的祇値了幾分之幾了。我看這件事以不涉訟爲妙。寫封把信，倒是可以的，也祇能從空頭支票上來着想而已。沈之瑞聽了，只是皺眉搖頭。謝了蔣律師的指示。祇有不採取法律途徑，另想他法進行了。

葉鳳珍接到了沈之瑞的電話後，答應他明天下午散了課到他家裏來。她聽完了電話，囘到宿舍裏，劉慧玲迎着笑道，莫不是又是那位姓周的表兄請你去吃飯嗎？爲什麼別人請你便去，我請你便不去呢？你太不把我當作朋友了。

鳳珍笑道：『你請我，我一定去，你的朋友請我，我可要保留去與不去的完全自由主權了。』

劉慧玲眉毛一揚道：『好的，這一個禮拜六，我請你去吃夜飯，你可不能拒絕。』

葉鳳珍道：『算是你請，我一定去，不過不要掛了羊頭賣狗肉，名義上是你請客，骨子裏是別人出錢，給我查出來了，下一囘連你請客我也不去了。』

劉慧玲笑道：『好好，一言爲定，好難請得到的一位貴客呀！』

次日下午，散課後，葉鳳珍整了整頭髮，換了件衣服，坐上到兆豐花園去的公共汽車，直達末一站下車，步行幾十步便到了白利南路沈之瑞的家裏。沈之瑞原是有一輛小奧斯汀汽車的，葉鳳珍不肯讓他來迓她，願意坐電車，她說她要儘可能實行大衆化的生活，方覺對得起自己。進得門來，沈之瑞早已煮好了咖啡，買好了蛋糕在等她。小叔叔沈熙元尚未囘來，小嬸在忙着預備招待的事情。會客室裏祗有他們二人對坐着隨便談話，他們二人却均不提起作媒的事情，彷彿都不知道有過這麼一句話似的。

沈之瑞不覺談到了近來放款受累的事情，不勝感慨，他道：『這二天爲了這一件事眞是心力交瘁，茶飯無心，想想眞不値得，可是不能不隨波逐流，一天一天的東調西撥，維持着商業的信用與習慣呀。』

葉鳳珍道：『早知今日麻煩，當初何不就少管些這些事呢？』

沈之瑞道：『那又不然，在起初的時候因爲錢莊銀行不能調劑工商的金融，有些人需要頭寸，也有些人，多了頭寸想放出，大家都在托人設法。於是經中間人一拉攏雙方都滿足了需要，豈不是兩全其美的事情，實在也是市場上的實際需要產生出來的制度。在拆借的時候，有担保的物品有遠期的支票，雙重保障，實在是穩健不過的，不料市價慘落的結果，担保品不夠了。信用也無法維持了，便發生了週轉不靈的情形，起初是幾家如此，不料牽牽連連，我不能還你，你不能還他，他又不能還誰，便發生了重大的影響。銀根愈緊，物價愈落，物價愈落，銀根愈緊。實力雄厚的尚能維持，手面不夠的，便要發生問題了。』

葉鳳珍笑道：『難道你也因爲手面不夠，所以發生問題嗎？』

沈之瑞笑道：『發生問題尚談不到，不過現在的市面上除了有官僚資本或是大銀行大錢莊的後台關係之外，一般人都在艱苦經營之下，維持局面是很辛苦的，所以大多數工商界都在怨聲載道呀！譬如說，我在最近要是能借到五六千萬元長期低利貸款，一切困難便均迎刃而解了，但是談何容易呢？』

葉鳳珍笑道：『事情有這樣簡單嗎？』

沈之瑞笑道：『說簡單，是簡單，說不簡單，也是不簡單。要曉得一般社會上的人近視的多，錦上添花的人有，雪中送炭的人很不容易找尋呢？』

葉鳳珍聽了這一席話，不覺動念。他想要運用慧心，來幫助沈之瑞渡過這重難關。

——第五章完——

春祭

·不肖生·

清明節了，被安放在祠堂中神龕里的祖宗牌位（不，這稱呼太不敬了，那麽就直截地尊他們一聲老祖宗吧），又該好好地受下界的子孫們供獻一番了，想起了這一點，有幾位老祖宗的口涎就不禁從腭齶上直淌到地上去了。

眞也是的，做子孫的太沒有良心了，平日香也不豢上一根，去年重陽節燒的「銅鈿銀子」總共不過幾百兩，老祖宗倒有近千名，派下來一個人拿不到幾錢，在目前，陰間的物價漲得太結棍，這幾錢銀子够什麽用呢？幸而去年又增加了不少新進位的「祖宗」，從他們的長生庫用借支了一大筆，才算渡過了這一道陰關。

清明節了，老祖宗們默默地在計算：年來陰間物價漲得如此兇，下界的子孫們一定也知道，那麽今年春祭「庫籤」裏終得多燒些，譬如燒了幾萬兩銀子吧，拿這一筆錢去放利，也將就着可以ㄋㄨㄥ（註）到重陽了。

早上，老祖宗們就正襟危坐地讓小工阿金拂去了身上的灰塵，朝開着的龕門望出去，祭台上端正地放着十幾碟糕果糰粽，十幾副杯筷，酒也注滿了，香燭蠟扦也都插上了香燭，一切與已往沒有什麽不同，祖宗們放下了心，只等「茶房」到馬家館去挑了菜來，就可以暢快地吃一頓。

那裏進來了一位「小祖宗」，賊頭賊腦地用眼睛在祭台上掃，有一碟子蒸豆糕是老祖宗們最歡喜吃的，很快地被那位「小祖宗」一把抓了往嘴裏送，咂咂嘴，再望望台上沒有可吃的東西，就跑着和另外幾位「小祖宗」玩「東西擺將」「軋牛勁」去了。

「唉，眞是『人心不古，世風日下』，」坐得和祭台最近的老祖宗之一歎着氣說：「想想我們那時候，七八歲就束髮讀書，懂得不少禮義廉恥的道理了，怎麽可以偷供給祖宗吃的祭品呢？」

不久，鼓手「米哩嚶啦」地吹打起來，祭禮馬上就要開始，外面踉踉蹌蹌地走進幾十個「子孫」來，有的穿着有了數十年歷史的馬掛大袍，有的穿得根本和叫花子一樣破爛，滿臉烟容，「小祖宗」們大都穿了半新不舊的罩袍，在司儀的唱號下「就位」，接着主祭「一上香」，二上香，夜上香」，再「拜……拜……拜……平身」了幾次，於是讀祭文，那是老祖宗們早已聽厭了的「維中華民國××年歲次××節屆清明主祭××等謹以庶饈香帛之儀致祭於××公之靈曰，於戲——」的那一套。

祭禮終於完畢，老祖宗們以焦急的心情在等候着一頓豐盛的筵席。有一位老祖宗指着架在天井裏的一副「少牢」（一豬一羊）說：「你們看那副『少牢』也實在太瘦小了，尤其是那只豬，耳朵竟如此小，大概這幾十年來豬也進化了吧？」

「是呀，那只羊的頭也好像不像羊，倒有點像狗頭了」。

「啊，老老祖宗，那不是的」，有一位去年才「進位」的祖宗說了：『那是用木頭做的假豬假羊哩」。

「哦，原來如此，怪不得連一點豬腥氣羊膻氣也聞不到了。」

「是誠不孝之極也已，豈可以假豬假羊致祭於而翁者乎？」

「老老祖宗，那也實在是沒有辦法才想出來的，」那位新「進位」的祖宗解釋着說：「因爲陽間子孫窮了，莊裏田租收不起，每年祭祖時費用只好省些，眞的豬羊是買不起了，只好做兩只假的供供，聊表敬意而已。」

「『始作俑者，其無後乎』，吾族殆將日以衰落矣，」那位中過秀才的老祖宗不禁悽然以涕起來。

但馬家館的菜已挑了進來，老祖宗們頓時安靜地坐下來，準備受享了。

管「長生庫」的一位祖宗進來報告說：「庫裏一共增加了一萬冥鈔，銅鈿銀子一絲不見，」於是大家又陷入了一陣悵惘的情緒中。

「註」：ㄋㄨㄥ這個字是東山的方言字，它的讀音約略相當於「拿翁（平聲）」兩字的聯綴音，這字的意義只能舉一個例子來說明，譬如「這件衣服雖然很破，不過沒有第二件衣服了，就ㄋㄥㄨㄋㄨㄥ算了吧！」之中的ㄋㄨㄥ。

最後消息

洞庭圖書室第二次徵書運動總揭曉

	冠軍	亞軍	季軍
榮譽隊	安定隊	理監事隊	同鄉隊
普通隊	鑑塘隊	委員隊	務本隊
個人	秦揖天	席德基	葉樂天

錢業生活素描之二

早晨的一刹那

◇肖叟◇

離辦公時間尚差十分鐘，「呀……軋軋軋……」大門已開了，有幾位先生正在揩面，有的還在吃粥，倘逢着星期一，門外的顧客早像軋火車票般等着，爭先恐後的擁進門；有的站在櫃上等，有的則坐在客堂間裏之太師椅上，看着別人吃粥，眞怪不好意思。

丁鈴鈴……一連串的叫人鈴聲，走來了一位老司務。

「去叫××好起來哉，大門已開，還勿起來，像啥樣子。」一位W先生板起了番司這樣說着。

「噢噢……。」

此時要算靠近櫃台的往來台子最忙，只聽見快拉拉……快拉拉……的揩算盤聲，丁鈴冬弄……括答答答鑰匙開鐵聲，咕嚕咕嚕……磨磨聲，細細聽來好像一支炒十景交響曲，洋房（出納）先生來回於賬桌庫房之間，捧着一捆一捆的鈔票，準備準九時付出，弄好鈔票就伏在賬桌上抬起一隻拿筷子的手，再低下頭去縮落落……吃着噴噴香的滷子麵，櫃外尚未吃得早餐之顧客，聞着這種殘酷的香味，不禁垂涎三尺蛔虫爬出口來了。

最篤定的要算隔壁清賬房間內幾位先生，因爲沒有逼上眉梢，立刻等着要做的工作，所以儘管慢條斯理地抽一枝烟，喝一杯淡茶，看看新聞，談談行市，局勢。他們差不多都不吃粥，因爲起來較遲，四小碟的粥菜碟油汆黃豆，油汆豆板，油汆花生……等早已剩了些喋子上的油水鹽屑和壞的啦。

「××（茶房）去替我買一副中國三明治來……」

「唔，我亦未吃粥，那麽我叫一碗飛交麵吧……」

他們都很節省，因爲據說係日常世久之事，非經濟不可。

幾位跑街先生在這時亦都整整衣冠走出大門去跑街了，這一去直到吃飯時才分回來。

辦公所前十分鐘的情形，已如上述，欲聽辦公時情，且看下回分解

讀者園地

保甲長有發財機會

兵役協會爲鼓勵志願從軍起見，於是徵收安家費，規定凡無出征壯丁住戶，根據財力，應徵納三百萬或一百萬元或二十萬元的費用，由區保代收。由於近來「吃保甲長飯」的太多，我們不得不懷疑到這可能成爲保甲長等發財的機會，別的如應付一百萬元的，結果付了五六十萬元，發給二十萬元的收條等兩得其益的取巧辦法不說，單祇據實的塡報，以每戶一律二十萬元，徵收一萬戶計，那就能收入二十億，三角利息放出去，遲半月解付，那末便能有三億的進賬，何況事實上這一種辦法，還是比較老實些的保甲長才幹，否則，哼，這一次撈他十億，二十億有什麼希罕，爲了免去上項事情的發生，主管當局應該注意改善。

·臥子·

後山鄉第七保保長說：他沒有派員在滬募款，請旅滬同鄉切莫上當

編輯先生：

本保奉命辦理徵集志願兵，尙在積極推進，對於壯丁安家費統歸各保保長及保代表會同在鄉勸募，近聞有不肖之徒，假借本保名義，向旅滬同鄉勸募壯丁安家費一節，聞悉不深遺憾，查本保並未派員在滬勸募，實係假冒，藉端敲詐行爲，同鄉受愚非淺，現爲恐防嗣後同樣發生事情，請旅滬同鄉切勿受愚，倘有上開情事發現，立即扭送當地警局究辦，除呈報主管機關外，特此懇商借貴報一角披露，以明事實，並請准予刊登爲荷此請

撰安

吳縣東山區後山鄉（舊文恪鄉）第七保保長周鴻維謹上

三月二十五日

房租不能以米計算 鄉鎭公所應設法調整

莫釐風主筆先生及東聯社鈞鑒：按閱歷期 大作，對於家山通訊以及鄉間一切隔閡諸事， 貴社友渠爲熱心勇往前幹，不勝欽佩之至，茲者鄙有一事奉商，即現鄉間房租多有以米計值，際此米價日漲，再難當此以往，因是具函來前提請 貴社向 同鄉會理事會討論提及，專函 鎭公所速予設法調整，解蘇民困，在此非常時期，更不宜如此高壓，同時並希本山鎭長，本已往精神，努力行政，給山人一些安慰，手此並祝

公綏

莫釐山人啓

三七，三，十五。

代郵 訪友

壽富文友：

未識荆州，先獲賜教，尊函係於九月五日發郵，因地址不詳，延於十二月一日始接讀，承蒙謬贊，使我汗顏，委託代訪常熟俞杜兩君，無從尋訪，現託虞邑諸報代訪，倘有消息當即函告，尊駕來函使我莫名，難以記憶，敢乞始末根由，乞道其詳，樹素愛交友，俗云：尋師不及訪友，故數度函復未獲回玉，現借本刊一角佈達，祈望在本刊或函賜教爲荷！即請

旅安

鄙人王樹犀手啓

十二，十七。

來函照登

通訊處：常熟南門大街一二八號 洞庭東後山嶺下村謙和堂

逕啓者閱 貴報第二卷第八九期青年軍在年初六至前山鎭及渡水橋某處捉賭誤登有幾個水警在旁觀看投稿人傳聞失實查該處並無水警在旁況水陸警對於賭博新年早已佈告亦在嚴禁之例靑年軍便衣軍士至渡橋水警處分隊長因公至大隊部警士據報有便衣隊數人因此出而干涉後經雙方長官聲明諒解並邀請地方人士會商將賭徒罰金充作前山各保校經費册付無力罰金者改服淸道勞役三天以徵並代各保校敬謝二〇二師趙排長暨水警官長德政況本山自水警蒞山一載顧大隊長暨虞馬兩分隊長晝夜巡邏異常出力地方人士感戴萬分尤恐誤會特此證明是實務請 貴報下期登入來函爲荷此致

莫釐風主編先生

席煒藏啓

三月二十日

火車郵信新價

火車：

上海至蘇州

特快 三等十五萬 二等三十萬 頭等四十五萬

普通 三等十二萬 二等廿四萬 頭等三十六萬

郵件：

平信五千元

掛號一萬五千元

雙掛萬二萬五千元

平快一萬元

快信二萬元

讀者的話

▲坐過輪船的同鄉都有這樣意見：「船上人」任意拉客打麻將，別人已經坐到的位子，强迫還讓，好像別的客人不出錢買票似的，人少時候還好，人擠的時候也如此，眞使旅客坐立不安。（錢）

▲雨花台茶壺壹傳國幣四萬元。（站）

▲十一月十號莫釐大禮堂結婚本山東菱田住戶租用，乾宅主婚朱雨亭，坤宅主婚陳洪興，一對新郎新娘眞眞節約，別開生面，結婚用軍樂隊十五萬，租大禮堂行禮十萬，汽油燈兩萬，禮堂茶房兩萬，共費念九萬，成功一件親事。價廉物美，東山獨一無二，如照老法做喜事不得了，必須幾千萬不可，勸民衆快快改良，精神法幣可省很鉅，現聞葉士良君創辦大禮堂，並非營業性質，便利民衆成功婚姻大事，與地方上造福非淺。（何）

▲蘇山班輪船新松江號輪上，夥友秦小眼强逼乘客一律××元不可，倘且在船上足足要七個鐘點，手巾不絞一次，茶冲二次算數，眞是棺材裏伸手，死要錢。（樹）

▲文恪鄉七保保長任職數年，對於鄉政保甲完全不能諒解，在那去歲拾月間，選舉國大代表所發選舉權證，該保二甲一戶應領證四張，祇發叁張。（樹）

▲後山楊灣碼頭脚夫，頗有上海之綠商碼頭風氣，卽使不勞彼等之手脚，也要强索起岸費，少給者則拋之於地，頗使旅客難堪，希望鎭公所設法制止。（楊）

▲後山信件，如鄉僻之地，郵差往往並不隨卽遞送，一并寄在路口商店內，由家族自己去取，如此則遺失遲誤者頗多，希望代辦所宜設法改善之。（楊）

太湖兒女（6）

·何遜·

是一幢三開間的樓房，樓的前面有一個不大的園，兩棵常綠樹的餘蔭下，鋪着一片野草，斜曲的路，把園分成了兩半，東面有一口井，西面的石條欖上面，放着幾只破碎的花盆，這小小的園，雖不能說是悅目，但是也不能說它荒蕪。

赤青的臥室就在這樓上，打開前窗，開琴堂的顯屋就映入了眼簾。炎夏季節，從樓上下望，草地上面的樹蔭，給入們一種涼快的感覺，地上點點的陽光，在默默移動，像一只報告時刻的鐘。

雖然還是秋老虎施虐的時候，但是小樓的空氣，並不十分沈悶酷熱，如果你向南望去，遠處的屋脊上，上升着一閃一閃的熱流，像是一種透明的烟，樓北的小窗外，就是山峯之一的「牛角尖」，峯坳中長松、曲徑、流雲、飛鳥、彷彿是嵌在壁間的一幅惲南田的山水畫。

再看臥室裏面，除了一只牀外，最使人注目的是一只滿載着書籍的桌子，奧氏爾、曹禺等所寫的劇本，口琴吹奏法以及流行歌曲集，一百另一曲之類的曲譜，估了大半，如果流通圖書館不開門的話，這裏的書怕還要多上一倍，因爲，圖書館裏一部份書籍，就是從這裏搬去的。

從小樓的染有一種深度的藝術意味上推測，主人的對於藝術有着興趣是絕對的事實，影星的照片，大的小的，坐的站的，斜的正的，都恰如其分地點綴在雪白的牆壁上，玻璃板下各式各樣的郵票使書桌不覺到單純，原來主人也是一位集郵家。

從早上到晚夜，小樓永遠在恬靜的空氣中，這裏沒有市塵的煩囂，間有口琴的音節盪漾在樓的四周，然而也有例外，當同學們聚集在一起的時候，古老的樓房顯然變得年青，「吹牛」（是一種牌戲）、歌唱、或者來一支口琴的大合奏，像義勇軍進行曲、雙鷹進行曲之類。

今天，小樓又有一番熱鬧，幾位同學冒着暑熱，預備討論一個問題。

自從城裏入到了東山之後，小孩增加的數目，恐怕估第一，原來的學校容納不下，於是新的應運而生，不要說小學，就是開上幾只中學，也不會嫌多，在東山教育史上富有歷史性的莫釐中學，就是此一時期的產物。

自然，城裏的學生搬到鄉下來讀書，雖免沒有設備簡陋之感，但，東山讀書的風氣，眞爲抗戰的火焰一樣，瀰漫不已，無論教員和學生，都不因設備簡陋而感到消沈。

看着外鄉人對教育的熱誠，幾位喜動的年青者，心又在動了。他們覺得在辦圖書館之外，應該有另一更切實際的工作——辦學校。使東山教育走上的黃金時代，更見燦爛。

赤青自然是主動者之一，今天的會議由他主持，飯後，小樓還沒見客人到來，赤青躺在籐椅上，握着一本獨幕劇選，但是他的眼光並不在書上。

他也許在想：怎樣佈置一個新奇的教室？教具從那裏去設法？教導處應設在花廳裏吧？教材的如何選印？都是值得思考的問題，還有最最重要的一點是學校的名字究竟用什麼？……

熱流和沈思使赤青墮入了疲勞，漸漸地他閉上了眼，書本也從他的手中溜到了地上，小樓裏找不到一點聲音。

輪船時刻表

三十七年三月卅一日調查

蘇州開　七時　前山到　一時　後山到　二時卅分
蘇州開　十時卅分　前山到　四時卅分
　　　　中午十二時　（此班不到後山）
前山開　六時　蘇州到　一時（此班由前山開出）
後山開　七時　前山開　八時　蘇州到　二時半

（票價）後山——蘇州　一〇萬　前山——蘇州　七萬五仟元
茶鈡壹　壹萬五仟元　飯鈡洛　陸萬元
小賬照票價貳成

東山物價

四月五日市

白梗	三百六十萬元(石)	籼米	三百三十萬元(石)
醬油	三萬元(斤)	菜油	七萬八仟元(斤)
菜莧	七仟元(斤)	香靑菜	五仟元(斤)
菠菜	四仟元(斤)	春(竹)筍	四萬元(斤)
雞蛋	六仟元(隻)	鴨蛋	七仟元(只)
蝦	卅萬元(斤)	鮮肉	十六萬元(斤)
鱸魚	七萬元(斤)	茅柴	拾萬元(担)
梗柴	拾叁、肆萬元(担)	火油	柒萬元(斤)
白糖	六萬四仟元(斤)	韭菜	一萬二仟元(斤)

莫釐風月刊【22】

每月十五日出版

本期零售每册三萬五千元

預定　全年三十五萬元　半年十八萬元

編輯及出版者：
東洞庭山各校同學聯誼社
莫釐風出版委員會

上海通訊處：
洞庭東山旅滬同鄉會
北京西路一〇八號
電話：九三四一九

東山總代理處：
殿涇港朱家弄瞿友農

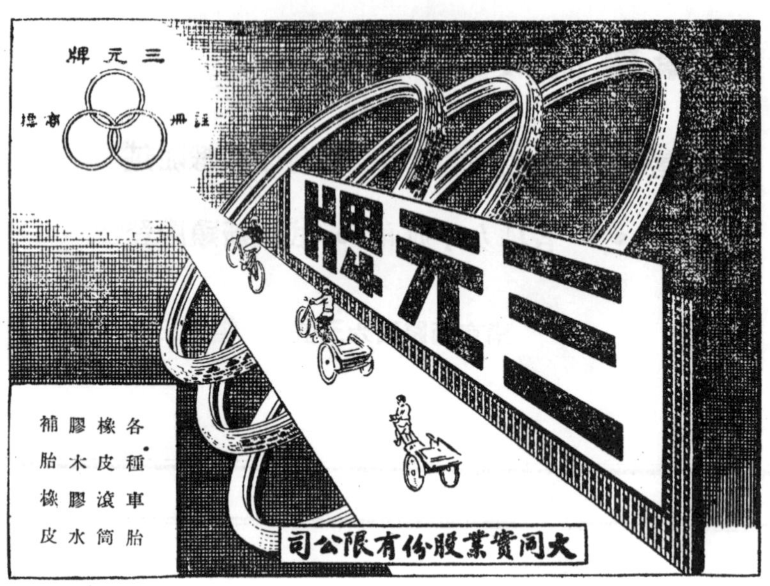

事務所：上海泗涇路七——九號

電話：一四九四二

廠　址：上海眉州路三〇〇號

電話：五二二九九

東山 鄭鼎有 永記 醬園

匯款洞庭山

▲迅速◎便利▼

本園辦理同鄉匯款。完全抱服務梓鄉之旨。日期既屬迅速。手續尤求簡便。旅滬同鄉如需匯款。請到嘉昶錢莊接洽。無論前後山村鎮鄉里。熱誠服務。匯費一概不收。限期必可取到。決無往返徒勞之憾。而有準確可靠之便。區區微忱。略盡厥責云爾。鄉人君子。幸指導之。

本園 東山諸公井 長途電話直接本園

嘉昶錢莊上海南京東路二三〇弄 電話：一九九七八 一二〇九五

電報掛號：〇七二八 郵政信箱：一四二二一號

莫釐風

第二卷　第十一期

蔚山風荷　　秦榮章攝

東聯社出版

陸軍總司令部用箋

莫釐風刊
發展鄉區文化
湯恩伯題

陸軍副總司令湯恩伯將軍，功略蓋天地，勇義冠三軍，過去負責江南治安時，曾主張劃太湖特區，對洞庭東西山等處深表關切，此次蒙頒親筆題字，本刊同人咸感興奮，自當加倍努力，以完成『發展鄉區文化』之使命，敬此申謝，並致

敬禮！

本刊全體同人

第二卷第十一期目錄

三十七年五月十五日出版

社評

從「全運」看東山體育

當全運會健兒，正在江灣殺得難解難分的時候，某一個晚上，三個年青的友人，在一間寫字間內聊天，窗外下着傾盆大雨，酷愛運動的甲，就憂着說：

「明天的全運，怕要延期了。」

「你預備去作壁上觀吧？」乙問。

「哪裏有這眼福？我們做公務員的除了星期日，有什麼辦法去看？」甲略一思索，繼續着說：「有一件事最使我難堪的是廣州一位朋友，寫信來說我太幸福，可以親觀全運盛況。其實，我雖是上海市民之一，還不是和他一樣，僅僅是一位報紙的看客。」

「事實往往是和理想開玩笑的。」丙感慨系之地說着。

從全運會的盛況，使我們聯想到東聯社一個未成的計劃——東山各校聯合運動會的召開。

「東聯社想推動發起的東山各校運動會怕已告吹了吧？」其實，乙的疑問口氣是多餘的，一切的一切，他一定已知道得很詳細。

「其實，運動會在東山是非常需要的，如果能每年舉辦一次，也許對東山的文弱風氣，會有重大的改變。我覺得東山人太少動了，不僅年老者對運動莫名其妙，即使是年輕小伙子也是少年老成，他們連看看的興趣都沒有。」甲說得很興奮的時候，丙插進了一句：

「這正是少誘發的緣故。」

「當年我經過江西中部的幾個縣份——像泰和，贛州等縣時，使我最感驚奇的是運動的普遍：運動場到處都是，一過了辦公上課時候，成羣的男女們，活躍在綠茵場上，聽說這是當年蔣專員提倡推動的成績。」甲舉了一個例子。

「我以爲美國人的活潑，强壯，得力於運動的功勞不小，聽說他們在吃飯，睡覺以外，Sports是生活中最不可缺的節目。」乙的話也許有理，

「一位外國的哲學家說過：『人只有在游戲（運動當然是游戲之一）的時候，才能眞正地看見他是怎樣的一個人。』還有一位中國哲學家也說過：『弱是罪惡，强而不暴是美。』可見運動不僅於健康有益，即於人生哲學，也有莫大關係呢。」

在丙的運動哲學論後，乙跟着重行談到了東山人。

「我覺得東山人對運動的不夠認識，一方面固然因爲地方閉塞，風氣難改，但更重要的是生活的艱苦，試問一個勞苦終日的鄉人怎有餘興和餘力去幹費時費力的事呢？」

「但是，我們對於那些小孩們的健康，是應該負責的。誘發他們多動，領導他們如何動，開運動會實在是最佳的方法。」甲的談話，無疑表示了他對運動會的熱中。

「方法固然佳，可是東山各校運動會還缺少二種資本：一是「人」，二是「錢」。沒有熱心和有經驗的教師，如何能進行？沒有錢，自然不用談起，因爲東山各校運動會不能像全運動會一樣靠運動員來賺錢。」丙的話當然很對。

「錢，錢，錢，現在什麼事，都逃不出錢的掌握！」乙不禁感從中來，說得十分緊張。

「老乙，健康要緊，不要太緊張吧。」甲的溫和的語氣，減低了緊張的氣氛。「反正現在是錢能通神的世界，氣也沒有用的。」

「聽說，莫釐風每期經費要貼到二三千萬元左右，這實在是一筆不小的開支，是不是有什麼後台嗎？」乙忽然扯到了莫釐風。

「精神的後台也許不少，可是物質——尤其是錢的後台絕無。我們每出一期的爲印刷費奔走誠然是苦事，但也有其值得安慰之處。」甲無疑是站在刊物的立場上說話。

「如果你們之中有一位發了財，事情就好辦了。」丙天眞地說。

「我不敢苟同你的說法，文學詩詞有『窮而後工』的說法，辦公益事務，我以爲也有『窮而後公』的情形。如果有一位熱心份子，一旦飛黃騰達，也許他就無暇來幹這一套賠錢貼工夫的事了。世界上富而好施的究屬不多，差不多都是富而好私的。」

對於甲的牢騷，乙認爲是一個報復的好機會，於是說：

「甲兄，不要太悲憤吧！健康第一。」

甲報以苦笑，繼續着說。

「話得說回來，拿我們東山說，富而好施的應該算多了，爲了學校醫院，他們經常捐錢，捐田，這些都是值得我們歌頌的。」

雨聲漸小，暮春的深夜有些寒意，客人有倦意，臨走，大家相約在星期日到全運會去參觀。客人之一打趣着說：

「這一屆全運會簡直是台灣的天下，我們在欣賞之前，應該首先感謝六十年來日本人訓練管理的勞績。」

雨花播音台

縣參議會第一屆第四次大會討論東西山區擴併鄉鎮問題

葉振民·朱潤生等均有提案

縣參議會第一屆第四次大會業於四月二十二日開幕，出席參議員八十餘人，討論及提案甚多，茲將有關東山區之提案分錄如下：

一、關於東西山區合併事：依據縣府調整區署計劃草案決定將西山區合併東山區，定名東山區，區署設東山，鄉參議員裂郁等卽提議請將西山區直轄縣府，免予併入東山區，西山旅滬同鄉會籌備處及西山區鄉鎮民代表主席蔡通林等均建議直轄縣府，免予歸併東山區並建議將東山區更名洞庭區，西山區撤消後各鄉鎮公所直轄縣府由縣委派區指導員主持之。該項提案決定擱到六月底再說。

二、關於東太湖違禁私槳事：俞士臣提案，朱潤生孔慶臣葉振民等連署，以東太湖浚槳界線前經江蘇省政府會同揚子江水利委員會測勘劃定勒石佈告，去年十二月又由吳江兩縣縣長佈告在案現禁者自禁，圍者自圍，前有自稱客民代表李灝如等朦請變更浚槳界線，又有張國濛等支持篡估，如不制止，於農田水利民生關係匪淺，決議由大會函縣府嚴厲制止。

三、關於木東公路：葉振民提案朱潤生等連署關於木東公路測量工作完成，應籌劃興建，1.依照本會第一屆決會案卽日成立木東公路籌委員會。2.由縣府會同該會通盤籌建材料，經費，人工及其他各項問題。3.招商組織民營長途汽車公司協助辦理築路事宜。

血染太湖

半夜三更漁船遭盜劫

濛濛天亮水警戰羣匪

（本刊綜合報導）居住東山鎮三保漁民金雲根朱根生於本月六日夜十一時許二船並泊於楊灣港口，該時風大，等待風靜預備卽欲工作滾鈎捕魚，船人均在甜夢之中，船人金雲根在夢中忽覺有船靠近，船頭撲浪之聲，出艙起視，但見來船上大電筒光射來刺目，正驚異間，來船中已有數人躍登漁船，漁民知已遇匪，然亦無可奈何。一匪口稱吾們今夜行事不利，二伴已經犧牲了。金雲根慾問匪如何犧牲，匪答已死了二人，另有一匪說：吾們要商量將你二船借用一用，船人再三哀求，終屬無用，匪稱不要多話，速駛外港，漁人無法，只得聽匪所爲，及至湖邊蘆柴灘，匪卽令漁人登灘，匪等駕舟自去，其夜正是月黑星稀，未幾又一捕魚之船，聞燈亂摇，該漁船互相呼應，方知同行捕魚之船，故將金朱及家屬一併載至楊灣，問親戚借燈，直奔前山報告，一路上金朱二人心慌意亂氣急之下，路多難辨，以致一人跌入西塢相近澗內，及至重振精神，再行趕路，行不多時，而前見有黃廟山門，啓燈上視，始知興福禪寺，路徑方有把握，抵達渡水橋，人靜夜深，所駐四大隊之二分隊警戒森嚴，未敢直往報告，卽由停泊渡水港另一漁船渡往冰窨村，報告三保保長彭鳳鳴，籲請求救後經彭保長會同二漁人同往二分隊部，（卽輪埠相近）廣分隊長勸良據報後，立派隊附張志英率領警士一班並出彭保長允充嚮導，二漁人亦隨之嚮導，以快船向出事地進發兜剿，發覺匪等早已轉移南窟，警船跟蹤進追，至南太湖橫塲港相近，雙方遭遇，警船先發一槍，以探虛實，豈知匪船不弱，卽以二快機還擊，警士等知遇匪敵何能放鬆，卽以輕機槍步槍合力齊發，匪船順帆航行很快，警船以櫓摇力迅，當然不能追近，幸而機槍射力較强，數槍射中匪船舵之直柄，持橫舵柄之匪當場擊斃，彈入腰部俯首而死，船中一匪亦中彈要害而死，又一匪腿部中彈受傷，餘匪目睹舵斷，帆亦失效，船成圓行，餘匪始告不敢拒抗變手舉起，大呼屈服，其時已薄暮，雙方以目對視，張隊附發口令稱留等各匪，雙手舉起，一個一個從水中過來，（內腿部中彈一匪不能過水立在船匪頭上卽拾來漁船），持篙把船，故而該漁船上血流滿板，繼將生擒活匪五名，擊斃二匪屍及匪槍漁船一併擱來渡水橋，死匪仍放原船，停泊渡水港，活匪七日八時許由分隊部解至馬家堤大隊部，轉顧大隊雲霧親自偵詢，錄供之後，昨八日旋由輪解往木瀆總局，匪屍事後由鎮公所備文由鎮丁徐子林八日旋乘早班輪赴蘇法院呈報，天熱恐腐有礙衛生，請求准予免驗，以便從速安埋，故九日鎮丁早班返山，既准免驗，九日下午二時卽行入土埋葬也。（過路人，無之，寥）

太湖水上警察局長張少華氏巡視東西山

本省太湖水上警察局局長張少華氏，因湖匪竄擾無常，不免影響地方治安，故於四月二十一日旋由木瀆起程，隨員二十餘人，乘新型登陸艇，是日上午十時許抵達東山，在席家湖嘴登陸後，卽抵駐馬家堤水警第四隊部，召集全體官警訓切訓話，並指示治安方針，事後並巡視沿湖各港口，下午三時許離山乘原艇往西山等處視察云。（思）

世外桃源不安靜

難民開到擠飯吃

四月二十一日，後山鄉楊灣鎮地方，到有客籍難民六十餘人，經鄉公所設法留宿一宵，明晨十時派常備自衛隊伴送至陸巷，會同保長等，設法僱船送往西山之際，巧遇蔣灣港船戶沈發祥家喜事，正値開飯，該批難民，隨卽坐下一桌大吃，自衛隊開訊，鳴槍示威，驅至下船，送至西山云。（山石）

後山鄉調整工作人員

併鄉成立之後山鄉，對於併保工作業已就緒，保長大部選出，鄉長施炳南爲推進行政起見，內部人員重行調整，卽日起復査戶口，換發國民身份證，收取工本費一千元，又訊，第五保長周文秉，副保長俞志成，經民選選出，至今月餘，仍未接事云。（山石）

何來無名男屍？

本月二日上午莫厘橋西杜尖嘴地方，河畔發現無名男屍一具，年約四十歲左右，身穿灰色衫褲，該東山早班輪經過其處，該屍隨波浮沉，故由就近當地地保報請地院相驗矣。（思）

✡　✡

洞庭東山旅滬同鄉會

市社會局傳令嘉獎

本山旅滬同鄉會辦理會務成績優良，近接獲上海市社會局訓令嘉獎，茲探得該訓令如下：上海市社會局民組（37）字第八四〇〇號訓令：「本局於三十六年十二月間會同各有關機關分別派員視導本市各人民團體考核會務成績，茲據視導員簽報該會辦理會務成績優良應予傳令嘉獎令仰知照」云。

給家鄉增光

本社社友劉謙泰發明麻布之永久性漂白法

五月八日上海各報專載：本市滬江大學化學系四年級學生劉謙泰君，經數年之研究，已發明麻布漂白改良法，劉君所著之畢業論文，即爲有關改良漂白問題之論述。目前國內外工業界所採用之麻布漂白法，未臻理想，已經漂白之麻布一遭日光及曬，逐漸轉成黃色，雖然美國某學者曾指出此爲麻布之木質素極易感受氧化所致，若使木質素固定，然後漂白即可永不退色，但此固定木質素之法，始終未曾發明。劉君經滬江大學教授卞柏年之鼓勵，曾在中紡染織廠內作多次之實驗，已發明麻布漂白改良法，並在實驗中，將此法之效果予以證實，並將經過漂白改良法之麻布置於極强烈之水銀燈下達二百小時之久而未不變色。唯據稱：該項漂白現尚不能適用於工業中，因其成本較普通漂白法高出三四倍以上，故將繼續研究，使成本儘量減低。

按劉君乃故鄉樑橋村劉梓藩先生三公子，天資聰穎，幼年畢業於文昌小學，名列第一。而後投考省立蘇州中學，繼續求學。畢業後入上海滬江大學專攻化學，平素對於化學一課頗有心得。劉君於校中功課超人，平日除悉心研究外，對於課外團體活動亦甚熱心。聞現任滬江大學大四級會會長之職，領導有方：甚爲師長獎譽，同學擁護。

筆者乃劉君知友，閱報後曾訪劉君。據稱：渠對報上過譽甚表慚愧，以後決更努力研究，不負衆望。並稱畢業後希望赴美以求深造，以備服務祖國云。（齊錚）

（又訊）劉謙泰同學爲故綢業巨子劉梓藩同鄉之第三公子，爲滬江大學化學系高材生，本學期已屆畢業之期，在畢業論文中發表其數年艱辛研究的成果「麻布漂白新法」，并將新法漂白後之麻布在日光燈照射二百小時，并無變黃現象。全世界化學家都表驚奇云。（傀）

同鄉席德懋氏抵滬

榮任中國銀行總經理東山與有榮焉

（本報訊）同鄉席德懋氏已於本月六日下午一時許自美飛滬，在八日就任中國銀行總經理職，按席氏爲我國有數之財政專家，中樞當局畀倚甚深，此次電召返國，出任要職，各界咸深慶得人，故鄉山明水秀，靈氣所鍾，人才輩出，實與有榮焉。

按：席德懋氏即安定小學董事長席德柄氏之胞兄。

請猛將　驅栗蟞

四月十八日，諸公井鄉人抬了猛將至俞西塢驅逐栗蟞，因栗樹上均留着蟞喫樹嫩頭，恐致樹要死，故萬分憂慮，藉猛神力驅逐之，猛將是夜在眠佛寺臨時行宮留宿。

東山教師窮

四月份薪金發放無期

（本報訊）據某校教師向記者說，東山教員的生活眞是太清苦了，三月份薪金市於五月二日領得，四月份尚不知何日發下，公糧（每月三斗三升糙米）四月份亦未發出，政府之對教育，於此可見。

陸巷國民學校缺經費

要請旅滬同鄉多捐助

後山陸巷國民學校，係葉叔平君協助，商得葉梓平先生同意，將祖居實儉堂免費借用作校舍，上學期教育局調派校長范榮鑫接辦以來，內部各項設施，積極展開，深得地方信仰，茲有王益民君返鄉掃墓之便，參觀該校，成績頗佳，無奈經濟困苦，在滬與王根源君發起勸募，旅滬熱心教育同鄉，慷慨捐助，現募得之款，已委鄉間金云生，王仰霄，會同該校校長，招商定製課桌二十副，（已在趕製中）尚少十餘副請旅滬同鄉，多多樂助，熱心教育，造福地方，兒童幸福，實匪鮮淺云。（山石）

莫釐峯巔築圍牆

建設歟？　迷信歟？

莫釐峯大尖頂近建築防風圍牆，估計三千工，今已做了八百工，尚在雇工及募工，繼續建築中，悉圍牆高度三丈至四丈，底腳闊度七尺，並爲解決飲水問題，擬在附近開鑿井一口云。

蘇山輪行駛時刻表

航行蘇山間各輪自五月一日起夏令時間後，時間亦隨之改動如下：

夏令時間：蘇開山上午七時半，十一時，下午一時，（十一時一班，可到後山）山開蘇上午六時半，八時，下午一時，（後山至前山）上午七時，開至前山八時。

票價：後山至蘇州十三萬元　前山至蘇州十一萬元

小賬：加二成　茶二萬元　飯七萬元

東山價物

五月五日市

白粳	四百八十萬元
粗米	四百六十萬元
桑葉	八十萬元
茶葉	四十五萬（中）一斤
茶葉	八十萬（上）一斤
肉油	十六萬元一斤
豬油	十二萬元一斤
菜油	十萬元一斤
醬油	二萬二千一斤
竹筍	三萬元一斤
蝦	二十萬元一斤
橫柴	二十七萬元一斤
茅柴	廿五萬元一担
寒鐵菌	一萬五千元一兩
白糖	九萬六千一斤

小消息

▲吳縣第八信用合作社蘇州辦事處於本月八日喬遷新址蘇州樂榮坊二號云。

▲安定校友席正林君爲國內栽培新鮮蘑菇之專家，同時兼營糖業，爲該業巨擘，本市糖商業同業公會於五月三日改選理監事，席正林君被舉爲本屆理事云。

▲四月十九日婁田有某姓駕淌勾船二只，出石澇巷到毛其嘴南湖口，遇沐湖蘇盜船，船被規去，人被趕上岸，向南太湖搖去云。（該處素爲盜匪出沒之處）

王季緒先生印象記

·西林·

季緒先生給人們第一個印象，就是樸實純眞，和藹謙遜。如果再進一層從他的談吐或工作精神上去求得更深的認識的話，那麼你或許會發現他另有一股堅毅不拔，刻苦認眞的氣質哩。

我常見他在講壇，在實驗室，在教師休息室，甚至在家庭裏，都是在孜孜不倦的致力於啓發青年智識的工作，他誘導着他們向科學大道上努力；他抱定唯有從科學上，從教育上着手，才能够挽救中國，挽救亂世的人心。他極端憎惡暴政，他更厭棄那種「升官發財」的傳統觀念；他自信很高，秉性正直剛毅，除非是對着眞理的面，否則，他是不會被人降屈的。

他的外貌和風度是「吳稚暉型」，但他比吳老更其純眞自然，而毫無傲作的。前年莫中剛復校時，我常見他是一個小包袱，挾一柄雨傘，穿了件褪色的青布長衫在街頭出現時，是不會引起我的注目的，莫中的學生們在先一段時間也是不認識他們的王校長。有一次他到我們的小學裏來參觀，他立在教室的窗口很久，看着我敎算術，我把他當一個「鄉下佬」，竟不留心地出錯了好幾道題，過後我知道了，後悔不置，我想：早知道他是研究數理的內行，我可以敎得好一點的。要是不經人家說明，誰也不會料想到這位不修邊幅的老先生，就是王文恪公的後裔，一位道地的英國劍橋大學的老留學生，曾經是欽賜的「洋舉人」哩。

他放棄北洋工學院院長北大敎授的身份，回到南方偏僻的鄉鎭上來從事中學敎育，這種不求名利的精神是值得我們敬重的。

從他的日常生活中所表現出兩重嚴度是謙遜而又認眞。初看起來，「認眞」與「謙遜」，似乎是矛盾的；但是他却分得很淸楚，那怕在極細微的小節上也能看得出來。比如每日進餐前後或出入迎送賓客時，我見他不關身份高卑長幼，都是對待彬彬然有禮，再三謙讓，不了解的人以爲這是過份的客套，而在他其實是一種出乎至誠的自然表現，他認爲自己是生活在羣體中的一個人，不是高高在上的什麼「長」字輩，個人並無特殊之處，更沒有什麼優越感，他不但沒有擺過架子，就是在家庭裏對子女們也充分現出和愛的氣息，那嚴厲的家長面容是見不到的。

至於他給我的一種認眞印象，則表現在他的凡事「不馬虎」，「不苟且」的態度上面。我見他，事不論大小，要做就做到底，他專心在這一件工作上會忘記其他一切。要說就說到完，我見他每每敍述一件往事或是什麼掌故之類，總是不厭其詳的說完，正如他走路要走到頭，爬山要爬到大尖頂一樣，是抱着一種堅毅不拔，有始有終的工作者的精神。

對於一個問題的看法，王先生是站在「合理」的立場，遇到不正確的意見他是會嚴正地爭辯，如果遇到別人的好見地，他也會虛心接受，尊重着別人的，他覺得「知之爲知之，不知爲不知」，他決不會含糊其詞或有模稜兩可的態度。

這種謙遜的認眞的態度，我覺得是由於他把我國固有的謙讓，虛心等等美德和西洋的民主平等思想熔於一爐之後，在日常生活中的再表現。

季緒先生爲人還有許多美德，可是給予我最深的一個印象就是「守信」。他答應下來的是一定做到，那怕一個普通的約會，也決不爽約。有一天，幾個學生想去法海寺燒野茶，請他去參加，那時他正在會客，順口答應了一句「你們先去吧，等客人走後我就來。」後來學生到了那裏，把茶都燒開了

東山名產之二　白沙枇杷

嚴士雄

枇杷爲東山花果業中唯一名產，此地有連綿不斷之崇山峻嶺及山塢平坦之地，都廣栽枇杷樹，綠蔭遍野，極爲河山增壯觀。其果細皮白肉，甘甜不膩，時譽爲蘇省名產之一，非爲過譽也。白居易詩云：「淮山側畔楚江陰，五月枇杷正滿林」。陸游詩云：「枝頭不怕風搖落，樹上惟憂鳥啄殘」。極寫名果之珍貴及嬌嫩。而陳基詩云：「滿天風露批杷熟，歸奉慈親取次嘗」。讀之油然而起孝思，更爲名果生色矣。外傳白沙枇杷產於白沙村者爲最佳，實則非也，白沙不過爲一小村落，其名偶相同耳。

品種及栽培

枇杷爲常綠喬木，欲得良果非暖地不可，而土壤選擇總以排水良好之處尤佳。東山獨得天時地利，加之栽培得宜，故能產此名果。產額面積尚未有精密統計，全年平均約可生產一萬餘担，然此數亦未能視爲正確，蓋枇杷爲當年開花之果，性柔弱，經風雨霜雪而長存，殊非易易，加之逢收成時更怕遇雨，否則易成爲吾鄉俗諺云：「枇杷開口笑，農家一路哭」之災害也。

此地最著名之品種，其一曰細種枇杷，分佈於灣里之村落，皮薄肉厚，汁多而甜，惟果形不齊。其二曰照種枇杷，（又名新種），果形齊整，品質尤優，散佈於槎灣余塢等地，尚有大種枇杷，果形鉅大（足抵細種二倍份量）汁多而甘，然不易得。並有紅枇杷一種，內粗味美，有大紅袍，茄子種，鄉頭種等名稱，實爲貨多，通銷各地，頗受大衆愛好。

栽培之法，其苗成長須四五年始可施以接砧，（不接砧者卽稱紅枇杷。然尚有未經接砧者而生白枇杷，吾鄉稱爲直脚種是也。）約經三年可始開花結實，待淸明過後，實行果實勻化手續，蓋枇杷每穗多至數十子，要使果實齊集生長，保住樹之生長力，決不少此勻化之工作也。勻七之法視樹枝強弱爲定，或剩一二數或三四數，每穗施行之，殊費時間，同時并剪除枯枝。施肥原料，取之於猪牛糞肥，其他如河泥垃圾入糞稅好，份量需視樹姿强弱，渴宕分散之。

採收和運銷法

枇杷成熟後，最易爲鳥類啄食，故屆時農家搭蓋廬席棚看守，使用響器驚散鳥獸，尚有各鄉村實行禁山會，藉以保障權利，法規頗嚴。

採收之法，視果皮色澤周之，手法迅速，應使果實不受損傷，全穗一只一只摘下，安放勻籃中，經減削次貨後，卽行裝入大箬簍，（約市斤七八十斤）或小簍（約三四斤）上船出運。

此地尚未實行鐵道運貨，故皆用一二百担之民船裝運，遇順風日夜趕各，指日可到，或用航船帶出然較少也。

推銷之處，以上海、蘇州、無錫等處最夥，前者尤暢銷。往年地方上曾納出口捐，數頗大，於今亦不聞如何處置也。

應用一得

藥用法。枇杷之葉，刷去背白毛，治肺弱，止咳疾，功効偉大，醫用甚廣，爲生藥舖中之

，他還沒有來，大家喝了茶又等了一會，有個學生等得心急起來說：「不會來了，我們回去吧」，其餘的學生都說「再等等，王先生就會得來的。」果然，他來了，他一個人翻過雨花台後邊的山背脊趕來了，帶着微笑向大家招手了。

他時刻關心着學生的學習，他不惜抽出課餘的時間為程度較差的學生補習，時常因三兩個學生而立在講堂上耗費了一個假日的上午，或是補習到黃昏點上了燈，還不知倦意，甚至晚餐已開在桌上了，經過工友幾次的催請，也得把一課補習完畢。

他寬恕他人，嚴責自己，他更不計較學生的過錯。有一次我見他向一個頑劣的學生用溫和的口吻勸導着，直到那個學生立在他面前揩着眼淚認錯為止。他就有這種「循循善誘」「誨人不倦」的教育者的精神。

雖然他「俯首甘為孺子牛」，可決不甘屈身於權貴門下，他有一股知識份子的傲氣，他不善標榜，不愛沽譽，他淡泊自守，視名利為輕塵。他痛心於官僚習氣和貪污腐化之風，是由於自幼受了「升官發財」的毒素太深，他之所以獻身教育，正為的保存一點純良的種子；他想培植幼苗，從受毒最淺的孩子身上着手，洗去他們身上沾染的自私的名利觀念。他想用科學知識薰陶他們，使他們一心向學，將來為科學服務，為人羣服務。凡是有害社會的事，他不做。凡是違背人民利益的話，他不說。他不受利誘，不怕威脅，在敵偽時期，他蟄居吳下，決不參與那些無行文人的圈子，他以那些意志薄弱動搖不定的游移份子為可恥，他始終是保持着清操，為民族留下一分正氣。勝利後，他仍然安於貧困，站在教育崗位，不與那些豪門政客接觸。為了莫中的立案問題，要是換了個會得迎逢鑽營的學問之流，也許早就解決了。可是他是始終依合法手續一次次的申請，而不願跑到「部」裏「廳」裏去拜訪那些同寅舊交，所以至今立案表格還不知擱在那一格公文箱裏睡覺哩。因此有些聰明人不免在背後要說風涼話，說他太戇啦，不會得花小錢請請客應付哏，總之認為他太不會「轉彎」了。

可是他就憑這一點「不轉彎」的蠻勁，才能夠遠避着溷濁，挺身兀立着哩。

他不計成敗的把畢生精力，獻給一個理想，他的體力充沛，精神旺盛，物質上的苦，苦不倒他。雖然每月的報酬不及兩担米，在那些短視的人們已經認為比大學教授好了，他聽了也不過置之一笑而已。他不把金錢放在心裏，甚至連「錢」這個字也不願提起，所以他對學校裏的經濟概不經手，由別人去處置和運用。有時感到同事中有因家計重難以應付狂漲的物價時，他應該向校董會提一提加薪的事，也總是畏縮地難以啓齒，他等待有心教育的校董們能夠「自動」地體會到。

不過如果遇到有關課業，或替別人代課的事，我却見他毫不辭勞，決不畏縮了。他從不缺課，如果因事躭擱，也得抽時間補上，不願意使學生空曠一點光陰的。他替別人代課，同事怕他太吃力，而他常常愉快地說：「我能夠有氣力多上一點鐘課，都是好的，只怕我不能代替別人上課，那才是我不行的時候！」

季緒先生就憑這樣的工作精神，不分寒暑的把他的生命之汁灌注到教育事業上去。雖然他今年已經是鬢髮花白的六七老人了，看他的樣子仍然很年青，他自己也有自信的能再工作一個長久的時期。他的精神感召着教育界同人跟着他的穩健的堅毅的步伐緩緩行進，一直走到頭走到科學的光芒普照在窮鄉僻壤，使科學，使教育完全服務到全人類，使科學完全「向自然，向細菌戰爭的時候！」我想那時就是教育事業開花結果的時候，是後一代受科學哺育壯大的時候！

寫到這裏，我彷彿已經見到王先生在微笑地從老光眼鏡框裏瞇細着慈祥的眼睛，在看着這個理想的實現。

他呀，他那給予我們的那股樸實謙遜的氣質，和那認眞堅毅的印象是多麼地明朗，清晰！他是那麼一位對人類的自由幸福，對科學教育熱愛着的和藹的老人啊！

莫釐人物誌

要藥。

果實去核熬膏成汁，効力較前尤勝，故東山白沙枇杷膏頗有聲譽。

蜜餞法。枇杷去穗除毛，用冰糖沸煮一次，隨即取出，保全果形，安置器內，食之頗能開胃生津，或密封之經年不壞。

其木本能作彫板，紋細而堅因，頗堪久用，作柴薪火勢熾烈耐燒，洵好木也。

希望改良之點

一，統一品種，現東山白沙枇杷種類繁多，出貨不齊集，要求越趨上乘，宜慎重選擇優良品種，廣大栽培。

二，設立冷藏處，可使市上不致有斷貨之虞。

三，聘請技術師，指導研究蜜餞及藥用品，增加收入。

（作於豐圻之耕讀舞堂）

科學與民主

——紀念「五四」二十九週年

羲原

五·四運動，在近代的中國歷史上，劃下了一條不可消滅的痕跡，那時的知識青年們，把鮮紅的熱血，堅毅地奠下了民主科學的基礎。

在二十九年前，古老的北京城裏，許多青年知識份子，首先喊出了反帝國主義，反封建的口號，並且揭起了民主科學的大旗，團結了廣大的人民，呼出了民主運動的口號，不數日，熱烈的民主火焰，燒逼了整個中國，結果爭到了最大的勝利。

當時的情形是這樣的：政治上，封建軍閥勾結了外來的帝國主義，來削弱革命的勢力，緣閘其統治地位，所以不斷地簽訂了喪權辱國的條約，出賣中國的主權，因此更造成了帝國主義在中國的特權，這樣引起了國人普遍的憤怒。

經濟上，由於年年的內戰，日貨的充斥，把剛抬頭的民族工業，又被外貨摧殘了，而官僚買辦復盡量地出賣民族的利益，刺激了民族企業家的情緒，隨此直接觸發了五·四運動的高潮。

當第一次大戰後的巴黎和會，決定依照日本的意志處理山東問題，留法同學首先提出反對的呼聲，消息傳到了北京，北大等學校，在神聖的五·四那天，揭起了民族運動的大纛，在古老的北京城裏，遊行，示威，並高呼打倒出賣民族的國賊曹，陸，章，和火燒曹汝霖的住宅，此時，軍閥政府就下令拘捕大批學生，並派軍衛監視各校學生行動，到了五月二十日，北京學生決定聯合罷課，全國各地紛紛響應，更擴大為大罷工，大罷市，大罷課，來抗議帝國主義的侵略和政治的壓迫。人民團結的力量，使北京政府釋放了各校學生，罷免了曹，陸，章，更拒絕了和約的簽字，事實告訴我們，團結才是人民的眞眞力量。

八年的抗戰，擊敗了日本帝國主義，可是新的帝國主義又在向中國伸出魔掌，喪權辱國的協定，不斷地出現，貸款和援助的把戲，更是巧妙掩飾了新帝國主義者的目的，這是欺騙不了人民的，美還的對華政策，阻除了中國的民主，使中國掀起了戰亂，而他們就可以在這動亂中得到利潤，因為如果是一個和平民主的中國根本不需要什麼食權的接濟，中國有的是廣大的土地，自給自足已相當夠了，還要什麼救濟呢？

二十九年前的五·四運動，給了我們人民一個教訓，依靠別國的援助，祇有加深人民的痛苦，我們祇有澈底反對帝國主義的侵略，和反對扶植日本的復興，我們祇有一條眞理，學問離不了科學，科學離不了民主。

從江南到江北

•旅人•

生活在冬天裏的人，當春天到了，總想呼吸一點春底氣息，我亦懷了這種心情，於廿四日的早晨由上海出發，作江南之遊。雖然春將逝去，可是江南的田野裏，正當是野薔薇盛放的時節，祇有牠們才點綴了江南的春天。

藝人的家

我們一行四人到了無錫，最先欲解決的便是住宿問題，目前出門人最感麻煩的亦就是這個問題，因爲借宿於旅館首先需要找個保，並且半夜三更常有憲警來檢查旅客，我們爲了免除這種麻煩，在出發前早有了一個同伴代我們設法在劇宣九隊暫爲就擱。劇宣九隊在抗戰中曾走遍了大後方，爲了祖國的神聖抗戰，他們曾付出了血和汗，在「八千里路雲和月」的這個影片中，便記錄他們抗戰中和勝利後的生活的一部份。一個九隊的同志對於這個影片很感慨地對我說：「八千里路雲和月——這個片子對於我們生活的描寫實在還不够誇張」，的確，他們在抗戰中曾陷於飢餓和貧病的深淵，抗戰勝利後他們都希冀着能在物質和精神上得到一點補償，可是住洋房的依舊是那些漢奸影星，而他們卻仍住在無錫大河上的一個破舊的秦淮海先生的祠堂裏。我們亦就在這個藝人的家庭裏躭擱下來，這個家對於我是多麼的親切啊！這裏有的是熱和力，這裏沒有人間的寂寞，十年前這一羣熱血的男女青年爲了抵抗法西斯帝的侵略，離鄉背井去參加抗戰，他們和她們共同艱苦地經歷了十個年頭，爲了事業上的需要，精神上的互慰，他們和她們結成了一對對美滿的夫婦，永久地爲着藝術的目標而努力。他們的家庭就建在這個破舊的祠堂的大廳上用了舞台上佈景的半片隔着一個個的房間，在這個古老的祠堂裏，簡直使人難以想信有這麼一個一個可愛而有生氣的大家庭存在着。

一個不平凡的女孩子

爲了想去看看一個朋友在鄉村裏辦的新事業，我便冒了險準備一人到離無錫約二十餘里路的安鎮去。廿六日的清早，我們就在公園茶室打聽去安鎮的路，一個朋友說：那邊很不安靖，前幾天一個朋友到那裏去便被擄去了幾天才放回來。但是他的話並沒有打動我已定的主張，就在當天的近午，我搭上了錫安公路的長途汽車，行了約一個多鐘頭才到安鎮站，由一位同車的旅客引我到了安鎮的大街，在大街上我到處打聽我那朋友的地址，後來一個老人告訴我她已去朱村了，並且他願意陪我去朱村，安鎮去朱村有七八里路，我便和這老人在飯館裏充了飢，由他嚮導，經過了很多灣曲而且崎嶇的田徑，又爬過了一座小山，才到了目的地。這天正當是附近山上的「老爺」（偶像）出巡。全村的人都去看熱鬧了，適巧她在家裏，我們相見之下不由得大家驚奇起來。生活把她磨鍊得蒼黑了，可是她依舊像過去這般天眞地迎着我，她告訴我她爲了想救濟些貧苦的農民，她理想在鄉村中建立一個醫院，但是物質的條件太差了，沒有人幫助她，而她又剛出學校，經驗學識還不健全，要在這個閉塞的鄉村中展開工作非常艱難，她雖然能够吃苦，但這樣下去連苦的生活都過不下去，因是此她便想搞些有意義的工作，今春結束了這個可憐的醫院便到朱村來担任一個保國民小學的教職，這個保國民小學過去很腐敗，校長卻是十足私塾型的，他將全校五十多個小學生全部交給她一個人，自己把教育局領得的經費便用來坐坐茶館，打打牌，學費的收入統歸教員，可是目前農村實在太貧窮了，徵兵徵糧已不勝負担，那裏有錢來負担子女的學費呢，可是她爲了神聖的教育工作，惟有竭盡心智，咬緊牙關幹下去。她陪着我去參觀她的學校，我不由得從我底心的深處向她說出：「實在太貧乏了；無論是你的學校和你的生活」，「並不，我並不覺得。」她用堅定的眼光望着我，好似在向我示威。

草木皆兵

廿九日的清晨我由鎮江渡長江到六圩，再乘長途汽車到揚州。揚州是江北的一個最大的商埠，在經濟上牠是江北物產的交流地，在軍事上牠是保衛首都的一條命脈。近日蘇北戰事又形吃緊，我到揚州的前二天，國軍剛收復離揚州二十里的縣屬丁溝鎮，因此揚州便成了國軍蘇北戰地的後方大本營，在去揚州的公路上便時有憲警來查問，一到城門口便使人感到戰爭氣息很濃厚了，每個城門口有二個陸軍，二個憲兵，三個警察在檢查行人的國民身份證和行李，城裏城外的街道上儘是些穿着制服的軍官和士兵，江南的新共亦都集中在那裏訓練，眞使人感到有點草木皆兵了。

瘦西湖畔的鎗聲

雖然戰爭氣息籠罩了整個揚州，但仍不乏風雅之士在作瘦西湖之遊，我叨了一個軍人的光，所有沿湖的廟堂寺院和名勝古跡，都能進入一覽無遺。當我們的遊艇將駛近平山堂的時候忽聞碎碎幾響鎗聲，在平靜如鏡的瘦西湖上亦微微地起了幾個旋渦，在安靜的都市裏生活慣了的我聽到這響鎗聲，不禁起了一陣痙攣，再望望湖邊所築的軍事工程。我便胆却地向我同遊的朋友問：「將近前線了吧」！他見了我這種態度倒好笑起來回答我說：「前面是新兵在練習打靶啊」！

俘虜營

江北惟一的蠶種場——江蘇模範蠶種實驗場——今春在實驗二種日本種，一種名華十，一種名華八，該場主任毛女子正在熱心地向我講述蠶種的優劣和科學培養法的時候，忽地一聲笛鳴，坐在場子上的一大羣士兵都迅速地整隊，報數，並由外邊亦跑步來了一大羣，同樣地整隊，報數，在這些士兵的四週都閃着荷了鎗上了刺刀的士兵監視着，營房的四週亦築有堡壘，堡壘上日以繼夜地站着哨兵，我便好奇地問毛女士；「場上的這些士兵是什麼」？她對我說：「這些都是去年俘虜來的新四軍，他們都住在我們蠶場的空房裏。他們被俘了已將一年多了，但是還時時刻刻想到他們的家和他們過去的生活，因此他們還是想逃。這裏的訓練官便採用了精神教勞法來訓練他們，所以一清早便整隊出去跑步，回來了上操，操了上講堂，一到晚上他們便疲憊得祇想睡，訓練官們亦希望他們都能安靜地睡去，睡了可不再使他們想到過去，想到他們的家。晚上不准我們有一點聲息，附近碼頭上的挑夫挑貨亦不准吭出聲來，就是鄰近的人家狗都不准養，以免擾醒他們的睡眠，可是這樣地訓練了將有一年了，他們依舊不習慣這個生活環境」，毛女士說到這裏亦不由得感慨起來。

脫離了土地的農民

揚州住了一天，第二天中午又回到六圩的江邊，渡輪剛巧開掉，下班便須俟一小時，於是我便在江邊渡着，祇見碼頭上滿地都站着欲渡江的難民，有蘇北籍的，亦有山東籍的，蘇北籍的顯係新近逃亡出來的，山東籍的便想渡江回故鄉。閑着無事，我便和一個山東籍的年青的難民撩起天來，他對我說他流浪出來已二年了，我問他二年來怎麼生活的，他說最初自己有幾個錢，後來流浪在南京街頭被抓入難民收容所，再後南京難民太多了，外國人見了不好看，便把他們送到鎮江，鎮江起初地方上還給他們一些食物，後來沒有了，於是祇有求乞渡日。鎮江乞丐太多，求乞不易，因此他們分批地流到無錫，上海等地，他便到揚州去。現在知道家鄉平靜些又當是下種的時候了，因此他急於想渡江回家，他還指着一個坐在地上捉蝨子的姑娘說：「這是我的妹子，我家本很好啊，先生爲什麼自己人要打仗啊—？渡輪來了，可是最先上船的不是他們，而是一批有渡錢的人，他們呢？他們却依舊徘徊在江邊，可憐啊！失去了土地的人們啊！你們爲什麼彷徨在自己家鄉之外呢？

國大代表

從揚州到六圩，從六圩趕到鎮江車站時，南京的快車已開了，因此我便改變了原定去南京的計劃折到常州去，第二天的中午再乘快車到首都。到首都時國大會議已近閉幕，外鄉的代表們有的計劃玩玩江浙二省的在忙着搜購江南名產以作歸計。因此南京商店的生意特盛，晚上的營業時間亦延遲到十一時，各商店營業額亦突增了二三倍，中山陵墓，玄武湖畔和其他諸名勝之地到處可見到佩了黃條帶的代表們。國大專車滿街飛，國大特約菜館到處都有，的確，一個多月來他們爲「民意」而賣力是够辛苦了，他們完成了我們人民的要求，創制了一部「民主」的「憲法」，而我們人民祇化了三十億一天的代價，我們人民眞應該向他們感謝和致敬。我從江南到江北沒有找到春天，大多數的人都生活在冬天裏，現在我畢竟在人民代表的身上找到春天了！人民的代表們啊，春天是屬於你們的！

此文並誌紀念母親逝世二週年。

四十八小時的旅行

二月份的薪金在四月初拿到，三月份的薪金在四月底拿到。二大碗韮菜幾條肉絲兒，就是我們按日不缺的主要葷菜。在這種情況中，我們仍堅守崗位，努力工作，爲的是什麼？爲的是什麼？就說能拿到的也僅是二百餘萬元，既不足以贍家，又不足以顧個人生活：可是我們仍賣力賣命地工作不懈，爲的是什麼？一句話，我們只瞧着「國家」的份上才如此。我們爲「國家」二字的面子，才甘願默默地，工作在這偏僻的鄉村中。

四月廿四日，我們校內又舉行了一次旅行。目的地是蘇州。我們舉行的動機是想要訓練兒童們增進一些團體生活的知能，是想要灌輸兒童們一些現代都市的常識。六十四個兒童由我同舉文蔚先生率領，雖算不了是件大事，可是所負的責任也不能算太小。

這一次旅行留在蘇州的時間，雖只短短的只有四十八小時，而我們已利用到了最大限度。這四十八小時中，除了十六小時是睡覺，二小時的午餐及休息等外，差不多整整的有三十小時都是在跑、看、在研究、在討論。這次參觀遊覽的範圍很廣，計如：獅子林、火車站、虎丘、鴻生火柴廠、中山公園、吳縣教育局、國貨公司青年俱樂部、中和鎮中心國民學校、戒幢禪寺、留園：以性質來分，這其間有園林勝蹟，工廠學校，政府機關、商場寺院，以及白日和夜晚的都市風光。趁了二次小汽輪，一次汽車，一次馬車，仔細參觀了一次火車站……從各方面講都不能不認承是一張最經濟最切合需要的參觀遊覽表。每一個小朋友，無不滿意而歸。

說起東山，眞是可嘆；想起東山的兒童，更是覺得可憐。一向豪稱爲吳縣首善之區的東山，一向著名爲富庶之區的東山。可憐，她那美麗的面貌與潛藏着的德性，都被交通不便建設落後等原因所掩沒了。東山離開蘇州九十里的路程，已是以東山爲中心及其四周所有市鎮中的比較短而比較便利的路程了。謠傳中的木東公路永遠逗留在謠傳中，電氣設備的裝置，又是受挫於日本鬼子的侵入。

大概是爲了這緣故吧！我們從事教育工作的，總覺得此地的小朋友大部份有一些「與衆不同」。有好許多小朋友從來沒有見過一盞電燈，或一盞正在發亮的電燈。一輛停着的或者在馳着的汽車，和吉普卡。電影這玩意兒，還是不久以前，旅滬同鄉會來山放映了二次以後，才相信的。在他們小小的想像中也許因爲了老師大概是蘇州人，天津以及倫敦華盛頓……在他們，也許只是一種迷信式的相信吧了。

也許有人要向我抗議，說我說話有些過份。其實請慢，我且舉幾個就我們這遠足中的實際例子來。

當輪船過蘇福公路，晉元橋上正駛過一輛汽車，有幾個小朋友跳起來說：「呀！看呀！一部火車，火車。」……「不，這是汽車，不叫火車。」我糾正了他的觀察。「哦，汽車，汽車、汽車、汽車、汽車……與書本上畫的一式一樣的。汽車，汽車……那個小朋友一連串唸着「汽車」二個字，我眼淚也幾乎流出來了，說我是慚愧，感動，也許都有些份兒。

行列通過觀前街時，一個小朋友從隊伍中跑到我身畔，拉着我說：「×先生。我們是不是在做夢：這兒眞正就是蘇州？」試問這種天眞的印象的流露，我們聽了應該笑？應該哭？

參觀了火車站，鴻生火柴廠，他們也曾不斷地說着：「我今天才知道火車、鐵軌是這樣的？」「我今天才相信機器是這個樣子，的確是比人的手工作得快。」……

所以雖只短短的四十八小時留蘇的遠足，學生們所獲得的比在教室內四十八天還要有意義，有價值。

所惜者：這次旅行祇有六十四個兒童參加。這個數目祇占全校兒童數的百分之十五。全部高年級兒童的百分之四十六。考其緣故，不外經濟困難，與家長們對於旅行缺乏正確的觀念的二大原因。

其實，其中二大原因，比較起着主要作用的，還是前者。這一次我們以最高限度的節省，尙且每人消費了十一萬五千元在輪船，車費及茶水等各方面。假使連同他們每人的伙食及另米等計算在內，也許要五十萬元以上。這一筆將如其來的支出，決不是每一個家長所能負担得了的。

我認爲東山地方上消費在迎神賽會，燒香修廟等有害無利方面的金錢，不知幾多。我們儘可設法。地方上的進步份子，有遠見的人，應該從這方面努力。須知，要開發東山，除了在建設方面努力，在知識方面，也應該而且切要地努力。

三十七，五，二於文屬宮

•馬　襄•

參議小記

·玄丁·

吳縣參議會第一屆第四次大會，在四月廿二日起又開了三天會。照例有開幕典禮，有施政報告，有質詢，有答覆，有提案，有審查，有討論，有決議，有閉幕典禮，有攝影，有宴會，有交際，有交通食宿費每人十九萬元。（大概可買香烟三四包）一切全備，所缺少的，就是一些參議會初成立時一股熱烈的精神，不知怎的？

為了二年來縣長的一再更換，每次交代都不清楚，需要整賬，據說連累了決算案也不能作詳細的報告。更因參議會費了許多心思通盤籌算在減少民衆負担，充實政府經費二項矛盾的前提之下製成的三十六年度預算案，實行起來遭遇了二重絕大的難關：第一是幣值跌落，數字上一切不能依照原案，第二是上級政府可以命令縣政府為了應付急需起見，任意變更預算。眞的，參議會參議會，又參又議，算是盡了職責，牠的決議效力有多少呢？依照過去的經驗，大概每項決議要是協助政府增加收入，這決議一定即刻付諸實行毫無阻礙，其他有關整頓改良的決議案至多是局部實施而已。至於重大的新興建設澄清吏治等等便不易見到有效的後果了。事實如此，不容否認。

本屆提案，並沒有中心的重要問題。最令人注意的是一件「主張耕者有其田」的土地改革提案。這一問題早已成為全國學者的研究對象，尤其是在戰事劇烈的當口，改善一般農民的地位實行中山先生的平均地權主張成為不容再緩的現實問題。但是茲事體大，尤其是在吳縣是許多田主以田租為收益的地方，若沒有一番詳細的研究，規定一項周到的計劃，而要想以一紙決議來實行土地改革，其不能達到預期的目的，是可想而知的。無怪地政科長，在提到這個問題的時候，當時起立聲明，此項重大的改革案即便議決了，縣府方面實也無法來執行的。誠然，這不是一個很簡單的問題，所以本屆大會決議先行組織一個吳縣土地改革研究委員會先來詳細研究，製成了計劃，留待下屆再付實施。恐怕到了下屆，是否能付實施，還有問題。

好在前面每一個字母都有很合適的字來註明她的聲音，讀者一定能體會了解什麼叫兩脣音，什麼叫齒脣音的，現在再加以簡單的說明，好給不知道發音的讀者參考參考。

第一縱列說明發音時口腔及發音器官的狀態，譬如發 c（此）音時，舌尖停留在牙齒附近，這叫做齒舌音，又如發 e（哀）音時，將舌背靠近上顎；發hgi（尼）音時將舌的前部靠近上顎即得。其中u子比較特別，如拼在f,v後而應讀為齒脣音。

第二縱列為最平常之母音，自a至u口腔由大而小：

第三縱列為圓脣音，發此等音時把嘴圓張，但其程度亦自ao至u逐漸縮小，父音中也有圓脣的，如蘇州人讀起s的聲音來，就像山郎人把尿的聲音一般把嘴脣圓張，我們在 s 後加 w，表示這種音，u 音江南人讀起來都不太純粹，往往在前面加上一個『厄』音，但不用特別標出，江南人把n 讀為圓脣音的只有甯波人。

第四縱列的差顎母音蘇州人說得最多，蘇州人常把 e 念作國際音標ae的音(即英文中的 ă)，發此音時把下顎留向前移，我們把ei表『烟』的音，但其中的i實在是e的差顎音。

第五縱列不必說明，第六七八九列讀者也可以自己理會，所謂淸音是發音後立即收斂；吐氣淸音乃將氣急速吐出；濁音則緩緩吐氣，因此不得不要聲帶來幫助發音，學過音樂的人很可1用與高一組1的區別濁音和吐氣淸音的分別。

其中橫行的父音及 m,ng, r 可以單獨成一音節，其餘的都要和別的併起來才行。

〔四、複母音〕——從上面這些音可以拼出許多音來，複母音就是這樣併起來的，如：

ei(歐)　ia(鴉)　iao(要)　ie(烟)　ua(哇)　ue(挽)
uei(煨) uoe(碗) yoe(怨)

如果加上鼻音，那末還有：

en(恩) iang(央)　in(因) iong(旺的母音) iung(永)
uang(不講理叫橫綳的橫) uen(溫) ung(翁) uong(汪)
yung(永)　yong(旺的母音)

如果再加上父音，就可以拼出許許多多的聲音。

〔五、促音〕——上面字母表裏的q 其實不算一個字母，只是一個符號，凡母音後面加一個q 就應該讀做促音，如：

aq(壓)　eq(厄)　iq(乙)　ia(約)　ioq(育)　oq(屋)
uaq(挖)　ueq(活的母音)　yeq(鬱)　yoq(育)

i後面拼圓脣音的仍舊用i拼在裏面，如ioq，比較yoq容易懂，因為各地方言發音習慣常自不圓脣音轉至圓脣。

〔六、音節和連寫〕—— 在漢字中一個字就是一個音節，要幾個字才成為一個名詞，譬如說：『山郎人』是一個名詞，但有三個字，三個音，可是在拉丁化新文字裏就連寫成為一個字，中間包括三個音節，如 Selongngin. 新文字中凡關係密切的字一定要連在一起寫，如：

火車 xuco　　留聲機 leisen'gi　　櫻桃 angdhao
輪船 lenshoe　　自來火 shlexu　　酒釀 zeingiang
剃頭師傅 tidhei svu（可分寫，也可連寫）
嘰咕嘰咕的gigugigugeq 睏死朦朧的 kuensmungdunggeq

〔七、界音〕——上面舉的例中，如 leisen'gi 如果沒有 n 和 g 中間的一撇，成為 lei, se, ngi, 不知道是什麼東西了，所以要用一撇把聲音分隔開來，這一撇叫做界音符號，zeingiang 這個字就用不着界音符號，這是拉丁化新文字併音的一個原則，就是把一切父音儘先跟在它後面的母音併起來。

其他的例子如：　S'uong'uong（水汪汪，或寫作 Swuong'uong）xian'ie(香烟) da'ng(帶魚) zh'oe(治安)

〔八、連寫的規則〕——

甲、名詞，代名詞，動詞，助動詞，形容詞，前置詞，統接詞都要單獨的寫，並且要定完整的寫，如：

你搭我一儕去　Nei da ng idhao ki.
為啥阿二怎樣苦　Ueisa haqngi sheqgang ku.

但例外是有的，太長的詞可分寫，如：

剃頭師傅　tidhei svu（也可以連在一起寫）

習慣上常在一起的，可以連寫，如：

看會　不必寫 koe huei，可寫作 koehuei，可當動詞也可當動詞，形容詞用。

看會會的人　koehueigeq ugin
讀書人　不必寫 dhoq sw，可寫作 dhoqswngin
纏七纏八　zhoecieq-zhoeboqgeq或 cieqzhoeboqzhoegeq

乙、動詞後面的附屬語連寫在一起，動詞前面的就不必連寫：

A.簡單現在式——我讀書　Ng dhoqsw
B.簡單過去式——他讀書哉　Li dhoqswze
C.簡單未來式——弟弟要讀書(哉)Dhidhi iao dhoqsw(ze)

（待續）

　縣長報告中透露了一些消息，說在本年度全縣三千六百九十五名壯丁名額之外，又有增加四百十餘名的話，大致是增加百分之十一。在經過全縣的極大騷動而原有名額尙未徵足的時候，突然聽見了這句話，豈不要跳起來。徵兵問題，參議會是無權主張的，但是代表人民問問是可以的。經本人當場提出口頭質詢，爲何本年度徵兵原額尙未徵足，又要增加，所增加的是否可以移充下年度的配額？據縣長的答覆，透露着，這是預備作爲省保安隊的編制用的。這一點是否與兵役法符合，須要法律專家來解釋了。且看以後的實行如何罷。

　併區問題會提出而遭緩議。原定想把吳縣九個區改併爲五個區，如其實行不免又要聯帶發生區名問題，區署設置問題種種的糾紛了。爲了東西山合併，西山參議員已提出了改名爲洞庭區的意見，又反對將西山置於東山之下而希望直隸於縣府等。本人對此是不反對。後來決議不併了最好。緩議的原因，是到了六月底，大概區的一個階段要完全撤銷了，將來鄉鎭將直隸於縣政府了，所以想省一些事罷。

　撤併鄉鎭，至今還有幾種主張爭持，不會解決，重新提到參議會裏來討論，這些似乎無關一縣的大局，無論怎樣，總應當有一個解決的辦法的，併東也好，併西也好，能少一些爭論最好。

　私校立案問題，本人提出了一些意見，因爲按照部定章程私校立案應有一筆現金存儲於銀行，以作保證。可是現在幣値不穩定的時候，盡人皆知，將錢久存，過了若干月日，數目猶是，而目全非，假使不能收回來的話，等於付之流水。有心辦校的人熱心教育事業，不一定是豪富戶門。能多一些錢多辦一些校中設備，豈不較存而不用更好？爲什麼將款存在銀行眼睜睜逐漸化爲烏有，毫不能保障學校的經濟呢？這實在是件苛政。而且爲了立案的手續繁重遲緩費時，往往依照部令繳存的基金等，得呈文上達鈞聽，已越二三個月，規定的基金數目已經調整過了，這時便打官話批令依照新標準補繳，甚至批文下達補足數目的呈文轉上去，基金又已調整過了。這些情形竟至窮年累月猶無結果的，豈不是一種滑稽而又痛苦的事情？所以在這一次參議會上提出了一個議案，希望上達教育各級機關，希望能放寬一步，讓立案人已照呈文時的規定徵足之後，不必再令補繳，免遭無謂的意外損失。間接獎勵私人興學，在情理上說，也是應該這樣辦的。

新文化 與 新文字

——介紹東山話的新寫法——

•王知更•

（上）

我們拿五四以後的中國文化和五四以前的一比，顯然大不相同。過去所謂「文化」（狹義的）不過是士大夫階級的專利事業，現在終算是大衆的了，可是還不是眞正的大衆的，因爲我們同胞中間還有百分之八十的人是不識字的。

我們要知道，我們會搖搖筆的所寫的還不是我們自己的說話，也不祇是「强蘇牌」（白）」，也不祇是「强上海」，而是「强官話」，藍靑官話，何況這種方塊的文字有幾千塊，要忙着做「生活」的人去學起來，不是要他的命嗎？有些人出空了身子辛辛苦苦的學完了千字文，可是用起來就這個不知道那個不曉得了。

因此中國的文字使幾千年來成爲士大夫的專利品，幾千年來跑得進衙門的至少要穿一雙破靴。而不懂文字的窮檻的就只好被欺騙被凌辱了。

下面便是介紹給你們一種最快只要三個鐘頭就學得會的文字，因爲用拉丁字母拼的，所以叫做拉丁化新文字，英文也是用拉丁字母拼的一種，用這些字母就可以寫江南所有的土話。

〔一、字母〕——江南話拉丁化方案一共有三十二個字母；合上軟音字母及促音符號共三十九個：

a（矮） ao(奧） b（不） bh(勃） c（次） d（德）
dh（奪） e（哀） f（拂） g（革） gi（基） gh(掰）
ghi(其） h（合） hi(姨） i（衣） j（衣） k（克）
ki（氣） l（勒） m(姆，嘸）n（納）ng(五，兀）ngi(尼)
o（啞） oe(安） p（潑） q(促音符） r（兒） s（思）
sh（自） t（脫） u（烏） v（佛） w(圓唇符號) x(黑)
xi（喜） y（迂） z（子） zh(池)

（上面所治音都是東山音）

所謂軟音是g,gh,k,ng,x,h這六個父音開頭跟 i 及y併起來的時候，轉變成下面的樣子：

gi(基) ghi(其) ki(氣) ngi(尼) xi(喜) hi(姨)
gy(居) ghy(巨) ky(去) ngy(女) xy(許) hy(雨)

如欲併原音，則以 j 代替i如gj（甯波音干字）kj（甯波音看字）

〔二、帶鼻音母音〕——有三個，即：ung(翁)ang(嬰）ong(盎)

〔三、發音的部位和方法〕——我們可以把它他們列成一張表：

a b c	發音部位名稱	母音				父音										
		母音	圓唇音	蒸顎音	鼻母音	摩擦音		摩擦破裂音			破裂音			破裂摩擦音		
						吐氣清音	濁音	斂氣清音	吐氣清音	濁音	斂氣清音	吐氣清音	濁音	斂氣清音	吐氣清音	濁音
d	兩唇音	u	u		ung		hu	m		m	b	p	bh			
c	齒唇音	u				f	v									
f	齒舌音					s	sh							z	c	zh
g	齒齦舌尖音							n l		n l						
h	上顎舌前音	i	y	e		xi	hi	r		ngi r				gi	ki	ghi
i	上顎舌背音	e	oe	ae												
j	舌後音	eq				x	h			ng	g	k	gh			
k	舌根音	a	o	e	ang											
l	喉頭音	a	ao	ao	ong											
	1	2	3	4	5	6		7			8			9		

家山之戀

上官父

六·梅龍鎮

夜在上海是活躍的。

都市的繁華，在日間是市場的喧鬨，馬路的擁塞，電話的繁忙，貨物的流通交織而成。到了夜間，便是餐館，電影，戲院，劇場，舞場，妓院以及各種各式的娛樂場所形成了一個大銷金窟。牠的內容是飲食男女；牠的外表是聲色犬馬。

戰後的上海，却缺少了犬馬兩項。跑馬場與跑狗場相繼停頓，許多善於奔跑矯捷迅疾的名馬名狗，保持紀錄，打破紀錄，成爲人之驕子的。一個個垂頭喪氣，潦倒困頓，英雄無用武之地。大概是戰後世界食粮缺乏，人們便沒有這些閒情逸趣，將許多高貴粮食來供養這一批游手好閒搖尾乞憐的畜生了。但是，八個字中，共餘六個字是依舊有效的。

葉鳳珍今天晚上，答應了劉慧珍的邀約，要到靜安寺路上的梅龍鎮酒家去吃夜飯，在準備出發的當口，腦中便發生了上面許多的幻想。

今天的晚餐，劉慧珍雖沒有明說約誰，料到一定有徐道恆同他的朋友吳友松在座。而葉鳳珍也在有意無意之間默認着這一個事實，並沒有像平常一樣提出堅決的預先拒絕。所以劉慧珍高興得了不得。他在電話上告訴徐道恆說今天的一餐，是很大的面子，你要告訴友松，不可錯過機會，必須抓住牠。再對他說一聲，葉小姐是規矩人要認眞的，不可隨便的說笑，須得放尊重些，給人家一個好的印象，千定千定』。徐道恆含笑囘答說『曉得了』。

梅龍鎮是一所新式的小吃川菜館，牠並不沿靠馬路，反而是藏在公路裏面的，牠也沒有樓座。經理是一位演過話劇的女子，以新穎的方法佈置一個美麗的餐館，有金碧輝煌的古黃式大廳，牆壁上懸掛着有名人書畫。侍役應酬週到，菜肴製味精妙。不膩不淡，不繁不簡，亦古亦今，亦中亦西，恰恰迎合了上海人多數的心理，因此坐客常滿門庭若市，牠的生意，勝過了許多老牌巨型的酒樓，立於長盛不衰的地位。

六點鐘不到，徐道恆吳友松兩人便已先到了梅龍鎮，在很少數的房間中佔了一間。一面打了個電話給劉慧珍告訴他房間的號數，請他們同葉鳳珍早一些來。囘到房間裏，兩人便先點起菜來。吳友松問徐道恆，你知道葉小姐歡喜吃些什麼菜？徐道恆笑道，我也不知道呀。吳友松沒法，只得專揀時新而高貴的東西，應有盡有的寫了七八味，那代價却已超過了平常的藝席以上。吳友松點好了菜又向徐道恆道，你怎麼對葉小姐的事情一些也不知道，你們不是常在一起的麼？

徐道恆道，那裏的話，葉小姐從來也沒有同我們吃過一次飯。偶而一同去看看影戲，有時到公園裏去坐上幾個鐘頭，一共也不過三四囘而已。今天他肯到這裏來，確是不可思議的。

吳友松搔搔頭道，大概他是因爲劉小姐的關係情面難却，所以不得不來吧。

徐道恆搖頭道，我看不然。恐怕這一次倒是他對你很有意思呢。你要知道，一般女子的態度表示，與男子絕然不同，倒很有些外交家的意味的。他對於男子的要求，他要是嘴裏說可以考慮考慮，這已是完全贊成的意思。他若是嘴裏說不好，而面帶一些笑容，這件裏也已有了六分的把握了。他雖然一本認眞的斷然拒絕，還是有商量的餘地的。除非是絕對海派，或者說過份自由的女子，他們的性格，已與男子無甚差別，直截爽快，是便是，不是便不是。那是另外的。

吳友松笑道，照你說起來，你們劉小姐便是絕對海派的女子了。你的話，我不敢相信。

徐道恆道，不信便不信，等着瞧罷！

將近七點鐘，許多客人陸續的進來，花香鬢影，都是些時髦的人物，男男女女，充滿了青春快樂的氣象，好像都是美滿人生中間的美滿人物。嘻嘻哈哈，既沒有憂慮，也沒有煩惱。眼前所有的是享受，是健康，是快樂，是幸福，是一幅歡喜的美景。

吳友松等了有一小時了，看見吃飯的人已佔滿了大部份的桌子，劉葉二人尚未到來，心中不覺有些焦急便走出房間，立在走廊裏守候着，他注意着進來的每一個客人，其中也有許多熟人在內，不免隨時招呼一番。

正在等得焦急的時候，只見劉慧珍在前，葉鳳珍在後，兩人連袂的走進梅龍鎮裏來了。

（第六章未完）

紅甘齋日記（十一）

紅甘齋主

三月三十一日　星期日　晴

今日爲到行後第一個星期日，似有新鮮之感。惟如何安排節目，頗費周章，假期消遣，固以輕鬆有趣爲主，惟値此生活艱難之秋，經濟第一，應爲阮囊羞澀如我輩者所奉爲圭臬。

一週來枯坐寫字檯上，十指辛勤，兩目酸痛，誠與閒居生活大異，遇此佳日，頗欲一舒身心，決於上午逛馬路，自外灘循大馬路西行，江風微拂，自背吹來，麗日明煦，有暮春氣息。未抵惠羅公司，有古董店焉，店主係西人，雜玩多玉質，羅陳玻璃櫥內，中有神軸一，頗不協調，蓋此神軸卽吾山所稱「尊頭」，均係祖先遺像，每屆年初，爲子孫者張掛供奉，以示敬崇，彼古董店所懸者，不知來係何家，諒家有不肖子孫，竟以祖先面目，出售洋商，藉博微利，可嘅也已！

據聞美人對此類神軸頗具興趣，來華者不惜以巨金購歸，懸諸壁間，以爲名貴點綴，儼然一幅油畫人物，美人之好新奇者，往往如此。

日來街頭難民劇增，都係戰區來此，敗絮一襲，扶老攜幼，乞求於馬路之中，不忍卒覩，若輩本屬小康之家，以戰火毀家，流離至此，市府近以難民日增，爲消極抵制計，倡導「不給錢運動」，余雖無力倡多給錢主義，但於此舉，深感多事，亦且不仁，蓋難民之爲難民，非出自願，戰爭使然耳。然則戰爭何自來？今若輩見難民之顛沛，不惟不以同情待之，且視爲都市累贅，更從而倡導「不給錢運動」，誠有乖人道矣！

雖然，余今日躑躅街中，尾隨不捨之乞孩，不下十數，亦未嘗施捨一文，此非予有意奉行「不給錢運動」，實深自知與難民猶五十步與百步之比，余一日所得，僅能供一己溫飽，縱有昔數之心，奈無施捨之力，抑有進者，今日一根油條，亦須五分大洋，苟以一分買得乞者一笑，不如不給。

下午忽起非分之想，決赴逸園跑狗場一賭輸贏，舊地重遊，人聲鼎沸，彷彿置身夢中，余勝一券，係屬「播司脫」者，聞常居第一，詎果冷門爆出，適得倒戳第一，而一犬名「顚司脫」者，竟佔鼇頭，世事之顚倒，往往如此。惟有無做手，不無可疑。敗興出門，余將立誓永不再作此賭博性之消遣。

四月二日　星期二　晴

今日有一事不可不記者，卽予以檢券疏忽，竟以賠錢開矣，賠抵之數！適爲予一日所得，雖非鉅額，要亦「硬傷」，誠有搶天呼地，百身莫贖之感。

鄰座王小二君見之，感從中來，爲作銀行打油詞，調分甜、酸、苦、辣四章，錄之如下：

甜：「金飯碗，不虛傳，
十人聽了九人歎，
一年到頭有吃喝，
『加薪』『獎金』化不完，
啊呀呀，眞正甜！」

酸：「這年頭，生活難，
什麼東西不要錢？
津貼還風龜兔走，
心中好似滾油煎，
啊呀呀，眞正酸！」

苦：「點鈔票，眞辛楚，
一年誰知點幾許，
人家豔羨鈔票多，
鈔票雖多我何補？
啊呀呀，眞正苦！」

辣：「等拿錢，恨出納，
都說出納手段辣，
一家老小全靠我，
吃了賠賬誰來貼？
啊呀呀，並不辣。」

今日原定赴大光明看「隴上春色」，決定取消。既返寓，悶悶不樂，尋思檢券終非善計，收入不豐，猶其餘事，一旦有錯，既賠錢，又貼工夫，思至此，嗒然若失。

大兒來信，迄未從復，趁此長夜，原擬寄二三行，惟家用尙待發薪，將何以對乎？俗謂「家書抵萬金」，竊爲不然，凡吾作書，縱字字珠璣，亦難療一家人饑也。

孤燈獨坐，隻字不成，細味大兒來信，中有：「家裏的米又完了，但是我們天天要吃，！」「人家都說你很得發，……滙在鈔票間裏……鈔票堆得像一堵一堵牆頭，……爲什麼不撤兩堆來呢？……」「你的錢一到，我們可以買幾十擔米，就可以變富翁了。」凡此數句，俱有驚心奪目之妙。何大兒之不懂世事也至此！

俞事作

（一）

天寒歲暮，倚門望子歸。
奈何得山高水迢，母心焦！
但望見，阡陌靜悄悄，
昏鴉空噪，一聲聲叫得母心苦。
苦心望斷江南。
江南路漫長，男兒可在途上？

一個女人

石其瑤

昨天正在吃晚飯的時候，天悶熱得要命，忽然走進來了一個女人，看着她那汗流氣喘的樣子，就知道她是走了很多的路了。

她用袖管擦了一擦汗，一面撩起她那破衫當扇子搧，一面在打量着我們，向我們打聽她所要找的人。

她所要找的就是我的母親，原來她和我母親還是小時候的好朋友呢！

母親給她倒了茶，叫她坐下來休息一下，和她談起了離別了二十多年的生活。

她坐下了，注視着母親，於是她帶着悲哀的嘆息的聲調，訴說她二十年來的血淚史。

二十年前，她被她的母親送到了鄉下很荒僻的一家人家做了養媳婦。每天東方剛露出了銀灰色的時候，她就起身，一切普通鄉婦所要做的家務事，從她十四歲那年做了養媳婦起，就由兇狠的婆婆把這份沈重的担子，全部壓倒了她的肩上，十五歲那年她的担子又加重了，要耕田、種菜、看豬、看羊……她從沒有怨恨和咀咒，因爲她以爲這是命運裏注定，沒有方法避免的，她只有每天從天亮起更加努力工作，看着婆婆鐵青的面孔，忍受着婆婆刻薄的辱駡。

十六歲那年，她結婚了，雖然像人家說的「養媳婦併親」那樣出乎尋常的簡單儀式，可是在她已經很滿足了。她想，從此她的生活可以稍微好些了。誰知一天天時光在轉變着，她的生活也一天天的在轉變着：

一個個孩子接二連三的出了世，在她三十歲時，她已是五個孩子的母親了。負担一天天的加重，她的身體也就一天天在瘦弱下去，後來連她最畏懼，最相信，而在家中待她最好的丈夫，也在欺侮她了——服侍的不週到要駡，孩子吵鬧了又要被駡。

有一次她病了，她的丈夫見她睡在牀上，還沒有起來，小的孩子哭，大的孩子吵，他生氣了，他說：「又在裝病，還不如死了好，我看你是在想死了。」她沒有作聲，只有哭泣，而他還不能諒解她，還在繼續的駡着。

終於這次她反抗了，這是她第一次的回嘴。「要不是你在想死，怎會變的這樣粗暴！」恰巧那時婆婆從門口經過，聽見這話就走進來，於是一把鼻涕，一把眼淚的哭着：「你要咒死我的兒子啦！看他死了對你有什麼好處啊！你這個沒良心的人呀！」她於是一聲也不敢響了，看着她的婆婆和丈夫一搭一檔的駡着走出去。

偏巧沒多天，她的丈夫眞的生起病來，她後悔那天爲什麼要說氣話！她每天每夜爲着她丈夫的病體祈禱着，可是不但沒有轉好，反而一天天的沈重；在一個月後她的丈夫終於拋棄了一家人「走了」——永遠的走了。

她說到這裏，眼睛溼潤了，眼淚像小溪似的一直流到了她的胸前，我們也在爲她洒下同情之淚。

後來她的婆婆無事生非的和她吵，吵起來就哭着喊：「你咒死了我的兒子啊！」不到一年婆婆也死了，爲棺木喪葬費，把僅有的二畝荒田也賣了。

從此她的家境更難維持了，賣的賣光了，吃的要吃，她現在只好跟着別人跑單幫，把五個孩子留在家裏。她從山浪販了東西到上海去賣，再販些上海的日用品回來。不論風雨的，她都要每天拖着疲勞的身體跑來跑去，而所賺的幾個錢，還不够五個孩子吃粥呢！

最後她對母親說：「姑奶奶，我眞不知道怎樣好，物價這樣貴，社會在逼我走上死路，我知道我不能再撐下去了！」

母親勉強擠出了一句話：「你不能，你還有孩子，你要活下去！」

大家望着這黃瘦的矮小的女人，沒有一點聲響。

兵役風吹入了鄉村

•徐元焜•

阿大的爸爸今天又在發牢騷了，紅色的臉上，彈出了紅筋攀滿的眼珠，一陣陣的酒氣，使人知道他吃得很多了，一枝已經傳了幾代的旱烟筒，很不調順地在噝着它的氣，一隻已經顯現着焦褐色的竹椅子，不堪它主人的壓力，時時在嘰咕着它的疲勞。

今天確實使阿大的爸太不高興了，×鄉長的官話，太不和貧苦的鄉民想想。

「他媽的！人家的兒子，變得這樣大，要受你們的支配，怎麼不出米，便要抽籤，出了錢，便可以買命，怎麼是人民的代表？怎麼是應盡的義務？怎麼是爲了國家？怎麼是爲了民衆？這無非都是在造成人家升官和發財的機會，這不是在和少數有錢人做事嗎？

他媽的！鄉長！盛氣活現，還算是鄉民的代表，怎麼是民主，怎麼是鄉民大會，這不是在召集了鄉民在訓話嗎？這還不是在攤派捐米嗎？要錢嗎？他媽的，這種日子不是在要我們小百姓的命嗎？」

這一連串的話，把正在窩着小孩睡覺的阿大嫂嚇醒了，她放鬆了孩子的身體，輕輕地離開了牀舖，蓬鬆的頭髮，蠟黃的面色，使人一看就知道她因爲生活鞭子的不放鬆，使她失去了少婦的健美，她有力無力地問着阿大的爸，壯丁的事情，究竟怎樣了？

「還不是嗎？今天召集了鄉民大會，還不是在攤繳壯丁米嗎？明天是最後一天的限期了，據說：那一家繳不出米，便把那一家抽去，我家所剩在缸中的米不知道還滿五斗嗎？×鄉長說：我鄉的戶口少，所以每個及齡壯丁，至少須繳一石以上，不及齡的男子，亦至少繳納三斗哩，限明天先繳出法定的五斗和三斗，其餘不足的數目。在這三天中再通知繳納，他媽的，鄉長的臉色，眞盛氣呀！誰敢說一個「不」字，還有代收壯丁米的那家店舖，眞可惡極了，據隔壁的阿林說：他今天去繳米的時候，那家店舖非但用了大於普通的斗斛量入，並且還要在手內用力哩，沒有一家繳去的米不要少到一成半，眞可惡，刀口上舐血，人家要命，他們發財，這一班殺人不用刀的魔鬼，到幾時是他們惡貫滿盈的日子。」

阿大嫂微微地嘆了一口氣，眼淚盈盈地走進了她的臥室，牀上的孩子，無憂無慮地正睡得很酣哩，阿大嫂很不放心地瞧了一眼，便沉入了他的思潮中了。

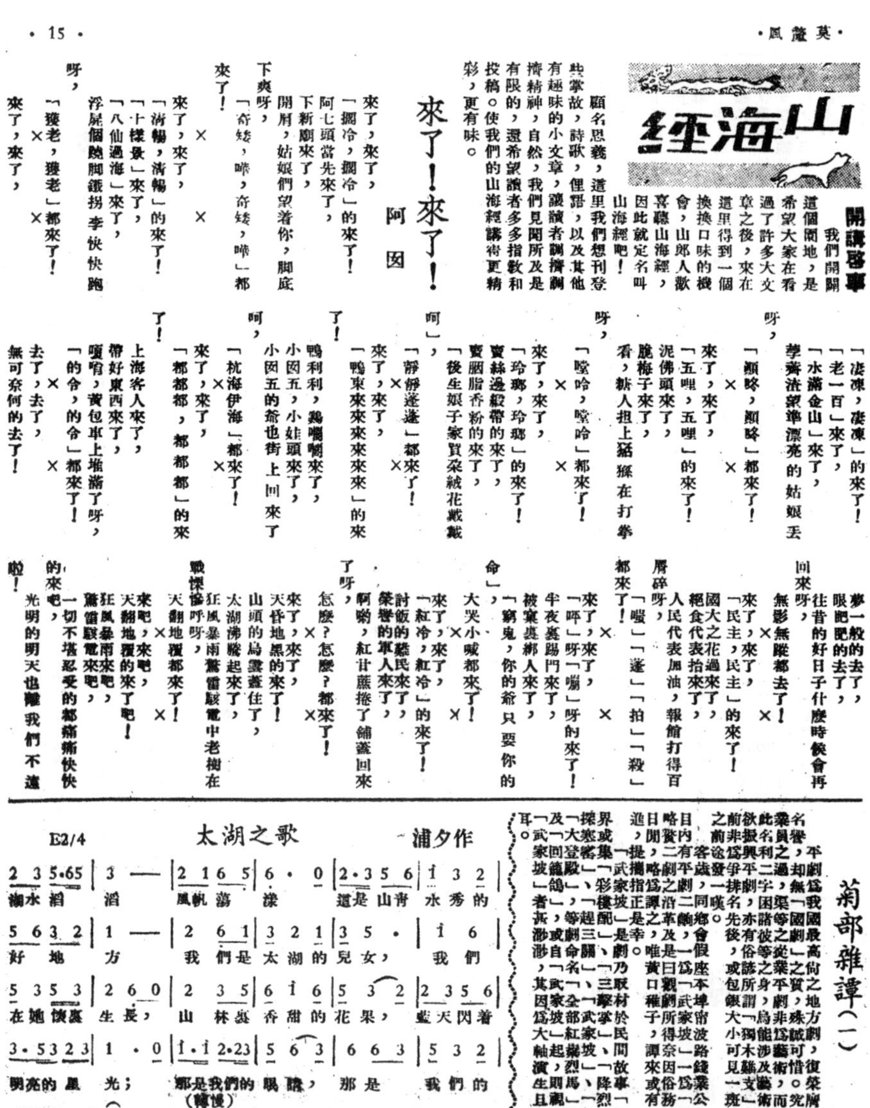

山海經

開講啓事

我們開闢這個園地，是希望大家在看過了許多大文章之後，來在這里得到一個換換口味的機會，山郎人歡喜聽山海經，因此就定名叫山海經吧！

顧名思義，這里我們想刊登些掌故，詩歌，俚語，以及其他有趣味的小文章，讓讀者調劑調劑精神，自然，我們見聞所及是有限的，還希望讀者多多指教和投稿。使我們的山海經講得更精彩，更有味。

來了！來了！

阿囡

來了，來了，
「擱冷，擱冷」的來了！
阿七頭當先來了，
下新廟來了，
開屑，姑娘們望着你，脚底下爽呀，
「奇矮，啡，奇矮，啡」都來了！
× ×
來了，來了，
「消暢，消暢」的來了！
「十樣景」來了，
「八仙過海」來了，
浮屍個蹺脚鐵拐李快快跑呀，
「獲老，獲老」都來了！
× ×
來了，來了，
「凄凍，凄凍」的來了！
「老一百」來了，
「水滿金山」來了，
學薺浩望準漂亮的姑娘丟呀，
「顛晗，顛晗」都來了！
× ×
來了，來了，
「五哩，五哩」的來了！
泥佛頭來了，
脆梅子來了，
看，糖人担上猢猻在打拳呀，
「嗡哈，嗡哈」都來了！
× ×
來了，來了，
「玲瑯，玲瑯」的來了！
賣絲邊緞帶的來了，
賣胭脂香粉的來了，
「後生娘子家買朵絨花戴戴呵」，
「靜靜蓬蓬」都來了！
× ×
來了，來了，
「鴨東來來來來來來」的來了！
鴨利利，鷄嘓嘓來了，
小囡五，小娃頭來了，
小囡五的爺也街上回來了呵，
「杭海伊海」都來了！
× ×
來了，來了，
「都都都，都都都」的來了！
上海客人來了，
帶好東西來了，
嗄哨，黃包車上堆滿了呀，
「的令，的令」都來了！
× ×
去了，去了，
無可奈何的去了！
夢一般的去了，
眼肥肥的去了，
往昔的好日子什麼時候會再回來呀，
無影無蹤都去了！
× ×
來了，來了，
「民主，民主」的來了！
國大之花過來了，
絕食代表抬來了，
人民代表加油，報館打得百屑碎呀，
「嗡」「蓬」「拍」「殺」都來了！
× ×
來了，來了，
「呼」呀「嘣」呀的來了！
半夜裏踢門來了，
被窠裏綁人來了，
「窮鬼，你的爺只要你的命」，
大哭小喊都來了！
× ×
來了，來了，
「紅冷，紅冷」的來了！
討飯的難民來了，
榮譽的軍人來了，
啊喲，紅甘蔗捲了舖蓋回來了呀，
怎麼？怎麼？都來了！
× ×
來了，來了，
天昏地黑的來了！
山頭的烏雲蓋住了，
太湖沸騰起來了，
狂風暴雨驚雷駭電中老樹在戰慄慘呼呀，
天翻地覆都來了！
× ×
來吧，來吧，
天翻地覆的來了吧！
狂風暴雨來吧，
驚雷駭電來吧，
一切不堪忍受的都痛痛快快的來吧，
光明的明天也離我們不遠啦！

太湖之歌

浦夕作

E2/4

2 3 5·65 | 3 — | 2 1 6 5 | 6 · 0 | 2·3 5 6 | 1 3 2 |
湖水 滔 滔 風帆 蕩 漾 這是 山青 水 秀 的

5 6 3 2 | 1 — | 2 6 1 | 3 2 1 | 3 5 · | 1 6 |
好 地 方 我 們是 太 湖 的 兒 女， 我 們

5 3 5 3 | 2 6 0 | 2 3 5 | 6 1 6 | 5 3 2 | 2 3 5 6 |
在 她 懷裏 生 長， 山 林裏 香 甜 的 花 果， 藍 天 閃 着

3·5 3 2 3 | 1 · 0 | 1·1 2·23 | 5 6 3 | 6 6 3 | 5 3 2 |
明亮的 星 光； 那是我們的 眼 睛， 那 是 我 們 的

(轉慢)

3 5 3 | 6 — | 3 2 | 6 · 0 | 2 1 | 3 · 0 |
希 望！ 狂 風 啊， 停 息 吧！

2 3 5·6 | 3 5 3 | 2 · 0 | 5 3 | 6 · 0 | 1 6 |
讓那 漁 舟 早 點 歸 來， 陰 雲 啊， 散 開

5 · 0 | 2 3 5·65 | 1 3 2 | 2 3 5 6 | 3 2 1 | 1 0 ‖
吧！ 讓那光明的 太 陽 照 在 我們 臉 上！

菊部雜譚（一）

無之

耳「及「操界　進日略目　之前欲此業名
○武「大塞或　，閒資內　前非振名員譽
家回登客集「提，二有客途爲興利之，平
坡籠殿」「武攔略劇平歲發爭平二過却劇
」鴿」、彩家指爲之劇，一排劇字，無爲
者」，「樓坡正譚沿二同嘆名，困渠「我
兵，等趕配」是之革齣鄉○先亦諸等國國
渉或劇三」是幸，及，會　後有彼之劇最
渉自命關、劇○唯是一假　，俗等從」高
，「名」「乃　黃曰爲座　或謗之業之尚
其武「、三耿　口觀「本　包所身平質之
因家坌「擊材　稱劇武埠　銀謂，劇，地
爲坡部武掌於　子所家㡷　大「爲非殊方
大」紅家」民　，得坡波　小獨能爲誠劇
軸起樂坡、間　譚奈」路　可木涉藝可，
演，烈」「故　來因一錢　見雛及術惜復
生則馬、降事　或俗爲業　一支藝，○榮
且稱」「烈「　有務「公　斑」術而究腐
之時演算馬紅　失雖四會　○之者乃之「
對間出軍」桑　策身郎舉　至感耶爲原國
唱之！蟲、烈　之，探行　耽，，餬因劇
戲夠或」「馬　處延母聯　，觀縱口，」
似否劇、投」　，至」歡　不之其或乃之
嫌爲去「軍之　倘今，大　禁諸中名爲名
太之「回別中　希日久會　爲名有譽一，
單，採籠客段　同，欲，　「伶一計般然
翻大塞鴿」者　鄉儉製餘　國之二也平雖
之軸客」、，　諸得稿興　劇登名；劇得
故演」、「伶　先半，節　」台譽有從此

太湖兒女 (7)

·何遜·

東山小學順利地成立了。四個清勁的字——「東—山—小—學」出現在大街的牆上，不用說這是叔芬的手筆。古老的朋琴堂大廳，現在年輕了不少，絃歌聲聲，充滿了朝氣，這裏是許多來自城裏的失學兒童的樂園，他們的家已經在敵人的管轄下，雖然是小難民，但是並不稍減求學的熱誠。

自從敵人在金山衛登陸之後，京滬、滬杭線的軍事急轉直下，青陽港的防務等於虛設，變成了馬其諾防線第二，城廂的失陷，使東山成了孤島，南面隔着一片湖水，敵人的炮火、炸彈，沿着湖岸向西，每天早晨起，轟炸的震力，使房屋格格作響，使誰都意識到死亡的來臨就在不遠，如果你登高南望，就可看到一片烟火，延燒在土地線上，原來這是敵人鉗攻南京的戰略路線之一。

誰會不感謝這一片浩渺的湖水呢？他把我們從烽火之中，隔離了開來，誰能否認東山不是一個洞天福地呢？你看當江南一帶生民塗炭的時候，這裏却是一個難民的樂園，東品香的糖、雨花台的萃香泉水、同樂社的品茗，絲毫沒有一些火藥氣味。

尤其令人驚奇的是學術風氣的丕變，使東山躍過了半個世紀，中學設立了，小學更如雨後春筍，拿東山小學說，一個大廳容納了百來個小孩，黑板和油印機不斷地製造着學生的食糧，口琴代替了風琴，傳播着流行的歌曲，吹奏者正是赤青，也就是東山小學的教導主任。

赤青的姊姊也是一位能幹，練達而且熱心的小姐，雖然她得主持一個家庭，但是仍沒有忘記公衆的事務，像圖書館以及和東山小學都少不了她，在姊妹羣中，無疑她是一個領隊，帶着上海音的東山話，使她的辯才更形優越，一種雍容大方的態度，是她擅於交際的本錢。

「您姓？……哦，原來是×先生？久仰久仰……」當你初次見她的時候，她就會來這麼一套，而且非常自然。

教導室設在花廳裏面，雕得精緻的窗櫺，五色繽紛的玻璃，充分顯得古色古香。自從小學開設以後，這裏是許多青年的聚會處，尤其在夕陽西下，學校放學的時候。

是一個星期六的傍晚，花廳中照例是集了一堆人，他們在閒談着——

「赤青，想不到你也教起書來了。」

「哦……」

「教書的滋味怎麼樣？比戀愛要苦悶得多吧？」

大家笑了，要熱鬧終少不了小黑子。

「粉筆的味道，也還不錯，只是淡了一點，可是淡並不是不好，水、空氣，都是挺淡的，然而誰都少不了牠。」

「聽說你已找到對象了。」

「誰說的？這年頭兒亡國就在眼前了，還談什麼對象！如果說我有對象的話，也許我的對象是——」

「不要吞吞吐吐，快說！」幾個人同時逼着他。

沒有回答。

「快說！快說！」

「是——話劇。」

這回答顯得奇突，然而有幾個同學是知道底細的，他們明白亦青的話並不是說謊，只有小黑子以爲他在弄玄虛。

「快別聽他的鬼話吧！讓我來公佈一下，亦青的對象還在天邊，近在眼前，就是住在××弄××堂的蕎司×。」

「小黑子，請你別造謠。」

「我造謠就不得——」

「不用罰咒，講下去！」大家急於要知道一個消息。

「那是我親眼看見的，有一天傍晚，亦青和蕎司×在竹根嶺的一塊石上談情，居然還帶了口琴，簡直是夫唱婦隨。我看得不勝羨慕，然而又不便驚動他們，所以就溜走了。我還記得這是七月十三日下午六點十分。」

莫釐遊誌（十八）

明照

循道折回，沿途修竹楊梅，連綿不斷東北行至翕塢之興福禪寺，梁天監二年，干將軍捨宅建，舊在山之東麓，唐時始遷於南，僧本清開山，明成化中，僧智勤重修，天啓嘉靖間再修建慧雲堂，今門鐫興福寺額，有似聯非聯句云：

興起慈悲心濟度，福緣善慶足圓成。

入門，見石塔矗立，高一丈二尺，四面鐫佛像八尊，首進有四大金剛塑像，二進爲慧雲堂，王鏊題慧雲堂碑，立於殿後，明嘉靖二十八年二月既望，文徵明撰書重建慧雲堂記文云：

佛之教以清淨寂滅爲道，以無爲爲有，以空洞爲實，至廬服食一切有形，悉爲幻妄，是宜其無所事事也，而祇陀太子舍園以立精舍，須達多長者，布金成之，所爲給孤祇園者，固佛之始事也，故其徒所至，必據名山，占勝境開基造寺，精嚴像設，以除其教，形宮紺宇，極其壯麗，不以爲侈；此非獨爲鐃梵經禪之地，而高人勝士，遊觀習靜，亦往往憩迹焉，吳之莫釐山，即所爲東洞庭山者，在太湖之心，延袤百里，居民聚落，棋布方列，中多佛剎精廬，湖山映帶，林木蔽虧，最爲勝絕，然與城市限隔，遊者必涉波涉險，非好奇之士，不輒至也，弘治壬戌，余與友人浦有徵，王秉之，汎舟出渡水橋，絕太湖而西，躡履以登，由百街嶺而止，始自翠峯，歷能仁，彌勒，靈源諸寺，延緣[illegible]登，轉入翕塢，至興福而次止焉，興福視諸剎爲劣，而松篁陰翳，流瀨淨琮，九峯迴合，寶字靚深，余顧戀久之，不能去，是夕，宿寺之慧雲堂，主僧勤公，老而喜客，焚香瀹茗，意將勤誠，余與二客，飲酣賦詩，蕭然宴寂，夜久僧定，寂無人聲，山月入戶，林影參差，恍然靈區異境；去是四十年幽棲勝賞，至今在懷，比余歸自京師，間詢舊游，則當時僧舍，俱已化去，堂亦就圮，僧待一葺之，旋葺旋壞，至嘉靖癸卯，壞且不存，嗣僧永賢，稍集田閒之入，衣齋之餘，極力起廢，艱難勞勸，踰年而成，棟楹堅降，甚稱宏敞，悉還舊觀，及是，賢以余有山門事契，因余故人子李脩謁文以記，且曰，寺昉於梁之天監，廢興之詳，具吳文定，王文恪二公記文可考，而此堂重建自宣德庚戌，抵今嘉靖戊申，百有二十年也，中間一再廢興，而莫有記之者，恐益遠而遂失之，願一言以書其事，以示後人，余維吾俗，歸信佛果，僧廬佛剎，在昔最盛，考之郡乘，不下千數，存者無幾，至於今摧毀益甚叢林巨剎，往往鞠爲茂草，而其徒視之，亦不甚惜，豈其人能以寂滅空幻爲性，以無爲爲道耶，夫惟有爲而後可以無爲，積實而後可以空洞，天下蓋未有無所事事，而能有成者，佛之道雖不可以我儒比倫，而棻之廢興，則皆有所備習而致，所謂精於勤而荒於嬉者，佛與儒同也，彼視宮室爲幻妄，棄成業而不葺，謂吾佛之道如是，則夫祇陀舍園，須達布金非佛教耶，爲是說者，漫爲大言，以自蓋其慵惰無能之愆耳，賢師不以空無自恕，而以有爲自力，賢於其徒遠矣，而所爲惓惓斯堂之葺者，豈獨鐃梵經禪之計，亦所以行其教也，余於釋典內文，多所未諳，而獨不欲以有爲爲吾賢師病，若夫遊觀習靜，雖非師之本志，而山門勝跡，固有所不可廢者，於是乎書。

弘治乙丑、王鏊興福寺山居記，文云：

一浮屠之道，有合乎吾儒之所謂靜何也，達磨而來，傳佛語心心，或搗焉、則安得而寂，或淆焉，則安得而清，或躁焉，則安得而明，是故亦有資乎靜也，靜斯定矣，躁矣，然後唯其所之，靜亦靜也，動亦動也，洞庭有湖山之勝，而恆患於偏獨，所謂翕塢者，窈然而深坦然而夷，長松撐天，嘉花異果，紛峙羅列，而興福寺，又據其勝，占其幽，勸上人又擇其巉絕之處，作山居焉，且暮焚修，終年蔬食，年且九十，而貌如少壯者，非有得於靜耶，若吾人之所治者，何靜而安，而廬，而得其紊講也，顧擾擾焉，日馳乎外，非名而利，有若勸之靜且專乎，是不能無愧於彼也，然吾有問焉，勸之靜也，惺惺然，專一之中其有所主乎，其無所主乎，有所主則倚，無所主則蕩，則所謂靜而定者，其亦難乎，故因其居之成，爲記諸壁，而因以問之。』

劉風翕塢興福寺建藏經閣記文云：

東洞庭有寺九，而翕塢之興福最名焉，成化間，僧思復與徒智勤等三四人，自法海來主是寺，以茲土所嚮植與所喜施，大興棟構，遂有殿台室宇，以述於今，日有崇飾，則其徒奉教惟謹，故克臻此。粤有僧某，來請予，以藏經久已散佚，今獲鳩集得完，欲建閣嚴奉之，惟賜之一言，樂成勝事，予惟佛滅度時，迦葉奉遺教以入靈鷲，已乃大結集，命阿難捴集顯其異端，簡正徵證，迦葉騰空自焚，作十八變，蛻骨於地，皆爲舍利，烟燼山澤，傳二十四祖，以逮達磨度江，爲此土初祖，其間諸菩薩所造論與僧祇互分，諸戒律及佛所說經名爲三藏，踰五千四百餘卷，予服習雖久，尙茫然無際，今藏乃有南北之分，其間稍有不同，宋元所藏，山寺多有存者，隨於廝僧之手，故往往滅裂之，爲人截去餘綠，此又非經之一厄耶，然予聞昔之集言者，多藏之名山川，寶不朽，然竟斯滅無遺，惟斯經藏，神物所守護，故其傳至今，無少失墜，雖經喪亂，及欲滅佛者，竟不能燬其一字，旋即復大興於時，此非佛之幾神靈德丕顯哉！今寺之綱維，尙能綜葺，使三乘十二分教六度萬行有能荷擔大法者，求之不遠而得，然聞前代，皆有譯經者證院，集諸僧傳譯梵文，是經在西土尙未盡來耶，今我斷自舊所傳無復益，亦無復耆宿語錄入藏者，是五宗十七五之後高峯天如外，遂無聞焉，將有智人深園不肯見耶，將墓魔方競，出以撓亂我法耶，予求法頗力。

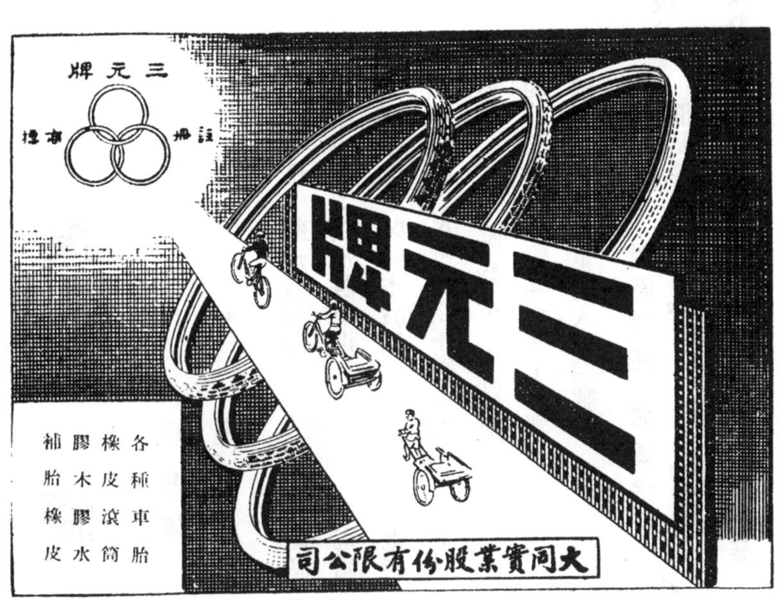

事務所：上海泗涇路七——九號

電話：一四九四二

廠址：上海眉州路三〇〇號

電話：五二二九九

吳縣縣銀行

定存活存　利息優厚　袖珍支票

攜帶便利　通匯各地　取費低廉

行　址：蘇州觀前街　電話：一四五四　一四五五　一四五九

閶門辦事處：蘇州西中市　電話：一四五二　一四三四

木瀆辦事處：吳縣木瀆鎮　電話：木瀆三號

東山辦事處：吳縣東山王衙前五號　電話：直接本辦事處

旅滬同鄉如有匯款至山請交

嘉祖錢莊　天津路五一弄十二號

立祖錢莊　北京東路八十一號

或請交　慶成錢莊　福康錢莊　振業銀行

順康錢莊　生大和記錢莊　通匯信託公司　轉蘇總行亦可匯款至山

本行專爲地方服務匯款免費限期送達迅速便利諸祈　賜教爲荷

第二卷　第十二期

破萬里浪

本刊為提高雨花播音台稿酬啓事

本刊自下期，擬擴充雨花播音台，增加鄉訊，以副一般讀者之需要，並增加稿酬，凡經本刊刊出之鄉訊，每條酬現金拾萬元，稿末請附通訊地址，以便將稿酬寄奉，盼讀者賜稿為荷！

本刊徵募基金徵信錄

本刊此次發動徵募運動，承諸位同鄉、同學，以及各界人士慷慨捐助，不勝感謝，茲將捐款人台銜公佈於后，惟有少數收據尚未交來，容後絡續公佈。

葉仲灝先生一千萬元　張勤賢先生一千萬元
盛大寶行二百萬元　朱　健先生一百萬元
蔣春元先生二百萬元　葉志浩先生五百萬元
慶大寶莊一百萬元　張紫綬先生一百萬元
朱潤生先生一千萬元　沈萊舟先生五百萬元
朱孟泉先生一百卅萬元　沈德振先生六十五萬
周紅瑜先生一百萬元　沈莘祚先生三百萬元
葉洪範先生一百萬元　翁棣生先生五十萬元
金尚儉先生一百萬元　周錫淳先生五百萬元
葉樂天先生五百萬元　萬耀震先生一千萬元
石信裕先生一千萬元　葉履彬先生五百萬元
鄭振華先生五百萬元　朱鳳石先生三百萬元

本刊第二次徵求讀者運動優勝榜

本刊此次舉行第二次徵求讀者運動，辱承各隊長協助，得能接近目標，茲將團體前三名及個人前三者優勝者列名於后：

團體　第一名　務本隊八〇〇〇分
　　　第二名　安定隊六三〇五分
　　　第三名　文昌隊五九五〇分
個人　第一名　席玉年四八〇〇分
　　　第二名　石奇峯三五〇〇分
　　　第三名　葉志浩二八〇〇分

總成績二六〇四〇分

本刊發行部啓事

啓者：本刊徵求讀者運動完成後，新讀者增加甚多，惟限於人力，寄發恐有遺漏，故如有不能按期收到者，請即詳函寄本刊查詢，以便補發，此致各位讀者。

東聯社福利組啓事

本組自去年與壽親義莊合辦給藥以來，雖杯水之獻，無濟大局，然故鄉少數同胞已得益非淺，故皆渴望本社能有始有終，克成善舉，今為擴大範圍起見，擬普遍至各鎮各鄉，俾任何人都能得到便利，竊念吾鄉素尚仁義之風，不乏慷慨解囊之士，伏望能與壽親義莊同具懷抱，捐輸各類藥品，以解救鄉民於貧病之中，本社自願克盡棉力。以符有錢出錢，有力出力之義，吾鄉仁義之士曷興乎來。

第二卷第十二期目錄

三十七年六月十五日出版

向莫中當局進言

隨着歲月季節的更易，莫釐中學已面臨一考驗的關頭，那就是莫中第一屆的初中畢業生，行將憑其所學轉入社會或進入其他高級的學校去了，莫中校董會方面三年來的慘淡經營，究竟有了若干收穫？王校長及全體教員三年來的循循善誘，究竟有沒有白費？莫中的家長對於子弟所費的代價是否化得值得？而三年寒窗下的幾十個學生，究竟得到了一些什麼？他們的成績如何？能不能和城中的學生並駕齊驅？如果不能，那末兩者之間的距離究竟相差多遠？這一切的一切，我們將在最近期內獲得答覆。

我們相信，如果你是一個愛護莫中，或者關心故鄉教育的同鄉，對於上面幾個問題，是一定極想知道的。

由於環境、設備、經費、以及種種方面的影響，我們不願以過高的水準期望於今日的莫中，何況「十年樹木，百年樹人」樹立一所良好的學校，原不是三年五年的事，不過無論如何，不斷地檢討，不斷地改進，是成功的不二法門，於個人如此，於學校也是如此，所以我們願意莫中當局，對於第一屆畢業生的成績，應該有一個詳細確實的統計，取其佳處發揚光大，取其缺點爲改進對象，那末以莫中諸校董對教育的熱誠，加上王校長埋頭苦幹的精神，莫中的前途一定是光明的，這是我們要向莫中當局進言的第一點。

莫中自創辦迄今，已將三年，而立案程序，遲遲未經完成，於此我們不得不憤慨於教育廳方面官場習氣之重，把有關數十個學生出路問題的大事，延宕擱置，漠不關心，實在有摧殘教育之嫌，現在莫中首屆畢業生，行將離校，文憑的頒發已在眉睫，這辦理立案的工作似乎已間不容髮，雖然立案是一件表面的工作，但在此「萬般皆下品，惟有文憑高」的今日，一張未經立案的學校所發的文憑，難免不影響學生的出路，所以我們深願莫中當局下一決心，在最近期內把立案的手續辦妥，庶幾對學生對家長有一交代，這是我們進言的第二點。

由於立案問題的未能解決，傳說莫中當局有增闢高中班之計劃，但願這僅是一個謠言，從任何一方面看，莫中在最近的數年中，還沒有具備改爲完全中學的條件，像經費，像設備，像師資等等，都是重大的障礙。

而且進一步講，在偏僻的東山，辦一所包括高初級的普通中學，是一件吃力不討好的事，而專門性質的中學，又種類繁多。何去何從，以乎非加一番考慮，難定取捨，爲莫中前途着想，爲東山教育着想，增添高級班，是一件太早的事，這是我們進言的第三點。

三年來的莫中，雖然是天天在進展茁壯之中，但是到過莫中的人，誰都有空虛的感觸，尤其是設備方面，似乎除了冷板凳教桌以外，空無他物，這對於學生是一種損失，對於學校是一個缺憾，如果校董方面有餘力增闢高中的話，倒還不如多拿些錢出來，充實已辦的初中，使教具完備；增進讀書的效率。

上期本刊中，一篇關於文昌小學學生赴蘇觀光的文章中，寫下了一位學生誤以汽車爲火車的故事，我們讀了之後，實在不忍，且亦沒有資格去訕笑這一位可憐的同鄉兄弟，因爲我們也是過來人之一，推而廣之，拿現在的莫中同學來舉例，其中怕還多着「兩耳不聞窗外事　一心祇讀聖賢書」這一類型的同學，儘管先生講了許多關於蒸汽機內燃機電動機的區別，可是誰能担保他見了火車不叫汽車，見了汽車不叫電車呢！從這一點上看來，充實設備，尤其是科學方面的儀器和標本，實在是莫中的當務之急，這是我們向莫中當局進言的最後點。

爲了表示一點對莫中的至誠關切，我們拉雜地提出了上面的四點意見，希望莫中諸校董先生王校長季緒先生以及故鄉諸先進有以教之。

花雨播音台

橫涇發生離奇血案
殺害坟丁棄屍麥田
麥田內奸夫揮刀　揣利刃姘婦傷臂

縣屬橫涇鎮西市梢范盛巷後面之陳家坟堂門前，（距鎮一里許），於前日清晨，突發生離奇血案一起，死者為看坟之弄蛇老者陳大，被人殺害後，用血衣包裹，拋擲麥田中，直待經人發現解視，但見刀傷縱橫，血跡殷然，早告不救，昨乃由地保劉吳氏，偕保長沈金虎，來城報驗，該案情節離奇，並涉及桃色糾紛，該管警所，並已根據線索，獲嫌疑犯多名，正在審訊究中，茲誌情形如下：緣死者陳大保，東山人，年已五十六歲，綽號小麻子，向在橫涇一帶，捕蛇為業，顧以生活淪倒，卽住陳家坟堂內看坟，並賴村鄉周濟，勉渡生活，死者平日，為人忠厚爽直，以是人緣頗好，數年前，結識當地婦人陳陳氏，（四十六歲）者，未幾，卽告同居，唯以陳氏水性楊花，不安本份，不久又與同屋之沈泉福，發生曖昧，對待陳大，自不若初戀時之有說有笑，醜事四播，陳早探知，認為公開之秘密，此次案發之後，衆議紛紛，咸指沈泉福，陳陳氏有通姦謀殺之重大嫌疑，並歷述沈泉福，平日為人奸險及行為不檢之處，乃經該管警局巡官周政，率警親往踏勘，將陳陳氏，沈泉福，先後扣押，旋又將涉嫌之同居村民許阿五，（五十八歲，東山人，撐船匠）張佩生（五十七歲，常州人，捕蛇）一併拘所訊究，訊後，沈泉福狡猾，供詞對兇殺一節，稱毫不知情，但謂泥塔里村之朱順卿，頗有嫌疑，乃又將朱順卿傳所後，朱稱，沈泉福因常來村中偷雞，屢遭朱順卿干涉責罵，因此懷恨誣指，朱年邁力衰，決無此事云云，乃經橫涇鎮長胡組欣出具證明後保釋，涉嫌之四犯，解城總局核辦，地檢處方面，派員蒞驗，驗得死者陳大，身穿青布破棉襖，青布短衫，下穿青布破夾袴，白布罩袴，足穿草鞋，面麻，身長四尺七寸五分，膀寬一尺，胸高五寸，仰面，面色黃，全身腐色黃，兩眼胞開，口鼻有血水流出，上下牙齒不全，左手散，右手握拳曲，肚腹平，兩腿伸，右腳屈，左腳伸，面腐色黃，右背部有刀戳傷處，一斜長一寸一分，寬二分，深透內部，皮肉哆破開，流血甚多，戳道有糞污，保生前被刀戳傷右背部，流血過多身死，嫌疑兇犯死者妻陳氏，及其姘夫沈泉福，暨同居蛇丐許阿五，張佩生等四名，昨由該管齊局解送來城，陳陳氏並坦白供認與沈泉福確有姦情，此次亦確是沈泉福所兇殺，據稱，廿九日晚，由沈泉福起意，糾同死者陳大及陳陳氏至泥塔里村朱順卿田中偷豆，其時月黑風高，朦朧莫辨，姘夫沈泉福忽稱：「他們來了，快逃快逃」，陳大返身便逃，被沈泉福袖出尖刀，對準陳大背部，猛戳致命，當時陳氏並曾俯身探視，致臂部亦遭尖刀洞穿，血流如注云云，檢視手臂，創痕宛然，袖上亦血跡斑斑，所述當屬非虛，許阿五張佩生亦指稱沈泉福過去曾數度恐嚇死者，但詰諸沈泉福則堅不承認有兇殺情事，該案於今日卽將解送地檢處，眞相當不難水落石出也。（樹霹）

大家庭的活劇！

媳婦打婆　被控忤逆
親友調解　分居了事
後山鄉也有控子忤逆案

張建青現年廿八歲，任職於上海南京路某綢緞局，家住本山漾橋村通德里，妻室吳氏，（卽同樂居阿香之女）巳屆六載，育有一子取名永德，今年二歲。惟吳氏生性悍烈，近乃動輒將乃姑張朱氏毆打，其姑惟有飲泣而已。上星期吳氏，毆打乃姑，其夫建青得訊回山，中斥妻不該如此，吳氏卽向婆婆跪拜陪罪了事，不料在一星期後，卽五月廿二日，又因細故，吳氏又以木柴火鉗向乃姑毆擊，打得遍體鱗傷，該時適有該保長吳子明去捐壯丁米，發現乃姑面上留有血漬，探悉乃遭媳婦括耳光所致，保長見狀，代抱不平，至鎮所將上情報告，該所得報，當着警按址拘傳吳氏到案，吳氏堅不承認，推托乃自己所跌，因巡官在蘇，當日未訊，後由孔某交保，張朱氏亦由其戚周某伴往保安醫院醫治，建青已往申就業，卽由周某電告建青，囑卽返山，建青得報後於翌日中班輪到山，至醫院，那知弄內人多，附近居民均看熱鬧，擠得人山人海，水洩不通，不能進內，無奈只得折返戚家，與周氏晤面，院方亦因人衆，派人守門，建青候人漸少，同周氏至院探視乃母，後經地方人士出來調解，吳氏尙強辯，地方人士調解不成，乃呈退出調解地位，由本山分駐所問，解警局核辦，經警局司法科因雙方各執一詞，況張朱氏原在醫院醫傷，不能親自到案，和告飭回，被告交保，勸令出外勸解，事後張建青經雙方親友力勸，復經鄉孔二君出任和解，姑媳分居，着媳吳氏向姑賠罪了案，聞被告之母家巳化用六千萬元矣。（又訊）東西街牆壁上發現標語，代張氏不平，云此不韙不法惡婦，非嚴懲不可云。安定學校於上月三十日晚亦表演張氏及同樂居新劇，觀衆有四五百人之多，拍手稱快。（凝）

（又訊）住居後山鄉五保三甲鄉婦徐朱氏，現年五十七歲，夫早亡故，生有二子，均已成年，各自分炊，徐氏在家，性情暴燥，母子間感情惡劣，五月二十六日晚，徐氏晚餐後，出外遊玩，回家時忽見後門已閉，隨卽敲門，當有其次子徐根（二十三歲），聞聲開啓，徐氏進門後，認為不滿，卽扯其子的袖口，向其責詢，發生細故，當時徐根將手一擲，未料徐氏之手一駭，倒於地上，擦傷面部，將其子扯至保辦事處控告，請求法辦，經周保長詢問，徐根矢口否認，經調解結果，飭其子媳很立具悔過書，以後不能再有同樣事件發生云。（鄉人）

洞庭西山旅滬同鄉會成立

朱潤生先生代表東山同鄉會致賀詞

強調洞庭一家

本月六日洞庭西山旅滬同鄉會假座寧波路錢業俱樂部舉行成立大會，本社暨東山同鄉會特派代表朱潤生，席玉年，金森森三位往賀，西山同鄉出席者二百餘人，濟濟一堂，頗極一時之盛，時屆二時，鈴聲大振，主席團公推徐定安先生爲臨時主席，宣佈開會，東山同鄉會代表朱潤生先生首先被邀演講，朱先生對洞庭東西兩山在歷史，地理，人文，物產上之共同性以及將來發展之依存性闡述甚詳，最後強調洞庭一家，並祝西山同鄉會前途無量。博得西山同鄉全堂掌聲，旋由西山區參議員，區長，練濱鎮鎮長演講。練濱鎮徐惠民鎮長以清晰堅決之語調，痛論農村黑暗，呼籲旅滬同鄉加強團結，共謀鄉梓福利，極受擁戴。演講後，繼以討論會章，選舉理監事，至五時茶點後散會云。（傀）

好賭的下場
鄉民負賭自殺
嘉禾鄉農民以一死還賭債

嘉禾鄉農民戴保生，年三十五歲，平時好賭成性，前日淸晨戴保生早餐畢，卽獨自上浦莊鎮遊蕩，至下午三時許返家，當時其胞兄阿彩，及妻王氏等均已下田工作，保生卽於房中懸樑自縊，迨至四時許其妻回家，甫踏入房中，不禁大嚇，當由鄰人幫其解下，撫屍冰冷，早已氣絕身死，嗣據鄉人傳說，報保生淸晨上街，在浦莊大賭牌九，輸去法幣二億餘元之多，或因債戶緊迫，處此境地，無計可施，不得已出此自殺之下策也。該管地保蔣文元特於昨日至蘇赴地檢處報驗，而死者胞兄戴阿彩則同赴地檢處請求免驗，經由唐檢察官偵訊後，所請免驗諭令允准。（凝）

壯丁捐款何時了
家家又要出鈔票

本期前山鎮，席周鄉欠繳壯丁二十餘名，前捐米數，因不足購壯丁應徵，故今補徵特別補助費，居戶有及齡壯丁交米三斗，無者交二斗，除絡續解繳壯丁外，前山鎮再欠四名，席周鄉欠繳五名，縣令本月十日如數交齊云。（凝）

山海經

勾籃

弈城

我堂兄高中畢業以後，打算升學，曾祖母問他預備讀什麼科，他回答：「想進農科。」曾祖母大爲詫異地說：「那怎麼行？將來穿了藍布短衫，背了一隻勾籃，還像牆門堂裏少爺嗎？」

當然，這幾句話毛病很多，不必細加討論，我只隻重勾籃兩個字，在她的心目中，——不僅是她，我想還有許多許多人亦是如此看法——好像勾籃是難看討厭的東西，可是我却大不以爲然。

就其原料而言，它完全是用竹片做的，鄉間多的是竹林，取之不竭，用之不盡。就製造程序而言，只須一個人劈竹片，一個人編造就得了，不須仰仗機器；更不受工潮影響，著是論到效用，真大得不亦樂乎了，上山工作，可以裝批杷，可以裝楊梅，上街買菜，可以裝青菜油瓶，是水菜籃兼爲小菜籃也，假使到一趟蘇州上海，它就可以做你的旅行包，要是你在鄉間，還担任些鄉長保長之類的差使，那末勾籃裏可以放些戶口調查表呀，區公所告示呀，縣政府命令呀……。於是它就搖身一變而爲公事皮包了。當然它也可以作爲太太小姐的提包背包，因爲它同樣地可以裝鈔票，同樣地可以裝胭脂口紅，使用的時候眞是變化多端，像兵法一樣運用之妙，存乎一心，可以合則合之，可以分則分之，可以疊而藏之，可以聯而懸之，這幾何話似乎太高深些，須作一簡單說明，譬如我有許多批杷要送人，張家送多少，李家送多少，送事先一定要有一個計劃，不能臨時帶了一把秤到他們家裏去秤，在這種情況之下，用勾籃是再好不過了，你可以把五隻或六隻勾籃結在一起，掛在扁担的前端，另外的五隻或六隻掛在後端，這樣不就變了整整一担批杷嗎？到了鎮上多福堂多壽堂多子堂，每家送上二勾籃或四勾籃，於是又化整爲零了，這就是所謂可以合則合之，可以分則分之，假使遇到無水菓可採，無茶葉可摘的時候，勾籃就需要休息了，不過一只只平放在地上，不是太占地方嗎？那就可以應用疊而藏之聯而懸之的辦法了。存放在牆角裏懸掛在屋梁上，隨你便，總之，它的妙用是說不盡的，我眞不懂曾祖母爲什麼這樣輕視它。

民國三十五年，我回到上海，看到不少新東西，可是使我最感興趣的，便是小姐們身上背的叫什麼玻璃背包，玻璃提包，有紅顏色的，有綠顏色的，也有白的，有方的，有圓的，有長的，有短的，有透明的，有不透明的，花色繁多，應有盡有，第一次碰到它的時候，眞把我一怔，好像很面熟，在那裏見過它似的，後來靈機一動，恍然大悟，此吾鄉勾籃之後裔也。

照我個人推測，五口通商以後，一定有洋人陸續來洞庭山觀光，因爲我們的洞庭東西山，在乾隆的時候早以湖光山色之明媚秀麗，而名聞全國，偏偏洋人又愛好旅行，他們當然要來看看莫釐峯絡繹來了，此其一。我國對外貿易向來以焦茶爲首，我們家鄉有的是碧螺春，洋人能無動於中乎？此其二。洋人很重衛生，飯後一定要吃些水菓，我們東山有的是楊梅批杷，此其三。上有天堂，下有蘇杭，中國人都知道，外國人也知道，他們既來蘇州，到洞庭山不過數十里了，當有不盡興一遊之理，此其四。憑了這四點理由，我可斷定同治年間，東山一定有洋人蹤跡了。他們都看上了我們的勾籃，可是那時候日本還是幕府專政的時候，國內工業幼稚得很，沒法仿造，俄國正當尼古拉第一專政，只想攫取到地中海的門戶，沒有考慮到勾籃上而，德國尙沒有統一，當然更不能顧到這些，法國時時提防着普魯士英國，在歐洲向來是主張維持均勢的，外交上鈞心鬥角忙得很，對勾籃也只能欣賞，不能自已動手造，其中有只美國年少英侵，家裏又富，下了百年苦工，於是乎有今日的玻璃背包，玻璃提包焉。

小姐太太們不知這一段歷史，以爲美國的東西都是好的，她們都是以有美式配備爲榮，無美式配備爲恥，賓不知所講玻璃背包也者，還是「山浪」勾籃的子係呢，道末一說穿，麼登小姐並帶玻璃包與「灣裏」村姑之帶竹勾籃。其間相去幾許哉？可惜我曾祖母早死了幾年，沒有看到美國勾籃，不然我一定請她比較批評一下，作爲本文的結束。

「你的爺」

劉思英

山郎閑話中有一句「你的爺」的口頭話；原來是討人家便宜，一本正經要做人家爺老頭子的，現在却漸漸地代表「我」的意思，說的人不覺得便宜，而受之者也不覺得侮辱了。

記得有這樣一個故事：「年頭上，外甥到外婆家去拜年，見了娘舅，外甥立刻跑上去說：「娘舅，你的爺搭你拜年。」娘舅很高興的道：「不要客氣」並且連忙接出一包紅紙包，外甥搖頭道：「你的爺豔，」再三推讓，算是拿了，口中還是「你的爺嫉……』

自然如其用山郎話表演，更可以活色生香呢！

菊部雜譚（二）

無之

「武家坡」緊接「趕三關」，其劇情大概爲，薛平貴至故居「武家坡」找訪王寶釧，得晤後，因分別已十八年，恐王寶釧或有不貞，故特用游詞調戲，奈王寶釧不爲所動，卒道出眞意，夫妻一若破鏡能得重圓。

是劇勿重「做」「念」（即道白）而偏重於「唱」，所歌之調全腦西皮，況「唱」詞繁多，無衷氣者，決勿敢賞然動是劇者。梨閣俗諺有「男怕西皮，女破二簧」之說，由此可見是劇之雛處。普通平劇，以唱詞上言，此伶及他伶歌來，亦每有不同者，然多數極少有大異者，然「武家坡」一劇之「回窰」時之生角唱劇，以作者所知，譚（鑫培）派及馬（連良）派之詞有極大之異點，今特錄之於後，以供平劇諸同好研討：

譚派唱詞

（西皮倒板）提起當年，淚不乾，（西皮原板）夫妻們受苦寒窰前，自從降了紅鬚馬，唐主爺駕前去討封，官封我後軍都督府，你的父上殿把本參，自從盤古（快板）立天地，那有岳父把婿參，西涼國造了反，一封戰表到長安，唐主爺打開表文從頭看，嚇壞了滿朝文武官，蘇龍魏虎爲元帥，爲丈夫倒作先行官，兩國陣前遇代職，代職公主好威嚴，他將我擒了下馬雖鞍，西涼老皇不肯斬，反將公主匹配良緣，西涼老皇把駕宴，薛平貴倒坐銀安殿，那一日打坐銀安殿，寶鴻大雁口吐人言，手執金弓銀彈打。打下了半幅血羅衫，打開羅衫從頭看，才知道寒窰受苦的王寶釧，不分當夜轉回還，爲的是夫妻兩團圓，三姐不信搯指算，來來來，算一算，連去帶回十八年。

如是我聞談掌故

松年世兄，似以耳食愚之文可名，造訪徵爲本刊指定作鄉里掌故紀事。茲得所知，編次若干，續逐投付剞劂。竊恐井蛙議天，漏洞安免，尙希前輩先知，有賜匡政，洒感！

吾山莫釐之由名

吾山之謂名莫釐，後漢而始著稱，漢前僉以東西二洞庭，皆曰吳之胥母山焉。竊嘗讀「太湖備考」，雖有摭及，但也語多不詳。一說三國時，吳將甘興霸（寧）葬此，因甘受封莫釐尉，故名。一說昔有莫釐將軍，歿葬於此山，所以東洞庭山，或曰莫釐峯耳。愚按前之一說，或較後之一說，稍貼切。因後者祇就以莫釐將軍而爲名，將軍何許人？況無年朝足資，復無紀詳將軍姓氏可稽也。

甘山嶺

往後山之於槎灣而楊灣者，必先循道越干山嶺。按干山嶺，實係甘山嶺之「甘」誤。因吳將甘興霸，卜葬於此而名，詳見「備考拾遺」。惟其塚之所在，相傳在嶺山巔崖，又說處抱嶺口，然嚮昔愚因好奇心偏驅，曾往作數數之遍探，結果蕪飛蔓草，無從所得，第諒前人記載，詳實，不致謂海市蜃樓耳。

急驚風碰着慢郎中！

——與玄丁談耕者有其田——

·白丁·

莫驚風上一期有一篇「參議小記」，作者玄丁，不知是什麼人，但照字面上看，玄者黑也，黑者非白也；玄丁者非白丁乎？白丁者平民也；非白丁其官乎？——不錯，能夠在參議會上「提出了一些意見」的，自然不是白丁囉！不管白丁黑丁，大家拿大家的事情，「耕者有其田」的問題來談談終不妨的，何況他們也正要詳細研究呢？

（一）壯丁填不沒無底的「亂源」

八個月之前在莫驚風上看到過一片「參議雜誌」，說「參議會開會期間，適值本縣進行徵集志願兵最後關頭，各鄉各鎮爲了這一種事鬧得非常不安，徵兵抽丁，事關國家行政，縣參議會聽到各鄉鎮的辦理困難情形，志願兵安家費數目之爭論情形，以及許多街談巷議，因志願兵安家費而發生販賣壯丁，包辦壯丁等等傳說，我們聽了，只覺得感慨萬分，很慚愧一時無法減輕人民的負担……此次（去年九月——作者）吳縣徵兵人數共爲一千三百五十五名，較之去年（現在說是前年了——作者）約增加百分之五十……我東山（第十二區）一地去年名額三十一名，今年名額七十一名，要增加四十人之多，在一倍以上」。

那是一時無法，可是時經半年多，玄丁先生告訴我們「縣長報告中透露了一些消息，說在本年度全縣三千六百九十五名壯丁名額之外，又有增加四百十餘名的話，大致是增加百分之十一。（不過照去年九月增加了三倍多，照前年增加四倍半——作者）在經過全縣的極大騷動而原有名額尚未徵足的時候，突然聽見了這句話，豈不要跳起來」。（參議小記）

參議員也跳起來了，可是接着就說：「徵兵問題，參議會是無權主張的」，把肩頭的微塵都拍掉了以後，只覺得少了些「參議會初成立時一般熱烈的精神」，並且還要問白丁們「不知怎的？」——眞的，不知怎的？

爲什麼要徵兵呢？——爲了「戡亂！」誰要作亂呢？「共匪」，他們怎麼能作得起「亂」來的呢？利用佔全國人口百分之八十的農民羣衆的貧窮，不能生活，爲什麼農民好好兒的會活不下去呢？因爲土地分配不均，地租的重負，高利的盤剝，土豪的欺凌，雖花色繁多，式樣翻新，都或多或少跟土地有關，這都是土地上生出來的問題。

誰也不會愛亂，可是終究亂了，頭皮不剃掉，頭髮永遠會長出來的，不管你怎樣剃，歪毛桃也好，平頂也好，光郎頭也一樣，即使你有八把剃刀也還是一樣要長出來！戡亂應該戡滅這些「亂源」才好。無限量的用壯丁去塡塞這無底的「亂源」，何時得了呢？豈不是白白的苦了老百姓嗎？

（二）土地上的問題

提起土地問題，先得提醒阿泥山浪人，東山並沒有足夠的土地，不能當作標準；即以太湖周圍來說，江南從來就是皇室的寶庫，雖然也有問題，但不能偏以概全，我們應該放眼到幾千尺高的山脊上種着玉米的，地主可以吊死佃戶的地方去，才看得清中國農村的全貌。

自從「共匪」提出了平分土地的口號之後，受他們「騙」的人更多，受他們「毒」的也更深，將軍大員們這才發覺土地問題就是當局要「戡」的「亂」之「根源」，因此這問題也居然列入參議會的議程上來了，想不到平常「衙門裏去」的一聲或一拳一腳就可以對付得了的那些該死的東西，還得大動干戈呢？

土地問題中問題的核心是土地分配不均，大部土地只歸少數地主所有，因爲分配不均，沒有土地的人不得不去租地主的土地耕種，這叫做佃農，可是地租又很重，他們辛苦工作的收入，大部歸於地主，他們的生活就夠悲慘了，致於連田都租不到的給人做當工的雇農更不必說，佃農交不起租的就有警察幫忙捉人，前兩天蘇州就發生了這類事情，甚至鬧到報紙上來了，「人有旦夕禍福」，不管三病四痛也好，衙門裏押了人也好，就是娶個媳婦兒也一樣，高利貸就乘虛而入了，只要一次，就白布掉在染缸裏，一世也洗不清，——何況現在又多了許多機會，安家費派到頭上時，壯丁中了頭彩時，不出錢就要鄉人，那可不是玩的囉！

在中國各色各樣的商人，歸根結蒂都是拿農民做對象的，因爲他們佔了全中國人口百分之八十以上，不記得十年前，農村高叫破產的當兒，城市裏的「紅甘蔗」也只好回去看守家鄉，漸漸由紅而乾，由乾而槁，情形到處一樣，於是「弱者轉乎溝壑，壯者挺而走險」，眞所謂「一百單八將，個個逼上梁山！」徵之數千年的歷史，毛病都出在土地上，解決這問題最澈底的辦法，便是「耕者有其田」，眞如玄丁先生所說：「尤其在戰時劇烈的當口，改善一般農民地位，實行中山先生的平均地權主張成爲不容再緩的現實問題」。（參議小記）

雖然如此，據某不具名的專家在中央周刊主辦的土地問題座談會上指出他們「去江蘇時却碰到了很大的釘……江蘇省自某主席以下，可以說都異口同聲反對解決什麼『庸人自擾』的『土地問題』，連溫和漸近的綏靖區土地政策，他們也堅決反對，……據說某主席本身就是一個大地主，這使我們窺見了問題的奥祕」。（中央周刊十卷十一期）

玄丁先生見到了「茲事體大，尤其是在吳縣是許多田主以田租爲收益的地方，苦沒有一番詳細的研究，規定一項周到的計劃，而要想以一紙決議來實行土地改革，其不能達到預期的目的，是可想而知的」。可惜也可恨那些深黑，極黑，穿心黑的大官看來「一番詳細的研究，規定一項周到的計劃」根本就是「庸人自擾」！

（三）土地怎樣成了問題？

否認土地有問題的也並非完全沒有理由，因爲歐洲也沒有把土地平分過或者收歸國有呀！如果說歐洲在工業上找到了出路，讓農村過剩的人口，轉入工廠，那末中國人也從工業化上面去努力好了？也許這才是最根本的辦法呢？——是的，這是最根本的辦法！尤其以經商爲主的東山人更希望這樣來解決我們的問題。

可惜阿Q的徒子徒孫們沒有摸摸腦後的辮子，不知道外國資本帝國主義正緊扼着我們工業化的喉管，本刊二卷十期上楊棠君「山郎人那裏走」那篇文章曾說到這一點，外國工業品成本比我們低，所以在自由市場上我們的民族工業是不能跟他們競爭的，中國要走上工業化的道路，一方面固然要使「耕者有其田」，使他們擺脫地租的重負而富裕起來，成為工業品的消費者，拓寬國內市場，另一方面要擺脫外國的束縛，否則船頭上跑馬，走到無路！

英美的大腹賈們用不着直接統治我們，只消維持着我們的門戶開放就夠了，民國十六年北伐時，中國的門戶好像要關閉起來了，於是美英日法等國都派兵保僑來了，日本尤甚起勁，為了保僑，竟至砲轟濟南城，中國的門戶終究轟開了，濟南案就是中國重陷外國資本帝國主義統治的象徵！

他們必須使一切半殖民地滯留於落後的農業，庶幾他們的工業品有銷路，一切半殖民地政府違反了這個原則，就要用砲艦和金錢去瓦解它，反之就可以得到援助，——可見半殖民地既找不到出路，地主永久是地主，不會變成資本家，以永久靠着土地坐吃，這樣，一旦天災人禍來時，農民活不下去，就只有亂，亂了就借美式武器來打，以至愈打愈亂，愈亂愈打，不知那一天才休止！

（四）火上加油的辦法

現在一切都已經決了，並且已經動手了，對「匪」是「戡」，對民是「徵」，現在愈徵愈有勁了，可是鄉長實在吃不消了，雖然硬吃，吃無告的小民（那是白丁中最低的一級吧？）也不算太難，可是正當商人出身的天性善良的東山人，對於整票的獵取壯丁，鬨嚷，再在黑市場上出售，甚至賣空，補進等一手，還辦下這個壽手味！可是只有這樣做，對上峯才好交帳，否則，中簽壯丁逃跑了，豈不像我們某鎮可敬的鎮長一樣，自己倒去坐監牢嗎？

事情不管是好是壞，一定要這樣做下去，那些手調子不辣的，正派的人，除非心腸立時三刻變硬起來，否則只好退讓賢路了，這些新的貴人在別處就早已登場了，有一位在民主時代而不敢說出名姓的某貽笑大方的教授說：「這批人物，比大革命前的土豪劣紳更壞，舊的土劣還有一點舊道德觀念，而他們卻連舊道德也沒有，巧取豪奪兼併了耕者的土地，成了新興地主」。（中央周刊十卷十一期）

如果這樣入木三分的搞下去，問題豈不愈弄愈深嗎？——為什麼不從亂源戡起呢？

正當白丁小民們看得着急的當兒，本屆參議會大會卻不慌不忙的決議「先行組織一個吳縣土地改革研究會先來詳細研究，製成了計劃，留待下屆再付實施」。更不堪的是：「恐怕到了下屆，是否能付實施，還有問題」。（參議小記）

問題自己不去合理解決，難道等別人來平分嗎？真是急驚風碰着了慢郎中！

（五）太可憐了！

上級政府的權力太大了，甚至它「可以命令縣政府」為了應付急需起見，任意變更預算」，以至連「新興建設，澄清吏治等等」也就「不易見到有效的後果」，縣長交代不清也自有人抱腰。

參議員深深的慨嘆了，「參議會參議會，又參又議。算是盡了職責，牠的決議效力有多少呢」？（參議小記）讀其文如見其淚，若聞其聲！

咳！大事如此，即使鄉村裏面「人人能了解自治的意義，不一定要人家來管束，」（玄丁：山行隨筆）姑不論牌九是不是「羅宋」的好些，就算鄉下人不要什麼正當娛樂，而街頭巷尾已經聽不見劈拍的竹牌聲了，可是這對於自治前途，效力又有多少呢？咳！不只是白丁先生，就是玄丁先生也只好感慨系之了！參議員倒底不是窗飾，花瓶，爲稱外面的金漆之類呀！

末了，引玄丁先生的新詩「烏鴉的老巢」二節以爲結束：

「依懸着那老朽榆樹上的老巢，
半空中一羣烏鴉，嗚嗚地呼號；
似乎在互訴衷腸，盤算商量，
茫茫然，不知將作何計較？」

「時代將原有的綠葉磨盡，嫩枝磨乾了，
祇賸着一段老本，三叉枯幹，
讓烏巢給風雨欺凌，全沒遮蓋，
近來，牠們也覺得不能再苟安了！」

鋼鐵在時代不斷的磨鍊中，愈來愈銛利了。

東山名產之三

線底黑楊梅

嚴士雄

楊梅繼枇杷而上市，因為夏日珍果，馳譽大江南，色紫軟刺，核小底微，尤光彩動人，味香甜美，且為無皮果，食之便利，價又普通，故一俟上市，嗜好者爭購食之。

丘珂詩：「風露盈盤乘，冰霜透齒寒」句，每逢酷暑誦之，亦能解渴，各果成熟時，採汛者紛繹不斷，為果品上市時最熱鬧之一汛。

全盛及衰落時代

據老農言：東山在全盛時代，楊梅出產每年約有數十萬担之數。當時時局平靖，民阜物豐，楊梅樹滿山遍野，綠蔭層疊，出產額可佔百果中半數之鉅，到採收時，每家僱佣短丁協助採收，此汛期內滿山喧喧嚷嚷，採者挑者，裝簍者，送飯來者，途為之塞，前呼後擁形如長蛇，足為名果添佳話。奈時至今日，內戰不息，國事如麻，影響農家經濟頗巨，民生凋敝，為日求一飽計，紛紛砍伐賣柴糴米，而地方有小橫行，覬覦偷竊層出不窮，致產額直線降落，與前相較，僅海粟之比，良可浩嘆。

栽培利害情形

產地以豐圻、余塢、西塢、石井、洪灣等村最夥，該處統特蘗米厝厝，山塢深達數里，出貨殊盛，惟今年為小年（俗稱不生），估計不過二、三千担之譜，一切種植情形特如枇杷樹，鄉諺稱為姊妹樹也，肥料用垃圾，而忌開宕傷其根纇。

推其現在未能大批種植及恢復盛產之原因，一、東山農家對幼苗不講化育之法，求於外方裝來，又未能如法種植，只能任意發敗。二、種植後樹不易長大，待施以接砧及生長期，統計至少非十餘年悉心研究不可，所以父種子收者大有人在，對於農家經濟之收入實為不能協調。三、果為無皮，易爛，往往成熟時即逢霉雨汛，雖有好收成。

話雖如此，然植者仍不缺人，因彼之利益亦大：一、種植不論土壤，祇要排水流利之處，即如荒山廢地都可應用。二、無需化用甚大之資本及勞力，待幼苗活後，祇稍按年施肥外，極是節省。三、價賤而普遍，逢大年（即生年）除遇霉雨外，多有好收入。

分析利害情形而論，今後的趨勢，楊梅樹一時倘不致走入頹敗之途，聊為名果慶幸。

採收及其他

楊梅樹高達二丈，低者亦有丈餘，種植之地以傾斜之山坡據多，因地勢關係，採收殊非易易，非要具備敏捷之手法及穩定之心理不可，普用梯至八層到十一層（每層約合木尺尺半），施行攀梯未能用較力，傷可顛勞堅固地位，束繩而採之，否則大意從事，未有不受跌傷之虞，況樹頂高處產品較佳，不得不因危險從事也。

每屆楊梅成熟時間，採辦者紛紛前往採辦，操內行言，販賣楊梅最不易顧利，貨因無皮容易破爛，而隔夜即生白毛發舊，口味即變，遠銷者稀船日夜不息運輸盜貨，鄉俗有云：「做楊梅生意蝕本，看見櫟樹子傷心」話出有因也。奈客人竊聽于價賤而適合社會上之苦銷，如遇順風碼頭貨少，其利之厚，他果不及，故至今倘能供求不相平，而遠處之地，能嗜到東山銷品，使名聞江南，皆販賣者之功矣。

副用拾得

楊梅可製乾，法取冰糖和水同煎，取於烈日下晒乾，經年可供，甜而不膩，蜜餞中上品也。

仁晒乾爆炒取食，為夏日閑胃消悶之物。

取汁和香料，能作梅滷，清涼四溢，為消暑良伴。

燒柴火力平和而經久耐燃，洵好木也。

（耕讀堂之稿）

別有一般

金

[illegible]

通訊

安定——在掃盲

白石

離開家鄉好幾年了，一旦回到故鄉，看到家鄉的天然風景，特別感到親熱可愛，有人譽東山是太湖公園，實在是受之無愧的。

五月廿二日，正是星期六的下午，氣候悶得使人怪不舒服，我由渡水橋出發，準備去看一位住在席家湖久別的友人。

踏着磚砌的街道，走過花園弄時，突然迎面傳來了雄壯的歌聲：

「風在吼，馬在叫，黃河在咆哮，黃河在咆哮……。」嘹亮整齊而有力。我想到因日軍佔領東山，停辦的安定已經復校了，這歌聲不正是證明了嗎？

幾分鐘後，我已走進了該校參觀，當我這位不速之客，由一個負責維持秩序的小朋友帶領到會客室後，接着就有一位穿天藍標準布的女先生前來招呼，會談後才知道她就是負責主持該校的代校長韓運先先生。

她領我參觀正在草場上舉行着的『健康兒童比賽』，她說這比賽是今天週會活動的節目。這時我發覺籬牆的一邊站着許多莊稼青年和婦女，都用好奇的眼光投射着我，我滿以為這羣人也是來看比賽的。

韓代校長輕輕告訴我，這許多青年男女也是我們的學生，我們最近辦了婦女班和成人民衆夜校。今天是約定了去參觀「大有第九蠶種製造場」，等健康比賽完畢，就要集隊出發的。這才將我心中的疑問打破。

一度停辦的安定學校，經歷屆畢業的校友熱心奔走和席氏族人的慷慨資助下，安定在三十六年八月中旬開始正式上課，安定復校之聲，迅速傳遍了洞庭。韓先生說明復校經過後，接着又談到在物價高漲的今日，人民生活已感不易，處此經濟枯窘的現狀下，來辦教育實在是一件很艱鉅的工作。

她又談到安定的教育中心：是參照活的教育理論，採取啓發和輔導方式，養成兒童能有自動，自覺，自治，互助，博愛的精神。教師平日活動，均能生活在學生羣中，施以感化教育。據說：此種方式，對兒童心理與學業影響收獲甚佳，當然教學本身還存有許多問題，急待注意和改進的地方。我們亟願外界隨時給我們寶貴的意見與不客氣的批評，使我們有所改進。韓先生說完後，對我笑了一笑似乎鬆了一口氣。

最後她又提到辦婦女班及成人夜校的動機，是為普及教育、掃除文盲，聯繫教育的責任，使失學青年仍有受教機會。賴全體教員的辛勞努力，婦女班開學迄今已貳個月了，成人民衆夜校開學也快一月。校方最近準備在計劃着的工作，除加強兒童自治會圖書館的獎勵小朋友借讀與小鄉局的業務推進外，對外則正編製「湖邊半月刊」壁報一種，按期分貼渡水橋，殿前市場，並在校門懸掛時事摘要牌一塊，藉此提起民衆對國事及教育之重視……。談話至此，草場上已在集合了……韓先生邀我一同去參觀蠶種場，我因要去拜訪友人，才婉謝辭出。

我懷着興奮的情緒，向席家湖前進時，雄壯的歌聲，又飄來了耳邊，我想到剛才站在草場上一隊隊的學生，該是合着整齊的步伐朝着渡水橋出發了。我默默祝這羣學生的幸運，能有再受教育的機會，更希望安定學校一期期的充實，不斷的辦下去，這才是眞正切合了活教育的意義！

當夜為老友堅留共宿一室，暢談別情，在其幼子處看到安定的校歌，它正說明了安定是在艱難中小求改進，筆者為不虛參觀該校會談一小時所得印象，特為簡陋報導，藉此促起東山各校均能普遍展開掃盲運動，進而建設繁榮的新東山！

滋味在心頭

玉

去桑葉的上算，別辛苦啦！反正一樣變錢，讓人家去喂養吧。於是小生命遭到了厄運，在殘餘的桑葉芯條裏掙扎著生存，可憐牠們何嘗想到初生出世，就給人遺棄。蠶農覺悟要從蠶兒身上賺錢，已不是他們的分兒，他們知道抑低繭價是蠶農的致命傷，賺錢須要從蠶農身上亂，他們認識資本主義者才是一切事業的權威者。以後；他們栽桑，人家養蠶。或是中國栽桑，外國養蠶也好，原是以農立國的中國，豈非最適宜也沒有。

在這年頭兒，能嚴守崗位的；要算是幹國民教育工作的小學教師了，逃避的優秀份子固然很多，逗留著的也大有人在，他們都耐心經營著，含辛茹苦，來培植下一代，東山的教育事業所以比較前進，其癥結所在，原也在此。

一年來甚麼都在滋長中，家長們負担子弟的讀書費用，跟著也大起來，漸漸地不堪負重，終於造成了悲劇——失學，使許多小心靈裏感受迷惘，在兒童誠是損失，在學校也可以說是一種失職，但；失職，學校所負的職責，是孰令致之？

這裏關於憲法等有所規定的一切我們姑且不談。其實這純粹是一個社會經濟問題：不看見嗎；價值從一千二千，一變而爲一萬二萬，再變而爲五萬十萬，這是件簡單的事，祇要在票面上加上一個或兩個圈就得了，於是米價從三十萬而一百萬，再從一百萬而三百萬，復從三百萬而六百七百萬，複無止境。再看；善良的教師們的待遇，從去秋八十餘萬和八斗配給米而增加至一百餘萬和八斗米，今年來依照生活指數計算，二月、三月、四月，也許五月，始終只六萬五千倍，米改給三斗，至於以後，恐怕公糧不再是當教員的所能吃得，實際上主要物品的指數，差近百萬倍：而俸給所獲僅祇六萬五千倍，同時根據多方理由，一再拖欠，務使徵到時候，其們俚差落至相當程度，那是否是國家培植教育的本意，只有天曉得。

然而教師們差堪自慰的：有時居然也還保持著腰纏十萬的豪氣，真的；世界上怕任何一國人民沒有這樣的富有，一定要稱羨不置，這還不足自誇嗎？

他們欣欣地工作著，不厭不倦，是難能可貴的，是值得稱頌的，然而環顧一切，國家是否需要維持至少限度的文化工作——國民教育，實在使人懷疑，假使單單靠一輩工作者精神上的努力，怕不能持久下去吧！怕不會有良好的效果或後果吧！怕「教育」兩個字祇能重復回到所謂士大夫階級叢裏，讓少數人去玩玩了吧！

窗外一片平靜，北斗在天邊飄忽，只有寒鴉在雲霄中凄鳴，在孤燈夜涼時，面對著幽園勝境，細數鐘漏更深，默默更思量，從國家、社會事業……感到一陣李後主所謂剪不斷，理還亂，是離愁，別是一般滋味在心頭。

心有所感，塡舊調以寄所懷：

洞庭青草，又看深，紅夢隔髒竄影，桃源故國無人間，細心撇卻舊慶，課章作息；怎夠持生，無奈此心情，馮婦再臨，盡處難與君說。應念當表經年，孤光蒞照，肝黯背冰雲，傷時請淚襟袖冷，夜闌屆靜鬱紋平，江海餘生，北斗細掛，驚起卻回頭，玉人伊曾，不知今夕何夕。

三十七，五，二十六日於夏荷園

研究養蠶科學

——安定學生參觀大有——

香軍

東山的農家差不多是家家養蠶的，所以蠶絲也可以算是東山農家的一種副產品。但是多少年來一向是默守成規，很少改良，方法是落後得很，由此而產生的是對養蠶的迷信觀念，把蠶的好壞成敗，看成功是命運決定了。

安定學校成人班，婦女班及四年級同學爲了改變這種思想，推廣科學的養蠶方法。於本月二十二日全體去參觀了一次大有蠶種廠第九工場。

這是一個晴朗的初夏下午，太陽耀眼地罩在被翠綠環抱了的殿涇港，大隊從這裏唱著歌前進。雖然婦女班及成人班都還是第一次整隊出外，大家都很能守秩序！整齊的步伐和著高吭的歌聲，驚動了寂寞的湖山，在

『我們是姊妹兄弟，
大家團結在一起，
不分男，
不分女，
一條大路向前進。』

的歌聲中，許多人都奔出來瞭著嘴，指手劃脚地談論着這些原是非稼漢的大學生：

嗨嗨看你堆（你們）不及小的唱得好嚕，白大呢！』

『是夜學生子味……』

『好呢，時世不同哉，是要學點新知識哩……』

到大有九場，由該場的戴經理及馬先生招待我們。戴經理眞客氣。預先就燒好了大缸的茶來款待我們；在大家都唱得已口乾臉紅的當兒端出來，眞是恰當其時。

因爲人太多，參觀是分兩批進行的，都由馬先生領導給大家解釋。最先看的是蠶室，該場共有蠶室十一間，現在架上的腰圓形籐中正生活着不同齡的蠶。今春該場養有『華八』，『華十』，『瀛翰』，『瀛文』四種蠶，計原種二百張，估計可產繭一百担，製種二萬張。養育的方法都按科學的程序進行，室溫是用火盆及氣窗來調節。二齡時是華氏78°或79°，三四齡時是75°或76°。五齡時是72°或73°，溫度是75°左右。每天飼桑五次，日間是四小時半一次，夜晚五小時一次。這幾天正是她們最忙碌的時候，日夜有四十多個女工在進行各種工作。

第二看的是簇室，該場共有簇室十間，稻草製的簇上有的熟蠶，有的却已是雪白的繭子。簇也分二種，雄繭上的是竹簇，形狀像竹籬笆的樣子。雌蠶上的是傘形簇，象傘的樣子。普通二十四斤熟蠶可產繭子十二斤。

其次是儲桑室，一共有十二間，泥地上都鋪有蘆席，經常洒水，可保持桑葉在二十四小時內不乾枯變質。

另外還有冷藏室，是專爲冰蠶種而設的。

全部看完的時候，已是四點鐘了。由於馬先生的詳細解釋，使大家頓時增加了許多養蠶的新知識。最後馬先生並且還邀我們在製種時再去參觀；戴經理也允許去向總場索取許多養蠶教材來供給同學們，更鼓勵大家把科學方法推廣到農村中去。

在這樣豐富的收獲之下，我們眞太滿意了。於是大隊在齊聲的：

『謝謝戴經理，謝謝馬先生……大有好，大有妙，大有括括叫……』的口號中出了大門。

一路上看熱鬧的人是更多了，同學們的精神也更好了。

『我們是姊妹兄弟，
大家團結在一起……』的歌聲驚醒了寂寞的山湖。

* *

（二）

俞　亮　作

秋風起，黃落落，
婆媳相依共苦樂。
婆婆懂得媳心事，郎兒未歸心不樂。
心不樂，說不出，
愁眉莫展苦勞作，
婆婆心中存疑問，郎兒出征爲那樁？

在 Ngu huei- dao Shongxe -ki.（我回到上海去）這句話裏的動詞實在是『回去』，不過分成了兩段，不容易看出來了，爲了明白起見，最好加兩個短劃來表示這是一個字。

D.動詞的時間和式樣——

1. 直陳式——以吃飯爲例——

一、泛時——kiq ve.（最簡單式）

泛時未來式——iao kiq ve（ia kiqve 則爲要生活之意）

泛時進行式——leqlong kiq ve（勒郎吃飯，有假定之義）

泛時完成式——kiqz ve（吃仔飯）

二、過去時——kiqg ve（吃簡飯）

過去未來式——leqlong iao kiq ve.（勒郎要吃飯）

過去進行式——leqlong kiq ve.（勒郎吃飯）

過去完成式——kiqzg ve.（吃仔簡飯）

三、現在時——kiq ve ze（吃飯哉）

現在未來式——leqxeq（lali）iao kiq ve（lali 不但表此時且表此地 leqxeq則表此時彼地）

現在進行式——leqxeq（lali） kiq ve

現在完成式——kiqz ve ze

四、未來時——iao kiq ve

未來的過去完成式——iao kiqzg ve

E.被動式——以『敲』爲例：

一、泛時——beq（ngien ga）kao

泛時未來式 iao beq……kao（要給……敲）

泛時進行式——leqlong beq……kao

泛時完成式——beq……kaoz

中國話中被動式用得很少，應該特別注意一點，譬如說『雞殺了』，决不是雞殺了人，而是被我（或其他人）殺了，正確一點應該說：『拿雞殺了』，或『殺了雞』，或『雞給我殺了』，所以在新文字中我主張把雞字搬開，如下：gi，saqze.

二、其他時也一樣，

3. 不定式——通常以助動字『來』或『去』加在最簡單式前面，但可以有過去式及完成式，而且一切動詞後面附有『來』『去』這樣的助動詞的，都可以這樣用法，例如：Geqzaq hungsao gi no dao oqli ki kiqtz bha!（這只紅燒雞拿到屋裏去吃脫仔吧！）

4. 疑問式——有兩種：（一）可去嗎Aq ki（分寫）（二）kiveqki（連寫）

E.特殊的助動詞——

一、起來，出去，進來，下去，過去……等字要跟動字分開寫。

二、表示可能的『得』，表不可能的『不』都要分寫，如：nung deq xao（弄得不錯之意）；sw deq zindangguong（輸得精打光），這deq字可當作介係詞看。

但是純粹的動詞，應該連在一起，如：gudguki（過得過去）guveqguki（過弗過去）。

三、表嘗試的『看』要分寫：kiqz koe（吃了看）kockoe koe（看看看，即看一看看）。

丙、關係詞介係詞和形容詞——中國言語裏頭，幾乎一切關係詞和一部分介係詞都跟形容詞一個樣子，都用『的』加在後面。

紅的　　hungg

戴紅帽子的人去了，Da hung maoz geq ngien, kize.

昨天給我們打的人來了，Shoqngiq beq haqngi dang geq ngien. leze. 現在我們用 g 來表示形容詞的『的』，用 geq 來表示關係詞及介係詞用的 geq.

戊、特別的詞兒——下面幾個應該特別區別一下：

gig（幾個）	giig（幾個？）
ma（賣）	maa（買）
li（他）	lii（她）
Huboq（河北）	Huuboq（湖北）

〔結語〕——我們會了這些，就可以寫我們所要寫的東西了，不過每一個有興趣的人要知道，這些辦法都不是已經確定了的辦法。好像一把新刀，還要我們在使用中去磨鍊。

中國言語中結構並不嚴密，有許多地方需要創造新的東西來補充，另一方面要把不需要的囉嗦的字眼淘汰出去，要在不斷的磨鍊中去發展它的生命力！努力吧，這是我們自己的！　　　　（完）

（三）

屋簷下，兀自苦相思，
想郎日夜不能眠，
訴於誰。
鄰家懂事姑娘來相慰：
「大嫂不必愁，好日子已開頭，
毛毛生下後，大哥必定回家來。」

新文化與新文字

——介紹東山話的新寫法——

•王知更•

（下）

〔八〕、連寫規則——

甲、各種詞都要分別連寫，例如：

Haqngi	iqdhao	dao	Sinmiao	long
（我們 代名詞）	（一儔 副詞）	（到 介係詞）	（新廟 名詞）	（上 介係詞）
ki	koe	huei	bha?	
（去 助動詞）	（看 動詞）	（會 名詞）	（吧 驚嘆疑問詞）	

然而，說起來容易，要分辨起來就不簡單了，尤其是動詞，我們知道人類最原始的言語是叫號。是驚嘆詞，其中就有動詞的性質和名詞的性質在內，例如『虎』這個字是象形，但是它的聲音是象老虎叫，我們的祖先叫『虎』的時候，第一種意思是害怕和警告，其次的意思是『打』或者『逃』，然而這警告和動作中又告訴他的同伴說因為有老虎來了，其後一般人民口頭上，已經覺得光是虎字不容易分辨清楚而加上一個老，老做老虎，可是士大夫筆頭却還保持原始的狀態！

中國數千年來，文人看不起人民的言語。因此也從沒有人去整理它，到現在儘有人能把Nestfie!d的文法背得不錯一字，對於中國自己的言語却一知半解，因此不得不在這裏作較詳細的說明，不可否認的中國言語中促留着很多原始的性質，像動詞和副詞，介係詞，關係詞，甚至跟形容詞名詞都不大容易分辨；有時不得不請驚嘆幫忙！缺點是不嚴密，優點是富於感情，將來怎麽樣來補救和發揚它，就要我們來努力了！

乙、動詞——動詞是中國言語中中複雜的，怎麽樣來分開他呢？

A.動詞和名詞——譬如說『讀書』，倒底分兩個字寫還是一個字呢？我們最好用發問的方法來判別，譬如我問你：『你的妹妹在讀書嗎？』這話有兩種意義，一是『的確拿着書本在讀嗎』，一是『在學校裏嗎』，如果是前一種意思，就應該寫成 dhoq sw，dhoq是動詞，sw是名詞；如果是後一種意義，應該寫成 dhoqsw這個字可以當動詞用，也可以當名詞用，同樣的例子，像『用功』，那是絕對不能分開的。

動詞變作名詞的時候，如 dhoqsw就寫做 dhoqsw，但 dhoq sw就要寫成 dhoqdhoqsw。

如果說：『我槃在家裏讀書寫字』就應該把讀書寫字撇開，如：Ng lelong oqli dhoq sw, sia sh。

B.動詞和形容詞—— 例如『發熱』，『發呆』那是不能分開，應寫成 faqngiq，faqnge。

動詞變成形容詞時，只要加一個『的』在後面，如：koehueig ngien，dhoqswg ngien，有時可以省掉『的』而連起來寫，如：zoqngngien，dhoqswngien 等等。

形容詞後面的『的』可以只加一個g字，但表示一個人或一樣物時，用geq連在後面，如hiaoshoegeq 卽搖船的人之意。

C.動詞和介係詞——這很難分辨，因為後者實在就從前者變來的，在英文裏動字不定式（infinitive mood）就是在動字之前加一個介係詞性質的『to』來表示的，譬如說：shoe daoze中的到是動詞，但在Ng dao modeilong ki 句中，『到』是介係詞，去才是動詞，在Ng dao Suzei 句中，其實把動詞省掉了，Ng Suzei ki 句最又省掉了介係詞，在 Haqngi no ghioe hei le xongs lid （我們用拳頭來嚇嚇他們）句中，就像完全沒有介係詞，而不知『拿』字其實是介係字，譬如說『拿這東西拿去』中就很顯然了。

家山之戀

上官父

六梅龍鎮（下）

梅龍鎮上的許多男女食客，不知不覺中，被這新進來的劉葉兩人把眼光吸引住了。

這並不是說他們少見多怪，反之他們看見的女人是太多了，但對於他倆今日的姿態，卻引起了極大的興趣。

劉慧玲是以最新的摩登裝束出現，玻璃綢的包頭布，削克司根的白色短外套，美貨新花的綢旗袍，黑白色的玻璃大皮包，尼龍玻璃絲襪，玻璃皮鞋，這樣的新裝，無疑的將成為上海以後一個時期中的流行服裝式，但是在這一天，乃是得風氣之先的，為市場上還是很少看見的，無怪惹許許多多時髦兒女的羨慕了。

可是葉鳳珍雖然淡掃娥眉，恬靜樸素，同樣的逃不了一般銳利目光五陵年少花花公子的注意。他有一頭不燙的烏黑頭髮，臉上沒有胭脂，口上沒有脣膏，手中沒有蔻丹。他穿着一件淡黃色無花的綢旗袍，外罩一件白色的布短褂，足穿一雙黃色的走路皮鞋（是半高跟，有別於跳舞的一種）可是他有一張宜喜宜嗔的臉，一雙又冷又熱的眼，骨肉停勻，五官端正，是簡單極了。他是萬紫千紅中的一朵潔白蓮花。他是千丈俗塵中的一位天上安琪兒。

吳友松不讓衆人有很多的欣賞機會，他與徐道恆滿含笑容，忙把他們讓進了房間中。忙着替他們寬了短大衣，忙着讓坐，忙着叫侍者替二人叫冷飲品。葉鳳珍要了一瓶汽水，劉慧玲要了一杯可口可樂。他們坐定了，吳友松便忙着把點定的菜單給他們看，又忙着問他們可要點些別的小菜？劉慧玲笑道：『這菜單上此地的名菜都有了，我們鳳珍姊是不會客氣的，就這樣罷，不必改動了』。

吳友松便關照侍者拿了菜單下去。葉鳳珍看了劉慧玲一眼笑了笑，卻不說什麼。

徐道恆先開言道：『葉小姐今天難得請到，真是不勝榮幸之至，希望以後常常敍敍，我們都是同鄉，不要見外才好』。

葉鳳珍道：『二位太客氣了，小吃吃何必如此多禮，而且方纔的菜單也太豐盛了，我的慧玲姊要肉痛呢』。

劉慧玲笑道：『明人不說暗話，請客的是我，出錢的可不是我，我一些也不肉痛，就是出錢的我想也不會肉痛的，只要客人滿意便好了。吳先生，你說對不對？

吳友松笑道：『你們兩位今天漂亮極了，一個濃粧一個淡抹，把梅龍鎮裏的許多漂亮仕女們完全壓下去了』。

劉慧玲忙攔言道：『什麼漂亮不漂亮，我們又不是比賽來的』。

葉鳳珍不覺又斂起了笑容。

徐道恆在桌子底下踢着吳友松的脚。吳友松自覺失言，但是已收不回來了。

徐道恆道：『漂亮就是美，愛美是人人的天性，所以見美而贊也是很自然的天性流露呢』。

葉鳳珍淡淡的說道：『愛美是人人的天性，不錯，不過美有外表的，有內在的。要是只注意了外表的美，而忽略了內在的美，便太淺見了。可惜社會上多數人是只注意外觀的美的，因此天生外表不美的許多女子，便容易陷入不好的命運，真是太可悲哀了』。

吳友松聞言懍然，便正色道：『葉小姐的話對極了，最好是外表與內在都美，那便更好了』。

這時，小菜已陸續的上來了，一盆乒乓雞一盆奶油萵苣筍一盆火腿干絲一盆鹽水鴨。四人面前都洒了一鍾酒，開始吃起來。

他們談談說說，很隨便的，吳友松拚命的順着葉鳳珍的意思說話。葉鳳珍也有意無意的只當不知的，不一會的已喝了二三鍾酒。

葉鳳珍忽然問吳友松道：『聽說你們的生意範圍很大，每天出進恐怕要上萬萬的了』。

吳友松忙道：『也不一定，平時總在一萬萬以內，有時多些，便要二三萬萬了』。

葉鳳珍笑道：『聽說這二天外面市面不穩，銀根很緊，可是嗎』？

吳友松道：『大致是如此，原因為了股票下跌太多，但是有辦法的人是總有辦法的，至多是增加一些麻煩而已』。

葉鳳珍道：『你說得這樣輕鬆，可是有人卻說很難度過呢。我有一個長輩親戚。這兩天便為了五六千萬的款子一時週轉不靈，急得要上吊了』。

吳友松笑道：『五六千萬的數目，說大不大，說小不小，但也不至於為了他要上吊呀！這位令親同葉小姐很熟的嗎？如其需要的話，我倆可以幫一下子忙的』。

葉鳳珍道：『那什麼可以呢？而且聽說市面上利息極高，如其借了去還不出來，我一個小小的女子，也負不了這個責任呀』。

吳友松笑道：『誰要你葉小姐來負責，只要是葉小姐肯幫忙的人，一定是不錯的』。

說到這裏，葉鳳珍很嫵媚的笑了一笑，卻道『不談不談。吳先生不要認真了，這是說說玩兒的，那有這樣幫忙的道理』。

劉慧玲與徐道恆二人在旁聽他們談話十分有趣，不插一言，慧玲暗道：『鳳珍鳳珍，你逗引得吳友松的魂靈兒已大半不在他自己身上了』。

他們又吃了幾味大菜，酒醉飯飽，直吃到十點一刻方畢，吳友松的車子把劉慧玲葉鳳珍送回校去。

（第六章完）

紅甘齋日記（十二）

紅甘齋主

四月八日　晴　星期一

予自跑馬失敗後，頗熱中於空空獎券，蓋券雖價賤彩實不薄，赤貧如中首獎，瞬息即成鉅富，洋房汽車，頃刻立致，豈僅大兒所云足購幾十担米已乎？

日前予忍痛以一元購得天字第一號獎券號碼奇佳，顧予命途多舛，難望中彩。聞靜安寺路跑馬廳北，隅有石翁仲者爲卜凶吉奇靈，欲備香燭一訴心願，卒恐爲親友所見，乃徒手前往，至則善男信女，頂禮膜拜阻塞人行道上，香火繚繞，紙灰飛揚，儼然一石神廟，而「有求必應」之匾額，琳瑯滿目，朱漆鮮豔，與跑馬廳四周梧桐綠葉相對輝映，具見翁仲之神明，余驟於翁仲雙裾，爲烟灰所黑，立願如中首獎，必爲鍍金，膜拜既畢，急急離去，苟不幸爲親友見瞥，必遭訕笑，蓋予素以維新派自居者焉。

晚赴爲善軒，適有扶乩，祖師降壇賜訓，求者踵接，不啻石翁仲前景況，予仍以富貴兩字默禱，十一時半，壇訓賜下，恭錄如下，作座右銘焉：

「爾天資聰穎秉性正直，曾優遊林泉，不求聞達，難得難得，惟利之一字，猶未淡忘，須知早年得意一生吃虧，況功名利祿，天實爲之，失意切勿怨天，得意不可忘形，切記切記。

觀爾氣色容有天賜之財，惟氣量恢宏，難免揮霍，雖云飲食男女，人之大慾存焉，然聲色犬馬，終須敬而遠之，如有多金，何若興壇修軒之爲佳乎，勉之勉之」。

觀乎此，吾之購置獎券已爲祖師所知，而於中獎之說，竊有疑焉，然耶否耶？俟之來日。

返寓已子夜，枕前有大兒來函，索錢之外，竟謂：

『母親說：大人再不寄家用來，母親要到上海來做傭人了，這一個月起，祖母又輪着我家奉養，但是小菜吃不到好的，米也是一升一升買的，每天早晨，我排着隊去買，老師問我，爲什麼天天遲到？並且說，再遲到要開除了。父親，如果你寄一筆錢來，不是我就用不着去買米，用不着遲到了嗎？父親，爲了祖母，爲了母親，爲了我的學業，無論如何求你寄一點錢來，還有如果我開了除，你回來時，會不會打我一頓呢？……』

讀罷爲之三嘆，貧賤夫妻百事哀，信矣！然予非不知家中苦况，第以收入不豐，一時難以顧及耳。但願祖師所謂「天賜之財」惠然見施，則一切均無問題矣。

四月十五日　星期一　晴

晨閱報，天字第一號空空獎券得三獎，憑券領國幣一千元，於首獎雖不中亦不遠矣，然則予已一千金富翁矣。寧耶？僞耶？傳之非其眞耶。

奇哉！異哉！祖師之言翁仲之諾，今果驗矣。

予誠不知將何以喩我此時爽心歡愉之狀，忽魂悸以魄動，恍驚起而長嘯，視券號而隕淚，失向來之煩惱，庶表萬一。

千金領到，首須爲翁仲刷新，不意已爲中首獎者捷足先得，聞將於金粉以外間以朱漆，一旦竣工，必爲市容增光不少，無奈，予改以匾額了願，「有求必應」當之無愧。

祖師有訓興壇修軒，自須遵命，乃捐四十元爲壇中經費，惟恐半數將入壇弟子腹中耳。

今晚狂歡一宵，赴晉隆開洋戒，百樂門開舞戒，舒適痛快之至，間坐舞池邊，偶以白話作詩，所以歌頌鈔票之偉大，題曰『一切屬於你』。

呀！鈔票，你，神底朋友呀！
我要爲你歌頌，世界的一切屬於你！
溫暖底燦爛底太陽是屬於你底，
因爲有了你，我底眼前閃爍著光明，
我的血液中充滿了熱力！
我好像是一盞通了電的燈泡，又像是個皮球打足了氣！
呀！鈔票呀，高高底太陽屬於你！
繁華的輝煌的都市
是屬於你底！
因爲有了你
冬天關室於國際飯店的十八層裏，夏天優遊於七重天的屋頂花園，或者路上打個電話四〇〇〇〇么可的搶飯是一齣好戲，
呀！鈔票呀！繁華的都市屬於你，
就是那萬物之靈的「人」吧，
也是屬於你底！
因爲有了你——
車夫把我拖來又拖去，從大光明，跑到百樂門，又從百樂門拖到仙樂里，
架起了雙腳，馬上皮鞋擦得「亮來西」，
咖啡室裏，大菜以外冰淇淋，吃得油了，然後說一聲BUY BRING ME A CUP OF TEA!
於是，地位，人格，榮譽一切都全齊，
呀！鈔票呀，可憐的人們屬於你！
呀！鈔票，你，神底朋友呀，
讓我爲你歌頌，一切底一切屬於你！

下星期擬返家一行。

無話可說

金曄

一

上次我回到故鄉，恰巧城隍出巡，我也就站在一旁觀看，見那些鄉民們都很虔誠的膜拜，因此我說：「破除迷信喊到今天，大家還是迷信，眞是……」話還未完，一個老太婆對我說：「人家保安醫院的看護小姐還拜呢！」自然，我是無話可說。

二

還有一天，在家閑坐無聊，到街上去走走，走到馬家堤附近，■聽到一個婦人怪聲怪氣的唱聲，在一個小屋子中傳出，因此就走近去一看，只見里面一張香案，上面掛着神翁，卻寫着騙蝠小姐等字樣，香烟上升，一個女人白了眼看上升的烟，旁邊幾個女人全神貫注着聽她唱着不知什麼的歌，我雖然不知究覚，但約略知道這是迷信勾當。

回到家中，與姊姊談起這件事，姊姊說：「山郎人相信騙蝠小姐的人很多，有什麼病痛，只消去問問她，她就能告訴人家過去未來的吉凶」，母親在旁聽了，知道我是不相信的，特地加下一句：「靈是很靈的，上海某醫院里的小姐特地上海下來求過的哩！」

自然，我又是無話可說。

三

國曆五月二十日左右，我踏進同鄉會，又是一陣陣香烟瀰漫，一聲聲叮叮噹噹，不要說祥，道是一羣騙飯吃者們的傑作，我一見他們就頭痛，我對於宗教信仰是覺得應該自由的，但對於他們這一般人，實在是萬分痛恨。

因此我又發牢騷，鬧得同鄉會辦事不徹底，既然當時費了許多精神，甚至失掉了一塊土地，而換得的仍舊是老樣了，大概是所謂太祖師的法道無邊了吧！

我這樣說着的時候，一位朋友告訴我說：「這且不要說了，祖師誕辰的那晚上，×××和×××等都是長袍馬掛親來三跪九叩首」。因此，我自然默然無語了，×××和×××在這次淸理惠善軒公體時也出了很多的力，態度也很堅決，然而現在竟也對太祖師叩頭了，我們小子，自然無話可說。

給向善的靈魂加上一鞭

「靜靜的頓河」讀後感

浦　捷

蕭洛霍夫的名小說「靜靜的頓河」，已經有不少人讀過的了，介紹過了，其實可以不消我來再提起，然而我却不能不說一點我已悶在肚裏很久的感想。這部書曾感動了我，使我流動熱淚，它給予我的勇敢，給予我的力量，它更給我那向善的靈魂加上一重重的鞭；它不僅是哥薩克一部偉大的史實，而且是一面明亮的鏡子，它照耀出全人類未來的光輝。

我看完「靜靜的頓河」是兩年前在一個農村裏。我感激當時偉大的友誼鼓勵了我，使我安心的讀着它，兩年後的今天，這書的印象仍深刻在我的心底，不，就是到永遠也不會磨滅掉的！一提起它呵，頓河就在我的眼前出現：

那明淨的河水圍繞在碧綠的新鮮的草原，馬群在河邊喝水，小孩在搖籃裏安睡；從「鵪鶉在嫩草中叫，古菜放着光」的莊田，走上開墾了的廣漠的農場；從「嘿！你，我們的父親，靜靜的頓河！」那古老的民歌唱起，唱到「若被侵略，我們就戰爭，將敵人驅逐出邊疆」！那雄壯的新歌……

我彷彿看了哥薩克的母親們將綢紹縫成馬兒的肚帶贈給兒子，祝禱他成就一個壯嚴的哥薩克的兵隊。我又看到這些母親們一個人在寂寞的房中流淚，在掐指計算着孩子凱旋的日期。……

而今呵，那些騎在馬上的有着亞麻色捲髮的勇敢的哥薩克，早已經在胸前閃耀起戰勝法西斯敵人的獎章了，在草原上空有力的飛舞着鮮明的旗幟了。……

「靜靜的頓河」是一部歌唱從俄國參加第一次世界大戰，從大戰回到內戰，又從內戰中戰勝了反動者而走上蘇維埃社會主義聯邦共和國的勝利的史詩，它又描繪了哥薩克的生活，在各個階段中每個階層的份子的變動，它創造了農村中，軍隊中的典型。尤其是本書中的男主人公葛利高里，他是一個富農的兒子，從出生到長大，從後方的戀愛生活到前線的戰爭生活，從革命到叛變革命，到滅亡，他經歷了多少曲折的鬥爭，都是非常動人的。蕭洛霍夫創造了這個典型是極其可愛的；那怕後來葛利高里走上反動的路，也是出乎自然的，階級利益促成了他如此，再頑強也沒有用，也不能挽轉歷史應走的道路。

由於作者驚人的才能，使人物和自然形象化了。使得葛利高里那高大的固執而自私的影子，常時站在我的面前，而且他攝取的場面也是極其美麗而又簡鍊的。比如描寫在旅店女主人公，葛利高里的愛人婀克西尼亞病了，那早晨離開旅店時那個場面，景物陪襯得很生動，就是一個例。——

「黎明時光，普羅霍爾和葛利高里套上馬了，婀克西尼亞困難地穿上衣服走了出來。太陽出來了。灰色的炊烟從烟囱裏冒了出來，向藍色的天空升去，下面的被太陽映照着紅色雲堆，高高地站在天空。籬垣上，柵欄頂上都落滿了濃霜，馬嘶出了熱氣。」

其次，作者對人物的心理刻劃，也是非常深邃而有力的，他對婀克西亞有過這樣一段描寫——

「女人的心是渴望着憐憫和愛撫的，被失眾折磨着的婀克西尼亞忘了她自己，把自己的全部狂暴的，早已忘記了的熱情交給了他。但是當無恥的享受，非常空虛的黑暗波浪退潮的時候，她清醒了，尖銳地叫了一聲失去理智和羞恥，半裸體的，只穿了一件襯衫的她，跑到台階上去了。」

像這樣美麗而生動的場面是很多的，不過，我愛他描寫農村生活的一方面是尤甚於描寫戰場的。

當然這部作品成功的要素還是由於作者忠實的態度和體驗入微的生活，而且他運用了活的語言，像「太陽一出來露水就乾了」，「如果怕狼，就不到樹林裏去。」像「滾他們的蛋吧，在樺花和樹之前，要除淨污穢！要上肥料，要把手弄髒！」一類的警句，是更能增添民間的色調的。

這部書的缺點也是有的，我只感到它裏面有許多重複和贅累的地方，尤以第二三兩冊內最多關於戰事發展的敍述，使我厭煩，所以常常就很快的翻過去，而每當遇到精彩的幾段，就是讀上兩遍三遍，這也許是我個人的偏愛。

至於這部名著其所以能使我們有幸運的讀下去，這不能不感謝金人先生忠實而流利的譯筆，他是經過了艱苦的工作才完成的。

這些：僅僅是我個人的皮毛的讀後感，早就想說的，實在無以盡我介紹它的全份的心意。這部書使我認清現實的鬥爭的意義，它告訴了我，從個人的利益服務到全體的利益；一種人怎樣爲了生存而參加革命，而能堅持到勝利，另一種人爲什麼不能？相反，它是一面歷史的鏡子，它告訴了我，誰是美？誰是醜惡？誰會勝利？誰會滅亡！

頓河的歷史還現在我們的眼前，而我們的長江，我們的黃河呢？「靜靜的頓河」呵，你從多次的戰爭中產生了勇敢的光榮的兒子，而我們的黃河，長江，也應該寫成一部偉大的史詩的。

一個上午

肖叟

達達達達……滴立谷拉……滴立谷拉……「福泰興哈人，喂！解銀簿拿去。」只見往來台窗口，人頭擠擠，爭先恐後的都是手中拿着幾本灰色，黃色的解款簿，在手中指間，夾着摺好的支票，口中嚷着：「對勿起，先生收一收」，「嘿囉，帶眼鏡先生，謝謝儂，先替我收一收，我還有許多人家跑啦。」「喂喂，我先來，爲啥勿同我先收。」「儂高興味等勒浪，勿高興儂儘管跑好啦，又嘸沒人來拖牢儂，要阿拉收，是狄能嘅。」「儂狄種人家，礁礁退票，不要催人家，搭儂收仔好煞哉。」「好啦好啦，收起來快來些嘅，稍爲等一息。」「還是狄位老先生來得和氣，一眼嘸沒朝南面孔派頭，大家是吃人家飯，儂不過多穿了半截，神氣點啥物事，錢莊勿是儂嘅，退票勿是退我嘅，大家勿是自家事體，要儂像煞有介事，儂個出老，看煞儂只好一生一世孵在裏向，豬玀，癟三，有種出來，打儂人。」……只聽見櫃台裏一陣子笑聲，……哈哈哈……神經病。

隔壁出納先生紅頭漲面，五筋狠六筋，直着喉子在喊，「一百念叁號銅牌，啥人，喂！一百念叁號銅牌，啥人「嗅嗅……先生來哉。是我……」「叫了幾百聲了，耳朵帶出來哦，拿多少數目」，「先生……先生，票子上多少」「問你自己呀，十三點，自己拿錢連多少亦不知道，壽頭。借！一百七十萬打八折。」「謝謝儂先生付我大鈔票，我因爲要帶到鄉下去嘅。」「什麼大鈔小鈔，不是一樣全是鈔票嗎？最近當局有命令下來，凡拒絕小票者，都要捉得去，……哼哼。」

十二時敲了，營業間櫃台上漸漸地轉入平靜狀態，只有交換科的幾位交換員，低着頭，彎着腰在整理五顏六色，大大小小的同業票據，這個時候是他們最緊張的關頭，「喂！小張，大交換碼子阿有動哦？」「嘸不」。「斷命今朝禮拜一，好像過鬨王關，支票來得嘅多，啞啃晨光勿早哉，我小交換碼子已經有我，專等儂大交換哉，好好，礁礁看。一千三百五十八億六千七百八十三萬七千五百六十六元三角四分加八百七十七億五千八百三十二萬四千五百十一元一角三分。唉！數目尾巴愈拖愈長哉！好，開彩，阿彌陀佛，今朝鴻運高照，一定有天上仙人走過，否則那亨會得一軋就準呢，老司務有哦，送交換票，」鐺鐺……吃午飯鈴響了，營業間中一切的聲音都給鈴聲帶走了。

今年東山的蠶桑汛

桑葉開盤每市担八拾萬，最大行方做開每市担二百二十萬，鄉人私自成交價最高二百五拾萬元云。

蠶種每張價五拾萬元，平均每蠶種需喫葉五市担半，種場每張種需吃葉六担，蠶調獎得好可採鮮繭市秤三十五斤至四十斤。

本山繭行於一日開秤，歸上海絲繭公司採辦，委托渡橋東惠和，板發村西惠和，棧灣慶成三家收購，一日開盤次貨每市担二千六七百萬，高貨三千萬，統扯價二千九百萬，一至三日因本山價低，繭船開赴震澤出售，計有二百艘，約計出口鮮繭六百担左右，價每担三千一二百萬，淥遝鄉民居多，並由淥遝自衞閘保護出境，至震澤出售，東山去船繭款先發，而價提高，四五日震澤價亦降跌，以致出口較少，三日起本山每担降跌至二千六七百萬。

東惠和興絲業公司訂立合同收鮮繭五百六拾担。

西惠和興絲業公司訂立合同收鮮繭四百念担。

慶成與絲業公司訂立合同收鮮繭四百念担。

前後山本年約計採繭二千担，因葉價高漲，中途倒去四成，約計六成收數，若無出口傾銷，本年絲業公司決無胃如數收進云。（擬）

巡官出巡

殿經港上捉煙犯

五月三十日巡官自殿前至渡橋，行經殿逕時，目視烟容滿面者二人交頭接耳，見了巡官形色慌張，巡官即上前去查詢，內中二人一名金剝皮，一名春元，金剝皮前會充渡橋鎮鎮丁，今在掃街，春元前在同泰森充司務，二人正在看戒烟藥品，金菜看見巡官，即以該品吞下肚去，巡官當一併帶局偵訊，因有吸毒嫌疑，即於卅一日中班輪解蘇核辦。（擬）

陸巷楊灣捕賭徒

（又訊）東山警察所巡官額景陶，就任以來，爲明瞭地方上禁政起見，五月九日率領警士，巡查後山之際，先後在陸巷楊灣二處茶館內，拘獲抽頭聚賭麻雀三桌，連同賭徒十二名，頭家二人，賭具雀牌三付，一併帶所，經詢問後，罰款示儆云。（鄉人）

東山近事

▲食米高漲不已，東山長途電話爲米商所一刻不停的打着，一日數市，老闆們爲防止蝕本起見，每石再加十餘萬出售，升斗小民，天天怨命的說着要餓死，米店主還是說蝕完了。

▲壯丁安家米，未繳各戶，每天出保長領了鄉長所派的常備隊收取，如經二三次的不繳的話，即要拘押，聽說陸巷保長係炳坤，金顧稱二人，爲了未繳足安家米，遭鄉長軟禁一宵，毀儀詢問鄉長，得知要催安家米，隨即釋放。

▲龍頭山寺內，近有××鄉派的武裝同志，檢查船隻，人民認爲加緊防務，未料該鄉派隊駐扎目的，爲防止漏捐枇杷船出口，聞悉每部枇杷捐六萬元，苛捐特稅，又在鄉間發現了。

▲登善醫院，爲夏令已届，預防霍亂起見，即日起免費注射防疫針，學生前往注射者百餘人。

▲百物高漲聲中，後山的抽頭聚賭，市價陡升，起碼劇麻將十萬至十五萬，另加賭子（即旺子），賭徒們興高采烈，頭家喜笑洋洋，每天收入甚鉅，警局雖則禁賭，賭徒仍在狂賭，所謂「提歸捉」「賭歸賭」。

▲物價上升，籌碼大票，點數便利，一般商店拒用小額鈔票，目前尾數，竟逐五進十，正是大出大進，一千二千小鈔票已不見面了。

▲前山鴻記、好友二理髮店老闆，爲適應時代化，大貼廣告「特搜美國技師」奶油燙髮，「原子式效髮」，一班愛好的婦女，飽嗜了美國原子式，禁藥由處。（山石）

後山同鄉組織鄉聯會

推進故鄉消防福利事宜

北區（即舊蔣含鄉）旅滬同鄉葉友臣、王根源、王益民等爲關懷桑梓敎育、消防、建設等，最近由滬勸募經費，爲國民學校添置課桌等，（已誌上期本刊）現繼續爲家鄉服務起見，已在滬組織鄉友聯誼會，連絡鄉誼，團結力量，推進家鄉敎育，消防等事宜云。

（又訊）後山陸巷地方人士等，於六月五日召集會議，出席者葉耕香、王仰霄等十餘人，首由主席葉耕香報告謂，近有本山旅滬同鄉組織聯誼會，推進我鄉福利消防事宜，現爲連絡同鄉感情起見，特此組織北區消防公益聯誼會，當即推定幹事二十五人，當務幹事王志全、王全根、僉志成、張織安、周文秉、周鴻維、葉耕香七人，王仰霄爲文書，各村水洋龍及一切物件損壞情形積極調查，以便着手辦理，堅固消防治安云。（山石）

歹徒土劣相互狼狽

席氏祖墓被匪掘開

席氏同族慶生徵中之三十四世祖安侯公及葉氏、周氏、朱氏、黃氏四太夫人之坟墓，於遜清中葉葬於本山大慈塢（純陽殿東），於五月二十日前遭匪徒掘開坟墓，將棺材五具劈破，屍身與白骨，狼藉滿地，由坟丁沈賓元據實函報，席慶生等即報告同族會，並要求地方機關破案，尤其認爲事後附近居民絡繹往觀，茶祭酒坊聲爲談助，而負該管地區之責者，反稱朦然不知？顯然係歹徒土劣相互狼狽，實屬非是，同族會據報後，即備函請同鄉會，促地方機關赴日破案云。（吳）

民衆自衞隊巡湖

後山地區，臨濱太湖，港汊繁多，防務重要，陸巷民衆自衞隊王志全，鑒於盜匪搶刼漁船，時有所聞，爲治安計，率領全體隊員，隨時抽查戶口外，五月十五日復會同常備隊出發巡湖，目的地三山，巡船至白湖鬥時，無奈是日狂風，不能前進，折回方向，經內河至大厥嘴一帶，在龍頭山登陸，步行歸隊，已晚六時矣云。（山石）

沙嶺山石內

發現礦物質

洞庭東後山沙嶺蝦川嶺尖刀刀潭地方，附近山塢，全是巨石，泥土瘠薄，人稱爲荒地，峨前勞動服務時，一度開掘石拌，發現石排中隔有白色泥一種（閉白篆泥），性質細軟而滑，含有某種礦物質，當時鄉人不知何商，無人問津，近有湖沙村同鄉除菜聞悉，與蘇州菜公司接洽，經數度派員來山潮墾，帶蘇研究，前日又同專家來此視察，擬測量鄉近各戶之山地，以便購買，實行開採，又悉楊灣亦有同樣礦物發現，擬端節後開採。（山石）

高利剝削鄉民

浦莊鄉長被控

浦莊鄉長高濤及高俊甫，鎮丁載阿彩，酒商徐蔭階，近被滸禾鄉陸家握村婦戴王氏向地檢處告訴，有重利盤剝行爲，地檢處受理後，刻已由吳檢察官簽發傳票，定本月九日上午十時傳集原被告到案偵訊云。（擬）

南陽同學

葉慶麟朱慈芸新婚

南陽同學葉慶麟朱慈芸訂本月十八日在八仙橋青年會結婚，葉朱二君既爲同鄉又屬同學，今又結爲夫婦，鶼鰈同命，届時當有一番熱鬧云。（吳）

同鄉嚴家淦

任美援運委會委員

行政院近設立美援運用委員會，並發表委員名單，內同鄉嚴家淦亦爲該會委員，並指定專與美方代表團作密聯絡之實云。

東山物價

高白粳	石	七百萬
中白粳	石	六百九十萬
高羊光	石	七百萬
豆油	斤	十六萬元
菜油	斤	十五萬元
醬油	斤	起碼二萬九千元 最高五萬四千元
杜槽	斤	七萬二十元
槽燒	斤	高六萬四千元 次六萬元
燒酒	斤	五萬六千元
食鹽	斤	二萬五千元
參和粉	斤	五萬元
切麵	斤	五萬五十元
火油	斤	九萬元
肉	斤	二十四萬元
豬油	斤	二十八萬元
蝦（猛脊）	斤	二十萬元
蝦（太湖）	斤	十六萬元
蟹	斤	十四萬元
豆腐	斤	三萬元
素黃豆芽	斤	三萬元
活蘆	斤	三萬五千元
黃瓜	斤	二萬五十元
鴨蛋	枚	一萬五千元
雞蛋	枚	一萬元
木柴	担	三十五萬元
硬柴	担	三十萬元
毛柴	担	二十四萬元
柴桃柴	個	二萬元

太湖兒女（8）

•何遜•

赤青漲紅着臉，小黑子對着她笑問着。

「沒有寃枉你吧？」

其實像這樣的故事，在一羣年青人中不算一回大事，就拿小黑子自己說，又何嘗不是如此，在山谷水濱，在林下溪邊，蹀躞着一對一對的癡情兒女，青春誠然是可愛的，有青春的兒女，是最幸運的，他們把人間的春天佔盡了，這對於夕陽西下的秋色，是一種嘲笑然而春天是不會很長的，有誰知道今年的幸運者，到明年不會嘆惜着：「老盡了春光老盡了人」呢？

在古舊的鄉間，對於成對的男女，終有一種妒惡的意思，年老一點的婦女們，在背後指指觸觸說什麼，「這個世界，簡直不像樣了，男男女女並排着，走來走去」。「牆門堂裏的小姐居然也同少爺們一淘白相雨花台了」，這一種惡意的謾罵傳到了父母的耳中，自然對女兒嚴加管束，破舊的牆門堂，正就是殘餘封建的象徵，即使是一個有勇氣像靜子的女孩子，也解脫不了這一種封建的桎梏，她竟踏不出這門牆一步。

然而青春是關不住的，正像待放的蓓蕾，到了春天一樣。

將近中秋節，月亮漸漸地圓起來，糖果店的月餅肉餃，叫蘇州人賺了不少錢，還有金鼎齋的斗香，也是騙子，城裏人對齋月公是十分熱誠的，所以使今年東山的中秋節格外來得熱鬧。

忽然心血來潮，逸夫想起了夜宴雨花台的豪舉，參加的人有一桌，除逸夫外，少不了的是小黑子，還有小陳林鷺，也是當然的參加者，另外三位小姐是比較疏遠的，然而興趣特別好。

太陽還沒有下山，每一個人帶了兩只菜，到雨花台來了，醉景樓的廂房裏，陳設了一桌豐盛的酒菜，遺憾的是少了一道逸夫所心愛的芹菜。

「東山樵子窟，此地野人居。」他們暫時放胆做一次野人了，在這裏沒有虛假，講你的所要講的，吃你所想吃的，自由痛快毫無拘束，如果給老人們見了，也許又要搖頭嘆息着世風不古了。

暮色漸漸逼近的時候。高懸在晴空中的月亮漸漸放出了他的光芒，幾個人倚着欄杆，看着月光下的世界隨便地談着：

「又是中秋節了，六月十九伴觀音那天的情形，還在眼前，今天又要度一個通宵」。

「大概通宵度出了滋味，不過兩個通宵情趣完全不同，六月十九是湊湊熱鬧，今天是擺脫煩惱」。

「擺脫煩惱，怕不見得如此容易吧」。（待續）

輪船火車又漲價了！

上海到蘇州的火車

（六月七日起漲價）

凱旋號金陵號各次對號車

頭等　九十七萬元　　二等　六十五萬元

特別快車

頭等　六十六萬元　　二等　四十四萬元

三等　二十二萬元

普通車

頭等　三十六萬元　　二等　二十四萬元

三等　十二萬元

蘇州到東山的輪船

（六月十一日起漲價）

前山　二十萬元　　後山　二十五萬元

小帳　照票價二成　　茶　四萬元

飯　十五萬元

莫釐遊誌（十九）

昭然

顧不能遠適，忝請所見一二，雖極所皈心，而皆捨我去，惟孤守經藏，勾身文身之義，文僧乃能同我見守護，若救頭然，圖建閣以藏，垂之永久，夫佛法未終替萬五千年之期尚未至，則當有得法者作，且今名山大刹，岩居穴處者，豈無得心印禪定不起，人無自而知，若今藏經於閣，其庀材軌垣，令鑿椵櫞，欒楹塗塈，甓幔皮函，惟罄竭所有，以求底濟，若宰官長者有所助，亦惟信心，實無有福德，是名福德，予勉徇僧，意爲之題如左：

寺處深塢，無牆作界，四周高峯，兀然環繞，清曠異於旁寺，景色迥然不凡，昔趙寬題洞庭興福寺圖，句云：

太湖波濤深浩浩，映空但見蛾眉掃，
不有玉堂詩稿傳，怎識洞庭泉石好，
老禪幽若山之中，山勢直與湖爭雄，
秋高月浸廣寒殿，海曙日出蓬萊宮，
千林橘柚船艫入，百落鷄犬閭閻通，
若耶雲門不足數，鷲峯鹿苑將無同，
愧我平生寡游歷，此境不到寧非俗，
會當破浪乘長風，一上層巔快雙目。

吳寬興福寺小憩詩云：

九塢寒泉一個流，遙從木末望山頭，
春風未掃禪林雪，更爲梅花半日留。

又智勤還洞庭興福寺詩云：

杖錫過京華，西山即是家，有時論日月，
隨處臥烟霞，懷土情終懇，還鄉路亦賒，
春深愈塢裏，應爲問梅花。

張本愈塢寺詩二首：

複嶺迴轉掩竹扉，鳴泉千尺半天飛，
流鶯香濕藤花露，遙送鐘聲出翠微，
風生松壑粉初飛，雨過筠林筍乍肥，
滿地夕陽花影裏，白雲僧摘茗芽歸，

明吳寬興福寺記文云：明成化十六年（吳郡法乘作十五年二月既壹）李應楨書：

吳地多水，其最鉅者曰太湖，湖中多山，其最鉅者曰洞庭，洞庭爲山周可百五十里，中有穴，相傳禹藏治水符於此，因名，其東十里，又相距而若小，其勝略等，人稱東洞庭以別之。當波濤浩渺間，兩山對峙，鬱然蒼翠，儼若畫圖，殆道家所謂蓬萊方丈者，民環山而居，善植果木，世擅其利，而屋宇閭巷，聯絡映帶，忽不知其爲山林也，其尤勝處，往往有佛寺據之，成化十五年二月既望，予與李兵部應楨，爲東洞庭之遊，自俟心吳氏肩輿行，十里許入愈塢，得寺曰興福，主僧思復，出迓客，延登其後小閣，是時梅花方盛開，彌望如白雲，崖谷莫辨，山有九塢，九塢之水合流，循寺門而行，松根不斷，水聲虢虢，意甚樂之。予既留詩而去，未幾北來，京師車馬，塵埃間未嘗不想東洞庭之遊之樂也。一日，有僧扣門來謁，予熟其貌，則昔者復公之徒也，其言曰興福寺久矣，甚恨無文字刻石可考，往者，幸辱游覽，惟終畀之，此智勤所以來者，余嘗愛其寺，據山水深遠處，殊爲出僻，宜學佛者居，其徒歲食田園所入，可以自足，而予所接，如復如勤輩，又皆恭謹能守戒律稱，學佛者，予何愛一言，不爲之記，寺建於梁天監二年，傳有千將軍者所捨宅，故在山之東麓，始居者曰清禪師，至唐遷於此，歲久興廢，皆莫能知，不知者，廢於國初，而深谷澂公復興之，二傳仍廢，而僧亦絕矣，景泰間，今復公始自其山法海寺，從里人之請而來凡建門堂殿閣，數十楹而佛像威興，蓋智勤實相其事而成之，是爲記。

上嶺達愈塢嶺，其巔有亭，葉祥本篆山秀二字，嶺爲民國十七年夏曆小春月，周慶祥嗣甫等發起興修者，下嶺至金塔河，訪狀元坊不得，下油車頭，得瞻古金塔於阡陌間，塔爲青石所成，形六角，高三層，下層鐫重建古金塔記文曰：

許久未見這條尾巴了，今日湊這一點空白，又來嚕嗦一下。

這一期出版之後，本刊已經算是有了二年的歷史了，下一期起，將是第三年的開始，編者有點感到惶然，眞不知該如何的來努力於新的開始呢！

在我們力之所及，下期預備有一點改革的地方，形式上——封面想改一改樣子，表示新的到來，內容上——雨花播音台一定擴爲三頁，並且加强通訊員的連絡，以充實內容，其他各版大概仍舊，不過山海經方面再要多加趣味的小文字，希望大家投稿。

下期，照例有一個特刊，但我們希望不再像過去特輯一樣的由幾個人來自說自話，我們希望聽到眞正讀者的意見與批評，讓我們知道好與不好，對與不對，希望讀者們踴躍賜稿，

莫釐風月刊 【24】

每月十五日出版

本期零售每冊六萬元

預定	
全年	六十萬元
半年	三十五萬元

編輯及出版者：

東洞庭山各校同學聯誼社

莫釐風出版委員會

上海通訊處：

洞庭東山旅滬同鄉會

北京西路一〇八號

電話：九三四一九

東山總代理處：

殿涇港朱家弄瞿友農

吳縣第八信用合作社

承辦洞庭東山　蘇州匯款

穩妥　信義服務

迅捷　不取匯水

本社辦理存款，放款，抵押，匯兌等業務，純以服務桑梓，社員爲宗旨，如承委託匯款，概免一切費用，手續簡便，解款迅速，東山區所隸屬之市鎮鄉村，無論遠近，均可專司送達，以免跋涉之勞，特請上海天津路**東萊銀行**集益里**信和錢莊**，天津路鴻仁里**嘉昶錢莊**代理收解，凡吾社員，深盼踴躍賜顧，並希同鄉先進賜以指導爲幸。

總社　東山前山鎮　長途電話直達

蘇州辦事處　蘇州閶門外樂榮坊二號　電話　一八四七號

上海市錢業同業公會會員

鼎康錢莊

始創於清光緒二十八年

經營一切商業銀行業務

並舉辦下列各種存款

定期優利存款　期限隨便訂立

特種活期存款　備有袖珍支票

乙種活期存款　隨時憑摺收付

一　地址　天津路二四七弄五號

電話　九四二七三

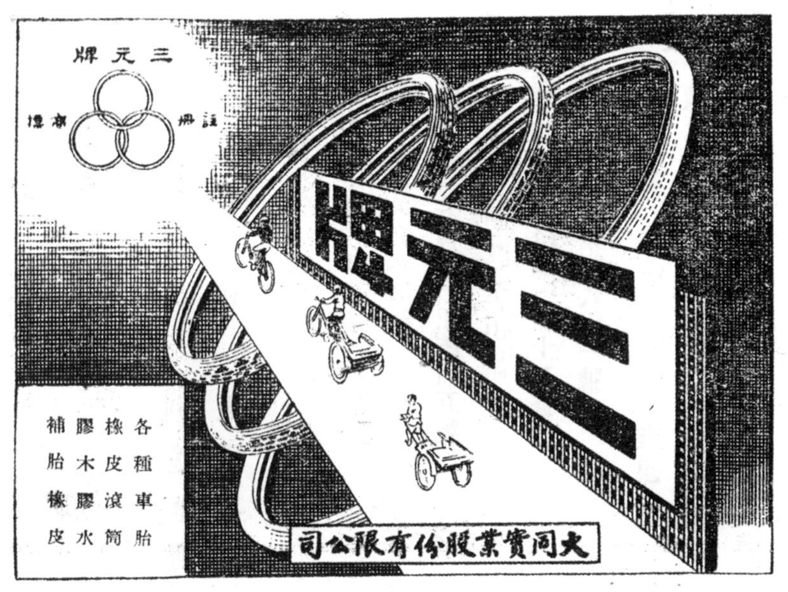

事務所：上海泗涇路七——九號

電話：一四九四二

廠址：上海眉州路三〇〇號

電話：五二二九九

目錄

東聯社出版

中華民國卅七年七月十五日

一位主筆，一位幹事，
一個新郎，一個新娘，
今年今日，組織新家庭；
明年今日，抱個小國民。

恭賀

尚儉同學
素雲小姐　**百年好合**

莫釐風月刊全體同人
東洞庭山各校同學聯誼社全體社員
洞庭圖書室全體幹事
同賀

●最後消息●

▲安定小學常務董事於七月二十日下午八時假席涵深氏私邸宴請席裕昌校長暨韓運先代理校長，席間研究校務甚詳，最後討論下學期學雜費問題，席校長主張全部免收以培植清寒優秀兒童，極受全體常務董事擁護，聞不久將召開全體董事會，决定該校爲義務小學云。

▲東西山擴併爲洞庭區後，區署决設於東山漾橋村惠安堂內云。

▲莫釐中學一部份遷入前太湖廳舊址上課後，因前進駐有自衛團鎮公所等機關，對於教育行政，非常不宜，經幾度交涉後，上述機關最近已全部移出，莫中董事會共付出房屋修繕費拾壹億元。

▲同鄉會於去年曾二度邀請美國新聞處赴前後山放映教育電影，頗受鄉民歡迎。現於七月廿二日再度由該會幹事金霖森君伴同美國新聞處嚴金濤君前往東山放映新片云。

▲同鄉會所屬公墳職員徐渭清，於七月十九日午夜因飲過多烈性酒物，神志昏迷，呻吟不已，家屬疑爲服毒，急喚求救，旋由同鄉會幹事席冠中殷李祥等伴送至惠旅醫院，經該院金霖森君接洽病房延請住院醫師施行急救手術，不久即告清醒，並無顯着服毒現象。一場風波，付之譁然。

▲公墳弟子朱鵬候法師，於七月六日爲金月波同鄉逝世三周年法事，中午上貢，脫下派力司長衫一襲，掛於惠然軒公墳辦事室。及至上貢完畢。長衫已告不翼而飛，朱君大爲不愉云。

舊的在風雨中剝蝕，
新的在泥土裏滋生！

二 年 回 顧

當「莫釐風」誕生之初，有一位先輩贈以四字錦言道：「持之以恆，」說來語重心長，在「萬方多難」中勉強渡過了二年的今日，翻覆誦讀，實令人「感慨」亦「欷歔」！這短短的二年算什麼呢？在我們，惟有舉起駱駝似堅定的步伐，繼續進行而已。

人人應該在每一剎間前瞻後顧，自己檢視一下，把舊的陳腐的丟棄，把新的進步的拾起，當這「莫釐風」第二個誕辰，我們來說說送舊迎新的老話，也不過因爲這是我們最好的機會而已。

這時代的場面太偉大了，歷史上從未在每一個角落裏形成比今天再鮮明的對照過——舊的在風雨中剝蝕，新的在泥土裏滋生！

二年來的演變，使沉緬於幻想中的人們清醒過來了，勝利、和平、民主那些太美麗的字眼早已失去了誘惑力，擺在我們眼前的事實如此：

說勝利吧：我們一想起昨天的事情還在「談虎色變」，只見日本又武裝起來了，日貨又潮湧進來了；感覺靈敏的學生們又蜂擁到街頭，在警棍槍口下聲嘶力竭地奔走呼號起來了。

說和平吧：我們只有壯丁一批又一批的徵出去，愈徵愈多，愈徵愈兇。不但要「綑」，而且要成更半夜踢爛了門來「綑」，以致我們的鎭長辛苦得「積勞成疾」，而人民也「一困於賦，再困於役，蓄已皮盡而骨存矣。」

再說民主吧：我們只看見參議員們「又參又議」的去「追認」，去捧場，着末臨浪却嘆息「不易見到有效的後果」；我們只見不選「錢鼎」的就要「驅逐出境」；我們只見一連串的破門「綑」丁，擄械收費和私刑拷打等事情；直到國代抬了棺材進會場才使人一新耳目。

其實不要說那些被糟蹋了的好字眼，在這物價以三級跳，撐桿跳奪錦標，破紀錄似的跳動下，一般人的生活也實在難以維持了。

在舉世滔滔中幸而還有一些高年碩德的「賢達」在支撐使那些通天的混世魔王無所施其技，舊的道德還維繫着這搖搖欲墜的危樓，可是在風暴下究竟還能維持多久，就很可担憂了。

儘管風暴橫竄逆襲，泉水却一刻不息地在匯合成巨川洪流浩浩蕩蕩的奔流入海！儘管一方面在加緊的自掘坟墓，另一方面却在攜手前進！

首先我們要向東山束緊了肚皮在幹教育工作的人們致敬，他們生活在一〇七萬倍的指數（七月份）下，而物價事實上早跳過四百萬倍了，但是他們一點也不因此懈怠，「有時居然也還保持着腰纏十萬的豪氣」；反之他們對於教育兒童却着急得「眼淚也幾乎流出來」。

我們只見到處都有「不教育」的「教育家」——教育托拉斯——在摧殘，斲傷教育事業，我們對於嚴守崗位的教師們這種難能而可貴的精神，怎不肅然起敬呢？

再拿莫釐中學來說吧，單單立案一件事就辦了幾個年頭還沒有辦好，王校長不去就北洋工學院院長和北京大學教授，却到窮鄉僻壤的東山來幹清苦的事情，這種精神已經難得；王校長的資格應該毫無問題；以王校長認眞的態度說更不該有什麼枝節旁生；師資充實，設備完善，也都是有目共覩的，「我們不得不憤慨於教育廳官場習氣之重」，不知他們究竟是扶植教育還是摧殘教育。

有一位文昌教師說：「我們賣命地工作不懈，爲的是什麼？一句話，我們只瞧着『國家』的份上才如此。」但擺在我們眼面前的事實，眞是「誰復能屈身稽顙，還向北闕，使刀筆之吏，弄其文墨邪！」（李陵答蘇武書）這不是喪失祖國之悲，而直有爲人臣妾之痛了！

在橫遭摧殘中，奠中還是在沙漠中建造起金字塔來，現在已由三年前的一班擴充到二班，並且在計劃添設高中部，同時師資方面也更充實，設備也更齊全，添設高中部也不會有什麼困難。

此外，安定也在熱心教育人士的努力下復校了，另外又有人飭資爲文昌修理校舍，又有一部分同學對教師們淸苦而神聖的工作表示敬意而籌集了些尊師金，雖然些微不足道，但指出在努力文化工作的道路上是不孤單的。

其次，我們對於同鄉會一些先輩的老先生們，也表示敬意：「二年來，你們……你們年青了！」

同鄉會不再是蹺脚蟹肚肚，而要努力爭取廣大會員的熱心支持了，雖然事情做得太不夠了，但無疑的今天的同鄉會比以往任何時代都來得接近會員，接近一般鄉民。

她曾舉行過一次的會員聯歡大會，她曾在故鄉放映了二次電影，第三次立刻就要舉行了。

她現在不再在「太祖師」的法力之下，而沐着科學的光輝，以許多事業來造福人羣了，夜校，圖書館，醫院，助產學校，都次第建立起來了，助產學校新舍也落成了，圖書館也大大的充實了，並且準備在故鄉設立一個分館，醫院在設備和醫藥方面也都充實起來了。

如果今天還有人對同鄉會不滿意的話，那是同鄉會及其附屬事業的許多工作人員——尤其是負責人——的工作態度了。隨便打個譬喩說：醫師鐵板的佛面旣然不及「道婆」和「花太太」來得可親，來得近人情，也無怪迷信的勢力始終佔據着鄉村了，如果醫學是破除迷信最有力的武器，那末「道婆」和「花太太」的待人接物，更是武器的武器了。我們旣爲同鄉的便利和免受迷信的毒害而設立了醫院，那麼不是把大門打開就算了，我們還得積極的去誘致他們上門來。這並不是影射着某人某事而言，不過舉個例來說明而已。

所以我們覺得同鄉會及其附屬事業負責各方面，應該更多的努力，積極地主動地去爭取同鄉及故鄉人民的密切合作，尤其是福利委員會，文化委員會及康樂方面更應該多化一些氣力——如替同鄉檢査體格呀，跟同鄉們多通消息呀，多接觸接觸呀！這是我們所希望的！

近來更多人向同鄉會提出了更多的要求，這是因爲有更多的人覺得同鄉會是屬於他們自己的了。

最後說到我們自己，莫釐風由東聯社產生，東聯社却因莫釐風的催生，很快的就正式成立了，東聯社成立和莫釐風出版以後，本來沒有同學會組織的，也陸續成立了起來，這是東山青年空前的大團結，這也表示了我們的力量。

莫釐風發刊以來，不敢說有什麼成就，我們的內容如何，最好讓大家自己看。我們的態度是始終站在眞理方面，不畏強暴，公正不阿，只要是眞實的我們都登載，這也是有目共覩的，並且也得到了不少的回聲。

此外我們曾經舉行了幾次作文競賽，跟各校教師們舉行過二次新春聯歡，每年在各鄉鎭施藥，希望從多多的接觸中對學生，教師和一般人了解得更多一些，然而，我們收獲得太少，因爲我們做得太少了！

當我們發刊之初，我們只有很少人的支持，在二次徵求讀者運動以後，我們得到了更多人的支持，我們不是孤立的，我們更茁壯了，這是我們差堪告慰於自己的，爲了實現我們的理想和不辜負愛護我們者的希望，我們惟有提起駱駝似堅定的脚步，繼續向前而已！

這時代的場面太偉大了，歷史上從未在每一個角落裏形成比今天再鮮明的對照過，——舊的在風雨中剝蝕，新的在泥土地滋生！

雨花台

七月份凡經刊出之鄉訊每則酬現金卅萬元

區署合併重行調整 東西兩山合為一家

改稱洞庭區 區署設東山 管轄東山、後山、莊蓮、浦莊、橫涇、堯峯，練瀆、大夏、四皓等九鄉鎮

縣府派周開榮為洞庭區區長

關於本縣為區署裁併一案，早須調整辦理及注意事項，當經擬定裁併計劃，呈奉核准，設立五個區署，縣飭各區署依限結束，旋縣府復據各區鄉鎮紛紛呈請；僉以本縣地署遼闊，人口衆多各鄉鎮直轄縣府，推行政令，必多阻滯，要求從緩裁撤，暫時保留。縣府當以區署之設置，原為輔助政府進行政令之機構，為便於監督指揮起見，似有保留之必要，後乃重擬調整計劃，將全縣改為七區，設置五個區署，二個指導區，吾東山與西山二區就原有區界合併，計轄：東山、後山、莊蓮、浦莊、橫涇、堯峯、練瀆、大夏、四皓等九鄉鎮，改稱洞庭區區署設東山云。（思）

（又訊）吳縣各區區署裁撤問題，縣府根據縣參議會第四次大會議決，依照省令規定六月底前一律裁撤區署，裁併計劃，未予討論，數月來，縣府以各鄉鎮政令之推行，多賴區署之承轉督促，故縣鄉之間區之設立，事實上仍有需要，惟參議會決議又須執行，故裁撤訓令，傳達各區，準備結束，鄉區各鄉鎮長聞悉，頗為不安，六月三十日規定裁區最後一日，縣府先後有東山、滸關、滸南、滸北、黃埭等區各鄉鎮長數十人，前往請願，要求收回裁區成命，當時王縣長因公赴錫，由羅秘書接見，綜合請願意見為（1）無區署之領導，政令將難於推動，因目前各鄉鎮尚未健全，待基層健全後，再請縣府考慮辦理，（2）鄉區局勢不安裁區後組織散漫故影響治安，各鄉鎮實感畏懼，不敢負責，並一致表示，裁區如一旦實行，則全體鄉鎮長，寧可總辭職，態度至為堅決，羅秘書當答覆裁區為執行參議會決議，現縣府採納各鄉鎮長之意見，向參會再度提出，來城之鄉鎮長分向參會請願，王縣長返縣後對裁區問題，決向參會提請複議，以蘄區遼闊為適應目前情勢，區署有仍設置必要，惟一部將予擴併，如東山西山、及滸南滸北，均可合併為一，詳細計劃。函送參會，在未經複議前，各區署仍維原狀。（山石）

（又訊）洞庭區首任區長一職，縣府已發表派周開榮就任，並訓令親自前往接收云。（擬）

盜墓之風甚熾

前山之案尚未了 後山又有掘坟人

純陽殿側大[illegible]塢席氏祖坟及岱心灣劉姓祖坟，於日前連續發生被掘盜物，出事雖久，因坟主席慶生，劉金聲等均經商在滬，而坟丁徐事坤適販枇杷往滬，及至坟丁返山，方悉上情，同時坟主席慶生等亦由滬函報東山鎮公所及東山警所，鎮長周竟如及巡官顧景陶為此次掘坟事，大為震怒，據報後周鎮長親往出事地點踏勘究竟，事出突奇，因此短期間難獲端倪，後經再四派警嗒查，方得線索，乃於六月二十二日上午夜三時許，率同警長賈立三及警員多名，將居住岱心灣居民張元春、徐子坤、張金泉等三人當場捕獲，並在張元春家搜出被用柴斧鳥錐等利器六件，而吳才根徐阿大因販枇杷在滬，諒已聞風致被漏網，經訊初有支吾，一再盤詰，方吐實情，張金泉徐子坤等供認確為張元春及在逃蕭興發徐阿大三人所為無疑，當將已拘去張元春徐子坤張金泉等三人連同所供口供以及利器六件，一併解送總局，移解地方法院，已於七月四日法院經詢，對張元春提出公訴，而徐子坤張金泉嫌疑不足，已不起訴，此次張元春等所供各節完全與劉坟有關，而席坟有無關係，尚待偵查云。（樹聲）

又訊上月廿七日住居本鎮十二保（永長巷即小丈灣）居民張玉堂，具文向東山鎮公所報稱：玉堂看管之豐圻山塢朱姓祖墓三個，二旬前被人盜掘，掘後掩蓋痕跡，及至看管得悉上情，當馳赴上海報告坟主，據稱該一坟主現在台灣糖業任職，並請求嚴密緝凶，該鎮公所獲報後，當轉請東山警察所協助查緝云。（擬）

保安團配征怠忽 縣府申令加緊辦理

本縣保安團配徵名額，縣府早令各區鄉鎮分配，並電限於七月五日前徵齊交撥在案，茲因各鄉鎮迄未該送，殊屬怠忽，昨特再令各鄉鎮長申誡，並重申前令，務仰加緊辦理免干重懲云。而吾東山鎮應徵保安團八名半，周鎮長奉令後，即日開始徵集云。（思）

補充省保安隊的新兵，縣令業已到鄉，配額大都配定，惟鄉公所方面尚未着手進行，實為前期徵兵結束剛了，正在趕造報銷之故（山石）。

鄉鎮大小事

△東山區後山鄉鄉長施炳南，出任以來，將近三月，為辦理志願兵等事，頗多煩勞，並推進各項設施等，為經濟所阻，上月間提出辭呈，業已照准，鄉長一職，現由區委楊泉聲充任，定今九日上午移交手續辦理後，再行就職云。（山石）

△東山水上警察隊，警察局，自衛隊等為加強防務，維持治安起見，隨時巡防湖道外，並在各公共場所檢查國民身份證。

☆查換發國民身份證事項，自開始辦理以來，迄今將滿三月，而東山鎮鎮公所陸續趕辦填發，照現住應領人口計，約已領十分之七，接區署訓令截至本月底辦理完竣，逾期不再繼續辦理，至希該鎮民衆在該限期內從速前往該鎮公所申請，幸勿觀望自誤。（思）

▲奉縣令，公所之跑鞋費已由各保甲長分批出動至各家徵收，縣令富裕者規定至多出一雙，計法幣四十五萬，一甲內規定四雙，貧苦無力者規定不捐云。八徵）

火車再漲價

上海到蘇州的火車

凱旋號金陵號各次對號車

頭等一八一萬　二等一二一萬

特別快車

頭等一二六萬　二等八四萬元

三等四二萬元

普通客車

頭等七〇萬元　二等三五萬元

三等二四萬元

輪船時間：

後山開六·三〇分

前山開七·三〇分

又　十三·〇〇分

——至蘇

蘇州開八·〇〇分　十一·三〇分

——至山

太湖傾舟慘劇

屍體均已撈獲

家屬分別請准免驗

胥門外興記輪船局由蘇開航西山之新興一號小輪船，於本月六日上午，載客由西山駛蘇之際，於十一時駛經太湖中心余山附近，恰遇颶風，該處湖面遼闊，頓時巨浪狂風，船身顛簸甚烈，輪後拖船纜索忽告中斷，以致拖船失却控制，船身被巨浪捲沒，所幸船中乘客，大部早已換登輪船，僅剩船員四人及乘客三人，仍留拖船中，經輪船回頭搶救後，僅將船主朱掌興之子朱小毛一人救起，其餘六人均爲濁浪所吞噬，當時又值風險浪惡，搶救無方，溺斃之屍體，一時亦無法撈起，嗣後颶風吹散，天空轉晴，輪局方面當即會同有關機關設法打撈屍身，延至前日下午，始在毗近東山鎮夏巷之蘆柴蕩中，撈獲屍體四具，續在頭大橋港撈起屍身二具，死者六人之姓名年籍，計林爲權，四十三歲，西山人，輪局賬房，周明發，三十八歲，西山人，輪局船夥，楊胡南，三十九歲，西山人，輪局船夥，金冬元，二十四歲，業絨線，住上海興迎街，沈實根，四十二歲，無錫人，在木瀆開飯店，徐文榮，四十六歲，屍體撈獲後，即行舁送至西山趕辦善後，該管鎮丁姚阿雙吳桂南，昨日來城投地檢處報驗，而死者林爲權之妻林戚氏，周明發之妻周朱氏，楊胡南之兄楊海興，金冬元之兄金菊生，沈實根之妻沈朱氏，徐文榮之弟徐文華，則同投地檢處請求免驗，由浦檢察官蒞場一值訊一過，所請免驗，諭令允准除徐文華金菊生二人交保外，餘均飭回。（樹聲·山石）

狂風暴雨侵襲東山　花果受損房屋傾頹

此間（七月六日）受狂風暴雨侵襲後，農田秧苗折斷受損，果實如桃子吹落滿地，正當夏令，西瓜根莖都從泥內拔起，葉多枯萎，抗戰遺族學校東太湖方經圍築之農田，受湖水泛濫，沖毀一部。（吳）

七月六日颱風過境，狂雨暴雨，太湖蕩田水深過膝，六十日早稻正在上漿之時，遭暴風雨後稻穀收成定較遜色，晚稻尚無大害，所有花果樹木被狂風吹倒者甚衆，今秋銀杏、栗子、白蒲棗、石榴等據鄉民云收成亦減，紳陽殿被狂風吹坍樓牆一堵，關帝殿西涇村吳姓空屋殿涇港等房屋均有損失。（擬）

故鄉連日氣候不佳，風雲變化莫測，數日前一度發生狂風暴雨，近來午晴午雨，本月六日上午微雨而降，至九時許東北風大作，其勢甚廣，暴雨竟日不停，潤水齊下，行人所撐之傘，均被吹爲喇叭，街道都成澤國，名產白蒲棗、石榴、及其他菓品，吹落滿地，菓樹吹倒甚夥，沿湖一帶水田，均遭沉沒，一片汪洋，此次風災，吾鄉損失甚重，至午夜稍緩。（山石）

記安定休業典禮

夢影

（本刊通訊）七月十日上午十時，坊前安定小學在該校四年級教室舉行休業式典禮，到該校全體師生外，校董被邀請到會參加的有席徵三，席侍豐（席馭仁代）席馥田諸先生。

會場簡單輕潔。一幅巨型的國旗下面端莊的懸上了孫中山先生的遺像，一排排的黑漆矮木板櫈，有規律的坐上了不同面孔的小學生，靜靜等着開會時間的來到。

啓鐘噹噹的集合聲在響着，未走進會場的小朋友都迅速走進了會場。校董被邀請坐在主席台的右側。司儀員高聲依着典禮的程序逐一喊出：

首由主席陳代校長報告休業典禮意義與本期各級學生優良成績名單，并勉全體學生應在「學而時習之」的原則下力求進步。

校董徵三先生以慈祥家長的姿態走上講台，對同學說出了殷切的期望，第一要同學在任何地方隨時都要注意禮節，敬師，敬長，愛同學，愛人類。第二說明教育是育植人材，希望本校同學將來都能以所學獻身於社會事業，做一個良好的楷模，這樣不負自己，更不負父母師長愛護的苦心，和學校優良的名譽。在諄諄善導殷殷話語下結束了訓詞。同學報以一陣熱烈的掌聲。

邀請中一再謙讓的履仁先生，在一句句充滿了力量的聲調下鼓勵着每一個小朋友，要眞正泯承受活教育的意義，來創造一切……。同時他以輕鬆的口吻，講述教育上一個故事，故事中心是已故名教育家陶行知先生在教學上的教育精神。他說：陶行知先生一天講到關於一隻「錶」的課目時，同學不曉得「錶」究竟是什麼東西？他當時就集合了十幾個較大的同學，陪往鐘錶店，將自己一只手錶，要修理人拆裝給同學看，化去了一段不短的時間，拆裝完成後，陶行知先生付了一元八角錢的修理費，同學生回到了學校，要大同學拆裝給其他小同學看，後來大家都成了一個修理師，陶行知先生這時告訴他們，現在你們已學了一門技能，將來你們祇少可以做一個鐘錶修理師了……。

像被人目爲傻子的陶行知先生，犧牲了自己的手錶和金錢，到底還是贏得了教學上的成功。這就是我們要做的精神，在一學中做，做中學」去實際研究來完成任務。這也是我所希望小朋友都去學習陶行知先生的研究精神……。履仁先生在熱烈的掌聲中離開了講台。

最後頒發本期優良學生獎狀，大考第一名取得免費獎學金的同學：四年級鄭斯森（男），三年級葛孝琴（女），二年級王瑞華（女），一年級張銀娣（女）。得勤學獎狀的三年級席存宗（男），一年級鄭二官生（男）。得服務勤勉獎狀的二年級姚連興。

獎狀頒發畢就散會。人潮像浪花向四面吹散。

三十七年七月十日下午四時寫於斗室

潑婦使斧弄刀　阿姑流血斷臂

東山區屬渡村鎮居民趙申甫，業釀酒，娶妻趙氏，性兇悍，夫投之似虎，人稱雌老虎，姑孔氏，年逾花甲，信佛吃素，（七月一日）中午，因撤取分給與次子官壽之木板門八扇，趙氏認其姑有偏護次子之嫌，當時口角爭吵，趙氏竟奔往柴間，持柴斧將姑右臂砍斷，血流如注，暈厥倒於地，是時四鄰聞聲，蜂往觀看，同時次子官壽，將情報告保長，當由保長查克家，呈報當地鎮公所，及警所，派員將趙氏拘所，解區轉縣嚴辦云。·樹聲·

橫涇血案下文　殺人犯處徒刑

縣屬橫涇鎮范燦榕後面陳家攻堂前，於五月廿一日發生一血案，死者陳大被同伴沈泉福刀戳斃命，棄放麥田中，（詳情已載上期本刊），該案兇犯沈泉福，嫌疑犯陳陳氏，經橫涇警所拘捕，解送地檢處押訊，沈以殺人罪證確實提起公訴，陳氏依竊盜罪提起公訴，本月六日經地院刑庭宣判沈泉福殺人，處無期徒刑，褫奪公權終身，陳陳氏竊盜部份宣告無罪，當庭開釋。（山石）

蠶桑汛結束矣

葉價太貴，購葉者無利可圖，鈔票點缺，鄉下人意外損失，

本山繭行前山西惠和、後山慶成已於六月六日滿額截止，西惠和計收鮮繭四百六十担，慶成計收四百五、六十担，東惠和七日爲止計收三百五十担，共計法幣三百五十億左右，出口鮮繭約有七、八百担，鄉民收入有七百億之數，然葉價甚大，購葉者竟無利益可估，繭行發下繭款內有某錢莊法幣內中缺少之數甚巨，滸墅鄉鄉民取到繭款五百萬一扎並加蓋圖記未動，點少一百七十九萬，另一鄉民取到五百萬繭款向渡橋某號購米，該店亦點少一百餘萬，當時向行方交涉，行方負責人不肯照補，鄉民嘆苦大罵，鬧取到繭款小票多數缺少。

二個道裝女子 來山要造廟宇

後山近有同鄉朱姓同鄉，同來者有二個道裝女子，一年約四十多歲，一年二十餘歲，筆者探悉，係上海西門，東山廟王大仙，來山爲病家送診，不取分文，一時鄉人聞之，相繼求醫者不少，翌日即行離山，擬在山造王大仙廟，故鄉又要多一巫婦，希望當局設法制止。

賊偷

上月十一日後山六巷王德堂王炳麟家，灶間內遭竊賊掘洞而入，失去熱水瓶、大小碗、及其他日用物件，翌晨發覺，報告鄉公所，當有當備隊踏勘一過，以便查究。

相打

文當巷鄉民張雲龍，年十五歲，日前端午佳節，製有粽子，遵嬸母之命，送粽子給其外祖母嘗味，在途中與薛阿四之子才根（十七歲），相遇，初爲戲言，相繼動武，未料雲龍受痛倒地，放聲大哭，當有前保長周鴻維同家經過該處，目睹爲證，隨即喝住，一面將雲龍扶至街上，通知其家屬，經人調解，由薛阿四送至醫院檢驗，經醫生檢查，尚無重傷，打針出院了事。（山石）

朱登敏，在陸巷村開設雜貨店，本月七日有一船夫攜燒酒一瓶，前往米店擬出售與朱。朱即嘗味，認爲太夕，不合銷售，忽有房東金興寶在旁，認爲朱將貨否夕，發生細故，繼打店櫃，後經朱母呼弟張熾安前來解勸，金不屈服，忽張金二人衝突，經人勸開，雙方各表不服，翌日張投鄉局請求究辦云。（靜）

東山近事

縣銀行兩役爭吵 朱雲生一拳傷命

[illegible]

戶籍須知（來件）

李作民

[illegible]

興建公路史料

民國十五年蘇州張仲仁先生一麐遺文

弈欽輯

建築蘇鄧洞汽車路意見書

予蘇人也，生長於太湖流域之鄉，太湖者蘇之寶庫也，亦文庫也。太湖之佳處曰鄧尉，曰洞庭。汽車道之以蘇鄧洞名由此也。一麐嘗旅杭之西湖矣，中外人之旅行西湖者，歲計金錢無慮千萬，何以無盜劫之虞？杭人熙熙於湖光山色中，其思想之高遠，娛樂之雅潔，視蘇何如？又嘗之日本之神戶橫濱日光箱根矣，西人在華者歲往日本避暑或漫遊，以爲東方之瑞士，歲糜金錢以五千萬計，日人晝而勤作，夕而遊行，其旅館郵亭之林立，文學藝術之日新，視蘇又何如？返視吾太湖，豈不杭之西湖若，日本之神戶橫濱日光箱根若，但以交通未便設備不完耳。五年前與舍弟一鵬在滬宴楊君叔英席君錫蕃奚君鷂年等於酒樓，謀爲長途汽車集資之舉。席君謂洞庭人可任全數之半，諸君亦唯唯樂成。吾弟以愚昆季皆貧子，半途中止，逡巡不前，然欲發達蘇州，舍此點無他策。（中略）爰囑席君鳴九徵求山人意見，莫不歡迎。彭君雲伯調查滬上汽車四路，深知利病，爲意見書，以求同志之共同發起，俟發起人担任招股之數足，即計日興工。工必求堅，事必求實，股存銀行，非董事長與工程師共同簽字不得用，銀必一次收足，息必開年始發，虛收實支不可也，蝕本發息尤不可也。試言其利。

一利於實業者。自閶門胥門西南而上，如跨塘善人橋光福香山皆蠶桑區域，洞庭絲繭，價值尤高。民九與嚴君孟繁同遊洞庭，調查東山歲入三百萬，一絲繭，二魚蝦，三果品爲大宗，二三兩項皆有時間關係，鄧尉梅橘亦然。銷路之大，厥惟上海，設使朝出於林澗，午入於滬市，物鮮則價貴，時短則本輕，前之費二日時間者，今以三小時可到。冰鮮水果腐敗之數減少，甘美之度增加，二百萬者必益三之一矣。求過於供，則漁林兩業更旺，種桑養蠶之戶更夥，農產園藝術從改良，其利無窮矣。

一利於治安者。西湖經民國十五年杭城無喋血之事，歐之瑞士大戰時能守中立，不似比利時之破壞者，一爲中國之公園，一爲世界之公園故也。名勝所在，歷史所留貽，雖有闖獻，不敢入孔林，雖有拿破侖，該撒不敢毀耶路撒冷，各省軍閥，皆有別墅，各國富豪，皆有投資，此西湖瑞士所以能長保治安也。齊燮之戰，吳人痛心，化太湖爲西湖，化七十二峯爲瑞士，何不可者。太湖古稱盜藪，飢寒所迫，開賭販私，盜亦猶是人耳，此路一通，雖雞蛋花生，一茶一點，皆足販賣營生，某君所謂太湖無匪蹤者誠爲見遠。若杭

·百批·

莫釐風第二年

這世界變得太多了，尤其這過去的一個年頭裏變得更多了，一支秧收穫了許多穀，現在又變成許多新秧插在田裏了。另一方面米價也從五十萬爬到了四千五百萬的高峯，在這變的時代裏，我們的「莫釐風」變了多少呢？

「幹文化工作是一件慘絕的，也可以說是人間至愚的工作，然而，『莫釐風』終於在讀者的支援與工作者的努力下，勉渡了它的苦難的第(二)年！」編者作者們早就有這個願望，努力使「莫釐風」「成爲讀者自己的刊物」，「要通俗而活潑：……使同鄉各階層人士都能發生興趣」，「應從狹隘的圈子中，走到廣大的人民面前」。

不管成就到底有多少，這種努力到底又累積了一年了，可是這還不是我們「慶杯」的時候，而是要我們拿出更大的努力和更艱苦的工作來的時候，因爲環境愈來愈壞下去，正如物價愈來愈高漲一樣，因此，担負着這種工作的責任的人，應該對過去的工作來一番澈底的檢討，準備担負起更艱鉅的工作。

一 我們的任務和態度

一年前嚴君爲本刊寫了一篇「莫釐風第一年」，劈頭就提出我們的「任務」來，我們的任務是什麼？——科學與民主，這不只是我們的任務而是這時代一切人的任務，爲了這一個歷史的任務，不知道有過多少人曾經流了多少血，多少汗，到今天正是白刃肉搏的時候了。由許多慘痛的教訓所凝積起來的可貴的經驗，知道這種工作不但要你拿出熱情和勇氣，並且要拿出忍心來，這是「細緻」的工作，我們要以學習的精神去從事這種工作。

如果說「科學與民主」是我們的任務，那末「俯首甘爲孺子牛」就應該是我們的精神和工作態度，這種工作態度細細一分析，也不過是科學的和民主而已。我們不了解孺子牛的精神就不會了解民主是什麼？因爲一有不如我意之處就「他媽的」一一辱罵盡世人，民主從何說起呢？如果我們以那樣的態度去工作，就要遠遠離讀者了！

這話未免太抽象一點，下面我們要具體地從各方面來分析，「莫釐風」的讀者很少，其原因現在我們工作的態度上有缺點，我們應該自己來痛切的檢討一下：如何從具體的工作中來糾正我們的態度。

二 我們寫了些什麼？

過去一年間在一本二十頁薄薄的刊物中，平均起來每一期中約有：

新聞	二頁强
報告及人物誌	一頁半强
社評	一頁
評論	一頁
小評及雜文	四頁
長篇連載	三頁
讀者園地	一頁弱
圖畫及照相	半頁强
報頭，目錄及編輯室等	一頁半
其他（如紀念文字，徵文，及農事常識和江南話新文字方案的介紹等）	一頁半

這告訴我們一些什麼呢？

（一）新聞的份量雖然沒有減少，但顯然還不够滿足讀者們的需要。

（二）冗長的報告和人物誌也佔去相當的篇幅；尤其使讀者傷腦筋的是大量的長篇連載。在三篇

若瑞，皆其先例也。

一利於文化者。太湖流域，文化奧區，吳派經學，獨步一朝，歷史，地理，金石，目錄，天算，小學諸家，屈指難數，今稍衰落矣。自蘇州開埠，滬甯通車，青年子弟，染沾奢華，茗酒倡優，虛糜歲月，以視西湖之公園運動，打槳，賽跑，碧草如茵，綠波如畫，增人智慧，移人感情，一爲天堂，一爲地獄矣。縮地有方，即同天有術，靈岩，穹窿，天平，堯峯，楞伽，莫釐，包山之勝景，范墳，支墓，蠡湖，胥口之歷史情形，具區模型標本，俯拾即是，天然改觀。又吳兒脆弱，於今則然，不知闔閭故宮，實在橫山，西施妝台，亦傳香水，餘皇長鯨，夫差戰場，吳之新也，入楚敗越，轉移風氣，當在交通。意人馬可孛羅遊記謂蘇州能加以黠力，可以支配邦人，取其所長，舍其所短，文事武備，兩者相需，不出十年，一洗舊染矣。

一利於商業者。吾華商業道德聞於歐美，洞庭山幫以數十里地可與寧紹齊名。推其原因，宋南渡時由嚴葉席翁四大姓擇地東山，以殖其民，如美洲之新教徒，有冒險進取思想。又湖岸線之長與陸地比例，如與日本之海岸線遜於大陸各國，故商業雄於一時。湘蜀閩粵，靡不有山人足跡，故吳人文弱保守，而山人特殊焉。今以汽車道聯之，將洞庭爭巴之氣，與蘇州巧慧之心結晶，薄夫敦，懦夫立，商業降富，操縱金融，忠實不欺，揄揚信用，此交通之關於商業者也。

標舉四利，以實邦人。其他遊覽之利，怡性情，延壽命，葛洪之所窟宅，龍威之所往來，上接仙靈，飄然天際，名所案內（案內日本指南之名稱）奚啻東京，路政指南，甲於寧滬。保存古跡之利，則王鏊志編，沈周畫圖，青邱之所吟哦，漁洋之所歌詠，遠則伯鸞五噫，近則越絕七居。凌雲有期，御風可致，凡斯佳麗，屈指難言。至公司權利，一曰車捐，二曰客票，三曰貨運，四曰旅館，五曰公園，有乾隆御道之基，有金山石礦爲之料。照各國通例，則滬寧營業益加，路局必爲扶助；稍大部法令，則公司條例不廢代保息亦可計求；加律以浙省成規，工兵本可築路；擴諸山西成案，賑必在興工。其籌備事項，一徵求發起人，二編選預算，三公司組織，四招股章程，依道路條例，購置路基，調查建築材料，三購置汽車，現已次第籌劃，層遞進行。其分段建造，以蘇郊至木瀆爲第一段，木瀆至大村爲第二段，大村至渡水橋（原文大缺日疑誤）爲第三段，木瀆至鄧尉爲第四段，股款收足，第一段即從蘇至木瀆做起，通車以後，再招新股，而二而三而四，不敢猛進，慎之也。或豸變通，則股東公舉董事後，由董事會決定，凡吾同人，各抒所見，庶以不謬，尤所厚聞。

編者按此文於二十二年前發載於蘇滬各報，今刊於先生遺著心太平室集卷之六。哲人云亡，邦國殄瘁，文中所謂「縮地有方，即同天有術」，對症發藥，於洞庭尤見精結。當年同鄉中人不乏賢達，顯見仁見智，趦趄不前，機會錯失，至今無成，徒見木瀆光福之來往客車，行駛於靈岩鄧尉之間，遙望洞庭如渺，然天際而不可接。吾山人思想落後，即商業上之地位，亦日漸消失，對先生之諸彩，其愧何如。

長篇連載中，「紅廿齋日記」是成功的。其原因就因爲它雖然是長篇的，但一節有一節的中心，有時它所描述的社會相的斷片，比短小精悍的雜文還要犀利。

其他的幾篇就不然，以上官夊君的「家山之戀」說，這篇文章原是中篇以上的小說，長篇的小說除了特別吸引人的或者黃色桃色的之外，本來不適於連載，更不適於一月只出一次的刊物上連載，因爲它的情節結構並不像短篇的那麼緊湊，甚至讀者讀了幾期還不知道作者到底說了些什麼？「莫釐遊誌」也免不了這個毛病，我很願意貢獻一點意見，這一類的文章不妨分成許多節寫，拆開來節節皆活，合起來段段如生，明朝張陶菴做了一本「西湖夢尋」，就是一個很好的例子。

「太湖兒女」也不用再說了。總之我們寫文章是要帮看的人設想設想，這不是一味的迎合，其實也爲了增加這文章的價值，由此說來，我們就應該儘可能的避免用文言來寫，不過切勿誤解這就要拒絕刊登任何文言寫的文章，同時我們的讀者既然都是山浪人，自然寫來應適合山浪人的口味。

在本刊二卷一期上羽毛君的意見很可賓賞，我們不要「只顧了我們自己的口味，並不適合許多水準較低的同鄉」。

也正如緒華君在今期本刊上說的：「我終以爲莫釐風在了解讀者的需要一點上是失敗的，由於此，莫釐風讀者，並不如理想之多；由於此，莫釐風的呼聲，未能引起最大的共鳴；由於此，莫釐風自有負於它最高的使命。」

（三）莫釐風所缺乏的是漫畫木刻之類，但所刊登的圖畫似乎不是專爲莫釐風作的，因此並不太合適，我們這刊物所需要的是以簡單的筆調而對於社會刻劃鮮明的圖畫，相片也要，但最好加上框子，比較來得美觀一些。

（四）本刊最精彩的文字是雜文和小評（自然壞的文章也有），並且數量也不少，但是讀者園地實在太荒涼了。這就說明我們跟讀者之間的關係不够密切，這需要我們更多的努力。

吾覺得「莫釐風」的稿子，不要讀本來就不是「作家」的「作家」來寫，應該讓讀者都一起來寫，所以我提議編輯會議不但要切切實實的開，並且要擴大爲座談會的形式，讓讀者們也來參加意見，我們都是在練習寫文章，也要求大家都來練習寫文章。

有許多老先生是不可能跟我們一起座談的，我們也要想法子去使他們發表意見，我們可以分頭的去訪問他們。

有許多問題我們可以用通信的方法去徵求讀者們的意見，如果這問題很有趣味，就可以出特刊，如「中國的一日」和東方雜誌的「新年的夢」（戰前）那樣的方法也很可採用。

總之，我們要跟讀者多接近，才能發揮我們的力量，才能無負於我們的使命，世界上決無沒有聽衆的演說家，也絕不可能有無讀者的刊物，就拿我們的刊物說，讀者就是她的生命。

了解了這一點才可以了解我們應該寫些什麼？應該怎樣寫？更進一步還要大家來寫！

拿我們現在的跟一年以前的來比較，雖不敢說怎樣的進步，但顯然如一年前嚴慶澍君指出來的「一言之無物」的濫調，漸漸絕跡了。

過去，我們常常抓住了「愚夫愚婦」「擢髮難數」一般的痛罵，而忘却這所以使他們「愚」的社會根源，忘却去同情他們，去平心靜氣的說服他們，現在，這一類的文章也少了，但我們絕不忘記去抓住機會說明迷信的害處。這說明我們的觀點漸漸的更接近一般人民了。我覺得進一步我們應該在適當的時機，灌輸一些醫藥及病理的常識等等。

如果可能的話，我們可以設立一個顧問及服務的部門，專門代讀者（自然不一定是訂戶）們解決問題，醫藥方面甚至法律方面等等，這樣可以使我們的刊物眞正成爲所有的東山人的了。

（五）最後要說的就是社評和評論方面，到金庵寺去玩的人，很少去注意三世佛的莊嚴法相，却喜歡看九腔十八調的羅漢，同樣，我們的社評和評論那種洋洋大文，也只有很少的讀者去看，因此我

那一棵山上的野花

玄丁

祝莫釐風出版二週年

那一棵山上的野花；
芳香，樸素，而村野。
她來自鄉間，田間，
　雲邊，水邊，
有一些泥土的氣息，
有一種天然的美麗。

* * *

她從野地移植在都市
却沒有被都市吞噬，
她引逗了那些尊貴的欣賞，
也打動了許多頑固的心坎，
她點綴在煩燥的眼前，
她點綴在苦惱的胸底。

* * *

她年年開花，一年比一年繁榮，
她有了延續不斷的生命，
她看盡了環境的破碎，支離，
她保持了自身的坦白，清潔。
我最愛這一朵野花的天眞，
我默禱她珍重這小小的生命。

我對莫釐風的希望

知之

莫釐風在艱困的環境中掙扎到現在已經二年了，我以讀者的地位恭祝她一天比一天壯大，同時有幾句話，希望她能加以採納。

一、本刊創刊時的口號是「為東山人喉舌」。這一點

們在寫那些文章的時候，就應該特別注意，社評要寫得活潑，評論要能夠吸引人，如果文章太長的話，應該分段加上小標題，我們即使一個標題之微，也應該注意去拉住讀者的眼睛，如果大標題不能引起讀者的注意，也許小標題却成功了。

我們不是無條件的迎合讀者，就因為如此，我們更應該努力加强這一方面的陣容，因為雜文寫來雖然鋒利無比，但只能是偏面零星的；只有較長的論著，才能給我們整個而比較有系統的知識。

三　編輯及其他

（一）首先應該指出在編排方面主觀的氣息極濃厚，新聞大體上限於方方整整的二頁，以至有許多消息亂七八糟的被擠進「小消息」這欄柵裏面去了。其實這一大堆小消息中有一些是關於同鄉會的，有一些是關於學校方面的，就至少要另行分開，各別標明，何況小消息中有時也有大消息呢？即使眞是小消息也何嘗不可找一個能吸引人的標題呢？

不但小消息如此，就是大消息也常常一條消息一項標題，看來似乎未整理，將新聞限制於二頁的編排法不但太呆板，並且擠在一堆看起來又似乎很零亂，而最重大的毛病是不合於多數讀者的要求，我們編了却要給讀者看的。

（二）其次，每期都有物價的報導和輪船火車的時刻表及價目表，如果這是必需的，那麼我們就應該把它們放在比較固定的地方，好讓讀者在翻閱時不致到處亂找，京滬周刊上的火車時刻表，就是一個好例子。

為了有一個比較，有時不妨將上月物價或半年一年以前的物價並列，最近一期的物價報告，把日期遺漏了，這是一個嚴重的疏忽。

（三）如果我們的篇幅不夠的話，我想封面也不妨讓了出來。事實上本刊都已經改了小一號的字體，只有家山之戀是例外，我覺得既是長篇連載，可以特別鑄一個刊頭，却不必維持字體上的差別待遇。同時社評呆板的維持一頁的篇幅，有時不得不把兩行之間的距離擴大，這也是不必要的。

（四）反之，每一次必須有一個目錄，不必太大，也不一定要把作者頁數都刊上去，但必須有一個最好還要印在封面，這可以讓沒有耐心的人在不草草翻閱一遍之後，還能發現一點他所想看的東西。

（五）最後也是最重要的一個問題是「準時出版」，如果因為印刷廠的問題，那末就乾脆更改出版的日期，把截稿的日期也同時改遲，如果是為了交稿太遲的問題，那麼我們應該想讀者們並不等着瞧某某人一篇稿子，而等着瞧我們的許多新聞報導呢！何妨如物價等等，在此一日幾漲的當口，豈非有明日黃花之感，我覺得截稿應有一定日期，且須嚴格遵守，希望熱心寫稿的人更熱心一點，更替讀者們及本刊着想一下，準時交稿，相反的關於物價等某幾種特殊的消息却以截稿較遲，留着一定的地位篇幅等着它，事實上任何報刊截稿辦法都大體如此。

（六）附帶的是校對的問題，本刊第十一期王知更作的「新文字與新文化」那一篇中，錯誤百出，顯然沒有好好的校對，新的知識我們需要多多的介紹，但是既寫了就更應該負起校對的責任，不要稿子一交出，就百事不管，以致令人不堪卒讀。這樣的介紹，比不介紹還要壞。新文字自然不能避免那些拉丁字母，但在別的場合，如果可以避免一些生疏而容易錯誤的字母符號的話，還是儘量避免，否則作者應負起一點校對的責任。

此外還有一點更小的事，在每一頁頂端印有「莫釐風」及頁數，但一面既然印了莫釐風，另一面就印×卷×期不更好嗎？

（七）還有一點似乎值得特別提出來說一說的：怎樣使我們的刊物在每一個角落裏都能看到，一方面我們要努力徵求他們來訂，另一方面我們可以送一些給那些偏僻而無力訂閱的鄉村，請他們傳觀，如果我們的訂戶能夠閱後轉送他人，那也是功德無量的善舉，事實上我們一切都應該在讀者們的幫助之下前進，才是最健全的道路。

四　昨天和明天

「莫釐風」在過去並不會得到廣大的讀者們的支持，可是居然勉强度過去了，這是不健全的，這是我們的危機，我們固然要感謝那些支持我們度過危機的人們，但更要努力去爭取讀者的支援，努力克服這種危機。我們不能永為瓶中的花枝，必須是泥裏的蓓蕾，我們該知道我們自己正站在薄冰上面，明天就該是冰解的時候了，因為這時代的季節裏春天已離我們不遠了！

，我想並沒有做到。所謂「喉舌」不應該光是由幾個「紳士」或讀過幾年洋書，會得哼幾句風、花、雪、月的「少爺」們說話和發表「大作」的機關。我想，在眞正的「東山人」中所佔比例最大的應該是農夫漁樵等勞動階級的人民，因爲他們大都不敢說，不會寫，所以本刊應該自動地，多多地替他們說話，才能達成「喉舌」的使命。

二、「鄉訊」欄據說要擴增了，這自然是編者順從「大部份」讀者要求的民主作風，很可値得讚佩。不過莫釐風不只是供給住在上海的同鄉們茶餘酒後談助的刊物，而且現在也不再是能夠「閉關自守」的時代，多介紹些表面與東山無關的文章似乎也是應該做的工作。

此外我希望本刊能對凡是屬於眞理、正義、善良的應該不厭其煩地建議和讚揚，凡是屬於虛僞、強權、邪惡的應該不畏懼地攻擊撻伐。總之，我們應該造成一種「好」的輿論，把一切罪惡的，阻礙進步的惡勢力消滅，在「漸」的過程中，把故鄉閉塞的「風氣」改良才能談得上「建設」的道路。

欣逢莫釐風二週年

王樹聲

莫釐風創刊迄今，瞬已二年，在此期內，經主持莫釐風諸君子，埋頭苦幹，及諸同文各以錦繡文章，充實內容，行銷之廣，遍及同鄉，讀者諸君，口碑載道，有此成績，誠使莫釐風當局，編者，作者，讀者，引以爲快也，予爲莫釐風報導鄉訊新語，暨公餘採訪塗鴉，亦已二載，雖是濫竽充數，聊以塞責，而於莫釐風期望之殷，無時或已！深望今後，再接再厲，報導新聞，儘量擴充，批評時事，無所顧忌，「報」效鄉閭，「導」入正軌，願我同文，下筆宜愼，欣逢二週紀念，書此慶賀；同鄉萬歲，同文萬歲，予企望之。

× × ×

洞庭西山石公之遊

・升祺・

西山之遊，畢究逢到了目的。六月八日清晨，一行趕赴俞家湖頭。俞家河席家湖，予等初猶未分，且在安定塔畔休憩。

清晨，躑躅於席家湖；水泥道上，娓娓話舊，引起無限鄉思。隔岸漁村雞唱，迴蕩於整個沉寂氣氛中，別具風致。舉首朗眺，但見湖色一碧，水天幾無涯際。時已旭日初升，紅霞映耀滿湖，惜乎未及登莫釐峯，在東山之巔觀賞日出。

斯時文昌、務本、鍾秀、渡橋、保安等各單位絡繹來集，余山渡船直候至八時始抵埠。大家一鬨登舟，解纜升帆，滿篷順風，霎時即至余山。

驀地風勢驟緊，幸而波平浪靜，雖船行傾斜，並不覺簸蕩。

予自來洞庭後，到處逛玩，今得舟行湖面，水色山光，興趣更濃。席家花園背山面湖，宮殿大廈與那頤和園，眞是具體而微了。惜乎年久失葺，頹垣斷壁，不勝滄桑之感！航行魚斷中，一似重重長城，突圍而出。

灣裏眞是世外桃源，漫山滿谷林木，綴以粉牆黑瓦，曲折依稀，吠鳴乍聞，這眞別有洞天了。

陸巷相約灣泊時，予嘗去瞻王鏊家祠，惜乎時間偪促，未得憑吊王閣老墓，頗覺悵悵！疾返舟，重西行，簡山滬山，連串珠般對着石公山，形似渡島，果太湖關爲國家公園，東西兩洞庭之相連處，當以此地作長橋貫通，工程較易耳！

太湖古稱具區，春秋時，范蠡泛五湖，其名蠡可尋。東西兩山之間，亦爲一太湖面；三山拖於南，余山黿山拱其北，大小鼉山點佈其間；魚艇帆舟，往來成趣。

舟近石公山波濤頓作，待泊入塢埠，心始安定。斯時遊興所驅，一鬨登陸，埠頭有一村落，頗荒涼，較之東山稍有遜色，林園果木亦似疏落不振！

石公山突入湖中，三面繞水，一面連接陸地，而與正脈似屬中斷。一路山道迂迴，蔓草叢生，甫登山徑，得亮亭一座，景況酷似南通狼山山巔，令人感慨系之！不忍流連，直穿而走。漸行漸高，石塊零亂，疊於兩側，據云，『石波羅』定睛看時，石上圓洞貫穿，微風吹激，泛泛乍聞。直是巧奪人工。出石門，見迴廊一曲，中有石窟巍然，壁上書以朱色『歸雲洞』三字，洞內設有偶像多尊，石壁上並有一洞，恰值一指可挖，升指人深，水點瀝瀝，謂可療目，石塊中得此清洌，因爲神奇，無怪愚夫蠢婦之迷信也！

在關帝殿休息，並準備午餐。稍暇，予乃攬巉披嶸，放任逛遊。正從削壁上攀緣，驀地，得聞滴滴喚聲，如鶯出谷，宛轉動人，予凝睇窺探，不知聲自何處，繼聞哈哈之聲，舉首一望，原來峭岩上×先生已先我登巔。繞道上升，臨崖下瞰，幽谷穹然，形似萬丈深淵，不覺心膽欲裂矣！繼乃邀王龔等同探一線天，但見山坡石隙，一線中貫，予等側身下探，在裂縫中行，自上而下，直抵山麓。

水滸犖峙兩石，曰『石公石婆』予等皆親歷其巔，其下即波濤衝激，兀兀欲垂！

東麓石坡壁立，鐫有『飄渺雲聯』四個大字，對之不勝覩觀！又攀登『雲梯』，惜乎險象環生，未竟其巔！繼至『夕光洞』一瞻，爲興趣所驅使，予乃單獨從石縫中上鑽；及半，陡覺危險萬狀，已至騎虎難下之勢，只得鼓足勇氣，全恃背脊兩手，乘勢上陞，其時足已失效，最險處一窺其凹，勢必懸空攀登，幸而洞口雜株蔓生，得升其巔，眞可謂得慶再生了！回首下窺，頓覺目迷神眩，果舉措失當，粉身碎骨矣！然果再倍比如是艱險之處，仍不足以阻予遊興也！

回關帝殿，午膳已置備妥善，分三桌，餚雖不豐，堪稱精潔，此係保安醫院代庖，午餐畢，略憩片刻，由王督學導遊湖畔石壯，撫壁涉水，或俯或仰，或鑽或臘，頗盡曲折之趣。舉首遙矚，南望浙吳彼岸，疏林依稀，飄忽水面，更聞水面鐘聲不絕，發自身畔，蕩漾湖面，讀『石鐘山記』得今日偃傲石坎中，歸鋐鏜鞳之聲，始能領悟。其石備受波濤衝激，形成鱗狀，予幾疑石坎互漭淵鋸，爽足中折者屢。幸同涉者夥，爲提高戒懼心起見，前呼後應，別有一番樂趣。

後擬步行鎮夏，爲風勢加緊，回抵埠頭，據舟子告知，船行較速，乃登舟，解纜升帆，作『龍洞之遊』。

『張天師的一道靈符』？

——論耕者有其田答覆白丁——

玄丁

一 雪白的玉人？烏黑的黑炭？

在莫驚風第二卷十二期上見到一篇署名白丁的「急驚風碰着慢郎中」，旁邊有一行小字「與玄丁談耕者有其田」，文筆鋒利，思想激盪，先談壯丁，後談參議會，再談到土地問題，最後又釘住了玄丁說話，雖然說是談耕者有其田，却東拉西扯，批評得體無完膚，洋洋數千言，極盡嬉笑怒罵之致，眞是一篇好文章。作者「白丁」，明明是爲了要與玄丁來談談，所以臨時拉上了這個名字的，但是他不將平日用慣的筆名寫出來，而有藏頭掩尾之態，總是不大光明的。至於他的語氣似乎硬要把玄丁作爲一個『地主』，『參議會』，『徵兵的主動者』，『封建思想』，『頑固份子』，『腐敗官僚』。哎唷哎唷，玄丁有些吃不消了。這種認識不清的抬舉，眞有些受寵若驚，沒福消受。他的目的何在，雖不可知，而這樣的任意俏皮，跡近誣衊，輕輕給人戴上了一頂帽子（無論這帽子是甚麼顏色的）這種手法，實在是不對的。玄丁萬難承認這種有心或無心的錯誤，二則也很願意談談「耕者有其田」的問題，來同白丁先生討教討教。所以寫了這篇文字。

其實，白丁有許多論事的見解，與玄丁是相同的，（當然也有許多不同的地方，見後，）何以偏要來一個有意曲解呢？我很懷疑白丁先生是借題發揮，硬拉玄丁作爲發洩的對像，因爲他不敢或者不願去得罪一班應該批評的人物，於是避重就輕，捨難趨易，把一個平俗無奇的玄丁，給抬出來俏皮一頓了。因爲他早已知道玄丁向來的態度是接受批評，歡迎批評的。不過玄丁對於不正確的不懷善意的批評，倒不得不聲辯一下，倘不加以說明，人家倒要疑惑白丁眞的是一個雪白的玉人，而玄丁眞的是一個烏黑的黑炭了。那可不是玩的。

二 白丁是平民玄丁也是平民

先要聲明，白丁是平民，玄丁也是平民，並不是一個官，也不是官之類也。玄丁是參議員，不錯，但參議員是平民的代表，更十足是平民的身份。而且稱到丁，即已是平民了。不信，試看政府對於參議員的通令，說參議員並非公務人員，如有及格壯丁年齡，應一體應徵不得免役。你看參議員是官否？反之，參議員在理論上與官是對立的，可以對官的行政設措提出質詢，提出糾正的，他是代表了人民說話，決不是官。這一些想白丁應該知道的。不過在現階段中，參議會說話無力，即是人民意思未被尊重，這是時代的悲哀，是事實問題，尤其是關於人民大衆的問題，越沒有資格說話，「如徵丁」，「徵實」等問題皆是。

土地問題也是其中之一。須知這個問題，關於全國各地，決非一縣一市的問題，即使縣參議會毅然議決了立刻實行，也是無濟於事的，因爲參議會本身無權來執行的呀。參議員嘗有三頭六臂，那能像孫行者一般，拔一根毫毛要它長就長，要它短就短，要變什麼，就變什麼。我說「他的決議案有多少效力呢？」這是在報告事實而已。在很多參議員也是感到內心痛苦的，（至少玄丁個人是如此，）在參議小紀裏便可見到。

三 是長期的肺病不是急驚風

一個患着長期肺病的人，因爲久困於病魔，希望一針見效，立刻恢復健康。有一天聽到了一種天然療養法，對於肺病有良效，不覺大喜，却又不耐煩那療養法種種麻煩規定，便感到不滿意。認爲太緩慢了。不知天然療養法中，關於日光，空氣，營養，休息，等等，都是不能急切見效的。「欲速則不達」那能性急呢？

中國土地問題，乃是長期的肺病，不是急驚風，數千年的社會歷史形成了今日的狀態，現在大家認爲應該加以改革，已無疑問，但是此刻有三種改革方法，已在分別實行中，一是共產黨的踢去地主方法，立刻取消地主私有土地制度，拿來平均分配給農民（據說地主留有一份）二是歷來國民政府施行的土地法，用高稅政策，逐漸稅去地主。達到平均地權的目的。三是綏靖區土地處理辦法中規定的以土地債券收買地主土地，合法分配；即所謂買去地主。這三種方法，辦法不同而目的在改革土地則一也。玄丁對於土地改革問題正在加以詳細研究時期，雖有一知半解，却還不敢遽下斷語。不過踢去地主是最激烈最迅速的方法，稅去地主是最溫和最遲緩的方法；買去地主是折中的方法，這是一望而知的。

白丁先生對於土地改革這樣一個有關全國全民的問題的看法，以爲一舉手之勞即可實行的，那未免太天眞了。他把「耕者有其田」五字當做張天師之一道靈符，以爲一貼出去便可天下太平了，世界上那有這種靈符呢。無論是那一種辦法決沒有不加研究而即可實行的，除非是依樣畫葫蘆，抄抄藍本那當然是別論的。所以參議會其他的決議，見仁見智未必盡同。惟有對於像土地改革這樣一個大問題，不肯貿然決議而主張加以研究，這個態度，玄丁以爲是不錯的。

四 土地改革的最高目的何在？

既然白丁君願意同玄丁談「耕者有其田」，言歸正傳，玄丁願意將個人的見解提出一些來，同白丁談談，希望白丁先生以一個學者的態度來詳細研究，討論，不要籠統的武斷的下斷語，也不要以爲罵罵人，放放炮，便可以世界太平了也。

玄丁的意思，以爲研究土地改革問題，先要認清改革的目的。要完全以第三者的立場，一般人民的立場來研究這個目的何在。

有人以爲此時此地談改革土地問題，無非因爲看見共產區域實行了土地改革，頗能吸引一般農民，所以想效法而急起直追。這種目的，或者政府有此意思，在研究者看起來，一時的衝動，不够作爲一個嚴正的目的。

又有人以爲土地改革在於取消地主的特權，制止地主剝削農民，改善自耕農的經濟地位，便可使社會安寧，世界太平，這種看法或者有一部份的理由，以整個社會國家嘗，太局部的看法也嫌不够正確。

玄丁參考各國土地改革學說的由來，認爲其動機或者出於地主與農民的對立，因之而發生社會經濟之不平，所以要用土地改革方法來挽救，但其眞正目的應該是（一）改善農民的經濟，（二）提高生產的效率，（三）增加全民的幸福。

這三點，方是土地改革的最高目的。

五　「耕者有其田」「耕者有田耕」「有田有人耕」

世界上土地改革思想之提倡者，有三大偉人；一是德國人特馬希克（Adof. Damaochke），一是美國人享利喬治(Henry George)，一是我中國的孫中山先生。中山先生在主張土地改革的過程中特別提出了耕者有其田的口號，作爲這一個運動的目標，至於如何可以達到這目標，那便有種種方法，値到研究而加以選擇了。

玄丁竭力主張耕者有其田，希望它能够早日實行。玄丁又認爲「耕者有其田」的眞正意思，應該是耕者有田耕，同時又須有田有人耕。此即是「人盡其才，地盡其利」的說法。却不是狹義的『農夫都變了田的主人』便算滿足。所以耕者有其田實行的時候，同時又須規定如何協助其增加生產，於是，農具，倉庫，動力，交通，市場，等種種問題必須一一顧到，獲有圓滿的解決。而且實行起來，要能切實實行不生弊端，這也不容易辦到，當然土地的改革，不能待這些問題全部解決後再來實行，不過在研究時期必須先有一個預定的概念，方不致產生不良的後果。如美國便發生過生產過剩的現象，甚至爲了維持價格，把成千成萬的大麥，倒在大西洋中，同樣是事前缺乏研究的一種後果。

最近江蘇第三行政區土地建設學會擬有一個土地改革方案，將在江蘇省參議會提出討論，這是一個値得注意的方案。

以上約略談了一些玄丁對於耕者有其田的個人見解，以爲要實行土地改革，非有切實預備，是不能獲得良好的效果的。同時說明「土地問題」既非「急驚風」，而「參議會」也不是「慢郎中」。

六　我們太忽略了生產問題了

末了，玄丁引用以下幾段文字，來供白丁的參考。

『我感覺我們太重視了分配問題，太忽略了生產問題了』。

『現在我們所要的不是空理論，而是切切實實合乎大家需要，可以行得通的辦法』。

『現時大家所談的土地改革，是何等重大的社會問題，關係是何等的廣，影響是何等的大，這豈可以由少數書生的議論，而不經詳細的多方面考察研究，就可以擬幹的』。

『爲在論壇上贏得一般人喝彩，我未始不會推波助浪拿出時髦激昂的論調，但是我的良知不許可』。

「有理儘管說，理越辯越眞，不要以爲自已說的都是天經地義，別人的意見與我不同，便是反動，封建，頑固，另有作用，另有立場。我們都恨有一些人動輒給人戴上紅帽子，同時我們也不應該隨便給別人戴上封建、頑固、反動的帽子』。

以上是引的董時進『土地分配問題』。

『反封建的民主革命爲什麽要重視土地改革呢？第一是爲了增加生產』。

『土地問題，固然是根本問題，需要解決，但目下還遭遇有一個比這更現實更迫切的問題，那只是如何立刻減輕業已達到忍受極度的農村負担，而讓農民能够勉强活下去。在農民不能活下去的慘境下，縱然分得了土地，沒有種籽，沒有農具，沒有人力，這又怎麽辦。所以目下一切擾民之事，是萬萬再做不得的了』。

以上是引的笪移今『論當前土地問題』。

『其實土地分配問題，是解決土地問題中的一個過程，而講求土地盡其利才是重要的目標。』

『作者認爲「平均地權」與「耕者有其田」的正確解釋，應該是使耕者平均享受土地的使用權，而並不是使耕者平均私有土地所有權』。

以上引梁朝琳「論我國土地改革的重點，起點與終點。」

『土地改革必須對於地權的制度與利用的技術，雙管齊下，才能成功』。

以上引趙迺博土地改革問題。

七　土地改革，應該包括「農村與城市，耕田與用地」。

土地改革問題包括農村與城市，耕田與用地。問題是整個的，都需加以研究，因爲白丁只提出了「耕者有其田」，所以本文即此爲止，不寫下去了。（完）

▲洞庭圖書室自徵書結束以來，共徵得書冊，較原有增加近一倍，故流通部舊址不敷應用，遷至同鄉會二樓東廂，書籍等已整理完峻，歡迎同鄉加入借書，並悉流通時間如下：

星期一——五　下午七時半——九時半

星期日　上午九時半——十一時

下午二時——四時

東聯社壽親義莊合辦送葯第一年

徐豫題

送藥的話

東聯社福利組

質樸的故鄉同胞，一向很少注意到醫藥問題，不幸一旦傳染了疾病，難得有少數人延醫診治外，很多人還免不了求神送邪。能夠防患未然的，可以說絕無僅有。記得有一個時期，猖獗的病菌，侵襲了整個山鄉，稍有些常識的病家，已經使得保安和登善二所醫院忙不過來，多數患者不是犧牲於經濟拮据，便是就誤在焚化錫箔。這災禍吞噬了我們多少的至親好友！

本社成立之初，即以服務同鄉爲職旨，對於在同一山鄉裏長大的同胞們的健康，尤其關心，因此在本社發行的英鶯風上，不斷地刊載破除迷信，提倡醫藥衛生的文字，一面計劃在故鄉舉辦送藥的事工。直到去年由於姜禮鈞同學的介紹，得到了壽親義莊的響應。在許多在山同胞的合作之下，才實現了我們計劃中的第一步，並使它迅速地展開到各鄉各鎮。

我們當然還做得非常不夠，可是在一年來同鄉們給我們的支持和贊譽上，可以證實送藥的事工，的確對故鄉同胞做了些切實的貢獻，並且在衛生常識方面也起了一部份的教育作用。同時檢討一年間的工作，使本社同人，增加了不少服務的經驗和信心，發動一件小小的工作，能使多方面有實益和進步，這是本社同人引爲無上欣慰的。

現在送藥第二年開始，我們呼籲急公好義之士，大家來效法壽親義莊的義舉，同時請求在山的同鄉們給我們更多的合作，更多的督促！使藥品送得更實際，更深入！

壽親義莊前記

敬之

記得十五年前我隨雙親囘故鄉祭掃祖塋，有一天春寒尚峭，暮色未瞑的傍晚，我隨了鄉親在楊灣船埠上閒眺，適有一小舟載一柩歸，接着在船上的，在埠頭的人有的號哭有的呼喊，我身旁的鄉親們也都嘆息着，此柩中屍，即昨日原船趕蘇城的難產婦，當時我年事尚稚，不過悲慘的情景，深爲之震悼不忘，而對山中醫藥之缺乏，亦實有所感。十年前因戰事闔家避難故鄉，時予病傷寒(Typhsu Abdomninalis)，斑疹傷寒(Typhuis Exanthemtieus)，惡性瘧疾(Malaria Perniciosa)，臥床百日，症象危篤，幸經避難來山之嚴保承，顏星齋兩醫生及東山登善醫院施汝新醫師之會同治療，得拯生命於邊緣，而茲年春予妹蔚琴已病歿於傷寒，翌年春幼妹蔚芸又夭折於痲疹，予之父母爲予姊妹兄弟育養辛勞備嘗，又迭遭事故，憂愁交猝，鬢髮頓化，予亦經此病災深感過去缺乏醫學知識之痛苦，及其迫切與重要，故冀以此劫後餘生，供之醫學，俾有所助也，惟私願心嚮，求之過切，失望亦多，實因目下醫學，雖集古今中外醫學之知識經驗傳統之累積總和，尚與理想之有病有藥，有法，到病除無疾的境界殊遠。何況人類不調洽之現象，日趨嚴重，遍地烽煙，本來可供人類精力工作的和平安樂之建設大道，反不容也不及顧及。連已收實効之各種防疫，檢查等工作：譬如天花、霍亂之預防，空間中水地面上原蟲病菌之撲滅，體格，營養之檢查，公共衛生與身心修養常識之播輸與提高。而公家亦礙於困難，都市尚粉刷不易，偏僻的鄉土更難顧到。在戰爭消耗的局面下，所蒙受之損失，真是無法償補的。惟私人的力量究竟有限，不過我們在沒可奈何，又不可久待的過渡時期中，不問力量多少，誰都會想盡一點心力，搶救一次生命即是多一次生命，不問老幼貧賤生命原是在人人心中所頂寶貴的，至上的啊！以後我便潛伏着一個幻想即是如何使已有治法的病人迅速恢復健康，不至惡化，即使不治絕症亦使其心理上有所解脫，當時我假定以太湖流域爲範圍，故鄉東山爲發射中心。六年前家父有意將敝園供蘇州幼吾教養院及上海黃卍字會福利組分用，但因交通，環境，和人事種種的關係都未實現，而我就姑以它爲推行鄉村醫藥之源滄，初起想先試辦送藥一事，好在醫藥，是國際性無界限的，我們的目的不分醫藥門戶派別，不計病者性別年齡，只要以最簡速最有效最可能使病者解除病痛疾苦，便爲唯一的目的，以最普通易患的病和最易的藥物爲對象，所以規定了工作的原則務使：（一）簡而便，（二）廉而效，（三）廉而廣，開始送的藥是（一）父壽膏（外科藥），（二）瘧疾藥（阿的平Atbrin片），（三）痧藥水，（四）天中茶（治感冒食積），（五）長春丹（清涼化痰劑），（六）痢疾藥（Sulfaguanidine）。第一年請席惠民先生托同泰森前後山兩寶號分送，第二年又增加了幾處：一、嚴濂臁先生久大號，汪其成先生漆號，和席徵三先生，姜貽祖先生貽大寶號，族兄徐維峯先生。他們都是爲故鄉福利熱心的人士，當時諸寶號還加以記錄，統計兩年來試辦分發的結果，治症和藥單位，均逐漸由千而萬在增加，而且收獲反應都與事前的企求相近，我們不難想像多少人家的愁容爲之開朗，多少病人不再臥床呻吟而又可工作謀生、當時私心實深爲感動與快慰，有一次和世交吳中一先生閒中談及此事，亦深具同感，使我心力益堅，還有同道亡友劉以祥醫學博士，他也是時常關切我的長者，在第三年的春天父母五秩雙壽的誕辰，我們兄弟姊妹並，籌劃了些微基金，購置田畝並定名曰壽親義莊，希望藉此以達壽親壽世壽世壽親的私衷微忱，幷冀將初步已有實效的工作能力行持久。後經姜禮鈞先生的聯繫，開始與東聯社合作，所以在分工合作上又配合了和洽與認眞，我們都深深地感到快慰，同時此後工作方面，東聯社都有詳細的記載，羣策羣力，各人盡了最大的分力，在我私人方面尤其感謝的是許慶元先生和族兄徐蔚霖先生，他們爲藥物的跋涉，減輕了我不少時間上的負担，雖然在此動盪時代，人事幻變中我們不敢作過分的奢望，和飄渺的遠景，不過數年來事實告訴我，人類大家都潛伏着互助的意識，只是因沒有適當的因素足以配合與激發而已，後來我將此關於藥物病疾上的經驗，提供與本來已在熱心工作上的或懷有此意者也都發生了精神上很大的共鳴，第一，譬如西山方面鳳桂楣先生，無錫方面榮柏雲田夏霖先生，鎮海方面章沛霖先生，松江方面陸人驥先生，湖州方面施成蓀先生，諸父執師友都採取試辦。第二東聯社本身是一懷有良善赤子之心的一羣從事鄉土服務的工作者之業餘結合，他們沒有規定的服務，也沒有名利的權利，他們盡了人類最大的美德只是服務，他們是值得尊敬的，感動的。第三壽親義莊的涵義和使命，當然也不屬於私有的，凡是爲人子女者均冀參與壽親壽世壽世壽親宗旨的工作，從各人心中，散播到各人附近的地域，我們的力量，實在太微弱，不過我們當盡力在醫藥的量和質，急和緩，標和本，人才，醫藥，區域設法改善推進，也許這是杯水車薪，不過我們未始不可期以拋磚引玉，我們明知滯緩薄弱，但我們總盡我們心力向這遠景接近，同時希望大家樂予協助和督導；附帶我私人還該向樓邦彥教授，鄭姊於鑾，致謝，因爲彥哥是影嚮我最大的一位，鑾姊對此事的始末是最瞭解和鼓勵的一位。最後我向慈愛的爸爸和媽媽致最大的敬禮。

民卅七，七，五，合作節寫於

湳德書屋

送藥說明

徐蔚霖醫生註錄

父壽膏（即千捶膏）

功用：消腫膿之外敷藥。

主治：癰疽，發背，對口，疔瘡，小兒熱癤，鱔蟆頭，能收提毒呼膿，去腐止痛之治。

藥品：蓖脈肉（去殼）五兩，嫩松香（嫩者製研細）十兩，杏仁霜（研細）二兩，銀硃二兩，廣丹（飛）二兩，擂盆（飛）一兩，茶油二兩，巴豆仁五粒，乳香末藥銅綠各一錢。

用法：熱化剪貼患處。

長春丹

功用：鎭靜，化痰，消食，清涼。

主治：白色治腦膜炎傷風咳嗽，紅色治霍亂時疫。

藥品：薄荷，明礬，勃薺粉，甘艸，紅色者加二分之玉樞丹，

用法：溫開水呑服。

天中茶

功用：疎風，清熱，消食，散寒，殺菌。

主治：風寒感冒，停食，時氣，頭痛，腹痕等病症。

藥品：甘露午時茶方，茯苓四十兩，蘇葉十八兩，桑皮十六兩，甘草廿兩，白芍十四兩，香薷茹十六兩，陳皮十六兩，蒼朮十兩，羌活十兩，扁豆十六兩，猪苓十二兩，柴胡十兩，桔梗卅兩，川樸十八兩，土藿香二十兩，澤瀉二十兩，薄荷八兩，白芷三十七兩，川芎十六兩，姜半夏十二兩，葛根二十四兩，大腹皮二十四兩，焦山査卅二兩，麥芽卅兩。

右藥共研計重32斤，入和陳紅茶葉98斤。

用治：加葱姜少許，煎卽熱服汗出卽効。

功德水（卽痧藥水十滴水）

功用：治中暑卒倒不省人事，時疫下痢吐瀉

主治：中暑，霍亂。

藥品：薄荷酒，樟腦酒，大黃酒，辣椒酒，淡清香酒，各一磅，雅片八錢，百蘭地半瓶。

用法：每次十滴溫開水呑服。

瘧藥（卽阿的平Atbrin）

功用：殺滅瘧疾原蟲，降至體溫至常度37，抗治黑水熱病。

主治：間日瘧，三日瘧，惡性瘧之特効藥，黑水熱病，及對孕婦及有金鈉霜特異性之病人。

藥品：阿的平Atbrin爲最有効化學抗瘧劑。

用法：成人每日二片，兒童每日一片，連服七日爲一期。

痢藥（卽磺醯胺Suibaguanine）

功用：殺滅腸部桿菌。

主治，菌痢，傷寒，副傷寒，鼠疫，霍亂及其他種腸內桿菌傳染病，及腸部手術後之桿菌傳染病，爲最新性菌痢疾特効藥。

藥品：磺醯胺Sulbasuanidine。

用法：成人每日二片，兒童每日一片，連服七日爲一期。

編者囑霖爲東聯社壽親義莊之贈藥作一說明介紹，惟俗務倉促，限期已誤，匆匆略作簡短表述，聊以塞責，以後如時間允許當再爲鄉里最普通常患之諸疾病如流行性感冒、傷寒、瘧疾、以及老年人之肝陽（高血壓）、兒童之痧子等另行詳述。

東聯社 壽親義莊 合辦送藥分區圖

洞庭東山全圖

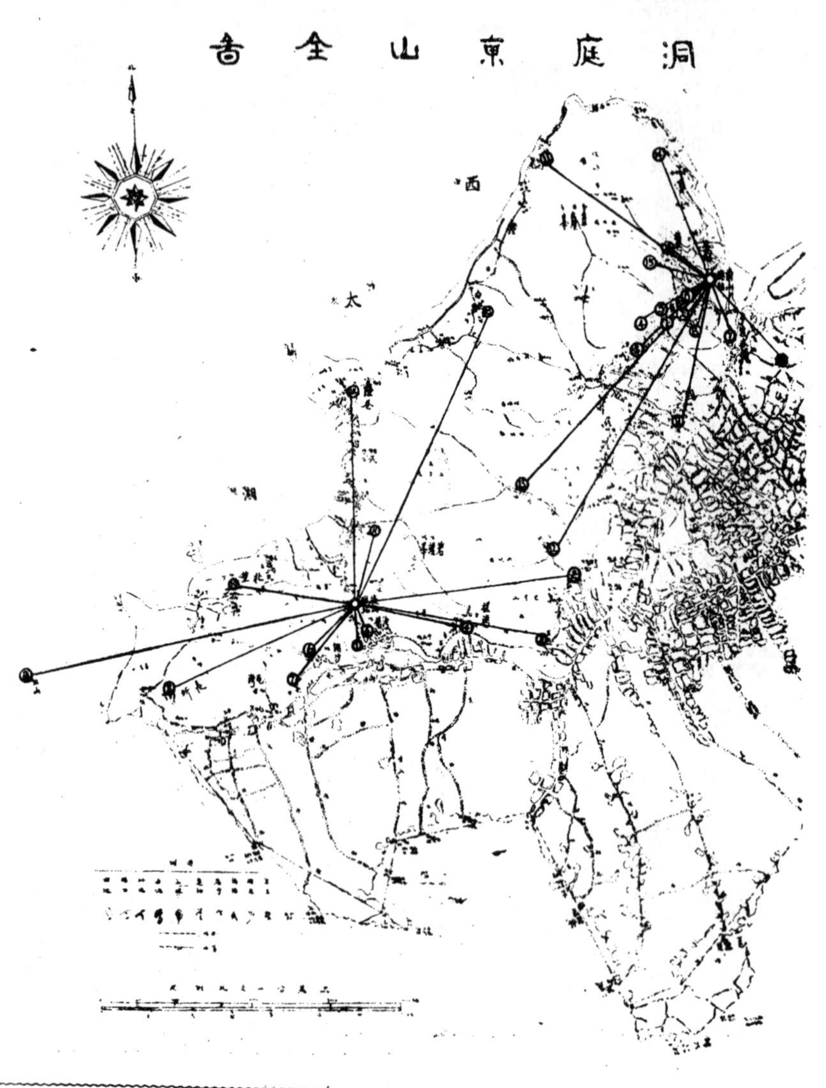

卅六年下半年度寄山分送各站藥品共計

阿的平 三萬粒　長春丹 一千包
痧藥水 一千瓶　天中茶 五百包
又 藥 三百瓶（葉仲灝君捐一百瓶嚴星洲君捐二百瓶）
痢片 一千片　父壽膏 二千張

今以收得各站報告表統計：

痢片	九人	七十片（五片一服計十四服）
長春丹	五二人	一四一包
父壽膏	一二五人	一三四張
天中茶	四〇人	一二二包
時度水	二五人	五一五瓶
阿的平	二〇六人	一八九五粒（以十五粒一服計一二六服）
合計	六五七人	藥品一三五二服

以上統計因去年初辦，各站及負責人時有更動，故暫以各站繳來之報告單為根據，團體如水警及學校等均未例入。

卅七年上半年度寄山分送各站藥品共計

父壽膏 四千張

各站報告統計下期刊載。

卅七年下半年度第一批藥品今已寄山計：

父壽膏	五八〇〇張
又	四二〇〇張
天中茶	四〇〇〇包
長春丹（紅）	五〇〇〇包
又（白）	一〇〇〇包
痧藥水	五〇〇〇瓶

各站可均向總站領取分處：

壽親義莊東聯社合辦送藥各站地址表

地區	編號	地址	負責人姓名	負責人身份	備考
	總站	坊前	韓運先	代理校長	
前	1	保安醫院	席春霖	醫院事務員	
	2	殿前	王鳳社		
	3	莫釐中學 王家門前	樊蘊放	教員	
	4	前山鎮中心小學（文昌）	林仰岐	校長	
	5	務本小學	鄧水石	教導主任	
	6	鍾秀小學	顧蓉	校長	
	7	渡橋小學	范承斌	校長	
山	8	殿涇港	瞿友農	鎮公所職員	
	9	淶涇鄉公所	鄭先生	鄉公所職員	
	10	翁巷	席夢麟		
	11	豐圻村	嚴上雄		
	12	西塢	潘鑑山		
	13	俞塢	查錦甫		
鎮	14	岱心灣	劉善清		
	15	槊峯路	何德堂		
	16	武山	朱全高		
後	後山總站辦事處	楊灣	茹裕照	鑑塘小學教員	
	1	鄉公所	施炳南	鄉長	
	2	澗橋	朱堂根	鄉代表	
	3	金灣	宋子興	保長	
	4	槎灣	陳錦林		
	5	楊灣	吳士雄	副鄉長	
山	6	湖沙	李仲華	保長	
	7	屯灣	張如生	甲長	
	8	長圻	李龍生	副保長	
	9	三山	曹成	保校校長	
	10	北望	陸鴻興	副保長	
	11	石橋	張子元	鄉代表	
鄉	12	陸巷	韓家巷森泰號 王仰霄		
	13	白沙	世德堂吳榮祖		

註：以上各站均係本年最近調整，如有尚未收到藥品者可與總站接洽。各站地址及負責人，均視將後之需要而隨時改進。

東洞庭山各校同學聯誼社福利組編

山海經

下凡（上）

小子

話說老子（即太上老君也）自被齊天大聖鬧天宮打翻了他的八卦爐之後，覺得天上也不十分太平，於是心血來潮，打算下凡去雲遊一番。

照說老子是神仙班中的領袖，要到什麼地方去蹓躂，還不是極便當的事？只要口中唸唸有詞，十萬八千里也就一「踏」「踏」了過去；可是這老頭子的性情是十分紆緩的，他就偏愛騎着那只光得沒有毛的青牛慢吞吞地走，無非想讓人看了稱讚他一聲派頭大，有修養而已。

於是他就到洞里去牽了那只青牛出來，可怪那只牛吃慣了主子的九轉金丹，連一雙眼睛也鍊得像是金子做的，別的人再也不認得，牠就只聽主子的呼喚。牠在天上住了這許多年也着實覺得厭氣。這時聽見主子要同牠一起下凡，竟高興得人立了起來。

老子連鞴子也忘記了刷，就跨上了青牛，離開了兜率宮，出南天門向下界而來。

老子剛出了南天門，就被一陣巨大的喧鬧聲包圍了，只見一隊隊的鐵鳥整齊地排列着向前飛去，同時看見鳥肚下竟接一連二地下起蛋來，那些蛋落到了地上就使地上冒起了許多烟，直衝霄漢，那氣味非常刺鼻，老子禁不住鎖起眉頭來，趕忙從袋里掏出一粒金丹往嘴里一塞，才算有點神志清爽。

憑老子的本領，這些鐵鳥原不足為懼，只消用鵝毛扇一攝，這些鐵鳥包你吹得無影無蹤。不過老子卻有點怕這些鐵鳥或者是西方如來佛座下的大鵬鳥的子孫，那倒是惹不起的。你只要想想，當初齊天大聖鬧天宮，竟然鬧得老子也吃了虧，玉皇大帝也幾乎讓了位，只有如來佛一來，大聖就再也翻不出他的手掌，老子這樣一想，覺得自己萬非如來佛之敵，當然連他的兒子孫子甚至家人的兒子孫子也不敢去惹了。

地面是越來越近了，烟火氣也越來越重了，起初他覺得有點不好受，那只青牛也連連打了幾個呵欠，後來卻也慢慢地慣了。

為了想看看現在的函谷關和自己出關時有些什麼兩樣，老子就預備在關前着陸。誰知腳剛一着地，四週竟砰！砰！砰！的響了起來，也不知是什麼東西，就像蟲子核一樣的往身上鑽，幸而是金剛之體，沒有受到損傷，不過卻也有點不舒服，老子正想整整衣服探探個仔細，只聽見一座炮後發出了一聲「口令」，接着探出了一個人的身體，頭上戴的老子倒有點認得是「盔」，手中拿的一根槍，瞄準了他向前走來，同時大聲地說：「格老子，跟我站到起！剛才老子問你口令，你龜兒啥子不答應？」原來那個兵正是四川人，老子一聽，倒也吃了一驚，怎麼那個拿槍的人已知道了自己叫「老子」，恐怕有點不好應付，就很有禮貌的回答說：「卿適才所云，未明何意，乞道其詳。」

「別裝蒜了，你龜兒是不是八路？」

「卿以為余『不老』耶？是誠大謬，余自出此函谷關以來，殆亦已四百餘甲子矣，何得謂之『不老』？」

「龜兒你硬是跟老子裝佯，同志們，來呀，這里抓到了一個奸細，一個八路！」那個兵光火地喊着，一面仍用槍對準了老子的胸口，不許他動。

立刻四面有許多兵跑着圍了攏來，每人手中都有一根槍看見了老子的裝束，就七嘴八舌地說：

「這老頭兒準是個八路奸細，現在是民國了，還穿這種道士衣，幹啥子呀！」

「那只牛恐怕也是偷來的，大家拉去宰了吃了算了」。

「把那八路拖去槍斃了算啦」。

老子一聽，知道有點不妙，想使出一點法術來，連忙喊：「太上老君，急急如令！諸護法神速來護駕！」可是這次他的法術卻不靈了，因為他的道袍上早已沾了那些兵士的手上的血污了，那些兵原來剛在營房里打牙祭，殺了幾隻鷄和野狗，手上的鷄血狗尿還沒乾，不料竟會使老子的法術失了靈驗，老子不禁大吃一驚，連忙拔腳就逃，連那隻牛也顧不得了。那知他剛剛跑了幾步，後面就又連上砰，砰，砰的聲音響了起來，老子覺得身上有點刺痛，就加快向前跑，一面偷偷地回頭一看，後面竟追來了幾輛不知叫作什麼的車子，比了哪吒的風火輪還要快，老子一看那些人的法術確實很高，不敢留戀，看見路旁山腳下有一個洞，即立刻便鑽了進去，喘息了一會，聽見後面追的人已回去了，才放下了心。

「唉，『逃可逃，非常逃』，想不到這句話竟應了驗，就可惜那只青牛總是取不回來的了，唉！」老子不覺重重地太息起來。

××××××

老子不敢再在函谷關前逗留，而且連那一套道袍也丟了，省得穿了再被人看作奸細。於是就一拐一拐地仍向關外走去，一路只見斷垣殘瓦，塵沙遍野，連一根草一隻狗也難得見到，那種荒涼的景象，和從前出關時簡直沒有什麼兩樣。

老子走到一處地方，看見有幾個人在地上掘東西，掘了就往嘴里送，走近一看，原來掘的是草根，也不知那種草根有什麼好吃，那幾個人只是往地里掘，掘了就馬上連泥帶土往嘴里塞，老子覺得有點奇怪，就過去問詢道：

「此非靈芝，食之不能益壽，何竟甘之如飴耶？」

那幾個人專心在掘草根，突然聽見有一人說話倒也吃了一大驚，看見是一個老頭子在問了詢，方才放了心。其中有一個年紀大點的就回答說：

「您老大概還不知道這種草比了靈芝還要補呢。據我們大老爺說，現在我們的科學家已發明這種草的營養價值比了牛奶鷄蛋要高得多，因此大老爺們為了我們老百姓的利益，寧可自己吃牛奶鷄蛋，而叫我們老百姓到地里來掘草根吃。您老可要不要來上兩根，吃了也補補身體？」

漫沉在夢的苦汁中

·金玉·

做夢，是腦神經受到刺激而反射的一種不隨意運動，白天感受了一切事變和感想，到了夜間在睡眠中斷斷續續的演出來，美麗的夢境，惹起甜蜜的回想而使人留戀，凶惡的夢境，在三更驚醒的時候，腦中映出一具猙獰的面目，使人震顫恐怖。

所以美麗的夢，常在心裏追想，枕邊尋求，希望事業得到滿意的成就，希望愛人在夢裏相敘，希望凶惡的情境，永遠不會在夢裏遭逢，雖然一剎間事，但是愛想甜蜜，畏懼險惡的心理，自是人的本性。

然而，愈欲尋求甜蜜，甜蜜再也不來，愈是厭惡凶險，凶險愈是時常來照顧，偏偏不如人意，祇有小孩時代天真的夢，才真實不虛。

其實夢終究是夢，夢醒的時候，一切都成泡影，再也抓不住，何嘗能成為事實。

世人徘徊在夢中的人太多了，要人們的，高論感想，冠冕堂皇，戒誠戒拳，似乎從此天下得以太平，安居樂業，美援食米大量到滬，得以救濟國人，民食無虞。內戰指日平定，券操必勝，把握十分，確實十分，然而事實幾曾實現過，這並不是他們騙人，說句真實

菊部雜譚（三）

無之

馬派唱詞

（西皮倒板）二月二日，龍發顯，（西皮原板）王三姐打扮彩樓前，王孫公主千千萬，彩球罩打平貴男，夫妻們雙雙把（西皮快板）相府轉，你的父一見怒沖冠，西海岸妖魔現，紅鬃烈馬把人傷，爲丈夫降了紅鬃戰，你的父上殿把本參，西涼國造了反，爲丈夫倒作了先行官；教場一上把兵點，辭平貴回窯別寶釧，王三如雜捨薛平貴，平貴志拾王寶釧，馬緇緇劍所斷，妻河塞綜夫奔西涼川，三姐不信掐指算，連來帶去十八年。，

由是觀之，前者之與後者，大有異處在焉，唯以劇情進展論」則以拾前者取後者爲合理。不然，於平貴進窯後，寶釧之唱詞：「十八年作的是什麼官」句，大起矛盾矣，其後矛盾之點，如寶釧討封時之平帶唱詞：「非是我不把你來封，有一個緣故在其中，西涼有個代：：」之句等，矛盾之點，不勝枚舉，故是劇西窯之唱詞當以採取馬派爲佳，蓋馬派取材，居西涼之情，均未道出，延至其後，陸續道出，似較合情理也。

「武家坡」一劇幾無「身段」可言，每有之，亦臨小「身段」，即是劇二主角台步，亦不臨過難，故演是劇但能歌合一板眼」，稍排數大「身段」，即能登台演唱矣。

客歲——聯歡大會上，演是劇者，生角爲何人所飾，已不復憶矣，進知飾旦角者爲毛鏡倭君，是日之劇，所苦者即爲服裝之欠佳，致演來幾無生氣，過後曾聞及一同鄉言曰：「宛如教化子唱蓮花落」。此君雖爲外行，但言來亦太凶狠矣。平貴之扮相倘佳，台步亦甚自然，數個小身段，倘可，然眼神運用太滲，尤其念「啊呀，薛大哥啊：：」之背躬身段，呆板得幾無生氣。論唱，全露馬派，噪音嫉窯，火氣不足，致要「腔一時一無取處，致洞客時之大段唱處，坐後十餘排者，幾無從聽本牽音，即數段快板，歌來亦欠尊窯。一念一白竟快似頤珠，無目分尖閑（京劇分音，亦似陰陽上去之分字。一亦無高低之音，閑目總來，宛若學賞之背書；道白幾全無取處。寶釧之扮相，稍嫉惟氣。一唱」處，噪離太牢，但出場處之變板，歌來純熟，快板因咪音之故，無足取處，念白較諸節平貴者之×君，似勝多矣，「身段」似太做作，一跑坡」出場之歌與板似，全部歌劉作風，將平劇圓有藝滿，抛之九背窯外。今特假本刊請益於毛小姐，是劇之王寶釧，斷而花且本工，抑青衣本工？王寶釧是何出身？父眼神運用，亦似欠往。總之，是日是劇，以公正目光評之，似太膳矣，唯票友而有此成續，亦非易事，居於票界，可合水準之故新演者二君，再稍加磨練，成功當不遠也。

仙人洞

山人

東山地方雖小，名勝古蹟倒也不少。但是其中，也有逐漸湮沒無聞的，像仙人洞就是其中之一。

到過仙人洞的人，恐怕不會多，記得我也只是在十歲左右去過一次，以後雖曾實蒞其地，已是蓬蒿沒蹤，不得其門而入，大有武陵人遊桃源之概。

仙人洞在營心灣，離席家花園並不遠。如果你不熟悉那裏的路徑的話，也很容易找到。就在一所「劉府中天王行宮」的猛將堂對面，是×氏的藻道，你可以一直進去，轉兩個灣就是了。

我不能確定這個洞是天然的還是人爲的。因爲洞里面有很方整的石桌石凳，如果是由於山洪沖刷而形成的話，你將驚歎大自然的鬼斧神工之妙。或者在洪楊時代，有一部份居民爲了避難而掘下了這一個洞，但這個工程顯然非朝夕之功所能竟，可惜我不是考古家，只能告訴你東山有這麼一個古蹟而已。

渡水橋

劉思英

本刊和同鄉會的會刊先後用渡水橋作過封面，在東山的每一個人都知道故鄉這一座大橋，尤其是遊子在外，一提到渡水橋，總會勾起無限的鄉思的。

商務出版的辭源上，對故鄉的渡水橋也有如下的記載：

風月橋——在江蘇吳縣西南，洞庭東山吳縣武山之間，東西相接，中貫太湖，亦名渡水橋。縣志云：一名具區風月橋。

由此說來，渡水橋不但是今人送往迎來的橋樑，而更是昔時貫通東山與武山交通的橋樑。

如是我聞談掌故（二）

碧螺春

吾山之所產茶，外埠人士，統名謂之碧螺春。若遇上海及其他各埠市肆招日，亦莫不名題「洞庭碧螺」。實則雨前之訛焉！

考碧螺春之得名，蓋所產之地，在山之今名茅逢純陽殿右側，翠巒嶂屏，此即碧螺峯也。遠明代有寺曰翠峯，相傳迄至於清之乾隆，其間寺僧，嘗於每歲穀雨節前，摘採新芽，焙製成茶，謂之碧螺春。貢諸朝廷，庶民無緣得以嘗也，故栽植佔處不廣，僅寥落數株而已。冲泡碧螺春茶，宜以山側之紫泉水，如此相得益彰佳趣，儘似儕爺，烏知其諦哉！

玉帶河

玉帶河，即今遂園愚宅前之王家淵也。其命名始於明之王文恪公執宰時，或謂某年文恪省親在里，有吳城太守紀某皆謁暢論，文恪偶一不愼，下部洩氣作聲，時文恪徐謂紀曰，年老引爲憾事下元盧耳。貴府將來，須當加及注意，其時紀某莫知所然，唯唯漫應之。比返省垣，適巡捕緝解一俠盜名夏盧者來撫署，按律罪當立決，太守洸然觸悟，疑文恪之所述，或係指此故。急設法排脫其罪，縱去。夏盜白思莫解，深宵進牘，非知底蘊，太守復賚助百金，囑爲正當謀生。夏盜感激萬分，後卽作鹽販，數閱年後，輾轉竟成巨富。乃發願在文恪公宅前，築此玉帶河，以誌感戴。此河湖由橋孑溝常長樹堂始，綿亘轉由通惠里，卽接談橋河而終止。遠過宕嶺時，當見深橋河居民，河養新鳥，往往鴨覓食誤入，年壯膽大者，持炬入內探索之，據云河深且寬，利扒，再進炬爲空氣閉塞，不能明也。

新民謠

佚名

某日在信插中收到這篇稿子，反覆讀閱，雖然覺得有點不知所云，不過讀起來倒有聲韻，好像歌謠一般，因此歸入山海經一欄刊出，文中字句，一仍其舊，並不更改，以示天眞。——編者

大肚皮個穿二鬮
白米只要念担半
漢奸多做鎭采長
民脂民膏去養他
河愁淋流氓飽漲
雌老虎潑辣潑辣
三朝元老楊刮刮
只因巡官斃兒子
黑暗世界
少有雞劃

媳婦打婆由他判
再大事體包可完
票子終要幾千張
打人罵人勿凝舒
壯丁財麥坑麥坑
領個女兒男衣着
鼓吹店家來外快
各家送遺忙殺快
奇奇怪怪
只好賭塔

的話，就是在做夢！

夢：憧憬在古今未來，歷代迷於夢者，指不勝計，他們雖然明知是夢，然而終究不能摒棄，袁世凱迷戀於帝王的夢，軍閥們竊據在地盤稱霸的夢，爲了實現黃金的夢，不惜剝削大衆的利益，不惜毀滅大衆的生存。

近年來的夢，跟着時代環境，似乎更顯得易於傳染普遍，依生理學說：不外是刺激過於深厲，傷類動，費精神，大人做大夢，小孩做小夢，要人們做要人夢，芸芸衆生，永遠浸沉的夢的苦汁中，騙騙自己，也騙騙別人。

本來：「所謂人生若夢」。然則人生原不過是一場夢而已，不管它是眞是假，又何必過於認眞呢？

浸沉在夢的苦汁中的人們！不知幾時才能黃梁覺醒？

卅七，六廿五日寫於斐荷園

紅甘齋日記(十三)

紅甘齋主

四月廿九日　星期一　晴

經十數日來之披勞請求，卒以「母病歸省」爲由，獲經理垂允，給假十天。予於此機械性之檢券生涯，雖從事未久，實已有倦勤之意，自得千金，而此意益堅，惟念臨行，老母辭子「耐性」兩字，未曾或忘，予不忍以一線灰意，再創老母之心，且迷執兄一番提拔又何遂能以事紬絕之，於是告假之計乃決。返家省視，無非化錢，於是添衣購物，百金未覺其多，因念祖帥有言：「置氣最恢安，雖免揮霍。」可不警惕？同事吳兄，爲我購得今日一點半頭等快車票一張，十二時飯罷，以行李較多，電祥生公司出差汽車，余與此君絕緣，殆已十有餘年，今日初次過癮，頗感新鮮，所憾者，公司汽車都漆有電話號碼，派頭奇小，一望而知，非私人所有者，台製未能緊足，可恨可恨！抵站自有脚夫照顧，領至第七節第三十號座位，綠絨靠墊，閃爍有光，予銜烟悶爆，怡然自得，一縷遐思，隨烟飄盪，迴顧三十年來，憂思隨身，艱苦備嘗，此次遊天之福，幾疑夢幻，想傳奇中所云落難公子中狀元，其情形亦復如此。

正思念間，汽笛一聲，驚心動魄，繼之車輪蠕動，緩行出站，予乃與此聚首未久之都市，再告小別，予此時之心情，似頗愉快，彷彿一達官貴人，錦衣榮歸；似戰場勛臣，凱旋回朝，然此實皆出自鈔票之場，因有感，再作詩詞頌之，題定「你這個好東西！」惟車中心思不定，未果。

途中車行甚速，奔騰疾馳，不愧飛快之稱，但見窗外天迴地轉，萬物倒流，小橋茅屋，隨見隨逝，目不暇接，三時未到，已抵蘇垣，北寺塔影，高接雲表，驅車入城，闢室樂鄉飯店，店處北局，適當城之中心，與鬧市觀前，近而若離，誠所謂鬧中取靜者也。其東有戲院焉，猶映火燒紅蓮寺，落伍之至，予乃在北局漫步一週，出宮巷至觀前，所見與年前無殊，七時就松鶴樓晚餐，迨出，見街燈疏落，行人已稀，蘇垣夜市，不在街而別有所在焉。是晚，遲遲未睡，左近賣唱聲摩，擾人清夢，而啼鳥處處，尤令人不勝苦惱也。

五月一日　星期二　晴

昨夜睡少，迨醒已日高三竿，急遽車赴洋禍碼頭，幸晚班未開，乃先將行李安設妥當，就客艙入坐，是日歸客清淡，坐位舒適，余稍進麵包，閉目養神，十一時半，船啟碇，予心竊喜，別離月餘之故鄉，又步步近矣！時座旁有兩少年，高談不休，聆其談話，多上海口音，所談亦多上海灘事。

「這兩天，上海灘上空空獎券的風頭眞健。」

「是呀！我們公司裏差不多每人要買上好幾張，本輕利重，一元錢變成一萬元，便宜貨落得搶。」

「上一期中頭獎的不知是哪一位，有人講是俠侃山浪同鄉。」

「你纏錯了。有一個中三獎的才是山浪人，數目只有一千元，但是也不錯了。」

「是誰？」予聞其言，心竊笑之，捨遠在天邊，近在眼前，此中三獎者，捨我更有誰乎？

「好像姓王吧。」

「是不是後山的王老五？」

「不是，不是，是前山人，好像叫王甘齋。」

「噢，我記得了，這傢伙，我曾經在山浪見過他的，聽說還是新近到上海去的。」

「本來呀，做了一年多紅甘蕉，才找到了一個點鈔票工作，可是一中獎，又神氣活現啦，東捐一筆，西送一筆，居然是一個大豪門了，以前的苦日脚怕都忘記了。」

「聽說，靜安寺路石鎔仲鐵金，就是他出的錢。」

「你又搞錯了。現在鐵一鐵金，怕也要好幾百塊錢，那裏輪得到他？到底他也只中了一個三獎呀！照你說法，如果他中了首獎，怕眞要發起造木東公路了。」

「予聞之，氣極不堪，彼二人者，豈有意「當之和尚罵賊禿」乎？幸予忍耐工夫，稍見改進，佯作沉睡，未露聲色，苟予再小三歲，予自信必與之白刃相見矣。

繼聞甲曰：

「老乙，你難道和這位姓王的有什麼難過嗎？爲什麼老是這樣氣冲冲的，我倒以爲這種爽快的人有它的優點，如果大家像他，木東公路倒有希望了。世界上呆事體只靠呆子做，如果沒有呆子，世界怕不會有進步。」

予雖不能自認爲呆子之一，但對渠之呆子理論，頗以爲然，至此，予氣憤稍平，以昨夜失眠，沉沉睡去，待醒，船已抵攝渡口，故鄉重見，歡愉萬分，予停立船首，引頸遠望，別有興味，惟夕陽灼熱，頓感初夏威力，予乃憶及端陽節近，東山名產白沙枇杷，正當其時，此來殆將痛飽口福矣！

船抵碼頭，人叢中見大小兒引頸相迎，登岸僱車，逕駛家中，一路招呼不迭，「王家伯伯」之聲，洋溢耳際，與曩昔「紅甘蕉伯」之稱呼，迥不相同，而尤令人不忘者，有兩婦對話，誌之如下：

「男人到底要到上海去做生意，你看，他到上海不過一個多月，已經這樣得發了。」

「那也不一定人人如此，恐怕還是他多讀了一點書的緣故。」

抵家拜見老母，顏有笑容，「果然衣錦服，來拜高堂前。」此非余今日之寫照耶？一向冷眼相看之弟媳，今日亦笑臉相迎，具見勢利作風，予驚心世事變幻之快，一至於此，且疑此身猶處於夢境中也。

掘坟及其他

·李谷良·

一

最近東山常常有掘坟的事發生，世風日下，竟禍延到死人身上來，所以東山的幾個有閒暇的人們，坐在茶館裏搖頭三嘆，曰：可殺，可殺！

自然，不要說得，掘坟開棺是有罪的，不說別的，單說使死人的子孫們心有不安，這已可以說妨礙社會安寧，所以我們希望治安當局切實設法制止。

一個人而走到無路可走而動起死人腦筋來，雖然罪有應得，卻也是夠可憐的，其所以冒了大險在昏天黑地之夜，餐風飲露，去做這種事，當然是受了生活的逼迫，一個人到了貧苦無告的時候，是什麼事都做得出的。

二

現在，我又想起了那些被害的子孫了。有一天，在同鄉會招待各部工作人員的會議上，除了討論了一點同鄉會的工作之外，大部份時間都是被害人的子孫們在向大家申訴，同時，他們希望同鄉會能使出壓力來，要東山治安當局早日破案，這幾位先生在歷次的工作會議上是難得見到的，而這次出席了，並且發言很多，足見他們是很關心自己老祖宗的安全的，否則他們是決不會來參加這個「毫無意思」的工作會議的，我想。

太湖兒女 (9)

·何遜·

「其實我們的煩惱，都是自己找來的，當初為什麼要發起辦那些圖書館、劇團之流，弄得自己焦頭爛額，單為了圖書館的地址，我們看過多少人的面孔，攔着一架一架的書，從濟美堂搬到通德里，又從通德里搬到萬家祠，真像是頂了石臼做戲，吃力勿討好」。

「最好笑的是那一位傳教士，嘴上講的頭頭是道，歸根結蒂，還不是在靠幾間破屋頭，撈幾個外快。」

「我最怕見那一位牧師的面孔，全不像是一位耶穌的信徒，從他的臉上，只有一些陰險、奸詐的影子，把宗教當飯碗的人，是不懂得什麼叫宗教的。」

「他居然也算幫過我們發展東山的文化事業呢！」

「對圖書館懷着惡意的怕不只是傳教士一個吧？」

「自然，最顯著的要算是民教館的「這一般人」了，好像是搶去了他們飯生意，冷嘲熱諷，一點不像是幹教育工作的人。」

「快別再談了，虧得我還沒有吃飯，否則怕要倒足胃口了。」

提起了吃飯，大家似乎有些餓。月亮已經斜挂西澤山上，竹林風過，一陣蕭蕭的聲音。遠近的秋蟲組成了一支管弦樂隊，大家在一席談話之後，傾耳諦聽，似乎是真的擺脫了一切煩惱。

「野人居」裏一片碗筷之聲，打破了寂寞，寺裏的香火關照，飯菜和酒已經熱好，於是大家爭先恐後，跑到房裏，團團坐了一桌。

桌上琳琅滿目，中秋節的名菜網羅殆盡，尤其可貴的是每一隻不同的菜，都來自不同的家，出自不同的名廚。

然而遺憾的是吃酒的人太少，除了小陳、逢夫外，實在找不到第三個，而且小陳的酒量不大，由於年青人喜歡豪飲，於是自告奮勇，和逢夫唱着對台好戲。

菜還沒有吃到一半的時候，小陳已經微露醉態，然而還是忙着豁拳行令。

「逢夫，來三杯，三拳兩勝。」

接着是一陣呼唱狂飲。

「小陳，差不多了。還是用飯吧！」

「不可以，今天不僅要乾杯，而且要乾壺，酒不喝完的不能吃飯」，小陳轉向逢夫，「你說是不是？」

「對，無論先生小姐，務請乾杯盡興！」

小姐們微笑着，沒有說什麼，好像是胸有成竹。

「今天真是難得的盛會，在外面做遊子的時候，常常想到家裏過一個中秋，可是一且到了家裏，偏又跑到深山裏來度過如此一個良辰美景。」又是小陳的話。

「咦，良辰美景！」逢夫有醉意。

「怎麼？又在想心事了？」

「噓！」

「嘆，是為了沒有芹菜下酒，不，不，是在想念她吧？」

「不用你管！」

「我偏要管！」

「偏不要你管！」

「偏要管你！……」

在兩人酒醉的演出下，盛宴就這樣散了，小陳拍着桌，說着聽不懂的話，這顯然是醉眠前的一種囈語。不久，他的呼呼的鼾聲，已經在炕牀上響了。逢夫並不想睡，可是倚着欄杆，望着月亮出神，良辰美景，勾起了他的萬種愁緒，居然他嗚嗚咽咽地哭了，一點不像假的，哭得有眼淚、有聲音。

除了兩位看護以外，一行人到了還禦亭上，視野更大，涼意更甚，幾位小姐帶來的絨線衫，到底派了用場，夜涼如水，究竟是秋天了。

期務本同學務本

‧安世‧

「君子務本，本立道生」這是校董葉樂天先生逢會必訓的訓辭，母校創於新時代，所以子曰子曰我們都沒有念過，因爲初期有幾位國文教員卻是三考出身的秀才和舉人，在吾們的一班中還是受着仁義道德的薰陶，（可是在於人有益於己無利的時代卻大吃其虧了）所以吾們的同學離校有的已經二十年了，依舊是務其本，念念不忘着母校務本！務本母校！

歲月不居，時光如流，年事漸漸的大了，從一年級到六年級，由練習生到職員，由中學生到大學生，雖然一年一年的過去快透，遭遇了世界經濟的危機，經過了戰亂的離散，滯留在物價飛漲，民生倒懸的時代，對於務本同學會從離散而重組，由一屆而二屆，諸同學決不因生活匱易而忘卻了眞誠工作，緣於母校教師淸苦，發動了尊師金，在一個集合中，把預定目標就達到了，故鄉唯一的文化事業莫釐風因爲：經費短絀大有早不保夕之危，在徵求定戶總揭曉的時候吾們同學會又以八千多分而得了冠軍。這並不是好勝，還闊的表示，總之要看肯做不肯做，精神夠不夠，因爲奔走呼籲的同學依舊是在薪水階級中掙扎。

整個社會在每況愈下思想沒落，道德淪亡，能衆若非利莫營的市儈氣氛，賠鈔貼工夫的事，要落少數人來推動，的確太吃力了，吾所知道的在滬同學不乏出類拔萃人財慷慨具備，這是我們的聯絡太不夠，以致滄海遺珠，吾相信務本每個同學都有一顆赤忱的心，爲同學謀福利，爲母校爭光榮，在幾次同學會的集合裏，沒有利的爭奪，沒有僞和詐，沉緬在黑暗之市，可以得到曙光，腐蝕在名利之場，可以得到眞純，換換生活掉掉口味，吾務本同學，顧務本否？

× × ×

信箱

莫釐風編輯先生：

一個人是擺脫不了環境的，你無論如何想擺脫，去了這個環境，還不是換了那個環境？其爲環境則一，所以環境是樣可怕的東西，那麼人非怕環境不可嗎？不是的，怕不過是個庸人；盡着自己的力，左右這環境使近於理想之域，那才是聖賢豪傑的舉動。說又慚愧得很，在四年之前，因環境關係而輟學，（山間例俗如此十五六歲即要開始習業了）所以我亦很早的離開了家庭，而到社會上來做事，不是一椿可喜的事嗎？可是遭遇，卻是夠痛心的，曾做了幾任的生意，但均告失敗，（失業）我所知道的人只要努力，奮鬥，忍耐，什麼事都不會失敗的，但事實上並不是這樣的啊！而我無奈的被迫歸家，父母兄長當然希望我成器的，但環境迫我這樣，我只好給他們精神上最大的痛苦了。在去年秋季我大膽的重臨舊地，（上海）爲生活掙扎，結果，承一位熱心的×先生，介紹我到一家舊式行家做事，眞乃値得感謝的，進店之後，需要點大臘燭啦，拜先生啦，這種事情在現在的人們是認爲可笑的，且含有侮辱性，但是我想，既來之，則安之，那時行了，各種禮節，第二天，就受到了先生（業師）的教訓，「一個青年做事要刻苦，耐勞，不怕艱難，順從師長，須要有禮貌……否則是不會出山的」我以爲那是善意的教訓，我很感謝那幾位先生，以後我每天做那學徒應做之事，（一種刻板的工作）早上六時起身，掃地洗茶杯，洗痰盂，揩桌椅，然後吃早飯，早飯後便東跑西跑，一會兒送信，一會兒解非一會兒又做……反正吃力不討好，如此已經蹉跎的過了半年有餘，像這樣的過下去，是不是會出山？現在總算有機會補習夜課，亦稍自慰些，我抱着悲觀主義，悲觀我的前程將要毀滅了，我想年齡已經廿盼，三年：這三年的日子，眞是比什麼多難過，我想離開這里，可是我不致，但是做下去呢，那是太沒有出息了，我處於這樣進退維谷的情形，這有誰能解決我這問題呢！所以特此函詢，想借貴刊一角之地，請先生：解決我所不能解決的問題，諒不會使我失望吧；最好在最近的莫釐風上刊出，不勝感激之至，專此

敬祝

撰安

同鄉　吳鈞培敬上　六月十一日端節

覆函

鈞培先生：

收到來信已久，因爲上期已經發排，遲到這期才覆，請原諒。你所提出的問題，正是東山每個青年所應該提出的問題，因爲你的遭遇眞像東山大多數青年的遭遇一樣——「十五六歲即要開始習業了」，「做着吃力不討好的事」一年二年的這樣下去，最後如何呢？大家都不敢想的得太遠，圖了眼前再說，多數人這樣想。

然而我們有志的青年是不該如此想的，「朦朧的過下去，是不是會出山呢」？是的，要怎樣才能過自己所願望的好日子呢？如其用老先生的口吻來教訓的話，那是很容易解答的。

「一個青年要刻苦，耐勞，不畏艱難」……所謂吃得苦中苦，方爲人上人，然而現代的青年決不再相信這些老話了，因爲在先前，勤勞也許能使人得到報酬，所謂十年寒窗，一旦功名成就，的確有這樣的事，現在人與人之間的關係複雜了，「任用親信」成了一般事實，要靠自己的眞才實學找飯吃眞不是容易的事，越是吃得苦中苦的人，越是人下人，在人上之人，卻是不必吃苦的人。

這樣說來好像會使您氣短，一個人吃苦既然不能做人上人，那不是更加增加您的悲觀了嗎？就您來信看，你沒有說明希望過怎樣的日子，你也沒有說明「想離開這里」之後，到那裏去，如果你僅僅是因爲這裏做着一些「掃地洗茶杯，洗痰盂，揩桌椅………一會兒送信，一會兒解非」使你感到不滿，你想離開這裏掉一個環境，做一點有出息的事，什麼是有出息的事呢？是不是坐在帳上劃着圈圈，或是傍在櫃檯上做買賣，就算有出息嗎？這樣，我以爲是不對的，在今日這個環境里，是誰也不會滿足自己的職業環境，所謂吃一行怨一行，你「去了這個環境，還不是換了那個環境。」

所以，我以爲首先我們應當明瞭爲什麼這個社會使人受苦，使有志向的人不能得到好的生活，這是整個的社會問題，整個社會不能得到安定，整個的人類生活也一定不能得到安定，所以一個人決不能僅僅爲了自己的個人的生活而努力，個人的努力也許有人可以爬到高處，然而這也無非是把別的可憐的人當墊脚石，自己的生活安定了，卻有更多的人在受苦，所以，人類所應該努力的，應該是爲着整個受苦的人們的生活的改進而努力的，自然，這是一句太抽象的話。

就你個人說，我覺得應該去掉你悲觀的成份，不能因爲一時的苦悶而悲觀，職業無非是藉着維持自己的生活，而作爲自己爲未來生活努力的本錢，如着實然的出走了，那連得維持自己生活的本錢，都沒有了，還不是更加苦痛了嗎？人是應該改造環境的，但不是盲目的瞎衝，應該先認識這個環境，然後加以改造，你現在不是有補習的機會嗎？我希望在夜校中，在朋友間，先學一點認識這個社會的基本的知識，進而來改造環境，不要在個人的圈子里唉聲嘆氣，把希望個人生活好起來的決心來使大家的生活好起來，這才是一個有志青年應該做的事。

以上等等，也許對你一無所用吧，然而我們所能答覆你的，就只能是這一點。

編者

莫釐遊誌（二十）

明煦

文曰：……

干山之北有村焉，其名曰金塔，故老相傳，此地舊有塔，一夕風雨失去，今吳興北郭有塔名飛英，或曰是洞庭飛來者，固未知即此塔否也，守溪震澤編，臚述甚備，而此獨不詳，豈非以年代既遠，無從考其信實，而事涉幽奇恍惚，難以憑臆而斷耶？夫天下靈怪之迹，何所不有，紀載中凡爲古佛飛錫，神龍聽法所在，往往有雷振電舉，移山負岳之事，即吾山中，如蔡仙之煉爐，雖泛不沒，莫釐之海眼，雖旱不枯，亦猶是也，何至於此塔而疑之，獨是山水之會，其萬脈之聚散，形勢之崇庳，於居人必有利不利焉，形家謂此地如龍之有首，而地勢反下，居此土者，欲以幽姿楚兆，而家罔苞桑，雖以是莫若建二塔以鎮之，一時之勞，萬世之利也，由此以談，則地名金塔，昔人必有其創建之故，豈可以爲風雨所攝，而疑其或然也耶，里中耆碩，於是尋其故址，鳩工庀材，成此勝事，其領緣施材，任勞與費者，各有差，皆得勒名，與巋然金碧，並垂不朽，蓋欲以宅吉而遠枝，扶瘠而厚植，以奠安厥居也。若夫釋氏之旨，阿育造塔八萬四千，供養者生兜率，僧道卓建塔，有三龍護之，此又邈翻於不可知者，吾不敢述，是爲記。陸燕喆撰，金時衡書，清順治十六年閏三月。

金塔河東行，過元資橋，橋側置石元資，清溪一流，在綠蔭綏綏而行，遊人經此，輒懷悠閑之感，越板金村，過聚佳門，至施家平盤，自東山公墓墓道入，途假月崗，又名細嶺，位於象鼻嶺東，王鏊遯著假月崗詩云：

酷暑人間無避處，短輿侵曉過東岡，
方塘曲澗清泉激，翠竹蒼松白日涼，
苔色便教舖枕席，藤杖聊可掛冠裳，
消心爾月今朝寫，玉斗無煩酹蔗漿。

施槃狀元墓其南麓，石碣正書；明翰林修撰宗銘施公之墓，明楊溪翰林修撰施君墓志銘云：

宗銘諱槃，姓施氏，正統己未科，廷試第一，翰授林修撰，明年五月丁卯，卒於北京，從弟宗良，與其喪歸葬，奉同郡行人吳惠狀請予爲墓銘；嗚呼！忍爲之耶人之不幸莫不，莫大於賢而不壽也，若宗銘者，假之以年，所就可量，予深有望於宗銘，今不幸死矣，尙忍爲之銘耶？宗銘姑蘇人，曾祖希敬，祖志方，皆隱終，父遵道母金氏，有賢行，宗銘自幼聲嶷異常兒，甫成童，不屑就家人產業，穎然有志於學，乃從其父遊淮揚就師，授經於大姓家，久之歎曰：歸而求之，有餘師也，乃補鄉校弟子員，未幾，遂有聲，達官君子，稍加與進，既入翰林，取中祕書，竟日讀之，大有所益，立程度，擬古人詩文，未幾，盡革其舊習，其力學如此，宗銘早喪母，事繼母嚴氏無間言，父嘗來京師，侍之出入，極其恭謹，足爲子弟法，宗銘在京，從學恰恰然，誨其所不及，過鄉郡先輩，應對間，言若不出諸口，居若不知其有官，其敦行之篤如此。正統三年，應鄉試，明年試禮部，皆前列，廷試就魁天下士，時年二十有三，國朝自開科以來，登首選而年少者，莫如宗銘，故人尤稱重之。宗銘恬靜，未嘗輕論事，一日謁予曰，國子司業笞諸生之不律者，因是疾，故論者欲償死，過矣，予曰：公素厚其人乎？曰：非厚也，爲師道故也。予於是知其所養大矣。使其年益壯，位益顯，則所設施，不亦過於人乎？宗銘疾方劇，翰林諸先生爲之求萬醫，日往視之，及卒也，又往哭之，嗚呼！惜哉！娶吳氏，未有子，卒之年，十月二十八日，葬洞庭山先塋之次，銘曰：孰豐其木，孰嗇其壽，嗚呼宗銘，孰執其咎。

明王鏊過狀元施宗銘墓詩云：

後生何敢望餘芬，斗酒還過薦相攻，
行指崗脊低假月，坐疑文彩上成雲，
兩山已皆將軍恥，四海猶傳制策文，
賈誼天年人莫恨，孔光張禹亦徒云。

經鉅家村東行達諸公井，行盡清幽山林，又至熱鬧市街，山明水秀，百貨雜陳，兼而有之，遊人身心，得以調劑，故東山所以名也。

首先得向讀者告罪，這期又脫期了。爲了盡可能不脫期起見，除了編者自己努力之外，還希望寫稿諸君協助，現在訂一個截稿期如下：

普通稿：每月五日截止。
通訊稿：每月九日截止。
希望大家遵守。

這一期，東聯社及諸親義莊合出了一送藥特輯，是希望大家能明瞭這一件工作的真相，同時也希望「送藥」能普遍到每一個鄉村。

上期刊登了一篇白丁的大作，引起了玄丁的回音，白丁、玄丁都是爲着土地問題而引起了論戰，我們希望有第三者也參加討論，眞理是只有一個的，希望因廣泛的探討而得到眞理。

家山之戀因稿擠，暫停一期，下期續刊。

莫釐風月刊【25】

每月十五日出版

本期零售每冊十二萬元

預定		
全年	一百	萬元
半年	六十	萬元

編輯及出版者：東洞庭山各校同學聯誼社 莫釐風出版委員會

上海通訊處：洞庭東山旅滬同鄉會 北京西路一〇八號 電話：九三四一九

東山總代理處：殿涇港朱家弄瞿友農

廣告刊例（長期酌減）

全頁	半頁	四分之一
一千八百萬	一千萬元	五百萬元

吳縣第八信用合作社

承辦洞庭東山　蘇州匯款

穩妥　信義服務

迅捷　不取匯水

本社辦理存款，放款，抵押，匯兌等業務，純以服務桑梓，社員為宗旨，如承委託匯款，概免一切費用，手續簡便，解款迅速，東山區所隸屬之市鎮鄉村，無論遠近，均可專司送達，以免跋涉之勞，特請上海天津路**東萊銀行**集益里**信和錢莊**，天津路鴻仁里**嘉昶錢莊**代理收解，凡吾社員，深盼踴躍賜顧，並希同鄉先進賜以指導為幸。

總社　東山前山鎮　長途電話直達

蘇州辦事處　蘇州閶門外樂榮坊二號

電話　一八七四號

上海市錢業同業公會會員

鼎康錢莊

始創於清光緒二十八年

經營一切商業銀行業務

並舉辦下列各種存款

定期優利存款　期限隨便訂立

特種活期存款　備有袖珍支票

乙種活期存款　隨時憑摺收付

地址　天津路二四七弄五號

電話　九四二七三

東聯社出版

中華民國卅七年八月十五日

雨花播音台

影響鄉民健康，警政當局，尤宜設法防止，並有鄉民往往以死畜拋入河中，在此炎夏，隨其漂流腐爛，害人自害，近聞本鄉已有眞性虎烈拉發現二人，頃悉在保安醫院診療中。（擬）

洞庭區區署新址
決設在松園弄潘家祠內

擴併區鄉鎭聲中，吳縣第十二區區公所（即東山範圍）的名稱遂告終止，東山橫涇合併之後，改稱東山區，區署則設橫涇，故王衙前舊有的區址，僅有前山鎭鎭公所在內辦公。莫釐中學經地方人士的主張，搬入舊區署，自去歲迄今，將內部改裝，修理門面，大有蒸蒸日上之慼。目前東山西山奉令併二區謂洞庭區，區署決設東山鎭，但舊有區屋現已設莫中，故新產生的洞庭區署，當然有欲歸不得之感，現洞庭區署決設於松園弄潘家祠，而前山鎭今改東山鎭鎭公所，同時擬遷入漾橋村惠安堂內，一侍修理完竣，日內即可分別遷移新址正式辦公云。（思）

欠款沒有討着
反被責打二十手心
自衛團團丁持刀嚇人

七月廿六日下午東山鎭公所大門口演出了一幕自衛團團丁持强嚇人的事，因爲團丁某欠某鞋鋪鞋款未還，經某鞋鋪主至鎭公所向伊索取，某團丁竟老羞成怒，將刺刀拔出恐嚇，鞋店主狂逃至警察分駐所，被崗警驅逐出去，鎭公所職員在旁亦不相勸，由他橫行不法，後該隊某班長聞悉，竟將鞋鋪主責打手心二十下，禁閉鎭公所內，民衆觀者甚多，咸抱不平云。（杰）

毒蛇咬人
一死一傷

東山鎭居民葉小三，年六十六歲，居住葉巷河，務農爲業，於七月卅日黎明三時許赴附近稻田內耕田，被毒蛇咬手，葉小三當以口向瘡口吸毒，不料毒入口中，呼號二日，毒發身亡。八月三日黎明又有居民徐阿巧年五十餘歲，居住大園村，至馬家港相近稻田中工作，又被毒蛇咬傷小腿，阿巧因聞小三之慘變，當即返家內，喝家屬雇小舟急送橫涇醫療，因鄉間習俗蛇咬需要捕蛇乞丐醫治，聞阿巧咬後兩日模糊，瘡口腫痛異常，醫療後略見痊癒云。（擬）

不務正業的癮君子
周鉞臣跳河死了

本山葉巷村人周鉞臣者，（即周子和之子）自伊父過世之後，所遺的祖產足堪溫飽，無奈鉞臣不務正業，且染烟癮很深，因此將遺產陸續變賣乾盡。一經數載，就入貧途，孑然一身，漂流無定。平時專向親族借貸度日，日前又返山，向某處借貸未果，以面臨絕境，頓生厭世之心，於本月十日下午八時許，天色已晚，步行葉巷河畔，躍身河中，附近納涼居民大聲呼救，本鎭自衛隊常備班副班長劉純浩適事經過，睹狀立即入水撈救，因水位高漲，水草叢生，竟然無法營救，後再設法打撈，歷一小時許方將撈起，然已返魂乏術，不救身死了，鎭公所據該保保長鄭萬三副保長朱慶田及保民代表蔡子興報稱如上，連夜備文整裝着由鎭丁徐子林往蘇報請地院蒞驗，並呈稱因天時炎熱，屍體勢必腐臭，恐礙居民衞生，可否准予免驗，下午許接得鎭丁電知，已准免驗，故由周鎭長當晚備棺收殮埋葬，棺具等費由族人及地方籌募料理。（思）

求仙方，治瘟疫

近來瘟魚瘟豬時有發現，每見鄉民手攜竹籃至純陽殿叩求仙方，煎成藥汁，傾倒魚池內，大街上肉鋪每有病豬出售，有些蓄豬的看豬將要病死之時，即售於肉商，肉商祇貪便宜在市發售，

一個學摩登的女子
要和鄉曲丈夫離婚
在茶館談條件，一言不合，引起一場混戰。

前山鎭不嘉灣鄉民陳才根，年三十歲，業農，於民國三十四年間娶同村女子馬秀珍爲妻，現年二十六歲，馬女未嫁時向在城中幫傭，以致學了都市之虛榮，衣着入時，燙髮塗脂，形同一摩登女子。自秀珍嫁與陳才根後，對其夫之鄉下土氣，大爲不滿，所以夫婦間感情不洽，未幾即回返母家久住，迨至最近馬秀珍突然大腹便便，身懷六甲，並爲其夫陳才根聞知，想與妻已別多年，何來珠胎暗結，事關顏面，趕至女處交涉，雙方約於上月十八在渡水橋堍茶社內談判離異，一言不合，發生衝突，雙方均集有朋友，一場大戰，致陳才根馬秀珍二人均受重傷，事後扭投當地警所，請求究辦，經訊一過，轉送總局，移送蘇地檢處。馬陳均請求驗傷，經唐檢察官提訊一過，交保釋出，定期再訊云。（山石）

橫涇遊民
吸毒販毒

橫涇警察分駐所巡官周政，於日前在該鎭上塘街杏花樓茶社，瞥見余士彥五十八歲，山東銅縣人，無業。形色愴惶，桌上放有錫紙一張，當經周巡官帶所詢問，並在其身上搜出類似白粉一包，支票一紙，計幣二百萬元，余有吸毒販毒雙重嫌疑，乃即備文層解縣府。又橫涇鄉民金長大，因病吸食毒品，經當地警所拘捕訊問，供認吸毒不諱，由警所解送總局，以事關禁令，備文送解縣府訊辦云。（山石）

東山物價

八月五日市

米	（石）	三千八百萬元
茅柴	（担）	一百二十萬元
菜油	（斤）	七十六萬元
豆油	（斤）	七十八萬元
鹽	（斤）市秤	十二萬元
黃瓜	（斤）	六萬元
西瓜	（担）	一千五百萬元
毛豆	（斤）	十四萬元
豆腐	（斤）	十六萬元
黃豆芽	（斤）	十六萬元
蕃茄	（斤）	十五萬元
北瓜	（斤）	四萬元
江豆	（斤）	十萬元
肉	（斤）	一百十二萬元
蝦	（斤）	一百萬元
雞蛋	（個）	五萬元
鴨蛋	（個）	九萬元

惠安堂施診

鈔票不夠，要各界多多樂助

本山惠安堂有公產田六七十畝，田租收入充作各項善舉，如掩埋路屍及施診等。惟近來各物暴漲，收入租款存入店家，值此法幣貶值之際，每感不敷應用，前幾日由惠安堂董事開會討論，議決定於古曆七月初一日開始施診，時間上午九至十一時二小時，掛號處設正風社，惠安堂董事會函中三善堂補助半數，約計五、六千萬元，中堂因經濟不裕，允補助一千萬，惠安堂七月底止結存五千餘萬元，然施診照舊需二月，約計一億二千萬左右，今祇得先辦施診一月，七月初一起至月底止，山堂董事另函中堂董事設法向各界勸募，若能募齊半數，則施診期可以延長云。（凝）

學校簡訊

▲吾山紗布鉅商馬蔭棻席少棻兩君，鑒於故鄉教育簡陋，特為發起在本山槎灣開設蔭庆小學，校址暫假馬氏承德堂，並聘請故鄉熱心人士朱潤生徐子星賀善卿王樊元等為該校董事，以利進行，經濟方面全賴馬席兩君籌募，前途頗著光明，將來裨益故鄉學齡兒童，宜非淺鮮云。

▲後山鄉陸巷國民學校，校長范景鑫，為挽救失學兒童起見，擬下學期起，添一教室以便容納，對於校具方面，已有北區旅滬鄉友聯誼會葉友臣、王根元、王益民等勸募完成，一面並向地方熱心教育人士連絡，商討添教室等事宜，目前由葉耕香、王志全、王根元、俞志成、王仰青等十餘人，聯名呈請縣教育局，請求准予添教室云。（由石）

戶籍須知（續稿）

李作民

戊　重要名詞之解釋

（二）非婚生子女與認領

未經婚姻關係受胎而生之子女為「非婚生子女」

「認領」乃生父確認非婚生子女為自己子女之法律行為依照民法親屬編有下列各條之規定

第一〇六四條　非婚生子女其生父與生母結婚者視為婚生子女

第一〇六五條　非婚生子女經生父認領者視為婚生子女其經生父撫育者視為認領

非婚生子女與其生母之關係視為婚生子女無須認領

第一〇六六條　非婚生子女或其生母對於生父之認領得否認之

第一〇六七條　有左列情形之一者非婚生子女之生母或其他法定代理人得請求其生父認領

一、受胎期間生父與生母有同居之事實者

二、由生父所作之文書可證其為生父者

三、生母為生父強姦或略誘成姦者

四、生母因生父濫用權勢成姦者

前項請求權自子女出生後五年間不行使而消滅

第一〇六八條　生母於受胎期間曾與他人通姦或為放蕩之生活者不適用前條之規定

第一〇六九條　非婚生子女認領之效力溯及於出生時

亥　登記之聲請

（一）聲請方式

1.由聲請義務人向各該管鄉鎮公所為之

2.聲請方式書面或言詞

（二）聲請義務人之規定

一、籍別及遷徙登記

1.本人或家長　2.寺院則為主持人　3.機關則為主管人

二、出產登記

甲　父或母：以父或母為當然義務人父母均不能聲請時依下列順序定之：1.家長　2.同居人　3.分娩時臨時之醫生或助產士　4.分娩時在旁監護之人

乙　在醫院監獄或其他公共場所出生之子女其父母不能為登記之聲請時分別以醫院院長監獄長官或其他公共場所管理人為聲請義務人

丙　棄兒以登記人為聲請義務人

三、認領登記　1.認領人　2.遺囑執行人（指依遺囑為認領者）

四、收養登記　養父母

五、結婚登記　雙方當事人

六、離婚登記　雙方當事人

七、死亡登記

甲　依下列順序為之：1.家長　2.同居人　3.死亡時所在地之房屋或土地管理人　4.經理殮葬之人

乙　被執行死刑或在監獄看守所內死亡而無人承領者以其監所長官為聲請義務人

丙　因災難死亡者之籍別不明或不能辦認其為何人應由該管警察機關通知戶籍機關予以登記

八、死亡宣告登記以聲請死亡宣告者為聲請義務人（參看本須知名詞解釋）

九、變更登記

更正登記前三種登記均以原登記時聲請人或其撤銷登記者

利害關係人為聲請義務人

甲　聲請之期限及聲請應有證明之各項登記應行繳驗證件

1.各項戶籍登記應於事件發生或確定後十五日內為之

2.遷出登記應於事前為之

3.因登記發生訴訟者：仍應先聲請登記俟判決確定後再聲請為變更之登記

應行提出證明之項目及有效之證明文件

（一）籍別登記　1.外人取得中國國籍及中國人回復國籍而設籍　2.本國人喪失國籍而除籍者

以上均須呈驗內政部之許可證明書

（二）認領登記　依遺囑認領者呈驗原遺囑

（三）收養登記　非自幼撫養為子女者呈驗收養證明書

（四）結婚登記　1.結婚應經法定代理人之同意者呈驗同意證明書　2.因結婚無效或結婚撤銷登記者呈驗法院證明書

（五）離婚登記　1.協議離婚者呈驗離婚協議書　2.判決離婚者呈驗法院判決書

（六）死亡宣告登記及「撤銷死亡宣告」者呈驗法院宣告書

——未完——

▲縣府近據後山鄉鄉民×××呈控，前後山鄉鄉長施炳南，在現職任內瞞忽職務，擅自收取捐款，該呈文容為（1）收桑葉捐，（2）枇杷出口捐，（3）繭捐等數案，事前並未徵集地方人士通過，事後未見賬目公佈，王縣長據呈後日，即轉令區署調查呈報，以便法辦云。（靜）

▲近月來米市暴漲，生活艱難，竊案時有發生，本月內發生掘壁洞二起，但未破案，希望治安當局設法制止，茲將被竊之戶如下：（1）石橋村××米號，竊去白米一石，草鞋念雙，（2）李徐氏家，被竊去企鍋二只，鐵蓋二只，及其他日用物件甚夥云。（靜）

▲東前山大悲塢關帝殿有山地百餘畝，聞係屬滬席氏公產，近有宋家灣鄉民聚衆三四十人砍伐茅柴，每天數十擔，租戶上山質問，竟被將尖角鐵石擲下，反客為主，藉人多勢衆，未知業主有所聞否。

▲七月廿二日同鄉會派幹事金槃森君，赴山放映美國新聞處電影，惟該晚發電機突然損壞，未能照常開放，以致往觀者五六千鄉人大為不滿，鼓噪不止，次日修復後再度放映，往觀者咸滿意而歸。

短評

同鄉會大選前夕

時間眞快，第卅六屆同鄉會理監事，又屆改選之期。由於同鄉會的工作是苦差使，有意外義務，無特殊權益，所以很可能下一屆的同鄉會依然是舊瓶裝舊酒。但是，舊酒不一定不好，猶之三星白蘭地，愈陳愈香，因而也愈名貴。

不管是舊酒也好，新酒也好，我們相信在大選前夕，來一番檢討，是會員們應該有的工作。

一年來同鄉會的工作似乎很散漫，除了幾個已具規模的機構，如醫院、學校、圖書室等尚能循序漸進，較有生氣外，其他新猷，殊不多覯，如新設之福利委員會，大概是爲了人事糾紛關係，有名無實，形同虛設，洞庭旅行團雖已成立，惟正式旅行，尚未辦過，圖書室想籌建東山分室，也僅見紙上談兵，這一切，大概都得待之於下一屆理監事會了。

爲什麼同鄉會進步得如此之慢呢？當然原因不止一端。但是最主要的一點，顯然是會與會員間太缺乏聯絡。在會的方面，只要收到會費，就算多了一個會員；在會員方面，也以爲只要繳過會費，就算加入了同鄉會。至於如何發展會務，如何聯絡感情，就一概不問，於是所謂同鄉會者，變成了只供幾個理監事開開會的機構，在這樣的情形之下，儘管多數理監事，的確有勵精圖治，做一番事業的雄心，試問成功的希望在那裏？

以往我們一再强調，一個團體的成敗，繫乎民主程度的高低，而民主與否，胥視乎參預份子的多少以及參預者的努力程度而定，我們如果要有一個好的同鄉會，自然首先要使每一個會員都有切實參加工作的熱誠。因此，如何聯絡會員，並且使之自動爲同鄉工作，是今後同鄉會最要緊的一項使命。

其次，同鄉會所以難有進步的另一原因，是會員間思想的不融洽，年老一點的代表着封建思想，中年者宛如資本主義的象徵，年輕者自然近乎革新份子，年老者因爲自己落伍，便覺得年輕的似乎太急進，而年輕一點的因爲自已急進，就覺得年老者實在太頑固，於是夾在中間的一班中年人，不得不調和緩衝，結果會務的推行，顯得沒有生氣，這一種由於思想的分歧，而致會員間貌合神離，互相冷眼相看的情形，實在是同鄉會的致命傷。

下屆同鄉會大選的結果，我們預料不會有意外變動，希望當選者，檢討過去，拿出朝氣，力圖改革，能如此，則同鄉會是應該尚有可爲的。

故鄉教育的當務之急

——兼答葉樂天先生——

我國教育的瀕於絕境，爲衆所週知的事實。我們東山教育是中國教育的一小環，自然

釐莫人物誌

今之君子 席涵深先生

吉羽

東山同鄉會現任常務理事，惠旅醫院副董事長兼副院長席涵深先生，今之君子人也！

說到「君子」二個字，似乎是很抽象的，在英文中，Gentlemen一個名詞原是一般上等男人的稱謂，有人翻譯爲「君子」其實似是而非。中國人傳統所稱的君子，包含着一種道德的標準，如非禮弗視非禮弗行，規行矩步行方智圓須要符合一般傳統的操守行爲等等。

席先生是可以當此二字而無愧的。

第一、席先生的私人生活，十分嚴肅，不喝酒，不跳舞，不賭錢。

第二。席先生受了同鄉會的推舉當了惠旅醫院的副院長，三年以來，天天到院簽發辦公，一天也不脫班，專心負責，視同私人的企業一樣，而這個職務是義務的。

第三、席先生對於同鄉會，惠然軒，惠旅醫院，惠旅助產學校等；完全站在公正的立場，迎合進步的潮流，處事講求實際，他是了解了他的先人——錫蕃先生——公而無私的主旨的，並不以一枝一節，墨守成規爲滿足，孜孜不倦與日俱新，力求進步。

第四、席先生除了白天担任中法工商銀行的華經理職務以外，其餘的時間，十分之五放在醫院，十分之三放在惠旅助產學校，十分之二放在同鄉會安定小學及其他公益事務方面。

總之，席先生有中國人傳統的美德，仁，義，禮，智，信，五個字是俱備的，有時候對於事情，自信甚堅，似乎有些固執，不過這正是中國君子的一種好處，禮賢下士，而嫉惡如仇，自有一股正義之氣留着。

他是恪守本位，毋怠毋忽，替各慈善機構調度金融，解決困難，日久不懈，始終如一，正與近來社會上很多的一班叫囂浮誇份子，只重空言，不求實際的，剛剛立於相反的地位，他是足爲一般工作人員的模範而無愧，無論是高級，中級，低級的工作人員。

他的誠懇的工作態度已表現出實際的成效來。

譬如，惠旅醫院總院，及前山保安醫院，後山登善醫院的博得省衞生處的褒詞奬飾，撥發了大批藥材器械。又如，惠旅助產學校自建校舍，慨助及募集巨額捐款，以底於成。又如，爲了安定小學的復校也出了極大的力量，這些成績都是昭昭在人耳目。

席先生今年華齡四十有一，夫人嚴氏，有一子三女，均在求學，他以從容的態度，對付複雜的社會，獲得優美的成績。他是有着光明的前途的。過在目前惡劣環境內，是不可多覯，實在是令人欽佩而欣慕。

也逃不出這一悲慘的命運。

然而事在人爲，尤其是吾們東山，有遠見、具熱誠、肯出錢的興學者，不在少數，如果能把東山教育通盤計劃，分別緩急地合力做去，一定能挽狂瀾於未倒。

自二卷十一期本刊社評「向莫中當局進言」一文發表後，各方反應不一，自然不免有誤解之處，葉樂天先生在同鄉會刊發表的一文中亦曾述及，可爲代表。

樂天先生以爲我們主張把莫中「永遠」停留在初中階段是「認識不清」。其實閱遍全文，我們實在沒有使莫中「永遠」停留在初中階段的字句或意向，相反地，我們之促進莫中當局緩辦高中的原因，正因爲我們急於要看到一座基礎穩固，成績斐然的莫中兀立於太湖之中。

這話如何講法？

第一、莫中的基礎尚未穩固，無論在經費、設備諸方面，卽使以初中的條件來衡量，均得充實，辦學一如營屋植樹，欲求屋高樹大者，必求根基之深厚，今試以還雲亭爲例，當年翼然立於陸坡之上，美則美矣，然而曾幾何時，曇花一現，已成陳跡。我們推究其因，卽在建亭之前，對環境認識未清，而事後又忽於加强基礎。否則還雲亭也許可以多立幾年了。

第二、莫中究竟應該成爲一所什麼性質的中學？爲準備升學乎？爲準備就業乎？抑爲造就專門人才乎？這應該由教育專家去決定，草率從事，不加抉擇，其結果必致事倍功半，浪費錢帛，我們希望莫中校董會在決定辦高中之前最好能邀集教育界人士，徵詢一下他們的意見。

第三、我們以爲莫中添辦高中不是當務之急，東山教育圈內比它重要幾倍的事多得很，我們想趁機一述，也就是本文主題所在。

一是提高教師待遇，在此物價飛漲之秋，一個教師的每月束修，僅合白米一斗兩升，於是師資不僅水準降低，且有無法聘請之感，我們觀乎年來教師之不安於位，實在憂心忡忡，所以希望有志辦學者認識此一問題的嚴重性，進一步以全力改善，而且要快要澈底！

二是普及國民教育，東山雖小，雖然學校不可說少，可是失學的三毛一定還多着，學校和貧窮子弟間依然隔着一重深厚的高牆，多數學校仍爲少數幸運子弟遊樂之所，而學校的分佈不均，更使學校多的地方，大家搶拉學生，少的地方，兒童有無校可讀之苦，一方面是浪費人才，一方面是製造文盲，豈不可憾。所以如何分區普及國民教育實屬當務之急，雖說普及義教是國家之責，但在今日世界之中，卽以英國而論，所謂 Non-provided schools 者約佔全國小學百分之三十，可見私教地位的重要，英國如此，遑論中國，所以，爲了故鄉教育前途着想，我們對普及義教的責任，實在不容推卸。

好高騖遠，人之常情，樂天先生之急於要看到故鄉有一座完全的中學，實在亦未可厚非，不過事有輕重緩急之分，我們還是以爲只看見一所中學在造就少數人才好呢？還是認爲添辦幾所小學，使幾百個失學兒童有一個讀書識字的機會來得重要？

東山之養魚業

·嚴退園·

東山峙立在三萬六千頃之太湖中，三面濱湖，魚池荷蕩遍地，素有水鄉澤國之稱。而人視爲炒膾之上品，鮮魚佔其重要地位，因東山頗得地利，年產額爲數可觀。

魚池分佈於潦里，茭田，金灣，卜家，武山等處，有自主有租賃或代養。大者據十數畝，年產魚三十餘担，小者亦五六畝，年產魚十餘担，養魚池法：以荷蕩地開掘至丈餘深度，四週築堤，寬高視地平線，堤上種植花菓及桑樹，俾使樹根絆泥，不致傾頹，年澆河泥，藉補雨水冲失，大抵老池泥土肥沃，魚易長成，新者瘠薄，收入頗有出入。

魚秧都從外方裝來販賣，按尾論值，種有青魚草魚花鰱白鰱等之分。飼料方面以螺螄，水草，豆餅，菜餅等爲主要食品。魚秧入池後，魚戶卽應注意魚的飼餵，調節水量，留心埂岸缺陷，及死亡等工作，時間大致在隔夜起身至中午爲止，再上街吃茶休息，黃昏卽睡。一年三百六十天如此過度，養成堅强之體力，耐苦之性格，和洪量之胃口，（每天四五餐）東山有句諺語：「下山人（註）多吃半世飯，少睡半世覺」，形容實際生活情形，殊爲精確，然古人云：「種竹養魚萬倍利」，亦豈他人可及哉。

在養魚過程中，最感困難者有三：一、死亡，二、偷竊，三、缺少資本。

其原因：一、死亡有冷熱之分別，冷死因魚苗自外方運來，難免有損傷身體之處，傷口經天氣變化，漸漸發炎而死，熱死多在夏末秋初，魚因受酷日暴曬，池水如沸，致缺少氧氣，待鑽出水面呼吸，持久乏力，相繼死亡，業內人稱爲「浮頭」，解救辦法祇有立刻戽進外河水，及希望天氣變化，二、偷竊亦有「土幫」「外幫」，其巧取方法有貓鑑，滾鈎，絲網，偏缺等，（恕不詳述）手段神通廣大，甚難防禦，幸各鄉村鄉規極嚴，繩之以法，亦難逞覬覦之心，故亦少有所聞。三、缺少資本，爲養魚戶致命傷，蓋青魚草魚等貴重魚類，每日供給之飼料，當用極大，負担頗巨，設或到經濟不易支持時出賣，於是得不償失，爲最苦悶之憾事。

待魚養到二三年，卽實行乾池手續，法分戽水及網提二部份，出清池底陳貨，重行補種魚苗，屆時燒魚湯（用各種魚同在一鍋內煮）遍邀親朋好友，敍會大嚼一餐，俾舒百日之勞，亦風俗慣例也。

推銷之處，是以上海爲最巨，蓋通商大埠，供應尤需，漁戶每於夜半三時冒寒裸體入池牽魚，晨光熹微時卽拔篙向上海進行，在途約二日一夜，途中卽以鮮魚煮湯下飯，佐以燒酒，以解寒遂，其餘如蘇州嘉興等處亦大，每天內河外港往來魚船，日夜運貨不迭，實爲支持東山經濟上之命脈矣。

作者希望東山養魚業，能聘請專家指導用科學烘焙提煉乾貨，并製罐推銷市上，使東山養魚業更可發揚廣大也。（耕讀堂之稿）

註：東山人往往稱養魚者爲「下山人」，種花果者爲「上山人」指農家居住地勢而言。

『時代的悲哀』中看土地問題

——答玄丁君——

白丁

一 要討論不要相罵

玄丁先生對我的「急驚風碰着慢郎中」那篇文字的反響，太使我吃驚了，我所以要寫那一篇文字，希望大家正確地來注意土地的問題，絕無把玄丁先生作爲貓來風的對象，如果有些地方對於玄丁先生有失敬之處，希望玄丁先生以「人民代表」的風度來加以原諒，切勿如婆媳相駡似的從言語之外去找什麼「語氣」或臉色，我們要討論的是「問題」呀！

因爲玄丁先生專從「語氣」和臉色上去捕風捉影，因此硬說我的口氣指玄丁先生是「地主」，「腐敗官僚」……其實我很清楚的說明，東山人是「以經商爲主」的，玄丁先生是東山「人民」的代表，不必自己把自己扯到地主那一夥兒去，並且我也深深的替既不是地主又不是地主代表的玄丁先生那樣的參議員不平，所以我說參議員倒底不是「馬桶外面的金漆」，只是去替裏面的「腐敗官僚」那些臭東西去掩飾掩飾的。

二 問題在那裏？

我是想指出來給玄丁先生看，不要玄丁先生等紅筋狠綠筋的「担仔鷄毛當令箭」，覺得「茲事體大」，在這暑天裏西瓜擱在旁邊都不啃，却去鑽爛的書堆裏尋章摘句的「加以研究」，而給高高在上的牧民官看來，却覺得根本是「庸人自擾」（中央周刊座談土地問題席上某專家的報告）。我眞替玄丁先生担心，恐怕會跟那位專家一般的碰上一鼻子灰的。

玄丁君說「參議會說話無力，卽是人民意思未被尊重，這是時代的悲哀」，可是當玄丁先生「內心」在痛苦的時候，「民主」的旗子却插在玄丁君領子上嘩啦啦的飄，這難道不使玄丁君的內心更痛苦嗎？正當玄丁君「不肯貿然決議而主張加以研究」的當兒，「枕戈待命」的農民却在希望呀！一旦玄丁君經年累月的研究，製成方案，再慨嘆一聲道：「效力有多少呢？」那時候玄丁君的內心不知道又如何？我想玄丁君不至再說僅僅只少了一些「參議會初成立時一股熱烈的精神」了吧？不會再假癡假呆的問白丁們道：「不知怎的？」

所以我要提醒玄丁君，土地問題不能孤立地來看；並且就要從這「時代的悲哀」中看，就要從「愈戡愈亂」中看！換句話說：不但要從土地問題上來看目前時局的轉化和政治力量的消長，並且也只有從政治力量的消長中才可以看出中國土地改革所應循的途徑——這决不是書生談兵的方案所解决得了的。

三 技術改良和土地分配問題

「玄丁參考各國土地改革學說的由來，認爲其動機或者出於地主與農民的對立，因之而發生社會經濟之不平，所以要用土地改革方法來挽救，但其眞正目的應該是（一）改善農民的經濟，（二）提高生產的效率，（三）增加全民的幸福，這三點，方是土地改革的最高目的，」（玄丁文）認爲「我們太忽略了生產問題了。」

原來玄丁先生一開始就認定了一個方向，然而這個方向却是到牛角尖裏去的。

我們知道許多地方的田租都是按正產量對分或拆成的，定額的也有，普通比對分還要高，一個農夫投下去的勞力施下去的肥料，收獲量除了繳租之外，其價值總要比投下去的勞力肥料的價值高才有人去耕種。

譬如說投下去的勞力和肥料的價值是一，收穫量的價值是四，那麼除了繳租一半，農夫所得的是一本一利，如果在同一塊土地上勤工加料，投下加倍的本，但所增加的收穫量的價值也許只有二了，這在「第三者」的立場說還是有利的；在地主說他的地租又增加了一半，可是對佃戶說繳掉一半租之外，剛剛够本而已，他是爲地主白辛苦了，鄉下人雖笨，這一步算盤還是打得來，他們不願意這樣做的。

專家們始終不了解爲什麼農民不肯用新的技術，新的科學肥料，以及其他的改良，只是恨恨的駡農民愚蠢和自私，不能盡地利，這種論調恰好在無意之中，跟地主一鼻空出氣了。

可是爲什麼不把地租改良爲定額而低一些呢？因爲農民的佃權是毫無保障的，農村中無土地的人也太多了，此外還有一個因素，卽地主的威權，那不是我們善良的山浪人所能想像得到的。

同樣的理由也使許多可耕的但是比較次等的土地荒蕪了，因爲那些田是地主的，是要租的，因此就發生「耕者無田耕」和「有田無人耕」的矛盾的現象了。

由此可知土地使用問題如何跟土地分配問題密切地聯連着，我們如果只從生產問題，技術問題上去研究，其結果會有什麼呢？還不是走馬燈一般，始終跳不出這苦悶的圈子的。

四 農村問題和民族工業

玄丁先生以爲土地改革問題應該包括農村與城市，耕地與用地，其實我們還應該注意：鄉村中的問題固然集中在土地；但是土地問題在城市的問題中，固然也是一個問題，但是現代城市中心的問題是工業的問題，不但如此，就拿整個農村的出路的問題來說，最基本的還是要建設本國的民族工業。譬如說農村的土地卽使平均地爲耕者所有了，但人口一增多，問題立刻會來的，因此非得進一步提高農業的技術，使農業工業化，「機械化」（這是我杜撰的），這樣工業就很重要了。

工業的發展有兩個必要的條件：勞動力的供給和市場，勞動力的供給是不成問題，問題在我們沒有大工業的城市如何消納得下，至於市場，那麼非但我們的農民如此貧窮，購買力如此低落，何況我們又是美英——現在快得加上日本了——的工業品的市場呢？

如此說來，土地改革還是民族工業建設的第一步呢？因爲土地改革改善農民地位之後，農民生活比較富裕，購買力提高之後，如果這開拓了的市場不讓外國工業品侵佔的話，那麼中國的民族工業可以大踏步的向前了，而且也只有在建設了自己的民族工業之後，才談得上普遍地改良農業的技術。

但民族工業的建設，跟外國工業品的傾銷，實在是勢不兩立的，這種尖銳的鬥爭，已經表現在姑嫂們和少奶奶們的大腿上了，市上禁售玻璃絲襪，就是土絲襪商跟洋絲襪買辦衝鋒肉搏的一幕呀！因爲他們沒有生意了，所以去攢路子搗的花樣。

要眞正解决中國農村問題，就要從建設民族工業着手，要建設民族工業就必需澈底擺脫外國的羈絆。

或者有人說：現在內戰打得白熱化的當兒，要擺脫外國的羈絆談何容易？但是要知道內戰是種因於貧窮，不是共產黨製造了貧窮，而是貧窮製造了共產黨，這貧窮正是外國百年來經濟侵略下不可避免的後果呀！

所以我再得重複的提醒玄丁先生，要把土地問題就在「時代的悲哀」下，就在「愈戳愈亂」下來研究，不要只是把頭埋在書本裏，時代是太冷酷無情了。

五　從書齋搬到實驗室

目前的時局發展中，我們可以得到很多的教訓，正如玄丁先生所說的，「共產匪域實行了土地改革，頗能吸引一般農民」，因此當局不得不一面把「庸人自擾」的土地問題自擾自擾；一面等待「美援」的到達。當局眞要實行土地改革嗎？——現在這個問題已從學者的書齋裏搬到政治的實驗室裏來了，土地問題的解決對於時局是有決定性的影響的，因爲這是中國農村人口百分之九十的力量的得失呀！

六　結尾語

末了說到一些枝節的問題上來了，玄丁先生「很懷疑白丁先生是借題發揮，硬拉玄丁作爲發洩的對象」，其實不是的，像把土地問題當作「庸人自擾」的牧民官，人家一看就看出他是「頑固份子」「封建思想」，他自己也吃得消，人們也早已把他不齒了，而眞值得批評的，是主觀上一段眞心誠意，但是客觀上卻無意中替頑固份子充當幌子的，白丁的眞意倒成爲雜在烏鴉叢中的鴿子可惜呀！

療心漫話

敬之

近年來我常常利用一點業餘的時間，開始在心理學科學方面攻讀，記得在十年前我對心理學科也已懷有著好感和興趣，不過當時研究醫學的學府，還沒有將心理學指定爲醫學必修科，後來有位研究護士和教育的好友李焦碩士，他告訴我說：『據他的統計』：一個受教育的家庭假如還沒有一個懂醫學的家庭有保險，不過一個有心理修養的家庭，也許會比較和諧與幸福。』因爲一切的協調喜怒哀樂情緒的泉源，都是首先由心理反射出來，所以能把握住心的人，了解心理狀況的人，似乎對人對己都可親切一點，明亮一點，同時也更易將感情的波動力導入正軌，使其澄清淨化，譬如自私、狹窄、意氣，有時竟可造成誤會、猜忌、傾軋以及形成惡化的後果，如同不必要的仇視、敵對，甚至衝突和戰爭，或者懷愫鬱積成疾病，像神、癒、市風，其實在人生有限的生命精力中，去停滯和消耗在無益的生命意義上，而且這種趨勢的擴大更阻礙了人類的生進建設，保健工作，教育普及。如果我們能使這些感情的雜質儘量沉澱，而使博愛、互助、合作、友好等的良善意識，儘量淨化提昇，使其發揮，那末也許離人類和平幸福之門也就不遠了，他的話是會啓示我們深思和值得我們熟慮。

有時我們會感到生長在這亂世之秋，生活秩序無法安定，一切都難免不充滿著紛亂和不定的現象，不論在家庭，社會集團，國家以至國際間也都如此。這種現象，過去已不乏明哲之士，像羅曼羅蘭、甘地、林肯等都在大聲疾呼，人類趕快應覺悟，澄清，撥正居心。事實上現代遭遇的却已很明顯地走到了「物質進步超越了人類文明。」以致失却了節制，於是變成了「科學進步了，人類却在陷落。」這不僅是個人的歧設，而是整個時代的悲哀！有時我幻想假使我們這一代還活着的人們，如果能多將人類基本性格和定類及其發展，與人類原始組合和環境之關係，多一些了解，使我們都生活在人羣中，生存在宇宙間的，都能加以自檢互相反省的機會，予以有則改之，無則加勉，別再被這種因素作弄，結果損人仍害己；日久受意結的樊棚，一旦解脫，更毋用再受不必要的心刑和災悔，假使這推想還可能接近事實，因此或有所幫助，與個人的幸福也建築別人的幸福上，那末此文亦先儀了我想以心理治療的醫務爲消磨晚年的幻顯！

父親節寫於涵德書屋

莫釐詩存

夏至前一日與縣教育局王局長應莫釐中學之請，爲首屆初中畢業生監考，下午四時蒞山，徒步至前山齋院小憩，郎有上「大尖頂」之興，莫中王校長覲廬暇輒登臨，罔不辭勞也。文昌小學林校長仰岐與予二人隨之，經四家山入桑家塢，過葉氏墓道，山坡間楊梅數十本，濃蔭蔽日，殷紅滿樹，皆百餘年物，他處所無，「夏至楊梅滿山紅」，正當美景良辰焉。予好飲，近乃腹垂體重，抵雨花臺後，愧不能相從，局長與王林二校長則履巉巖，振衣直上莫釐峯，日暮始歸。此行局長賦詩五絕，覲公和以原韻，恭錄如次，猶未迫效步耳。後學葉弈欽識

登莫釐峯五首

三十七年六月二日　　王志瑞

連峯無語樹無嘩，白髮蒼蒼接斗辰，寂寂青山千百載，古希上下幾多人。（侍王覲廬丈步行登山）

波平小映白雲飛，雲外烽烟想象微，省識湖山無限恨，怕看落日沒餘暉。（傍晚登莫釐峯未及看落日即下）

極目湖山極望變，登臨此日暮雲稠，忘機聊說海天事，脫樹楊梅醉墨樓。（與葉樂天先生等同坐雨花臺醉墨樓）

留得月明想象中，鷓鴣已是泣清風，忘年亦有健行樂，回首峯巔掛片紅。（諸友均主張不必坐待日落）

讖說洞庭萬樹深，幾村斜日照疎林，白頭對酌渾如畫，落取楊梅百億金。（夏至即景）

步芝九先生登莫釐峯原韻即希指正

·王季緒·

十年潦倒困風塵，休說我生竟不辰，陵谷變遷棋一局，相逢同是夢中人。

暮鴉歸去落霞飛，杯水堪容芥子微，眼底太湖三萬頃，千帆上下送斜暉。

漱石枕流亦解憂，林深水曲綠雲稠，山高但見雲無際，極目還須更上樓。（湛明方丈鑿石得泉，大尖頂無樓）

流水高山一望中，閑來嘯月與吟風，有時醉入雲天外，忘却浮塵十丈紅。

妙語推敲意味深，期他密樹再成林，百年溫飽渾閒事，何必腰纏季子金。（山中喬木遂至斫伐殆盡）

中年詩存

陳馨之

戊子之望客中五十初度感以遣懷

受盡烏糟氣，眞令說可憐。生存幾絕處，苦樂極中年！困惑書因誤，原來首太圓。蹉跎躋五十，委曲總相牽。

家山之戀

上官父

七：閃閃的金光

星期日這一天，在學校生活中是大家最歡喜的一天。住宿生在這一天不必依照規定時間起床了，不免多睡一囘，除非早上已有約會，或者要出外旅行，要趕時間，那是另外的。所以V.V.助產學校這天早上靜悄悄的不像平日那麼亂烘烘的熱鬧。忽然茶房阿慶拿着一封信來敲宿舍的門，叫道：『葉小姐起來了嗎？有一封信等着要囘條的，請你收一收。』鳳珍推出門來，原來他正在梳洗，一邊收信一邊道：『謝謝你，叫他等一等。』他接了信即拆開來，裏面一張信紙，另外有一張英文的支票，鳳珍一呆，連忙重新放入，退入宿舍，再抽出來細看時，原來是吳友松的信，果然附着乙紙支票，數目是一個六字下面有九個圓圈。再細細一看，是六〇、〇〇〇、〇〇〇·〇〇元，英文寫着 Sixty Million Only，原來是六千萬元，他又驚又喜，危顫顫的看那信上寫着寥寥幾個字：

鳳珍女士：

昨天聽說貴友有困難需款甚亟，朋友有相助之誼，願借一臂，茲送上支票乙紙，請交貴友運用，一切請斟酌辦理可也，望賜囘玉爲荷

吳友松敬啟

鳳珍一手拿了支票，一手拿了信不知如何是好？先定了一定神，囘想這原是自己所希望的結果，現在已經理想已成事實，何得反而驚惶起來，於是把支票與信一齊放入封內。在錢袋內取了一張葉鳳珍三個字的小名片一張，即在床前小桌子上，用墨筆端端正正的寫着：

盛函及支票均收到，容即轉交，先生一片熱心甚爲感激，容再面謝，此覆即上友松先生。

鳳珍

他細細讀了一遍，覺得這幾句話寫得還大方圓到，可以對付了，便又取了一只信封放入，開好信封，走出房來交與阿慶，囑照他交與來人帶囘，謝謝吳先生。

阿慶走後，鳳珍坐下來定一定心，重新取出來信及支票仔細讀了一遍，支票日期是明天禮拜一的。他思索一囘，決定即刻整裝到沈芝瑞家裏去一次。今天星期日，上半天他一定在家不出，下半天便說不定了。既然預備了幫他一下子小忙，應該讓他早些得到喜訊，還須商量如何歸還的辦法呢。

今天到兆豐花園的公共汽車特別擠，因爲有許多遊客，都趕在早晨去公園裏消磨這一個假日的。到了下午，便與上午相反，囘來的多而西去的少了。葉鳳珍一個人擠不上車子，錯過了好幾輛車子，他心裏急了，到第四輛車子來的時候，他拚命的擠在人堆裏，前推後擁，勉强上了車，輒得人一動也不能動。他牢牢的抱住了那一隻手提包，十分當心，這裏面有着一筆巨大的款子在內呀！

好容易到了站，下車後即向白利南路沈家走去。

沈芝瑞這幾天來爲了拆借款子的事情，弄得身心交疲，順昌股票號是擱淺了，俞國璋的支票退票了，雖然說設法料理，眼看一時無歸還之望，即使將來拿囘也必七折八扣了。榮和興轉運行更是乾癟，來個人去樓空，李葆山是逃走了，那行裏更是十分空虛，祇見不能有何辦法。而抵押品的價値又一天比一天低，僅値到借款四成的數目了。又不便擅自將它賣去。因此，祇得硬挺着，千方百計的設法頭寸，吃了很高的利息，賓了無數的情面勉强一天一天的過去。

今天禮拜，早上多睡了一囘，休養休養這幾天來用得過度的精神，以便下星期更艱苦的掙扎。起身後，正在進早餐，一面閱讀當天的報紙，毓着一星期來物價普遍下跌的新聞，觸目驚心，十分不安，似乎大禍就在眼前。

忽聽門鈴響，接着有人進來，閣閣的皮鞋聲，正向會客室來。沈芝瑞從半開着的通會客室的門張望，不覺忽忽立起身來一路笑着，踏進會客室，迎着葉鳳珍道：『今天甚麼好風，一早便把葉小姐吹來了。』

葉鳳珍微笑點頭，答道：『今天的好風，非但把人吹來了，而且也帶來了好消息呢。』

此時沈芝瑞的小嬸王氏，端了二杯清茶進來，放在桌上，剛正聽見了葉鳳珍說的話，他在暗暗納悶着：什麼？現在上海的女學生們，竟開通得到此地步了嗎？這一句話，想不到會從一位剛從東山到上海來不久的小姐口中說出來呀！眞是『毛頭姑娘十八變，臨時上轎變三變』了。可是葉鳳珍却未覺得，他是認識小嬸的，看他來送茶忙起身道謝。

小嬸一懷着一腔疑心，逡巡着退出了會客室，留着葉鳳珍與沈芝瑞在室內暢談一切。

沈芝瑞因爲自己進早餐未畢，便向葉鳳珍道：『你這樣一早便來，用過點心了嗎』？

葉鳳珍囘答說已經吃過，沈芝瑞便道『我正在吃早點呢，不客氣，你請坐一囘，我五分鐘便來』。說完，便忽忽走入隔壁餐室內把一碗粥忽忽吃畢，揩揩嘴，立刻再進會客室。陪着葉鳳珍說話。他急於要知道葉鳳珍所帶來的甚麼喜訊。（第七章未完）

紅甘齋日記（十四）

紅甘齋主

五月二日　星期三　晴

小別月餘，湖山依然是本來面目，惟街道似變狹隘，兩旁屋低如棚，殊異於滬上之崔巍大廈。

今日醒甚早，起步院中，庭樹蒼鬱，日影穿蒼翠而瀉地篩金，鳥語可聞，一若迎舊主人之遄歸者。

吾家有屋數椽，背山而水，佳木成蔭，一塵不染，予之醉心閒居生活，實由於愛此鄉村一點樸素，閒適氣息所致，祖師謂予：「優遊林泉，不求聞達。」殆非無因，予此生不作富貴想，所求者，安居溫飽而已！張潮「幽夢影」中有云：「值太平世，生湖山郡，家道豐實，娶妻賢淑，生子聰慧，讀書明理，人生至此，於願足矣！」予既幸而生於湖山之郡，今日家道雖非富有，亦堪溫飽，妻賢子聰，良可自慰，復性喜讀書，雖不足以言學富五車，明理兩字，固可游刃有餘，然則所欠缺者，惟生不逢辰，未嘗一過太平日子耳！三十年來，內戰而外有抗戰，熱戰之外有冷戰，他如游擊戰，閃電戰，神經戰，運動戰，總體戰等不一而足，日新月異，驚心動魄，誠美中不足。

今日送禮者絡繹不絕，粽子枇杷，琳琅滿目。老僕阿利，年逾耳順，事吾家三代，退居未久，家住紅灣，有山十畝，果樹百株，以視吾家之家徒壁立，誠有主僕顛倒之疑，顧老僕重禮義，年常舊規，未肯或忘，今日偕婦攜枇杷四簍相貽，具見恭敬，其婦近六十，談吐風趣，「少爺，奶奶，」之聲，尤見親切。

老婦為言其子阿福，已擔枇杷十担去滬銷售，原擬託予售三至四担，今乃失望，余喜仔肩得卸，又悲阿福命運，乃允如求售不成，願酌予貼補。

繼而，老婦又言，阿福山居，終不若滬上求金為得計，於是以謀事相託，予急止之。

「快別動這些腦筋，我倒覺得莊稼人實惠得多，「留得青山在，不怕沒柴燒，」我們雖然「少爺，少爺，」被人喊得震天價響，可是，還不是一個空架子，就拿黃貨來說，怕還不及你們十分之一呢！你看，你手上耳上，還戴上手鐲耳環，可是我連戒指也沒有一只，快別叫阿福到上海去吧，上海灘，上海灘，上海終有一天要坍掉的。」

時頌古來訪，余急擺脫，猶彷彿耳聞：

「上海怎麼好坍呢？如果坍了，不說別的，叫我們每年的枇杷銷到哪裏去呢？……」

五月四日　星期五　晴

> 謹訂於五月四日下午六時
> 敬治菲酌恭候
> 台光　　賈公璞拜訂
> 席設：惠安堂

將飯，小兒遞來請柬一份，具名賈公璞，予雖耳其名然不識賈君其人，詢之小兒，居然區長也，此請柬也，胡為乎來哉！予為之茫然者久之。

日來以粽子枇杷，進食太多，腹作隱痛，食慾銳減，無聊應酬，尤感乏味，顧區長盛情，不可拂逆，因整裝赴會。

至則鄉紳長官，濟濟一堂，逢六七十人之多，區長躬自款待，招呼不迭，笑容相向，然予固猶墮五里霧中也。

既入席，予與區長同桌，且高踞首席，旁為王督導員，陳參議員，無可談者。

酒至半巡，區長起立致詞：

「諸位鄉長同志……今天……這個……承蒙諸位賞光，兄弟……這個……非常愉快……各位都知道政府這一次發動這個這個救濟特捐，意義實在是非常……這個……非常深遠。我們東山一共派到一千元，數目不頂大，可是也不算小，……所以這個……兄弟……這個……不得不煩請各位大善士幫一次兄弟的忙，這個也就是幫了許多難民的忙，……現在因為時限已到，縣裏催得很緊，可是……這個……捐募的成績還小得很，不過幾十塊錢……今天趁王督導員來山，特地邀請各位到此地來討論討論，尤其巧的，是這個……這個……我們東山的大慈善家——王先生廿齋兄，前天從上海回來，王先生是東山才子，同時也是海上聞人，這個……而且是無黨無派，眞可當得起社會賢達的銜頭，這一次東山的救濟特捐，兄弟……這個……相信王先生一定會慷慨解囊，雖不便全部包辦，我想這個……二三十石米是一定沒有問題的。……完了。」

予聆其言，知已中計，酒興索然，身心乍冷，惟默籌應付之計耳。

繼由督導員演講，予無心傾聽，意馬心猿，恍恍惚惚，忽然掌聲一片，予亦隨手附和，不意笑聲四起，衆目視予，予瞠然不知所對，繼知區長促余致詞，掌聲所以示歡迎者，乃余自打鑼鼓自唱戲，自不免人家一番訐笑矣。時予汗出如注，欲求作罷，而掌聲又起，乃奮勇起立。

「……這一次承蒙區長推愛，盛筵款待，非常感激，非常慚愧，……救濟特捐，兄弟在上海本來早已認過，本來想請區長原諒，而且兄弟力量實在太小，也沒有資格去救濟人家，可是今天聽了區長一番訓話，再加上各位鄉長父老的好意，為了替桑梓爭一點光榮，兄弟只好再盡棉力：……兄弟最服膺於孟老夫子的「老吾老，以及人之老，幼吾幼，以及人之幼。」這兩句話，而且還想替孟老夫子補充一句：「愛吾愛，以及人之愛。」這樣也許範圍更廣，意義更大……剛才區長要兄弟捐三十担白米，兄弟覺得太多，力不勝任，我想還是減半湊足一百整數，希望區長、督導員及全體父老原諒。……同時，兄弟必須聲明的一點是：兄弟並沒有發財，不過是一個空架子，有人謠傳上海石翁仲鍍金是我出的錢，實在沒有這回事，而且各位知道，我到上海不過一個多月，哪裏會得到這樣多的錢，但是兄弟明白，惟有窮人最了解窮人的苦處，像上海出救濟特捐的並不是眞正頂有錢的豪門，只要想想東山同鄉會也得負担一部份就可明白，試問同鄉會有什麼資格救濟人家，結果，強迫之下，不得不以捐繳捐，變成了窮人救濟窮人的奇聞。上面是我的一點感觸，無意中講了出來，希望海涵。最後，兄弟以為東山並不是沒有出得起特捐的人，希望大家在區長登高一呼之下，完成此舉。那末，兄弟的拋磚引玉，也就算獲得了一點收穫了。……」

返家途中，余猶為百元捐款，痛心不止。

太湖兒女（10）

・何遜・

中秋一過，一切好像就顯得蕭殺冷落起來，人們的心，也像樹上的枯葉一樣，經不起一陣風，就盤旋渦中，最後是片片委棄在地上，水中。

今年東山的秋天，說冷靜吧，街上倒也滿眼是熙熙攘攘的城裏客人，說熱鬧吧，大家懷着鉛一樣沉重的心情，誰還有說笑話，弄玩意兒的興致呢？尤其在首都淪陷之後，大家都明白這一次抗戰不會是三個月甚至三年可以了結的事，雖然到現在爲止，東山還沒有到過一個鬼子兵，然而一個孤零零的半島，難道會永遠超然於烽火之外嗎？

「亦青，看樣子日本兵遲早終要來的，你們的圖書館還是早些關門的好，至少也得把那些抗戰叢書，國防叢書之類收拾收拾。」亦青的一位長輩常常當着我們對亦青如此說着，話呢，也實在不錯，你看，號稱全縣模範的東山壯丁，現在不是都解甲歸田了嗎？有幾位甚至把穿得還不到幾天工夫的新制服都沉到了井底，從此雄壯而不十分入侵的義勇軍進行曲也銷聲匿跡了，抗敵後援會也全部解體了，街上紅紅綠綠的「打倒日本」的標語，也塗抹殆盡了，祇剩了一個「新東山流通圖書館」依然在吐納着讀者。

「你們這班小伙子還是小心些吧！遊行、演講、做戲、喊口號……那是你們發起勁。塞滿了抗戰書籍的圖書館，到現在還不捨得關門，如果有一天日本兵一到，不先殺你們，來問我。」這樣，終於在危言聳聽的威脅下，圖書館宣告壽終正寢了，幾位幹事懷着沉痛的心，一包一包地搬運着可愛的書，亦青自然是主要人物之一，他卻一批一批地揀着拿回了家中，許多人都勸止他，可是他的回答很堅定。「我不信日本鬼子會查得如此嚴，有幾本書難道就犯死罪嗎？我愛這許多書，我要保全它們，我相信圖書館終有復活的一天！」

除了亦青保存了一部份外，餘下的就被放在一張桌面上，藏到了萬家祠堂果室的地板之下，從此新東山流通圖書館就成了歷史上的名詞。

少了一個圖書館，不僅是少了一個消遣的地方，簡直像失去了一個促膝談心的知已。每當傍晚休息時候，尤其是星期假日，大家更感到沒有座談之處的苦處，於是想到了良園。「良園」位在最熱鬧地區諸公井的東面，東山最大的商店計祗興，薮店同樂居都緊靠着，雖然良園還是最近開張，可是粉做的點心已經譽滿全山，水餃，糰子，豬油糕，等等，供應着川流不息的顧客。「吃點心讓還良園，黃豆餡糰子，福是福得來，又香又甜，城裏向一等一格點心店，還及勿來俚驚，」許多城裏的奶奶小姐，只要是吃過一次，定會如此講幾聲。「蘇州人的吃勁，實在不錯，看樣子再開十爿也不會嫌多的。」有一次，已經是夕陽在山，幾個圖書室的失業幹事，同良園主人閒談着。「你們如果有興趣的話，我們可以畢置出盤，」余永——良園主人之一打趣着說。「恐怕老闆娘娘不會捨得吧！」「其實，開點心店終比辦圖書館來得好，別的不說，單是試的時候，就可以嘗嘗味道。」「你這算盤還不算頂精，像現在，你天天到良園來，還不是照樣嘗着味道，何必自己做老闆。」

正談得起勁，一籠熱騰騰的糰子放到了桌上，大家雖然不好意思，可是客氣一番之後，又動了一次食指。「余兄，照這樣，良園怕要被我們吃光了。」「在這今天不知明天的時代，蝕本賺錢還不是一樣，有點大家吃，只要這點心，還能適合胃口就好了。」

風話

婆媳相爭末論

嚴雲

哄動東山的「媳婦打婆」的新聞，早已成了尾聲，因此寫了題目之後，不得不加上「末論」二字，以表示末尾之論也。

婆媳相爭，各地皆然，這大概要歸根於：一、兩代思想的不同，二、經濟問題。時代是激進的，思想的不同使老少不能相安，然而更大的原因往往是金錢作祟，金錢不能滿足大家的需求，這不得不歸咎這個社會制度。

記得在某一本書上看到過這樣的理論：「封建社會中雖然使家庭處在舊的不合理的禮敎的束縛中，然而因爲還有舊的禮敎的限制，使大家過得雖然痛苦，而表面上却是和平的，有着僞裝的天倫之樂的生活，不過一到這個資本主義的社會中，則一切都不同了，大家追求着只是金錢，爲了金錢，大家不管舊的禮敎的束縛，不要說是婆和媳婦，即使父母，兄弟，夫妻，爲了金錢，可以造成任何爭執的」（大意如此）

看過「萬家燈火」的人，一定同意這樣的說法吧！婆婆是善良的，媳婦是柔順的，而周旋於兩者之間的丈夫更是一個孝子，一個好丈夫，然而這痛苦的時代逼迫他們，這個貧乏的社會逼迫他們，使他們走上了互相爭論，互相仇恨的道路。

由此，我覺得東山多數家庭的悲劇也未嘗不是由此而造成，這決不是任何「不孝」「忤逆」這類罪名所能制止的。

所以，只要這個社會制度繼續存在，家庭悲劇一天不會停止，也只有這個社會制度的改進，才能使大家得到快樂的，和平的生活。

一個建議

金曄

太湖中峙立的七十二峯，以東西二洞庭爲最著，以地理言，僅太湖一水之隔，原如一對姊妹似的。

現在東西洞庭兩山又奉令合併爲一區，定名洞庭區，這好像他們原本是親戚，現在又加了一層關係，眞合了山浪一句話：「親上加親」。

我想這非特是親戚，却應該視爲一家人了，這是必需比親戚更加親密的互相招應，互相合作的。

東山有一本刊物叫莫釐風，西山也有一張報紙叫金庭，大家都是年青人支持的刊物，內容和形式雖然不盡相同，但其爲報導鄉訊，建設故鄉，研究學問則一，所以我倒有一個意見把這兩份刊物聯合起來，發行聯合版，輪流編輯，每半月出一期，這樣不但能使本來一月一見的刊物，變爲半月一見，並且人多了，集思廣益，一定能有更好的成績的。

* * *

山海經

下凡（下）

小子

老子想這種草大概就是神農嚐百草之中的一種，不妨吃它一兩根試試看，於是照樣往地里掘出了一兩根肥的，用衣裳擦擦乾淨，然後往嘴里一送，剛剛嚼得幾嚼，就覺得一陣草腥氣十分厲害，頓時大吐大嘔，把幾千年來吃的什麼九轉丹，還魂丹……煉成的一股丹氣也嘔光了。老子嘔出了那股丹氣之後，立刻就跟凡人一樣了，他休想再回到天上去，因此他十分懊惱，就指着那個勸他吃草根的人罵道：（他已氣得忘記了身份了）。

「他媽的，你是存心騙我老子是不是？」

那個人一聽，自己的好心竟得不到好報，反而讓人家罵上了，不禁惱了起來，又看看老子長得面色相當紅潤，於是向旁邊幾個人使了一下眼色，立刻向老子身上撲來，一面喊着說：

「你既嫌草根不好吃，我可也要開開葷了，就把你這老牛宰了吃吧！」

老子一看情形不對，立刻就又「逃可逃，非常逃」的逃了，幸虧那些人都是吃草根吃得沒有了氣力的人，再也追不上，老子才得從容地逃走。

老子逃到一處地方，看見又有幾個人在地上挖東西吃，不覺「一見人吃飯喉嚨痒」，自己肚中竟也有點饞起來了，於是就走上前去看他們在吃什麼東西。原來就是從地上挖起來的泥土，不過這種泥土很鬆，很白，很像米粉，看他們吃起來似乎很香甜，就問他們道：

「兄等所食何物？」

「這是『觀音土』，又名『歸陰土』，據老爺們的研究，這種土是大慈大悲觀世音菩薩為了憐憫凡人大都吃不起米（您老知道，這里米要買一兩銀子一粒哩！）於是發明了這一種很像炒米粉的『觀音土』，據說『維他命』很豐富，吃了一個月包你不再想吃東西，將來還可以升西方極樂世界去做神仙哩！」

老子一聽吃了這種『觀音土』可以升天，立刻不管三七廿一，連忙用手往地上挖，挖了一把便往嘴里塞，不料塞得太匆忙，土中夾着一塊尖角石，也連帶吞了下去，老子頓時痛得滿地亂滾，果眞一縷陰魂，裊裊地直往西方極樂世界去了。

這正合上了「命苦命，非常命」的一句話了。

蟋蟀

葉茂

蟋蟀又名促織，是一種勇於戰鬥的昆蟲，我們東山人却叫牠做「財鄉」（這兩個字是杜撰）。

財鄉的鳴聲實在並不好聽，人們的喜歡飼養牠完全為了牠的勇於戰，勇於與自己的同胞相戰，非至鍛羽不肯罷休。

我自己小時候就是非常喜歡養財鄉的，不過沒有大哥們的考究，只是養在一只自來火匣子裏，食物也僅是每天一粒飯米糝，因此最多隔兩天，匣子裏的財鄉不是咬穿了「牆壁」逃走就是活活地悶煞。而忽然弟弟也捉到了一只吵着要鬥的時候，自來火匣子就顯得太小，不得不另外找一個什麼纏頭（通常是香烟纏頭）來作戰場。但是養在匣子裏的財鄉即使原來的「素質」甚佳，過了幾天，就終不及養在瓦盆裏的來得饒勇善戰，尤其兩根觸鬚彎彎的十分難看。如果倖而打勝了人家的「大將」、就高興得立刻封自己的一只叫「紅頭財大將軍」或「白牙財大元帥」，有時候就加上一個綽號，譬如「蔣光鼐」、「蔡廷鍇」，「翁照垣」等十九路軍將領的名字來表示牠的勇狠。

至於「兵源」問題呢？那是決不會枯竭的。我家後面有一個相當大的場（原來是房屋，據說在伯母生×哥的時候燒掉了），就是我家裏人稱為「大場」的牆脚根，花樂台附近，只要一到秋風起的時候，每天清早黃昏，就充滿了秋蟲的鳴聲，金織、唧哈子、紡織娘、蟋蟀的鳴聲都有。我就喜歡每天清早起來捉財鄉，凡是聽到有「嚁嚁嚁」「唧嚁：：唧嚁：：」聲音的地方就屏息躡足地探索過去，正是：

「財鄉「乖乖」叫，
館人心裏跳，
扳開石頭看，
財鄉「剩篤」跳」。

那種如臨大敵的心境，眞是說不出來的緊張。

與我相反的，涓哥就喜歡晚上出去捉財鄉，當然，他的經驗——無論養或捉要比我多得多。譬如養財鄉的瓦盆，他就有一百多只左右，捉的傢俱像戲綠網就有好幾個，記得有一次晚上，我曾跟着他從坊前一直捉到山水岸，加官坟（務本操場外面），弄了一身露水回家。

不過我的扁見總以為家花雖不及野花香，財鄉却是家里的好。這當然也是我的「經驗」之談。譬如你到山水岸的由咩去捉，幾乎每一塊磚頭下就有一只或一對財鄉，通常顏色不大光澤，豐幹雖然很魁偉，只是「呆長白大」，交戰起來就一點沒有用場。而且田裏的財鄉以「棺材頭」為多，扳着了似乎有點觸篤頭，況有時扳出一只「油活蘆」，這樣大的一只東西猛劲地從你面前跳開，禁不住就要吃了一驚，而家里兒？最多扳着一兩只「飛財」，那是初出茅蘆未脫乳衣的傢伙，儘可放過，也不致有「觸篤頭」的心理作用。如果扳起一塊磚頭，下面不但有自已所追蹤的財鄉，有時竟會發現財鄉的旁邊還有一條「紅頭老百脚」，那眞是欣喜得頭不了蜈蚣，就去撲財鄉根據自己的「財鄉經」搗想起來，與蜈蚣能一起而红不使兇的財鄉，正像龍虎鬥中的虎一樣厲害，有時旁邊有一條蜒蜈或一只「顛闔」的兒？那也是一種名種，值得弄髒了手足衣服拼命捕捉的。

最近幾年來財鄉叫的聲音已不大聽到了。雖然在西安，在四川都會聽到過牠的鳴聲，然而總是在晚上，「明月皎夜光，促織鳴東牆」那種情境所引起的遙觸僅是萬斛離愁而已，對於財鄉的本身，我確已失去了童年時的興趣了。

三十七年八月十二日

如是我聞談掌故（三）

濤之

每歲年頭賽會之原因

吾山得有民居，相傳始由於宋，在明初居戶尚疏落似晨星，故今之所謂村、灣、里等等名稱，皆滑之基此。每歲農曆年頭，元旦至初十日終止之每日賽演劉猛將會，係亦假托神權，實事紀念明亡慘案焉！足見當時民氣激昂，不外乎蓄有革命思想之一斑。叵奈滿清，大勢已成，莫可如之。愚幼時於藏本靜憶樓抄籍，見載頗詳，所為正月初六日賽會中之有冲湖嘴，疑又初八日夜之所走賽謂潦反之演燈，初九日大小猛將赴後山稱曰滿山轉之蕩嘴嶺搶會，此風初期實無之，迺於洪楊亂起，因蘇既不幸陷賊手，罪獨山之屹然尚未遭淪，其事實皆歸功在於斯時之守軍將領王副將也。蓋有傳上述日期，疑賊大舉將犯山，副將乃利用此新年時機，實行軍民合作，例如：冲湖嘴演夜賽燈，蕩嘴嶺之搶會等等種種，頓使疑賊膽寒，卒致弗敢搶掠，以後相沿成習，百餘年來，迄今一似舊也。

墓聯竟成絕讖

處後山沙嶺將灣間，濱湖有謂蟹形穴之文恪陵墓，其墓道前，架有巨石梁柱，鐫聯曰：「海內文章第一，山中宰相無雙」。據傳係文恪門人明才子唐寅手纂題撰，後人因恐括句成讖，或以上下聯各省之一字，緣為「海內文章推第一；山中宰相無雙」！然按自文恪而後，迄至現今，山中果無有可與文恪頡頏，不如之聯，仍是讖之其所讖耶？

讀者園地

主編先生：

在二卷十二期上，拜讀了白丁先生大作，本想向白丁先生談談，後因俗務之累，未曾動筆，在本期有玄丁先生出來討論了。又引起吾想來貢獻家山一點意見，對於白丁與玄丁二位先生的尊姓大名都不知道，請求主編先生借讀者園地刊出，不勝感禱之至。

一個讀者對於玄丁白丁論戰的意見

徐醒農

吾是出身農家，現下仍在農林界服務，可算得是農民之子，對於農民所受痛苦比較來得熟悉，況且仍在農村工作，時與農民為伴。白丁先生，所談問題實在太廣泛了，這個問題是中國整個問題。已有專家在各大報上建議改革了，非我們東山一地的課題，東山數位參議員先生，格外無權起來改革。請白丁先生，時常留意大公報及申報，關於此種報導，有各方面為農民呼籲的文字甚多，至今中央政府未起來改革，我們東山一個農村更談不到了。所以不必在同鄉刊物上談這種文章，因莫釐風為家山易風改俗，建設新東山為目標，請白丁同玄丁二位先生，改變作風，轉向建設方面大家來討論。

吾來貢獻一點意見，請參議員諸公採納並促成之。一、莫東公路請速募款築成，此公路有利家山方面，農業、文化、商業、治安、鎮市繁榮等。二、家山農村，與其他方面不同，因山多地少（耕者有其田的口號，在家山無用武之地）。因家山着重鮮菓與鮮魚二業，最需要舉辦「農民合作社」及「農產推銷社」，合作社成立後，農貸方面對於農民有利益。推銷社成立後對農產推銷便利，收入增加。（此一事業已有同鄉鄒思庚君在貴刊一卷七期登過一篇文字，同鄉方面沒有注意到應當大家起來組織之）三、舉辦新式農場，利用有土地組織之，以繁殖優良種苗，推廣農民種植，以增生產，指導農民應用新式栽培方法，以改良菓業與漁業的生產。（此事已有同鄉葉緒華君在貴刊一卷七期上登過一篇文字，同鄉方面沒有人注意到應當大家起來組織之）以上三事對於家山最重要最有利益的建設事業。家山對文化及衛生二事業，同鄉會已儘量督促提倡，已達到最高峯了，以上三事還祈主編先生及東聯社熱心同鄉大家起來鼓吹宣傳之。

今在大報上展悉，本月五日，中美農村復興聯合會在南京成立了，已簽雙邊協定，請求家山數位參議員先生在本月廿八日開第一屆第五次大會時提出東山區農村復興事業，以上是吾個人貢獻一點意見。再請求白丁先生出來討論促成實行東山農村繁榮，這要農民活得下去，商業就會發達，商業繁榮了，地方建設就可推進展開，家山至今不發達的原因，就是大家不注重農村方面事業，（反而美國人來注重中國農村復興事業了）及農民關係，不必再動筆討論無建設性之事。東山區數位參議員先生，因熱心桑梓，時常僕僕滬蘇道上，不辭辛勞，家山人民奔波流汗，貼錢費神，我們每一個同鄉應當大家起來敬重他們，感激他們，不必再來無意義的批評，倘不合同鄉民意，不妨提出討論，但不可訂住某一個人身上，此一點請白丁先生考慮，你看對否，你先生因為與農民着想，提出農民要耕者有其田的口號，所以我來貢獻一點意見，還祈你先生時常將家山對於莊稼人（農民）實際環境多提出一點意見，促成吾所貢獻的三點意見。幸甚！請求主編先生代借讀者園地的一角登出。敬祝

撰安

讀者徐醒農謹啓

卅七，八，九，寫於浦東東溝市立農林場苗圃

一個孩子沒有吃到魚汗油說要請前後山的醫院院長給他一個答覆

我是一個鄉村角裏的孩子，今天借　貴刊一角登載一件不平的事，內中別字很多，還要請批評和訂正。什麼一件事呢？就是全東山貧苦的孩子，在現在物價高漲不止之下，談不到要補身體，因為吃也不飽，寒也沒有新的棉衣來過冬，所以一般無力的家長們，沒有一天不愁衣愁食。有一天，我在校中忽聽得老師們說：今天要配給魚肝油給我們吃，我們聽了眞是喜出望外，據老師講：這是美國貨，並且無代價的配給，凡是身體弱的，都可以享受。所以無論那一個學校都手忙腳亂，編造名冊和檢查體格，我很高興的把身體檢查完了，據老師說：你這樣的面黃肌瘦，一定可以享受。回家以後，把一切老師所講的傳佈到全村的人家，大家都說這眞正熱心的張院長還能夠顧到寒苦的兒童，那知道青天忽然起了一個霹靂，據護醫生說：已經不够支配了。但是不明瞭的家長們都說老師代你們吃了，或許須要有身價的人吃，我們窮人吃了反而要生病的，有的說：這是大概醫生規定的，須要席氏業氏的學校吃的，或許物價高漲，這是一筆無代價的進益。但是為難了幾位老師們，空費了幾本名冊，及家長多罵幾聲，反轉來想為什麼文昌、安定、務本都有享受？難道鄉村角裏的國民學校不是東山人，或許我們的老師常常不同院長接近和交際。懇請　貴社借一角照登，因為　貴社言論公正無私之故，還請前後山的醫院院長給我一個小小的滿意答覆，免得各校及貧苦子弟天天盼望着魚肝油，免得各家長時常責問學校。為幸。

莫釐風編輯先生

同鄉人吳玉書敬上　八，廿二日

送藥說明後記

徐蔚霖醫生

上期本刊臚註錄之『送藥說明』一文中尚有數點未及記述，今追補之：

（一）磺藥（Sulfaguanidine），服時須與Soda片同服，可免體內醋化作用，凝化結石（Sulfadizin）消治龍爾然。

（二）瘧藥（Atdim）服後體色增黃，故服時應多飲開水，又瘧愈後須忌口，如水禽鴨，蛋類及海鮮半月。

（三）父執同春堂國藥號主人孫文毅先生，普濟大英藥房主人顧杏才先生，及世交信誼藥廠製藥部長顧名汶先生，藥師顧名潤先生他們都給我不少幫助和指示，使我不勝銘感一併誌謝。

啓

承石奇峯君捐助本刊國幣一千萬元

特此致謝

（廿一）

第四組　中部外圍

由天井灣上白沙嶺，嶺不甚高，濃蔭蔽之，枇杷黃時，滿林金果，嶺腰置桂公亭，光緒六年，東前山紳民建，以恭頌桂雲酬之德政，桂公倡修白沙嶺，並建茶亭，因以名額，永誌棠蔭，逾亭下瞰茅塢，茅塢寺深處塢中，敗垣殘牆，荒涼滿目，名勝古跡，如不善爲整理與保存，必致淪廢，太湖在望，舟楫東西，遠山隱約長空一碧，樹林蔚處，屋宇櫛比，嶺麓有屋之檻，爲後山紳民所建立之桂公亭，內置太湖理民府勒石永禁之碑。

「後山二十八都二圖，白沙嶺有數里之高，行人來往，素患崎嶇，又當面西太湖，冬卸朔風，夏戴烈日，或値陣雨，竟無躲避，其苦不啻而知，今本府倡捐錢文，在於向年搭棚舊址建造茶亭三間，前山半嶺，添建過街茶亭三間，以利行人，業已一律工竣，查該處向年六七兩月，曾搭草棚，施茶解渴，每有不法之徒，將茶缸茶碗打碎，並在棚中亂洒洩糞等事。今茶亭業已落成，仍恐惡習未除但不可不防其漸，除論飭該圖地方，隨時查察外，合行給示，勒石永禁。」

由此可窺當時山民之知識程度，及道德觀念，今則不然，既無亂洒洩糞等情，且又掃除潔淨，雅可憩息。循道而下，榴花如笑，夾道迎人，左麓吳王廟，祀吳仲雍，宋南渡時建，後廢，清康熙二十九年裔孫吳文灝，即故址重建。清汪琬吳仲雍祠碑記，文曰：

「昔泰伯以天下讓，去周之荆，自號勾吳，荆人義而歸之，玄爲吳泰伯，泰伯卒，無子，弟仲雍立，是爲吳仲雍，迨武王既定天下，乃封周章於吳，以爲泰伯後，章故仲雍之曾孫也。案仲雍爲大王次子，其在詩曰帝作邦作對，自泰伯王季，而仲雍不與焉，即夫子稱泰伯之讓，可謂至德，亦不及仲，凡以大王之後，立長立賢，俱非仲分內事也，雖然使伯去而仲留，則岐周之仲子，何必不爲孤竹之仲子，顧與泰伯同爲採藥之行者，非其立志之有同揆歟，志同則其德不同，千古以下，孰得而軒輊之，武王既封周章於吳，以奉泰伯之祀，又封章之弟於虞，以主仲雍之祀，崇德報功之典一也，迨晉滅虞，而吳獨存，而仲雍未嘗無後也，顧後之姓吳者，率皆祖泰伯，而不聞其祖仲雍，於義僭居，豈以爲人後者，爲之子孫，不得復顧私耶？雖然此則宗子之義也，吳之宗子世守承嘗，如虞有奉嗣侯，皆有昭衍公，統承大宗，奉泰伯爲始祖，而亦必恭孝王仲雍爲之配，自宗子而外，皆爲支子，即以仲雍爲始祖，又何辭焉。序商吳君文灝，爲有唐史官鏡之裔孫，其家於白沙也，自太學生謙始，由謙以溯之鏡，由鏡以溯之延陵季子，譜牒可據，世次秩然，實恭孝之行支，不敢忘其自始，於是賈之當事建祠，以奉祀事，囑予作文以記之，且告予曰：灝之爲是役也，實以承吾父之志，每過庭時，輒以敦敍爲訓誨，謂吾祖承正肅公後，始遷白沙，首建祖祠，閱世既久，鞠爲茂艸，今祠基不可復識，而宗族幾同路人，良可深慨，爰命修譜，以聯其族，又命建祠，俾後人無忘至德之傳，灝今具呈當事，獨以恭孝祠爲請者，嫌與大宗，並不敢侵其職守云，爾今祠既成，爲閣三楹，中仍奉三讓王神位，而以恭孝王，延陵王左右之，次及先世之有功德，可垂不朽者，惟我始祖，亦得從祀其間，以終先人之志可乎？予應之曰，此固吾家祖祠也，因厥考而念厥祖，念爾祖以及其始祖，既以恭孝王仲雍爲始祖矣，亦念仲雍當年始終所追隨而不忍一日離者，何人乎？仲雍蓋以弟之恭而成子之孝，然則建恭孝之祠，必有尊三讓之位，禮以義起洵非過也，吳君唯唯，爰援筆以紀其事。」

折回，至關帝廟，內塑關羽，及周倉挽赤兎馬等，萬歷二十年仲夏。張舜平撰漢壽亭侯廟碑記，屹立於左，文曰：

「吳東洞庭鄉名白沙者，漢壽亭侯雲長廟在焉，鄉之人禱而災治，禳篋而趨避，決牟有殊應，歷世既永，棟宇脊貌，欹傾剝落，成弗古若廬無以怡禮祀，肅觀瞻也。且當往來之衢，而廟制舊左右披各穴一門，與衢通，通行者，每經其下，士女之嬉笑指顧，大爲神武之瀆。

一、本刊因上期脫期，本期爲趕排出版起見，篇幅略爲減少，下期當恢復原狀，祈讀者原諒。

二、上期本刊有李谷良君所作，『掘坟及其他』一稿，引起一部份同鄉之誤會，據同鄉會聲稱，工作會議時同鄉某君等係應同鄉會之邀請而來報告掘坟眞相者，准此，特聲明如上。

東聯社福利組　壽親義莊　啓事

一、茲由顧名汶先生爲響應壽親壽世壽世壽親之旨，捐助阿的平二千片，俾本社分送之用，先生係主持信誼藥廠製藥部部長，仁心仁術，孝思不匱，推已及人，特此鳴謝。

二、蘇州蠡墅饒孝甫先生同感壽親壽世壽世壽親之旨，亦於其故鄉仿行本社辦法贈送父壽脊瘧藥兩種以行老老幼幼之旨。

莫釐風月刊　【26】

每月十五日出版

本期零售每册金圓一角

預定　半年五角　全年一元

編輯及出版者：
東洞庭山各校同學聯誼社
莫釐風出版委員會

上海通訊處：
洞庭東山旅滬同鄉會
北京西路一〇八號
電話：九三四一九

東山總代理處：
殿涇港朱家弄瞿友農

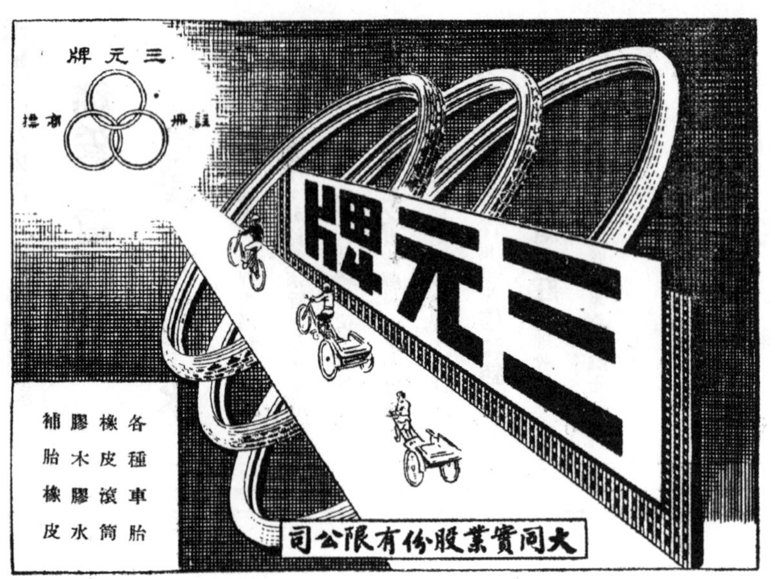

事務所：上海泗涇路七——九號

電話：一四九四二

廠　址：上海眉州路三〇〇號

電話：五二二九九

東聯社出版

中華民國卅七年十月一日

最後消息

旅滬同鄉會召開會員代表大會

卅七年度同鄉會會員代表大會於九月廿六日下午二時召開，出席代表五十人，由葉振民、朱潤生、劉道周、席裕昌、席涵深、嚴錫繁、席玉年等任主席團，即席選出席玉年、朱潤生、葉緒華、席涵深、席伯華、席光熙、葉殿彬；葉樂天、翁受宜、葉恩溥、嚴挹謙、金尙儉、席鳴九、劉道周、葉冠民爲理事。楊熙元、嚴紫綬、沈萊舟、沈新檗、徐蔚森、翁人彥、許慶元爲候補理事。葉振民、孔慶宜、嚴錫繁、席德基、席裕昌爲監事。周錫淳、吳啓周爲候補監事云。

本年度第二期徵兵開始 鎭長召開緊急會議

東山全鎭應派新兵三十九名

吳縣團管區以本年度第二期征兵，依照規定於九月十日前必須繳解全部配額之半數，至廿日掃數繳足，昨悉能展至月終繳全，而縣府爲如期完成起見，已派員分別催徵。吾東山鎭全鎭應派新兵卅九名，鎭長周競如奉令後，於前日召開緊急會議，出席地方人士，保民代表，全體保長等數十人，當時議決以十八歲——廿歲爲丙級，計米一斗四升，廿一——廿五爲甲級計米三斗四升，廿六——四十五爲乙級，計米二斗，如遇赤貧者以富有居戶補入，近日各保已分別持收據勸募。（思）（靜）

洞庭區署正式辦公

東西二山合併之洞庭區署，爲指揮便利起見，近奉縣府令飭該區將區署應移東山，區長周開榮已遵命於十日全部遷至東山松園弄潘家祠辦公矣。（又訊）莫釐中學本學期業已開課，故東山鎭公所於本月八日正式遷讓惠安堂內辦公，

渡村婦人異想天開 嫁出童養媳討進新媳婦

渡村鎭婦人顧陸氏，夫已早故，生有二子，長子名金三、次子炳生，俱未婚，六年前經人說合，領得蘇州中正路七七六號陳金氏之女翠英，（現年十七歲），過門後認作次養媳，相安無事，未料天不從人，次子炳生於前年因病夭折，此後顧陸氏竟異想天開，將翠英以十三石米之代價，另配與一李姓者爲妻，即以所得之款爲其長子金三娶妻結婚，而翠英之夫家將於十月間迎娶，翠英不願，顧陸氏即加毆打，日前陳金氏往訪其女，得悉上情回城，呈報中區分局，本月三日傳陳金氏，陳翠英，顧陸氏三人到局，經訊後各執一詞，一併解總局核辦云。（靜）

銀樓老闆厭世 吞服鏹水自殺

諸公井鴻祥銀樓老闆江某，於十五日與妻發生口角，頓生厭世之心，背人吞服鏹水，幸發覺尙早，即送保安醫院急救，脫離險境云。（星）

火警！

凝秀堂於十四日下午二時不愼起火，延及廚房柴間，附近居民發覺後，即幫同灌救，待各村水龍開到，火已熄滅，損失尙微云。（星）

洞庭乒乓隊戰績

同鄉會聯誼委員會組織之洞庭乒乓球隊。歷史悠久，戰績彪炳。去年推舉席玉年同鄉爲領隊，葉志樑同鄉爲隊長後，銳意整頓隊務，苦練球藝。最近爲獎掖後進，起用新將，參加本市第三屆乒乓聯賽，本刊記者探得一部份戰績如下：

對隊	日期	時間	地點	比數	勝負
中友申	七月二十日	六時半	同鄉會球室	七—二	勝
鑫星鑫	七月二十三日	八時	同上	六—三	勝
崇本甲	七月二十五日	六時半	同上	四—五	負
浦東乙	同上	八時	同上	六—三	勝
麟隊	七月二十七日	八時	同上	六—三	勝
友星乙	八月三日	六時半	同上	三—六	負
新星丙	八月五日	六時半	同上	八—一	勝
天翔	同上	八時	同上	棄權	勝
信誼	八月二十四日	下午	同鄉會球室	七—二	勝
步隊	九月十六日	下午	同上	九—〇	勝
影聯黑	九月廿日	下午	南京戲院二樓	三—六	負

洞庭隊隊員：葉志樑（隊長）葉維明　姚榮祖　徐介德　徐介壽

五齡童失足溺斃

後山鄉楊灣村某姓家五齡孩童，於上月廿七日上午，乘母親上街購菜時，獨自一人，至港口遊玩，偶一不愼，失足落河，當時無人知覺，不久適値漁船開出，發覺船傍浮起孩屍，經人認明，通知其家屬撈起，已不及救治，隨即備棺入殮。（靜）

學校消息

滄里村經前滄涇鄉鄉長江惠生商准吳縣教育局馮督學志良前設了一所國民保校，因故一度停辦，本學期仍將復課，惟經濟無着，深覺難以着手，經蒙浦柏卿先生之熱心代向張勘賢先生募得食米二石，葉仲灝先生書籍費金圓十八元，經費既有，故已招生上課云。

·開縣立各小學近已開學，校方向學生另外徵收金圓六元（即三斗米），作爲借徵費，以後由田賦歸還，該項借徵費收條聞即可作爲完糧之用云。

故鄉花絮

✖鄉間豬瘟流行，肉莊鮮肉供應不多。

✖沈萊舟曾邀友人單放汽艇到山，並遊西山等地，保安醫院張醫生是日停診一日陪遊一天。

✖葉樂天此次在山曾在雨花台設宴請客。

✖嚴講南壽辰情況，尙稱熱鬧。

✖前鍾秀幼稚園近在修葺，據悉修理費由葉樂天所捐助。

併區聲中話西山

（本刊通訊）東西二山擴併洞庭區署以來，至今月餘，因爲西山孤持湖心，交通不便，莫釐風的編者，未曾實地訪問，筆者前日令親有事，前往西山東宅河，順便訪問的鄉風俗例如下：

講到東西山的交通，戰前有本山席啓蓀先生創辦的裕豐輪，每日來往東西山木瀆之間，並由三善堂的義渡船（俗稱小菜船），每日來往後山至鎭夏，二山的鄉民往返，都稱便利，但中日戰事發生，輪船停駛，單靠義渡船維持，在敵僞期間，義渡船以抹油爲由上岸，未幾不知去向，東西山之交通，無形中落於船人手中，目前雖有早班，晚班行駛，惟渡費昂貴，每人金圓一角六分七厘。

西山四面環水，面積比東山大一半，現劃一鎭二鄉，名練瀆、大夏、梨棠、全山人口約近四萬，旅外經商湖州爲多，上海次之，繁華之區首推東宅河，商店攤販林立，熱鬧異常，該地之菜場，似同上海的一般，因爲煤礦工友採辦的很多。

名勝首推石公山，位於大山相近，三面環水，一面連山，四旁石壁林立，高達十餘丈，勝蹟有一線天、雲梯、歸雲洞、夕光洞、龍渚等，吾鄉每逢春景季節，有遊覽石公山之舉，此外有鎭夏，而林屋洞，沿山而築，深可二百餘尺，消夏灣的吳王避暑之地等。

洞庭原爲一家，出產菓品，大都與東山相同，自杏至橘約有十六種之多，惟枇杷一類，因爲地質關係，不能與東山相比，該山四週多巨大靑石，開採之後，運送各地，以供灰商之用，當地有石灰窰三處，此外農田甚多，並有漁池，菱蕩等，每年收入殊鉅。

西山的鄉民生活，甚爲樸實，大都穿着布衣，每日工作於田地之間，婦女多爲儉約，燙髮者少見，大都幫於工作，若有空閒，或者挑煤，打草鞋等爲輔。

該山旅滬同鄉極多，大都服務於毛冷業，洋貨業，同鄉組織，甚爲完美，亦有同鄉會，金庭會館，並有靑年同鄉出版的「金庭報」月刊，報導鄉訊，不過印刷方面沒有莫釐風精彩，他是用毛邊紙油蠟印的，一旦東西山靑年團結，聯合出版的話，必能有半月一期的鄉刊與讀者見面也。（靜）

九月十二日

洞庭圖書室東山分室卽將開幕

同鄉會文化委員會主辦之洞庭圖書室。爲便利東山同鄉借閱圖書起見，決定在東山設立分室，現已籌備就緒，特聘鑑塘小學教導主任茹裕照先生爲分室主任，安定小學韓代校長爲副主任，地址勘定葉巷村浜場前莫中宿舍，不日卽將開幕云。

東山物價

九月五日

白粳	21.33圓
秈米	19.70圓
醬油（上）	0.20圓
（次）	0.15圓
（下）	0.13圓
梗柴一担	1.00圓
鮮肉每斤	0.80圓
魚每斤	0.55圓
蝦每斤	0.80圓
菜油每斤	0.50圓
靑菜每斤	0.05圓
芋頭每斤	0.08圓
毛荳每斤	0.10圓
雞蛋每個	0.05圓
鴨蛋每個	0.06圓
栗子一斤	0.33圓

戶籍須知（續完）

李作民

（七）因判決確定而「變更」「更正」或「撤銷」登記者呈驗法院判決書

乙 聲請人應行注意事項

1. 以書面聲請爲原則——人民向該管鄉鎭公所免費索取聲請書塡寫聲請之
2. 如有正當理由得用口頭聲請例：1. 如自己不能書寫且無法請人代寫者 2. 因利害關係須向登記機關申訴者
3. 口頭聲請登記之方式——先由登記機關辦理人員依據聲請人之言詞逐次登入聲請書後再向聲請人朗誦經聲請人承認無訛者應親自簽名或畫押或捺印指紋

註：標準指紋：不論男女一律爲右食指

丙 戶籍登記簿之閱覽與抄錄

1. 利害關係人得納費請求閱覽戶籍登記簿交付謄本
2. 閱覽費依戶籍法規定每次二元謄本抄錄費每百字五元不滿百字者以百字計算依照罰令罰鍰提高標準條例而行之
3. 前項閱覽費抄錄費有正式收據三聯單可查

丁 罰則

1. 無正當理由不於法定期間爲登記之聲請者處十元以下罰鍰
2. 經催告而仍不爲聲請者處廿元以下罰鍰
3. 聲請人爲不實之呈報者處五十元以下罰鍰
4. 前項罰鍰之決定由縣政府爲之
5. 意圖加他人爲詐僞之聲請者處六月以下有期徒刑拘役或三百元以下罰金
6. 遇有上項事件應由縣府移送司法機關辦理
7. 罰金罰鍰倍數依照修正罰金罰鍰提高標準條例第一條及第三條之規定

戶籍須知大概情形如此惟嚕囌瑣雜看了令人頭疼所以大家不能淸楚六月份人口數二二三九一男一一〇九九女一一二九九七月份人口數二二三八七男一一〇七一女一一三一六

蘇山輪船時間及價目表

輪行時間 後山開每晨七時 前山開八時 到蘇約一時
蘇州開第一次上午八時 到山約一時 一時卽返蘇約五時許
第二次上午十一時 到山約四時

票價 後山至蘇 金元五角 前山至蘇四角
茶一角 飯三角三分 小賬照票價二成

小消息

▲嚴大可同學於本月五日在上海與施玉英小姐訂婚，事前嚴守祕密，故知者極少，（星）

▲政府改革幣制之後，蘇申各地物價均奉命不得超越八月十九日之原價，故山中物價尙稱穩定，惟小菜一項，雖經當局干預，仍屬無效。

▲關於小額法幣，如無縣銀行及合作社之設立，人民已有不慌自慌之象，店家所收小額法幣，均推入二處，故市面更形穩定矣。

▲上海惠旅醫院新購X光一具共需金圓二萬五千元，款由董事會暫墊，現正向各界募款，希同鄉踴躍輸將云。

短評

要有辯論風度
——認真與寬容

只要是稍稍接近本刊的讀者，一定看到了最近幾期裏若干篇論戰文章，有幾篇是本刊對外的評述，有幾篇則是讀者與讀者之間的論爭，雙方劍拔弩張，互相爭得面紅耳赤，雖然不免使大家感到有些火藥的氣味，可是從某一個角度看，這不失爲一個好現象，因爲眞理只有一條，而且是愈辯愈明的，只要爭論的雙方自問心地光明，態度公正，不固執，不謾罵，不歪曲，我們以爲論爭愈多，接近眞理的距離也愈短，因此也愈有意義。

站在這一觀點上，本刊對于讀者與讀者之間的辯論文章，在是非沒有定論之前，都願意予以披露，即使文章的內容和本刊的意見頗有出入，我們也並不例外，我們以爲如果要使大家相信本刊的態度公正，一定要做到這一種兼含並蓄的地步，何況本刊並不是屬于少數人的，它是屬于全體讀者的，任何讀者都有借它來發表自己意見的權利。

以往本刊的發表幾篇短評，不過是上述權利的運用，自然免不了少數人的誤會，但是多數讀者是同情我們的，我們深信「千人之諾諾，不如一己之諤諤。」所以即使明知「是非祇爲多開口，煩惱皆因強出頭。」仍舊要知無不言言無不盡，不過，我們在批評事物之時，自信抱有認眞的態度，同時接受批評之時，也懷有寬容的精神，我們認爲這兩者是辯論者應有的風度。

認眞就是不苟且，也就是「姑息」的反面，「君子之愛人也以德，細人則以姑息」。凡是一個有理想，有良知，有熱情和勇氣的人，看到了某一個人或者某一件事物的壞處，自然要說出來，而且要說得澈底，如果因爲世故已深，知而不敢言，言亦不敢盡，以致唯唯喏喏，委曲求全，這種婦人之仁的僞善主義，正像十八世紀歐洲的犬儒主義一樣，縱容了醜惡，本身便變成了阻撓進步的毒素。

進一步講「認眞」的本質內應含有「負責」的成份，一個有風度的辯論家，凡所批評，都應有事實的根據、絕不可無中生有，妄自誹謗，也不可牽強附會，以致歪曲事實，同時還須避免謾罵的作風

文化、康樂與服務
論近年來同鄉會的工作

錢境新

近年來，同鄉會漸漸放棄了那種消極的，刻板的養生送死的工作，而注意於積極的有啓發性的工作——文化康樂與服務。

「洞庭東山旅滬同鄉會是辛亥革命的產物，在民國以前同鄉中祇有三善堂一個慈善機關做些養生送死的工作。民國七年，經同鄉會的提倡，又造成了一個東山會館，從此以後便常常由三個團體出面領導着同鄉會中一切公益慈善的工作。

「考查以往的歷史，覺得三個團體辦的事情，其性質很不容易分別，並且缺少聯繫，三善堂仍照百年來習慣，依照成規，奉行故事，其他兩個機關很少有生氣。」（朱潤生，莫釐風一卷二期）

但是，同鄉會決不是一個慈善機關，「同鄉會的使命，可分三點：一爲同鄉謀公共福利，二爲協助東山的建設，三爲會員服務。以上三點都是重要的，以前三善堂與東山會館也都做同樣的工作，所以餘下來的都祇好讓同鄉會來担任了。」（同上）

因爲一個團體不能沒有會員，沒有會員根本就不能成爲團體，然而有了會員而不能爲會員服務，其情形也和沒有會員一樣，一定不能有更好的發展的，同鄉會「過去由於經濟與物質條件的限制，，會務始終沒有擴展，大多辦些慈善性的事業，雖然接收了惠然軒，和惠旅醫院，會務基礎得以穩定，但對於旅滬同鄉福利工作，仍很少舉辦。（雲，莫釐風一卷一期）

根據同鄉會出版的報告書（卅五年五月一日）所載，首先脫出同鄉會舊的工作範疇的，當以圖書室爲最先，繼而就是夜校。

報告書上云：「學術組來函稱當今世界和平，曙光初放，本會宜乘此時奮發圖進」奮發圖進的目標是「創辦補習夜校予職業靑年以進修之途，增闢會室與佈置以供會員閱覽休憩奕棋等」，不過這時只有一個聯誼委員會的組織，直到三十五年度召開大會重選理監事後，同鄉會成立了許多專務委員會，關於文化的有文化委員會，關於康樂的有聯誼委員會，三十六年度會員代表大會時更通過了成立福利委員會，和聯誼，文化二委員會鼎足而三。

同鄉會成立這幾個與會員有切身關係的委員會，是參酌了幾年來同鄉會工作的成敗得失，以及顧到了許多會員的意見而成立的，爲什麼要成立這許多委員會呢？

「同鄉會的工作，應該爲多數同鄉的福利而工作」（朱潤生，會刊二期）

「筆者以爲經濟理髮，經濟沐浴和經濟食堂三件小事業，不僅是個人切身利益問題，而是個人切膚問題，假使辦得良好的話，享受者能得到經濟實惠，主持者也不致於賠本，至於年靑人……喜歡合羣的公衆娛樂，如旅行啦，合唱啦，口琴啦，京劇啦，假使把各種娛樂組工作健全起來，把握住靑年的心弦，能這樣開展下去，在會員們便覺得各得其所。」（飛瀑館主，會刊第二期）

「惠然軒隔壁的震德堂一年後可以收回了，收了回來這個地方倒適合經營理髮，一方面和會內經濟上開一條小小的泉源，一方面我們這般窮會員亦可塌點便宜，頭上『明光』不少。」（旅人，會刊第二期）

「福利組織，在今日進的步的社會中，已屬習見，每一團體組織之宗旨，類皆以謀取公衆福利相揭櫫。吾東山同鄉會組織之最終目的，原亦不外乎此。

所可憾者，三十多年來同鄉會對會員福利工作，做得太少。原因之一，恐怕就在沒有一個專司其職的機構。

現在，我們終於很幸運地看到「福利」兩字，明確地出現於同鄉會組織之中，這自然是同鄉的福音，也是同鄉會的進步。我們熱誠期待着福利委員會工作的展開，希望在不久的將來，我們跑到會裏，耳目爲之一新，我們可以在最適當的地方，找到我們所渴望已久的經濟食堂，理髮室，浴室，消費合作社……」（莫釐風二卷三期社評）

由此知道大家對於同鄉會的期望是很深的，尤其一致認爲只有向文化、康樂和服務方面致力，同鄉會才能一

，我們在辯論時，要記住我們是在討論問題，不是在罵人，而且尊重他人，就是尊重自己，如果文章裏僅僅堆砌了一些謾罵的字句，除了顯示本身的卑劣外，又有什麼更多的意思？

我們在批評時，固然要認眞，相對的在接受批評時應該有寬容（Toleration）的精神，所謂寬容，就是尊重少數人的意見，這是一個在今日民主制度中最値得一提的原則，雖在多數通過制度的國家中，也應尊重這一原則，當北美十三殖民地，爲英國徵稅問題而進行反抗時，英國國會通過了討伐的命令，惟有柏克一人力主寬大，儘管聲嘶力竭，仍不見納，直到北美獨立了，世人才認識了柏氏的遠見是對的。

有人說西洋的「寬容」卻相當于孔子的「恕道」，「夫子之道，忠恕而已矣」。「寬容」與「恕道」是「放諸四海而皆準的」，可是在無知、自私、權慾的條件下，人類常常鬧過則「恨」，不能效善人之能受盡言，這是人類進步的大礙，其實人非堯舜，安得盡善，世界上決沒有完人，不是完人，當然免不了過失，有了過失，只要肯自拔，肯自新，仍不失爲英雄，不失爲聖哲，祇有不肯坦白認錯，諱疾忌醫，文過飾非，沒有向眞理低頭的勇氣，才是不可恕的罪惡。

就拿莫中來說，本刊以前的幾篇關于他的文章，自信是懷着至大的善意和高度的熱誠來寫的，惟其愛之深，所以責之嚴，正因爲祝其永生，所以有盼望他愼終始基，這一點赤子之心，在虛懷若谷，有着肯受盡言風度的莫中王校長，及諸校董師長們一定是有目共睹的，現在事實放在眼前，第一屆莫中同學畢業的成績，證明我們的預測並沒有遠離了事實，我們應該正視，這一最好的教訓，毋激與情，全力貫注，爲莫中創造一個光明的前途。

蘇子瞻上神宗書中有云：「晉之王導，可謂元臣，每與客言，舉坐稱善，而王述不悅，以爲人非堯舜，安得盡善，導亦斂衽謝之」。在舉坐唯唯諾諾的環境中，王述獨能不畏權勢，作如批逆鱗的諍言，這正是我們所說的對事要有「認眞」的態度。另一方面，尤其値得我們效法的是以元臣而又習慣于唯我獨尊的王導，對于不客氣的批評，竟有「斂衽謝之」的美德，這也合乎我們上面所講的寬容精神。

我們希望今後辯論的雙方，（包括我們自己在內）在辯論的時候，不會忘記上述故事中兩位人物的風度。

改過去死氣沉沉的沒有生氣而走向光明的大道，也只有如此才能表現「同鄉會是每個同鄉自己的」。

然而，同鄉會雖然成立了這幾個委員會，而實際工作似乎很少，「一年來同鄉會似乎很散漫，除了幾個已具規模的機構，如醫院，學校，圖書室等尚能循序漸進，較有生氣外，其他新猷，殊不多覯，如新設之福利委員會，大概爲了人事糾紛關係，有名無實，形同虛設，洞庭旅行團雖已成立，惟正式旅行，尚未辦過……」（莫釐風三卷二期短評）這並非言過其實而有所苛求，這一方面固然是人事糾紛，而一方面也不得不歸咎于「過去同鄉會，大半爲應付事，並不是辦事，即有事做事，不找事做」（徐六泩，會期第一期）現在也犯了這個老毛病，並且又中了議而不決，決而不行的毒，試舉例如下：第三十六屆第五次理監事會議紀錄（三六，十一，二）……五、文化委員會報告：……「推進鄉村教育擬舉辦各種競賽，與以獎杯以利用先賢名號作爲獎杯名稱，並放映教育影片及採用無線電轉佈學術談講。……擬舉辦藝術展覽會請沈恆漱君負責籌備等……」。

第六次會議紀錄（三七，三，一八——與上次會議相隔四月——筆者）文化委員會報告「……前議辦推進鄉村教育各項辦法擬次第付諸實施並爲本會負起文化使命，對于矯正本鄉思想方面擬利用徵文及戲劇等方法以取聯絡在山各校教師分別辦理已于上月由朱席兩君赴山與各校教員洽議可以接受，……擬設木刻速寫班……前議競賽獎杯擬先製備「澤南」「振民」兩杯，指定澤南杯爲小足球賽，振民杯爲爬山競賽……」。又第七次會議紀錄（三七，五，廿一——與上次會議相隔二月——筆者）文化委員會報告：「請藝術組主任沈恆漱籌備藝術展覽……爲提倡體育起見擬發起東山區秋季運動會……（以上均引會刊第五期）

由此觀之，文化委員會的「擬」舉辦各種競賽是在去年十一月二日決定的，到本年三月十八日再決定獎杯名稱等，而五月廿一日的會議上又「擬」發起秋季運動會了，其中舉行三次會議，三次「擬」辦，至今雖然秋季尚未結束，而卻已是已涼天氣未寒時了，未知文化委員會還記得此事否？不知可在擬辦中否？

、擬舉辦藝術展覽會情形正復相同，第五次會議是請沈恆漱君負責籌備，第七次會議是請藝術組主任積極籌備藝術展覽，至今是否無音訊，這眞是合了「中國人有一個最大的弊病，是：『計而不行』，偉大的精美的計劃雖然很多，但從沒有兌現過」（葉伯初，莫釐風第九期）一句話了。

這都是關于文化方面的，關于康樂方面：洞庭旅行團曾有過一陣熱鬧，「洞庭旅行團發起團員，現已徵得五十餘人，將于農曆新年召開成立大會（莫釐風二卷七期小消息）

「洞庭旅行團定於二月二十九日召集發起團員，舉行成立大會，不久即將出發，集團探勝云。（莫釐風二卷八期小消息）但是後來「旅行團第六次旅行擬定東山，經登報宣傳後，籌備一切，屆期以人數稀少，又以到山時間太晚，臨時決定中止（會刊第五期會議紀錄），以後就不再聽得到關于旅行團的消息了。

康樂方面，除了旅行團。別的也很少活動，第五次會議紀錄：「康樂組擬組織洞庭話劇團」而第六次會議「康樂組會組話劇團及平劇社」，嗣因缺少練習地方，現在停頓中」第七次會議：「乒乓室前因會員組與夜校同學因練習時間發生衝突，故經佈告暫行停止練習，……乒乓組應早日恢復……」

文化委員會是擬而不辦，聯誼委員會是辦而不力，同時也很少主動的協助，讓各小組自生自滅，如上所述，現在各小組活動情形很是冷落，平劇組是經過了一番掙扎而來的，莫釐風會有如下的記載：

「在聯誼委員會十一月份（卅六年）常會中，關于平劇股的提案，因時間不及沒有討論，許多愛好平劇的會員……沒有等到下次會議通過……立刻開始吊嗓了，於是一部份人大打官話，認爲沒有經過合法的程序，明明是以既成事實來迫使聯誼委員會承認，……因此，聯誼委員會爲了平劇股的問題，特別于十二月份常會提前召開，在會議席上，經過熱烈的辯論，終于通過了平劇股的誕生，從這里，我們看到了同鄉會里的保守與進步兩種力量的消長」（一得，二卷六期莫釐風）。

雖然如此難產，卻還是很快的「缺少練習地方而停頓」了，這的確能夠看到保守與進步兩種力量的消長的。

祇有一個乒乓組，在幾個人主持下活動着，但也顯得並不十分活潑似的，至於福利方面，因爲「惠然軒公墳，三十四年由創辦人後裔……移交本會管理以後，向無開會，詎於上屆實施整頓之際，忽有所謂復興委員會者，出而假名號召，橫生枝節，本會進行頗受妨礙，關于會員福利工作，因之不克推進，（葉振民，會刊第五期）所以「動員了好幾位熱心理監事以及本社（指東聯社——筆者）四十多位同學以大量人力，將大禮堂整個調動，本來是個佛堂的佈置，不到數小時就改變爲禮堂。」（莫釐風二卷四期）並且「本會大聽擬裝修以備婚喪禮聽之用」（會刊第五期會議紀錄）然而如此大播大鼓，福利委員會都一直未見有何工作表現，只不過擬具了規則以及「考慮人選，報會聘任」而已。

以上對于三委員會所列舉的各種事實，難免有過分挑剔之感，然而除福利委員會根本沒有舉辦過什麼不談外，據文化聯誼二委員會規則所載，文化委員會分爲下列各組：

（一）學術研究組，（二）教育推進組，（三）編輯組（四）美術組，（五）圖書組。

聯合委員會分下列各組：

甲、會員組，乙、康樂組，丙、旅行組。

名目是很多的，然而有幾個組就形同虛設，譬如說學術研究組更本就沒有辦過一點學術研究工作，連「擬」也沒有擬過，會員組不過做了些刻板的統計工作，對於會員就沒有聯繫，誠如莫釐風三卷二期短評所說「在會的方面，只要收到會費，就算多了一個會員；在會員方面，以爲遞過會費，就算入了同鄉會。」

檔結所在，經濟問題，固然是限制各組活動的主要條件，然而也不能不承認是各委員會，各小組的負責人努力不够。

文化，康樂和服務這三種事的成敗是有關整個會的前途的，別的不要說，祇看近半年來到會的會員逐漸減少，至今每月平均不足十人，一般之意見，均以到會也無何工作，而到者日少，後至者亦相率裹足，這一個危機是必需設法打破的，打破這個危機的方法無他，就是向文化，康樂與服務三方面發奮圖進而已。

現在同鄉會正在籌備舉行本年度的會員代表大會，希望在這一方面加以注意。

從大尖頂的圍牆說起

——談談同鄉會能做些什麼——

楊棠

一 從大尖頂的圍牆說起

筆者執筆的當口，適逢天文台報告颱風即將襲滬，這颱風就是俗語所說的龍風，因此使我想起大尖頂的慈雲寺，賴有善男信女替它築了一堵圍牆，使這觀音得道的香火聖地，得保無憂。假如龍風敢來，定叫「龍頭」在圍牆上闖得烏青塊打疙瘩。眞是功德無量！

不過細細想來，「佛法」還得用「圍牆」來防護這一點，却正是「佛法」的大漏洞。

二 陸先生的圍牆政策

最近同鄉會會刊第五期上有一位陸先生寫了一篇文章，卻想用這圍牆政策築到同鄉會來了，陸先生引用潘光旦一句話道：「同鄉會的組織，無論怎樣的輕描淡寫，總是一個地方主義的產物，總是異鄉人地方主義與本地人地方主義所推挽出來的東西。」因此就斷定同鄉會的「先天的保守性」。這一道堅固的圍牆足可擋住但憑你什麼「風」的闖擊，使得道者可以穩坐磐石之上。眞是功德無量！

陸先生道：對於區政，我也不敢附和時人的主張，有人責備同鄉會不拿出爲民除害的立場檢舉告發故鄉失職的官員；……這些都不免是天眞的說法，譬如國內政治不清明，得需要改革，我們能把過份的希望寄託在僑胞身上嗎？」這一堵圍牆把什麼都擋出去了，「僑民」我自爲之，拍拍屁股，省了多少是非！

陸先生接着又道：「再說，現在法令如毛，那麼，與其要求一切『合法』，毋寧要求一切比較近於情理，」這樣一來，不够情面的受難者就連他的呼聲也全擋了出去，豈不清靜！

但有人不解陸先生爲什麼揭櫫什麼「教育」，「保健」「兩大目標」這一老鼠尾巴來了呢？試問又是那一國的僑民會經負起過這兩大目標的任務呢？發這個問題的人定然會在圍牆上撞出烏青塊來的。因爲陸先生早就說「無意與人作無謂的論爭」！

圍牆雖然築得如此崇高，深密，而且重重疊疊，還是要留着些眼兒。不過不是預備同外面通通風的，倒是向闖擊圍牆的「風」瞄準的槍眼，陸先生道：「這兩年間，在同鄉所辦的刊物上，似乎很少見到內容豐富而又切實的論著，說得更確一點，够得上水準的也就不多，這是眞够令人氣短的。」事實上我們的確見不到應制對策式的歌功頌德，而只有許多在現實生活壓迫下的呻吟叫號，但是別人在訴說身受的痛楚，他却覺得「不够水準」，豈不妙哉！

三 同鄉會能做些什麼？

話歸本題，同鄉會的組織是由「異鄉人的地方主義與本地人的地方主義推挽出來的」，並且它將來一定「趨於消滅」，這都說得很是，但是圍牆政策信徒的陸先生却沒有細加思索，它也可以負起灌輸新知識及溝通故鄉與外鄉之間的關係等任務，同鄉會可以是地方性，局限性及保守性的，但並不一定如此。只是圍牆政策的信徒自己劃地爲牢，把自己困在裏面。

同鄉會會章第四章第四條原文：

「本會視經濟能力與需要次第舉辦左列任務：

「（一）促進地方建設及自治設施；

「（二）舉辦同鄉文化事業；

「（三）調解同鄉糾紛及昭雪冤抑；

「（四）提倡高尚娛樂；

「（五）其他福利桑梓及服務會員等事項。」

其中文字固然需要陸先生那樣的人來雕琢，原則上却不能讓陸先生取消的，問題是如何使這種的性質更爲明朗，更爲積極。

陸先生大概常常翻翻六法全書之類，不免以「法」來炫耀。但是也因此鬧了笑話，要知道並非一提起地方自治就非「假定我國爲法治國家」不可的。地方自治是爭取得來的。雖然在已經獲得之後，往往就用法律的形式來使它合法化，但是一切恩賜的地方自治却都是虛僞的。保甲組織不是自治的單位，也是自明之理。陸先生要「在現時法令之下」來談地方自治豈不是自己縛住了自己的腿一樣？

上面說的也許有人覺得太不實際，但更難了解的是「爲什麼調解同鄉糾紛及昭雪寃抑……假定我國爲非法治國家——至少，在心理上是不健全的」呢？陸先生否認了事實又何以使事實來健全我們的心理呢。陸先生不過取消了一切而已！事實不是那樣而偏要說那樣，這種奴才心理也並不算健全！

同鄉會不但應該負起會章所賦與的全部任務，並且應該積極的使它的內容更充實，更豐富。儘量發掘我們所有的力量，來幫助故鄉不幸的受難者解除痛苦，爲故鄉同胞謀福利；儘量把新的東西介紹到故鄉這偏僻的角落裏去、儘量使同鄉們多多接觸，結成更强大的力量。在這個歷史的激變中，更應該常常集合些同鄉們來討論討論，以了解我們所處的時代和環境；以了解我們所應循的途徑！

要知道同鄉會的生命正是以多種的事業來獲得各方面同鄉及廣大的故鄉同胞們的支持呀！

四　圍牆政策是毀滅之路

陸先生雖然取消了一切，却又矛盾地定出了兩大目標來——教育和保健。認爲「這兩件事如果眞辦得好……卽使同鄉會將來趨於消滅，對於社會，對於國家，實在已有不少貢獻了。」但我們要問爲什麼自己把自己局限起來呢？關於這一點陸先生所提出的理由只有一句話：「實在已有不少」了！

陸先生裝作很進步的引用學者的話來說明：因爲同鄉會的局限性所以他將來要滅亡的。實際上陸先生却又自己把同鄉會的任務在地方的局限下再局限起來，難道陸先生眞要速其滅亡嗎？

上面說過，「佛法」還得用圍牆來防護，正是它的大漏洞，圍牆主義者的陸先生還是把圍牆拆了吧！前面是寬闊的平野，後頭卽是滅亡的深淵！

是禍是福？

——金圓風雨中的銀錢業

醞釀已久的幣制改革，終於八月十九日頒佈實施，雖然逐日各報端的反應可看到額手稱慶的大標題，但是小民仍是別有一般滋味在心頭，還不知道是禍是福？

從法令中金融業的條文很嚴格，因此正繫着全國銀錢業的生存問題，本來被外界羨慕和贊稱的金飯碗，而實際上正是描金鍍了白銅鎖，有苦難宣。在這百物競漲，三令五申的管制下已是氣息僅存，但是茍延殘喘中還是成爲各方指責的衆矢之的，好象一切漲風，投機，高利貸，通貨速率的增加，都是銀錢業一手造成。平心而論，各行業的資力，自戰前到勝利和到現在，萎縮得相當可憐，以輔助工商放款而言，在他的來源——存款劇降到僅有戰前的千分之五以下（七卷五期經濟周報），尙且還要交存央行百分之十五的保證準備金，及受銀行法所規定的存款放款比例，以如此低微的力量，怎

「一年好景君須記，又是南湖菱熟時。」

秀水風光

·先疑·

卅六年雙十節後二日星期例假，洞庭旅行團舉行第四次嘉興遊覽，南湖菱熟，正當好處，余別秀水已十載餘，適林兒自蘇來滬，偕之共往。於黎明中至北站，隨招待者登定備車，同遊者男女百人，萍水相逢，大多他鄉之客，及時行樂，頓成勝友之侶。車中白髮紅顏，相映成趣，吳音楚調，談笑風生，亦一時之佳會也。

是日秋氣清冷，晴光不暖，出門良佳。車以六時三刻開駛，經梵王渡西站，掠新龍華而南，都市煩囂，頓然消逝，時曉霧未收，村煙初起，稻黃菜綠，原野靜寂，耳目爲之一淸。七時半抵松江，車少停，望城郭中廟宇塔影，歷然在矚，顯見兵燹之餘。過石湖蕩而楓涇，而嘉善，多長橋臥波，風帆上下，皆太湖流域魚米之鄉。未幾嘉興在望，九時十六分抵站，同行者合攝一影爲紀念焉。

嘉興站略似蘇州而小，穿地道出站，不百步遙卽達街市之宣公橋。朶至劉禾興麵館，時已飢腸轆轆，以先食爲快，各得清湯蝦蟹麵一碗，味甚美，余復佐以白酒二兩，早寒既却，肚爲之暖。食罷往「三塔寺」遊，團中預定小船泊於河畔，五人一組，余與宗兄甓林兒椿姪等六人共一舟。舟次團中備鮮菱一大包，剝而嘗之，角渾無剩，味嫩可口，以「粉白黛綠，秀外慧中」八字比擬之，殆無愧色。操舟姑嫂二人身手矯健，每掠他舟以先。舟身輕滑，小船止可容膝，余體豐盈，林兒稚性好動，左顧右盼，每易傾側，蓋瓜皮小艇，宜於清溪容與也。過南門「娛老橋」而西，一塔矗於水濱爲「濠孤塔」，有蒼茫獨立之概，出「五龍」「西成」二橋至「三塔塘」泊。

登岸至「血影禪院」，閱民國乙丑危道豐撰碑記，知明嘉靖間倭寇犯境，姦掠婦女，有僧「妙諦」者一夜盡釋之，爲倭所殺，血跡印於石坊，視之若甚似。前行爲岳王祠，有盡忠報國坊，內已荒穢。西首爲「茶禪寺」，旁有「蠶花廟」，讀淸乾隆末先蠶祀典碑記，足徵此邑蠶桑之盛及民俗之信仰。寺外三塔並築河干，塔凡七級，不可登臨，每級有造像，風雨摧剝，希有完整，度其年代不甚古，殆乾隆間物也。沿河塘岸至此北折「龍王廟」踞一角，門前浙省工程處新建一亭，碑刊「溪山平遠」四大字，碑陰載浚河築塘工程得自外援。於此臨流駐足，絕似「木瀆，胥江」風景，舊稱「茶禪夕照」確爲嘉興西郊勝處，惜不見遠山耳。

遊畢導者言往「送子菴」，乘原舟東返，及公路旁登陸行，有敵寇砲轟遺構摒於橋口，立石猶存。附近陸宣公祠

能負起「促成漲風」，「助長投機」的大罪名，調劑金融當然是銀錢的初旨，由通貨膨脹，幣信日落所造成神速的通貨流通，請問是誰的責任？

關於游資問題，詳文政院已於九月五日公佈施行，因爲只重安定信心及整頓金融的理想，而不顧外界的輿論和客觀環境，引成相反的效果，各行莊的設立，都根據合法手續領得財政部的執照，在社會上也有卓著的信用和需要，戰前的資產是夠開幾家大規模的工廠，而現在僅值幾家百貨店，請問是那裏去了？要限於二月內再完成，如此鉅額的資本，在時間上太短促，事實上股東是否能負担這資本？即使能夠，在前途是否值得下這筆資本？都成個嚴重問題。

最近趨勢，爲了財政經濟緊急處分令，管制中，各方的游資，都處於觀望態度，停滯在各行莊內，而放款抑成反比，造成懸置很鉅的情形，在生存上是個大威脅。況且利率問題，沒有在供求需要的原則增減之下，一再硬性減低，由四角到九分到五分，十一月一日起僅有五分以下，竟連跌十餘倍之多，利率要恢復戰前，而物價指數實際上並未減低，如此的收入絕對不能應付，所以前途還不是吃光完結嗎？同時由於行莊的前途影響到十餘萬從業員的生活問題，及更多的依靠着生存的人民，本來在掙死命的生活線上掙扎，忙得白熱化的生活驟然打入冷宮，從愈漲，愈忙，愈苦的三部曲，演變到減薪，裁員，停業的危機。

所以法令對於我們錢業從業員已完成宣判書，不啻判上了死刑或徒刑。不但是銀錢業的遭遇如此，同時全國各業都在困難的情形中掙扎，而各業從業人員都面臨着兩重的危機，生活水準的凍結下降，和失業。法令在民主國家裏，當然應該爲人民解決民生問題。大概我們小民還是「小我」，祇好在大人物的「大我」下犧牲了。失業的威脅對我們同鄉決不能例外，所以祇好同作紅廿蕉之凱旋。（九月五日）

·方人也·

全毀，山中碎瓦頽垣，荒涼滿目，半里至迭子菴匾題懺悔菴，供大士像，住比丘尼，當門懸額「居然生了」不知誰筆，有讖語雙關之妙。是庵夙稱神祕，此行欲探其異，入內隨喜，衆者小坐，視一老尼道服外，餘二三妮皆蓄髮衣時裝，色相平庸。同伴中好事者呼尼撩之曰「解結」可乎。尼等妞妮作態，人多未諾，迨客散去，因促之乃允。詢其值四萬元，遂許之。尼等問解何結，「杭州」或「嘉興」，衆漫應之「嘉興」可也。於是三尼駢肩坐於矮凳之上，信口咿呀作土調，似山歌，如宣卷，毫無風韻，聽之作嘔，即醵資而出。時已晌午，原舟回東門午膳。

膳後率往遊覽鐵道苗圃，即在車站之北，綠蔭夾道，景特清幽。圃經敵寇管理，尙留日本建築物，佔地甚廣，苗種良多，自接收後反形荒蕪，足爲太息。圃中有參觀造紙廠之約，余即欲覽禾城市容及其他名跡，遂以林兒付宗兒與衆分程，單獨呼車一輛沿環城路北行西折，過秀州中學而至建國路市區。下車信步，商店林立，戰後景象漸見興復。詢途人云有「杉青閘」可遊，乃過高橋（北麗橋）出北門，柳堤逶迤，秋水長天，「落帆亭」在焉。隔壁觀音堂額題「杉青第一閘」，閘廢溝存，已無遺跡。落帆亭爲兵所佔，余叩門投刺而入，一徑通林巒，饒臺榭之勝。讀壁間書條有光緒甲申嘉令希傳所撰亭記，其首略云『出城北二里而近，長水舊塘，杉青古址。（宋時設閘有吏，舍及亭）春風祖帳，落日歸帆：……』文頗典雅可誦，於以知「杉閘風帆」由來久矣。

返城而南，入張家弄今名仲權路，觀舊縣學今改民衆教育館，又西遊城隍廟，此二處殿宇尙存古制，但日就破壞。縣學之碑竟被民教人員坊爲泥壁，文獻無徵，教化云何哉。郡廟中廣場雜列明清兩代碑記甚多，余閒讀久之，頗足爲此邦吏治之考證。旋經嘉興縣政府，復折而過「楞嚴講寺」，赳赳者戒備森嚴，一瞥而過，寺旁有溪流題曰「傾脂河」，其名豔極。

時已未刻，亟驅車出東門至宜公橋給資訖，問旅行團友已早赴煙雨樓矣（余計惟單舟渡湖，正徘徊間，見河埠有「船娘」者流三五輩方待客至，竊意遊覽之舉，原爲采風問俗，且擇一舟雅潔者與之議定上船。船女「許阿五」年華十九，問知名於湖上，乃母操櫓於後，「阿五」則注茗奉巾，侍應船內，笑問客從何處來，奈何獨行踽踽。余告以故，且曰倦矣，乃欲枕作假眠，命擇柳煙深處，停棹小憩，時斜日映波，光耀奪目，「阿五」覆以篷席，倚舟結線衫，極嫺靜之致。偶憶元薩都剌「吳中過客莫思家，江南畫船如屋裏」之句，誠無以易也。既而繫舟登「清暉堂」入「煙雨樓」，周覽樓畔諸勝。於「鑑亭」得先伯詠覺公諱「昭敦」撰書楹聯一副，句云：「故鄉儘有湖山，數秋月春花，一樓登臨成往事、此地偏宜煙雨，聽漁歌樵唱，半年管領亦前緣」，時在清光緒二十五年正月秀水縣知縣任內也。適公文孫茂姪亦來此游，遂囑記之。衆客將散，宗兒與林兒亦欲歸去，余逸興未已，復於樓前桂樹下石桌上呼茗設酒，招「王」「陸」二戚共飲，命「阿五」侑觴，且期蟹肥再來一醉，興當更濃。金烏墜矣，不克久留，遂鼓棹而返。

薄暮在街頭購土宜數事，仍於禾興館晚飯，燈光黯淡，座客散亂，匆匆一餐，良乏佳趣，時距上車猶早，余偕宗兒林兒就鄰舍茶樓小坐，領略此間夜市。茶客多村農土著，閒話桑麻，恰然自得，以視風塵僕僕中人日不暇給者，又何足貴耶。八時半車站候車，待至九時許始開駛，座中陡增臨時旅客，多人頗擁擠，車廂燈光設備欠佳，且震盪甚烈，無不怦怦欲睡。未幾喧聲四起，大喊「臭蟲」，合座不安，余腿間亦發奇癢，異常掃興。車復誤點抵上海已十二時半，余與休兒返舍後檢查清潔，於衣間得狀似黑豆者一枚立斃之，始就枕。是行也，一日三餐與舟車來往之費剛中僅收法幣十八萬元，諸幹事服務週到，足以誌謝，惟京杭路局漠視整潔爲經濟旅行中憾事而已。

離鄉日

無之

接連在故鄉流浪了三個多月，終日徘徊在心頭的是：「怎樣獲得一個職業？」

還記得當隔壁阿四家在裹粽子的時節，我帶着一顆失意的心踏進那古老而呈現着給風雨侵蝕而駁離的大門。隔鄰阿四的媽正在門口，剛把一木盆雪白的糯米安放在曬麥場的西隅，盆裏還有二碗粽子的餡子──赤豆和紅棗──。當他家的狗狂吠而驚動她的時候，她抬起了那老而多皺的臉，瞇着雙眼，半問半自語的道：「啥人家？」接着遲疑了一刻；而當我踏上大門前的階沿時，她又道：「噢！是×家大少爺！着仔西裝要勿認得快哉！倒底是做生意噶好，大包小包噶轉來過端午哉。」

但是我對他的半帶恭維半自語的話，所得到的反應只是心頭一片冷。太自愧了，新年在鄉時她托我給她唯一的年才十三歲而尙未小學畢業的兒子介紹職業時的話，在腦中湧了出來：「爺末，早死，就是勿會讀書，貴米貴糧也難，大少爺就給俚想想法子吧……」

可是現在我自己也失業了。上午，因爲昨晚失眠的緣故，起得特別遲，姊姊已上街了，留在牀前桌上有封掛號信，白紙上的黑字特別誘人，尤

特寫

介紹一枝新東山的幼苗

漁村夜讀班

本刊特派記者 舒可

「讀書識字，讀書識字，眞快樂，眞快樂……。」

「那裏來的捉魚人呀，沙里紅巴埃埃……。」

「我們是姊妹兄弟，大家團結在一起，不分男，不分女……。」

一個炎夏的傍晚，我訪問了安定教師和小朋友所合辦的漁村夜讀班，並且，無意間，參加了一個月光下的乘涼晚會。

白茫茫的湖水，岸傍如絮的垂柳，倒映在平靜的水面，點綴着漁村的晚景。

晚風中吹起了一陣嘹亮的歌聲，堤岸上擠滿了乘涼和看熱鬧的人，一簇簇的漁村兒童——網船小囡——都坐在草地上很認眞地識着字。

從幾位教師的口中，使我知道了他們的一些情形——。

自從去年安定復校他們來到東山後，就愛着這湖嘴頭的風光。他們玩着山，看着水，無意間發覺到一羣被人遺忘的小朋友，他們沒有機會識字，黧黑的皮膚，襤褸的衣衫。白天幫着大人划船到太湖中去捉魚，早出晚歸，所接觸到的祇是單調枯燥的水。

在識字教育不分界限，和服務是人類天職情感的衝動下，他們就毅然地嘗試了教育家陶行知先生所發明的小先生制，一方面使他們能夠識字。另一方面，更使安定的小朋友，切實地能夠有機會做到「小學中做，做中學」的活教育。

據說，那羣小朋友很需要讀書，但爲了限於經濟和時間，沒有機會進學校，現在能夠趁着他們空閒的時候，去教他們，當然是最歡迎的。

「小先生」，在一般東山人們和小朋友的頭腦裏還十分新穎，因此參加出去教導的小朋友，都要經過特別的訓練，就是所教的字，所唱的歌，也必需迎合他們而特別編製。

每晚，七時到八時半，一個教師帶領着四位小先生，每個小先生又教着七八個小朋友，一組組很有規律地教導，除了識字外，還有遊唱，講故事。提魚人看看自己的孩子在識字，而孔上不覺露出快慰的笑容，家長們看到自己還在讀書的孩子，居然也會教書，活的教育是多麼好啊！怪不得我聽得旁邊的一個老婆婆在感動地說：「這些先生眞好，自己乘涼，還不休息，教教他們識字」。

因爲要避蚊虫，他們讀好了書，往往就將船停到太湖中去。我們也就乘着他們的船盪漾在水面上，一條條葉攏來，好像是一個島嶼，晚風從水面吹來。水面上反映出明亮的月光。在大自然的懷抱裏，我們活潑地展開了乘涼的晚會，大家的口裏都自然地唱出了歌聲，歡迎××班唱歌，歡迎教師來一隻，歡迎漁村的小朋友歌唱，歡迎漁村的小朋友××獨唱一隻，大家都興高彩烈。從許多接觸中使我們知道，他們雖然貧苦，但卻很聰敏，就拿唱歌來說，他們非但一學就會，而且有幾個唱得很好。這裏我就想起，韓代校長所說過的，「貧苦小朋友的學習心，不一定比富有的小朋友來得差」。

爲着想更詳細一點了解他們起見，我們曾拉雜地談到了他們生活的情形，據說他們有的在四五代前就飄流到了東山，靠着湖中的魚蝦，刻苦耐勞地生活着，靠近餘家湖一邊的漁民，現在已經有幾間房屋和幾畝田地了，但和飄浮在船上生活的漁家，階級分得很淸，就是小朋友讀書也不肯混在一起。

七月中的一天，他們也打着醮，經費由每個船戶分捐，唸唱經咒却由自己担任。在特搭的蘆蓆棚下，大家坐在地上念唱，充份地現出儉樸的作風。一般船民，都害怕經過安定塔旁的那段路。據說在石柱的河中有落水鬼，會有幾個人不自知地失足沒頂。

有位教師說：「仔細看看他們的面貌，都很端正」。但一般東山的人們會對他們看不起，就是對自己的小孩開玩笑的時候，也往往會說「你小時候，是從網船上領來的」。

在歸途中，我們又談到了經費，據一位負責的教師說：鉛筆頭，書本，大部份是向全校小朋友徵求的，而白紙和練習簿，是由教師們的伙食賬中節省下來的。一般的漁民和小朋友，很需要藥品和舊衣服，東聯社和詩親義莊所合辦的施藥工作，在那裏很能得到一般漁民的歡迎。當然，他們將後需要的東西還很多，希望社會人士能給他們支持。爲下一代着想，更應該將這方法和風氣推行開去。

我深深地爲漁村的小朋友慶幸，因爲他們已得到了一部份人間的溫暖，我更應該向安定小學的各位教師，小先生，以及校董校友們致敬。

其是左下角的一行字：「上海××銀行×絨。一忘了洗臉，急切地拆開了那寶貴的信，不出所料地出現在眼前：「……職業現已解決，乃混地×廠，接信後，望速來申……。」特別誘人地，在我腦中深深的烙上了。快樂的眼上帶着二顆淚，草率地做了旗完了早課——洗臉——，狼吞虎嚥的吃完了粥。像炫耀似地向姑媽去辭行。整個下午，坐在天井裏的夾竹桃下，初秋的風，吹得那樹梢前後擺動，像也爲我欣喜似的，悉索地響着，又像依依不捨。姊在房中替我理着出行衣着，客堂內只有[illegible][illegible]上父母的遺像有些生氣，微笑地向着我。我奇怪怎末今天的太陽像釘住在半天，老是不向西墜？好容易挨倒了傍晚，友朋們——失業的同志熱誠地來道賀。「倒底××有辦法！」首先進門的吳說。「以後有機會，請多提拔。」失業了二年多的許，低聲地又似害羞地向我說着。但是年輕的我又怎會有這樣的能力呢？爲了免他失望，只能含糊地應着。王在壁上取下了京胡，奏起了他的拿手「夜深沉」。多皺紋而蒼白的臉上現出了微笑，像欣賞他自己的藝術。「今天要請主人先唱，並且要多唱幾齣！」不知誰提議。「好！」我應着。唱着自以爲拿手的「武家坡」——時鐘報着十下，他們都散了，留着我孤獨的一人，桌上的茶杯沒順序地擺着，搖曳的燈光，映着我的影子在壁上，特別高大，而含着不可言喻的生氣。仰臥在牀上，不知是往常的習慣抑是特別興奮，半些兒沒有睡意。時鐘報着三下，眼皮還是蓋不下來，夜漸人靜：所看得到的只是黑暗，黑暗，黑暗：：……。晨鷄初唱，天窗上透出了白色，喜鵲鼓噪地爲我送行，姊姊的房門在響動着，我一骨碌地起身，開始覺得頭有些重。輪船移埠，我站在船頭，望着朝[illegible]中的莫釐米，渡水橋漸漸的退後，又開始作第二次的他鄉遊了。

紅甘齋日記(十五)

紅甘齋主

五月五日　星期六　晴

俗以五月爲毒月，今日端午，例須以蒲艾插門，飲雄黃酒，張鍾馗像；小孩額上，書一「王」字，胸前佩大黃成串，綴以彩帶，皆所以驅毒避邪者。

吾家舊有鍾馗啖鬼像一，久未張掛，予偶憶及，急爲檢出，已塵灰滿面，間有水漬，惟鍾馗神貌未曾減色，而諸鬼醜態躍然紙上，尤見逼眞，因思今日世上，鬼怪何多；詭詐，貪汚，營私，舞弊，囤積，聚斂，無不登峯造極，儼然一鬼世界也，而獨少一鍾馗其人，爲之三歎。

山俗對撇碗過節，極爲重視，今逢佳節，予頗願稍事改革，建議取消各種刻板文章，藉開風氣之先，老母不許，依然香燭燃香，各式具備。「屋裏嚮」自須大忙一番，無非浪費一些鈔票，予常引破除迷信爲已責，偶而爲文鼓吹呼籲，乃在自己家中，猶不能做到，可見主張與實行，截然兩事，可悲也已。

今日在家就膳，殊屬難得，予自來山後，日有應酬，頗以爲苦，集會演講，尤所頭痛，惟亦已四五次矣，計開：

一、區長招待會：「關於救濟特捐」。

二、自衞團：「怎樣保衞家鄉」。

三、民教館識字班：「不識字的痛苦」。

四、保國民學校：「讀書不忘救國」。

五、國民中心學校：「我的奮鬥」。

惜以臨事倉卒，不及預備，致少精闢見解，除第一次外，概不追述。

晚，張媽爲報菜帳，知肉價已至每斤一元二角，其他亦無不飛漲，良以佳節銷路大增，菜販趁機抬高所致，今日菜費共計六元七角，此外錫箔香燭之類，亦費二元之多，予因謂婦曰：「燒這許多錫箔做什麼呢？在現在兵荒馬亂的時候，迷信的消耗，還是儘量減少點好，活人還顧不週全，還有力量去管死人的事」。

「快別說這種罪過的話，沒有「死人」那裏有你這個「活人」，燒點錢給祖宗用用，也不會多費到那裏去的」。

「你又要動肝氣了，好太太，我不過提出了一點意見，儘可能在這方面節省一點，並沒有主張全部廢掉它呀！」

「終算你的上代還算福氣，有了你這樣一個好子孫。「節省」，誰不知道是好事情，可是這牆門裏誰是最不節省的人？誰是眞正不迷信的人？上海跑馬廳的石翁仲，你有錢而且高興去替它鍍金，這不是浪費是什麼，不是迷信是什麼？而我連金戒指也沒有兌到一只。想想眞氣人」。

「是我出錢鍍金？誰說的？誰說的？」

「東山人那一個不知道，還裝什麼獃呢？」

「有嚼嚼的東山人，撥弄是非，造謠中傷，他們的嘴好像專爲了講人家壞話而生的。我一定要探聽出究竟是那一個人造這個謠」。

「也用不到這樣正經了。即使你沒有鍍金，你也不見得不迷信的，純陽殿拜懺，你頂起勁，錫茶壺處算命也常有你的份。這不都是迷信嗎？」

「老實說拜懺的目的不過是吃幾頓飯，本來我就不信這一套，至於算命，我以爲不能當作迷信，這是一種哲學。而且你還說了三個白字：「錫茶壺」應該讀作「錫度坤」的」。

「我讀書不多，不管這些。」

於是一場迷信論戰到此結束。

五月六日　星期六　晴

昨日爲佳節，「每逢佳節倍思親」，在我則數十年來每逢佳節常在家中，因無須受思親之苦，惟年來經濟拮据，每逢佳節，必多方張羅奔走數日，頗以爲苦，如易爲「每逢佳節倍思金」，固甚貼切，想世人與我有同感者，必不在少，今年端午，予雖順利度過，然仍不能一日忘情於「錢」甚矣哉「錢」之爲物也。

清晨小兒入告，殿涇港有浮屍一具，惟未悉何人，再囑前往，十分鐘後，消息傳來，竟係四表兄武徵西，予初聞而驚，繼而泰然，終則喜矣，何以言之？

夫徵西兄，以而立之年，荒唐半世，尋花問柳之外，兼染阿芙蓉癖，於是家道中落，產業蕩然，姑母以此病死，然如能幡然回首，則前途仍屬明朗，今乃突以死聞、此吾之所以驚也。繼思人生不免一死，徵西兄早走一步，又何傷乎，於是泰然，尋思，武家本大族，家產富有，至徵西兄而中落，幸賴表嫂賢慧，得能保存十之一二，惟設表兄不於此時死，則此十之一二何能倖存，此吾之所以喜也。

新聞既傳，偏山瘋狂，主婦備僕，攜老扶幼，奔走殿涇港上，看屍，宣傳，談論，批評，各盡其歸，雖猛將盛會不若也。予知徵西兄之死，必爲宿債未清，難度佳節之故，而死期殆即爲端午無疑。夫端午爲詩人屈原葬身汨羅忌辰，今徵西兄效踵於數千年後，未嘗非佳事。

驗屍畢，家族具領返家。廳上一榻橫陳，妻子兒女無一哭者，蓋表嫂十餘年含辛茹苦，惟一希望，即求徵西兄速死耳。

「死有重於泰山，輕於鴻毛」，觀乎徵西兄之喪可知矣。

今日滬報載幣制改革京中傳言甚盛，予勢須提前去滬矣。

怪事與妙論

吳季玉

——爲警告「秋」君家族——

前一些時候，報上風傳一時，說「四川有一位女子楊妹，九年不吃，依然活着」，眞是奇聞。一時從新聞到報屁股，從街頭到巷尾，到處講動了這件怪事。

偶然看見同鄉會會刊第五期上「酒後茶餘」欄中，居然也有人談起楊妹來了。

「外國人聽了此訊搖頭不信，說是違背生理常識，認爲不可能。」但那位作者「秋」君卻大不以爲。然他一定也搖了幾搖頭的，說道：

「但天下有許多事情，古人認爲不可能的，現在已是可能了。即如科學上的原理，自從原子彈成功後，也有許多被根本推翻了。人類是在不斷的進化，難道不能進化到將空氣與水來消化，變成身體上需要的營養嗎？」說來似乎「秋」君比科學家還懂得多一些呢！但是讀者再聽下去吧：

「四川自古多異人，或者峨嵋山裏自有外人所未知的奇卉異草，食之令人可以辟穀的，不能說不可能呀！我們應當以懷疑的態度來研究它的原因，注意它的發展。」原來「秋」君所缺乏的眞是最基本的常識。幸而「秋」君不是餓着肚皮在注意研究，否則恐怕其人已朽矣！因爲楊妹不食一點不眞，實在是假！

報上常見有二三孩童，讀武俠小說着了魔，結伴去四川峨嵋山訪道的；又有一次說一個孩子倚住樓窗在讀武俠小說的當口，忽然鄰舍炊烟直冒起來，那孩子以爲仙師派白雲童子來迎，跳入雲端，那知不會上天，卻在地上摔了個一佛出世，二佛涅槃。希望秋君家屬，注意及此，因爲小則骨折筋摧，大則出走喪生，不是玩的。

同時更希望會刊編者先生們，切勿在堂堂同鄉會的機關刊物上貽笑大方。否則法師壇前的娘娘香烟，也正可以說是必要的化學過程，而道場也可以成爲研究室，實驗室甚至醫療室而還魂轉。

家山之戀

上官父

七：閃閃的金光（下）

不過沈芝瑞雖則心裏有些忐忑不定，他到底是知道葉鳳珍較深的，他相信，葉鳳珍所說的喜訊，決不會是有關於二人之間的情愛問題的。

但是究竟是關於那一方面的呢？

葉鳳珍到底是個老實女孩子，他不肯故弄空虛，很爽快的向沈芝瑞道，表哥，那一天你不是說到要借款的事情嗎？你說如能有一筆長期的低利貸款，便可以解決一切困難了嗎？現在我有一位朋友他倒肯幫一些忙的，你還需要嗎？

沈芝瑞出乎意外聽到這一句話，倒不知怎樣回答起來。他含着疑惑的目光，向葉鳳珍看看，知道不是一句戲言，便道，假使真的是長期而又低利的，款子當然是十分歡迎，不過他有什麼條件嗎？要什麼押品麼？

葉鳳珍含笑道，『那朋友是存心幫助的，年限與利息，都讓你說好了，押品也不要的，數目是六千萬元。』

沈芝瑞仍有些將信將疑；回轉身來，在小茶几上香烟盤內取了一枝香烟，劃一根火燃着了，吸起來，噴了一口烟，含笑向葉鳳珍看看說，『如其如此，那真是一個極大的幫忙了。』

葉鳳珍知道他還有些不信，便從手提皮包裏取出支票，給沈芝瑞道，支票是在這裏，老實說，他也不知道是誰借的，只知道是我的親戚而已，他說只要我認為值得幫忙，一定不會錯事的。你看他大眞不大眞。』

沈芝瑞一看這一張支票是袖珍式的，下面簽着英文名字，只看得出一個Woo字，數目果然是六千萬日期是明天禮拜一的。果然不錯，想不到葉鳳珍說帶來的喜訊原來是這麼一回事。

他考慮了一下，又問道，『這位吳先生很夠交情呀，憑你一句話便借了六千萬，算是不小的面子。我那可以領受這個情份呢。』

葉鳳珍正式道，表哥請你不要客氣，更不可誤會，其實這位朋友，我同他也不過見過二三次面，他也是東山人，當然是很富有的，是我上次同他偶然談起了借款一句話，不想他真個送了支票來。我想古人說的，朋友有通財之誼，以有餘補不足掉掉頭也沒有關係的，至於我對表哥，想起當初剛到上海的時候不是承蒙表哥竭力慫恿竭力幫助，我那能讀得成書，進得成學校呢。現在我借花獻佛，聊盡一點報答之心，眞是千該萬該的。倒是關於利息日期如何還法種種問題，我是不懂的，斟酌斟酌，好讓我去回覆他呢。」

沈芝瑞聽了葉鳳珍的話，大為感動，胸中有一股說不出的熱情，面上也有些烘烘的起來。急自遏制情感，很誠懇的答道，鳳珍妹，我們不是外人，你的好意，我豈不懂得，而且這一個數目，正是我目前所急需的，我想定一個月的期限，八分錢的利息我來打張遠期的支票交與你轉交放款人，你也可有一個交代，到期時候，我一定還清，維持你我的信用，決不有誤的。你不知道，這對於我眞是大旱中一場甘霖，我也不多說感激的話了。

沈芝瑞到樓上去取了支票簿開了一張一個月期之票子，數目是六千四百八十萬元交與葉鳳珍藏好了。手續辦妥，沈芝瑞留葉鳳珍在家吃飯，葉鳳珍也不推卻，小嬸早已料到要吃飯的，早已去預備許多小菜了。

飯後兩人又一同到兆豐花園去散步遊覽，談談說說消磨了一半天的光陰，到四點鐘，纔由沈芝瑞親自開了小汽車，送葉鳳珍回了學校。

第二天起來沈芝瑞拿了支票親自到銀行裏去換了二張本票，把他分別還了二筆對期的拆借。騰出時間來，便約了俞國璋討論解決的辦法，結果是將股票作給了還一部份欠款其餘的打了一個折扣，寫了一些期票，付了一些現款作為全部清賬了。

數天後又接到榮和興老闆的從外埠寄來的一封信，內說因營業失敗無法理直，只得出走，尊處之款請將抵押的黃金售出去所少若干容後有機會時當再歸還也云云。

沈芝瑞一算照市價僅值五成，只得將押品收下，在賬上照今天的行市，收了一筆賬，其餘讓他欠在賬上，暫時告一段落。（第七章完）

太湖兒女（11）

·何遜·

　　日本人進駐東山的消息，愈傳愈盛，愈來愈真了，連得一向覬覦着東山的湖匪，也爲之銷聲匿跡。「程萬軍」變成了歷史上的名字，幾個月前，他是山上最出鋒頭的「英雄」，他一上東山岸，滿天響着子彈飛馳的聲音，每一扇大門都關得緊緊的，好像是一個混世魔王來到了門前，他要米，只要到米店裏去搬，他要金子，劈開了門，「不怕你不雙手送到面前，他要設一個司令部，區公所就得讓出來給他，一個不對，就得叫你聽聽機關槍的聲音。

　　這一種禁閉的生活，有過好幾天，年老一點的關着門就想到了他們小時候「長毛」來的情景，閑着無事，就向孫兒女們誇耀一番；「那時候長毛來的情形也是這樣的，成千成百的「巴子」披着一頭散髮，長得要命，身上穿着五顏六色的衣服，赤着脚，手裏是一把亮光光的長刀，眞怕人呀！我們都着小脚，到那時候也只好拚命逃了，思孝了，有什麼用呢，逃來逃去還不是在東山？」講到最後，老是這樣一個結束，「想不到我們這種七老八十歲的人，還要過着逃難的日子，眞是阿彌陀佛，前世一劫」。

　　老年人是如此，小孩們呢，雖然還不懂得什麼叫「戰爭」什麼叫「強盜」，可是一種驚擾的心情，是十分明顯的，小弟弟哭了，喊一聲「程萬軍來了」，於是他們嚇着號，不敢出聲，在這一個時期裏，「程萬軍」簡直代替了「老虎外婆」自然也可以說是東山的土皇帝。

　　然而土皇帝的命運，不可能太長，城裏的太上皇，終於透露了下鄉的風聲。

　　像風捲殘葉一樣，在太上皇的先遣部隊還沒有到的時候，土皇帝率領着子弟兵們，徜徉五湖去了，這是一段太平的日子，冬天的太陽偷偷地曬遍着，大街上門也漸漸打開，恢復了原來的繁榮，城裏客人又在街上進「馬路」了，可是家裏內部的緊張還是看得到的。

　　讀書人在檢査自己的書籍。

　　學校中藏起了黨國旗。

　　壯丁的衣服沉到了井底。

　　年輕一點的，拿着日本書，學着「阿里牙多」「洒愛奈拉」。

　　這一切的一切，像山雨欲來之前的狂風，吹遍了整個的東山。

　　是一個晴朗的冬天，茶館裏依然坐滿着客人們，品茗、閒談，進一些點心，欣賞着城裏吳苑的風味，街上的人，依然像潮水似地湧到東，湧到西，太陽還在山尖上，敵人的飛機又來了三架，街上的人們仰着頭看。「這是零式飛機，東洋鬼子自己造的，又快又巧，你看，多麼快，一忽兒就不見了。」一位城裏人在誇讚他的的學識，話還沒有完，「蓬，蓬，蓬……」自近而遠，由輕而重，三周炸彈的聲音，震撼了大家的耳朵，大家呆了一會兒，才想到了逃避，然而飛機已經拆了，哪裏可去，當機聲消失的時候，想到了炸彈究竟丟在那一個不幸者的頭上。人們循着大街向東不到幾分鐘，東面的着急忙忙的向西去報告，嘴裏胡亂地喊「炸光人了，炸死人了。」

　　膽大一點的跑到出事的地方，那裏是一個水池，四週有桑樹，池邊的搗衣石上，還有一堆淺綠的衣服，但是搗衣人呢？她的頭髮黏着一片頭骨，掛到了樹枝上，手臂離開了身子，躺在幾丈遠的泥地上，流着熱血的身體，安靜地橫在池邊，幾個人眼睛，望着這可怕的物件發怔，然後默默地離開了。

　　近黃昏時分，由達夫領導的弟妹們，帶着沉重的心走了，大家檢了一塊彈片，那是手榴彈的外殼，小陳禁不住說了：「這是血債，想不到我們這位女同鄉做了我們東山第一個無名烈士，眞是不幸的犧牲者」。

　　「以後恐怕這種事件還多着呢」，達夫在回家途中邊走邊說「看樣子，日本人是長足的了，今天不過是一種信號，大家還是早些打主意的好。」

山經

菱

茂葉

葉紹鈞先生北平作客時會懷念故鄉——蘇州——的「藕與蓴菜」，這兩樣東西的確可以算是蘇州夏天所產蔬果的代表，而到了秋天，藕與蓴菜都已變老，不堪入口，這時候都是菱角上市的好辰光了。

小時候，每天放了晚學，母親總是給我們三個銅板買點心，到了秋天，就改爲「菱餐」的方式，買了一「豆腐務」菱，大家一起吃，不過冷了的菱吃起來很少風味，這時候，門外都裊裊地飄進來一句「要買沙角菱到葉巷河頭去喚，兩個銅板一斤」。那聲音是如此幽揚，說得雅點，竟還含着一種「詩意」。

當然，小孩子是不懂得生計艱難的，聽到了叫賣聲，就以充滿了希望的眼睛注視着母親，而那時候，一毛錢可以買十廿斤菱，也的確還不算貴，所以母親也常常能滿足我們的希望，叫我們跟着家里的傭人到葉巷河頭去買沙角菱。

在所有的幾種菱當中，我以爲的確還要推沙角菱最佳，野菱太小，而且角又太尖，吃時一不留心很易觸破嘴脣，有時看看蠻大，咬下去却擠出了一泡水。圓角菱雖沒有野菱的缺點，但既無菱角，因此吃起來也就平淡無奇，像嘉興南湖所產的菱，就屬於這一種，不過形體稍大而已。如果以朋友來譬喻，那麼野菱就像是親密而常起爭執的一類，圓角菱屬於「君子之交」的一類，而沙角菱，就够得上稱爲「知已之交」的了。

「要買沙角菱到葉巷河頭去喚……兩個銅板一斤」，這一句幽揚而含有「詩意」的喊號，我想在這幾年來也該成爲僅是一種爭扎求生的呼聲了吧？

三十七年九月十一日

我們談掌故

（四）藏船塢與龍飛快之由名

俞塢中有名藏船塢者，處在翠屏峯睨佛山之兩間，據地始甚廣，現則爲一般居民，僉以坟地好估値價，挖補平墳，均成青塚累累處矣。相傳塢之爲宋將楊某水戰洞庭所築，實則附會之詞。洞庭係是湖也，不能以太湖中之洞庭山而模棱而說爲一焉。此塢築者姓名，爲楊堯，係遜清乾隆間，太湖中草莽之一。塢之出入口，緣由澗橋爲閘道，故蒔山（即今俗諺指名之龍頭山）。蛇王廟後，今尚遺有舊碣圯石，縱橫犄頭間也，據傳塢內可容量百艘山稱所謂搖擺仔船，祇待碉樓旗之一揚，船可頃刻似風雨集驟。後因山民席文賢圖謀案發，先機伏誅於蘇垣，楊則逃止絕綜，船即易作蘇山航渡生活，於是龍飛快名，由此大噪！

仙人洞與渡水橋

上期有述及所謂侍心灣之仙人洞，於愚曾由「柳橋拾異」詳說，此洞可貫通湖廣。其間且有一段因果，緣有一劉姓孝子，清初作布賈客於湖廣，某歲母親病劇在山里之古秦巷，歇而竟致神經失常，蹣跚街頭，流作乞丐。邂逅一老叟，憫其孝思彌篤，自稱能一夜間。可能引渡歸返山里省親，劉信諾之，於是夕竝隨叟至郊原，叟囑令緊閉雙目，匍伏其背，勿令開，則不能啓目，劉一任其所示意，果則聞風聲，水聲，澎湃雜聒，心忐忑甚，因身之動盪，似船之處波濤間，更厲，競競無何時，忽聞叟言至矣，可啓目也，劉即闢兩目，叟者不見，而兩手適匍扶洞傍一榆株幹也，景貌果係山里之侍心灣矣。急趨閭門，母果思兒病作，見劉至，霍然竟瘳云。一說此洞，初則深杳莫知底，後爲一澳網船婦生產洞中，洞忽生怪不作阻，乃至於今，不能予人探窮細！傳述紛云，姑妄耳食，姑并而妄揣其另一述。

渡水橋，以明本太湖流域志載：曰一太湖中西南有山，二洞庭列焉，居左爲東洞庭，居右爲西洞庭，東洞庭咫尺爲武山，水斷不可聊，架梁木作板橋，命名渡口」。故今名渡水橋，或係年代悠久，「口」之與「水」，稱謂稍殊！至風月橋，雖確見吳史誌載，此乃止有國之君，詞涉綺靡，雅不欲詳再爲之研究竟！

醫藥服務

自從三卷一期的「送藥第一年」特輯出版後，我們就得到許多良好的反應。有的供獻意見，有的自動捐贈藥品。更有外鄉的人士，也起效行而自行分送。事實證明這工作是鄉村民衆急所需的。

施衣，送藥在過去的時代裏，是一向把他看做施捨性，消極的工作，但現在我們已把它改變成鄉村中積極性的教育工作。鄉村教育，本來和醫藥服務衛生智識的灌溉是有連繫的關係。我們不但需要送藥，來解救病者的痛苦，而且還必須教導民積極地起來預防疾病和抵抗疾病。

爲着這一點，我們就借了這小小的篇幅，經常地爲故鄉服務。

送藥點滴

▲八月廿七廿日兩日，本組曾假座同鄉會幹事室舉行座談會，出席除本組及蔣視義莊負責人十餘位外，尚有前後山總站負責人，東山之友張耀忠君等，席間討論送藥工作甚多。

▲送藥工作已入第二年，除藥品逐漸增多外，又得前後山總站負責人的協助，每週舉行各站巡迴診療給藥。

▲根據故鄉一般病情。特增加痧積糖，紅藥水，碘酒，水火燙病藥，梳打片等等……。將後還擬增添眼藥水等多種。

▲九月十四日西山金庭青年聯誼社特由錢錫祜周維祿二君來同鄉會參觀，除對同鄉會工作甚感贊同外，到本社之送藥工作尤感欽佩，亦擬在西山加强分送云。

卅七年下半年度寄山分送各站藥品第二批共計：

阿的平	二〇〇〇片
瘧疾片	九〇〇〇片
天中茶	三〇〇〇包
痧積糖	四〇〇〇粒
梳打片	一〇〇〇片
（以下存前後山總站應用）	
紅藥水	二大瓶
碘酒	二大瓶
水火刀燙藥	九瓶

謝啓

茲承廣州長堤七十九號財政部廣州金融管理局同鄉葉永香先生捐贈現金金圓券廿四元，已代購得慈幼痧積糖四百粒，寄山分送特此誌謝。

讀者園地

醫院大門八字開　無錢無勢莫進來

抗議登善醫院苛索診金，置貧病於不顧，並要求同鄉會答覆。

（一）

編輯先生：

在八月十五日右左，有來山販磚瓦船戶徐老三之女，有事赴蔣灣。不幸突患時疫，昏厥於朱巷村朱鴻章門口，斯時恰巧有登善醫院×醫師出診路過，朱鴻章暨該村村民即求××醫師設法診治。×醫師即表示願爲醫治，但須代價法幣三千萬元，否則不能。試想：這個經濟破產的故鄉，人們生活苟且勉強維持。誰能够拿出這一筆不小的數目呢？眞是心有餘而力不足。但他們不完全絕望，繼續要求×醫師，——因爲他們知道，登善醫院是同鄉會設立的純粹慈善機關，以救濟貧病同鄉爲宗旨，但出乎意料之外×醫師表示拒絕，無錢不行。朱鴻章等無法，祇能設法以痧藥，十滴水等醫治，該女人才稍愈。

同鄉會之設立醫院的宗旨，是救濟貧病無力的同鄉的。現在事實告訴我們，好像登善醫院是爲有錢人設立的，因爲無錢的人是沒有權利醫治——在過去已有幾個同鄉因爲無錢被拒絕醫治。却與同鄉會宗旨相反，同鄉會的熱心負責人們。感到如何？

附有問題：希同鄉會醫院管理委員會在下期莫釐風公開答覆：

同鄉會有無經費撥與登善醫院？

登善設有貧病免費醫治否？

如設有貧病免費醫治，像那個路上病倒的女人有無權利享受？怎樣的人能享這種權利？（請詳細解釋）

以慈善爲宗旨的醫院立場來講，那女人可以免費診治嗎？請調查爲什麼×醫師不醫治那個女人？

此祝

撰安

讀者　王鴻福上

（二）

編輯先生：

鄉民等是洞庭東後山一羣無智無識的自食其力的農民。在抗戰前上海洞庭東山旅滬同鄉合力設立登善醫院乙所，已有近二十餘年歷史，專救貧苦小民，活人無算，此乃是同鄉會及該院施汝新大醫師之功。鄉民們感受所賜非淺，抗戰勝利後，施汝新大醫師榮調上海惠旅醫院院長，離開後了登善醫院，因此就大不如前了，且因經濟關係，最近該院姜醫師學力同技術實在太差，而對於診病者的竹槓敲得也實在異常高明，最近有楊濟村鄉民王岳生同陸鴻興二人，因害小病跑到登善醫院請求診治，不料進院後該院醫師姜先生問病者王岳生有無家產，有無金鈔，當時王岳生說沒有家産，是一個窮苦的農民，姜先生聽了態度爲之一變，說藥本很貴，要取法幣陸千萬元來，纔能與你們診病，若無即不診治，可憐誠實的農民王岳生及陸鴻興務農爲業，那裏有許多巨額現金，聽了之後祇好含淚不醫了。病是有錢人生的，無錢的生病祇好等死了。醫藥費如此之大，那甚有呢？洞庭東山旅滬同鄉會負責父老先生們！同鄉會醫院有沒有這個規則，如若是同鄉會辦的登善醫院，姜醫師任意敲竹槓，欺騙鄉民，要同鄉會詳細答覆，至叩至禱，並且要整頓整頓，不要虛有救濟之名，而爲醫生利用取漁利，那太不落負了同鄉父老設立醫院的初衷了。特懇貴報

編輯先生代爲披露

敬祝

撰安

洞庭東後山一羣鄉民同啓

關謬

仁

本刊三卷一期「掘坟及其他」之駁斥

自從家山發生了盜墳案件，即有墳下後裔們到同鄉會去大聲疾呼，希望運用公衆團體的力量，達到迅速破案，懲兇戢亂的目的，免得每個長眠在家山的先人們，遭受到同樣的浩劫，公私兼顧，凡是有祖坟的和具有正義感的後人們，爲求良心上的安慰，誰都該表示着同情，奇怪的是號稱吳會尼關的小小洞庭山，竟然還有一種半開化似的「化外人」剩留着，因爲「化外人」祇知母，不知父，遑論什麼祖坟，故而他認爲盜掘幾個「土堆」有什麼大不了，根據了他一知半解的人理，和傳統觀念的錯覺，無恥地表露在莫釐風上。

一個地方上出了亂子，當然要設法制裁的，何況同鄉會的組織，根本是一個發揚正義感的集團，所以家鄉出了這樣擾亂里閭的案子，爲執行他的正義使命起見，理當加以聲搜，可是「化外人」一面猶在自鳴不凡的參加「有意思工作」？一面却在矛盾地替奸匪們張目，把種種違法干紀的罪惡，一古腦兒都曲解到「窮」字而上去，這眞是「唯恐天下不亂」的荒謬思想，尤其是在主犯倘未捕獲的當兒，「化外人」已若身預其謀，親歷其境似的，喊喊地將歹徒們製造罪惡時的心情和處境，和盤托出到莫釐風上，竭力地替歹徒們下遁辭「按警局所獲劉姓坟之盜墓兇犯以觀之，固亦一有吃有着者，敢問窮他媽的什麼」，我想除了「化外」法律誰都不明瞭外，不妨叫他在古今中外任何法律上。找出一個窮而可恕的例子來反證他的不「謬」論，否則總要令人懷疑到「化外人」不是「逋匪分贓」，便是「自我辯白」，也許竟然是「某一工作」的露骨表示，假使道許多理由，都寃枉他的說話，那末一定是「化外人」苦塊抒迷，語無倫次了。

編者附註：該文尙有一節，係對「有閒要」三字有所辯駁，按三卷一期「掘坟及其他」原文內有「有閒的要人們」一句，誤排「有閒要」的人，校對時疏忽未曾更正，此爲編者之過，除向李君道歉外，本文刪去一節並向仁君致歉。

保安醫院院長張克勁君來函對魚肝油配給事有所申述

在席玉年同學處讀到保安醫院院長張克勁醫師致席同學的私函，關於魚肝油配給事說明甚詳，爲答覆本刊上期讀者質詢的絕好材料，殊因付梓時迫，不及待徵得張席二君同意，擅將此信公開特向張醫師席同學致歉

編者

玉年吾兄：大書早奉悉稽復爲歉關於莫釐風魚肝油事實出誤會因該油自弟在省向衛生處領取配給品時順向陳處長要來後運抵山中已是端節左右一面徵得院董會同意免費配給各校小朋友一面通知各校囑將體弱學生名單繕交本院藉可統計人數以便決定配給方針奈時屆暑假開始而人數又超出預計院中無此大批空瓶灌用故臨時決定以就近尚來得及通知及召集之務本文昌二校先予配發其他各校則俟開學後再發此事各校長均可熟知之而本院亦以人數約略估計大約每人可配得半磅故先配二校學生亦暫以半磅左右每星期來取一次每次六十西西發有配給證每次均印有日期以四次爲止蓋防無恆心者中途中止而浪費可惜並擬俟全部配完後揀營養特別壞者再平均續配完爲止故迄今院中尚存有三大罐也弟自度處置此事頗爲公平故對此誤會無絲毫反應弟亦不擬作答深恐越答事越多既費時間更傷紙張殊非值得還以事實作答爲佳未知尊意爲然否安定及渡橋定本星期開始配發匆覆祇頌

公綏

弟張克勁頓首　九、十四

莫釐遊誌（廿二）

昭煦

里人顧汛顧泮諸君子，貲孔恫焉，乃捐貲如千，鳩工籍治，跡其舊，少加闢焉，於楹梁之委腐，赤白之漫漶者，悉更治無下始建，又佥侯象而新之，左右持矛之士二，稍下，則着一武士按馬首當其前，若有所迴者，摭其出處之梗槪，圖之四垣，剩顏良，而解白馬之圍，攻曹仁而奏七軍之捷，始終閱歷，若親炙其事者，復甃兩掖之門，而趨其衙，於戶外行者，遙瞻而已，戶外則築廣壇，爲休輪按馬之所，若藩侯第焉，祀禽乙明，事神之禮宜爾也，嗚呼！自解遠吳千餘里，自漢迄明，千有餘歲，而茲鄉之人，信之唯誠之至，曰徵福利云乎哉！福利誕妄，非所以寵侯也。抑橫秋之氣，貫日之忠，去曹歸劉，明燭達旦，激昂千載，××節而貢事之，良有以矣，假自鸞鵠之教，盛行中土，而吳洞庭爲尤甚，僧尼羽客，殆半居民，抬提鵠若，旋圯旋興，雖罄囊橐以爲之，亦所什心，欲其捐一金而爲仗義之舉，則寥寥無聞，蓋待文而興，今之民也，雖無以×××耳，是舉顧君昆季首倡之，而鄉之父老，爭輸金幣，下逮繪飾匠民，咸願效一日之勤，信乎，惟善可以移俗，忠貞之節，足以啟顧君，顧君之賢，足以勸一里，孰謂斯民，非三代之民哉！作記。

南行至浮碧亭，清順治己亥，里人吳鵬岷建，乾隆三十年乙酉六月重建，嘉慶時，張士俊撰重修浮碧亭記，略云，由紀革至白沙，處曠亘三里，有亭翼然，臨於孔道者，曰浮碧，內祀大士，及三元大帝，壁置聯云：

池滿蓮花，魚游知樂，

風翻貝葉，鶴立聽經。

循涇復南，一徑蜿蜒，左山右水，秀麗天成，至紀革，訪王氏支祠，世鈞題額勅貽堂，前後壁置乾隆五十年王世鈞祖父母父母誥封碑，李象鵾撰，黄鳴傑書，汪廷珍篆額，王碧山墓表，蔣元益撰，元孫幽伯書太原王氏三世墓表，乾隆二十八年正月王氏內含條規正書，嘉慶二十五年庚辰孟春王氏支祠規條十則，王氏祭田正書，及嘉慶二十四年己卯仲夏王氏家塾記正書，至舊傳王亮生傳正書已廢。茲撰祭田碑記，摘錄於后：

蓋聞古者再命以上，皆有圭田以爲祿發之榮，若儀禮少牢饋食之文曰：受祿於天，宜稼於田是也。至楚茨之詩：所謂徂賚孝孫，苾芬孝祀者。考亭註詩，以爲公卿有田祿者，力於農事，以奉宗廟之祭而作，蓋展孝思普錫類利賴於無窮，已復世立法之善者，尤莫如吾吳范文正公之義田，公親自爲記垂之久遠，秉盛以之豐潔，廬墓以之修葺，族鄰以之任卹，惸獨以之養贍，北宋迄今，垂千有餘年，而規條經制之善，當如一日，於乎盛矣，我先君碧山公遠慕前徽，貲以田三十四畝，拯欠雲津祠中，契載任憑回贖，後以廉俸無多，僅贖一半，以爲愧亭公祭田，其餘因經費不敷，未及全贖，彌留之際，猶復諄諄命伯需等，以舊業宜復，其孝思之篤，貽謀之遠，不將上企前賢也哉，歲己卯，伯需謹本遺言，始捐百金，以充祠中公費，又復措二百金，將原田一併贖回，入於碧山公名下，永爲祭產，俾我子孫世守勿替，蓋亦以承先志也，因復敍其端末於左，以貽來葉焉。是爲記。

南行至化龍池之王氏祖塋，自前道而入，石獸分踞兩側，經化龍橋，其下清泉潺潺，有赭石，可作繪畫之用，墓坊巍立，嘉慶十七年王邑孫正書聯云：

四面環山，神仙世界，

百年閥閱，將相人家。

入坊，翁仲相對，默然無言，至享堂，壁間石刻，琳琅滿目。封中憲大夫詹事府少詹事兼翰林院侍講學士王公神道碑：

「……王公世居吳之太湖東洞庭山，曾祖諱廷賓，祖諱伯英，考諱惟道，皆有隱德，公諱琬，字朝用……」弘治十七年，謝遷撰，陳璚書，誥封中憲大夫詹事府少詹事兼翰林院侍讀學士王公墓表：

「……年八十五，以弘治癸亥二月，終於正寢……」。弘治十八年楊循吉撰，吳儼書，王伯英，王惟道正德四年誥封碑，兩勅合刻一石。王惟道阡表文曰：

莫釐風月刊【27】

每月一日出版

本期零售每冊金圓一角

預定　半年五角　全年一元

編輯及出版者： 東洞庭山各校同學聯誼社　莫釐風出版社員會

上海通訊處：洞庭東山旅滬同鄉會　北京西路一〇八號　電話：九三四一九

東山總代理處：殿涇港朱家弄瞿友農

廣告刊例（長期酌減）

全頁	半頁	四分之一
十九元	十元	五元

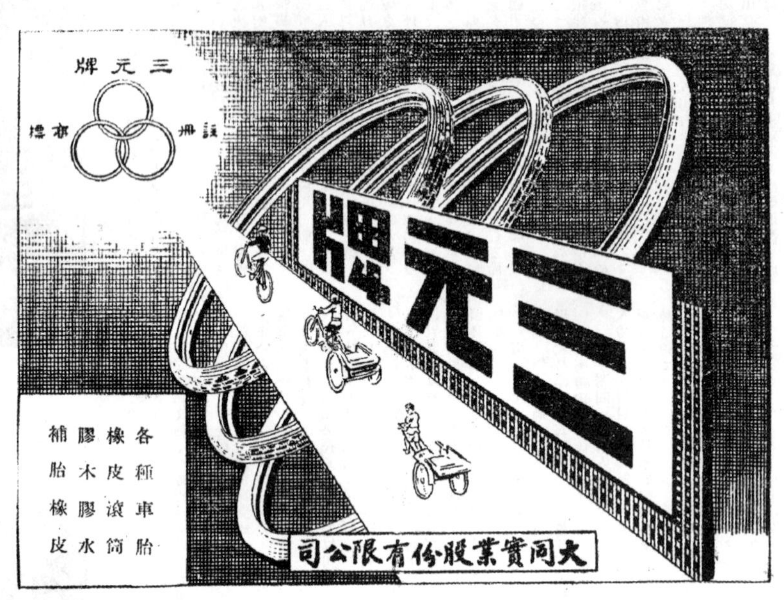

事務所：上海泗涇路七——九號

電話：一四九四二

廠址：上海眉州路三〇〇號

電話：五二二九九

第  卷

目　錄

東聯社出版

中華民國卅七年十一月十五日

雨花播音台

顏景濤調蘇　韓澤輝任巡官

吳縣警察局直轄東山分駐所巡官顏景濤，調任該局科員，遺缺派韓澤輝充任，聞韓巡官已於九月二十九日到差辦公云。

壯丁安家費漲價　鄉鎮長焦頭爛額

志願兵安家費之價格已由十三担米漲至十九担，況且目下有價無市，東山此期應繳壯丁三十九名，現已有十五名，缺額尚多，縣府催繳命令急如星火，各區鄉鎮長在蘇、杭、錫、滬、錫、常等各地均設辦事處，徵收志願壯丁。日前有壯丁二名已與前山鎮鎮長周竟如接洽願以十九担米安家費參加，後被他鄉以二十一担之代價挖去云。（新樵）

東山鎮辦理二期新兵，今日爲止祇送十八名，配額要卅九名，故周竟如鎮長大爲焦急云。（思）

本鎮鄉村電話改裝二十門總機

便利各戶裝用

本鎮鄉村電話，前裝五門總機，今已於旬前改裝廿門總機，自裝之後，前後山及渡水橋，殿前，諸公井，深得便利云。用戶計有東山鎮公所、莊蓮鎮公所、後山鄉公所、保安醫院、登善醫院、縣銀行東山辦事處、合作社、鼎有、萬盛、東山自衛常備班、駐山水警四大隊部等，（瑞誠藥房正在進行裝設），尚餘多門尚待分裝。（思）

本山人口總數共計二二三四七人

東山鎮公所之報告

根據鎮公所九月份保甲戶口報表載：本山共十二保一七五甲，五三二五戶共男一一〇四四人，女一一三〇三人，共計二二三四七人，內壯丁三八四三人，又九月份生出男三人女一人，死亡男二人女六人云。

秋風起兮，寒衣無着　自衛隊籲請捐助

東山鎮副鎮長兼衛股主任孔慶璋，近致函同鄉會，籲請旅滬諸同鄉慨助擬製東山鎮民衆自衛大隊常備班之冬季服裝，查該班編組，計正副班長各一，隊丁十三，以天時漸寒，冬衣無着，且破舊不堪，不但觀瞻有礙，更難表現固有精神，因擬請旅滬同鄉慷慨捐助云。

市商會童子軍團赴山遊覽

上海市商會社會童子軍團團員，向慕吾鄉山水之勝，久欲旅行遊覽，因礙於交通不便，未能如願，此次應葉榮逵之邀，於雙十節由該團榮養泉君領導一隊，乘早班輪到山，當由葉榮逵招待，先遊雨花台，適朱潤生、席伯華、席侍暨、王季緒、陸鯤琪等鄉賢宴敍攝影留念，即登莫釐峯，經法海寺至金庵參觀該庵之羅漢，均嘆爲觀止，遊罷歸來，已明月在空，翌日由葉氏夫婦同往西山，此亦開吸引遊客之先聲云。

小消息

✖南陽同學徐嘉寧，務本同學鈞世傑聞均於十一月二日舉行結婚，一在南國酒家，一在蘇州青年會，屆時當有一番熱鬧云。（吳）

✖東山士紳席煒與吳門蔡慧美女士於十月十八日假蘇州城外花園飯店結婚，到有來賓甚衆。（新植）

✖馬堤民校，開學迄今，已有四十餘日，不久將舉行第一次測驗云。又聞該校教費無着，借徵一節，無法推動，全校教師有枵腹從公之虞。

✖鑑塘同學姜禮鈞於十月　日假座康樂酒家結婚，同學往賀者很多。

同鄉會第一次理監事會　公推朱潤生任理事長

同鄉會本屆理事長及常務理監事已選出。公推朱潤生爲常務理事，席涵深、劉道周、席光熙、席伯華等爲常務理事，席裕昌爲常務監事云。

（又訊）理事長朱潤生於十月二十四日在康樂酒家公宴全體理監事云。

（又訊）同鄉會本屆會員收費決定：一、特別會員年納會費金圓十元，普通會員年納會費金圓一元云。

（又訊）木東公路興築杳無音訊，現擬先築東山至後山段，同時擬興辦木瀆至東山輪渡，以利交通云。

東洞庭山各校同學聯誼社啓事

謹啓者：茲定於十一月二十七日（星期六）下午七時半假座北京西路一〇八號同鄉會，召開三十七年度社員大會，報告上年度工作概況，並修正社章，重選執監委員等，務希　台端準時蒞臨共策進行爲荷！此致

社員公鑒

東洞庭山各校同學聯誼社啓

短評

平心論醫院

東山的兩所醫院——保安和登善，是同鄉會事業中和桑梓最有切膚關係的一種。十餘年來，尤其是在同鄉會接管以後，兩所醫院進步了不少，院址屢加興築或刷新，設備日趨科學化，求治的人數年年在增加，從這幾點看來，兩所醫院在消極方面是負起了管理全山民衆生、老、病、死的責任，積極方面無形中使鄉民對近代的醫學增加了認識和信心。最近聽說省府衞生署長視察東山，對保安和登善兩院的成績，非常嘉許，認爲較之蘇城的幾家公立醫院，並無多讓。同時，還撥給了一部份美援項下的醫藥物資，這不能不說是醫院的光榮。

然而這一份光榮不是無代價的，十幾年來醫院的從創立到現在，曾化去了若干熱心同鄉不少的金錢，不少的時間和不少的精神。他們的目的不在名和利，而僅僅在爭取一點東山鄉民無虞于疾病恐懼的自由。

其次，更不可忽視的是歷屆主持實際院務的醫師們，他們窮年累月的努力，奠定了醫院成功的基礎。東山是一個交通不便的鄉區，民俗比較守舊，醫療物資和設備也窮乏不堪，而迷信的氣氛又復濃厚，到東山來的醫生們不僅要在日常院務上傷腦筋，而且還得負起和「迷信」鬥法的任務，他們遭受巫婆、邪道的白眼，他們受到頑固派的攻擊，可是爲了「痌瘝在抱」，仍舊排除萬難，負起了「救人救世」的工作。他們之放棄了在大都市進修的機會，遠適窮鄉，不是爲了仰慕湖山風景，不是爲了淘金，或者沽名釣譽，同時，也不僅是爲了救救病人，而是要以「教育家」的精神，把無數徘徊在迷信圈內的不幸者感召到理信的旗幟下來。我們可以想像到這工作是何等艱鉅！何等神聖！

兩所醫院既然在同鄉會和醫師的努力合作下，有了今日輝煌的成績，然而一般的輿論是譽之者固多，毀謗者亦復不少，這是一個值得研究的問題，不僅是醫院方面要問一聲「爲什麼」，甚至每一個同鄉都得想一想到底「爲什麼」。

醫院的設立，爲的是救人，醫生的任務，也就在救人，所以說開醫院，做醫師的見死不救是不可能的。現在的問題是；醫院和醫生究竟有沒有盡他們最大的努力？一個病人到醫院求治的時候，總懷着高度的期望，等待着醫師的救援，如果能躬自撫問，並且向他說幾句安慰的話，這就無異是雪中送炭，使病人或病人的家屬感到了人間的親切、溫暖，病也許可減輕若干，固然，醫生各有他自己的個性和自尊心，旁人不便強迫他們一定要學習敷衍，可是東山鄉民就喜歡這一套，否則就難免造成一種隔膜，我們相信做醫生一定是有着仁者之心的，對於這一點同情的溫暖決不會吝於施捨，我們總希望他們對於每一病人能夠儘可能的發揮最高度的熱情，這樣兩者之間的隔膜一定是無所依據了。

和醫生的熱情同樣重要的是「公平」，同鄉會之辦醫院，原來帶些慈善性質，所以對於貧病交迫的同鄉應該特別給予方便，現在的情形是貧病的鄉民不到垂危不肯去請教醫院，原因之一果然是鄉民迷信，其二大概是院方所訂的免費章程還有些不切實際，以致一般眞正窮的，感到免費手續十分麻煩，而一般有力量出一筆醫藥費的，只要靠一紙介紹片就可享受優待，這一點貪便宜，想揩油的念頭不僅剝奪了眞正貧病者的機會，增加了院方的負担，而且使醫生感到應付爲難，所以我們希望同鄉會方面應該把免費的規章重加研討，同時要設法取消這一類名片介紹的陋習，在此我們希望少數在故鄉有地位的人，少用一點例外的權力，而自問有力量出一筆醫藥費的同鄉也應該不再存揩油的念頭，把這一份免費權利給貧病者享受吧！

由於上期本刊讀者園地中的二篇來信，引起了所謂東山的「醫院事件」。我們決定寫了上面的一篇短評，我們以爲如果東山的醫師們能夠多用一點熱情，以及少數同鄉們少存一點貪便宜的心思，一切就不成爲問題，我們的意見就是如此。

"東山醫院問題"

本刊座談會記錄

日期 十月十八日下午捌時

地點 同鄉會二樓會議室

主席 葉緒華 紀錄 嚴孝修

出席者 嚴孝修 許慶元 金新 施紹裘 朱潤生 嚴季祥 劉道周 席滿深 楊熙元 湯品麟 席純時 徐蔚霖 張耀忠 席伯華 嚴星洲 席玉年 席德基 夏穆

主席： 各位鄉長，各位同學，今天莫釐風座談會要討論的是關於東山醫院的問題，本應由主筆先生爲主席，爲了避免主觀就叫我來權充代表，可是毫無準備，請各位原諒。今天榮幸得很，幾位同鄉前輩都能出席，如劉校長道周，朱理事長潤生，席副院長涵深，席常務理事伯華等，幾位先生對於同鄉會會務，十分努力，東山醫院亦是同鄉會事業之一，能夠聽到他們來發表意見，是很寶貴的，另有一位徐蔚霖先生熟諳醫道，希望徐先生趁今天這一機會，對於東山醫院方面多多建議，醫院問題的導火線是上期莫釐風之讀者園地上刊登了二封讀者來信，內容是敘述讀者與醫院方面所發生的經過，由於這是片面的報告，容或有與事實不符的地方，莫釐風編者，因爲時間匆促未能詳予調查，不僅刊了出來，而且代爲加上了二個標題，以致失去了刊物的客觀立場，我們爲了要明白此一事件正確的全貌，特別召開了這一次座談會，現在想先請同鄉會主持人來略述一點赴山實地調查之情形，使我們能認識事件的另一面。

朱潤生： 各位同鄉，各位同學，這一次兄弟與席伯華先生，席光熙先生一同至山，雖然不能說專爲這一件事而去，但至少亦是其中的一件，因爲在莫釐風月刊上發表的二封信，影響至鉅，個人見解，付印刊出者，亦未曾仔細考慮，寫二信者亦不能說一定有惡意，但是他的後果是十分不好的。我想舉一個例子：從前有一人至非洲旅行，而非洲的野獸多得很，無從防範抵抗，偶然間與一熊結了朋友，同伴而行，即使他睡着在樹林裏的時候，那只熊也守在旁邊保護他，其他惡獸都不敢來侵害了。不料有一天那人正在熟睡着的時候，飛來了一隻蒼蠅躲在他額角上，那只熊想把蒼蠅拍死，舉起巨掌輕輕一下子打下去，竟把那人的腦殼打碎了，豈非好意反成惡意了。所以莫釐風的情形很相似。此次到山所調查的三件事情，與莫釐風所刊完全不同，所有具體與詳細的事實，請席伯華先生來報告。

席伯華： 我們至山後駐山董事已知道了，告訴我們一些事實，又經過許多時間的調查（一）八月十五日左右於朱巷村，有一個徐老三的女兒墮倒一事，查該醫師未經該處，可於人證方面調查，至王鴻章者，因以前他與醫院方面曾有過一筆帳，他介紹某女性打六〇六針要免費，因爲未曾答應，所以不免有所怨恨，借此中傷，我想辦了醫院而專替人免費打六〇六總不大好。（二）王席生曾於七月九日下午，因患急性胃腸炎，來看門診，因其病勢甚嚴重，所以囑其須住院治療，醫藥費方面並未付過，三天後已癒，計醫藥費二百廿九萬元，出院時付了一百柒拾萬，後來又付了伍拾萬，尙欠九萬元，醫院方面除已經免費者外，在經手人員地位難以結帳，由會計人員去收了數次，一個月後始付清。（三）陸鴻興至院，因姜醫生要到鎭江去領藥品，院中無人，叫他到前山保安醫院去醫治，並且希望他早點去診治，至於他究竟去與不去，則不知道了。以上三件事院董方面，會問過當事人，對本院意見所述與讀者園地上相距甚多，以醫院董事會立場，是須要調查的。山中二位醫生因此而十分灰心，堅要辭職，現在的醫生人才很缺，因爲願意到山中去者甚少，且二位醫生的意思以爲不做醫生不妨，名譽上損失却大，感情相當衝動。

朱潤生： 醫院在各方面，雖免有許多不周到的地方，是歡迎大家提出來以求改進，但必須以事實爲根據，二封來函就算是讀者個人負責不去管他，但所刊二條標題，雖相當有吸引力，但與事實相去太遠了。東山院方報告有大部是免費的，收入多少，支出多少，免費有多少，在同鄉會會刊中都有登載，莫釐風中所刊二條標題信中是沒有的，全係編者加上去的，可能編者亦並無惡意，但東山二位醫生覺得對於他們名譽上的損失很大，是不堪接受的，登養、保安，惠旅三院，以前本係三方面各自辦理，後來陸續交給同鄉會，以後才有了一個醫院管理委員會，東山二院作爲分院，因爲這樣一來，不論醫藥，醫師，護士等都能調得轉，不會再像從前發生醫院因請不到醫生，而停頓了一個時期，至於醫院以及同鄉會的各事業，其經濟，會計全係獨立的，有人以爲每件事都和同鄉會有關係，甚至莫釐風的刊物也以爲是同鄉會辦的，有人來問同鄉會，莫釐風的同人當然亦是爲故鄉非常熱心，但希望互相協助，提供意見，勿爲另有作用的人所利用。

金新： 各位鄉長，各位同學，剛才朱潤生先生對於醫院方面有很詳細具體的意見，尤其對於標題的立場，闡述更明，我本人對於故鄉各種事物，沒有任何一點愛憎的心理，尤其對於醫院方面更因爲我和我的家屬從沒至醫院診病，更談不到愛憎，所以也絕不會有任何攻擊的心理，過去耳聞關於各方面對醫院的意見也很多，但因無證據，故不貿貿然的登載出來，現在所刊出讀者園地上的二封信，因地址，姓名，時間，事實都有很明確的記載，一方面因付印時間匆促，不能詳加調查，並且莫釐風刊物對經費，人力均有限，在故鄉沒有駐山記者，可以負責調查各種事件，所以讀者園地所發表的來信，編者不能完全負責說是對的，有絕對眞實性的，但也不能說一定是片面之詞而加以否認或拒絕刊登，莫釐風既標榜爲東山喉舌，自然決不能投鼠忌器而守緘默的。這是要請諒解的，關於其標題「無錢無勞莫進來」，我有一點解釋，我聽到許多同學同鄉告訴我，離開醫院路遠者的波里武山等鄉角里，偶然有人生什麼疾病去診治終要就鬧好一些時，醫師不大肯多理會，假使有人想要免費，尤其要被就鬧好些時，比較有一點面子之流倒能得到便利，並且可以免費，此種事件不去管他事實與否，但總希望醫院能多爲窮苦的人服務是眞的，至於莫釐風的立場終是擁護同鄉會的。

朱潤生： 我亦曾聽到剛才金先生所說關於免費之類的話，好像有點面子的人是能得到便利，而鄉人則不能，不過我有二件事告訴大家，以前經塘小學的一個茶役生了病，去看後共計費用十七萬元，因付不出而歸我本人付清的，最近另有一位教師茹先生生病，住了幾天醫院，照公敎人員減半計算，大約金圓十幾元吧！亦照數付淸，因爲醫院有醫院的章程，不是人人免費的，而且有一種手續，東山的鄉人往往以爲免費就免費了，還有什麼勞什子的手續呢，因此不照辦手續而得不到免費，也有明明不必要免費的，硬要免費，涵深先生經營到現在，煞費苦心，現在也要辭職了，董事會方面，亦全都要辭職了，此種情形，豈非跟旅滬一只蒼蠅情形相同嗎？

席涵深：

各位同鄉：惠旅醫院是民國三十二年交給同鄉會，兄弟在担任副院長時，就覺得本人是外行無力勝任的，今天我們多費一點時間來談關於醫院創辦經過情形。惠旅醫院本是先嚴所創辦的，因為先嚴當時在商界上很有關係，感到許多商店的職員生了病很多不便，而那時恰巧先祖八十生辰，各親友便發起送禮改送現金，移作設立醫院的基金，後來再向外捐款建造房屋，惠旅醫院就成立起來，先請現在的南洋醫院的顧南群為院長，後來為施汝雄，到現在是施汝新醫師，自從惠旅醫院交與同鄉會之後，不久前山保安，後山登善二院亦相繼移交同鄉會管理，三院同交與同鄉會以後，即組織董事會負責管理，因為責任更重了，幾位熱心董事，天天到院辦公，謀院務改進，並向外捐款，惠旅醫院以前是尚能夠自給的，而所有捐款之一部份，均移補東山二所醫院之不足，到現在惠旅醫院負債甚鉅，最近因藥品問題，人事問題非常棘手，醫院工作人員是廿四小時服務的，日夜都要有人，上至醫生，下至茶房，都須常駐院內工作，醫師護士小姐方面，因待遇問題，致常感人手缺乏，東山二院的醫生問題最難，都不肯去，因為醫生所學的技術，在東山是不能運用，到將來豈非全都生疏了？張、姜二位醫生每次到申請求辭職，總是挽留，但亦並不因此而管理上有一些馬虎，辦莫釐風亦是賠錢貼功夫的事，我亦不會因二封信而有不滿意，如有正當批評，我極喜接受，前山保安二位董事席徵三、嚴講南先生，後山三位董事亦常去視察，他們幾位亦感到應付非常困難，徵三先生府上有一個時期，曾絡續不絕的有人請求他寫條子免費，結果終有一些不准的人，因此流言甚多，所以辦公家的事，要人人滿意是不容易的，我祇憑良心做事，我決不有任何私心，莫釐風的標題，我覺得與事實相差太遠，覺得非常的遺憾，同時還希望熱心的人大家來指導，免有隕越。

劉道周：

本人雖忝為醫院董事，今天以第三者的立場發表一些意見，今日要說的有三點：（一）辦理新聞報紙或定期刊物，我想像一攝影機，不論其人相之美醜，都要拍進去，但須經過修飾，則一幀不好的照片就變為有藝術化的美觀受大衆歡迎，莫釐風是東山唯一的定期刊物，記得二十年前，我亦曾參與辦「莫釐滬報」深知來稿登與不登之困難，（二）醫院方面：涵深先生已講得很詳細，其中困難重重，且人事管理更覺得困難，醫師是一技術人才，東山人學醫的雖不少，但願回本鄉服務者甚少，因他們剛出校門，都希望能踏入大範圍的醫院，能多學到一些，所以醫院請負責有經驗的醫師，到東山去服務，不易物色到，以前曾討論過請一位好點的醫生，前後山各駐半週，因對於鄉人不便而未實行，現在駐山二位醫生，均肯拋棄個人利益以至山服務，實非易事。方才金君說，據鄉人談論醫院往往對有地位的人予以便利，此點本人以為中國人是一種講面子的民族，近來市面上的猪贍情形，凡有熟人買起來便利不少，地方大就不注意，地方小就容易被人指摘，至於一定對於有地位人是特別幫忙，並不盡然，張、姜二位醫生，並非同鄉而能在山服務很久的時間，院方所以很感到安慰的。（三）莫釐風同醫院方面能互助合作，兄弟覺得對於莫釐風很少有幫助，以後希望編者對於記載，能調查之後再發表，或向讀者解釋，勿聽一面之辭，好像一個通訊社一樣，所登消息應有一種眞實性，醫院同莫釐風完全都是負發展本鄉公共事業為宗旨，毫無軒輊。莫釐風方面缺少調查，但此種事情，本來不必更正，將來終有水落石出的日子，我希望當地公正人士來一個證明，比較醫院來更正更有力，同時還希望主持的人及駐山的二位醫師，一本初衷為病家服務，決不受無理傳說搖動他們的熱忱。

徐蔚霖：

本人被召參加此次座談會原屬旁聽，不敢承主席不棄，還要我發言，事前實毫無準備；不過在這時代中，還能參加眞正為着增進人類生命與幸福的集會，實給我的印象非常深刻，而情緒深為感動，所以臨時想到三點：第一，我們首先應該向錫蕃公致敬：因為這些事業大部是經他播下的種，同時再經涵深先生的主持，與各董事的協導，以及全體工作人員的努力合作，使在人力、物力、空間、時間各種條件缺乏困難之下，而能不僅繼續不輟，而且逐步進展，所以我而對着從事鄉梓福利的熱心同鄉，深致敬意，同時站在東山同鄉立場，更希望涵深先生一本任勞任怨的精神，繼續為同鄉謀福利，這實在是由衷之言。

第二，對於莫釐風之發行，我知道是屬於一羣和我這樣年青的同鄉所組辦，出發點也都是懷有着赤子之心，想為同鄉福利上有所增益，也許由於求功心切，有許多地方不免操之過急，因為年事尚輕，不免世故未深，所以原來是善意的呼籲，或者誠眞的建議，往往反可能引起了誤會，不過我敢相信並保證一切的言論，都毫無成見，或含有意氣，因為大家為同鄉福利的心情和目標，是絕對一致的。

第三，本人離鄉的歲月已久，返鄉居住的時日極少，對於各方面，不免了解不深，接觸不多，不過我深以為我們東山同鄉是幸福和自傲，在周圍僅數十里的鄉村，却有二個醫院，和一份定期刊物，以及不少公共事業的成就和未來計劃的遠景，在目前紛紜多難的中國的情況下，能够如此，殊足自豪和安慰，不過或許屬於苛求，私人還希望不僅把現狀持之以恆，而同時在可能範圍內，使各方面互相聯繫，集體合作，使文化，醫藥，與鄉人三者關係更為接近和密切，而獲密度更大的飽和，譬如已行或未行的：醫學常識的灌輸，公共衞生的推進，防疫工作與保健組織的加强，以及心理衞生，醫化設備等之輔助，在可能中逐步向未病不病，已病治病的目標推進，所以希望經過這次座談使我們更多了解，更大融洽，更强的進展，以共赴時艱，那末這次的集會，更為含有無上之意義，而今後未來的遠景更為美麗，輝煌，當然這還仝仗各方面合作，以象徵我們集體的互助。

席玉年：

各位同鄉，各位同學，本社的社員一向對於同鄉會所管理的醫院，很多隔膜，今天有這個難得的機會，聽到各位主辦者的高論，對於當局主持者的苦心，當能有進一步的了解，本人因住家鄉近保安醫院，家裏的人患了疾病，總是去請教醫生，因此時常受到醫院的直接利益，對於幾位醫師的技術非常欽佩，跟幾位醫師的私交尤其深切，平時聽到很多同學對於醫師不滿的意見，一直沒有引起我的注意，這次讀到莫釐風三卷三期讀者園地的二封來函，外加上編者的大字標題，覺得這件事情，倒是非常重大，編者在沒有研究事實眞相之前，加上了如此的題目，大概是做照了大公報讀者之頁的編法，以致不免犯了『主觀』的錯誤。至於醫師在鄉村服務，確是比較城市裏困難得多，譬如對鄉村病家解釋病理，病家就比較不易領悟，不講又以為醫師架子大，態度傲慢。又如醫師診治以後叮囑病家如何療養，病家往往不能依照醫生的指示，結果出了岔子，又要怪醫師技術不够，其他如限於鄉村醫院的設備上供應上的條件，診治疾病往往不能收到理想的效果，病家的崇拜神鬼，不信科學等，尤其使醫師頭痛，不過我國大部份人民是農民，中國的農民大多是貧困而落後的。而我們在學校裏所受的教育，完全與廣大的同胞脫了節，譬如我在商學院讀到了許多工商業方面以及經濟學上的原理，却從來沒有學到過在中國社會裏實際經營工商業務的方法，我相信醫生在醫學院讀書的時候，除了研究高深的學理和技術以外，同樣不能學到去了解廣大的中國農民以及去接近他們，服務他們的方法。所以我以爲過去造成的種種隔膜，主要是中國整個教育制度的失敗，我們莫釐風的任務，一方面是要提高故鄉居民的文化水準，使他們信仰科學，從貧困和落後的束搏裏解放出來。另一方面絕不能去打擊難得請到故鄉的醫務人員，而應該去同情他們的困難，鼓勵他們用的熱情去了解貧困落後而善良的鄉村居民，希望艱苦支持在鄉村醫藥崗位上的醫師，能以教育者誨人不倦的精神，來服務故鄉同胞。

最後我還想說一點關於讀者園地來函的事，我認爲任何事經過了公開的討論，總容易得到大家的諒解，譬如前期刊了一封關於魚肝油的信，經過了張院長的更正，沒有得到的人就知道了眞相，心中不會再存帶芥了，所以關於這一次的事，希望東山院方或同鄉會對這事作一個具體的答復，讓大家明瞭事實的眞相。

金斯：

多餘的話

陸海藩

本來不想多說話，最近見到本刊三卷三期楊葉先生的大作，對於我極盡歪曲與誣衊之能事，不免再饒舌一番，其實是多餘的。

遭受別人的無理攻擊，在我是有過痛苦的經驗的。約摸在二十年前，我們幾個有點正義感的青年人，爲了愛管閒事，不容於老先生們，被他們用卑劣的手段匿名印發傳單，給我們遍題綽號，誣衊和侮辱，無所不至，那時我們比較年輕，我們中間儘有能寫尖刻輕薄的文字的人，因爲了解年紀大一點的比較保守，竝未還擊。二十年不知不覺地過去了，因楊君的大文，我方始恍然老先生的薪傳尙存，且因楊君此文使我前文所說的近年來我們同鄉的文字，也許進步在技巧上，至於在思想上怕跟從前沒有多大的距離獲得證實——特別在這一點上，應當向楊君致謝。

細讀楊君的文章，我覺得他確有天才，善於斷章取義，深文周納，最適宜於担任官方報紙或特刑庭的職務，如蒙當局選拔，相信楊君必能感激主恩，努力圖報，從此飛黃騰達，加官進爵，乃竟投閒置散，筆鋒專對着我，結果必無收穫，此在楊君不免爲失算，而政府亦有滄海遺珠之憾。

有幾點應該說明的：

一、設使有人在打瞞豬乃至或人有這種企圖，將來自會有事實，但我敢確言，這人決不會是我。二、假使我前文有矛盾，我敢說，這矛盾本來存在於我們的社會裏，也存在於我們的同鄉會裏，當然我也在所不免，但這不等於說一切矛盾皆係由我造成，慚愧得很，我個人決無能力，也決無此興致。

三、此時此地，說話應該有些顧忌，我前文因此未能暢所欲言，但意義究竟不能算十分晦澀，簡括地說起來，便是（一）要活下去，（二）要有知識。

四、我前文一不引用黨國要人的話，二不引用馬列學說，略略引用學人的著述，用意極顯。據楊君判斷，引用學者的話乃是裝作進步的姿態，我方始恍然，不進步者如我，連引用學者的話的自由，也早已暗中被人剝奪了。這就算是民主的風度麼？

五、我平素也翻翻閒書，大都偏於文史方面，至於「六法全書」實無心情講敎，這只要看我前文不以恪守法令和遵照部章爲是，便可明白。楊君居然以「大概」兩字，硬說我開笑話——我當然不想也不願限制別人編造故事。楊君又很嚴正地說敎：「地方自治是爭取得來的」。此時此地，唯有靑年黨及民社黨有此雅興，我前文固沒有這樣積極地主張過，現在也恕不奉陪。

六、進步者想要在並世進步國度裏，找出以「昭雪冤抑」，訂明在同鄉會的章程上的先例，怕也不易，但楊君却輕輕把「奴才心理」的批語贈送給我。這就是進步者的科學精神。

卅七，十，九。

風語

「九皇會」

·石柳塘·

最近同鄉會熱鬧了一場，即是增弟子的「九皇大會」，這個盛會歷時九日，再加上一天的慶功大宴，一共十天。叮噹梆啷，響徹衡宇。香煙繚繞，上干雲霄。連慶功大宴在內竟有六十桌之多。在節約聲中，能有這樣的盛舉，可見弟子之衆，功德之盛了。

所謂「九皇」不知何所指。證之春秋繁露，則周朝人稱神農以前諸皇曰九皇。如是，則所由來久矣！又據近人研究，所謂天皇地皇人皇一直至有巢，燧人，伏羲，神農的傳說，實在是神話，但其中實在包含了進化論的先見。無怪同鄉會某文化委員也要慨捐二十大圓，以贊九皇會盛典了。

然而在九皇會中，濟公活佛也居然佔了一席，這才令人如墮五里霧中。有些增弟子或許太崇拜濟公的關係，一舉一動，也居然祖風。

在莊嚴道場中，張貼着「禁止喧嘩，靠鐵莫人」的壇戒。但是弟子們却把鑼鼓狂打狂敲。直到樓上夜校上課的同學除了亂鑼亂鼓之外再也聽不淸別的，因此探首來望究竟怎麼會事時，弟子們才達到了目的，滿意地狂笑了。這種瘋瘋顚顚的情態眞是濟顚僧傳神的畫像。又像某弟子所以大吃其羊肉麵者，也因爲濟公有吃狗肉之美德耳！至於在太祖師前脫褲子，拿出那個老八經來看，那就連濟公也只好瞠乎其後了。

花和尙大鬧五台山很早膾炙人口，濟公傳更靑出於藍。我們的濟顚文化所以盛極一時，實在因爲它寫出了傳統的法統道裔之黑暗的一面，實在是反法統，反道裔的。大概我們的某文化委員也有見於斯乎？抑或嚮往於濟顚僧之風采乎？

最後，讓向同鄉會負責當局進一言：同鄉會關於公

寫在「漁村夜讀班」之後

朱慶璋

「普及教育」的口號的提出，足足已有多年了，勝利後，政府爲要提高人民文化的水準，重又把幾千年前的孔子作風拉出來——「有教無類」。可是在現時代的中國，每個人民給生活二字壓過透不過氣來，對於子女的教育，早已算在次一等的事件裏；雖然有許多家長們，明明白白的了解將來的社會，沒有高深學識，是不能獲得將來的生活幸福的。然而要設法避免飢寒的侵襲，不得不把將來的事情擱置一下。這對於個人和整個國家，都蒙受了極大的損失。因爲教育程度的低淺，對於未來世界的進展，和自己國家的興亡，都又很大的關係呢！

我們故鄉的諸位師長們，早已顧及這一個危機，不惜自己的勞心苦思，偸出空閒的時光，組織婦女班，夜讀班，課外班等等。尤以安定小學校諸位師長最爲熱心，又組織了「漁村夜讀班」。將課堂上的文字知識灌輸到漁村裏。讓漁村裏的孩童，也多明瞭一點應有的知識，改變了坐在教室裏死讀書的方式，又是繼承了教育家陶行知先生的作風，這是我最尊敬的一點。

「小先生們」是眞摯的，誠實的。他們的教書當然不像爲着金錢而教書的先生們一般，他們的那一種精神，我想比教師們還要好，還要興奮。小先生有了精神，學生們當然更是有興，漁村裏的小朋友們進步更加容易，但是有一點我要希望導師們留心，要常常的鼓勵小先生們，養成他們堅強的意志，使他們知道担任這一種任務是一種光榮。

經費問題據舒可先生的調查：「筆、書本，大部向小朋友們徵求的，紙張是教師們的伙食賬中節省下來的。」我以爲這種辦法是有限的。最好是外界各位仁人君子捐助，這並不是一件難事，譬如築大尖頂一片石牆，也是捐成的。王衙前清單上寫的×××先生捐法幣××萬元，某實號計法幣×拾萬元。我看來簡直是白費財力，人力。即使大尖頂塌了，也沒有什麼了不起的大事；在才子的筆上少了一個描寫；在歷史上，是沒有人提到了，假使將這筆費用，籌備到漁村夜讀班，恐怕也有相當大的力量了，可以擴充爲農村夜讀班，這是多麼的好。我們更要明白保守過去的物質，在現代世界上，根本是一件無意義的工作。發展將來的物質，才是現代必要的事件，我想明白了這一點，決不再把金錢用到無用的事情上去，這是作者所最希望的；要請諸位有能力的大人物多多保留着一枝東山的新幼苗，不要小看這星星的火種。

還有一點，我希望諸位導師不要『即興式』的方式幹事，像有興做下去，無興就無形的解散，這是我們中國人最劣的習性，在要作某一件事或成功一件事的前後，有不少的艱難，包圍在四周，要苦幹的做下去才有成功的的希望。

我希望着故鄉，多多的產生讀書班，使每個人多能認識幾個普通的文字。爲全縣全省的模範區。使下一代的子孫，都能在將來爲人羣謀幸福，現在我寫這一篇不成文的文字，就是想因此而引起大家對於「普及教育」的注意，我知道更有許多想不到的地方，請大家貢獻意見，我們一起爲我們東山爭光榮，爲全人類謀幸福。

★　★　★

壇活動，僅限於三樓的決定，應請嚴格執行，庶幾眞正的文化事業致反被阻礙。

論舉手及其他

司徒新

手，雖然大家認爲是做事的，但是在會議上，那一只手就代表一個人的意志了。舉手，就表示贊成這個提案，反之，就算不贊成了。

不過現在人也進步了，有時候雖然舉手贊成，一逢到要切切實實去做起來，未必見得大家動手，說不定還做些反而工作，使進行上加些障礙。

舉一個例，第卅六屆會員代表大會不是明明一致通過了限制公壇的活動嗎？不過現在公壇未見限制，而反之當時也舉過手的大人先生們還在隨緣樂助，使它功德圓滿呢！

由此，我們知道舉手的人當時看到大家一致贊成，自己不得不也舉手表示自己是個前進份子，不是一個落伍者而已；好在舉舉手實在便當，用不着消耗多少細胞，不像執行時的那樣使人棘手也。

同時，我們也更知道，一個決議案的要它得到實現，僅僅舉手贊成是不够的。

求生

劉崇勤

執筆想寫一點什麼的時候，同事們都在談着物價大漲，並且慨嘆來日生活之大難，因此使我什麼也寫不出了。

自然，人是必需先求得了生存才能做些別的事，大家不是這樣說：活也活不下了，還管別的什麼？

所以，一個社會必需要使大家能有活下去的自由，才能成一個安定的社會，一個國家必需使大家有飯吃，才能談到文化、教育、以及禮義廉恥等等。

否則，一切的說教都是無用的。

「九一・八」生活

搶購風初吹時的絨線業

——一幕同事談話錄

•徐元焜•

東方還沒有吐魚白色，馬路上已經是一片嘈雜的人聲，擠呀；軋呀！一陣陣澎湃的聲音，把隔壁一間睡在靠近馬路窗口的小陳和小張也鬧醒了，强烈的燈光，開始從板壁的縫中透到了我的牀前。聲音！燈光！不允許我再進睡鄉了，索性用着耳朵來注意隔壁的動情。但聽見小張首先開口：

「小陳！這幾天我的脚膀好像是租來的，一天到晚的立着，再加上晚上兩個多鐘點的『迷拆拆』眞使人有些吃不消了。」

「這就叫做自作自受，再怪啥人呢！」

「你也不用講了，昨天在營業的時候，我冷眼看你，不是在揀生得漂亮的女人先應付嗎？」

「小鬼！你懂怎麽！『以小人之腹，度君子之心，』我揀整齊的人發貨，是求銷給用戶起見，不像你一天到晚色迷迷，做生意的時候喊脚酸，跳起舞來脚步如飛了。」

「照你說，我眞瞎了眼睛，看錯了人，別的我不問你，昨天弄堂口擺攤的雌黃牛連跑了五次，都是你賣給她的，難道這亦是在求銷給用戶起見嗎？哈哈！看你回答得出嗎？」

從哈哈的笑聲上聽去，知道小張已得到最後勝利了，這時候，對面牀上的老顧，大約也同我一樣在聽吧？這次他也加入了這漩渦中，頓時冲淡了這一幕無聊的爭論。老顧是我們公司中出名的僞君子，並且最喜歡發表他自己的宏論，所以叫他老顧，倒並不是他年長的緣故，而是從公選的銜頭上移過去的，我聽見他的聲音，頓時把我懨恨的心理輕鬆了許多，坐了起來靜聽他的宏論。

「你們兩人眞是三句不離本行，半夜三更，正事不講，竟然對起味料瓶的法寶來了，天亮後的開門事件，我們倒應該商議商議，照這般人聲推測下去，黃牛不會少吧？假使在開門的時候，大家爭先恐後，那末玻璃櫥窗要發生危險了，照我的意見，先發二百個號碼，讓得不到號碼的人先可散開，再將得到號碼的人，十個作一次，分做二十次放進來購買，那末秩序既可以維持，數量又能夠限止，你們說對嗎？」

這時候東方已白，大家都醒了，爵比南山的小唐第一個附議，其餘的人，亦沒有異義，在一瞬那的時候，暫時恢復了清靜，每一個人的注意力，大約都在外面的聲浪中了。

＊　＊　＊

秋風落葉中的綢布莊

經綸

如往年一般，過了五荒六黃（註），王老闆就懷着極大的希望等待着秋令的生意，這已是年常的舊觀了。

秋老虎還在發着威，客幫就開始辦貨了，北幫、廣幫、川幫、長沙幫、西安蘭州幫——帶着各地不同的口音，使冷清清好久的綢布莊，都熱鬧起來。

今年比往年兩樣得多，生意還沒有動，政府就公佈了改革幣制和限價的辦法，使一向奔跑中的貨價停了下來，貨物照八・一九的限價買出去，原料工錢和利潤都可以計算得定，這樣又可以回復到十幾年前昇平的時代了，王老闆的嘴嘻得更開，眼睛的縫夾得更細，等待雪亮的金圓滾進來。

配給原料首先有變動，川幫長沙幫先下手爲强，一買就幾百疋，據說洋細折合金圓的關係，購買力特別强，起先王老闆還以爲生意興隆，但當補不到原料和貨物時，就覺得已蝕了極大的本。

祇隔了一星期，配給原料不夠用，黑市收購要犯法，而且不合算，在萬不得已下，廠裏就停了，王老闆的笑臉也就像停了機器一樣。

客幫、本街的家人一蠢蠢的來買貨，當令的先買完，最後連落令的夏貨和次貨的櫥窗亦見了底，存下來的是幾隻空櫥窗和花花綠綠的金圓券。

（註）五六月生意清淡的時期。

×　×　×

末日來臨了！

•洪無介•

我是一家小小紗廠裏的小職員。人家一碰頭都說是「金飯碗」。其實苦壞腦子，自從八・一九以後，生活指數取消了，拿一點本來就很可憐的薪水實在是老鼠尾巴上的疖，有膿也勿多了。何况更嚴重的威脅——失業的恐懼——正一天一天的挨近我們呢！

首先，工商界都被打了一悶棍，就是在日常的統稅以外，每半年還要交納鉅額的所得稅，如果你說不，那麽你拿帳出來。因爲抗戰以前三百萬元的大工廠，現在也只有一張一元的金圓券才是你自己的呀！這豈不是「硬傷」？

其次，出品誰敢不照限價出賣？但是我們生產所必需的物料，依限價一點都買不到。又不敢出黑市價去買，因爲我們每人都只有一條命；即使出黑市價買到了，也賠不起血本，指頭上拔來拔去，只好坐以待斃了。

再次，原料自己不能收購，一定要和政府聯購，當然價錢是由政府限定的。聽說抗戰時期，大後方也實行過。結果，因爲限價太低，鄉民辛苦所得，變成一錢不値，甯願把棉花爛掉，不願賣給政府。然而大後方的紡織工廠却嚷着缺乏原料，最後只好減工或甚至停工。這幕悲劇也許太動人了，所以必須重演一次呢！

記得有一句話嘲笑包餛飩的人拿着竹簽子在碟子裏汰發汰發的只汰了一點點肉裹在餛飩裏。話是這樣說：「汰得着，汰根葱，汰勿着，汰個空！」現在這種「汰個空」的政策已經普遍地實行了。這對於我們的生存說，那是無可奈何！

現在買一罐醬菜要給你開聽，買一盒香煙要給你開包，他們異口同聲的說：「大家吃光算數！」我們的老闆也說：「橫豎樹倒猢猻散，大家吃光算數！」

可是散了也不就算數了呀！難道回去看守洞庭山嗎？

當局太把社會當作一部機器看待了。機器只要抹上油，倒可以保持三五年不壞，可是社會却和人一般，要吃得落，撤得出才好！

這也許是末日果眞來臨了，我們這一羣犯了不知什麽罪的囚徒，靜待上帝的審判吧！我們是無罪的！我們是會獲得永生的！

防綫上的展覽

「財神堂」冰淸冷淸 證券業前途黯淡

灊

金圓問世，證券業首先受打擊，有的號子已紛紛解散，有的還在等待復業，留職停薪的亦有，每天到號而無事做薪金照拿的亦有，想改行吧，一時亦想不出什麼好做。

在昔證券大樓猶似一所「財神堂」，每當開市期間，進進出出的人們，肩摩踵接，電梯前排隊一直排到門後，盛況亦可傲視於當時。

而現在呢，經過幾次經飭人員的監視，巡查，本樓職員不能入內，以防黑市交易，各號半掩柴扉，或作淸談，或打羅宋，小貓三只四只，簡直鬼也捉得出也。

我的號中，上來尙無若何表示，所以每天照常簽到，除了看書、閱報、吃飯、打瞌睡之外，並無什麼事，有的同事打羅宋，走棋，談談笑笑，好像在療養院中。

市上的游資，一片泛濫，物價又思蠢動，有的主張開放證券，可使游資亦條出路，而政府方面，還在考慮，顯有舉棋不定的模樣。

證交本身是良好的，但管理不得法，反能助長投機，予貨價刺激殊大，如能檢討過去缺點，循入正軌，則經濟上大有幫助，否則貽害殊大。

停市到現在，已有二個月了，若再杳杳無期，則一般證券商不能改行者，便祇好關門大吉。

證券從業人員，約有五萬餘人，我鄉吃這碗飯的，雖無人去作統計，但爲數亦不少，假定證券號一旦宣告解散，則造成大批失業者，於故鄉經濟上亦大受影響。

這種投機飯，本就不合我的胃口，爲着生活上的要求，祇好勉從其事，今後若另謀出路，頗覺困難，試問現時下，何業不在鬧着不景氣，危機重重。所以我爲自己的前途發愁，並爲整個社會杞憂。

☆ ☆ ☆

生活片斷

黃牛

十月四日 晴

一早已擠滿了人，誰都帶着緊張的情緒在找取理想中的獵物，但經過了幾天搶購後的東西，祇剩着幾段乏人垂靑的褪色的粗鬆料子，斜倒在不安定的櫥窗內，可亦同樣地遭受着你搶我奪的蹂躪的命運，老闆眼睜睜看着賣出了補不進的東西被搶購的洪流所吞噬，雙手捧住了滿載金圓數字的賬而發脹，尤其是一個上了年紀的人，把一生辛苦積下的一份私蓄，看着消蝕，比了遭受人家的唾罵與譏諷還更痛心，無意識地引成了對顧客的仇視，最好讓每個走進鋪子的人空了手出去，亦唯有這樣才能保住一部份利益。

今天實在忙得透不過氣，雖然工作的時間縮短了一半，但因手腳不停歇的應付着尺碼，隱隱的已在作痛，連頭腦亦有些暈眼，潛意識的亦責備起顧客的不體人情，把金圓券拚命推離所不顧放縱的錢袋，這種祇顧自已逃命的態度，說起來要託福十年來外患內戰的直接教訓，變，變，變得每個人的心靈都異常脆弱，尤其是幾次的幣制折變中，把一個安份守己的腰纏萬萬銀元的大富翁，因爲遵守政府的法令，變剩了四分一厘六，這亦難怪目前先逃命的聰明了，然而職員們呢，本來是做天和尙撞天鐘，雖然撞虛空，還能夠勉强的糊口，但照目前的情形看來，連刻板的鐘都無法撞下去呢！

下午二點鐘接到公會的通知，憑國民身份證每人每三個月限購一丈五尺，無形中更加速了競購者心理恐慌，一傳十，十傳百，人越擠越多，東嚷西喊不容你有片刻的休憩，非要把東西搶到手不可，然而有限的物資跟無窮的慾求來決賽，偉大的金圓券，已傲然的在賬面上不斷地增加它的數字，同樣地一面是愁容憂鬱的望着發脹的老闆。

○ ○ ○

日記之一頁

·義原·

自八月十九日，幣制改革以後，還不到半個月，各業似乎特別顯得繁榮，而且相當的畸形，照理講，這是很好的現象，人民購買力增强了，工商業將日趨繁榮，事實上人民的心理帶着一點恐慌，變成了搶購的風潮，綢緞鋪子，亦算是奢侈品，又非日常生活的必需品，但是畸形的繁榮出乎意料之外。

十月三日，離開經濟緊急措施已有一月又十四天了，但是搶購的風潮日趨嚴重。今天早晨，公司裏，似乎特別的恐慌，因爲煙紙店停業了，買棉布要市民證了，那時候鐵門口已等候了許多顧客，在不斷的商議之下，在十點鐘祇能開門了。

不一會，整個營業部擠滿了人羣，雜擾的聲浪，似乎處身在火車站一樣：『先生，謝謝你，替我剪一剪』，『對不起請你帶着市民證來買』，『喂！先生夾莬有哦』，『沒有了，請到別一家去買吧！』在雜擾的聲浪裏，顧客與顧客之間，起了爭吵。『喂！朋友，這一段我已揀了好半天呢？你歡喜不會自已去揀麼？搶着這段做什麼呢？』正在這時，旁邊的一個婦人叫着『啊！我的錢怎麼扒去了，眞是天曉得，昨天我們先生才領到了薪金，衣裳還沒有買到，錢到扒去了』，『啊喲！縮縮你爲什麼不當心一點呢？眞是窮人雪上加霜，不像有錢人早已搶購好，根本不需要擠甚麼人堆』，二個可憐的婦人嘆着氣去了。

『喂！先生我已等着好半天了，替我剪一丈五尺』，『對不起，這是做襯衣用的料子，請再揀過一段吧！』『啊呀！我實在揀不出什麼了，那末就做一件襯衣吧！』

整個營業部，似乎要更加緊張了，內部會計人員，染坊跑街先生，茶役，送貨員，祇能全部出動了，在營業部照料，提防着扒手大將軍的乘火打劫。

擠，擠，擠，擠到了二點鐘，整個營業部實在擠不下了，祇有把鐵門拉上了，可是不一會，二個穿黃衣裳的先生，强橫地擠了進來，職員們，唯有客氣特別招待他們，『先生你買衣料需要市民證的，否則請你拿證件出來』，她媽的！什麼證件不證件，我有的是手鎗，你要嗎？』『對不起我們商人是擁護守政府法令的，請你珍重一點』，『什麼法令不法令，我們是濟南來的，城防司令部的官佐，放你媽的屁』，啪的一聲，一只椅子飛到了職員身上。

爭吵動武，一天不知有多少『像這樣的搶購的動機，是歸咎於人民心理的猜疑，更基於二種心理因素，第一恐怕買不到貨，第二恐怕要漲價，倘然照目前的情形看法，這是很可能的，尤其是烟酒稅的突增，使市民先得到了一個警告，何况現在的商品限價，都在成本之下，這正是反映了物資匱乏和通貨的問題。倘然當局不設法除本的辦法，這一把燎原的兵火，將何以熄滅呢？

幣制改革以來的——

保險業

葉緒茂

幣制改革之初，一般經濟市場的反應頗呈穩定，但曾幾何時就發生了搶購之風。洶湧的游資雖衝不過「限價」的防堤（？），但是却把衝得掉的東西都衝到不知什麼地方去了。在這種情勢下的保險業，前途是相當黯淡的。

其實保險業面臨的危機不自今日始。內戰的擴大，通貨的惡性膨脹，都是保險業的致命打擊，不過已往由於經濟的畸形繁榮終算還能苟延殘喘。至於許多資本薄弱的小公司更不得不依附大公司來維持營業，因此也就加深了獨佔化的傾向。

我國保險業務向以火險較爲發達，最近由於戰區愈益擴大，交通時生梗阻，因此水險和運輸險業務更見低落。幣改以來，暫時雖還不能確定前途之是福是禍，不過可以斷言的是最多能維持現狀而已。如以筆者所服務的中國保險公司（係宋漢章先生創辦，名義爲中國銀行之附業）來說，九月份營業淨收入較八月份約增加百分之七十左右，但並不能因此認爲幣改以後保險業是有希望的。我們毋寧說這是通貨膨脹的另一種指標，較爲恰當。

德國拉因求（Lauinger）氏曾說：只有在一個健全的保險制度下才可能有一個健全的經濟（Ahealthy economy

醫藥服務

隨着時局的動盪和生活的艱難，我們的醫藥服務和送藥工作越來越有意義和大衆所需要了。

雖然，本年度寄山藥品的數量，是比去年要多得多，而且種類也逐漸增加，但因爲分站的增添，給藥地區面積的廣大，藥品方面倒反而不夠分配起來，這一點，我們不得不呼籲熱心的同鄉給我們極力的支持。

送藥工作，進入第二個年頭，我們除了在三卷一期上增闢特輯外，並且還舉辦了「巡迴給藥工作」和「醫藥服務欄」，到現在雖然還極幼稚，但我們終希望能改消極爲積極，切切實實地爲故鄉的同胞服務。

在這裏，我們謹以至誠的心，期望着熱心的同鄉給我們精神或物質方面的幫助，並且不斷地給我們指正，我們等待着。

送藥一在東山

·東　籬·

濟親義莊與東聯社聯合辦理的送藥事業，是值得我們重視的，並且它現在在積極的開展中。

送藥工作在東山已有相當的歷史和工作上積極的改進，過去僅由少數的幾位熱心人士負責送藥，他們的熱忱，足令人敬謝，但是人少力微，不能普遍的送到貧病者的手中，不足供應他們對藥物的殷切要求不免有顧一漏萬的地方。

前期莫釐風刊載送藥情形一欄內，載有今年又增設不少送藥分站，分佈於前後山各處，切實送藥，這個消息眞是給予一班貧病者無上的安慰，除此以外，最近兩個月內更有巡迴送藥隊出現，走向地處偏僻的農村中去，上門送藥。

當巡迴送藥隊第一次來到農村中的那天，村人們都投給他們歧視的目光和懷疑的態度，他們好意的，認眞的向各處探問村上患病情形，把帶來的藥分送給村人，但是都不肯眞實相告，也不敢接受藥品，都報以離奇的答覆，因爲農人從來沒有遇到這樣的事情，覺得天下不會有這樣的好人，既不化錢，又非親友，竟有人把好處送上門來，恐有受欺或被害之虞，經過了詳盡的詢問，他們也盡量說明來意，使大家減少他們的懷疑。

一次復一次，他們帶着紅藥水，阿的平，痢疾片，紅膏藥，碘酒，疳積糖，刀傷藥，痧藥水等等藥品分送給大家，他們孜孜不倦的工作，感動了大家，加以藥品的效力取得了農民的信任，日深月久，每當他們到村莊上的時候，情形就轉變了，現在他們每星期六下午來鄉一次，一到村口，農婦們即攜幼牽小，扶弱拖幼，向他們討藥，初時那種閉門謝絕的狀況是看不見了，巡迴送藥隊眞受人歡迎，他們一到就擠滿了大大小小男男女女向他們問長道短：「先生呀！你們的寶塔糖眞靈驗，我家的孩子吃了，大便時打下了不少蛔虫」，「先生！你們還有吃寒熱的藥嗎？」「紅藥水給一點我們好嗎」。嘰嘰喳喳的聲音不絕於耳，這位先生和同學們也不厭煩詳細的說明各種藥品的服法及特效，且並還講許多普通的衛生常識和預備疾病的方法。

現在巡迴送藥隊只有三隊，由總站負責（安定小學），人力有限，僅能在學校附近的宋家灣，渡里，武山這三、四個村莊上給送，人微力薄，如以偌大的洞庭東山而論，眞可謂是滄海之粟，談不到普遍，而且還有不少的困難；時間不夠，藥品來源不多，都使送藥工作不能展開和盡量供給。

用這樣的方法送藥，確是給予貧病者便利和幸福，希望今後有更多的巡迴送藥隊把藥品送到病人的手裏，爲整個東山人民謀福利。

傷寒及其他之雜錄（上）

徐蔚霖醫生

一

傷寒是夏秋之間流行着的傳染病，病原體是傷寒桿菌，傳染的路徑是由無意中將傷寒菌飲食，如不潔帶有病菌飲料，或接觸病人不消毒的手，再接近口腔，以致傳入胃腸。不過接觸後不一定就會生傷寒病，要看被傳染着病菌的人底個體抵抗力強健與否，如果抵抗力強，可能把病菌殺滅，健康如常，不然本來已體弱或疲乏過甚，或感冒食滯的誘因，那末經過了二週或三週的潛伏期便容發決了。

二

傷寒已發病了，日期大概須三四星期，如果副傷寒則約可縮短一二星期，爲醫生的，看護的只能設法使病人避免可能避免的潛伏着的病勢猖獗之解決或減輕。譬如爲醫生的如何診斷正確，不

inany country is Possible only where there is a healthy insurance system)，這句話，我以爲應該有一個前提，就是要在社會秩序安定之下才可能有一個健全的保險制度（其實這兩項條件是相輔相成的）。

當我國的企業沒有發達之前，保險業本來很難獲得進展；尤其在這戰亂頻仍，資本短絀的時期。

後記：本刊的編者要我寫一篇幣制改革以後保險業現狀的報告，自愧荷驢門外，而且限於篇幅關係，本文之作，實難免高人齒冷也。

三七，十，廿一

舒適的金飯碗生活

肯叟

近二月來，我們銀錢界的生活眞是做夢也想不到，竟會給我們帶來了這樣的舒服和安閒，總以爲銀行從業員是忙得沒有出頭日了，誰知也有這樣一天，早上九時開出門來，梢上鷄雀無聲，往常早已鬧烘烘地人聲鼎沸，現在竟小貓都一只也不只，儘管大家談天說地，看報喝茶，偶而來那麼一張支票或介一筆款子。

天天緊張的工作中過去的我們，突如其來一變而爲反常，神經上不免有些異樣，看到自已辦公桌上，空空如也，好像有點手足無措之感，早上九時忙到晚上九時，（空閒時間極少）的工作一變而爲早上九時至下午四時，（實際工作不到三小時）本來一個人做二個人的工作，現在變爲二個人做一件工作，精神上確可算輕鬆到極點了，但所可憾者，待遇以前是和工作成反比例的，工作忙，而所得薪水却少，現在呢？現在因爲一切都要上正軌，所以由反比例而成了正比例，工作少了，而所得當然少，名正而實順的少了，誰敢牙縫中崩半個不字，哼，請你高就正想沒有藉口。

每一位銀錢從業員，一方面固然感到工作較少而輕鬆，但另一方面，除了少數特殊階級，却都因此受到一種心理不安的影響——裁員的威脅。

金飯碗的生活，究竟舒服不舒服，眞有點莫名其妙。

被似是而實異的疾病如惡性瘧，肺炎，等所蒙蔽，同時隨時密切注意病人的體力，症狀，藥物綜合作一適當的治療，而不存偏見的處置。担任看護職守的更爲重要，如記錄體溫，脈搏，呼吸，大便，小溲，以及管理藥物之侍飲，營養物之服納，和病房空氣之流通，而不使病體直接當風受涼等等。致於病人及其家族，果然求愈心切如望甘霖，這種心理爲一般之常情，而爲醫服務者，也未嘗不思速效，不過事實上傷寒至今尚未有特效藥，一切治療方法，仍僅屬諸期待中加以輔助，還我不能抹了良心說謊。我們普通受涼發熱，服了一次藥就好了，可是這也許不是傷寒，可能是流行性的感冒。不過處置治療得不得法也可能引起傷寒，不過在病原上是不可混爲一談，祇爲一體，假如現在還有對傷寒末期的醫生，說如若早看了只要一服藥，其實是缺乏醫藥常識的病家是被騙了，其實從前已流傳着說：「交運的醫生看傷寒末期，蹩運的醫生看傷寒前期」，其實醫生的經驗，修養因人而異，可是對傷寒治療的全程中實，他們的使命和職守是相等的，他們都可以盡職和貽誤，只是在病勢輕重不同時，所顯的反應有些隱明而已，我常覺從醫學工作的人員，都會意識到自己所懷抱着崇高的使命，和持重的態度，決不藉醫以牟利。如若一本眞誠，知之爲知之，不知爲不知，有把握者，當盡心從事，力之不逮者，亦當明井代介紹專家同道，以備病家參改，因際此科學進步，科目繁細，分工合作，尤爲重要。切不可自滿或自欺，誤人又誤事，那末不僅漸爲病家所尊敬與擁戴，而且自己亦毫無內疚與不安。

三

傷寒初起的病象：寒熱，鼻衄，疲乏，頭痛，胸悶，胃納呆滯，舌苔灰濁，大便祕結，四肢酸楚，不過據臨床經驗，所發現的第一寒熱四日有汗不解者。第二脈象與體溫之比例較一般疾病爲遲慢，如體溫升至攝氏39°——40°度，但脈搏則僅93°——100°次一第一點可與感冒瘧疾鑑別的。（不過惡性瘧疾退熱時間極短，不易發覺，但諸種瘧疾的熱度往往是竄過攝氏40°度上的，這點對農村多數易瘧之域，尤其應特別注意鑑別，這傷寒與瘧疾和惡性瘧易犯的錯覺，眞不知被延誤了多少人，作者以自身的經歷來呼籲，希望密切注意。）第二點可與肺炎鑑別，同時熱型上分傷寒初期是稽留性，瘧疾爲間歇性，肺炎爲弛張性，第三舌苔濁膩，胸悶便祕，如果有醫院附設醫學化驗設備的地方，最好能普遍對病人先作一白血球計數，及血球檢查工作，譬如通常傷寒白血球減少，肺炎白血球增高，斑疹傷寒淋巴球增加，瘧疾紅血球破壞及有瘧原蟲，故在治療上可避免入不必要的歧途，而誤治療的日期和方式。在歐美公醫制度發展完善故已能逐步做到，本國由於戰爭在前，一切無法循序建設，經濟基礎日形貧乏，組織計劃紊亂無章，故我私人希望各鄉郊醫院，盡可能自動爲病者義務推展檢查工作，以資鑑別，而助治效，這簡單而有需要的方法，對病者和醫者實在是太重要了。

✡　✡　✡

送藥說明

—— 徐蔚霖醫生註錄 ——

紅藥水(Mercusochrome)

藥品：係汞色質（即汞之有機化合物）之2%溶液。

功用：消毒殺菌外用藥。對於組織細胞無刺激作用，亦無毒效，爲一良好抗膿毒劑

主治：表皮之創傷及手術前之皮膚消毒。

用法：拭塗創傷患處。

碘酊「俗稱碘酒」(Tr. Iodine)

藥品：以碘10%，碘化鉀6%，及水1%溶解於醇中而成。

功用：消毒殺菌之外用藥，亦爲一良好之抗膿毒劑。

主治：殺滅皮膚表皮上（白色）葡萄球菌，寄生性皮膚病蟲，（特於錢癬有效），以及爲貓犬等抓傷而致之創傷。

用法：拭塗於患處。

慈幼疳積糖（即寶塔糖 Pagoda Candy）

藥品：內含有適量之山道年（Santoniu）。

功用：驅蛔蟲。

主治：小兒腸內寄生蟲形成之疳膨食積（如小兒咬牙挖鼻而有白斑，善飢吃糖甕，挖肛門腹膨小便米疳色而黃等症狀，）

用法：忌葷一二日後，晨空肚服一粒，連服二日至三日後，再服輕瀉劑一次。

美國軍用皮膚火燙刀傷藥膏

藥品：內含有蛆素（Allantoin)及輔助藥。

功用：防止皮膚表皮火燙或刀傷患處發炎；使創傷處不與空氣接觸。

主治：或因火燙刀傷而致之創傷。

用法：將藥膏自管中擠出少許，敷於皮膚創傷處，俟五分鐘後，該藥膏即自乾燥而成一層外衣，敷用後若該外衣漸漸變薄時，可繼續敷塗，至痊癒爲止，如需除去該外衣，可用肥皂洗去之。

東洞庭山各校同學聯誼社福利組主辦

貧病免費診療券

特約 嚴宇丞醫師義務應診

姓名　　　性別　　年齡　　科別

住址

注意：請轉贈於眞正貧窮之親友同鄉
本券有效期至十一月三十日止

家山之戀

上官父

八：病(上)

這幾天葉鳳珍感覺得十分愉快，好像做了一件極有價值幫助人家的事情，良心上非常安泰。每晚毫無雜念，恬然入夢，對於校中的功課，也似乎悟解甚多，大有進步，一切都非常順利。

爲了要把沈芝瑞的支票交與吳友松，而這件事又最好不要讓劉慧玲知道，不得已在那天午飯以後的休息時間內，抽空去打了一個電話給吳友松，先謝謝他關切幫忙的厚意，再告訴他這筆款子已交與前途了，有一張一個月期連同八分利息的支票在這裏，請他差一個茶房來拿一拿。吳友松在電話中十分客氣說：

『這些小事不用忙，那張支票暫時放在你那裏便了，見面的時候再交給我不遲。葉女士這兩天功課忙嗎？明後天晚上我們敍敍如何？』

葉鳳珍答道：『除了禮拜六或禮拜天，我平時是不大出校門的，不敢多打擾了。』

吳友松便約他在星期六請他看大光明的電影，務必賞光，不可推却，辭意甚爲誠懇，不容拒絕，葉鳳珍爲了要把那張支票交給他，一想沒有辦法，只得答應了。

吳友松在電話中旣沒有提起徐道恆劉慧玲二人是否同去，葉鳳珍也沒問，這一點，却讓鳳珍納悶了幾天，他不敢同劉慧玲說起這個約會的事情，也不便同他商量一切。劉慧玲也沒有提到吳友松與徐道恆，葉鳳珍本來是靜默寡言的，現在却成了要說也不能說了，日子就這樣一天一天的過去了。

星期四的晚上，忽然出了意外的事情。

晚間補習課已經散了，時候約將近十點鐘，VV助產學校的許多住宿學生都在宿舍內準備睡了，忽見茶房阿慶在門外叫着葉鳳珍的名字，葉鳳珍尙未換衣，便應聲走出門外看時，見阿慶道：『葉小姐，你還沒有睡嗎？很好，有一個姓周的先生來說，有一位小姐生了急病，現在VV醫院裏，要住院，病勢很兇，醫院裏要辦手續，一定要請你去說一聲，我已對他們說過了，時間已晚，小姐大概已睡了，這裏就要鎖門，還是找別人罷。經不住他一再央求，只得來對你說了，你去還是不去。』

葉鳳珍聽說吃了一驚，姓周的，大概是周茂元了，那位生病的小姐不要就是他的妹妹麗娟罷。心裏這樣想着，口中便道我去看一看，請你對訓育主任張小姐說一聲，我一會兒便回來的。說着便急急忙忙隨着阿慶到VV醫院去。

VV醫院便在VV助產學校的隔壁，本來是走得通的，因爲便於管理起見，近來已把中間的門鎖斷了。兩個機構都是同鄉會的人主持的，所以關係十分密切，VV助產學校的畢業生，將來便在VV醫院裏實習的，醫院裏的職員們也很多是同鄉，平常雙方都有走動，所以葉鳳珍大半是認識的，有一位寫賬的葉小姐，論起輩份來還是葉鳳珍的姪女哩。

當時葉鳳珍下樓一看果然是周茂元，一見鳳珍，便道：『表妹，打擾你了，麗娟今天下午起忽然腹痛起來，先以爲是發痧了，吃了痧藥，刮了痧，全不見效，反而逾來逾厲害，面色也變了，我急得沒法，只得送到醫院裏來，院裏要辦保人手續，半夜裏沒有辦法，只得來麻煩你跑一趟了。還好，你還沒有睡嗎？』

葉鳳珍一邊走一邊回答道：『不要緊，凡是醫院裏總是這樣麻煩的，倒是麗娟妹妹生的是什麼病呢？不要是盲腸炎！那就非開刀不可呢？』

他們到了醫院裏，這時病人已由駐院醫生診察過了，認爲大概是盲腸炎，必須連夜開刀。現在門診室裏，等着周茂元來決定。葉鳳珍一看麗娟已痛得雙目緊閉，面無人色，睡在診察床上。旁邊一位秦醫生正手裏提着二隻聽筒，在關照看護小姐先給片止痛藥給他吃。他一見周葉二人進來便道：『大概是盲腸炎，病狀很急，必須要動手術的。並且要趕快決定，遲了要來不及咧。』

周茂元一頭大汗道：『不是要開刀嗎？眞的嗎？那什麼辦呢？開刀要多少費用呢？開了刀，一定沒有危險嗎？』

（本章未完）

紅甘齋日記(十五)

紅甘齋主

五月八日　星期二　雨

昨日主持徵西兄之殮，備形疲勞，親友之往吃死人豆腐者，達二十四桌之多。大約因近來菜貴米昂，一飯難得，雖素菜白飯，「口中淡出鳥來。」亦不願或棄。是日食米共二石，豆腐三十板，吃足輸贏，惟余則因此延緩行期，不僅浪費時間，且因職司度支，不足之數，只好負責代付，大約又是一筆呆帳。

徵西兄之柩，窮二日之力未能購到，聞近來山中人死亡率高，而江西滸板到者不多，現貨更缺，於是囤積之風乃起，老年中年，咸欲子女爲之預合壽材，予之六姑母亦其一也。姑母年僅四十，置柩之意，無非放放私房金飾。表嫂挽予央商救急，勢在必借。此物質料頗佳，姑母新漆一次，煞費心血，今乃爲徵西兄長眠之所，豈姑母始料所及耶？

是日吾母一早前往，小哭數聲，未幾六姑母亦來，哭之哀慟，似尚爲借柩傷心也。

飯時，賓客談笑風生，一若置身歡樂場中，靈幃哀哭，紙灰飛揚，此情此景，悉爲笑聲所掩，席間有壯丁隊吳中隊長發表「服從第一」談話，語多精辟，立意尤爲新奇，殊有「立異鳴高」之嫌。惟喜其天眞，願爲轉載。

「身爲軍人，只要懂得服從，就夠資格稱得上模範了。做士兵的一定要服從長官才能打勝仗，如果長官叫你退，你偏要進；叫你進，你却退了，試問還能打什麼仗？

「其實，不但軍人要服從長官，任何人都得服從他的上司，百姓服從政府官吏，學生服從先生，兒子服從父親，職員服從經理，小人服從大人，莊稼人服從出客人，能夠這樣，天下還有什麼不太平的地方？

「據說，德國的軍隊最講究服從，從前有一支軍隊演習開步走，長官喊了開步走之後，軍隊前進了，忽然前面橫了一條泥溝，裏面都是髒水，那位長官竟忘記了喊立停，於是士兵們一個個都跌進了溝裏。這故事十足說明了德國兵的服從精神，德國之能有今日之強盛，全靠「服從」兩個字。

「推而言之，譬如這裏有一位戴綠帽子的同志，也許因爲他的長官患着色盲症，看出來變了一頂紅帽子，於是他說：大家看這是一頂多麼耀眼的紅帽子呀！他這句話明明不是事實，然而站在「服從」的前面，如果你是一個小兵，就只有說：呀，一頂多麼可愛的紅帽子！萬一你因爲沒有患色盲，因此你還能分辨出紅和綠的不同，對他說：這明明是綠帽子呀，那就錯了。

「諸位也許要問：他的話既然是對的，爲什麼硬要說他錯呢？這一問很有意思。可是大家要明白，說謊是小事情，不服從才是大事，如果你爲了不願意違背良心說謊，以致不懂得服從的門檻，那就犯法了。何況進一步講：以後大家都跟了這位長官把綠帽子一律看做紅帽子，把綠顏色一律看做紅顏色，有什麼不方便呢？」

隊長高論方畢，桌上豆腐已盡，賓客星散，靈堂闃靜，予略料理瑣事，奉母返家，途中梅雨連綿，步履爲艱。前有二主婦，且行且談：

「今天豆腐有黑市了。」

「只怕出了黑市價錢，還買不到呢？」

「都是這個「無出息」害了人，弄得我吃豆腐也吃不成了。」

「其實，你和他們是親戚，何勿去吃一頓素飯？死人豆腐總是很香的。」

「誰高興吃他的素飯！」

某文學家嘗言：「死者如不能埋在活人的心裏，那才是眞正的死了。」徵西兄殆已眞死矣。

五月十日　星期四　曇

故鄉度假，快不可知，轉瞬十日假期，已歸烏有。

予本應今日赴滬，惟以連日操勞過度，身心疲勞不堪，乃修書滬上續假三日。

近來山中賭風甚盛，野有餓莩，家有豪賭，大戶人家搓麻將，小戶人家推牌九，而同樂社貝者堂實居領袖地位，上行下傚，蔚爲風氣，眞所謂「宮中愛高髻，四方高一尺；宮中愛細腰，四方多餓死。」

今晨挑水阿根送來大鰱魚一尾，重可七八斤，自可大快朵頤，乃添菜一席，邀頌古，崇雅及敦和三兄來家小敍，余十日來憚於應酬，頗思與知心者三四人挑鐙細酌，三兄既到，先作方城之戲，然後煮酒高論，予自滬上攜來茄立克香烟尚餘五聽，乃初娛佳賓，諸老友，未嘗先醉，接二連三，未三小時而一罄盡矣，頌古等且欲攜三枝返家過癮，醜態可掬，令吾笑痛肚皮。

今日魚頭由弟媳躬自調烹，濃淡適宜，鮮美可口，不讓滬上名廚，如此佳肴，洵非都市所能吃到。酒興正濃，忽有同樂社茶役來邀陪審，蓋同樂社雖爲士紳集團，實握區政大權，民間糾紛，輒舍區公所來就同樂社，尤以家務爲多，俗有「清官難斷家務事」之語，而同樂社諸公獨能勝任之，可敬可佩。今日係一搶菜糾紛，予新添理事之職，本應叨陪末座，顧酒興未盡，決計作罷。

飯畢，繼續雀戰，意興甚佳。名烟在手，飲酒之後，繼以豪賭，享盡人間樂趣，俗謂開門七件事，吾意豬門人家至少須有十件事，即除柴、米、鹽、油、醬、醋、茶之外，烟、酒、賭三事是矣！

今日聞街頭小菜甚難買，甚至有二主婦爲搶一塊豆腐以致動武受傷，詳情尚不悉，擬明日補記。而一般主婦女傭於抱恨之餘，竟怨言交加：「都是王甘齋請客，害得菜都買光了。」渠等固以天吃星目余，其實山中鷄、鴨、蛋等，已爲單幫攜赴上海結「外匯」去矣。

未是草詩二章

舟

九月五日雨中送霞妹北上，就讀清華，贈詩未竟，越十二日而中秋至矣。

倦羽飄飄意興賒，扁舟又送向天涯，中原風雨黯千里，
亂世弟兄難一家，此夕獨看歸雁影，他鄉同憶舊園花，
關山略似明河闊，夢到江南月已斜。

讀三卷三期莫釐風舒可先生漁村夜讀班一文，心嚮往之。

飄泊烟波秋復春，破船簑笠寄此身，江南雖好欲歸去，
學府緣慳休問津，夜讀無眠眞弟子，義教多謝小先生，
漁光曲罷書聲起，月照湖濱識字人。

山海經

城隍

·公葉·

東山是一個鄉鎮，但居然也有「城隍」，而且不祇一個，什麼「水平王」，「武鄉侯」，「湯老爺」，總共不下三、四位。其中究竟那一個職位最高，威靈最顯，似乎還沒有定論，不過我們可以揣想「水平王」的「權威」是要大一點的；因爲遇到求雨的時候，如果「武鄉侯」或「湯老爺」還不能使上天感應的話，才會勞動他「王爺」的大駕出巡——雖然結果往往和後者的一樣。

一例是臥蠶眉，丹鳳眼，白白的臉，尖尖的指，再加上一部三綹長髯，顯得那麼瀟灑、飄逸，而又十分威嚴，令人一望而知這是一位極有教養的「老爺」，因此發生無限的敬畏心理，不像「猛將」，永遠是那麼笑嘻嘻令人可親。

就連「衙門」也是城隍的來得大而神氣。柵欄門、簽押房、甬道、廊廡、站班的小鬼・執「拘捕」牌的「陰差」，戴「一見生財」高帽子的「無常」，一手執筆一手握卷（也許是帳簿）的「判官」，這些都是猛將堂里所沒有的。本來麼，猛將是天神，所以胸無城府，開門見山，城隍究竟是「陰間」里的官，既然是「官」，當然就應該有這麼些排場。

除了四月里出城隍會，八月里賞中秋月，城隍老爺總是深居簡出，難得讓人們瞻仰到他們的尊容。當然，每逢初一月半，「善士」「信女」們是少不得到他「衙門」里去燒燒香，還還願的。

據說在風雨悽迷的晚上，往往有人聽到城隍廟里鬼哭神嚎，那是城隍老爺在審判「陰犯」。如果那天你家里的少爺小姐有些衝撞了「夜遊神」「日遊神」的地方，明天得趕快去廟里燒頭香，就可保管無災無殃了。自然，城隍老爺的算盤是打得很精的（水平王宮門前的那付大算盤就是明證），誰多點了幾柱香，誰少化了幾錠銀，他老爺肚里都十分清楚，所以你決不可妄想隱瞞他。

據說二十世紀的「陰間」也實行「民主」政治了，但是你如果有機會到城隍廟里的話，千萬別指指觸觸，甚或向城隍老爺眨眨眼睛，小心他會來跟你「算帳」的。

總之，這年頭還是「只許城隍廟里的小鬼汪汪叫哇，不許人哪用嘴來講話」的時代。所以我勸你還是謹愼些的好。

三七，十，廿九。

如是我聞談掌故 （五）

蕘之

紅甘蔗

紅甘蔗三字之謂名，爲吾山最下流階級一般鄉頑婦女輩，謂侃失業者難堪之一種鄙詞。愚自十九，棄儒來滬作商賈，始習業滬之招商局務。一二八爲局勢演變，易事今仍然之龍華船廠，流光如駛，於今年已半百矣。揗招牌，只有其二，差幸未經失業之感況，迨復莫須有作鄉關株守。所以紅甘蔗之三字頭銜，一半世可以担保無劣拜嘉也歟。按此類卑語之典故，偶閱紅蓼草堂筆劄，曾有記述，謂：清嘉慶間，洞庭山有秦潤卿者，執業浙之某鎮爲質典商，端節候，因故解僱，淦經湖屬塘棲，觀市肆列售紅甘蔗甚多，叩價頗廉。乃忖思此去歸鄉，繼就莫知何期，盍若購販此蔗回里，未謂無蠅利可博。迺傾囊以半數作川資，半數概作購蔗本。攜之返里，翌日即設攤作賣蔗生意。閱後終以人能勤儉，得可起家。以販紅甘蔗後而資賣茴香荳，由製售茴香荳攤，而成肆，肆而鋪、店，今之所謂稻香村糖菓號者，傳係秦鄉潤之首創成名云。故山婦或嘲失業者，販紅甘蔗，賣五香荳，連絡貫語。或亦此之出典。綜之人間貴自立，果能自力更生，掙扎到底，如是發芽滋長，時間問題而已，頑婦誠可惡，然亦未使不可作爲一般失意訓戒，毋認爲辱，應知當勵！

海眼泉

傳山有海眼泉，所處，一說在法海塢，又說在宋家灣與岱心灣之間，灣而小北湖灘畔。據謂此泉有二，經闊不廣，猶井口所然，且或不及井口之大也。狀若眼，汩汩水激，無時莫息，故名。一則水淸，一則水濁，凡持線繫以制錢垂下，恆不能測其所抵底也。太湖備考，叢有見載，然愚曩昔好奇心驅使，曾作數度探訪，但結果，迄今尙未得其蹤迹所實在。姑誌之，幸有予以啓示！

紫藤棚

在殿前大街，茶葉衙口東半壁，有架曰紫荆棚。老籐如臥虬，扶疏拖逸，遠視若龍。春老花發，姹紫參差，蔚爲可觀！或傳此幹紫荆，在淸道光之某歲晚春，一夕忽風雨交作，竟而拔捲起揚，至今之所處，適爲一婦人棄穢物出，逢中止之，後人乃以鐵索盤繞，故今痕迹宛然如也。或旨此籐，原本栽植存今文昌宮後之山坡，今俚俗指謂之文昌公墳者，其係妄辭，秦塢坡也。此坡週環有致，蹔坦適度，春秋佳日，映翠凝紅，足資留連。

施門

幕潊橋河北堍之一條狹街，中稍縮進，有石關門者。每人輒語曰水門裏，往往頗不解其義，其實所謂水門，爲係施門之誤。此址原爲明季翰林學士施宗銘之宅第，一說係別墅。所以因而得名，但今則屢轉易主，爲鄰姓之世業矣。桑田滄海，實令後之知其者憑弔，每興無窮之慨感而已。

「生」

蠡才

不知是誰把一塊巨石拋擲在路旁，沉重的壓在泥土上，一根正在生長着的幼芽，却從巨石的身下伸出了頭來，倔強地驕傲地矗立在巨石的旁邊。

我蹲下身子，用力把巨石移開了，那幼芽的嫩莖已經被巨石壓傷了，深深的壓伏在泥土裏，然而它終於穿過了那巨石，從石縫裏探出了頭，裂着嘴對着陽光微笑，這笑是驕傲的，是倔強的。

在一個沒有月光的晚上，我送別了一位失意的友人，在月台上，他拭乾了懦弱的眼淚，用堅強的語調對我說：「我要生，我不願腐蝕我自己的生命，雖然這世界是多麼的黑暗，這個社會是多麼的殘酷」！

當我在人生的旅途上走得疲憊的時候，我總要坐下來靜靜的想，想起那從巨石底伸出頭來的幼芽，它生得是多麼驕傲！多麼倔強！

我又想起了那位失意的友人，他的生命是多麼的有意義，有活力。

我反覆地默念着馬郎科斯基的那句名言：「死並不困難，生才困難呀！」

太湖兒女（12）

·何遜·

帶着一點神祕而又恐怖色彩的太陽旗子，凌亂地點綴在大街的兩旁，店門關得緊緊，只剩了旗子在夕照的街上飄揚。這許多旗子都是杜製出品，大的、小的、灰色的、淡藍的、正方形的、長方形的各式俱全，中間用紅墨水畫了一個圓餅，有的過大，有的太小，有的簡直不像個圓形，眞是光怪陸離，無奇不有。尤其有趣的是許多沒有白布的人家都拿小孩的尿布撕成片片，張掛出去，一樣地隨風搖盪，迎接着敵人。

當東洋鬼子走進大街的時候，亦青正在探望紀亮的病，聽到消息，急忙忙從小路趕回家中，大街上皮靴的聲音，隱約入耳，記記像是敲在亦青的心上，他一口氣從後門跑進了家裏，庭院本來是靜寂不過的，現在更顯得冷落了，客廳中只有逵夫和亦青的姊姊在談着，看見亦青，就不約而同地問他：

「你從什麼方面回來？碰到鬼子沒有？」

「我是去望紀亮的，回來走小路，只見了幾個鬼影。」

「看樣子我今天要吃了晚飯走了。」逵夫說。

「還是這樣小心些好，再說出去向鬼子行禮，實在犯不着。不巧起來，給他們抄出了一點話巴戲，說不定有送命的危險。」亦青的姊姊說到這裏，轉向了亦青。我眞就心你這個唱慣了義勇軍進行曲的人。」

「難道說一個淪陷區的人，連唱幾句歌的自由都沒有嗎？」

「話不是這麼說，爲了爭取未來的大自由，你還是犧牲一點小自由的好。」

當太陽躲到山背後的時候，日本兵的皮靴聲也消沉了下去，他們的隊部就駐在全山最富麗的啓園中，亭榭樓台之勝，一時稱絕，而背山面水，尤其增加了他的身價，前面是一片平湖，幾十方里以內的一動一靜，全在眼底。後面是一座不高不低的土山，日本兵到山後的第二天，便把土山上的樹木全部斫倒，頂上蓋了一座碉堡，只要一枝機關鎗，就可抵得到一座萬里長城。

從這一點上，你可明白日本人的長駐東山是必然之事了。

在特務飯田的指導下，士紳們掩起了幾個月前抗敵的氣派，用「維持地方」的名義，又担任了什麼「長」，什麼「委員」，幫助他們辦慰安所，辦小菜，辦木柴之類，自然，「淸鄉」是最重要的工作。

那是一個晴冬的下午，全山二萬多男子都集中到啓園來了，啓園雖大，可是容納了二萬多人，到底也覺得太狹隘，來的人心裏忐忑不定，大家都想：「難道會來一下大屠殺嗎？」結果，在聽了幾句「訓話」之後，淸鄉的工作就算結束。

那一天後，城裏客人都覺得不如歸去，於是一船又一船，載回了老家。大街上一片淒涼，良園也壽終正寢。喜歡熱鬧的青年們，更燃起了出門的念頭。

第一個是逵夫。

「我明天一個人到上海去了。」

「怎麼好意思一個人去呢？你竟忍心拋開了她去嗎？大概竹根嶺下的會議不十分圓滿吧？」小陳打趣着說。

「她放不下父母，有什麼辦法。」

「東山的女兒們，到底還缺乏一點勇氣。」

「現在還難說，說不定將來會有天大的奇跡出現呢！」

「那末，亦青，你打算怎樣？」逵夫問。

「我想到上海去，可是做什麼才有意思呢？這時代賺幾個錢混口飯吃眞沒有意思。我以爲應該在孤島上做一點宣傳抗敵的工作。」

「怎樣宣傳？」

「我想加入一個劇團。」

「你眞演戲嗎？我看你身子吃不消，而且演劇有時要剃掉頭髮，你這一頭飛機式的黑頭髮，剪掉太可惜了。」

「爲藝術、爲國家，犧牲一點頭髮算得什麼。」

就這樣一個又一個的從半島撤到了孤島。幾個最後離開的朋友們常常忙着送客，每當一個老友離山的時候，他們總要祝福一番：

「爲了祖國的前途，願你們永遠康健，前進！」

（完）

編輯室

▲這期湊巧有這一點空白可以說幾句話，於是就想說幾句話。

▲本刊一再脫期，給予讀者的印象如何，不言可知，本期又脫期了，各方的質詢必將更多，編者握管凝思，還有什麼話可說而贖罪的呢？

▲八一九到現在，每個人都受到直接生活上的威脅，像一個噩夢似的，大家爲着生活而顫抖，自然，我們決沒有向生活低頭，然而到底也受到了一點影響，尤其是鄉訊方面，我們一再催促，然而祇給供我們所用的還是聊聊無幾，這不祇不說是現實給我們的教訓呀！

▲寫到此，一長條一長條的行列又在眼前出現，大家好像在噩夢中掙扎，因此，我們寫下了這夢中的紀錄，雖然聽說物價要就開放，明天從噩夢中醒來了，這一切就像明日黃花，不過多少讓我們留下一點印象，也讓大家知道，我們是這樣生活着的。

▲上一期讀者園地刊出了二封關於登善醫院的信，引起了多方面的注意；尤其是同鄉會負責當局，曾爲調查事件的眞相而費掉很多時間，本刊也爲了使大家明白這事的眞相起見，特地召開了一次座談會，全部紀錄在本期發表，希望讀者們——尤其是故鄉的讀者們注意，同時我們希望各方面能多多提供意見，供給我們參考。

▲對於讀者園地，我們有一點聲明。讀者園地是專門供給讀者們自由發表意見的地方，讀者有什麼痛苦，有什麼不滿，有什麼質詢，本刊立在爲東山人民的喉舌的立場上，自然應當予以刊登，當然也注意到「問題」的眞實性和大衆性，決不會受任何方面的利用和朦蔽。同時我們也接受另一方面的聲辯和答覆，因爲這樣，才祇使事實得眞相，也只有這樣，才祇盡我們報人應有的職責。

▲最後，我們自己也極希望各方面的批評和質詢，因爲我們雖然都是些不知世故的小孩子，但我們決不包庇我們的過錯，我們願和大家攜手合作。　十月三十日

莫釐遊誌（廿三）

明煦

嗚呼，我顯考徵士府君，以布衣卒於家，葬包山之將塢，且四十年，山之人，至於今，思之不衰，其君子曰：「孰有如徵仕之寬弘方亮以禮率人者」，其小人曰：「孰有如徵仕之恭儉慈惠矜恤我者」，及朝用承之光化，撫有民社，山之人曰，徵士之澤也，孫鎏及鄉入綸林，山之人又曰：「徵士之澤也」。顯考之盛德其深且遠者，不肖孤不及知其所以充於家，刑於里閈，覆幬於後人者，山之人至今能言之，蓋自國初，始以重典，剗薙奸頑，海內改觀易聽，洪熙宣德以來，天下日趨於樸，包山在太湖中，故其民尤重犯法，不肯祿仕，間有爲子弟賢者，恐懼逃匿。顯考獨好讀書，其學亦無所師授，間得朱子小學及四書，晨夕諷誦，至忘寢食，曰少吾不及學矣，老吾不廢，庶少有得，且造朝用爲弟子員，時浦江鄭氏家法聞天下，見其精義續編，即與族人議做其規矱，曰三代之禮，吾未能遽復也，若此其亦可以漸行矣，山之俗鬼，其親死則舉而焚之，且不知爲服，獨以布帕其首而號，顯考居先大父喪，始黜浮屠寢枕苦塊，製五等服，削杖銘旌功布一如禮儀，山之人譁且笑，後稍有信者，及今山之巨家，喪祭率以禮，顯考之敎也，長樂府君卒於官，柩至，衆以爲客死而入室不祥，且不利於生者，顯考曰：果然歟吾自當之，山之人多逐什一之利，少亦皆與其儕至湖襄間，其儕殖魚豕利不貲，而傷生動以千萬，即命舟還之曰：若是得利若丘積，吾不爲也，積著於山，稱貸者與之，不能償者復與之，卒不能償，對其人取劵焚之，山人歸之如流水，卒無不償者，長萬石於鄉，不督稅而賦，集君子以爲仁，嗚呼！禮之廢久矣，今士大夫講究於禮非不詳且精也，而爽考其行，於家於國則亦多因循陋，踵訛舛，以爲古禮未可猝復也，自漢以來，則然矣。顯考布衣，學復無所師授，獨慨然以爲可行，行之不疑而山之人果從之而變禮，其不可復也歟？顯考雖未嘗仕而惠之及於物者深，雖不爲言語文字之學，而禮之行於家者嚴，其遺行在人，不肖孤，不敢贊亦不敢沒也，顯考世系履歷生卒，前工部主事劉君昌既誌於墓，朝用獨掇其大者，泣而表之墓，以治我後世子孫，俾無忘矣。弘治七年十月男朝用表孫鎏書。

據碑所載，小人之喪，本以火葬，惟遺出而定以禮制，去簡就繁，未可譽爲功也，茲者東山，滿目荒坵，一坯黃土，大好名山，爲枯骨占其大半，長此以往，將何以堪。欲改建東山爲勝區，私意非恢復火葬不可。則荒坵可成闤市，黃土悉爲園林，更能吸引遊人，招致外賓。

享堂之後，有亭翼如，內嵌臥碑，爲弘治七年九月初六日王朝用之誥封碑。

自甬道而上，即爲坟墓，芳草萋離，杜鵑啼血，陸燕薌題化龍池詩云：

瀑泉惟嵩嶺，勝串五湖峯，亂石穿雲線，清池蹬玉龍，流使浣女石，潤入挂衣松，橋上何時坐，須遲雨後蹤。

循大道南行至沙嶺，風送梵鈴，山廳法鼓。中爲中天王行宮，與行宮相峙者爲戲台，左爲武聖宮，其前爲城隍廟，禮八蜡，水庸居七，水庸即城隍，是爲祭城隍之始，右爲魯班殿，祀周公輸子，公輸子名班，爲春秋魯巧匠，故名魯班，後世土木工人奉爲祖師，九月初四爲其誕辰，香火亦盛。沙嶺一帶，古木參天，與前山之廟山相彷彿，惟殿宇軒敞，位置井然，似尤較勝，林勝無人，鳥自呼朋，處境清幽，俗塵不到，吳偉業咏沙嶺詩云：

亂峯當面立，及憩得平丘，坐臥此云適，歌呼不自由，支頤若麂過，坦腹白雲流，笑指傳飛處，有人來上頭。

南行抵寒山頭鎮，自寒谷山徑上，巔建有三官殿，觀音殿，屋廬數椽，足可休憩。遠眺湖中，風帆點點，遠山隱約，如籠輕紗，煙水浩淼，允稱大觀。下寒谷山，至陸巷，爲後山之一大鎮，市廛闤闠，先賢王文恪公祠前，古井一口曰玉帶泉，王鏊所置，孝廉公祠重浚，昔有登俊解元會元探花閣老等五坊之勝，爲明成化乙未少傅王鏊所立，今存探花會元解元三坊，尚係清乾隆壬戌少傅後裔金增重修。南下至蔣灣，沿途果木茂盛，花香撲鼻。鄉約義井，處於濃蔭深處，其景可賞，其文可讀，鄉約義井記文曰：

孔子之所尚，敎義也，義則所施者博，所及者遠，而其功利之及人也無窮，故孔子曰：君子義以珍，葉尙德諸君，誠可謂知義之爲尙者矣，聞嘗相謂曰：鄉約之說，實風化所攸始，昔呂氏嘗行之，而今不復見矣，吾等盍做此行之，自是，凡義所當尙者，率先之而不敢後，又曰，吾鄉居民之稠密者，莫如蔣嵩二灣焉，居人且千家，而井不一二，不足以供求者焉，諸君編相謂曰：是亦義所當尙者也，遂出其約之所積者，命工鑿井於蔣山之陽，而瀦水焉，以供二灣人之求，且爲亭於上。因索予文以記之，予曰，諸君之用心，可謂尙義也哉，夫世固有隔藩牆而分比鄰者，而諸君之用心獨異於是，昔程子謂曰：一命之士苟存心於愛物，於人必有所濟，豈不信哉。斯舉也，豈惟濟於一時，將百世濟之，豈惟濟於一家，且一鄉濟之，濟於百世，百世之利也，濟於一鄉，一鄉之利也，使今之仕者，皆能如君之心，以濟天下之民，則天下之民之被其澤者，豈不光大且傳哉，遂記之。××戊辰仲夏莊鉞撰山南姚岡書。

長途電話無人管理

——請負責者注意——

九月廿五日，我因為母親之病，到鎮公所去打長途電話，那知接線間裏沒有人，電話鈴聲却在不斷地響，我知道這是上海（或蘇州）有人來電話，但沒有人接，門又鎖着，就向外面完糧處去問，是否可去代聽聽，答說不關的，我一則因為自己的事急，二則認為別人的電話也許也是要緊的事，看見窗開着，想抓進去聽，完糧處的人說不可以的，以致電話沒有打成，這時是白天二點鐘，一直到四點鐘，還是無人，因此想到長途電話總是要事用的，什麼白天無人接，這不是失了長途電話的功用了嗎？希望管理者注意及之。

讀者謹上

兩封關於「登善醫院事件」的來信

（一）

逕啟者：見卅七年十月一日出版貴刊讀者園地欄刊登來信，標題為「醫院大門八字開，無錢無勢莫進來」。投函者王鴻福一則事，敝人忝為委員，曾親往託人暗訪，毫無頭緒，王鴻福此人亦無着落，一查鄉民同啟一則，查檢本院賬冊王鶴生，確於七月九日來院就診，收掛號費連藥費共一百三十八萬元，後因住院三天，計三天三等病房費連針藥計二百二十九萬，共三百六十七萬元是實，有關本院信譽，特專函上達，請將原函登出，以釋讀者疑惑，為荷。此致

莫釐風月刊主持人

東洞庭後山登善醫院嚴滌塵啟

（二）

逕啟者，貴報刊載敝人黃鶴生在登善醫院治病用去醫藥費法幣六千萬元等事，實乃完全不確，實則敝人住院連針藥費在內共計付出四百萬元左右之數額，特此鄭重聲明，務請更正為盼，此致

莫釐風

編輯先生台核

敝人黃鶴生謹啟

謝啓

卅七年下半年度寄山送各站藥品第三批共計：

父蔣膏　六千張

眼藥水　卅六瓶

茲承陳其璣先生捐贈眼藥水瓶卅六隻，蔣大豐先生捐贈父蔣膏三斤，仁心可風，敬此致謝。又顧頌章先生委辦父蔣膏三斤，擬於太倉施送，顧先生為鄉村服務，特此致敬。

東聯社福利組　蔣視義　　非同啓

遊金庵記

煥書

吾看到的如此，或許和別人觀察不同。

由興福寺向西新築寬闊道路，洵是壯觀！好事者不知何人創舉？為善而不揚名真善也。一反袁宏道所謂「民競刀錐，俗鮮風雅。」為吾鄉人出一口迂氣，實是可敬。

經三五人家；曲徑前進，疏林夾道，修竹迎客，山塢之中金庵現矣。昔日此庵形若褐衫藜杖隱逸高士，而今一變為濃妝艷抹之村姑，山門粉赭色，最着眼白底黑字扁額，題者乃弱餘軒主，書法俗透，定由漆匠捉刀，羅漢堂屋面已修葺竣工，屋檐改低，中間掘起大不雅觀。東方建築美全在屋檐凌空，名勝古剎佛殿莫不高矗雲霄，才顯壯觀，茲者粗修屋頂已草草然遜色無限。

關於此庵本刊早有詳載，毋庸考據，該庵不獨環境勝，而所塑佛像栩栩如生，尤以羅漢之神態生動，衣褶飄逸，袈裟層疊，花紋異樣，有目共賞，莫不叫絕，如此藝術，必出奇才之手，想當時作者，愛慕此間幽谷清雅，浮一大白，興之所致，驟然而成，決非為寒腹饕可同日而語者也。今聞亦委匠人修理，決不能保持原狀，想施主慨然解囊，為古庵生色，無暇督工監視，唯有委託在鄉有識人士，協助顧問，願愛護古跡者羣起查詢，等到破壞之後追究已遲。

康樂綢緞公司

專售‧‧各色高貴絲絨‧各國綢緞呢絨

定製‧‧各種女子旗袍‧式樣新穎摩登

南京西路四六三號　電話三〇六八四

敬謝保安醫院張克勁院長　讓嘉模醫師啓事

敝人今夏罹患肛瘻經張讓二醫師開刀致得痊癒並承席春林先生偕永華小姐病中照料無任感激特此登刊以表謝忱

席履仁敬啓

洞庭圖書室東山分室鳴謝啓事

茲承

馮顯岑先生　江東日報壹份
錢人傑先生　商報壹份
葉頌芬先生　中報壹份
吳縣縣銀行東山辦事處　報夾兩只
王杏生先生　木匠工二工

特此誌謝

吳縣第八信用合作社

承辦洞庭東山　蘇州匯款

穩定　信義服務
迅捷　不取匯水

本社辦理存款，放款，抵押，匯兌等業務，純以服務桑梓，社員爲宗旨，如承委託匯款，概免一切費用，手續簡便，解款迅速，東山區所隸屬之市鎮鄉村，無論遠近，均可專司送達，以免跋涉之勞，特請上海天津路**東萊銀行**，天津路鴻仁里**嘉昶錢莊**代理收解，凡吾社員，深盼踴躍賜顧，並希同鄉先進賜以指導爲幸。

總社　東山前山鎮　長途電話直達
蘇州辦事處　蘇州閶門外樂桑坊二號　電話　一八七四號

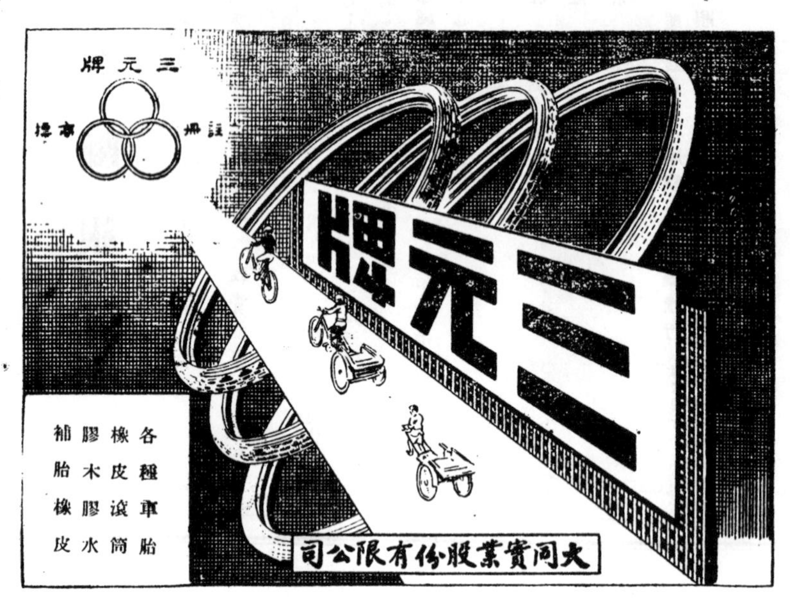

事務所：上海泗涇路七——九號

電話：一四九四二

廠　址：上海眉州路三〇〇號

電話：五二二九九

第

目　錄

恭賀新禧　並頌進步

東聯社出版

中華民國卅七年十二月十五日

雨花播音台

區署召開民衆組訓擴大會議

成立保莊隊少年隊兒童隊婦女會敬老會等

三縣聯防指揮部侯參謀秀崐暨吳縣民衆自衛總隊部周總隊附公贊，於上月廿八日蒞臨來山在洞庭區署召集本區各鄉鎮長、保長、幹事、鎮民代表、地方人士、保中隊長、常備隊及班隊長、警所巡官、及中心國民學校校長等，出席共計二百餘人，於是日下午二時召開民衆組訓擴大會，主席周區長開榮，報告略謂：組訓分保莊、少年、婦女、兒童、敬老、等五個隊名組織之，並將五個隊之分配工作要點在席上作詳實的報告。次稱此次急征（征兵），縣府明日開會不日即可發表配額，關於前次新兵安家費之征收，如有困難尙未結淸者，得由各鄉鎮將抗繳人民送區解縣究辦，再征糧事宜，人民應負完納之職責，此項亦屬重要，希望各位努力協催完成任務。繼由侯參謀及周總隊附暨周督征亦分別致詞，五時許散會云。

又訊：洞庭區民衆組訓團成立，分保莊隊（十八歲——四五歲）少年隊（十一——十七歲）兒童隊（六歲——十歲）婦女會（十一歲——四四歲）敬老會（四十五歲——六十歲）並實施五人聯保連坐，以防宵小。

又訊：根據東山鎮所屬各保全民組訓人員統計表載，計保莊隊三五三八人，少年隊一六三三人，兒童隊二五七六人，婦女會五三一一人，敬老會四八五八人云。

三十八年度預征新兵

全山共廿六名，限十五日如數征足

預征三十八年度新兵配額，全縣計八百廿名，因遵令增加預備額百分之二十，改爲九四〇名。縣府召集各有關機構舉行兵役會議，商討各鄉鎮之配額，決根據各鄉鎮男子人口總數，萬分之十九，平均分配，轉飭各鄉鎮遵照，定十二月一日開始征集，十五日內如數征足，玆探得洞庭區應征新兵配額計九十二名，東山鎮十九名，後山鄉七名，莊蓮鎮十三名，浦莊鄉十名，橫涇鎮十二名，高峯鄉九名，練瀆鎮八名，大夏鄉九名，四浩鄉五名，安家費各鄉鎮視地方能力，參酌辦理云。（山石）

（又訊）此次預借急征新兵令，縣府前日已令各鄉鎮長並發表各鄉鎮之配額，而東山鎮應派十九名，限於本月十五日前如數征足。周鎮長竟如奉令後，即於本月三日下午一時在該鎮鎮公所會議室召開保長等會議，出席地方人士及各保保長等卅餘人，周鎮長略訓此項急征明令，本鎮應派十九名，各保以人口比例分配以下：

計二、三、四、五保每保應派新兵二個，計一、七、六、八、十、十一保各派一個半，九、十二保各派一個，依照規定徵募並施，請由各保長及各保保民代表決定如何進行，故各保已分別商討積極進行云。（思）

田賦　縣府命令　限期征足

本山田賦，已於十一月一日開徵，日前奉縣政府令催，在本年底內，如限徵足，並由縣府組織催徵團，分區督導，並令鄉鎮保長協助進行，玆探得今年徵收標準如下：徵實每元一斗二升，徵借九升，公糧四升八合，隨賦帶徵，積谷一升二合，附加四升八合，學谷捐四升，又悉催徵吏巡發通知單，每張收取金圓一元。（山石）

十一月份東山鎮人口總數

共計二〇八七四人

根據鎮公所十一月份保甲戶口報表載：本鎮共十二保一七五甲，五二六八戶，男九八三五人，女一一〇三九人，共二〇八七四人，內壯丁三一四九人云。

縣府成立軍民合作站

要鄉區各鄉鎮負責代辦燃料菜蔬

東山鎮公所前奉縣府命令爲吳縣成立軍民合作總站之後，該站專門服務本縣部隊副食，如採購油鹽猪肉黃豆由城區負責代辦，而燃料菜蔬則由鄉區鄉鎮担任代購，該鎮周鎮長奉令之後，當召集本鎮各保甲長以保分配，曾經辦集柴草一萬五千二百七十五斤，青菜二千八百十九斤，故於十一月十六日該站派有官兵數員來山過秤，即雇船分裝運蘇。

吳縣軍民合作站，爲安定軍糈之副食起見，負責採辦各種副食，依各部隊人口比例平均分配，後山鄉鄉公所奉令採辦蔬菜、毛柴，日前每戶攤派毛柴廿五斤，青菜折合金圓一元，業已運蘇云。（安）

一場夫妻糾紛

王順興年卅二歲，住居後山鄉五保，業上海電器，十三年前娶楊灣大浜村施陸氏之女福寶（現年三十二歲）爲妻，當時雙方感情融洽，生有一子雲才，順興爲生活供職上海，留妻在山，不料福寶性情轉變，不守婦道，藉故還居楊灣母家居住，事被順興知情，屢加勸導不從，因此發生口角，日前一度控訴於鄉公所請求調解，翌日順興乘輪至滬，福寶又在渡水橋攔阻，順興無可奈何之下，邀集雙方親友評論，結果雙方自願離婚，由順興一次付給福寶白米一石，金圓二百元，長子雲才歸順興扶養，餘者子女及嫁粧衣服，均歸福寶領去，一場夫妻糾紛，永告結束矣。（振）

輪船時間及價目表：

蘇州開山

第一班上午七時半，第二班上午十一時。

東山開蘇

第一班上午七時半，第二班下午一時。（此班是蘇州來回班，隨輪快慢而定，快半時可到，如慢一時可到。）

票價：前山十元　後山十二元

小賬加二　茶二元　客飯無

蛋飯六元

小消息

吾鄉地處太湖，港汊紛歧，駐山警軍當局，爲維持治安，十二月一日起，開始冬防，規定每晚十時至黎明，實施戒嚴，並禁止燃放爆竹，戒嚴時間，人民如有要事，必須提燈，報明姓名通行。（山石）

楊灣鎮崇本堂，係旅滬士紳張靑卿等之祖居，近發覺該屋失竊各物，損失甚鉅，日前張靑卿等回鄉，檢點失物，開具淸單，聯名呈報後山鄉鄉公所請查云。（安）

*　*

同鄉會三委員會委員報聘完成

同鄉會本年度各專務委員會委員人選業已報聘完成，各委員會主任委員及各小組主任幹事亦經選出，茲探錄如下：文化委員會於十二月七日成立，推定葉緒華君爲正主任，金尙儉君爲副主任，秦光焯君爲學術研究組主任幹事，金尙儉君兼編輯組主任幹事，沈恒漱君爲藝術組主任幹事，沈恒春君爲圖書組主任幹事，施紹裘君爲副主任幹事，王季緒君爲敎育推進組主任幹事，劉道周、席玉年、葉樂天、徐蔚霖、席德基、陸鍾琪、徐元焜、鄭於瀛、鄭萬育、嚴純益等爲該會委員云。

聯誼委員會於十二月八日成立，推定席玉年君爲正主任，許慶元君爲副主任，金維剛、金鏷森君正副康樂組主任幹事，陸鍾琪、夏穆君正副會員組主任幹事，嚴季祥君爲會計，席純時、鄭錫敏、葉志程、石松生、楊熙元、嚴星洲、徐元焜、兪康年等爲該會委員云。

產業管理委員會召集人席光熙君報聘席裕昌、翁清澄、翁受宜、席伯華、葉恩溥、席涵深君等爲該會委員云。

同鄉會頃有無名氏捐來金圓二萬元，一萬元捐贈惠旅醫院，五千元捐贈同鄉會，五千元捐贈與莫釐中學云。又無名氏捐贈制服三六套呢大衣五件，現同鄉會方面擬轉贈東山自衛隊云。

東山食糧問題答客問

問：目前本山食糧供求情形如何？

答：目前本山食糧供過於求，因有錢者均在新米登場時辦妥，無錢者做一日工購一日糧，均屬升斗階級，因此銷場寥寥，況人心看低，各店門市供應亦多，如上一關在限價搶購時，各店門市無粒米可見，惟渡橋同泰森西街鼎有略爲應酬門市一、二小時，該時求過於供，遲了即無處購糧，以致造成黑市買賣，後來報載准許自由買賣，開放限價，糧價直線上漲，一日數市，米商囤積居奇，各店存米借放居戶家，門市無糧應市，造成死市狀態。

問：依照目前人口東山每月需米多少？

答：東山鎭計大口一六八〇〇口，每口六合，小口四〇〇〇口，每口三合，每天一二〇石，每月需米三六〇〇石，後山鄉大口五六二〇口，每口六合，小口一四五〇口，共計每日食米三八石，共需四千石左右。

問：本山產米情形？（約若干畝，每畝產米量，可供本鄉若干時間？）

答：本山約有田三千畝，每畝照今年而論可收四九成約一石五斗，如能不運出可供約四十多天之需。

問：每月需向外採購多少？

答：（一）除自產量外完全向外購來。（二）由何處運來？大多橫涇、浦莊二地爲多，次則南潯、震澤。（三）利潤如何？地方及水道安寧，儘量可運，如遇不靖，運裝頗見不易，米價隨之畸形升昂，市面平靖時可有一分至分半錢之盈利。

問：由外埠商人自動運來，抑由本山米商前往採購？

答：在前正常時期，行家派員來山兜售，自經奇貨可居之後，絕無兜售之舉，均由本山米商及米販自動運販，再有一小部分如鄉民以柴或鮮菓鮮魚等土產脫售後，空船帶回自己食米，居民（商人）均依賴本山米鋪購辦，絕無其他方法。

十二月十日

保安醫院院長張克勁醫師尊翁

張翰庭先生榮獲上海榮譽市民銜

江亞輪沉沒時救出四五百人

招商局江亞輪，在十二月三日由上海開往甯波，於當晚九時在吳淞口外爆炸沉沒，時船中乘客爭先逃命，一小時後，適有金源利機帆輪滿載橘子駛過，該船主張翰庭先生即見義勇爲，橘子全部拋入海中，發動全體船員努力施救，卒使四百餘待斃旅客獲慶更生，茲悉張翰庭先生即本山保安醫院院長張醫師之尊翁，其熱腸古道求之今日惟利是圖之濁世，誠屬難得，聞張先生已由上海市吳市長賜予榮譽市民銜云。

同鄉會舉辦乒乓錦標賽

歡迎同鄉參加

同鄉會乒乓隊爲發掘新進起見，發起「洞庭杯」個人錦標賽，公開徵求同鄉參加，現探得日期及費用如下：

費用：報告費二元保證金八元（保證金俟比賽完畢後發還，惟無故棄權比賽二次者，概不發還。

日期卅八年一月二日開始報名，十五日截止。

參加者請即向同鄉會席冠中君報告。

洞庭圖書室東山分室

定卅八年一月三日開幕

葉巷村洞庭圖分室，定於明年一月三日舉行開幕禮，爲紀念起見，並將舉行籃球及乒乓邀請賽，屆時故鄉又有一番熱鬧云。

短評

迎朱潤生先生論東西山關係

朱潤生先生以同鄉會數朝元老的身分，膺選為本屆同鄉會理事長，在多數同鄉的心目中，應該是一件很自然的事。十多年來，大家對新理事長的才具、性格、言行、人衆一定已有深切的認識。他抱着己飢己溺的心，握着洋溢正義的筆，老老實實地做事，爽爽快快地說話，不懂矯揉造作，常肯虛心下問，因此他給年輕一輩的印象特別好，所以有了「青年導師」之名，憑着這幾點「政治」資本，他的出膺「組閣」大命，其成功的百分率應該很高。自然，他的能否發展抱負，還得決定於正在轉變中的以後的大環境上面。

衆所周知，同鄉會的事業，多數已具規模，只要能切實做去，不怕沒有成績。至於如何做法，我們相信新理事長一定有着錦囊妙計，暫時可以不必多談。我們想要說的是一點以東山人一份子的立場，希望同鄉會能注意到東西山關係的意見。

號稱擁有七十二峯的太湖，其實可數的不過十分之一，而東西山無疑是鶴立鷄羣，它們是太湖中的兩只眼，江南的心臟，無論在政治、經濟、地理、民俗諸方面均有其不可分割之處。猶記潤生先生在本年五月間參加西山同鄉會成立大會時有言：「東西兩山在各方面都有其共同性，而在將來的發展上，尤具有相互的依存性。」此言誠然。無論東山西山，均以產果木著名；居民保守成性，勤於操作，耕稼而外，復擅經商，稱雄上海、湖州兩地；歷史上光緒年間西山民衆送米給巡檢暴方子先生和明代卜式席太僕施米賑災的故事後先輝映：都說明了

閒·話·逃·難

金仲侶

我寫這篇文字，像煞是時髦文章，其實富有警惕性。

時局的嚴重，無可諱言，可是尚未到必要遠走高飛的時間，然而神通廣大的豪門巨賈却是例外，過去他們把持「經濟中心」，擾亂「社會安甯」，如今他們已無餘閒再研究如何奪取民膏，又開始專心致力於逃難工作，勸搖人心，因為他們有的是錢，有能力控制交通工具，所以走走亦很簡單。至於我輩小民，要走談何容易，何況到那裏多是一樣做生活的俘虜，因此祇能按兵不動，聽人擺佈，這是我個人既定的宗旨，我想也是一般人的計劃。

在最近期間，遇到親友，開口總是問訊，動向如何，除搖頭報以苦笑外毫無表情。其實像第一流豪門般能移居新大陸，享受天堂生活，我倒也眞正衷心羨慕。其餘像港、台、粵各地，則那一塊是安樂土，上次大戰中香港遭刼更較上海為重，這是鐵一般的事實，眼光放遠透澈地一想，留在上海不作逃難打算的朋友，也可聊以自慰。

再看事實，現在海陸空是全體總動員，人如潮湧，你擠我軋之情況，也可說是偉大場面的「逃難觀止」了，但是老天却不盡人願，惡耗像霹靂般的降臨，首先打擊人們的心靈，是滬甯線江亞輪失事沉沒海底，死傷三千餘人，眞是俗語所說「一日上忌日」，突破航業界空前的死傷紀錄，接着民航機在基隆觸山墜落，機毀人亡，死傷二十餘人，滬漢班機至江灣機場降落撞毀失事，京滬火車又在無錫附近與汽車互撞，死傷纍纍，觸目驚心血淋淋的新聞報道中，不知犧牲了多少屈死冤魂，但是還冷却不了逃難者的雄心。

回憶八一三抗戰初起，我也因意志不定，恰惶逃難家鄉，結果在家鄉也沒能苟免兵燹之災，却蹉跎時光一年，拋失職業，尚屬小事，錯過了效忠報國的機會，眞使我終身遺恨，所以我說在整個世界走入新世紀的過程中，誰也不能存下臨難苟免的心理，放出勇氣來應付，才是上策。

還有一個事實可以為我們殷鑒，抗戰末期，我因經商駐居西京市，那年敵寇進兵潼關，前方正在堅強抗禦之際，吾友陳君，因不信任當局的力量，在驚慌失措之下，不聽我的勸告，竟獨斷孤行地攜帶全家老幼雇車逃避陪都，詎知汽車行至秦山峻嶺之間，軍夫控制失靈，不幸覆車全家罹難，結果日寇到投降為止，西京市確保無恙，陳君則抱逃難未成身先死的遺憾而長眠黃土，今日逃難諸公諒亦深為之惋惜吧！

因此我願意忠告諸位，即使大難當頭，亦切忌庸人自擾，有時百動不如一靜，鎮定第一，反可安全，在民命如蟻很少保障的世局中生存者，心靈上雖然實無所寄託，但還是我們必需以不變應方變的勇氣來生活下去吧！

十二月十日

窮苦人們的福音

勸募寒衣經過

不行

『紅葉晚蕭蕭』秋到了，又是『木落雁南渡，北風江上寒……』。凛冽寒凍的風，將在人間施威，這樣的天氣裏，使吃不飽，穿不暖的窮苦人們，更感受無限威脅，就在這愁煞窮人的時光裏，劃破天際地傳來了一道喜訊——勸募寒衣。

十一月九日下午二時，在洞庭圖書分室裏，召開了一個會議——寒衣勸募會議，參加有莫中同學，保安醫院全體護士小姐，及安定小學教員，當場決定組織了一個『洞庭圖書分室寒衣勸募委員會』通過許多勸募計劃——收集及分發對象……四時正會議在一個緊張的情緒和諧的空氣中結束了。

翌日，大家在百忙中抽了時間工作，印勸募冊，給

兩山民俗的淳樸可風。以上所舉，不過是十之一二，然而已可看到兩山的合作聯繫，是一件容易而又應該的事了。

可是千百年來，儘管兩山「雞犬之聲相聞」，而兩山民衆仍舊是「老死不相往來」。雖說一水之隔是天然的阻礙，而山民的「不好事」（借用袁中郎評東山人語）應該也是主因之一。爲什麼我們不能在果木方面，以合作的力量來共同研究改良的技術？爲什麼不能利用包山的煤礦來合辦幾所罐頭食品的工廠？爲什麼不能開幾所農業、水產之類的學校，爲子弟求得「一技之長」？這些都是值得我們三思的問題。

尤其在治安方面，由於界限的關係，使兩山人民同蒙其難。東西山的分區實在和太湖之被腰斬同樣不合理，使兩山民衆守望不能相助，於是太湖便成了盜匪的淵藪，財產生命的損失不可勝計，二十多年來，水上警務雖然有統轄全湖治安之權，可是和淸末所設的太湖廳的規模相比，仍舊瞠乎其後。爲了補救這一個缺點，東西山最近併區的措施是睿智之舉，希望今後在區政統一之下，儘量發揮民衆自身的力量來維護地方的安全，我們必須認識：只有東西山的密切合作，才能求得太湖的安全和繁榮。

「洞庭一家」的理想，須實行併區而有了象徵的實現，我們雖不能（至少目前如此）在浩浩萬頃湖波之上，架起一座長橋去牽住兩座高峯，但是，如果要通過一座「心的長橋」來號召兩山民衆互通有無，加強合作，是可能的。希望我們的理事長，爲這一座「心的長橋」盡一部份奠基的力量！

漫畫，製標語，都遵照會議中的最高原則進發——救窮人是好事，捐寒衣是善舉，一件寒衣救活一條命，功德無量。

爲着要工作得更有效果起見，把安定小學中的許多活潑能幹的四年級小朋友，組織成宣傳隊，教他們唱歌，演說。放了晚學，小朋友們，勇敢地走，大胆地唱，山村的街道，突然出現蛇也似的隊伍，它並不是渺茫無聲，或瑟瑟作響，而是步伐闊壯與震耳歌聲，……不曉得驚動了多少蟄伏既久的人們，獻出了多少想做而不能做的良善心靈，人們也有異常的心緒去看（或是研究）牆壁上的漫畫，標語，六十本勸募冊在短短的半旬鐘中給熱血沸騰的青年們領完了，是莫中同學，保安課士小姐，以及其他校的教師學生們和忠實的老百姓領去了。只過了三四天功夫，洞庭圖書室裏剛剛搬下來的寒衣儲藏室中，早堆起了纍纍的寒衣，……大家爲着了需要寒衣的人們領取的便當，趕緊寫幾張『申請寒衣注意事項』貼在每個熱鬧的街頭巷尾壁上，接着便是窮苦的人爭先恐後的跑來登記申請……

十一月十四日，天氣更驚人的變凍起來，風刮得厲害，樹幹怕他的威武，老是悚悚的點頭，下午二時正大家在圖書分室分發寒衣，要領寒衣的成羣同胞們早在等待我們哩！欣慰跳躍的心緒，以戰抖的雙手，來接受公道分配的寒衣，……這次秩序良好，一個鐘頭就分發完了。

眼見他們手裏拿了寒衣，呆呆的站着，對哦！他們以爲林『臥秋泰盡』，以爲只有這次的福份，但那裏是這樣呢？我們的益人工作，正隨着人們的需要而開展。

一九四八，十一，三十，脫稿東山

東聯社三十七年度執行委員及各組主任名錄

主任委員　葉緒華　副　金維剛

祕書　嚴康洲

委員　金尙儉　許慶元　席玉年　席德基

楊熙元　施紹炎　嚴季修　席履仁

金尙德　沈恆春　葉緒茂　席純時

候補　徐蔚森　嚴季祥　湯品麟　徐元焜

俞康年

總務組　葉緒茂　施紹炎

財務組　席玉年　楊熙元

社員組　許慶元　嚴季祥

康樂組　沈恆春　席純時

文化組　葉緒華　席履仁

福利組　徐元焜　俞康年

莫釐風出版委員會　金尙儉

由軍民合作談到東山父老與太湖水警

（來件）　勁軍

軍民合作的口號：產生於北伐時代，當時因軍閥猖獗，誓師奉命興師，首重軍民合作，並說明：以三分軍事，七分政治作爲北伐之策略，以致到處民衆響應使革命大業得以完成，由此可知軍民合作勝於槍砲。

東山居於太湖流域，地形人事均十分複雜，素爲湖匪活動之區，勝利後，水警隊奉令移駐東山我水警張公局長以綏靖地方首重軍民情感訓示員警，應在軍民合作之條件下完成使命，至今已駐守二年餘矣，回憶這兩年當中幸得地方父老之協助，始得肅清匪患，日前因幣制改革市場紊亂，影響治安，搶米搶糧，到處有閉，惟我東山安渡如常，差堪告慰。水警方面雖受物價之影響，一個日之苦幹，只得餉金圓參二十多元，除去伙食不够買一鞋襪之用，但絕不受外界誘擾，尙能刻苦自守，最大原因就在這兩年期間，不論在精神方面或物質方面皆得到東山父老不少的幫助，現值冬防期間，我水警雖未奉到棉衣，爲防止湖匪擾亂及確保地方安全仍當刻苦自勵，嚴密防範，在冬防期間一切均採取軍事管制，檢查工作尤其嚴緊，如有不恭不週之處，敬祈諸父老不客氣的指導和原諒。

卅七年十一月十五日於渡水橋水警第二分隊

青年被現實喚醒了

·沈　踐·

今天又是星期六了！時光是長了翅膀嗎？這樣無情地向前飛奔。這一個星期內，六天的光陰眞好像幾小時，不，幾分鐘，甚至不過幾秒鐘。在我們生命的旅程上輕輕地消逝了，並不會留下些微遺痕。

趙先生今晨起身很早，自從中央宣佈幣制改革以後，他就開始特別早起了，爲甚麼呢？趙先生自己心理明白；那是因爲油條，大餅，豆腐漿，陽春麵的身價統統提高了數十倍，可是他自己的身價，還不會增高半分，爲今之計，只好提前早起趕到學校去吃稀粥了。

今天的課程；第一節歷史，第二節公民，第三節國文，他已經把自己的課程表記誦在心裏，但仍然無意識的看了看牆上的課程表，就拿起書本子，匆匆忙忙地到學校去。

第一個踏進飯堂裏去，坐下來，便狼吞虎嚥地一口氣吃了三大碗粥。「嚕嚕！趙先生！你近來飯量比前增加了呢！」校工老周在一旁笑着說。「嗯！嗯！增加了！是的，增加了嗎？」趙先生一面答應着，一面在想；東西越買越買不到，可是肚皮偏偏凑熱鬧，從前一碗也吃不下，現在却要吃三碗。眞是怪事！

鈴聲響了，該上公民課了，他拿起課本隨手翻了翻，第四課題目是「新生活規律」，其中寫着：「新生活須知上說：生活須知，禮，義，廉，恥⋯⋯」那赫然眩目的四個黑字，就好像四顆鐵釘，緊緊地釘在他的腦袋上，突然覺得頭疼心跳起來，他無論如何沒有勇氣，再拿了這幾隻鐵釘，去釘在那些年輕的孩子們的小腦袋上，他頹然的丟下課本，走上講堂去。

「先生！講時事，講時事吧！」幾個學生同時喊着說。

「你們現在也高興談時事了嗎？」趙先生笑着說。

「怎麼不高興呢？時局不是更緊張了嗎？」一個胖胖的學生說。於是惹得大家都笑起來了。

「談時事也好，最好你們有甚麼問題，提出來大家討論，因爲我所講的，也許不一定就是大家所要聽的呢。」趙先生用手按了一下鼻樑上的眼鏡，對學生們說：「你們把問題寫在一張紙條上交給我，再由我一一答覆吧。」

同學生們都面帶笑容，忙着準備紙條，把自己的問題寫好交給趙先生。

其中重要的幾個問題如下：第一個：「物價狂漲不已！而且有行無市，這就是經濟崩潰的現象嗎？」第二個：「最近前方戰局的發展情形怎樣？」第三個：「杜威競選失敗，對中國有甚麼影響？」第四個：「遷都是否成爲事實？」（這個問題的提出，大概是因爲最近看了報載顧維鈞在美國所發表的談話，以及政府一再否認遷都之事而發的吧）。

趙先生就把這幾個問題彙集在一起。每一個問題就好像是現實社會的一個骨節，連最天眞的年輕的學生們，也開始對它注視起來了，現實的鏡子在他們純靜的心靈中，已經反映出明亮的影子。他們已覺察出現實正在劇烈的演變着，而且這演變是如同江海中的巨浪一樣，正以排山倒海之勢，雷霆萬鈞之力在進行着。

趙先生覺得對於這羣坦白無邪的孩子，不應撒謊，不應虛僞；因此他沒有用：「學生不要過問政治」的老調來敷衍學生。他是很具體地，眞實地，把目前的問題一一分析給他們聽，尤其對於每一個社會進展的必然性，特別強調的去解述。

下課後，他坐在辦公室裏休息，他靜靜地想着：「同學們已被緊張的現實喚醒了，居然也正視現實了，這是好的現象呵！」他不禁微笑了。

紅甘齋日記（十六）

紅甘齋主

五月十二日　星期六　晴

市人同樂社，一健談者吐音甚熟，視之，乃胡小適也，此人年不過三十，夙以東山前進派自居，對胡適之博士，崇拜不置，觀其名所自取，思過半矣！著有「我的本家胡適之」一文，常示人自詡，經常閒談，亦非及博士不快，今日又爲述「怎樣做夢」，係節述博士在某校演講辭中者，略稱：「靑年人要多做夢，才有辦法，我在做學生時，天天做着改文言爲白話的夢，當時人人笑我在做夢，不會實現的，但是十四年之後，白話文已盛行，夢想變爲現實，可見一個人是要做夢的。」

既及夢，聽者談興勃發，各述夢境，夢話連篇，精彩紛陳，予適昨晚得一怪夢，一吐爲快。

「我夢見自己回到了上海。

「一跑出北站，每條馬路上都排了許多長蛇陣；有的買車票、有的買香烟、有的買藥、有的買衣料、有的買米、有的買肉、有的買棺材、有的買……總之，每一店家門前，都是生意興隆，好像東西不要錢似的。

「我本想買一支國貨牙膏，跑了好幾爿店，不是回說沒有，就是擠不進隊，於是想到了素來生意淸淡的國貨公司，那知跑到裏面，櫥窗十分之九已經空了，我想：中國人竟如此愛國了，中國有救！

「牙膏買不到，我賭氣回到同春坊，路上店家都掛着關門，門上都貼着紅條子，有的寫着：「明日星期，休假一天。」有的寫：「家有要事，停業一天。」有的寫：「存貨賣完，暫停營業？」諸如此類，不勝枚舉。

「擺開當天的報紙，差不多全是搶購新聞：一個主婦爲了搶買一塊豆腐乾，和人家打了一次仗，回家氣得發肝氣病了；某一主婦爲了搶買四兩肉，被屠夫砍掉了一只手指；一個中年婦人爲了買肉排隊，被「保鏢」的手槍打死了；還有家裏有二石米的人，反向半石米的人借了二斗；化了大錢搶買衣料、西藥的人，反向人家借小菜錢；形形色色，眞夠好看。

「但是，我眞奇怪：上海人怎麼會有道許多鈔票？難道那些人都是富豪不成？這一晚，我一直爲此問題煩惱，不得好眠。

「第二天，我到行了。原來行裏也是在排隊，和馬路上一式一樣，或許還要軋些。隊伍分兩種：一種在樓上，是市民用金子掉鈔票的；一種在樓下，是用鈔票兌金子的，樓上的布告說：「民間私藏黃金應照價兌給本行。」「樓下的布告却說：「本行所發鈔票，十足兌現。」我看了，簡直墜入了五里霧中去了。爲什麼一面不許藏金，一面又可以兌金呢？細細一打聽，原來價格裏面，有點不同，收進的每兩一百元，兌出的每兩一千元，我就明白這眞是一筆好交易，想出來的人够聰明，可惜我們這批點鈔票人，却忙得不亦樂乎。

「當我點鈔票點了半天之後，我的手指忽然出血，心裏一急，夢就這樣結束了。」

諸兄聽畢，咸一笑置之，惟對余記性之佳，備致欽佩，予固自知脫漏尙多，深以不能一一盡述爲憾。

五月十三日　星期日　晴

昨晚，頌古兄等爲我餞行，店中多太白再世，盛酒數斗，予飲過量，晨猶不醒，幾致脫班，幸船公司知吾去蘇，遲開數分鐘，得以成行。

昨日親友送來禮物，多如山積。余僅揀鮮蝦十斤，枇杷一筐而已。將至碼頭，忽樂聲抑揚，知歡送者已先吾至。予掃視一週，有學生，有剛丁，有親戚故友，總計不下百數，咸笑顏列隊相送，予半世人生，今日猶屬初次，不免受寵若驚，手足失措，而洋鼓鼕鼕，尤使我心慌意亂，舉步爲難。不得已乃强作鎭靜，頷首答禮，匆匆下船，幸船即啓行，不旋踵已還我自由，追思當時情形，不免面紅耳赤，極汗一身。

時船上帳房爲我定包廂一間，仰臥坐椅，偶翻閒書，見有故事一則：「徐爲僱齊相，至齊，偏昆弟賓客，散五百金予之。數曰：吾始貧時，昆弟不我衣食，賓客不我內（同納）門，今吾相齊，諸君迎我或千里，吾與諸君絕矣！毋復入我之門！

「何叔度子尙子爲吏部郎，告定省，傾朝送之。叔度謂曰：聞汝來，送別可有幾人？答曰：殆數百人。叔度笑曰：此是送吏部，非送何彥德（尙之名）也。

「勢在則羣蟻聚羶，勢去則飽鷹颺漢，悠悠濁世，今古皆然，何足怪者，有識之士，不必讚徐僱之剛腸，但請拭何叔度之冷眼。」

閣筆，余不禁憮然，若有所悟，今日吾離山，送者傾城，二月之前，送者惟挑水阿根，是必今日之我，有異於昨日之我，然則所異者何？曰：有手無錢而已！

今日火車脫班，抵滬已夜深，各車站人潮澎湃，聞多爲單幫客所造成，下車逕赴同春坊，一宿無話。

家山之戀

上官父

八：病（下）

秦醫生道：「我們不能說開刀一定沒有危險，不過照這樣情形，大概是無妨的，要開與否須要你們家屬自己來決定了。」

周茂元躊躇莫決，不知如何是好。

葉鳳珍看看情形覺得事態嚴重，若不來担一些責任，一定要誤事了，便對周茂元道：「表哥，我看你還是讓他們動手術罷！我看開刀的危險總比不開刀好些，並且據我所知，盲腸炎的開刀很普通，危險成份是很小的，不必担心，還是決定了罷！」

周茂元原已毫無主意了，聽見葉鳳珍這樣一說，覺得胆壯了一些，便道：「好吧！沒有辦法，祇好試一試了。」

葉鳳珍陪着周茂元到賬房間去辦理手續，一方面秦醫生便叫茶房將病人用抬架抬上樓去，一直到手術室裏去了。賬房間裏，有一位值夜班的事務員在着，他拿出一本幾張印好的表來交與周茂元，周茂元便先塡好了一張入院書，再由葉鳳珍在保人項下簽了一個字，又為了要動手術，另有一張手術志願書，也由周茂元在家長項下簽了一個字，也沒有預付什麼錢，因為有了葉鳳珍招呼着，一切都很便利了。

手續辦妥，周茂元便到樓上去看定了病房，要想到手術室去看看麗娟的情形，卻被看護擋住了，說閒人不能進去的。葉鳳珍知道周茂元心裏有些不樂，便替那看護解釋一番，告訴他這是因為恐怕參觀的人未經消毒，有礙病人的，所以有此限制，普通醫院的規則，若是必要參觀，經過醫院的特許也需更換衣服，全部消毒，方能進手術室哩。周茂元方才明白，暗想，鳳珍來上海不久，他的學問長進了不少呢！

葉鳳珍一看時間已近十一點鐘了，便對周茂元說，他要回宿舍去了，再遲恐怕要受訓育主任及校長的訓斥了，一個不巧還要記過呢。說着自回宿舍而去。

周茂元縱然不能進手術室，卻也沒有心思等在病房裏，便到手術室外，探看探看，不久一個看護出來，便問道：「開刀情形如何？快好了嗎？」那看護道：「手術還沒有開始哩，現在正在準備一切，並已打電話去請我們的外科主任來主持了，大該至少還有半小時，方能動手哩。」周茂元忙道：「那末時間躭擱，不要緊嗎？」看護道：「不要緊的，如其真正迫切，醫生是知道的，早已由駐院醫師先動手術了。」說罷，他忽忽下樓去取什麼東西去了。

上海的夜在許多地方是熱鬧的，可是在醫院的今夜，是寂寞極了，四周病房裏燈光暗淡，大部份的病人都已入睡了。偶有一兩聲呻吟之聲，益復增加了沈重的氣氛。周茂元一個人在走廊裏踱來踱去，心裏又是焦急，又是空虛，這一種情懷，惟有身當其境者方能體會得到哩。

妹妹是病了，他是躺在這一扇門後面的手術檯上了，生命在明天是否繼續呢？想也不敢再想下去了！

（第八竟完）

東山的黃包車夫

・艸　戊・

當輪船剛在渡水橋畔的時候，你的雙足還未跨上碼頭，身旁就會聚攏好幾個黃包車夫，拉住了你的行李，同時操着不純粹的東山話說：「你不是×家的大少爺嗎？我來拉，我來拉」，於是你以迷惑的一瞥投向他們之中的一個，半推半就的坐上了他的車子，懷着一顆興奮的心，讓那「嘰嘰喳喳，葛倫葛倫」的車輪聲帶着回到自己的府上——雖然你儘可化上不消十廿分鐘走回去。

可不是嗎？在上海挨慣「三輪車先生」「人力車駕駛員」的白眼，回到故鄉，想不到那些車夫會這樣「少爺、老爺」的客氣，你怎能不「受寵若驚」的連價錢也忘記了講好就坐上車去！

「大少爺，你是老客人了，隨便給幾個錢好啦」。

於是你肚裏約略作了一個估計：從河南路拋球場到愛文義路同鄉會，路程大概是五里不到，一般車夫索價五、六元，那麼從渡水橋到——譬如漾橋頭吧，不過三、四里，給他二、三元也就差不多。這樣想時，你已到了家了，於是你換出兩張簇新的金圓劵，塞到那眼睛裏洋溢著希望的車夫手裏。

「嚇，大少爺，你們是在上海賺大銅板的嘛，你多給些。」

你好意思，爲了「儘儘」一、二元錢和他爭嗎？「橫豎已經到了家了，多花一、二元錢算得什麼？何況車夫又這樣客氣」。於是你很「慷慨的」另外「賞」了一筆小賬，便心安理得地卸除行裝。

這些車夫大都是江北人，有幾個是從東山開始有黃包車時就拉起的，照理是很可以退休的了，然而他們却仍舊每天在碼頭上迎送着客人。他們的脚步的起落並不比年輕的差，而把手的穩健，轉彎的靈活更非年輕的車夫們及得上。

有人說上海的黃包車夫是跑的，北方的是走的，四川的是飛的。這比喻很確切，我想凡是到過北方或四川的人都會同意，但是東山的黃包車夫却應屬於競走的一類，這完全是地勢的關係。東山的街道太窄，路又短促，不適宜於快跑，而且也沒有快跑的需要，因此東山的黃包車夫儘需依賴起步時的那股衝力向前跨步就行，用不到費多大的勁兒，這大概也是東山黃包車夫的拉車生命，爲什麼比較都市里的長久的原因之一。

由於經濟的畸形發展，東山人走單幫的也一天一天多起來，每天從東山到蘇州，從蘇州回東山的輪船總是擠得滿滿的。這些走單幫的自然就成爲東山黃包車夫們最忠實可靠的主顧。因此你不難明白爲什麼東山黃包車夫們會穿得那樣整齊，那是因爲車少人多，沒有生意上的競爭之故。

他們似乎是住在一起的。殿涇港旁邊有一座房子就是他們大夥兒的家。小時候我也曾進去參觀過，陳設當然非常簡陋，但是他們生活得並不錯。「江北人」天生勤懇，因此十廿年來很有已經購了（或是租了）幾畝田，男的出去拉車，女的和大孩子們下田，小的「三光子」「四牛兒」到小巷里「捉狗屎」，一家人吃苦耐勞，平日的生活比起那些破落戶的「出客」人家來，是優裕得多了。

是的，他們雖然是一羣寄籍東山的「客人」，語言和生活習俗也沒有完全被東山人同化，但當你每次回東山看見他們的時候，就會想到「啊，到了家了」。

如是我聞談零拾（六）

壽坟

每年九月九日，重陽登高。後山有二，一以合山蔣灣間之滑石山嶺，一係金灣及礎灣中百階壁，吾前山恆以壽坟爲目標，該坟以隣據大園村之上，傳係太原王氏業產，或謂清乾隆初，席文賢作冠亂時，以祖先坟墓，坟作疑塚，閱後果案發撥給充公家娛樂場所。另說則爲席氏雖犯冠，然亦爲民族爭生存，故非比一般跳梁小醜，概可同一論，所以當時彝其義哉，顛不乏人，伏誅蘇垣，適時爲重陽節，故後山人感其肝膽精神，每年假此紀序，登高非效避禍災，實爲寄以憑弔一種餘思而已！

雨花臺

雨花台，實係雨花潭之傳誤，太湖備考雖間有見載，但於「吳門探風集」敍述，則不同點殊多，據論此潭三面列峙，環抱似錦屛，岩窟巉間，蓄鏝小飛瀑，湍流若瀉銀絲，每值山雨欲來，花朝積霧，淙淙琤琤聲，悠然令人作塵外想，勺水付烹，甘芳滌俗慮，水量且甚重，一勺勝湖泉水二勺之所量，明稱七十二峯之雨花潭水，洵不亞似聚米絜泉耳。

傷寒及其他之雜錄（下）

徐蔚霖醫生

四

傷寒治療方面，這是屬於一種專門性複雜的學科，決不是三言兩語可敍述的，當然這問題可交給我們信任的醫師大夫專家去辦，爲這是一個綜合病體狀隨時對症標本兼顧的治療，不過我略提出幾個普通的原則和經驗以供參考：（一）對與一病人對最關要的體溫、脈搏、舌苔、大便、小溲、汗狀；呼吸、瞳神及足關節膝反射均須記錄。（二）假使寒熱病到第四天，服了發散消導等退熱藥，仍有汗不解，便祕不暢，我們應警覺這可能有傷寒之象，爲避免腸中積滯，我們不妨先用和順的藥物，使通大便，或用和緩的滌腸法，因爲先使腸內清暢，不致以後宿垢助虐爲厲，蘊伏腸穿孔的危險，由於這時候腸部尚在初病，不若入第二週時，腸部發炎潰爛脆弱，如果再行大量鹽水灌腸，每易釀成腸出血危變。（三）病人高熱中，使多服流汁，（不得已時，熱度在攝度40°上，可能有昏厥腦症狀等現象，則可以冷手巾按頭以臨時救急。）平時如白膩舌苔，可多服焦飯湯，焦薏米湯代茶；如黃膩舌苔，可多服新鮮去節蘆根煎湯代茶。如舌質紅絳，或發疹痱，可服野薔薇露，生地露冲溫開水繼續常服，水份可使冲淡體內因高熱後所產生之酸素，使仍由汗腺及小溲中排洩，以免引起腦症狀及血中毒，因爲這些藥物中，有的含維他命乙，可幫助消化，有的含維他命丙，能清血凝血，且都有進營養，并俱簡而易辦的。它們都有着很高的價值，而藥性和平，還毋需耗用外匯。（四）隨時注意營養狀況，尤其第二週後，身體已漸入虛弱之境，而病勢尙熾，最好這時期能間日注射葡萄糖針劑：不得已則服用亦可，因這藥效一方可幫助衰弱的心臟，同時又可使病體機能的恢復迅速，不過不要因爲需要營養，而隨便飲食。寒熱已退，未退之間，腸胃仍屬虛弱，往往因飲食不愼，引起復發，以致無救，這是那麼遺憾的事，所以即使病後常覺飢餓難熬，進食的份量，還須量少而次數量多，切忌食多食雜，則胃強脾弱食欲喊而消化力不強，常使病弱之身，重罹大難，病後的食復，勞復，眞不知死了多少人，實際上病後的人意志比較薄弱，所以看護的人需要有冷靜堅毅的理智與溫和撫愛忍耐眞摯的精神和態度。

莫釐遊誌（廿四）

明照

距井百餘步，祇崗下之觀音菴，門鐫聯云；

塔倚湖濱，鑽方良而化瑞，
廟崇萬里，澈慧照以成寧。

壁置碑碣，載其興廢始末：

蕭家古塔，起建於明，年巳無從稽考，塑佛慈航普渡，相沿迄今，歷數百年之久，前清康熙丙寅，乾隆戊午，民國戊午，勒碑刊載，歷次重修，突於民國己卯五月下旬，颶風過境，致遭拼毀，里人等爲保存古剎，發愿重建，於六月十九日，逢慈航聖誕落成。……

循道南下，林蔭蔽日，梁家山嘴，明王文恪公賜塋在焉，慈坊鐫唐寅書聯，句云：

海內文章第一；山中宰相無雙。

坊內翁仲石獸，極盡壯嚴，兩側有亭，內豎諭祭石碑各一，其一曰：

維嘉靖三年，歲次甲申，九月壬戌朔，越十五日丙子，皇帝遣直隸蘇州府知府胡纘宗等，諭祭於致仕少傅兼太子太傅戶部尚書武英殿大學士贈太傅諡文恪王鏊曰：惟卿性行端謹，文學優瞻，甲科振美，翰苑蜚英，史局編摩，經筵講論，屢持文柄，載紆院章，於胥詹端，遂升銓部，忠勤茂著，望實兼隆，爰擢上卿，入居祕閣，典司綸綍，參預樞機，名重儒林，心殫國政，方切委任，懇乞休閒，宜享遐齡，佇期旨用，訃音忽上，傷悼良深，篤念老成，備加褒卹，贈官賜諡，稽行易名，仍命有司，特頒諭祭，卿靈不昧，尚克歆承。

碣上彫刻頗工，所鐫諸獸，維妙維肖，墓前遠眺，極目千里，雲情變態，烟水渺茫。吳偉業過東山拜王文恪賜塋詩云：

舊德豐碑冷，吳天悵寂寥，勳名高故相，
經術重前朝，致主惟堯舜，憂時在豎刁，
百年人世改，野唱起漁樵。

經山址鎭，大河鎭，而至石橋，石橋爲山後大鎭之一，市廛稠密，有餐室供應飲食，世所盛傳之壑舟園，惜已淪廢，按園在石橋景德堂，王金紟昆仲睠朱氏縹緲樓地以築，其先王文恪公從兄滌之高隱不仕，取藏舟於壑之意，名其居曰壑舟，年久失所在，因仍其名而爲之園，念先澤也，園中雲津堂，縹緲樓，猶朱氏舊製，蹬事矜華，天繪閣尤擅湖山之勝，有縹渺晴巒，碧螺擁翠，石公晚照，三山遠帆，石橋漁艇，多嶺歸樵，雙墩出月，弁山積雪八景，王鏊文曰：

仲兄滌之旣倦游，築室洞庭之君間，其室穹焉如舟，因曰：此宜名爲壑舟，吾聞之，古有藏舟於壑，或疑之曰，君之志將以奚適也，而置舟於壑，舟也而置之壑，車也吾將置之河，則可乎？推是類也，鼎可以柱，筐可以摘，臼可以炊，釜可以舂，馬可以守，犬可以駕，裘可以禦夏，葛可以禦冬，以下爲上，以南爲北，以是作非，以白爲黑，亦無不可者，夫天下有不可遂之理，萬物有不可廢之用，若之何其亂之無巳，亦將復其自然，車復於陸，釜復於爨，馬復於駕，犬復於守，巨細之分，寒燠之宜，四方上下，皆復其自然，則舟也，亦將復於江湖淮海，孰與愧然守一邱哉，君曰壑舟，固不爲世用也，然吾觀江海之間，怪雲時起，颶風獄作，波濤如山，舟人方寄一葉以爲命，心悸魄掉，茫然不知所歸，則吾舟不羨安乎？而爲失其用也，鏊以爲然，遂書記之舟上，成化丁未冬十月。

明沈石田蔣春州繪壑舟圖，岩壑深邃，一葉扁舟，怡然自得，祝允明，唐六如等均有題詠。

石橋浜場敬德里前，壁置明成化乙巳朱濟民撰震澤底定橋記碑，文曰：

天地初分，禹開九洲，而有五湖，湖之最者，西太湖也，地跨三州，湖涵三萬六千頃之波瀾，汪洋，如鏡映浸。七十二峯，若星之羅列，峯之嘉麗者，東西二峯，層崖疊嶂。中藏金庭玉柱，林屋洞天之福地也，人傑地靈，天下名山勝境，莫能及焉，書云：震澤底定，具區風月，亙古二橋，因名之具區風月橋，建於山之陽，武峯之西，今人皆曰渡水橋，震澤底定橋，建於是之碧螺峯下，人亦皆曰石橋，始祖朱安宗建於紹定間，橋之南地丈許，鑿義井以利居民日汲，橋之北地一方，用磚砌曰坪盤，以便鄉之吉凶迎送，至我聖朝成化壬寅，天雨纍，溪水浸，石柵磚泛，今後裔朱濟民諸萬石長葉以元等各施已賚買地營料命工落成，故立石鐫註出銀高尙芳名，以傳於後，庶不負前人剏製之盛事云。

五

傷寒併發症和續發症中除，肺炎腎臟炎，已有配尼西林等新藥減少了不少危險性外，其外最危險的還有三症：(一)腸穿孔出血，症狀爲突然腹痛，腹冷，熱度急降，脈象轉微弱細速，面色晄白，汗出如珠若油，便赤粘如痢。(二)心臟衰弱和循環障礙，症狀爲胸悶如壓，汗面晄唇青，脈象細沉遲弱或間歇，雙目畏光，無神，出而喘。(三)腦症狀(俗語動肝風)，症狀瞳神缺乏反射，此症可分虛實兩類，即國醫所指之陰症陽症，急慢兩種，實性爲反亢狀，則如目炎直視，咬牙瘈攣項强面赤，譫語，遺洩短赤，脈洪數，虛性爲委弱狀，則如目白無神，張口推手，項强不硬，面晄囈語，遺洩清長，脈細弱，在國醫方面前者用清涼鎭靜劑，石膏，生地，犀角，羚羊之類，琥珀抱龍丸，至寶丹，牛黃清丸，紫雪丹，後者用溫陽强心之劑如人參，附子，龍骨，雞子黃蘇合香丸等，(上述姑例，事實決非如此簡單，)此時症危職重，出生入死大有失之毫厘，差之千里，爲醫者不得不慎，不得不決，爲力之不能勝任，不妨再專家會商，因輕忽和猶豫同樣是貽誤病機，事實病勢到了這種境界已屬非常嚴重，凡侍者護士家族，均宜鎭靜堅毅精確決斷迅速，而臨着難關，把握着舵向，通力合作，以盡人事之所極，庶可挽垂命於邊緣，慶獲重生。

六

中國古代醫學先哲遺留下一句名訓：『上工治未病，』意思指醫藥工作，在疾病未發生前，首先預防，使其不致蔓延得疾病叢生了再搶救，那已是晚了，近代這話已不屬完全是奢望的期冀了，譬如大家已知道，每臨夏初都應像春天種牛痘似去注射防疫針了，尤其近年來注意公共衛生，消毒常識，而知道一個都市城下鎭的水道和飲水池是該範圍中首要的着重的，故必須努力促督合作務求清潔完善，其次自D.D.T.發明後可能有一天，舉行普遍的空中播射，使媒介疾病者蠅蚊子的撲滅是減少其傳染率，眞像西哲西格里斯博士所言：「醫學是用一般文化作畫布，在那上面才能畫出醫學之全景，」我們相信時代是承前啓後的，現在醫學雖不完全抵達圓滿理想之境，但我們必會從各方面，不論唯心及唯物，使其推進，那遼遠的光明，是會來臨的。末後我附來一個私人的建議，意思關於鄉村醫藥的工作者，盡可能其輻射而大，一方利用巡迴，使之流動，一方幫助訓練各點能於醫藥常識之普通認識及獨立應付，初步的設施，醫如以太湖流域言，假使一個固定的醫院，再加上一輕便裝卸的船用推動機，（如Johnson或Evinrude）也許可使醫院效能發揮的接觸面和治療者要擴大給高得多，而工作人員的跋涉與得時間的經濟，我端誠地希望有一天實現，那眞可搶救了不知多少生命，這醫航也不就成爲太湖之慈航了嗎？

一九四八．九．十九寫於涵德書屋

東洞庭山各校同學聯誼社　本期零售每册金圓三元　上海通訊處：北京西路一〇八號同鄉會電話九三四一九

莫釐風出版委員會編輯出版　預定半年金圓十五元　東山代理處：殿涇港朱家弄翟友農

廣告刊例

全頁	半頁	四分之一
五百元	二百五十元	一百卅元

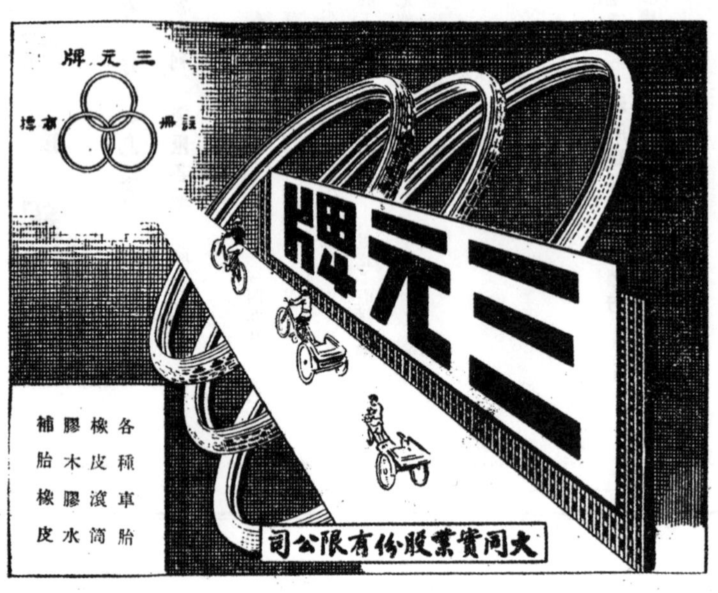

事務所：上海泗涇路七——九號

電話：一四九四二

廠　址：上海眉州路三〇〇號

電話：五二二九九

目錄

東聯社出版

中華民國卅八年二月十五日

雨花播音台

又是征兵令！

洞庭區九九七名・限二月底征足

吳縣縣政府近奉軍管區命令，積極辦理三十八年度首期征兵，配額計正額八五二八名，預備額二一三二名，規定二月五日起，開始征集，限二月底前，完成配額四分之一，縣有軍事科依照本縣戶口總核查後，保甲戶口統計全縣適齡男子總額，按萬分之二百〇六比例配征，茲採得洞庭區各鄉鎮莊丁配額如下：東山鎮二〇二名，後山鄉七九名，非蓮鎮一三八名，浦莊鄉一一三名，橫涇鎮一二九名，堯峯鄉九八名，練遺鎮九二名，大夏鎮九六名，四皓鄉五〇名，合計九九七名。（靜）

駐山水警隊改組

顧大隊長惜別東山

繼任者楊中隊長已來山履新

（本刊訊）駐山水警自顧大隊長君謂接任以還，致力地方治安，不遺餘力，年來寇氛大斂，閭山稱慶，要特大隊長，統率有方及各分隊長暨全體員警夙夜從公所致，而各員警駐節東山，與民衆相安無事，確已做到軍民合作之地步，尤值得吾人景仰。此次當局決定將駐山大隊部改組為中隊部，於是水警易長，勢在必行，茲聞接任者楊中隊長到山履新，顧大隊長於辦理移交後，即行離山，鄉民聞訊，深引為憾，而顧隊長駐節數年，對東山景物，民情，具有深長好感，此次遠賦驪歌，自亦有不勝依依惜別之感云。

（又訊）江蘇省太湖水上警察局第四隊隊長顧君謂自訓駐東山以來時將二載，近奉令調升原局艦長，遺缺由駐西山楊分隊長福林升任。顧隊長於一月七日在離山之時，地方人士，鎮保長，商民，東山警所，東山自衛隊，及該隊全體官佐士警等三百餘人，沿途歡送，於是日中午一時許，在爆竹不絕，歡送聲中並互相揮手以表依依不捨之意離埠矣。

後山鄉舉行治安會議

後山鄉面臨太湖，轄區遼闊，地方治安問題，尚無軍警駐防，全賴常備中隊及自衛隊防守，均能安善渡過，最近常備第三中隊，奉令他調，在此冬防期間，地方治安，亟應改善，鄉長楊泉譯，有鑒於斯，曾召集會議，議決由地方紳士朱紀炳，商民代表嚴滌塵，中心校長吳子瑾等聯名函請駐前山水上警察隊，派隊駐防後山，以維治安。

本月二日，後山鄉鄉長楊泉翠，為奉朱衆縣長面諭，加強民衆組訓事宜，召集會議，出席各保保長，保莊（街）隊長，敬老會，兒童隊，少年隊，地方士紳等，由楊鄉長主席，報告（略）隨即討論（一）各保保公所應僱保幹事一人，（二）各保崗哨棚，如何推進募集案，完全通過，議畢散會。（Y）

洞庭圖書室東山分室開幕典禮

一月三日下午二時舉行

（本刊訊）同鄉會主辦洞庭圖書室東山分室於一月三日下午二時假座莫中大禮堂舉行開幕典禮，到來賓王季緒及讀者等約達四百餘人，同鄉會理事長朱潤生先生因故不克親臨主持，特派文化委員會主席葉緒華為代表，赴山主持，首由主席致開會辭，繼由前洞庭圖書室主任席德基報告籌備及圖現狀甚詳。嗣請來賓陸仰高演說，王校長季緒作學術演講，對圖書館之重要性，闡述頗多云。

（又訊）同鄉會當局為加深圖書室東山分室開幕意義起見，特於一月二日邀請莫中及混合籃球隊舉行友誼賽，地點在莫中球場，結果混合小勝莫中。

在三日開幕儀式舉行之後，餘興節目次第舉行，以娛佳賓。參加者計有後山余仁，鑑塘二小學，前山莫中及安定，馬家堤等學校，節目精彩百出，采聲頻傳，尤以後山兩校小同學，在老師率領下，跋涉長途，趕來參加，更贏得來賓一致推崇云。

林靜禪充東山巡官

警察局一月十日發表命令，東山分駐所巡官幹澤輝另候任用，遺缺派林靜禪接充，林巡官奉令後，定今日到差視事云。

妻子歸寧不回 丈夫到蘇尋人

居住五保洑里港東金家弄部民徐連元，業農。年廿五歲，今秋憑媒娶得東婺田俞阿大之女招弟為室，招弟在未嫁之前，曾在蘇州幫傭，自結婚之初，夫妻情感尚稱莫逆，嗣後招弟略變常態，夫妻時常反目，結婚甫經二月，招弟時有歸寧，連元當亦不足為奇，招弟忽於農曆十二月十一日晨不別而行，一去七天未返，連元乃生懷疑，急往居家探視，並知招弟有舅父徐全卿，業粥店在蘇，此次招弟不別之後，據稱探望舅而往，別無所意，然徐全卿行動有疑，故疑徐全卿涉有引誘行為，後經連元將招弟徐全卿在渡村東山二輪埠加以扣留，送請東山鎮公所處理，經鎮長囑令連元將招弟領返，囑以息事嘗東，並將徐全卿中訴保釋，一場風波遂告平息云。

化工廠鍋鑪爆炸

劉恭杜同學罹難

劉恭杜同學年二十六歲，係同鄉會常務理事劉道周君之長公子，童年曾肄業莫釐補習中學，年前卒業聖約翰大學化學系，為年青有為之工程師，任職於本市宋公園路歸僑化工廠，平時服務勤奮，頗受廠方器重。本月八日上午一時該廠鍋鑪昌爆，劉同學奮勇奔入廠房，意欲關閉鍋鑪，不幸發生爆炸，廠屋塌倒，劉同學慘被壓斷腰骨，身孔流血，不治身死。十日假樂園殯儀館大殮，生前同學，友好及同鄉父老往吊者甚衆，尤以其女友陳遠之小姐，痛哭失聲，一度暈厥，吊客倍形哀悼云。

急景凋年 生活迫人

盜匪又猖獗

俞家陣剪刀灣鄉民顧錦泉，為乘農曆年關之節訊，故將白蕘魚補裝一備，攜由第四子名阿四及阿四之妻等三人，搖往蘇州脫售。得款購得白米八石，油鹽鹹肉線粉筍干，及現鈔五千元，於一月十五日原舟返山，涂經攔渡口，時將三時許，突遇匪船一艘，盜匪八人，持有短槍四支，當即鳴槍三響，匪等勒令停靠，顧錦泉雖知遇匪，但在武器威脅之下，不敢抵抗，任其將貨物現鈔連船一拌劫去，阿四颶部受槍傷，並將錦泉等三人外衣剝去後，均推入河中。匪等目的已達，向亭子港南太湖揚長而去。事主等三人幸蒙過船相救，盜返東山，雖急報渡水橋水警隊部，當即會同險聲雙白衛隊在出事遇闖兜搜，因劫時與報時相隔已久，匪早遠逸矣。（Y）

（又訊）後山鄉白沙村鄉民莊才興，年逾花甲，近因收獲農產品洞庭紅橘子，日前乃僱前山小船，同船主販運至吳江一帶銷售，所得之款，購買白米數石，及日用品等，裝儎原船，上月十六日起程回鄉，不料經過浙處牛姚溼地方，突見塘岸站立強盜二人，執有武器，喝令停船，將船上白米，及零星物品，悉數劫去，空船放回後，檢點損失，莊姓及船主共計五千餘元云。

（又訊）上月八日渡村酒商孔祥逵，與湖州永源春酒行，在湖州裝載糙米二船，共計一百石，運至渡村釀酒，是日晚駛抵東山附近，大缺口湖面時，突見岸邊站立四人，分執短槍三支，命即停航，暴徒即登二貨船，向吳江南庫鄉附近，招來民船，將米如數分裝民船而去，孔等米船，隨即空船回至渡村，將經過情形，報告蘆墟鎮公所，請求追緝，該鎮自衛隊據報後，並通知水警隊向目的地追剿，奈匪早遠遁，鎮公所將情呈報區署查緝云。（Y）

乒乓個人錦標賽熱烈進行

朱潤生先生捐贈大銀杯

（本刊最後消息）洞庭杯個人乒乓錦標賽于二月十日在同鄉會大禮堂開始循環比賽，加入者共二十人，比賽正熱烈進行中，一月後可分勝負。又理事長朱潤生則捐贈大銀杯一只，以資鼓勵，其他獎品正在徵集中云。

洞庭圖書室東山分室開幕花絮

▲到目前爲止東山除了醫院，中學校之外，又多了一所圖書室，一個鄉村能有這種設備，在我國恐怕是少有的。

▲一月二日舉行爲慶祝圖書室開幕的籃球邀請賽參加表演的是莫釐中學同學組織的「莫中隊」和安定鑑塘二校教師以及東礎社三單位合組的「混合隊」；「莫中」是東山最傑出球隊，這次雖然以18—30敗於「混合」，但「混合」以三隊合併的精銳對抗，結果僅贏十二分，「莫中隊」雖敗猶榮。本來還有乒乓，毽子，爬山競賽因爲參加的人數不足而取消，可惜得很。

▲一月三日洞庭圖書室東山分室舉行開幕典禮。

▲東山人是喜歡熱鬧的，一聽到有戲看，都興高采烈來參加，可惜會場太小，無法容納這許多人，因此被阻在門外的也不少。會場借莫釐中學的大禮堂，開幕典禮於下午二時開始，不到一點鐘，座位都滿了，後來的只好站着看。

▲大會開始，由同鄉會文化委員會主任委員葉緒華君致開會詞，致詞時莫中何先生爲維持同學的秩序特別賣力，叫鞭聲吹得緊張，同學的秩序經何先生數度安排後，可說是「秩序井然」，但於整個會場的秩序則不無影響，也許何先生當時還沒有想到大會已經開始了。

▲王校長的學術演講，因臨時有應酬，較預定的時間遲一小時，演講詞開首特別闡明圖書室與民衆的關係，希望當地民衆以及各校師長同學熱心推助，最後特別強調理智的重要，「理智可以促使人類合作，團結，同時也可以促進科學與文明，希望大家抑制情感，發揚理智。」

▲參加餘興的有莫中，余仁，鑑塘，安定以及馬家堤國民小學五個單位，節目以鑑塘的農作舞，莫中的話劇「佳偶天成」，安定的「新年大合唱」最爲精彩，余仁的話劇聲音太輕，致無法控制會場的空氣，但他們從後山趕到前山的一番熱誠是難能可貴的。保國民校這次自動參加節目，這種合作精神也是值得贊揚的。

▲舞蹈和歌唱是很適合東山人興趣的，這次表演的「新年大合唱」和「農作舞」都以鄉村的風俗習慣爲題材，前者表演鄉村中的新年風俗，後者是學習農人在一年四季中的勞作，生活在鄉村中的人看來，更感到親切而實際。

▲東山的小學生十分聰明，他們都能很認眞並且很有條理地演出這二個複雜的舞蹈，我們應該向鑑塘安定的師長致敬。希望二校的同學明年有更好的演出。

▲蘇庚小學的校長陸先生以來賓身份說：「我和東山分別已有十二年了，今天我又回到東山，但是「江山依舊，人物已非」，以前的小學生，現在都已長大成人，並且以集體的力量爲故鄉不斷推進文化福利事業，眞是「長江後浪推前浪」，時代是一天天在進展，任何頑固的勢力，都無法阻止時代的進步。祝福新的一代努力……」陸先生的演詞響亮而激昂，聽的人都爲之嚮往不已。

▲余仁這次又遺落一個同學，記得去年參加表演時也有這種情形。

▲綜合這次開幕典禮的結果，我們有這樣的觀念；東山的教育界是太散漫了，我們可以坦白地說，我們一無私心，更無偏見，惟一的願望，是希望爲故鄉文化事業盡一些力量，每年的元旦，我們約集一羣年青人，回到家鄉，邀請了各校當局，聚集一堂，藉以聯絡感情，共謀東山文化事業的發展，不管收獲多少我們還是繼續做下去，爲了故鄉，也是爲了國家。最後引用王校長的話「我們要盡力抑制情感，發揚理智，惟有理智可以促使人類團結；促進人類的文明」。

▲我們向故鄉各界伸出合作的手。　　（雲）

天空風緊，火燭小心！

王衙前復華照相館牆門間及王裕豐糖果號一部份慘遭回祿

（本刊訊）大家總還記得去年舊曆年初翁巷火災的可怕鏡頭吧，想不到不及一年，祝融氏竟光顧到熱鬧區的大街上來了。一月三號晚上七點半左右，橋子灣復華照相館門間裏忽然起了火，滿儲着毛柴梗頭的石頭房子，終於被燒穿了頂，火舌隨着風勢向東方延燒着，於是貼隣的糖果店王裕豐號受到波及，他的炒長生果的一部份全部遭殃，許多生的長生果都被烘得發焦了，爐灶也被敲毀，幸而救火得力，糖果店只去了三分之一，如果不是池澤冰凍的關係也許可以毀壞更少。四號中午，記者到肇禍的地方去察勘，照相館的大門剩了一扇，斜躺在地上，牆門間內幾十担柴一半還沒有燒掉，浸在水裏，上面還冒着煙，掛在壁上的照片，不知何處去了，房東老太太拖着孫子在咀咒着，她說：都是長生果店的火星爆到了這裏才燒起來的，而長生果店的人自然不承認，火明明是照相館起的，你們看，我們幾上担長生果都這樣白白被燒掉了，還怪我們是火頭，自已門間裏放了這許多乾毛柴，只要一點烟蒂，就會惹火的。上面的談話，自然各有理由，究竟誰是誰非，那只有天知道了。

（又訊）東山鎮橋子灣大街，復華照相館內進房屋，出租於房客居住。各房客均將毛柴等堆置於牆門間內。忽於本月三日下午七時，該處滿人發覺濃煙滿佈，各處搜尋，知悉該柴堆發生火警，急打開火門搶救，無奈是日風勢甚緊，未幾冒穿屋頂，幸爲各村消防隊到場，極力灌救，未成鉅災，事後調查所悉，徒燬門間一間，並波及左隣王裕豐炒貨間一間，損失花生甚鉅，至於起火原因未詳。（Y）

教育簡訊

務本小學舉行同學晚會

一月五號晚上，北風吹得天上的繁星發抖，陰暗的古石巷中今晚人影燈光，特別熱鬧。原來務本小學在舉行「同學晚會」，由小同學做主人，已經畢業的老同學當客人，幾位老師無異是導演。在掛着巨幅總理遺像的大禮堂中，點了一叢月光似的汽油燈，熊熊的火爐散發着溫暖，七時半左右，大會在小同學的致辭下宣佈開幕。接着，在老同學代表葉稽華答辭後餘興開始，小主人帶來的茶點同時配給，從江北人的長生果到沙利文的巧克力，從洞庭紅到暹羅蜜橘，包羅萬象，應有盡有，大家邊吃邊聽，趣味盎然，不久眞正的客人王校長季稽和徐院長克勁翩然蒞止，徐院長的小千金裴斐——也是小主人之一，表演了許多節目，在主人節目表演得差不多時，老同學也獻醜了，莫中同學的大合唱，口琴獨奏，丁香山獨唱，都非常精彩，在謎語揭曉之後，王校長也講了一個謎語的故事，老師方面有徐善基的英文歌——魂斷藍橋，陳攝宗的魔術，可是，主角鄭水石却被蹬易逃過，大概由於他的導演工作太吃力，大家不好意思再邀他客串了。那一晚，時間好似過得特別快，當宣佈散會的時候，已經是鐘鳴九時了。

第一中心國民學校近況

縣立東山第一中心國民學校（即文自小學）的經費和教職員的薪水，在縣政府當局忽視教育之下，往往拖欠到三、四個月以上不發。每一教員每月所得的薪水遽說只盜頁五米斗（十一月份），而每人每月的伙食費却要六斗，這種窘迫的情形，實在不是外面人能洞悉的。本（一）月中，該校有一位學生的家長鄭萬務先生代某隱名氏捐了四石米給學校，並且指定其中八分之七作爲教員的生活補助，八分之一爲學生購置獎品或說辦獎學金。雖然每一位教員分得的數目很小，但是給予他們精神方面的鼓勵却遠超過物質上的援助。

鑑塘民教班開學

後山鑑塘主辦之民衆教育班，已於12月26日開學，並有兩班，一班設王舍樹滋堂，一班在北望村上課。時間因冬防關係，縮至自六時至八時。另在王舍辦有兒童班，開課本均由教師捐遣云。

務本同學會集金尊師

（本刊訊）務本同學會鑒於近來生活費用劇增，母校一般教師清苦異常，月入不敷，應數三炊所窮，爲表示崇敬起見，特發起尊師運動，目標爲四千金元，經同學會主席葉冠民等之奔走呼籲，卒於十日內順利完成，計共捐得四千一百元，於中底匯山分致各師長收用，惟以籌備匆促，多數同學未及通知，聞同學會方面爲使未捐同學有表示敬師機會計，凡樂於慷慨解囊者，仍可隨時送交大津路耕康里葉冠民君或外灘中國銀行國外部葉稽華君收轉云。

短評

「眞正的大學是一堆書」

英國的一位學者卡拉爾（T.Carlyle）說過：「今日眞正的大學是一堆書。」書有好的，也有壞的，有眞正的書，也有時髦的書，而圖書館裏是一堆經過選擇和整理的書，所以我們可以這種說：「眞正的大學是圖書館。」

眞正東山之有略具規模的公衆圖書館，據我們所知，是以十二年前的新東山流通圖書館爲濫觴。但是無論從質和量方面講，都够不上稱爲「圖書館」，廿六年冬，東山淪入敵手，連這够不上稱爲圖書館的僅有的新東山流通圖書館也夭折了，這是東山文化的浩劫，但是，它對於十多年後文化機構再生的誘發作用，還是隱約可見。

如今，洞庭圖書室，東山分室經同鄉會當局和在滬全體同鄉的微薄籌劃，以及東山諸主持者的義務工作，卒告開幕，我們在興奮之餘，須略述觀感。

在古時候，一本書的刊印，需要消磨許多的人工和時間，因此大家把本書視同瓌寶，普通人讀的書，都是聽先生講後自己摘錄下來的筆記，所以學生不可一日離先生，孔子周遊列國時所以有三千弟子追隨左右，就在書之難得，不能不唯先生是從的緣故。到了明清，書本是比較多了，可是還不够用，大概我們都讀過明儒宋濂的一篇送東陽馬生序吧，裏面寫他年青時候常常不顧天寒地凍，跋涉數十里外去借書，借到之後，窗窗呵凍，親自抄錄，然後再親自送還。這一方面固然顯示了作者的好學精神，一方面却告訴了我們那時候書本的難得。在二十世紀的今日，由於印刷的進步，由於圖書館制度的樹立，書的獲得，易如拾芥，這是我們的幸福，然而，這幸福還得靠自己去爭取，就是多借，多讀，也就是多利用圖書館。

限於東山文化的水準，圖書館的書籍，或許會偏重於低淺的讀物，但是東山也有不少高級的讀者，需要精神食糧，王安石說：「讀經而已，則不是以知經。」圖書館應該幫助他們解決一部份困難，爲他們買一些有價值的多方面的參考書籍。

上面講過，圖書館的書，是經過選擇的，如何選擇？想來各有見解，頗難一致，但是大體上可以有一個標準，我們以爲除了一切有毒素的，言之無物的書籍，都得摒棄外，要永遠記住：「跑在時代的前面！」

回鄉雜記

·敬之·

卅八年一月一日，父親偕予，由滬抵吳，將先祖妣靈柩，扶移至船上，翌晨黎明予隨柩船附輪赴山，一路船行速率雖不强，但客船之舱位頗寬敞，而予心亦殊閑散，沿途重覩故鄉湖山風光，時聆鄉音〃話桑麻，頗不寂寞，反倍感親切，過石湖後，風勁寒峭，佈簾遮窗，予無所事，翻閱希爾登著的鴛夢重溫譯本，此書已攝製電影，予曾在滬看過，故文情幻景，相映腦中，不知不覺書才及半已將午餐，餐畢船過石塘，而故鄉山色已近，予依舷默思，十年蹉跎，雖一償還鄉之夢，而老成凋謝，人事全非，回憶童時無知，一味任性諸情，而今母又衰病，予猶如昔，不禁引入無限悵茫，後悔之境也。

抵渡水橋約一時，即換車經殿涇港，過殿前，見慶元、德基兩兄少談即行，前山大街彷彿無記憶中之寬朗，自金塔河後發覺沿村不乏東聯社諄親義莊合辦之送藥分站標牌，予覺此事經東聯社之經營擘劃，分送已有顯著之進步，但願以後藥物運送與疾病季節配合上能不脫節，則或於效率上，更可逐漸推進，席惠民先生云，鄉人不乏跌打損傷，於傷藥一項亦頗需要，予亦以爲頗值考慮，擬返滬後與傷科王幼平大夫商討此事。抵廿山嶺脚，拾級而上，可俯瞰金灣，遼里，遠眺俞塢深處，再行則過太僕公席氏墓道，地頗敞寬，惜經兵燹，墓旁松柏已被砍伐殆盡，故不當[illegible]纖蕩然，柴源亦枯，予頗思一訪西塢金庵唐塑，此爲古代雕塑藝術之一，近聞由沈菜舟先生發起主持修葺中，再登塘子嶺，地略高，振襟嶺上，極目四顧，則俞塢之興福寺，莒山之祠廟，吾鄉之湖沙廟，俱黃牆紺宇，輝然一新，近來世事人心，頗倒紛亂，能够維持宗教歸依之信心建立，確也未始不是一種好的現象，當然對神聖仙佛須從性格上的尊敬，而勿陷入僥倖的迷途才好。抵查灣直赴祖塋祭拜，憶予幼時每隨雙親掃墓，常好奇猜想山後不知如何，此次乃一鼓作氣直上山顛，登高一望，方知後撼即張巷，石橋，蔣灣，而西山及太湖在望，胸襟爲暢，因時間關係即返，扶柩安厝殯舍中，事畢在馬蔭孫席少孫兩先生創辦的蔭庚小學前上車赴楊灣，幼船埠時曾記查灣楊灣之間有淨雲庵，予曾隨親長常來此，與和尚談禪，今見屋已坍毀，頓感興衰無常，惟遠眺楊灣之一片暮色炊煙之景，與當年似無二致，尤其是聞到清松香的氣息，只可惜沒有了夾道的松柏，抵楊灣寧至十字弄琴妹芸妹殯舍，該處在一枇杷園後，處境清幽靜穆，令人徒起幽思，而心緒頓爲之惆悵，不禁淚濕盈眶，佇立良久。琴妹爲予諸兄妹行中最敏慧的一個，而天不永其年，時予寄宿省上中，珍姊方嫁，諸弟尚幼，每與其通家書，自妹亡後，予怕握管作書，而書反自多寄，以免堂上思念，憂鬱之性日深，及秋予亦病，距今雖十載，恍如目前，今夏曾托汪其成先生代漆兩柩，故尚完整無損，但願受助琴妹獎學的同學能承繼其長進的精神生化不息，離殯舍至街中，遇殯舍主人居廷揚先生，十年不見，風采依然，稍致寒喧，即急返湖沙，而斷牆殘壁，一片荒涼景象，不勝蒼溟興衰之感，因限於時間，先赴北望寺謁高祖曾祖墓，暮色蒼靄中望湖山古剎，但覺松風依舊鐘聲歇，祗有豐碑照夕陽，歸程見新塋，知爲維華族兄，音容宛在，而墓草已宿，一路匆匆歸敦睦堂已上燈時矣，族人親戚咸聚，五叔攤衷，爲時所限，不克久留，惟叠門庭清潔，諒端卿先生之夫人治家有道，不失朱氏庭訓，殊爲敬欽，而感家政衛生等問題不僅單是知不知的問題，而更要緊的還在是否能力行，赴祠謁拜，並參觀余仁小學，予思以蜘網塵封的祠堂，而用爲弦歌誦讀的教育處所，是一種進步，登車過楊灣時，原擬觀光故鄉示範勸學之先聲的鑑塘小學，同時還想訪候茹裕照先生，順便交換關於贈藥方面的意見，但天色已暗，又值假日，結果在無燈無月的夜行中爬山過嶺，抵前山已近八時了，車過莫釐中學，燈火輝煌，知爲正在表演話劇，以賀新年，予適逢其盛頗覺機會難得，藉此便入內瞻謁久仰德高年劭而學淵的王校長，探詢潤生先生蒞抵山的消息，在大禮堂上溢揚着東山人士的融洽和求知的情緒。象徵着整個東山都在邁進中，歸途中我想像王校長精神矍鑠，清正儉樸，早歲負笈渡洋，此外，圖書館主持者的熱誠服務，也很重要，我們很欣幸，東山有許多熱心義務工作的教師和同學，他們不辭勞瘁，為文化效命，值得我們欽佩感激，在此，我們進一步的希望他們除了力謀館務的發展外，更能兼及教育的任務，就是不僅要讀者們多借，而且要指導他們借些什麼書，甚至怎樣去讀它。這樣，圖書館才無愧乎是一所真正的大學了。大局動亂，來日艱長，謹祝洞庭圖書室東山分室為東山文化寫下燦爛的一頁。

搶救教師

東山教育很顯明地已在走着下坡路，而儘管表面上添辦高中，開新學堂，鬧得興致勃勃，但仍掩蓋不了潛在的危機，而且，這危機已經到了急待搶救的地步了。

在幣制初改革時，教師的待遇，一度顯得很優渥，可是一到限價開放，物價漲了，跳了，於是教師的待遇也就相對地減了，少了。到現在已減到減無可減，少無可少，公立學校欠薪，甚至積達二三個月，私立學校收入，也僅敷個人開支，百來位教師，多數在緊束腰帶，楞腹從教，當我們看到他們帶有菜色的面孔，再想到「教育第一」這句口號時，誰能不興無窮之憂！

聽說公立學校下期起經費，要歸地方自籌，衡諸大勢，非不可能，而私校當局，校產收入銳減，經費支出激增，提襟見肘，顯露了空前無比的窘態，在這一環境下，要希望教師的待遇提高，安於本位，是一種奢望，然而人非木石，誰無子女？難道我們竟忍心坐視不救？我們如果有意搶救子女，有意搶救教育，一定先要搶救教師！在此我們提出二點意見：

（一）希望教育當局對東山學校的分佈，予以合理的改善，學校太多的地區，應該酌予裁併，這樣，一方面可以免去搶收學生、減少校與校間的磨擦，一方面也是充裕學校收入，增高教員待遇的補救之道。

（二）各校負責當局應該在學期開始時把一學期的貼補數目從寬一次籌足，交由校長及教師妥慎處理，並由校董監督運用。務使每一教員月入束修，足數開支，至少使他們在半年之內吃得飽，穿得暖！

時局在大激盪中，機位熱心教育的校董，也許正徬徨於十字路口，躊躇猶豫，但是，大家知道：辦教育不能以興趣為依歸，不能以沽名釣譽為目的，愈是時世艱難，愈是需要苦撐，我們不妨借「時窮節乃見」這句話來一用，現在正是一個需要苦撐的時候，也可以說，校董們對教育的熱誠，現在是一個高度表現的機會，我們願拭目以待。

晚年興學家鄉，殊使予感到這位東山的長者是可尊敬，活躍在課堂、舞台、球場上少年之可期待。歸抵宿處已八時半，承席先生預囑郁廚，飽享家鄉風味，餐畢閒談，似俱感世事如麻人心惶亂，但冀一旦化干戈為玉帛，免淪亡於浩劫，時北風忽起怒號如海濤，敲窗澎湃頓生寒意，乃登樓入睡。

晨起推窗可遠望雨花台，寒風雖峭，惟天已晴，盥洗畢，出屋立渡水橋，迎向遠山青陽諸峯，巧遇緒華兄於橋畔，乃同往參觀渡水橋保國民學校，該校原址為寵力庵，戰後屋主曾有拆售意，經浦伯卿，席惠民先生之呼籲接洽，同鄉諸士，集議組織銀團作值，以資保存不毀，經滬山同鄉之合作，得為今日文化之用，確具深遠見意，當由該校范承斌校長領導參觀，并攝數影，以留紀念，旋即與緒華兄，惠民先生，步行殿涇港，對雨花台攝一影，與緒華兄閒譚中，予頗感故鄉不一定比其他名勝山水特別好，但我們不論離鄉多久，即十年八載，只要回來與她接近，甚至魂縈夢牽之中，便會感到一種親切而生喜悅之感，緒華兄亦具同感，至殿前，緒華兄赴莫中，準備圖書室午後開幕事，我們赴啓園，中途經鐘秀小學，過安定小學少歇，想望為主持擘劃執行送藥辛勞的韓蓮先女士，結果未遇因渠已離山，但東聯社諸友如慶元、德基、春恆等兄俱在，參觀後與唐柏堅先生等稍談，兼攝數影後，即抵啓園，徘徊園中，登樓四眺，背山而湖，遠峯隱約，古塔在旁，北風正勁，排浪激逐，胸懷頓暢，惟園漸荒廢，際此大局未靖，生計艱難，尤無從建設，然予默禱此園之未來，能不負父親當初保存此園之意，而發揮其真正為人類增進生活幸福之使命！」出園順道訪謁德高望重的席老先生「微三爺」，和拜候十年前跋踄尚能為予診治的嚴宇丞大夫，雖時間匆促，但心願終償獲了，時已近午，我乃利用剩餘時間又參觀了保安醫院，在院巧遇為後山醫院領用物具的姜醫生，和姻長嚴滌塵先生，真令人有人生何處不相逢之感，并且也令人想到時代未嘗不向人類的合作，進步和融洽上推進，保安醫院院長張醫生，是上海榮譽市民張翰庭先生的公子，張老先生的見義勇為，而謙不居功，以大慈大悲的仁心，發揮大喜大捨的善行，這種真正為善而為善的德行品格，早為世所崇敬，而今張氏一門仁心仁術，尤為感動復不禁私為東山慶幸，離院又訪候了十五年前同居的葛老太太，雖歲月荏苒，惟懿德猶如日前。

歸還寓所，整理行裝，餐畢匆匆上船，予又與十年久別小敍首的故鄉湖山作別，船中遇見主持彥葬蔚廟的鄭德旭兄，談東山加工後實與台北北投草山的風光相似，予亦以為然，而希望其成功之早日來臨，因為像植樹不完全是徒持浮表的粉刷風景，這種設施至少是包含了生產，持久的深意，雖台灣的基礎果非旦夕之功，但自從日月潭動力發掘後，一切設施便迎刃而解，今大江南北，雖暫時烽煙遍地，但如果和平實現，長江的水閘發電，則附帶東山的繁榮，和未來的遊處底遠景，的確未始不能實現，同船還遇見俞塢的金錦甫保長，使余遐湖曩昔避亂俞塢徜徉于寐佛寺與顯微法師談禪情景，不覺神往，船中不乏如予年齡者咸感常思返鄉，惜航程時間太長耳，此次如再假以時間，予實頗思一游蝦嶺計圖灣兜及俞西兩塢也。惟此行予深感可喜者為（一）文化水準普遍之發展，由被動勸學而趨自動求學之風氣，各校雖處時局動盪，物力艱難之時，尤為努力真正從事此神聖之工作，實使異常之深刻安慰與感動，不過我更希望東山，在職業指導上，對於一技之長的學習加以訓練，俾足以自立，不致浪費時日，無以求生，譬如像成人的會計、打字，婦女的縫級、家政、育嬰、看護，以及急救等等，當然能像最近台灣用電播，美國用電影等教授更好，不過這種求生的常識，的確是很要緊的。（二）鄉人對於疾病之須醫藥之漸趨了解，而不儘是從巫術上求解決。惟以後如何增加生產率，與吸收外匯進益，亦為今後之鵠的，至於冬防治安，此屬政治軍事問題，與民生國際之間，俱有關聯，則非予之所及知，惟有一點所告慰者，自葉樂天先生主持，縣銀行墊款，完成之電訊網後，使時間空間之距離無形縮短，裨益鄉事實匪淺鮮。

卅八年壹月拾日寫於涵德書屋

同鄉會聯誼委員會工作動態

同鄉會聯誼委員會自主任委員席玉年君主持以來，對聯絡同鄉感情及調劑會員身心等工作推進不遺餘力，茲探得該會最近工作動態如下：

一、「洞庭杯」會員乒乓錦標賽（已誌本刊）自開始報名以來，截至一月十五日止，報名參加比賽者達廿餘人，內中不少老將及新進好手，聞於一月廿二日（星期六）晚七時會在該會二樓交誼室遂集全體賽員，商討比賽進行事宜云。

二、該會為陶冶同鄉身心及提高音樂水準起見，經向上海音樂公司租得謀得利大鋼琴一座，排定時間租與同鄉練習，故近來交誼室中促膝傾談之餘，兼有可略悅耳之音樂總空間也。

提倡家庭蔬菜園藝

徐醒農

引言

人類的生活，是隨着社會的進化而進化。旁的不說，單把食的一項來說：大都數人；都希望品質的優良和滋養豐富，每日佐膳不能少的蔬菜，雖說專為貧民所食的，然而朱門大廈富貴之家，卻也不能缺了，蔬菜，所以蔬菜對於人身之營養，有特別的效能，現在就來談談提倡家庭蔬菜園藝。

一 每一個家庭和莊稼人大家起來種菜

吾國的家庭，不論大小，不分城鄉，終年所耗蔬菜的很多，同時鄉村的消耗，更比城市要多，東山也不能例外。這種巨量的消耗，假使東山不能自己來供給，完全仰給外鄉，每年東山豈不是要一大筆的支出嗎？倘使能利用家庭的空地，自己來種一點蔬菜，供給自己家庭消耗，這對於家庭的經濟，莫大的補助。

二 蔬菜新鮮之利益

蔬菜新鮮，對於營養和風味有很多關係，並且還有豐富的維他命；例如新鮮蕃茄，當日採收，充作蔬菜，其滋養和風味，是非當鮮美的，假使向外去買來，已過相當時日，不但食味不佳，同時裏面的維他命大起變化。所以每一個家庭和非農人，利用宅旁隙地，親自栽培，隨採隨吃，還不但風味增加，並且對於人身康健上大有利益。

三 蔬菜對於醫藥上之效能

吾國幾千年以來，醫藥上所用的藥料，多半是菜根樹皮；吾國的中醫，不但是一個學醫者，也是一個植物學者。蔬菜有藥用之效能，在本草上早有定論，在農村中的人民，終歲吃不到肉味，而且一年到頭康健不藥，反而富貴之家，時常有山珍海味，卻時常與藥為友，因他們少吃蔬菜之原因。蔬菜為人生不可缺少之必需品，假使把蔬菜中有藥物之效能分析開來，有調和胃腸、助消化、清血毒、和興奮精神效力，請閱左面一紙藥用效能表：

滋養價值

甲、「蛋白質」黃豆、赤豆、豌豆、花生、慈姑、竹筍。

乙、「脂肪質」花生、黃豆、扁豆、豇豆、慈姑。

丙、「炭化水物」赤豆、豇豆、豌豆、蠶豆、刀豆、芋艿、山藥、山芋、，慈姑、百合、洋山芋。

丁、「礦物質」捲心菜、蒜、菠菜、黃豆、蔥頭、蠶豆、洋山芋、南瓜、蘿蔔、大頭菜、萵苣筍。

藥用價值

甲、間接效能

一、「興奮作用」黃蘿蔔、山藥、鹹菜、一切香辛料。

二、「消化作用」蘿蔔、大頭菜、白菜、蕃茄。

三、「解毒作用」（魚毒）蘿蔔、薑、蔥、紫蘇、辣椒。（麵毒）蔥、蘿蔔、辣椒。（酒毒）西瓜、芹菜、菠菜、蓮根、赤豆、菜瓜、扁豆。（燒酒毒）黃瓜。（藥毒）山藥。（菌毒）茄子。（蟹毒）蓮根汁、紫蘇、冬瓜。（西瓜毒）辣椒。（食傷）蘿蔔、辣椒。

乙、直接效能

一、去痰 蘿蔔、茼蒿、蕹、芥菜紫蘇、絲瓜水、茄子。

二、去咳 大頭菜、山藥、絲瓜水、刀豆、百合、花生。

三、解熱 芋艿、蕹、黃瓜、茼萵。

四、發汗 薑、蔥。

五、盜汗 蕹。

六、健脾 蔥頭、蓮根、蔥、萵苣筍。

七、催眠 蔥頭、蒜、萵苣。

八、黃疸 芹菜、烏芋頭、瓜蒂。

九、清血 黃蘿蔔、萵苣筍、黃瓜、蔥頭、菠菜、捲心菜、白菜、紫蘇、萘菜、芹菜。

十、利尿 豌豆、西瓜、黃瓜、絲瓜、冬瓜、赤豆、蒜、白菜、蘿蔔子、花椒。

十一、鎮痛 洋山芋、萵苣、菠菜、豌豆、黃芽菜、「辣椒貼用」。

十二、胃臟 西瓜、蕃茄、菠菜、黃豆。

十三、結核 黃蘿蔔、蔥頭、菠菜、捲心菜、百合。

十四、胃腸 茼蒿、山藥、黃蘿蔔、薑、蔥頭、菜瓜、刀豆。

十五、牙痛 茄子、萵苣筍。

十六、止血 蘿蔔、蓮根、蔥頭、蕹。

十七、明眼 萵苣筍、蘿、黃豆、「辣椒貼用」。

十八、炎症 山藥、芋艿。

十九、美顏色 黃蘿蔔、大頭菜、芋艿、蔥頭、菠菜、洋蒜。

家山之戀

上官父

九、『維太命A.B.C.D.』

在VV助產學校的宿舍裏，葉鳳珍一夜沒有好好的入睡，他一顆心寄在隔壁醫院裏表妹的身上，思潮上落，不能自已。他知道盲腸開刀是什麼一回事，有着很完備的手術室設備，有着很熟練優良的醫師護士，有着很合適的藥物材料，像這種的手術，應該是不用多担心事的。但是總有多少的危險成份，安能不担心事呢？他知道周茂元一個人，在漫漫長夜裏候在醫院裏，等待着他妹妹的開刀結果，是一種什麼心情。他懊悔沒有留在醫院裏，不應該獨自回來。否則一方面可以早些知道手術結果的情形，同時也不至於讓周茂元一個人冷清清的感到孤獨不安了。

第二天早晨五點鐘，葉鳳珍一早起身略爲攏了攏頭髮，不等梳洗，便開了門走到隔壁醫院裏，在走廊裏碰見一個茶房，一問那手術室裏的病人，仍在手術室裏，他心裏一急，急忙上樓，在手術室外只見周茂元還在那裏垂頭喪氣的坐着，一夜不眠，却不見疲倦之色。不過面色不大好看，一見葉鳳珍進來便立起來道，已開過刀，醒轉來了，不過尚未說過話，據醫生說經過尚好，大致無礙，不過心臟很弱，所以尚未抬回病房，他不曾進去看過，不知究竟如何，所以不曾回去。說着便問：可以設法進去看一看嗎？葉鳳珍便去找那值班看護，夜班尚未調班，葉鳳珍同他一說，那看護想了一想道，病人虛弱得很，恐怕不能受刺激，照規則家人還不能進去，現在通融一下你們去看一看，就出來不能說話，也不能多待，好嗎？葉鳳珍謝了他，便同周茂元輕輕的走進手術室。

室內一股藥水味道，很劇烈，室內有一個白衣看護。手術檯上，周麗娟平倘着周身白布包着，頭上也包着白布，只有一張面孔，露在外面，眼睛閉着一動也不動。周茂元看了一嚇，不禁掉下淚來。葉鳳珍也覺心酸起來，那看護一見他們進來，便已縐眉，又見他們要哭的樣子，連忙輕輕走過來，扯扯他們的衣服，叫他們不要驚動，意思叫他們就出去吧，周葉二人看看不能久留便逡巡退出，立在手術室外，面面相覷，不知如何是好。

這時，那值班看護剛走出門來，見他們二人一種焦急的樣子，便安慰道，你們不要着急，情勢並不最嚴重，開刀以後，當然要慢慢恢復的，我看周先生還是定心一些先回去，到下午再來吧，好在現在病人不需要甚麼東西，看護也會當心的。他這樣說了，葉鳳珍也勸周茂元道，表哥你一晚不睡不要太辛苦了，先回去睡一回吧，此地有我在着，可以留心照顧的，你下午再來吧。周茂元覺得等在這裏也無事可做，便答應先回去，葉鳳珍同他一同下樓，在醫院門口分別。

回到宿舍裏剛敲六點鐘，同學們尚未起來。他便先在熱水瓶裏，倒了些水，刷牙洗臉略略整理頭面，又取了一些錢鈔，此時已有七點多鐘，再回到醫院裏，逕自走入昨夜所定的三等病房內看時，果然，病人已在床上了，神智也比前清醒多多了，眼睛閉着有時微微張開來，看看，即再閉上，似乎已看見葉鳳珍了，有一些活動的樣子，看護在旁告訴葉鳳珍，他尚未說過話，不過知覺已回復了大半，在廿四小時不能吃一些東西，連開水也不許進口，最好就是他能說話了也不要同他說話，葉鳳珍答應着，便生在牀邊，陪着麗娟。

葉鳳珍坐了許多時候，也不感覺到寂寞，神經不脫緊張，雖然沒有什麼事情可做，却覺得不能離開，到了九點以後，將近上課的時間了，他躊躇了，還是去上課呢？還是告半天假伴他表妹呢？他正在不能決定的時候，幸而麗娟的母親同老太同四親媽二人跌跌蹌蹌的走進房來了，一臉焦急的樣子忙問葉鳳珍，「麗娟怎樣？沒有危險了嗎？」一邊便來湊近細看，眼睛裏一包淚。

葉鳳珍連忙搖手叫他輕些，一面輕輕回答道：「不要緊了，不過剛開刀後需要休息，你們不可驚動他。」接着便把經過情形略說一遍，又告訴他們：「現在一些東西也不能讓他吃，你們陪陪他也好，我要去上課了，到十二點過後再來看他，表哥現在那裏，是不是在家休息着？」

四親媽道，「他那裏肯休息，他到家一轉，和衣睡了沒有一個鐘頭便起來，現在早已出去了，他說要飯後來，葉小姐，難爲你當心幫忙，眞是感激得很，你快去上課吧，你也太辛苦了。」（第九章未完）

紅甘齋日記（十七）

紅甘主齋

五月十九日　星期六

自返滬上，每日蟄居高樓底層，晴無天日，門外是陰是晴，均無消息，而余每晚日記，又必須加註陰晴，深以爲苦，今日豪雨半日，設非雷聲震耳，余幾又被瞞過矣，至此，余深覺日記非氣象記錄，記載陰晴，似屬多事，況報上每天有氣象台報告，儘可參考補記。繼思氣象台紀錄亦常不確，預測晴者，常陰雨，預測雨者，則晴日當空，是亦不可置信，不如不記之爲佳也。

雖然，今日上海報紙之記載不實，又豈止氣象一端已乎？大至國家興亡，小至減價廣告，何一是眞？何一非假？海通社消息固不盡確，路透社報導何嘗嚴實？吾友朱君嘗戲謂予曰：吾人看報，要先看消息所自來，然後反其立場而度之，則雖不中，亦不遠矣，而官方否認，實即承認，則更無待揣度矣，二月來予準此原則看報，歷試不爽，極感朱兄教我看報「三昧」，近來市井戰爭謠諑，不脛而走，而各大報官方通訊社屢加否認，根據朱兄邏輯，不久殆將有好戲看矣！予年僅而立，所見大小戰爭，無慮百數，今年豈又須一飽眼福乎？好在上海有租界，麥令洋兵，印度阿三，執干戈相衛，浦江艨艟巨艦，虎視眈眈，眞可謂洋太公在此，百無禁忌也。

戰謠既起，物價騰漲，黃金白米，最爲吃香，予別上海不過半月，而各物已昂起三四倍，眞所謂：「山中方七日，世上已千年。」滬上多富翁，亦多貧民，有錢人黃白兼收，身價日增；無錢人日繇升斗，度日維艱，觸景生情，口占一絕寄意：

白米黃金價震天，
米挑一石金一錢，
阿儂買米黃而瘦，
大佬藏金白又圓。

五月廿七日　星期日

今日爲星期例假，起不久，有小學同學鄰約翰來邀午飯，別久思深，歡然道故，但見鄰兄西裝革履，滿面春風，以東山國語笑語相問：

——哈囉，衛斯脫黃，咱們好久不見了，好吧？

——託福，託福，今天是什麼風吹來的？

——聽說你來上海已經二個多月，一直因爲窮忙，到今天才過來拜望。

——……

——我是在「新拉」工作，每天乘了吉普車開來開去，眞無聊！

——什麼「新拉」？

——「新拉」嗎？就是CNRRA。

予更不解，雖不便再問，大約總是一賺美金的外國機關耳。

——很好……鄰兄，最近東山去過嗎？

——東山？十多年沒有去過了，實在爲了交通太不方便，而且住慣上海的人，回去總覺得太寂寞，沒有意思，而我，上海事情太忙，簡直分不開身，

——眞是能者多勞……

——那裏話，那裏話。

予觀鄰兄心廣體胖，面圞如富家翁，聆其談吐，將來頗有做官希望。

——衛斯脫黃，中午可有空嗎？咱們到PALACE HOTEL吃頓便飯，我請客。

——那怎麼好意思。

飯畢，賬單開出二十元，予假意客氣，不意弄假成眞，鄰兄竟謂：

——那麼下次一定要讓我做東道主了。

時余存金不多，勉於會鈔。鄰兄將歸，貽我手杖一枝，鄰兄不言「杖」，而言「司的克」，殆亦將來做官之又一明證乎？

午後，余發興獨遊兆豐公園，至園門，外高懸：「華人與狗不准入內。」余徘徊久之，不得入，心頗憤懣，何洋鬼子之欺人之甚也！詢之門外人，云華人有吐痰惡習，一入園，涕痰四射，如野犬之隨地小便，於是洋大人恨焉，不許入，且揭之於牌，與犬並列，所以示侮蔑之意。願同胞不以爲忤，不觀夫園外電線桿上，雖高印「吐痰害人，傳染疾病！」標語，而馬路上依然滿地是痰呼？吁！可慨也已！惟轉念租界有避免戰火，保衛華人之功，則此小小侮辱，亦不必計較矣！

將睡，忽念和戰問題，不能安心，擬卜一課，以覘休咎，惟不明卜法，又無筮龜，實無從措手，乃首創新法一種，即隨便檢一書，閉目，翻附，以手指之，然後張目，視所指文辭，從而揣測之。今日所檢得者爲曾文正公詩集：如法泡製，凡兩次，得兩句：「陽和迴地幹，貞心永難老。」細詳一番，終不知所云。

觀潮前後

秀野草堂遊記之一

·蔚霖·

九月中旬人事兩閒，想作一次短期旅行，藉以疏舒胸襟，當時原定和維峻赴平津轉青島回，結果姍延未成行，其璘見我事後煩躁，便邀得守鋼、其珊、天聲、和六笙叔祖等結伴從陸路自滬至杭轉甬，再由海道歸來，而其間我們觀了海寧的子午潮，和游了奉化的雪竇寺，往返雖不長遠，但對人文地理和自然現象，所接觸和吸收的確也非常豐富尤其是踯躅在江南平原，和日處於都市區域的我，一旦接觸着一切晴雨水陸交織幻變的聲和色，以及各地人民性質生活習慣所形成着的風格和情調，倍感新鮮。

記得五六年前，我離校行醫，對醫務工作，由治療問題而引起了更大的無法澈底解決的苦悶而彷徨，事後我得到兩個啓示，而逐漸轉捩，一個是父執蔣大豐先生，一個是至友李嵩碩士，前者言：「爲醫者仁心不可無，但因醫自傷，則亦捨本離常，失之於徧，蓋當診治用藥之間，居心但求盡力無遺，問心無愧，事後憂慮掛念，於己有害，於人亦無益。」後者言：「醫學受着時代的限制，一時尙無直趨盡善盡美之境，此非一人所能且夕躐等以求速成，不過有益社會人羣，不僅單屬醫學，一切工作都含有其崇高的價值與使命，只是在選擇運用時之適當與否，最明顯的如以水利工程言，水足釀巨災，如適當運用之亦可能普濟衆生。」因此我的心緒亦爲之寬舒不少，而予我以生命期望多了一層更高度之認識，對生活方式似亦有所蛻變。從此對於水利方面的問題和人物故事，我無形中發生了好感與興趣的并且逐益增濃，譬如古代的大禹，爲四川治水的李冰父子，近賢爲關內八渠的李儀祉先生，對於他們彌深敬慕追懷，知悉的友好們也將近代有關水利方面的圖文，時予郵傳示述，像永香祝察小豐滿後的長函，履梯歸國後對加拿大瀑布水力之詳剖，贊武赴英途中對印度勞合壩的報導，他們的友愛和關切使我深爲感謝。同時，我在琴妹的獎學機構裏，也增加了水利的名額，當我作華南之游時，在穗承嶺南大學工學院劉秉和教授及潘世英馬信類同學的招待茶會和參觀該院的水利系實驗工程，溫暖的感情，使我對水利的興趣更發生了更強更遠的憧憬，有一次在台灣，我曾化了兩天長征，專程參觀建設台灣力源發射中心的日月潭水電工程，還有一次，去夏因事赴杭，特地抽一日之閒，轉道去紹興瞻謁大禹陵，時值盛暑，但爲追懷前賢，雖揮汗跋涉，毫不爲苦，在大殿中，我凝神深思，大禹的事蹟雖歷數千年的歲月，然而他偉大的精神，人格，依然活躍在後人的心裏，發生共鳴，具有力量，因爲我對於水利的興趣是如此的濃馥，所以關於觀潮之游分外渴望。

我們是九月十六日抵杭的，適值禹曆八月十四日，杭俗茲日原有夜泛西湖，我們也附庸風雅，嘯傲於湖山之間，船過小瀛洲時已夜深，湖上寒意襲人，游艇已少，去冬沈煌赴歐前兩日，因感歸國須期，色景無常，於是相偕來杭小游，曾在疏雨中訪彭公祠，深覺屋毀人不見，徒留梅花史，無任唏噓。此情此景如在目前，而歲月荏苒，又忽忽一年。西湖本爲我歷游舊地，每撫今思昔，懷念往年諸情，總不覺爲之黯然神往！領悟「共此月朦朧，漸與舊事近，人歸山郭暗，竟夕起相思」之感。

翌晨在湖濱僱車赴海甯時，湖濱朝陽輕霧，遠眺寶石山，色呈赭者，柔和之至，登車沿堤行，沿途正值修築塘工，久所縈繫的海堤工程得覩於眼前，心境爲之一快，乃攝照數幀，以留紀念，記得雪萊曾有與海水苦戰奮鬥築堤以抗海潮的啓示和舉動，頗引起我的共鳴，不過我想要防潮，須在潮來之前，喚起羣力來準備修建堤岸，否則徒依事前空想，和臨時人力是無法抗潮的。抵海寧上石塘，離潮來時尙早，我們先在擬擬綿長的石塘上徘徊瞻仰，我想起爲此海寧堤岸消耗一生，而死後僅遺一大約袍的明臣海瑞，他『但願化滄海爲桑田，時欲拯水火於斯民。』的精神和事業是都麽偉大，我常想假使沒有這堤岸，那末太湖流域將成個什麽景象，究竟是桑田？還是滄海？另有近人章榮初先生，在抗戰期中曾發起舉辦搶修堤工，他於人事紛繁之餘，還記得爲人類安危遠謀，發揮追永爲人類幸福之宏願，是多麽值得尊敬的，反視不少生存在這杭嘉潮流域的衆生，不乏只是爲生活上的貪求，不顧一切自私的爭奪，可是假使能眼光放遠大一點，想到如若堤岸冲毀了，海水泛濫着，一切都淹沒，人畜，財物，同歸於盡，其他還談些什麽呢，這樣一想，對這種營營若蟻蚋的短視者，除了生存以外，不想有助於人類，而還泥醉地僅是爲着貪婪，不禁有些可憐和悲哀！思潮至此，霎那間忽告靜止，但覺腦海空無一物，正像航行在濃霧的洋面，和飛行在高空層上，空洞悵茫。

十二時五十分時，鄉人羣呼「潮來矣」，乃極目江口，見一線白色，不數分鐘，白色浪舌領前，如萬馬奔騰，席捲而來，其時如有風濤聲交響爲威，頗具大氣磅魄雄偉之感，前浪甫過，霎時又洶湧澎湃，浪花滔滔，交織於十里江面，因另一方向之南潮相向激流，致頓使潮高數丈，成爲奇觀，雖歷時甚暫，即由燦爛而趨平淡，但當時確感活力萬千。

歸途中我深思兩潮，彷彿目下世界之農工兩大集團，時常發生激衡，致使諾貝爾的和平獎金也無法授給，和平建設也似乎是只能於宗教性祈禱中的禱告希冀而已，事實上農產和製造是無法分離的，眞如這潮湧是不該異向而終須匯合的，據說海塘工程當局，決定明年務必完成使兩潮導入合一的方向，這是正常的，由人工去符合自然，人間的動向也未始不可作如是觀，美國有了費禮門先生的培育和準備，才使故羅斯福總統新政T.V.A.有良好的基礎和收穫，英國如沒有韋白夫婦的啓示播種，恐不能蛻變到今日不流血的良善制度，俄國因了聶伯羅斯特羅依堤集體合作的成功，使工業落後的國家，而能有今日的建設一日千里，然多難的中國，爲什麽物質上不使Y.V.A.等的工程建立起來，精神上不使心理衛生達到和諧的頓成，而使生產，保健，教育普遍的提高，本固有的和平博愛和進步，近代的哲人意見：認爲政治民主化，經濟社會化，科學建設化，是可能的，也許一時的畸形的浪潮雖洶湧，但總會過去不復的，雪萊說；『潮的來去是自然的，一切得先事前準備，不然是措手不及的，』我們誰都該深思，因爲我們正處於這狂潮的漩渦激流中。

卅七年十月下弦時寫於涵德書屋

山海經

浜場邊的新年景色

·諸梁生·

東山人像生活在一池死水中，除了偶而被要「猢猻戲」或是「賣拳頭」的流浪者們撈起幾個漩渦之外，生活總是極其平靜而單調，就像冰島漁夫里描寫的那種村民們的生活一樣。

自然，他們也有興奮的時候，那總是在「會」里派人來「打欏」之後。他們可以從「打欏」的人口中探知猛將老爺那一天漫山轉，那一天衝湖諸頭，那一天有「打唱戲」等等，於是就讓這以後的一段生活在熱切的期望中渡過去。

日子往往很容易打發。吃過「冬至糕」「廿四糰」之後，猛將堂里就開忙起來了。「會首」們一有空就在猛將堂里開會商討一切進行用會的事。當然，這是一件繁雜的工作，而以往的成規舊例却解除了許多困難。

滿臉憔悴的猛將是需要「開光」了，這工作往往落在橋子灣或葉巷浜場的兩家漆作里的漆匠身上。他們對於這一道工作是很有經驗的。譬如諸公井的「井大」猛將「開光」需要用淡一點的顏色來表示威嚴。殿前村的「殿二」猛將就應該用較深的顏色來表示和善，而且他們總不會忘記給猛將頭上漆一道紅色的帶子藉以喚起人們的記憶：「噢，是的，這是猛將小時候被晚娘追趕時跌開了頭的記痕呀」。

猛將堂變得十分有生氣的樣子。騰門堂外一對「劉府中天王」的大門燈，屋簷下是一排十幾盞小燈籠（晚上點起來才好看哩），屋子里到處是大纛旗，銜條旗，以及許多「善士」「信女」們送的「國泰民安」「護國佑民」之類的旗幟，紅紅綠綠，閃閃爍爍，眞要引得人眼睛發花。至於猛將的「行頭」，村與村之間更是極盡其爭奇鬥妍的能事。一般人慣會批評說：「殿前會最漂亮」呀，「吳巷里阿七會頂寒傖」呀，人們不難從這些批評中知道某村的經濟較爲富裕而某村則否。

年輕力壯的「連生」「小狗」之類得到了Make a show（出風頭）的最好機會。太陽快落山時，幾個人招着那尊重有三、四百斤的猛將在浜場上逛(註)起會來。跟着重心的時時傾側，他們的步子就常常像喝醉了的人一樣歪斜着。每逢出現一個驚險的鏡頭時，週圍便爆發出一陣喝采的浪潮，而那幾個逛會的人也就像得到了鼓勵似的更加賣力起來。

打唱台也搭好了，這使浜場上整天都是鬧哄哄的。這里，那里，到處是打銅鼓，礲「鈎鑼」（鐃鈸）的，賣各種玩具如攢砲、紙球、皮泡泡、皮老虎的，賣各種吃食如黃蘿蔔、黃蓮頭、長生果、西瓜子、茶葉蛋、豆腐花的小販與攤販，逗住了許多小孩子。喜歡惡作劇的野孩子們，除了在地上滾銅板、打彈子之外，就愛等年輕的姑娘們走過時，在她們背後冷不防地來一個攢砲，直驚得她們大叫起來，不時引起場上的人們轟然大笑。

晚上，浜場就完全被來看「打唱戲」的人擠滿了，不甘心吃那「長子看戲，矮子吃屁」的苦頭的，老早就搬了凳子在打唱台前占據了一個最好的「戰略據點」。這時，凳子就成了一種「防禦工事」，進可以站，退可以坐，而且帶凳子來的大都合了哥哥弟弟姊姊妹妹一大淘，幾個人就形成了一道堅强的「防線」，這樣就不致於讓後來的人「進迫潰退」了。

自然，鄉下請來的打唱班是不會怎麽有名的，而××老爺們點的戲也終不外是「玉堂春」、「秋胡戲妻」、「四郎探母」等等，可是一樣會使鄉下人興奮得了不得。儘管唱戲的唱得並不好，而有許多人也根本不懂戲里唱的是什麽，幾乎每一齣戲都能引起他們讚賞與感動，而且在以後的一、二月內常常拿來作談話的資料。

堂子歡拚會拚過了，會飯吃過了，漫山轉轉過了，湖諸頭衝過了，潑反也出過了，新年已近尾聲，於是人們才帶着一種疲倦的心情重新開始平靜而單調的生活。小學的作文題目照例多了一個「新年與猛將會」，老師們也照例發揮了一頓「進步」的見解，「迷信」哩，「勞民傷財」哩等等，然而「愚昧」的鄉下人太辛苦了，他們一年忙到底，綠毫沒有享樂的機會，重重的租稅、兵役壓得他們透不過氣，他們要趁這過年的時候，儘情地快樂一下，並且要把肚里的委曲與心中的希望傾訴給能够在暗中「保佑」他們的猛將。生活，在他們，就是建築在這一種「希望」上面的。

破除迷信，應該出於善意的勸導，這是一種社會教育問題，而不是可以用强制性的禁止收效的。

（註）：這里不得已用了一個逛字，因爲故鄉有許多口音在國語里往往找不到適當的字來表示，像這個逛字就是一例。如果我們勉强造一個形聲字來表示，那麽「逛」字比較近些，並且逛字的意義也相近。至於它的讀音略似「弸盎」切。

三八，一，十。

臘尾年頭憶故鄉

鄭　彥

「陽關易過」，「陰關難行」，國曆新年過去沒有幾天，那擾擴的廢曆年關又緊跟着到了人間。年關催人，時不吾再，古語所謂「人生如白駒過隙」，誠有「自道靑春難便老」，「誰知白髮急催人」之慨！

「殘年急景」，一切的鄉村動態，人們因了生活的掙扎更加速了牠奮鬥的程度，要想在年頭享樂幾天，不得不忙亂一番，結束這辛勞的一年。牢不可破的舊習慣，新曆推行了二十多年，大家還只是陽奉陰違，好許多地方，老是墨守着成規，尤其商業方面，年終結束，仍以陰曆爲唯一日標。

平時不覺，到過年爲些循例而行的事情，撫今思昔，年年如此，尤其在這各物昂貴的時季，好像王小二過年，一年不如一年；眞有些「人到中年百事酸」的況味。

過年，回憶在童齡八九歲的時候，等到放了年假，認爲是一件非常有趣而最最興奮的事情。對於讀書當做了義務，一到新年裏，有新衣穿，有好菜吃，有暢情的玩，這許多自以爲是應該享受的權利。足見人生「喜逸惡勞」心裏，自小就被一種習性束縛着，擺脫不了。

每年過了臘月二十日，家庭中各人的工作，都漸漸的緊張起來了。總言一句，勞神傷財，無非爲吃打算。在戰前物價還低，借名祭神祭祖，粉刷昇平，聊慰口腹之饞，還可一說！因該看看現在的環境是怎樣？但是，有一部份喜歡湊熱鬧的人們，老是這樣「膠柱鼓瑟」，都不願「改弦易轍」，那就害壞了一般酷嗜虛榮的貧寒之家！在這種「積習難返」之下，我終覺得有些不合現時代的處境哩！

吾還記着，關於故鄉在歲尾年頭有許多很風趣和幾種稍有意識的掌故，吾在幼年的時候，引為最有趣最喜歡玩的，現在拉雜把它記在下面，算是玩摩古董，並為本刊點綴時序，同時給讀者在閒爐的時候，以資消遣。

（一）撣塵

撣塵，都在臘月底邊舉行，照例須選個「宜掃舍宇」的「黃道吉日」，這是一件除舊更新的急要工作，在下了決心之後，就用快刀斬亂麻的手腕來大掃除。法以長竿一枝，將稻柴，竹枝，和松枝混合緊紮在一起，結縛於竿端，用迅雷閃電般的襲擊，把那些積年累月飄蓬着的塵垢，掃蕩一空。不啻來一個清潔運動的總動員，象徵着我們為企求光明、健康、幸福而盡最大的努力，絕不讓塵埃殘存着，留有絲毫的暗影與污蹟；雖則是一樁大快人心的工作，但是，這些塵垢的堆積，在平時人們為什麼不去常注意呢？其實很顯明地反而表示了我們積習的惰性。

（二）送灶

灶神，又名灶君王帝，或稱他灶界老爺，鄉人稱之曰灶陽公公，別處有稱他為灶馬者，人言各別，「無關宏旨」，我們不去追根究據。最可笑的，說他在每個家庭中，負有稽核各人功過善惡之責，大家又尊他為「東廚司命天尊」，人們恐怕他「上奏天庭」的時候，來一個「議而無私」的「表善揭惡」，就此「召災降禍」。便想盡方法，「諂媚賄賂」，把他聯絡起來。於是千家一例在年底念四夜，供奉如儀地「祭神如神在」，以紅紙糊竹轎，兩旁穿植，當乘轎子，焚化錠帛元寶，酬謝川儀，把他老人家送上天去，這種舉動，無非希望他在「出班申奏」的時候，相幫說句好話，非但不要降災，還想「添福添壽」。然而人們必竟狡黠，還深恐灶神直言不諱，便在祭品之中，備着二件供物。一件是灶錫、一件是糯糰，錫是想甜他的嘴，希望多說好話，據說糰的功用，是想粘住他的嘴，莫說壞話。儘讓着人們「予取予求」的來指使灶神，心理上早已「喪盡天良」，你想他僅有這張嘴，偏要派他兩種用場，於是灶神大怒，奏明玉帝，使人間年年「兵連禍結」，人民永遠「倒灶」，挨到來年始得「重起爐灶」，「實現和平」，結果，「咎由自取」，苦的還是人們，這樣的送灶而受罰，還是像我不送為妙啊！

（三）供眞

供眞，就是祀喜容，將列祖列妣生前的遺像，在除夕下午，統統懸掛起來，這是一種每年紀念祖先的儀式，算表示子孫的「孝思不匱」。或分供，或併供，琳瑯錯綜，煞是好看，其中有畫工之佳者，「神肖畢露」，栩栩如生，每桌圍以紬帷，清香繚繞，紅燭雙輝，簷或點綴着瓶花梅椿，冷香撲鼻，桌上放着十二只錫茶盆，承以三脚回紋架，供奉些糖果、蜜餞、糕茶、等品，茶酒點簡，紛列羅陳，由尊長領導着幼輩，依序跪拜畢，靜聽父母口講指劃，宜述祖先的生前歷史，以及起居言行，曉示兒孫，作為鼓勵他們將來也須「箕裘克紹」。我們中國數千年來，對於家族的傳統觀念，每個人都已深深地印入，無可諱言，從漢代到現在，相沿不廢。

祭祀喜神，為期三日、或五日，也有供奉到元宵節纔收拾者，金介山先生有收拾喜神句云：「若非除夕何能見」，「纔過元宵便不留」。至戚相賀，亦有展拜尊親遺像者，謂之拜喜神，幼輩例須在旁而拜，以示辭謝。

（四）祭牀神

小的時候，看見母親每於大除夕，置紅欒子（較方欒子稍大，吾鄉俗呼為欒子，蓋取其隱實之意）兩隻，雙拚於大牀之前，上面放上一對錫手照，（即燭扦）燒着小紅燭，再拿百合一只，插上二枝安息香，供奉一只很玲巧的糕果盤，又盛米一飯碗，也舖滿了糕果粜桂等物，（據說這碗米是特為賞給鼠小姐嗷的萬年糧，五天之內日夜放在檯上，由他去狼藉滿地，）設箸兩雙，盅杯各兩只，略注茶酒，母親開始帶着我拜祭床神，虔誠禱告，嘴裏還喃喃說着什麼好眠好睏？和合如意？精神飽滿？這一連串的吉語。吾鄉俗呼床神為牀公牀婆，母親常常說我在小的時候連天神菩薩都不肯跪拜的，惟有拜床公床婆我却特別高興，拜了又拜，這種喜歡的心裏，無非見到那些小擺設有趣不過罷了！現我年將不惑，終算沒有患過失眠症，想來是床公床婆特別恩賜的緣故吧！吳曼雲江鄉節物詞裏有這樣一首詩，把它寫在下面：

「祝他安穩度春宵，齊供當床甕燭燒。補却天穿重補麥，今年婆餅不曾焦！」

（五）守歲

紅燭高燒夜未寒，妻孥團坐各言歡！
曙光已逐愁雲去，頻頻爆竹報新安。

上面這首拙詩，我記得是民國三十四年寄寓蘇州，在除夕守歲時有感而作，因為那年恰巧是勝利的一年，所以充滿了光明的希望。但是，在這說多不多，話少不少三年的過程裏，試問自已在爭取了些什麼？國家在爭取了些什麼？正所謂「感慨萬千」，言之慚愧。回憶在小時候守歲是一件最快樂不過的事情，單是吃守歲夜飯，整整要大嚼半夜，其他什麼甜白酒呀！饜歲盤呀！新衣帽呀！狀元籌呀！玩把戲呀！甚至鷄頭鷄脚、蜜餞酥糖，可以說是應有盡有，所謂「漫天樂事一齊來」，我想比較「洞房花燭夜」，「金榜挂名時」，無逾此景此樂！對於父親的愁腸，母親的辛勞，當時那裏還會去顧到。桌上高高的燒着一枝紅燭的時候，大家都圍坐下來，母親照例要開始訓話一番，檢出了在過去一年中所鑒到我的學業和品行！糾正的糾正，責勉的責勉，說什麼滿了十歲，要轉貫論念頭，意思就是要學規矩、要有理智、不可老是這樣玩皮下去，現在呢！母親已棄世六載，而老父也已見背兩年，但是，不長進的我，「落魄窮鄉」，正所謂「十有九人堪白眼」，「百無一用是書生」，撫今追昔，思之愴然，何以慰藉九泉的父母呢？讀黃仲則先生他在除夕守歲的時候，有這樣一首詩：「年年此夕費呻吟，兒女燈前竊笑頻。汝輩何知吾自悔，枉拋心力作詩人！」堪可為我寫照。

（未完待續）

洞庭杯乒乓賽會議記錄誌

決議八項

一、公推葉志樞徐介壽徐瑛劉攝秋四君為本比賽幹事（負責編排比賽日程擬任裁判記錄及場地管理等事項）請聯誼委員會備函聘任之

二、本比賽採單循環制

三、本比賽採國際規則（廿一記分勝負）

四、比賽程序及名單由幹事排定先期通知之

五、優勝之前十名分別發給獎品以資鼓勵

六、暫定二月十日起開始比賽

七、比賽員逢比賽時因故不能出席者須徵得對方同意於開賽前一小時會同書面請求改期否則缺席者以棄權論但改期至多以三天為限

八、優勝積分相同者再行決賽

東山羊肉

葉奕城

我總是這末想，要是我們能把東山的羊肉用罐頭裝儲，銷到外路去，一定可以風行全國，甚至暢銷歐美。可惜我們太保守，一百年前拿荷葉包包，如今呢，還是拿荷葉包包，所以只有東山附近的人才能享此口福。

我喜歡「腰和」。腿板太瘦，尾巴又太肥，「腰和」正適得其中。至於羊腰子、羊肚、羊腦等等，我覺得倒沒有什麼好，難得吃一點，嚐嚐新奇是可以的，但常常吃便不行了。

我小時候一到多天，便天天起早，自己去買羊肉。我那時太天眞，我以為那賣羊肉的很愛我，他一定特別多給我一點，因為他常常摸摸我的頭拍拍我的背的。有時我覺得太少，便老老面皮，用一套外交詞令，經過了一場激辯，甚至於用威脅恫嚇的手段——那就是對他說：「下次不到你這裏買了；」——那賣羊肉的看我是老主顧，總以敦睦邦交為宜，於是乎又「饒」了薄薄的一小塊肉。假使現在叫我在大清光早起來，為了區區一二兩羊肉在寒風中跋涉一次，還得費一番唇舌，我委實沒有這勇氣。可能那時候的我特別饞一點罷！但羊肉自有其本身價值，才能對我有這麼大的吸引力，這是誰都不會否認的。

十二歲離開了東山，買羊肉的樂趣，吃羊肉的風味，從此隔絕，除非有人從鄉裏帶出來。但，與尊長同席，處處為禮教所束縛，不能暢所欲吃，何況羊肉又是隔了夜的呢。

後來我吃過四川的粉蒸羊肉，西安的羊肉，更在一位北方同學的家裏吃過幾次涮羊肉，其中除涮羊肉以吃法新奇可試試外，前二者都是很髒的。羊肉外面塗一層紅顏色，不知是什麼東西，吃的時候也不弄熱，就切了片拿上來，眞不想一想。粉蒸羊肉的蒸籠你也最好不要去看它，不然吃的時候也要嘔的，裏面又加了一點山芋，甜勿甜，鹹勿鹹。涮羊肉同魚生湯的吃法差不多，外面寒風緊括的時候，與家人團坐在火鍋四周，你幫我加辣，我幫你加醬，骨肉間眞正的愛流露無遺，內心裏自然覺得特別溫暖，所以我始終認為吃涮羊肉並不在它的味道而是在它的風趣。它可以使父母子弟們互相合作，在內心底深處燃起愛之火，以抵禦寒氣之進襲。

當然我並不是武斷地說東山羊肉勝過一切。我只是說就我吃過的羊肉而論，都比不上東山羊肉。你若不信，不妨裝了罐頭試試看，若是銷不出去，你來問我。

讀者的話

誰是飢寒人

三等警士　李長根

我是一個粗人，拿筆桿是不高明的，請編輯先生與讀者諸君格外原諒。

貴鄉同鄉熱心善益的先生，在去年年底為籌募棉衣救濟飢寒，眞也費了不少的精神和物質，卒然成全了可憐的一羣，彼等已身受矣。在我看來，他們還是飢寒中的幸福者，算是頭等，其次就是當地部隊也比我們強，再次就是我們三等警士；國家最小的公務人員。在這寒冷的冬防期間：站在崗位看去，頭等的新人雖飢寒而無崗位工作，弄飽三頓飯，找個地方早點休息，死人也不管。地方部隊，白天站兩個鐘點的崗位，其餘靜待大人先生臨時差遣，如有意外的匪警，有水警去捕勦破案，與他何干。在待遇方面看，他們每月有七斗七升大米，穿的除公家的軍服外，聽說還有賞給的棉便衣一套，可算是一等了。惟有我們雖係公務人員一份子，生活方面眞不如牛馬，不論日夜都有不同的工作，每天五時起床早操，早飯還沒吃好，照例去護航，保護旅商安全及交通，大人先生富商遊子坐在頭等艙中，品茶談天，我們有責任的警士只好在船外冒着風雨瞭望視察，以保旅客的途中安寧，太湖的寒風來攻我們，這三十五年度的棉衣天曉得棉花早已不翼而飛，能否禦寒不問可知，有意自備點禦寒的衣服，可惜辛苦一月所得無幾，僅能維持伙食而已，稍一疏忽，官長看見輕者扳着面孔中斥一頓，重者禁閉，這都還能勉強應付，尤其夜間如狼似虎的寒風，刺到骨里，警士站在渡水橋最高的地方放哨警戒，眞有說不出的滋味，天呀；性命叫關。有一天余山某小學校長葉××來我們隊裏，報告說：有一隻匪船正在余山挨戶搶刼，請貴隊速派警補獲，我們隊長問葉先生就近可報告地方嗎？他說地方部隊都是傑兵，不會捉土匪的，於是我們即刻集合了一班人，一挺機槍向匪逃去的方面追去，不到三小時人贓並獲，那裏能說身上寒冷不能前往呢？並且聽我們隊長說：今年的冬防是吃緊的，不能馬虎，大家都要辛苦點，我們一個小部份担任整個前後山千萬居民的生命財產的安全，大家能把握着這個冬防的安全，新棉衣是可以有望的，就是政府沒有發，我們不到百人，地方父老也會體卹我們的苦狀，我們懇請的。我們大家聽到這話，眞是喜出望外，有一天我們看見搬夫扛了許多棉衣，我好奇心與期待心的驅使，馬上跑到橋上一看；非也。原來是同鄉們救濟飢寒的，我這棵心又想到飢者的身上去了，不錯，他們飢寒實際看來還算頭等呢！他們設法把飯吃飽了，萬事不管，冷了找點柴草烤烤火暖寒暖的睡去了，什麼匪搶盜來他聽到了也是死人不管的，無可慮之處。有人說：六臘月不出門，快活著神仙。他們雖然不是神仙，缺少暖氣，電爐，比我們警士的生活總快活的多。以上是我的一點生活感覺，拉雜的很。

貴刊多多原諒，並請惠予删改和指正。

三十八年一月九日於蘇州東山防次

務本同學會啟事

本會於去年底發起募師運動，承各同學慷慨解囊，圓滿結束，計共收到金圓四千一百元，超過原定金額一百元，除將四千元匯山分致母校各師長，餘款暫由本會保管外，特將獻金同學台銜列左，聊表謝忱，並資結束。此啟

葉育梁三百元　葉同昆四百元
葉麟書五十元　沈迦波五十元
葉君清一百元　葉灝洲二百元
鄒振華二百元　葉冠氏一百元
葉春元一百元　林洪一百元
何麟書一百元　葉水四二百元
葉海藏一百元　葛其楨一百元
朱孟泉二百元　葉遂知二百元
葉康年一百元　葉承源一百元
翁世唯
葉慶植五十元　秦光焯五十元

葉緒華二百元　秦榮章一百元
秦守章一百元　吳應康五十元
劉昌元五十元　嚴慶澍一百元
葉緒茂一百元　鄒協敏一百元
鄒佐延一百元　鄒樂延一百元
金尙儉一百元　潘夢石一百元
嚴博泉一百元

務本同學會謹啓

本刊啓事

本期因印刷所新春休假，故將六、七二期合刊出版。莫釐遊誌及如是我聞話掌故均暫停一期，下期續刊。

陳繼之先生：續稿請多寫一點來。

編輯室啓

東洞庭山各校同學聯誼社編輯出版
莫釐風出版委員會
本期零售每册金圓四十元
預定半年金圓二百元
通訊處：北京西路一〇八號同鄉會電話九三四一九
社址處：洞庭東山殿巷朱家弄翟友農
廣告刊例

全頁	半頁	四分之一
二千五百元	一千三百元	七百元